广东教育年鉴编纂委员会

GUANGDONG
EDUCATION
YEARBOOK

广东教育年鉴

2010

广东省教育厅　编

中山大学出版社
·广州·

图书在版编目（CIP）数据

广东教育年鉴·2010/广东省教育厅编．—广州：中山大学出版社，2011.6
ISBN 978-7-306-03915-6

Ⅰ．广…　Ⅱ．广…　Ⅲ．教育事业—广东省—2010—年鉴　Ⅳ．G527.65-54

中国版本图书馆CIP数据核字（2011）第108060号

出版人：祁　军
策划编辑：马霄行　周建华
责任编辑：马霄行
封面设计：辛　颂
责任校对：马霄行
责任技编：黄少伟
出版发行：中山大学出版社
电　　话：编辑部 020-84111996，84111997，84113349，84110779
　　　　　发行部 020-84111998，84111981，84111160
地　　址：广州市新港西路135号
邮　　编：510275　　传　真：020-84036565
网　　址：http://www.zsup.com.cn　E-mail：zdcbs@mail.sysu.edu.cn
印 刷 者：广州华南印刷厂有限公司
规　　格：890mm×1240mm　1/16　35印张　1125千字
版次印次：2011年6月第1版　2011年6月第1次印刷
印　　数：1～3000册　　定　价：260.00元

2009年9月10日，广东省庆祝2009年教师节暨表彰优秀教师大会在广州市隆重举行。图为中共中央政治局委员、广东省委书记汪洋，广东省委副书记、省长黄华华为优秀教师颁奖

2009年3月29日，中共中央政治局委员、广东省委书记汪洋（前排左三），广东省委副书记、省长黄华华（前排左二）等省领导以及珠江三角洲9市的市委书记、市长等一行到南海软件科技园，考察中山大学佛山研究院。图为佛山研究院院长王钢为考察团一行介绍学校在LED半导体照明研究领域的相关工作

2009年6月10日，中山大学在南校区小礼堂召开深入学习实践科学发展观校领导班子分析检查报告讨论会，中共中央政治局委员、广东省委书记汪洋出席了讨论会。图为汪洋书记（前排左五）一行在校领导陪同下观看介绍中山大学的电视短片

2009年7月6日，中共中央政治局委员、广东省委书记汪洋（右三）到华南理工大学调研，并与华工师生代表就开展社会实践活动进行专题座谈。图为座谈会前，汪洋书记在校领导的陪同下参观华南理工大学改革开放30周年科技成果展

2009年8月27日，广东省人民政府与汶川县人民政府在汶川第一中学举行“新学校，新未来　广东省援建汶川县学校项目整体交钥匙仪式”。图为广东省委副书记、省长黄华华（中）向汶川县委书记青理东（左一）交付象征汶川一中的钥匙

2009年9月1日，广东省政府召开全省中小学校舍安全工程动员部署会，贯彻落实全国中小学校舍安全工程会议精神，全面动员部署广东省中小学校舍安全工程。图为广东省副省长、省中小学校舍安全工程领导小组组长宋海（前排左）代表省政府与21个地级以上市政府签订中小学校舍安全工程责任书

2009年4月29日，广东省教育厅举行欢送会，欢送被选派的6名教师赴四川汶川第一中学支教。图为广东省教育厅厅长罗伟其（左四）与支教教师合影

2009年1月16—19日，“中国声乐孔雀奖”首届全国高等艺术院校声乐大赛在广东举行。图为参赛选手在表演声乐节目

2009年2月16日，广东省教育厅、卫生厅、体育局联合召开座谈会，布置贯彻落实省委、省政府“关于加强青少年体育增强青少年体质的意见”工作

2009年3月2日，广东省举行“同在蓝天下——广东省义务教育‘千校扶千校’行动启动仪式”

2009年3月7日，广东省2009年高校毕业生到农村从教供需见面会在广州市举行。图为招聘会吸引了众多高校毕业生前来应聘

2009年4月29日，广东省教育厅举办省属、广州市属中职学校申请进驻省级职教基地竞争演讲

2009年5月22日，广东省高校纪律教育学习月活动动员大会暨示范点现场会在广州市召开

2009年7月8日，广东省举行中小学生《国家学生体质健康标准》白皮书公告暨"信息传万家·健康下一代"活动启动仪式

2009年7月13—14日，以“应用信息技术促进教师专业发展与学生学习方式的转变”为主题的第五届粤港澳信息技术教育应用大会在佛山市举行

2009年7月21日，广东省召开调研会，专题调研金融危机下大学生的就业情况

2009年8月23日，广东省召开教育督导学会成立大会暨第一次会员大会

2009年9月1日，广东省政府召开全省中小学校舍安全工程动员部署会议，贯彻落实全国中小学校舍安全工程会议精神，全面动员部署广东省中小学校舍安全工程工作

2009年9月10日，广东省政府在广东大厦召开解决代课教师及教师工资福利问题工作进展情况新闻发布会

200[illegible]10日，新学期伊始，江门市首个“宏志班”在台山鹏权中学开班。图为“宏志班”[illegible]在上课

2009年9月23日，由广东省教育厅举办的2009年广东省中等职业技术学校技能大赛总结、奖励、表彰大会在广州珠岛宾馆召开

2009年9月28日，广东省委教育工[illegible]育厅机关庆祝新中国成立60周年“爱国歌曲大家唱”歌咏比赛在大学城星海音乐学[illegible]举行

2009年11月9日，广东省举办“与法同行，健康成长”——首届青少年网上法制宣传教育月活动。图为新闻发布会现场

2009年11月12日，广东省教育厅与中国移动广东分公司举行广东省优质资源下乡行动计划暨战略合作启动仪式

出版说明

一、《广东教育年鉴》是由广东省教育厅组织编纂的逐年反映广东教育改革与发展情况的文献资料性工具书，是社会各界了解教育基本情况和各级教育部门交流经验的平台，是展示教育风采的重要窗口。自2007年起每年出版一卷，本卷是第四卷。

二、本卷的编纂工作以邓小平理论、“三个代表”重要思想为指导，全面贯彻落实科学发展观，围绕实现教育现代化的总体目标，全面、系统、准确地记述2009年度全省教育的基本情况和教育现代化建设的主要举措，实事求是地总结全省教育工作的成就和经验，反映全省教育事业发展的基本面貌。

三、本卷年鉴分“特载”“重要文件”“概况”“各级各类教育”“教育综合管理”“市域教育”“教育统计”“学校展示”八大类目。采取三级目结构分类编辑法，以类目为一级目，以栏目为二级目，以条目为三级目。其中“各级各类教育”“教育综合管理”“市域教育”三个部分是主体，分别由主题相对独立的若干个栏目组成，每个栏目分为若干条目以及子条目。

四、本卷的基本栏目包括：中共广东省委、广东省政府主要领导有关广东教育的重要讲话，省教育厅主要领导的重要讲话，省委、省政府有关教育的重要法规、文件，省教育厅的重要文件，省教育厅年度工作要点，教育事业发展概况，教育要事录，媒体聚焦，学前与义务教育，高中与职业、成人教育，高等教育，政策法规，基建财务，人事管理，机关党建，教育督导，教育评估，教师队伍建设，思想政治教育，教育纪检监察，教育审计，体育卫生与艺术国防教育，招生考试工作，毕业生就业工作，教育科研，教学研究，语言文字工作，教育信息化，教育技术装备，教育后勤产业，学生助学，老干部工作，教育新闻宣传及出版，各地级以上市教育概况及教育成果与特色，教育统计，学校展示。

五、按目前国际国内通例，当年的年鉴反映上一年工作的基本情况。某些多年才能完成的工作任务，主要记述当年此项工作的进展情况。

六、年鉴发布的统计数据，由广东省教育厅发展规划处和基建财务处提供，引用应以此为准。某些条目中的数据，因统计口径不一，可能有不尽一致之处，请读者使用时注意。

七、本书的组稿以及编务工作得到了省教育厅机关各处（室）、有关直属单位，各地级以上市教育局及有关部门的积极协助和紧密配合。在年鉴编纂过程中，虽力求做到内容全面系统、资料准确无误、文字简明精练，但由于我们水平有限，仍有需要改进之处，欢迎读者批评指正。

广东教育年鉴编辑部

2011年4月

目　　录

特　　载

重 要 文 件

概　况

媒体聚焦

各级各类教育

学前与义务教育

高中与职业、成人教育

高等教育

教育综合管理

市域教育

广州市

韶关市

河源市

梅州市

惠州市

汕尾市

东莞市

中山市

江门市

阳江市

湛江市

茂名市

CONTENTS

SPEECH

MAIN DOCUMENTS

GENERAL SITUATION

VARIOUS LEVELS AND SORTS OF EDUCATION

GENERAL MANAGEMENT IN EDUCATION

EDUCATION IN VARIOUS CITIES

Guangzhou

Jiangmen

Yangjiang

Zhanjiang

Maoming

Zhaoqing

EDUCATIONAL STATISTICS

特　载

SPEECH

在中山大学指导学习实践科学发展观活动时的讲话

中共中央政治局委员、中共广东省委书记 汪 洋

（二〇〇九年六月十日）

中山大学是广东第一高等学府，历史悠久，人文荟萃，久负盛名。今天，我非常高兴来到美丽的康乐园，与中山大学校领导班子和教师干部一起座谈，了解学校的发展和开展学习实践科学发展观活动情况，听取大家的意见和建议。时间虽短，但内容丰富。我们参观了图书馆校史展览、大师藏品，观看了介绍学校历史和发展情况的电视片，黄达人校长、郑德涛书记先后介绍了学校情况和开展学习实践活动的情况，几位校领导围绕分析检查报告发表了很多很好的意见，教育部指导检查组组长刘经南院士也作了重要讲话，对学校的学习实践活动给予充分肯定。总的来说，中山大学给我留下了几点比较深刻的印象，可以概括为“五个新”。

一、人才培养和学科建设上了新水平

人才培养的规模日益扩大，办学质量显著提高。目前在校本科生达到3.2万人，研究生近2万人，其中，博士生4 300多人。师资力量雄厚，有“长江学者”25人。1999年以来，全国每年遴选出100篇优秀博士学位论文，至今中山大学共有19篇入选，名列全国高校第9位，占全省入选论文总数的70%。学科布局不断优化，建设了太阳能、新能源、精细化工、食品安全、公共安全、数字家庭、核工程与核技术、空间技术等新兴学科建设项目。目前拥有23个二级学科国家重点学科，4个国家重点试验室。参与了丁肇中先生主持的国际空间站实验计划，朱熹平教授和他的合作者第一个给出了庞加莱猜想的完全证明，曾益新院士、宋尔卫教授的研究成果也分别在国际顶尖的学术期刊《自然·遗传学》和《细胞》上发表，这些都是很了不起的成绩。

二、社会服务取得了新成效

近年来，中山大学积极探索产学研合作模式，以支持国家尤其是广东的产业结构调整为目标，主动适应地方社会经济发展需要，组建了多个为产业发展和地方经济建设服务的技术创新团队，与地方政府部门、企事业单位开展了1 300多项横向科研合作，并与广州、深圳、珠海、佛山、湛江、东莞等地方政府共建了7个研究院，加快关键技术攻关和产业化，取得了巨大的经济效益。

三、综合实力实现了新跨越

在教育部和广东省委、省政府的支持下，随着“211工程”“985工程”等国家建设高水平大学的重大措施的落实，中山大学综合实力显著增强，与国际一流大学之间的差距明显缩小，反映数量的指标进步很快，反映质量的指标进步更快。中山大学还较早进行了人事制度等改革，成为全国以制度创新推动学校发展的先行先试高校之一。面向港澳和国外开放办学的规模显著扩大，国际合作水平明显提高，为建设成为居于国内一流大学前列、具有国际影响的高水平大学奠定了坚实基础。

四、和谐校园建设呈现出新面貌

刚才走进校园的时候，看到校园环境非常优美，树荫下有不少读书的学生，小礼堂、大钟楼、“乙丑进士”牌坊等历史悠久的古建筑颇具岭南特色，我深深感受到中山大学既有百年学府厚重的人文精神积淀，又有充满生机勃勃的时代气息，也感受到了这里人与自然的和谐、历史传统与时代精神的传承。这些年来，中山大学总体上保持了和谐、安定、有序的良好局面，这与学校领导班子、全校师生员工长期以来传承大学发展理念，注重大学精神和校园礼仪建设是分不开的。

五、学习实践活动取得了新成果

中山大学紧紧围绕“培养什么样的人，怎么培养人”和“办什么样的大学，怎样办大学”这两个根本问题，突出“抓机遇，强特色，科学发展建设高水平大学”这一实践载体，切实把深入贯彻落实科学发展观转化为办学的根本方向、内在动力和自

觉行动。认识有新提高，发展有新思路，工作有新举措，作风有新转变。着重从办学理念和思路、体制机制、学科建设、人才培养、师资队伍、服务社会、关心民生、学校党建等方面查找和解决问题。特别是举全校之力，努力解决毕业生就业问题，为学校和社会稳定作出了贡献。

总之，建校85年来，特别是改革开放以来，中山大学不断创新办学理念，提高办学质量，取得了丰硕的科研和学术成果，实现了跨越式发展，跻身全国一流大学前列，为国家培养了大批高素质人才，为广东的经济社会发展作出了重要贡献。成绩来之不易，可喜可贺！借此机会，我代表中共广东省委、省政府向中山大学领导班子和全体师生员工表示热烈的祝贺和衷心的感谢！

党的"十七大"确立了"优先发展教育，建设人力资源强国"的重大战略方针，切实把教育摆在优先发展的位置。对于广东而言，抓教育就是抓广东的未来，抓教育就是抓广东的科学发展，而高等教育是整个教育事业的火车头。当前，我省高等教育以及中山大学都面临新的良好发展机遇。2008年12月底，在改革开放30周年这一历史节点上，国务院批复了《珠江三角洲地区改革发展规划纲要(2008—2020年)》(以下简称《规划纲要》)。明确提出要以新的思维和机制推动高等教育发展上新水平，加大对国家重点建设大学的支持力度，到2020年，重点引进3～5所国外知名大学到广州、深圳、珠海等城市合作举办高等教育机构，建成1～2所国内一流、国际先进的高水平大学。作为我省高等教育领头羊的中山大学，应该责无旁贷地肩负起这一历史重任，也最有条件朝着这一目标迈进。

从这样的要求看，我认为中山大学可以确立这样的奋斗目标：坚定不移地走科学发展道路，争当我国建设高等教育强国的排头兵，成为广东提高自主创新能力的生力军，成为广东集聚人才的重要高地，成为广东探索科学发展模式的重要思想库，努力建设成为国内一流、国际先进的高水平大学。给你们提出这样的定位，既是落实《规划纲要》的需要，也是广东建设教育强省的需要，更是中山大学发展的内在要求。

下面，围绕中山大学如何实现上述目标，推动科学发展上水平，结合这次学习实践科学发展观活动，我讲几点意见，供你们参考。

一、开展深入学习实践科学发展观活动，必须与"培养什么样的人"联系起来

联系实际是开展学习实践活动的根本要求。人才培养始终是高等学校的根本使命，对中山大学来说，"培养什么样的人"就是最大的实际。要通过深入开展学习实践活动，坚持社会主义办学方向，坚持以人为本，把"尊师重教"和"善待学生"的理念贯穿到教育教学的全过程，着力培养德才兼备、全面发展的中国特色社会主义事业建设者和接班人，为推动广东科学发展提供强大的智力支撑。

首先，要传承和发扬大学优良的精神和传统。十年树木，百年树人。一所大学，特别是像中山大学这样的百年老校，在长期的办学发展过程中，形成和积淀了一些特有的理念、精神和传统。例如，中大"博学、审问、慎思、明辨、笃行"的校训，孙中山先生提出的"学生要立志做大事，不可要做大官"的理念，形成的"科学性、革命性、开放性"高度融合的中大精神，都成为一种价值理念和精神传统，潜移默化地影响着一代又一代学子。从某种意义上说，这些良好的精神传统，可能比学几年知识更重要，更使人终生受用。所以，希望中山大学不仅要重视学生知识层面的教育，更要重视学生人文精神层面的教育，加强大学精神和大学文化建设，充分挖掘、传承和弘扬优秀的中大人精神。

其次，要着力提高学校思想政治教育工作质量。要改革创新思想政治教育的内容和形式，比如，发挥校园网络、学生社团的作用，不断增强教育的针对性和实效性，培养教师和学生牢固树立社会主义核心价值观，增强社会责任感和历史使命感，在国家发展、民族振兴的历史进程中实现个人的发展。学校里的社团是培养学生精神、能力的重要场所，社团有各种各样的种类，也涉及网络这样的新事物。要加强大学生就业教育，引导学生转变就业观念，积极鼓励毕业生到人才缺乏的偏远地区和基层建功立业。现在我国不是缺乏大学生，而是很多缺乏大学生的地方大学生不愿意去，当然，这不是学校单方面能解决的问题，需要全社会共同努力才能解决。2009年2月初，中山大学的邓彬祥和廖丽珺同学给我写了一封信，寄来了他们参加"服务百县千镇，为广东发展建言献策"学生社会实践的调研成果《足目集》，他们的调研成果令人高兴，让我真切地感受到了中大学子落实"笃行"这一校训，注重社会实践、勤思好学、励志报国的热情和才干，这也是中大精神的重要体现。要进一步创新和完善学校党建工作机制，着力建设高素质的领导班子，提高治校办学的能力。

最后，要调整优化专业结构，创新人才培养模式。这些年来，中山大学在培养高素质创新型人才

方面做了积极的探索，取得了明显的成效，接下来还要围绕贯彻落实《规划纲要》的要求，按照经济社会发展和产业转型升级的要求，认真查找专业设置、学生专业素质培养等方面存在的差距，继续深化教育教学改革，积极主动调整专业结构，更新教学内容，创新人才培养模式，加快培养适应经济社会发展需要的高素质人才。以我在经济工作中的体会来看，学校与企业类似，同样是出产品，只是形式不同，出的是学生这种特殊性质的“产品”，因此，同样要根据经济社会发展的需要来考虑。整个经济社会发展的过程就是一个不断研究优化资源配置的过程，这是经济工作要考虑的一个问题。我曾赞叹一个企业在优化资源配置上下足了工夫，而政府这么多资源却没有很好地研究优化配置。企业领导回应说那是因为政府部门不自负盈亏，我认为这点到了要害。如果企业不优化资源配置就会垮掉。现在国家机关全额供给，事业单位差额供给，因此大家紧迫感不强，而要想满足经济社会发展需要，就要不断对现有资源进行优化、重组，这是一个永恒的课题。长期以来，中山大学在发展中不断优化重组，这种优化重组到目前为止仍未结束。要大力培养学生的实践能力和创新能力，本科人才培养要坚持“通识教育、大类教学、复合创新”的教育观念，提高学生的综合素质；研究型人才要更加注重创新思维和创新能力的提高。

二、开展深入学习实践科学发展观活动，必须与“办什么样的大学”联系起来

办什么样的大学，怎样办好大学，是高等学校面临的核心问题。我省高等学校要推动科学发展上水平，关键要进一步明确各类学校的办学定位、办学方向和办学特色。我们知道，一架钢琴之所以能弹奏出优美的旋律，关键是它有不同的琴键。在促进我省高等教育的大发展中，我们需要大家合唱，也需要高音和低音。各高校要结合实际，找准定位，错位发展，办出自己的特色和品牌，形成百花齐放的生动局面。研究型大学，要着力攻克科技尖端、社会前沿的重大课题，加强研究生教育，培养高层次拔尖型人才；教学研究型大学，要着力培养高素质创新型人才；教学型大学，要着力抓好高质量的本科教育，培养高素质专门人才；高等职业技术学校，要着力培养符合现代产业发展需要的技能型、应用型人才。

中山大学作为一所综合性的研究型大学，是广东高等教育的龙头，你们的水平如何，决定着广东高等教育的水平。要以“争当高等教育强国排头兵”为奋斗目标，努力创建国内一流、国际先进的高水平大学，在培养高层次创新型人才、聚集顶尖高端人才、推进科学研究与技术创新、增强社会服务能力、引领文化发展方向等方面下更大的力气，充分依托哲学人文社会科学的优势，发挥“科学发展、先行先试”思想库的作用，促进学校办学水平和综合实力再上一个新台阶，为广东经济社会发展作出更大的贡献。

三、开展深入学习实践科学发展观活动，必须与“发挥什么样的作用”联系起来

高等学校是人才培养的摇篮、科技创新的源泉、社会发展的智库，在经济社会科学发展的全局中具有举足轻重的作用。站在新的历史起点上，面对新形势、新任务，中山大学要办成高水平大学，就要注意发挥“顶天立地”的作用。“顶天”就是要能够站在时代和国际学术前沿，加强基础性、前瞻性、创造性的科学研究，做一些“阳春白雪”的事，生产出一流的人才和成果。要大力加强国家重点学科、重点实验室和重点工程中心建设，积极承担国家重点基础研究发展规划项目、国家自然科学基金重点项目、国家社会科学基金重大招标项目。要努力争取国家实验室的建设立项。同时，还要创新学校人才体制机制，构建人才高地，形成有利于高层次拔尖人才创业发展的良好环境。“立地”就是要解决关系国计民生的理论和现实问题，做一些“下里巴人”的事，更好地服务国家和地方经济社会发展，担负起与自身发展实力相称的社会责任。

值得肯定的是，《规划纲要》出台后，2009年4月，中山大学、华南理工大学、暨南大学等高校见事早、行动快，制定了贯彻落实《规划纲要》的工作实施方案，主动请战，主动调整办学思路和方向，在全省起到了很好的示范作用。全省高校都要以贯彻落实《规划纲要》为契机，增强责任感、使命感和紧迫感，主动融入地方的发展，主动为地方的经济社会发展服务，为全省促进提高自主创新能力、促进传统产业转型升级、促进建设现代产业体系服务。要以我省的产业发展为导向，实现高校科技创新与产业发展的紧密对接。进一步深化高校产学研合作，加快科研成果的转化和产业化，创新产学研合作机制，实现学科建设与经济社会发展良性互动。

中山大学作为在粤部属高校，在引领、带动全省高校人才培养、科技创新方面，在促进建设创新型广东的历史重任中，义不容辞，也责无旁贷。要

牢固树立“以服务求支持，以贡献谋发展”的宗旨，主动作出表率，主动融入地方，面向地方经济社会建设的主战场，将学校的发展与广东新一轮的科学发展紧密联系起来。要充分发挥研究型高水平大学的科技创新优势，大力推进产学研结合，深化高校科技体制改革，着力解决科技与经济“两张皮”的问题，为推进我省自主创新和建设现代产业体系服务。要充分发挥高素质拔尖人才培养的主阵地作用，坚持规模和质量并重，培养一大批具有全球视野、具备国际竞争力的复合型高层次人才，提升高等学校办学水平，在广东的科学发展中勇挑重担、再立新功。刚才，黄达人校长谈到，最近中山大学在与法国进行核能领域的合作，签订了共建“中法核工程与技术学院”合作意向书，这是一种很好的国际合作办学模式。下一步，扩大内需还是我国拉动经济增长的重要战略，国际金融危机后，各国都要作出一些相应的战略调整，可能更多的国家和地区也都瞄准了中国这个13亿人的大市场，现在不仅是高档品、名牌产品向中国销售，像核能这样的高技术领域可能也将更快地进入中国。中山大学与法国进行核能领域合作这个成功的范例打开了将来在这方面合作的思路，各高校都要向这方面努力，这是很有前途的，省里会全力支持。

八十年来，中大人秉承“博学、审问、慎思、明辨、笃行”的校训，为我国经济社会发展和现代学术进步谱写了光辉的历史篇章。当今时代，中华民族正在实现伟大复兴的道路上阔步前进，当代中国社会也正在经历广泛而深刻的变革，广东也在努力争当实践科学发展观的排头兵。高校的师生们作为思想最为敏锐、知识最为丰富、行动最有活力的一个群体，理应把自己的理想、抱负和发展，与时代的要求、民族的进步紧密结合起来。希望老师们要“学为人师、行为世范”，牢记教师的神圣职责，加强自身道德修养；要淡泊名利、甘为人梯，乐于为学生的成长无私奉献；要爱岗敬业、严谨笃学，塑造严谨求实的治学态度和学术精神。希望同学们志存高远、提高修养，既要有远大理想，又要脚踏实地，牢固树立正确的世界观、人生观和价值观；勤奋学习、刻苦钻研，用科学知识武装自己；要强健体魄、勇于实践，成为社会发展和民族进步的生力军。

我相信，在学习实践科学发展观活动的推动下，在教育部和省委、省政府的高度重视及学校领导班子的带领下，在全体师生员工的共同努力下，中山大学一定会百尺竿头，更进一步，一定会为广东高等教育的发展、为广东的科学发展作出更大的贡献！

在华南农业大学教师代表座谈会上的讲话

广东省省长　黄华华

（二○○九年九月八日）

在新学年刚刚开始、第25个教师节即将到来之际，我与宋海同志今天率省直有关单位负责同志到华南农业大学来，主要目的有两个，一是看望大家。长期以来，大家奋战在教育工作第一线，辛勤耕耘，开拓进取，为我省高等教育事业的改革发展、推动全省经济社会又好又快发展作出了重要贡献。在此，我代表省委、省政府向华南农业大学全体教职员工，并通过你们向全省教育战线的广大教师和教育工作者致以节日的问候和崇高的敬意！二是进行调研。主要是围绕贯彻落实省委十届五次全会精神、进一步提升高等教育发展水平的问题与大家共同研究。刚才，我们慰问了卢永根院士、朱兴全教授、刘耀光教授，察看了广东省人兽共患病预防与控制重点实验室、广东省高等学校植物功能基因组与生物技术重点实验室、广东省植物分子育种重点实验室，并听取了陈晓阳校长关于近年来华南农业大学发展情况的汇报和教师代表骆世明、朱兴全、邓诣群同志的发言，我感到十分高兴。总的来看，华南农业大学近几年来坚持解放思想，不断深化改革，突出办学特色，着力加强学科建设，提升教学科研水平，推动学校的各项工作都迈上了新台阶。主要体现在以下四个方面。

一、教学质量不断提高，人才培养工作成绩显著

近几年，华南农业大学每年招收本科生9 000多人，其中省内学生7 000多人，占省内重点大学录取总数的1/3。与此同时，不断推进人才培养模式改革，着力发展应用型专业和课程。目前，学校有国家级精品课程8门，国家级特色专业8个。2008年，研究生以第一作者发表、被国际三大检索系统收录的论文达85篇，比2007年增长10%。还有3篇博士论文获全国优秀博士学位论文奖，在全国农业高校中名列前茅。

二、学科建设得到优化，创新能力明显增强

按照“扬优扶新、加强特色、突出重点、提高水平”的思路，努力提高农业科学、生命科学等优势特色学科水平，植物营养遗传、水稻分子标记育种、航天育种等领域的研究取得重大进展。学校已拥有5个国家重点学科，还有7个项目获省“211工程”三期重点学科立项建设。2008年，学校发明专利申请量居全省高校第三位。我省刚刚授予的2008年度省科学技术奖项中，华南农业大学入围10项，2项获得一等奖。

三、办学特色更加突出，服务水平日益提升

坚持以服务“三农”和地方经济发展为己任，实施“四个一工程”，探索运用了“科技绿舟”成果推广模式，先后与云浮、湛江、梅州等14个市（县、区）建立了农业科技全面合作关系，并辐射到广西、贵州、陕西等地，目前有100多个项目在实施。扎实开展产学研合作，荣获“全国农村科技特派员工作先进集体”称号。同时，积极为抗击非典、禽流感和甲型H1N1流感等提供科技支撑，在应对重大公共事件中发挥了重要作用。

四、“人才强校”战略顺利实施，师资队伍建设卓有成效

目前，学校有中科院院士1人，国务院学位委员会学科评议组成员5人，博士生导师191人，“长江学者奖励计划”特聘教授3人，“长江学者奖励计划”讲座教授1人，广东省高等学校“珠江学者”9人，国家杰出青年基金获得者2人，国家级有突出贡献专家4人。

华南农业大学各项工作的扎实有效推进，为我省高等教育事业的改革发展起到了重要的促进作用。近年来，我省坚持优先发展教育，特别是着力改善高等学校办学条件，积极扩大高等教育规模，优化高等教育结构，推动高等教育实现了跨越式发展。2008年，全省普通高校从2002年的71所增加至108所，位居全国第3位。普通高校在校生人数从

2002年的46万人增加到122万人，位居全国第4位。高等教育毛入学率从2002年的15.3%增加到27%，高出全国平均水平2个百分点。这些成绩的取得，是在省委、省政府的正确领导下，包括华南农业大学在内的广大教职员工与学生们共同努力的结果。特别是广大教师和教育工作者忠诚于党和人民的教育事业，呕心沥血，默默耕耘，无私奉献，勇攀高峰，为我省高等教育的改革发展作出了重要贡献。华南农业大学领导班子团结和谐、开拓进取、充满活力，带领全校师生员工艰苦奋斗，不断开创学校改革发展新局面。省委、省政府对华南农业大学的工作是充分肯定的。希望你们再接再厉，把华南农业大学建设得更好。

当前，我省经济社会正处于全面转入科学发展轨道的关键时期。教育是一个民族最根本的事业。坚持优先发展包括高等教育在内的教育事业，是广东科学发展的基础所在、关键所在。下一步，我省高等教育要在保持规模合理增长的同时，着力在提高教育质量上下工夫，争创国家高等教育综合示范区。华南农业大学是我省农科类唯一的重点建设大学，2009年11月将迎来百年校庆，希望华南农业大学继续发扬“修德、博学、求实、创新”的优良传统，坚持改革创新，突出办学特色，努力把学校建设成为以农业科学为优势、生命科学为特色、多学科协调发展的高水平教学研究型大学，在推动我省农业农村经济发展和现代化建设方面发挥更大作用。至于具体的工作，你们在汇报中已提出了很好的意见，我都赞成，要认真抓好落实。在这里，我再提四点希望。

（一）强化特色，拓展优势，大力提升学科发展水平

建设一流的大学，首先必须有一流的学科。要紧密结合我省经济社会发展要求，以发展现代农业、建设新农村、培育新型农民需求为导向，加快学科的调整布局。要突出行业、地域特色，积极发展生命科学等新兴学科，不断增创新优势，大力提升学科综合实力和水平。农业科学和生命科学是华南农业大学的优势和特色，希望接下来能促进这两大学科有更高更好的发展。

（二）深化教学改革，着力提高人才培养质量

人才培养是学校的根本任务，教育质量是学校的生命线。要根据就业市场和全省经济社会发展对人才需求的变化，适时加快专业和课程设置调整。积极深化教育教学改革，全面推进素质教育，创新人才培养模式，推动科技创新、学术发展与人才培养紧密结合，提高人才培养质量，努力为社会培养理论知识扎实、实践能力强的应用型和创新型人才。

（三）强化科技创新和推广应用，为推动我省农业现代化建设提供强有力的科技支撑

《珠江三角洲地区改革发展规划纲要（2008—2020年）》明确提出要加快转变农业发展方式，优化农业产业结构，建立具有岭南特色的都市型、外向型现代农业产业体系，率先实现农业现代化，这迫切需要农业科技作为支撑。你们规划重点在动植物良种选育与繁育、动植物重大病虫害防疫体系、现代化农业设施与装备制造发展、农产品加工与保鲜贮运体系、农产品质量安全体系等方面取得突破。这个思路很好，要抓好落实，确保取得实效。同时，要大力推进农业科技成果转化与推广应用，主动服务于社会主义新农村以及生态城市建设，为现代农业发展、食物安全、环境安全、生态安全等提供强有力的科技支撑和智力保障。

（四）坚持人才强校，努力建设一支高素质的教师队伍

坚持“一把手”抓“第一资源”。突出重点，加大对学科带头人和教学科研骨干的培养、引进力度，尤其要抓住国际金融危机后世界经济格局调整、人才流动频繁的机遇，着力引进海内外高层次人才和高水平团队。以发挥人才最大效用为目标，创新人才工作机制，使人才招得来、留得住、用得好。要积极改善教师的工作、学习条件和生活待遇，为教师成长、发展创造良好环境。也希望广大教师和教育工作者继续发扬爱岗敬业、甘为人梯、乐于奉献的精神，积极投身教育改革实践，切实当好科学知识的传播者和创造者，为办好人民满意的教育、促进我省经济平稳较快发展、争当实践科学发展观的排头兵作出更大贡献。

在广东外语外贸大学教师代表座谈会上的讲话

广东省省长　黄华华

（二〇〇九年九月九日）

明天是我国的第25个教师节。我与宋海同志今天率省直有关部门的负责同志到广东外语外贸大学来，主要有两个目的，一是看望大家。长期以来，大家奋战在教育工作第一线，辛勤耕耘，开拓进取，为我省高等教育事业的改革发展、推动经济社会又好又快发展作出了重要贡献。在此，我代表中共广东省委、省政府向广东外语外贸大学全体教职员工致以节日的问候和崇高的敬意！二是进行调研。主要是围绕贯彻落实省委十届五次全会精神、进一步提升高等教育发展水平的问题与大家共同研究。刚才，我们慰问了桂诗春、栾栋、詹成三位老师，察看了学校的校容校貌、MBA中心和同声翻译实验室等，听取了教师代表的发言和隋广军校长关于学校改革发展的情况汇报，我感到很高兴。总的感觉是，广东外语外贸大学近几年来无论是教学工作还是科研工作都上了一个新台阶，整个学校充满生机活力，主要体现在以下四个方面。

一、办学条件日益完善，规模不断扩大

目前，广东外语外贸大学校园面积近153万平方米，拥有总面积5万多平方米的实验室，在校全日制本科生、研究生共21 000多人，在编教职工1 900多人。学校不仅设备先进，而且环境幽雅，为学生求学、教师授业创造了良好条件。

二、学科建设稳步推进

学校以“211工程”三期项目建设为载体，不断完善学科重点发展规划，加强传统优势学科改造升级，推进学科交叉和多学科联合，确保了外国语言文学学科在全国的领先地位。MBA教育以“全球视野、全英教学、融贯中西”为理念，逐步成为新一代国际MBA教育品牌。在全国首创设置的翻译硕士专业（MTI）致力于培养高素质翻译人才，很有发展潜力。全力提升经贸、管理、法学和中国语言文学等学科特色和水平，开设英语、日语、葡萄牙语等13个外语语种专业，成为华南地区小语种专业设置最齐全的高校。

三、教学水平和人才培养质量不断提高，为广东对外开放、对外交往作出了积极贡献

学校培养的学生，既有语言综合优势，又有新闻、经贸、法律等专业知识，较好地适应了广东经济社会发展的需要，得到了社会的广泛认可。近三年来，学校本科毕业生的总体就业率均保持在98%以上，位居全省高校前茅。同时，学校经常为中共广东省委、省政府提供高质量的研究报告和咨询服务，承担了广东国际经济咨询会等大量重大涉外活动的翻译任务。学校还十分重视对外交往，先后与国内外130多所高校或机构建立了长期合作关系，扩大了学校的影响。

四、教师队伍建设不断加强

学校高度重视高层次人才培养和引进。将引进人才的安家费从最高40万元提高到最高160万元，科研启动经费从最高15万元提高到最高50万元，并根据办学定位要求积极培养“双语教学”师资，培养和引进了一大批高层次专业技术人才，许多中青年教师已成长为学校教学、科研骨干和学科带头人。

这些成绩的取得，是在中共广东省委、省政府的正确领导和全省人民的大力支持下，全校广大教职员工与学生们共同努力的结果。特别是广大教师和教育工作者忠诚于党和人民的教育事业，呕心沥血，默默耕耘，无私奉献，勇攀高峰，为我省教育改革发展作出了重要贡献。中共广东省委、省政府对广东外语外贸大学的工作是充分肯定的。希望你们再接再厉，把学校建设得更好。

党的“十七大”确定了“优先发展教育，建设人力资源强国”的重大战略方针，切实把教育摆在优先发展的位置。对于我省而言，抓教育就是抓广东的未来，就是抓广东的科学发展。中共广东省委、省政府历来高度重视教育事业的发展。“十一五”

期间，为扩大高校招生规模，省财政从2004年实行学生综合定额加少量专项资金的预算管理办法，目前已累计安排生均综合定额经费120多亿元，加之每年安排的贷款贴息资金，以及2007年省财政一次性拿出150多亿元解决大学城高校欠债问题，为全省高等教育实现跨越式发展提供了强有力的保障。当前，我省高等教育的发展又面临良好的机遇。特别是《珠江三角洲地区改革发展规划纲要（2008—2020年）》赋予我省“科学发展，先行先试”的责任，明确提出要创建国家教育综合改革示范区。广东外语外贸大学作为我省重点建设的涉外型高等学府，是华南地区外语语种最多、外语人才最集中的高校，是我省国际化人才培养和外经贸研究的重要基地，在全省高等教育事业中具有重要位置，在落实《珠江三角洲地区改革发展规划纲要（2008—2020年）》、推动科学发展中负有重大责任。希望广东外语外贸大学充分发挥优势和特色，围绕建设全国涉外型一流大学、高水平教学研究型大学的目标，努力实现跨越式发展。至于下一步的工作，你们在汇报中已提出了很好的意见，我都赞成，要认真抓好落实。在这里，我再提四点希望。

（一）增强改革意识，加快推动新一轮大发展

要进一步解放思想、更新观念，不断深化改革，着力构建充满活力、适应教育规律和市场规律的办学体制机制。要充分发挥质量优势，抓好重点学科建设，瞄准若干个重点学科，力争培育出在国内处于领先水平的优势学科群，带动学校发展层次和品牌的提升。要加强学科专业的优化组合和交叉融合，组建跨学科、跨单位、跨学院的学术队伍，形成新的研究方向或研究领域，打造新的学科生长点和学科特色。

（二）增强服务意识，造就高素质人才，更好地为广东经济社会发展服务

培养高素质人才是衡量办学质量的第一标准。要适应经济社会发展的形势需要，加大金融、会展、物流、信息服务、商务服务、外包服务、总部经济和国际旅游业等人才的培养力度，创新外包服务人才的培养模式，建立多语种翻译服务中心，全面提高各类专业人才的培养质量。要进一步发挥外语、外贸、金融、管理、法律等专业人才汇聚的优势，跟踪我省外经贸发展形势，提出更多有价值的研究成果，为我省外经贸发展和保增长保民生保稳定提供智力支持。同时积极为我省在发展高新技术、提升优势传统产业、推动产业转型升级等方面提供决策咨询，努力服务于“三促进一保持”。

（三）增强开放意识，提高学校竞争力

要树立开放办学的理念，努力提升教育国际合作质量，实现从增加中外合作办学项目向着力引进优质教育资源转变，从注重课程、教材、教师、教学合作向注重办学模式和办学机制集成创新转变。要充分利用各种资源和渠道，努力吸引海外一流专家、学者来校工作，带动国际学术交流与合作。对素质较高、基础较好、有培养前途的青年教师，要有重点地输送到国外知名大学培养、深造。

（四）增强德育意识，着力加强思想政治建设

做好高校党建工作，对于高校科学发展至关重要。要始终坚持育人为本、德育为先，把育才和育德有机结合起来，加强和改进大学生思想政治教育，不断提高针对性、有效性和吸引力、感染力，努力把学生培养成德智体美全面发展的社会主义建设者和接班人。

在广东省庆祝2009年教师节暨表彰优秀教师大会上的讲话

广东省省长　黄华华

（二〇〇九年九月十日）

老师们、同学们、同志们：

我们今天在这里隆重集会，热烈庆祝第25个教师节，表彰为我省教育事业作出突出贡献的优秀教师和优秀教育工作者。在此，我谨代表省委、省政府向全省广大教师、教育工作者、离退休老教师致以节日的问候和崇高的敬意！向受到表彰的先进个人表示热烈的祝贺！向多年来一直关心支持我省教育事业改革发展的广大干部群众和社会各界人士表示衷心的感谢！

省委、省政府历来高度重视教育工作，坚持把教育放在优先发展的战略地位来抓。各级党委、政府以及广大教师和教育工作者认真贯彻党的教育方针，按照中央和省关于教育工作的各项决策部署，狠抓落实，开拓进取，推动各级各类教育快速健康发展，为全省经济社会发展提供了有力的人才支撑和智力保证。一是城乡免费义务教育全面实现。普及九年义务教育工作进一步巩固，义务教育均衡发展取得新进展。二是高中阶段教育办学规模快速扩大。毛入学率从2002年的44.7%提高到2008年的72%，珠江三角洲地区基本实现普及高中阶段教育。三是中等职业教育发展步伐明显加快。中等职业教育实现战略性结构调整，办学条件不断改善，办学规模不断扩大，办学水平不断提高，在校生从2002年的81.2万人提高到2008年的153.6万人，位居全国第三位。四是高等教育跨越式发展。截至2008年底，全省普通高等学校达108所，独立学院17所，位居全国第三位。全日制普通本专科在校生122万人，位居全国第四位。高等教育毛入学率达27%，高于全国平均水平2个百分点。2002年以来，全省高校累计向社会输送140万名高级专门人才。五是师资队伍建设成效显著。农村教师队伍建设得到进一步加强，解决中小学教师工资福利待遇和代课教师问题进展顺利。高校高层次人才队伍不断壮大，全省高校有两院院士23名，长江学者58名，珠江学者40名，“973”首席专家11名。全省教育事业的大发展，为促进我省率先发展、科学发展奠定了良好基础。这些成绩的取得，凝聚着全省广大教师和教育工作者的心血和汗水。广大教师长期以来坚守三尺讲台，克服各种困难，默默耕耘奉献，充分发挥了教育改革与发展的主体作用。特别是今天受到表彰的先进个人，是广大教师和教育工作者的优秀代表，在平凡的岗位上创造了不平凡的业绩。这当中有忠于职守、勇于开拓、治校有方的学校领导，有倾尽爱心、精心育人的普通教师，也有初涉教坛、勇于创新的教学新秀。他们甘为人梯的奉献精神，恪尽职守的敬业情怀，为人师表的高尚品德，值得广大教师和全社会共同学习。希望受到表彰的各位教师珍惜荣誉、再接再厉，再创佳绩。希望广大教师和教育工作者学习他们忠于党和人民教育事业的崇高境界，学习他们为人师表、无私奉献的高尚品德，学习他们勇于探索、开拓创新的进取精神，努力为我省教育改革和发展作出新的更大的贡献。

百年大计，教育为本。党的“十七大”确定了“优先发展教育，建设人力资源强国”的重大战略方针。温家宝总理最近在北京调研时又进一步强调，教育是一项神圣而光荣的事业；国运兴衰系于教育，只有一流的教育，才有一流的人才，才能建设一流的国家。这充分体现了党中央、国务院对教育事业发展和教师队伍建设的高度重视。我们必须认真学习、深刻领会、狠抓落实。对于我省来说，抓教育就是抓广东的未来，就是抓广东的科学发展。当前，我省经济社会发展已站在新的历史起点上，正处于全面转入科学发展的关键时期。省委、省政府提出要把我省“建设成为提升我国国际竞争力的主力省，探索科学发展模式的试验区，发展中国特色社会主义的先行地”，这迫切需要教育做支撑。全省各级党委、政府要坚定不移地把教育摆在优先发展的战略地位，坚持以科学发展观统领教育事业发展全局，认真贯彻落实《广东省教育现代化建设纲要》和《广东省教育发展“十一五”规划》，围绕建设教育强省、率先实现教育现代化的目标，切实做到经济社会发展规划优先安排教育发展，财政资金优先保障教育投入，公共资源优先满足教育和人力资源开发需要。要大力实施义务教育均衡发展工程、普及高中阶段教育工程、职业技术教育发展壮大工程、高等教育发展水平提升工程以及师资队伍建设工程等“五大教育工程”，推进我省教育事业不断上新台阶。要把教育工作成绩作为领导干部政绩考核的重要内容，进一步加大教育督导工作力度，确保党和国家关于教育工作的政策部署得到不折不扣的落实。各级教育行政管理部门和学校，要把培养高素质人才作为教育的根本任务，大胆探索改革，勇于冲破传统观念和体制的束缚，树立先进的教育理念，努力培养创新型、实用型和复合型人才。

教育大计，教师为本。推动教育事业又好又快发展，教师是关键。各级党委和政府要高度重视教师工作，依法维护教师的合法权益，努力提高教师的地位和待遇，改善教师的工作和生活条件，诚心诚意为教师办实事、解难事，使教师在岗位上有幸福感、在事业上有成就感、在社会上有荣誉感，吸引更多优秀人才进入教师队伍，鼓励更多的优秀青年终生从事教育事业。各级教育行政部门和学校要牢固树立教师为本的思想，积极深化教育人事制度改革，合理配置教师资源，健全教师考核评价机制，全面推进教师公开招聘和聘任制度，形成能进能出、开放包容、富有活力的教师队伍管理机制。要进一步完善教师继续教育制度，通过离岗进修、短期培训、教学研究等形式，加大教师队伍培训的力度，造就一大批具有创新能力的高素质中青年学术骨干，努力建设一支高水平的师资队伍。各行各业、社会各界要发扬尊师重教的优良传统，努力在全社会形成尊师重教的良好风尚。

学为人师，行为世范。教师是人类灵魂的工程师，是社会主义精神文明建设的传播者和建设者，是学生增长知识和思想进步的导师，是“天底下最阳光的职业”。要坚持把师德建设放在教师队伍建设的首位，大力宣传模范教师先进事迹，不断提高教师的职业道德水平。要坚决克服教师队伍中的不正之风，建立健全师德建设的长效机制，维护教师的光辉形象。在这里，我对广大教师和教育工作者提出四点希望。一是始终忠诚于党和人民的教育事业。要爱党爱国，爱岗敬业，珍爱教师的光荣称号，把全部精力和满腔真情献给教育事业，为祖国和人民培养合格的建设者和接班人。二是树立终生学习的理念。要加强业务学习，拓宽知识视野，更新知识结构，掌握现代教育技术，不断提升教学质量和科研水平，增强教书育人的本领。三是增强创新意识。要积极投身教育改革实践，勇于探索，开拓进取，不断推动教育理念创新、教学方法创新和人才培养模式创新。要按照教育规律的要求，注重启发式教育，使学生不仅学到知识，还能提升素质。要按照以人为本的要求，注重创造性教育，尊重学生、关爱学生、服务学生，为学生成长创造自由活泼的氛围，培养学生独立思考、勇于创造的能力。四是把崇高师德内化为自觉价值追求和行为取向。要坚持社会主义核心价值体系，传承中华民族传统美德，倡导社会文明新风，学为人师、行为世范，努力为党和国家培养更多的优秀人才。

老师们、同学们、同志们！广东的经济发展，需要大批的人才和智力。广东的社会进步，离不开教育和教师。让我们紧密团结在以胡锦涛同志为总书记的党中央周围，深入贯彻落实科学发展观，时刻不忘肩上重担，不负人民重托，兢兢业业，奋发工作，共同谱写我省教育现代化建设的新篇章，以实际行动迎接中华人民共和国成立60周年。

最后，祝全省广大教师和教育工作者节日愉快、身体健康、阖家幸福、事业进步！

谢谢大家。

深入学习实践科学发展观　加快建设教育强省和人力资源强省

——在全省2009年度教育工作会议上的讲话

广东省副省长　宋　海

（二〇〇九年一月九日）

同志们：

在我省经济社会转入科学发展的关键时期，按照党中央的部署，省委在全省掀起了学习实践科学发展观的热潮，为我省教育的改革与发展指明了方向。今天，我们在这里举行全省2009年度教育工作会议，就是要深入学习贯彻党的十七届三中全会和省委十届三次、四次全会精神，进一步解放思想，开拓创新，狠抓落实，推动我省教育优先发展协调发展。刚才，罗伟其同志全面总结了全省2008年的教育工作，对2009年的工作作了具体部署，我都赞同。下面，我谈三点意见。

一、深刻认识建设教育强省和人力资源强省对促进全省经济社会科学发展的重要意义

刚刚过去的2008年，是不平凡的一年，是跌宕起伏的一年。在这一年里，爆发了以美国次贷危机为发端的全球金融海啸，对世界金融体系和实体经济产生了巨大而深远的冲击，对我国经济也产生了巨大的影响；我国南方部分地区发生了严重低温雨雪冰冻灾害，四川汶川发生了“5·12”特大地震灾害，给中华民族带来了巨大的灾难。同样，在这一年里，我国成功举办了北京奥运会、残奥会，成功完成了神舟七号载人航天飞行任务，在全世界产生了巨大的影响。在自然灾难和金融危机面前，广东经济社会的发展同样受到了巨大的冲击，但是，在省委、省政府的正确领导下，我们及时调整战略，努力扩大内需，经过全省人民的共同努力，我省经济继续保持平稳较快发展，2008年全省国内生产总值达到35 696亿元。经济的发展为教育的发展提供了保障，也提供了机遇。2008年，我省教育发展成绩显著。义务教育均衡发展取得新进展，全面实施城乡免费义务教育，教育公平得到不断推进，基本解决了义务教育“上学难”的问题；高中阶段教育取得新成效，中等职业技术教育发展迅速，新型的职业技术教育人才培养模式和办学模式初步形成；高等教育发展水平进一步提升，高校自主创新能力进一步增强；素质教育不断推进，坚持德育为首的教育方针，加强未成年人思想道德建设和大学生思想政治教育工作，大力培养具有创新精神和实践能力的一代新人。这些成绩的取得，为我省教育按照科学发展观的要求，进一步解放思想、求真务实，促进教育与经济社会协调发展，促进各级各类教育协调发展，促进教育优先发展、和谐发展、可持续发展打下了坚实的基础。

省委十届三次全会《关于争当实践科学发展观排头兵的决定》提出：坚持教育优先发展，打造人力资源强省。刚刚胜利召开的省委十届四次全会，提出了“促进提高自主创新能力，促进传统产业转移升级，促进建立现代产业体系，保障经济平稳较快发展”的战略部署，这些都对教育的改革与发展提出了更新、更高的要求。在深入学习实践科学发展观，促进我省教育全面转入科学发展轨道的新的历史起点上，我省教育的改革与发展面临着新的挑战、新的机遇、新的目标、新的任务。如果说，改革开放30年，我省教育实现了从人口大省向教育大省、人力资源大省的历史性转变，那么，今后的一段时期，我省教育的新目标和新任务就是要努力实现从教育大省向教育强省、人力资源大省向人力资源强省的历史性跨越。因此，我们要深刻认识教育在广东争当科学发展观排头兵进程中的使命和责任，深刻认识建设教育强省和人力资源强省对促进全省经济社会科学发展的重要意义，全面推进教育的改革与发展。

首先，建设教育强省和人力资源强省是促进经济社会科学发展的迫切要求。科学发展观要求下的发展，是经济社会的协调发展，是经济社会的可持续发展。改革开放的30年，我省经济社会发展取得了历史性的辉煌成就，国内生产总值一直位居全国前茅，但是，我们也应当清醒地看到，随着时代的

发展，我省经济社会发展中的一些深层次问题和矛盾也日益凸现。可以说，过去30年的快速发展，我省主要依靠的是政策优势、地缘优势和先发优势，经济增长方式主要是劳动密集型，消耗了大量的资源和能源。在新的发展时期，我省原有的竞争优势逐渐弱化，面临的国际国内竞争日益加剧。在新的形势面前，我省要增创新的发展优势，必须切实把经济发展转入科学发展轨道，切实转变经济增长方式，加快推进产业结构优化升级，加快建设创新型广东。尤其是面对当前全球性的金融危机和经济危机，我省如何规避传统发展之“危”，抓住科学发展之“机”，化危为机，是摆在各级党政和全省人民面前的大问题。对此，省委、省政府洞察经济社会发展的内在规律，正视矛盾和问题，化被动为主动，大力实施产业和劳动力“双转移”战略，大力实施人才强省战略，加快促进产业优化升级，转变经济增长方式，推动经济社会科学发展、可持续发展。所有这些，都离不开人的能动作用，离不开人力资源。我们知道，在国际国内竞争日益激烈，传统发展模式江河日下的今天，知识、科技、人才日益重要，成为推进经济社会科学发展的决定性因素。我省是人口大省，人口众多，人均受教育水平偏低。素质低，就是沉重的人口负担；素质高，就是巨大的人力资源优势。加快教育事业发展，是把我省巨大的人口压力转化为人力资源优势的根本途径。可见，在我省经济社会全面转入科学发展的新时期，教育的基础性、全局性、先导性作用越来越突出，肩负的任务越来越重。因此，加快建设教育强省和人力资源强省，关系到我省科学发展的大局，是我省经济社会快速发展、协调发展、可持续发展的必由之路。

其次，建设教育强省和人力资源强省是构建和谐广东、全面提高人口素质的迫切要求。教育是提高人民群众思想道德素质、科学文化素质和健康素质的最重要最直接的手段，在弘扬社会主义思想道德、传承中华民族优秀文化传统、推动全社会形成共同理想和精神支柱、促进人的全面发展等方面具有不可替代的作用。一方面，和谐社会的建设，根本在于人与人之间和谐相处，人与自然之间和谐相处。民主法治、公平正义、诚信友爱、充满活力、安定有序、人与自然和谐相处，都必须以全体公民具有较高的素质为基础。只有全省人口的教育水平得到全面的提高，和谐社会的建设才有基础，才有实现的可能。另一方面，和谐社会是公平正义的社会，而教育公平是社会公平的起点和核心环节，是社会公平的基础和重要组成部分。构建社会主义和谐社会，实现人与人之间和谐相处，必须切实维护和实现社会公平和正义，保障人民群众的合法权利和权益。教育涉及人民群众的切身利益和社会发展的各个方面，是全体社会成员最关心、最直接、最现实的一项社会事业，是个体发展提高、缩小社会差距的重要手段。要切实解决好人民群众关心的教育热点难点问题，保障弱势群体的受教育权利；要逐步缩小城乡、区域发展差异，推动教育协调发展，使尽可能多的人能够具有平等接受教育的机会，努力办好让人民满意的教育。因此，推进广东的科学发展，推进广东的和谐发展，关键在于全面提高人口素质，全面发展教育事业。建设教育强省和人力资源强省，既是经济社会协调发展、科学发展的客观需要，也是坚持以人为本，建设和谐社会内在要求。

最后，建设教育强省和人力资源强省是大力提升教育的质量水平和综合实力的迫切要求。在新的发展阶段和新的竞争格局面前，我省经济和社会的科学发展，对人才培养的规格、层次、质量、结构都提出了更新更高的要求。大力提升教育的质量水平和综合实力，是我省经济社会科学发展的必然要求。应当看到，尽管我省教育改革与发展成效显著，但在争当科学发展观排头兵的发展新阶段，我省教育的整体水平与经济社会实现科学发展的要求不相适应，与人民群众对教育旺盛的需求不相适应，与先进省市的差距明显。一方面，我省教育近几年发展虽然快，但由于起点低、基础差、底子薄，导致教育欠账多、负债重，总体水平依然与经济大省的地位不相称。另一方面，我省教育的总量虽大，但结构不合理，综合水平不高。义务教育发展不均衡，区域间、城乡间办学水平差距大；中等职业技术教育发展滞后，人才培养模式不适应经济社会对技能人才的需求；高等学校自主创新能力还不够强，未能有效成为经济发展的“发动机”。在规模发展方面，义务教育阶段的学生数量庞大，高等教育规模和高中阶段的规模偏小，毛入学率偏低。我省每万人口高中阶段教育和高等教育在校生数和毛入学率均低于江苏、浙江、山东等省份，这反映出我省人口素质偏低，庞大的人口仍然是一个沉重的负担，而江苏、浙江、山东的人口已经初步转化为人力资源优势。在新的历史起点上，我们感到，江苏、浙江等先进省份已较好解决了学前教育、义务教育、高中阶段教育“上学难”的问题，进入了“上好学”、全面提高教育质量和办学效益的新阶段；而我省教育尤其是高中阶段教育、高等教育既要大力扩大办学规模，又要大力提高教育质量和水平，承受着解决“上学难”和“上好学”的双重压力。可以说，我省是教育大省和人口大省，但还不是教育强省和人力资源强省。我们要认识到，要实现广东的科学发展，必须大力提升教育的质量水平和综合实力，必须促进教育协调发展、可持续发展，必须大力建设教育强省和人力资源强省。

胡锦涛同志强调指出，教育是体现发展为了人民、发展依靠人民、发展成果由人民共享的重要方面，保证人民享有接受教育的机会，是党和政府义不容辞的职责。教育是一个民族最根本的事业，是广东人民最根本的事业，必须切实摆在优先发展的战略地位。在广东科学发展的新时期，我省教育面临更高的要求，更重的任务，更新的目标。我们务必在省委、省政府的领导下，进一步提高认识，解放思想，开拓创新，扎实工作，增强责任感和紧迫感，大力建设教育强省和人力资源强省，为广东现代化建设提供强大的智力支持、科技支撑和人才保证。

二、深入学习实践科学发展观，促进全省教育优先发展协调发展

党的“十七大”明确指出“教育是民族振兴的基石，教育公平是社会公平的重要基础”，把“优先发展教育，建设人力资源强国”列为“加快推进以改善民生为重点的社会建设”六大任务之首；省委十届三次全会提出要大力实施教育发展的“四大工程”，财政资金优先保障教育投入，公共资源优先满足教育和人力资源开发需要。我们一定要按照中央的精神和省委、省政府的部署，紧紧抓住学习实践科学发展观的重大契机，继续解放思想，大胆开拓创新，推进全省教育优先发展、协调发展，实现由教育大省向教育强省的转变、人口大省向人力资源强省的转变。2009 年及今后的一段时期，要着力抓好以下六个方面的重点工作。

（一）把开展深入学习实践科学发展观活动作为首要任务，确保学习实践活动取得实效

根据省委的部署，省委教育工委、省教育厅作为第一批参加学习实践科学发展观的单位，从 2008 年 9 月开始到 2009 年 2 月底，共用半年的时间开展学习实践活动，目前已进入分析检查阶段。从 2009 年 3 月份开始，我省各市和各高等学校将作为第二批参加学习实践科学发展观的单位，用半年时间开展活动。各单位一定要按照省委的要求，认真、扎实开展好这项活动，务求收到实效，促进各项工作上水平。

开展好学习实践科学发展观活动，首先要明确指导思想和目标任务。要高举中国特色社会主义伟大旗帜，深入学习实践科学发展观，继续解放思想，不断改革创新，牢牢把握“争当实践科学发展观排头兵”这个主题，在创新教育机制体制、促进教育系统党建水平的提高、推动教育事业科学发展上下工夫，努力实现党员干部受教育、科学发展上水平、人民群众得实惠。一是要在深化教育科学发展、优先发展的认识上有新的提高。要进一步加深党员干部对科学发展观内涵和实质的理解和把握，把各级领导班子和领导干部的思想认识统一到科学发展观的要求上来；明确教育科学发展、优先发展的总体思路，营造良好的发展氛围，坚定不移地用科学发展观统领教育工作全局。二是要在领导和服务教育科学发展的能力上有新的提升。努力提升把科学发展观转化为谋划教育发展的宏观指导能力；努力制订发展规划和战略布局、促进各级各类教育事业协调发展、推动教育体制机制改革创新、加强师资队伍建设的实际工作能力；努力提升服务基层、服务学校、服务人民群众的能力。三是在解决教育科学发展的突出问题上有新的进展。力争在推进县域内义务教育均衡发展，大力普及高中阶段教育尤其是加快发展中等职业技术教育，全面提升高等教育发展水平，加强师资队伍建设等方面取得阶段性的新的进展。四是在创新教育科学发展的体制机制上有新的突破。以形成教育优先发展科学发展促进机制为目标，在营造党以重教为先、政以兴教为本、师以爱教为责、民以支教为荣的环境和氛围方面有新的突破。

在明确了学习实践科学发展观活动的指导思想和目标任务后，关键要把学习实践科学发展观活动作为当前一项重要政治任务，切实加强领导、精心组织、周密部署，抓好落实。一要加强领导，落实责任。要成立学习实践科学发展观活动领导小组，主要负责同志要负总责、一级抓一级、层层抓落实。二要精心组织，统筹兼顾。各单位要统筹兼顾，科学安排学习实践活动与当前各项工作，把学习实践活动与贯彻党的“十七大”的一系列重大战略部署结合起来，与巩固和扩大解放思想学习讨论活动成果结合起来，与落实《关于争当实践科学发展观排头兵的决定》结合起来，与加强领导班子建设和基层党组织建设结合起来，与推动广大党员“讲党性、重品行、作表率”结合起来，用科学发展的实际成

果来衡量和检验学习实践活动的成效。三要突出实践，务求实效。各单位党组织要增强大局意识和责任意识，紧密联系本部门本单位工作实际，创新活动载体，创新活动形式，通过学习推动实践，在实践中深化学习。要以解决问题为目标，在分析原因、制定措施、抓好落实方面下工夫，确保学习实践活动不走过场，不流于形式，齐心协力把学习实践活动抓出实效。四要广泛宣传，营造氛围。要高度重视学习实践活动的宣传工作，充分运用报刊、广播、电视、互联网等媒体，大力宣传科学发展观的科学内涵、精神实质和根本要求，宣传开展学习实践活动的重大意义，宣传在学习实践活动中涌现出来的先进典型，宣传学习实践活动的部署、要求、做法、经验和成效，做好舆论引导工作。

（二）以科学发展观为指导，努力制定一个体现时代发展要求的高质量的《教育发展中长期规划纲要（2009—2020年）》

改革开放的30年，是我省经济社会长足发展、跨越发展的30年，也是我省教育长足发展、历史性发展的30年。在接下来的10年或更长的一段时期，将是我省教育由教育大省向教育强省、人力资源大省向人力资源强省跨越发展的重要阶段，是一个十分关键的发展时期。对此，我们必须按照国家教育发展中长期规划纲要的总体要求，结合我省经济社会科学发展的目标要求和实际情况，认真研究当前我省教育发展面临的新形势、新情况，深刻分析存在的深层次的困难和问题，进一步明确今后发展的新目标、新任务，认真做好我省《教育发展中长期规划纲要（2009—2020年）》的制订工作。我们要认识到，研究制定规划纲要是贯彻落实党的“十七大”精神和学习实践科学发展观的迫切要求，是广东经济社会科学发展的迫切要求，是建设教育强省和人力资源强省的迫切要求。要把科学发展观作为制定规划纲要的重要指导方针和重大战略思想，坚持解放思想、深化改革，坚持突出重点、讲求实效，坚持因地制宜、分类指导，坚持民主决策、科学决策，做到全局性、战略性、前瞻性、针对性和可操作性相结合，从广东现代化建设的总体战略出发，对未来12年教育改革和发展作出全面规划和部署，制定出一个高水平的规划纲要。

从我省经济社会科学发展的新要求看，我省教育发展面临新的目标和新的任务。到2020年，实现建设教育强省和人力资源强省的目标；实现义务教育均衡化、高中教育普及化、高等教育大众化、社区环境学习化、教育合作国际化；建立起结构优化、协调发展、具有我省特色、充满生机与活力的现代国民教育体系和终身教育体系，形成满足人民群众多样化学习需求的学习型社会。教育整体水平和综合实力居全国前列，达到中等发达国家水平，全面实现教育现代化，为广东现代化建设提供强大的智力支持和人才保障。

为此，各地和各高等学校也要按照中央和省的规划纲要精神，结合本地区和本学校实际，坚持以科学发展观为指导，坚持解放思想、创新体制，认真制定本地区和本学校教育发展中长期规划纲要。

（三）以中小学布局结构调整为统揽和抓手，大力推进县域义务教育均衡发展

推进县域义务教育均衡发展，是促进教育公平的关键。在县域内如何推进义务教育均衡发展，如何保证农村中小学办学质量和办学水平，如何办好县域内每一所学校，全面提高教育质量，关键要大力推进中小学布局结构调整，以此为统揽和抓手，与农村中小学“三室一场五有”配套设施建设结合起来，与义务教育规范化学校建设结合起来，与农村中小学危房改造长效机制的建立结合起来，与中小学教师队伍补充和建设结合起来，与教育强镇、教育强县（区）、教育强市督导评估结合起来，大力提高县域内义务教育资源配置的效益，大力提高教育经费的使用效益。今后，凡是没有达到中小学布局结构调整要求的镇、县（区）、市，一律不得进行教育强镇、强县（区）、强市的评估验收。

要认真研究和积极探索解决非户籍常住人口子女义务教育问题的有效办法。一方面，结合人力资源开发和产业发展的实际，把解决这个问题与实施“双转移”战略结合起来，与大力发展我省高中阶段教育和高等教育结合起来，调整优化人口结构。另一方面，按照有关法律法规的精神，以及“以流入地为主，以公办学校为主”等政策原则，科学制定新的人口管理办法，积极扩大公办学校学位，大力扶持民办教育发展，多渠道多形式解决教育机会和条件问题。要积极发展学前教育，重视发展特殊教育和民族教育。

（四）大力发展中等职业技术教育，加快普及高中阶段教育

省委、省政府从谋划广东科学发展的全局出发，作出了加快普及高中阶段教育的决定。经过几年的努力，全省普及高中阶段教育取得了显著成绩，到2008年，全省高中阶段教育毛入学率达到72%，韶关市率先在欠发达地区实现了普及高中阶段教育，为全省作了表率和示范。尽管我省普及高中阶段教

育取得了阶段性的显著成效，但是，我们也清醒地看到，与省第十次党代会确定的“2011 年全省普及高中阶段教育”的宏伟目标要求相比，还有不小的距离。目前，我省高中阶段教育在校学生数虽然已达336.4 万人，但离普及高中阶段教育 415 万名在校生的目标，尚差 79 万名，高中阶段教育毛入学率离 85% 的目标尚差 13 个百分点。同时，我省欠发达地区部分市的高中阶段教育毛入学率还低于 60%；一些地区高中阶段教育的普职比还很不合理；建校扩校工程进展缓慢，新建、扩建高中阶段学校资金紧缺、用地紧张；师资队伍不足；跨市招生、中等职业教育战略性结构调整的实施困难较大。义务教育阶段巩固提高工作也遇到新问题，初中阶段教育辍学率有所增加，保留率有所下降。可以说，摆在我们面前的任务十分艰巨。

下一步，如何加快普及高中阶段教育步伐，确保全省 2011 年如期实现普及高中阶段教育的目标，关键要抓住大力发展中等职业技术教育这个重点和难点。我们知道，普及高中阶段教育的重点在中等职业教育，难点在欠发达地区。我省每年有大约 25 万名初中毕业生未能升入高中阶段就读，其中绝大部分来自经济欠发达地区农村家庭。可以说，能否促进中等职业技术大发展，关系到我省普及高中阶段教育目标能否如期实现。当前，省委、省政府作出了“三促进一保持”的战略决策，大力实施产业转移和劳动力转移的“双转移”战略，必须培养足够的高素质技能型人才为产业转移提供人力支撑，必须建立与产业发展相适应的现代职业技术教育体系，创新现代职业技术教育人才培养模式。各地一定要转变观念，统一认识，切实扭转重普高、轻中职这一错误倾向，紧紧抓住中等职业教育这一重点和难点，采取有力措施，大力发展中等职业教育，扩大中等职业教育办学规模，加快普及高中阶段教育进程。

要建立和完善中职教育省级统筹、地方政府全力支持的新的职业技术教育管理体制，努力推动中等职业教育战略性结构性调整取得新的突破。珠江三角洲地区要从保持自身经济社会发展领先地位和全省人力资源配置的大局出发，充分发挥龙头带动作用，在继续办好现有中等职业学校的基础上，高起点新办一批中等职业学校，面向欠发达地区招生，使在校生规模每年按 15% 的速度递增，经过 2～3 年的努力，实现每年招收经济欠发达地区 10 万名以上初中毕业生就读，把本地区建设成为全省职业教育的核心地带和重要基地。经济欠发达地区要加强市级统筹协调，优化中等职业技术教育布局结构、类型结构和专业结构，以地级市城区为主集中力量做大做强若干所骨干中等职业技术学校，同时利用对口帮扶渠道，加强与珠江三角洲地区联合办学模式改革，支持把本地中等职业学校办成珠江三角洲地区中职学校的分校，或支持珠江三角洲地区中等职业学校来本地设立校区，积极输送初中毕业生到珠江三角洲地区就读中等职业学校。

（五）合理定位，分类指导，全面提升高校自主创新能力

我省高等教育经过“十五”时期的跨越式发展，如今已进入规模和质量并重的发展阶段，要更加重视内涵的建设，更加重视全面提升高校自主创新的能力。在规模发展上，保持高等教育规模合理增长，到 2012 年高等教育毛入学率达到 33% 以上。要加强分类指导，分层管理，引导各类型高校合理定位，形成自己的办学特色和优势。“985 工程”和“211 工程”高校应当重点加强学科建设，主要任务是着力培养高层次创新人才和创新团队；一般本科高校应当以教学为主，主要任务是大力培养高素质应用型专门人才；高职高专院校应当强化技能培养能力建设，主要任务是全力培养高技能人才。

要着力提高高等教育教学质量和办学水平。深入实施“985 工程”和“211 工程”，加强高水平大学和重点大学建设。组织实施省高等学校本科教学质量与教学改革工程、省高职高专教育改革与实践工程、省应用型本科人才培养计划和省师范教育质量提升计划，每项工程或计划每年各需省财政投入 1 亿元，每年共计 4 亿元，确保创新型人才培养质量，提高人才区域竞争力和国际竞争力。

要大力提升高校自主创新能力。高等学校在落实省委、省政府促进提高自主创新能力方面具有不可替代的作用。要进一步加大对高校自主创新能力的培育，全面提高国家级、省级重点学科对产业的覆盖率和支撑力。进一步深化省部产学研合作的内涵，加大省属高校参与省部产学研合作的力度。积极推进产学研结合示范基地建设和科技成果产业化项目建设。实行向关键岗位和优秀人才倾斜的政策，重奖作出突出贡献的科技领军人才和优秀创新团队，重点扶持创新活力强、潜力大、业绩突出的中青年科技骨干。

（六）树立教师是第一教育资源的理念，加强教师队伍建设

教师始终是教育发展的第一资源。当前，要重点抓好三支教师队伍的建设。一要加强基础教育特别是农村教师队伍建设。要全面启动县域内中小学

教师平均工资水平与当地公务员平均工资水平大体相当、农村中小学教师平均工资水平与城镇中小学教师平均工资水平大体相当的工作，改善农村教师工资待遇和工作条件。要鼓励和吸引高校毕业生服务农村基础教育，开展城镇教师支援农村教育工作，推进师范生实习支教、置换农村教师培训工作，提高农村教师整体素质。要大力推进“百千万人才工程”建设，打造一批义务教育和高中阶段教育名教师名校长。二要加强高校高层次人才队伍建设。要紧紧抓住国际金融危机导致全球人才流动的契机，加大从国外引进高层次人才的力度。要结合创新人才培养、重点学科建设和重点领域科技创新的需要，深入实施珠江学者特聘教授岗位计划和高校“千百十工程”计划。要鼓励高校通过市场手段，采取整体引进、核心人物带动引进、科研项目开发引进以及柔性流动等方式引进高层次人才。要建立高校高层次人才库，重视教育科研队伍建设。三要加强职业技术教育“双师型”教师队伍建设。要加强职业技术教育“双师型”教师队伍建设，创新职教师资培养模式，引导企业参与培养、培训“双师型”教师。要进一步完善职业技术教育教师培养和继续教育制度，指导职业技术院校采取校本培训、校外进修、研修结合等方式开展“双师型”教师培训工作。要实施高等职业技术院校特聘教授岗位计划，吸引、遴选和造就一批在教学科研和技术创新等领域有较大影响力的学术技术带头人。

三、加强领导，狠抓落实，开创我省教育改革与发展新局面

2009年是我省经济社会转入科学发展轨道的关键一年，是推进教育科学发展的关键一年。做好2009年及今后一段时期教育的中心工作，具有承前启后的重要意义。2008年，全省教育系统开展了解放思想学习活动，省教育厅作为第一批试点单位，参加了省委统一部署的学习实践科学发展观活动，通过查找问题、分析原因，形成了明确的工作思路，2009年关键是认真贯彻省委十届四次全会精神，狠抓落实，在落实中推进践行科学发展观工作。各级政府和教育行政部门，要按照省委、省政府争当科学发展观排头兵、“三促进一保持”的战略部署，加强领导，落实责任，扎实工作，努力开创我省教育改革与发展新局面。

（一）切实落实各级党委、政府发展教育的责任

各级党委、政府要从践行科学发展观，继续解放思想，坚持改革开放，努力争当实践科学发展观排头兵的全局高度，充分认识落实教育优先发展战略地位的重要性和迫切性。发达地区党委、政府要充分认识到，教育作为提高产业竞争力、开发人力资源的最重要手段，在经济社会发展中的全局性、关键性作用，发展教育就是发展经济，发展教育就是促进社会和谐，坚持教育的优先发展，就是坚持和落实科学发展观；欠发达地区党委、政府要充分认识到，加快教育事业的发展，是推进经济加快发展，促进产业加快发展，缩小地区差距的最重要手段，特别是在财政困难、各种社会矛盾比较集中的时候，不但不能放缓教育的发展，相反要更加把教育摆在优先发展的位置。

为此，要切实做到经济社会发展规划优先安排教育发展，财政资金优先保障教育投入，公共资源优先满足教育和人力资源开发需要。要认真落实发展教育的责任主体，坚决落实基础教育“地方政府负责，以县为主”的体制。要加强地方党委政府落实科学发展观评价考核，认真落实省委办公厅、省府办公厅转发的《广东省地级以上市、县（市、区）党政领导干部基础教育工作责任考核试行办法》，切实抓好地方党政领导干部基础教育工作责任考核督导工作，把完善基础教育管理体制、落实基础教育工作责任、加大地方财政对教育经费投入、加强教师队伍建设等摆在突出的考核位置，把省委、省政府优先发展教育的重大决策落到实处。

（二）加强学校党建和思想政治工作，维护学校稳定，建设和谐校园

2009年是非常特殊的一年，既是新中国成立60周年的大喜之年，又是不少敏感事件发生或处理20周年或10周年，国际国内形势复杂，维护教育系统特别是高等学校稳定面临巨大的压力，对此我们一定要有清醒的认识。我省教育系统和各级各类学校特别是高等学校要切实维护学校的稳定，维护安定团结的政治局面。要完善高校党委领导下的校长负责制，切实加强民办高校党的建设工作，及时化解管理中出现的矛盾和纠纷，妥善处理各种事端，建设和谐校园。要加强学生思想政治工作，发挥高校团组织、学生会、辅导员的作用，将学生的思想波动解决于萌芽状态，切实维护校园的和谐与稳定。

（三）加强依法治教和依法治校，保障教育事业健康发展

建设教育强省和推进教育现代化，必然要求教育事业规范化、法制化发展，要求各级各类学校规范化、法制化办学。要全面推进依法治教、依法治

校工作，加大教育行政执法力度；积极推进依法办学、民主治校，依法严格规范学校办学行为，强化对各级各类学校的管理，切实保障师生的合法权益。要进一步加强教育改革与发展的政策研究，不断提高教育宏观管理水平。要加强和改进教育新闻宣传工作，充分发挥新闻舆论导向作用，加大正面宣传力度，重点加强新闻发布、先进典型宣传、教育政策解读、舆论分析引导和对外宣传工作。通过抓好这些工作，为我省教育事业的科学发展营造良好的政策环境、法制环境和舆论环境。

同志们，学习实践科学发展观为我省教育改革与发展注入了新的强劲的活力。让我们在省委、省政府的坚强领导下，坚决贯彻落实科学发展观，进一步提高认识，明确目标，振奋精神，狠抓落实，大力建设教育强省和人力资源强省，为广东争当实践科学发展观排头兵作出新的更大的贡献！

在新春佳节来临之际，向在座的各位并通过你们，向全省教育系统广大师生员工和各级干部致以新春祝福，祝大家新年快乐、阖家幸福、工作顺利！

在广东省第四届学位委员会第二次全体委员会议上的讲话

广东省副省长　宋　海

（二〇〇九年二月二十七日）

各位委员，同志们：

下午好！

今天，我们在这里召开广东省第四届学位委员会第二次全体委员会议。我代表省政府向为我省学位与研究生教育事业付出辛勤劳动的各位委员表示衷心的感谢！刚才，我们审议了《广东省2008—2015年新增博士硕士学位授予单位立项规划（讨论稿）》，审议了广东省2008—2015年新增博士硕士学位授予单位立项建设高校候选名单，总结了过去两年省学位委员会的工作，明确了2009年的任务，通报并审议了广东省研究生创新培养计划实施的有关情况。会议开得很成功。

人才资源始终是第一资源。2008年底出台的《珠江三角洲地区改革发展规划纲要（2008—2020年）》（以下简称《规划纲要》），把构建现代产业体系和提高自主创新能力作为重中之重，归根结底，这些都离不开大批高素质人才特别是受过高等教育包括研究生教育的高层次创新人才。因此，学位与研究生教育必然成为我省推动科学发展的重要力量。我们必须深入分析我省学位与研究生教育面临的新形势、新任务，立足当前、放眼长远，抓好各项工作。我讲几点意见，供大家参考。

一、以重点建设为龙头，带动我省高等教育整体水平的提升

《规划纲要》中提出，要优先发展教育，以新的思维和机制推动高等教育发展上水平。挽弓当挽强，用箭当用长。在目前我省高等教育总体水平不高、整体学科水平偏低的情况下，必须坚持集中力量、突出重点、分层次建设的原则，通过“985工程”“211工程”和重点学科建设，为我省高等教育上水平起示范带动作用，为我省经济社会科学发展提供强有力的人才、科技和学科支撑。

在“985工程”和“211工程”方面，《规划纲要》明确提出，要加大对国家重点建设大学的支持力度，到2020年建成1～2所国内一流、国际先进的高水平大学。自“九五”国家相继开展“211工程”和“985工程”建设以来，我省抓住机遇，通过省部共建的方式，不断加大投入力度（“211工程”前两期建设合计投入建设经费42.16亿元，“985工程”两期建设合计投入建设经费32亿元）。经过十多年的建设，有关高校的办学水平和科研实力明显增强。目前，“211工程”三期建设已经全面启动，而且扩大了重点建设的范围，把一些有特色、有优势、有潜力的重点学科建设项目也纳入“211工程”三期建设的范围，给予重点支持。按照国家的部署，“985工程”二期验收即将开始，三期建设的筹备工作正在进行。我们要切实抓好这两个工程，在总结经验的基础上，创新思路，加强管理和引导，提高建设成效，进一步发挥重点建设工程的效益。

根据高等教育发展分类指导、大力推进的原则，在高水平大学建设过程中，需要着重关注五个方面的问题：一是准确定位，明确目标，确定高水平大学的内涵和标准；二是分层推进，研究型大学必须加大基础研究力度，瞄准高端科技前沿，孕育原始创新和突破，促进集成创新，引领自主创新，教学型大学和高职高专必须找准目标，培育特色，形成优势；三是汇聚队伍，建设创新团队，提高师资队伍整体素质和水平；四是建立现代大学制度；五是创新管理体制和运行机制。

在重点学科建设方面，目前，我省高校的重点学科对于现代产业体系的支撑乏力。据统计，在第八轮的174个省重点学科中，理工类的重点学科只有72个，只占总数的41.4%，对于我省发展现代服务业、先进制造业、高新技术产业等现代产业起直接支撑作用的重点学科数量更少。在今后的重点学科建设过程中，必须着重调整结构布局，加大理工类、现代服务业类重点学科比例，要进一步明确学科方向，切实加强学术队伍建设，构筑创新平台，推进学科基地建设，积极推进有效的产学研合作，加强境内外的学术交流与合作，大力提升重点学科建设层次和水平。

二、以优化结构为主线，促进我省学位与研究生教育全面协调可持续发展

自1978年恢复研究生教育以来，经过30年的努力，我省研究生教育规模得到了较大发展，到2008年，我省在校研究生已达5.9万人，高层次人才的培养能力显著增强，但也存在一些不足。

从培养层次结构看，2008年我省的在校硕士生和博士生之比为4.1∶1，远低于发达国家的普遍比例（美国超过10∶1）；从培养类型结构看，我省专业型学位研究生只占20%左右，远远落后于发达国家60%～70%的比例；从培养学科结构看，我省的理工类博士点和硕士点分别只占全省学位点总数的38.7%和38.3%，低于国家平均水平（分别为48.5%和42.9%）。其中工学类的比例更低，博士点和硕士点分别只占全省总数的20.7%和22.7%，而全国的平均水平是34.6%和31.3%。理工类学位点数量少，导致对我省建设现代产业体系起支撑作用的理工类在校研究生数量偏少（只占在校研究生的39.6%，全国平均水平为49.5%）。

因此，今后一段时期，我省的学位工作应以结构调整优化为主线，注重特色，大力发展工科和理科。

首先，大力推进培养层次和类型的结构调整。要积极发展类型多样的研究生教育。具体而言，要进一步扩大硕士研究生教育规模，逐步扩大专业学位、非全日制研究生等培养类型的比重，将硕士生的培养结构从目前攻读学术型学位为多数，辅以少数攻读专业型学位的状况，逐步调整为多种类型并举，专业型学位占多数的新格局。博士生教育则仍应侧重于学术型的人才培养，同时适度发展专业型的人才培养。

其次，主动做好学科专业结构调整。通过深入调研，找出我省学位授权点布局、学科专业结构与国家、广东省科技中长期发展规划、构建现代产业体系等经济社会发展需求不相适应的地方，提出科学可行的发展规划，指导和约束各学位授予单位的学位点申报和学科建设工作，对于我省建立现代产业体系、建设文化大省所急需的应用型学科点予以倾斜，切实增强各学位授予单位针对社会需要和自身优势进行学科结构调整优化的积极性，减少学位授权单位增列学位授权学科的盲目性，在我省产业结构调整和经济发展方式转变中更好地发挥科技支撑和人才保障的作用。

三、以提高质量为核心，推动我省学位与研究生教育的内涵发展

质量是研究生教育的生命线。近年来，我省的研究生培养质量总体上是好的，但也存在一些不足，如有的研究生培养单位的质量意识不强，管理机制不够健全；有的研究生导师责任心不强，指导不到位；等等。特别是在反映博士生培养质量的全国百篇优秀博士学位论文的获奖上，我省还处于相对落后的状况，从1999年到2008年，我省毕业博士生的数量约占全国总数的4.6%，但同期却只有6所高校的27篇博士学位论文获奖，只占全国总数的3%，排名全国第九位，远远落后于北京（268）、上海（112）、江苏（74）、陕西（51）等先进省市。因此，我们必须以提高质量为核心，大力推进研究生创新培养计划的实施，建立健全研究生教育质量保障体系。

（一）深入实施广东省研究生创新培养计划，全面构建研究生教育创新培养体系

在省委、省政府的重视和支持下，广东省研究生创新培养计划已正式纳入广东省“211工程”三期建设，有了资金的保障。具体落实层面，一是要围绕研究生创新能力的提高，推进研究生培养机制改革，建立以科学研究为导向的导师负责制和资助制，同时，改革培养模式，在培养体制、培养目标、课程设置、教学内容和教学方法、学位论文标准、管理与运行机制等方面下工夫，产生一批示范性课程、培养方案和培养模式；二是要整合资源，加强科技创新与研究生培养的有机结合，积极引导和支持研究生培养单位之间、研究生培养单位与科研机构和社会企事业单位之间的合作，在较大范围内实现研究生教育优质资源共享，建设一批研究生创新培养基地，加强研究生培养的产学研结合，提高研究生解决实际问题的能力和创业能力；三是要营造有利于研究生创新的氛围和环境，通过研究生学术论坛、暑期学校和各类社会实践，搭建交流和沟通平台，为研究生提供更多学术交流的机会，扩大知识面，拓展学术视野，了解学科前沿，增强创新意识；四是要评选一批广东省优秀博士、硕士论文，对于优秀博士论文作者给予资助，鼓励创新。

需要特别强调的是，必须进一步加强研究生导师队伍的建设。导师是研究生培养的关键。记得我在2007年5月第四届省学位委员会第一次全体会议上曾经说过，要遴选和培养一批业务能力强、德为人师、行为世范的良师。各研究生培养单位要高度

重视，进一步改革完善研究生导师遴选与聘任制度，以学术精湛、师德高尚、创新能力强为基本要求，选拔真正具有科研和教学能力的优秀教师进入研究生导师队伍，通过进修、访学、参与国际合作研究等多种途径，提升导师的学术水平和创新能力，通过科学合理的约束和调节机制，将导师的招生规模限制在合理范围内，进一步理顺研究生与导师之间的关系，使研究生导师真正成为研究生为人为学的楷模和良师益友。

（二）建立健全研究生培养质量保障体系，切实增强研究生培养的质量意识

建立研究生培养质量保障体系是提高研究生培养质量的重要途径。要研究提出科学、合理的研究生培养质量的指标体系，把研究生的思想道德品质、学风、事业心和责任感作为评价研究生培养质量的重要方面。要建立更加科学的研究生教育质量监控机制，通过学位点的定期评估、学位论文抽查、向社会发布有关信息等多种方式，形成政府调控、研究生培养单位自我约束和社会评价监督相结合的多层次质量保证体系。

同志们，在新的历史条件下推动我省的学位与研究生教育事业，任务艰巨，意义重大。我们必须进一步增强历史责任感和使命感，以重点建设为龙头，以结构优化为主线，以提高质量为核心，齐心协力，共同推进我省学位与研究生教育事业的科学发展！

在广东省“千校扶千校”行动计划启动会议上的讲话

广东省副省长 宋 海

（二〇〇九年三月二日）

同志们：

今天，我们在这里召开全省义务教育“千校扶千校”行动计划工作启动会议，目的非常明确，就是要通过组织开展跨市、跨地区的学校间“一对一”帮扶等工作，推动我省义务教育均衡协调发展、科学发展。广东省的城乡二元结构是全国的缩影，地区间、城乡间不仅在经济上发展不平衡，在其他社会事业方面，特别是教育事业发展方面，也很不平衡，所以有必要实施“千校扶千校”行动，促进全省义务教育均衡协调发展。刚才，结对帮扶学校的校长代表签订了帮扶协议，深圳宝安区福永中心小学、惠州惠城区三栋镇中心小学的两位校长及广州市教育局陈茂林同志就如何做好帮扶工作作了很好的发言，讲得很好。罗伟其同志谈了开展“千校扶千校”工作的必要性和目标任务，对工作实施作了具体部署，讲得很全面，我都赞同。下面，我谈三点意见。

一、充分认识“千校扶千校”工作对促进我省义务教育均衡发展的重大意义

在全省上下积极开展深入学习实践科学发展观活动的热潮中，国务院专门颁发了《珠江三角洲地区改革发展规划纲要（2008—2020年）》（以下简称《规划纲要》），这是党中央、国务院在新形势下，审时度势，着眼全局，在广东尤其是珠三角地区改革发展的关键时期，促进广东改革发展的一个非常重要的规划文件和一项重大举措，《规划纲要》将成为指导珠三角地区当前和今后一个时期改革发展的行动纲领。为贯彻落实《规划纲要》精神，省委、省政府在日前专门印发了《广东实践科学发展观重点行动纲要》及其近期工作意见，汪洋书记一再强调，落实国务院《规划纲要》的突破口在于珠三角一体化，逐步缩小粤东、粤西、粤北地区与珠三角地区发展的差距。教育是社会经济发展的重要支撑。为进一步缩小东西北地区与珠三角地区教育发展差距，近年来，省委、省政府把促进教育均衡发展作为深入贯彻落实科学发展观，改善民生，缩小城乡差距的重大举措，并取得了历史性成就，但是，我们也清醒地看到，我省教育发展的整体水平与科学发展的要求还不相适应，义务教育区域间、校际发展很不平衡，尤其是东西北地区农村义务教育还存在不少困难和问题，办学条件、学校管理和队伍建设、教育质量等都落后于城市及珠三角地区。在今后一段时期，我省义务教育发展的重点依然在农村尤其是东西北地区。黄华华省长在政府工作报告中明确指出，要优先发展教育，积极改善办学条件，继续推进农村中小学布局调整，加快义务教育规范化学校建设，要实施“千校扶千校”行动计划，帮扶欠发达地区基础薄弱学校建设发展。实施“千校扶千校”行动计划是省政府作出的一项决定，是写进了政府工作报告的，也是省政府实施义务教育均衡发展工程、推进珠三角一体化的重要措施。各级政府和教育部门，各结对帮扶学校要充分认识到做好“千校扶千校”工作的重要意义，增强做好帮扶工作的紧迫感和责任感，这是全省的一个共同任务。

二、认真领会，准确把握“千校扶千校”工作的要求

我省历来具有开展教育帮扶工作的优良传统，早在2001年，省政府就印发了《转发省教育厅关于教育对口扶贫和学校对口支援工作意见的通知》。在省委、省政府的高度重视下，我省教育帮扶工作扎实开展，积累了宝贵经验，取得了良好的社会效应。与以往相比，这次“千校扶千校”教育帮扶行动具有几个特点。一是范围更广泛。即在珠江三角洲地区和全省的中心城市组织1 000所义务教育阶段学校，对口帮扶欠发达地区农村、城镇的薄弱学校。二是内容更具可操作性。规定了学校管理水平、教育教学工作、教师业务素质三方面帮扶内容以及具体的实施要求，便于实施和落实。三是任务更落实。根据工作要求，各对口学校的校长要分别签订帮扶

协议，确保工作切实有效。各市要认真领会，准确把握有关工作要求，特别是要注意做到以下三个“并重”。

一要工作热情与工作实效并重。开展“千校扶千校”行动，帮扶双方必须有高度的工作热情，特别是支援方，要从“全省教育一盘棋”的高度充分认识帮扶工作的重大意义，焕发工作热忱，真心实意帮助受援学校提高办学水平。同时，也要拿出实招，按照省要求的帮扶任务，采取切实有效的措施，予以落实，使帮扶工作取得实实在在的成效，使受援学校获得实实在在的益处。

二要“软件”帮扶与“硬件”帮扶并重。从以往开展帮扶工作的情况来看，往往比较注重经费援助或设施设备帮扶，相对忽略了对受援学校内涵发展的带动与提升。这次“千校扶千校”行动，强调学校“软件”的帮扶，包括教学工作、管理工作和师资培训帮扶三个方面，行动方案提出的三大主要任务都与学校的内涵发展密切相关，因此，各市在具体组织实施的过程中，要准确把握文件精神，既要帮扶“硬件”建设，更要帮扶“软件”建设。

三要帮扶与自主发展并重。“授人以鱼，不如授人以渔”。换句话说，要提供“造血型”的帮扶，而不是“输血型”的帮扶。我举个例子，我在深圳工作的时候，曾接待一个西部少数民族州州长、市长组成的访问团。当时其中一个代表提出：今年深圳准备拨多少钱支援我们？我回答：你们先研究确定项目，有好的发展项目，深圳帮你们发展。这就是“造血型”的帮扶。各市必须认识到，帮扶仅仅是手段，其目的还是为了提高受援学校的自主发展能力，从而促进受援学校自身的可持续发展。如通过开展教师业务素质的帮扶，将新的教育教学理念、教学方法与手段传播给受援学校，促进受援学校教师队伍的专业成长与发展，只有这样，才能从根本上提高受援学校的办学质量与水平。各市要开动脑筋，正确处理帮扶与发展的关系，既要通过帮扶工作实现共同提高，又要注意避免受援学校滋生“等、靠、要”的依赖心理，要注意激发其自主发展的动力和积极性。

三、加强领导，精心组织，切实将帮扶工作落到实处

这次“千校扶千校”行动，涉及全省2 000所义务教育学校，其中跨市帮扶的学校达400所，工作量大，面广，影响深远，意义重大，各市要加强领导，精心组织，切实将工作落到实处，抓出成效。

（一）加强领导，把帮扶工作摆上重要议事日程

各市要把开展“千校扶千校”工作作为实践科学发展观的重要内容和具体行动，高度重视，抓紧抓好。要牢固树立“全省一盘棋”的观念，经济发达地区要顾全大局，以帮扶欠发达地区教育事业发展为己任，积极为全省城乡教育科学发展、协调发展贡献力量；欠发达地区要克服依赖思想，充分发挥内因的作用，主动积极推进工作。跨地区帮扶特别是跨市帮扶的双方，要加强联系，密切配合，互相促进，共同发展。这里我要强调，帮扶双方互相促进，共同发展，是这次“千校扶千校”行动的根本目的。支援学校固然在各方面有一定优势，但受援学校也不是一无是处，在某些方面也有长处，因此支援学校要帮其所短，学其所长，共同进步。

（二）周密安排，努力完成帮扶任务

各市要认真研究省要求的各项主要帮扶任务，结合本市实际情况以及支援学校与受援学校的具体办学特色，因地制宜，有针对性地制订帮扶计划，可以将三年的帮扶任务进行分解，量力而行，尽力而为，分阶段、有步骤地开展工作，每一阶段突出1～2个帮扶重点内容，科学安排人力、财力、物力，把帮扶工作的着力点真正放到提高教学水平和学校管理水平上来。在我看来，省确定的三项帮扶任务中，提高教师素质最为关键，这项任务完成好了，帮扶效果才有保障。因此，要切实抓好受援学校教师业务素质帮扶工作，通过多形式、多渠道的培训、示范与交流，促进教师业务能力的提高，使受援学校真正获得可持续发展的能力和水平，真正把党和政府的关爱带给欠发达地区的学校，使广大师生切实受益。

（三）创新机制，努力提升帮扶工作水平

好的机制是取得工作成效的重要保障。各市要解放思想，积极探索，创新工作机制，不断提升帮扶工作水平。一是教育行政部门要主动做好协调服务工作，要建立领导干部联系帮扶重点县和定期检查、指导制度；二是要充分利用现代教育技术手段，搭建帮扶双方的信息互动平台；三是要加强帮扶工作的组织和管理，及时研究解决帮扶工作中出现的问题；四是要切实关心外派帮扶人员的工作和生活，建立有关制度，解决他们在工作、生活、家庭等方面存在的困难，为他们解除后顾之忧；五是要充分发挥新闻媒体的作用，营造浓厚的社会参与氛围，宣传帮扶工作的典型经验和突出事迹。

同志们，义务教育是整个国民教育体系的基石，

开展义务教育帮扶工作，关系到我省教育均衡发展、科学发展，关系到广东教育强省建设和综合竞争力的提升，功在当代，利在千秋。我们反复强调提高自主创新能力，说到底，根本还在教育，如果培养不出人才，怎么自主创新？因此，从事基础教育特别是义务教育工作的同志，任务很重。拿广东和江苏作个比较，江苏义务教育阶段学生有 700 多万人，广东有 1 500 万人，广东的高中毛入学率比江苏低 20 多个百分点，我们的差距还很大，所以，要大力发展教育，让老百姓的孩子接受更好的教育，不接受教育就没有前途。让我们在省委、省政府的坚强领导下，坚决贯彻落实科学发展观，进一步提高认识，明确目标，振奋精神，狠抓落实，继续发扬顽强拼搏、无私奉献的精神，争取在帮扶工作上作出新的更大的贡献！

在高等学校贯彻落实《珠江三角洲地区改革发展规划纲要（2008—2020年）》座谈会上的讲话

广东省副省长　宋　海

（二○○九年五月十五日）

同志们：

2008年底，国务院颁布了《珠江三角洲地区改革发展规划纲要（2008—2020年）》（以下简称《规划纲要》）。《规划纲要》颁布以后，省委、省政府高度重视，采取了一系列的重大举措，认真学习贯彻落实《规划纲要》精神，全面推进实施《规划纲要》。2009年4月1日，省委、省政府作出了关于贯彻实施《珠江三角洲地区改革发展规划纲要（2008—2020年）》的决定。4月28日，省委书记汪洋同志在广州主持召开座谈会，听取了中山大学、华南理工大学、暨南大学等在粤部委属高校贯彻落实《规划纲要》的情况汇报，并作了重要指示。

今天，我们召开高等学校贯彻落实《规划纲要》座谈会，会议主要内容是：传达学习汪洋书记重要讲话精神，交流各高校贯彻落实《规划纲要》的工作情况，研究和部署下一阶段全省高校进一步贯彻落实《规划纲要》的工作。

刚才，部分高校负责同志就本校贯彻落实《规划纲要》情况作了发言，讲得都很好，各个学校都表现出了强烈的使命感，体现了鲜明的特色，罗伟其同志传达了汪洋书记4月28日的重要讲话精神，并对下一步工作进行了部署，我都赞同。下面，我就全省高校如何进一步贯彻落实《规划纲要》，特别是贯彻落实汪洋书记的重要讲话精神，谈两点意见，供大家参考。

一、正确领会和把握《规划纲要》的精髓，增强改革发展、服务社会的紧迫感和责任感

《规划纲要》的重要意义和内容大家已经耳熟能详。就教育事业而言，《规划纲要》通篇都突出了其在珠三角地区改革发展中的推动、引领和支撑作用，很多部分都有直接涉及教育改革发展的内容，包括教育发展状况、产学研结合、教育培训、公共教育服务均等化、教育开放合作等，尤其在《规划纲要》的第九部分即“加快社会事业发展”部分，更是首先提出了“优先发展教育”的全局要求，涵盖各级各类教育的发展，以及教育体制机制创新、教育教学改革、教师队伍建设、教育交流与合作、城乡区域教育一体化、校企合作、教育经费投入等，充分反映了党中央国务院对珠三角地区乃至广东教育事业改革发展的高度重视和殷切期望，为广东教育的改革发展提供了前所未有的有利条件和广阔空间。

“科学发展，先行先试”是《规划纲要》的灵魂和精髓，全省高校系统贯彻落实《规划纲要》，就要始终把握住“科学发展，先行先试”这一灵魂和精髓，以改革发展为动力，以服务广东经济社会科学发展为己任，通过改革发展更好地服务社会，通过服务社会更好地促进改革发展，使两者相辅相成，互相促进，最终实现自身的发展。

汪洋书记精辟地把高等教育落实纲要、服务社会的作用归纳为三个方面：“第一个方面是要充分发挥高校的人才优势，为落实《规划纲要》提供智力支撑；第二个方面是要充分利用高校的创新能力，为落实《规划纲要》打造新的引擎；第三个方面是要全面调动高校改革的积极性，为落实《规划纲要》培养更多可用之才。”简单来说，就是智囊、创新和育人三大作用，这为全省高校贯彻落实《规划纲要》指明了前进的方向。

对照书记的要求，我省高等教育还存在一定的差距，主要表现在：一是高等教育资源配置、结构布局和学科专业设置还不适应我省现代化建设和经济社会发展的现实需要；二是教育教学观念、人才培养方式、教学内容和教学方法较落后，不利于学生创新精神的培养和实践能力的提高，教学质量还有待大力提高；三是拔尖创新人才培养成效不明显，缺少大师级人物和领军人才，教师业务素质和师德

水平需要进一步提高；四是高校科学研究和学科发展还缺乏核心竞争力，科技创新能力有待进一步提高；五是高水平大学偏少，高校管理也存在不少薄弱环节，自我发展、自我约束的机制亟待建立和完善。这些问题的核心，说到底就是高等教育的人才培养能力、科技创新能力还不够强，质量还不够高。因此，落实好《规划纲要》，加快高等教育改革发展，时不我待，迫在眉睫。

二、落实《规划纲要》，加快高等教育改革和发展的几点看法

近年来，就高校改革发展，我一直和大家一起探索，也粗略研究了世界各国高等教育的成败得失，各高校也结合国情、省情和校情，积极行动，初步积累了不少好的经验。大家都知道，罗马非一日建成，高校的学术科研和人才培养乃至校园文化建设，有个较长时段的积累和积淀过程。常言道，“好风凭借力”。当前，我们正面临贯彻落实《规划纲要》的难得机遇，这为高校的改革发展注入了新的活力。关键是要领会《规划纲要》精神实质，抓住核心问题，深刻领会“科学发展、先行先试”的丰富内涵，在以往改革基础上，力争在以下六个方面取得新突破。

一是在创新高等教育体制机制上要有新突破，争创国家高等教育综合改革示范区。当前，高校在内部管理体制和运作机制上还存在一些突出问题。要拿出“先行先试”的勇气，力争在重点领域和关键环节上取得突破，更好地承担起中央赋予的探索科学发展模式试验区、深化改革先行区的历史重任。

要完善中央、省、市三级办学，中央和省两级管理、以省为主的管理体制。根据区域经济社会发展需要统筹高等教育改革和发展，促进高等教育与区域经济社会发展相适应。加快理顺省市共建本科高校的管理体制机制，充分发挥这些高校在提升全省高等教育大众化水平中的作用。

依法扩大高等教育办学自主权，淡化高校行政化倾向，推进高校综合治理模式改革，积极探索依法自主办学、教授治学、民主管理的有效途径，形成高校自我约束、自我管理、自主发展的良性机制。引导高校分类定位、分层次办学，利用资源配置等政策导向，促进不同层次、类型的高校合理确定发展目标和路径，办出特色、优势和品牌，形成良性发展。

坚持以公共财政为主，调动各级党委、政府的积极性，争取大幅度增加高等教育投入，鼓励社会资本和私人资本投入发展高等教育。完善省属本科高校生均综合定额拨款制度和生均综合定额拨款正常增长机制，加快建立省属高职院校生均综合定额拨款制度，积极推进地方高校生均综合定额拨款制度。加强预算管理，细化预算编制，优化支出结构，突出保障教学和科研基本条件建设。

二是在高层次人才队伍建设上要有新突破，为落实《规划纲要》提供智力支撑。当今世界，谁能培养、吸引、凝聚、用好人才特别是创新型人才，谁就抓住了在激烈国际竞争中掌握战略主动、实现发展目标的第一资源。我省高等教育发展存在的问题之一，就是缺乏拔尖创新人才。因此，我们必须进一步加强高校教师队伍建设尤其是高层次人才队伍建设，汇集各学科优秀人才，充分发挥高校人才集聚的优势，为经济社会发展提供人才和智力支撑。

要完善高校用人体制机制，健全符合学校特点和教育教学要求的人事分配制度，为保证高等教育质量、提高自主创新能力提供人事制度保障。

要大力实施好高校高层次人才培养和引进工程。贯彻和实施好省委《关于加快吸引培养高层次人才的实施意见》，积极参加国家“长江学者岗位”计划，推进我省“珠江学者岗位”计划和“千百十工程”计划，培养造就高水平学科带头人和科技领军人才。拓展视野，面向海内外招聘学术骨干和学科带头人。加强中青年骨干教师培养，积极推进优秀青年创新人才培育计划的实施，培育青年科研学术骨干。

要大力实施好高校创新团队建设计划，探索学科专业与创新平台共建、项目联合研究、技术与产品联合开发等多种引才方式和团队发展模式，加大扶持力度，不断提升创新团队科技攻关能力和学术水平。

要组织实施好高等职业技术学校特聘教授岗位计划，吸引、遴选和造就一批在教学科研和技术创新等方面有较强潜质、较强能力的学术和技术带头人。建立职业技术教育“双师型”教师的科学评价制度和专业技术职务评聘办法。突出通过校企合作提高专业教师实践教学能力，聘请企业优秀专业人才到高职院校担任专业教师，切实提高“双师型”教师所占比重，提高职业技术教育教师素质。

三是在增强高校自主创新能力上要有新突破，为落实《规划纲要》打造新的引擎。自主创新是珠三角地区发展的战略核心，是增强珠三角地区竞争力的关键。高校必须担负起历史重任，把增强自主创新能力摆在重要的战略地位，抓住建设创新型广

东、打造人力资源强省的战略机遇，加强对基础理论的研究和前沿高技术的研发，真正实现原始创新，掌握核心技术，切实增强珠三角地区核心竞争力，牢牢把握区域发展的战略主动权。

要深入实施高水平大学建设工程。以科技创新平台建设为核心，加强“985 工程”建设。以重点学科建设为核心，加强“211 工程”建设。瞄准学科前沿和国家、广东重大需求，统筹规划、重点建设一批有一定基础且与广东建设现代产业体系及经济社会发展现实需要密切相关的科技创新平台和重点学科，提高高校解决经济社会发展重大问题的能力。

要实施高校自主创新能力提升工程。加强基础研究和应用研究，提升高校的原始创新能力。优化学科布局结构，全面提高高校学科对现代产业的覆盖率和支撑度，实现学科建设与经济社会发展的良性互动。深化省部产学研合作内涵，加大有条件的省属、市属高校参与省部产学研合作力度。加强高校科技研发与国家、行业、地方和企业重大需求的对接，建立稳定、长效的合作和服务机制，着力推进产学研结合，抓好高校工程技术研究（开发）中心、产学研结合示范基地和大学科技园建设，促进高校科技成果的孵化、转化和产业化。发挥人文社科基地作用，着力推动文化创新和文化产业化发展，在广东建设“珠江两岸文化创意产业圈”中发挥服务与引领的独特作用，为广东提升软实力作出新的贡献。

四是在创新人才培养模式上要有新突破，为落实《规划纲要》培养更多的可用之才。要密切结合广东经济社会发展、产业结构调整和升级对人才的需求，引导高校加快学科专业和人才培养结构的调整与优化，提高人才培养质量和水平，提高人才区域竞争力和国际竞争力。

要结合学科发展的规律，按照我省产业发展和人才资源发展的总体规划调整优化高校学科专业结构。既要着眼长远，注重学科发展的历史和内涵，尤其注意本科阶段专业不宜分得太细；又要立足当前，大力扶持与建设现代产业体系相适应的学科专业，减少并逐步淘汰与产业转型、升级不相适应的学科专业，积极开展与传统产业体系结合较紧密的学科专业改造。做好人才需求预测工作，前瞻性地培养适应未来发展需要的人才，积累人力资源的先行优势。

要深化人才培养模式改革。根据教育部、财政部关于实施高校本科教学质量与教学改革工程的有关精神，结合广东实际，组织实施广东高校本科教学质量与教学改革工程。组织部分院校开展应用型本科人才培养示范院校建设试点工作，推动高校从办学理念、人才培养模式、教学内容和教学方法等方面开展综合改革。突出产学结合，强化实践动手能力培养，带动和加强应用型本科专业人才培养，构建以应用型本科人才培养示范专业为中心的专业群，构建以应用型、实践性、技能性等课程模块为特征的课程体系。实施广东省研究生创新培养计划，提高研究生培养质量。

要以工学结合作为高职教育人才培养模式改革的切入点，引导高职院校优化人才培养结构，加强办学基础设施、专业建设和实习实训基地（中心）等重点项目的建设，突出学生的实践能力、创业和就业能力培养，加快建立与校企合作、工学结合、生产劳动和社会实践相结合等办学模式、人才培养模式和学习模式相适应的教学管理规范与机制，为把珠江三角洲地区建设成为南方重要的职业教育基地作出贡献。

五是在创新合作办学机制上要有新突破，提升高等教育国际化水平。高校国际化程度越来越成为衡量大学办学水平的重要尺度。我们要根据省委、省政府加强“教育合作国际化”的要求，抓住粤港澳合作的新契机，积极创新粤港澳教育交流与合作机制，大力推进高等教育对外交流与合作，努力提升高等教育国际化水平，增强国际竞争力，为培养现代化、国际化、高水平人才创造良好的机制和环境。

要按照“科学发展、先行先试”的原则，积极营造敢闯敢试、鼓励创新、宽容失败、追求卓越的宽松环境，在中外合作办学体制、机制上大胆创新。积极开展高等教育领域的中外合资和中外合作试点，探索中外合作办学新模式。鼓励开展全方位、宽领域、多形式的智力引进、人才培养合作和科研合作，完善外籍教师、外国留学生管理制度，扩大来粤留学生规模，优化人才培养结构。要加强中外合作办学的管理，依法维护中外合作举办高等教育的合作者以及教师学生的合法权益，形成良好的发展环境。要实施高校品牌战略，加大对国家重点建设大学国际合作重点项目的扶持力度，鼓励有条件的民办高校与海外高校合作。重点引进 3 ～ 5 所国外知名大学到广州、深圳、珠海、东莞、佛山等城市合作举办高等教育机构，努力建成 1 ～ 2 所国内一流、国际先进的高水平大学，着力提升广东高校在全国、全世界的知名度和影响力。

六是在高校学术氛围、学风校风等软环境建设上要有新突破，营造严谨务实的岭南学风。教学科研和育人是神圣而崇高的事业，古人讲，德艺双馨，德才兼备，对高校的师生来讲，要服务社会，除了知识技能和创造以外，还需要以高尚的道德品质来改造提升社会风气，自觉做提升整个社会文明程度的表率。高校的党政领导更要率先垂范，严格按教育家和政治家的标准要求自己。要实事求是地完善教师的考核指标，对教学、科研和应用型的教师分类考核，鼓励教学名师和科研名师脱颖而出，鼓励不同类型的教师爱岗敬业，用优秀的人格和精湛的专业感染学生。发挥教师的自律作用，严惩各类学术腐败。抓好学风建设，营造刻苦学习的氛围，注重德育教育的内涵提升，加强德育教育的效果。

同志们，我们肩负的任务神圣而艰巨，我们一定要牢记历史使命，在省委、省政府的领导下，转变发展观念，创新发展模式，加快发展步伐，提高发展质量，积极统筹高等教育与经济社会协调发展，统筹高等教育规模、结构、质量、效益协调发展，保持高等教育办学规模合理增长，力争全省高等教育毛入学率 2012 年达到 32% 以上，2020 年达到 50% 左右，基本实现高等教育普及化。

当前，我们要认真学习贯彻汪洋书记的重要讲话精神，总结高等教育改革的经验，建立健全保证高等教育科学发展的体制和机制，要着眼全局，拿出落实《规划纲要》有关目标任务的措施和办法，认真实施发展壮大职业技术教育工程和高等教育发展水平提升工程，大力提高高校的办学质量、办学水平和高校自主创新能力，为贯彻省委、省政府关于争当实践科学发展观排头兵和“三促进一保持”等重大决策部署提供强大的人才保证、智力支持和科技支撑，为建设经济强省、教育强省、人力资源强省作出更大的贡献。

谢谢大家。

在全省推进义务教育均衡发展工作电视电话会议上的讲话

广东省副省长　宋　海

（二〇〇九年六月二十五日）

同志们：

今天，我们在这里召开全省推进义务教育均衡发展工作电视电话会议，目的是贯彻落实《义务教育法》，以及国家和省有关文件精神，特别是贯彻落实省政府《关于推进广东省义务教育均衡发展的实施意见》（以下简称《意见》）精神，落实《意见》提出的各项工作任务和要求，切实加快工作进度。刚才，罗伟其同志介绍了近年来我省推进义务教育均衡发展的有关情况，以及《意见》出台的背景，讲得很全面，我都赞成。德庆等三个县（区）的领导也作了经验介绍，都讲得很好。尽管情况各不相同，但三个县（区）的党委和政府高度重视，大力推进义务教育均衡发展这一点是相同的，为我们进一步推进工作提供了很好的借鉴。下面，我讲三点意见，供大家参考。

一、充分认识推进义务教育均衡发展的重要意义

首先，推进义务教育均衡发展是法律赋予义务教育的本质要求。义务教育具有强制性、公共性和普及性等特点，这决定了政府应努力在义务教育的资源配置上做到均衡，为每一个适龄儿童少年提供平等的教育服务。新修订的《义务教育法》规定，“国务院及县级以上地方人民政府应当合理配置教育资源，促进义务教育均衡发展。”因此，推进义务教育均衡发展是义务教育的本质要求，是依法办好义务教育的必然选择。我们要站在依法行政、依法治教的高度，充分认识义务教育均衡发展的本质意义。

其次，推进义务教育均衡发展是落实科学发展观、构建和谐社会的重要举措。实现社会和谐，必须更加注重社会公平，正确发挥各级政府的公共服务职能，积极解决人民群众的切身利益问题。这就要求我们发展教育事业必须回应人民的愿望。随着社会的进步，义务教育公平问题已日益成为广大群众关注的重点。因此，只有加快推进义务教育均衡发展，尽快缩小义务教育地区间、城乡间、学校间以及人群间的差距，努力办好每一所学校，促进每一个学生全面健康发展，切实保障教育公平，才能从根本上维护和实现人民群众的利益，构建和谐社会。

最后，推进义务教育均衡发展是广东实现教育现代化、建设教育强省的必由之路。1996 年，我省在全国率先实现“普九”，随后实施了薄弱学校和老区学校改造、中小学布局调整、校舍危房改造以及农村中小学“新装备”等一系列工程，不断加大投入，使全省义务教育办学条件不断改善。但我们应看到，义务教育地区间、城乡间、学校间、人群间的不均衡状况还比较突出。推进义务教育均衡发展任务还很艰巨。特别是当前，我省正在大力推进教育现代化，努力建设教育强省，义务教育是教育工作的重点，实现义务教育均衡发展是实现教育现代化的前提和基础；一个地区内，农村教育上不去，薄弱学校得不到改造，义务教育办学条件的差别还很大，就不能算是教育强县或强市。国务院《珠江三角洲地区改革发展规划纲要（2008—2020 年）》明确提出，要“率先实现基本公共服务均等化”“促进城乡义务教育均衡发展”，因此，我们要从大局出发，充分认识义务教育均衡发展在教育工作中的地位，主动积极地推进这项工作。

二、各级政府要采取措施，强力推进义务教育均衡发展

为切实加快推进义务教育均衡发展，2009 年 4 月，省政府出台了《关于推进广东省义务教育均衡发展的实施意见》，提出了指导思想、目标任务、保障措施和具体要求，各级政府要认真组织学习。最近汪洋同志到中山大学指导工作时强调，“抓教育就是抓广东的未来，抓教育就是抓广东的科学发展”。当前最紧迫的任务，是要贯彻落实汪洋同志的指示精神和省政府的《意见》要求，采取有力措施，出真招干实事，强力推进义务教育均衡发展。各级政

府要从以下八个方面，全面推进义务教育均衡发展。

（一）加大力度推进中小学布局调整

各县（市、区）要根据城乡建设发展规划和人口变动状况，合理调整学校布局，加大对中小学教育资源的整合力度。在生源偏少的地区，积极探索联村办学模式，集中力量办好乡镇中心小学和规模较大的片完全小学。对生源不足的学校，可根据实际进行撤并，或将高年级的学生逐步引导到镇或片中心学校集中上学。要继续推进寄宿制学校改造，为上学路途较远的学生提供良好的学习和生活环境。要认真解决人口集中的城镇学位紧缺问题，消除大班额特别是超大班额现象。城镇新建居民区的配套学校必须与居民区同步建设。布局调整以县级政府为主组织实施，以镇为单位逐步推进，逐镇验收。今后没有完成布局调整任务的镇、县不能申报省教育强镇、教育强县。

（二）加快推进义务教育规范化学校建设

各地要对照国家有关标准和《广东省义务教育规范化学校标准》，率先将布局调整规划需保留的学校建设成规范化学校。要抓紧对区域内义务教育学校全面进行调查摸查，逐校建立规范化学校建设档案，落实每所学校的改造任务，做到一校一案、一校一策。对尚未达标的学校及项目，要明确完成整改的计划、责任人、时限，采取有效措施，扎实抓好改造工作。争取到2011年，珠江三角洲经济发达地区100%达到规范化学校标准；欠发达地区中等以上城市义务教育学校100%达到规范化学校标准；其余地区完全小学和初级中学基本达到规范化学校标准。

（二）以改善农村中小学教学条件和生活设施为重点，加强农村学校和城镇薄弱学校的硬件建设

力争到2011年，全省所有在布局调整中需要保留的农村完全小学和初级中学拥有基本满足教学需要的“三室一场”，即标准配置教室、实验室、阅览室和运动场；生活设施实现“五有”，即有符合卫生标准的饮用水、符合安全卫生标准的厕所、可供教师工作休息的用房，寄宿制学校还要有符合安全标准的学生宿舍、符合卫生标准的学生食堂。对各地是否达到这些具体要求，省将组织督查。

（四）花大力气抓好学校的内涵发展

切实办好每一所义务教育学校，不得分为重点学校和非重点学校，不得利用公共资源集中建设或支持少数窗口学校、示范学校。要加强管理，规范办学行为，严格执行国家和省规定的课程计划，开齐开足课程，不得挤占体育课、艺术课、综合社会实践等教学时间；严格执行校历，不得占用学生法定休息时间加班加点或集体补课，切实把课内外过重的课业负担减下来。要大力倡导创建和谐校园，以人为本，加强校园文化建设，树立良好的校风、教风、学风，加强校园及周边安全管理，确保师生安全，努力营造良好的育人氛围。

（五）改革学校办学模式，加强学校之间的合作

鼓励和支持具有优质教育资源的公办学校与薄弱学校联合办学，探索合并、一校多区或集团办学等办学形式，扩大优质教育资源。条件具备的地区可将位置邻近的义务教育学校划归同一校区，统筹使用教育教学资源。乡镇中心小学或规模较大的片完全小学可将邻近村小学或教学点纳入本校统一管理，实行一校多区办学。要扎实抓好“千校扶千校”行动计划，充分利用帮扶平台，促进学校共同发展。这项行动自开展以来，社会各界反映良好，各地要继续积极推进，争取取得更大的成效。

（六）加强教师队伍建设

市、县（区）政府要按照省制定的编制标准，及时配足教师及教学管理人员。要尽快落实“两相当”的有关部署，加快推进义务教育学校教师绩效工资改革，切实改善教师工资待遇。完善教师人事管理，严格中小学校长任职条件和资格，改革和完善选拔任用办法，建立中小学校长、教师轮岗制度，推动校长、教师在校际、区域间合理流动。进一步加强教师培训工作，县级政府要制订教师和教学管理人员的培训规划，按照有关规定安排义务教育阶段教师的继续教育经费。

（七）完善招生政策

要完善义务教育就近入学制度，合理划定义务教育学校服务网，按照公开透明、全面覆盖、相对稳定的原则，全面实行小学就近免试入学、初中电脑派位或对口入学。禁止义务教育公办学校“择校”行为和进行小学升初中选拔性招生。条件具备的地区可将优质普通高中部分招生名额直接分配到各初中学校，或由初中学校推荐优秀毕业生直接进入普通高中学校。采取多种形式解决非户籍适龄儿童少年接受义务教育问题。加强特殊教育学校建设，保障特殊儿童少年接受义务教育。进一步做好防止义务教育阶段学生辍学工作。

（八）提升中小学信息化教育水平，借助信息化手段实现优质教育资源共享

建立和完善省、市、县、镇、校五级教育信息化网络，到2010年底，全省独立建制的中小学要基

本实现“校校通”，经济发达地区要基本实现“班班通”。要进一步完善省基础教育资源中心建设，开展资源下乡行动计划，为全省农村中小学提供适应教与学需要的网络资源。

三、加强领导，落实责任，确保有效推进义务教育均衡发展

（一）加强领导

各级政府要高度重视，加强领导，明确职责，制订发展规划和具体实施方案，切实有所作为。市、县政府一把手要对本地区义务教育均衡发展负总责，负责及时研究制定政策和措施，解决推进义务教育均衡发展中遇到的困难和问题。各相关部门要密切配合，形成工作合力。教育部门要负责本地区义务教育均衡发展的具体规划、组织实施和日常管理。发展改革部门要把义务教育均衡发展纳入经济和社会发展总体规划，在项目安排上给予优先和重点支持。财政部门要确保义务教育经费足额按时拨付。编制、人事部门要及时核定教职员编制和岗位职数，检查教师编制配置情况。国土、规划、建设部门要把中小学建设纳入城乡基础设施建设统一规划，优先保障教育项目建设用地。税务部门要加强教育费附加征收工作，确保足额入库。

（二）要落实经费，确保义务教育均衡发展工作顺利推进

各级财政要依法足额安排义务教育经费，确保落实《义务教育法》规定的“三个增长”。切实落实省、市、县级政府义务教育投入责任，把推进义务教育均衡发展所需资金纳入财政预算。建立义务教育投入稳定增长机制，逐步提高农村义务教育生均公用经费标准，切实落实农村义务教育学校校舍维修改造长效机制。省农村税费改革转移支付要按核定比例用于农村义务教育校舍建设、设备设施购置等发展项目。省将加大义务教育经费省级统筹和投入力度，并以乡镇为单位，对完成义务教育学校布局调整任务、推进义务教育均衡发展工作取得明显成效的地区给予奖励。各地要设立推进义务教育发展专项经费，加大财政投入，推进中小学布局调整、义务教育阶段规范化学校建设和寄宿制学校生活设施改造。

（三）强化督导，促进义务教育均衡发展

要把义务教育均衡发展状况作为各地级以上市、县（市、区）党政领导干部基础教育工作责任考核的重要内容。省政府教育督导室要定期对各县（市、区）推进义务教育均衡发展工作进行督导检查、通报，省将对成效显著的县（市、区）给予表扬；对工作推进不力，或在工作推进过程中存在违规行为的，将按规定追究有关部门及相关责任人的责任。

同志们，推进义务教育均衡发展，各级政府责任重大、任务艰巨。我们必须坚持以科学发展观为指导，以高度的使命感、责任感，进一步统一思想，坚定信心，明确责任，把当地义务教育均衡发展工作抓紧抓好，促进广东义务教育工作迈上新的台阶，向人民交出一份满意的答卷。

在2009年广东省教育纪检监察工作会议上的讲话

广东省教育厅厅长　罗伟其

（二〇〇九年二月二十七日）

同志们：

今天在这里召开2009年全省教育纪检监察工作会议，学习胡锦涛同志在十七届中央纪委三次全会上的重要讲话和十七届中央纪委三次全会、省纪委十届三次全会以及2009年全国教育纪检监察工作会议精神，这对深入推进我省教育系统党风廉政建设和反腐败工作，具有十分重要的意义。刚才，陈韩晓同志代表厅党组、省教育纪工委对我省教育系统2008年党风廉政建设和反腐败各项工作作了全面的总结，对2009年的反腐倡廉工作作了具体的部署，这些意见经过了厅党组研究，我完全赞同。省纪委三室梁家阳主任对这次会议十分重视，亲自出席会议，并将作重要讲话，大家要认真学习领会，会后要将这次会议精神向单位党委（党组）汇报，结合实际，抓好贯彻落实。下面，我讲几点意见。

一、提高认识，统一思想，增强做好我省教育系统反腐倡廉工作的自觉性和紧迫感

2008年，在省委、省政府和教育部的正确领导下，我省教育系统高举中国特色社会主义伟大旗帜，坚持以邓小平理论和“三个代表”重要思想为指导，深入学习实践科学发展观，认真学习贯彻党的“十七大”和省委十届二次、三次全会精神，解放思想，坚持改革创新，努力破解影响教育事业科学发展的难题，积极实施五大教育工程，扎实推进广东教育事业发展。

一是全面实施免费义务教育取得新进展。我省2007年秋季在全国率先实现农村免费义务教育，2008年春季全省城镇实施免费义务教育，全面实现了全省城乡义务教育阶段学生免缴学杂费、课本费上学的目标，促进了义务教育的均衡发展。二是高中阶段教育取得新成效。2008年，我省高中阶段教育招生126.9万人，在校生达335.4万人（其中中职在校生153.6万人），比2007年增长了8.53%，高中阶段教育毛入学率为72%，比2007年提高了6个百分点。2008年新增示范性高中129所。中等职业技术教育战略性结构调整逐步推进，办学机制和人才培养模式有所创新，教学改革成绩显著，探索出“顺德职教模式”等现代职业技术教育发展的新思路。三是高等教育发展水平进一步提升。高等教育规模进一步扩大。2008年，我省普通高校本专科在校生达121.6万人，增长了8.6%。高等教育毛入学率为27%，比2007年提高了1.4个百分点。高等教育教学质量和办学水平进一步提高。“985工程”二期和广东省“211工程”三期建设有序推进，高校自主创新能力进一步增强，服务地方经济社会发展的效能明显提高。四是素质教育继续推进。总结并推广了广东实验中学等一批课程改革实验区的先进经验，实施新修订的《广东省中小学地方教材编写审定管理办法》。中小学德育工作和高校思想政治教育工作进一步加强。在全国范围内率先构建大学生信用档案体系，促进了大学生思想道德素质的提高。进一步加强了体育、卫生、艺术和国防教育工作。成功举办了广东省第九届中学生运动会。教育信息化水平得到进一步提高。五是进一步加强了师资队伍建设。省教育厅认真贯彻落实中共中央政治局委员、省委书记汪洋同志的重要指示，解决中小学代课人员和教师工资福利待遇问题取得较大进展。农村中小学教师队伍建设进一步加强，教师培训与交流工作稳步推进，农村教师学历水平进一步提高。高校高层次人才培养和引进工作成绩明显。六是进一步提高了教育经费使用效益。省级财政教育经费稳步增长。2008年，省级财政投入教育总经费120亿元，教育经费投入的长效机制初步建立，农村中小学公用经费保障水平逐步提高，“新装备”工程建设取得初步成效。教育审计工作成绩显著。七是进一步加强了高校阳光招生考试、助学和高校毕业生就业指导工作。高校考试招生“阳光工程”扎实推进。高等教育自学考试和非学历证书考试工作取得长足进步。助学解困工作取得较大突破，高校学生入学实施“绿色通道”政策，帮助来自汶川地震重灾区的758名本专科生顺利入学就读。高校毕业

生就业指导工作进一步加强。八是进一步提高了教育管理水平。依法治教、依法治校全面推进。教育督导工作全面加强。截至2008年底，我省有6个市被评为“教育强市”，30个县（市、区）被评为“教育强县（市、区）”，221个镇（街道）被评为“教育强镇（街道）”。高校后勤服务保障更加有力。九是进一步加强了高校领导班子建设和党建工作。高校领导班子的思想、组织、作风和能力建设进一步加强，高校“固本强基”成果进一步巩固，教育系统党风廉政建设和政风行风建设取得显著成效，推动了教育事业的科学发展，全省教育事业取得了可喜的成绩。这些成绩的取得，是省委、省政府和教育部正确领导的结果，是全省教育系统广大党员干部、教职员工，以及教育系统广大纪检监察干部解放思想、开拓进取、求真务实、扎实工作的结果。在此，我谨代表省委教育工委和省教育厅，向全省教育系统全体纪检监察干部表示崇高的敬意和衷心的感谢。

在推动我省教育事业发展的同时，我们坚持把反腐倡廉建设放在突出位置，始终抓紧、抓实、抓好。2008年，我省教育系统认真贯彻党中央、国务院和广东省委、省政府关于加强党风廉政建设和反腐败斗争的决策和部署，按照教育、制度、监督、改革、纠风和惩处的工作要求，坚持标本兼治、综合治理、惩防并举、注重预防的方针，解放思想、开拓创新、扎实工作，狠抓教育系统反腐倡廉建设各项工作任务的落实，教育系统党风廉政建设和反腐败工作取得了明显成效。积极深入开展“廉政文化进校园”活动，扎实开展反腐倡廉教育，进一步提高了全省教育系统广大党员干部的廉洁意识和廉洁自律的自觉性；大力推进校务公开、政务公开和党务公开，依法治校和民主监督工作取得新成效；认真贯彻执行《关于2008年广东省加强高校反腐倡廉建设的工作意见》，积极构建具有广东教育系统特色的惩治和预防腐败体系，反腐倡廉制度建设进一步加强；全面开展教育系统民主评议政风行风活动，并取得“满意”成绩，教育系统政风行风建设取得明显成效，建立健全了教育系统加强政风行风建设的长效机制；以纠正群众反映强烈的教育系统不正之风为重点，深入开展规范教育收费、积极治理教育收费中存在的突出问题；创新手段，加强高校招生考试执法监察工作，维护了教育的公平、公正；扎实推进教育系统治理商业贿赂专项工作，完善了行政审批电子监察系统，进一步提高了监督效能；加大查办案件工作的力度，2008年重点查处了广东省普通高校招生体育术科考试舞弊案件，惩治了腐败分子，净化了教育环境，为我省教育事业的科学发展提供了坚强保证。

在取得成绩的同时，我们也要清醒地看到，在推动我省教育事业改革发展的同时，教育系统党风廉政建设和反腐败工作面临着许多新情况新问题。一是党的政治纪律教育还存在薄弱环节，一些党员干部、教师随意发表怀疑甚至否定党的领导以及与坚持四项基本原则相违背的言论，造成不良影响；二是在基建工程、物资采购、财务管理、后勤产业等领域以权谋私的违纪违法案件仍时有发生；三是特殊类招生考试问题凸显，特别是在体育术科考试中的舞弊行为和招生中的假民族、假侨眷、假荣誉等问题时有发生；四是极少数党员领导干部生活作风腐化，严重违反社会主义道德；五是一些地方和学校教育收费还存在比较突出的问题；六是学术研究中，抄袭、弄虚作假等现象还时有发生；等等。这些情况表明我省教育系统党风廉政建设和反腐败斗争形势仍然严峻，任务仍然繁重。因此，我们必须保持清醒的头脑，高度重视，坚决按照胡锦涛总书记在十七届中央纪委三次全会上的要求，把反腐倡廉建设放在更加突出的位置。要充分认识反腐败斗争的长期性、复杂性、艰巨性，解放思想，深入学习实践科学发展观，坚持标本兼治、综合治理、惩防并举、注重预防的方针，以完善惩治和预防腐败体系建设为重点加强教育系统反腐倡廉建设，以改革创新精神抓好反腐倡廉各项工作的落实，为我省教育事业科学发展提供坚强的保证。

二、认真学习贯彻胡锦涛总书记的讲话精神，加强我省教育系统党员干部作风建设

胡锦涛总书记在十七届中央纪委三次全会的重要讲话，深刻阐述了新时期加强领导干部党性修养，树立和弘扬良好作风的极端重要性和紧迫性，明确提出了加强作风建设的基本要求和工作重点。胡锦涛总书记的重要讲话对深入开展党风廉政建设和反腐败斗争，全面推进党的建设的伟大工程，具有十分重要的指导意义。省纪委十届三次全会和2009年全国教育纪检监察工作会议都对加强领导干部作风建设提出了明确要求。我省教育系统一定要深刻学习领会，结合教育系统的实际，认真抓好贯彻落实。

（一）在学习教育上下工夫，务求在思想认识方面有新提高

党的作风是党的性质、宗旨、纲领和路线的重要体现，关系党的形象，关系人心向背，关系党和国家的生死存亡。好的作风，能够密切党同人民群

众的血肉联系，使党立于不败之地；能够使科学理论同具体实践正确结合，推动党的事业健康发展；能够使党不断克服自身的缺点和错误，始终保持先进性。近年来，我省教育系统通过深入开展学习实践科学发展观、保持党的先进性教育、“三服务一促进”和民主评议政风行风工作等专项活动，切实加强党员干部的党性修养和作风建设，全省教育系统领导干部的作风有了明显好转，总体来讲，我省教育系统领导干部的作风是好的。但是，我们也要清醒地看到，我省教育系统在作风建设上与党和人民的要求仍然有差距，胡锦涛总书记在讲话中指出的宗旨意识不强、理论和实际脱节、责任心和事业心不强、政绩观不正确、个人主义严重、纪律观念淡薄等作风方面的问题，在我省教育系统一些党员领导干部中也不同程度地存在着。近年来，发生在我省教育系统的腐败案件和教育收费工作存在的突出问题等，都和教育系统少数领导干部不注重加强作风建设，全心全意为人民服务的宗旨淡薄，漠视人民群众的利益有关。历史和现实的经验一再表明，领导干部一旦在作风上放松要求，就会降低甚至丧失拒腐防变的能力，就会放松反腐倡廉的警惕性，最终滑入腐化堕落的深渊。

作风建设既是反腐倡廉建设的重要基础和保障，也是反腐倡廉工作的重要途径和抓手。我省教育系统各级领导干部一定要充分认识加强党性修养、推进作风建设的重要性和紧迫性，认真学习贯彻胡锦涛总书记的重要讲话精神，切实把思想认识和行动统一到胡锦涛总书记重要讲话精神上来，统一到胡锦涛总书记对领导干部加强作风建设的要求上来，牢牢把握加强领导干部党性修养、树立和弘扬良好作风的基本要求，坚持以邓小平理论和“三个代表”重要思想为指导，深入贯彻落实科学发展观，自觉遵行社会主义核心价值体系，坚持理论和实践相统一，坚持继承光荣传统和弘扬时代精神相统一，坚持改造客观世界和改造主观世界相统一，坚持加强个人修养和接受教育监督相统一，努力建设一支政治坚定、作风优良、纪律严明、勤政为民、恪尽职守、清正廉洁的干部队伍，为实现广东教育事业科学发展发挥模范带头作用。

（二）在贯彻落实上下工夫，务求在转变作风方面有新成效

按照省委的部署，2009年我省高校将全面开展学习实践科学发展观活动。各高校要充分认识开展学习实践科学发展观活动的重大意义，按照党员干部受教育、科学发展上水平、人民群众得实惠的总体要求，着力解决当前我省高校领导干部思想和行为中与科学发展观要求不相符合、不相适应的问题，解决高校党员干部党性党风党纪方面群众反映强烈的突出问题。

第一，克服自由主义，着力增强党的纪律观念。党的纪律是党的生命。当前，我省正处于全面转入科学发展轨道的关键时期，经济体制深刻变革，社会结构深刻变动，利益关系深刻调整，思想观念深刻变化。我省教育系统广大党员领导干部要切实增强党的纪律观念，严格遵守党的政治纪律、组织纪律、经济工作纪律、群众工作纪律，以及廉洁从政等各项纪律，切实推进社会主义核心价值体系进教材、进课堂、进头脑，坚持研究无禁区、讲课有纪律，坚决反对否定四项基本原则的错误倾向，切实维护党的团结统一，自觉同以胡锦涛同志为总书记的党中央在思想上、政治上、行动上保持高度一致，保证中央政令畅通无阻，推动科学发展重大决策部署的贯彻落实。

第二，克服官僚主义，着力强化宗旨观念和责任意识。党的作风建设，核心问题是保持党同人民群众的血肉联系。我省教育系统广大党员干部要进一步强化立党为公、执政为民，全心全意为人民服务的宗旨，把维护好、实现好、发展好最广大人民群众的根本利益作为一切工作的出发点和归宿。要想群众之所虑，急群众之所难，谋群众之所求，办群众之所需，把全部心思放在为民发展上，把所有精力放在为民谋利上，把更多时间放在为民解忧上。要抓住那些与人民群众利益息息相关的现实问题，采取措施，认真加以解决，使人民群众共享我省教育改革发展的成果。

第三，克服教条主义，着力提高理论水平与实践能力。克服教条主义最好的方法是提高理论水平与实践能力。我省教育系统广大党员干部要加强自身学习，提高理论素养，当前要重点抓好对党的“十七大”精神和中国特色社会主义理论体系的学习，不断夯实政策理论、业务知识功底，提高业务水平。要把理论学习与自身工作实践结合起来，着眼于释疑解惑，着眼于解决阻碍教育事业科学发展的突出问题，坚持学用结合，学以致用，用有所成。要善于把理论学习的成果转化为工作实践，解放思想、开拓创新，促进我省教育事业的改革发展。

第四，克服功利主义，树立正确的利益观和政绩观。树立正确的利益观和政绩观，首先要树立正确的世界观和人生观。我省教育系统广大党员干部要坚持党和人民的利益高于一切，把个人利益融入广大人民群众的利益之中，做到情为民所系、利为民所谋，不为名利所累，不为物欲所惑，淡泊名利，克己奉公，把人生价值体现在为社会作出贡献、办人民满意的教育之上。其次，要树立正确的政绩观。政绩观决定着领导干部的人生追求和执政行为。强调树立正确的政绩观，是新形势、新任务的需要，是学习实践科学发展观的需要，也是领导干部提高自身素养、干事创业的需要。我省教育系统领导干部要把勤奋的精神、实干的劲头、开拓的勇气、自省的作风、有为的追求贯彻到日常工作中，决不能急功近利，重“显绩”轻“潜绩”。我们只有牢固树立“立党为公、执政为民”的意识，始终坚持科学发展的理念，才能创造出经得起实践、群众和历史检验的政绩，才能推动我省教育事业的全面协调可持续发展，办好让人民满意的教育。

（三）在改革创新上下工夫，务求在完善作风建设长效机制方面有新进展

抓好干部队伍建设，是党的事业不断取得成功的一条宝贵经验。干部队伍作风建设是一项长期的战略任务，是一个系统工程，我们要用发展的思路、改革的办法、创新的方式，从加强制度建设入手，建立健全我省教育系统干部作风建设的长效机制。

一要建立健全教育与宣传机制。教育是加强作风建设的基础性工作，我省教育系统要整合力量，建立健全作风建设的教育和宣传制度，改进教育方式方法，创新教育载体。我们只有通过典型事例的宣传，榜样的示范感召，用发生在我们教育系统的教风、师德师风建设方面的感人事迹来教育我们的干部，增强教育宣传的效果，才能使教育系统广大党员干部始终保持振奋的精神和良好的作风。

二要完善监督与激励机制。建立干部作风监督与激励机制，是推进干部队伍作风建设的重要环节，要认真执行《中国共产党党内监督条例》，健全民主集中制，强化党内监督。要严格执行领导干部个人重大事项报告、民主生活会、述职述廉、经济责任审计等制度，为加强领导干部作风建设提供保障。要拓宽民主监督作风建设的渠道，增强监督的合力和实效，及时发现和纠正干部队伍作风方面存在的问题。要完善干部队伍作风建设的内容体系和衡量标准，把作风建设情况纳入党风廉政建设责任制考核范围，并作为评先和提拔使用干部的重要依据，树立和弘扬省委书记汪洋同志在省纪委十届三次全会上提出的干部作风建设方面的六个“新风正气”，才能真正提高党员干部服务中心工作的能力和水平。

三要建立健全组织与领导机制。我省教育系统要建立健全“党政齐抓共管，部门各负其责，依靠群众参与”的干部作风建设的组织和领导机制。教育系统各级党组织要对党员干部的作风建设负总责，主要领导亲自抓，班子成员按照分工，切实担负起分管范围内干部作风建设的责任。教育纪检监察、组织人事、宣传等职能部门要各司其职、各负其责，加强协调配合，形成齐心协力抓干部队伍作风建设的良好局面。

三、以科学发展观为指导，深入推进教育系统反腐倡廉建设

2009年是推进我省教育改革发展的关键一年，我省教育系统党风廉政建设和反腐败斗争要坚持以科学发展观为指导，坚持标本兼治、综合治理、惩防并举、注重预防的方针，以完善惩治和预防腐败体系为重点，加强反腐倡廉建设，以改革创新精神抓好中央《建立健全惩治和预防腐败体系2008—2012年工作规划》（以下简称《工作规划》）和教育部、广东省《贯彻落实中共中央〈建立健全惩治和预防腐败体系2008—2012年工作规划〉的实施办法》（以下简称《实施办法》）的落实，严格执行党风廉政建设责任制，加强对中央和省关于推动科学发展、保持经济平稳较快发展政策措施执行情况的监督检查，推动我省教育事业优先发展、科学发展。

（一）认真履行监督检查职责，确保中央和省有关教育改革发展重大决策部署的贯彻落实

党的“十七大”对优先发展教育，建设人力资源强国提出了新任务新要求，中央颁布的《珠江三角洲地区改革发展规划纲要（2008—2020）年》对广东教育实现优先发展、科学发展提出了优化基础教育结构、推动高等教育发展上水平和争创国家教育综合改革示范区三大任务。加强监督检查，确保中央和省有关教育改革发展重大决策部署的贯彻落实，既是我省教育系统纪检监察部门的重要职责，也是纪检监察部门深入学习实践科学发展观的具体要求。我省教育系统纪检监察部门一定要深刻领会中央和广东省对教育改革发展的决策部署，认真履行党章赋予的职责，切实加强中央和广东省关于教育改革发展一系列重大决策部署落实情况的监督检查，加强我省免费义务教育等惠民政策落实情况的监督检查，促进我省教育事业科学发展，为促进教育公平、构建和谐广东、办人民满意的教育作出新的贡献。

（二）认真贯彻落实《关于加强高等学校反腐倡廉建设的意见》，统筹推进高校反腐倡廉建设

2008年，中央纪委、教育部、监察部联合下发

了《关于加强高等学校反腐倡廉建设的意见》，提出了当前和今后一个时期加强高校反腐倡廉建设的工作要求和措施，是高校反腐倡廉建设的基本章程。十七届中央纪委三次全会、省纪委十届三次全会和2009年全国教育纪检监察工作会议都对高校反腐倡廉建设提出了明确要求。我们一定要认真学习领会，同时要结合省纪委、省委组织部、省监察厅、省委教育工委、省教育厅2008年下发的《关于2008年广东省加强高校反腐倡廉建设的工作意见》，一并抓好贯彻落实。2009年要重点抓好以下四项工作。

一要加强对高校反腐倡廉建设的领导。我省高校党委要担负起全面领导高校反腐倡廉建设的政治责任。高校党委书记和校长要对学校反腐倡廉建设负总责。学校党委书记要把反腐倡廉建设列入学校重要议事日程，纳入学校发展总体规划，融入学校的各项中心工作任务之中。高校的行政领导班子特别是校长，要认真抓好教学、科研和其他行政管理中的反腐倡廉工作。要认真落实党风廉政建设责任制，进一步完善细化党内民主集中制和“三重一大”集体决策等制度，推动高校反腐倡廉建设的深入开展，营造风清气正的育人环境。

二要加强高校领导干部的廉洁自律。十七届中央纪委三次全会明确了2009年抓好领导干部廉洁自律五项重点工作：①严禁领导干部违反规定收送现金、有价证券、支付凭证和收受干股等行为；②落实领导干部配偶和子女从业、投资入股、到国（境）外定居等规定和有关事项报告登记制度，严禁发生与公共利益冲突的行为；③治理违规组织集资合作建房、超标准建房、在风景名胜或公园区建房等问题，纠正领导干部违反规定发放住房补贴、多占住房、以明显低于市场价格购置住房或以劣换优、以借为名占用住房等问题；④严禁领导干部利用和操纵招商引资项目、资产重组项目，为本人或特定关系人谋取私利；⑤严禁领导干部相互请托，违反规定为对方的特定关系人在就业、投资入股、经商办企业等方面提供便利，谋取不正当利益。这五个方面是2009年查处领导干部不廉洁行为的重点，这些禁止性规定是领导干部不可触摸的“高压线”，包括三委部《关于加强高等学校反腐倡廉建设的意见》中关于高校领导班子成员一律不得违反规定在校内外兼职、不得在院系等所属单位违规领取奖金、津贴以及不得通过奖励性渠道持有高校企业股份等规定，高校领导干部要严格执行，保证不出问题。

三要强化对重点领域和关键环节的监督和管理。贺国强同志在十七届中央纪委三次全会上对高校反腐倡廉建设提出了明确要求：要认真贯彻执行《关于加强高等学校反腐倡廉建设的意见》，加强对高校招生、基建、采购、财务、科研经费、校办企业和后勤服务中心的监督和审计。2008年，省委巡视组对我省13所高校进行了巡视检查，在巡视检查的反馈意见中也指出：我省部分高校的工程建设、物资采购、财务管理、招生录取等重要职能部门和关键岗位是腐败的易发、高发区。我省高校要高度重视，坚决按照贺国强同志和省委巡视组的要求，采取措施，切实加强对高校招生、基建工程、物资采购、财务管理、科研经费、校办企业和后勤服务中心等重点领域和关键环节的监督和管理，特别是工程建设和物资采购领域，一定要严格执行招投标制度，凡按规定要进入政府招投标中心进行公开招标的，必须到政府招投标中心进行公开招标；未达到进入政府招投标中心公开招投标条件的，要在高校内部进行公开招投标，学校要成立相应的招投标工作机构，建立健全相关招投标管理制度，严格招投标工作程序，绝不允许领导干部插手干预工程建设和物资采购项目，从中谋取不正当利益，有效预防腐败问题的发生。

四要把维护政治稳定放在突出位置。稳定是改革发展的前提和条件。2009年是社会风险因素增多、矛盾碰撞叠加、稳定形势严峻复杂、防止政治群体事件任务繁重艰巨的一年。我省教育系统特别是高校要将维护政治稳定摆在突出位置，高校党委要高度重视，始终保持高度的政治敏锐性和政治鉴别力，旗帜鲜明地牢牢把握高校意识形态的主动权、主导权，把维护政治稳定作为全局工作的重中之重，落实责任，提高突发事件预警、防范和处置能力，教育纪检监察部门要积极协助党委加强对政治纪律执行情况的监督检查，严肃查处违反政治纪律的行为，维护安定团结的政治局面。

（三）认真贯彻落实中央《工作规划》和教育部、广东省的《实施办法》，扎实推进惩治和预防腐败体系建设

以完善惩治和预防腐败体系为重点，加强反腐倡廉建设，以改革创新精神抓好中央《工作规划》的落实，是十七届中央纪委三次全会确定的2009年党风廉政建设的重要任务。教育部和广东省都结合实际，制定了贯彻中央《工作规划》的《实施办法》。中央的《工作规划》进一步明确了今后五年惩治和预防腐败体系建设的指导思想、基本要求、工作目标和措施，是当前和今后推进我省教育系统惩治和预防腐败体系建设的指导性文件。我省教育

系统要站在政治和全局的高度，正确认识当前反腐败斗争形势，深刻领会贯彻落实中央《工作规划》和教育部、广东省《实施办法》的重要性，增强推进惩治和预防腐败体系建设的责任感和紧迫感，把贯彻落实好中央《工作规划》和教育部、广东省《实施办法》作为当前一项重要任务抓紧抓好，扎实推进我省教育系统反腐倡廉建设。2009年，我省教育系统要根据广东省的《实施办法》的分工要求，重点抓好教育系统牵头和协办的反腐倡廉工作任务，做到“牵头不代替、协办不越位、配合不争功”，力求我省教育系统惩防体系建设有新突破。工作中要注意坚持标本兼治、综合治理、惩防并举、注重预防的方针，要把惩治与预防、教育与监督、深化改革与完善制度有机结合起来，在坚决惩治腐败的同时，更加注重治本，更加注重预防，更加注重制度建设，不断拓展从源头上防治腐败工作领域，不断铲除腐败现象滋生的土壤和条件，努力构建具有广东教育系统特色的开放、动态、创新的惩治和预防腐败体系，推动我省教育系统党风廉政建设和反腐败斗争上新台阶。

（四）切实加强教育系统政风行风建设，继续治理教育收费中存在的突出问题

胡锦涛总书记在十七届中央纪委三次全会上明确指出，要切实解决群众反映强烈的突出问题，坚决维护群众切身利益。教育部和广东省也对治理教育收费中存在的突出问题提出了明确要求。我省教育系统要深入学习胡锦涛总书记的重要讲话精神，充分认识教育乱收费问题的严重危害性。要按照教育部和广东省的工作部署，坚持教育、改革、惩处三管齐下，大力推进义务教育经费保障机制改革，依法加大教育投入，提高学校公用经费的保障水平，坚持义务教育“就近免试入学”原则，促进区域内义务教育均衡发展，从根本上解决中小学教育收费中存在的突出问题。

一是加强对全面贯彻落实城乡免费义务教育等惠民政策的监督检查，绝不允许“一边免费，一边乱收费”。二是规范义务教育办学行为。严格执行高中招生“三限”政策；探索解决城市义务教育阶段“择校”乱收费问题，积极推进我省义务教育阶段改制学校清理规范工作，研究制定幼儿园教育收费政策。三是深化高校“阳光招生”改革，坚决制止与招生录取挂钩的各种乱收费，进一步规范服务性收费行为。四是深入开展创建教育收费规范县（市、区）活动，大力宣传规范收费、勤俭办学的先进典型，弘扬正气。五是坚决查处教育乱收费案件和挤占、平调、截留、挪用教育经费和学校收费收入的行为，并追究责任。六是进一步完善规范教育收费的长效机制，严格执行教育收费“收支两条线”的管理规定，全面落实教育收费公示制度，深化政务公开、校务公开，促进教育系统政风行风建设。

加强教育系统政风行风建设还有一项很重要的任务，就是2008年开展了民主评议政风行风工作的高校，2009年要认真开展民主评议政风行风“回头查”工作。各高校要注意巩固在政风行风建设方面已取得的成果，积极采取措施抓好整改方案的落实，建章立制建立健全学校政风行风建设长效机制，不断推动学校政风行风建设上新台阶。

（五）坚决查办违纪违法案件，保持惩治腐败现象的强劲势头

胡锦涛总书记在十七届中央纪委三次全会上明确指出：坚决惩治腐败和有效预防腐败，关系人心向背和党的生死存亡，是党必须始终抓好的重大政治任务。我省教育系统要从关系党和国家生死存亡的政治高度，深刻领会胡锦涛总书记的重要指示精神，充分认识教育腐败的严重危害性，要按照《中共中央纪委关于进一步加强和规范办案工作的意见》的要求，加大依法查办教育系统违纪违法案件工作的力度。要以查办在领导机关和领导干部中滥用职权、贪污贿赂、腐化堕落、失职渎职的案件为重点，严肃查办官商勾结、权钱交易的案件；严肃查办严重违反政治纪律、买官卖官和严重侵害群众利益的案件，坚决惩治腐败分子，净化教育环境，为我省教育事业优先发展、科学发展排除障碍、保驾护航。

2009年，我省教育系统纪检监察部门要按照中央和省的要求，在进一步扩大内需、促进经济增长过程中加大治理商业贿赂专项工作力度。要按照最高人民法院、最高人民检察院发布的《关于办理商业贿赂刑事案件适用法律若干问题的意见》，依法查处教育系统各级领导干部以权谋私，搞权钱交易等涉及商业贿赂的违纪违法案件，发挥惩治的震慑作用。同时要充分发挥查办案件的治本作用，注意分析腐败案件发生的主客观原因，查找制度和管理监督上存在的漏洞和薄弱环节，采取措施，堵塞漏洞，健全制度，加强管理，改革体制机制，有效预防腐败，充分发挥查办案件在治本方面的建设性作用，为教育改革发展创造良好的政治环境。

（六）不断加强我省教育系统纪检监察干部队伍建设，为反腐倡廉建设提供有力组织保证

纪检监察机关肩负反腐倡廉重任，肩负党和人

民的重托。实践证明，我省教育系统纪检监察干部队伍是一支政治坚强、公正清廉、纪律严明、业务精通、作风优良的队伍，是一支党和人民可以完全信赖的队伍，他们在加强我省教育系统党风廉政建设，认真贯彻落实科学发展观，促进我省教育事业全面协调可持续发展方面作出了突出的贡献。在新的形势下，教育改革发展对纪检监察工作提出了更高、更新的要求，希望我省教育系统广大纪检监察干部进一步增强责任感和使命感，带头加强党性修养、树立和弘扬良好作风，以开展深入学习实践科学发展观活动为契机，以“做党的忠诚卫士、当群众的贴心人”主题实践活动为载体，进一步加强自身建设，解放思想，开拓创新，秉公执纪，忠于职守，不断提高履行职责的能力和水平，深入推进我省教育系统党风廉政建设和反腐败斗争。

我省教育系统各级党组织要继续认真落实党风廉政建设责任制，把党风廉政建设和反腐败工作纳入党委总体工作，主要负责同志要切实履行领导反腐倡廉建设第一责任人的职责，加强对反腐倡廉工作的领导，加强对纪检监察工作的指导，旗帜鲜明地支持纪检监察部门开展工作，帮助解决纪检监察部门工作中遇到的实际困难和问题，推动反腐倡廉各项任务的落实。要高度重视和切实加强纪检监察干部的培养使用，既要选拔那些政治坚强、敢于坚持原则，精通业务，清正廉洁，作风优良，工作扎实的优秀干部充实到纪检监察部门工作，又要把优秀的纪检监察干部提拔到重要岗位，加大纪检监察干部的交流力度，不断优化纪检监察干部队伍。

同志们，2009年是困难与机遇并存的一年。让我们在党中央、国务院和省委、省政府及省纪委的正确领导下，高举邓小平理论的伟大旗帜，以“三个代表”重要思想为指导，认真贯彻落实科学发展观，抓住时机、乘势而上，努力开创我省教育系统党风廉政建设和反腐败工作的新局面，为推动广东教育科学发展，优先发展，办人民满意的教育作出新的贡献。

在广东省“千校扶千校”行动计划启动会议上的讲话

广东省教育厅厅长　罗伟其

（二〇〇九年三月二日）

同志们：

今天，我们在这里召开全省义务教育“千校扶千校”行动计划工作启动会议，目的是贯彻落实国家和省关于统筹城乡发展、缩小地区差距、推进义务教育均衡发展等要求，部署实施“千校扶千校”具体工作，进一步明确工作的必要性和目标任务，以实际行动贯彻落实科学发展观。省委、省政府非常重视这项工作，宋海副省长亲自到会并将作重要讲话，我们一定要认真学习领会宋海副省长的讲话精神和会议精神，扎实做好帮扶工作。在此，我谈三点意见。

一、充分认识开展“千校扶千校”工作的必要性和重大意义

在刚刚结束的省人大会议上，黄华华省长在政府工作报告中明确指出，要“实施‘千校扶千校’行动计划，帮扶欠发达地区基础薄弱学校建设发展”，省政府对“千校扶千校”高度重视，我们要充分认识到开展“千校扶千校”工作的必要性和重大意义。

第一，开展“千校扶千校”工作是深入开展学习实践科学发展观、促进地区和城乡协调发展的实际行动。省委十届三次全会《关于争当实践科学发展观排头兵的决定》提出：实施提升珠三角带动东西北战略，构建区域城乡互动协调发展新格局。在全省组织开展“千校扶千校”行动，充分发挥珠江三角洲等教育发达地区的资源优势，采取“一帮一”形式，对口帮扶欠发达地区农村、城镇薄弱学校，是促进我省地区和城乡教育均衡协调发展的积极探索，是科学发展观在教育工作中的实际运用。大家要从实践科学发展观，促进我省经济社会地区间、城乡间协调发展的高度，充分认识“千校扶千校”行动的重大社会意义，为我省争当实践科学发展观排头兵作出贡献。

第二，开展“千校扶千校”工作是促进我省义务教育均衡协调发展，全面提升教育质量水平和综合实力的重要举措。近年来，在省委、省政府的正确领导下，我省教育改革与发展成效显著，义务教育均衡发展取得新进展，全面实施城乡免费义务教育，基本解决了义务教育“上学难”的问题，教育公平得到不断推进。但是，在争当科学发展观排头兵的发展新阶段，我省教育的整体水平与经济社会实现科学发展的要求还不相适应，与人民群众日益增长的教育需求还不相适应，与先进省市的差距明显。以义务教育发展为例，由于起点低，基础差，底子薄，导致教育欠账多，负债重，总体水平依然与经济大省的地位不相称。同时，义务教育发展不均衡，区域间、城乡间办学水平差距大。因此，迫切需要采取切实有效的措施，促进义务教育均衡发展，缩小义务教育的地区、城乡和校际差距，全面提升教育的质量水平和综合实力，开展“千校扶千校”行动就是落实这一要求的重要工作抓手。我们相信，实施“千校扶千校”行动，将有效促进受援学校和地区义务教育整体水平的提高，有效促进地区间、城乡间义务教育的均衡发展。

第三，开展“千校扶千校”工作是贯彻落实省委、省政府有关帮扶政策的具体体现。党中央要求，要实施工业反哺农业，城市反哺农村。国务院颁发的《珠江三角洲地区改革发展规划纲要（2008—2020年）》提出，完善城乡对口支援机制，逐步形成以城带乡新机制。加强城市对农村教育等领域的对口支援，增强城市对农村的带动作用。必须认识到，没有欠发达地区的教育发展就没有全省的发展，没有欠发达地区的教育现代化就没有全省的教育现代化。由于历史原因，我省经济社会和教育发展存在地区差异，珠三角地区先行一步，发展更快一些，有责任对欠发达地区伸出援助之手，带动全省共同发展。省组织实施“千校扶千校”行动，就是要搭建这样一个工作平台。承担帮扶任务的地区和学校要有这样的工作热情，要认识到肩上的责任。今天会议的主题定为“同在蓝天下”，也是要表达这个含义。我们必须从贯彻落实国家和省有关帮扶政策

的高度，从保证发展成果由人民共享的高度，来充分认识“千校扶千校”工作的重大意义。

二、明确目标，重点抓好三项帮扶任务

实施“千校扶千校”行动，目的在于搭建一个对口帮扶平台，在学校管理、队伍建设、教育教学、文化建设、学生互动等方面构建帮扶机制，帮助欠发达地区农村、城镇 1 000 所相对薄弱的义务教育学校转变教育观念，实施素质教育，规范学校管理，改革教育教学，提高队伍素质，改善办学条件，提高学校的整体管理水平和教育教学质量。其中，珠三角地区的初中和小学各约 200 所，分别由广州、深圳、珠海、佛山、东莞和中山 6 个市负责，跨市对口支援珠三角以外欠发达地区学校；珠三角以外 15 个地级市城区及所辖各县城负责初中和小学各 300 所，对口支援本地区相对薄弱的义务教育学校。这次“千校扶千校”帮扶工作的主要任务是“帮助三个提高”。

（一）帮助受援学校提高管理水平

支援学校要帮助受援学校树立正确的办学思想和先进的办学理念，制定中长期发展目标和发展规划；要帮助受援学校健全和完善各项管理制度，规范学校日常工作管理，规划校园布局，开展校园文化建设，做好校园文化、绿化、美化等工作；帮扶双方学校要互派管理人员到对口学校挂职，参与学校的决策与管理；要开展校风、教风、学风建设以及班级管理、心理健康教育、安全教育和安全事故防范等方面工作的交流与学习，全面提高受援学校的管理水平。

（二）帮助受援学校提高教师业务素质

支援学校要帮助受援学校制订教师队伍建设发展规划、培训计划和工作措施，尤其是要帮助教师提高运用信息技术整合学科教学的能力，3 年内要帮助受援学校培养 3 名以上镇内（或片内）学科骨干教师；要帮助受援学校开展师德师风建设，提高教师队伍职业道德素养；要帮助受援学校教师提高业务能力和教学水平。一方面，要组织优秀教师、骨干教师到受援学校进行指导；另一方面，要互派教师到对口学校任教，通过开展听课、说课、评课、上示范课、教学观摩、优秀教师教育教学报告等教研活动，加强帮扶双方的学习与交流，努力提高教师队伍素质。

（三）帮助受援学校提高教育教学质量

支援学校要帮助受援学校规范教学工作常规管理，建立健全教学档案和教研制度；要指导和帮助受援学校开齐开足国家规定的课程，引导受援学校教师积极投身课程改革，更新教育观念，改进教学方法；要帮助和指导受援学校利用现代教育教学手段以及各级基础教育网的教育资源改革教育教学；要帮助和指导受援学校开设信息技术课和开展实验教学与实验操作以及有关场室的建设与配备；帮扶双方学校要共同开展各类艺术节、科技节、体育节、读书节等课外活动和团队活动，促进学习与交流，共同提高教育教学质量。

三、明确责任，确保三个“到位”

各市要在省委、省政府的领导下，按照省教育厅的具体部署，进一步提高认识，解放思想，开拓创新，扎实工作，增强责任感，把“千校扶千校”工作抓实、抓好。具体说，要确保三个“到位”。

（一）确保认识到位

开展“千校扶千校”行动的目的在于落实科学发展观、构建和谐社会、推进城乡一体化，促进城乡义务教育均衡发展。为制订好“千校扶千校”实施方案，省教育厅经过了反复的调研和论证，征求各市意见，教育厅党组还专门对实施方案进行了讨论和修改，并在各市上报的基础上，专门印发了“千校扶千校”的名单。各市教育部门要从学习实践科学发展观的高度来认识这项工作的重要性，切实增强使命感和责任感，自觉投身到“千校扶千校”工作中来。

（二）确保领导到位

“千校扶千校”行动是一项全方位合作、多方面协调的系统工程，必须加强组织领导。各地要成立“千校扶千校”活动领导小组并下设办公室，市教育部门主要领导要担任领导小组组长，办公室要设在基础教育科（处），负责全市“千校扶千校”的日常组织实施、指导和检查工作，其他科（处）室要积极主动担负起职责，如人事科（处）要做好学校管理人员及教师帮扶有关工作，教研室要做好教学帮扶有关工作，计划财务科（处）要设法落实帮扶资金，教育督导部门要负责帮扶工作的考核和评估。

做好帮扶工作，各级教育行政部门、支援学校和受援学校都负有责任。市、县教育局要负责组织实施，制订帮扶工作方案，负责制定相对帮扶政策和措施，协调各方工作，指导学校开展帮扶工作。支援市、县，特别是广州、深圳、珠海、佛山、东莞、中山等市要进一步强化大局意识，以帮扶欠发达地区教育发展为己任。今天的会议结束后，请这

6个市的教育局长亲自带队，组织力量到受援的地区和学校走一走，看一看，实地了解情况，明确工作方向，真正把工作落到实处。同时，鼓励和支持珠三角6市结合本市实际，开展本市内对口帮扶活动。据说广州市将在近期内启动“百校扶百校”行动计划，这种帮扶活动很有意义，我们鼓励各地积极行动，扩大帮扶面。支援学校和受援学校是实施帮扶任务的主体，是具体的执行者，帮扶双方要落实具体帮扶任务和工作安排，尤其是支援学校要主动承担起牵头任务，受援学校要积极主动，虚心学习，并结合实际，扎实整改，全面提高办学水平。

（三）确保实施到位

要把对口帮扶工作列入议事日程，纳入年度工作计划，明确责任，安排专人负责。要认真规划，精心组织，同时要加强对帮扶学校的指导和检查并探索建立相应的工作机制及工作考核评估制度，对开展帮扶工作的典型经验要及时介绍，对帮扶工作中出现的问题要及时研究。各有关学校要对照省的工作方案，结合帮扶双方的实际情况，确定帮扶的具体内容、方式、步骤、人员和进度等，确保完成帮扶任务，努力使帮扶双方学校实现办学水平和办学质量共同提高。为了使对口学校进一步明确各自的责任和义务，落实工作总目标和分年度的目标、任务及具体要求，省要求支援学校和受援学校要签订帮扶协议书，今天到会的除了各市教育局的负责同志，还有对口帮扶学校的校长代表，接下来我们将举行帮扶协议书签字仪式。

同志们，今天的会议标志着我省“千校扶千校”工作全面启动，让我们在省委、省政府的正确领导下，继续解放思想，开拓创新，扎实工作，积极探索，高水平、高质量地完成工作任务，推动我省义务教育实现新的发展！

在2009年全省高中阶段学校招生工作视频会议上的讲话（摘要）

广东省教育厅厅长　罗伟其

（二〇〇九年四月八日）

一、统一思想，深刻认识做好高中阶段学校招生工作的重要意义

改革开放30年，我国经济社会发展取得了举世瞩目的成就，教育事业也取得了长足的进步。进入新的历史时期，党中央对广东提出了“立足新起点，形成新优势”的更高要求。近期，国务院颁布了《珠江三角洲地区改革发展规划纲要（2008—2020年）》，要求珠江三角洲地区“科学发展、先行先试”，成为新一轮发展的引擎。

站在新的历史起点上，我们清醒地看到，广东在相当长的时间内，将面临将巨大的人口数量压力转化为人力资源优势的严峻挑战，一系列的难题需要我们去突破，其中高中阶段教育普及程度不高，中等职业技术教育基础能力薄弱，与经济社会发展要求不相适应是一个十分突出的问题。省委、省政府审时度势，及时做出了普及高中阶段教育、推进产业和劳动力“双转移”的战略决策，制定了发展规划，明确了目标任务，为我省高中阶段教育发展创造了一个难得的机遇。

机遇不等人。2003年，我省以广州大学城建设为抓手，推进全省高等教育的发展，面对着难得的机遇，我们有一些高校的领导不够敏锐，没有很好地把握机遇，错过了发展机会。各地市一定要吸取这个教训，乘势而上，紧抓机遇，把普及高中阶段教育工作推上轨道，加快发展。

当前，随着工业化进程的加快，我省正处在新一轮产业结构调整升级的关键时期。加快推动产业结构调整升级，构建现代产业体系，实现我省经济社会新一轮大发展，要求我们进一步加快高中阶段教育发展，提高人力资源的整体素质，科学配置各级各类人才。《珠江三角洲地区改革发展规划纲要（2008—2020年）》（以下简称《纲要》）明确提出要“以中等职业教育为重点，大力发展职业教育……把珠江三角洲地区建设成为我国南方重要的职业技术教育基地”，对我省中等职业技术教育发展提出了更高更新的目标要求。从现实来看，职业技术教育的发展，与我们应对金融危机，促进产业转型升级，建立现代产业体系息息相关。事实证明，经济发达地区必然是职业技术教育发达的地区。目前在长三角、环渤海、珠三角三个经济活跃区当中，珠三角职业技术教育是最落后的，因此，省委、省政府才下定决心去改变、去发展。省委、省政府实施“双转移”战略不仅仅是面向欠发达地区，同样是希望珠三角发展得更好，所以珠三角职业技术教育这块短板必须补上。《纲要》中对教育要求非常高，大家一定要好好学习《纲要》，要通篇读，从宏观上去理解、去把握；在发展教育的过程中，要站在经济社会发展的全局去思考，不能只就教育论教育。珠三角地区不要以为本地区经济发展好了就可以了，要好好思考，以后的人口结构、用工结构和经济社会的发展对人才的要求是怎样的？教育尤其是职业技术教育该如何根据经济社会发展的需要进行调整和发展？欠发达地区、非珠三角地区不要以为《纲要》跟自己没有关系，《纲要》中的政策、要求是面向全省的，是涵盖全省的。珠三角之外的其他12个市，必须集中力量在地级市把职业技术教育做大做强，要像重视示范性高中建设那样，重视中等职业技术学校建设，规划和建设一批上规模、高质量、高水平的中等职业技术学校，建设成人人都争着想去读的学校，成为当地人力资源配置的基地。不能再把资金分散到县级，分散到一些小的学校，这既不利于竞争力的形成，而且将来新一轮布局调整的时候，这些学校也极有可能成为调整的对象，势必造成有限教育资源的浪费。希望各地市结合开展学习实践科学发展观的活动，按照“党员干部受教育，科学发展上水平，人民群众得实惠”的要求，把发展中等职业技术教育这项工作切实抓好抓实。

大力发展中等职业技术教育，加快普及高中阶段教育，关键在招生。招生工作是起点，是入口，招生工作做不好，加快发展就是一句空话。各地市

教育局一定要紧紧抓住两个重点，即高中阶段教育的发展重点是中等职业技术教育，中等职业技术教育的生源重点是欠发达地区尤其是农村地区，切实转变观念；高中阶段教育发展的增量主要用于发展中等职业技术教育，办好中等职业技术教育，增强其吸引力。

现在很多人认为中等职业技术教育是终结性教育，上升的空间不够。今后，在中等职业技术教育后技能人才成长、培养体系方面我们也要有所改革，建立完整的职业技术教育体系。中等职业技术教育的学生毕业取得一定的技能证书之后，通过单独命题，单独考试，强化技能要求，进入高职院校继续深造。此外，在本科、专业硕士方面也可以设置专门的专业，拿出一定的招生指标，单独开班，分别招收有一定工作经验的高职及应用型本科毕业生，培养更高层次的应用技能型人才。

现在省委、省政府高度重视高中阶段教育，特别是中等职业技术教育，对各地大力发展中等职业技术教育、加快普及高中阶段教育有专门的考核指标，这是我们教育事业发展一个很好的机遇。如果各市、各学校不紧紧抓住机遇，加快发展，三年之后不能圆满完成普及高中阶段教育的任务，那就是我们工作的失误！我多次强调，我们的教育局局长要知道市委书记、市长在想什么、要求干什么，人民群众在想什么、要求干什么，如果我们还把握不好，就要在这次学习实践科学发展观活动中好好地调整。

二、加强统筹，狠抓落实，做好2009年高中阶段学校招生工作

第一，要牢固树立高中阶段学校招生“一盘棋”的观念。一是各级教育行政部门要切实发挥主导和协调的作用，积极争取各级政府对招生工作的支持，紧紧依靠政府整合行政资源，加强部门间协调，调动各方力量；教育行政部门要切实落实省委、省政府的工作部署，承担起招生的主要责任。我们经过调研发现，一些地方还存在着招生信息严重不对称、政策宣传不到位的现象。有些地方，特别是到了镇、村一级，中职招生的政策很不透明，村民们对中职学校面向初中毕业生完全放开招生不了解，对我省每年都有1万～2万名贫困学生可以全免费就读中职以及一、二年级的农村学生有1 500元补助等助学政策不了解，对省属、珠三角地区和本地县市有哪些中职学校招生不了解。所以，请各市教育局务必做好一件事，要培训中学特别是初中校长、初中班主任，要把中职招生、高中阶段招生的政策宣传到位。二是各级各类学校要在教育行政部门的统一组织下，做好招生的具体实施工作。普通高中、中职学校和初中学校都要积极行动起来，齐心协力，切实履行起各自的招生和送生工作职责，尤其要采取有效措施，切实落实初中学校巩固生源的责任，确保实现学生“出口”和“入口”的无缝对接。三是经济发达地区和欠发达地区要坚定不移地推进中等职业教育战略性结构调整，采取有力措施，做好2009年的跨市招生工作，重点是要加强招生地与生源地教育行政部门间的沟通、协调与合作，明确分工与责任，发达地区要为转移生源提供足够的有效学位和完备的招生信息，欠发达地区要切实做好生源的组织与报读工作，力争在扩大中职生源转移输送规模方面有较大的突破。

第二，要切实落实高中阶段学校招生工作责任考核机制。一是要加强对各级教育行政部门的责任考核。要完善和落实招生通报制度，定期向全省通报当年各市高中阶段教育毛入学率发展变化情况，以及中职生源转移输送完成情况。各地也要尽快建立各级招生通报制度，强化地方政府尤其是教育行政部门的责任。要坚决落实高中阶段学校招生工作“一把手工程”，各地各部门主要负责人要亲自抓，切实落实责任，分解任务，形成一级抓一级、层层抓落实的工作机制。二是要加强对教育行政部门各业务单位的责任考核。各地教育行政部门要建立健全高中阶段学校招生工作的领导与执行机构，明确招生、职业与成人教育和基础教育等业务单位的职责分工和目标任务，通过建立健全考核机制，加强对招生工作的统一组织和管理，把有魄力、有能力，想干事、能干事的干部选派到关键岗位，切实提高组织执行力。三是要加强对各级各类学校的责任考核。除了要对普通高中、中职学校等招生学校开展责任考核、落实奖惩措施外，还要将初中学校及其主要领导的考核也纳入普及高中阶段教育目标责任考核机制当中，重点对初中学校的“三率”（巩固率、及格率和毕业生升学率）进行考核评定，强化初中学校的“防流控辍”和生源输送责任。要充分认识到，对初中学校考核巩固率和及格率是普及九年义务教育的必然要求，而当前经济社会发展对教育的要求、产业升级对人力资源的要求日益提高的趋势不可阻挡，国家发展战略也要求新增劳动力必须是以高中阶段毕业为主，这就要求我们必须加强初中学校毕业生升学率考核，不断提高劳动者受教育水平。

第三，要积极营造有利于高中阶段学校招生工作的大环境。一是要加大宣传力度，做到宣传常态化、形式多样化、媒体多元化、影响立体化、覆盖全面化，增强宣传效果。在宣传方式上，鼓励以政府或教育行政部门名义组织集体宣传活动，提高权威性，扩大影响力。二是进一步规范招生秩序，要通过加大监管和查处力度，严肃招生纪律，严厉打击各类违法、违规招生行为，特别是有偿招生和招生封锁行为，维护合法、公平的招生秩序，为高中阶段学校有效组织招生工作创造良好的环境，实现招生工作公开化、透明化。这里要进一步强调，中职学校不能再搞有偿招生，初中学校的校长、班主任等不能搞招生回扣，2009 年我们要加强专项督察，发现问题及时查处。

三、加强基础能力建设，增强中等职业技术教育的吸引力，确保如期完成全省普及高中阶段教育的目标任务

由于历史的原因，与普通高中特别是示范性高中相比，我省中等职业技术学校整体办学条件较差，基础能力薄弱。特别是在农村和欠发达地区，许多中等职业技术学校是由以前的薄弱中学改制而来。尤其是近年来，在加快普及高中阶段教育，大力发展中等职业技术教育的背景下，中等职业技术学校招生规模迅速增长，学校的内部挖潜基本已到极限。此外，由于目前职业技术教育体系存在不够科学完善等缺陷，中等职业技术教育基本上成为“终结性教育”，毕业生缺乏上升通道，进一步降低了中职学校的吸引力。因此，从长远来看，加强中等职业技术学校基础能力建设，提高办学水平和质量，切实提高中职学校的吸引力，才是破解中职学校招生难题，实现中等职业技术教育可持续发展的根本之道，才能够确保如期完成全省普及高中阶段教育的目标任务。

第一，要加快推进“建校工程”，提高中职教育发展潜力。各地要高度重视“建校工程”，切实增强对“建校工程”重要性和紧迫性的认识，采取有力措施，加快推进“建校工程”。2009 年是非常关键的一年，如果 2009 年“建校工程”没有进展，到 2011 年就不能形成招生规模，省政府和各市政府投入的资金就不能发挥作用。更严重的是，这会耽误一代人。孩子们读书是耽误不得的，一耽误就会耽误他们一辈子，我们耽误不起，必须加快“建校工程”。一是要做好总体规划，根据区域普及高中阶段教育规划所确定的中职教育发展进度，提前制订各阶段的工作计划，明确“建校工程”的任务与要求，确保满足持续扩大招生规模的学位需求。二是要进一步强化“建校工程”的政府行为，落实政府在“建校工程”中的主体责任，增强服务意识和责任意识，将学校及其领导从学校基建中“解放”出来，切实体现政府兴学、学校办学的职责分工。三是要紧紧抓住中等职业技术教育重点工程这一难得的建校机遇。省里已经规划了一批重点工程，给予特殊政策倾斜支持，如果学校这时抓不住机遇，将来自己去争取土地、资金等就会很难。要坚持突出重点、以点带面和集中建设、集约发展的原则，重点支持在欠发达地区地级市城区和珠三角地区做大做强一批基础条件好、综合实力强、发展潜力大、特色鲜明的中等职业技术学校。坚决避免和反对插花扩建，遍地开花式的做法，特别是对一些空间小、生源少、质量低、就业差的学校，要果断的通过合并、联合办学或易地重建的方式，确定新的发展思路，防止有限资源的低效使用。四是要增强经费保障力度，进一步加大财政投入，切实发挥财政资金的杠杆作用，通过“银教合作”，放大资金量，同时积极吸引社会资金，多渠道筹集建校经费。在当前教育投入总体不足的情况下，要根据自身实际，敢于适度负债，实现跨越式发展。

第二，要加大实训基地建设力度，打造中职教育核心竞争力。一是要进一步加大投入力度，切实改善中职学校实训设施设备配置，提高建设水平，打造高质量的省、市、校实训基地体系，强化实训教学；要做好规划，在地级市一定要集中力量打造一批发展能力强的学校，建好实训基地。二是要加强实训中心的统筹规划，按照行业、产业类别集中优势建设，在现有投入有限的情况下，重点支持公共实训基地建设，实行资源共享、开放服务，对发展空间、潜力小的学校要谨慎投入建设资金，减少重复投资和分散投资，提高经费使用效益。三是要大力建设企业实训基地，积极探索企业实训基地建设、管理与运作机制，既真正做到面向生产实际开展实训，又能有效借助社会资源，改善实训条件，实现学校与企业的双赢。

第三，要加强师资队伍建设力度，增强中职教育发展保障力。一是要加强师资培养工作，以职业技术师范院校、工科院校等为依托，积极探索职业技术教育师资培养的新机制、新模式，拓宽师资来源渠道。二是要加强师资引进工作，根据区域中等职业技术教育发展规划，做好师资需求预测，及时足额引进能满足实际需要的师资队伍；要逐步建立

起教师编制动态调整机制，切实解决中等职业技术学校教师超编、缺编的问题。三是要加强师资培训工作，完善教师专业成长体系，进一步发挥我省中等职业技术教育师资培养基地的作用，积极组织骨干专业教师参加各项培训；落实教师定期参加生产实践的制度，探索依托企业实训基地加快培养“双师型”教师队伍的机制与办法，切实提高师资队伍整体素质。各中等职业技术学校要充分利用当前产业结构调整和金融危机背景下，部分企业调整或倒闭导致一些技术人才、工程师转岗待岗的特殊时期，主动到企业去招聘实训教师，吸引人才，增强师资队伍实力。

第四，要加大校企合作、工学结合人才培养模式改革力度，提高中职教育社会适应力。近年来，我省积极探索校企合作、工学结合的人才培养模式改革，取得了丰硕的成果，试点规模不断扩大，对提高中等职业技术学校人才培养质量起到了显著的作用，毕业生受到用人单位的广泛认可。但从整体上看，改革还存在着参与面不广、积极性不高等问题，还没有实现常态化和制度化。我们要广泛推广以顺德职教为代表的校企合作、工学结合的改革经验，扩大改革试点范围，在中等职业技术学校中广泛开展校企合作，进一步探索校企合作、共同培养技能型人才的机制，推动我省中职学校人才培养模式改革实现新的突破。各地要进一步引导中等职业学校积极面向市场、面向生产第一线，加强与企业的合作，扩大合作范围，深化合作层次，探索通过“车间进校”“前校后厂”或“前厂后校”等多种形式，实现校企合作人才培养一体化，缩小人才培养规格同企业和市场需求的差距，使学生的知识、能力结构真正适应市场和企业的需求。要积极推进各级各类职教集团组建工作，进一步整合中职学校和行业、企业的资源，实现优势互补、资源共享，依托职教集团进一步深化校企合作、工学结合人才培养模式改革，在集团内实施完整的人才培养过程，切实提高中职教育的社会适应力。

在全省中等职业技术教育招生工作汇报会上的讲话

广东省教育厅厅长　罗伟其

（二〇〇九年七月六日）

同志们：

我省中等职业技术教育招生工作即将进入关键时刻，省政府及时召开这次招生工作汇报会，传达学习贯彻教育部和省委、省政府领导的重要指示精神，听取各地中等职业技术教育招生工作的汇报，以了解全省招生工作进展情况，分析存在问题，研究部署下一阶段全省中等职业技术教育招生工作，确保顺利完成2009年的招生任务。根据会议安排，各地市将进行经验交流，请大家互相学习借鉴，最后，宋海副省长作重要讲话，大家务必认真领会贯彻。下面，我先谈两点意见。

一、认真学习领会教育部和省委、省政府领导的指示精神，进一步认清我省中等职业技术教育发展面临的机遇和挑战

前不久，教育部部长周济、副部长鲁昕就中等职业技术教育发展问题，特别是2009年中等职业技术教育的招生问题致信宋海副省长。信中分析了当前全国中等职业技术教育的基本形势，并提出2009年全国中等职业学校招生规模要达到860万人，总体上要超过普通高中招生规模。周济部长充分肯定了我省中等职业技术教育在招生工作和职教模式探索创新方面取得的显著成效，指出："近些年来，广东省委、省政府十分重视职业教育工作，按照中央关于大力发展职业教育的要求，不断加大高中阶段教育结构调整力度，积极扩大中等职业学校招生规模，职业教育改革发展取得显著成效。特别是你们根据当地实际，围绕当地经济社会发展需要，构建现代职业教育体系，创新职业教育发展方式，实现职业教育发展的新跨越。中等职业学校招生规模连续三年增长幅度超过10%，在校生规模位居全国第三。适应经济发展、产业调整和企业经营需要，实施'双转移'战略，每年从欠发达地区招收15万名初中毕业生就读珠三角地区中等职业学校，毕业后在珠三角地区就业，有效地促进了区域经济社会的和谐发展。积极探索校企合作、工学结合的人才培养模式，实行'零学费入学、零距离上岗'，'顺德职教模式'已成为各地学习和借鉴的典范。你省职业教育的改革发展，为当地经济社会发展培养了大批高素质的劳动者和技能型人才，为全国职业教育的改革发展作出了很大贡献。"同时，信中也对我省中等职业技术教育的发展寄予了厚望，要求我省2009年中等职业技术教育招生规模达到67万人。对此，宋海副省长作出批示："我省应努力完成教育部下达的今年招生任务，有问题和困难我们共同克服。"黄华华省长批示"同意宋海同志意见"，汪洋书记指示要"不负所托，一定做好。有利全局，有利广东。"

教育部和省委、省政府领导对我省中等职业技术教育招生工作所作的指示高屋建瓴，从国家和全省经济社会发展的战略高度出发，从"保增长、保民生、保稳定"的高度出发，要求加快中等职业技术教育发展，并针对2009年的招生工作提出了明确目标，招生规模要达到67万人。这对我们来说，既是信任，更是鞭策，为我省中等职业教育的发展提供了强大的动力和难得的机遇。近年来，在全省的共同努力下，中等职业技术教育发展取得了显著成效，招生规模逐年递增、屡创新高，2008年招生人数达60.1万人，在校生达到153.6万人，职普比增长到46∶54，接近了大体相当的目标；中等职业技术学校基础能力逐步增强，省级以上重点中职学校达到261所，实训中心建设、专业课程改革和师资队伍建设稳步推进，以技能为中心的教学改革进一步深化，教育教学质量明显提高，连续3年在全国职业院校技能大赛中取得优异成绩；中等职业技术教育服务全省经济社会发展的能力日益增强，毕业生深受企业的欢迎，一次就业率连续4年保持在96%以上，为我省经济社会发展输送了大批高素质技能型人才。

在看到成绩的同时，我们必须清醒地认识到，我省职业技术教育的整体水平，同我省的经济社会发展水平还不相适应，与先进兄弟省市相比还有较

大差距。从全省范围来看，中等职业技术教育还存在着办学投入不足、基础能力建设有待进一步增强，职业技术教育的培养体系尚待完善、技能型人才成长道路不够宽，区域发展不平衡、发展水平差异大，社会观念有待进一步转变、职业技术教育吸引力不强等问题，这些问题直接影响到广大人民群众对职业技术教育的认可度，使得中等职业技术教育招生问题成为我省职业技术教育发展的一个关键问题，也成为我们工作的重点和难点。

教育部和省委、省政府领导的指示精神，使我们进一步明确了工作思路和发展目标，对做好招生工作的重要性和必要性有了更清醒的认识。我们要认识到，切实抓好中等职业技术教育招生工作，加快职业技术教育发展，是落实“三促进一保持”“双转移”战略的重要举措，是加快我省人力资源开发与配置、支撑产业升级调整的重要保障，是改善民生、稳定社会、推动新农村建设和增强珠三角地区科学发展竞争力的重要途径。因此，我们要认真学习领会教育部和省领导的有关指示精神，坚定信念、增强信心、振奋精神、鼓足干劲，一定要做好2009年中等职业技术教育的招生工作，不负所托。

二、认真贯彻落实教育部和省委、省政府领导的指示精神，切实完成好2009年中等职业技术教育招生任务

教育部和省委、省政府领导的指示很明确，就是要求高度重视，大力发展中等职业技术教育。各地要认真抓好贯彻落实，采取有力措施，确保2009年中等职业技术教育招生工作顺利完成，务求使中等职业技术教育上新台阶。

（一）抓重点，破难点，确保完成2009年中等职业技术教育招生任务

中等职业技术教育的生源重点在欠发达地区尤其是农村地区，招生工作的难点在于“转移招生”。如果广大欠发达地区农村初中毕业生“一个不少”地报读中职学校，相当部分转移就读珠三角地区中职学校，那么本地区招生计划就不难完成了，全省的招生任务也不成问题了。但部分欠发达地区没有很好地认识到“转移招生”的重要性，不积极“送生”；珠三角地区一些市没有立足大局，主动招生，使省委、省政府制定的这项好政策、好制度实施起来遇到阻力，“转移招生”成为难点。因此，欠发达地区要积极引导，使大家充分认识到“转移招生”是一项借力发展实现双赢的大好事，是解决本地中职教育资源不足、发展滞后，提高本地区人力资源水平和劳动者素质，加快脱贫致富步伐的有效举措，要千方百计，积极主动组织输送生源。珠三角地区教育行政部门和中职学校要牢固树立全局观念和大局意识，要提供足够的学位以招收欠发达地区的学生，加强招生宣传力度，并及时反馈学生的培养情况给欠发达地区的教育行政部门，以建立长期的招生合作机制。总之，全省各地在调配人力、物力、财力等招生资源时应优先考虑“转移招生”，确保有最精干的人员落实“转移招生”，有最充足的资源保障“转移招生”，有最良好的氛围促进“转移招生”，力争在2008年超额完成任务的基础上取得更大的成绩。

（二）创新方法，形成合力，提高中等职业技术教育招生组织工作成效

各级教育行政部门必须采取行之有效的举措，创新招生组织的工作方法，联合攻关，确保招生工作的顺利完成。一是拓宽宣传渠道，创新宣传方式。目前仍有不少初中毕业生及其家长不了解中等职业技术教育的招生政策和信息，需要加大招生宣传工作力度。招生宣传不要局限于媒体宣传，更为重要的是，各级教育行政部门、中职学校、初中学校要联动起来，解放思想，开阔工作思路，采取灵活多样的宣传方法。如高州市由于宣传到位，目前招生人数已达1.3万多名，基本完成了2009年的招生任务。二是采取多样化的办学模式，解决贫困家庭学生读不起书的问题。要继续推进中等职业技术教育人才培养模式改革，想方设法大范围推行“零学费入学、零距离上岗”等工学结合人才培养模式，推进东西两翼、粤北山区和珠三角地区中职学校的三段式联合办学，让更多家庭贫困的学生能够升读中等职业技术学校。三是要拓宽生源渠道。在满足初中毕业生升学的基础上，中等职业技术学校应该积极招收往届初中毕业生、未升学的普通高中毕业生、退伍军人以及本省农民工等群体，解决生源不足问题；允许普通高中高一新生入学半年后根据个人情况转入中职学校，打通普通教育与中职教育的“立交桥”。四是建立联动机制，形成齐抓共管的招生局面。各级教育行政部门、基层政府、村委会、各相关学校要积极行动起来，形成各司其职又协调联动的招生机制。惠州市惠东县白花镇充分发挥基层政府组织作用，建立推行镇、村、组、校联动机制，真正做到“横到边、纵到底，不留死角”，这种做法很有推广借鉴的意义。

（三）落实责任，加强考核，为做好2009年的中等职业技术教育招生工作提供保障

落实责任，真抓实干，加强考核，是中等职业技术教育招生工作得以顺利完成的重要保障。我们要从以下三方面开展工作：一是要尽快建立完善层级责任制，要紧紧围绕省委、省政府的工作部署，坚决落实招生工作“一把手工程”，切实落实责任，分解任务，形成一级抓一级、层层抓落实的工作机制；完善和落实招生通报制度，定期通报招生工作的进展情况，做好督查、考核、奖惩工作。二是要加强对教育行政部门各业务单位的责任考核。各地教育行政部门要建立健全高中阶段学校招生工作的领导与执行机构，明确招生、职业与成人教育和基础教育等业务单位的职责分工和目标任务，通过建立健全考核机制，加强对招生工作的统一组织和管理，把有魄力、有能力，想干事、能干事的干部选派到关键岗位，切实提高组织执行力。三是要加强对各级各类学校的责任考核。除了要对普通高中、中职学校等招生学校开展责任考核、落实奖惩措施外，要将初中学校及其主要领导的考核也纳入普及高中阶段教育目标责任考核机制当中，重点对初中学校的“三率”（巩固率、合格率和毕业生升学率）进行考核评定，强化初中学校的“防流控辍”和生源输送责任。

（四）统筹兼顾，协调发展，加快提升中等职业技术教育质量效益

提高中等职业技术教育质量效益，是做好招生工作，加快发展壮大中等职业技术教育的根本。各地在狠抓招生工作的同时，要切实改善办学条件，大力加强内涵建设，不断提高办学水平。一是要加快中等职业技术教育“建校工程”步伐，切实加强中等职业技术学校基础能力建设，为中等职业教育扩容提供硬件支撑。二是要以建设国家和省级示范性职业技术院校为突破口，推进全省职业技术教育质量工程，调整和优化专业结构和课程体系，提升中等职业学校的品牌。三是要加大师资队伍建设力度，打造一支数量足、素质高、结构合理的职业技术教育师资队伍，为中等职业教育提供重要保障。四是要继续加强中等职业技术教育实训基地建设，特别是要加强区域性公共实训中心建设，逐步建立起省、市、校三级实训基地（中心）体系。五是要进一步深化校企合作办学模式，继续推进中等职业技术教育人才培养模式改革，不断提升满足产业调整升级需要的技能人才水平。六是要实施职业技术教育集约化发展战略，整合资源，优化布局，打造南方职业技术教育基地，推动我省职业技术教育体制机制创新，构建与我省现代产业体系相适应的现代职业技术教育体系。总之，要统筹兼顾，坚持规模与质量协调发展，实现中等职业教育大突破、大发展、大提升，为我省经济社会发展，为现代产业体系的构建提供有力的人才支撑。

同志们，2009年中等职业技术教育要完成67万人的招生任务，是教育部和省委、省政府领导交付给我们的光荣使命。我们要保持攻坚克难的工作热情，以只争朝夕的精神，进一步增强使命感、责任感和紧迫感，解放思想，真抓实干，打一场中等职业技术教育发展的攻坚战，不负重托，一定完成2009年的招生任务！

谢谢大家！

在广东省纪念中国少年先锋队建队60周年大会暨加强中小学团队工作会议上的讲话

广东省教育厅厅长　罗伟其

（二○○九年十月十三日）

老师们、同学们、同志们：

在这硕果累累、满载收获的日子里，我们欢聚一堂，隆重纪念中国少年先锋队建队60周年，召开全省加强中小学团队工作会议。这是在全省贯彻落实党的十七届四中全会精神，深入学习实践科学发展观，实施《珠江三角洲地区改革发展规划纲要（2008—2020年）》背景下召开的一次重要会议。省委、省政府对这次会议非常重视，胡泽君常委专门出席并将作重要讲话，全省各级教育行政部门要认真学习贯彻。在此，我谨代表广东省教育厅向全省1 200多万名少先队员致以节日的祝贺，向全省少先队辅导员、少先队工作者表示诚挚的问候，向关心支持少先队事业的社会各界表示衷心的感谢！

长期以来，全省各级团队组织与教育部门和学校紧密配合，围绕推进素质教育，加强未成年人思想道德建设开展了一系列卓有成效的工作。特别是近几年来，全省团队组织以深入开展“南粤少年雏鹰行动”为抓手，促进广东少先队工作创品牌活动的进一步创新发展；以创建“红领巾示范校”为载体，推动少先队工作科学、规范发展；以将少先队大队辅导员纳入小学高级教师（副高级）专业技术资格评审试点范围为契机，推进少先队辅导员队伍专业成长；以“手拉手关爱留守少年儿童行动”和“飞扬的红领巾”少先队队日竞赛活动为形式，探索少先队活动强化针对性和实效性的有效途径。这些工作丰富了广大青少年学生的学习和生活，促进了青少年学生综合素质特别是思想道德素质的提高。全省各地教育部门充分发挥团队组织的作用，积极为团队活动提供支持和保障，形成了团教一家、相互支持、相互理解、携手共进的良好工作局面。

下面，我就进一步加强团队工作，充分发挥团队组织在全面推进素质教育中的积极作用，更好地服务青少年学生健康成长，谈两点意见。

一、充分认识团队组织在推进中小学素质教育发展中的重要性

共青团、少先队是党的助手、后备军和预备队，是青少年中最具广泛性和号召力的团体。总结近年来我省团队工作经验，我们深深感到，中小学团队组织团结、教育和引导广大青少年学生健康成长，为教育部门全面推进素质教育提供了有力帮助，成为推进素质教育的一支重要力量。

首先，团队组织是中小学校的重要组成部分。团队组织是团结、教育和引导广大青少年学生“勤奋学习、快乐生活、全面发展”的重要阵地。团队组织主要建设在学校、在基层，是学校组织体系中的重要组成部分。我们必须以对党的事业高度负责的态度，从促进青少年学生健康成长的角度，关心和支持学校团队的工作。

其次，团队组织是加强青少年学生思想道德教育的重要力量。全面推进素质教育，核心是解决好培养什么人、怎样培养人的重大问题。团队组织具有独特的政治优势，以青少年学生理想信念的引领和高尚思想品质的培养作为其重要任务；具有独特的组织优势，让广大青少年学生在组织中受到教育，在集体中锻炼成长；具有独特的实践育人优势，通过丰富多彩的实践活动，引导青少年学生从中感受感悟、提高素质。因此，团队组织是学校发挥未成年学生思想道德教育主渠道作用的重要方面，是加强青少年学生社会主义核心价值观教育的先进性组织。

最后，团队组织是加强校园文化建设的重要支撑。推进素质教育，全面提高学生素质，离不开良好校园文化氛围对学生的熏陶和影响。团队组织是广大青少年学生自己的组织，对于广大青少年学生具有很强的吸引力。团队活动是校园活动的重要载体，它深深地植根于青少年学生的世界中，从青少

年学生生活出发，以促进青少年学生健康发展为目标，活动的形式符合青少年学生特点，活动的内容既能满足青少年学生成长的需要，又能引领青少年学生前进的方向。因此，团队活动已经成为校园文化活动的重要形式之一，成为创建富于广东特色和品牌校园文化中的一支重要支撑力量。

二、积极发挥团队组织在中小学素质教育特别是德育工作中的重要作用

当前和今后一个时期，全省教育系统正在深入学习贯彻《珠江三角洲地区改革发展规划纲要(2008—2010年)》，以争创“国家教育综合改革示范区”为目标，大力实施义务教育均衡发展工程、普及高中阶段教育工程、职业技术教育发展壮大工程、高等教育发展水平提升工程、师资队伍建设工程等教育“五项工程”。实施教育“五项工程”，不仅要求增加学校硬件的投入，改善办学条件，同时也迫切需要提高办学质量和水平，走内涵式发展道路。这就为学校素质教育特别是德育工作带来了新机遇，提出了新要求。《中共中央国务院关于进一步加强和改进未成年人思想道德建设的若干意见》明确提出要“充分发挥共青团和少先队在未成年人思想道德建设中的重要作用”。各地教育行政部门和中小学校要进一步加强团教合作，积极支持学校团队工作，努力推动我省中小学校团队工作和德育工作不断取得新进展。

一要进一步将团队工作摆上重要位置。做好团队工作是共青团组织和教育部门两家共同的责任。省教育厅一直高度重视团队工作。2006年，省教育厅与团省委等八部门联合下发了《关于进一步加强全省少先队工作的意见》。2009年，又与团省委联合出台了《关于加强我省中小学校共青团和少先队工作的意见》，并由省委办公厅、省政府办公厅转发。各地教育行政部门要认真贯彻上述文件要求，充分发挥团队组织的作用，为他们开展活动提供必要的支持和条件保障。广大中小学校要把团队工作作为学校发展的重要组成部分统筹规划，为团队开展活动提供必要的条件保障，确保团队工作正常有效开展。

二要进一步推进团队工作与学校育人工作的有机结合。各地教育行政部门和中小学校在推进课程改革、开展综合实践活动、建立发展性评价体系、开发校本课程等方面，要探索将团队的品牌活动、特色教育有机融入学校教育之中，为推进素质教育提供有效的组织形式和广阔的活动空间。要发挥团队工作在学校德育工作中的独特作用，加强青少年学生社会主义核心价值观教育，培养青少年学生综合素质和健康体魄。要将团队建设与校园文化建设有机结合起来，支持团队组织深入实施“南粤少年雏鹰行动”素质教育工程，设计开展主题突出、形式多样、吸引力强的教育实践活动，丰富校园文化内涵，活跃校园文化生活。要引导团队组织积极参与全省中小学校主题教育系列活动，以主题团队会、团队日活动为载体，充分调动共青团员、少先队员参与主题教育活动的积极性、主动性和创造性。

三要进一步加强少先队辅导员队伍等团队干部队伍建设。少先队辅导员是少先队工作的主体力量。各地教育行政部门要重视和尊重辅导员的创造性劳动，与共青团、少先队组织和有关部门一道，推动辅导员配备、培训、考核、激励等各项政策的落实。各地教育行政部门和中小学校要将班主任队伍建设与少先队辅导员队伍建设紧密结合起来，在实施“中小学班主任专业能力建设计划”中强化少先队活动的设计和组织等培训内容；要引导广大少先队辅导员学习现代教育理论，在工作案例分析、工作论坛、工作反思、课题研究中逐步树立教育新观念，提高团队工作艺术，增强整合教育资源能力；要配合我省实施“千校扶千校”行动计划，组织开展“手拉手”千名辅导员互助活动，特别要发挥好省、市级“红领巾示范校”的示范带动作用。

老师们、同学们、同志们，教育部门和共青团组织都肩负着教育培养青少年的重要使命。让我们在省委、省政府的正确领导下，携起手来，共同努力，充分发挥团队工作在全面推进素质教育中的重要作用，为促进青少年学生健康成长、推进我省教育科学发展作出新的更大贡献！

谢谢大家！

在省市共建山区现代职业教育体系改革试验区揭牌仪式暨清远市公共实训中心和清远市新职业技术学校奠基典礼上的讲话

广东省教育厅厅长　罗伟其

（二〇〇九年十二月三十一日）

同志们：

今天，我们在清远市举行省市共建山区现代职业教育体系改革试验区揭牌仪式暨清远市公共实训中心和清远市新职业技术学校奠基典礼。首先，我谨代表中共广东省委教育工委、广东教育厅表示热烈的祝贺！对清远市市委、市人民政府长期以来对教育工作的高度重视和大力支持表示衷心的感谢！

省市共建山区现代职业教育体系改革试验区的揭牌，标志着我省职业教育“科学发展、先行先试”迈出了重要一步，也是我省教育事业发展的一件大事。

省教育厅决定与清远市共建山区现代职业教育体系改革试验区，是推动我省职业教育科学发展、快速发展的重要举措。30年来，广东职业技术教育的发展取得了令人瞩目的成就，为我省经济社会发展培养和输送了大批技能型人才，作出了应有的贡献。但是，我们也必须清醒地看到，在新的形势下，特别是我省大力推进“双转移”和建立现代产业体系，必然对我省的职业技术教育提出更多更高的要求。从宏观上看，我省职业技术教育发展水平与广东经济社会发展地位不相适应，现代职业技术教育体系尚未建立，人才培养数量与质量未能充分满足社会需求；从微观上看，职业院校的办学水平仍有待进一步提高，仍然面临着发展空间有限、建设资金不足、校企合作层次不高等“瓶颈”问题。

省市共建山区现代职业教育体系改革试验区的正式挂牌和清远市公共实训中心、清远市新职业技术学校的奠基，标志着省市共建山区现代职业教育体系改革试验区工作进入了实质性合作阶段。希望清远市以省市共建山区现代职业教育体系改革试验区为新起点，再一次掀起发展职业教育的新高潮，精心谋划，科学布局，寻求特色发展的新路子，紧密围绕省委、省政府“三促进一保持”的目标要求，抓住国家大力发展职业教育的良好机遇，以政策为导向，以项目建设为重点，以省内优质职业技术教育资源的引进为突破口，充分发挥清远在区位、资源和产业发展上的优势，集中全市职业教育资源，拓展办学空间，改善办学条件，真正把试验区建设成为全省职业技术教育的示范园区。

希望试验区建设紧密围绕强化服务区域经济社会发展能力的要求，重点发展中等职业技术教育，大力发展高等职业技术教育，加快实施中等职业技术教育战略性结构调整，推进以市为主整合资源，统筹中职教育发展，全市集中力量办好现有高职院校、发展2～3所万人规模的龙头中职学校和若干所5 000人规模以上的骨干中职学校，带动区域职业教育向大规模、高质量、高效益、集约化发展。深化校企合作，打造以中职为主体，高职和培训为两翼的“一体两翼”职教新格局，形成职教类型鲜明化、职教层次均衡化、职教竞争力持续化的现代职业技术教育体系，形成应用型技能型人才不断提升深造的成长通道，培养适应经济社会发展要求的高、中、初级技能型人才，把试验区建设成为适应清远市乃至广东省经济社会发展需要的技能型人才培养的摇篮。

共建山区现代职业教育体系改革试验区是广东省教育厅和清远市人民政府贯彻党的“十七大”精神、践行科学发展观和落实省委、省政府“双转移”战略的重要举措。广东省教育厅将全力支持清远，与清远市人民政府共同建设好我省第一个山区现代职业教育体系改革试验区，在各个方面大力支持试验区的建设和发展。

衷心祝愿在省市共同努力下，试验区的建设能顺利推进并完成预期目标和任务！

谢谢大家！

重要文件

MAIN DOCUMENTS

关于推进广东省义务教育均衡发展的实施意见

（粤府办〔2009〕26号）

各地级以上市人民政府，各县（市、区）人民政府，省政府各部门、各直属机构：

推进义务教育均衡发展是义务教育的本质要求，也是教育现代化建设的重要内容。根据《中华人民共和国义务教育法》和《印发〈广东省教育现代化建设纲要实施意见（2004—2010年）〉的通知》（粤府〔2005〕67号）精神，经省人民政府同意，现就进一步推进我省义务教育特别是县域义务教育均衡发展提出如下意见。

一、指导思想和工作目标

（一）指导思想

坚持以邓小平理论和"三个代表"重要思想为指导，深入贯彻落实科学发展观，以改善农村学校、城镇薄弱学校办学条件和均衡配置教师资源为重点，以建立和完善义务教育资源均衡配置的制度和长效机制为保障，全面提高教育质量，力求办好每一所义务教育学校，切实保障适龄儿童少年平等接受义务教育的权利，办人民满意的教育。

（二）工作目标

坚持分级负责、以县为主和分类指导、分步推进原则，积极推进义务教育尤其是县域义务教育均衡发展，力争经过3～4年时间全面实现全省义务教育阶段适龄儿童少年入学机会均等，县域义务教育学校之间办学条件、办学水平相对均衡，地区间义务教育发展差距不断缩小，全省义务教育整体水平和均衡发展水平明显提高。

二、主要任务

（一）加强农村学校和城市薄弱学校建设，缩小校际办学条件差距

1. 加大力度推进中小学布局调整。各县（市、区）要根据城乡建设发展规划和人口变动状况，合理调整学校布局，加大对中小学教育资源的整合力度。在生源偏少的地区，积极探索联村办学模式，集中力量办好乡镇中心小学和规模较大的片完全小学。对生源不足的学校，可根据实际予以撤并，或将其高年级学生逐步引导到镇或片中心学校集中上学。继续推进寄宿制学校改造，为上学路途较远的学生提供良好的学习和生活环境。认真解决人口集中的城镇学位紧缺问题，消除大班额特别是超大班额现象。城镇新建居民区的配套学校必须与居民区同步建设。

2. 加快推进义务教育规范化学校建设。各地要对照国家有关标准和《广东省义务教育规范化学校标准》，全面摸查义务教育学校并建立档案，对每所学校尚未达标的项目要明确达标时限，采取有效措施改造完善。到2011年，经济发达地区和欠发达地区中等以上城市义务教育学校100%达到规范化学校标准，并不断提高办学水平，其余地区完全小学和初级中学基本达到规范化学校标准。

3. 着力改善农村中小学教学条件和生活设施。到2011年，全省所有在布局调整中需要保留的农村完全小学和初级中学拥有基本满足教学需要的"三室一场"，即标准配置教室、实验室、阅览室和运动场；生活设施实现"五有"，即有符合卫生标准的饮用水、符合安全卫生标准的厕所、可供教师工作休息的用房，寄宿制学校还要有符合安全标准的学生宿舍、符合卫生标准的学生食堂。

4. 提升中小学信息化教育水平。建立和完善省、市、县、镇、校五级教育信息化网络，到2010年底，全省独立建制的中小学基本实现"校校通"，经济发达地区基本实现"班班通"。完善省基础教育资源中心建设，实施"优质资源下乡行动计划"，为全省农村中小学提供适应教与学需要的网络资源。推动现代技术在中小学教育教学工作中的应用，广泛开展中小学"校校有网站、人人有主页"活动。

5. 改革学校办学模式，加强学校之间的合作。各地可采取合并、一校多区或集团办学等形式，鼓励和支持具有优质教育资源的公办学校与薄弱学校联合办学，扩大优质教育资源。条件具备的地区可将位置邻近的义务教育学校划归同一学区，统筹使用教育教学资源。引导乡镇中心小学或规模较大的片完全小学将邻近村小学或教学点纳入本校统一管

理，实行一校多区办学。实施义务教育阶段“千校扶千校”行动计划，组织1 000所具有优质教育资源的初中、小学结对帮扶1 000所相对薄弱的初中、小学。

（二）加强教师队伍建设，促进学校师资均衡配置

1. 完善教师培养体系，确保中小学教师的来源和素质。师范类院校要坚持面向、适应和服务基础教育，进一步加强师范类专业建设，扩大师范专业招生比例，调整优化专业结构，改革师范教育课程体系，提高师范生培养质量。要确定一批师范教育基础较好的地方高职院校或综合性高等学校面向农村培养师资。继续抓好高校毕业生到农村从教上岗退费政策的落实，引导、鼓励高校毕业生到农村、山区任教。

2. 足额配备农村义务教育学校教师。要按省编制标准核定教职员编制，边远农村和山区学校（包括保留的教学点）要按标准按时足额配齐教师，保证教育教学工作的基本需要。按照《印发广东省解决中小学代课教师问题工作方案的通知》（粤府办〔2008〕57号）的要求，在2010年底前通过录用、培训、转岗、辞退等具体措施解决中小学代课教师问题。

3. 进一步加强教师培训工作。县级政府要制订义务教育教师（含实验教学人员）和管理人员培训规划。义务教育阶段中小学教师继续教育经费从教育事业费中按不低于中小学教师工资总额的2%和教育费附加中不低于5%的比例安排。学校教师培训费在学校年度公用经费预算总额的5%范围内安排。继续实施“农村学校教育硕士师资培养计划”“利用网络教育实施教师远程培训”，鼓励教师通过自学考试等多种形式提高学历水平。力争到2010年，小学教师具有专科以上学历的比例达到80%以上，初中教师具有本科以上学历的比例达到60%以上。加强校长队伍建设，严格掌握中小学校长任职条件和资格，改革和完善选拔任用办法，进一步完善中小学校长负责制和任期目标责任制。

4. 完善教师、校长交流机制。进一步完善县级教育部门统一管理教师人事档案、统一调配师资的管理模式。推动教师在校际、区域间合理流动。县级政府要建立中小学校长、教师定期轮岗制度，并逐步扩大轮岗范围和提高轮岗比例。建立和完善城市和经济发达地区学校、办学水平较高学校对口支援农村学校、薄弱学校制度，有计划地选派优秀校长和骨干教师到农村学校或城镇薄弱学校挂职支教。城镇中小学教师评聘高级教师职务以及申报评选特级教师和省级以上优秀教师的，原则上应有在农村中小学或薄弱学校任教1年以上的经历。

（三）规范办学行为，提高管理水平和教育质量

1. 各级政府和教育部门必须切实办好每一所义务教育学校，不得将学校分为重点学校和非重点学校，不得利用公共资源集中建设或支持少数窗口学校、示范学校。

2. 完善义务教育就近入学制度。教育部门要合理划定义务教育学校服务网，按照公开透明、全面覆盖、相对稳定的原则，全面实行小学就近免试入学、初中电脑派位或对口入学。禁止义务教育公办学校“择校”行为和进行小学升初中选拔性招生。条件具备的地区可将优质普通高中部分招生名额直接分配到各初中学校，或由初中学校推荐优秀毕业生直接进入普通高中学校。义务教育学校不得设重点班，不得擅设实验班。进一步做好防止义务教育阶段学生辍学工作，提高初中三年保留率。

3. 积极推进素质教育。探索义务教育质量监控的办法和手段，对义务教育学校的评价，要从侧重学生升学率、优秀率和文化考核向侧重学生合格率、进步率和综合素质转变，努力促进学生身心健康、全面发展和个性特长发展，对学习困难学生要采取各种措施给予更多的帮助。

（四）切实解决进城务工人员随迁子女等群体公平接受义务教育问题

1. 坚持“以流入地政府管理为主，以全日制公办中小学就读为主”原则，解决进城务工人员随迁子女接受义务教育问题。各地要把进城务工人员随迁子女接受义务教育纳入教育发展规划。大力扶持和规范民办学校，多种形式解决非户籍适龄儿童少年接受义务教育问题。进一步加强农村留守儿童的教育工作，努力解决留守儿童思想、生活和学习上的困难。

2. 保障特殊儿童少年接受义务教育。地级以上市和人口在30万以上、“三残”儿童少年较多的县（市、区）要按照国家规定，建设1所标准化特殊教育学校。全面改善特殊教育学校办学条件，完善普通教育学校接受残疾儿童少年随班就读办法。省制定特殊教育学生公用经费标准，促进特殊教育事业发展。根据特殊教育教职工编制标准，足额配备特殊教育教职人员，落实特殊教育教师津贴。到2010年，适龄残疾儿童少年入学率达到97%以上。积极创造条件，对未完成义务教育的少年犯和被采

取强制性教育措施的未成年人开展义务教育。

三、保障措施

（一）加强领导，落实责任

1. 各地级以上市、县（市、区）人民政府要把推进义务教育均衡发展工作作为一项战略性任务，政府一把手对本地区义务教育均衡发展负总责。要及时研究制定政策和措施，解决推进义务教育均衡发展中遇到的困难和问题。

2. 进一步明确各级政府责任。实行省政府统一领导下，市、县级政府“分级负责，分级管理”的目标责任制。市级政府负责统筹、指导和整体推进本地区义务教育均衡发展，对县级政府推进义务教育均衡发展进行监督和考核。县级政府对推进县域义务教育均衡发展负主要责任，要制订发展规划和具体实施方案，统筹义务教育资源，切实推进义务教育均衡发展。

3. 各相关部门密切配合，形成工作合力。教育部门及其他相关部门要建立良好的工作协调机制，共同推进本地区义务教育均衡发展。教育部门负责本地区义务教育均衡发展的具体规划、组织实施和日常管理。发展改革部门要把义务教育均衡发展纳入经济和社会发展总体规划，在项目安排上给予优先和重点支持。财政部门要进一步完善义务教育经费投入保障机制和管理制度，安排专项资金用于义务教育均衡发展，确保义务教育经费足额按时拨付。编制、人事部门要及时核定教职员编制和岗位职数，检查教师编制配置情况。国土、规划、建设部门要把中小学建设纳入城乡基础设施建设统一规划，优先保障教育项目建设用地。税务部门要加强教育费附加征收工作，确保足额入库。

（二）依法保障义务教育经费投入

1. 切实落实省、市、县级政府义务教育投入责任，建立义务教育投入稳定增长机制。各级财政要依法足额安排义务教育经费，确保实现《中华人民共和国义务教育法》第四十二条规定的“三个增长”。建立义务教育经费省级统筹机制，加大省级财政对义务教育的投入力度。各地要加大财政教育投入，推进中小学布局调整、义务教育阶段规范化学校建设和寄宿制学校生活设施改造。省农村税费改革转移支付要按核定比例用于农村义务教育校舍建设、设备设施购置等发展项目。

2. 完善义务教育经费保障机制。逐步提高农村义务教育生均公用经费标准，2009 年秋季达到小学每生每年 350 元、初中每生每年 550 元，珠江三角洲地区可根据当地实际适当提高标准。完善义务教育阶段家庭经济困难学生生活费补助相关制度，提高义务教育阶段家庭经济困难学生生活费补助标准，逐步达到国家对中西部地区的补助标准。切实落实农村义务教育学校校舍维修改造长效机制，各地要根据在校生人数、校舍面积，按一定标准在每年年度预算中安排资金保证农村义务教育学校校舍维修改造需要。完善装备投入保障机制，确保公用经费预算总额的 10% 用于购置仪器设备、教学办公用品及图书资料等。要按照《印发广东省解决中小学教师工资福利待遇工作方案的通知》（粤府办〔2008〕58 号）的要求，进一步落实县域内教师平均工资水平与当地公务员平均工资水平大体相当、县域内农村教师平均工资水平与城镇教师平均工资水平大体相当。

3. 加强管理，确保学校经费及时足额到位。市、县两级政府设立教育财政专户，省财政转移支付的教育经费及各地级以上市、县（市、区）政府安排的教育经费要进入教育财政专户，封闭运作，专款专用。各地要积极探索提高教育经费使用效益的途径和办法，条件成熟的县（市、区）在义务教育学校校舍维修中，可尝试引入与保险公司合作的机制，由政府购买校舍维修保险，由保险公司负责校舍维修。

（三）建立健全义务教育均衡发展督导机制

要把义务教育均衡发展状况作为各地级以上市、县（市、区）党政领导干部基础教育工作责任考核的重要内容。省教育督导室要定期对各县（市、区）义务教育均衡发展状况进行督导检查，并公布检查结果。对推进义务教育均衡发展成效显著的县（市、区），给予通报表扬。对未按规定均衡安排义务教育经费、改变或变相改变公办学校性质、继续举办重点学校和重点班等违规行为，要按规定追究有关部门及相关责任人的责任。

广东省人民政府办公厅
二〇〇九年四月三日

关于促进普通高等学校毕业生就业工作的通知

（粤府办〔2009〕34号）

各地级以上市人民政府，各县（市、区）人民政府，省政府各部门、各直属机构：

为进一步做好我省普通高等学校毕业生（以下简称“高校毕业生”）就业工作，根据《国务院办公厅关于加强普通高等学校毕业生就业工作的通知》（国办发〔2009〕3号）精神，结合我省实际，经省人民政府同意，现就有关问题通知如下。

一、积极引导和鼓励高校毕业生面向基层就业

（一）鼓励高校毕业生到农村工作。2009年起，每年招募1 600名高校毕业生参加“三支一扶”（即支教、支农、支医和扶贫）服务。2009年、2010年两年计划选聘1 000名高校毕业生到村担任党支部书记助理或村委会主任助理，具体按《广东省选聘高校毕业生到村任职工作实施意见》（粤组通〔2008〕50号）执行。鼓励医学专业毕业生到乡镇卫生院工作，乡镇卫生院核定编制缺额人员优先招用医学专业毕业生。省有关部门和各市要研究政策措施，对乡镇卫生院招收医学专业毕业生给予扶持。

（二）加强农村学校师资队伍建设。面向全省高校毕业生公开招聘1.6万名基层中小学教师，鼓励取得教师资格证书的非师范类专业高校毕业生到农村中小学从教。继续实行高校毕业生到粤东西北农村中小学从教“上岗退费”政策。

（三）鼓励高校毕业生服务基层劳动保障工作平台。各地可公开选聘高校毕业生到乡镇（街道）劳动保障机构工作，充实基层劳动保障服务队伍，所需编制原则上由当地统筹解决。

（四）鼓励高校毕业生参加国家志愿服务西部计划。高校毕业生参加国家志愿服务西部计划并工作满3年的，由政府全额返还学费或代偿助学贷款，其户口可根据本人意愿留在原籍或迁往就业地。户口留在原籍的高校毕业生，其人事档案管理由户口所在地政府所属的公共就业服务机构、人才服务机构或高校毕业生就业指导机构免费代理。

（五）鼓励高校毕业生应征入伍服义务兵役。根据国家有关规定，凡我省高校毕业生应征入伍服义务兵役的，由政府补偿学费或代偿助学贷款；在选取士官、考军校、安排到技术岗位等方面优先考虑；退役后参加政法院校为基层公检法定向岗位招生考试的，优先录取；具有高职（高专）学历的，退役后免试入读成人本科，或经过一定考核，入读普通本科；退役后报考硕士研究生的，初试总分加10分；荣立二等功以上的，退役后免试推荐入读硕士研究生。

二、鼓励和引导各类用人单位招用高校毕业生

（六）鼓励国有大中型企业更多吸纳高校毕业生就业。国有大中型企业吸纳高校毕业生就业人数超过上年度，并与其签订1年以上期限劳动合同和缴纳社会保险费的，可按实际超过人数给予企业社会保险补贴，珠江三角洲地区的补贴期限最长不超过6个月，粤东西北地区的补贴期限可放宽至1年。

（七）鼓励中小企业和非公有制企业吸纳高校毕业生就业。中小企业和非公有制企业当年吸纳高校毕业生就业并与其签订1年以上期限劳动合同和缴纳社会保险费的，可按实际招用人数给予企业社会保险补贴，珠江三角洲地区的补贴期限最长不超过6个月，粤东西北地区的补贴期限可放宽至1年。对企业组织高校毕业生参加岗前培训并取得相应职业资格证书的，可按每人每月200元的标准给予不超过3个月的岗前培训补贴和每人300元的标准给予一次性职业技能鉴定补贴。对到中小企业和非公有制企业就业的高校毕业生，在专家选拔、人才流动、人员培训、户籍管理和职称评定等方面与国有企事业单位工作人员一视同仁。

（八）鼓励重大科研项目带动就业。深入实施科技特派员助理制度，鼓励承担国家和地方重大科研项目的高校、科研院所和企业采取科研助理等方式，积极吸纳尚未就业的高校毕业生参与科技创业和成果转化，使其在1年至2年内参与相关的科研项目或从事教辅工作，工作期间可签订服务协议，

其劳务性费用和有关社会保险费补助按规定从项目经费列支。高校毕业生参与项目研究期间，其户口、档案可免费存放在项目单位所在地或入学前家庭所在地公共就业服务机构、人才服务机构或高校毕业生就业指导机构。聘用期满，根据工作需要可以续聘或到其他岗位就业的，就业后工龄与参与项目研究期间的工作时间合并计算，社会保险缴费年限连续计算。

（九）引导机关事业单位吸纳高校毕业生。全省各级党政机关和事业单位的空缺岗位或扩编岗位（除特定岗位外）应优先招收高校毕业生（其中，省直和市直机关招录具有 2 年以上基层工作经历高校毕业生的比例一般分别不低于 50% 和 33%，并逐年提高比例；事业单位招收具有 2 年以上基层工作经历高校毕业生和应届高校毕业生的比例均不低于 30%）。对参加并完成国家志愿服务西部计划、“三支一扶”和高校毕业生到村任职等政府组织开展的服务基层专项计划的高校毕业生，自服务期满之日起 3 年内报考广东省公务员的，笔试成绩加 3 分。

（十）鼓励困难企业更多保留高校毕业生技术骨干。符合省劳动保障厅《关于发挥社会保险功能扶持企业发展积极应对国际金融危机有关问题的通知》（粤劳社发〔2009〕6 号）认定条件的困难企业，不裁减高校毕业生技术骨干的，可按实际参保的高校毕业生技术骨干人数给予 6 个月以内的社会保险补贴和岗位补贴。

（十一）鼓励中介机构介绍高校毕业生就业。各类民营人才中介机构和职业中介机构介绍应届高校毕业生就业，且用人单位与高校毕业生签订 1 年以上期限劳动合同的，给予中介机构职业介绍补贴，具体按省劳动保障厅、财政厅《关于印发广东省职业介绍补贴办法的通知》（粤劳社〔2006〕122 号）执行。

三、扶持高校毕业生自主创业

（十二）试行注册资本“零首期”政策。2010 年 12 月 31 日前，高校毕业生登记设立注册资本 10 万元以下的有限责任公司（一人有限公司除外），经投资者共同申请并作出相应书面承诺的，可免缴首期注册资本，但须在法定期限内缴足。

（十三）落实相关税收优惠政策。高校毕业生创办的高新技术企业、软件生产企业、小型微利企业或从事农林牧渔业，符合现行税法规定条件的，均可享受相关税收优惠政策。高校毕业生自主创办企业为开发新产品、新技术、新工艺发生的研究开发费用，未形成无形资产的，在按规定据实抵扣的基础上，再按照研究开发费用的 50% 加计扣除；形成无形资产的，按照无形资产成本的 150% 摊销。企业技术开发费加计扣除部分形成的年度亏损，可以用以后年度所得弥补，但结转年限最长不得超过 5 年。

（十四）落实收费减免政策。除国家限制的行业外，高校毕业生毕业 2 年内从事个体经营的，自其在工商管理部门首次注册登记之日起 3 年内免交登记类、证照类和管理类行政事业性收费。公共就业服务机构、人才服务机构和高校毕业生就业指导机构要为自主创业的高校毕业生提供人事档案挂靠服务，并免收 2 年保存人事关系及档案的费用和各项代理服务费用。

（十五）放宽小额担保贷款政策。自主创业的高校毕业生可享受小额担保贷款政策，贷款额度最高不超过 5 万元。对合伙经营或组织起来就业的，可按规定适当扩大贷款规模；从事当地政府规定微利项目的，可按规定享受贴息扶持。

（十六）给予社会保险补贴和岗位补贴。自主创业的高校毕业生招用本省户籍高校毕业生，签订 1 年以上期限劳动合同并按规定缴纳社会保险费的，可按实际招用人数在不超过 3 年的期限内给予社会保险补贴和岗位补贴。自主创业的高校毕业生本人可同等享受就业困难人员灵活就业社会保险补贴政策。

（十七）提供创业服务和资助。各级劳动保障部门要会同人事、教育、科技、财政等部门，加强创业资源整合，搭建高校毕业生创业服务平台，建设远程创业服务公共网络，开设创业项目共享资源库。各级公共就业服务机构要为有创业意愿的高校毕业生提供项目推介、开业指导、融资服务、跟踪扶持、政策咨询等一条龙服务，并在其创业成功后给予一次性创业资助，珠江三角洲地区的资助额度为 2 000 元至 3 000 元，粤东西北地区可提高至 3 000元至 4 000 元。

四、提高高校毕业生就业创业能力

（十八）实施 3 年 6 万高校毕业生就业见习计划。2009—2011 年，全省组织认定 5 000 家企业、科研机构、专业学会（协会）、研究会作为高校毕业生见习基地，安排 6 万名未就业的高校毕业生参加见习实训，见习期限最长不超过 6 个月。见习期间，由见习单位为参加见习的高校毕业生办理人身意外伤害保险，并由见习单位和当地政府提供不低于当地最低工资标准 80%、不高于 120% 的生活补贴。

（十九）切实提高高校毕业生的职业技能。高等职业院校要继续落实毕业证书和职业资格证书“双证书”制度。各高校要通过校企合作、订单式培养等多种培养模式，调整教学和课程内容，组织有需求的高校毕业生开展相关职业技能培训。困难家庭高校毕业生参加职业技能培训和鉴定并取得相应国家职业资格证书的，可按规定给予职业培训和职业技能鉴定补贴。

（二十）大力开展高校在校生创业教育。各高校要加强对高校在校生创业意识和创业能力的培养，强化创业教育的科学化、系统化研究，形成科学、规范、有效的理论与实践教学体系，进一步丰富教学手段，实现理论教学与实践教学的有机结合。

（二十一）加强创业平台建设。依托省内经济技术开发区、高新技术产业园、特色产业基地、科技企业孵化器等载体，并充分利用闲置厂房和场地建设创业孵化基地和创业培训基地，以开展科技发明类竞赛、创业项目大赛等多种形式，征集大学生创业优秀项目，选拔优秀创业团队，引导和资助高校毕业生带项目和团队到基地创业。2009—2011 年，重点扶持 400 个高校毕业生创业项目，为 2 000 名有创业意向的高校毕业生提供系统的创业辅导，组织 6 万名高校毕业生参加创业培训。

五、强化高校毕业生就业指导和就业服务

（二十二）进一步深化高等教育改革。各高校要找准定位，明确人才培养目标，改革人才培养模式，以市场需求为导向，进一步调整和优化学科结构、专业结构和课程结构，切实提高学生的实践能力，着力缓解当前高校毕业生就业的结构性矛盾。

（二十三）加强就业指导课程和师资队伍建设。各高校要建立健全就业指导机构，配备专（兼）职就业指导人员，做到人员、场地、经费“三到位”。要组建“专业化、职业化、专家化”的就业指导师资队伍，就业指导教师享受学校教学人员的同等待遇。要加强就业指导课程建设，将就业指导课程作为必修课（不少于 38 学时）列入教学计划。要积极开展在校生职业生涯规划教育，通过形式多样的课堂教学和实践活动，引导学生为就业做好充分准备。

（二十四）改革高校毕业生失业登记办法。高校毕业生离校时仍未实现就业的，可到户籍所在地公共就业服务机构免费办理失业登记，领取《广东省就业失业手册》，凭《广东省就业失业手册》享受各项免费公共就业服务和就业扶持政策。登记失业 6 个月以上的高校毕业生，可按失业保险金标准按月给予临时生活补助，最长不超过 6 个月。困难家庭高校毕业生自登记失业当月起即可按月申领临时生活补助。具体申领办法由各地参照失业保险金申领办法制定。

（二十五）加强就业岗位信息对接。充分发挥政府部门、高校、各类行业协会和民间社团的职能与作用，广泛挖掘和收集各类就业岗位信息。以网络招聘会、分科类供需见面会、行业专场招聘会、区域性市场活动、高校内部小型招聘会为龙头，增加人力资源市场日常招聘会场次，每年举办 1 000 场免费高校毕业生招聘会。

（二十六）强化对困难高校毕业生的就业援助。对困难家庭高校毕业生，各高校可根据实际情况给予适当的求职补贴。各级机关考录公务员、事业单位招聘工作人员时，免收困难家庭高校毕业生的报名费并报销体检费。对就业困难的高校毕业生和困难家庭高校毕业生，各级劳动保障部门要采取“一对一”职业指导、向用人单位重点推荐、公益性岗位安置等帮扶措施，并按规定落实社会保险补贴、公益性岗位补贴等就业援助政策。

六、建立健全促进高校毕业生就业创业的保障机制

（二十七）强化组织领导。各级政府要高度重视高校毕业生就业工作，进一步加强组织领导，明确目标任务，细化工作措施，落实工作责任。各级劳动保障部门要牵头会同人事、教育、科技、财政等部门和各高校，各司其职，各负其责，狠抓各项工作落实。2009 年 5 月底和年底，省政府将分别组织一次督查，推动高校毕业生就业工作取得实效。

（二十八）高度重视就业安全与稳定工作。各地、各高校要制订具体工作方案和应急预案，预防和处置群体性事件和突发事件，保障招聘会安全，防范招聘欺诈和传销陷阱。要及时排查并消除就业安全隐患，确保就业安全和校园稳定。

（二十九）加大资金投入和经费保障力度。各级政府要根据《中华人民共和国就业促进法》的要求，积极调整财政支出结构，进一步加大就业专项资金投入。要充分发挥失业保险基金促进就业的功能，在留足相当于上年度失业保险待遇支出总额两倍的基金储备前提下，可从失业保险基金结余部分

安排部分资金，转入就业专项资金，专项资金用于2009年高校毕业生就业各项政策的落实，提取资金的最高比例不得超过基金滚存结余部分的20%，省将调剂部分资金对财力较弱地区给予适当支持。

（三十）加强资金监管。各地、各有关部门要切实加强沟通协调，进一步整合资源，将高校毕业生信息统一纳入广东省就业失业管理信息系统，建立信息资源共享机制，实现高校毕业生信息与就业失业信息的有效对接。任何单位和个人不得挤占、挪用、套取各类财政专项资金（基金）。各级劳动保障、人事、教育、科技、财政等部门要认真审核享受各项扶持政策的高校毕业生信息，确保资金（基金）安全和各项补贴发放及时有序。

（三十一）营造良好社会氛围。加大对高校毕业生到基层、到西部、到艰苦行业工作典型的宣传力度，营造有利于高校毕业生到基层就业的良好氛围。各级劳动保障、人事、教育等有关部门和各高校要加强正面引导，帮助高校毕业生树立就业信心。各有关部门要组成宣讲团，到各高校宣讲毕业生就业和创业政策。各高校要加强学生心理辅导和思想政治教育，密切关注高校毕业生的思想动态，引导其树立正确的就业观和成才观。

本通知所规定的各项资金扶持政策自通知印发之日起1年内有效；可享受各项资金扶持政策的高校毕业生是指2009年广东省普通高等学校应届毕业生或入学前具有广东省户籍的省外2009年普通高等学校应届毕业生；困难家庭高校毕业生是指享受城乡低保家庭、零就业家庭、农村贫困家庭或残疾人家庭的高校毕业生。

广东省人民政府办公厅
二〇〇九年四月二十九日

关于将在广东省就读的大学生以及中等职业技术学校和技工学校学生纳入城镇居民基本医疗保险试点范围的通知

（粤府办〔2009〕56号）

各地级以上市人民政府，各县（市、区）人民政府，省政府各部门、各直属机构：

根据《国务院关于开展城镇居民基本医疗保险试点的指导意见》（国发〔2007〕20号）和《国务院办公厅关于将大学生纳入城镇居民基本医疗保险试点范围的指导意见》（国办发〔2008〕119号）有关要求，经省人民政府同意，现将在我省就读的大学生、中等职业技术学校和技工学校（以下统称中职技校）学生纳入城镇居民基本医疗保险试点范围的有关事项通知如下。

一、参保对象包括在我省各类全日制普通高等学校（含高职、民办高校、独立学院）、科研院所中接受普通高等学历教育的全日制本专科学生（含港、澳、台、华侨学生）、全日制研究生（含港、澳、台、华侨学生），中职技校（含民办中职技校）接受全日制教育的学生。

二、在我省就读的大学生和中职技校学生由学校组织在就读地参保，实行属地管理，重点保障其基本医疗需求，并逐步提高保障水平。

三、大学生和中职技校学生参加城镇居民基本医疗保险的个人缴费标准和政府补助标准，按照当地中小学生参加城镇居民基本医疗保险相应标准执行。个人缴费原则上由大学生、中职技校学生本人和家庭负担，有条件的学校可对其缴费给予补助。大学生和中职技校学生参保所需政府补助资金，按照学校（含分校区）隶属关系，由同级财政负责安排。其中：全日制普通高等学校中的独立学院，按参与举办的公办普通高校隶属关系确定财政承担对象，部委属院校和省外院校参与举办的独立学院，由独立学院所在地政府负担；省属院校参与举办的独立学院，由省财政负担；市属院校参与举办的独立学院，由市级财政负担。全日制普通高等学校中的民办高校，属普通院校参与举办的，由民办高校所在地政府负担，其余民办高校学生参保所需政府补助资金由省财政负担。

省财政对东西两翼、粤北山区以及恩平、台山所属高校和中职技校学生按照城镇居民基本医疗保险补助办法给予补助；对开平所属高校和中职技校学生，按照对东西两翼和粤北山区补助标准的70%给予补助。大学生日常医疗所需资金，继续按照高校隶属关系，由同级财政予以补助。

大学生和中职技校学生个人应缴纳的城镇居民基本医疗保险费，可以由所在学校代收代缴或通过其他方式征收。

四、各地要采取措施，对家庭经济困难大学生和中职技校学生个人应缴纳的基本医疗保险费及按规定应由其个人承担的医疗费用，通过医疗救助制度、家庭经济困难学生资助体系和社会慈善捐助等途径给予帮助。

五、鼓励大学生和中职技校学生在参加基本医疗保险的基础上，按照自愿原则，通过参加商业医疗保险等多种途径，提高医疗保障水平。

六、参加城镇居民基本医疗保险的大学生和中职技校学生，在假期和实习、休学期间因急危重症需异地住院治疗的，经学生参保地医疗保险经办机构同意，可先在异地住院治疗，待返校后凭相关单据到医疗保险经办机构报销。

七、各地、各有关部门要切实加强领导，精心组织实施，确保新旧制度平稳过渡。各级劳动保障、教育、民政、财政和卫生部门要通力合作，制订周密工作计划，确保缴费和财政资金及时足额到位，不断完善大学生和中职技校学生医疗经费和就医管理措施。对符合条件的学校医疗机构，要及时将其纳入城镇居民基本医疗保险定点医疗机构范围。各有关学校要认真抓好大学生和中职技校学生就医工作，提高工作效率和水平，满足学生日常医疗服务需要。

广东省人民政府办公厅
二〇〇九年八月十四日

印发广东省教育厅主要职责内设机构和人员编制规定的通知

（粤府办〔2009〕102号）

各地级以上市人民政府，各县（市、区）人民政府，省政府各部门、各直属机构：

《广东省教育厅主要职责内设机构和人员编制规定》已经省人民政府批准，现予印发。

广东省人民政府办公厅
二〇〇九年九月十五日

广东省教育厅主要职责内设机构和人员编制规定

根据《中共广东省委、广东省人民政府关于印发〈广东省人民政府机构改革方案〉的通知》（粤发〔2009〕8号），设立广东省教育厅为省人民政府组成部门。中共广东省委教育工作委员会与广东省教育厅合署。

一、职责调整

（一）取消和调整已由省人民政府公布取消和调整的行政审批事项。

（二）增加管理有关省属职业技术院校的职责。

（二）加强基础教育工作，以农村教育为重点，推进义务教育均衡发展，促进公共教育资源进一步向农村和经济欠发达地区倾斜，促进教育公平。推进基础教育教学改革，减轻中小学生的课业负担，加强中小学德育教育，全面实施素质教育。

（四）大力发展职业教育，坚持以就业为导向，深化职业教育教学改革，推进体制机制创新，增强职业教育发展活力，构建与现代产业体系相适应的现代职业技术教育体系。

（五）加大高等教育统筹管理力度，提升高等教育质量，完善高等学校自主创新和高层次人才培养机制，加强教育交流与合作，提高教育国际化水平。

（六）加强民办教育的统筹规划、综合协调和宏观管理，完善民办教育管理的政策措施，规范办学秩序，促进民办教育事业健康发展。

二、主要职责

（一）贯彻执行中央和省有关教育工作的方针政策和法律法规，起草有关地方性法规、规章草案和政策并组织实施。

（二）组织拟订教育改革与发展的规划和年度计划，提出教育体制改革的政策并组织实施，负责教育改革与发展的战略研究，会同有关部门规划、指导各级各类学校布局调整，负责教育事业相关数据的统计、分析和发布。

（三）负责省级教育经费的统筹管理，会同有关部门拟订筹措教育经费、教育拨款、教育基建投资、教育收费的政策，监督、统计各地教育财政拨款的投入、执行和使用情况，指导学校的基本建设和财务管理工作。

（四）综合管理义务教育、普通高中教育、学前教育和特殊教育、民族教育，负责推进义务教育均衡发展和促进教育公平，推进基础教育教学改革，全面实施素质教育。

（五）负责职业技术教育工作的统筹规划、综合协调和宏观管理，承担职业技术教育和成人教育相关管理工作，指导全省成人文化教育、社区教育、职工教育和农民文化技术教育工作。

（六）综合管理高等教育，指导高等学校管理体制改革，组织审核高等学校设置、更名、撤销和调整，组织实施国家学位管理的有关规定。

（七）负责教育系统科学研究的规划、指导工作，指导高等学校各类科技工作，指导高等学校重点学科及科研创新平台建设，指导产学研结合和相关科技产业工作，指导学校开展奖学、助学和勤工俭学工作，指导学校后勤工作和校办产业工作。

（八）牵头负责监督检查各地和各级各类学校贯彻执行教育法律法规和方针政策的情况，负责督政、督学工作，依法组织教育执法，督导、检查各地履行教育职责和巩固提高“两基”工作，负责组织和指导对中等及中等以下教育的督导检查和验收工作，负责教育评估工作，对教育质量和办学水平进行检查、监测。

（九）指导各级各类学校教育教学研究和改革，指导各类学校专业建设、课程建设和教材建设，规划、指导教育信息化工作，指导学校电化教育、教育技术装备、实验室和图书馆建设，组织审定教材和教学用书及资料，负责教育系统政府采购监管工作。

（十）会同有关部门审核并组织实施高等学校招生计划，指导教育考试招生工作和各类学校学生学籍管理工作，参与拟订有关毕业生就业创业政策和计划，指导高校毕业生离校前和已办理暂缓就业手续的高校毕业生的就业创业工作。

（十一）主管全省教师工作，指导实施各级各类教师资格制度，规划、指导各级各类学校教师和教育行政干部队伍建设工作，指导教育系统人事制度改革等工作。

（十二）统筹规划、综合协调和管理各级各类民办教育，规范民办教育办学秩序，促进民办教育事业健康发展。

（十三）规划、指导、组织教育对外交流与合作，负责本省国家公派出国留学有关工作，指导来粤留学管理工作。

（十四）规划、指导推广普通话和文字规范工作。

（十五）规划、指导高等学校党建工作，协助省委管理高等学校领导干部，指导高等学校领导班子建设、党的基层组织建设、党员教育管理和统战工作。

（十六）指导各级各类学校的思想政治工作、德育教育、体育卫生与艺术教育、国防教育和宣传工作，指导学校的安全、稳定和保卫工作，指导教育系统审计工作。

（十七）承办省委、省政府和教育部交办的其他事项。

三、内设机构

根据上述职责，省教育厅（省委教育工作委员会）设18个内设机构。

（一）办公室（省语言文字工作委员会办公室）

负责文电、会务、机要、档案、财务、资产管理等机关日常工作；承担信息、保密、信访、新闻宣传、政务公开等工作；指导高校档案、保密工作；指导高校拟订语言文字规划和实施办法；指导推广普通话工作，管理普通话培训测试工作；指导学校和社会文字规范工作；承担省语言文字工作委员会的具体工作。

（二）政策法规处

指导教育管理体制、办学体制及学校内部管理体制改革的研究和试点工作；研究教育改革与发展战略并就重大问题进行政策调研；起草有关地方性法规、规章草案；承担教育系统法制建设和依法行政工作；承办有关行政复议、行政应诉等工作；承担民办教育的统筹管理、综合协调有关工作。

（三）发展规划处

拟订全省教育事业发展规划和年度计划；承担规划并指导各级各类学校布局调整以及高等教育管理体制改革的工作；组织审核高等学校和有关省属中等职业技术学校的设立、撤销、更名、调整；会同有关部门审核并组织实施高等学校的年度招生计划；承办高等学校成人高等学历教育、现代远程教育的校外机构的备案工作；承担全省教育事业基本信息的统计、分析及发布工作。

（四）基建财务处

指导和监督学校的基本建设和财务管理工作；承担省级教育经费统筹管理工作；会同有关部门拟订筹措教育经费、教育拨款、教育基建投资、教育收费的政策；承担教育经费投入和执行情况的监督、统计工作；承担国际金融组织和外国政府贷款教育项目的立项和财务管理工作。

（五）基础教育处

承担义务教育和学前教育管理工作，指导基础教育阶段特殊教育、民族教育工作（含西藏班、新疆班的管理）；指导义务教育、学前教育和特殊教育的学制、课程建设和教学计划等工作；组织审定基础教育教材、教学用书及资料。

（六）高中与中职教育处

承担普通高中教育和中等职业技术教育的管理、协调工作；指导成人技术文化教育、社区教育、职工教育和农民文化技术教育工作；指导高中阶段学校的学制改革、专业、课程、教材建设和学籍管理工作；承担全省高中阶段教育招生统筹协调工作；指导中等职业学校毕业生就业工作；指导高中阶段教育办学水平评估工作；指导社会文化教育工作。

（七）高等教育处

承担高等教育教学的管理工作；指导高校专业、

课程建设和改革；指导高等教育评估工作；承担高校学生学籍的宏观管理和学历证书管理工作；拟订指导性的教学文件；指导高校教学实验和实习、教育技术、教材建设、图书情报和文献保障等工作。

（八）思想政治教育处（学生工作处）

指导高校师生的思想政治教育工作和中等职业技术学校、中小学德育工作；指导高校思想政治理论课和辅导员队伍建设；指导学校的宣传工作和校园文化建设；指导教育系统精神文明建设；组织开展高校哲学社会科学教学科研骨干研修工作；参与拟订高校毕业生就业创业政策和计划，指导高校毕业生离校前和已办理暂缓就业手续的高校毕业生的就业创业工作。

（九）安全保卫处

指导学校安全保卫、政治保卫、综合治理和维护稳定工作；承担教育系统突发公共事件的应急管理工作；指导学校开展不稳定因素排查工作；协调学校重大安全与稳定事件处置及有关专项整治工作；指导学校安全教育和学生预防违法犯罪工作；承担教育系统反邪教防范控制、宣传教育和教育转化等工作。

（十）科研处［与研究生教育处（省学位委员会办公室）合署］

规划、指导和协调教育系统的科研工作；组织实施科研项目及科研创新平台建设；指导产学研结合与相关科技产业工作；开展科技信息交流及科研统计工作；指导高校做好知识产权保护工作；承担全省学位与研究生教育统筹管理工作；组织拟订全省学位与研究生教育工作的改革与发展规划；承担“211 工程”“985 工程”及高校重点学科的实施和协调工作；承担省学位委员会的具体工作。

（十一）体育卫生与艺术教育处

指导学校的体育、卫生与健康教育、艺术教育、国防教育工作；承担全省性大中小学及学生的体育竞赛、艺术比赛组织管理工作；指导大中小学校开展体育、艺术教育交流活动和学生军训等工作；指导学校体育、卫生、艺术和国防教育的基础设施建设、科研教研；指导大中小学校的体协工作，参与开展相关专业师资培训工作。

（十二）师资管理处

统筹、规划、指导学校师资队伍建设；承担各级各类学校教师培养的统筹协调工作，参与指导师范教育工作；指导师德建设工作；指导教师继续教育工作和中小学校长培训工作；指导教师资格认定工作；组织并指导学校教师专业技术资格评审工作。

（十三）交流合作处（港澳台事务办公室）

开展教育对外交流与合作；承担国家公派出国留学有关工作；承担来粤留学的协调、管理工作。

（十四）干部处

指导高校领导干部队伍建设工作；拟订高校领导干部队伍建设的总体规划并组织实施；指导高校党委、行政领导班子换届工作；指导高校领导班子的思想作风建设；承担对高校领导干部的考察、考核工作并提出调整、任免建议；指导高校校级后备干部队伍建设工作；负责组织高校干部培训工作。

（十五）组织处

指导高校党建工作；拟订高校党建工作的总体规划并组织实施；指导高校基层党组织建设工作；指导高校党员教育管理与发展工作；指导民办高校领导班子建设工作；承担高校党内统计和党费管理工作；指导高校统战工作。

（十六）人事处（与直属机关党委办公室合署）

负责机关并指导直属单位的人事管理、机构编制和劳动工资等工作；指导教育系统人事制度改革等工作，指导教育行政管理干部培训工作；协调教育人才管理工作；负责机关并指导直属单位党群工作。

（十七）离退休人员服务处

负责机关并指导直属单位的离退休人员服务工作。

（十八）教育督导室（省人民政府教育督导室）

拟订教育督导与评估的规章制度和指标体系；检查全省贯彻执行教育法律法规和方针政策情况；督导检查各地及有关职能部门履行教育职责情况；督导检查全省“两基”巩固提高以及教育现代化和义务教育均衡发展情况；督导检查全省中等及中等以下学校教育工作；承担教育执法相关工作；承办省人民政府教育督导室的具体工作。

四、人员编制

省教育厅（省委教育工作委员会）机关行政编制 127 名。其中厅级领导职数 8 名，包括厅长（教育工委书记）1 名、副厅长 5 名，教育工委副书记 1 名，主任督学 1 名；正处级领导职数 22 名（含直属机关党委专职副书记 1 名）、副处级领导职数 29 名。

五、其他事项

（一）省教育厅审计室在省教育厅监察专员办公室挂牌。负责指导和检查全省教育系统内部审计工作；对机关、直属单位进行审计监督；按干部管

理权限组织对厅属高校、厅直属事业单位有关责任人进行经济责任审计；对教育系统有关单位经济活动中的重大事项进行审计监督；拟订教育系统内部审计规章制度；培训教育系统专兼职审计人员。

（二）高等学校毕业生就业管理的职责分工。毕业生离校前和已办理暂缓就业手续的高校毕业生的就业指导和服务工作，由省教育厅负责；毕业生离校后的就业指导和服务工作，由省人力资源和社会保障厅负责；毕业生就业政策由省人力资源和社会保障厅牵头，会同省教育厅等部门拟订。

六、附则

本规定由省机构编制委员会办公室负责解释，其调整由省机构编制委员会办公室按规定程序办理。

关于在全省高校组织系统开展“讲党性、重品行、作表率”先进集体和先进个人创建活动的通知

（粤教工委〔2009〕12号）

各高校党委：

为深化拓展全省高校组织系统“讲党性、重品行、作表率”活动，发现和树立组织系统涌现出来的集体和个人先进典型，充分发挥先进典型的示范和引领作用，根据《关于2009年全省组织系统深化拓展“讲党性、重品行、作表率”活动的实施意见》（粤组通〔2009〕17号）精神，决定在全省高校组织系统开展“讲党性、重品行、作表率”先进集体和先进个人创建活动。现将有关事项通知如下。

一、总体要求和目标

以邓小平理论和“三个代表”重要思想为指导，深入贯彻落实科学发展观，认真贯彻胡锦涛同志在十七届中央纪委三次全会上的重要讲话精神，以服务学校科学发展、建设模范部门、打造过硬队伍为目标，以加强党性修养、改进作风为主题，以解决自身建设中的突出问题为重点，采取切实有效的措施，努力把组织部门建设成为围绕学校中心任务服务我省高等教育发展大局的模范、从严治党从严治部的模范、以改革创新精神推进干部人事制度改革的模范、坚持民主集中制维护团结和谐的模范，把组工干部队伍建设成为党性坚强政治过硬的队伍、知人善任能力过硬的队伍、公道正派作风过硬的队伍。

通过开展先进集体和先进个人创建活动，着力推进“讲党性、重品行、作表率”活动在五个方面深化拓展：一是在围绕中心、服务大局上深化拓展；二是在带头加强党性修养、改进作风上深化拓展；三是在找准和解决组织部门自身建设突出问题上深化拓展；四是在打造眼界宽、思路宽、胸襟宽的高素质组工干部队伍上深化拓展；五是在提高组织工作满意度上深化拓展。

二、内容和范围

（一）落实《珠江三角洲地区改革发展规划纲要》和《广东实践科学发展观重点行动纲要》（以下统称两个《纲要》），服务高等学校科学发展。各高校组织部门要组织全体组工干部认真学习贯彻落实两个《纲要》，要将两个《纲要》全文印发给每个组工干部，并通过专家解读、专题报告、小组讨论等形式加强学习，提高学习成效。通过学习贯彻落实两个《纲要》，进一步认识两个《纲要》对广东高等教育改革发展的重大意义，进一步解放思想、更新观念、开阔眼界、开阔胸襟，进一步找准问题、理清思路，研究确定高校组织工作改革发展先行先试的主要工作和组织工作服务高等教育事业科学发展、先行先试的着力点，进一步提高高校组织工作服务大局的能力和水平。

（二）转变作风，提高组工干部党性修养。各高校组织部门要组织全体组工干部认真学习胡锦涛同志在十七届中央纪委三次全会上的重要讲话和省委十届四次全会精神，带头贯彻落实胡锦涛同志提出的“六个着力”要求，深入查找组织部门和组工干部在党性党风党纪上存在的突出问题，建立健全组工干部加强党性修养和作风养成的制度和规范。要认真学习贯彻组工干部“十严禁”纪律要求，确保“十严禁”纪律要求入脑入心，不断增强组工干部自我约束意识。要以党支部或党小组为单位建立1～2个基层联系点，2009年与联系点开展活动2次以上，确保每名组工干部都深入基层1次以上；每名组织部门领导同志至少与1名基层党员、干部或群众结成对子，与联系和分管的干部普遍开展1次谈心，真诚听取干部群众的意见和建议，深入了解干部群众的期待和要求。对基层群众最关心的突出问题加强研究，找到解决问题的新思路、新办法，解民忧、惠民利。

（三）抓好学习，提高组工干部能力素质。各高校组织部门要以开展新一轮大规模干部培训为契机，以提高组工干部能力素质为关键，大力加强学习型机关和学习型队伍建设。结合深入学习实践科学发展观活动，2009年积极开展“六个一”活动：一是组工干部每人每月研读一本书，内容包括政治、

经济、法律、科技等现代知识，并作读书笔记；二是选准本部门的一个热点、难点或信访问题进行一次岗位练兵，通过剖析事例，分解矛盾，撰写分析材料等，进一步学习和熟练掌握组织工作的方针政策、业务知识，帮助组工干部提高处置突发事件、应对网络舆情、正确引导舆论的能力；三是围绕如何提高选人用人公信度和组织工作满意度等内容开展一次学习研讨；四是召开一次支部专题组织生活会，党员组工干部汇报学习心得，交流学习体会；五是每位组工干部撰写一篇有关“讲党性、重品行、作表率”的文章，选送优秀文章参加中组部组织的征文活动；六是组织党组织关系在省委教育工委的高校的组织部门，召开一次深化拓展“讲党性、重品行、作表率”活动经验交流会（有关事项另行通知）。

（四）落实整改，提高组织工作满意度。各高校组织部门要紧紧抓住查实找准存在问题、落实整改措施这个关键，在先进集体和先进个人创建活动中促进组织工作满意度的提高。要认真查找高校组工干部在讲党性、重品行、作表率和自身建设等方面存在的问题和不足，剖析问题原因，认真整改；要认真查对深入学习实践科学发展观活动的落实，重点查一查达到完成时限的整改项目是否已落实，未达到完成时限的整改项目是否正在按计划开展工作，对没有落实的整改项目，认真及时地进行“补课”。要加大党务公开和党建工作宣传力度，充分利用党委掌握的舆论宣传资源加强对组织工作的宣传力度，不断增强组织工作的公开性和透明度，形成正确的舆论导向。

（五）健全制度，强化组织工作内部管理。各高校组织部门要以积极推进组织部门自身的干部人事制度改革为重点，进一步健全完善各项规章制度。要坚持公开、民主、竞争、择优的方针和德才兼备、以德为先的用人标准，进一步完善“两推一述一评”干部选拔任用机制，逐步提高选人用人公信度和干部选拔任用工作满意度；探索和完善干部考核评价机制，全面、准确、科学地评价和反映干部的德才表现以及工作实绩；加强高校党建规范化建设，加强党风廉政建设，落实经常性谈心谈话、民主评议、个人重大事项报告、廉政提醒等制度措施。

三、工作要求

（一）加强领导，精心组织。在学校党委领导下，组织部门主要负责同志作为第一责任人，要切实负起总责，加强对创建活动的领导；要落实专人，按照创建活动目标和内容要求，认真制订实施方案，精心组织实施；要把创建活动作为深入学习实践科学发展观活动的重要内容和载体，既有机融合、统筹安排，又突出组织部门的特点，精心组织安排活动内容；要正确处理开展活动与日常工作的关系，把开展好活动作为推动组织工作创新发展的强大动力，实现“两不误、两促进”。

（二）总结分析，跟踪问效。要坚持正面教育为主，激发内生动力；要突出实践特色，着力解决问题；要坚持群众路线，自觉接受监督；要继承创新结合，增强活动效果；要坚持领导带头，发挥示范作用；要注重创建活动开展的过程，及时总结分析，防止形式主义，力求取得实效。

（三）评选表彰，宣传推广。要注重发现创建活动中涌现出来的先进集体和优秀组工干部，充分发挥先进典型的示范和引领作用，加大学习、表彰和宣传先进典型的力度。在各高校组织系统普遍开展“讲党性、重品行、作表率”先进集体和先进个人创建活动的基础上，根据省委组织部的安排，省委教育工委将于2010年进行评选表彰（评选办法另行通知）。

中共广东省委教育工委
二〇〇九年六月十五日

关于印发《广东省高等学校辅导员队伍建设实施办法》的通知

（粤教工委思〔2009〕16号）

各普通高等学校，广东教育学院：

为贯彻落实《中共中央 国务院关于进一步加强和改进大学生思想政治教育的意见》（中发〔2004〕16号）和《普通高等学校辅导员队伍建设规定》（教育部第24号令）精神，进一步加强和改进我省高等学校辅导员队伍的职业化、专业化建设，特制定本办法。现印发你们，请认真贯彻执行。

中共广东省委组织部
中共广东省委教育工作委员会
广东省教育厅
广东省机构编制委员会办公室
二〇〇九年八月七日

广东省高等学校辅导员队伍建设实施办法

第一章 总 则

第一条 为了深入贯彻落实《中共中央 国务院关于进一步加强和改进大学生思想政治教育的意见》（中发〔2004〕16号）、《中共广东省委 广东省人民政府关于进一步加强和改进大学生思想政治教育的实施意见》（粤发〔2005〕12号）精神，切实加强我省高等学校辅导员队伍建设，根据《普通高等学校辅导员队伍建设规定》（教育部第24号令），推动我省高等学校辅导员队伍的职业化、专业化建设，特制定本办法。

第二条 辅导员是指在高等学校中从事学生日常思想政治教育和管理的专职工作人员，具有教师和管理人员双重身份。辅导员是开展大学生思想政治教育的骨干力量，是高等学校学生日常思想政治教育和管理工作的组织者、实施者和指导者。高等学校应当把辅导员作为教师队伍和管理队伍建设的重要部分。

第三条 高等学校辅导员队伍建设坚持以马克思列宁主义、毛泽东思想和中国特色社会主义理论为指导，坚持合理配置、规范管理、优化结构的原则，坚持政治坚定、品德高尚、业务精湛、纪律严明、作风优良的标准，坚持职业化、专业化的发展方向。

第二章 配备与选聘

第四条 高等学校辅导员的配备应坚持专职为主、专兼结合，确保本、专科每个院（系）的每个年级都配备一定数量的专职辅导员，专职辅导员岗位设置的师生比例总体不低于1∶200，同时每个教学班配备一名兼职班主任。高等学校聘用专职辅导员所需编制，应充分考虑其工作特性，优先解决专职辅导员的入编问题。

承担研究生教育任务的高等学校应按一定比例配备研究生辅导员。

高等学校可聘请少量专业教师、管理干部或优秀研究生担任本、专科学生的兼职辅导员。

第五条 高等学校选聘辅导员的标准：

（一）政治强、业务精、纪律严、作风正；

（二）中国共产党党员，热爱大学生思想政治教育事业，身心健康。本科院校新录用的辅导员原则上应具有硕士研究生以上学历，高职高专院校新录用的辅导员应具备本科以上学历；

（三）具有思想政治教育学科或马克思主义理论一级学科下属的其他二级学科及教育学、心理学、管理学、法学等学科专业背景优先选聘；

（四）具备较强的组织管理能力和语言、文字表达能力，接受过省教育行政部门组织的上岗培训并取得结业证书。

第六条 高等学校辅导员选聘的原则：

（一）坚持德才兼备和全面发展的原则；

（二）坚持公平、公正、公开的原则；

（三）坚持竞争与择优选聘的原则；

（四）坚持优化队伍结构的原则。

第七条 高等学校根据本校实际组织选聘辅导员。选聘工作应在学校党委统一领导下，采取组织推荐和公开招聘相结合的方式进行，由学校组织、人事、学生工作、纪律监察部门和有关院（系）等单位组成的选聘小组具体负责辅导员的选聘工作。选聘工作要按照国家、省关于事业单位录用工作人员的有关规定，坚持选人标准，严格选聘程序，并自觉接受教职工的监督。有条件的高等学校可在免试推荐研究生的优秀本科毕业生中，择优选聘辅导员，保留其学籍资格，在辅导员岗位任职2～3年后，再攻读学位。

高等学校实行辅导员选聘试用期制度，试用期为一年，试用期满考核称职者，予以录用任职；不称职，不予录用。

第三章 要求与职责

第八条 辅导员的工作要求：

（一）认真做好学生日常思想政治教育工作，加强学生班级建设和管理；

（二）遵循大学生思想政治教育规律，坚持继承与创新相结合，创造性地开展工作，促进学生健康成长与成才；

（三）主动学习和掌握大学生思想政治教育、事务管理与服务育人的理论与方法，不断提高工作技能和水平；

（四）定期开展工作调研，深入学生班级和宿舍，全面了解和准确分析学生思想、学习和生活情况，及时调整工作思路和方法；

（五）注重运用各种新工作载体，特别是网络等现代科学技术和手段，努力拓展工作途径，增强教育的吸引力和感染力。

第九条 辅导员的主要工作职责：

（一）协助开展高校学生社会主义核心价值观教育，引导高校学生树立正确的世界观、人生观和价值观，确立在中国共产党领导下走中国特色社会主义道路、实现中华民族伟大复兴的共同理想；

（二）帮助高校学生养成良好的道德品质，经常性地开展各种教育活动，培养学生自尊、自爱、自律、自强的优良品格，增强学生克服困难、经受考验、承受挫折的能力，有针对性地帮助学生处理好学习成才、择业交友、健康生活等方面的具体问题，提高思想认识和精神境界；

（三）了解和掌握大学生思想政治状况，把握学生关心的热点、难点问题，及时进行教育和引导，化解矛盾冲突，参与处理有关学生的突发事件，维护校园安全和稳定；

（四）组织开展心理健康教育活动，引导学生养成良好的心理品质，增强学生自我调试和承受挫折的能力。积极关注心理问题学生，做好心理危机干预工作；

（五）落实对家庭经济困难学生资助的有关工作，组织学生勤工助学，帮助家庭经济困难学生顺利完成学业；

（六）开展就业指导工作，为学生提供高效优质的就业指导和信息服务，引导学生树立正确的就业观念，培养学生的职业生涯规划能力；

（七）指导学生党团组织和班委会建设，做好学生骨干的选拔和培养工作，以班级为基础，以学生为主体，发挥学生班集体在大学生思想政治教育中的团队作用；

（八）协调学校、院（系）党政团干部、思想政治理论课教师和班主任等工作骨干共同做好大学生的日常思想政治教育工作，在学生中开展形式多样的教育活动；

（九）组织开展丰富多彩的校园文化和学生社会实践活动，营造优良的校风和学风；

（十）根据工作安排的需要，兼任学生党支部书记、院（系）团委（团总支）书记等相关职务，并承担部分形势与政策、心理健康教育、职业生涯规划、就业指导和大学生社会实践教育以及党（团）课等课程的教学工作。

第四章 培训与培养

第十条 构建和完善广东省高等学校辅导员培训体系。依托教育部辅导员培训和研修基地（华南师范大学）开展辅导员队伍的岗前培训、专题培训、高级研修和学历教育，形成由教育部示范培训、省教育行政部门骨干培训、学校基础培训组成的三级培训体系。省教育行政部门设立辅导员队伍建设专项经费，主要用于辅导员队伍的培训、科研和培养等工作。

第十一条 全面强化辅导员队伍培训。建立辅导员“先培训、后上岗”准入制度，高等学校新任辅导员须参加省教育行政部门组织的岗前培训，并取得结业证书方可上岗。实行辅导员轮训制度，全省高等学校辅导员每四年接受一轮省级以上专业培训或骨干培训。定期举办辅导员高级研修班，组织开展优秀辅导员国内外学术交流和社会实践考察活动，为辅导员工作专业化发展创造条件。

第十二条 建设广东省高等学校辅导员培训教材体系和学习交流平台。组织编写具有广东特色的辅导员培训教材，建立辅导员工作案例库和“南粤辅导员”网站，定期举办“南方辅导员论坛”，不断丰富辅导员学习培训的内容和形式，拓宽辅导员学习交流的空间。

第十三条 加强高等学校辅导员工作研究。省教育行政部门要把高等学校辅导员工作研究纳入思想政治教育研究范畴，在课题指南中独立设置辅导员工作研究课题，并提供必要的经费资助。有条件的学校应为承担课题研究任务的辅导员安排科研指导教师，实行“一对一”的指导。

第十四条 全面实施辅导员在职攻读学位提升工程。依托教育部辅导员培训和研修基地、有学科培养条件的高等学校教育资源，设立学生事务管理的硕士和博士培养方向，鼓励专职辅导员攻读思想政治教育专业、学生事务管理专业的硕士和博士学位，不断优化辅导员队伍的专业结构，推动辅导员队伍的职业化、专业化建设。

第十五条 高等学校要重视辅导员的个人发展，畅通辅导员的职业出路，创造条件鼓励辅导员向专业化、职业化方向发展。学校党委组织部门、学生工作部门、研究生思想政治管理部门和所在院（系）党政领导要科学制订辅导员培养计划，把优秀辅导员作为后备干部的重要来源。建立广东高等学校辅导员队伍校内及校际交流制度，推荐优秀辅导员到省内各级党政机关、企事业单位挂职、任职。

第十六条 高等学校要把辅导员培训、培养纳入学校师资队伍建设整体规划，依照高等学校教师培养的有关规定，确保辅导员队伍的培训、培养与专任教师享受同等待遇。

第十七条 高等学校辅导员培训、培养应坚持理论联系实际、学用一致、系统规划、区分层次、按需施教、突出重点、讲究实效的原则，实行理论学习与专业技能培训相结合，基础培训与专题培训相结合，日常培训与高级研修相结合，岗位培训与学历培养相结合，全面提高辅导员队伍的综合素质，为辅导员队伍的职业化、专业化发展奠定基础。

第五章 职务评聘

第十八条 高等学校辅导员的职务评聘应体现其具有教师和管理人员双重身份的职业特点，科学设置辅导员的教师和管理人员岗位，既可评聘教师专业技术职务，又可聘任管理干部行政职务。

第十九条 高等学校辅导员教师专业技术职务设助教、讲师、副教授、教授四个层次，依托的学科以思想政治教育学科为主，辅以马克思主义理论一级学科所属其他二级学科及教育学、心理学、管理学、法学等相关学科。

第二十条 高等学校辅导员申报评审（考核认定）初级教师专业技术职务资格，由本校组织评审；辅导员申报中级（含中级）以上教师专业技术职务资格，由省教育行政部门组织评审，具有评审权的高校可自行组织评审，并按省职称评审有关规定办理评审结果核准。

第二十一条 广东省高校教师专业技术资格评审委员会下设“思想政治教育专业”辅导员学科评审组，依照《广东省高等学校教学、科研人员专业技术资格条件》，开展高校辅导员教师专业技术资格评审工作。

第二十二条 辅导员教师专业技术职务评审，应根据辅导员岗位基本职责，突出其从事学生工作的特点，坚持注重工作实绩、科学研究能力和研究成果相结合的原则，中级（含中级）以下职务应侧重考察工作实绩。

第二十三条 高等学校应根据辅导员的任职年限及实际工作表现，在考核称职的前提下，确定其具备评定相应的行政级别（或管理岗位等级）条件资格。具有大学本科学历，辅导员岗位连续工作满3年后可定为副科级（或八级职员）；辅导员岗位连续工作满5年后可定为正科级（或七级职员）；辅导员岗位连续工作满8年后可定为副处级（或六级职员），并具备竞聘副处级领导岗位资格。具有硕士研究生学历，辅导员岗位连续工作满2年后可定为副科级（或八级职员）；辅导员岗位连续工作满4年后可定为正科级（或七级职员）；辅导员岗位连续工作满7年后可定为副处级（或六级职员），并具备竞聘副处级领导岗位资格。具有博士研究生学历，辅导员岗位连续工作满1年后可定为副科级（或八级职员）；辅导员岗位连续工作满3年后可定为正科级（或七级职员）；辅导员岗位连续工作满6年后可定为副处级（或六级职员），并具备竞聘副处级领导岗位资格。辅导员试用期满正式录用的，试用期应计算为辅导员岗位连续工作年限。

普通本科高等学校辅导员在定为副处级行政级别（或六级职员）后连续工作3年，并具备副教授以上专业技术职务或曾获得省级以上教育行政部门颁发的荣誉称号，经考核优秀可定为正处级（或五级职员），并具备竞聘正处级领导岗位资格。

实行岗位设置管理工作的高等学校，按照事业单位岗位设置管理的有关规定精神，评定辅导员管理岗位等级。辅导员管理岗位等级（或行政级别）职员数量实行计划单列，不占学校非领导行政职务职员数额。

第六章　管理与考核

第二十四条　高等学校要建立健全加强辅导员队伍建设领导体制和工作运行机制。辅导员实行学生工作职能部门和学院（系）双重管理，高等学校要把辅导员队伍建设放在与学校教学、科研队伍建设同等重要位置，统筹规划，统一领导。高等学校党委学生工作部、研究生思想教育管理部门是学校管理辅导员队伍的职能部门，应与学院（系）共同做好辅导员管理工作。高等学校所属院（系）对辅导员进行直接领导和管理。

第二十五条　高等学校要根据辅导员工作职责和要求，建立健全辅导员的考核体系。辅导员考核应由学校组织、人事、学生工作部门，以及院（系）和学生共同参与，考核结果按照学校现行人事管理制度予以奖惩。

第二十六条　高等学校和所属院（系）应为辅导员的工作、生活以及发展提供必要的条件保障。在制订收入分配方案时，应当充分考虑辅导员工作岗位的性质和特点，体现公正、公平的原则，从特殊岗位津贴、通讯费和学生同餐费等方面给予辅导员补助，确保辅导员的实际经济收入不低于本校同职级专职教师的平均收入水平。

第二十七条　建立和完善广东省高等学校学生工作评估和辅导员队伍建设督导制度，将辅导员队伍建设作为高等学校大学生思想政治工作水平评估的重要指标，作为学校领导班子考核的重要内容，定期进行督导检查。

第二十八条　建立和完善广东省高等学校优秀辅导员评优奖励机制。中共广东省委教育工委、广东省教育厅设立“广东省高等学校优秀辅导员”称号，定期评选表彰优秀辅导员。高等学校要将优秀辅导员表彰奖励纳入学校表彰奖励体系，结合学校实际定期开展校级优秀辅导员评选活动。

第七章　附　　则

第二十九条　本办法适用于广东省普通高等学校辅导员队伍建设。其他类型高等学校辅导员队伍建设可参照本办法执行。

第三十条　高等学校应根据本办法制订具体实施细则，并报省教育行政部门备案。

第三十一条　本办法由中共广东省委组织部、中共广东省委教育工委、广东省教育厅、广东省机构编制委员会办公室等部门组织实施和解释。

第三十二条　本办法自二〇〇九年九月一日起施行。其他有关文件规定与本办法不一致的，以本办法为准。

印发《广东省教育系统信息报送工作制度》的通知

（粤教办〔2009〕123号）

各地级以上市教育局，各普通高校：

现将《广东省教育系统信息报送工作制度》印发你们，请遵照执行。

广东省教育厅
二〇〇九年六月二日

广东省教育系统信息报送工作制度

第一章　总　　则

第一条　为进一步加强信息工作，推动信息工作制度化、规范化、科学化，充分发挥信息工作在上情下达、下情上达、正确决策、科学管理、宣传服务中的重要作用，促进全省教育事业和谐、健康、快速发展，依据有关规定，结合全省教育系统工作实际，特制定本工作制度。

第二章　组织机构及其职责

第二条　全省教育系统信息工作由省教育厅领导，归口省教育厅办公室统一组织管理。省教育厅办公室综合协调指导全省信息工作，各地市教育局和各普通高校具体负责。

第三条　省教育厅办公室信息工作的主要职责：

（一）按照教育部和省委、省政府的要求，研究和制订信息工作的规章制度和工作计划，并组织实施；

（二）做好信息的采集、筛选、加工、传送、上报、反馈和存档等各项日常工作；

（三）结合全省教育事业发展的中心工作、领导和群众关心的问题，组织开展信息调研，提供有情况、有分析、有建议的专题综合信息；

（四）负责《教育信息》《教育简报》的撰写、编辑、报送工作；

（五）及时、准确、全面地向教育部和省委、省政府报送重要教育信息，同时将上级要求的信息报送要点及时通报各单位。

第四条　各地市教育局和各普通高校要指定1名干部为本单位信息员，具体负责信息工作。

第五条　各单位信息员的工作职责：

（一）根据上级信息工作要求，结合本单位工作实际，完成本单位信息的收集、编写、报送工作，每月定期向教育厅办公室报送本部门信息；

（二）根据上级工作报送要点，结合全省教育系统中心工作和阶段性工作重点及本单位工作实际，开展信息调研工作，每季度至少报送1篇有价值的综合或专题调研类信息；

（三）负责在第一时间收集上报本地本单位重大突发性事件、重要工作动态、重要紧急情况，续报事态进展、处置措施、起因后果和改进措施等情况。

第三章　信息采集范围

第六条　教育系统收集和报送信息的主要内容包括：

（一）党和国家的重大决策在本单位工作范围内的执行落实情况；

（二）本地本单位对教育部和省委、省政府重要工作部署及有关会议精神的落实情况；

（三）本地本单位重点工作的进展情况，以及工作推进过程中出现的问题；

（四）对教育事业改革发展的重要举措、有参考价值的调查报告、专题研究材料和有价值的综合统计数据；

（五）本地本单位关于教育事业改革发展工作的新思路、合理化建议，本单位推进工作的新举措以及专项工作调研报告；

（六）上级领导来本地本单位指导、检查工作或参观、访问情况；各单位召开或承办教育系统重要的教育、科研、行政等各类会议情况；

（八）重要外事活动及有关方面的合作、联合、协作事项；

（九）重要科研、教学成果的评审、鉴定及重要获奖情况；

（十）本单位职责范围内的突发事件、重大责任事故及其他突发性重要情况；

（十一）其他须报知上级领导和上级有关部门的重要信息。

第四章 信息报送程序及要求

第七条 各单位应按以下程序报送信息：

（一）各单位信息员对所掌握的信息材料进行采集、筛选、编辑，经所在单位负责人审核同意后，应在第一时间报送广东省教育系统信息（样张）（见附件）；

（二）各单位工作范围内的突发事件或其他重大紧迫事项，应按《广东省教育系统突发公共事件应急预案》的有关规定和要求，及时告知省教育厅有关部门，并在口头报送后及时向省教育厅补送相关文字材料；

（三）各地各高校信息统一归口由省教育厅办公室向上级主管部门和其他政府部门报送（不含教育部和省委、省政府信息直报点单位）；各地各高校直接向教育部和省委、省政府报送的信息，应同时抄送省教育厅。

第八条 信息报送的基本要求：

（一）各地各单位上报信息必须实事求是、准确无误，动态类信息要言简意赅、讲求时效，参考类、调研性信息应力求创新、分析透彻、具有借鉴意义；

（二）各地各单位一般的信息材料采用文字稿和电子邮件的方式报送（联系人：省教育厅办公室梅毅，电话：020－37627383，传真：020－37627239，电子信箱为：meiyi@ gdhed. edu. cn）。常规约定的信息须在规定的时间内报送；新闻类信息应尽可能缩短报送时间。经单位领导核定不宜公开的信息，应加以说明。凡属涉密信息，执行保密工作规定；

（三）重大突发性事件的报送必须注意时效性。重大事故、突发事件（特别是人员伤亡事件）在发生后，应按《广东省教育系统突发公共事件应急预案》的有关规定和要求，立即电话通报，并快速整理成文字信息报送省教育厅有关对口应急处置工作组，从收集到报送至省教育厅有关部门一般不超过2小时。工作中遇有苗头性、倾向性和可能产生不安定因素的情况，一经发现，须立即报告；

（四）各地各单位报送的信息材料须作为单位资料存档保管。

第五章 通报制度

第九条 省教育厅在年终对各地各单位报送信息的使用情况进行统计，根据各单位报送信息的数量、质量和信息使用情况，在全省教育系统通报，并视情况予以奖励。“使用情况”分“专报”“送阅”“约稿”“综合”“备查”五种，分别表示如下含义：

（一）“专报”表示此信息转报教育部办公厅，省委、省政府办公厅，并抄报委厅领导；

（二）“送阅”表示此信息直接报送省教育厅领导；

（三）“约稿”表示此信息根据教育部和省委、省政府或省教育厅领导要求报送；

（四）“综合”表示此信息在编辑《教育简报》等刊物时采用；

（五）“备查”表示此信息不符合以上四种标准。

第十条 信息统计实行计分制。按“专报”“送阅”“约稿”“综合”“备查”的顺序分别计5分、4分、3分、2分、1分，有国家领导同志批示或被中央级刊物采用的奖励10～20分；有省领导批示的奖励5～10分；有省教育厅领导批示的奖励3～5分。

第十一条 对于迟报、轻报、谎报、漏报、瞒报的，予以扣分。其中，迟报、轻报、谎报的，在总得分中扣5分；漏报、瞒报的，在总得分中扣10分。

第六章 附 则

第十二条 本制度由省教育厅办公室负责解释，并根据施行情况适时修订。

第十三条 本制度自二〇〇九年六月一日起施行。

附件：广东省教育系统信息（样张）

XX 教育信息

［200X 年］第 X 期

XXXX 单位编　　　　　　　　　　200X 年 X 月 X 日

XXXXXX

正文

本期专送：

签发：　　　　　　　　联系人：　　　　　　　　电话：

关于印发《中共广东省委教育工委　广东省教育厅关于公文处理的若干规定》的通知

（粤教办〔2009〕240号）

各地级以上市教育局，各普通高等学校：

为进一步规范机关公文处理工作，提高工作质量和效率，根据《国家行政机关公文处理办法》（国发〔2000〕23号）和《教育部关于印发〈教育部关于公文处理的若干规定〉的通知》（教办〔2007〕13号），结合近年来省委教育工委、省教育厅机关公文处理工作实际情况，在对《委厅机关公文处理规定》《委厅机关公文处理实施细则》《委厅机关网上办公公文办理规范》进行修订的基础上，形成了《中共广东省委教育工委　广东省教育厅关于公文处理的若干规定》。现印发给你们，请参照执行。执行过程中有何意见和建议，请及时向省教育厅办公室反映。

附件：1. 中共广东省委教育工委　广东省教育厅关于公文处理的若干规定

2. 中共广东省委教育工委　广东省教育厅机关发文代字表

广东省教育厅办公室
二〇〇九年八月三日

附件1

中共广东省委教育工委　广东省教育厅关于公文处理的若干规定

一、公文的格式

中共广东省委教育工委、广东省教育厅公文一般由秘密等级、紧急程度、发文机关标示、发文字号、签发人、标题、主送机关、正文、附件说明、成文日期、印章、附注、附件、主题词、抄送机关、印发机关和印发日期等部分组成。

（一）秘密等级　涉密公文应当分别标明“绝密”“机密”或“秘密”。其中，“绝密”“机密”级公文还应当标明份数序号。对于保密期限有特殊要求的，在标注密级的同时应标明保密期限。

（二）紧急程度　紧急公文应当根据紧急程度分别标明“特急”或“急件”。其中电报应当分别标明“特提”“特急”“加急”或“平急”。

（三）发文机关标示　即指公文的版头，应当使用发文机关全称或者规范化简称；联合行文，主办机关排列在前。

（四）发文字号　包括机关代字、年份、序号。联合行文，只标明主办机关发文字号。

机关代字由委厅办公室确定。省委教育工委、党组、厅文件和函件以及办公室函件发文序号统一由办公室编制。

省委教育工委（省委教育工委办公室）、省教育厅（省教育厅办公室）联合行文，使用省委教育工委（省委教育工委办公室）发文字号。

（五）签发人　上行文应当注明签发人、会签人姓名。其中，“请示”应当在附注处注明联系人的姓名和电话。

（六）标题　公文标题应当准确、简要地概括公文的主要内容并标明公文种类，一般应当标明发文机关。公文标题中除法规、规章名称加书名号外，一般不用标点符号。

（七）主送机关　即公文的主要受理机关，应当使用全称或者规范化简称、统称。主送机关在一个单位以上的，各单位排序应该按照规范的写法。

（八）附件　公文如有附件，应当注明附件顺序和名称。

（九）印章　公文除会议纪要和以电报形式发出的以外，应当加盖印章。联合上报的公文，由主办机关加盖印章；联合下发的公文，发文机关都应当加盖印章。

（十）成文日期　以负责人签发的日期为准，联合行文以最后签发机关负责人的签发日期为准。电报以发出日期为准。

（十一）附注　包括向上级机关报送的公文中需要说明的其他事项，如联系人的姓名和电话、文件分送情况等。

（十二）主题词　公文应当标注主题词。上行文按照上级机关的要求标注主题词。

报送省委或省委办公厅的公文，应在《中共中央办公厅公文主题词表》的范围内标引主题词；报送省政府或省政府办公厅的公文，应在《国务院公文主题词表》的范围内标引主题词；报送教育部或教育部办公厅的公文，应按《教育部公文主题词表》标引主题词。

（十三）抄送机关　指除主送机关外需要知晓公文的其他机关，应当使用全称或者规范化简称、统称。

（十四）文字从左至右横写、横排。

二、行文关系

根据发文机关与收文机关之间的行文关系，委厅公文一般分为上行文、下行文、平行文3种。

（一）上行文：向上级机关的行文。即向教育部、中共广东省委、广东省人民政府等上级机关行文。一般用请示、报告、意见等文种。

（二）下行文：对下级机关的行文。即向各地市教育部门、省属院校行文。一般多用通知、通报、意见、决定、批复等文种。

（三）平行文：平行或不相隶属的机关之间行文。一般用函、意见、通知等文种。

三、行文规则

（一）党务和政务事宜要分别行文。

（二）行文应当确有必要，注重效用。对使用电话或发便函即可办理的事项，不发正式公文。

（三）除办公室外，各处室（单位）不得对外正式行文。冠有“广东省”或“广东省人民政府”字样，代表省政府行使行政管理职能的内设机构，可以对外行文，但必须严格限定在职能范围内。

各处室（单位）根据工作需要，在规定的职权范围内，与下级机关、高等学校的相关部门和同级机关的有关部门商洽工作，询问和答复一般事务性问题时，可以发处室（单位）函件，由各处室（单位）参照本规定办理。

（四）属于省委教育工委、省教育厅职权范围内的事务，应由省委教育工委、省教育厅自行行文或与有关部门联合行文。须经省委、省政府审批的有关事项，经省委、省政府授权或同意，可以由省委教育工委、省教育厅行文，文中应当注明“经省委同意”或“经省政府同意”“经省政府授权”。

（五）除上级机关领导同志直接交办的事项外，原则上不直接向领导同志个人行文。

拟请上级机关领导人出席有关活动并讲话时，一般在报送请示的同时将讲话代拟稿附上，并且应至少提前一周报送。

（六）除以函的形式商洽工作、征求或回复意见外，一般不向市、县政府发文。因特殊情况须正式行文的，应报请省政府批准。

特别重要的下行文，在主送地市教育部门的同时，应根据工作需要抄送地市人民政府。

（七）上行文的报告与请示事项应当严格分开，“报告”中不得夹带请示事项，“请示”应当一文一事。对涉及其他部门职权范围内的事项，应先与有关部门协商，取得一致意见后方可行文。经协商不能取得一致意见的，应列明各方意见及理据，提出建设性意见，并与有关部门会签后上报。

（八）厅外单位征求委厅关于教育工作方面意见的回复公文，应根据不同情况分别以工委、厅党组、厅、厅办公室函件形式发出。各处室（单位）一般不以处室（单位）函件形式回复。

四、公文的版头和使用范围

委厅公文版头一般分为工委、厅党组、厅文件头和工委、厅党组、厅函件头二类。明码、密码电报由办公室按有关规定使用专用版头。

公文的版头与发文字号配套使用，不得混用。具体规定为以下10种：

（一）“中共广东省委教育工委文件”，编“粤教工委〔公元年份〕×号”。适用于：省委教育工委贯彻落实中央和省委、省政府重大决定或决议；对广东省学校党的建设工作、思想政治工作和党的纪检工作的重要指示或政策性规定；向中共广东省委和省委领导同志的请示、报告等。

（二）“中共广东省教育厅党组文件”，编“粤教党〔公元年份〕×号”。适用于：省教育厅党组传达、贯彻党的方针、政策；作出重大工作部署；转发上级机关的文件；批转下级机关和单位的重要请示、报告；就重大问题向教育部和广东省委、省政府的请示、报告等。

（三）“广东省教育厅文件”，编“粤教×〔公元年份〕×号”，其中“教×”为机关发文代字。适用于：省教育厅为贯彻、执行上级及厅党组的有关精神而作出的重要工作部署；向省委、省政府及教育部等上级机关请示、报告重要问题；转发上级机关的文件；对全年或一个时期工作的安排部署；关于某方面工作的重要指示；对某方面工作所作的重要政策性规定；下达或调整教育、教学计划；批转或转发涉及全局性、重大政策性、工作经验性问题的有关报告、请示等。

（四）“中共广东省委教育工委”函件，编“粤教工委×函〔公元年份〕×号”，其中“教工委×”为机关发文代字（办公室、思政处、组织处）。适用于：向有关主管部门请求批准的事项；对有关督查事项的办理；对各项业务工作的办理；与有关部门商洽工作；询问和答复有关问题。

（五）“中共广东省教育厅党组”函件，编“粤教党函〔公元年份〕×号”。适用于：厅党组向省委、省政府请示、报告有关具体问题；就有关具体问题与同级机关党组（党委）及地市党委进行商洽，征询意见，答复问题等。

（六）“广东省教育厅”函件，编“粤教×函〔公元年份〕×号”，其中“教×”为机关发文代字。适用于：省教育厅就具体事项与同级机关进行商榷；答复有关部门和单位的重要询问；批复下级机关的请示；就有关具体问题向教育系统和直属单位进行具体工作布置；向上级机关报告具体事项等。

（七）“广东省教育厅办公室”函件（文头为“广东省教育厅”），编“粤教×办函〔公元年份〕×号”，其中“教×”为机关发文代字。办公室自拟的函件编“粤教办函〔公元年份〕×号”。适用于：以厅办公室名义答复有关部门征求对有关具体问题的意见；就具体事项与同级机关相关部门进行商榷；印发以省教育厅名义召开的会议通知；向下级机关征求意见等。

凡属只告知时间、地点、参加人员等简单内容的会议通知，一般用厅笺印发，不挂文号。

（八）“广东省教育厅通报”，编“第×期”。适用于：印发委厅领导的讲话。

（九）省委教育工委干部处以“省委教育工委”“广东省教育厅”文头行文，分别适用于公办高校干部工作和民办高校院长任免的有关工作，由省委教育工委干部处审核并编发文号。

（十）省教育纪工委以自身文头和字号行文，由省教育纪工委办公室办理；省人民政府教育督导室以自身文头和字号行文，经委厅办公室审核、备案，由教育督导室自行编发文号；省青少年学生校外教育工作联席会议及其办公室、省高校毕业生就业工作联席会议办公室均以各自文头和字号行文，由委厅办公室审核并编发文号。

五、公文的起草

（一）除少数特殊公文（主要指涉及委厅机关和直属单位的人事件、纪检件，密件，以及紧急重大事项）外，凡须拟文处理的公文，各处室（单位）应在委厅网上办公系统内及时、认真办理。如有附件应在“附件”中加入，回复函应在“附件”中链入相应来文。

（二）起草公文必须严肃认真；要做到符合当前国家的方针、政策以及法律、法规；要重点突出，观点鲜明，表述准确，结构严谨，条理清楚，直述不曲，字词规范；事实、数字和引文等要准确；要正确使用标点符号；篇幅力求简短。

（三）委厅各处室（单位）起草的公文，由拟稿人在委厅网上办公系统中起草，经单位主要负责人核稿后，将文件发送至办公室秘书组。涉及其他处室（单位）职能范围内的事项，主办处室应主动与有关处室协商，取得一致意见并会签后，送办公室审核（涉及人事、表彰内容的应与人事处会签，涉及政策、法规内容的应与政策法规处会签）。经协商不能取得一致意见的，原则上不得发文，如确需发文，主办处室应当列明各方意见及理据，提出建设性意见，连同文稿一起送办公室报委厅领导协调或审定。

需要会签的公文经单位主要负责人核稿后，由拟稿人将文件送达相关会签处室（单位）。各会签处室（单位）提出会签意见后，将此文返回拟稿人。拟稿人须通过系统查询会签意见，如遇会签单位延误时间较长时，可直接催办；待会签完成后，将文件发送至办公室秘书组；若会签处室对公文做了改动，须将文件送本单位主要负责人核稿后发送办公室秘书组。各会签处室（单位）要积极配合，由处室（单位）领导直接办理会签。

六、公文的呈批

（一）各处室（单位）报请审批的公文，统一经办公室审核后呈送分管厅领导审批。少数特殊的公文可由有关处室专人直送。为防止公文在审批和批转过程中出现重复批示或错漏，所有公文一律不得分送。委厅领导一般不直接接受各处室和其他单位的呈文。

（二）拟印发的公文须经办公室核稿。办公室秘书组初核后，转发办公室分管副主任复核、办公室主任终核。初核的重点是：公文处理程序是否正确，公文文种的使用是否妥当，公文格式是否规范，附件材料是否齐全等；复核的重点是：是否确需行文，行文方式是否妥当，是否符合行文规则和拟制公文的有关要求等；终核是对初核和复核内容的再审核。

（三）经核稿符合呈批要求的公文，由办公室按程序报批。对于不符合呈批要求的公文，核稿人员可以对文稿进行修改后按程序报批，或提出修改意见退主办处室（单位）修改后报批。

七、公文的签发

（一）以省委教育工委、省教育厅党组或省教育厅名义印发的上行文，经分管的党组成员或厅领导审核后，由工委书记、党组书记或厅长签发。

（二）以省委教育工委、省教育厅党组或省教育厅名义印发的平行文、下行文，一般由党组成员或分管厅领导签发。其中，重要的规范性文件，经工委书记、党组书记或厅长审阅后送印；涉及重大问题的，由工委书记、党组书记或厅长签发。

（三）以委厅办公室名义印发的平行文、下行文、会议通知，由办公室主任签发，或由其确定呈送有关厅领导签发。

（四）同其他同级单位会签的文稿，经主办处室（单位）主要负责人和办公室分管副主任审阅、办公室主任审核后，再报送委厅分管领导或厅长签发。

（五）法规性文件，按《广东省人民政府规章和法规草案审批程序》办理。

（六）省委教育工委会议、厅党组会议、厅长办公会议纪要，由办公室主任核稿后送工委书记、党组书记、厅长签发；委厅工作会议纪要，由参加会议的主办处室（单位）负责人核签，送办公室分管副主任或主任核稿后，由主持会议的委厅领导签发。

（七）经领导签发的公文，任何处室和个人不得擅自改动。如主办处室（单位）认为有必要再修改时，须向签发的领导请示。

八、公文的印发

（一）经委厅领导签发后的公文在印发前均须由办公室复核并编发文号。复核的重点是：审批、签发手续是否完备，附件材料是否齐全，格式是否统一、规范等。经复核需要对文稿进行实质性修改的，应按程序复审。

（二）以委厅或委厅办公室名义制发的公文，委厅办公室秘书组编发文号后，委厅文印室负责打印清样，交经办人校对后付印。文件印好加盖公章后，由拟文处室装封交委厅收发室寄发。

文印室要对文件体例、印刷格式和质量负责；拟稿人要对文件内容负责。

（三）以委厅或委厅办公室名义发出的内部明电和密码电报只落款不盖章，电报稿按规定程序呈批后送委厅机要保密室编发文号，并按上述分工规定打印、校对后，由委厅机要保密室送省委办公厅机要局发出。

（四）委厅通过教育电子政务平台向教育系统发送的公文，不发纸质文件。

九、公文的立卷、归档

公文的立卷、归档，按《广东省教育厅文书立卷、归档和档案利用办法》的要求办理。

本规定自2009年9月1日起施行。《委厅机关公文处理规定》《委厅机关公文处理实施细则》《委厅机关网上办公公文办理规范》中与本规定不一致的，以本规定为准。

附件2

中共广东省委教育工委　广东省教育厅机关发文代字表

发文机关	代字	发文机关	代字
省委教育工委办公室	工委办	省学位委员会（办公室）	学位（办）
省委教育工委思想政治教育处	工委思	厅体育卫生与艺术教育处	教体
省委教育工委组织处	工委组	厅外事处	教外
厅办公室	教办	厅人事处	教人
省语言文字委员会（办公室）	教语	厅师资管理处	教师
厅政策法规处	教策	厅监察室	教监
	教法（行政执法专用）	厅审计室	教审
		厅离退休人员管理处	教离退
厅发展规划处	教规	省教育考试院	教考
厅基建财务处	教财	省教育发展研究与评估中心	教评
厅基础教育处	教基	省教育信息中心	教信息
厅高中与中职教育处	教职	省高等学校毕业生就业指导中心	教毕
厅高等教育处	教高	省教育后勤产业办公室	教后勤
	教高籍（转学专用）	省教师继续教育指导中心	教继
		省学生助学工作管理中心	教助
厅教育督导室	教督	省教育教学研究室	教研
厅思想政治教育处	教思	省教材编审室	教编
厅学生工作处	教学	省教育装备中心	教装备
厅保卫处	教保	省电化教育馆	教电
厅科研处	教科		

关于印发《关于教育行政机关定期组织干部下访的实施办法》等三个文件的通知

（粤教办〔2009〕277号）

各地级以上市教育局、各高等学校：

为进一步加强教育系统的信访维稳工作，现将《关于教育行政机关定期组织干部下访的实施办法》等有关文件印发给你们，请按照文件要求，结合实际，认真贯彻落实。

广东省教育厅
二〇〇九年九月三十日

关于教育行政机关定期组织干部下访的实施办法

为贯彻落实省加强信访工作和维护社会稳定协调领导小组《关于省直机关定期组织干部下访的实施意见》精神，现结合教育系统的工作实际，制订教育行政机关定期组织干部下访实施办法。

一、干部下访的主要任务

定期组织干部下访，是推动落实中央和省委、省政府决策部署，及时了解社情民意、督导解决信访突出问题、促进社会和谐的有效举措，对于转变干部作风、加强干部队伍建设、提高科学决策和依法行政的能力和水平，保持同人民群众的血肉联系具有重要意义。干部下访，主要是督导检查中央和省委、省政府关于信访工作一系列决策部署的贯彻落实情况；协调指导各地各高校及时就地化解信访突出问题；深入开展调查研究，做好经验总结，提出制订和完善相关政策的意见和建议；转变工作作风，提高做好群众工作和处理复杂问题的能力和水平。

二、干部下访的组织方式

主要采取统一组织、单位组织两种方式。

统一组织是指由省教育厅加强信访工作和维护社会稳定协调领导小组办公室根据中央的要求、省的部署和形势任务的需要，组成信访工作督导组开展下访工作。单位组织是指由各地教育行政管理部门以及省教育厅各处室、各事业单位结合工作实际，适时组织下访工作组到基层开展下访工作。

统一组织的次数根据工作任务而定，每年至少安排2次；省教育厅各处室、各事业单位组织的次数由各处室、各事业单位根据实际情况而定，每年至少安排3次；各地教育行政管理部门不定期组织。每次干部下访的人数、工作时间根据任务需要确定。

三、干部下访的工作方法

干部下访以推动落实属地管理、分级负责，谁主管、谁负责，依法、及时、就地解决问题与疏导教育相结合的信访工作原则为重点，坚持面上推动与重点推动相结合，解决问题与研究政策相结合，总结经验与查找问题相结合，帮助指导与锻炼提高相结合。

可根据实际情况，综合采取以下方法：一是督促检查。全面了解各地贯彻落实中央和省委、省政府决策部署的情况，查找存在的突出问题，提出改进工作的意见和建议。二是带案督办。选择一些具有普遍性、代表性的重要疑难复杂信访案件，深入基层并直接与包案领导、责任单位和信访人见面，协调推动及时解决，并通过回访巩固下访成果。三是座谈走访。通过召开座谈会、见面会等形式，走访基层干部和群众，听取反映，了解情况，宣传政策，指导工作。四是驻点指导。组织下访干部到信访问题比较集中的地方驻点，走访群众家庭和工作单位，扭转信访工作被动局面。五是调查研究。带着问题深入基层，查原因、找症结，提出改进工作和完善政策措施的意见和建议，总结推广成功经验。

四、切实加强组织领导

要把定期组织干部下访作为一项长期工作抓紧抓实抓好。主要负责同志亲自抓，分管领导具体抓，做到定期研究、制订计划，明确任务、落实责任。既要选派政治素质高、业务能力强、熟悉政策法律、有群众工作经验、作风过硬的干部参加下访工作，又要把缺乏群众工作经验的年轻干部派下去，作为培养和锻炼干部特别是年轻干部的重要途径。对统一组织的干部下访，各处室要积极配合、大力支持。对在下访工作中成绩突出的，给予表扬；对工作不负责任，导致问题久拖不决、矛盾激化升级，造成严重后果的，按照有关规定严格追究责任。下访干部要自觉执行党风廉政建设的规定，轻车简从、廉洁自律，以实际行动展示教育行政机关干部的良好形象。

各地可根据本实施办法，结合实际制订具体工作方案。

关于把矛盾纠纷排查化解工作制度化的实施办法

为贯彻落实省加强信访工作和维护社会稳定协调领导小组《关于把矛盾纠纷排查化解工作制度化的实施意见》精神，把矛盾纠纷排查化解工作制度化，现结合教育系统的工作实际，制定如下实施办法。

一、总体要求、工作范围和责任主体

（一）总体要求。按照属地管理、分级负责，谁主管、谁负责，依法、及时、就地解决问题与疏导教育相结合的信访工作原则，明确责任、强化措施，标本兼治、综合治理，防控结合、以防为主，力求使矛盾纠纷发现得早、化解得了、控制得住、处理得好，努力把矛盾纠纷化解在基层、解决在当地，把隐患消除在萌芽状态，有效减少群众信访总量、集体上访量和重信重访量，有效减少群众越级到省进京上访量和非正常上访量，有效减少重大突发性事件和群体性事件，提高矛盾纠纷排查化解工作的制度化、规范化水平。

（二）工作范围。各种可能引发信访问题和影响社会和谐稳定的矛盾纠纷和苗头隐患，特别是可能引发群众越级到省进京集体上访、非正常上访、重复上访和群体性事件的重大矛盾纠纷。

（三）责任主体。各地、各高校负责组织排查化解本地、本校矛盾纠纷和苗头隐患；厅各职能处室负责组织排查化解本处室职责范围内的矛盾纠纷和苗头隐患；各事业单位负责组织排查化解本单位的矛盾纠纷和苗头隐患。对跨地区、跨行业、跨单位或难以界定主管部门的矛盾纠纷和苗头隐患，由省教育厅加强信访工作和维护社会稳定协调领导小组办公室报省协调领导小组协调好工作。

二、排查方法

（一）坚持多种形式排查。省教育厅每年年初对排查化解工作作出总体部署，每半年进行一次全面排查。各地、各高校每季度进行一次全面排查。坚持经常性排查与专项排查、特别防护期排查相结合，发现问题，重点突破。重大政治活动期间、重要敏感期要开展集中排查。

（二）建立健全排查台账。对排查出的矛盾纠纷，要逐件按诱因、时间、地点、单位、涉及人数、重点人员、主要诉求、事态发展研判等要素登记造册，建立台账，做到底数清、情况明。各地的排查台账，要及时上报同一级信访协调领导小组办公室，并报省教育厅协调领导小组办公室；各高校的排查台账，要及时报省教育厅协调领导小组办公室。

（三）及时进行分析研判。对已排查出的矛盾纠纷，要研究制订具体的化解方案，增强工作预见性和针对性，牢牢把握工作主动权。特别是对涉及可能引发大规模集体上访和群体性事件的苗头性、倾向性问题的信访，在及时分析研判的同时，必须按规定及时报告，不得迟报、漏报和瞒报。

三、化解措施

（一）区别情况，分类化解。对排查出的问题，法律法规和政策有明确规定且能立即解决的，及时解决到位；对群众反映比较普遍、涉及面广的问题，通过调查研究，抓紧制定和完善相关法律法规和政策规定；对一时不能解决的，做好耐心细致的解释工作，取得群众的理解和支持；对特别困难的群众，研究采取个案帮扶等措施，保障其基本生活；对故意制造事端、煽动组织闹事的违法人员，依法进行处理。

（二）多策并举，协调化解。积极引导群众通过行政复议、司法诉讼、仲裁等渠道化解矛盾纠纷；综合运用人民调解、行动调解和司法调解等方式，充分发挥专业人员、社会志愿者等多方面的作用，多方参与化解矛盾纠纷；通过人民调解等形式，及时协调不同群体间的利益关系；对于涉及人数多、政策性强、群众反映强烈的疑难复杂矛盾纠纷，可采取信访听证等方法进行化解，努力做到“案结事了”。

（三）整合资源，就地化解。充分发挥党的政治优势和各有关部门的职能作用，形成化解矛盾纠纷的强大合力。

（四）确定问题，包案化解。对排查出的容易引发信访突出问题的矛盾纠纷，实行领导包案。包案的领导干部按照“四包”（包掌握情况、包思想教育、包解决化解、包息诉息访）要求，亲自研究分析案情和提出处理意见，亲自与信访人见面并做好思想疏导工作，亲自协调有关部门解决信访人的合理诉求，亲自帮助信访人解决生产、生活等方面遇到的困难，使信访人息诉罢访。主要负责同志要带头包案，发挥示范作用，确保落到实处。对于重大矛盾纠纷，要组成专门班子，明确责任单位，制订化解方案，确保及时有效化解；对于信访历史积案，要集中进行清理，加大化解力度，切实提高结案率。

（五）重心下移，督办化解。建立健全对复杂矛盾纠纷化解的督导制度。联合督导由各地结合实际自行组织，一般每季度开展一次。对本地的复杂矛盾纠纷和上级交办的重要信访事项，要明确责任人和解决时限，实行挂牌督办。对需要上一级协调的案件，各地要及时整理上报。

（六）完善政策，源头化解。注重从政策源头分析查找原因，研究预防和化解办法，防止因政策不连续、不平衡、不完善和落实不到位引发矛盾纠纷。坚持科学、民主、依法决策，统筹兼顾各方利益，对群众反映强烈的问题，可采取问卷调查、信访评估、建立群众建议征集机制等方式，充分听取群众意见，设身处地为群众着想，坚决避免因决策失误损害群众利益、引发不稳定因素。

（七）加大投入，化解矛盾。化解矛盾纠纷要有相应的投入作保障。各地各高校要从解决人民最关心最直接最现实的利益问题出发，采取不同方式多渠道筹集资金，用于解决疑难复杂信访问题，为解决久拖不决的疑案难案提供必要的人力、物力、财力支持。

四、切实加强组织领导

全省教育系统的矛盾纠纷排查化解工作在省协调领导小组领导下，由省教育厅协调领导小组负责统一组织，成立推进矛盾纠纷排查化解工作制度化建设工作小组。各地各高校的矛盾纠纷排查化解工作实行主要领导负总责、亲自抓，分管领导具体负责，党组（党委）会要定期分析研究，抓紧制订具体实施办法，完善相关工作制度。

要把矛盾纠纷排查化解工作作为领导班子、领导干部政绩考核的重要内容，对工作成绩突出的，给予表扬；对排查化解矛盾取得实效的典型案例，在新闻媒体上予以宣传报道；对工作不负责任，导致问题久拖不决、矛盾激化升级，造成严重后果的，依据有关规定严格追究责任。各地各高校每半年要对矛盾纠纷排查化解工作进行总结，及时发现问题，落实措施整改，并向省教育厅协调领导小组报告。

各地各高校可根据本实施办法，结合实际制订具体工作方案。

关于领导干部定期接待群众来访的实施办法

为贯彻落实省加强信访工作和维护社会稳定协调领导小组《关于领导干部定期接待群众来访的实施意见》精神，推动领导干部定期接待群众来访工作规范化、制度化，现结合教育系统的工作实际，制定如下实施办法。

一、工作原则、时间安排和方式方法

（一）工作原则。坚持公开透明、规范有序，方便群众、解决问题的原则。

（二）时间安排。各地各高校负责同志要定期接待群众来访，信访问题突出的地方和学校要适当增加领导干部接访次数。

（三）方式方法。

1．定点接访。定点接访是指在固定的接访场所面对面接待来访人，可在信访部门接待群众来访，也可到有关公共场所、基层设点接待群众来访。在每次党政领导干部定点接访日的前三天，各地各高校要在方便群众查看、查询的地方，以适当的方式将接访领导干部的姓名、职务、分管工作以及接访时间、地点、形式等情况向社会公示，方便群众了解并有针对性地反映诉求。

2. 其他方式接访。采取重点约访、带案下访、上门探访等多种方式接访。重点约访是指有针对性地约请信访人并协调解决相关信访问题。带案下访是指针对特定案件，深入问题发生地，具体听取上访人意见，剖析问题症结，研究解决办法。上门探访是指有关领导干部带队，深入上访群众家中，察看实际情况，听取意见反映，加强思想疏导，现场研究或解决问题，促其息诉罢访。

3. 落实领导包案。对群众反映强烈的突出问题，按照职责分工，落实领导包案。省教育厅加强信访工作和维护社会协调领导小组办公室根据实际情况确定包案数量。包案的领导干部要参与案件的调查、协调和处理，直到“案结事了”、信访人息诉罢访。对群众反映的涉及面广、社会关注度高的疑难信访事项，主要负责同志要亲自包案；对涉及人数多、组织化倾向明显的群体性问题，包案的领导要亲自组织有关部门召开协调会，提出解决问题的意见和建议，并跟踪落实。

4. 督促检查落实。对领导干部接访的信访事项，要建立包括问题发生地、责任单位、产生原因、接待处理意见、办理结果等要素在内的工作台账和相应的督查落实机制，及时回复来访群众，确保“事要解决”“案结事了”。

二、工作基本要求

（一）热情负责地接待群众。要带着责任和感情，面对面地做群众工作，耐心听取来访群众的诉求，设身处地为群众着想，对群众反映的问题做到“件件有着落、事事有回音”。

（二）认真解决突出问题。要抓住重点和关键，着重解决案情复杂、久拖不决的疑难问题，着重解决责任主体难落实、工作难度大的复杂问题，着重解决涉及政策层面、需要完善相关规定和制度的重大矛盾和突出问题。

（三）严格依法按政策办事。对法律法规和政策有明确规定的，督促责任单位依法按政策解决到位；对群众反映比较普遍、涉及面广的问题，通过调查研究，抓紧制定和完善相关法律法规和政策规定；对一时不能解决的，做好耐心细致的解释工作，取得群众的理解和支持；对特别困难的群众，研究采取个案帮扶等措施，保障其基本生活。对无理缠访闹访的，加强法制教育；对有违法行为、情节严重、造成恶劣影响的，提请有关部门依法予以处理。

（四）及时就地化解矛盾。对领导干部接访过程中受理的信访案件，按照属地管理、分级负责，谁主管、谁负责，依法、及时、就地解决问题与疏导教育相结合的信访工作原则，推动落实主体责任，并跟踪抓好落实。

（五）强化思想疏导工作。积极引导群众理性合法地表达诉求，耐心做好思想教育和政策解释工作，防止因工作方式简单粗暴激化矛盾。

三、切实加强组织领导

要高度重视领导干部定期接待群众来访工作，党政主要负责同志亲自抓、负总责。省教育厅领导干部定期接待群众来访工作由省教育厅加强信访工作和维护社会协调领导小组办公室统筹负责。

各地各高校可根据本办法，结合实际制订具体的工作方案。

关于规范各级各类教育学校代码的通知

（粤教规〔2009〕59号）

各市、县（市、区）教育局：

为规范各级各类学校代码的管理，给各管理系统提供共享信息平台，决定对各级各类学校代码进行统一管理。现将有关事宜通知如下。

一、规范学校代码管理的重要性。规范学校代码管理，是推进各系统信息共享的必备基础。不统一规范学校代码，就无法进行信息共享。各级教育行政部门须根据本通知的要求，及时更新学校的名称及代码，确保各信息系统有序运行。

二、学校代码的编制方法。幼儿园、小学、普通中学、特殊教育学校、工读学校、成人基础教育学校的学校代码由12位码组成：第1、2位是省代码，第3、4位是地级以上市代码，第5、6位是县（市、区）代码，第7、8、9位是乡镇代码，以上9位码统一采用国标码（可从广东教育统计信息网查找），第10、11、12位是学校顺序码，分别由市、县（市、区）教育行政部门编制。

中等职业技术学校代码由10位码组成，第1、2位是省代码，第3、4位是地级以上市代码，第5、6位是县（市、区）代码，以上6位码统一采用国标码（可从广东教育统计信息网查找），第7、8、9、10位是学校顺序码，由市、县（市、区）教育行政部门编制。

三、学校代码的更新及确认的方法。学校代码由各市、县（市、区）教育行政部门的统计部门按统一方法编制。学校代码上报后，原则上不能更改，确有特殊情况需要更改的，由地级以上市教育行政部门报省教育厅发展规划处统一修改。各市、县（市、区）教育行政部门根据各自的职能，在新学校审批后15个工作日内，进入广东教育统计信息网进行学校代码的更新确认工作。

四、学校编码的共享。广东教育统计信息网将各地学校名称及代码提供给各系统共享使用，各系统不得再自行采集学校的名称及代码等有关信息。

广东省教育厅

二〇〇九年四月七日

关于加快民办高校独立学院资产过户工作的意见

（粤教规〔2009〕122 号）

各民办高校、独立学院，有关公办高校：

根据国家有关法律法规和政策要求，为促进我省民办高等教育快速健康持续发展，现就加快我省民办高校、独立学院资产过户工作提出如下意见，请结合实际，认真贯彻落实。

一、充分认识民办高校、独立学院资产过户的重要性和紧迫性

加快民办高校、独立学院资产过户工作，是贯彻民办教育促进法及其实施条例，以及国务院办公厅、教育部有关政策的必然要求。民办教育促进法第三十五条规定“民办学校对举办者投入民办学校的资产、国有资产、受赠的财产以及办学积累，享有法人财产权”，第三十六条规定“民办学校存续期间，所有资产由民办学校依法管理和使用，任何组织和个人不得侵占”。《国务院办公厅关于加强民办高校规范管理引导民办高等教育健康发展的通知》和《民办高等学校办学管理若干规定》（教育部令第 25 号）要求，民办高校的资产必须于批准设立之日起 1 年内过户到学校名下。《独立学院设置与管理办法》（教育部令第 26 号）第十二条规定“独立学院举办者的出资须经依法验资，于筹设期内过户到独立学院名下”，第五十六条规定“独立学院资产不按期过户的，由省级教育行政部门责令限期改正，并视情节轻重，给予警告、1 万至 3 万元的罚款、减少招生计划或者暂停招生的处罚。本办法施行前资产未过户到独立学院名下的，自本办法施行之日起 1 年内完成过户工作”。各有关高校必须充分认识到法律的权威性和政策的严肃性，切实按照有关法律法规和政策的要求，加快完成资产过户工作。

加快民办高校、独立学院资产过户工作，是落实民办高校、独立学院法人财产权，防范办学风险、规范办学管理的必然要求。近几年，我省民办高等教育快速发展，但部分民办高校、独立学院在快速发展中也潜伏隐患，最突出的是学校法人财产权未全面落实。实现资产完全过户，是落实学校法人财产权的重要组成部分。只有加快完成资产过户工作，才能更好地使学校财产得到法律保护，更好地维护举办者、学校和师生的合法权益，规范办学行为，促进学校长治久安、永续发展。

加快民办高校、独立学院资产过户工作，是认定民办高校、独立学院办学条件，树立其良好形象和声誉的必然前提。近年来，教育部对民办高校、独立学院资产过户工作非常重视，把它作为认定学校办学条件极其重要的指标。资产不过户和过户不达标的学校，招生计划将受影响，学校的社会形象和声誉也会受损。《教育部关于 2009 年普通高等教育招生资格审核情况的通报》（教发〔2009〕10 号）明确提出，2010 年（采用 2009 年底有关统计数据）及以后，教育部在招生资格审核工作中，将加大对民办高校、独立学院法人财产权落实情况的审核力度，对不符合要求的民办高校、独立学院予以警告并向社会公布。因此，各民办高校、独立学院要认清形势，按照有关规定，尽快将资产过户到学校名下，确保各项条件符合办学要求。

二、加强民办高校、独立学院资产过户的组织领导

各有关民办高校、独立学院及有关公办高校要高度重视做好民办高校、独立学院资产过户工作，切实加强组织领导，成立由举办者、学校领导班子主要成员、学校有关部门主要负责人组成的资产过户领导小组和工作小组，认真研究制订工作方案，明确工作日程，积极主动地加强与当地政府及其有关部门的沟通协调，按规定加快做好资产过户工作。目前资产没过户和资产过户但未达标的学校要全力争取于 2009 年 10 月底前完成资产过户工作，若确有特殊原因在短期内无法完成所有资产过户的学校，可先按照高等学校设置最低标准（专科 150 亩，本科 500 亩），以学校名义办理征用土地手续或把权属为举办者的土地（房产）过户到学校名下，真正取得学校名下的土地使用证（房产证）。

三、不断改进和完善民办高校、独立学院包括资产过户在内的基本办学条件的统计工作

各民办高校、独立学院要切实加强对包括资产过户在内的学校办学条件统计工作的监管，切实提高统计人员的业务素质，严格依法、规范填报统计数据，严格审核办学条件证明材料。对由于统计失误、统计数据与实际不符合而造成不良后果的学校，责任由学校自负。省教育厅将坚持按照有关法律法规和政策要求加强对民办高校、独立学院法人财产权落实情况进行严格审核，2010 年开始对资产已过户且达标的学校将支持其适度扩大办学规模；对被教育部亮红牌或黄牌的学校将暂停或限制其招生；对资产未过户及资产过户但未达标的学校，将根据实际情况适当控制其办学规模。

请各相关学校及时把资产过户工作进展情况报省教育厅发展规划处。

附件：目前全省民办高校独立学院资产过户的进展情况

广东省教育厅
二〇〇九年七月十日

附件

目前全省民办高校独立学院资产过户的进展情况

近年来，广东省民办高等教育有了长足发展。目前全省民办高等学校共有 47 所（其中独立学院 17 所），全日制在校学生达 31.87 万人，占全省全日制在校生总数的 26.2%，为全省经济社会和教育的改革发展作出了积极贡献。根据要求，大部分民办高校积极开展学校资产过户工作。按生均办学条件计算，已有 1/3 的学校资产过户且达标，超过1/3 的学校资产过户但未达标，但仍有近 1/3 的学校资产未过户。截至 2008 年 10 月，全省 3 所民办普通本科学校中，有 1 所学校资产过户且达标，有 1 所学校资产过户但未达标；17 所独立学院中，有 4 所学院资产过户且达标，有 10 所学院资产过户但未达标，有 3 所学院资产未过户；24 所民办高等职业学校中，有 8 所学校资产过户且达标，有 9 所学校资产过户但未达标，有 7 所学校资产未过户。到 2009 年 5 月，又有 1 所独立学院完成资产过户工作，1 所独立学院完成征地工作（当地政府已审批，待国土部门印发土地使用证），4 所民办高校资产过户且达标，2 所民办高校资产过户但未达标，2 所民办高校已完成征地工作（当地政府已审批，待国土部门印发土地使用证）。其他学校正在积极开展资产过户工作。

关于进一步明确高校教学设备和图书专项资金使用范围和程序的通知

（粤教财〔2009〕121 号）

各有关高校：

为缓解省属高校教学设备和图书不足，经省人民政府同意，省教育厅于 2003 年以《关于下达广东省省属高校 2003 年至 2005 年政府贴息设备贷款计划的通知》（粤教财〔2003〕65 号）安排省属高校教学设备和图书贴息贷款共 10 亿元。根据十届 120 次省政府常务会议决定，省财政于 2007 年 8 月一次性清偿了省属高校已经实施的教学设备和图书贴息贷款，并将尚未实施的教学设备和图书贴息贷款改为财政拨款，一次性安排高校教学设备和图书专项资金共 9 596.9 万元（见附件 1）。为切实提高资金使用效益，针对个别高校在使用上述专项资金中存在的问题，现将高校教学设备和图书专项资金的使用范围和程序进一步明确如下。

一、使用范围

（一）专项资金可以用于教学仪器设备采购。重点用于开放共享、适应面宽、学生受益面广的公共基础课程和专业基础课程实验教学示范中心、综合性工程训练中心、综合性实训基地和教师教育综合技能训练中心的实验教学仪器设备的添置和更新，不得用于购置学校后勤或行政管理等其他方面的仪器设备。“十五”期间获立项建设开放型、共享型和教学提高型重点实验室（含 IT 类教学实验室等）的高校，应按国家和省高校实验教学示范中心建设标准与要求，主要将资金用于对此类实验室及其有关资源进行整合、改造以及用于采购开放、共享建设所需的仪器设备。

（二）专项资金可以用于图书采购。主要用于购买文字图书，必要时可用于购买少量电子图书，但不得用于订购报纸、杂志等。

二、使用程序

（一）高校应加强对教学设备和图书采购的计划管理，加快设备和图书采购进度，尽快发挥资金使用效益。请各高校于 2009 年 8 月 31 日前将《高校教学设备和图书专项资金使用情况统计表》（见附件 2）和《2009 年 8—12 月份高校教学设备和图书专项资金使用计划表》（见附件 3）填妥并报送省教育厅基建财务处；2010 年起，每年 4 月 1 日前，尚有剩余资金的高校应向省教育厅和省财政厅编报当年度的教学设备和图书采购计划以及专项资金使用计划，并严格按照计划执行。

（二）高校采购教学设备和图书必须严格执行政府采购法和招标投标法。应公开招标的，必须实行公开招标；应通过集中采购的，必须实行集中采购。

（三）专项资金拨付执行省人民政府《省级基本建设项目财政性资金集中支付暂行办法》（粤府〔2000〕41 号），高校要按照省财政厅《关于省级基本建设项目资金国库集中支付网上申报有关问题的通知》（粤财库〔2005〕28 号）和《关于调整省级财政基本建设项目资金支付申请书格式的通知》（粤财库函〔2009〕31 号）规定的程序和要求办理。

附件 1、附件 2、附件 3（略）

广东省教育厅

二〇〇九年八月七日

关于实施义务教育阶段学生变动和辍学报告制度的通知

（粤教基〔2009〕3号）

各市、县（区）教育局：

为及时、全面、准确地掌握义务教育学生辍学情况，切实做好防止义务教育学生辍学工作，经研究决定，从2009年春季开学始，在全省范围内实行义务教育学生变动和辍学情况报告制度。现就有关事项通知如下。

一、报告内容

（一）凡本省普通中小学、特殊教育学校义务教育阶段的学生，未经请假不回学校上课超过5天的，班主任必须填写《广东省义务教育阶段辍学学生情况报告表》（见附件）上报学校。报告表作为学生学籍档案由学校永久保管，不得销毁。

（二）学校必须按照规定将义务教育学生变动和辍学情况及时汇总，填妥《广东省初中、小学学生变动情况统计表（表1）》《广东省初中、小学学生辍学情况统计表（表2）》和《广东省初中、小学学生辍学去向情况统计表（表3）》，上报县（市、区）教育局。

学校上报数据以每年3月10日为统计时间点。3月10日统计从本学年第一学期9月11日至第二学期3月10日半年的学生变动情况。在统计周期内曾经因休学、辍学等原因不在本校，但在统计时间点前10天内已回到本校的，不列入学生减少人数统计；统计周期前休学、辍学学生在本统计周期内曾经复学、返校，但在统计时间点前10天内不在本校的，不列入学生增加人数统计。

（三）县（市、区）教育局、地级以上市教育局按照规定将前述统计表表1、表2、表3及时汇总上报。

二、报告程序和时限

（一）学校必须于3月15日前上报县（市、区）教育局；

（二）县（市、区）教育局必须于3月20日前上报地级以上市教育局；

（三）地级以上市教育局必须于3月25日前上报省教育厅。

三、报告工作的基本要求

（一）一经出现学生辍学，班主任必须及时、准确填写《广东省义务教育阶段辍学学生情况报告表》，报告学校；

（二）上报情况不得缓报、瞒报、漏报，违者追究所在区、县（市）主要负责人和相关责任人的责任；

（三）报表以书面传真和电子邮件的方式上报；

（四）报表要确定专人填报，并签名，经领导签字确认后方能上报。

附件（略）

广东省教育厅
二〇〇九年一月七日

关于进一步加强我省内地西藏班、新疆班民族团结教育和学校管理工作的通知

（粤教基〔2009〕91 号）

广州、深圳、珠海、佛山、惠州、东莞、中山、江门、肇庆市教育局：

为贯彻落实全国大力加强内地民族班民族团结教育和学校管理工作会议、全国内地民族班学校维稳工作部署会议精神，进一步加强和改进内地西藏班、新疆班民族团结教育和学校管理工作，维护学校安全稳定，努力把内地西藏班、新疆班办成增强民族团结，维护祖国统一的坚强阵地，不断提高内地西藏班、新疆班的办学水平，现将有关事项通知如下。

一、切实加强内地西藏班、新疆班的民族团结教育工作

各级教育部门和有关学校要深入学习贯彻党和国家民族政策及有关文件精神，要组织西藏班、新疆班的教职员工深入学习、领会《中共中央办公厅国务院办公厅关于深入开展民族团结宣传教育活动的意见》《中央宣传部、教育部、国家民委关于在学校开展民族团结教育活动的通知》和全国大力加强内地民族班民族团结教育和学校管理工作会议精神，增强维护祖国统一和民族团结的政治意识、大局意识，增强做好民族团结教育的责任感，切实抓好民族团结教育。

一是建立开展“民族团结教育”主题活动制度。每学期开学初，西藏班、新疆班承办学校要开展“民族团结教育”主题活动，要专门安排一段时间集中对全体师生进行民族团结教育，把民族团结教育与爱国主义教育有机结合起来，贯穿到课堂教学及课外活动之中，覆盖到每一个学生。把“团结稳定是福、分裂动乱是祸”的道理讲透彻，引导青少年进一步增强“稳定压倒一切”的意识、民族团结意识、遵纪守法意识和社会责任意识，人人争做民族团结的维护者和促进者。

二是充分发挥课堂教学的主渠道作用。各承办学校要按照《学校民族团结教育指导纲要（试行）》（教民厅〔2008〕9 号）的有关要求，保证民族团结教育学时和教学活动时间，保证民族团结教育教材的质量，开展民族团结教育活动的文本和音像教材等，由教育部和国家民委组织专家编写和制作，经全国中小学教材审定委员会民族团结教育教材审查专门委员会审定后统一使用。未经审定的有关民族团结教育方面的资料、图书、音像等一律不得进入学校。要将民族团结教育内容纳入中考、高考范围。

三是把民族团结教育贯穿于西藏班、新疆班学生学习生活的各个方面。各承办学校要通过主题党日、主题团日、主题班（队）日、专题报告、黑板报、教育影片、读书活动、社会实践活动等多种途径对学生进行民族团结教育。

二、切实加强内地西藏班、新疆班学校的管理工作

提高学校管理水平是提高西藏班、新疆班教育教学质量的前提，各级教育部门和学校要高度重视学校管理工作，完善各项规章制度，规范办学行为，坚持管理育人、服务育人，进一步提高内地西藏班、新疆班学校管理水平和办学质量。

一是加强对学生的教育管理。要严格执行教育部关于内地西藏班、新疆班的管理规定，坚持以人为本和“爱、严、细”的管理原则，做到真心关爱、热情帮助、严格要求。坚持依法治校，建立健全纪律、学习、安全、生活、卫生等方面的各项规章制度。

二是加强教育教学常规管理。要树立正确的教育质量观，全面实施素质教育，纠正片面追求升学率的行为，进一步规范教学管理各个环节，积极探索教学方法和手段改革，提高课堂教学质量，切实减轻学生过重的课业负担，丰富学生的校园文化生活；要严肃教学纪律，对在讲台上散布错误观点言论且屡教不改的个别教师，要坚决调离教师岗位，绝不为错误思想提供传播渠道，确保阵地巩固，导向正确。

三是加强学生思想教育工作管理。各市教育局

和承办学校要深入学生实际，及时了解和掌握学生思想动态，认真排查可能影响学校安全稳定的各种隐患，对排查发现的矛盾和问题，要落实责任、落实人员、落实措施，及时把问题解决在校内，并要及时将有关情况上报上级有关部门。要认真做好师生的教育疏导工作，防止受境外分裂势力反动宣传和别有用心的人挑拨煽动，制造事端。各市教育局和承办学校领导要靠前指挥，深入师生中了解掌握情况，做到心中有数，将影响承办学校安全稳定的苗头消灭在萌芽状态，问题解决在校内。要教育师生不传谣、不信谣、不受挑拨煽动，不参与违法活动。在遇到突发事件时做到不参与、不围观、不起哄，自觉维护民族团结与校园安全稳定。

四是加强节假日学生管理。切实安排好学生节假日的生活。每逢节假日和重大节日，特别是即将到来的新中国成立60周年大庆，各承办学校在学生学习、生活等方面要做好周密的安排，要制订详细的计划和方案，确保学生节假日过得愉快、充实。

五是加强安全管理，确保师生安全和学校稳定。要树立安全第一的思想，严格执行国家和省有关安全工作的规定，建立健全各项安全工作制度，落实安全责任人，做到事事有人管、事事有人抓。近期各承办学校要组织一次安全和稳定情况大排查，采取有力措施坚决消除隐患。要制订维护学校安全稳定的工作方案和应急预案，建立应急机制，落实维护学校安全稳定的各项措施，确保西藏班、新疆班教育教学正常秩序。整治校园周边环境，防止出现安全伤害事故。承办学校要严格门卫制度，落实校园安全巡逻值班制度，防止敌对势力和别有用心的人借机对学校进行渗透和破坏，制造事端。

建立健全承办学校安全稳定信息报告制度。承办学校遇到突发事件，校长要第一时间到第一现场，第一时间报告承办市政府和省市教育行政部门，并抄报教育部。遇到突发事件，要立即启动应急预案和应急措施，依法妥善处置。

六是加强后勤生活管理。切实加强饭堂管理和食品卫生监督，做到制度落实、责任到人，把学生食堂办好，同时，要切实加强学生住宿管理，主动帮助少数民族学生解决在学习、住宿、饮食等方面的实际问题，使学生在管理服务中受到感染和教育。

七是加强校园网络的管理。承办学校要加强对校园网络的监控，对有害信息做到及早发现、及时处置。同时要积极利用校园网络做好正面宣传教育工作，增强学生的政治鉴别能力和对有害信息的辨别及防御能力。

八是加强学生暑期往返运输管理。要建立健全学生暑期往返运输工作制度，制订学生暑期往返运输工作方案。承办学校要提前将学生往返运输工作方案、安排报上级教育主管部门和西藏自治区、新疆维吾尔自治区教育厅有关部门，并及时与公安、车站等有关部门沟通协商，落实责任人，学生往返运输由学校领导和教师负责护送。

三、切实加强内地西藏班、新疆班教师队伍建设

一是确保按规定配备教职员工。各市要按省编办、教育厅、财政厅印发的《〈广东省中小学教职员编制标准实施办法〉补充意见》（粤机编办〔2009〕106号）的规定重新核定教职员工编制数，及时配足西藏班、新疆班教职员工，要选派政治合格、业务素质好、责任心强、有奉献精神和具备相关经验的人员担任教学和管理工作，实行“定编不定人”的定期轮换制度，对不合格教职工及时进行调换。

二是进一步加强班主任工作。学校要加强西藏部、新疆部的建设，要根据《教育部关于进一步加强中小学班主任工作的意见》和教育部印发的《中小学班主任工作规定》的要求，选派思想素质好、业务水平高、奉献精神强的优秀教师担任班主任，负责学生在校学习期间的日常教育和管理，负责与学生家长的联系与沟通。

三是建立健全教职员工学习培训制度。定期组织西藏部、新疆部的教职员工参加政治学习和理论学习制度，要注重引导教师特别是少数民族教师自觉学习党和国家的民族理论和政策，加强对西藏班、新疆班教师的培训，提高教师的政策理论水平和职业道德修养。学校要积极为教职员工参加学习培训提供条件。

有关内地民族班民族团结教育和学校管理工作情况请及时报告省教育厅基础教育处。

广东省教育厅
二〇〇九年九月二十一日

关于加快农村学前教育发展的意见

（粤教基〔2009〕93 号）

各市、县（区）教育局：

为贯彻党的十七届三中全会提出的“大力办好农村教育事业”和《广东省教育现代化建设纲要（2004—2020 年）》及其实施意见精神，加快农村学前教育发展，提高农村学前入园（班）率和农村学前教育保教质量，现就加快农村学前教育发展提出如下意见，请结合实际认真贯彻。

一、充分认识加快发展农村学前教育的重要意义

学前教育是学校教育制度的基本阶段，是各级各类教育的奠基工程。农村学前教育是整个学前教育事业的重要组成部分，加快农村学前教育发展，不仅可以促进农村儿童特别是农村留守儿童身心健康发展，开发儿童的发展潜力，提高农村义务教育的办学水平，缩小城乡教育差距，推进教育均衡发展和教育公平，而且对提高农村人口素质，解放农村生产力，推动社会主义新农村建设，促进城乡协调发展，构建和谐社会具有十分重要的作用。目前，全省农村学前教育发展整体水平不适应农村教育发展的需要和群众对学前教育的需求，发展明显滞后，城乡差距大。各级教育部门要深入学习贯彻党的十七届三中全会精神，充分认识发展农村学前教育的重要性，真正落实其基础教育第一环节的地位，切实把办好农村学前教育摆上重要议事日程，纳入教育发展整体规划，制定实施本地区农村学前教育发展的指导思想、目标任务和政策措施，促进城乡学前教育事业协调发展。

二、因地制宜发展农村学前教育

（一）科学规划，合理布局。各市、县（市、区）教育部门要会同政府其他有关部门，根据农村常住人口变动和幼儿数量的变动情况，以镇为单位，以村（行政村）为基本点，按照“就近入园，大村设园，小村联办”的原则，制定辖区内农村学前教育发展规划，每个乡镇设乡镇中心幼儿园，人口较多的行政村设幼儿园，人口稀少的小村可在小学附设幼儿部（或幼儿班）或与其他村联办，努力使学前教育机构服务网覆盖到每村每户，满足农村所有适龄幼儿入园的需要。

（二）加快农村幼儿园尤其是乡镇中心幼儿园建设。农村幼儿园建设应因地制宜，合理布局，经济实用，方便幼儿就近入园。园址要设置在安全卫生、无危险的区域内，保证有相对独立的活动场地，有与保育、教育要求相适应的安全、固定的活动室及符合卫生标准的课桌椅，有一定数量的体育活动器械、玩教具、幼儿读物和自制玩具的制作材料。要认真贯彻《转发国务院办公厅转发教育部等部门（单位）关于幼儿教育改革与发展指导意见的通知》（粤府办〔2003〕73 号）的精神，乡镇人民政府承担发展农村学前教育的责任，负责举办乡镇中心幼儿园，指导村办幼儿园。县级教育部门要积极与乡镇政府协商沟通，落实农村学前教育的办学责任，落实幼儿园园舍建设经费，调动乡镇政府和村民自治组织的积极性。要充分利用中小学布局调整后空余的校舍和部分富余的小学教师等教育资源，举办农村学前教育。

（三）鼓励社会力量依法举办或参与举办农村幼儿园。各地教育行政部门在政府的统筹下，要积极主动协调相关部门，按照中小学建设的有关规定，对新建、改建、扩建幼儿园给予减免有关税费，给予土地使用、师资队伍建设等方面的支持。

（四）积极发展规范化的学前教育，有条件的地方要将办学前班改为办幼儿园。2010 年，地级以上市城区及珠江三角洲发达地区全面取消学前班，其他各县（市）到 2012 年要取消县（市）城镇和乡镇（街道）所在地学前班。边远地区人口稀少的农村可改学前班为混龄幼儿班，因地制宜实施学前三年教育。

（五）建立多层次多形式农村学前教育服务体系。充分发挥示范园和乡镇中心幼儿园的优势，依托小学、乡村文化站或家庭为基地，采取亲子活动、流动课堂、游戏等形式，让幼儿接受科学的学前教育。同时，运用现代信息技术手段、电视广播、简报等形式，并利用农民赶集的时机，开展科学育儿

宣传教育工作，为0～6周岁幼儿家长提供儿童养育与教育等方面的培训与指导。

（六）建立农村学前教育扶贫帮困制度。各级教育行政部门要会同有关部门，积极创造条件，采取有效措施，确保农村低收入家庭幼儿、流动人口幼儿和留守幼儿接受良好的学前教育。要支持幼儿园根据实际情况对上述幼儿入园给予照顾，对切实有困难的家庭减免有关费用。

三、加强管理，规范办园行为

（一）健全管理机构。县级教育行政部门要有专职管理人员，负责管理农村学前教育；乡镇一级要设有专职或兼职幼教专干或辅导员。乡镇中心幼儿园要充分发挥示范、辐射作用，对村办幼儿园进行指导和培训，促进农村学前教育的发展。

（二）规范审批管理。县级教育行政部门负责辖区内幼儿园（含幼儿班、学前班）的审批工作，并根据国家和省的有关规定，按照“谁审批、谁管理”的原则，负责对辖区内幼儿园办学情况进行审核、登记、检查和清理。各级教育部门要对未经批准擅自招生的幼儿园及时予以整治。对符合布局规划但不具备办园条件的，应提出具体的改进方案，限期整改；对既不符合布局规划，又不具备办园条件的，要坚决予以取缔。

（三）加强安全管理。各级教育部门要进一步规范幼儿园场地、宿舍、设备设施、卫生保健、饮食、门卫值班室和校车等方面的安全管理，消除安全隐患。对存在安全隐患的幼儿园要限期整改，整改不力的要坚决取消其办园资格。

（四）规范招生管理。幼儿园（幼儿班）招收对象为3周岁至学龄前一年幼儿；学前班招收对象为未接受过幼儿园教育的学龄前一年幼儿，原则上不能招收接受过或正在接受幼儿园教育的幼儿。已在幼儿园就读完大班但不足小学入学年龄的幼儿，应留在幼儿园就读。幼儿园（幼儿班）的班额一般在35人以内，学前班在40人以内。要单独编班，不得将幼儿班、学前班与小学一年级合班进行复式教学。小学不得把入读本校幼儿园（幼儿班）或学前班作为本校入学的前提条件，或与小学招生入学挂钩。农村不提倡举办寄宿制幼儿园或幼儿班。学前班不得招收住宿幼儿。

（五）加强经费管理。农村幼儿园（幼儿班）、学前班经费管理应严格执行有关财务制度，纳入审计监督，确保幼教经费专款专用。幼儿园（幼儿班）、学前班的收费收入除支付教师工资外，主要用于维持幼儿园（幼儿班）、学前班正常运作、改善办园条件和添置教玩具等设施设备，不得挪作小学教师的福利及小学的其他开支。不得减少或停止对乡镇中心幼儿园或村级幼儿园的投入，不得出售或变相出售乡镇、村幼儿园。

（六）加强业务指导。各级教育部门要配置学前教育教研员，建立健全农村学前教育教研制度，积极开展教研活动。公办幼儿园负责面上指导并组织部分教研、观摩活动，乡镇中心幼儿园分片包干，骨干教师分点负责指导，把教研活动的面覆盖到农村。同时，积极开展“手拉手”等帮扶活动，省、市、县一级幼儿园要对口帮扶一所以上农村幼儿园，有计划地组织对口帮扶的幼儿园教师进行交流，定期开展教育教学观摩和送教下乡活动。

（七）因地制宜，构建具有农村特色的幼儿园课程。要注重从农村实际出发，充分挖掘和利用农村丰富的自然和社会文化等资源，如当地民间游戏、歌谣和手工艺，自制丰富的教学设施和教玩具，丰富教育活动内容，启发幼儿保护和改善自然环境的最初意识，增强幼儿爱家乡的意识。

（八）要切实防止和纠正幼儿园（班）“小学化”倾向。禁止提前使用小学一年级教材、各种练习册以及类似课本的读物，严禁使用未经省级以上教育部门审定或推荐的教学软件和其他出版物。不得统一要求幼儿学习拼音、书写汉字、学做笔算算术题。不得向幼儿布置家庭作业，不得组织任何形式的测验和考试。

（九）建立与小学、家庭联系制度。幼儿园大班及学前班应注意做好与小学教育衔接工作，使幼儿在心理上有适应小学学习生活的准备。要建立家庭联系制度，主动和家庭建立联系，了解幼儿家庭教育状况，帮助家长创设良好的家庭教育环境，吸引家长主动参与学前教育的工作。

四、加强幼儿教师队伍建设，提高教师队伍整体素质

（一）足额配齐农村幼儿园教职员工。各级教育行政部门要会同有关部门，按照国家和省的相关规定，足额配齐农村幼儿园的教职员工，并将农村公办幼儿园（幼儿班）符合条件的教师列入公办教师编制管理。中小学核编定员后富余的小学在编教师，在进行转岗培训后可调整到幼儿园担任教师，其公办教师身份和待遇保持不变。可从县镇公办幼儿园选派一批思想好、能力强、素质高的中层骨干到农村幼儿园任园长。要积极创造条件引导大专院

校幼儿师范专业毕业生到农村任教，确保为农村学前教育提供充足的合格师资来源。

（二）规范农村幼儿园教职员工管理。建立健全园长、幼儿教师、保健医生、保育员、炊事员、保安、司机等教职员工持证上岗制度。全面推进园长上岗培训制和教师聘用制。公办幼儿园录用在编教师，应公开组织考试，择优录用。要把农村幼儿教师职称评审纳入中小学教师职称评审工作中，并适当向农村幼儿教师实行政策倾斜。

（三）切实保障农村幼儿教师的合法权益。各级教育部门应积极主动配合有关部门尽快制订农村公办幼儿园非在编教师和民办幼儿教师的最低工资标准，建立健全农村幼儿教师的医疗、养老、失业等方面的保障制度。

（四）加强农村幼儿教师培养培训工作。要积极鼓励和创造条件让农村幼儿教师在职进修，提高学历层次。把农村幼儿教师的培训计划纳入当地教师继续教育的规划，落实培训经费，培养一批高素质的农村幼儿园园长和骨干教师。

（五）建立城乡之间幼儿教师交流制度。把幼儿园教师纳入城乡教师对口交流计划，选派城市幼儿教师交流到农村幼儿园挂职或任教，选派农村幼儿教师到城市幼儿园学习培训。

五、切实加强对农村学前教育工作的领导

（一）加强领导。各级教育行政部门要切实加强对农村学前教育的领导，将农村学前教育纳入经济社会发展规划特别是教育发展总体规划，纳入新农村建设范畴。要积极争取当地政府的支持，建立健全学前教育联席会议制度，定期研究农村学前教育改革与发展的重大问题。要大力宣传发展农村学前教育的重要意义，及时总结推广典型的经验做法，动员有关部门、社会各界及广大群众关心、支持和参与农村学前教育，促进农村学前教育又好又快发展。

（二）建立农村学前教育发展督导制度。各级政府教育督导部门要将农村学前教育事业的发展纳入“教育强镇”“教育强县”和“教育强市”评估指标体系，纳入各级政府教育督导范围和政府工作考核指标，纳入相关干部的工作考核指标。要将农村学前教育普及程度、经费投入、办园条件、保教质量、教师素质和待遇等作为教育督导的重点，定期开展专项督导检查，及时向社会公布督导结果，接受社会和家长的监督。各地要对发展农村学前教育做出显著成绩的单位和个人给予表彰奖励。

广东省教育厅
二〇〇九年十月十日

关于公布2008年度广东省高等学校精品课程的通知

（粤教高〔2009〕3号）

各高等学校：

根据《高等学校本科教学质量与教学改革工程2008年度项目申报指南》（教高司函〔2008〕82号）和《关于开展2008年度广东省高校精品课程评选工作的通知》（粤教高〔2008〕88号）等文件要求，省教育厅组织开展了2008年度广东省高校精品课程评选工作。经学校申报、专家网上评审、评议、公示等程序，现将本年度入选的76门广东省高等学校精品课程予以公布（名单见附件）。另有39门课程已入选国家精品课程和国家级双语教学示范课程，直接进入省高校精品课程范围，一并公布。

各校要认真做好国家级和省级高校精品课程等优秀教育教学资源建设和应用工作，进一步发挥其示范和辐射作用，带动课程与教学内容体系的改革。对入选国家级和省级精品课程的项目，应提供必要的支持和帮助，使其顺利上网运行并免费开放。同时，要督促项目负责人按规定要求不断完善和更新其内容，进一步提高项目建设质量。我厅将按照有关要求，对入选的精品课程网上运行情况实行监督、检查并进行滚动建设。

有关我省高校精品课程的资助将按照有关文件规定执行。

附件：2008年度广东省高校精品课程名单

广东省教育厅
二〇〇九年一月十二日

附件

2008年度广东省高校精品课程名单

（排名不分先后）

序号	课程名称	负责人	学校	课程类型	备注
1	实验生理科学	王庭槐	中山大学	本科	
2	数据库系统与技术	汤　庸	中山大学	本科	
3	生化与分子生物学	高国全	中山大学	本科	
4	细胞与遗传学实验	王金发	中山大学	本科	
5	政府绩效评估	蔡立辉	中山大学	本科	
6	病原生物学/Pathogen Biology	黎孟枫	中山大学	本科	国家级双语教学示范课程
7	高级商务英语	夏纪梅	中山大学	本科	国家级网络教育精品课程
8	机械工程材料	朱　敏	华南理工大学	本科	国家级
9	城市规划设计	赵红红	华南理工大学	本科	
10	大学体育	刘　明	华南理工大学	本科	
11	混凝土结构理论	蔡　健	华南理工大学	本科	
12	化工原理/Chemical Engineering	钟　理	华南理工大学	本科	国家级双语教学示范课程

续上表

序号	课程名称	负责人	学校	课程类型	备注
13	计算机网络/Computer Networks	张　凌	华南理工大学	本科	国家级双语教学示范课程
14	景区管理	董观志	暨南大学	本科	
15	商法学	朱义坤	暨南大学	本科	
16	中国古代文学史（面向侨生）	邓乔彬	暨南大学	本科	
17	英美商法/American & British Commercial Law	朱义坤	暨南大学	本科	国家级双语教学示范课程
18	遗传学	刘向东	华南农业大学	本科	国家级
19	植物学	吴　鸿	华南农业大学	本科	
20	社会学概论	张兴杰	华南农业大学	本科	
21	无土栽培原理与技术	刘士哲	华南农业大学	本科	
22	农业生态学/Agricultural Ecology	曾任森	华南农业大学	本科	国家级双语教学示范课程
23	健康评估	李亚洁	南方医科大学	本科	
24	放射肿瘤学	陈龙华	南方医科大学	本科	
25	病理生理学/Pathophysiology	黄巧冰	南方医科大学	本科	国家级双语教学示范课程
26	金匮要略	林昌松	广州中医药大学	本科	
27	化学教育	钱扬义	华南师范大学	本科	
28	教育学	扈中平	华南师范大学	本科	
29	教育传播学	胡钦太	华南师范大学	本科	
30	国际贸易法/ International Trade Law	曾二秀	华南师范大学	本科	国家级双语教学示范课程
31	计算机辅助教育/Computers in Education	赵建华	华南师范大学	本科	国家级双语教学示范课程
32	楼宇智能化技术	王钦若	广东工业大学	本科	
33	冲压工艺及模具设计	肖小亭	广东工业大学	本科	
34	高等数学	郭大昌	广东工业大学	本科	
35	法律英语	杜金榜	广东外语外贸大学	本科	
36	物流管理学	张余华	广东外语外贸大学	本科	
37	生物化学与分子生物学（医学）	李恩民	汕头大学	本科	
38	医学细胞生物学	黄东阳	汕头大学	本科	
39	病理学（CPC 案例式双语教学）/Pathology (CPC case based bilingual course)	苏　敏	汕头大学	本科	国家级双语教学示范课程
40	企业仿真综合运作	曾小彬	广东商学院	本科	国家级
41	企业行为模拟——沙盘推演及 ERP 应用	刘良惠	广东商学院	本科	
42	计量经济学	袁建文	广东商学院	本科	
43	病理生理学	何志巍	广东医学院	本科	
44	动物繁殖学	安立龙	广东海洋大学	本科	

续上表

序号	课程名称	负责人	学校	课程类型	备注
45	流行病学	陈思东	广东药学院	本科	
46	视唱练耳	雷光耀	星海音乐学院	本科	
47	创作	郭润文	广州美术学院	本科	
48	武术	李旺华	广州体育学院	本科	
49	管理学	蔡茂生	广东技术师范学院	本科	
50	水质工程学	张朝升	广州大学	本科	
51	数学分析	曹广福	广州大学	本科	
52	心理学	蔡笑岳	广州大学	本科	
53	生理学	许继德	广州医学院	本科	
54	运筹学	李　丽	深圳大学	本科	
55	大学英语	安晓灿	韶关学院	本科	
56	大学英语	龙献平	东莞理工学院	本科	
57	纺纱学	狄剑锋	五邑大学	本科	
58	现代教育技术	蒋家傅	佛山科学技术学院	本科	
59	金融学	陆　磊	广东金融学院	本科	
60	思想道德修养与法律基础	安少华	东莞理工学院城市学院	本科	
61	程控交换设备	李斯伟	广州民航职业技术学院	高职高专	国家级
62	民航概论	罗亮生	广州民航职业技术学院	高职高专	
63	集装箱运输业务	鲁广斌	广州航海高等专科学校	高职高专	
64	饭店前厅服务与管理	李　丽	广东轻工职业技术学院	高职高专	国家级
65	食品理化检验技术	杜淑霞	广东轻工职业技术学院	高职高专	国家级
66	机械制造技术	吴年美	广东轻工职业技术学院	高职高专	
67	成本会计	刘志娟	广东轻工职业技术学院	高职高专	
68	翻译技巧	钟书能	广东省外语艺术职业学院	高职高专	国家级
69	汽车装配技术	陈力捷	广东机电职业技术学院	高职高专	
70	数控铣综合实训	漆　军	广东机电职业技术学院	高职高专	
71	数控系统配置与装调	侯勇强	广东工贸职业技术学院	高职高专	
72	汽车机械基础技术应用	卢晓春	广东交通职业技术学院	高职高专	
73	海商纠纷处理	张丽敏	广东交通职业技术学院	高职高专	
74	建设工程监理	林　冰	广东水利电力职业技术学院	高职高专	
75	表面组装技术及工艺管理	涂用军	广东科学技术职业学院	高职高专	国家级
76	基于 J2EE 框架的 WEB 开发技术	曾庆斌	广东科学技术职业学院	高职高专	
77	药事管理实务	吴海侠	广东食品药品职业学院	高职高专	国家级
78	药用植物识别技术	莫小路	广东食品药品职业学院	高职高专	国家级
79	电气控制与 PLC	巫　莉	广东建设职业技术学院	高职高专	
80	单片机应用技术	李法春	广东农工商职业技术学院	高职高专	

续上表

序号	课程名称	负责人	学校	课程类型	备注
81	涉外模拟导游	梁 悦	广东农工商职业技术学院	高职高专	
82	餐饮管理	饶雪梅	广州番禺职业技术学院	高职高专	国家级
83	税法	杨则文	广州番禺职业技术学院	高职高专	国家级
84	通用管理能力	吴 强	广州番禺职业技术学院	高职高专	
85	调酒与酒吧管理	王明景	广州番禺职业技术学院	高职高专	
86	人力资源开发与管理	肖传亮	广州番禺职业技术学院	高职高专	
87	汽车发动机构造与维修	温炜坚	广州城市职业学院	高职高专	
88	财务软件应用	陈 彦	广州城市职业学院	高职高专	
89	路由型与交换型网络互联技术	王巧莲	广州铁路职业技术学院	高职高专	
90	IC 版图设计	赵 杰	深圳职业技术学院	高职高专	国家级
91	插花与花艺设计	谢利娟	深圳职业技术学院	高职高专	国家级
92	实用会计基础	张艳萍	深圳职业技术学院	高职高专	国家级
93	电子线路板设计	宋 荣	深圳职业技术学院	高职高专	国家级
94	Windows CE 嵌入式系统	王晓春	深圳职业技术学院	高职高专	国家级
95	移动通信	郑智华	深圳职业技术学院	高职高专	国家级
96	汽车传动系统技术及检修	贺 萍	深圳职业技术学院	高职高专	国家级
97	餐饮经营管理	刘致良	深圳职业技术学院	高职高专	国家级
98	印刷工艺	王利婕	深圳职业技术学院	高职高专	国家级
99	会展英语	黄晓彤	深圳职业技术学院	高职高专	国家级
100	二维动画制作	顾严华	深圳职业技术学院	高职高专	国家级
101	产品工学设计	李 煜	深圳职业技术学院	高职高专	国家级
102	特种加工技术	周旭光	深圳职业技术学院	高职高专	国家级
103	计算机网络安全技术	石淑华	深圳职业技术学院	高职高专	
104	Linux 操作系统服务器管理	秦 文	深圳信息职业技术学院	高职高专	国家级
105	3D 网络游戏开发实践	徐守祥	深圳信息职业技术学院	高职高专	国家级
106	数字通信技术	刘 俊	深圳信息职业技术学院	高职高专	
107	注塑模具设计与制造工艺	李大成	河源职业技术学院	高职高专	
108	导游业务	俞 彤	河源职业技术学院	高职高专	
109	会计核算基础	蔡 勇	江门职业技术学院	高职高专	
110	冷冲压工艺与模具设计	王树勋	江门职业技术学院	高职高专	
111	计算机网络技术与应用	杨 斌	顺德职业技术学院	高职高专	国家级
112	汽车发动机电子控制技术	范爱民	顺德职业技术学院	高职高专	
113	园林规划设计	江 芳	顺德职业技术学院	高职高专	
114	生产与运作管理	陈盛千	顺德职业技术学院	高职高专	
115	物流管理定量分析方法	胡新生	深圳广播电视大学	高职高专	国家级网络教育精品课程

关于公布广东省高等学校部分专业教学指导委员会委员名单的通知

（粤教高〔2009〕4号）

各高等院校：

根据《教育部高等学校教学指导委员会章程》（教高厅〔2006〕3号）和《关于印发〈广东省高等学校教学指导委员会章程（试行）〉的通知》（粤教高〔2008〕117号）的精神，现公布广东省高等学校部分专业教学指导委员会（以下简称“教学指导委员会”）。为开展教学指导委员会工作，现将有关事项通知如下。

一、各教学指导委员会应依据《广东省高等学校教学指导委员会章程（试行）》，进行组织建设，并开展相关的教学、研究与指导工作。

二、各教学指导委员会应自行制定各自的章程，并以此为据开展具体工作。同时依据国家有关规定，刻制公章，制定公章使用规定。

三、本次公布科类教学指导委员会包括广东省高等学校大学英语教学指导委员会等4个本科及高职高专教学指导委员会（见附件），任期自2009年1月1日起至2012年12月31日止。

附件：1. 广东省高等学校大学英语教学指导委员会委员名单

2. 广东省高等学校大学计算机课程教学指导委员会委员名单

3. 广东省高职高专英语课程教学指导委员会委员名单

4. 广东省高职高专数控、模具专业教学指导委员会名单

广东省教育厅

二〇〇九年一月十二日

广东省普通高校本科英语课程教学指导委员会章程

第一章 总 则

第一条 贯彻国家教育政策和方针，指导、协调本省普通高校本科英语课程教学活动，推动本省普通高校本科英语教学和教研工作的改革与发展，加强全省普通高校本科英语教学的宏观指导和管理，培养符合社会发展和经济建设需要、具有创新精神的人才。

第二章 性 质

第二条 广东省普通高校本科英语课程教学指导委员会（以下简称“教学指导委员会”）是在广东省教育厅领导下，对全省普通高校本科英语教学工作进行研究、咨询、指导的专家组织和咨询机构。

第三章 组 织

第三条 教学指导委员会设主任委员1人，副主任委员5人，常务委员10人，秘书长1人，省内全部普通本科院校均为成员单位，学校英语教学负责人为教学指导委员会成员。教学指导委员会日常工作由主任委员主持，副主任委员协助。秘书组设在主任委员所在学校，人员从主任委员所在学校聘任，协助主任委员处理日常工作。教学指导委员会可根据需要下设若干专门委员会，开展相应工作。

第四条 教学指导委员会委员由学校推荐，广东省教育厅聘任，每届任期四年。教学指导委员会主任委员由广东省教育厅根据学校推荐指定，副主任委员由主任委员推荐，广东省教育厅聘请。教学

指导委员会委员必须品行端正，学术水平高，教学经验丰富，身体健康，年龄不超过55岁，并热心于公益性的教学指导委员会工作。

第五条 教学指导委员会日常工作将主要依靠互联网进行，必要时可召开委员会全体会议或专项研讨会。

第四章 任 务

第六条 追踪国内外最新的教学发展动态，配合省教育厅对能促进本省经济发展、加强对本省本科英语教学与实践的问题进行决策前的研究工作，并及时向省教育厅提出意见和建议。结合本省产业发展的实际与趋向，开展英语技能及应用方面的调查和科学研究。

第七条 协助省教育厅制订有关本科英语课程教育的发展规划。

第八条 为省教育厅提供本科英语课程教育方面的建议和咨询。

第九条 实施本科英语课程教学大纲。

第十条 推荐、组织编制本科英语课程所需教材。

第十一条 协助省教育厅完成组织、审核英语应用能力考试的命题等工作。

第十二条 组织全省本科英语教师开展教学研究活动。

第十三条 开展本科英语教学与实践方面的学术研讨和经验交流。

第十四条 组织本科英语教学改革重大项目的协作攻关。

第十五条 协助处理有关科研立项、项目标准编审和项目评审、成果鉴定及评奖等方面的工作。

第十六条 组织全省高校从事本科英语教学工作的教师进行现代教育技术的理论、方法与模式等方面的培训。

第十七条 加强教学指导委员会与社会各界及行业协会的联系与协作。

第五章 附 则

第十八条 本章程自广东省教育厅公布之日起开始执行，其解释、修改权属于广东省教育厅。

附件1

广东省高等学校大学英语教学指导委员会委员名单

主任委员：	刘溶波	华南理工大学	教授
副主任委员：	王 哲	中山大学	副教授
	季明雨	广东工业大学	教授
	黄 华	广东商学院	副教授
	刘文平	广东省教育厅	副调研员
常务委员：	卢 植	暨南大学	教授
	何高大	华南农业大学	教授
	宫超英	华南师范大学	副教授
	曹亚军	深圳大学	教授
	覃鸿怀	广州大学	副教授
	向前进	广东警官学院	教授
	安晓灿	韶关学院	教授
秘书长：	黄运亭	华南理工大学	副教授

广东省普通高校非计算机专业计算机课程教学指导委员会章程

第一章 总 则

第一条 贯彻国家教育政策和方针，指导、协调本省普通高校非计算机专业计算机课程教学活动，推动本省普通高校非计算机专业计算机教学工作的改革与发展，加强全省普通高校非计算机专业计算机基础教学的宏观指导和管理，培养符合社会需要并具有创新精神的人才。

第二章 性 质

第二条 广东省普通高校非计算机专业计算机课程教学指导委员会（以下简称“教学指导委员会”）是在广东省教育厅的指导下，对全省普通高校的非计算机专业计算机教学工作进行研究、咨询、指导的专家组织和咨询机构。

第三章 组 织

第三条 教学指导委员会设主任委员、副主任委员和常务委员若干人，省内全部普通高校均为成员单位，学校非计算机专业计算机课程教学负责人为教学指导委员会成员。教学指导委员会日常工作由主任委员主持，副主任委员协助。秘书组设在主任委员所在学校，人员从主任委员所在学校聘任，协助主任委员处理日常工作。教学指导委员会可根据需要下设若干专门委员会，开展相应工作。

第四条 教学指导委员会全体委员由学校推荐，由省教育厅聘任，每届任期四年。教学指导委员会主任委员由省教育厅根据学校推荐指定，副主任委员由主任委员推荐，由省教育厅聘请。主任委员必须品行端正，学术水平高，教学经验丰富，身体健康，并热心于公益性的教学指导委员会工作。

第五条 教学指导委员会日常工作将主要依靠互联网进行，必要时可召开委员会全体会议或专项研讨会。

第四章 任 务

第六条 研究国内外最新教学发展动态，配合省教育厅对能促进本省经济发展、加强对本省普通高校非计算机专业计算机教学与实践的问题进行决策前的研究工作，并及时向省教育厅提出意见和建议。

第七条 依据《广东省高等学校教学指导委员会章程（试行）》开展教学指导委员会各项相关工作。

第八条 结合本省产业发展的实际与趋向和社会需求，开展计算机技能及应用的调查和教学研究。

第九条 协助省教育厅制订有关非计算机专业计算机课程教育的发展规划。

第十条 为省教育厅提供非计算机专业计算机课程教育方面的建议和咨询。

第十一条 制订与修改非计算机专业计算机课程教学大纲。

第十二条 推荐、组织编制非计算机专业计算机课程所需教材。

第十三条 协助省教育厅制订非计算机专业计算机应用技能和能力标准，完成组织、审核非计算机专业计算机应用技能和能力测试的命题和试题库建设等工作。

第十四条 组织全省非计算机专业计算机教师开展教学研究活动。

第十五条 加强教学指导委员会与社会用人部门及行业协会的联系与协作。

第十六条 开展非计算机专业计算机教学与实践方面的学术研讨和经验交流。组织非计算机专业计算机教学改革重大项目的协作攻关。

第十七条 协助省教育厅开展非计算机专业计算机基础课程改革、立体教学资源建设等立项研究，制订教改项目实施指南和验收准则，协助相关机构开展计算机基础课程项目评审、成果鉴定及评奖。

第十八条 组织全省高校从事非计算机专业计算机教学工作的教师进行现代教育技术的理论、方法与模式等方面的研讨和培训。

第五章 附 则

第十九条 本章程自广东省教育厅公布之日起开始执行，其解释权、修改权属于广东省教育厅。

附件2

广东省高等学校大学计算机课程教学指导委员会委员名单

主任委员：	叶惠文	华南师范大学	教授
副主任委员：	郑德庆	华南师范大学	教授
常务委员：	陈　素	广州中医药大学	教授
	陈炬桦	中山大学	副教授
	周蔼茹	华南理工大学	教授
	肖德琴	华南农业大学	副教授
	傅秀芬	广东工业大学	教授
	吴为春	广州大学	副教授
	王志强	深圳大学	副教授
	聂　哲	深圳职业技术学院	副教授
	李　坚	肇庆学院	副教授
	李绍中	广州番禺职业技术学院	副教授
	杨秋平	东莞理工学院	高级工程师
	叶惠文	华南师范大学	教授
	郑德庆	广东省高校课程考试管理中心	教授
	乔万林	广东外语外贸大学	高级实验师
	姜灵敏	广东外语外贸大学	教授
	赖　庆	广东商学院	副教授
	罗　俊	广东技术师范学院	副教授
	聂瑞华	华南师范大学	教授

秘书长： 郑德庆（兼）

广东省高职高专教育英语教学指导委员会工作章程

第一章　总　　则

第一条　广东省高职高专教育英语教学指导委员会（以下简称“教学指导委员会”）是承担广东省高职高专教育英语教学研究、咨询与指导，对教学质量进行评估、检查和监督工作的非常设性专家组织。教学指导委员会在广东省教育厅的指导下开展工作。

第二条　教学指导委员会的宗旨是开展教学建设与改革的研究、指导、评估以及提供咨询服务。主要任务是：指导和促进广东省高职高专英语教学改革、建设和发展；全面落实党的教育方针，提高教育质量；加强与行业、企业的联系，根据行业和企业的实际需求，进行专业改革与建设；提出并研究有关英语教学发展中的重大课题；促进英语教学更好地适应广东经济发展的需要，为广东省社会发展和经济建设服务。

第二章　组　　织

第三条　教学指导委员会的常务委员由省内有关高校资深教师、企业家、行业协（学）会领导组成。教学指导委员会全体成员由其所在单位和同行专家推荐，报省教育厅审核批准。教学指导委员会每届任期四年。

第四条 教学指导委员会委员应具备的条件：

一、熟悉高等职业教育的方针、政策，热心高等职业教育英语教学研究，勇于改革创新，有较强的责任心，工作认真负责；

二、从事英语教学、管理及实践工作，并有较高的学术造诣和较丰富的实践经验；

三、所在单位支持本人工作。

第五条 教学指导委员会设主任委员1人，副主任委员、常务委员若干人，秘书长1人，并根据需要聘请顾问若干人。委员会下设秘书处，秘书处常设于主任委员所在单位。

第三章 职 责

第六条 了解国内外英语教学的发展趋势，研究高职高专英语教育教学改革与发展的全局性重大问题，为广东省教育厅和高职高专院校提供咨询意见和建议。

第七条 研究广东省高职高专英语教学结构和布局，承担此类专业设置的核定任务；制订专业规范、教学质量标准和基础课程的教学基本要求、实验教学的基本条件等；制订广东省高职高专公共英语课程的教学基本要求；协助省教育厅推行广东省高职高专公共英语课程的教学改革；审议、推荐有关教学改革方案和成果，指导、推动教育教学工作不断创新。

第八条 指导广东省高职高专院校英语专业建设、课程建设、教材建设、实训基地建设、实验室建设以及公共英语课程的建设，并进行省级精品课程推荐、优秀教材推荐等工作，促进高职高专院校英语专业及公共英语课程的教学水平不断提高。

第九条 根据广东省教育厅对高职高专英语专业人才培养目标、规格的有关要求，以及社会经济发展对应用型人才的实际需要，加强教学质量评估、教学改革等问题的研究，对英语专业及公共英语课程的教学质量进行监督和评估，促进人才培养质量的提高。

第十条 组织高职高专英语教师培训和教学改革经验交流，沟通信息，宣传推广优秀教学成果，为推动教学改革与发展做好服务工作。

第十一条 开展英语师资建设和教材建设交流活动，倡导多所院校合作共建实习实训基地，推广优秀教学成果和典型经验，促进全省教育教学资源共享。

第十二条 积极推动职业资格证书制度。

第十三条 承担省教育厅委托的其他工作。

第四章 工 作

第十四条 教学指导委员会一般每年召开1～2次全体委员会议，会议由主任委员主持。根据工作需要，可适当扩大参加会议的人员范围。会议原则上由主任委员召集，主任委员因故不能召集的，可委托副主任委员召集。教学指导委员会成员原则上必须参加会议，因故不能出席会议的须事先向主任委员请假，可委派本校代表出席会议。

第十五条 教学指导委员会工作计划在主任委员主持下，由全体委员讨论制订并负责实施。

第十六条 秘书处的主要职责是按照教学指导委员会的工作思路和主要任务，起草教学指导委员会的年度工作计划及年度工作报告等有关文件；负责组织和筹备有关会议及专项活动；承担教学指导委员会的内外联络工作；负责与省教育厅联系，并完成其交办的工作；负责处理其他日常工作。

第十七条 本教学指导委员会要建立畅通、有效的联系制度，各成员应该在规定的时间内完成委员会布置的工作。

第五章 经 费

第十八条 教学指导委员会活动经费原则上由院校委员所属单位资助。教学指导委员会委员参加相关会议的差旅费由所在单位负责。教学指导委员会可依据国家有关法律及规定，接受科研、设计和生产部门提供的经费赞助。

第十九条 教学指导委员会成员单位应积极支持委员会及其成员开展工作，并提供必要的工作条件。教学指导委员会委员要及时向本单位汇报委员会工作，积极主动争取单位对教学指导委员会工作的支持。

第六章 附 则

第二十条 本章程自广东省教育厅公布之日起实行，解释权属广东省教育厅。

附件3

广东省高职高专英语课程教学指导委员会委员名单

主任委员：	向前进	广东警官学院	教授
副主任委员：	刘文平	广东省教育厅高等教育处	副调研员
	吴　寒	广东轻工业职业技术学院	副教授
	宁顺清	顺德职业技术学院	副教授
委员（排名不分先后）：	顾亿华	广东科学技术学院	副教授
	姚嘉伍	广东水利电力职业技术学院	副教授
	余培英	广东行政职业学院	副教授
	张云勤	广州工程技术职业学院	副教授
	甘　利	广东工程职业技术学院	副教授
	杨国民	广东工贸职业技术学院	副教授
	陈军洲	广东女子职业技术学院	讲师
	刘　颖	深圳信息职业技术学院	副教授
	梁　悦	广东农工商职业技术学院	副教授
	温　志	广州民航职业技术学院	副教授
	浦　华	广州翡翠皇冠假日酒店	人力资源部经理
	华杰勇	安利（中国）日用品有限公司	人力资源部经理
顾　　问：	张本慎	华南理工大学	教授
	安晓灿	韶关学院	教授
	徐小贞	深圳职业技术学院	教授
	李　鹏	澳大利亚悉尼西部大学	助理研究员
秘书长：	李　响	广东警官学院	讲师

广东省高职高专数控、模具专业教学指导委员会章程

第一章　总　　则

第一条　根据《教育部高等学校教学指导委员会章程》（教高厅〔2006〕3号）和《关于印发〈广东省高等学校教学指导委员会章程（试行）〉的通知》（粤教高〔2008〕117号）的精神，成立广东省高职高专数控、模具专业教学指导委员会（以下简称“教学指导委员会”）。

第二章　职　　责

第二条　决策咨询和政策指导。及时将国家和省教育厅有关教育教学方面的政策转化为教学规范，指导广东省高职高专数控、模具专业的教学和人才培养工作。

第三条　教改理论研究与实践指导。组织数控、模具专业教学理论研究、质量监督、评估和保障等，并以研究成果指导相关工作。

第四条　教学和人才培养工作评价、监督和质量保障指导。围绕保障高职高专教育质量的要求，研究制订强化质量意识的对策与措施，指导和加强教学质量监督与教学质量保障工作的实施，按国家和省教育厅的要求等组织开展或接受委托进行的教育教学评估活动。

第五条　经验交流和成果推广运用。指导教学

改革项目、教学成果的建设与培育，总结推广教学改革的成功经验，推广应用优秀教育教学成果，促进高职高专先进教育理念、教育方法和质量保障措施的推广与运用。

第六条 教学和人才培养工作信息交流与指导。收集与交流高职高专教学和人才培养工作等方面的信息，组织开展学科专业领域教学与人才培养工作的经验交流，建立信息交流的平台和渠道，为高职高专教育教学工作提供相应的信息和指导服务。

第三章 组 织

第七条 教学指导委员会由各高职高专教育和各专业领域内行业企事业单位的专业人员、管理人员、系部和教研室领导及教师代表组成，教学指导委员会独立开展工作。

第八条 教学指导委员会委员的人选须有较高的专业水准和较丰富的实践与管理经验，具备承担与其工作职责要求相应的职业操守和社会责任。教学指导委员会委员的提名采取个人自荐、所在学校或单位集体推荐等不同方式确定提名人选，经广东省教育厅核定后公布。

第九条 教学指导委员会设主任委员1人，副主任委员、常务委员若干人，秘书长1人，副秘书长若干人；由主任委员主持工作，副主任委员协助，秘书长协助主任委员处理日常事务性工作。

第十条 教学指导委员会根据工作需要，经协商提名报省教育厅同意，可以增设副秘书长、顾问、委员秘书等若干人。副秘书长协助秘书长处理日常事务性工作；所聘顾问和专家根据教学指导委员会的工作安排，为重大事项提供决策咨询。

第四章 任 务

第十一条 把握国内外学科专业教育的发展趋势，研究高职高专数控、模具专业教学改革与发展的全局性重大问题，为广东省教育厅和全省高职高专数控、模具专业教学改革与发展等提供咨询意见和建议，协助省教育厅制订有关专业教育的发展规划。

第十二条 组织开展高职高专数控、模具专业教学改革与人才培养的调研；按国家和省有关部门的规定与要求，承担广东省高职高专数控、模具专业设置条件的现场或书面评审工作；接受委托或参与有关的教育教学改革、教学经验总结和教学成果等项目的评选和推荐工作，指导、推动教育教学改革项目与教学成果项目的建设与培育工作。

第十三条 开展高职数控专业教学与实践方面学术研讨和经验交流，研究、制订和推广本省数控专业指导性课程体系，组织数控、模具专业教学改革重大项目的协作攻关。

第十四条 协助省教育厅指导高职高专数控、模具专业建设、课程建设、教材建设、实训基地与实验室建设，指导实践教学改革和教育教学资源建设，协助有关科研立项、项目标准编审和项目评审、成果鉴定及评奖。

第十五条 根据地方和区域经济社会发展对高职高专数控、模具专业教学和人才培养工作的需要，组织和开展数控、模具专业规范、教学质量标准和课程教学基本要求、实践教学等方面的研究与指导；接受国家和省有关部门委托，对数控、模具专业教学质量进行监督和评估，促进人才培养质量的提高。

第十六条 策划、组织本省高职高专数控、模具专业各种技能大赛。

第十七条 组织开展师资培训、教学与人才培养工作信息沟通、教学建设和教学改革经验交流、宣传推广运用优秀教学成果等，为广东省高职高专数控、模具专业教学建设和教学改革等做好服务工作。接受国家和省有关部门等委托的其他有关的教学改革与实践等方面的工作。

第五章 工 作

第十八条 教学指导委员会委员实行任期制，任期四年，若情况需要可续任。任期内委员因故或多次不能履行职责时，其资格自行终止。其人员补充按第三章的要求产生。

第十九条 教学指导委员会主任委员会应制订任期内的工作计划和年度实施方案，报广东省教育厅备案，根据核定的计划和实际情况需要开展活动。工作结束后应将有关材料和总结报告等报省教育厅；形成的有关文件、会议纪要等如需发至有关高职高专院校，需经省教育厅核定。

第二十条 教学指导委员会原则上每年召开1～2次全体委员工作会议，其他专门会议视工作需要予以安排。教学指导委员会可结合实际情况召开相应的会议或组织业务活动。

第二十一条 教学指导委员会委员应主动向所在学校汇报与沟通，积极参与和推动本校教育教学改革和相关工作，主动争取学校的支持和帮助。教学指导委员会中的行业、企业委员与专家应积极参与工作，在高职高专人才培养方案制订、教学改革与建设、实习与实训和社会实践等方面给予指导和帮助。

第二十二条 教学指导委员会委员所在单位对其工作应给予支持和帮助，主任委员单位应对其工作提供必要的支持和活动经费，副主任委员和委员单位也应适当给予经费支持。省教育厅将按规定对有关工作提供必要的支持和帮助；教学指导委员会如接受社会赞助应遵守国家有关规定。

第二十三条 省教育厅对教学指导委员会的工作进行评价，工作业绩突出给予表彰；对努力工作、成绩优秀的个人进行表彰。

第六章 附 则

第二十四条 广东省高职高专数控、模具专业教学指导委员会可依据本章程制订有关工作实施细则报省教育厅核定后实行。

第二十五条 本章程由省教育厅负责解释并自发布之日起实施。

附件4

广东省高职高专数控、模具专业教学指导委员会名单

主任委员：姜家吉 深圳信息职业技术学院 博士、高级工程师

副主任委员：
钟 健 深圳职业技术学院 副教授
窦 凯 广州番禺职业技术学院 副教授
陈学锋 顺德职业技术学院 副教授

秘书长：杨文明 深圳职业技术学院

副秘书长：
李谟树 顺德职业技术学院
林新贵 广州番禺职业技术学院
葛 李 深圳信息职业技术学院

常务委员（排序不分先后）：
邵超城 广东工贸职业技术学院
漆 军 广东机电职业技术学院
战祥乐 广东轻工职业技术学院
苏景军 广东水利电力职业技术学院
程智勇 广州铁路职业技术学院
李俊松 广州城市职业技术学院
罗力渊 广东交通职业技术学院
李湘伍 广东工程职业技术学院
陈铁牛 广东纺织职业技术学院
李广林 广东理工职业技术学院
屈福康 广东工业大学华立学院
丁立刚 广东岭南职业技术学院
张晓东 广东白云学院
陈旭芝 佛山职业技术学院
王尚林 江门职业技术学院
陈小艳 东莞理工学院城市学院
黄翊之 河源职业技术学院
胥永林 东莞南博职业技术学院
廖桂波 珠海城市职业技术学院
申利风 揭阳职业技术学院

	王寅飞	广东省机械研究所	工程师
	向天顺	深圳康佳精密模具公司	总经理
	黎季良	东江科技（深圳）有限公司	总经理
	徐牧基	富士康集团深圳鸿准模具公司	总经理
	陶新宝	深圳金三维模具公司	总经理
	谭　方	广州鑫泰科技有限公司	董事长
	胡作寰	深圳市银宝山新实业发展有限公司	总经理
	周建平	深圳福斯特数控机床有限公司	总经理
	代建东	深圳华亚数控机床公司	总经理
	向　华	深圳华中数控有限公司	总经理
	吴跃坚	广州广电林仕豪模具制造有限公司	高级工程师
	丁　炜	广州市今明科技有限公司	高级工程师
	王电命	西门子自动化工程有限公司广州办事处	工程师
	莫瑞东	广东锻压机床厂有限公司	高级工程师
	陈　海	广州机床厂	部门经理
	顾继业	日立造船信息系统华南地区办事处	首席代表
	谢金池	上海润品教仪（深圳）研发基地	经理
	胡绍文	惠州东风本田汽车零部件制造部	部长
顾　　问：	刘文平	广东省教育厅高等教育处	副调研员
	张伦玠	广东技术师范学院	高级工程师
	张学勋	广东模具工业协会	高级工程师

关于表彰第四届广东省高等学校教学名师奖获得者的决定

（粤教高〔2009〕58 号）

各普通高校：

根据《中共教育部党组关于进一步精简和规范行政性表彰奖励活动的通知》（教党〔2003〕20号）、《关于组织开展第四届高等学校教学名师奖评选表彰工作的通知》（教高司函〔2008〕53 号）等有关文件精神，经学校评选推荐、省教育厅组织专家评审、公示等程序，确定中山大学汪华侨教授等35 人获第四届广东省高等学校教学名师奖（名单见附件），并予以表彰。

评选表彰高等学校教学名师，对在教学和人才培养工作领域做出突出成绩的教师进行奖励和表彰，建立国家、省和高校三级教学名师培育体系和评选表彰机制，是贯彻落实教育部、财政部报经国务院批准实施的“高等学校本科教学质量与教学改革工程”的重要内容，也是切实把高等教育重点放在提高质量上的重要举措之一。

希望第四届“广东省高等学校教学名师奖”获得者再接再厉，为全面提高高等教育教学质量做出新成绩。各高等学校要全面落实科学发展观，进一步加强教学工作，强化教师教学工作制度，完善教师教学效果考核机制，大力表彰奖励在教学工作第一线作出突出贡献的教师，鼓励和推进名师上讲台；进一步引导广大教师积极、主动承担本专科基础课教学任务，在教学实践中努力探索教育教学规律，运用现代教育教学思想改革传统教育教学过程，加强教学内容、方法和手段的改革，创新教学模式；进一步加强教学团队建设，构建合理教学梯队，不断提高教学水平，培育更多的教学名师。

附件：第四届广东省高等学校教学名师奖获得者名单

广东省教育厅
二〇〇九年六月二十四日

附件

第四届广东省高等学校教学名师奖获得者名单

（排名不分先后）

序号	姓名	单位	备注
1	汪华侨	中山大学	
2	夏纪梅	中山大学	
3	童叶翔	中山大学	
4	朱文坚	华南理工大学	
5	陈　砺	华南理工大学	
6	蔡　健	华南理工大学	
7	蒋述卓	暨南大学	国家级教学名师
8	黄君凯	暨南大学	
9	罗锡文	华南农业大学	
10	蒋爱民	华南农业大学	
11	罗　仁	南方医科大学	

续上表

序号	姓名	单位	备注
12	李克东	华南师范大学	
13	刘国建	广东工业大学	
14	王成勇	广东工业大学	
15	左连村	广东外语外贸大学	
16	乌兰哈斯	汕头大学	
17	肖　怡	广东商学院	
18	吕世静	广东医学院	
19	黄树林	广东药学院	
20	赵士滨	广东技术师范学院	
21	刘海涛	湛江师范学院	
22	张朝升	广州大学	
23	庞永师	广州大学	
24	钟南山	广州医学院	
25	姜　安	深圳大学	
26	苑星海	嘉应学院	
27	狄剑锋	五邑大学	
28	王卫平	东莞理工学院	
29	张本慎	华南理工大学广州汽车学院	
30	张建荣	广州民航职业技术学院	
31	龚盛昭	广东轻工职业技术学院	
32	刘越琪	广东交通职业技术学院	
33	王　昶	广州番禺职业技术学院	
34	窦志铭	深圳职业技术学院	
35	姜家吉	深圳信息职业技术学院	

关于公布广东省高等学校教育技术教学指导委员会人员名单的通知

（粤教高〔2009〕85号）

各高等学校：

根据《教育部高等学校教学指导委员会章程》（教高厅〔2006〕3号）和《广东省高等学校教学指导委员会章程（试行）》（粤教高〔2008〕117号）的精神，为做好广东省高等学校教育技术指导工作，决定成立广东省高等学校教育技术教学指导委员会，现将委员会人员名单予以公布，并将有关事项通知如下。

一、该委员会应以《广东省高等学校教学指导委员会章程（试行）》为指导，依据《广东省高等学校教育技术教学指导委员会章程（试行）》（见附件1）加强建设，组织和指导我省高等学校开展教育技术专业建设、人才培养、业务交流与培训、信息咨询与服务等工作。

二、根据工作需要，该委员会下设广东省高等学校教育技术学专业教学指导分委员会、本科院校教育技术工作教学指导分委员会、高职高专院校教育技术工作教学指导分委员会（具体名单见附件2）。本届委员任期自本文公布之日起至2012年12月31日止，期满后按章程规定续任或补充。

附件：1. 广东省高等学校教育技术教学指导委员会章程（试行）

2. 广东省高等学校教育技术教学指导委员会及下设分委员会人员名单

广东省教育厅
二〇〇九年十一月五日

附件1

广东省高等学校教育技术教学指导委员会章程（试行）

第一章 总 则

第一条 为加强对我省高等学校教学和人才培养工作的宏观管理和指导，推动高等学校深化教学改革，加强教学基本建设，规范教学管理，促进提高教学质量和水平，充分发挥教授、专家和管理人员对高等学校教学和人才培养工作的指导、咨询、协调、督导等作用，广东省教育厅将聘请高等学校、研究机构、企业和政府部门的教授、专家和管理人员等组成广东省高等学校教育技术教学指导委员会。

第二条 广东省高等学校教育技术教学指导委员会属非常设的专家协调性咨询、指导和服务机构，在广东省教育厅领导下，对我省高等学校教育技术学专业教育、本科院校教育技术工作、高职高专教育技术工作，进行决策咨询、研究、评估、督导和交流指导。

第三条 为做好广东省高等学校教育技术教学指导委员会规范管理和协调指导工作，根据《教育部高等学校教学指导委员会章程》（教高厅〔2006〕3号）和《广东省高等学校教学指导委员会章程（试行）》（粤教高〔2008〕117号）等有关文件，并结合我省高等学校教育技术工作实际制定本章程。

第二章 职 责

第四条 决策咨询和政策指导。及时将国家和省教育主管部门有关教育教学方面的政策转化为教学规范，指导我省高等学校教育技术的教学和人才培养工作。

第五条 教改理论研究与实践指导。组织教育技术理论研究、学科专业发展战略研究和学科专业的质量监督、评估和保障等研究，并以研究成果指导相关工作。

第六条 教育技术专业教学和人才培养工作评价、教育技术工作监督和质量保障指导。围绕保障高等教育质量的要求，研究制订强化质量意识的对策与措施，指导和加强教学质量监督与教学质量保障工作的实施，按国家和省主管部门的要求等组织开展或接受委托进行教育教学评估活动。

第七条 经验交流和成果推广运用。指导教学改革项目、教学成果的建设与培育，总结推广教学改革的成功经验，推广应用优秀教育教学成果，促进高等学校先进教育理念、教育方法和质量保障措施的推广与运用。

第八条 教学和人才培养工作信息交流与指导。收集与交流高等学校教学和人才培养工作等方面的信息，组织开展学科专业领域教学与人才培养工作的经验与交流，建立信息交流的平台和渠道，为高等学校教育教学工作提供相应的信息和指导服务。

第三章 组　　织

第九条 广东省高等学校教育技术教学指导委员会由各层次、各类别高等学校教育技术专业和教育技术专项工作的教学指导委员组成。

第十条 广东省高等学校教育技术教学指导委员会委员的人选须有较高的专业水准和较丰富的实践与管理经验，具备承担与其工作职责要求相应的职业操守和社会责任。教学指导委员会的提名人选采取个人自荐、所在学校或单位集体推荐等不同方式确定，经广东省教育厅核定后公布。

第十一条 广东省高等学校教育技术教学指导委员会设主任委员1人，副主任委员、委员若干人，秘书长1人；由主任委员主持工作，副主任委员协助，秘书长协助主任委员处理日常事务性工作。

第十二条 广东省高等学校教育技术教学指导委员会根据工作需要，经协商提名报广东省教育厅同意，可以增设副秘书长、顾问、委员秘书等若干人。副秘书长协助秘书长处理日常事务性工作；所聘顾问根据教学指导委员会的工作安排，为重大事项提供决策咨询。

第十三条 广东省高等学校教育技术教学指导委员会可根据各层次、各类别高等教育和学科专业或专项工作等实际情况需要设立广东省高等学校教育技术学专业教学指导分委员会、本科院校教育技术工作教学指导分委员会、高职高专教育技术工作教学指导分委员会。教育技术教学指导分委员会成员的产生由相关的教学指导委员会主任委员提名或经集体、单位推荐等方式产生，报广东省教育厅核定后公布。教学指导分委员会设主任委员1人，副主任委员、委员若干人，秘书长1人。教学指导分委员会的委员主要由高等学校或有关单位的专家、教授组成。分委员会的工作由分委员会主任委员主持，副主任委员协助开展，秘书长协助分委员会主任委员处理日常工作。

第四章 任　　务

第十四条 把握国内外教育技术的发展趋势，研究高等教育教学改革与发展的全局性重大问题，为广东省教育厅和全省高等教育教学改革与发展等提供咨询意见和建议。

第十五条 组织开展教育技术领域教学改革与人才培养的调研；按国家和省有关部门的规定与要求，承担广东省高等教育教育技术学专业设置条件的现场或书面评审工作；接受委托或参与有关的教育教学改革、教学经验总结和教学成果等项目的评选和推荐工作，指导、推动教育教学改革项目与教学成果项目的建设与培育工作。

第十六条 协助广东省教育厅指导教育技术学科专业建设、课程建设、教材建设、实训基地与实验室建设、教师队伍建设，指导实践教学改革和教育教学资源建设，促进高等学校教学基本建设水平不断提高。

第十七条 根据地方和区域经济社会发展对高等学校教学和人才培养工作的需要，组织和开展有关教育技术学科专业规范、教学质量标准和课程教学基本要求、实验教学等方面的研究与指导，提高教学工作规范化水平；接受国家和省有关部门委托，对教育技术专业教学质量进行监督和评估，促进人才培养质量的提高。

第十八条 组织开展师资培训、教学与人才培养工作信息沟通、教学建设和教学改革经验交流、宣传推广运用优秀教学成果等，为我省高等学校教学建设和教学改革等做好服务工作。

第十九条 接受国家和省有关部门等委托的其他有关的教学改革与实践等方面的工作。

第五章 工作方式

第二十条 广东省高等学校教育技术教学指导委员会委员实行任期制，任期4～5年，若情况需要可续任。任期内委员因故或多次不能履行职责时，其资格自行终止。其人员补充按第三章第十条要求产生。

第二十一条 教学指导委员会主任委员应制订任期内的工作计划和年度实施方案，报广东省教育厅备案，根据核定的计划和实际情况需要开展活动。工作结束后应将有关材料和总结报告等报广东省教育厅；形成的有关文件、会议纪要等如需发至有关高等学校，须经广东省教育厅核定。

第二十二条 教学指导委员会原则上每年召开1～2次全体委员工作会议，其他专门会议视工作需要予以安排。教学指导分委员会可结合实际情况召开相应的会议或组织业务活动。对工作业务相关联的教学指导委员会，可以建立主任委员联席会议制度，联席会议原则上每年召开1～2次会议，以便于加强各教学指导委员会之间的工作和交流。

第二十三条 教学指导委员会委员应主动向所在学校汇报与沟通，积极参与和推动本校教育教学改革和相关工作，主动争取学校的支持和帮助。教学指导委员会中的行业、企业专家应积极参与工作，在高等学校人才培养方案制订、教学改革与建设、实习与实训、社会实践等方面给予指导和帮助。

第二十四条 教学指导委员会委员所在单位对其工作应给予支持和帮助，主任委员单位应对其工作提供必要的支持和活动经费。广东省教育厅将按规定对有关工作提供必要的支持和帮助；教学指导委员会如接受社会赞助应遵守国家有关规定。

第二十五条 广东省教育厅对教学指导委员会的工作进行评价，对工作成绩突出的教学指导委员会、分委员会和个人通报表彰。

第六章 附 则

第二十六条 本章程由广东省教育厅负责解释并自发布之日起实施。

附件2

广东省高等学校教育技术教学指导委员会及下设分委员会人员名单

一、广东省高校教育技术教学指导委员会委员名单

职务	姓名	单位	部门
主任委员：	李克东	广东省高等学校教育技术中心	
副主任委员：	谢幼如	广东省高等学校教育技术中心	
	道 焰	中山大学	网络与信息技术中心
	王培麟	广州番禺职业技术学院	现代教育技术中心
秘书长：	柯清超	华南师范大学	教育信息技术学院
副秘书长：	别文群	广东轻工职业技术学院	教务处
委员：	叶惠文	华南师范大学	信息技术中心
	吕小定	南方医科大学	教育技术中心
	郑道林	华南理工大学	教育技术中心
	章潜才	华南农业大学	教育技术中心
	王亚希	暨南大学	网络与教育技术中心
	尹恩山	广东商学院	教育技术中心
	欧阳康	深圳大学	教育技术中心
	蒋家傅	佛山科学技术学院	教育学院
	董武绍	广东技术师范学院	教育技术与传播学院
	柯和平	深圳职业技术学院	教育技术与信息中心
	邓果丽	深圳信息职业技术学院	教务处
	邓文新	广东外语艺术职业学院	信息技术系
	蔡 昌	广州民航职业技术学院	教务处

武志勇　顺德职业技术学院　信息管理中心
孙永林　广东交通职业技术学院　交通信息学院

二、广东省高校教育技术教学指导委员会教育技术专业分委会委员名单

主　任　委　员： 李克东（兼）
常务副主任委员： 谢幼如（兼）
副　主　任　委　员： 董武绍（兼）
秘　　书　　长： 邓文新（兼）
委　　　　　员： 柯清超（兼）
蒋家傅（兼）
赵建华　华南师范大学　教育信息技术学院
曹卫真　广州大学　教育学院教育技术系
胡世清　深圳大学　师范学院教育信息技术系
江朝进　韩山师范学院　教育系
范剑文　韶关学院　教育学院教育技术系

三、广东省高校教育技术教学指导委员会本科院校教育技术工作分委会委员名单

主　任　委　员： 李克东（兼）
常务副主任委员： 道　焰（兼）
副　主　任　委　员： 郑道林（兼）
秘　　书　　长： 尹恩山（兼）
委　　　　　员： 叶惠文（兼）
吕小定（兼）
章潜才（兼）
王亚希（兼）
欧阳康（兼）
章战士　南方医科大学　教育技术与新闻信息中心
黄宣文　嘉应学院　教育技术中心
乔万林　广东外语外贸大学　教育技术中心
李志云　广东海洋大学　网络与教育技术中心
梁仲熊　广东省高等学校教育技术中心

四、广东省高校教育技术教学指导委员会高职高专院校教育技术工作分委会委员名单

主　任　委　员： 李克东（兼）
常务副主任委员： 王培麟（兼）
副　主　任　委　员： 别文群（兼）
秘　　书　　长： 柯和平（兼）
委　　　　　员： 邓果丽（兼）
蔡　昌（兼）
武志勇（兼）
孙永林（兼）
席铁壮　广东外语艺术职业学院　现代教育技术中心
李　博　广东水利电力职业技术学院　电教与计算机信息中心
言晓娟　广州城市职业学院　网络与教育技术中心
王凤基　广东女子职业技术学院　教育技术中心
孙晓华　深圳信息职业技术学院　信息中心
林国雄　广东理工职业学院　教育技术中心

关于在全省学校开展民族团结教育活动的实施意见

（粤教思〔2009〕90 号）

各地级以上市教育局，各普通高等学校、广东教育学院、省直属中等学校：

根据《中宣部、教育部、国家民委关于在学校开展民族团结教育活动的通知》（教思政〔2009〕10 号）的要求，2009 年秋季开学后，全省各级各类学校要深入开展“民族团结教育”主题活动。为进一步加强学校民族团结教育工作，特提出如下实施意见。

一、切实增强做好民族团结教育工作的责任感和紧迫感

加强民族团结教育，事关实现全面小康社会的奋斗目标，事关建设中国特色社会主义事业的全局，事关国家的统一和长治久安。新中国成立 60 年来的实践证明，国家的繁荣富强、社会的和谐发展必然要求切实维护民族团结。拉萨“3·14”和乌鲁木齐“7·5”严重暴力犯罪事件，充分说明加强学校民族团结教育的必要性和紧迫性，充分说明反分裂斗争的严峻性、复杂性和长期性。各级教育行政部门和各级各类学校领导要从维护国家长治久安的高度，充分认识开展民族团结教育工作的重要意义，切实增强做好民族团结教育工作的责任感和使命感，从现在开始，在学校深入开展“民族团结教育”主题活动，把民族团结教育活动开展到每一个班级，覆盖到每一个学生。

二、准确把握民族团结教育的内容和要求

我省学校开展民族团结教育活动要以教育部办公厅、国家民委办公厅印发的《学校民族团结教育指导纲要（试行）》（教民厅〔2008〕9 号）为依据，着重进行维护国家统一和热爱伟大祖国的宣传教育、党的民族理论的宣传教育、党的民族政策和民族区域自治制度的宣传教育、各民族团结友爱的宣传教育、民族地区发展成就的宣传教育、维护社会稳定和坚持社会主义法制的宣传教育，把民族团结进步事业的主流讲充分，把乌鲁木齐“7·5”事件的性质和危害讲清楚，把“团结稳定是福、分裂动乱是祸”的道理讲透彻，引导各族青少年学生牢固树立正确的国家观、民族观，牢固树立中华民族是一个大家庭的思想，进一步增强“稳定压倒一切”的意识、民族团结意识、遵纪守法意识和社会责任意识，人人争做民族团结的维护者和促进者。

三、课堂教学与实践活动相结合，组织开展多种形式的民族团结教育活动

（一）开设民族团结专题教育课程

各级各类学校要按照《学校民族团结教育指导纲要（试行）》的要求，在中小学（含中等职业技术学校，下同）思想品德类课程和高等学校思想政治理论课框架内分年级进行民族团结教育，充分发挥课堂教学主渠道作用，扎实推进民族团结教育进教材、进课堂、进学生头脑。

1. 在小学中高年级开设“中华大家庭”和“民族常识”课程，在初中年级开设“民族政策常识”课程，在普通高中开设“民族理论常识”课程，在中等职业技术学校开设“民族理论常识实践教育”课程。中小学语文、历史、地理等相关课程要充实民族团结教育内容。各级教育行政部门和学校必须保证民族团结教育课程的时间安排，小学和初中阶段每学年要保证 10～12 个学时的教学活动时间，高中阶段的普通高中每学年保证 8～10 个学时的教学活动时间，高中阶段的中等职业技术学校每学年保证 12～14 个学时的教学活动时间。

2. 高等学校要将民族团结教育内容有机融入“思想道德修养和法律基础”“毛泽东思想和中国特色社会主义理论体系概论”等课程，在“形势与政策”课中集中安排不少于 3 学时的民族团结专题教育。

3. 将民族团结教育教学内容纳入小学阶段考查和中考、高考及中等职业技术学校毕业考试范围，纳入高等学校“形势与政策”课程考核范围。

4. 为体现国家统一意志、确保民族团结教育的

严肃性，中小学开展民族团结教育必须使用由教育部和国家民委统一组织编写，经国家审定的教材，未经审定的教材一律不得进入中小学校。《中华大家庭》《民族常识》《民族政策常识》已列入我省义务教育阶段专题教育教材免费供书目录，由政府招标采购后提供给学生循环使用。《民族理论常识》等已列入我省高中阶段专题教育教材用书目录，由学校按规定组织征订和使用。各地教育部门要检查督促学校按要求配备民族团结教育教材。

（二）组织开展民族团结教育实践活动

各级各类学校要根据自身实际和学生年龄特点，以学生为主体，组织开展内容丰富、形式多样的民族团结教育活动，注重针对性和实效性，增强吸引力和感染力。中小学校要组织生动活泼的民族团结体验活动；高等学校要引导广大学生通过社会调查、志愿服务等形式，深入了解民族地区的发展文化。各级各类学校要抓住重要纪念日、民族传统节日，组织开展民族团结歌曲演唱、民族舞蹈演出、少数民族特色文化展示等文体活动。要充分利用爱国主义教育基地和社会实践（德育）基地开展民族团结专题教育和实践活动。

各级各类学校可结合“我爱我的祖国”“爱国歌曲大家唱”和2009年9月“中小学弘扬民族精神活动月”活动，在2009年秋季开学之际，上好民族团结第一课。

四、以加强学校民族团结教育为契机，进一步提高内地民族班管理水平和办学质量

我省承办内地西藏班和新疆班的各市教育局和学校以及招收西藏、新疆地区少数民族学生的高等学校，要坚持管理育人、服务育人，切实加强对内地民族班的常规管理工作。特别是要严肃教育教学纪律，绝不允许教师在讲台上散布错误观点言论。班主任和广大教师要坚持“爱、严、细”的原则，认真做好学生教育和疏导工作，做到细致入微，责任到人。要切实加强学生住宿管理，特别是要主动帮助少数民族学生解决在学习、住宿、饮食等方面的实际问题，使学生在管理服务中受到感染和教育。要高度重视民族班的安全稳定工作。各承办内地民族班的学校要及时了解和掌握学生思想动态，认真排查可能影响安全稳定的各种隐患，将隐患消灭在萌芽状态，问题解决在校内。学校遇到突发事件，校长第一时间到第一现场，第一时间报告政府和教育行政部门，并抄报教育部。从现在起，各承办内地民族班的学校要普遍开展一次校园安全工作大检查，重点检查安全防范制度和责任是否落实，重点部位及基础设施是否存在安全隐患，集体活动的安全防范措施是否明确。要以加强民族团结教育为契机，切实加强学生思想道德教育。积极开展师生互访活动，增进师生间和同学间的了解和沟通，促进各民族师生和谐发展。要把爱国主义教育和民族团结教育融入内地民族班办学的方方面面，融入教育教学全过程，融入学生学习生活的各个方面。要建立联动机制，共同做好内地民族班工作。承办内地民族班学校所在地教育行政部门要与当地统战、政法、民委等部门密切配合，建立联动机制，齐抓共管，形成事事有人抓、有人管、有人督促检查的工作格局。

五、开展师资培训，确保民族团结教育的科学性和实效性

各级各类学校要逐步建立起在校长领导下，以德育课和思想政治理论课教师、班主任、高校辅导员为主体和学校团委干部、全体教师共同参与的民族团结教育教师队伍。中小学民族团结教育课教学工作要落实到思想品德课和思想政治课教师，高等学校要落实到思想政治理论课教师。学校民族团结教育实践活动主要由中小学班主任、少先队辅导员、高校辅导员、团委干部负责组织。

各级教育行政部门和高校要加强对民族团结教育师资队伍的培训。将民族团结教育师资队伍培训列入学校师资培训计划，纳入教师继续教育培训系列。省教育厅将组织中小学民族团结教育课程骨干教师培训，各地教育行政部门和中小学校要以参加学习培训的教师为骨干，开展民族团结教育教学研究和教学交流，注重提高民族团结教育的针对性、科学性和实效性。2009年秋季开学后，各级各类学校要组织领导班子和全体教师学习《学校民族团结教育指导纲要（试行）》，增强全体领导干部和教职员工开展民族团结教育的责任意识和使命意识。

六、切实加强学校民族团结教育工作的组织领导

民族团结教育工作是政治性、政策性、敏感性很强的一项长期教育任务。各级教育行政部门和各级各类学校要把民族团结教育作为围绕庆祝新中国成立60周年，加强爱国教育的重要工作，作为一项关系长远的战略任务摆上重要位置。要切实加强领导，落实工作机构和专责人员，制订实施方案，近期内迅速掀起民族团结教育活动的热潮，大力营造

民族团结教育活动的浓厚氛围，通过切实有效的工作，把各民族青少年学生凝聚在党的周围，引导广大青少年学生为实现中华民族伟大复兴而努力学习。

各地教育局和各学校开展民族团结教育活动情况请及时报省教育厅思想政治教育处。

广东省教育厅

二〇〇九年九月八日

关于在学校开展防范新型毒品专项宣传教育活动的通知

（粤教思〔2009〕92 号）

各地级以上市教育局，各高等学校，省直属中等学校：

当前，娱乐服务场所涉毒问题呈高发势头，滋生了一系列违法犯罪行为和社会问题，对青少年的健康成长危害严重。为有效打击毒品违法犯罪，特别是遏制新型毒品危害，维护社会稳定，创造平安祥和的社会氛围迎接新中国成立 60 周年，根据省禁毒委《关于开展娱乐服务场所涉毒问题专项治理行动的通知》（粤禁毒委〔2009〕10 号）精神，结合全省各级各类学校毒品预防教育工作实际，决定从现在起在我省学校广泛开展防范新型毒品专项宣传教育活动。现将有关事项通知如下。

一、提高认识，增强做好青少年学生防范新型毒品专项宣传教育工作的责任感

开展防范新型毒品专项宣传教育活动，是积极应对当前国际国内严峻复杂的禁毒斗争形势，针对日趋严重的新型毒品泛滥特别是吸食新型毒品群体日益低龄化的态势采取的重要举措，是顺应人民群众意愿和呼声，切实维护最广大人民根本利益的必然要求，是落实科学发展观，构建和谐社会的重要保障。

新型毒品具有很强的欺骗性和诱惑力，青少年由于好奇心和盲目追求“时尚”等心理极容易被其欺骗，成为新型毒品侵害的重要对象，新型毒品严重危害青少年身心健康。因此，在学校开展防范新型毒品专项宣传教育活动，不仅是我省严峻禁毒斗争形势的迫切需要，也是青少年学生健康成长的内在需求。各地教育行政部门和各级各类学校的主要负责人要认真履行毒品预防教育工作第一责任人的职责，充分认识开展防范新型毒品专项宣传教育活动的重要性和必要性，增强做好专项宣传教育活动的责任感。要针对本地本校实际，制订防范新型毒品专项宣传教育活动方案，动员全体师生员工积极参与宣传教育活动，将新型毒品预防教育工作落实到位。各地各学校要尽快建立和完善毒品预防教育工作机制，明确职能部门，落实工作责任人，开展新型毒品预防教育研究，使新型毒品预防教育工作逐步制度化、规范化和科学化。

二、认清新型毒品的危害，切实提高青少年学生防毒拒毒的意识和能力

新型毒品犯罪行为得以蔓延的主要原因，是一些群体特别是青少年学生对新型毒品成瘾性和严重危害性缺乏科学的认识。各地各学校要抓住当前全社会开展娱乐服务场所涉毒问题专项治理行动的有利时机，配合当地禁毒、公安、文化、卫生、药监等部门，积极参与专项治理行动，重点组织好学校防范新型毒品的宣传教育活动。开展防范新型毒品宣传教育要注重科学性、针对性和实效性，要与科学教育、卫生健康教育和心理健康教育结合起来，创新教育方式，贴近青少年学生的学习、生活实际，符合其生理心理特点和认知规律。要通过广泛的宣传教育活动，以科学知识武装青少年学生，帮助他们了解新型毒品的危害机理、成瘾症状，充分认识其对生理心理发育和发展的严重危害，切实提高识毒、防毒、拒毒的意识和能力。同时，要对学生加强纪律教育，教育学生遵守学生行为规范，向学生宣讲有关娱乐服务场所管理规定，劝告学生远离娱乐服务场所以及其他不适合青少年学生的活动场所。

三、开展防范新型毒品专项教育实践活动，发挥学校在禁毒宣传教育中的主阵地、主渠道作用

各级教育行政部门和中小学校要按照教育部《中小学生毒品预防专题教育大纲》要求，普通高等学校要结合思想政治理论课和“形势与政策”课开展新型毒品预防专题教育，充分发挥课堂教学在新型毒品预防宣传教育中的主渠道作用，要将防范新型毒品作为毒品预防教育的重点，由专任教师或请禁毒、公安、卫生等部门专业人员为学生上一次高质量的防范新型毒品教育课。

学校要组织开展以“防范新型毒品，健康成就未来”为主题的专项宣传教育活动，以学生为主体，

以禁毒实践活动为主要形式，组织学生读一本禁毒书、看一部禁毒影视片、写一篇读（观）后感，开展禁毒演讲比赛、知识竞赛、手抄报和网页制作竞赛等禁毒宣传教育活动，在校园内张贴防范新型毒品宣传挂图，出版以防范新型毒品为主要内容的禁毒宣传板报（校刊、班刊），校园广播要组织专项宣传教育活动报道，在校园网上制作专项活动网页，营造浓厚的禁毒宣传氛围。

省教育厅、省禁毒办和省禁毒基金会联合制作一套《防范新型毒品》禁毒宣传挂图，届时将免费供给各学校开展专项禁毒宣传教育使用。

四、充分发挥各级毒品预防教育示范学校的示范作用

“毒品预防教育示范学校”要在防范新型毒品专项宣传教育活动中先行一步，更新和充实防范新型毒品教育资源，创新教育方法，带动面上学校开展专项宣传教育活动，发挥示范学校的示范辐射作用。

各级教育行政部门要结合防范新型毒品专项宣传教育活动，加强对毒品预防教育示范学校建设的指导，规范和提升毒品预防教育示范学校的工作水平。

各地级以上市教育局将本地区中小学校开展防范新型毒品专项宣传教育活动情况，各高等学校和省直属中等学校将防范新型毒品预防教育工作的责任部门及负责人和开展防范新型毒品专项宣传教育活动情况，于12月31日前书面报送省教育厅思想政治教育处。

广东省教育厅
二〇〇九年九月八日

关于开展广东省高校思想政治理论课教学研究基地建设的通知

（粤教思〔2009〕94 号）

各有关高等学校：

根据《中共中央 国务院关于进一步加强和改进大学生思想政治教育的意见》（中发〔2004〕16 号）和《中共广东省委 广东省人民政府关于进一步加强和改进大学生思想政治教育的实施意见》（粤发〔2005〕12 号）精神，为落实《中共广东省委宣传部 中共广东省委教育工委 广东省教育厅关于进一步加强高等学校思想政治理论课教师队伍建设的实施意见》（粤教工委〔2009〕35 号）要求，进一步加强和改进我省高等学校思想政治理论课建设，不断提高教育教学质量，有效整合优势力量，打造优秀教学团队，省教育厅决定开展广东省高校思想政治理论课教学研究基地建设。现将有关事项通知如下。

一、教学研究基地建设的目标和任务

广东省高校思想政治理论课教学研究基地建设的总体目标，是培育一批高水平的思想政治理论课教学研究载体，促进学科专业及教师队伍建设，充分发挥基地的辐射和示范作用，带动全省高校提高思想政治理论课教学与研究水平。

我省拟分课程建设 5 个高校思想政治理论课教学研究基地，分别是：马克思主义基本原理概论教学研究基地、毛泽东思想和中国特色社会主义理论体系概论教学研究基地、中国近现代史纲要教学研究基地、思想道德修养与法律基础教学研究基地、形势与政策教学研究基地。

基地的主要职责是：

1. 加强教学研究和课程建设。围绕教育部和广东省高校思想政治理论课建设发展规划，通过承担国家和省重大研究项目，申报和建设省级、国家级精品课程等方式，组织力量研究该门课程前沿和重大理论与实践问题，组织开展教学研究和教学改革，产生若干创新性成果，使教学研究和课程建设的整体水平居全省领先地位，并在国内本领域享有较高声誉，本课程应成为校际以上精品课程。

2. 建设优秀教学团队。通过教学研究，培养和造就一批具有较高学术水平和良好学风的学术带头人和青年教学骨干，建立一支团结协作、结构合理的教学研究团队；通过课程资源开发和课题研究，促进最新研究成果向教学层面转化，更新教学内容，提高教学水平，培养硕士、博士等高级专门人才；并兼有指导、培育高职高专院校该门课程优秀团队和骨干教师的任务。

3. 组织学术研讨和教学观摩。每年至少举办一次高水平的全省性学术会议，并协调本课程研究领域的跨省性学术活动，发挥对外学术交流窗口作用，成为本课程教学研究领域的全省对外学术交流窗口和基地。每年通过组织该门课程的教学观摩活动以及全省教师全员培训活动，使其成为全省相同研究领域的骨干教师培养培训基地，提高我省高校思想政治理论课教师队伍的整体水平。

二、教学研究基地的管理

教学研究基地由省教育厅和高校共建，以高校自建为主。省教育厅每年予以一定的经费资助。实行“竞争入选、定期考核、不合格淘汰、达标替补”的动态管理。教学研究基地每四年为一个建设周期，建设满两年时将进行中期考核，对考核为优秀的教学研究基地给予经费和科研项目等方面的倾斜，对未能通过考核的教学研究基地，将酌情减少经费、限期整改直至取消基地资格；四年建设期满时进行终期考核，在考核达标的基础上进入下一个建设周期，考核未达标取消基地资格，在动态管理中保持教学研究基地的先进性。

三、教学研究基地的申报条件

（一）以分课程形式申报；

（二）课程实力处于省内领先水平，相关课程已被评选为国家级、省级精品课程或广东省高校思想政治理论课优质课程；

（三）已具备省重点学科、博士或硕士学位授

权点等基础；

（四）人才培养成绩显著，学科带头人学术造诣高、有较高知名度，教师梯队结构合理，整体实力强；

（五）具有科学的运行机制，在制度创新和知识创新上发挥示范和辐射作用；

（六）研究气氛浓厚，学术交流活跃。

四、申报教学研究基地的具体安排

教学研究基地的推荐、评审工作由省教育厅思想政治教育处组织实施。

（一）申报名额。原则上，“211 工程”高校可申报 1～2 个教学研究基地，其他高校可申报 1 个教学研究基地。

（二）申报程序。包括四个环节：学校组织申报并向省教育厅推荐；省教育厅组织专家评审；公示评选结果；批准并公布教学研究基地名单。

（三）材料报送。各申报高校务必认真、如实填报《广东省高校思想政治理论课教学研究基地评审书》，省教育厅将对申报内容进行核实，如发现虚报情况，取消申报资格。本通知及附件可登录省教育厅网站（http://www.gdhed.edu.cn），点击“本厅信息”→“思想政治”下载，并于 2009 年 10 月 15 日前，将《广东省高校思想政治理论课教学研究基地评审书》书面材料一式三份、电子版一份报送省教育厅思想政治教育处（联系人：黄斐斐；电话：020－37627462；地址：广州市东风东路 723 号；邮编：510080；E-mail：gdgxsizheng@163.com，文件名应设为“学校名称＋课程基地名称”）。

附件：广东省高校思想政治理论课教学研究基地评审书（略）

广东省教育厅

二〇〇九年九月二十七日

关于印发《广东省普通高校工程技术研究（开发）中心建设与管理暂行办法》的通知

（粤教科〔2009〕18号）

各有关普通高校：

为加强广东省普通高校工程技术研究（开发）中心的建设和管理，建设和完善高等学校科技创新体系，强化高等学校社会服务功能，我厅制定了《广东省普通高校工程技术研究（开发）中心建设与管理暂行办法》，现印发给你们，请认真遵照执行。

附：《广东省普通高校工程技术研究（开发）中心建设与管理暂行办法》

广东省教育厅
二〇〇九年二月十九日

附件

广东省普通高校工程技术研究（开发）中心建设与管理暂行办法

第一章　总　　则

第一条　为加强广东省普通高校科技创新能力建设，完善高等学校科技创新体系，强化高等学校社会服务功能，广东省教育厅有计划、有步骤地开展了广东省普通高校工程技术研究（开发）中心（以下简称“工程中心”）建设。为加强和规范工程中心的建设与运行管理，促进工程中心持续健康发展，制定本办法。

第二条　高校工程中心是指依托于高校优势学科而建立的，具有较完备的工程技术综合配套试验条件，有高素质的研究开发、工程设计和试验的专业科技队伍，有稳定的经费来源，并能提供多种综合性技术服务的工程技术研究开发机构。工程中心是高等学校加强资源共享、促进学科建设与发展、组织工程技术研究与开发、加快科技成果转化、培养和聚集高层次科技创新人才和管理人才、组织科技合作与交流的重要基地和平台。

第三条　广东省高校工程中心分为广东高校工程技术研究中心（简称“工程研究中心”）和广东高校工程技术开发中心（简称“技术开发中心”）两类。

工程研究中心主要是以广东省境内研究型或教学科研型高校的优势学科为依托，对具有重要市场价值的科技成果进行工程化研究和系统集成，转化为适合规模生产所需要的工程化共性、关键技术或具有市场竞争力的技术产品的科研实体。

技术开发中心主要是以广东省境内的一般本科高校和高职高专院校的优势学科为依托，实施技术开发、成果转化、技术咨询、技术服务等的科研实体。

第四条　工程中心建设目标是：形成科技成果产业化的工程化验证环境和对科技成果进行技术经济分析和工程评估的能力；建成一支一流的技术创新开发与系统集成队伍；形成不断创新的可持续发展能力，推动行业技术进步。

第五条　工程中心主要任务是：

1. 结合国家和广东省社会经济发展战略需求，以技术集成创新为核心，持续不断将科研成果进行工程化研究开发，为社会提供工程化技术成果。

2. 制订行业技术的发展规划和行业技术标准、规范，参与企业引进技术和装备的消化、吸收与创

新，为企业和行业技术进步提供技术支持。

3．推动学科交叉，培养、聚集一批高层次的工程技术人才和管理人才，为广东企业、行业提供工程技术人才培训。

4．实行对外服务。承担国家和地方有关部门、企业、科研机构委托的工程技术研究、试验项目和科技服务项目；为行业和相关领域的发展提供信息，面向社会开展技术咨询服务。

5．开展多种形式的技术交流与合作，促进行业、领域的技术发展。

第六条 高等学校应将工程中心列入重点学科建设和科技创新基地建设与发展规划。工程中心在资源分配上计划单列，是相对独立、与院（系）平行的依托高等学校的二级机构。

第七条 广东省教育厅是高校工程中心的行政主管部门，负责指导工程中心的组建和宏观管理工作。高等学校是工程中心建设的依托单位，负责工程中心的建设与日常管理。

第八条 广东省教育厅对工程中心实行定期评估、动态管理、优胜劣汰、滚动发展的管理机制。

第二章 申报、审批与立项

第九条 工程中心建设项目应具备以下条件：

1．面向行业关键、共性技术，具有明确的行业背景和良好的企业合作伙伴；所服务的行业应符合广东省产业结构调整和优化升级的方向，属于广东省优先发展、重点发展的高新技术产业或特色优势产业。

2．依托重点学科或优势学科群，具有相关支撑学科、技术的系统集成条件。申报工程研究中心的单位应拥有一批具有自主知识产权和良好市场前景的重大科技成果、发明专利或专有技术，在某一技术领域有坚实的工程技术研发和成果转化的工作基础、特色和业绩。申报技术开发中心的单位应具有较强的技术开发及服务、产品研制、成果转化和工程化的基础、能力和业绩。

3．基本具备工程技术试验条件和工艺设备等基础设施，有必要的检测、分析、测试手段，并能够为项目的建设、运行提供必要的配套保障。原则上工程中心研发和成果转化用房不低于2 000平方米，且相对集中。

4．具有市场意识较强和转化经验丰富的精干管理班子和技术带头人，能够在该领域建成一支结构合理、工程化研究开发与转化素质较高的高水平技术创新队伍。具有较好的工程化运作管理水平和有效的人才激励机制。原则上工程中心固定的研究开发和技术推广队伍不低于30人。

5．有良好的产学研基础，已与多家企业有实质性合作。申报工程研究中心的单位应已有工程化的科技成果在企业转化并取得显著经济效益。申报技术开发中心的单位应已承担多项企业技术开发项目并取得显著经济效益。

6．具有明显带动行业技术进步和持续创新的能力，有明确的发展目标与建设思路，所提组建方案切实可行，建设配套资金落实。

第十条 工程中心立项与审批程序：

1．申请高校填报《广东高校工程技术研究（开发）中心申请书》并提交可行性研究报告，向省教育厅申报。

2．省教育厅组织专家进行初审与筛选。

3．省教育厅组织专家进行可行性论证，并视需要进行实地考察。

4．省教育厅正式批复，与申报高校签订《广东高校工程技术研究（开发）中心建设计划任务书》（以下简称“计划任务书”）。

第三章 建设与管理

第十一条 工程中心实行学校领导下的中心主任负责制。工程中心主任的任职条件是：具有较深的学术造诣、较高的工程技术水平和开拓创新意识；熟悉相关行业国内外的技术发展趋势；有较强的组织管理能力和市场开拓能力；身体健康，精力充沛，年龄原则上不超过50岁。中心主任由所在学校提名，广东省教育厅聘任。

第十二条 工程中心须设立技术委员会，一般由7～9人组成，成员应包括工程中心所在领域科技界、工程界和相关企业与经济界专家组成，其中依托单位人员不超过总人数的1/3。技术委员会是工程中心的技术咨询机构，对工程中心的工程技术研究和开发活动进行指导。技术委员会会议每年至少召开一次。

第十三条 工程中心实行项目合同制和人员聘任制。研究开发队伍由固定人员和客座流动人员组成，规模一般不少于60人。客座流动人员由项目负责人根据工作需要和研发项目的实际情况聘任。

第十四条 工程中心建设资金可实行多元化融资，采取“学校扶持，政府资助，鼓励企业投资”的原则。工程中心立项建设后，省教育厅下达部分建设资助资金，学校必须不少于150%的配套建设。工程中心通过验收，评估优秀后，省教育厅以项目形式下达部分运行资助资金，中心主要运行经费由学校解决。鼓励社会机构和企业投资工程中心的成果转化工作。

第十五条 省教育厅资助的资金要专款专用，专项管理，主要用于购置工程化研究开发、试验所必需的设备、仪器，引进必要的技术软件和进行人员培训。中心所在学校要加强对工程中心资金的监督管理，并自觉接受审计、财政等部门的监督检查。

第十六条 工程中心实行年报制，每年1月15日之前工程中心要向省教育厅提交上一年度工作总结和有关统计数据。中心的重大事项如增减机构、重大项目、成果效益、主要人事变动等须报所在高校和省教育厅备案。

第十七条 工程中心建设期间，省教育厅将视需要对建设情况进行中期检查。对未达到中期检查要求的，必须限期整改，整改仍未达到要求的取消立项并予以通报。

第十八条 工程中心建设期间，确实需要根据市场变化调整计划任务书内容和进度的，依托单位必须以书面形式上报省教育厅批准。

第四章 验收与运行

第十九条 工程中心建设期原则上为两年。工程中心经验收后，正式挂牌，转入运行阶段。

第二十条 依托高等学校完成工程中心建设任务后，应及时进行总结并提出验收申请，编写《广东高校工程技术研究（开发）中心建设总结报告》报送省教育厅。

第二十一条 广东省教育厅依据计划任务书，组织专家对工程中心进行验收。

第二十二条 工程中心建成并通过验收后仍进行动态管理，实行年度总结和三年一次的考核制度。对于建成后运行满三年的工程中心，省教育厅将组织专家进行绩效评估并予以公布。对评估绩效不佳的工程中心，给予黄牌警告并责令限期整改，一年内再次评估绩效仍无较大改进的，将予以撤销并通报批评。

第五章 附 则

第二十三条 本办法自颁发之日起执行。

第二十四条 本管理办法由广东省教育厅负责解释。

关于印发广东省“211 工程”三期研究生创新培养计划实施方案的通知

（粤教科〔2009〕30 号）

各有关普通高校：

根据省政府批准的《广东省“211 工程”三期建设方案》（以下简称《建设方案》），广东省“211 工程”三期建设分为重点学科建设、创新人才培养和队伍建设、公共服务体系建设三部分。其中，创新人才培养分两部分，一部分为研究生访学计划，由有关高校结合重点学科建设项目实施；另一部分为研究生创新培养计划，该计划涵盖了2007年开始实施的广东省研究生教育创新计划的主要内容，并增加了优秀研究生导师、研究生教育管理工作先进个人和先进单位评选等内容，由省教育厅、省学位委员会面向全省具有硕士、博士学位授予权的普通高校（以实施广东省“211 工程”三期建设项目的高校为主）统筹安排实施。在广东省“211 工程”三期建设期间（2008 年至 2011 年），省财政专项资金安排约 2 000 万元作为实施广东省研究生创新培养计划的专项经费，以推动有关项目的全面有效实施。

根据《建设方案》的精神和要求，以及《关于实施广东省研究生教育创新计划，提高研究生创新能力的意见》（粤教科〔2007〕59 号）的有关内容，结合目前广东省研究生教育发展的实际情况，经广东省第四届学位委员会第二次全体委员会议审议通过，现将《广东省“211 工程”三期研究生创新培养计划实施方案》（以下简称《实施方案》）印发给你们。请各有关高校根据《实施方案》，结合本校研究生访学计划的实施，以及自身的学科优势和特色，合理规划和安排有关项目的申报实施，切实提高我省研究生培养质量。

附件：广东省“211 工程”三期研究生创新培养计划实施方案

广东省教育厅　广东省学位委员会

二〇〇九年三月二十六日

附件

广东省“211 工程”三期研究生创新培养计划实施方案

为贯彻落实经省政府批准的《广东省“211 工程”三期建设方案》，推动广东省研究生创新培养计划的全面有效实施，切实提高研究生培养质量，结合目前广东省研究生培养的现状，特制订本实施方案。

一、主要目标

加强创新人才培养体系建设，进一步改革培养机制和创新人才培养模式，加强研究生创新能力培养的平台建设，形成有利于高层次、高质量、创造性人才培养的研究生培养体系，进一步提高研究生的培养质量。

二、主要内容

根据“211 工程”三期建设对创新人才培养的总体要求，在本期建设期间（2008 年至 2011 年），主要面向全省具有硕士以上学位授予权的普通高校安排以下四类研究生创新培养计划项目。

（一）研究生培养质量提升计划

1. 学位论文质量提升项目。一是评选广东省优秀博士、硕士学位论文。参照国家每年评选百篇全国优秀博士学位论文的做法，参考兄弟省市的成熟经验，每年评选30篇广东省优秀博士学位论文、100篇广东省优秀硕士学位论文，并对优秀博士论文获得者及其导师予以表彰和奖励（对优秀博士论文每篇以项目形式资助5万元，对优秀硕士论文获得者给予表彰）。二是定期开展学位论文抽查。通过学位论文抽查、规范学位论文撰写、匿名评审、答辩等程序，提高学位论文质量。按当年申请学位人数的一定比例（不低于2%）抽查研究生学位论文。省教育厅组织专家评议后，将抽查结果以适当方式予以公布，并以适当的形式“奖优罚劣”。

2．研究生创新培养基地项目。充分利用产学研结合示范基地、工程技术研究（开发）中心等现有资源，加强科技创新与研究生培养的有机结合。通过与现有的科技创新平台合作设立研究生创新培养基地，加强研究生培养的科研锻炼与产学研结合，进一步提高研究生解决实际问题的能力和创业能力，更好地满足社会对高层次创新型人才的需求。每年评选出若干个（不超过10个）研究生创新培养基地，每个给予10万元左右的经费资助。

（二）研究生教育改革创新计划

1．研究生示范课程项目。参照《国家精品课程建设工作实施办法》，组织实施以研究生教育基础课和专业基础课为主的研究生示范课程建设，建设一批课程内容新颖、紧密结合科学研究前沿、教学水平高的研究生示范课程，构建研究生教育优秀课程体系。通过研究生示范课程建设，逐步在我省研究生培养单位间实行优秀研究生课程的课程互选、学分互认、资源共享，促进研究生课程教学模式和教学手段创新，全面提升我省研究生课程教学水平和教学质量。每年评选10门左右，每门给予10万元左右的经费资助。争取有若干门教材列入国家计划。

2．研究生教育教学改革研究项目。鼓励和支持有关高校的教学和管理人员深入研究新形势下研究生教育规律，借鉴和引进国内外先进的研究生教育理念和经验，探索创新人才培养和管理新模式，在培养体制、培养目标、课程设置、教学内容和教学方法、学位论文标准、管理与运行机制等方面，产生一批示范性的研究生培养方案和新型的培养管理模式。每年立项40项左右，分为重点资助和一般资助，平均每个项目资助3万元左右。争取产生一批省级和国家级教学成果奖。

（三）研究生学术能力培育计划

1．研究生学术论坛项目。继续鼓励和资助有关高校举办研究生学术论坛，为研究生提供一个大范围、多层次、高水平的学术交流平台，通过国内外名导师和学术名家的讲座、报告及点评，进行学术熏陶，同时，通过研究生之间的学术交流和思想碰撞，营造良好的学术氛围，增强其学术敏感性和判断力，提高其创新意识和治学能力。每年按学科领域设立4～6个研究生学术论坛，每个资助10万元左右。

2．研究生暑期学校项目。鼓励和支持有关高校利用暑期举办研究生暑期学校，面向全省或全国招收在学研究生，聘请国内外知名专家学者担任主讲教师，根据不同学科讲授若干门基础课程，同时开设选修课程和前沿学术报告，拓宽研究生的学术视野，培养其良好的治学理念，提升其学术能力。每年按学科领域设立1～2个研究生暑期学校，每个资助20万元左右。

（四）研究生教育管理创新计划

1．学位与研究生教育管理模式创新研究项目。鼓励有关高校针对我省研究生培养和教育中出现的新情况、新问题开展创新性研究，并应用于实际管理工作。对于学位与研究生教育管理工作成绩突出的个人和单位给予表彰，以进一步提高广大学位与研究生教育管理工作者的工作热情、积极性和责任感，提高管理效能。

2．南粤优秀研究生和南粤优秀研究生导师评选项目。在全省范围内评选出一定比例（约占在学研究生的1%）学习成绩优良、学术水平较高的优秀研究生，对其进行表彰，以调动广大研究生刻苦钻研、勤奋求学的主动性和积极性。另外计划每三年评选一次优秀研究生指导教师（占全省研究生导师总数的2%左右），对其进行表彰，以鼓励和表彰先进，进一步增强导师的质量意识和责任意识。

三、组织管理

（一）广东省研究生创新培养计划有关项目的实施在广东省教育厅、广东省学位委员会的统一领导下进行。广东省学位委员会办公室负责有关项目的立项审核、督导检查、评估验收等具体管理工作。

（二）各有关高校作为研究生创新培养计划有关项目的实施主体，负责对本单位有关项目的申报及具体实施进行管理。有关单位应加强领导，精心组织，切实提高有关项目的实施成效。

（三）广东省研究生创新培养计划有关项目按照申报、评审（选）、立项实施的程序进行。

1．每年年初，由省学位办发布项目申报通知，明确当年度实施的项目类型、计划立项数量、申报要求和时间安排等。

2. 各高校按照通知要求，结合自身的优势和特色，合理安排，精心组织，按要求做好项目申报工作。

3. 省学位办组织专家对各类项目的申报材料进行评审（选），提出立项建议，报省教育厅、省学位委员会，批准后下达立项（或表彰）通知。

4. 有关培养单位按要求做好立项项目的组织实施和管理工作，为项目的有效开展提供各方面的支持，保障项目的顺利实施。

（四）广东省研究生创新培养计划各类项目的管理办法另行制订。

关于利用高校科技创新资源促进高校毕业生创业就业的意见

（粤教科〔2009〕60号）

各有关高校：

根据国务院办公厅《关于加强普通高等学校毕业生就业工作的通知》（国发办〔2009〕3号）和科技部、教育部、财政部、人保部、国家科学基金等五部门出台《关于鼓励科研项目单位吸纳和稳定高校毕业生就业的若干意见》（国科发财〔2009〕97号）精神，为进一步加强我省高校毕业生创业就业工作，充分发挥科技工作培养人才、促进创业就业的作用，现就利用高校科技创新资源促进高校毕业生创业就业工作提出如下意见。

一、鼓励高校科研项目单位积极吸纳和稳定高校毕业生就业

（一）优秀高校毕业生特别是研究生是我省科技创新的一支重要生力军。选聘优秀高校毕业生参与高校重大项目的研究工作，对加快科研项目实施，提高科研项目研究水平具有积极作用，对促进高校毕业生就业、培养高素质人才、增强我省科技创新能力具有重要的意义，是推动建设创新型广东和人力资源强省的一项重要举措。

（二）鼓励高校按照公开、自愿、双向选择的原则，在所承担的民口科技重大专项、973计划、863计划、科技支撑计划项目以及国家自然科学基金的重大重点项目实施过程中，聘用高校毕业生作为研究助理或辅助人员参与研究工作。

（三）省教育厅立项的科研创新平台（高校重点实验室、高校工程中心、产学研结合示范基地、高校人文社科重点研究基地等）、重大科研项目（科技成果转化项目、重点攻关项目等）、大学科技园、高校科技企业等，必须优先聘请高校优秀毕业生作为研究助理或辅助人员参与研究工作。省教育厅将把“是否吸收优秀毕业生”作为有关高校申请教育厅项目以及立项评审、中期检查和结项验收中的重要评价指标之一。

（四）选聘优秀高校毕业生参与高校重大项目的研究工作，须根据国家有关规定签订服务协议，明确双方的权利、责任和义务。聘用对象主要以优秀的应届毕业生为主，包括高校以及有学位授予权的科研机构培养的博士研究生、硕士研究生和本科生。服务协议的有关内容，按人力资源和社会保障部办公厅印发的《关于重大科研项目单位吸纳高校毕业生参与研究工作签订服务协议有关问题的通知》（人社厅发〔2009〕47号）精神执行。

（五）项目承担单位聘用高校毕业生参与研究，其劳务性费用和有关社会保险费补助按规定从项目经费中的“劳务费”科目列支，具体操作办法按《科技部 教育部 财政部 人保部 国家科学基金关于鼓励科研项目单位吸纳和稳定高校毕业生就业的若干意见》（国科发财〔2009〕97号）精神执行。

（六）高校毕业生参与项目研究期间，其户口、档案可免费存放在项目单位所在地或入学前家庭所在地公共就业服务机构、人才服务机构和高校毕业生就业指导机构。其工龄、社保等相关问题按《科技部 教育部 财政部 人保部 国家科学基金关于鼓励科研项目单位吸纳和稳定高校毕业生就业的若干意见》（国科发财〔2009〕97号）精神执行。

（七）鼓励项目承担单位正式聘用（招用）人员时，优先聘用（招用）担任过研究助理的人员。

二、大学科技园要做好高校毕业生创业的服务和指导工作

（一）大学科技园要充分利用园区人才、技术、资金和管理上的优势，积极在提高大学生创业意识、培养大学生创业技能、拓展大学生创业实践、扶持大学生创业企业等方面做工作，将大学科技园建设成为大学生创新创业孵化中心。

（二）大学科技园要积极做好高校毕业生创业的服务指导工作，为毕业生创业团队提供必要的技术指导和工作培训，为创业团队提供一定的优惠措施，例如能减免场租、水电等开支，能提供创业公用服务设施（如办公用设备、实验条件等）等。有条件的高校要设立扶持毕业生创业团队的专项配套

经费。

三、增强大学毕业生的创业就业能力

（一）积极建设高校毕业生见习基地。教育厅立项建设的高校产学研结合示范基地以及大学科技园、高校科技企业要积极创建高校应届毕业生的见习基地，提供较稳定的见习岗位，并为见习大学生提供一定的基本生活补贴、人身意外伤害保险。

（二）加强研究生创新培养，增强研究生的创业就业能力。各高校要加强研究生创新培养基地的建设，大力推进产学研结合培养研究生。各高校要加强研究生教育的创新培育，支持在校研究生结合自己的专业和社会经济发展需要，开展有关创新项目的研究，增强其创新意识、实践能力和就业能力。教育厅将对优秀的“研究生创新培养基地”和“研究生教育创新培育项目”予以资助。

广东省教育厅

二〇〇九年七月八日

关于进一步做好省属高校科技产业工作的意见

（粤教科〔2009〕74号）

各有关省属高校：

自2005年教育部下发《教育部关于积极发展、规范管理高校科技产业的指导意见》（教技发〔2005〕2号）以来，我省高校科技产业呈现良好的发展势头，在规范化建设方面取得了积极的进展。总体看来，省属高校科技产业已初步按照现代企业制度要求建立了经营管理体制和机制，省属高校科技产业规范化建设工作已初见成效。但是，各校工作进度差异较大，少数学校产业规范化建设工作与预定目标存在较大差距；有的学校尚未启动设立资产公司的工作；有的虽有其名，但经营性资产划转的比例太小、速度太慢，抵御高校经济和法律风险的“防火墙”作用仍未有效发挥，省属高校规范化建设工作仍然艰巨。

2009年2月，教育部下发了《教育部关于做好2009年度直属高校产业工作的意见》（教技发〔2009〕1号），提出了在当前国际金融危机形势下，如何深入推进高校产业规范化建设工作、强化学校企业风险管控、加强对学校产业和国有资产的监督管理的18条意见。此前，教育部副部长陈希在2009年度直属高校产业工作会议上，也发表了《深入推进高校产业规范化建设工作，强化高校企业风险管控，推动高校产业科学发展》的重要讲话。

为进一步坚定信心、抓住机遇，加快我省高校科技产业的规范化建设与发展，现根据《教育部关于做好2009年度直属高校产业工作的意见》及陈希副部长的讲话精神，并结合我省高校科技产业的实际情况，提出如下指导意见。

一、加大工作力度，全面建立新型产业管理体制

（一）加快推进学校资产公司组建步伐

除少数产业规模偏小、经省教育厅批准暂不组建资产公司的高校外，尚未组建资产经营公司的高校应抓紧时间，加大工作力度，加快工作进度，按照教育部的精神要求，于2009年底前成立资产经营公司。各高校要依法理顺学校与企业的产权关系，明确企业出资人代表；要加快相关资产的划转，建立起科学、规范的高校产业管理体制，以切实规避学校直接经营企业的经济和法律风险。

各高校要逐步建立学校对资产公司、资产公司对所投资企业的监督管理制度和运行机制，充分发挥资产公司在运营和管理学校国有经营性资产方面的重要作用。资产公司应对所运营管理的国有资产承担保值增值的责任，并建立责任追究制度。

（二）成立学校经营性资产管理委员会

成立资产经营公司的高校，要设立学校“经营性资产管理委员会”，一般由学校主要负责人担任主任，代表学校履行学校资产公司出资人职责，行使资产公司股东权限，向资产公司派出董事会和监事会成员。学校资产公司董事会应由熟悉经济工作、具有企业经营管理决策能力的成员组成。学校和学校经营性资产管理委员会应确保资产公司董事会依据公司法和资产公司章程规定，充分行使企业经营管理决策权限。

各高校资产公司董事会、监事会成员和学校资产公司总经理人员名单及其变动情况须报省教育厅科研处备案。

（三）加快资产划转进度

各高校要加快资产划转进度，按照法定程序将学校所投资企业股权相对应的净资产划转至高校资产经营公司，由资产公司代表学校持有对企业投资所形成的股权。要求各高校2010年6月前要完成学校70%以上的经营性资产股权向资产公司的划转变更，以切实强化企业风险管控。资产划转工作依照国家法律法规，经审计或评估，在取得上级主管部门批准后，办理工商变更、企业国有资产产权变动登记手续。

（四）加快全民所有制企业改制和撤并进度

各高校要按照“非改即撤”的原则，制订学校全民所有制企业改制总体规划，明确改制及撤并进度，对于不是以转化高新技术成果、实现产业化为目的而创办的学校企业，不具备文化教育特色和智力资源优势的学校企业，以及长期亏损、投资无回

报、经济和法律风险较大的企业，要坚决予以撤并或退出。各高校要依据有关法律法规，于2010年底前完成学校现有全民所有制企业的改制及撤并任务。

（五）加快清理校领导兼职

各校分管产业工作的校级领导可以担任学校资产公司董事长，其他校级领导原则上应逐步撤出在资产公司的兼职。今后，各校校级领导一律不得在资产公司以外的学校企业中兼职，已兼职的须于2009年年底前撤出。此后，校级领导仍在资产公司以外的学校企业中担任职务的，应主动辞去学校党政领导职务。除作为技术完成人外，各校领导干部不得通过奖励性渠道持有学校企业的股份。

（六）加快清理冠用校名全称

各校所投资企业，除学校资产公司、大学科技园、国家工程（技术）研究中心、国家重点实验室、出版社、设计院外，一律不得冠用校名全称。现有不符合以上规定冠用校名全称的学校企业应于2009年年底前依法取消校名全称，冠用校名简称的企业也应尽快取消校名简称。

（七）正确处理改革、稳定、发展的关系

各高校在企业改制过程中，要正确处理好改革、发展和稳定的关系，兼顾学校、企业和员工三者的利益。按照教育部和广东省的相关规定，依照“老人老办法，新人新办法”的原则，采用多种方式逐步消化、稳妥安置学校富余的事业编制人员，依法理顺高校企业人员的劳动（人事）关系，支付必要的改革成本。

同时，要积极理顺和接续高校企业人员的社会保险关系，清偿欠缴的社会保险费，依法保障高校企业人员的合法权益，确保改革平稳进行和高校稳定。

（八）加强企业管理人员的培训

各校要加强对学校资产公司及重点企业高级管理人员的培训工作，提高学校企业管理人员的政策水平和管理水平，为学校企业规范运营提供人力资源保障。原则上，今后各校资产公司及重点骨干企业的管理人员每两年要参加一次教育部组织的轮训。

二、积极应对危机，强化学校企业风险管控

（一）建立风险预警和防控体系

当前，国际金融危机对各国实体经济已造成严重影响，世界经济下行趋势明显。高校企业的经营和发展将不可避免地受到影响。鉴于此，各校要在近期安排一次对所投资企业，特别是全资、控股骨干企业全面细致的排查和分析，督促企业调整不切实际的投资规划，制止企业盲目发展和扩张；全面清理全资和控股企业的负债和担保情况，认真评估骨干企业的偿债能力，严密监控重点企业的现金流动。要制订学校企业风险失控的应急预案，对因受宏观经济影响遇到暂时困难的学校全资和控股企业，资产公司在可能的情况下要施以援手，对无法挽救的企业则要采取果断措施加以处置，努力维护学校及企业的稳定，尽量减少经济损失。

省教育厅将于近期组织对部分学校资产公司和重点企业排查风险工作进行跟踪检查。

（二）完善企业内部控制制度及风险预警机制

学校与学校资产公司应实行人员、资产、财务分开，机构、业务独立，各自独立核算、独立承担责任和风险。学校资产公司须建立健全财务、会计管理制度，完善企业内部控制制度及风险预警机制。

（三）加强企业间担保行为的监管

禁止学校为企业提供担保。资产公司为其控股企业贷款提供经济担保的，担保总额与资产公司本部贷款总额之和不得超过资产公司净资产规模的50%。资产公司要加强对学校骨干企业之间互相担保行为的监管，加强对担保资金使用的监管，加强对担保责任风险的监管。

（四）加强对非货币资产的管理

学校及资产公司使用和处置非货币国有资产，包括各种知识产权和非专有技术等无形资产，应在取得上级主管部门审批同意后，委托具有资产评估资质的评估机构对国有资产进行评估，并报国有资产监督管理部门备案或核准。学校以科技成果等无形资产投资入股企业时，可给予技术发明人和其他主要人员不低于该技术成果所占股权20%、原则上不超过50%的奖励。

（五）完善国有资产监督管理体制

各校要建立、完善对经营性资产的监督管理体制，承担起对本校国有经营性资产的监管责任，确保国有资产保值增值和不流失。学校和学校企业使用、评估和处置国有资产要严格按照决策程序进行，包括执行严格规范的学校内部决策程序，以及上级主管部门的批准程序。如因未履行相关决策程序造成国有资产损失或流失，将依法追究学校有关人员的法律责任。

三、统一思想认识，努力推动高校产业科学发展

（一）加强领导，切实落实“一把手”工程

各高校要站在学习实践科学发展观的高度，统

一思想，提高认识，加强领导，加快科技产业规范化建设的进度。各校要继续深入贯彻教育部关于高校产业规范化建设的一系列工作要求，把高校产业规范化建设当作“一把手”工程，主要领导高度重视，亲自落实，以加快步伐，保证高校科技产业的健康、持续发展，有效防范和化解学校的经济和法律风险。省教育厅将进一步加强对该项工作的指导，组织对各校科技产业规范化建设工作情况进行专项监督检查。

（二）坚持规范、协调发展，为社会作贡献

高校发展科技产业，要遵循社会主义市场经济的客观规律和科技成果产业化的一般规律，积极引导和推进高校科技产业在规范管理的基础上健康发展；要正确处理高校科技企业发展与规范的关系，发展需要规范，规范才能促进发展。

高校科技产业既是高校转化科技成果、服务社会的重要途径，也是高校自身改革发展的重要组成部分。因此，高校科技产业的发展，必须与学校的人才培养和科学研究结合起来，以转化科技成果并实现产业化为目的，以建立现代企业制度为核心，以转化具有自主知识产权的科技成果为重点，坚持产学研协调发展、相互促进。

要依托高校优势特色学科，贯彻“有进有退、有所为有所不为”的方针，建立投入、产出、再投入、再撤出的机制，充分发挥自身产学研紧密结合的优势和特色，下大力气培育和扶持一批拥有学校自主知识产权的高新技术企业进入市场、服务社会。

在当前形势下，高校科技企业不仅要为促进学科建设，培养学生的创新创业能力作出贡献，还要积极参与政府“拉动内需、调整结构、确保增长”的各项计划，为促进广东省经济持续快速发展、建设创新型广东作出更多更大的贡献。

广东省教育厅

二〇〇九年九月二十五日

关于印发广东省体育（体育与健康）课教学常规要求的通知

（粤教体〔2009〕32 号）

各市教育局，各高等院校：

为贯彻落实《中共中央国务院关于加强青少年体育增强青少年体质的意见》（中发〔2007〕7 号）和《中共广东省委广东省人民政府关于加强青少年体育增强青少年体质的意见》（粤发〔2008〕22 号）文件精神，根据教育部高等学校体育教学指导纲要和基础教育体育（体育与健康）课程标准（实验稿）要求，现把我省学校体育（体育与健康）课教学常规要求印发给你们。请遵照执行。

附件：广东省体育（体育与健康）课教学常规要求

广东省教育厅
二〇〇九年三月三十日

附件

广东省体育（体育与健康）课教学常规要求

一、课前准备

1. 体育教师要根据高等学校体育教学指导纲要或体育（体育与健康）课程标准的要求，制订年度计划、学期计划、单元（模块）计划、课时计划，并按计划上课。体育教师要认真备课，上课必须有教案。教案中须有安全措施或安全提示。

2. 体育教师要做好教学场地和器械的检查工作，排除安全隐患，上课必须穿着整洁的运动服装和运动鞋。

3. 体育教师要了解学生的身体健康情况，做好见习生的安排。

二、上课要求

1. 应提前到达上课地点等候学生，上、下课师生相互致意。

2. 必须按时上、下课，不得擅离课堂。

3. 要检查学生着装，学生不得携带或佩戴带不利于安全的物品上体育课。学生应穿着运动服并穿软底运动鞋上课。

4. 体育课开始和结束时均要检查学生人数（尤其是游泳课）。

5. 上课要做好准备活动，每节课必须保证一定的运动负荷、密度和素质练习，下课前做好放松活动，并进行小结。

6. 上课前后及上课过程中要注意观察学生的身体及情绪状况，发现问题要及时、妥善处理和疏导。对因身体不适难以完成教学要求的学生，要根据具体情况具体对待，不得强制。

7. 上课时要注意结合具体的教学内容，向学生传授相关的健康生活方式、运动保健知识以及自我防护、避免运动创伤等知识。

8. 严禁在课堂上抽烟、聊天、使用通讯工具或做其他与教学无关的事情。

9. 教学中发现意外事故，要及时处理并向学校行政领导报告。

10. 不得打骂、讥讽、羞辱、体罚或变相体罚学生。

三、课后工作

1. 课后组织学生及时做好器材的清点回收工作。

2. 做好体育课的情况分析和反馈。

印发《关于〈中共广东省委广东省人民政府关于加强青少年体育增强青少年体质的意见〉的实施意见》的通知

（粤教体〔2009〕82号）

各地级以上市教育局、各普通高校：

现将《关于〈中共广东省委广东省人民政府关于加强青少年体育增强青少年体质的意见〉的实施意见》印发给你们，请按照文件要求，结合工作实际，切实做好学校体育、卫生工作。

广东省教育厅
二〇〇九年八月七日

关于《中共广东省委广东省人民政府关于加强青少年体育增强青少年体质的意见》的实施意见

为贯彻落实《中共中央国务院关于加强青少年体育增强青少年体质的意见》（中发〔2007〕7号，以下简称“中央7号文件”）和《中共广东省委广东省人民政府关于加强青少年体育增强青少年体质的意见》（粤发〔2008〕22号，以下简称《意见》）精神，特提出以下实施意见。

一、加强学习，提高认识，牢固树立“健康第一”的观念

各级教育行政部门和各级各类学校要认真组织学习《意见》，充分认识加强青少年体育工作、增强青少年体质的重要性和紧迫性。《意见》不仅是指导广东省学校体育卫生工作的纲领性文件，也是指导教育工作的重要文件。各级教育行政部门负责人和学校领导要站在全面落实科学发展观、贯彻党的教育方针的高度，以对国家、民族未来高度负责、对青少年学生根本利益高度负责的精神，牢固树立“健康第一”的指导思想，切实把加强学校体育卫生工作作为全面实施素质教育的战略突破口，作为衡量教育质量的重要指标，作为办人民满意教育的一件大事来抓。

（一）各地各校应通过有效方式向学生家长宣传我省学校体育卫生工作的内容和要求，指导家长教育子女树立“健康第一”的意识，帮助家长基本掌握保障学生健康成长的教育方式方法，配合学校共同做好学生的教育工作。

（二）各地各校应通过各种有效途径向学生进行宣传教育，让学生了解党和国家对广大青少年学生健康成长的关心和爱护及采取的一系列措施，使其深入人心。

（三）各地应利用各种社会媒体广泛宣传学校体育卫生工作的宗旨、精神、内容和要求。有针对性地追踪报道有关学校体育卫生工作的情况、进展和成效，形成全社会都关心学生健康成长的良好氛围。

二、建立健全学校体育卫生工作机构

各级教育行政部门和各级各类学校要严格按照《广东省中小学教职员编制标准实施办法》（粤机编办〔2008〕73号）的要求，加强与当地市、县（区）级政府编制管理部门的协调，落实好学校体育卫生管理机构的设置和人员编制。

（一）各级教育行政部门要尽快建立和健全学校体育卫生工作行政管理机构，各市（县、区）教育行政部门要设立体卫艺处（科、股），负责辖区内学校体育卫生的管理工作。暂未具备条件成立体育、卫生专门管理机构的，必须配备体育、卫生与健康专干和教研员。

（二）各级教育行政部门要建立中小学卫生保健机构。要会同卫生、人事、编制、财政等部门，

根据区域卫生规划布局，按《学校卫生工作条例》和《中小学卫生保健机构操作规程》的要求，研究提出区域性中小学卫生保健机构的设置及编制配备方案并尽快加以落实。已有的机构要建立和健全规章制度，切实承担起所辖区域学校的学生健康体检、体质健康监测及调研、疾病防控（常见病、多发病、传染病）、师资培训、健康教育、突发公共卫生事件防控等学校卫生业务管理和指导的各项工作任务。

（三）各级各类学校应根据《学校卫生工作条例》和《国家学校体育卫生条件试行基本标准》和《高等学校医疗保健机构工作规程》设置校医院、卫生科或医务所（卫生室）。寄宿制中小学校或600名学生以上的非寄宿制中小学校设立卫生室；600名学生以下的非寄宿制中小学校设立保健室或卫生室。普通高校按学校规模大小设置校医院或卫生科（医务所）。

（四）各级教育行政部门和学校要配合卫生部门（包括卫生行政部门、疾控部门、卫生监督部门等），做好学校卫生工作的管理、监督检查、督导及培训等有关工作。

三、加强学校体育卫生人员队伍建设

（一）足额配备体育卫生教师。各级政府每年安排一定数量的教师名额招收体育教师，各普通高校要积极动员鼓励体育教育专业等体育类毕业生到山区、农村学校任教；按《国家学校体育卫生条件试行基本标准》的规定和要求，尚未配齐体育教师的学校应尽可能安排科任教师兼任体育课。保证开足开齐体育课的需要。

省一级学校、珠江三角洲地区学校和其他地区有条件的学校，按不低于以下标准配备体育教师和卫生（保健）室人员：小学1～2年级每4～5个班配备1名体育教师，3～6年级每5～6个班配备1名体育教师；初中每4～6个班配备1名体育教师；高中（含中等职业学校）每6～8个班配备1名体育教师；学校卫生（保健）室人员按《国家学校体育卫生条件试行基本标准》配备。达不到以上条件地区的学校体育教师配备按《国家学校体育卫生条件试行基本标准》执行。

暂时不能配足、配齐校医（保健教师）的，可从附近的卫生医疗机构聘请医生到校担任兼职卫生副校长或兼职校医，定期到学校指导卫生防疫和开展健康教育工作。

各普通高校校医院或医务所的卫生专业人员编制按350～450名师生配1名卫生专业人员的比例配备。

（二）切实保障体育卫生教师工资福利待遇。各级各类学校必须保证体育教师与其他教师同工同酬。体育教师承担的课间操、大课间体育活动、组织学生每天1小时体育锻炼，以及组织学生课余训练、竞赛等工作应计算入体育教师的工作量。学校向体育教师每人每年发放一套运动服装和一双运动鞋，体育教师按规定享受室外高温工作津贴（每年按半年计算）。各地教育行政部门可按照劳动部门规定或根据当地经济和物价水平，制订具体的补贴标准，兼职体育教师按50%的比例执行。校医（保健教师）享有与其他科室的专业技术人员同等的待遇，持有教师资格证并从事相关教育教学工作的校医（保健教师）享受与其他教师同等的待遇。校医（保健教师）享受卫生保健津贴。

（三）加强体育卫生教师培训工作。中小学体育教师必须经过体育专业学习或培训，并且每学年接受继续教育应不少于48个学时。兼职体育教师要经过培训后方能上岗。各级教育行政部门要主动与相关部门合作，做好体育教师和学校卫生人员的培训规划，到2012年，应对现有体育教师、校医或卫生保健人员进行一次全面、系统的轮训。高等院校、有资格的单位和社会团体要积极承担培训任务。

健康教育课原则上由校医（保健教师）和心理教师来承担，要做好健康教育教师上岗前的培训及指导工作。对取得卫生专业技术资格证书，具备相应教师资格且担任健康教育课的校医（保健教师），可按照教师系列专业技术资格条件的规定和要求申请教师职称评定。

四、加大学校体育卫生经费投入

各级教育行政部门要积极争取同级政府的支持，加大体育卫生经费投入，商同财政部门设立学校体育卫生专项经费，专用于中小学体育卫生设施、设备的改造和配备以及中小学体育卫生教师队伍的培训；专项经费纳入年度教育经费预算，与教育总经费同步增长。学校公用经费应安排落实体育卫生经费，专用于学校体育卫生工作，并逐年有所增长，确保体育教学器材的及时添置和维修，切实保证学校体育卫生工作的正常开展。积极鼓励单位、社会团体、企业、个人及华侨和港澳台同胞捐赠体育卫生设施设备、捐款专用于体育卫生工作。

五、加强学校体育卫生设施设备器材建设

《国家学校体育卫生条件试行基本标准》是各

级各类学校运动场地、体育器材、教学卫生、生活设施、卫生保健室配备以及开展学生健康体检的最基本要求。这既是国家标准，也是刚性任务，且必须在2012年前实现达标。我省各级各类学校要按照《广东省中小学校体育卫生工作条件基本标准》（标准另发）的要求进行配备，新建学校运动场地、设施严格按照我省的规定进行报建，旧城区学校办学规模要按照人均运动场地标准招收学生。

六、落实体育课程计划，确保学生每天锻炼一小时

（一）开足上好体育课。严格执行体育（体育与健康）课程和《全国普通高等学校体育课程教学指导纲要》，严格执行《广东省体育（体育与健康）课教学常规》。小学1、2年级的4节体育课可采用“2+1+1”模式（其中2节常规体育课，1节学校体育传统项目或体育特色教学课，1节形体课）；小学3年级到初中3年级的3节体育课可采用“2+1”模式（其中2节常规体育课，1节传统体育项目或特色体育项目课）；高中体育课的选项教学，以学校体育传统项目和特色项目教学为主，形成学校的体育特色，打造学校的体育品牌，积极引导和培养学生掌握1～2项终身体育的运动技能。普通高等学校一、二年级开设体育课，体育课程要根据学校特点和学生兴趣开设更多的体育项目，让学生掌握终身体育的技能。到2012年，珠江三角洲地区学校、省一级学校和有条件的学校、普通高等学校，学生在毕业时要求掌握游泳和1项球类运动技能；其他学校的毕业生能够掌握1项球类运动和1项其他体育项目运动技能。

（二）认真做好早操、课间操和眼保健操等工作，积极开展大课间体育活动。各级各类学校要将每天30分钟的全校性大课间体育活动列入课表并安排活动。当天没有体育课的班级，学校必须组织学生进行1小时的体育锻炼。普通高等学校要把课外体育活动纳入学校日常教学计划，保证每个学生每周至少参加3次课外体育锻炼。

（三）学校要切实减轻学生过重的课业负担。保证小学生每天睡眠10小时，初中学生9小时，高中学生8小时。

七、全面实施《国家学生体质健康标准》（以下简称《健康标准》）

（一）各级各类学校要落实学生健康体检（以下简称“体检”）、《健康标准》测试报告书制度，每年在学期结束时通过各种形式（书面或电子文本）把学生体质健康状况报告给学生家长。

（二）初中以上学校要把学生《健康标准》达标情况及测试报告书列入学生档案并作为毕业、升学的重要依据。

（三）从2009年开始，我省每年向社会公布一次广东省学生体质健康白皮书，从2010年起，各级教育行政部门和学校每年均要向社会通报本地区、本校学生体质健康状况。

八、建立和完善体育考试评价制度

进一步完善体育考试的内容、组织形式和评价方法，努力探索体育与健康教育相结合的考试模式；各地要切实严格按照中共中央国务院的要求组织实施初中毕业升学体育考试，体育考试成绩按中考文化课成绩总分（文化课考试原始分）的8%计算，记入学生中考总分。凡没有将体育考试列入初中学生毕业升学考试科目以及未按省教育厅关于体育考试成绩计入招生总分要求执行的地区必须及时纠正。积极推行在高中阶段学校毕业考试中增加体育考试的做法，并于2012年开始实施将体育考试成绩作为高等学校录取新生的重要参考依据。

九、积极开展阳光体育

（一）以竞赛为杠杆，促进体育教学、群体活动的开展，营造良好的校园体育文化氛围，吸引广大青少年走到阳光下、走向运动场、走向大自然参加体育锻炼。进一步完善我省学生体育竞赛管理机制，使体育竞赛向规范化、制度化发展；每三年举办一次全省中学生运动会、每四年举办一次全省大学生运动会；每年组织相应项目的全省大、中学生单项体育竞赛和阳光体育夏令营、

（二）市、县（区）教育、体育行政部门要积极协助政府举办本地区的学生综合性体育运动会，并积极举办本地区的学生单项体育竞赛和体育节。学校要经常开展群体性的体育竞赛活动，每学年组织一次以田径为主的综合性校运会或体育节，并举办各种形式的单项体育比赛，在冬季要组织全校师生参与的长跑活动。

（三）采取有效措施，调动一切积极因素，切实办好体育传统项目学校和高等学校高水平运动队，积极创建体育特色学校，以此作为学校品牌，扩大学校知名度和影响力，推动学校体育工作的发展。

十、加强体育安全教育和管理

学校要建立和完善学生意外伤害事故保险制度

并建立相应的应急预案，加强学校体育的安全教育与管理。对学校体育伤害事故，按照《广东省教育厅〈学生伤害事故处理办法〉实施细则》，予以妥善处理。

十一、加强学校健康教育工作

（一）从2009学年度起，各地教育行政部门和学校要按照教育部印发的《中小学健康教育指导纲要》的要求，以九年义务教育阶段为重点，积极开展疾病预防、科学营养、卫生安全、禁毒控烟为重点内容的学校健康教育，要将健康教育纳入学校教学计划，要保证健康教育每学期小学8～10学时、初中6～8学时、高中一个健康教育学分的时间。普通高校结合《青年学生健康教育教学大纲（试行）》及《广东省大学生健康教育工作评价标准及实施细则》的有关要求开展学校健康教育，本科不少于20学时，专科（高职）不少于12学时。

（二）各地学校要开展形式多样的、有针对性的健康教育活动，在学生中普及卫生科普知识，增强保健意识，养成良好的健康行为和生活方式，提高自我保健能力。要根据新时期青少年青春期特征和成长过程中的心理特点，有针对性地加强心理健康教育和咨询辅导，舒缓心理压力。

（三）各地学校要建立健康教育教师教学能力考核和教学效果评估制度，每学期进行不少于2次的健康教育教研活动，提高教师教学水平，保证教学质量和效果。

十二、落实学生健康体检工作

建立青少年体检保障机制和体质健康监测网络，制定制度，统一标准。从2009年秋季新学年起，落实学生每年一次的健康体检制度，实现义务教育阶段每一位学生每年都能享受一次免费的健康体检。各级教育行政部门、学校应按照《中小学生健康体检管理办法》（卫医发〔2008〕37号）以及省教育厅、卫生厅、财政厅和省物价局联合下发的《广东省中小学生健康体检有关事项管理办法》（粤教体〔2009〕29号）要求，规范管理，落实到位。

学校要建立学生健康档案，对学生的生理发育进行动态跟踪和记录，并及时将体检反映的健康问题反馈给学生及家长，进行必要的干预和治疗。

负责学生体检的医疗机构要做好体检统计、结果反馈、数据上报及建立学生健康档案等管理工作，使其真正起到防病治病、反映学生健康状况，为制订工作措施、促进学生健康成长提供科学依据的作用。

十三、认真做好学生常见病的防控工作

各级教育行政部门和各级各类学校要明确责任，落实人员和设施，采取综合措施，切实加强学生常见病防控工作。重点抓好中小学学生近视眼防控工作，落实《中小学学生近视眼防控工作方案》要求，抓好试点，推动全面；实施营养干预措施，重点对寄宿制学校进行营养干预，推动学生营养餐配餐工作的开展；加强龋齿防治工作，以有效降低龋患率，提高龋齿填充率，以防为主，积极推动窝沟封闭防龋工作。将学生常见病发病情况列入学校年度考核指标内容。各地可根据各自实际情况制订评估标准。

十四、加强学校突发公共卫生事件防控工作

切实加强学校突发公共卫生事件（包括传染病、食物中毒、意外伤害等）的预防和处理，以预防为主，落实学校突发公共卫生事故的工作责任制，层层签订工作责任书，制订防控工作应急预案，强化事故上报制度。开展以自查、抽查、督查相结合的综合防控措施，发现问题和隐患及时处理和整改，常抓不懈，切实将传染病、食物中毒等学校突发公共卫生事件的防控工作抓出成效。

各地要严格执行《传染病防治法》和《突发公共卫生事件应急条例》等法律法规。各级教育行政部门和学校的主要领导要认真履行学校卫生防疫与食品卫生安全管理第一责任人的职责，落实学校突发公共卫生事件报告人及其职责。学校要成立学校卫生防疫和食品卫生安全领导小组及其办公室，承担本校传染病防控和卫生监督的日常行政管理职能。教育行政部门要与直管学校签订学校传染病防控工作责任书，把防控工作落实到具体部门和责任人。各级教育行政部门要联合卫生监督、疾病控制机构加强学校食物中毒和传染病疫情预防控制工作的指导，指导学校采取应急处置措施，防止疫情扩散和蔓延。各地要加强学校食堂管理人员和从业人员的卫生知识培训，严格依据卫生部、教育部《学校食物中毒事故行政责任追究暂行规定》落实责任追究制，减少食物中毒的发生。各校要建立健全学生体质健康档案和新生预防接种查验证制度，开展预防接种查漏补种工作，预防控制传染病的发生。

各级各类学校要设专（兼）职的“红十字”卫生员，各级教育行政部门要与红十字会联合组织对

“红十字”卫生员进行现场急救的培训，特别是心肺复苏的培训，提高对学校突发事件的应急处置能力。各级各类学校要按照《中国红十字会2006—2010年卫生救护工作规划》的目标要求，结合《关于在学校开展救护知识培训工作的通知》（粤红〔2005〕31号）的要求，有计划、有步骤地在师生中开展处级卫生救护培训，普通高校、中职学校要逐步把初级卫生救护培训纳入新生军训内容，提高师生自救互救的能力。

十五、建立健全学校体育卫生工作督导机制

（一）建立定期的学校体育卫生工作督导检查制度，并将督导检查的结果列入各地各校年度考核和评优评先的指标体系。从2009年起，每三年进行一次体育卫生工作的专项督导，每年均进行体育卫生工作的抽查工作。

（二）在教育强市（县、区）督导评估和教学水平评估中，切实加强体育卫生工作在评估指标体系中所占的权重。在各项评估中，对达不到《国家学校体育卫生条件试行基本标准》要求，体育课开课不足，学生一小时体育活动得不到保证，学生体质健康水平连续两年以上下降的学校或地区实行一票否决制。取消其教育强市（县、区）评估或教学水平评估或教育系统评优评先资格，同时予以通报批评并要求整改。

（三）有针对性地开展学校卫生工作调研，将学校卫生及健康教育工作的落实情况列入各地各校领导年度考核内容和办学水平评估指标体系。

（四）凡由于管理不善或不认真履行职责而造成集体性食物中毒、传染病暴发流行、饮用水污染事故、意外伤害事故等突发公共卫生事件发生或发生后未做好善后处理工作造成不良后果和影响的，实行一票否决，取消评优评先资格，并视情节轻重追究相关责任人的行政责任和法律责任。

（五）建立三年一次的学校体育卫生工作先进单位和先进个人评选制度。

关于印发《广东省中小学校体育卫生工作条件基本标准（试行）》的通知

（粤教体〔2009〕83号）

各市教育局：

现将《广东省中小学校体育卫生工作条件基本标准（试行）》（以下简称《标准》）印发给你们，请认真组织实施。各级教育督导部门应加强对《标准》实施情况的督导检查，对学校体育卫生基本条件不达标的，要限期整改。各地在《标准》实施过程中如出现问题，请及时报告我厅体育卫生与艺术教育处。

附件：广东省中小学校体育卫生工作条件基本标准（试行）

广东省教育厅
二〇〇九年八月十一日

附件

广东省中小学校体育卫生工作条件基本标准（试行）

本《标准》适用于广东省全日制各级各类中小学校。本《标准》从体育教师、卫生人员、运动场地、体育器材、教学卫生、生活设施、卫生保健室配备以及学生健康体检等方面明确了开展学校体育卫生工作所必不可少的基本条件，是政府对开展学校体育卫生工作的最基本要求，是中小学校办学应达到的最基本标准之一，是教育检查、督导和评估的重要内容。各地应当按照本《标准》对中小学校进行核查，尚未达到本《标准》的，应积极创造条件，使其尽快达到标准要求。各地在新建和改扩建中小学校时，应当按照本《标准》进行建设和配备。少数因特殊地理环境和特殊困难部分内容达不到本《标准》规定要求的学校，应制订与之相应的办法，确保学校运动场地和体育器材的需要。

各地应当在本级人民政府领导下，积极创造条件，增加投入，不断改善学校办学条件。鼓励有条件的地区和学校根据本地实际情况，制订并配备高于本《标准》的学校体育卫生工作条件标准。

一、中小学校体育教师配备基本标准

（一）任职资格

中小学体育教师必须经过体育专业学习或培训，获得教师资格证书，并且每学年接受体育教育专业继续教育培训不少于48个学时。

（二）配备比例

学校应当在核定的教职员总编制数内，根据学校体育工作的特点，按照教学计划中体育课授课时数和开展课外体育活动的需要，配足体育教师。高中学校（省一级学校、珠江三角洲地区市一级学校）、省重点中等职业技术学校和有条件的义务教育阶段学校，按不低于以下标准配备体育教师：小学1～2年级每4～5个班配备1名体育教师，3～6年级每5～6个班配备1名体育教师；初中每4～6个班配备1名体育教师；高中（含中等职业技术学校）每6～8个班配备1名体育教师。达不到以上条件的学校按不低于以下标准配备体育教师：小学1～2年级每5～6个班配备1名体育教师，3～6年级每6～7个班配备1名体育教师；初中每6～7个班配备1名体育教师；高中（含中等职业技术学校）每8～9个班配备1名体育教师。

农村200名学生以上的中小学校至少配备1名专职体育教师。

二、中小学校体育工作条件基本标准

（一）运动场地

1．小学

运动场地类别	小学			
	≤18班	24班	30班以上	48班以上
田径场	200米（环形）1块	300米（环形）1块	300～400米（环形）1块	400米（环形）1块
篮球场	2块	2块	3块	6块
排球场	1块	2块	2块	4块
器械体操＋游戏区	200平方米	300平方米	300平方米	600平方米
● 室内运动场或运动馆			550平方米以上	800平方米
● 游泳池			15米×25米以上	15米×25米以上

2．九年制学校

运动场地类别	九年制学校			
	≤18班	27班	36班以上	48班以上
田径场	200米（环形）1块	300米（环形）1块	300～400米（环形）1块	400米（环形）1块
篮球场	2块	3块	3块	6块
排球场	1块	2块	3块	4块
器械体操＋游戏区	200平方米	300平方米	350平方米	600平方米
● 室内运动场或运动馆			800平方米以上	800平方米
● 游泳池			15米×25米以上	15米×25米以上

3．初级中学

运动场地类别	初级中学			
	≤18班	24班	30班以上	48班以上
田径场	300米（环形）1块	300米（环形）1块	300～400米（环形）1块	400米（环形）1块
篮球场	2块	2块	3块	6块
排球场	1块	2块	2块	4块
器械体操区	100平方米	150平方米	200平方米	600平方米
● 室内运动场或运动馆			550平方米以上	800平方米
● 游泳池			25米×50米以上	50米×100米

4．完全中学

运动场地类别	完全中学			
	≤18班	24班以上	36班以上	60班以上
田径场	300米（环形）1块	300米（环形）1块	400米（环形）1块	200米及400米（环形）各1块
篮球场	2块	2块	6块	10块
排球场	1块	2块	3块	6块
器械体操区	100平方米	150平方米	200平方米	400平方米
● 体育馆			800平方米以上	800平方米以上
● 游泳池			50米×100米	50米×100米

5．高级中学（含中等职业技术学校）

运动场地类别	高级中学（含中等职业学校）			
	≤18 班	24 班以上	36 班以上	60 班以上
田径场	300 米（环形）1 块	300 米（环形）1 块	400 米（环形）1 块	200 米及 400 米（环形）各 1 块
篮球场	2 块	2 块	3 块	10 块
排球场	1 块	2 块	3 块	6 块
器械体操区	100 平方米	150 平方米	200 平方米	400 平方米
● 体育馆			800 平方米以上	800 平方米以上
● 游泳池			50 米 × 100 米	50 米 × 100 米

注：1. 300 米以上的环形田径场应包括 100 米的直跑道，200 米的环形田径场应至少包括 60 米的直跑道。
2. 田径场内应设置 1～2 个沙坑（长 5～6 米、宽 2.75～4 米，助跑道长 25～45 米）。
3. 器械体操区可由学校根据实际条件进行集中或分散配备。
4. 因受地理环境限制达不到标准的学校，可因地制宜建设相应面积的体育活动场地。
5. “●”表示高中学校（省一级学校、珠江三角洲地区市一级学校）、省级重点中等职业技术学校及有条件的义务教育阶段学校应当配备。2009 年起新建的学校必须配备。

（二）体育器材

1．小学体育器材

（1）12 个班（含 12 个班）以下

序号	器材名称	单位	配备数量	省一级及珠江三角洲地区学校
1	接力棒	支	6～8	10
2	小栏架或钻圈架	付	8～10	16
3	发令枪	支	1	1
4	标志杆（雪糕筒）	根	4	20
5	秒表	块	2	6
6	跳高架	付	1	2
7	跳高横竿	根	2	★4
8	山羊或跳箱	台	1	4
9	助跳板	块	1	4
10	小沙包	只	20	★50
11	垒球	只	20	★50
12	实心球	只	20	★30
13	投掷靶	只	1	4
14	皮尺	卷	1	5
15	小体操垫	块	20	★50
16	低单杠	付	1	4
17	爬竿或爬绳	付	1	1
18	毽子	只	40	★100
19	短跳绳	根	40	★100
20	长跳绳	根	8	★20

续上表

序号	器材名称	单位	配备数量	省一级及珠江三角洲地区学校
21	小篮球	只	20	★50
22	小篮球架	付	1	2
23	小足球或软式排球	只	20	★50
24	小足球门或排球架	付	1	2
25	乒乓球台	张	1	6
26	乒乓球或板羽球或羽毛球球拍	付	20	★30
27	乒乓球或羽毛球网架	付	2	6
28	乒乓球或板羽球或羽毛球	只	20	★50
29	录音机	台	1	2
30	肺活量测试仪	台	1	1

（2）13 个班（含 13 个班）以上

序号	器材名称	单位	配备数量	省一级及珠江三角洲地区学校
1	接力棒	支	8	12
2	小栏架或钻圈架	付	10	20
3	发令枪	支	1	1
4	标志杆（雪糕筒）	根	8	20
5	秒表	块	3	10
6	跳高架	付	1	4
7	跳高横竿	根	2	★5
8	山羊	台	1	5
9	跳箱	付	1	2
10	助跳板	块	2	8
11	小沙包	只	20	★60
12	垒球	只	20	★60
13	实心球	只	20	★40
14	投掷靶	只	2	4
15	皮尺	卷	1	6
16	大体操垫	块	6	10
17	小体操垫	块	20	★60
18	低单杠	付	2	4
19	高单杠	付	1	2
20	肋木	间	1	2
21	平梯	架	1	1
22	爬竿或爬绳	付	1	1
23	毽子	只	40	★100
24	短跳绳	根	40	★100

续上表

序号	器材名称	单位	配备数量	省一级及珠江三角洲地区学校
25	长跳绳	根	8	★20
26	小篮球	只	20	★60
27	小篮球架	付	2	4
28	小足球	只	20	★60
29	小足球门	付	1	2
30	软式排球	只	20	★60
31	排球架	付	2	2
32	乒乓球台	张	2	8
33	乒乓球或板羽球或羽毛球球拍	付	20	★50
34	乒乓球或羽毛球网架	付	2	10
35	乒乓球或板羽球或羽毛球	只	20	★100
36	录音机	台	1	2
37	肺活量测试仪	台	2	2

2. 中学体育器材（含九年制学校、初级中学、完全中学、中等职业技术学校、高级中学）

（1）12 个班（含 12 个班）以下

序号	器材名称	单位	配备数量	省一级及珠江三角洲地区学校	备注
1	接力棒	支	8	12	
2	跨栏架	付	10	20	
3	发令枪	支	1	1	
4	标志杆（雪糕筒）	根	8	20	
5	秒表	块	2	6	
6	跳高架	付	1	2	
7	跳高横竿	根	2	★4	
8	山羊或跳箱	台	1	4	
9	助跳板	块	1	5	
10	垒球	个	24	★50	
11	实心球	个	24	★50	
12	铅球	个	8	8	
13	皮尺	卷	1	5	
14	小体操垫	块	24	★50	
15	低单杠	付	1	4	
16	高单杠	付	2	3	
17	高双杠	付	1	3	
18	剑（刀）	柄	24	★30	
19	棍	根	24	★30	
20	短跳绳	根	48	★100	

续上表

序号	器材名称	单位	配备数量	省一级及珠江三角洲地区学校	备注
21	长跳绳	根	12	★20	
22	拔河绳	根	1	2	
23	篮球	只	24	★60	
24	篮球架	付	2	3	包括活动低篮球架
25	足球或软式排球	只	24	★50	
26	足球门或排球架	付	1	2	包括活动小足球门
27	排球架	付	2	2	
28	乒乓球台	张	1	6	
29	乒乓球拍或羽毛球拍	付	24	★50	
30	乒乓球或羽毛球	只	24	★50	
31	乒乓球或羽毛球网架	付	1	6	
32	录音机	台	1	2	
33	肺活量测试仪	台	2	2	

（2）13 个班（含 13 个班）以上

序号	器材名称	单位	配备数量	省一级及珠江三角洲地区学校	备注
1	接力棒	支	12	20	
2	跨栏架	付	10	40	
3	发令枪	支	1	1	
4	标志杆（雪糕筒）	根	8	40	
5	秒表	块	3	10	体育老师超过 10 人的，应每人配一块
6	跳高架	付	1	4	
7	跳高横竿	根	2	★6	
8	山羊	台	1	4	
9	跳箱	付	1	3	
10	助跳板	块	2	8	
11	垒球	个	24	★50	
12	实心球	个	24	★50	
13	铅球	个	12	12	
14	皮尺	卷	1	8	
15	大体操垫	块	8	12	
16	小体操垫	块	24	★50	
17	低单杠	付	2	4	
18	高单杠	付	2	4	
19	低双杠	付	2	4	
20	高双杠	付	2	4	

续上表

序号	器材名称	单位	配备数量	省一级及珠江三角洲地区学校	备注
21	肋木	间	2	4	
22	平梯	架	1	2	
23	剑（刀）	柄	24	★50	
24	棍	根	24	★50	
25	短跳绳	根	48	★100	
26	长跳绳	根	12	★30	
27	拔河绳	根	1	4	
28	篮球	只	24	★100	
29	篮球架	付	3	6	包括活动低篮球架
30	足球	只	24	★60	
31	足球门	付	1	3	包括活动小足球门
32	软式排球	只	24	★60	
33	排球架	付	3	3	
34	乒乓球台	张	2	10	
35	乒乓球拍或羽毛球拍	付	24	★100	
36	乒乓球或羽毛球	只	24	★100	
37	乒乓球或羽毛球网架	付	1	10	
38	录音机	台	1	3	
39	肺活量测试仪	台	2	2	

注：1. 标注“★”的器材为低值易耗器材设备，应及时补充。
2. 各中小学校都应根据学校班级的规模设置体育器材室一间。
3. 30 个班以上的学校按本标准增加 1 倍配备，50 个班以上的学校增加 2 倍配备。

三、中小学校教学卫生条件基本标准

（一）教室

1. 普通教室人均使用面积：小学不低于 1.15 平方米，中学不低于 1.22 平方米。

2. 教室前排课桌前缘与黑板应有 2 米以上的距离。

3. 教室内各列课桌间应有不小于 0.6 米宽的纵向走道，教室后应设置不小于 0.6 米的横行走道。后排课桌后缘距黑板不超过 9 米。

（二）课桌椅

1. 教室内在座学生应每人一席。

2. 每间教室内至少应设有 3 种不同高低型号的课桌椅。

3. 课桌椅的高低要与学生的身高坐高基本相符。以《学校课桌椅功能尺寸》（GB/T 3976—2002）的标准为依据。

（三）黑板

1. 黑板应完整无破损、无眩光，挂笔性能好，便于擦拭。

2. 黑板下缘与讲台地面的垂直距离：小学为 0.8～0.9 米，中学为 1～1.1 米；讲台桌面距教室地面的高度一般为 1.2 米。

（四）教室采光

1. 单侧采光的教室光线应从学生座位左侧射入，双侧采光的教室主采光窗应设在左侧。

2. 教室墙壁和顶棚为白色或浅色，窗户应采用无色透明玻璃。

3. 教室采光玻地比（窗的透光面积与室内地面面积之比）不得低于 1∶6。

4. 课桌面上的采光系数最低值不应低于 1.5%。

（五）教室照明

1. 课桌面和黑板照度应分别不低于 200 LX 和

300 LX，照度分布均匀、无阴影、无眩光，均匀系数不低于0.7。自然采光不足时应辅以人工照明。

2. 教室照明应配备40瓦荧光灯9盏以上，并符合节能环保要求。灯管宜垂直于黑板布置。教室照明应采用配有灯罩的灯具，不宜用裸灯，灯具距桌面的悬挂高度为1.7～1.9米。

3. 黑板照明应设2盏40瓦荧光灯，并配有灯罩。

（六）教室微小气候

1. 教室应设通气窗或换气扇等，寒冷天气应有采暖设备，做到经常通风换气、保持空气清新。

2. 新装修完的教室应进行室内空气检测，符合《室内空气质量标准》的可投入使用，并保持通风换气。

四、中小学校生活设施基本标准

（一）学生宿舍

1. 学生宿舍不应与教学用房合建。男、女生宿舍应分区或分单元布置。一层出入口及门窗，应设置安全防护设施。

2. 学生宿舍的居室，人均使用面积不应低于3平方米。

3. 应保证学生一人一床，上铺应设有符合安全要求的防护栏。

4. 宿舍应有换气窗，保证通风良好，寒冷天气应有采暖设备。

5. 学生宿舍应设有厕所、盥洗设施。宿舍设室外厕所的，厕所距离宿舍不得超过30米，并应设有路灯。

（二）学校集体食堂

1. 学校食堂应取得卫生许可证。食堂从业人员应取得健康证和培训证后方可上岗。

2. 食堂应距污染源30米以上。

3. 食堂应有相对独立的食品原料存放间、食品加工操作间、食品出售场所。

4. 食堂加工操作间最小使用面积不得小于8平方米；墙壁应有1.5米以上的瓷砖或其他防水、防潮、可清洗的材料装修的墙裙；地面应由防水、防滑、无毒、易清洗的材料装修；配备有足够的通风、排烟装置和有效的防蝇、防尘、防鼠、污水排放以及存放废弃物的设施和设备。

5. 食堂应有洗刷、消毒等设施设备。采用化学消毒时，须具备2个以上的水池（容器），不得与清洗蔬菜、肉类等设备混用。

6. 如有须低温保存的食品，必须配备相应的冷藏设施，如冰箱、冰柜等。

（三）学校生活饮用水

1. 学校必须为学生提供充足、安全卫生的饮水以及相关设施。

2. 供学校生活用水的自备井、二次供水的储水池（罐），应有安全防护和消毒设施，自备水源必须远离污染源（30米以上）。

3. 采用二次供水的学校应取得有效的二次供水卫生许可证后方可向学生供水。

（四）学校厕所

1. 新建教学楼应每层设厕所。独立设置的厕所应与生活饮用水水源和食堂相距30米以上。

2. 女生应按每15人设一个蹲位；男生应按每30人设一个蹲位，每40人设1米长的小便槽。

3. 厕所内宜设置单排蹲位，蹲位不得建于蓄粪池之上，并与之有隔断；蓄粪池应加盖。小学厕所蹲位宽度（两脚踏位之间距离）不超过18厘米。

4. 厕所结构应安全、完整，应有顶、墙、门、窗和人工照明。厕所内应设有效排气装置，厕所附近应设置洗手设施。

五、中小学校卫生（保健）室建设基本标准

（一）卫生（保健）室设置

1. 卫生室是指取得“医疗机构执业许可证”的学校卫生机构，承担学校预防保健、健康教育、常见病和传染病预防与控制、学校卫生日常检查并为师生提供必要的医疗服务。

2. 保健室是指未取得“医疗机构执业许可证”的学校卫生机构，在卫生专业人员指导下开展学校预防保健、健康教育、常见病和传染病预防与控制、学校卫生日常检查。

3. 寄宿制学校或600名学生以上的非寄宿制学校必须设立卫生室，600名学生以下的非寄宿制学校设立卫生室或保健室。

（二）卫生（保健）室人员配备要求

1. 寄宿制学校或600名学生以上的非寄宿制学校须配备卫生专业技术人员（按600∶1配备）。卫生专业技术人员应持有卫生专业执业资格证书。

2. 600名学生以下的非寄宿制学校，须配备保健教师或卫生专业技术人员。保健教师由现任具有教师资格的教师担任。

3. 卫生专业技术人员和保健教师应接受学校卫生专业知识和急救技能培训，并取得相应的合格证书。

（三）卫生保健室设施与设备

1. 卫生室

（1）卫生室建筑面积应大于40平方米，并有适应学校卫生工作需要的功能分区。

（2）卫生室应具备以下基本设备：视力表灯箱、杠杆式体重秤、身高坐高计、课桌椅测量尺、血压计、听诊器、体温计、急救箱、压舌板、诊察床、诊察桌、诊察凳、注射器、敷料缸、方盘、镊子、止血带、药品柜、污物桶、紫外线灯、高压灭菌锅、照度计、肺活量计、担架、夹板（一套）、三角巾、辨色图谱、暖水袋等。

2. 保健室

（1）保健室建筑面积应大于20平方米，并有适应学校卫生工作需要的功能分区。

（2）保健室应具备以下基本设备：视力表灯箱、杠杆式体重秤、身高坐高计、课桌椅测量尺、血压计、听诊器、体温计、急救箱、压舌板、观察床、诊察桌、诊察凳、止血带、污物桶、照度计、辨色图谱、暖水袋、担架等。

六、中小学生健康检查基本标准

（一）基本要求

1. 在校中小学生应每年进行一次常规健康体检。

2. 新生入学须建立健康档案。

3. 承担学生体检的医疗机构必须在《医疗机构管理办法》《医师法》等法规下进行体检活动。

4. 学生健康体检的场所可以设置在医疗机构内或学校内。设置在学校内的体检场地，要满足健康体检对检查环境的要求。

5. 承担学生体检的医疗机构统一按《学生健康检查技术要求》中的规定进行体检。

6. 承担学生体检的医疗机构统一使用广东省中小学生健康体检数据上报系统进行数据的录入及上报。

（二）健康体检项目

1. 必检项目

内科常规：病史、心、肺、肝、脾。

眼科：视力、沙眼、结膜炎、色觉（小学入学新生必检）。

外科：头部、颈部、胸部、脊柱、四肢、皮肤、淋巴结、男性外生殖器（小学入学新生必检）。

耳鼻喉科：耳、鼻、扁桃体。

形体机能：身高、体重、血压。

口腔科：牙齿、牙周。

检验：ABO红细胞定型（小学入学新生必检）、结核菌素试验（小学、初中入学新生必检）、肝功能检测（谷丙转氨酶、胆红素）。

2. 选检项目：

血常规检查（血红蛋白、红细胞、白细胞、血小板计数）、蛔虫卵检测、肺活量检测。

（说明：各市可根据具体情况对选检项目进行适当增减，但不得将X射线胸部检查列入常规检查项目。）

（三）学生健康体检结果评价与反馈

承担学生健康体检的医疗机构在体检结束后，应进行个体与群体健康评价，并向学生、学校、教育行政部门反馈健康评价结果，分析学生主要健康问题，提出改善学生健康状况和进一步检查的建议。

（四）学生健康体检机构资质

1. 具有法人资格、持有有效的“医疗机构执业许可证”、具有健康体检资质的公立性医疗机构，经向教育行政部门备案后，可承担中小学生定期健康体检工作。

2. 有区域性中小学卫生保健机构的地区，可优先安排在中小学卫生保健机构体检。鼓励和扶持符合条件的乡镇卫生院、社区卫生服务中心参与。

（五）体检经费

1. 健康体检费用标准由省有关部门确定（详见《关于印发〈广东省中小学生健康体检有关事项管理办法〉的意见》）。

2. 义务教育阶段学生健康体检必检项目的体检费用由学校公用经费开支，列入财政统筹经费安排；选检项目由各地根据实际情况自行增减，所需费用由各地财政自行解决；义务教育阶段学生健康体检费用不得向学生收取。

3. 非义务教育阶段学生健康体检项目及费用标准按照义务教育阶段的相关规定执行，体检费用向学生收取。

4. 各学校必须严格体检经费的管理，确保专款专用。

关于在全省教育系统开展师德建设主题教育月活动的通知

（粤教师〔2009〕82 号）

各地级以上市教育局，各高等学校、省属中等职业技术学校：

为进一步加强师德建设，树立人民教师良好形象，建设高素质的教师队伍，我厅决定从 2009 年开始，将每年 9 月定为全省教育系统师德建设主题教育月。现就开展师德建设主题教育月活动的有关要求和 2009 年主题教育月活动的安排通知如下。

一、充分认识开展师德建设主题教育月活动的重要性

教育发展，教师是关键；教师素质，师德是核心。教师是培养中国特色社会主义事业合格建设者和可靠接班人的主要实施者，是社会主义现代化建设的重要生力军，是全面推进教育教学改革、实施素质教育的具体承担者。全面推进教育事业的科学发展，不仅需要教师树立先进的教育理念，不断优化知识结构，提高教育教学水平，更需要教师具备高尚的职业道德素质。教师师德水平的高低，直接关系到素质教育的顺利实施，直接关系到广大青少年的健康成长，直接关系到国家和民族的未来。

长期以来，我省各级教育行政部门和各类学校十分重视师德建设，广大教师以教书育人为己任，认真贯彻党的教育方针，积极投身教育教学改革，忠于职守，辛勤耕耘，为人师表，无私奉献，为我省教育事业的改革发展作出了积极的贡献，赢得了社会的广泛赞誉。但是，在市场经济和开放环境下，随着教育事业的改革与发展的不断深入，师德建设面临着许多新情况、新问题：有的教师不注重政治理论学习，理想信念淡薄，拜金主义、享乐主义有所滋长；有的教师对自身要求不严，敬业精神不足，教书育人意识淡薄，为人师表的表率作用不强；有的教师热衷于追求个人名利，存在学术造假等不端行为；有的教师对学生缺乏爱心，未能成为学生的良师益友；等等。虽然这些只是极个别现象，但严重损害了人民教师的崇高形象，影响了教育质量的提高，也影响了广大学生的健康成长。全省各级教育行政部门和各级各类学校要从确保党和社会主义事业兴旺发达的高度，从实践“三个代表”重要思想、落实科学发展观、构建和谐广东的高度，从实施科教兴粤战略、为我省经济社会改革发展提供智力支持的高度，充分认识开展师德建设主题教育月活动的重要意义，加强组织领导，确保活动成效。

二、开展师德建设主题教育月活动的指导思想和目标要求

开展师德建设主题教育月活动的指导思想：坚持以邓小平理论、“三个代表”重要思想和科学发展观为指导，紧紧围绕全面推进素质教育和建设高素质教师队伍的需要，以确立师德意识、规范师德行为、提升师德水平为重点，多渠道、多层次开展形式多样的师德教育活动，进一步优化师德建设制度环境，建立师德建设长效机制，不断提高师德建设水平。

通过开展师德建设主题教育月活动，引导广大教师坚持正确的政治方向，热爱祖国，忠诚党的教育事业；牢固树立以学生为本、以育人为本的教育理念，自觉遵循教育规律，积极推进教育创新，全面实施素质教育，不断提高教育质量；自觉加强师德修养，模范遵守职业道德规范，始终保持昂扬向上的精神状态和积极健康的进取精神，真正做到以言传道、以行垂范；自觉履行教书育人的神圣职责，潜心钻研，严谨笃学，爱岗敬业，乐于奉献，以良好的思想和道德风范去影响和培养学生；认真践行求真务实、勇于创新、严谨自律的治学态度和团结合作、协力攻关、共同进步的团队精神，不断发扬优良的学术风气，努力建设一支理念先进、师德优良、业务精湛的高素质教师队伍。

三、开展 2009 年师德建设主题教育月活动的安排

2009 年是中华人民共和国成立 60 周年，也是我国第 25 个教师节。2009 年全省教育系统师德建

设教育月活动的主题是“爱岗敬业、奉献祖国”。各级教育行政部门和学校要紧紧围绕2009年的主题，通过举办内容丰富、形式多样、各具特色的活动，深入开展师德建设主题教育月活动，增强广大教师的责任感和使命感，进一步激发广大教师爱岗敬业、奉献祖国的工作积极性，不断推进我省教育事业的改革发展。

（一）开展主题教育月活动的主要内容

一是深入开展爱国主义教育活动。以庆祝中华人民共和国成立60周年为契机，在广大教师中深入开展爱国主义教育活动，大力宣传新中国成立60周年的辉煌成就，使广大教师深刻感受祖国60年来特别是改革开放30年的巨大变化和取得的伟大成就，引导广大教师心系伟大祖国，共话祖国新貌，共唱祖国赞歌，共享国庆喜悦，进一步增强广大教师对祖国的深厚感情。

二是深入开展教师理想信念教育。以社会主义核心价值观和爱国主义为主要内容，在广大教师中深入开展教师理想信念和职业道德教育，引导广大教师把爱国之情化为报国之志，爱岗敬业、爱国奉献，以培育优秀人才为己任，牢记人民教师的神圣职责和重要使命，志存高远、勤恳敬业，甘为人梯、乐于奉献，以高尚的情操引导学生全面发展，为我省教育事业的科学发展作出应有贡献。

三是广泛开展先进典型学习活动。在2009年教师节期间，我省将召开全省庆祝2009年教师节暨表彰优秀教师大会，评选表彰一批爱岗敬业、教书育人、改革创新、甘于奉献的优秀教师和教育工作者，树立一批师德高尚、业务精湛的名校长和名教师。各地各校也要结合实际开展相应的评选活动，表彰先进，树立典型，通过先进典型人物的示范作用，激励广大教师崇尚先进，积极进取，更好地发挥广大教师的积极性、主动性和创造性。

（二）开展主题教育月活动的主要形式

一是要开好动员会。各校要对开展师德建设主题教育月活动进行深入动员，统一思想、提高认识，认真做好教育活动的宣传工作，在全校范围内努力营造师德建设的浓厚氛围。

二是要组织好学习。要利用专门时间，组织广大教师认认真真、原原本本地学习中央领导同志在庆祝中华人民共和国成立60周年大会上的重要讲话，学习教育部和省委、省政府领导同志在庆祝2009年教师节暨表彰优秀教师大会上的讲话，学习教育部《关于进一步加强和改进师德建设的意见》以及新《义务教育法》和《教师法》《教育法》《未成年人保护法》等法律法规。要联系学校和师德建设的实际，有计划、有重点地开展专题学习、讨论，力求学深、学透。

三是要开展各类庆祝新中国成立60周年活动。各校要通过座谈讨论、演讲诵读、诗歌创作、书画征文、知识竞赛、文艺表演、图片展等多种形式，深入开展庆祝新中国成立60周年活动，唱响共产党好、社会主义好、改革开放好、伟大祖国好的时代主旋律，充分展示60年来我省教育事业所取得的伟大成就，充分展示我省广大教师奋发向上、锐意进取、求实创新的精神面貌。

四是要组织观看电影《孟二冬》活动。在2009年教师节期间，各地各校要根据教育部办公厅的通知要求，认真组织广大师生观看电影《孟二冬》，并通过开展主题研讨、师生座谈和党团日活动等多种形式，激励广大教育工作者发扬孟二冬教授所代表的新时期人民教师的崇高精神和品德，不断增强热爱祖国、热爱人民、热爱教育、热爱学生的崇高情感，建设德才兼备的高素质教师队伍，用爱与责任办好让人民满意的教育。

五是要组织开展师德建设的大讨论。各校要围绕“怎样做新时期师德高尚的人民教师”“现代教师应具备什么样的内在素质和外在形象”“如何建立师德建设的长效机制”等内容，认真组织开展师德建设大讨论。通过讨论，达到修养师德、解放思想、更新观念、交流经验的目的。

四、工作要求

（一）加强组织领导

各级教育行政部门和各校要高度重视师德建设主题教育月活动，切实加强领导，精心组织，主要领导要亲自抓。省教育厅成立以厅领导为组长、各有关处室负责人参加的师德建设主题教育月活动领导小组，各级教育行政部门和各校也要成立相应的领导机构，做到分工明确、责任到人、一级抓一级，层层抓落实。

（二）要在求实效上下工夫

师德教育重在解决问题，取得实效。要坚持把师德建设主题教育月活动与深入学习实践科学发展观活动结合起来，与开展纪律教育月活动、加强党风廉政建设结合起来，与提高教师综合素质、推进教育科学发展结合起来。各学校要认真查摆师德建设存在的突出问题，提出解决问题的具体措施。各级教育行政部门要根据每年的主题活动，结合本地实际，提出师德建设主题教育月活动的具体工作要求。各级各类学校要根据活动的整体安排，制订详细的工作方案，召开动员大会进行部署，认真组织活动开展，确保活动取得实效。

（三）创新活动的方法

师德教育是一项长期的重要工作，要下真工夫、花大力气，认真总结经验，不断研究师德建设出现的新情况、新问题，不断探索和创新师德建设的途径和方法，努力提高师德建设主题教育月活动的成效。

（四）做好信息宣传工作

师德建设主题教育月活动期间，要及时主动地做好开展教育活动情况简报的撰稿和编发、上报工作，特别是活动中有特色有亮点的经验和做法要及时总结编成简报。要充分利用校园网、校刊等，开展师德建设宣传交流。同时，要加强与新闻媒体的联系，通过电视、电台、报纸等新闻媒体，加大宣传力度，进一步营造尊师重教的良好社会风尚。

（五）加强监督检查

省教育厅师德建设主题教育月活动领导小组将通过召开汇报会、组织检查、随机抽查、到基层调研了解情况等形式，对教育活动进行指导和检查督促。各级教育行政部门和各校也要加强对教育活动的检查，确保教育活动扎实进行。

每年师德建设主题教育月活动结束后，各学校都要对活动开展情况认真进行总结，并将总结及时上报上级教育主管部门。请各地级以上市教育局和各高校将开展师德建设主题教育月活动的情况于每年的10月30日前报送省教育厅师资管理处。

广东省教育厅

二〇〇九年八月七日

关于进一步加强高等学校科研经费审计的意见

（粤教审〔2009〕6号）

各有关高等学校：

根据《教育系统内部审计工作规定》（教育部令第17号）和《教育部财政部关于进一步加强高校科研经费管理的若干意见》（教财〔2005〕11号）等有关文件精神，为了健全高校科研经费管理和使用的监督约束机制，提高科研经费的使用效益，促进党风廉政建设，现就进一步加强我省高等学校科研经费审计工作提出如下意见。

一、提高认识，加强领导，为科研经费审计创造良好的环境

各高校领导应充分认识科研经费审计工作在规范科研经费管理、提高资金使用效益、促进廉政建设等方面的重要作用，将科研经费审计作为提高科研经费使用规范性、安全性、有效性的重要措施，切实加强对高校科研经费审计工作的领导。要充实审计力量，保障审计经费，并要求科研处等有关部门和人员积极支持和配合内审机构的工作，积极宣传加强科研经费审计监督的重要性和必要性，为开展科研经费审计工作创造良好的环境。

二、加强制度建设，建立健全科研经费审计监管长效机制

要根据国家和我省的有关法律法规建立健全科研经费审计监督方面的规章制度，结合实际制订本单位科研经费审计实施办法等，形成健全有效的科研经费审计监管长效机制，规范对科研经费的监督和管理。

三、积极开展审计工作，加大对科研经费的审计监督力度

（一）认真开展科研经费结题审计。学校内审机构应结合本校实际情况，有选择、有重点地组织对科研经费进行结题审计。开展科研经费结题审计，应重点对科研课题经费的预算、管理、使用等情况进行审计，主要包括：

1. 科研经费的管理情况。重点审查科研经费内部管理制度是否健全，科研项目的合同管理是否规范，学校科研、财务等部门及科研项目负责人在经费管理使用中的权限是否明确，是否把科研经费纳入学校财务部门统一管理、单独核算、专款专用，以及是否违反规定转拨、转移科研经费等情况。

2. 科研课题经费的预算执行情况。重点审查是否存在编报虚假预算套取国家财政资金、未按规定执行和调整预算等情况。

3. 科研经费使用情况。重点审查项目管理费、人员经费、业务费等有关支出是否超出规定比例或合理水平，是否存在截留、挤占、挪用科研经费等情况。

4. 固定资产和无形资产管理情况。固定资产方面要重点审查用科研经费购置的固定资产是否纳入学校资产统一管理、是否安全完整、其使用效率和效果如何等情况，无形资产方面要重点审查对科研成果的管理和保护是否合法合规、是否符合《中华人民共和国促进成果转化法》和《高等学校知识产权保护管理规定》。

5. 科研合同管理情况。重点审查科研合同的起草、签订、执行过程和结果的合法性、合理性、效益性等。

6. 科研项目完成情况。重点审查项目结题是否按有关规定经过验收、是否达到预期目标等情况。

7. 是否存在自筹经费或配套经费不到位、科研项目结题不结账等其他有关情况。

（二）加大科研经费全过程审计监督力度。要充分发挥审计事前、事中控制作用和事后监督作用，有针对性地对部分重点科研项目经费从立项阶段、实施阶段到结题阶段进行全过程审计监督。立项阶段主要是对科研经费预算编制的科学性、适用性和合理性进行审查；实施阶段主要是对科研经费使用的真实性、合法合规性进行审查；结题阶段主要是对科研经费预算执行情况和预期目标完成情况进行审查。

（三）积极探索科研经费效益审计。各高校要在科研经费结题审计的基础上探索开展科研经费效

益审计，重点研究科研经费效益的评价方法和评价指标体系等。要认真分析科研经费的使用效益情况，对科研经费使用是否合理、是否节约、是否存在损失浪费或闲置沉淀现象，科研成果是否达到预期研究目标等方面发表评价意见，并提出改进科研经费管理、提高科研经费使用效益的意见和建议。

（四）利用社会中介机构对科研经费进行审计监督。审计力量不足或有规定要求社会中介机构出具审计报告的，可委托社会中介机构对科研项目进行审计。凡需委托审计的，均由学校内部审计机构组织实施。

四、及时整改审计发现的问题，切实加强对科研经费的管理

对科研经费审计发现的问题，要及时进行整改并研究改进管理的措施，切实加强对科研经费的管理，防止问题再次发生。要组织审计机构和有关部门对落实整改情况进行后续检查。

请各有关高校认真贯彻落实本意见，切实采取有效措施，进一步推动科研经费审计工作的开展。省教育厅拟在适当时候组织对高校贯彻落实本意见的情况进行检查。

广东省教育厅
二〇〇九年六月十日

关于开展2009年中小学校长省内外挂职锻炼工作的通知

（粤教继〔2009〕30号）

各地级以上市教育局：

为加强中小学校长培训工作，提高中小学校长素质，2009年我厅继续实施中小学校长省内外挂职锻炼项目，现将有关事项通知如下。

一、挂职锻炼项目

（一）省外挂职锻炼

（1）江苏班。组织30名中小学校长（其中高中、初中、小学各10名）赴江苏省中小学名校开展挂职学习，学习时间为1个月。委托江苏省教育学院协办。

（2）上海班。组织30名初中校长赴上海市中小学名校开展挂职学习，学习时间为1个月。委托上海市师资培训中心协办。

（二）省内挂职锻炼

组织80名农村中小学校长到我省72个中小学校长培训实践基地学校开展挂职锻炼。挂职锻炼时间为35天（其中安排1周省外学习考察）。

二、选派对象及条件

（一）江苏班

选派对象：广州、深圳、珠海、佛山、东莞、中山、江门、肇庆、惠州九市的中小学校长。

选派条件：参加过中小学校长提高培训并取得合格证书，年龄在50岁以下、身体健康的正职校长。

（二）上海班

选派对象：参加过省内挂职锻炼的初中校长。

选派条件：参加过2005年以来我省组织的中小学校长省内挂职锻炼的初中校长（含副职）。

（三）省内挂职锻炼项目

选派对象：我省农村中小学校长。

选派条件：参加过中小学校长任职资格培训并取得合格证书，年龄在50岁以下、身体健康的正副校长。

三、名额分配

（一）江苏班

广州、深圳、珠海、佛山、东莞、中山、江门、肇庆、惠州每个市各选派3名（高中、初中、小学各1名）；省直学校选派3名。

（二）上海班

每个地级以上市选派2名（不含广州、深圳、珠海、佛山、东莞、中山、江门）；省直属学校选派2名。

（三）省内挂职锻炼

每个地级以上市5名（不含广州、深圳、珠海、佛山、东莞、中山）；机动5名。

四、时间安排

省内外挂职锻炼学习时间计划安排在10—11月上旬进行，具体日期另行通知。

五、具体要求

（一）请各地级以上市教育局按以上各项目分配名额，抓紧落实参加挂职锻炼人员，并于9月20日前将参加以上三个项目的人员名单分别列表报送广东省中小学校长培训中心。联系人：吴玉梅；联系电话：020－34114325；地址：广州市新港中路351号；邮政编码：510303。

（二）挂职锻炼按《广东省中小学校长挂职学习工作指南》的具体要求进行，委托广东省中小学校长培训中心负责组织实施。

（三）被选派校长在挂职学习期间的各项待遇不变。

（四）农村校长被选派到经济发达地区学习，建议派出单位给予参加挂职学习的校长适当生活补助。

（五）本通知及附件可登录广东省中小学校长网（www.gdxz.edu.cn）下载，有关信息也将及时在网上发布。

附件（略）

广东省教育厅
二○○九年八月二十七日

关于实施《广东省教育资源下乡行动计划（2009—2015年）》的通知

（粤教电〔2009〕16号）

各地级以上市教育局：

为了贯彻落实"十七大"和省委十届三次、四次全会精神，深入学习实践科学发展观，缩小城乡教育差距，促进义务教育均衡发展，加快实现教育公平，推进数字广东、和谐社会建设，根据广东省人民政府办公厅《关于推进广东省义务教育均衡发展的实施意见》（粤府办〔2009〕26号）中关于"实施'优质资源下乡行动计划'"的精神，我厅组织制定了《广东省教育资源下乡行动计划（2009—2015年）》，现印发给你们，请结合本地实际，认真组织实施。

附件：广东省教育资源下乡行动计划（2009—2015年）

广东省教育厅
二〇〇九年八月十二日

附件

广东省教育资源下乡行动计划（2009—2015年）

为了贯彻落实"十七大"和省委十届三次、四次全会精神，深入学习实践科学发展观，缩小城乡教育差距，促进义务教育均衡发展，加快实现教育公平，推进数字广东、和谐社会建设，根据广东省人民政府办公厅《关于推进广东省义务教育均衡发展的实施意见》（粤府办〔2009〕26号）的有关精神，决定在全省组织实施"教育资源下乡行动计划"。

一、目的和意义

"教育资源下乡行动计划"是在现有的广东省基础教育信息资源中心和广东省基础教育专网的基础上，通过整合、汇聚优质教育教学资源，扩大教育专网的容量及其覆盖面，改善农村学校信息化装备条件，提高教师运用信息技术整合学科教学的能力等，将优质教育教学资源送到农村中小学，以推进农村教育教学改革，提高农村学校教育教学质量。

实施"教育资源下乡行动计划"是我省继"免费义务教育""中小学危房改造""中小学布局调整""中小学教师工资福利待遇两相当""千校扶千校"等工程之后，又一项促进义务教育均衡发展的重要工程，是我省深入学习实践科学发展观、实施以教育信息化带动教育现代化战略的具体行动。实施"教育资源下乡行动计划"将有效解决当前制约农村教育质量和水平的瓶颈——优质教育教学资源匮乏、师资队伍能力不强、教学方法和手段不新等问题，对大面积改善全省农村中小学的教学条件，提高农村中小学的教学水平和质量将起到积极的作用。

二、主要任务和工作步骤

（一）充实、优化、完善"广东省基础教育网"，建立资源服务体系。建设好用、实用、易用的成体系的优质课程资源是"教育资源下乡行动计划"的核心和根本。在现有的广东省基础教育信息资源中心的基础上，整合已有资源，组织学科专家分科分类汇聚同步课程优质资源，有效连接国家、各地教育资源库（中心），建立省、市、县（区）、校四级联动的全省教育资源共建共享的机制和平台，充实、优化、完善“广东省基础教育网”，建成广东省基础教育信息资源中心，到2015年，全面建成体系化的中小学各学科的学科资源、课堂资源和示范课例资源等三大资源服务体系，免费提供优质教育资源给全省农村中小学使用。

（二）扩大广东省基础教育专网的容量及其覆盖面，完善资源下乡渠道。一是加快广东省基础教育专网主网和省、市、县节点的升级改造，优化省教育专网性能；二是通过有线或无线的方式，使独立建制的农村中小学全部接入广东省基础教育专网，到2012年，全面实现“校校通”，实现优质教育资源的快速配送和高效共享；三是针对目前部分地区中小学校不通网络的实际情况，将“广东省基础教育网”的课程资源制作成同步课程教学软件，采用光盘或移动硬盘、U盘等多种载体，送到学校。

（三）加快农村学校信息化设备建设，优化资源应用环境。一是加快现有计算机室、语音实验室、多媒体综合电教室、网络环境等信息化教学设施设备的改造、更新和优化升级，保证现有设备的正常使用，满足基本的教学需要；二是按照《广东省义务教育规范化学校标准（试行）》和“新装备”工程的要求，到2015年，独立建制的农村初中、小学全部配齐计算机室、语言实验室和多媒体综合电教室，基本建立校园网络环境，为实现优质教育资源“科科用”“人人用”提供环境保障。

（四）提高农村教师教育信息技术能力，提升资源应用效益。围绕普及应用、深化应用、创新应用三个重点，加强教育资源的应用模式、策略的研究和指导，分阶段、分类别组织“送教下乡”“送培训下乡”等活动，提高教师的应用能力和水平。一是组织力量开发教师培训教材、网络课程和应用示范课例，在计划实施过程中，将培训资源同步配送到农村学校；二是开展“送教下乡”“送培训下乡”活动。组织优秀教师到农村学校讲授示范课、送培训到农村学校，开展网络远程培训等多种形式的培训，使广大农村教师不仅懂得如何用好优质的教育教学资源，更能提升整体的素质和教学水平。到2012年，完成对全省农村中小学教师信息化资源应用模式与策略的全员培训，提高其应用信息化资源优化教学的意识和技能，改善农村教师的教学行为，提高资源应用效益；到2015年，完成对全省农村中小学教师信息化资源有效应用与教学创新的全员培训，全面提高农村中小学教师的教育教学能力和水平。

三、保障措施

（一）加强领导和统筹协调工作。各级教育行政部门要充分认识“教育资源下乡行动计划”的重要性和必要性，加强领导，统筹规划，狠抓落实；要结合本地实际制订切实可行的具体工作方案，明确年度目标任务和工作措施，开展本辖区计划的组织实施工作；要将“教育资源下乡行动计划”与“千校扶千校”结合起来，加强对工作进展情况的督促检查，一级抓一级，层层抓落实，确保“教育资源下乡行动计划”各项工作落到实处。

（二）多渠道筹措“教育资源下乡行动计划”资金。各地要切实加大农村教育信息化建设投入力度，多渠道筹措实施“教育资源下乡行动计划”所需的经费，并加强项目的整合，充分利用正在实施的有关项目经费，积极争取和拓宽其他经费来源渠道，按标准逐步配足配齐信息化教学设施设备，切实保障“教育资源下乡行动计划”的顺利实施。本计划以市、县（市、区）政府投入为主，省将对实施“教育资源下乡行动计划”成效显著的东西北农村地区给予适当的奖励和补助，并为这些地区的学校免费配送同步课程资源和教师培训资源。

（三）建立检查激励和定期通报制度。各地要建立行动计划实施工作的年度报告制度和考核评估制度，建立健全资源评审制度和激励机制，充分调动各有关单位和各类参与人员的积极性，做到资源质量有保障、资源下乡出成效。省将对各地的计划落实情况进行过程跟踪和绩效考评，定期或不定期地进行检查和通报。对在“教育资源下乡行动计划”中做出显著成绩的单位和个人给予表彰和奖励。

概　况

GENERAL SITUATION

中共广东省委教育工委　广东省教育厅 2009年工作要点

2009年广东省教育工作的总体要求是：高举中国特色社会主义伟大旗帜，坚持以邓小平理论和“三个代表”重要思想为指导，深入学习胡锦涛总书记在纪念改革开放30周年大会上的重要讲话精神，认真贯彻党的“十七大”、十七届三中全会和省委十届三次、四次全会精神，深入贯彻落实科学发展观，围绕“三促进一保持”要求，大力实施好教育四大工程，即县域内义务教育均衡发展工程，大力发展中等职业技术教育、普及高中阶段教育工程，提升高等教育发展水平工程，师资队伍建设工程；大力发展农村教育，切实提高各项工作落实质量，推进教育优先发展、科学发展。

一、深入学习实践科学发展观，加快推进教育事业发展

1. 认真开展深入学习实践科学发展观活动。着力用中国特色社会主义理论体系武装头脑，努力做到“党员干部受教育、科学发展上水平、人民群众得实惠”。把学习实践科学发展观同学习贯彻党的十七届三中全会和省委十届三次、四次全会精神结合起来，同学习贯彻胡锦涛总书记在纪念改革开放30周年大会上的重要讲话精神结合起来，务求在推动工作上取得实效。加强对全省教育系统广大党员特别是高校领导班子和党员领导干部深入学习实践科学发展观活动的指导。

2. 以科学发展观统领广东教育事业发展。进一步健全保障教育优先发展、科学发展的机制和制度，加快推进广东教育现代化。学习贯彻落实国务院出台的《珠江三角洲地区改革发展规划纲要》，推动广东教育深化改革、科学发展。按期、优质做好《广东省中长期教育改革和发展规划纲要》的编制工作，对广东教育的改革发展进行全面部署。加强对《广东省教育发展“十一五”规划》实施情况的监控，促进规划目标和任务的落实。

3. 统筹各级各类教育又好又快发展。加快推进县域内义务教育均衡发展。协调发展普通高中教育和中等职业技术教育，争取高中阶段教育毛入学率达到78%。继续保持高等教育规模合理增长。加大农村学前教育发展力度，探索学前教育办学模式和工作机制，推动多种形式的成人教育、社区教育广泛开展，进一步完善终身教育体系。

二、加快推进义务教育均衡发展，进一步提高义务教育质量和水平

4. 巩固义务教育特别是农村义务教育普及成果。深入贯彻落实新修订的《义务教育法》，加强学籍管理，完善防止义务教育学生辍学工作制度，开展初中防辍专项检查，提高普及九年义务教育的质量和水平。

5. 加大力度推进县域内义务教育均衡发展。争取出台《关于推进义务教育均衡发展的意见》，完善推进县域内义务教育均衡发展的政策措施。积极探索建立县域内义务教育资源合理配置机制，以义务教育阶段学校布局调整为抓手，统筹义务教育规范化学校建设、“三室一场五有”工程和创建教育强镇、强县（区）工作，继续改善农村学校办学条件，解决好部分城镇学位紧缺和班额过大问题，在保证学生入学的前提下实行规模办学，提高办学效益。积极实施义务教育阶段学校“千校扶千校”行动计划，组织基础较好的学校对口帮扶欠发达地区基础薄弱的学校。进一步完善义务教育管理体制，积极探索学区办学模式，发挥中心小学示范作用，切实提高农村学校管理水平，促进内涵发展。建立教师、校长统一调配和定期交流制度，促进义务教育阶段学校之间师资力量的均衡配置。积极探索解决区域间教育发展不平衡问题，促进城乡基础教育协调发展。切实履行对地级以上市、县（市、区）党政领导基础教育工作考核职责，全面推进义务教育均衡发展和县域教育现代化督导评估工作。

6. 大力加强特殊教育、学前教育和民族教育。进一步完善特殊教育相关法规制度，加大特殊教育公共财政投入，新建、扩建一批特殊教育学校，发挥优质特殊教育学校的示范带头作用，督促检查特殊教育教师编制落实情况，加强对随班就读工作的

指导，提高特殊教育办学水平。进一步完善学前教育相关法规政策，明确各级政府发展学前教育的责任，切实将发展学前教育摆上重要位置。积极探索农村学前教育发展的办学模式和工作机制，推动乡镇中心幼儿园建设。加强对办园行为的规范管理。进一步落实省委、省政府关于加快民族地区发展的有关文件精神，改善民族地区基础教育办学条件和寄宿制民族班生活条件。进一步完善新疆班、西藏班管理制度。加强对办班学校的指导、帮助。

7. 清理义务教育阶段办学体制改革试验学校，进一步规范公办学校参与举办义务教育阶段民办学校的行为。

三、大力发展中等职业技术教育，加快普及高中阶段教育

8. 认真学习汪洋书记、黄华华省长、宋海副省长等省领导关于推广顺德职业技术教育模式经验的重要批示精神，制订贯彻实施意见。以中等职业技术教育为重点，加快普及农村高中阶段教育。

9. 全面推进中等职业技术教育建校工程。做好规划，集中财力，重点在地级市建设一批上规模、上水平的中等职业技术学校，全面推进中等职业技术学校重点项目工程建设，加大中等职业技术教育基础能力建设力度，为大力发展中等职业技术教育、加快普及高中阶段教育奠定基础。

10. 继续扩大高中阶段教育特别是中等职业技术教育招生规模。落实责任，健全高中阶段教育招生制度和考核机制，完善高中阶段教育招生平台，加强招生政策宣传，加大规范招生秩序力度，为高中阶段教育扩招创造良好政策环境，做好服务工作。加快实施中等职业技术教育战略性结构调整，有效组织欠发达地区初中毕业生转移到珠江三角洲地区中职学校就读。

11. 提高高中阶段教育质量。制定颁发《广东省中等职业技术教育专业指导方案》，加强中等职业技术教育骨干专业点和精品课程建设。加强实训基础能力培养，推动“双证书”制度的实施，提高学生综合素质和就业能力。以中等职业技术学校技能竞赛为平台，倡导和促进提高中等职业技术教育技能培养水平。继续深化普通高中课程改革，推进示范性普通高中建设和教学水平评估工作，创新人才培养模式，提高人才培养质量。

12. 深化办学体制改革。继续推进职业技术教育集团建设。总结、推广多形式联合办学的经验。继续抓好工读结合人才培养模式改革。探索建立职业技术教育纵向衔接、横向贯通的人才培养“立交桥”。逐步理顺中等职业技术教育管理体制。积极探索和建立现代职业技术教育体系。

四、大力提高高等教育质量，进一步增强高校科技创新和服务经济社会发展的能力

13. 加强学科专业建设，提高应用型本科人才培养质量。加强高校学科专业信息平台建设，引导高校建立面向市场依法自主设置和调整专业的新机制，优化学科专业结构。推进按大的学科门类招生培养、主辅修和第二学位制、学科专业交叉复合型人才培养模式改革。开展应用型本科人才培养示范院校建设试点，构建以应用型本科人才培养示范专业为中心的专业群，将应用型本科人才培养工作落实到具体专业上。以部分高校工科人才培养模式改革与再创新试点和文科经管类人才培养模式与实践体系改革项目的推进为抓手，引导高校吸引企业等用人单位参与应用型本科人才培养工作，推进应用型本科人才培养模式改革。

14. 推动高职教育科学发展，提升高职教育质量与水平。启动高职高专科研专项计划，指导高职院校走产学研结合、科技创新的发展道路，引导高职高专院校开展应用性研究和技术服务。创新办学模式和人才培养模式，建立与之相适应的教学管理规范与机制。推进国家和省示范性高职院校年度建设计划，通过评审重点支持3～5所高职院校进入省高职示范院校建设行列。开展年度重点专业建设与遴选工作，构建国家、省和高校三级重点专业体系。加强年度精品课程建设，鼓励和支持高职院校与行业企业合作开发课程，建立突出职业能力培养的课程标准，提高课程教学质量。利用高职专项资金重点建设一批高水平校内生产性实训中心或基地。

15. 全面实施广东省研究生教育创新培养计划，促进研究生培养与科技创新的有机结合。实施研究生培养质量提升计划、研究生学术能力培育计划、研究生教育创新改革计划、研究生教育管理计划，构建完备的研究生教育创新培养体系。认定一批研究生创新培养基地，评选广东省优秀博士、硕士学位论文。继续举办研究生学术论坛或暑期学校。加强研究生教育创新计划区域合作。建设一批研究生示范课程，构建研究生教育优秀课程体系。加强对研究生教学改革和管理创新的研究，探索示范性研究生培养方案和新型培养管理模式。做好新增博士、硕士学位授权单位的规划，提高研究生培养质量。加强新增博士、硕士学位授权单位建设，促进广东

省学位与研究生工作的良性发展。

16. 加强高水平大学建设，提高高校自主创新能力。推进“985工程”二期验收和三期建设启动工作，抓好国家序列“211工程”高校建设和省自行建设序列“211工程”重点学科建设项目的实施。继续实施“育苗工程”，加强科技创新团队建设，培养优秀青年科技创新人才和拔尖人才。推进科研创新平台建设，建设一批重点实验室、高校工程中心和文科重点研究基地。启动大学科技园孵育孵化项目，促进高校科技成果转化和产业化。实施高校产学研结合示范基地建设计划，推出一批示范性科技成果工程化项目。设立高校优秀科学研究成果奖，表彰和奖励高校科研自主创新工作。发挥广州大学城、石牌地区等地高校合作办学的优势，推进高校间文献信息、大型仪器设备和优质教育教学资源共享。推进高校集中区域组成高校或同类型高校联盟，创新校际、校企合作模式，增强联盟高校与社会需求良性互动的能力，提高人才培养质量。

五、加强师资队伍建设，进一步提高教师队伍整体水平

17. 推进实施义务教育阶段学校教师绩效工资政策，推进解决中小学代课人员和教师工资福利待遇问题。制订代课人员免费培训和第二次招录考试工作方案，指导各地开展代课人员转岗考试（考核）。建立全省中小学教师管理信息系统，对教师实行实名制管理。全面启动县域内中小学教师平均工资水平与当地公务员平均工资水平大体相当、农村中小学教师平均工资水平与城镇中小学教师平均工资水平大体相当的工作，改善农村教师工资福利待遇和工作生活条件。

18. 加强基础教育特别是农村教师队伍建设。实施广东高等师范教育质量提升计划，推进师范教育人才培养模式改革与创新，促进师范教育发展。建立高校、区域教师培训基地、“中小学名教师工作室”三位一体的省级中小学骨干教师培训培养体系。推进中小学教师教育技术全员培训和中小学校长培训工作。启动新一轮中小学教师继续教育工作，推进中小学教师远程培训。研究制定《关于加强农村教师队伍建设的意见》，力争在完善教师培养体系、提升农村教师素质、提高农村教师待遇等方面有新突破。鼓励和吸引高校毕业生服务农村基础教育，开展城镇教师支援农村教育工作，推进师范生实习支教、置换农村教师培训工作，提高农村教师整体素质。检查中小学教职员编制核定情况，确保县（市、区）特别是欠发达地区农村学校能及时足额配备教师。

19. 加强高层次人才队伍建设。完善高等学校珠江学者特聘教授岗位制度。分期分批选派“千百十工程”部分培养对象到国内外一流大学的重点学科、重点实验室、国家人文社会科学重点研究基地等进行访学或学术交流。组织高校到国外招聘教学科研急需的高层次人才，鼓励高校通过市场手段，采取整体引进、核心人才带动引进、科研项目开发引进以及柔性引进等方式引进高层次人才。建立高校高层次人才库。加强基础教育“百千万人才工程”建设。

20. 加强职业技术教育“双师型”教师队伍建设。进一步完善职业技术教育教师培养和继续教育制度，指导职业技术院校采取校本培训、校外进修、研修结合等方式开展“双师型”教师培训工作。实施高等职业技术院校特聘教授岗位计划，吸引、遴选和造就一批在教学科研和技术创新等领域有较大影响力的学术技术带头人。

六、深化教育教学改革，全面推进素质教育

21. 继续推进基础教育课程改革。认真总结第一阶段新课程改革的经验，结合新高考改革方案的实施，推动课程改革向常态化发展。做优、做强一批在全国有影响、起示范作用的新课改示范区（校），促进新课改薄弱地区不断提高教学水平和人才培养质量。发挥校本教研基地和样本学校的作用，为全省中小学课程改革提供实验基地和示范学校。改革中小学教育评价制度，注重学生的合格率、进步率和综合素质。

22. 加强教学管理工作，督促学校全面执行课程计划。深入贯彻《广东省未成年人保护条例》，建立完善班主任负责协调各门课程作业量的机制，严格查处义务教育阶段学校违法违规补课，切实减轻学生过重课业负担。

23. 推进教育信息化发展。加强“省教科网”“省基础教育专网”和中小学“校园网”建设，继续做好教学资源建设工作，加强教育教学技术应用于教育教学工作的指导，为教育教学提供更有力的技术支持和信息保障。加快普及中小学信息技术教育。

24. 进一步加强德育工作和高校思想政治工作。建立德育工作绩效评价体系，提高德育骨干队伍素质，加强德育科研，以庆祝新中国成立60周年为主

要内容开展主题教育活动，加强法制教育和家庭教育，加强对德育基地和青少年宫的指导和管理，推动中小学德育创新发展。深入开展思想政治理论课建设评估，加大学科带头人和中青年骨干教师培养力度，构建完善的课程教材教学体系和教学质量监控体系，加强思想政治教育理论研究，推进思想宣传工作深入开展，进一步提高高校思想政治理论课建设水平。加强大学生日常思想政治教育管理和心理健康教育，全方位推进辅导员队伍建设，创新校园文化活动及大学生社会实践工作，进一步提高高校学生工作质量。

25. 进一步加强体育、卫生、艺术和国防教育工作。牢固树立“健康第一”的指导思想，制订中央7号文件及省实施意见的具体实施细则，严格执行国家课程标准，开足、开齐和上好体育课。建立学校体育卫生工作督导考核制度，今后每两年对学校体育卫生工作进行一次督导检查，遏制青少年体质的部分指标持续下降的势头。做好第十届全国中学生运动会广东省代表团运动员的选拔、集训和参赛工作，力争取得优异成绩。抓好学校突发公共卫生事件和学生常见病的防控工作，组织实施全省中小学生的健康体检，加强各地中小学特别是农村学校卫生基础设施建设，保障学生身体健康。完善艺术教育保障机制，加强艺教师资队伍建设，推进艺术教育基本建设，提高艺术课程开课率和教学质量，广泛开展课外艺术活动，营造良好的校园文化艺术环境。继续加强学校国防教育，抓好学生军训工作。

七、着力解决教育热点问题，进一步促进教育公平

26. 深化招生考试制度改革。进一步完善普通高考方案。继续深入实施“阳光工程”，构建规范有序的招生工作体系。组织实施高中学业水平考试工作。进一步完善初中毕业生基本信息数据库和高中阶段教育招生平台建设。拓展自学考试和社会考试领域，适时开考广东省经济和社会发展急需的专业，着力培养较高层次的应用型、技术型人才。

27. 严格规范高校办学行为。通过适当方式公布高校办学情况，推动高校建立面向社会依法自主办学、自我管理、自我约束的机制。规范高校办学行为，特别是成人教育校外办学行为，严格控制成人教育校外办学点数量。落实教育部26号令《独立学院设置与管理办法》要求，以资产过户为中心，规范独立学院的办学行为。依法及时处理违规办学事件，维护学校稳定。

28. 进一步健全学生助学体系。指导高校用好各类奖、助学金，规范国家奖、助学金的评审和发放工作，强化国家奖、助学金的“育人”功能。研究制订高校防范助学贷款风险的办法和措施，保障国家助学贷款工作的健康、持续发展。优化国家助学贷款网络管理系统，提高工作效率。组织有关部门对全省中职资助政策落实情况进行监督检查，加强对国家助学金的管理。鼓励和支持农村中小学开展勤工俭学工作。

29. 切实加强高校毕业生就业指导工作。高度重视高校毕业生就业工作，积极引导毕业生面向基层就业。组织实施好“大学生志愿服务西部计划”“山区志愿者服务计划”等国家和地方项目，促进高校毕业生就业与新农村建设、基层公共就业服务机构建设和城市社区建设相结合。加强高校毕业生创业教育和创业扶持工作。做好待就业毕业生就业指导工作和就业困难毕业生的帮扶工作。加强大学生职业生涯规划教育。加强高校就业指导工作队伍建设。进一步完善“以高校为基础”的高校毕业生就业市场，加快区域性就业市场建设步伐。开展就业指导工作研究，提高就业服务水平，降低毕业生就业成本。

30. 鼓励和规范民办教育健康发展。继续加强对民办教育的统筹管理、综合协调，依法落实国家和省扶持民办教育发展的政策措施。继续加强对民办学校的管理，加大对民办高校办学条件的监测检查力度，督促民办高校改善办学条件。

31. 充分发挥广东省教育统计信息网的作用。建立完善教育基础数据库的实施更新制度，完善统计分析及应用功能。

32. 扩大教育对外交流与合作。深化与外国地区政府教育部门的高层次交流，促进各层次教育的对外交流与合作。巩固和加强与港澳地区的教育合作，充分利用港澳地区的教育资源，逐步培育和形成广东省教育国际化的特色。针对两岸当前形势，制订广东省与台湾高校合作的计划，积极拓展广东省与台湾地区的教育交流与合作。探索引进境外名牌高校合作或独立举办高等教育机构，发展国际合作办学。积极支持和配合广东省重大发展战略，推进广东省高等院校国际化建设。制订广东省有关港澳人士子女学校的发展规划和管理办法，推进广东省在CEPA体系下“先行先试”有关政策的落实。

33. 大力加强教育法制建设。继续推进《广东省实施〈中华人民共和国民办教育促进法〉办法》立法工作。落实高校章程建设工作推进计划。全面

落实教育系统“五五”普法规划，推进依法治教、依法治校。贯彻落实《国家通用语言文字法》，推进二类城市语言文字工作评估工作。贯彻落实《档案法》《保密法》及相关法规规章，切实做好档案管理和保密工作。

34. 加强教育新闻宣传和舆论引导。做好教育政策和重点工作的宣传解读，加大正面宣传力度。加强新闻发布和公共突发事件危机新闻管理的学习培训，提高新闻宣传工作质量。加强对教育热点问题的舆论引导，及时发布正确的正面信息，澄清各种错误和模糊认识，营造有利于教育改革发展的社会氛围。

八、加大教育经费投入力度，进一步提高教育发展保障能力

35. 进一步完善教育投入机制，扩大教育经费来源渠道，加强教育经费管理，严格规范教育经费支出和使用，提高教育经费使用效益。按省政府文件要求，在欠发达地区的各市、县（区）建立“教育财政专户”，全面推行中小学校“校财局管”。落实各项专项经费，保障教育四大工程实施。创新省财政教育专项经费安排机制，探索激励型竞争性安排。加强各级各类学校基建指导，建设节约型校园。加强省属高校财务管理，优化高校经费支出结构。提高对教学、科研的保障能力，促进高等教育的持续健康发展。

36. 完善义务教育免费政策和经费保障机制。进一步落实农村义务教育阶段学校公用经费保障和寄宿生生活费补助。建立校舍维修长效机制。探索保障进城务工子女平等受教育的有效办法。完成佛冈、阳春、海丰清理化解农村义务教育债务试点工作，研究建立防止义务教育阶段学校新增负债机制。

37. 提升教育装备质量和水平。健全中小学教育装备经费保障机制，努力增加中小学教育装备经费的投入。建立中小学教育装备使用、维护、更新的长效机制。继续推进新装备工程建设，进一步提升广东省农村中小学教育装备水平。加快中小学教育装备信息化管理步伐，搭建“一校一台账”的网络管理系统。加强对高校实验教学示范中心、重点实验室以及实训、实习基地的建设和管理，提高装备使用效益。以完善制度、规范程序、落实权责、强化监管为重点，修订和完善各项工作制度和管理办法，进一步规范教育政府采购管理。

38. 进一步加强和完善高校、中小学校后勤保障体系建设与管理。努力抓好高校标准化食堂建设，提高后勤保障服务质量，保持食品价格基本稳定，确保食品卫生安全。努力办好寄宿制中小学校食堂。推行高校学生医疗改革，认真抓好高校学生参加居民医疗保险试点工作，提升高校学生医疗保障水平。

39. 加强教育审计工作。深入贯彻落实《教育系统内部审计工作规定》（教育部17号令）和广东教育审计规范，加强教育审计机构和队伍建设，实行教育审计区域联系制度，积极开展财务收支审计、基建审计和经济责任审计等审计实务工作，促使教育行政部门和单位健全内部控制制度，加强内部管理，提高教育经费使用效率。

九、加强高校党的建设，进一步提高高校党建工作水平

40. 深入抓好高校领导干部的理论学习，加大高校领导干部尤其是中青年领导干部培养培训力度，全面提高领导干部的理论水平和领导能力。

41. 加强高校党建工作研究，积极探索高校基层党组织的设置形式，继续实施固本强基工程，研究制定《广东高校加强基层党组织建设的意见》，启动基层党组织负责人培训项目，进一步加强高校基层党的组织建设。指导高校做好发展党员工作。

42. 认真贯彻落实《中共广东省委组织部、广东省委教育工委关于加强民办高校党建工作的实施意见》，开展民办高校党组织负责人和党务工作者的培训，规范民办高校党建管理体制和运行机制，大力推进民办高校党建工作。

43. 抓好高校知识分子思想政治工作。制订并出台《加强高校知识分子思想政治工作的意见》。建立广东省高校统战成员信息库。抓好统战工作的制度建设，落实《广东省高校统战工作考核方案》，推动高校统战工作规范发展。

十、加强反腐倡廉建设，进一步提高党风廉政建设水平

44. 进一步建立健全教育系统惩治和预防腐败体系。严格执行党风廉政建设责任制，抓好领导干部廉洁自律工作。深入开展廉洁教育，筑牢拒腐防变的思想防线。严肃查处违纪违法案件。继续开展治理教育乱收费工作。切实加强和改进监督。深化政府信息公开，推进学校校务公开。

十一、全面加强委厅机关建设

45. 全面推进依法行政，完善委厅内部管理制度。加大干部教育培养力度，改进干部考核管理办

法，提高干部队伍素质。巩固和深化作风评议活动成果，增强服务意识、提高服务能力、强化纪律检查，进一步推动学习型、创新型、研究型、服务型机关建设。强化综合协调职能，提高办文质量。加大督查督办力度，提高工作效能。加强档案管理和保密工作。做好老干部工作。

十二、切实做好维护教育系统稳定工作

46. 制定《广东省教育系统安全稳定工作防控体系实施方案》，完善教育系统突发公共事件应急预案和体制机制，加强应急组织、队伍、平台和能力建设。严格落实《广东省高校治安综合治理目标管理责任书》，贯彻省委教育工委、省教育厅制定的《广东省高校治安综合治理工作考核指标体系》，加大领导力度，加强队伍建设，完善制度保障，维护学校安全稳定。切实加强教育信访工作，各地、各学校都要高度重视做好信访工作。建立健全信息采集和报送机制，加强值班工作，确保信息渠道畅通，切实做到重大信息第一时间上报。全面落实学校安全稳定和校办企业安全生产责任制，认真开展学校（含校办企业）安全隐患大排查，整治和化解各类安全稳定隐患，确保学校安全稳定。

（撰稿、审稿　广东省教育厅办公室）

2009年广东省教育事业发展概况

【综述】2009年是广东省教育承接改革开放30年来取得的伟大成就，加快实现教育现代化步伐的重要一年。一年来，省委教育工委、省教育厅在省委、省政府的正确领导下，认真学习贯彻党的十七届四中全会和省委十届四次、五次全会精神，深入贯彻落实科学发展观和《珠江三角洲地区改革发展规划纲要（2008—2020年）》，紧紧围绕“三促进一保持”和“双转移”战略要求，努力抓好教育五大工程，切实推进素质教育，圆满完成了年度各项工作任务。着力抓普及义务教育巩固提高和帮扶工作，县域内义务教育均衡发展取得新进步；着力抓招生建校工作，普及高中阶段教育取得阶段性重要成果，高中阶段教育毛入学率达到79.9%，比2008年提高了7.9个百分点；着力抓办学实力的提升，职业教育取得新进展；着力抓人才培养模式改革和高校科研创新能力建设，高等教育的培养质量和服务经济社会发展能力明显增强；着力抓解决代课人员问题和高层次人才队伍建设，师资队伍建设得到加强，各项工作均取得了较好成绩。

【2009年教育发展主要成绩】一、学习实践科学发展观活动进一步深入开展

坚持以科学发展观统领广东教育事业发展。根据《珠江三角洲地区改革发展规划纲要》中教育改革发展的目标要求，组织各高校和珠江三角洲各市教育局围绕提升教育现代化水平、建设高水平大学等内容进行研讨，形成了加快广东省教育改革发展的共识。从广东省争当实践科学发展观排头兵战略全局出发，组织编制了《广东省教育改革和发展规划纲要（2009—2020年）》（送审稿）。

组织参加第二批学习实践活动的高校围绕“办什么样的大学，怎样办好大学”和“培养什么人，怎样培养人”两个根本问题，查找和破解影响科学发展的突出问题，推进人才培养模式改革。中央学习实践活动领导小组办公室充分肯定了广东省高校的学习实践活动。习近平、刘延东、李源潮、汪洋等中央领导同志对此分别做出重要批示。中等职业学校和普通中小学第三批学习实践活动进展顺利。省教育厅机关学习实践活动的整改落实工作也取得明显成效。

二、义务教育均衡发展取得新成效

2009年，全省小学学龄儿童入学率为99.88%，小学五年保留率达100%；初中毛入学率达100%，初中毕业生升学率为89%，比2008年提高了6个百分点；学前三年教育毛入园（班）率为77.3%，比2008年提高了5个百分点。

义务教育均衡发展加快推进。总结推广了顺德、德庆等地推进义务教育均衡发展的经验。初中阶段学生“防流控辍”工作取得成效，全省初中三年保留率比2008年提高了0.9个百分点。义务教育“千校扶千校”行动计划、“广东省教育资源下乡行动计划”及“新装备”工程推进顺利，进一步改善了农村中小学校的办学条件，区域、城乡之间办学条件差距逐步缩小。以规范化学校建设为抓手整合教育资源，推动各地合理调整学校布局，规范化学校覆盖率有所提高。义务教育阶段改制公办学校的清理工作全面启动，部分地区清理工作已完成。

学前教育、特殊教育和民族教育工作稳步推进，农村幼儿入园率明显提高，全省特殊教育学校新增2所、在建（新建、扩建）12所，内地西藏班、新疆班扩招任务顺利完成，在全国率先出台了西藏班、新疆班教职员编制标准，得到教育部的肯定。

督政督学工作全面加强。全省已评出6个教育强市、32个教育强区、231个教育强镇（街、乡），珠江三角洲地区（不含江门市）教育强区、强镇覆盖率达到100%。2007、2008年地级以上市、县（市、区）党政领导干部基础教育工作责任考核工作按计划全面完成，各级党政领导的教育责任进一步落实，各地教育发展环境进一步改善。

三、普及高中阶段教育及中等职业教育发展取得新进展

全省高中阶段学校招生151.78万人，比2008年增加24.8万人，其中中职学校招生79.99万人，转移招收欠发达地区生源17万人，中职学校招生总量跃居全国第一。高中阶段教育在校生达到377.9万人，比2008年增长12.69%，其中中职教育在校生达到185.46万人，居全国第二位。高中阶段在校生普职比为51∶49，基本实现了普职在校生规模相当。惠州、肇庆两市通过了普及高中阶段教育的督导验收。

珠江三角洲职教基地建设开局良好。确定了1个省级职教基地加9个市级职教基地的建设思路。

广东省与教育部共建珠三角职教基地的相关工作已全面展开。佛山、惠州、肇庆、中山等市级基地的建设工作已初步启动，湛江、清远、阳江、梅州、河源、云浮等6个欠发达地区的职教基地已开始筹建。

高中阶段教育内涵建设有新的加强。普通高中优质化进程加快推进。中职教育师资队伍的整体水平进一步提升。实训中心的建设水平进一步提高。成功举办了广东省第一届中等职业学校技能大赛。在2009年全国职业院校技能大赛中取得了优异成绩。截至2009年11月，中职学校毕业生就业率已达97.68%，连续5年超过96%。

构建现代职业教育体系有新的推进。顺德“零学费入学、零距离上岗”人才培养模式改革已成为全国职教改革的一面旗帜。“1+1+1”三段式人才培养模式改革取得新进展。工学结合、校企合作等办学模式改革进一步完善和推广，涌现出“企业校区”“企业办校”“园区办校”等多种办学模式。开展了高等职业技术学院面向中职应届毕业生和有2年工作经验的在职人员自主招生的试点工作。与梅州、肇庆、清远市政府签订了省市共建职业教育基地或现代职业教育体系试验市协议。积极开展与新加坡的职业教育国际合作项目。

四、高等教育质量和办学水平进一步提升

2009年，新增4所职业学院正式招生，普通高校总数达112所。全省普通本专科实际招生43.86万人，在校生达到133.41万人，提前1年实现了《广东省教育现代化建设纲要实施意见（2004—2010年）》确定的规模目标。全日制研究生教育（含专业学位研究生）实际招生2.45万人，比2008年增长15.77%，在校生达到6.59万人，比2008年增长12.01%。成人高等教育招生数和在校生数继续居全国第一。高等教育毛入学率为27.5%，比2008年提高0.5个百分点。

以高等教育教学质量与教学改革工程、高职高专教育改革与实践工程和应用型本科人才培养计划、师范教育质量提升计划（“两工程两计划”）为抓手，加强教学基本建设，教育教学综合改革进一步深化。2009年，全省有18所高校的30个项目入选第六届高等学校国家级教学成果奖；新增高等学校国家精品课程44门，国家双语教学示范课程11门；入选国家人才培养模式创新实验区4个，新增高等学校国家级教学名师7人、国家级教学团队12个；入选高等学校国家特色专业建设点30个；新增国家实验教学示范中心项目9个。

高水平大学建设稳步推进。会同省发改委、财政厅完成“211工程”高校和参加高水平学科建设高校重点学科建设项目的可研报告论证和正式批复立项工作。中山大学和华南理工大学“985工程”二期建设顺利进入总结验收阶段。

高校科研创新与服务能力进一步增强。2009年，广东省高校在国家重点基础研究发展计划（973计划）和重大科学研究计划项目中取得历史性重大突破，获9项首席科学家项目，年度立项数及立项总数均位列全国第三；新增国家工程技术研究中心3个、省部共建教育部重点实验室1个、教育部工程中心5个。广东省高校获2008年度广东省科学技术奖113项，占获奖项目总数（288个）的40%，其中一等奖15项，占一等奖获奖总数（27个）的56%，高校已经成为广东省高水平科学研究特别是自主创新的重要力量。高校获广东省科学技术奖的成果一半以上来自于产学研合作，近三年累计新增利润76.2亿元，产学研合作效益显著。

五、师资队伍建设进一步加强

解决中小学代课人员问题取得阶段性成果。按照省委、省政府的工作部署，会同相关部门研究制定了解决中小学代课人员问题的工作措施，形成了工作联动协调机制。至2009年底，全省中小学代课人员总数与2008年同期相比减少43%。

推进中小学教师工资福利待遇“两相当”和义务教育学校实施绩效工资工作成效初显。目前，90%以上的县（市、区）城乡教师工资福利待遇已实现大体相当。

高层次人才引进和培养工作成效显著。2009年，有4人被遴选为两院院士，全省高校两院院士增至26人；新增珠江学者岗位14个，新上岗“珠江学者”16人，高校“珠江学者”在岗人数达35人；入选教育部“长江学者”计划11人，高校现有“长江学者”58人；入选国家“千人计划”4人。推荐了一批骨干教师成为新世纪“百千万人才工程”国家级人选。农村教师队伍建设得到加强。师资培训与交流工作稳步推进。组织中小学骨干校长赴英国培训，农村学校校长到珠江三角洲地区名校挂职锻炼，发达地区校长赴江苏、上海名校开展跟岗学习，效果良好。

六、学校素质教育进一步推进

基础教育课程改革持续推进，加大了特色课程和教学资源研究与开发的力度，抓好校本教研工作。富有广东特色的中小学德育模式初步形成，建立中小学德育工作绩效评价机制和中职学校德育政策文件框架体系。校园文化建设得到加强。学校体育卫生和艺术教育工作进一步加强。组队参加第十届全国中学生运动会，取得了好成绩。全面实施《国家学生体质健康标准》和中考体育考试。切实做好全省学校甲型H1N1流感的防控工作。开展第三届全省中小学生艺术展演活动和“高雅艺术进校园”活动。完成大学生征兵任务。

七、教育经费统筹管理能力进一步增强

教育经费投入和统筹力度加大。2008年全省预算内教育经费占财政支出比例达21.12%，排全国第5位，全省预算内教育经费增幅高于财政经常性收入增幅1.26个百分点。2009年，会同省财政厅加大教育经费统筹力度，确保了“两个比例”和“三个增长”的法定投入。农村义务教育公用经费补助标准提高到国家公用经费基准定额。推进义务教育规范化学校建设奖补资金竞争性分配。建立农村中小学校舍维修改造长效机制，下达了欠发达地区校舍维修改造长效机制资金。2009年共下达普及高中阶段教育省财政补助资金16亿元。2008年、2009年中职学校实训中心建设专项资金实行竞争性分配取得了良好效果。提高省属高校补助标准，新增安排高等教育质量水平提升工程专项补助资金，新增安排省属高校基本建设补助资金。

全省中小学校舍安全工程扎实推进。截至2009年11月，完成校舍排查鉴定、总体规划制订、纸质档案建设、信息系统建设等工作，如期完成全国校舍安全工程领导小组办公室布置的各项任务。

助学体系功能得到切实发挥。2009年，全省城乡义务教育享受“两免”学生共1 225万人，各级财政共投入“两免”补助资金57.6亿元；全省农村义务教育享受“一补”学生共100万人，省财政投入“一补”资金2.77亿元。全省573所中职学校约47万名学生及时、足额享受了国家助学金。110多所普通高校（包括民办高校和独立学院）近20万名学生获得3亿元“三金”资助。3.7万名普通高校新生通过“绿色通道”入学，7.7万人获得4.22亿元国家助学贷款。

教育系统政府采购管理新模式探索效果初显，采购周期由常规公开招标的40天缩短为5～7天。2009年政府采购计划规模8.06亿元，实际支出采购金额6.96亿元，资金节约率达10.3%。

八、教育热点难点问题得到进一步解决

各类教育招生考试健康发展，“平安高考”的目标圆满实现，高校招生“阳光工程”进一步深化。2009年普通高校招生、报考人数再创历史新高，全省报考人数64.4万人，全国高校在广东省实际录取考生43.86万人。

解决非户籍常住人口子女义务教育问题取得较大进展，2009年秋季，全省共解决了278.69万名非户籍常住人口子女义务教育问题。从2009年春季学期起，全省取消义务教育阶段学生借读费。

高校毕业生就业指导工作成效明显。截至2009年9月1日，全省高校毕业生初次就业率为88.17%，与2008年同期基本持平。至2009年底，全省高校毕业生总体就业率为96.28%。

九、教育信息、新闻宣传和信访维稳工作进一步加强

建立健全信息报送制度，教育信息和宣传简报质量有所提高。建立网络发言人制度，教育新闻宣传的广度和深度进一步拓展，有利于教育改革发展的舆论氛围正在形成。加强对信访工作的组织领导，完善网上信访系统，扎实做好面上信访工作。深入开展“信访积案化解年”活动，13件信访积案化解工作全部完成。进一步加强安全维稳工作。落实校园及周边环境综合治理责任制，深入开展安全文明校园创建活动，建立和完善校园及周边治安综合治理绩效评估机制。实现了教育系统安全稳定的目标。

十、教育法制建设和教育对外交流与合作等工作进一步推进

教育立法取得新突破。配合省人大做好《广东省实施〈中华人民共和国民办教育促进法〉实施办法》草案的修改完善工作，并最终获全票通过；积极参与《广东省高校学生实习和毕业生见习条例》的起草工作。教育普法取得新成绩，广东省教育厅被省委宣传部、省依法治省办、省司法厅、省普法办评为“广东‘五五’普法中期先进集体”。

扎实开展《国家通用语言文字法》的宣传贯彻活动。高质量完成了70件代表建议和121件委员提案的办理工作。

教育对外交流与合作进一步加强。教育系统全方位、宽领域、多形式的对外交流与合作格局逐步形成。积极推进广东省在CEPA体系下教育领域“先行先试”有关政策的落实。

十一、高校党的建设和思想政治教育工作进一步加强

认真贯彻落实省委常委会议关于加强广东省高校党建和大学生思想政治工作的决策部署。召开了高校基层党组织建设经验交流会。巩固和推广了固本强基的成果。进一步理顺民办高校党组织隶属关系，全省民办高校全部建立了校级党委（党总支）

和基层党组织。会同相关部门召开全省进一步加强和改进大学生思想政治教育经验交流会。2009 年 10 月中旬以来，汪洋、黄华华等省领导分别到中山大学等 7 所高校为 2.4 万名师生作形势报告，极大地激发了广大师生的爱国和学习热情。

高校领导班子和干部队伍建设进一步加强。召开 2009 年全省高校党建工作会议，坚持抓好高校领导班子中心组理论学习和举办高校领导干部暑期读书班，坚持并完善高校领导干部任前谈话制度。积极做好高校领导班子的调整、换届、充实以及领导干部考核和后备干部推选工作，加强高校领导班子的组织建设。实施省属本科高校与高职院校干部交流挂职锻炼计划，举办全省高校新任省管干部培训班，继续选派高校领导干部赴国外培训，选送干部进行学习培训，进一步加强了干部的培养锻炼。

高校思想政治理论课建设和大学生教育与管理工作进一步加强。完成 27 所本科及高职高专院校的思想政治理论课建设评估。高校思想政治理论课教师队伍的整体素质明显提高，在教育部开展的思想政治理论课优秀课件评选以及专项课题评审中，广东省入选数量均居全国之首。加强高校辅导员队伍建设和大学生道德实践教育，推进高校学生心理健康教育工作。在华南理工大学等 11 所高校学生中开展了探索建立大学生信用档案的试点工作。

十二、教育系统党风廉政建设水平进一步提高

会同相关部门印发了《关于 2009 年广东省加强高校反腐倡廉建设的工作意见》和《〈关于加强高等学校反腐倡廉建设的意见〉落实工作量化考核表》，对高校反腐倡廉建设工作开展量化考核。加强反腐倡廉教育，扎实开展纪律教育学习月活动和廉政文化进校园活动。认真开展案件查处工作，立案 10 件 10 人，其中处级干部 2 人；审理案件 6 件 6 人，涉及处级干部 3 人。抓好中央新增投资项目的跟踪检查工作，商业贿赂专项治理工作和工程建设领域突出问题专项治理工作扎实推进。加强教育收费监督检查，严肃查处了教育违规收费行为。积极推进创建教育收费规范县活动，评选出第五批“广东省教育收费规范县（市、区）”。在全省大中小学开展校务公开工作量化考评工作，进一步推动各级各类学校的校务公开工作。建设教育系统廉政研究基地，建立了 3 所“广东高校廉政研究中心”，推动反腐倡廉理论研究和工作实践的结合。加强教育审计工作，2009 年，全省教育系统共开展各项审计工作 13 617 项，审计总金额达 405.91 亿元，促进增收节支 6.59 亿元，其中基建审计工作核减 6.09 亿元。

【高等教育办学资源】2009 年，广东省高等教育各项办学条件稳步提高，生均基本办学指标保持稳定水平。一是高等学校数增加。2009 年，经省政府审批，全省新增加 4 所专科院校招生，分别是东莞职业技术学院、广东江门艺华旅游职业学院、广州华商职业学院、广州华夏职业学院，全省普通高等学校由 2008 年的 125 所增加到 129 所（含独立学院）。二是高等学校办学条件得到改善。各高等学校不断增加教育经费投入，改善办学条件。2009 年全省普通高等学校生均教学行政用房、生均教学仪器设备值等均有不同程度的提高，但也有一些办学条件指标呈下降趋势，须引起高度重视。

【高等教育结构和布局】一是优化了办学体制结构，形成以政府办学为主，公办学校与民办学校共同发展的格局。全省独立设置的民办普通高校 44 所（含 17 所独立学院），占全省普通高校总数的 35%，在校生 37.19 万人，占全省普通高等教育在校生总数的 27.88%；市属高校 34 所，占全省普通高校总数的 26.36%，普通本专科在校生 33.48 万人，占全省普通高等教育在校生总数的 25.09%。

二是优化了学历教育层次及学科专业结构。支持本科独立学院的发展，提高本科层次教育的比重。2009 年，独立学院共招生 5.84 万人，在校生 18.45 万人，比 2008 年增加 2.92 万人。全省本科在校生占本专科在校生的比重达到 53.93%，比 2008 年提高了 0.47 个百分点；普通高校各学科在校生的比重提高较快的有经济学，比 2008 年提高了 0.25 个百分点，其次是工学，比 2008 年提高了 0.17 个百分点，各学科在校生的比重依次为工科占 29.71%、管理学占 25.28%、文学占 15.69%、经济学占 7.39%、医学占 6.36%、教育学占 5.29%、理学占 5.18%、法学占 3.76%、农学占 0.99%、历史学占 0.31%、哲学占 0.04%。

三是形成了开放、多样的办学体制和办学模式。根据“稳步发展、规范管理”的方针，积极支持中山大学、华南理工大学、华南师范大学和国内著名大学在广东省设立远程教育学习中心（点）。目前，全省已有 49 所试点高校设立了 246 个学习中心，在校生达 42.8 万人（含电大学生）。

【普通高等教育发展情况】一是高等教育规模持续扩大，发展速度高于全国，毛入学率超过全国平均水平。2009 年全省研究生教育招生 2.45 万人，比 2008 年增加 3 331 人，增长 15.77%，比全国高 1.31 个百分点；在校生 6.59 万人，比 2008 年增加

7 068 人，增长 12.01%，比全国高 2.51 个百分点。2009 年全省普通本专科招生 43.86 万人，比 2008 年增加 4.79 万人，增长 12.25%，比全国高 7.01 个百分点；全省普通本专科在校生 133.41 万人，比 2008 年增加 11.77 万人，增长 9.68%，比全国高 3.57 个百分点。2009 年全省成人本专科招生 16.65 万人，比 2008 年增加 0.7 万人，增长 4.387%；在校生 46.34 万人，比 2008 年增加 1.84 万人，增长 4.14%，比全国高 5.41 个百分点，成人教育招生数和在校生数继续居全国第一。2009 年全省高等教育毛入学率达 27.5%，比 2008 年提高了 0.5 个百分点，比全国高 3.5 个百分点，比 2005 年提高了 5.5 个百分点，但仍低于江苏、浙江等先进省市。每万人口普通本专科在校生，以常住人口计算为 139.78 人，在全国排 22 位，以户籍人口计算为 161.94 人，在全国排第 15 位；每万人口成人本专科在校生，以常住人口计算为 48.55 人，在全国排 7 位，以户籍人口计算为 56.25 人，在全国排第 6 位。

二是高等教育层次结构得到优化。近几年全省普通本科学生的比重继续上升，与全国的差距缩小；但成人本科学生的比重低于全国的平均水平。2009 年全省普通本科在校生占普通本专科在校生的 53.93%，比 2008 年提高 0.47 个百分点，比 2005 年提高 4.93 个百分点，逐步接近全国的平均水平 55.01%。2009 年全省成人本科学生占成人本专科在校生的 33.62%，比 2008 年提高了 0.47 个百分点，比全国低 8.07 个百分点。

三是工学教育规模比重止跌回升，学科专业结构有所改善。近几年广东省高等教育规模得到较大发展，在一定程度上满足了经济社会发展对人才的需求。各高等学校根据经济社会发展的需要，对学科专业结构进行调整优化，但在 11 大学科门类中，管理学、经济学、文学教育规模比重仍呈上升趋势，而经济社会发展急需的工学、理学教育规模比重呈下降趋势，2009 年，工学教育规模比重下降趋势得到改善，全省工学学生数占学生总数的 29.71%，比 2008 年提高 0.17 年百分点，但比全国低 6.39 个百分点。

四是教师队伍得到充实，教师素质进一步提高。广东省不断加强教师教育和高层次人才培养和引进，使教师队伍得到充实，整体素质进一步提高。2009 年，广东省普通高校专任教师达 7.39 万人，比 2008 年增加 4 720 人，增长 6.82%；专任教师中，具有研究生学历的教师比重有较大提高，而高职称教师比重略有下降。2009 年具有研究生学历教师的比重为 59.91%，比 2008 年增加 3.61 个百分点，比全国的平均水平高 7.27 个百分点；高职称教师的比重为 36.46%，比 2008 年降低 0.74 个百分点，略低于全国平均水平。

【民办教育概况】 近几年来，省委、省政府高度重视民办教育事业，采取了一系列措施，促进和规范全省民办教育健康发展。民办教育办学规模不断扩大，办学质量不断提高，在教育体系中的地位越来越重要。全省有民办普通高校 47 所（含独立学院 17 所），在校生 37.19 万人，占全省普通高校本专科在校生的 27.88%，比 2008 年提高了 1.68 个百分点；民办中等职业学校 149 所（不含技工学校），在校生 21.72 万人，占全省中等职业教育在校生的 18.03%，比 2008 年提高了 0.52 个百分点；民办普通高中 120 所，在校生 9.31 万人，占全省普通高中在校生的 4.83%，比 2008 年下降了 0.03 个百分点；民办初中 684 所，在校生 54.04 万人，占全省初中在校生的 10.73%，比 2008 年提高了 0.59 个百分点；民办小学 827 所，在校生 135.29 万人，占全省小学在校生的 15.24%，比 2008 年提高了 1.02 个百分点；民办幼儿园 8 004 所，在园幼儿 141.04 万人，占全省在园幼儿的 56.54%，比 2008 年提高了 2.77 个百分点。

民办教育的发展，促进了办学主体的多元化和办学形式的多样化，改变了政府包揽教育的传统格局，初步形成了政府办学为主，社会各界共同参与办学的体制，在一定程度上满足了社会多样化的教育需求，扩大了学位供给，缓解了学位紧缺状况；促进了投资主体的多元化和资金来源的多样化，吸纳了社会资金投入教育，拓宽了经费来源渠道，弥补了政府教育经费投入的不足；深化了教育内部管理体制改革，促进了教育成本核算方式和人事制度的变革，逐步形成了同级不同类型学校相互竞争的氛围。广东省民办教育的发展，为全省经济社会的发展和教育本身的改革与发展作出了历史性贡献。

（撰稿、审稿　广东省教育厅办公室、发展规划处）

2009年广东省教育要事录

1月4日 省教育厅党组召开专题民主生活会。省委学习实践活动第一指导检查组杨康荣、赵欣出席会议，委厅机关处室、直属事业单位主要负责人和学习实践活动领导小组办公室有关人员列席会议。省委教育工委书记、省教育厅厅长罗伟其主持会议，并对班子成员的工作进行了点评，要求班子成员结合各自分工，继续解放思想，以科学发展观指导广东省教育科学发展率先发展，不断提高整个班子谋划、服务和推动教育科学发展的能力，不断改进工作，促进全省教育又好又快发展。

1月5日 广东省高等学校实验教学改革研讨会在广东工业大学召开，省教育厅副厅长魏中林到会并讲话。各普通本科高校、独立学院教务处处长、设备处处长及有关实验教学管理部门负责人共120人参加了会议。

1月10日 广东省组织首次在经济欠发达地区中小学代课教师中招录公办教师考试（简称“代转公”考试），共有11 145名代课教师参加考试。

1月14日 2009年度广东省中小学德育指导委员会工作会议在广州教育学院召开。省教育厅副厅长李小鲁出席会议并讲话，省教育厅思想政治教育处有关负责人、省中小学德育指导委员会委员、省中小学德育研究与指导中心主要成员共25人参加了会议。

1月15—16日 省教育厅在广州市召开广东省高校思想政治理论课教学指导委员会2009年度工作会议暨教学督导员代表座谈会。教学指导委员会委员及高校教学督导员共60余人参加了会议。

1月16—17日 广东省高等学校党的建设研究会2008年年会在江门市五邑大学召开。全省各高校党委书记或副书记、会员单位代表、部分论文交流代表等230余人参加了大会。广东高校党建研究会名誉会长、省委教育工委副书记谭泽中在大会上作了专题讲话，回顾总结了改革开放以来广东省高校党建工作的七点经验。

2月11日 省委教育工委、省教育厅印发《关于2009年继续开展城乡党支部“一帮一”结对共建的通知》，要求委厅各党支部按照结对共建要求，继续深入开展“五个一”活动，力争在结对共建的深度和广度上有新进展。

2月12日 省教育厅在广州召开各市督导室主任会议。省人民政府副总督学、省人民政府教育督导室主任陈健在会上对2008年全省教育督导工作情况进行了总结并对2009年工作进行了部署。会议进一步明确了2009年教育督导工作的重点和难点。针对年内要组织实施的重点工作——“广东省地级以上市、县（市、区）党政领导干部基础教育工作责任考核”，与会人员展开了热烈的讨论，并达成了共识。

2月16—18日 2009年全国教育统计信息工作会议在广州市召开。会议由教育部发展规划司举办，广东省教育厅承办。教育部发展规划司、教育部教育管理信息中心和各省、自治区、直辖市教育厅（教委）负责教育统计工作的人员共100余人参加了会议。

2月18日 省委教育工委、省教育厅学习实践活动领导小组按照“四明确一承诺”的要求，研究制定并印发了《中共广东省委教育工委、广东省教育厅学习实践科学发展观活动整改落实方案》，要求各处室、单位和广大党员干部团结协作，抓好整改落实，切实把整改落实与谋划、推进当年及中长期业务工作结合起来，推动工作科学发展。

2月23日 省教育厅、南方报业传媒集团在韶关市仁化县董塘镇中心小学联合举行“书赠农村学子 同享快乐阅读”韶关行活动暨韶关市争当“阅读之星”启动仪式。省教育厅副厅长李小鲁出席活动并讲话。此次赠书活动向韶关市30所农村小学捐赠书籍9 000册，价值10.2万元。

2月25日 省委教育工委、省教育厅召开深入学习实践科学发展观活动总结暨“转变作风抓落实”主题实践活动动员大会。省委教育工委副书记、省教育厅党组副书记谭泽中代表厅党组在会上总结了学习实践活动的主要成效。省教育厅党组成员、副厅长魏中林主持会议。委厅领导，广东外语外贸大学党员班子成员，离退休党总支委员及党支部书记，委厅各处室、单位党员，厅直属中等学校党员班子成员参加了会议。

2月26日 为进一步巩固和深化学习实践科学发展观活动及机关作风建设的成果，省委教育工委、省教育厅研究制定并印发了《中共广东省委教育工委、广东省教育厅关于进一步加强机关作风建设的意见》，从10个方面30项内容开展机关作风建设，进一步建立和完善了加强机关作风建设的长效机制。

2月27日　省委教育工委在广州市召开2009年广东省教育纪检监察工作会议。全省各高校纪委书记、各市教育纪工委书记（教育局纪检组长、纪委书记）参加了会议。省委教育工委、省教育厅领导班子全体成员出席了会议。省教育厅机关副处级以上干部、厅直属单位领导班子全体成员列席了会议。珠海市、佛山市、东莞市和中山市4个市被授予“广东省教育收费规范市”称号，广州市萝岗区等34个县（市、区）被授予第四批“广东教育收费规范县（市、区）”称号。

2月27日　全省教育审计工作会议在广州市召开，省教育纪工委书记、监察专员，省教育厅党组成员陈韩晓出席会议并讲话，各地级以上市教育局和各有关高校主管审计工作的领导或审计机构负责人共100多人出席了会议。

2月27日　广东省第四届学位委员会第二次全体委员会议在广州市召开。省学位委员会主任委员、副省长宋海出席会议并讲话。27名广东省第四届学位委员会委员参加会议。会议由省学位委员会副主任委员、省教育厅厅长罗伟其主持。省学位委员会副主任委员、省科学院院长陈勇，省学位委员会副主任委员、省教育厅副厅长罗远芳就会议需要审议的有关材料作了具体说明。

2月27日　省教育纪工委书记、监察专员，省教育厅党组成员陈韩晓就规范教育收费工作接受《南方日报》的独家采访，宣传了规范教育收费工作的政策，并介绍了珠海市等4个市和广州市萝岗区等34个县（市、区、镇）规范教育收费工作的经验。

2月28日　省治理教育乱收费厅际联席办印发了《关于开展2009年春季中小学教育收费检查工作的通知》（粤教发电〔2009〕3号），部署各市开展中小学教育收费自查自纠工作。

3月2日　省教育厅巡视员刘育民、省文明办常务副主任张子兴、省纠风办副主任周世明、省直工委副巡视员邹发生出席了广东实验中学全国文明单位暨精神文明月启动仪式。全国文明单位是中央文明委授予全国基层单位的最高荣誉。全国共有1 343个单位被评为全国文明单位。广东实验中学是广州地区获此殊荣的唯一一所中学。

3月3日　省委教育工委在广州市召开全省高校党建工作会议暨学习实践科学发展观活动动员会。全省各高校党委书记、校长及高校学习实践活动指导组、检查指导组成员共250余人参加了会议。会上，省委常委、省委组织部部长胡泽君就贯彻落实第十七次全国高校党建工作会议精神和开展学习实践科学发展观活动作了重要讲话；省委教育工委书记、省教育厅厅长罗伟其就高校如何开展学习实践活动提出了要求。

3月5—6日　教育部2009年高职院校单独招生改革试点工作座谈会在广州市召开。教育部高校学生司本专科招生处调研员荀人民、教育部高等教育司高职高专教育处副处长林宇等有关领导出席会议并讲话。来自13个试点省区、35所高职院校的97名代表参加了会议，广州番禺职业技术学院党委副书记王运泉作为2008年试点院校代表介绍了单独招生工作的经验和做法。

3月7日　广东省2009年高校毕业生到农村从教供需见面会在华南师范大学举行。超过2万名学生入场，现场有欠发达地区70多个县（市、区）教育局设摊招聘，共提供1.6万个农村学校教师岗位，其中可享受上岗退费政策的岗位近1.3万个。

3月11日　省直工委副书记周建民带领省直工委机关作风建设调研组一行4人到省教育厅检查指导工作。省教育厅党组成员、副厅长李学明代表厅党组向调研组汇报了进一步加强机关作风建设的有关情况。

3月11日　省教育厅发出《关于严禁学校设立账外账和利用学校食堂侵占学生利益行为的通知》（粤教监〔2009〕8号），严禁中小学设立账外账，严禁中小学将食堂作为侵占学生利益的“平台”。

3月12日　广东省省长黄华华、副省长宋海带领省教育厅和省科技厅的同志前往教育部，与教育部部长周济等领导就进一步加强省部合作进行商谈。教育部表示将加大与广东展开产学研合作的力度，同时与广东全面合作共建珠江三角洲职业技术教育基地，打造全国职业技术教育试验区。

3月13日　广东省高职院校人才培养评估工作研讨会在东莞市召开。省教育厅副厅长魏中林出席会议并讲话。2009—2010年计划接受评估的40所高职院校和部分新办高职院校的主管教学副院长、评建办主任、教务处处长等共178名院校代表和78名人才培养工作评估专家代表参加了会议。

3月16日　省教育厅下发了《关于下达2008年义务教育装备专项补助经费计划的通知》（粤教装备〔2009〕3号）。省教育厅为贯彻落实《广东省教育现代化建设纲要（2004—2020年）》及其实施意见的要求，全面推进农村义务教育信息化和实验功能室的标准化、规范化建设，满足基础教育课程改革的需要，促进义务教育的均衡和协调发展，安排8 000万元专项资金，扶持经济欠发达地区农村中小学装备建设。其中，3 000万元用于补助经济欠发达地区农村中小学配备教师计算机，5 000万元用于补助经济欠发达地区的农村初中理化生实验室和小学科学实验室的建设。

3月17—21日 省教育纪工委书记、监察专员，省教育厅党组成员陈韩晓带领检查组到肇庆等市检查中小学教育收费情况。据不完全统计，2009年全省共清退中小学违规收费金额12.38万元（比2008年同期的58.7万元明显下降），查处中小学教育乱收费责任人6人。

3月18日 广东省2009普通高校毕业生就业工作会议召开。省教育厅副厅长李小鲁出席会议并讲话。全省高校分管毕业生就业工作的校领导和职能部门、研究生培养单位以及各地市人事局、教育局的负责人共300余人参加了会议。

3月18日 广东省高等教育自学考试研究会（简称“省自考研究会”）成立。会议通过了省自考研究会章程，选举广州外语外贸大学副校长顾也力为会长。全国高等教育自学考试办公室、省自学考试委员会、中国高等教育协会自学考试分会、广东省民政局等有关领导出席了会议。

3月19日 全省义务教育学校实施绩效工资工作部署会在广州市召开。会议对广东省义务教育学校实施绩效工资工作进行了部署，并印发了《广东省义务教育学校绩效工资实施意见》。

3月19日 全省学校体育卫生工作会议在广州市召开，根据《中共中央国务院关于加强青少年体育增强青少年体质的意见》和《中共广东省委广东省人民政府关于加强青少年体育增强青少年体质的意见》要求，就切实加强学校卫生工作、增强青少年体质进行了全面部署。

3月21—22日 广东省普通高校本科插班生（专科毕业生升本科）考试举行。全省有21所高校招收本科插班生。原计划招生3 385人，报考16 216人。省教育厅根据本科插班生的报考人数情况，增加招生计划2 000人，增幅达59%。

3月21—24日 广东省2009年普通高考英语口语计算机辅助考试举行。据统计，全省报考普通高考英语口语考试的考生达到243 266人，比2008年增加了40 042人，增幅达19.7%。2009年广东省英语口语考试是全国历年来规模最大的口语“人机对话”考试。

3月25—27日 《广东省实施〈民办教育促进法〉办法（草案）》修订、研讨工作会议在佛山市南海区召开。省法制办领导、省教育厅副巡视员文传道和有关专家教授参加了会议。

3月27日 南方重要职业技术教育基地（高职）发展规划研讨会在广东轻工职业技术学院召开。来自珠江三角洲地区的5所本科院校和22所高职院校的54名代表参加了会议，共同探讨了如何促进全省职业技术教育实现新一轮的大发展、大跨越。

3月27日—4月8日 广东省中等职业学校技能大赛在广州、佛山、珠海和中山四市的11个赛场举行。21个地级以上市和省属学校共22支代表队的803名学生选手参加了10个专业大类21个项目的比赛。

3月31日 省委教育工委、省教育厅举办2009年第一期委厅中心组理论学习论坛，省教育厅副厅长李学明主持，副厅长魏中林作了题为“把握珠江三角洲地区改革发展重大机遇　大力推进我省教育事业优先发展科学发展”的辅导报告。

4月2日 广东省政府召开会议贯彻全国普通高校毕业生就业工作电视电话会议精神。广东省副省长宋海在会上指出，各地政府、各有关部门加大了高校毕业生就业政策支持力度，各高校采取了积极的应对措施，大学生经过有效指导后更加主动地面对挑战，积极参与求职竞争，现阶段广东省高校毕业生的就业情况已呈现良好的发展趋势。

4月8日 《广东省中长期教育改革和发展规划纲要（2008—2020年）》（征求意见稿）印发各地级以上市教育局、各高等学校、省属中等职业技术学校征求意见。

4月8日 省教育厅召开2009年全省高中阶段学校招生工作视频会议，全面启动2009年招生工作，建立统一招生部署、统一招生宣传、统一组织输送生源的“三统一”招生工作平台，进一步完善中等职业技术教育学生学籍管理系统，推进招录工作规范化、系统化，并与省劳动和社会保障厅联合印发《2009年珠江三角洲地区中职学校和技工学校招收东西两翼和粤北山区生源计划》。

4月8—9日 广东省学前教育教学工作座谈会在佛山市南海区召开。省教育厅巡视员刘育民，省出版集团董事长黄尚立，省教育厅基础教育处、教研室、广东教育出版社，新世纪出版社、广东出版集团数字出版公司负责人等20多人出席了会议。

4月9日 省民办高校、独立学院办学情况年度检查专家组评审会议在广州市召开，省教育厅副巡视员文传道主持了会议。

4月15日　核发北京理工大学珠海学院、中山大学南方学院、华南师范大学增城学院、吉林大学珠海学院、广东商学院华商学院5所独立学院的办学许可证。

4月20日　省教育厅厅长罗伟其主持召开中小学地方教材审定工作专门会议，省教育厅巡视员刘育民及有关处室主要负责人参加了会议。会议决定设立广东省中小学地方教材审定委员会办公室（设在省教育厅基础教育处），负责地方教材审定日常工作。

4月20—23日　省教育厅在广州市召开广东省中小学地方教材审查委员会换届工作会议暨2009年地方教材审查工作会议，成立广东省第二届中小学地方教材审查委员会专家库，建立了审定机构，完善了教材审查程序，共审查教材49套。

4月21—22日　省教育厅厅长罗伟其、副厅长叶小山率领调研组到阳江市调研教育发展特别是加快高中阶段教育发展的情况。调研组一行实地察看了阳江市4个县（市、区）的16所学校。

4月22—23日　省教育厅开展新一轮珠江学者评审工作。依据修订后的《广东省高等学校珠江学者岗位计划实施办法》，经学校推荐，省教育厅组织评审，全省高校新增珠江学者岗位14个，新上岗珠江学者16人。至2009年6月底，广东省高校珠江学者在岗人数达到35人。

4月27日　调整管理体制学校移交签字仪式在广东省教育厅举行。广东交通职业技术学院、广东省贸易职业技术学校、广东省民政职业技术学校、广东省对外贸易职业技术学校、广东省科技职业技术学校成建制划转省教育厅管理。省发改委、省民政厅、省交通厅、省外经贸厅、省科学院及省教育厅有关领导出席了会议。

4月28日　省编办、省教育厅、省财政厅就广东省公办全日制普通中学承办内地西藏班、新疆班教职员编制问题，印发了《〈广东省中小学教职员编制标准实施办法〉补充意见》（粤机编办〔2009〕106号）。

4月29日　省教育厅副厅长李学明率领省级语言文字规范化示范校评估指导组及评估组一行9人，对广东外语艺术职业学院进行了为期1天的实地考查评估。

4月—6月　省教育厅、省语委组织了3个评估组分别对广东省首批40所中小学和大学进行了省级语言文字规范化示范校考查评估。

5月6日　高校党建与学生思想政治教育座谈会在华南师范大学召开。省委教育工委书记、省教育厅厅长罗伟其，省委教育工委副书记谭泽中，省教育厅副厅长李小鲁，中山大学、华南理工大学、暨南大学、华南农业大学、南方医科大学、广州中医药大学、华南师范大学、广东工业大学、广东外语外贸大学、广东商学院、广东外语艺术职业学院、深圳职业技术学院、顺德职业技术学院13所高校主管党建与学生思想政治教育工作的领导和相关职能部门负责人参加了座谈会。

5月11日　第四次全国特殊教育工作会议在北京市召开，广东省教育厅巡视员刘育民、广东省民政厅副厅长陈桂光、广东省残联理事长宋卓平参加了会议。中共中央政治局委员、国务委员刘延东，全国政协副主席邓朴方出席会议并作了重要讲话，会议表彰了106个全国特殊教育先进单位，其中广东省深圳元平特殊教育学校、阳江市特殊教育学校、江门市新会区特殊教育学校、广州市社会福利院等4个单位受到表彰。

5月11日　省委教育工委书记、省教育厅厅长罗伟其陪同省委书记汪洋看望并慰问了在江门五邑碧桂园学校复课的汶川桑坪中学1 386名师生。

5月11—12日　受省委教育工委书记、省教育厅厅长罗伟其委托，省教育厅副厅长李学明、叶小山分别看望并慰问了在广东轻工职业技术学院和广东省轻工职业技术学校、广东省商业职业技术学校、广东省财经职业技术学校、广东省电子技术学校、广东省石油化工职业技术学校6所学校就读的地震灾区学生，通过听取学校汇报、与灾区学生座谈、实地查看学生学习食宿场所等方式，了解学生的学习生活情况。

5月12—13日　省教育厅厅长罗伟其、副厅长叶小山，省教育考试院院长杨开乔等陪同副省长宋海对肇庆市普及高中阶段教育工作进行调研。

5月15日　转发省人民政府《关于同意设立广州华商职业学院的批复》（粤府函〔2009〕47号）。

5月15日　省委教育工委印发《省教育纪工委关于2009年广州地区部省属高校及厅直属中等职业学校开展纪律教育学习月活动的意见》，对全省高校和省教育厅直属中等职业学校纪律教育学习月活动作出部署。

5月18日　转发省人民政府《关于同意设立广州华夏职业学院的批复》（粤府函〔2009〕46号）和省人民政府《关于同意设立广东江门艺华旅游职

业学院的批复》（粤府函〔2009〕37 号）。

5 月 18 日 省教育厅联合省纠风办出台了《关于进一步规范我省中等职业技术学校招生秩序的意见》，开展招生秩序专项治理工作，切实规范招生秩序。

5 月 19—20 日 省教育厅与省人大法工委、教科文卫委、省政府法制办有关领导赴增城市开展民办教育地方立法工作联合调研活动。

5 月 22 日 全省高校纪律教育学习月活动动员会暨示范点现场会在星海音乐学院召开。省纪委常委许泽红出席会议并讲话。全省高校党委书记、校长和纪委书记参加了会议。

5 月 22 日 省教育厅与省发展和改革委员会联合印发了《关于下达 2009 年广东省普通高等教育招生计划的通知》（粤教规〔2009〕97 号）。

5 月 22 日 全省普通高校党委办公室、学校办公室主任（简称“两办”主任）会议在广州市召开。省教育厅副厅长李学明出席会议并讲话，全省 117 所普通高校（含独立学院）的 190 多名“两办”主任参加了会议，中山大学、华南师范大学和顺德职业技术学院分别就做好办公室信息工作、加强办公室建设、全面实现办公室工作职能等作大会交流。

5 月 25—27 日 省委教育工委、省教育厅领导李学明、杨开乔、叶小山、文传道、王玉学分别到学习实践活动联系点广东商学院、广东金融学院、广东技术师范学院、广东科学技术职业学院、南方医科大学指导开展深入学习实践科学发展观活动。

5 月 26 日 全省中小学安全工作暨表彰第二批安全文明校园会议在广州市召开。各地级以上市教育局领导，省属中等学校领导和省安全文明校园学校代表参加了会议。省教育厅副厅长李小鲁、副巡视员王玉学出席会议并讲话。

5 月 31 日 省教育厅党组成员、巡视员刘育民在广州市教育局副局长陈茂林的陪同下，专程到特殊教育学校广州市越秀区培智学校、外来工子弟学校广州市白云区启明小学及民办天河区天星幼儿园看望慰问儿童，与小朋友们一起庆祝“六一”节，向小朋友们致以节日的问候。省教育厅、广州市教育局还为 3 所学校的小朋友送上了节日慰问金和课外读物。

6 月 3 日 省教育厅、省语委下发了《关于开展第 12 届全国推广普通话宣传周活动的通知》。本届推普周主题是：热爱祖国语言文字，构建和谐语言生活。汕尾市被确定为广东省第 12 届全国推广普通话宣传周活动重点城市。

6 月 4 日 广东省首届“零学费入学、零距离上岗”人才培养模式试点班近千名学生的毕业典礼在佛山市顺德区梁銶琚职业技术学校举行，标志着广东省自 2006 年以来开展的中等职业技术教育“双零”人才培养模式改革试点工作取得圆满成功。全国政协教科文卫体委员会副主任、教育部原副部长赵沁平，广东省副省长宋海，广东省教育厅厅长罗伟其等领导出席了毕业典礼。

6 月 4 日 省教育厅下发了《关于开展中小学教师教育技术能力建设项目中级培训工作的通知》（粤教继函〔2009〕35 号），部署教师教育技术中级培训工作。该项目以《中小学教师教育技术能力标准（试行）》为依据，以进一步提高中小学教师教育技术应用能力、促进现代教育技术在教学中的有效应用为目的，计划利用 3 年时间，组织全省 40% 的中小学教师参加不少于 50 学时的中级水平培训。截至 2009 年底，共 2.8 万名教师参加了教育技术中级培训。

6 月 5 日 省委教育工委书记、省教育厅厅长、省高校学习实践活动领导小组组长罗伟其到学习实践活动联系点广州中医药大学指导开展深入学习实践科学发展观活动。

6 月 5 日 省委书记汪洋主持省委常委会议，听取省委教育工委书记、省教育厅厅长罗伟其关于全省高校党建工作与大学生思想政治工作情况的汇报，研究下一步工作的思路与对策。会议强调，要千方百计提高广东省高校党建工作与大学生思想政治工作的质量，进一步解放思想、开拓创新、扎实工作，不断增强针对性、实效性，推动高校党建和大学生思想政治工作上新台阶，促进高等教育事业又好又快发展。

6 月 11 日 广东建设高水平大学座谈会在广州大学城华南理工大学校区召开。省教育厅厅长罗伟其和副厅长魏中林、罗远芳，以及中山大学、华南理工大学、暨南大学、华南农业大学、南方医科大学、广州中医药大学、华南师范大学、广东工业大学、深圳大学、汕头大学的校长（副校长）出席了座谈会。

6 月 11—12 日 省教育厅在深圳市召开全省各市教育局后勤产业（勤工俭学）办公室主任及中小学学生校服质量抽检工作会议。省教育后勤产业办公室、省质监局质监处、省纤维产品检测院有关负责人到会讲话并详细地解答了与会人员提出的各种问题。

6 月 12 日 省教育厅党组印发了《广东省教育

纪工委关于2009年省教育厅机关和直属单位开展纪律教育学习月活动的意见》，对厅机关和直属单位纪律教育学习月活动作出部署。

6月12日　省教育厅、省政府纠风办、省监察厅、省物价局、省财政厅、省审计厅和省新闻出版局等七部门印发《关于2009年广东省规范教育收费进一步治理教育乱收费工作的实施意见》至全省各地各级各类学校执行。

6月13日　《广东省中长期教育改革和发展规划纲要》专家咨询会在广州珠岛宾馆召开，会上征求了对《广东省中长期教育改革和发展规划纲要》第8稿的意见。省内外有关专家参加会议并提出了宝贵意见和建议，未能莅会的有关专家通过电子邮件发来书面意见。省教育厅副厅长魏中林、罗远芳出席会议并听取意见建议。

6月15日　省教育厅发出《关于设立广东省语言文字培训测试工作办公室的通知》，决定成立广东省语言文字培训测试工作领导小组。省教育厅副厅长李学明任组长，下设培训测试工作办公室，挂靠广东省外语艺术职业学院。

6月16日　省教育厅会同省扶贫办、省财政厅联合下发《关于下达2009年广东省承担智力扶贫工作的中等职业技术学校名单及培训任务的通知》。

6月17日　省教育厅根据省人民政府授权，决定授予佛山市顺德区、禅城区和南海区“广东省推进教育现代化先进区”称号，并颁发省人民政府授予的“广东省推进教育现代化先进区”牌匾，3个区分别成为继深圳市南山区之后全省第二、第三、第四个通过该项验收的区。

6月19日　省教育厅下发《关于配合教育部组织实施“知行中国——中小学班主任教师培训项目”的通知》（粤教继函〔2009〕44号），在全省10个欠发达地区开展1万名班主任教师远程培训工作。广东省选派了104名骨干班主任赴北京参加集中培训，回来后承担1万名班主任远程培训辅导工作。培训按照“学思结合，知行统一”的原则，针对小学班主任教师在日常工作中所面临的主要问题进行深入学习、交流和研讨。

6月20日　为预防甲型H1N1流感爆发，省教育厅印发《关于出现甲型H1N1流感的地区个别小学及托幼机构采取提前放假措施的通知》（粤教基〔2009〕73号），对已经出现甲型H1N1流感的个别小学和托幼机构，报经县级以上教育主管部门同意，可以临时停课或提前放假。

6月22日　为推进贯彻落实《珠江三角洲地区改革发展规划纲要（2008—2020年）》中教育改革发展的目标任务，省教育厅在东莞市召开了珠江三角洲地区9个市教育局局长座谈会。省教育厅厅长罗伟其、副厅长魏中林和省教育厅有关部门主要负责人出席了座谈会。

6月24日　省教育厅下发《关于印发〈广东省中小学代课教师培训工作实施方案〉的通知》（粤教继〔2009〕24号），部署广东省中小学代课教师培训工作。全省共3.2万名代课教师参加培训。培训采取远程教育和集中面授相结合的方式。

6月27—30日　广东省中职代表队在2009年全国职业院校技能大赛中一举夺得16个一等奖，19个二等奖，14个三等奖，团体总分位居全国第三名，连续三年取得优异成绩。

6月29日　广东高校维护稳定工作会在广州市召开，各普通高校有关领导参加了会议。省委教育工委副书记谭泽中、省外事办及广州市国安局有关领导出席会议并讲话。

7月1—3日　省教育厅在肇庆市德庆县召开广东省学前教育工作研讨会，听取肇庆市德庆县和怀集县分别介绍发展学前教育的经验，实地考察德庆县5所农村幼儿园的建设。省教育厅党组成员、巡视员刘育民出席会议并讲话。

7月3日　省委教育工委、省教育厅机关和直属单位纪律教育学习月活动动员会暨反腐倡廉专题辅导报告会召开。会议由省委教育工委书记，省教育厅党组书记、厅长罗伟其主持。省教育纪工委书记、监察专员，省教育厅党组成员陈韩晓代表厅党组对2009年省教育厅机关和直属单位开展纪律教育学习月活动进行了动员部署。中国延安干部学院李世明教授应邀到会作反腐倡廉专题辅导报告。广州地区高校及广州地区以外省属高校党委书记、校长、纪委书记，省教育厅机关和直属单位有关干部共430人参加了会议。

7月6日　省人民政府召开全省中等职业教育招生工作汇报会，学习传达教育部和省委、省政府主要领导的重要指示精神，听取各地中等职业教育招生工作进展情况的汇报，分析存在问题，研究部署下一阶段全省中等职业技术教育招生工作，确保顺利完成年度招生任务。

7月6—10日　省教育厅组织专家对2009年度申报广东省中等职业学校重点建设专业（点）的专业进行了实地考察，最终确定20个专业为省重点建设专业。

7月8日　广东省中小学生《国家学生体质健

康标准》白皮书公告发布会暨“信息传万家·健康下一代”活动启动仪式在广东大厦举行。

7月9日 核发华南理工大学广州汽车学院、广东工业大学华立学院、华南农业大学珠江学院、广州大学华软软件学院、广州大学松田学院、中山大学新华学院6所独立学院的办学许可证。

7月9—10日 全国中小学心理健康教育工作研讨会在佛山市南海区召开。会议由教育部中小学心理健康教育专家指导委员会、教育部基础教育一司主办，省教育厅、华南师范大学承办，佛山市南海区人民政府协办。教育部基础教育一司副司长王定华，教育部中小学心理健康教育指导委员会主任委员林崇德教授、副主任委员莫雷教授出席会议。省教育厅副厅长李小鲁出席会议并作了题为“面向全体，建立机制，促进心理健康教育科学发展”的讲话。全国各省（区、市）教育厅（教委）有关负责人、教研员和中小学校长及教师共130人参加了会议，广东省各地级以上市教育局有关负责人和省、市级心理健康教育示范学校代表共120人列席了会议。

7月11日 省教育厅、省语委举办的“书写经典，传承文明”——广东省学生规范汉字书写大赛决赛在广东外语艺术职业学院拉开帷幕，经17个地市及74所高校初赛选出的700多名选手参加了比赛。省教育厅副厅长李学明亲临赛场观看。

7月12日—8月14日 第12、13期高校哲学社会科学教学科研骨干研修班在省委党校举办。研修班由省委组织部、省委宣传部、省委党校、省教育厅主办。全省高校近300名教学科研骨干参加了研修。

7月13—15日 省教育厅举办2009年广东省中等职业技术学校课程改革试点学校培训班，全省各市试点学校的主管教学副校长、教务科长共131人参加了数控等6个专业教学指导方案试点培训。北京职教研究所教授吴全全应邀作了专题讲座。

7月16日 省教育厅召开全省中等职业技术教育招生工作会议，落实全省中等职业技术教育招生工作汇报会的部署，要求以“转移招生”为重点全力推进中等职业技术教育招生工作，通过落实目标、分解任务、集中力量、重点突破，确实扩大招生规模，确保完成全省67万人的中等职业技术教育招生任务。

7月21日 广东省全国人大代表到省教育厅、广东工业大学调研金融危机下大学生就业工作，听取省教育厅、省劳动和社会保障厅及有关高校的工作汇报。

7月21日 经组织专家评审，确定华南师范大学“马克思主义基本原理”等20门课程为第四批广东省高校思想政治理论课优质建设课程。

7月28—29日 省教育厅党组召开副处级以上干部参加的中心组学习扩大会，传达学习中央领导同志关于广东省高校扎实开展学习实践活动的重要批示精神及省委十届五次全会精神，听取委厅领导关于贯彻省委“回头看”精神抓整改落实重点工作进展情况的汇报，并结合委厅工作实际提出具体的贯彻措施。

7月31日 教育部在兰州召开2009年全国中等职业学校招生工作会议，广东省教育厅副厅长叶小山出席会议并介绍了广东省中职招生工作经验。

8月5日 省人大常委会举行大力发展高中阶段教育重点建议办理情况汇报会，省教育厅副厅长叶小山出席会议并报告提案办理情况。

8月7日 省教育厅印发《关于在全省教育系统开展师德建设主题教育月活动的通知》，决定从2009年起，每年9月为全省师德建设主题教育月。2009年师德建设主题教育月的主题是“爱岗敬业、奉献祖国”。

8月7日 省教育厅印发《关于〈中共广东省委广东省人民政府关于加强青少年体育增强青少年体质的意见〉的实施意见的通知》（粤教体〔2009〕82号），要求各地级以上市教育局、各普通高校按照文件要求，结合工作实际，切实做好学校体育、卫生工作。

8月7日 省卫生厅、省教育厅印发《关于印发广东省各级学校2009学年军训期间甲型H1N1流感防控工作指引和广东省学校及托幼机构2009学年甲型H1N1流感防控工作指引的通知》（粤卫明电〔2009〕80号）。

8月11日 省教育厅印发《广东省中小学校体育卫生工作条件基本标准（试行）》（粤教体〔2009〕83号）。

8月12日 省教育厅下发《关于实施〈广东省教育资源下乡行动计划（2009—2015年）〉的通知》（粤教电〔2009〕16号），要求各地进一步明确“资源下乡”的指导思想、目的意义、目标任务和具体措施，将“资源下乡”作为当前乃至今后一段时期全省教育信息化工作的重点，摆上重要议事日程。

8月15—20日 广东省在第七届全国优秀自制教具评选活动中荣获全国一等奖3项、二等奖6项、三等奖7项并荣获组织奖，名列全国前茅。

8月21日　省教育厅、省语委召开《通用规范汉字表》公开征求意见座谈会。省直有关部门领导、省高等院校语言文字专家、省内各大媒体以及部分地市语委和教育行政部门负责人共30余人出席了座谈会。会上，广东省《通用规范汉字表》公开征求意见领导小组组长、省教育厅副厅长李学明通报了教育部、国家语委“《通用规范汉字表》公开征求意见新闻发布会”的情况，并就如何在广东省认真落实国务院领导有关指示精神，做好《通用规范汉字表》公开征求意见工作提出了意见。

8月25日　省委教育工委、省教育厅印发《广东省普通高等学校心理健康教育及安全监护体系实施意见》（粤教工委思〔2009〕14号）。

8月26日　省委宣传部、省委教育工委、省教育厅正式印发《关于进一步加强高等学校思想政治理论课教师队伍建设的实施意见》（粤教工委〔2009〕35号）。

9月1日　省政府在广州市召开全省中小学校舍安全工程再动员部署会，进一步贯彻落实全国中小学校舍安全工程电视电话会议精神，再次动员和全面部署广东省中小学校舍安全工程。省中小学校舍安全工程领导小组组长、副省长宋海出席会议作了重要讲话，并代表省政府与各市政府签订了中小学校舍安全工程责任书等。各地级以上市分管教育工作副市长及教育、建设、财政局负责人，省中小学校舍安全工程领导小组成员单位负责人参加了会议。

9月2日　省教育厅副厅长叶小山带队到省教育厅扶贫点韶关乐昌市白石镇坛祖村开展调研。

9月3日　省教育厅召开了全省中小学秋季开学甲型H1N1流感防控工作视频会议，省教育厅厅长罗伟其、省教育厅党组成员王玉学副巡视员出席会议并作了重要讲话。

9月7日　省委组织部、省委教育工委、省教育厅、省编办联合印发《广东省高等学校辅导员队伍建设实施办法》（粤教工委思〔2009〕16号）。

9月8日　2009—2010学年全省高等教育统计工作会议在肇庆市召开。会议主要内容包括：提出做好2009—2010学年全省高等教育统计工作的基本要求；布置2009—2010学年高等教育基层统计报表填报、网上快报及教育基础数据库的更新工作；培训使用统计软件系统。

9月8—9日　省委副书记、省长黄华华与副省长宋海率省直有关部门负责人到华南农业大学、广东外语外贸大学慰问长期奋战在教育工作第一线的教职员工，并围绕贯彻落实省委十届五次全会精神、进一步提升高等教育发展水平的问题进行了调研。

9月9日　省教育厅印发《2009年广东省未升学高中毕业生报读中等职业技术学校实施办法》，组织60多所省级以上重点中等职业技术学校提供部分优质学位招收未升学高中毕业生。

9月9日　省教育厅公布广东省基础教育系统第二批名校长和名教师名单。经各地自下而上推荐、省教育厅组织专家评审，35人被评定为“广东省基础教育系统名校长”，69人被评定为“广东省基础教育系统名教师”。

9月10日　广东省庆祝2009年教师节暨表彰优秀教师大会在广州市举行。中共中央政治局委员、省委书记汪洋，省委副书记、省长黄华华，省人大常委会主任欧广源等领导出席大会，并为获得“南粤优秀教师”和“南粤优秀教育工作者”称号的代表颁奖。有关高校、中等职业学校、中小学师生代表约1 500人参加了庆祝表彰大会。会上，省委、省政府共表彰了961名“南粤优秀教师”以及110名“南粤优秀教育工作者”。广东省轻工职业技术学校的艾雄作为职业院校教师代表在会上发言。

9月10日　广东省解决代课教师及教师工资福利问题工作进展情况新闻发布会在广州市召开。副省长宋海出席会议并通报了全省中小学代课教师及教师工资福利待遇问题工作进展情况。省教育厅、省财政厅、省人事厅、省劳动和社会保障厅、省编办等部门的负责人回答了记者提问。有关新闻媒体的记者共200人参加了新闻发布会。

9月13日　由中国职业技术教育学会举办的第二届中国职业教育杰出校长和首届中国职业院校教学名师表彰会在北京举行，广东省职业院校有8名校长获得“杰出校长”称号，21名教师获得“教学名师”称号。

9月13日　省教育厅、省语委与汕尾市人民政府联合举办第12届全国推广普通话推普周大型文艺汇演。来自汕尾市各县（市、区）的师生表演了精彩的“推普”文艺节目。全省各市各高校语委办、测试站负责人共100多人出席观摩。这是广东省开展推普周活动以来，第10次将重点活动安排在地级市举行，充分体现了推普周活动重心进一步向基层地区延伸的指导思想，推动了地方不断加大推广普通话力度，引导方言区群众进一步增强语言文字规范意识和提高普通话应用水平，为地区经济、文化和社会和谐发展营造良好的语言环境。

9月15日 省政府颁发《广东省教育厅主要职责内设机构和人员编制规定》（粤府办〔2009〕102号）。省教育厅（省委教育工作委员会）机关内设机构18个，行政编制127名。

9月15—17日 教育部语用司副司长张世平一行到广东省考察推普周活动和语言文字规范化示范校工作。省教育厅副厅长李学明全程陪同。

9月17—18日 2009年度广东省高等学校教学工作会议在珠海市召开，全省高等学校主管教学的校领导和教务处处长约300人参加了会议。

9月18日 省委教育工委召开全省中等职业学校和中小学深入学习实践科学发展观活动指导工作视频会议。省委教育工委书记，省教育厅党组书记、厅长罗伟其传达了习近平同志8月28日在中央召开的学习实践活动第二批总结暨第三批动员会议上的重要讲话，以及教育部、省委对中职学校和中小学学习实践活动的会议精神，对广东省中职学校和中小学开展第三批学习实践活动做了广泛动员和总体部署。省委教育工委副书记谭泽中主持会议，各地级以上市教育局负责人、各省市联合巡回指导组成员和综合协调组全体成员参加了会议。

9月18日 省教育厅、省财政厅印发《关于确定广东省2008年度示范性高等职业院校建设项目立项建设单位的通知》（粤教高函〔2009〕4号），确定顺德职业技术学院、广东交通职业技术学院、广东水利电力职业技术学院为2008年度广东省示范性高等职业院校建设项目立项建设单位；已入选国家示范性高等职业院校立项建设单位的深圳职业技术学院、广州番禺职业技术学院、广州民航职业技术学院和广东轻工职业技术学院，直接列为广东省示范性高等职业院校立项建设单位。

9月19日 省教育厅、省语委与广州市教育局、广州市语委在广州市花都区举办第12届全国推广普通话宣传周大型宣传活动，省教育厅副厅长李学明出席。

9月20—23日 全省高校思政部主任工作会议暨2009年秋季高校形势与政策课备课会在广东海洋大学召开。省教育厅副厅长李小鲁出席会议并讲话。全省高校思政部主任及形势与政策课骨干教师共200人参加会议。

9月22日 省教育厅厅长罗伟其带队深入乐昌市白石镇坛祖村，全面与坛祖村99户贫困户进行对接，启动了省教育厅对坛祖村的定点帮扶工作。罗伟其强调定点帮扶工作要结合省教育厅和坛祖村的实际，按照“抓重点、突特色、保可行、促成效”的原则，充分发挥教育资源优势，突出教育帮扶特色，通过“整村推进帮扶”与“挂钩包户帮扶”相结合，实施“整村推进帮扶”计划带动各贫困农户走上致富之路。

9月23日 全省建立大学生信用档案试点单位工作交流会在广州市召开。省教育厅副厅长李小鲁主持会议。会后组织广东商学院和中国人才信用网对“诚信档案”建档内容模块进行修改、论证和完善。

9月23日 省教育厅在广州市举行全省中等职业技术学校技能大赛总结会，总结中等职业技术学校技能大赛工作，奖励表彰在全省和全国技能大赛中取得优异成绩的有关单位、教练员和参赛选手，部署2010年技能大赛工作。副省长宋海、省教育厅厅长罗伟其等领导出席了会议。

9月28日 省委教育工委、省教育厅机关庆祝新中国成立60周年“爱国歌曲大家唱”歌咏比赛在大学城星海音乐学院音乐厅举行，省教育厅厅长罗伟其、省教育厅党组副书记谭泽中、省教育厅副厅长李学明、省教育考试院院长杨开乔、省教育厅副巡视员文传道出席并参加了歌咏比赛。

9月28日 省人力资源和社会保障厅、省教育厅、省财政厅、省民政厅联合下发《关于将在广东省就读的大学生以及中等职业技术学校和技工学校学生纳入城镇居民基本医疗保险试点范围的实施意见》（粤劳社发〔2009〕29号），对各普通高校及中职中技院校全面开展在校学生参保工作提出了明确的实施意见。

9月29日 省教育厅召开业务工作研究项目评审报告会，对委厅机关第一、二批业务研究项目中申请延迟结题的8个项目进行评审验收，7个项目被评为优良等次，1个项目被评为合格等次。

10月10日 为加快农村学前教育发展，省教育厅印发了《关于加快农村学前教育发展的意见》（粤教基〔2009〕93号）。

10月10日 共青团广东省教育厅直属机关第二次代表大会召开，选举余若峡等15名同志为厅直属机关第二届团委委员。随后召开的第二届团委委员第一次全体会议选举余若峡为专职团委书记，陈琦为团委副书记。

10月10日 省教育厅印发《关于开展高等教育自学考试义务教育专业课程与在职中小学教师非学历培训课程学分互认试点工作的通知》（粤教继函〔2009〕5号）。

10月12日 广东省首期高校就业指导教学培

训班（骨干班）开班。培训班为期6天，来自50多所院校共69名就业指导教学骨干参加了培训。

10月14日　省委教育工委书记、省教育厅厅长罗伟其与省妇联副主席刘兰妮一同到广东女子职业技术学院调研。

10月17—18日　2009年成人高校招生考试举行，广东省报考246 279人，是全国报考人数最多的省份之一。其中成人高校专科升本科报考75 028人，高中起点升专科、本科报考171 251人。

10月20日　广东省首个“广东高校廉政研究中心”在华南农业大学挂牌成立。省教育纪工委书记、监察专员，省教育厅党组成员陈韩晓代表省委教育工委、省教育厅、省教育纪工委出席挂牌仪式并讲话。

10月24日　由省教育厅、省语委主办，深圳市语委、深圳市教育局承办的“广东省中小学教师中华经典诵读大赛”在深圳大剧院举行。省教育厅副厅长朱超华出席赛场并为获奖选手颁奖。

10月24日　第二次在经济欠发达地区中小学代课教师中招录公办教师的考试（简称“代转公”招录考试）举行。此次“代转公”招录考试报考人数为13 767人，其中小学代课教师13 117人，初中代课教师625人，高中代课教师25人，分布在汕头、韶关、湛江、肇庆、茂名、惠州、梅州、汕尾、河源、阳江、清远、潮州、揭阳、云浮14个市以及江门恩平市，共设36个考场。

10月26日　省直工委副书记周建民率党建专题调研组一行3人到省教育厅调研和指导工作。省委教育工委副书记、省教育厅党组副书记谭泽中代表厅党组就省教育厅加强机关党建工作、服务教育科学发展的有关情况向调研组作了总结汇报。

10月27日　粤东地区“广东高校廉政研究中心”在嘉应学院挂牌成立。省教育纪工委书记、监察专员，省教育厅党组成员陈韩晓代表省委教育工委、省教育厅、省教育纪工委出席挂牌仪式并讲话。

10月28日　2009年省教育厅机关乒乓球混合团体比赛在广东技术师范学院体育馆举行。23个处室、单位组成28支参赛队参加比赛。省教育厅副厅长朱超华亲临现场观看比赛，并与广东技术师范学院党委书记邝邦洪等院领导一起为获奖队颁奖。

10月28—30日　2009—2010学年全省高等教育统计汇总工作会议在佛山市南海区召开。

10月30日　第五届广东省大学生职业规划大赛圆满落幕。大赛历时5个月，全省共有131所高校（含二级学院）的9.5万余名在校学生通过指定网站报名参赛，并有超过5.8万名的学生提交了参赛作品。

11月2日　省教育厅印发《关于选派人员参加2009年“国培计划——培训者研修项目”培训的通知》（粤教继函〔2009〕6号），选送50名教师培训院校学科专家、省中小学名师工作室主持人、优秀中小学骨干教师和班主任参加国家级培训。学员参加培训后，将承担广东省中小学骨干教师省级培训、培训者培训的任务。

11月3日　省教育厅、省财政厅联合印发《关于加快推进义务教育规范化学校建设的实施意见》（粤教基〔2009〕95号），明确推进义务教育规范化学校建设的目标任务、措施和要求。

11月9—11日　以省人大常委会委员、教科文卫委员会副主任委员杨文轩为组长，省教育厅副厅长李学明为副组长的广东省城市语言文字工作评估组，完成了对惠州市语言文字工作的评估。

11月10—12日　2009—2010学年全省基础教育、中等职业教育统计汇总工作会议在佛山市南海区召开。

11月10日　全省高职高专人才培养模式改革研讨会在中山火炬职业技术学院举行。教育部及广东省教育厅的领导和全省各高职院校主要负责人等180多人参加了会议，省教育厅厅长罗伟其、副厅长魏中林出席会议并讲话。

11月15日　省教育厅副厅长朱超华赴吴川市樟铺镇樟铺村调研指导工作，并出席樟木小学修建工程总结表彰大会。

11月6日　省委教育工委、省教育厅机关2009年计划生育达标考核工作通过广州市人口与计划生育局审核，计划生育率、晚育率、节育率、独生子女办证率达100%。

11月9—11日　2009年秋季全国高教仪器设备展示会在东莞市召开，参展厂商近540家，展位1 200多个，展品达万种。来自全国31个省、市、自治区高校的领导、教师实验技术及管理人员近万人参加了展会。展会期间还举行了内地及港澳台地区高校实验室技术安全工作研讨会。

11月12日　省教育厅和中国移动通信集团广东有限公司在广州市联合举行广东省教育资源下乡行动计划暨战略合作启动仪式。

11月17日　经省人民政府第十一届34次常务会议通过，省政府颁发了《广东省人民政府第四轮行政审批事项调整目录》（粤府令第142号）。调整后，省教育厅行政许可事项5项，非行政许可的行政审批事项5项，取消行政审批事项5项，委托管理行政审批事项1项，下放实施行政审批事项1项，转移管理行政审批事项1项。

11月17—18日 省教育厅在惠州市龙门县召开各市教育科（处）长会议，研究和部署初中“防流控辍”工作及义务教育规范化学校建设工作。省教育厅副厅长朱超华出席了会议。

11月18日 省中等职业学校和中小学学习实践科学发展观活动指导小组成员、省教育纪工委书记、省教育厅监察专员、省教育厅党组成员陈韩晓到惠州市检查指导中职学校和中小学科学发展观学习实践活动。

11月18日 教育部副部长鲁昕到广东省调研职业教育发展情况，充分肯定了广东职业教育的成绩，指出广东发展职业教育理念新、思路清、措施实、成果显著，希望广东“敢为天下先，职业教育再领先”，走出一条引领全国职业教育改革发展的新路子。省教育厅厅长罗伟其、副厅长叶小山陪同调研。

11月18日 广东省中小学图书馆馆藏图书及管理服务协议供货商经公开招标确定。经省财政厅政府采购办同意，确定8家广东省中小学图书馆馆藏图书及管理服务协议供货商。

11月20日 教育部召开2010年全国普通高校毕业生就业工作网络视频会议。广东省高校毕业生就业指导中心组织了广州地区67所高等学校就业工作分管领导及相关职能部门负责人共计约150人参加了视频会议。

11月20日 省委教育工委、省教育厅关心下一代工作委员会在东莞市召开高等学校基层党组织建设经验交流会。省教育厅党组成员、副巡视员文传道，省教育厅关工委高校系统关工委主任杜联坚，全省本科高等学校党委主管党建工作的领导、组织部门和关工委负责人共100多人参加了会议。中山大学、华南理工大学等8所高校党委负责人和关工委负责人分别介绍了本校加强基层党组织建设和关工委老同志参与党建工作的经验和做法。

11月21日 广东省2010年高校毕业生供需见面会正式启动。计划从当年11月至次年6月在全省范围内举办行业性、专业性、区域性的供需见面活动共46场次，突出“企业宣讲、技能展示、网络招聘、创业引领”四个方面的创新。

11月23日 全省学校甲型H1N1流感防控工作视频会议在省教育厅召开。会上，省卫生厅副厅长黄飞通报了全省甲型H1N1流感疫情及防控工作形势，省教育厅厅长罗伟其部署了学校甲型H1N1流感防控工作。

11月24—25日 教育部语言文字信息管理司在浙江宁波召开“全国语言文字工作系统网站建设评估交流会”，会上宣布了评估获奖单位。广东省语言文字网荣获三等奖。

11月26日 省教育厅召开提升师范教育质量座谈会。全省开设师范教育类专业的35所高校教务处处长参加了会议，就《关于加强师范教育工作 提高师范教育质量的意见（讨论稿）》进行了讨论。

11月28日 由省教育厅主办、省高等教育学会和广东白云学院承办的应用型本科院校人才培养模式改革与创新论坛在广州市举行。国内外高等院校校长、教育机构负责人、专家、学者等300余人参加了论坛。全国人大常委会常委、全国人大教科文卫委员会副主任委员、民进中央委员会副主席、中国民办教育协会常务副会长王佐书，全国人大常委、全国人大教科文卫委员会委员、原教育部副部长吴启迪，教育部原国家教委计划司司长徐敦潢，教育部中国高等教育学会秘书长张晋峰和厦门大学教授潘懋元等领导和专家应邀出席论坛并作专题报告。

11月30日 省物价局、省财政厅联合印发《关于减免中小学校舍安全工程有关收费问题的通知》（粤价〔2009〕272号）。

12月1日 省教育厅、广州市教育局与广州市水务局、物价局、财政局、法制办以及广州市水投集团沟通，商讨出台了职业院校污水处理费减免政策。

12月1日 省教育厅与省红十字会、共青团省委联合举办“双一杯”广州地区高校大学生预防艾滋病广告宣传画设计大赛。省教育厅党组成员、副巡视员王玉学出席大赛颁奖仪式并讲话。

12月4日、15日 分别组织召开省高校党建研究会高职高专分会和民办高校分会成立大会暨第一届研讨会。两次会议共收到论文194篇，评出优秀论文42篇，高职高专和民办高校党建理论研究工作打开了新局面。

12月8日 省委教育工委副书记、省教育厅党组副书记谭泽中带队到乐昌市白石镇坛祖村进行帮扶项目实地考察调研。

12月9—11日 省教育厅厅长罗伟其带队赴汕头、揭阳、梅州三市就欠发达地区义务教育均衡发展、教师队伍建设、普及高中阶段教育推进特别是职业教育发展等进行专题调研。罗伟其厅长一行出席了汕头市普及高中阶段教育工作现场会，召开了汕头市各县（区）主管教育副县（区）长、教育局长座谈会。在三市有关领导的陪同下，实地察看了汕头市潮阳区中等职业技术学校新校区，并到汕头市澄海区，揭阳市榕城区、揭东县，梅州市蕉岭县、平远县、兴宁市的13所中小学校、中等职业学校以及揭阳职业技术学院了解相关情况，探讨推进义务教育均衡发展、普及高中阶段教育、职业教育发展的对策和措施。

12月13日　全国大学生职业生涯规划大赛全国总决赛在北京落幕。广东省共有7名选手参赛，其中2名选手获二等奖，1名选手获三等奖，2名教师获得优秀指导老师奖。广东省获得优秀组织奖。

12月14—20日　《中国教育报》陆续在头版刊登了四篇“广东职教发展一线观察”专题报道，总结推广职教“广东经验”。文章指出：“作为我国改革开放前沿的广东，在经济快速发展的同时，职业教育蓬勃发展，特别是珠三角地区，已经成为我国职教改革发展的排头兵”。

12月15—19日　教育部中职学校和中小学深入学习实践科学发展观活动第四巡回指导组副组长陈贤忠（原安徽省教育工委书记、教育厅厅长）、张强（教育部民族司副司长）带队到广东进行第二次巡回指导，广东省委教育工委副书记谭泽中及指导小组办公室有关负责人全程陪同。

12月15—17日　以省人大常委会委员、教科文卫委员会副主任委员杨文轩为组长，省教育厅副厅长李学明为副组长的广东省城市语言文字工作评估组，完成了对河源市语言文字工作的评估。

12月16日　粤西地区“广东高校廉政研究中心”揭牌仪式在广东海洋大学举行。省教育纪工委书记、省教育厅监察专员、省教育厅党组成员陈韩晓代表省委教育工委、省教育厅、省教育纪工委出席挂牌仪式并讲话。

12月18日　省委、省政府在广州市举行第五次广东省民族团结进步表彰大会。教育系统共有7个单位被省人民政府授予“民族团结进步模范集体”称号、10人被国务院或省人民政府授予“民族团结进步模范个人”称号。省教育厅基础教育处被省政府授予“民族团结进步模范集体”称号。中山市实验高级中学黄金柱老师代表模范集体和模范个人在表彰大会上发言。

12月18日　省教育厅在广州市召开“广东省普通高校2009年奖助学工作总结会暨广东省大学生信用档案建立与国家助学贷款风险防范专题会议”。全省120多所普通高等学校、高等职业技术学院、民办高校和独立学院分管学生工作的校级领导参加了会议。省教育厅巡视员李小鲁到会并讲话。

12月24日　广东省第五次民族团结进步表彰大会在广州市举行。会议贯彻落实国务院第五次民族团结进步表彰大会精神，表彰广东省民族团结进步模范集体和模范个人，总结交流经验，安排部署当前和今后一个时期广东省民族团结进步工作。省委书记汪洋出席大会并讲话，省长黄华华主持会议，省人大常委会主任欧广源等出席。省教育厅基础教育处被授予“广东省第五次民族团结进步表彰大会模范集体”光荣称号。

12月25日　省编办以《关于撤销广东高等教育出版社等事业单位的函》（粤机编办〔2009〕430号）函复省教育厅，同意撤销广东高等教育出版社，核销自筹经费事业编制50名；同意取消广东音像教材出版社的牌子，省电化教育馆机构编制事宜纳入省教育厅所属事业单位分类改革中统筹考虑。

12月27—28日　省教育厅在从化召开2009年度高等院校教材工作研讨会，全省高校教务处教材建设工作负责人共131人参加了会议。会议邀请了国家精品课程资源中心副主任王宏宇、省高等学校教育技术中心主任李克东分别作报告，并对“十二五”期间的高等学校教材、教学资源建设与共享等工作进行了部署。

12月28日　省教育厅巡视员、党组成员李小鲁在省电化教育馆指导出版社改制工作，明确广东音像教材出版社由省电化教育馆转省教育教学教材研究室主办。

12月28—29日　省教育厅在从化召开2009年度高等院校图书馆馆长工作研讨会，全省高校图书馆馆长共120多人参加了会议。会议对“十二五”期间的高等学校图书馆建设与管理、教学资源建设与共享等工作进行了部署。

12月29日　韶关市召开迎接城市语言文字工作评估动员大会。省教育厅副厅长李学明出席会议并讲话。

12月29日　省教育厅公示广东省第五批教育收费规范县（市、区）评审结果。深圳、惠州、江门、肇庆、云浮5个地级以上市被评为第五批“广东省教育收费规范市”，深圳市福田区、汕头市金平区等15个区（县）被评为第五批“广东省教育收费规范县（市、区）”。

12月30日　省教育厅“规划到户责任到人”扶贫开发工作信息网开通。

12 月 30 日 广东科贸职业学院举行调整管理体制学校移交签字仪式，省教育厅、省农业厅领导以及广东科贸职业学院全体教职工、部分学生参加。

12 月 31 日 省教育厅举办机关喜迎 2010 年元旦联谊活动。机关干部 300 余人与广东省对外贸易职业技术学校一同开展了登山活动和趣味比赛。省委教育工委副书记谭泽中、省教育厅副厅长朱超华参加了活动。

（撰稿 黄小琳；审稿 王 创）

媒体聚焦

广东职教发展一线观察

■**编者按**

我国的职业教育发展迅猛，目前在规模上已经与普通高中大体相当。但是，职业教育在快速发展的过程中也存在不少问题：职业教育如何为区域内经济社会发展战略服务？校企之间的合作如何真正做到“无缝对接”？职业教育发展如何破解投入不足和职业学校办学定位不明确的难题？职业学校内涵发展的突破口在哪里？

作为我国改革开放前沿的广东，在经济快速发展的同时，职业教育蓬勃发展，特别是珠江三角洲地区，已经成为我国职业教育改革发展的排头兵。2009年12月，《中国教育报》记者先后到广州、中山、顺德、肇庆、深圳等地采访，试图通过挖掘这些地方发展职业教育的经验，回答上述问题。从2009年12月14—20日，《中国教育报》先后刊发了四篇专题报道，受到广泛关注。

劳动力转移脱贫的“双零”模式

产业升级转移需要技能人才，欠发达农村富余劳动力需要脱贫。职业教育如何为区域经济发展战略服务？广东通过实践探索出——劳动力转移脱贫的“双零”模式。

【问题提出】目前，在我国很多省份，特别是东部经济发达地区的省份，普遍存在着因产业升级而造成的技能人才紧缺的状况。与此同时，不少经济欠发达农村地区还存在大量尚未脱贫的劳动力。职业教育如何为区域内产业升级服务，特别是如何通过职业教育帮助欠发达农村贫困家庭实现脱贫？

【广东经验】广东省从2006年开始推行“零学费入学，零距离上岗”的职教人才培养模式，要求珠三角地区的中职学校招收省内欠发达地区的初中毕业生，通过“工学结合、半工半读”的方式完成中职学业并就业，初步实现了“培养一人，输出一人，脱贫一户”的目标。2008年，广东省开展“双零”模式的试点学校迅速增加到178所，招生2万人，在校生达4万人，为全省农村困难家庭解决学杂费3亿多元。

政府主导的职教扶贫之举

地处南方沿海，毗邻香港、澳门，得天独厚的地理位置，把广东推向我国改革开放的最前沿，其经济发展的多项指标多年来一直位居全国前列。

然而，伴随着经济的快速发展，广东省内区域发展不平衡的现象变得更加突出，东西两翼、粤北山区与珠三角地区的差距进一步拉大。由广东省社科院发布的《2008广东区域综合竞争力评估分析报告》指出，面积占全省1/4、常住人口占全省一半的珠三角地区拥有全省80%的经济总量。

一边是珠三角地区面临产业升级和技能人才紧缺的难题，一边是省内欠发达地区出现大量富余劳动力的状况。为此，广东省委、省政府大胆决策，实施珠三角地区产业升级转移和欠发达地区劳动力向发达地区转移的“双转移”战略。

正是在这样的背景下，广东省推出“零学费入学，零距离上岗”的职教人才培养模式，即“双零”模式。值得一提的是，这一模式的推行起到了直接的扶贫效果。

广东省教育厅厅长罗伟其说：“几年前，我们到一些欠发达县市调研，看到很多初中毕业生因为家里穷，读不起书，升不了学，纷纷外出打工。”可是，罗伟其又发现，这些初中毕业生所从事的工作技术含量很低，报酬极低。“他们中的多数人可能劳碌一生都走不出贫困的境况。”罗伟其说，“看到这些场景，我很心痛！那一双双渴望上学、渴望改变命运的眼睛，让我记忆犹新！”

当时，广东全省有近40万名初中毕业生未能升学，80%是农村家庭子女。罗伟其说：“我深感责任重大。如果不在职业技术教育上开拓一条新路子，我们怎么向老百姓交代啊！”

广东省在顺德选取了5所中职学校开展“双零”模式试点，从欠发达的清远市各县区招收了近千名农村贫困家庭初中毕业生，积极探索这一新的职教人才培养模式。

“双零”模式是这样运作的

顺德梁銶琚职业技术学校是首批5所“双零”模式试点校之一。校长黄瑞兴向记者讲述了“双零”模式运作的过程：每年秋季开学前，顺德的5所中职学校面向省内欠发达地区农村贫困家庭招收一定数量的初中毕业生，并且拿出最好的专业，如机电、模具专业等，供这些学生选择。“这些学生入学时不需缴纳学费和生活费，上学后采取半工半读方式，将来用他们在企业顶岗实习的报酬来分批支付学费及部分生活费。”黄瑞兴说，“这些学生在校3年，实行弹性学制，学校课堂教学与企业顶岗实习实训交替进行。”

工学结合、半工半读，对原有的学校管理模式提出了挑战。对此，顺德积极探索出学校与企业协调共同进行教学管理、班级管理的机制。以顺德梁銶琚职业技术学校为例，该校采取的办法是：学校先和企业签订书面协议，校企双方共同制订教学方案，共同研制学生实习计划和管理办法。同时，学校还建立起“学校—教师—企业班组长—学生干部—学生”的管理网络。学校带队教师与学生一起进厂全程参与管理，边学习边工作，并与学生同吃、同住、同劳动。

“学校派驻企业的教师既是班主任，又是实习指导者；企业班组长既是企业员工，又是学校聘任的实习指导教师；学生干部既是实习者，又是实习生活、实习秩序的管理者；实习生既是在校学生，又是自我管理者。”黄瑞兴说。在企业的实战经历，让这些学生练就了一身真本领。黄瑞兴说，2009年首批毕业的近千名“双零”班毕业生100%就业，不少学生就职于科龙、康宝、美的、格兰仕、中国移动等知名大企业。

“双零”模式带来“四满意”

来自清远山区飞来峡镇的黄容娇，是顺德梁銶琚职校2007级机电专业“双零”班的学生。刚到科龙公司顶岗实习时，由于身体瘦小，她被分到技术含量最低的外观检测岗。“上岗第一个月，我就拿到了1 100元的工资。读书几年，我不仅没有花家里一分钱，还能略有节余。我还通过考试拿到了职业资格中级证书。”说这话时，黄容娇的脸上露出满意的神情。

满意的不仅是像黄容娇这样受益的学生，还有家长、学校和企业。学校通过“双零”模式，既扩大了办学规模，又推动了学校的教育教学改革。“而且，学费也没有少收一分钱。”黄瑞兴说。

对企业来讲，虽然要给顶岗实习的学生发工资，还要负责学生的安全。但是，他们也很支持这种人才培养模式。黄瑞兴对记者说：“你可不要小看‘双零’班的学生，3年下来，他们大多拥有过硬的技术。企业都想要这样的人。”

黄瑞兴此言不假。首届“双零”试点班的所有毕业生均考取了中级技术等级证书。梁銶琚职校的学生龙炎胜、潘杰恒参加“2009广东省中等职业技术学校制冷空调设备组装与调试技能竞赛”获第一名，并代表广东省参加了该项目的全国大赛。广东康宝电器有限公司总经理罗小甲曾对黄瑞兴说：“‘双零’班的学生来多少我要多少。”在2009年6月举行的首届“双零”班学生毕业典礼上，他还承诺：“双零”班的学生只要加入他们公司，在生活上与大学毕业生享受同等福利，工资上浮10%。

广东省教育厅副厅长叶小山告诉记者，“双零”模式是一种帮助农村贫困家庭子女升学和就业的新模式。通过这种模式，“政府不出一分钱，学生不交一分钱，学校收费不减一分钱，企业不额外增加开支一分钱”，却达到了学生、家长、学校、企业“四满意”的效果。

（本文来源：2009年12月14日《中国教育报》，有删改；记者　蔡继乐　赖红英）

校企深度融合的三个经典案例

针对目前职业教育理论教学与企业实训脱节现象，广东一些职业学校大胆探索，实现了与企业的“无缝对接”。

【问题提出】 职业教育必须走校企合作之路，这已成为社会共识。但是，我国的职业教育发展至今，较突出的问题正是出在校企合作上：职业学校的理论教学与企业实训操作脱节，校企之间只是停留在浅层次的合作上，校企合作中的“校热企冷”现象依然存在。如何解决校企合作中出现的这些问题？怎样才能实现校企之间的深度融合？

【广东经验】 广东省珠三角地区的一些职业学校经过多年的探索和实践，似乎找到了正确的答案。这里介绍其中的三个堪称经典的案例：一是深圳宝安职业技术学校在区政府的政策支持下，与企业共建“企业校区”；二是中山市小榄镇建斌职业学校与两家企业通过“股份制”方式共建实训基地；三是东莞长安职业高中探索实践“企业课堂”和“车间进校”人才培养新模式。

深圳宝安职校与企业共建“企业校区”

校企合作难以深化的一个重要原因是，企业的积极性没有被充分调动起来，这也是造成职业教育校企合作中“校热企冷”的根本原因所在。

怎样才能把企业的积极性调动起来，让企业在校企合作中由被动变主动？在深圳宝安区采访时，记者找到了答案——宝安职业技术学校在区政府的政策支持下，与企业共同创建“企业校区”的做法，很好地回答了这个问题。

成立于2002年的宝安职校，一开始就提出“半工半读”的办学理念，推行后来在全国推广的“2+1”办学模式（学生前2年在校学习，最后1年在企业实习），并先后与近百家企业建立起合作关系。

这一大胆尝试很快得到教育部、广东省教育厅等教育主管部门的高度重视。2006年，宝安职校被教育部确定为“全国职业教育半工半读首批百所试点校”。

但是，“2+1”模式运行一段时间后，宝安职校校长吕静锋发现这种模式存在一个问题：学生最后1年进入企业顶岗实习后，发现问题时已没有时间回学校学理论了。

认识到这个问题后，吕静锋开始思考如何才能解决这个问题。2007年初，宝安职校创造性地提出了与企业合作，在企业建“企业校区”的构想。

当他把这一构想向区领导汇报时，得到了支持。区政府很快出台政策：对设立“企业校区”的企业，区财政按校区能容纳的学生数，以每生1万元的标准向企业核拨补助经费。

“有了政策的支持，很多企业主动找上门，要求共建‘企业校区’。”吕静锋说。

当年5月，宝安职校正式组建“企业校区”，在德昌电机、花样年华物业等4家行业领军企业里设立了“企业校区”。

在“企业校区”，合作企业提供一定数量的具有技术含量、专业优势的岗位；给予学生“同工同酬”的待遇；为学生组建至少一间以上的标准课室。运作过程中施行“三段式”教学实践：一年级新生有2个月的“企业训”，二年级学生有4个月的“企业见习”，三年级学生有6个月的“顶岗实习”。

吕静锋说，“企业训”是让学生知道“做什么”，“企业见习”是告诉学生“怎么做”，“顶岗实习”是教学生“怎样做得更好”。

截至2009年10月，宝安职校通过“企业校区”模式培养的学生已超过2 000人，其首次就业成功率高达98%，首次就业的平均月薪水平甚至超过了同等岗位条件下的本科毕业生。

中山建斌职校的“股份制”实训基地

走进位于中山市小榄镇的建斌中等职业技术学校，校长林圣基兴冲冲地把记者领到学校的实训大楼门口，自豪地对记者说：“这就是我们通过‘股份制’与镇生产力促进中心合作创办的实训基地。”

有着“五金之乡”美称的小榄镇，是中山市经济发展最快的镇之一。这个人口只有十几万的小镇，每年的总产值却高达500亿元，有各种企业2万多家，其中有一定规模的企业就有4 000多家。

正是依托小榄镇的经济发展形势和产业结构特点，建斌职校从2003年开始陆续开设了机械加工、印刷和服装等新专业。“但是，这些新专业成立后，我们面临着学生的实习实训设备不足、实训耗材费用高、专业师资匮乏等难题。”林圣基说。

困境之下，学校提出了一个大胆的设想：如果能与企业合作建立股份制经济实体，除了能解决学生的实习实训难题外，还能带来一定的经济效益。

当他带着这个想法去找镇长时，得到了积极的回应。2004年和2005年，学校先后与镇生产力促进中心和深圳山口印刷器材公司共同出资合作成立了两个较为完备的实训中心。

按照校企双方签订的股份制合作协议，实训中心由学校出场地，镇生产力促进中心首期投入50万元购买数控加工设备，建设数控加工专业；深圳山口印刷器材公司提供价值100多万元的印刷设备，建设印刷专业。

“这两个中心成立后，既可以解决学生的实习问题，又可以对外承揽加工业务，同时还对本镇需要培训的人进行有偿培训，运作所得按股份分成。”林圣基说，“目前，这两个实训中心已经具有‘教学工厂’的雏形了。”

中山市教育局副局长黄定光认为，“股份制”实训基地很好地解决了职业学校实训设备、资金、师资等难题，是建立在学校与企业互利共赢基础上的一种校企深度合作办学的新模式。

长安职高的“车间进校”和“企业课堂”

地处广东制造业基地东莞市的长安职业高级中学，近年来因开创性地探索实践“车间进校”和“企业课堂”的校企合作人才培养新模式而声名远扬。

2007年，长安职业高级中学签约引进两家企业车间（东莞长安汇丰精密模具厂和深圳通发激光模具设备有限公司），开创了“车间进校”的人才培养模式。

车间进学校后，学校根据教学计划，结合进校车间的师资和设备情况，直接向企业下达教学任务，进校车间作为学校的一个教学单位，直接对学生进行教育。学校教师只负责日常德育管理，不参与学生的专业教学管理。

以进校的“汇丰车间”为例，该车间共有快走丝9台、慢走丝3台，都配有熟练的师傅。在线切割教学中，学校每批安排约10人进入车间学习线切割技术，由“汇丰车间”根据教学任务书实施教学。

“这种教学模式与生产相结合，能学到企业用得上的技能，教学效果很好。在东莞市劳动部门进行的线切割技能鉴定中，我校学生合格率达到100%。”该校校长曹永浩说。

2009年，长安职业高级中学在校企合作上又有新创举，率先实践“企业课堂”校企合作人才培养新模式。据曹永浩介绍，“企业课堂”是在职业学校对学生进行前期培养的基础上，让企业从学校中选拔优秀学生，并用自有的师资、设备和课室，有计划地对学生进行全日制教育，使学生在学校和企业合作培养下完成学历教育的一种教学模式。

以长安职业高级中学与日本牧野公司合作的“企业课堂”为例，该公司每年从学校模具专业二年级学生中选拔一个班的学生，由牧野公司提供师资、学习及实训场地，并由公司组织教学。在公司内独立开展为期20周的企业课程教学，所有的课程教学计划均由牧野公司制定，学校核准。

通过这种合作，企业方面尽管并不能即时获得收益，但其对企业的影响却是深远的。牧野公司总经理张尚明说，公司致力于“企业课堂”合作，目的是培养一批忠实的牧野用户，也就是为企业培养操作人员，逐步构建牧野人力资源孵化中心。

（本文来源：2009年12月17日《中国教育报》，有删改；记者　蔡继乐　赖红英）

政府政策扶持破解职教发展难题

针对职业教育发展中存在的投入不足和学校办学定位不明确等问题，广东一些地区大胆探索实践。

【问题提出】一个不可否认的事实是，我国的职业教育在规模扩张的过程中也出现了政府投入不足和职业学校办学模式不明确等难题。职业教育发展如何突破这两个难题?

【广东经验】广东省通过鼓励和支持民办职业教育发展，解决了政府对职教投入不足的难题。目前，全省民办中职学校占全省职校总数的26.8%，在校生占全省职校在校生总数的17.51%。在如何办学方面，很多职业学校在办学实践中，主动贴近地方经济发展，探索出各具特色的办学模式。

政府在征地税费上扶持民办职校发展

广东虽属经济强省，但由于职业教育的规模扩张过快，也出现了职教办学政府投入不足的问题。因此，广东省鼓励吸纳社会资金参与职教办学，目前已形成公办与民办共同发展的多元化职教办学格局。

据广东省教育厅副厅长叶小山介绍，截至2008年，广东省民办中职学校占全省职校总数的26.8%，在校生占全省职校在校生总数的17.51%。

在肇庆市采访时，记者切身感受到了民办职业教育的力量。该市教育局副局长罗永通说：“2006年以来，我市累计吸引社会资金15亿元，创办了15所民办职业院校。目前，全市仅民办中职学校在校生就有3.26万人，占中职学生总数的30%以上。”

肇庆科技职业技术学院是肇庆市最大的民办高职学院。学院董事长叶念乔在谈到学校快速发展的原因时说：“一个最重要的原因就是政府的政策扶持。比如说征地，政府最好的土地仅以每亩8万元的价格给了我们，要是搞房地产开发，这些土地每亩起码要几十万元。”

除了征地上的大力支持，在学院建设过程中，政府还减免了13项建设规费，总金额达2 000多万元。与此同时，在建设程序上，政府也大开绿灯。“一般项目要走1年的程序，我们只花三四个月就走完了。”叶念乔说。

让企业在与职业学校的合作中尝到甜头

谈到职业学校如何加强与企业的合作时，很多职业学校的校长向记者表达了一个相同的观点，就是要让企业从合作中尝到甜头。

几年前，广州市旅游商贸职业学校，针对商务外语、导游等部分专业学生寻求实习企业难的实际，主动提出与广东汇美公司合作建汇美国际商厦，由学校提供用地，建设资金由汇美承担，项目建成后产权归学校所有，由汇美经营20年后无偿移交给学校。

这样的合作，当然是汇美公司求之不得的。不过，经营商户入驻后，必须与学校签订协议，无条件接收学生实习，以配合学校培养旅游商贸人才。

地处中山市高新技术开发区的火炬职业技术学院，是一所2004年才创办的高职院校。得天独厚的区位优势，使这所年轻的学院迅速发展，时有让人吃惊的创新之举。

2009年，这所学院又推出一项由政府、学校和企业三方共建“生产性实训基地”的创新举措，引来众多职教专家的喝彩，广东省教育厅厅长罗伟其称其“代表了职业教育发展的方向”。

这一新举措的做法是：政府将与学院一街之隔

的闲置厂房划归学院成立“企业校区”，由学院根据自己的专业设置情况，以优惠的条件向特定的企业招商。

学院院长邹鑫说：“我们给进驻企业提供租金和水电费方面的优惠，但同时也要求企业配合学校的教学，安排好学生的实习实训。企业得到了实惠，因此纷纷要求进驻。不符合专业实习要求的企业，我们一律不引进。”

职业学校摸准定位找到合适的办学模式

珠三角各地市产业特点各不相同。相应地，为了适应各地产业的发展，各地的职业学校在发展过程中，通过不断调整自身的办学定位，也找到了适合自身发展的办学和教学模式。

中山市在长期的发展过程中，逐步形成了“一镇一品牌”的经济发展格局。沙溪镇的品牌是服装设计制造。沙溪理工学校主动适应当地经济发展需要，把发展的重点放在服装专业上。

学校校长陈仕楷自信地说：“我们立足做大做强服装专业的定位，推出了‘产教研’结合的办学模式。”这一模式的内容是：学校除完成既定的教学任务外，还要帮助企业进行产品开发，解决工作难题，从而锻炼教师和学生的专业实践能力。

2006年，沙溪理工学校创办了中山市休闲服装工程研究开发中心。中心构筑了“产教研”结合的平台，在学校、企业和社会之间架起了相互沟通的桥梁。

同样是为了适应本地区服装产业升级对技术人才要求的提升，东莞虎门威远职中探索出了“准企业化”教学模式。

何为“准企业化”教学？威远职中副校长石伟坤介绍说，“准企业化”就是模拟服装企业内部的岗位运作机制，制订与生产需要相结合的培养方案和课程体系。同时，建立学校、用人单位和行业部门共同参与的学生考核评价机制。

而在课堂教学中，指导教师和学生模拟企业岗位角色。比如，在服装设计工作室和模拟企业设计室中，指导教师就是设计总监或设计主管，学生的身份就是设计师或设计助理，按照岗位分工，以项目或任务的形式开展教学，并直接参与企业生产。

（本文来源：2009年12月19日《中国教育报》，有删改；记者　蔡继乐　赖红英）

职教内涵发展应当找准突破口

职业教育发展至今，最为紧迫的任务是通过内涵发展提升办学质量。广东一些职业学校的探索和实践表明——职教内涵发展应当找准突破口。

【问题提出】眼下，我国的职业教育面临的最为紧迫的任务是通过深化内涵发展提升职业教育的质量。那么，深化职教内涵发展的突破口在哪里？提升职业学校的办学质量应从何处入手？

【广东经验】广东省的一些职业学校通过实践回答了上述问题，即通过加强德育，提高学生的素质；通过改革管理模式，提升办学效率；构建适合技能人才培养的教学和课程体系。

职业学校更应加强道德素质培养

现在，企业界流传这样的话，“德才兼备重点使用，有德无才培养使用，有才无德弃之不用”。

正是因为认识到了这一点，广东一些职业学校在办学中加强德育，从严要求学生。采访中，记者的所见所闻印证了这一点。

在肇庆理工学校采访时，学校教师向记者介绍了军人出身的校长梁承华是怎样管理教育学生的——每学期新生入学后，除了参加军训外，在校3年全部实行准军事化管理。在这所学校，学生上的第一课是升国旗。每周的升国旗、唱国歌，成为学生们道德启蒙的课堂。

2007年，学校招进了一名酗酒、逃课的学生，很多教师都建议梁承华把他退回去。梁承华却坚决反对，他利用在部队做思想工作的经验，为这名学生制定了一套完整的跟进教育计划。一年后，这名学生被学校评为优等生，并提前到企业实习。

惠州市教育局副局长曾小辉向记者介绍了该市通过3个育人环节加强中职学生素质教育的做法，即通过文化育人，让学生懂得做人的基本道理；通过组织志愿服务、文明风采大赛等活动，提升学生的职业素养；通过组织学生参加技能竞赛，培养学生的职业意识。

改变传统普通高中办学管理模式

目前，我国大多数中职学校在教学管理上沿用的都是与普通高中一样的“校长—分管副校长—教导处、总务处—年级组长—班主任”的逐级管理模式。

对这种管理模式，深圳市宝安职业技术学校校长吕静锋很不认同。“这种管理模式适用于普通中小学，但却很难适用于以就业为导向的中职学校。”吕静锋说，“我们必须要建立一套以专业细分为导向的新型教学管理体系。”

2007年7月，宝安职校在全国中职学校首创“校、部二级管理”体制，学校内部设立财经部、信息部、商贸部、机电部、艺术部5个专业部，把原来的办公室、教务处、教研室、德育处、培训就业处、总务处合并成立行政部，形成由领导班子和6个部组成的“校、部二级管理”体系。

在新的管理体系中，行政部具体承担学校的日常管理事务，负责为专业学部提供全方位的行政服务，并对各学部的教学工作进行指导和评估；各专业学部则集中精力抓专业建设和教学工作。

2008年6月，宝安职校实行新管理模式后的第一届毕业生被企业争抢一空，有些企业甚至提前一两年向宝安职校“预订”毕业生。

职教专业和课程建设应突出实用性

“现在全国的高职院校中，大多数还在使用本科教材，学生们对高深的专业课教材往往一筹莫展。”深圳职业技术学院副院长陈秋明一语道破我国职业教育中教材建设严重不适应人才培养的情形。

曾被称作我国高职教育发展一面旗帜的深圳职院，在规模扩张的过程中，非常重视内涵发展。他们把突破口放在深化教学和课程体系改革上。“眼下，我们在全国高职院校中率先进行职业外语教学改革，目前已在2008级新生中全面推行。”陈秋明说。

谈起职教外语课程改革，艺术设计学院院长周利群说：“原先学生上公共英语课，用的是全国本科院校通用的教材，学生不爱学。现在改成职业外语，文章都与学生所学专业有关，单词也是专业领域的，因此，现在学生学外语的积极性明显提高了。”

外语课程改革只是深圳职院深化课程改革的一个缩影。近几年，学院在课程建设上取得了突破性进展。“目前，学院拥有国家精品课程49门、省级精品课程52门，在全国同类院校中遥遥领先。”陈秋明说。

此外，深圳职院还深化学分制改革，鼓励学生结合自己的兴趣和爱好，进行自主学习，同时积极参加相关的科技、文化、体育活动和社会实践，促进个性化发展，提升职业素养，提高就业竞争力。

（本文来源：2009年12月20日《中国教育报》，有删改；记者 蔡继乐 赖红英）

科学发展　先行先试

——《珠江三角洲地区改革发展规划纲要（2008—2020年）》之教育规划

《珠江三角洲地区改革发展规划纲要（2008—2020年）》（以下简称《纲要》），是在经济结构转型和发展方式转变的关键时期，从国家战略的高度，对区域发展的一个科学规划，其精神实质是：“科学发展，先行先试”。

其中，《纲要》对珠三角地区教育改革发展的目标与要求进行了中长期的定位与规划，涵括义务教育、高中阶段教育、职业教育、高等教育和教育培训、教育改革、教育开放、教育一体化等方面的内容。《纲要》第九部分对此作了集中阐述，第一、四、六、七、十一等5个部分也作了重要论述。这不仅是珠三角地区教育改革发展的纲领性文件，而且是广东编制教育中长期改革和发展规划纲要的指导性文件，对广东省教育改革发展具有重要指导意义。

关于教育发展情况

《纲要》概述了珠三角地区改革开放30年来包括教育在内的社会事业发展情况及其面临的挑战。

●教育、科技、文化、卫生、体育等各项社会事业迅速发展，公共服务体系基本建立。

●社会事业发展相对滞后，人力资源开发水平、公共服务水平和文化软实力有待进一步提高。

关于教育均等化

《纲要》提出要按照公共服务一体化要求，促进包括教育在内的基本公共服务均等化，推动城乡、区域教育协调发展。

●统筹教育、卫生、文化、社会保障等公共资源在城乡之间的均衡配置，把社会事业建设的重点放在农村。

●完善农村义务教育经费保障机制，严把农村教师准入关，建立教师退出机制，提高农村教育师资水平，促进城乡义务教育均衡发展。

●加强农民工权益保护，逐步实现农民工子女就学、公共卫生等公共服务与城镇居民享有同等待遇。

●加强城市对农村教育、医疗卫生、文化等领域的对口支援。

●加强社会公共事务管理协作，推进区域教育、卫生、医疗、社会保障、就业等基本公共服务均等化。

关于教育发展定位

《纲要》提出要“优先发展教育”，让人民“学有所教”。

●以改善民生为重点，大力发展各项社会事业，切实做到全体人民学有所教、劳有所得、病有所医、老有所养、住有所居，打造全国高水平、高品质社会事业发展示范区，促进人的全面发展，实现人民幸福安康、社会和谐进步。

●优先发展教育。

关于基础教育结构

《纲要》提出要“优化基础教育结构”，重点提及义务教育办学资源配置、教育普及水平、职业教育等内容。

●合理配置义务教育办学资源，逐步解决常住人口子女平等接受义务教育问题。

●从实际情况出发，由地方财政统筹考虑，逐步实现普及学前到高中阶段教育。

●以中等职业教育为重点，大力发展职业教育，率先实现农村中等职业教育免费。推进校企合作，建设集约化职业教育培训基地，面向更大区域配置职业技术教育资源，把珠江三角洲地区建设成为我国南方重要的职业技术教育基地。

关于高等教育

《纲要》提出要改革高等教育，放宽高校办学自主权，“以新的思维和机制推动高等教育发展上水平”。

●支持企业与全国高等院校、科研院所共建高水平的技术研发机构和人才培养机构，组建企业技术中心，共同承担国家重大科技项目。

●支持国家重点高校、科研院所与珠江三角洲地区联合组建100个左右省部产学研技术创新联盟，共建一批高水平的研究型大学、科研机构、重大创新平台和省部产学研合作示范基地。

●高等教育普及化水平进一步提高，显著提升高校科技创新与服务能力。

●以新的思维和机制推动高等教育发展上水平。支持港澳名牌高校在珠江三角洲地区合作举办高等教育机构，放宽与境外机构合作办学权限，鼓励开展全方位、宽领域、多形式的智力引进和人才培养合作，优化人才培养结构。加大对国家重点建设大学支持力度，到2020年，重点引进3～5所国外知名大学到广州、深圳、珠海等城市合作举办高等教育机构，建成1～2所国内一流、国际先进的高水平大学。

关于教育综合改革

《纲要》提出珠三角地区要“争创国家教育综合改革示范区”，在教育改革中“先行先试”。

●争创国家教育综合改革示范区。制定中长期教育发展纲要，率先探索多种形式的办学模式和运作方式。改革应试教育模式，全面实施素质教育。积极开展教学改革和教师队伍建设改革试验，深化人才培养模式改革，探寻符合人类文明成果传承规律的教育方式。扩大高等教育办学自主权，推进高等学校治理模式改革。积极探索完善以政府投入为主，多渠道筹措教育经费的教育经费保障机制。

关于教育培训

《纲要》提出要重视教育培训尤其是农村职业教育培训规划。

●加强面向农村的职业教育培训。

●切实做好被征地农民的就业培训和社会保障工作。

●强化农村劳动者职业技能培训，提高其转移就业能力，把珠江三角洲地区打造成为全国农村劳动者转移就业职业技能培训示范区。

●加强创业培训，构建全国性的创业带动就业孵化基地。

关于教育开放

《纲要》提出珠三角地区的教育要加大开放合作力度。

●（粤港澳）加大开展银行、证券、保险、评估、会计、法律、教育、医疗等领域从业资格互认工作力度，为服务业的发展创造条件。

●鼓励在教育、医疗、社会保障、文化、应急管理、知识产权保护等方面开展合作，为港澳人员到内地工作和生活提供便利。推动专业技能人才培训的合作。

●加强与台湾在经贸、高新技术、先进制造、现代农业、旅游、科技创新、教育、医疗、社保、文化等领域合作。

●鼓励开办台商子弟学校。

●支持与新加坡等东盟先进国家加强经济、技术、园区管理、人才培训等多方面的合作。

其　他

●（广州）增强文化软实力，提升城市综合竞争力，强化国家中心城市、综合性门户城市和区域文化教育中心的地位，提高辐射带动能力。

●创新社会主义核心价值教育模式，使社会主义核心价值体系融入国民教育和精神文明建设全过程。

●建设学习型社会，形成热爱学习、崇尚知识的良好氛围。

【会议】

广东省教育厅深入学习贯彻《珠江三角洲地区改革发展规划纲要（2008—2020年）》

一

广东省教育厅继2009年新年首次党组会上专题研究学习贯彻《珠江三角洲地区改革发展规划纲要（2008—2020年）》之后，于2月20日再次召开学习交流会，专题学习研讨《珠江三角洲地区改革发展规划纲要（2008—2020年）》。在会上，连续的学习和热烈的讨论掀起一阵阵热潮，教育厅各行政处室、事业单位的主要负责同志和厅领导结合广东省教育当前“最紧迫、最突出、最重大”的问题畅谈了学习体会。

会议通过小组讨论、分组汇报、厅领导发言等形式，广开言路，拓宽思维。与会人员都始终坚持以科学发展观为指导，抱着对广东教育事业高度负责的态度，创新思考，“越位思考”，积极发言。

这次会议对如何通过科学研究并制订《广东省中长期教育改革和发展规划纲要（2008—2020年）》进行了探讨，进而为落实和贯彻好《珠江三角洲地区改革发展规划纲要（2008—2020年）》（下称《纲要》）提出的合理配置义务教育办学资源、逐步解决常住人口子女平等接受义务教育问题、逐步实现普及学前到高中阶段教育、大力发展职业教育、率先实现农村中等职业教育免费、建设集约化职业教育培训基地、争创国家教育综合改革示范区等任务和指标，有了更加明确的改革发展思路，提出了许多具有前瞻性和建设性的意见与建议。

会上，厅领导就如何创造性地贯彻落实《纲要》精神，高质量地完成《纲要》提出的各项目标和任务交流了学习体会和初步设想。

广东省委教育工委副书记、厅党组副书记谭泽中认为，贯彻落实《纲要》精神，关键是突破，重点要在思想观念的转变、体制机制的创新、政策法规的制订上实现突破。要依据《纲要》，在广东省建设和理顺现代化的高校管理体制和运行机制，既要体现科学发展的要求，也要符合国情、省情，还要讲究效率与和谐。对高校干部的管理，要探索聘任与任命能兼顾的模式，解决好高校干部能上不能下的问题。

省教育厅巡视员刘育民在发言中指出，《纲要》关于教育最核心的内容是“争创国家教育综合改革示范区”。要依据《纲要》，为广东教育的中长期发展描绘好蓝图，真正确立教育优先发展的战略地位。进而做到义务教育在资源配置上有新突破，职业教育体系和特色在适应广东经济社会发展上有新突破，高等教育在规模、质量、效益上有新突破，改革应试教育、实行素质教育有新突破，招生考试与评价制度有新突破。

省教育厅副厅长魏中林在会上要求委厅各处室和事业单位，要把学习《纲要》同当前正在着手制订的《广东省中长期教育改革和发展规划纲要(2008—2020 年)》紧密结合起来，要把《纲要》的有关精神渗透进去，通过制定广东省中长期教育改革和发展规划，将《纲要》对教育提出的有关目标和任务进行实化、量化和细化。他指出，“争创国家教育综合改革示范区”是《纲要》关于教育表述的最有力度的核心词，一定要紧紧把握好这个抓手，实现广东教育内涵的优质发展。

广东省委教育纪工委书记、监察专员陈韩晓强调，要通过加强反腐倡廉建设，切实提高教育系统贯彻《纲要》的执行力。具体做到：加强教育，形成贯彻《纲要》的良好廉政文化氛围；完善反腐倡廉机制，规范贯彻《纲要》权力的运行；加强监督，着眼防范贯彻《纲要》中可能出现和遇到的有关问题；加强作风建设，强化纪检、监察队伍自身的素质建设，为《纲要》各项任务的顺利完成提供保障。

省教育考试院院长、省招办主任杨开乔认为，落实《纲要》，搞好广东省高考与招生制度改革，应着重处理好六大问题，即高考与招生制度改革如何更好地与高中课程改革相适应，如何更好地促进中学的素质教育、促进学生全面发展，如何处理好高考的公平性与课改的选择性，如何处理好高考的统一性与落实高校招生自主权，如何处理好促进学生全面发展与过重的课业负担，如何更好地体现教育公平和社会公平。

省教育厅副厅长叶小山指出，要实现《纲要》对教育提出的目标和任务，贯彻省委、省政府“三促进一保持”和“双转移”战略部署，就必须加快广东省高中阶段教育，大力发展职业教育。高中阶段教育的普及要分四个阶段逐步来进行，第一阶段抓普及，第二阶段抓巩固与提高，第三阶段抓高水平的普及，第四阶段抓普通高中与职业高中的比例协调。职业教育改革与发展的核心是以珠三角地区为突破口，通过打造南方职业教育基地，推进职业教育结构和布局调整，构建具有南方特色的现代化职业教育体系。

省教育厅副巡视员文传道在会上指出，要根据《纲要》精神，进一步深化广东省教师队伍的建设与改革：以提高素质和待遇为重点，切实加强农村教师队伍建设；以培养和引进为重点，做好高层次教育人才队伍的建设；要深化改革，建立和完善教师队伍建设的体系。他还指出，要切实在省教育系统进行人事制度改革，要结合学校岗位管理制度，进一步严格教师的入口管理，建设和规范教师的退出机制，完善教师考核制度，理顺学校人事管理权。

二

广东省委教育工委书记、省教育厅厅长罗伟其在会上作了总结发言。他指出，《纲要》为广东教育的改革发展提供了行动指南，为推进教育优先发展提供了重大机遇，全省教育系统的干部职工要深刻认识《纲要》对广东教育改革发展的重要意义。学习贯彻《纲要》精神，就应该进一步解放思想，坚持以人为本，最终落脚点在于按照《纲要》的要求高质量制订《广东中长期教育改革和发展规划纲要（2008—2020 年）》。为此，他明确要求：

要认真总结教育改革的经验，建立健全保证教育科学发展的体制和机制。比如，初中最后一个学期能否通过引导性分流来提高义务教育的巩固率，通过因材施教来促进学生的可持续发展，切实推进素质教育。又比如，职业技术教育的专业设置、人才培养模式和招生考试等能否突破当前体制机制的束缚，应用型本科招收高职毕业生、高职招收中职毕业生的制度如何设计。再比如，集团办学是否允许既有公办又有民办，其对扩大优质办学资源、促进教育均衡发展有无帮助。

要着眼全局，拿出落实有关目标任务的措施和办法。《纲要》中有些指标明确的任务，比如“引进 3～5 所国外知名大学到广州、深圳、珠海等城市合作举办高等教育机构”“建成 1～2 所国内一流、国际先进的高水平大学”等，要从广东经济社会发展的全局着眼，在教育规划纲要中明确相关政策、目标的选取原则、建设方法和完成时限。

对于那些探索性的目标任务，比如“争创国家教育综合改革示范区”，要深入研究示范区的定位和设计，详细描述示范区的构成和特征，积极进行各种改革试点。又比如“把珠江三角洲地区建设成为我国南方重要的职业技术教育基地”，要着眼于满足广东当前由工业化中后期向现代化迈进的发展形势对高层次应用型、技能型人才不断增长的需求，建立鼓励行业、企业参与职业技术教育的政策体系，明确基地的构成、建设和管理办法，还要探索校企结合办好职业技术教育的新模式，创新教学管理和人才培养模式，根据区域产业转移的阶段性特征和现代产业体系建设的布局结构，分阶段、有重点地建设现代职教基地，拟定建成时间表。

要立足当前，积极推进教育五大工程。义务教育均衡发展工程，要以布局调整为抓手，统筹规范化学校建设、“三室一场五有”工程和创建教育强镇、县（区）工作，全面持续改善办学条件。普及高中阶段教育工程，要以示范性普通高中建设和教学水平评估工作为抓手，扩大优质学位数量和招生规模，完善招生平台，提高教育教学质量；要以中等职业技术教育建校扩校工程和中等职业技术学校重点项目工程建设为抓手，重点在地级市建设一批上规模、上水平的中等职业技术学校，迅速扩大中等职业技术教育的招生规模和在校生规模；要健全高中阶段助学体系，以农村学生免费接受中职教育为突破口，争取2012年前实施全省农村和城镇贫困家庭子女免费接受高中阶段教育。职业技术教育工程，要围绕建立健全现代职业技术教育体系，加快实施中等职业技术教育战略性结构调整，逐步建立从中职、高职到应用型本科以及专业硕士学位的纵向衔接，学生根据经济社会发展和个人职业发展要求可以在普通教育和职业技术教育体系间“自由变轨”，横向贯通人才培养的“立交桥”，要理顺中等职业技术教育管理体制，根据区域产业结构布局打造多个职业技术教育基地，组建职教集团。高等教育发展水平提升工程，要以学科专业建设为抓手，实施广东本科高等学校教育质量与教学改革工程、高职高专教育改革与实践工程、高校自主创新能力培育提升工程、研究生教育创新培养计划。师资队伍建设工程，要以农村教师队伍建设为重点，解决代课教师问题，推进“两相当”工作，要加强职业技术教育“双师型”队伍建设。

要统筹区域协调发展。要把发展职业技术教育作为统筹区域协调发展的抓手。建设现代产业体系需要现代职业技术教育体系提供人才支撑。没有现代职业技术教育体系提供的人才支撑，现代产业体系就不可能建设成功。在整个教育结构和教育布局当中，要把职业技术教育摆到更加突出、更加重要的位置。职业技术教育的规模、布局以及学科的设置，都应该和社会发展相协调。

（本文来源：《广东教育·综合》2009年第3期，有删改；记者　龙建刚）

【解读】

优先发展教育，提升人力资源开发和人才培养水平

教育关乎国家命运、民族未来和人民福祉。国务院制定的《珠江三角洲地区改革发展规划纲要(2008—2020年)》（下称《纲要》），在“加快社会事业发展”部分首先提出“优先发展教育”，这既是对贯彻党的“十七大”精神和省委、省政府决策部署的呼应，也反映出国家层面对珠江三角洲地区乃至全广东教育事业改革发展的高度重视和殷切期望。

改革开放30余年，广东教育取得了巨大成就，实现了城乡义务教育从缴费上学到免费上学的跨越、高等教育从精英化到大众化的跨越、人口大省到人力资源大省的跨越；基本解决了上学难的问题，基本形成了各级各类教育协调发展的格局，基本建立了教育可持续发展的体制机制。珠三角地区9个市已有6个市成为省教育强市。但是，珠三角地区的教育发展和人力资源开发水平还不能完全适应促进提高自主创新能力、促进传统产业转型升级、促进建设现代产业体系，保持经济平稳较快发展的要求。

（一）经济转型和产业结构优化升级迫切需要大批高素质劳动者，但人力资源开发水平偏低。珠三角地区要维持和增强国际竞争力，急需实现经济转型和产业结构优化升级，将发展方式转移到依靠提高劳动者素质和科技进步上来，但珠三角地区常住人口和从业人员的素质还难以适应要求。2005年，珠三角地区常住人口中初中以下文化程度的比例为71%，高中学历以上文化程度的比例为29%，大专以上文化程度仅为8.34%。

（二）行业、企业急需大批技能型人才，但职业技术教育发展相对滞后。近几年，珠江三角洲地区的企业急需大批技术工人特别是高素质技能型人才，职业技术院校毕业生供不应求。但目前珠三角地区的中等职业技术教育发展水平不高，办学规模不大，基础能力较弱，招生规模仅占高中阶段教育招生总规模的47%，低于全国5个百分点以上。同时职业技术院校“双师型”教师明显短缺，校园校

舍、设施设备、公共实训基地明显不足，校企合作、工学结合、顶岗实习未能大规模开展，严重制约了职业技术教育快速协调健康发展。

（三）构建以现代服务业和先进制造业为核心的现代产业群亟须高层次人才和高新技术支撑，但高等教育发展水平还未能很好满足要求。珠三角地区高等教育结构不合理，科技类、工程类教育特别是高水平大学明显不足，就全省而言，每500万人口更是仅有5.9所高校，在全国排在第26位。据统计，每万人口普通高校在校生，珠三角地区为196人，长三角地区为236人。在全省高校48个国家重点学科中，与广东重点行业相关的只有8个，仅占16.7%，其中与高新技术产业（信息、生物、光机电一体化、新材料）相关的仅4个，占8.3%。高校工科类学科比例偏低，在174个省级重点学科中，工学类的只有45个，约占1/4，与珠三角地区以及全省产业结构调整优化、传统产业转型升级、高新技术产业发展的需求明显不匹配。

（四）构建和谐社会迫切需要推进教育公平，但城乡间、群体间教育差距仍比较明显。珠三角地区相对而言，教育发展水平比较高，但城乡间的教育差距还是比较突出，农村中小学和城市薄弱学校的教育质量和水平仍然偏低；非户籍常住人口比例过大，让他们的子女接受平等的义务教育仍面临许多困难和问题。这些情况的存在，与构建和谐社会的要求不相符。

《纲要》针对这些问题，根据“五大战略”定位落实和“九大任务”实现的要求，紧紧围绕办人民满意教育的宗旨，对未来12年珠三角地区教育改革发展提出了目标任务，总的可以概括为：一心一意谋发展、千方百计上水平、先行先试创示范。

“一心一意谋发展”，就是要优化教育结构，促进各级各类教育协调发展。一是加大地方财政统筹力度，提升基本建设和助学的能力与水平，加快普及学前教育，切实巩固提高义务教育普及水平，高质量高水平地普及高中阶段教育。二是合理配置义务教育资源，加大资源整合力度，调整中小学布局，推进规范化学校建设，实现义务教育均衡发展；从实际出发，积极创造条件，逐步解决非户籍常住人口子女平等接受义务教育问题，推进教育公平。三是以高等职业技术教育为龙头，以中等职业技术教育为重点，大力发展职业技术教育，加快建立现代职业技术教育体系，推进中等职业技术教育战略性结构调整，率先在农村实现中等职业技术教育免费。四是合理扩大高等教育规模，进一步提高高等教育普及水平，优化高等教育结构，为经济社会的科学发展提供充分的人才保证。

可以预期，到2012年，珠三角地区将率先基本实现教育现代化，基本普及学前3年教育，高质量高水平地普及义务教育和高中阶段教育；基本实现非户籍常住人口子女平等接受义务教育；建立起完善的区域职业技术教育培训体系，基本满足产业发展对技能型人才的需求；高等教育人才培养结构得到优化。到2020年，珠三角地区将率先实现教育现代化，实现义务教育公共服务基本均等化和城乡义务教育一体化；高质量高水平地普及从学前到高中阶段的15年教育；高等教育普及化程度显著提高；基本形成全民学习、终身学习的学习型社会。

“千方百计上水平”，就是要以新的思维、机制和世界眼光推动各级各类教育尤其是高等教育跃上新台阶。为此，一要积极改善各级各类教育办学条件，不断扩大优质教育资源规模。二要大规模推进校企合作，着力建设一批集约化、高水平的职业技术教育培训基地，主要面向粤东西北配置职业技术教育资源，把珠三角地区建设成为我国南方重要的职业技术教育基地。三要加大支持力度，继续推进“985工程”“211工程”高校和其他有条件的高校以及重点学科的建设，加强科研自主创新工作，推进建立产学研合作创新联盟，把若干所高校办成拔尖创新人才集聚平台和高新技术研发基地，显著提升科技创新与服务能力。四要实行“引进来”与“走出去”战略，提升粤港澳教育合作层次和水平，推进教育国际交流与合作。支持港澳名牌高校在珠三角地区合作举办高等教育机构，放宽与境外机构合作办学权限，鼓励开展全方位、宽领域、多形式的智力引进和人才培养合作；到2020年，实现重点引进3～5所国外知名大学到广州、深圳、珠海等城市合作举办高等教育机构，建成1～2所国内一流、国际先进的高水平大学。

“先行先试创示范”，就是要深化教育体制机制改革，争创国家教育综合改革示范区。一是率先探索多种形式的办学模式和运作方式，整合和提升教育资源，发挥优质教育资源的统领、辐射和带动作用，提高教育效率，满足人民群众多层次多样化的教育需求。二是积极开展应试教育模式改革、教学改革和教师队伍建设改革试验，深化人才培养模式改革，探寻符合人类文明成果传承规律的教育方式，全面推进素质教育。三是提高省级政府根据区域经济社会发展统筹本地区高等教育改革发展的能力，促进高等教育与区域经济社会发展相适应。要扩大高等教育办学自主权，推进高等学校治理模式改革，形成高校自觉约束、自我激励、自主发展的良性机制。四是积极探索完善以政府投入为主，多渠道筹措教育经费的保障机制。要依法建立按照教育基本需求投入的长效机制，建立运用市场机制多渠道增加教育投入的机制，建立激发各界捐资办学投资办学热情的机制，建立和完善非义务教育成本分担保障机制，提高教育经费管理水平和使用效益。

要实现《纲要》中教育改革发展的目标和任务，必须坚定贯彻落实科学发展观，坚持以人为本、体制创新、统筹协调的原则。在改革发展过程中，要始终把握住“科学发展、先行先试”这一灵魂和精髓，更加注重落实教育优先发展的战略地位，更加注重促进教育规模、结构、质量、效益相协调，更加注重构建教育改革开放新格局，更加注重推进教育公平。在具体工作中，要大力营造推进教育优先发展科学发展的良好环境和氛围，完善教育经费以政府投入为主的多元投入体制机制，建设一支宏大的稳定的高素质的教育教学师资队伍、教育行政管理队伍和教育科学研究队伍，推进依法治教和依法治校，加强教育督导和评估。

（作者系广东省教育厅发展规划处　汤贞敏　张振超）

立意高远　朗朗乾坤

——解读《珠江三角洲地区改革发展规划纲要（2008—2020年）》的教育规划

于2008年12月18日国务院常务会议上获得原则通过的《珠江三角洲地区改革发展规划纲要（2008—2020年）》（以下简称《纲要》），已引起广东社会各界的广泛关注和强烈反响。作为一名教育工作者，我尤其关注的是《纲要》中有关教育改革发展规划的内容。读了《纲要》全文，特别是其间“加快社会事业发展”一章中的“优先发展教育”一节，我倍感欣喜、鼓舞和振奋。

改革开放30年来，广东省特别是珠江三角洲地区的经济社会发展取得了令世人称奇的成就。但毋庸讳言，珠江三角洲地区乃至整个广东的社会事业，包括教育的发展水平却显得较为滞后，还不能很好地适应经济社会的需要和人的发展要求，还面临诸多人们深为关切而久攻不克、处于胶着状态的关键性问题。《纲要》对这种落差有着充分的觉知，它的问题意识十分鲜明。《纲要》确立的教育改革发展的总的指导思想是“优先发展教育”。这既是对党和政府长期以来将教育作为国家的战略重点的延续，更是为了解决阻碍教育发展的问题、改变目前教育相对滞后的局面。就此而言，“优先发展教育”这一指导思想具有实践合理性和鲜明的现实针对性。

围绕“优先发展教育”这一指导思想，《纲要》所提出的教育改革发展的总体目标是“优化基础教育结构”“以新的思维和机制推动高等教育发展上水平”“争创国家教育综合改革示范区”。从这一目标出发，《纲要》提出率先实现包括教育在内的基本公共服务的均等化、“率先实现农村中等职业教育免费”、“率先探索多种形式的办学模式和运作方式”及“争创国家教育综合改革示范区”本身，体现了一种超凡的气魄和敢为人先、争做科学发展排头兵的先进性、超越性及继续引领全国改革发展的责任担当。

《纲要》的内容不仅具有鲜明的现实针对性和先进性、超越性特点，而且体现了“三统一”精神。

1. 目标和措施的统一。《纲要》不仅提出了教育改革发展的总目标和实现总目标的具体任务，而且提出了与实现目标、任务相匹配的措施。例如，完善农村义务教育经费保障机制，严把教师准入关、建立教师退出机制，推进校企合作，建设集约化职业教育培训基地，面向更大区域配置职业技术教育资源，积极开展教学改革和教师队伍建设改革试验等，都是与相应的目标、任务相结合的改革措施。这使得教育改革发展的规划“成龙配套”，使《纲要》的精神在改革的路径上变得完备。

2. 公平要求与效率要求的统一。《纲要》不仅提出了教育改革发展的效率要求，例如，“探寻符合人类文明成果传承规律的教育方式”正是这一要求的体现，而且提出了教育改革发展的公平要求。《纲要》提出的基础教育要均衡发展、均等化，农民工子女就学享受同等待遇，常住人口平等地接受义务教育，都是教育改革发展的公平性要求的体现。在我看来，这是此次发展规划的最大亮点，也是《纲要》中最值得称道的精神要旨。

3. 外延式发展要求与内涵式发展要求的统一。逐步实现普及学前到高中阶段教育、高等教育普及化水平进一步提高等体现的是扩大教育规模的外延式发展要求，而提高农村教育师资水平、全面实施素质教育、积极开展教学改革和教师队伍建设改革试验、扩大高等教育办学自主权、推进高等学校治理模式改革等体现的是内涵式发展要求。一段时期以来，我国基础教育和高等教育都较为重视外延式发展，而比较忽视内涵式发展。而以外延式发展要求与内涵式发展要求相统一的精神为指导将使教育发展的模式更为合理、健康。

上述“三统一”的精神使“优先发展教育”的指导思想成为一个科学、完整的系统，使《纲要》的思想既具有“定向导航”、方向引领的作用，又具有可操作性。完全有理由相信，《纲要》的全面实施必将促进教育结构调整，增强教育的社会适应性；促进教育均衡发展，大幅度提高教育公平的程度；促进教育教学改革的深化，全面提高教育质量、人口素质；促进教育科学发展，发挥珠江三角洲地区教育改革的思想、体制、经验在全省乃至全国的引领、示范、辐射作用。

正确理解、把握《纲要》的精神和积极意义是重要的，但更重要的是我们应有贯彻、落实《纲要》精神的高度自觉性和紧迫感。《纲要》对未来教育改革发展的规划、要求是原则性的，因而当下最为关键的是应在领会《纲要》精神实质的基础上，从实际出发，审慎思考和研究如何将《纲要》的目标、任务、措施细化，制订出怎样的具体的实施计划、方案、步骤，并以怎样的机制使计划、方案、步骤得到切实的落实。例如，就目标、任务、措施的细化而言，我们应研究：要全面实施素质教育，应如何改造目前的重点学校制度，初中和高中学校的招生体制应如何改革，时下的教育评价和督导体制又应如何改革；要建立教师退出机制，应建立一种怎样的教师退出的标准、规范，如何确立教师退出机制的实施和监督主体，又将谁确立为主体；要进行教学改革，教学改革的重点是什么，未来的中小学教学改革如何与新课改相合；等等。

《纲要》提出的教育改革发展的任务是重大而光荣的，同时也是十分艰巨的。但只要我们解放思想、只争朝夕、锐意改革、勇于开拓、奋力拼搏，我们的努力将结出累累硕果，岭南大地一定会唱响一曲动人的教育之“春天的故事”。

（作者系华南师范大学教育科学学院现代教育研究与开发中心　吴全华）

携手国际化，迈上新台阶

——珠三角地区教育创新与发展的机会选择

《珠江三角洲地区改革发展规划纲要（2008—2020年）》（以下简称《纲要》）现已经国务院正式批准发布，这个国家级战略给了珠三角都市圈（包括港澳地区）又一次可能领先发展的契机和动力，这无疑是件好事。如何发展，也给各级政府和各行各业留下了设计的空间。立足现实，展望未来，圈内每个地方每个行业都不愿错失良机，都准备好好描绘一下自身的愿景。未来12年既是这个都市圈进一步融入世界影响世界的过程，同时也是为全国经济社会发展树立新标杆的大好时机。“优先发展教育”得到了《纲要》的认同和体现，具体的蓝图需要有关部门和人士自己来描绘。携手国际化，使我们有机会发现自身的差距，想方设法解决问题，赶上世界先进水平，也许是珠三角地区教育创新与发展的路径选择之一。

教育国际化是经济全球化和区域经济一体化的必然趋势，也是国内教育进一步发展的目标追求。因此，教育国际化不仅需要，更要自觉。教育国际化意味着首先要把自身融入国际，要与国际教育站在同一层次水平上，能够平等对话与交流。从目前的情况看，我们各类教育与世界教育先进国家相比，差距显而易见，学习借鉴、消化吸收先进教育办学理念和管理经验，才能更好地服务和奉献于世界。我国改革开放以来的经济发展已经探索形成了很好的经验，如电视机的生产，从引进技术开始，到逐步消化吸收、开拓创新形成自主品牌，现已发展成为电视机出口大国强国。教育国际化的道路可能还要来得更加漫长，因为教育涉及政治体制、文化传统、教育现状，而思想和体制的转变往往要比技术创新更复杂、更困难，因此，教育国际化的道路绝不会是一条坦途。

教育国际化好比一个抓手，拉动这个抓手，教育这张巨网就能“牵一发而动全身”，各类教育能够找到差距，瞄准目标，跟进发展。改革开放以来广东教育事业在规模和体系上实现了跨越式发展，各类教育日趋协调，高等教育实现了大众化，义务教育达到免费教育，中职教育有了长足进步，基本解决了上学难问题，基本解决了教育可持续发展的机制和政策体系的建立问题。但是，从国际视角看，我们不难发现，珠三角的教育与世界教育发达国家相比较，质量、效益与服务仍然不够理想。教育的行政化管理还很浓重，服务意识还很淡薄；高等教育管理体制机制相对滞后，学术自由的氛围遭到弱化，学风正确导向不够坚定，知识和技术创新能力仍然不足。中职教育近几年得到迅猛发展，但与经济建设社会发展的要求相比，投入还显不足，模式较为单一，师资水平有待提高，招生与就业机制不够灵活，毕业生的社会适应性、行业或岗位要求的密合性还不够。公立基础教育满足大众的基本需要（保底性）的定位有所动摇，过分追求应试目标下的基础教育办学模式几乎千校一面，特色化个性化严重不足，追逐唯分数唯成绩的优质教育色彩正在兴起。私立基础教育生存环境相对困难。

面向世界办学，需要再提升各类教育层次与水平。树立国际化办学理念，改革教育管理体制机制建设，优化人才培养模式。当前阶段，教育系统要以借鉴发达国家先进理念和方法为抓手，继续深入推进改革，大力增强各类教育的自主创新能力，实现高水平的持续发展和均衡发展。为此，提几点具体建议如下。

借鉴西方教育管理理念，促进教育行政部门转变职能。切实转变教育行政部门的职责，应由以管理为主转变为以服务为主；大力加强教育公共政策和服务平台建设，把握宏观教育发展趋势，掌握辖内各级各类教育数据；依法教育行政，依法监督落实，保障各级各类教育协调发展，让公立私立教育主体一道公平竞争。

加强国际教育观念，提高教育质量和办学效益。要以国际人才要求来定位办学的目标，加强国际交流，学习教育发达国家教育教学管理经验。充分利用国外优质教育资源，继续各学校与境外互派教师的规模，引进国际一流学者前来广东高校访问、授课。培养学生具有国际视野，跨文化交际能力和对不同文化的包容精神。珠三角高等教育规划应考虑港澳因素，协调都市圈内高等教育类型专业布局，发挥各自优势，实现资源共享，粤港澳三地高校每年交换一定数量的招生比例。珠三角高校要继续扩大外国留学生招收规模，大学生海外就业应加强推广工作。大幅增加英文授课课程，扩大对国际先进教材的使用，更新教学内容与教学方法。职业教育（高职、中职）要大力加强专业建设，积极响应产业升级与转型，开放吸纳国内外民间资本投资职教，激活和创新办学模式，完善办学体制机制，使职业教育走向国际化。探索职业教育与劳务输出结合的人才培养模式，大力开展学生顶岗实习，产学研合作等。

切实改革教育评价机制，创造相对宽松的教育环境。基础教育应试成分太重，学生综合素质与个性发展严重不足，长期未能改变。基础教育要从省的层面规范办学行为，切实将目前以应试为主要目标转变成为以综合素质为目标，切实减轻学生过重的学业负担。借鉴西方大学招生制度，扩大高校自主招生试点并尽快推广，把学生全面素质引入招生评价，引导基础教育转向全面提高学生素质的办学轨道上来。大力扶持民办基础教育，切实落实有关文件精神，鼓励走特色发展之路。

要以提高质量为目标，创新中外合作人才培养模式。加强与国外教育的合作交流，通过探索新的合作项目和改进人才培养的各个环节，拓展培养途径和方式，提高质量和效益。如高等教育学分互认，赴海外暑期实习，合作研究，师生互派，第二学位，海外培训等。学生的国际视野要从低年级开始培养，扩大不同层次学生之间的中外交流与互访，加强学生对世界多种族及其文化的了解，增进彼此包容和友谊。加强教师继续教育，利用各种形式培养教师的国际教育观。

（作者系深圳市教育科学研究院　熊冠恒）

（全文来源：《广东教育·综合》2009 年第 3 期，有删改）

广东启动义务教育“千校扶千校”行动计划

2009年3月3日，广东省启动了义务教育“千校扶千校”行动计划。广东省副省长宋海在启动仪式上说，广东义务教育区域间、学校间发展还很不平衡。因此，广东省政府作出实施“千校扶千校”行动计划的决定，作为实施义务教育均衡发展工程，推进珠三角一体化的重要措施。帮扶行动计划要“软件”帮扶与“硬件”帮扶并重，强调学校“软件”的帮扶，包括教学工作、管理工作和师资培训三个方面，以此带动学校内涵发展。还要帮扶和自主发展并重，帮扶的目的是为了提高受援学校的自主发展能力，要通过开展教师业务素质的帮扶，将新的教育教学理念、教学方法与手段传播给受援学校，促进教师队伍的专业成长与发展。

按照计划，广州、深圳、珠海、佛山、东莞和中山6个市的珠三角地区的400所初中和小学，负责对口支援珠三角以外欠发达地区学校；珠三角以外15个地级市城区及所辖各县城的600所初中和小学，对口支援本地区相对薄弱的义务教育学校。广东省教育厅厅长罗伟其说，开展“千校扶千校”行动计划，目的在于搭建一个对口帮扶平台，在学校管理、队伍建设、教育教学、文化建设、学生互动等方面构建帮扶机制，帮助受援学校转变教育观念，改善办学条件，提高学校的整体管理水平和教育教学质量。

帮扶中的互动 携手中的同行

——“千校扶千校”行动阶段综述

2009年3月，广东省启动了“千校扶千校”行动计划，在珠三角和全省地级市城区、县城所在地组织1 000所义务教育优质学校，采用“一帮一”形式，在学校管理、教育教学、教师业务水平等三个方面对口帮扶欠发达地区农村、城镇1 000所薄弱学校。作为广东省推进义务教育均衡发展的六大举措之一，该项行动得到了各级政府、教育部门和有关学校的高度重视，各地精心部署，迅速行动，取得初步成效，社会反映良好。据统计，半年来，支援学校共为农村受援学校捐赠电脑1 095台、多媒体教育平台64个、图书38万册、课桌1.2万多套，援建书屋1 526间，其他捐款捐物折合人民币1 082万元，外派挂职学习教师2 654人，上示范课9 604人次。无论是受援学校还是支援学校，都在该项帮扶活动中受益良多，其中也涌现出不少感人的故事。

高层：良好的开端始于精心的策划

根据《广东省“千校扶千校”行动计划实施方案》，支援学校1 000所中的400所由广州、深圳、珠海、佛山、东莞和中山6个市负责，其余600所由汕头、韶关、河源、梅州、惠州、汕尾、江门、阳江、湛江、茂名、肇庆、清远、潮州、揭阳、云浮15个市负责；受援学校1 000所分布在上述15个市。帮扶活动以3年为一个周期。

“千校扶千校”行动是一项需全方位合作，多方面协调的系统工程，组织领导是关键。任务下达后，各相关地市迅速成立活动领导小组，并召开了启动大会。支援地教育部门主要领导亲自挂帅，到受援地考察，一些地方的镇区党政领导也亲自带队到受援学校考察，落实帮扶任务。受援地教育部门也把该项行动作为更新教育观念的好机会，积极主动到支援地上门请教。支援、受援双方就各自教育状况、帮扶需求和主要工作安排进行坦诚交流，继而制订详尽的帮扶方案，将每一个细节都落到实处。

中山市教育局局长刘传沛和副局长周信带领考察队，于2009年4月上旬赴茂名、阳江、清远三地交流考察，考察了7所学校，召开了4次座谈会。刘传沛局长说，帮扶经济欠发达地区学校是中山市义不容辞的义务和责任，支援学校要与受援学校加强联系沟通，彼此了解，要以“针对性、实效性和时效性”为原则制订科学可行的帮扶方案，做到帮其所短、学其所长，实现共赢。他要求各支援镇区和学校牢记使命，不负重托，齐心协力，真心实意地把这项工作做实做好，做出中山的特色，争取成为1 000所帮扶学校中的排头兵。4月17日上午，中山市在第二次“千校扶千校”工作会议上，提出了“整体帮扶、软硬兼施、长短结合”的帮扶总体思路，并结合考察调研掌握的情况，及时调整帮扶计划，增强帮扶力度。市教育局强调要注重宏观统筹、整合教研、培训活动等资源，主动邀请受援学校共同参与，充分发挥镇区、全市的总体教育优势，做好支援学校的坚强后盾；各支援单位一把手要在5月底前亲自带队到受援学校进行实地交流考察，掌握第一手资料，调整完善3年帮扶规划。市教育局还统一制定了《中山市实施省“千校扶千校”行动计划项目学校结对帮扶计划书》，内容包括结对帮扶学校概况、结对帮扶学校优势劣势分析、受援学校帮扶需求、帮扶目标与任务、主要工作措施与安排、主要经费预算及绩效跟踪等，以确保帮扶质量与实效。

东莞市组织了3个考察小组对清远、潮州和汕尾市的受援学校进行考察，而后迅速召开考察交流活动汇报会，要求各学校介绍对口受援学校的概况、分析其优势劣势，并相互交流帮扶学校的需求、目标、工作措施与安排。各学校在掌握了第一手资料后，及时调整了思路，完善了3年帮扶规划。如莞城中心小学原计划派一名计算机教师到对口学校进行帮扶，提高其电算化教学水平。但经过交流考察了解到，对口学校的计算机设备还不充足，难以全面开展电算化教学，他们希望帮扶学校能选派英语教师，提高学校的英语教学水平。莞城中心小学立即调整思路，重新选派了四年级的英语科组长到对口学校支教，满足对口学校的教学需求。东莞可园中学的校长说，在考察前从没想到对口学校的办学条件与这边差距这么大。由于经费不足，对口学校除了教室外，基本没有任何的功能室，而且学校的教室、办公室、学生宿舍都没有安装铁门，窗户都没有玻璃。为此，可园中学迅速召开行政会议，决定增加帮扶内容：在第一年为该校的所有教室、办公室、学生宿舍安装铁门，窗户安装玻璃，首先协助对口学校改善办学条件。由于考察及时，交流到位，东莞市各校的帮扶计划和内容均得到进一步的完善，为活动的有效开展奠定了坚实的基础。

在考察、交流的过程中，部分市、县在原来省下达的对口帮扶任务的基础上，扩大了帮扶面。如中山市新增10所支援学校，对口帮扶茂名、阳江、清远三市。深圳市宝安区新增10多所学校支援揭阳市。肇庆市将76对支援学校与受援学校扩大到“百校扶百校”。吴川市除省、市支援外，还在本市城区及15个镇挑选了52所学校作为支援学校。部分支援市应受援市的要求，采取“二对一”或“多对一”形式，扩大帮扶面。

在制订帮扶计划时，不少地区为切实解决支援人员的困难，在财政上也给予了很大的支持，如佛山市决定按每月800元的标准给予市直学校派出教师补贴，南海区按每年14 000元的标准补贴支援教师，其他区也制定了相应的标准；中山市给予派出管理人员、教师每人每年10 400元的补助，其中生活补贴5 000元、支教补助5 400元，统一由市财政予以解决，该市各镇区及市直属学校也将参照市的标准对派出人员给予一定的补贴。

校际：以优质带动薄弱

在支援和受援两地教育部门的组织联系下，双方结对学校开始了热烈而扎实的交流，开展了一系列的帮扶活动，并在帮扶内容、帮扶形式、帮扶手段上不断创新。支援学校派出了经验丰富的领导和骨干教师到受援学校，为受援学校带去了先进的教育理念和管理经验，在理清办学思路、提高教学水平、促进学生全面发展等方面，予以重点关注和支持。受援学校也派出教师到支援学校进行挂职学习。双方开展多样的互动交流，在学习中共同提高。

佛山市第四中学与阳东县那龙镇那龙初级中学结对帮扶。接受任务后，四中精心组织，周密实施结对帮扶工作，发挥了四中作为佛山市禅城区首批名学校的辐射示范作用。校长郭培雄率领支教帮扶领导小组到那龙初级中学，与校领导一起商讨制订帮扶支教方案。针对那龙初中的实际情况，四中重点介绍了学校的管理理念、管理经验和一些实际做法，建议采用经验介绍、专题讲座、专业培训等形式进行帮扶，以行政扶持行政，以骨干培养骨干，并举行专题报告讲座，促使学校在管理和教师个人成长方面同时进步，以取得更大的帮扶效果。学校领导间的相互交流，使大家从相识到相知，距离拉近了，情感融洽了，关系加深了，为开展有效帮扶活动提供了心理保障。

佛山市第四中学除了在师资建设上给予大力支持外，还在自身任课教师十分紧张的情况下，毅然分期分批派出一批骨干教师到帮扶学校开展支教工作，还让7名骨干教师和那龙初级中学的7名教师结对，本着“交流、互补、促进”的意愿，扎实开展结对帮扶活动。

四中骨干教师到那龙初级中学后，先听课、评课，再上示范课，以公开课、示范课、讲座活动为载体，开展丰富多彩的教研活动。2009年5月，佛山市名教师文军、罗阳到那龙初级中学举办专题讲座。9月18日，语文科副科组长蔡霞、数学科副科组长喻力军、英语科副科组长邝艳芳、艺术科科组长孙宪孝、体育科科组长陈乐辉分别为那龙初级中学上了别开生面的示范课。简明新颖的课堂教学设计、精湛的教学艺术、全新的教学理念、良好的教学效果，使听课教师受益匪浅。课后，四中语文、数学、英语三名科组长还将收集到的大量有关中考的资料，及时送达该校毕业班老师手中。四中还安排本校骨干教师参加受援学校的教研活动，听青年教师的公开课，帮助他们剖析课堂教学的成败得失。四中举行课堂教学展示、名师引路等教育教学活动时，也及时通知挂钩学校教师参加交流研讨。一系列活动的开展，既促进了受援学校的教研活动，又提升了支援学校教师的理论素养和教学水平，获得了双赢的效果。

除了教学上的帮扶交流，双方结对教师还进行德育工作管理上的经验交流，通过调研学习、经验探讨等形式，推动学校的教育教学管理，有效提高教育教学质量。如四中德育处凌主任和那龙初中政教处的吴主任结对，他们一起制订德育工作计划，共同形成了“月初一起拟定本月工作计划，月末一起进行总结分析”的工作制度，那龙初中的德育工作迅速步入正轨。针对那龙初中的实际情况，四中在物质上也给予了很大支持，捐赠了电脑、课桌椅及文体用品，尽力改善那龙初中的办学条件。

广州市天河区先烈东小学与南雄市坪田镇香港育苗行动爱生小学结对帮扶。爱生小学共有学生750多人，教师32人。学生来自周边的地区，多为留守儿童，与祖辈相依为命。学校常常是两个教师就包了一个班级所有科目的教学工作，学生午睡、晚上就寝后教师还要值班。很多教师一天也只能睡五六个小时。面对爱生小学师生所面临的问题，先烈东小学决定先进行如下帮扶：一是让帮扶老师深入课堂，随班听课，了解学生；二是以“留守儿童”作为研究课题，研究帮助提升学生心理素质和学习水平的对策；三是帮扶老师多上示范课，加强与爱生小学教师的沟通、交流，带动、培养一批骨干教师。

师生：心连心，手拉手

支教行动得到了支教学校广大教师的热烈响应。在各校召开的动员大会上，教师们纷纷报名，把支教行动当做一次支援山区、锻炼自己的好机会。支教教师在支教学校所表现出的敬业精神和工作态度深深感染着受援学校教师，教师们坦诚交流，携手共进，共同成长。支援学校与受援学校的学生也在“手拉手”的爱心行动中结对、交流，共享一片蓝天。

南海师范附属小学教师肖琴，带着6岁多的儿子去支教，感动了许多人。肖琴是骨干教师，也是科研先进个人，是支教的合适人选。但她的家庭情况却不便于她到外地支教。她的丈夫是桂城中学高三毕业班的教师，儿子在上一年级，需要人照料。但她再三请求去支教。学校批准后，她毅然带着儿子一起去了雷州西湖中心小学，就让儿子在该校就读。她的精神感染了西湖中心小学教师。

南海支教教师马劲波在支教的日子里，总有一股马不停蹄地工作犟劲。他头顶烈日，冒着酷暑，指导全校学生练习队形队列和新一套广播操的学习。几个星期下来，马老师病了，喉咙沙哑得一句话也说不出来，但他仍然坚持上课，把哨子与身体当作语言。在运动场上，在烈日之下，总看到他忙碌的身影，这让受援学校的师生十分感动。

众多支教教师到受援校后，不断地和受援校教师一起研讨教学方法，积极协助学校开展形式丰富的教研活动，每位教师都积极参与备课、上课、评课、讨论。一名湛江受援学校的校长说：“我们学校这种教研气氛以前从来没有过，南海支教老师的到来，给我们带来了活力与动力，同时也带来了全新的教育教学思想、理念和方法，课堂教学已初见成效。我们往后还将继续开展全校性的教育教学研究活动，通过以点带面，实实在在地促进我校教育教学水平整体提升。”

湛江一所受援学校，不少教室的墙壁十分破烂，有的窟窿甚至大得能让人钻进钻出，教室的板报也是一片废墟。支教教师到后，马上提出大力建设校园文化，让墙壁也发挥教育的作用。于是，新的篮球架升起来了，所有教室的黑板报有了学生喜闻乐见的新内容，校园每一块宣传板报都在向学生传递信息。支教教师还组织全校各班级进行宣传板报的评比活动，全校师生都积极行动起来，一幅幅墙报，充分展示了学生丰富的想象力和童真童趣。学校校园文化建设的提升大大改变了师生的精神面貌。

为迅速提高学生学习水平，增强学生学习兴趣，支教教师主动对学生进行家访，与学生家长深入交流。学生受到教师的亲切关怀与鼓励，产生了极大的学习动力。课堂上，支教教师努力让学生自主学习，小组合作探究，启发学生创造性思维，学生成绩普遍提高。六年级学生麦子豪家境贫寒，家里没有电灯照明，生活与学习条件非常艰苦，支教教师几次家访并凑钱资助他，麦子豪深受感动，没有放弃学习，更加珍惜时间，奋发向上。在升初中考试中，他以全镇三科总分第一名的成绩，被遂溪县一中录取了。这样的成绩打破了学校的历史记录。

支援学校和受援学校的学生也在支教行动中广泛开展各类活动，不少家长踊跃参与。如中山石岐中心小学和大信学校与高州市沙田镇中心小学，华南师范大学中山附属小学与英德市白沙镇中心小学，共同开展红领巾手拉手活动。活动中，孩子们结对交流，互赠纪念品，一起参加环保活动，在同一片蓝天下结下了友谊。支援学校的学生受到了难得的教育，更加珍惜美好生活，受援学校的学生也体会到社会对他们的关爱，更加热爱学习。

（本文来源：2009 年第 12 期《广东教育·综合》，有删改；记者　王　蕾）

广东省实施“千校扶千校”行动计划推进义务教育均衡发展

2009 年 3 月，广东省启动了义务教育“千校扶千校”行动计划（简称“行动计划”），在珠江三角洲地区和其他市、县挑选 1 000 所义务教育优质学校，采用“一帮一”形式，帮扶 1 000 所欠发达地区农村、城镇薄弱学校，有效地推进了义务教育的均衡发展。

——建立长效机制，搭建帮扶平台。广东省制定了《“千校扶千校”行动计划实施方案》，选择珠三角和大中城市管理水平和教育质量较高的优质学校与粤东、粤西、粤北地区农村和城镇薄弱学校签订帮扶协议，以 3 年为一个周期，要求支援学校把帮扶任务列入学校年度计划和工作安排，落实到各学科组和部门，建立目标责任制和考核制度，实现共同发展。方案下发后，各级政府高度重视此项工作，纷纷牵头搭建平台，召开动员大会，部分市还专门拨出经费支持帮扶活动开展。各级教育部门也成立了“千校扶千校”活动领导小组，设置帮扶办公室，安排专人负责，建立考核制度，确保此项工作的顺利开展。

——重点实施三个帮扶，提高薄弱学校办学水平。一是帮助受援学校提高管理水平。支援学校帮助受援学校树立正确的办学思想和先进的办学理念，制订中长期发展目标和发展规划，健全和完善各项管理制度，规范学校日常工作管理。帮扶双方学校互派管理人员到对口学校挂职，参与学校的决策与管理，通过开展校风、教风、学风建设等方面的交流与学习，全面提高受援学校的管理水平。二是帮助受援学校提高教师业务素质。支援学校帮助受援学校制订教师队伍建设发展规划、培训计划和工作措施，3 年内培养 3 名以上镇内（或片内）学科骨干教师；通过组织优秀教师、骨干教师到受援学校进行指导、互派教师到对口学校任教等方式帮助受援学校教师提高业务能力和教学水平。三是帮助受援学校提高教育教学质量。支援学校帮助受援学校规范教学工作常规管理，建立健全教学档案和教研制度，开齐开足国家规定的课程，引导受援学校教师积极投身课程改革，更新教育观念，利用现代教学手段改进教学方法。通过一起开展各类艺术节、科技节、体育节、读书节等课外活动和团队活动，促进学习与交流，共同提高教育教学质量。

——加大宣传力度，争取各界支持。为有效推动行动计划的实施，广东省教育厅开设了“广东省千校扶千校网站专栏”，及时将各地报送的信息上传到专栏，供各地学习、交流。同时，省教育厅还通过多种形式，积极争取社会各界的支持。目前，团省委、省少工委与省教育厅联合开展了“千校扶千校，红领巾在行动”雏鹰争章活动，通过帮助受援学校建立一间手拉手红领巾书屋，开展“快乐手拉手”专题教育活动等形式，使支援学校和受援学校的学生共同成长。中国移动广东分公司正准备搭建“千校扶千校”信息化帮扶平台，资助部分手提电脑，免费提供网络设备和优秀课件，为开设同步课堂提供资源，解决薄弱学校上网经费等系列问题，帮助薄弱学校发展。

（本文来源：《教育部简报》2009 年第 123 期，有删改）

各级各类教育

VARIOUS LEVELS AND SORTS OF EDUCATION

学前与义务教育

发展综述

【基本情况】2009 年，全省有小学 18 506 所，招生 1 274 186 人，在校生 8 876 522 人，专任教师 418 311 人，小学适龄儿童入学率为 99.88%，小学五年保留率为 100%，小学毕业生升学率为 95.72%；普通初中 3 322 所，招生 1 756 780 人，在校生 5 036 732 人，专任教师 256 571 人，初中适龄人口毛入学率达 109.22%，初中三年保留率为 88.76%，初中毕业生升学率为 88.53%，高中阶段教育毛入学率为 79.9%。全省有特殊教育学校 69 所，招生 3 591 人，在校生 26 158 人，比 2008 年增加 1 033 人，增长 4.11%，其中在特殊教育学校就读的 8 069 人，小学附设特教班的 441 人，随班就读的 17 648 人，专任教师 1 858 人。全省有幼儿园 11 018 所，在园（班）幼儿 2 494 689 人（其中幼儿园在园幼儿 1 829 860 人，学前班在校生 664 829 人），学前教育毛入园率为 77.3%，教职工 210 313 人，其中专任教师 122 470 人。

（撰稿　许顺兴；审稿　黄向群）

学前教育

【基本情况】全省有幼儿园 11 018 所，在园（班）幼儿 2 494 689 人，其中学前班幼儿数 664 829 人，在园幼儿数为 1 829 860 人，学前教育毛入园率为 77.3%，比 2008 年增加了 5.11 个百分点，幼儿园教职工 210 313 人，其中专任教师 122 470 人，师生比 1∶15。幼儿园占地面积为 21 400 482 平方米，生均占地面积为 9 平方米；校舍建筑面积为 16 556 430平方米，生均面积为 7 平方米。

【印发《加快农村学前教育发展的意见》】为贯彻党的十七届三中全会提出的“大力办好农村教育事业”和《广东省教育现代化建设纲要（2004—2020 年）》及其实施意见精神，加快农村学前教育发展，提高农村学前三年教育入园（班）率和农村学前教育保教质量，广东省教育厅印发了《加快农村学前教育发展的意见》（粤教基〔2009〕93 号），明确了农村学前教育发展的任务、责任、措施及规范管理的要求。文件出台后，广东省积极总结推广先进典型经验，在肇庆市德庆县召开了全省学前教育工作研讨会，交流各地开展学前教育改革发展和管理的先进经验，推广肇庆市德庆县和怀集县发展农村幼儿教育的经验。

【加快学前教育改革】2009 年，在各地推荐的基础上，确定了德庆县等 19 个县（市、区）作为广东省改革农村学前教育发展模式试点区。同时，鼓励各市根据实际，开展学前教育发展改革实验。

【加大学前教育宣传力度】在省教育厅网站开设学前教育专栏，内容包括国家、省和各市有关学前教育的法规、各省动态、各市信息、领导讲话、简报等，为学前教育发展提供学习交流平台。在省教育厅《教育简报》上增设学前教育专刊，共印发 5 期简报，及时将各种典型经验及做法提供给各地学习借鉴。

（撰稿　赖佳媛；审稿　黄向群）

义务教育

【贯彻落实《关于推进广东省义务教育均衡发展的实施意见》】2009 年 4 月，省政府办公厅印发《关于推进广东省义务教育均衡发展的实施意见》，提出了今后几年广东省推进义务教育均衡发展工作的指导思想、目标任务、保障措施和具体要求。6月27日，全省推进义务教育均衡发展工作电视电话会议召开，副省长宋海出席会议并讲话，会议要求各级政府着重从八个方面推进义务教育均衡发展：一是加大力度推进中小学布局调整；二是加快推进义务教育规范化学校建设；三是加强学校硬件建设；四是抓学校内涵发展；五是改革学校办学模式；六是加强教师队伍建设；七是完善义务教育招生政策；八是提升中小学信息化教育水平。肇庆市德庆县、云浮市新兴县及佛山市顺德区等地在会上作经验介绍。此外，还通过简报等形式进一步总结推广珠海市、深圳市宝安区等地开展义务教育均衡发展的典型经验。

【规范义务教育办学行为】针对部分中小学出现的不规范办学行为，省教育厅加强专题调研和检查督促，加强制度建设和政策引导。一是组织开展春季中小学开学检查。3月下旬，由省教育厅基础教育处牵头，会同厅有关处室对10个市20个县40个镇的160多所义务教育学校开学工作进行检查，重点检查防止学生辍学工作、课程计划执行情况、学籍管理工作等。二是转发《教育部关于当前加强中小学管理规范办学行为的指导意见》，明确要求各地规范办学行为要以制度化、规范化、特色化管理为目标，使每一所学校基本建设成为办学行为和管理规范、安全文明、校风良好的和谐校园。特别是结合实际，重点提出要规范作息时间，严禁中小学组织学生在节假日（含双休日和寒暑假）集体上课；规范执行课程计划；规范招生行为，全面实施中小学“阳光招生工程”；切实减轻学生过重的课业负担，提倡和鼓励义务教育阶段学校每周安排1天“无家庭作业日”，规定不得炒作高考、中考“状元”；规范学籍管理；规范收费管理。同时，规定市、县教育行政部门要设立举报电话。加大查处力度，对违反规定的学校、乡镇、县（市、区），根据情节轻重给予通报批评、责令整改、撤销先进称号、取消评优资格等处罚。三是全面启动义务教育阶段改制公办学校的清理工作。省教育厅会同省纠风办、财政、人事、编办、物价等部门联合印发《关于清理规范义务教育改制公办学校的意见》，对改制学校清理的范围、原则、教师安置及期限等作出明确规定。并对公办学校参与举办民办学校的行为作了进一步规范，提出公办学校参与举办的民办学校必须符合“四独立，两分离”。公办学校参与举办民办学校提取的合理回报所得的收入属于国有资产，必须纳入公办学校单位预算，统一核算，统一管理。各地对公办学校改制情况全面进行登记和统计，部分地区已作清理，并将有关情况报教育部。

【实施义务教育“千校扶千校”行动计划】印发《广东省“千校扶千校”行动计划实施方案》，2009年起，在珠江三角洲地区和全省地级市城区、县城所在地组织1 000所义务教育优质学校，采用“一帮一”形式，对口帮扶1 000所相对薄弱的义务教育学校，开展为期3年的结对帮扶活动。其中珠江三角洲6个市（不含江门市）精选400所优质学校（小学、初中各200所）跨市帮扶其他14个地市400所相对薄弱的学校（小学、初中各200所）。其他14个市及江门市组织600所城镇优质学校（小学、初中各300所）帮扶本市600所农村学校。2009年3月，举行了“千校扶千校”行动启动仪式，副省长宋海出席会议并讲话。工作启动以后，各级政府和教育部门高度重视，积极响应，迅速行动，召开大会动员部署，搭建平台，与对口单位商讨帮扶事宜，制订计划。市、县教育部门领导担任组长，精心组织部署，选派专人负责跟踪指导，各支援学校以大局为重，主动到受援学校了解情况，商讨落实帮扶任务，定期、不定期地组织骨干教师到薄弱学校开展听课、评课、备课交流活动，上示范课、作专题报告等，主动为受援学校捐图书、设备设施和应急资金等。部分市还专门拨出经费，如中山市追加100万元作为帮扶活动专项经费；珠海市政府专门设立互派教师生活补助金，给予对口交流人员每人每年5 000元补贴；佛山市南海区对派出跨市挂职支教人员给予每人每月800元的补贴，对前来南海交流学习的教师提供免费食宿。

省教育厅与团省委、省少工委联合开展“千校扶千校，红领巾在行动”雏鹰争章活动，广泛动员少先队开展结对结伴活动，帮助受援学校建立手拉手红领巾书屋、书角，组织优秀学生到受援学校开展专题演出、演讲，为贫困学生赠送学习用品和生活帮扶金等。广东移动公司搭建“千校扶千校”信息化帮扶平台，资助了一批手提电脑，免费提供网络设备和优秀课件，为开设同步课堂提供资源，解决了薄弱学校上网费用等系列问题。

在省教育厅网站开设“千校扶千校”专栏，将各地报送的信息上传到专栏，印发了10期简报，及时将典型经验提供给各地学习、交流。

据统计，2009年3月至8月底，支援学校外派干部挂职支教1 173人，受援学校派出跟班学习教师1 481人；有268名支援学校的校长亲自作教学专题报告，支援学校骨干教师上示范课达9 604次；

有16 195名教师到支援学校参与听课、评课，与106 511名教师进行面对面的交流研讨；开展团队帮扶活动1 016次；各地为受援学校捐赠多媒体电教平台64套、电脑1 095台、课桌12 383套、图书38.06万册，援建书屋（角）1 526间，捐物捐款折合人民币1 082万元，促进了经济欠发达地区农村学校和城镇薄弱学校办学水平的提高，推动了全省义务教育的均衡发展。

【推动各地合理调整学校布局】根据当前农村小学生源减少和城镇学位紧张的情况，从提高办学效益和促进义务教育均衡发展出发，在广泛深入调查研究的基础上，提出调整义务教育学校布局的工作思路并对各地中小学布局调整工作给予指导。出台了《关于加快推进义务教育规范化学校建设的实施意见》，要求各地要对照国家有关标准和《广东省义务教育规范化学校标准》，率先将布局调整规划须保留的学校建设成规范化学校。草拟了《广东省中小学校舍安全工程实施方案》，召开了全省中小学校舍安全工程动员会议。翻印了《全国中小学校舍安全工程实施细则》《全国中小学校舍安全工程监督检查办法》《全国中小学校舍安全工程技术指南》等配套文件3 000份。组织各市、县约450名统计信息经办人参加全省中小学校舍信息系统培训。派出督导小组先后到汕尾、汕头、阳江等12个市进行督查。初步拟定省级校舍数据中心建设方案。

【想方设法解决非户籍义务教育问题】加强非户籍常住人口子女教育问题的研究。向教育部报送了《关于广东省民办农民工子女学校情况的报告》和《广东省进城务工人员随迁子女义务教育工作情况汇报》；向省委办公厅报送《外省农民工子女新学期在粤就读情况及相关对策建议》。配合国务院研究室、教育部、全国总工会、世界银行、人民网、省发改委和省农民工办公室等单位开展非户籍学生义务教育情况调研。4月，省物价局、教育厅和财政厅联合发出《关于取消义务教育阶段借读费有关问题的通知》，从2009年春季学期起，全省取消义务教育阶段学生借读费。

落实“南粤春暖行动”实施方案。向省农民工联席会议办公室提交《“南粤春暖行动”实施方案》有关农民工子女入学服务的政策建议，要求各地按照省政府办公厅《印发“南粤春暖行动”工作方案的通知》要求，每年分两次报送实施情况和工作亮点，督促、指导各地结合地方实际，积极做好非户籍子女接受义务教育工作。同时，加强留守儿童教育工作，努力解决留守儿童思想、生活和学习上的困难，解除农民工的后顾之忧。

根据省人大常委会通过的《广东省流动人员管理条例》，进一步完善非户籍子女接受义务教育的政策措施。

【进一步规范中小学地方教材审查工作】2009年，省监察厅将教材审查工作纳入电子行政执法综合监察系统。为确保中小学教材审查工作公正、公平、公开，确保教材的质量，省教育厅进一步完善了教材审查制度建设，规范教材审查工作。一是正式发文建立了中小学地方教材审查委员专家库，并聘任新一届审查委员。扩大了审查委员的覆盖面和推荐范围，涉及省内10多所高校和21个市，并按21个领域要求各有关部门严格挑选有关专家。二是改革完善审查程序，规范审查过程。教材审查由过去3个程序改为5个程序，增设了审定专家组审定程序和审查委员会办公室审定两个程序。三是完善审定机构，把好审查环节。成立新一届教材审查委员会，增设教材审查委员会办公室，明确了审查委员会办公室成员及办公室职责。四是完善教材审定报批有关结论档案表及工作指南，规范审查操作。在进一步完善有关制度基础上，在4月下旬和10月下旬分别进行教材审查工作，共审议了59套教材。

（撰稿　许顺兴；审稿　黄向群）

特殊教育

【贯彻落实全国第四次特殊教育工作会议精神】2009年5月11日，全国第四次特殊教育工作会议在北京召开。会后，广东省教育厅、省民政厅、省残疾人联合会及时召开联席会议，专题学习全国特殊教育工作会议精神和《国务院办公厅转发教育部等部门关于进一步加快特殊教育事业发展意见的通知》，研究贯彻落实方案，联合向省委、省政府领导提交了《关于第四次全国特殊教育工作会议有关情况的报告》，汇报全国特殊教育工作会议主要精神，分析广东省特殊教育存在的突出问题，提出适时召开全省特殊教育工作会议，在会议上表彰全省特殊教育先进集体和先进个人，以省政府办公厅的名义印发《关于进一步加快特殊教育事业发展的实施意见》。省委、省政府领导高度重视，省长黄华华，省委常委徐少华，副省长李容根、宋海等省委、省政府领导对特殊教育工作作出明确指示。根据省政府办公厅的要求，省教育厅起草了《关于进一步加快特殊教育事业发展的实施意见》（代拟征求意见稿），正在征求省直有关部门的意见。

【编制特殊教育学校建设总体规划及项目建设方案】2009年8月，省教育厅会同省发展和改革委员会、省残疾人联合会印发了《关于编制2009—2012年特殊教育学校建设总体规划和项目建设方案的通知》，要求各地根据适龄残疾儿童少年的现状和国家、省的有关要求，编制特殊教育学校建设总体规划和项目建设方案。

【加快特殊教育学校的建设】2009年，省财政安排特殊教育专项资金1 000万元，用于资助7所特殊教育学校的新建、扩建。加强对特殊教育学校建设工作的指导，对2008—2009年省特殊教育专项资金资助项目的建设情况实行季报制度，督促各地按计划完成建设任务。据统计，全省有特殊教育学校69所（其中盲校1所，聋人学校10所，弱智学校42所，其他学校16所），比2008年增加2所，增长3%；特殊教育在校生共26 158人，比2008年增长4.1%，其中在特殊教育学校就读的学生8 069人，比2008年增长6.2%；特殊教育学校校园占地面积和校舍建筑面积分别为51.4万平方米、29.6万平方米，分别比2008年增长2%和8.2%；教职工和专任教师分别为2 444人和1 858人，分别比2008年增长8%和8.2%。

（撰稿　关奕佳；审稿　黄向群）

民族教育

【基本情况】广东省有3个民族县、7个民族乡。2009年，民族地区共有中小学校220所，其中小学181所、初中33所、普通高中3所、中等职业学校3所，在校学生75 959人，其中小学39 400人、初中26 184人、普通高中6 595人、职中3 780人。

2009年，广州、深圳、珠海、东莞、江门、肇庆等市9所学校承办内地新疆高中班，2009年秋招收新疆高中班学生945人，在校生共3 353人，新疆高中班在校生规模约占全国的1/6。佛山、惠州、中山等市4所学校承办内地西藏初中班（西藏高中插班生），2009年秋招收西藏初中班学生195人，在校初中生共738人，招收西藏高中插班生21人，在校西藏高中插班生共59人。

【做好民族地区教育工作】多次组织到民族县、民族乡开展调研，指导民族地区中小学改善办学条件和提高办学水平。2009年4月，省教育厅与省民族宗教委在清远市连山壮族瑶族自治县召开了全省民族地区教育工作座谈会。

【加强内地西藏班、新疆班办学管理工作】省教育厅与省编办、财政厅专门就西藏班、新疆班教师编制问题印发了《广东省中小学教职员编制标准实施办法补充意见》，在全国率先出台了西藏班、新疆班教职员编制标准，得到教育部的充分肯定。省教育厅印发了《关于进一步加强我省内地西藏班新疆班民族团结教育和学校管理工作的通知》，进一步提高内地西藏班、新疆班学校管理水平和办学质量。积极配合教育部民族司、西藏及新疆教育厅，及时加强与西藏班、新疆班学校的沟通，开展巡回宣讲教育活动，让学生明白新疆“7·5”事件真相，自觉维护民族团结和国家稳定。

【确保西藏班、新疆班学生暑期往返运输安全】为确保学生安全顺利往返，按照教育部、铁道部的安排，广东省教育厅积极与西藏、新疆教育厅及铁路部门、流花地区管委会、公安部门以及各承办学校协调，认真制订两班学生专列及假期往返运输具体安排和方案，按时、顺利地完成了学生往返运输的任务。

（撰稿　区湛生；审稿　黄向群）

广州市黄埔区怡园小学

黄埔区区委书记陈小刚（右）为学校送上“六一”慰问金

校长崔景华亲自为毕业班教师送上鲜花

广州市黄埔区怡园小学拥有20年的办学历史。学校占地11 400平方米，建筑面积14 000平方米，目前建有36间标准教室以及美术室、音乐室、电脑室、自然实验室、舞蹈室、体育综合室、综合实践探究室、图书室、多媒体电教室、荣誉室、会议室、档案室、演播室、队部室、体育器材室、心理咨询室、恒温游泳池等29间功能室。学校现代化的教学设施正在建设当中，教室安装有最先进的电教平台、电子一体白板，各功能室设备一流。良好的办学条件为学校的规范、内涵发展提供了良好的基础。

学校现有6个年级34个教学班，学生1 600人，教职工74人。2009年，学校继续坚持走素质教育之路，注重学生个性发展，在教育教学、科研、艺术、体育、科技、环境教育等方面积极进行改革，探索特色教育之路，构建促进学生素质全面提高的办学模式。2009年，怡园小学被评为广州市先进教工之家、广州市民主管理三星级（最高级别）学校、广州市百优家长学校、广东省体育特色学校，被授予广东省体育传统项目学校称号；数学科组、体育科组被评为广州市优秀科组，数学科组组长林少群老师、英语科组组长郑伟老师分别被评为广州市十佳数学老师、广州市十佳英语老师。2008年，学校成为广东省英特尔未来教育示范学校；教师参加各项教学技能比赛均获得好成绩，陈晓宁老师代表广东省到上海参加“英特尔项目实验教学设计与应用”研讨活动，并在会议上做了发言。2009年11月，广东省英特尔未来教育项目推广现场会在学校召开；同时，学校还承办了市、区语文、数学、英语等学科的教学现场会。学校成为南方分级阅读示范基地，黄埔区语文、数学教学示范基地。

展望未来，怡园小学将不断增强紧迫感和竞争意识，与时俱进，争创新优势，以“教师队伍精锐、校园人文精深、办学条件精良、学生厚德守则”的崭新面貌屹立在广州东部，努力把学校办成规模化、内涵式发展的广东乃至全国名校。

学校在黄埔区第26届中小学生田径运动会中获优秀组织奖及体育道德风尚奖

怡园小学召开家长委员会会议

教师陈晓宁在黄埔区英特尔未来教育项目示范现场会上展示课例

全面开发学生潜能 促进学生主动发展

广州市天河区先烈东小学

"全面发展 培养个性 发挥特长提高整体素质"是学校的办学理念

广州市天河区先烈东小学创建于1964年9月，在近半个世纪的办学过程中逐步成长，发展壮大。学校于1985年8月被评为天河区重点小学；1993年成为广州市首批十所素质教育试点学校之一；1994年被评为广东省首批省一级学校，并于1998年和2002年分别顺利通过了省一级学校复评。学校先后获得国家科研兴校示范基地、广东省先进集体、广东省文明单位、广东省教育信息化实验学校、广东省特级档案学校、广东省绿色学校、广州市优秀家长学校等各级各类荣誉500多项。

2009年9月，学校在珠江新城开办了华利校区。目前，学校总占地13 039平方米，建筑面积15 345平方米，共有教学班32个，学生1 423人，教职工83人，其中高级教师63人，占教师总数的75.8%，基本上实现了教师学历本科化。学校教师队伍年轻，一批教师在专业化发展中脱颖而出，其中获国家级荣誉称号教师6人，省级优秀教师13人，市级优秀教师35人，区级优秀教师47人；获全国、省、市、区各类各项荣誉的教师占全校教师总数的75.8%。

学校于2001年提出了"立足校本，以科研促教研，着力打造学校品牌"的口号，启动了四大课题的研究：①培养完美人格和健康心灵——教育部课题"团体心理辅导理论的推广性、应用性研究"；②体现新时代教育的理念——全国哲学社会科学"十五"国家重点课题"'新基础教育'推广性与发展性研究"；③发现每个孩子的天赋——校本课题"少儿智慧潜能实验"的研究；④推进教育信息化工作——"十五"国家重点课题"教育信息化理论与实践模式"的研究。

经过多年的实践，课题的研究有效促进了学校教育教学质量的提高。

先烈东小学以特色教育著称，多年来的特色创建，开创出一条全面、高效的特色办学之路，形成了学校"卓尔不群"的教育特色。"寓教育于丰富多彩的活动中"是学校教育最显著的特点；多彩的活动为孩子们营造了多彩的世界，为队员们提供了广阔的锻炼空间。

把创造赋予教师，让教育充满智慧的挑战

先烈东小学为省、市、区各级学校输送了不计其数的优秀毕业生，为国家输送了各行各业的卓越人才。"硕果累累，桃李满园"是对学校教育教学成果最贴切的赞誉。

把课堂还给学生，让班级充满成长的气息

珠海市斗门区实验小学

团结、务实、进取的领导班子

斗门区实验小学是珠海市首批省一级学校，为当地小学教育的排头兵、示范点，广受社会各界的赞誉。学校先后被评为全国青少年体育俱乐部、全国中小学德育研究规划课题实验学校、广东省信息教育基地实验学校、广东省传统项目乒乓球训练基地、广东省中小学校本培训示范学校、广东省工会女职工建设工作先进集体、南粤女职工文明岗、珠海市小公民道德建设实践基地，并被国家基础教育部门授予"全国作文名校"荣誉称号。

学校硬件设施设备完善，环境优雅。校园占地48 024平方米，总建筑面积27 950平方米，建有游泳池、400米塑胶跑道运动场和20多个育人功能室；校园网络全面覆盖，拥有教学平台50个。学校软件水平较高，师资优良，现有在校学生2 300多人，专职教师116人。

学校坚持以人为本，巧用制度管人，努力追求管理绩效的最优化，努力向课堂教学和"特色育人"要质量，各项工作始终朝着"创特色，显品牌"的办学目标稳步、有效地推进。

为打造一支素质过硬的师资队伍，学校实施了"草根化"课题研究，做到人人有课题，人人搞实验；注重"书香修身""强弱结对"，定期开展主题式教学沙龙与论坛，并联手专家，实现专业引领。教师教学、科研能力明显提高，论文、课例屡获国家、省、市级大奖。学校教学质量多次荣获市、区一等奖；德育工作立足养成教育，追求艺术熏陶。学校创建"书香型校园"，建设多元文化阵地，构建"全员、全程、全方位"的育人格局，定期开展"大课间""才艺展示台"和"兴趣自助餐"等活动。学校是名副其实的艺术、体育强校，在珠海市享有盛名。学生品学兼优，全面发展，近年来在国家、省、市、区艺术、体育等各类竞赛中频获殊荣。其中有2名学生获得宋庆龄奖学金；薛湘聪、黄晓晴等学生曾夺得国家级艺术类比赛最高奖，多个表演节目荣获国家艺术类比赛金奖；学生"咸水歌"表演唱荣获全国中小学音乐舞蹈优秀作品大赛最高奖——"国星奖"。

著名乒乓球运动员到学校指导体育教学工作

学校"音乐神童"薛湘聪

东莞松山湖中心小学

开学典礼

【年度概况】

东莞松山湖中心小学是一所开办于2009年9月的公立学校，其前身是东莞中学松山湖学校小学部。学校占地3.3万平方米，建筑面积1.1万平方米，拥有普通教室36间、专用教室24间，教学班30个，学生1 335人，教师70余人。学校秉承东莞中学“自主、和谐、共同发展”的办学理念，以“养德·立美·尚文·健体·启智·求是”为校训，强调对每一个学生的终身发展负责。学校以创建“教育生态平衡”办学特色为突破口，以课程改革为主要载体，通过教育方式生活化、语言环境多元化、教育技术现代化等实施策略，营造自主和谐的课堂生活、班级生活、校园生活。

《小学语文教师》《广东教学》《中国硬笔书法》《岭南少年报》等报刊对学校的课程特色及成果作了报道；学校的办学成果赢得了社会各界的认可。

【教育成果与特色】

一、课程：从科学世界到生活世界

学校在开设国家规定课程的基础上，还自主开设了“天天练（写字）”“中华经典诗文诵读”“做上学”“兴趣与个性”“阳光体育”等拓展型系列课程，培养学生写一手钢笔好字，具有一些文雅气质、一种探究习惯、一门兴趣爱好、一项健身技能。学校通过课程改革，架起从科学世界到生活世界的桥梁，从学科本位、知识本位关注每一个学生的发展。

二、教学：从知识课堂到情知互动

学校反对“读死书、死读书”的知识课堂，倡导师生互动，生生互动，以情促知，以知育情。学校各学科开展的专题教研活动，如语文学科的古诗文教学、数学学科的练习课、英语学科的阅读教学等皆已形成比较有效的教学模式。

三、德育：从政治说教到生活育德

学校倡导班队精神家园建设“123”，即一条主线（主题活动），两种模式（案例分析、自主管理），三项策略（个性命名、班级博客、值周风采）；倡导自信、自主、自强、自律精神，努力营造宽松、民主、合作、有序的教育教学环境，实现师生、学校、社会的共同发展。

四、成绩：从素质教育到多元收获

学校于2009年被评为全国科技教育示范单位、东莞市青少年科技活动先进学校，获得2009年东莞市小学教育质量综合评比一等奖、2009年东莞市小学生计算机程序设计团体一等奖、2009年东莞市中小学航空航天模型小学组团体总分二等奖。在东莞市第七届少儿花会中，学校选送的两个节目《说唱脸谱》《银珠嬉海》获得铜奖。

教师教育科研能力不断提升。刘建平校长、莫春荣老师的论文《教育生态平衡理论下的小学科学课堂教学的实践与研究》和蔡敏胜老师的论文《人本主义教育理论在科学课教学中的应用与研究》获得中国教育学会2009年优秀论文一等奖。此外，莫春荣老师的论文《盐去了哪里》获全国小学科学教师论文竞赛一等奖；蔡敏胜老师的《时间在流逝》一课获得国家教育学会科学分会2009年优秀课二等奖。在2009年东莞中小学校管理案例评选中，王强老师的教学案例《变万马齐喑为千帆竞渡的秘诀——东莞松山湖中心小学诗文诵读课程的成长之路》获一等奖；苏志坤和陈彩虹老师的案例《校本教研与教师的成长之路》、杨春子老师的案例《小学生美术学具管理之我见》、于洪民老师的案例《爱，教学的生命之源》获二等奖。在2009广东省中小学“十一五”课题论文评比中，刘建平校长的《经典诵读工作的弊端及其对策的思考》和孙道明老师的《月是故乡明》两篇论文获得一等奖。

学生动脑动手能力不断加强。学生论文在国家级刊物上发表3篇，省级刊物上发表2篇，获国家级一、二、三等奖42篇，其中一等奖16篇。学生在各项各类比赛中获奖达38人次，其中获全国一等奖3人，东莞市一等奖6人。

校　长：刘建平
地　址：广东省东莞松山湖科技产业园区新竹路5号
邮　编：523808

一天练好一个字，六年写好一手字

诗文诵读，雅趣人生

快乐圣诞，精彩有我

中山市石岐中心小学

《人民教育》报道了学校的教育改革情况

中山市石岐中心小学创办于1941年，是广东省一级学校、中山市教育局直管学校，先后被授予全国现代教育技术实验学校、国家级语言文字规范化示范校、广东省文明单位、广东省中小学心理健康教育示范学校、广东省青少年科技教育示范校、广东省绿色学校、广东省依法治校示范校等称号。学校占地约28 666.67平方米，环境优美，现代教育设施设备一应俱全；现有36个教学班，学生1 704人，教职工100多人。

学校以“以人为本，打造适合学生的教育”为办学目标，秉承“人人有机会，人人有发展，人人能成才”的办学理念，致力于让每个学生的优势得到最大限度的发展。学校注重教师队伍建设，以“读书+研训”的教师专业发展模式，打造出一支“德高、学博、艺精、体健”的教师队伍。在学校104名专任教师中，有广东省名教师1人，中山市名校长1人，中山市名教师3人，广东省特级教师4人，小学高级教师62人，还有一大批国家、省、市级骨干教师和优秀教师。

学校重视办学特色的打造，在教育科研、科技创新、体育教育、艺术教育、家长学校创设等方面成绩显著。学校定向越野队在国内小学中独占鳌头，曾代表国家参加在日本举行的亚太定向越野锦标赛，将少年组27枚奖牌中的15枚收入囊中，成为赛场上耀眼的明星；电脑机器人小组多次参加全省、全国、亚太地区、全球锦标赛并获得一等奖的好成绩；“头脑创新思维”兴趣组获全国一等奖后在第25、26届全球总决赛中获得“特别成就奖”。

学校重视家校合作，启动了“千名家长上学堂”大型家庭教育系列活动，构建了“学校搭台，专家引领，家长唱戏”的家长学校办学新模式。学校邀请国内知名专家教授，如孙云晓、陆士桢、曹文轩、肖复兴、金波、钱志亮等给家长上课，并通过互助联盟、家长沙龙、亲子活动、客座教师等形式，使学校与家庭、教师与家长之间结成更加紧密的伙伴关系。学校组织全体教师参加由中国青少年研究中心主办的“高级家庭教育指导师”培训及考证班，100多名教师取得了“国家高级家庭教育指导师”资格。学校还成立了家庭教育指导中心，帮助家长解决孩子在教育、教学、心理健康等方面存在的问题，受到了家长们的认可和好评。

校　址：广东省中山市东区东文路2号
邮　编：528403

作家进校园——学生与著名作家面对面

精心研磨，让课堂教学充满活力与魅力

学校定向越野队扬威亚太地区赛场

人人齐参与，分享阳光体育的快乐

粤北少林连州武术学校

新校区鸟瞰效果图

原全国人大常委会副委员长铁木尔·达瓦买提（右）在北京人民大会堂接见校长唐建兴（左）

全国政协副主席王文元（左）在北京钓鱼台国宾馆亲切接见唐建兴校长

【学校概况】

粤北少林连州武术学校是广东省清远地区一所独具特色且规模较大的文武兼修学校，更是当前国内少有的重点招收“顽皮孩子”和“问题学生”的学校。“顽皮的孩子，请送我这里；送我顽皮童，还您乖巧孩”是学校对社会和家长的承诺。学校由中国武术协会会员、清远市政协委员、连州市十杰青年唐建兴创办于1996年6月；创办至今，已有来自香港、海南、北京、广东、福建、四川等全国13个省（区）40多个市（县）的顽皮孩子和问题少年在学校学习后均成功转化为“乖巧孩”。

【教育成果与特色】

学校的办学特色是：重点招收“问题学生”和“顽皮孩子”，并将他们培育成“乖巧孩”；办学宗旨为：“以文睿智，以武育德，先成人，再成才”；办学理念是：“送我顽皮童，还您乖巧孩”。学校将在校学生人数严格控制在200名以内，努力打造一所学生人数少而教学质量高，并具有“大家庭温暖感”的学校。学校的优势是：为那些普通学校教不了、家庭管不了的顽皮孩子和问题少年提供良好的学习环境和健康成长的绿色环境，以及一套科学的教育与管理方法，使其从思想上彻底转化，变得乖巧、好学、思进。

学校先后多次参加国内或国际举办的武术比赛，共获金牌153枚、银牌131枚、铜牌50枚；办学以来，共有900多名顽皮难教以及部分未完成九年义务教育便过早步入社会的青少年学生在全体教职员工的努力培养和教导下，不良行为及恶习皆已得到纠正，并顺利完成了九年义务教育。学校为问题少年、难教学生、顽皮孩子的“转乖教育”与社会的和谐稳定作出了贡献。

学生在上文化课

学生在上武术课

璀璨的学校夜景

校　址：广东省连州市城南桥头

邮　编：513400

电　话：（0763）6677777　6688888

网　址：www.lzwsxx.com　　www.lzwsxx88888.com

承百年传统　铸时代名校

广州市第三中学

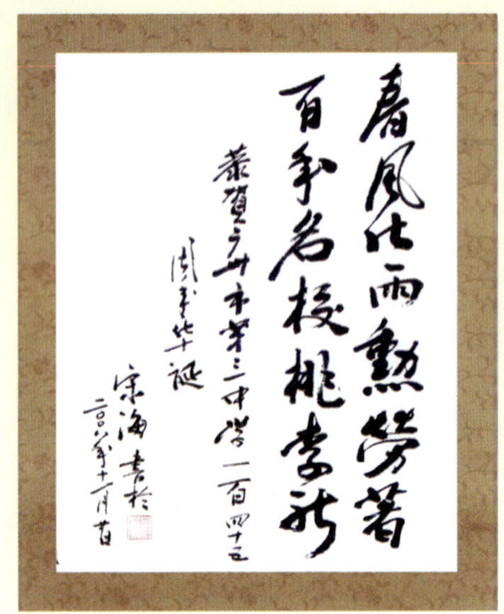

广东省副省长宋海为学校题词

广东省人民政府教育督导室主任陈健(左)授予学校“广东省国家级示范性普通高中”牌匾

教学大楼

生态园

校园一景

广州市第三中学创建于1863年，其前身是圣心中学和明德女中两所教会学校，至今已有140多年的历史，是广州地区历史最悠久的名校之一。学校于1952年改名为广州市第三中学；1978年被定为广州市越秀区重点中学；1993年被评为广东省首批省一级学校，2001年成为广州市首批创建国家级示范性普通高中的学校；2006年通过广东省国家级示范性普通高中初期督导验收；2007年被确认为广东省国家级示范性普通高中，并被评为广东省高中教学水平优秀学校。

学校校园面积近50 000平方米，设施设备配套齐全，拥有400米标准环型跑道运动场、7 600平方米的室内多功能体育馆、25米×50米国际标准游泳池、独立篮球场和一批乒乓球台，课室、实验室等专用场室均达到省级标准。学校是目前越秀区乃至广州市中心城区面积最大、校园环境最优美、设施设备最完善、硬件条件最好的名校之一。

学校师资力量雄厚，拥有特级教师3人，高级教师80人，研究生学历教师60人；广东省“百、千、万工程”培养对象2人，南粤优秀教师2人，南粤教坛新秀3人；广州市名教师2人，市优秀教育工作者2人，市优秀班主任6人，市优秀教师近30人；越秀区专业技术拔尖人才1人，区名校长1人，区名教师3人，区模范教师2人，区教坛新秀16人；参加国家级培训骨干教师3人，参加省级培训骨干教师6人，广州市骨干教师2人。学校从全国各地引进学科带头人20人；各学科均有市、区教研会理事和年级中心组成员。

学校秉承“勤俭、仁爱、敏毅、忠诚”的校训，确立了“以人为本，弘扬高尚，尊重个性，关注发展”的办学理念和“自主、互动、合作”的教学理念，努力营造“团结协助、勤奋严谨、创造进取、乐于奉献”的良好教风和“爱校、乐学、律己、为善”的良好学风，形成了“德育为魂，智育为本，科技、体艺为两翼”的办学特色。

在全体师生的共同努力下，近年来，学校的办学特色日渐鲜明，教学质量稳步提高，取得了令人瞩目的成绩。

学校于2009年被广州市委、市政府评为广州市先进集体，并先后荣获全国群众体育先进单位、全国学校体育场馆向公众开放先进单位、广东省“书香岭南”全民读书活动书香校园、广东省中学历史优秀示范教研组等称号。教师中有近90人次受到省、市、区各种表彰，有600多人次获得各级各类教学、教研成果奖励；学生中有2 000多人次获得省、市、区各种表彰以及学科竞赛奖励。

学校多年荣获广州市高三毕业班工作一等奖和越秀区初三毕业班工作一等奖。余子濠同学成为广东省高考理科基础单科状元；李颖同学成为广东省高考艺术类状元；胡嘉伦、刘怀宇等同学考上清华大学、北京大学；陈景珣同学成为广州市中考状元，现就读于美国麻省理工学院；向芯同学就读于美国哈佛大学。近几年来，学校高考上线率达100%，本科上线率达85%。

传承与超越

走向"三次创业"的广州市第一中学

广州市第一中学（以下简称"广州一中"）始建于1928年，是民国时期广州国民政府举办的第一所公立中学；1960年被定为广东省首批重点中学；1994年被评为广东省首批省一级学校；2007年10月以高分顺利通过广东省高中教学水平评估暨国家级示范性普通高中验收确认；2008年4月被广东省教育厅正式命名为广东省第一批国家级示范性普通高中和广东省普通高中教学水平优秀学校，出色地完成了"二次创业"。

此后，广州一中又连续获得首批广东省"依法治校"示范学校、广东省安全文明校园、首批广东省"书香校园"的称号，可持续发展地走在全省国家级示范普通高中的前列。

"特色办校"是广州一中一贯坚持的办学思想之一，历经81年历史的积淀，学校已形成了"体教结合、科研兴校、科技创新"的办学特色；同时，随着课程改革的深入、素质教育的层层推进，学校的艺术教育也蓬勃开展，呈现出无限生机。

广州一中以"低进高出、中进优出"的教学成效赢得了社会的广泛称誉，连续20年获得广州市高中毕业班工作一等奖，充分体现了高水平、高质量的办学特色。2009年高考，学校再次取得优异的成绩，创下历史新高：本科上线人数达525人，超过广州市预测目标138人。

在书香文化的氛围中，传承了81年"勤、诚、勇、毅"校训的广州一中，将在"三次创业"的征程上不断超越，发展成为一所绩效管理先进、教学经验丰富、教育质量一流、办学特色鲜明的省内领先、国内有名、具有国际竞争力的特色高中。

党委书记、副校长：程　可
副校长：冼键雄　古伯根　易　超　陈洪刚　何　茹
高中部地址：广东省广州市荔湾区大坦沙岛桥中街育贤路30号
电　话：（020）81753033（总机）
初中部地址：广东省广州市荔湾区黄沙大道54号
电　话：（020）81943930（总机）

现任党委书记、副校长程可

中国科学院院士刘颂豪（右）以及广州市原市委书记、广州一中知名校友欧初（左）亲临学校周年庆典

学校注重管理队伍的培养。图为中层干部参加综合管理能力测试

学校注重校本培训，时常邀请专家开设讲座，为教师提高业务素养

广州一中特色教育平台——"教学论坛"

学校大门及行政大楼

励新求变　唱响南粤

广东第二师范学院番禺附属中学

番禺区区委书记谭应华（前排右）到学校视察亚运工作

学校简介

广东第二师范学院番禺附属中学（原番禺区市桥第二中学，以下简称广东二师附中）是全国心理辅导特色学校、广东省一级学校、广州市绿色学校、广州市篮球传统项目学校、广州青少年校园足球活动布局学校，以及华南师范大学、华中师范大学实习基地。

学校是广州市番禺区人民政府与广东第二师范学院合作共建共管的普通高级中学，是番禺区目前唯一的一所公办大学附属中学；既是番禺区人民政府进行教育管理体制改革试点的窗口，也是广东第二师范学院为基础教育服务，引领基础教育改革和发展的重要渠道。

番禺区人民政府及其教育行政部门把学校纳入教育发展规划当中，按照番禺区属普通高级中学的建制承担学校办学的物质保障、人力资源管理和其他教育行政管理责任，确保学校具备良好的办学条件和环境。

广东第二师范学院把学校划入学院办学的整体布局中，同时发挥自身的理论、专业、资源优势，为学校的内部管理、教育教学改革及办学水平的提升提供智力支持。

广东二师附中揭牌仪式

广东二师附中地处番禺区中心城区东环街，占地约8.33万平方米，校舍设计新颖、布局合理、典雅大气，校内绿草如茵、鸟语花香、空气清新，学校交通便利，是读书求学的好地方。

广东第二师范学院院长肖建彬在学校揭牌仪式上作重要讲话

学校的设施设备超过省一级学校的配置标准，所有课室均配备了大屏幕投影系统教学平台；拥有宽敞的学生公寓和师生饭堂，建有功能齐全的图书馆、教学楼、实验楼、高标准运动场和体育馆等。

学校现有教学班57个，将于2011年发展成60个班。学校师资力量雄厚，拥有中高级职称教师120人，教育硕士28人；拥有一批市、区特约教研员，名教师和教坛新秀，并从全国各地引进了一批高水平的骨干教师和学科带头人。

学校在广东省高中教学水平评估中得到专家组的高度评价

学校教育教学成绩突出，连续五年获得广州市高中毕业班工作二等奖；体艺类高考成绩突出，近年来，参加专业考试入围本科线的考生每年均超过70人，居全区前列。校刊《二月风》获得全国中学校刊评比一等奖；篮球队在广州市篮球比赛中屡获第一名；合唱队和舞蹈队多次在市、区比赛中取得优异的成绩。

学校校长胡展航（右）接受“广东省中小学校长工作室主持人”牌匾

教育改革试点

广东二师附中制定了“基础教育现代学校制度建设的探索与实践”的试点方案，并从以下几个方面进行实施：

1. 探索“地方政府出资，高校提供智力支持，校长创新学校内部管理”的新路子，从而使学校的教育教学水平显著提高。

2. 以政府为办学主体，不断提高学校办学的各项硬件标准，高规格地完善、充实设施设备，为学校提供充足的办学经费和实施绩效工资等方面的经费，为学校的发展和改革试验提供强有力的物质条件以及政策保障。

3. 借助大学的师资和教科研力量等各方面资源，提升学校的办学水平；坚持“见贤思齐，励新求变”的办学理念，朝着“首善示范，番禺名校”的发展目标大步前进，促使学校成为“管理科学、特色鲜明，在省、市内具有影响力”的品牌学校。

学校拉拉操获广州市比赛一等奖

高举特色教育旗帜 铸造实验示范品牌

广东实验中学

校长郑炽钦与2009年学校高考状元合影

学生参加国际天文奥林匹克竞赛获得一银一铜

2009年，在广东省教育厅的正确领导下，广东实验中学（以下简称“省实”）认真贯彻党和国家的教育方针，全面推进素质教育、特色教育和教育改革实验，开展新课程改革，进一步增强了“实验性、创新性、示范性”的办学特色，在中考高考、创新大赛、学科竞赛、体艺比赛、教学科研等方面取得了显著的成绩，先后获得了“全国文明单位”“2009中国百强中学”“广东省安全文明校园”等荣誉称号。

一、教研特色：教学科研双双丰收

2009年高考，文科总分全省前10名中，学校占2名；文科总分全省前100名中，学校占12名。理科总分全省前10名中，学校占2名；理科总分全省前100名中，学校占9名。学校文科、理科总分680分以上10人，约占广州市考生的40%；文科、理科总分650分以上79人，约占广州市考生的20%；文科、理科总分600分以上459人，约占广州市考生的10%。学校重点上线率接近70%，本科率达93%。

学校有2名学生位居广州市中考总分前15名。学校中考总分770分以上共14人，约占广州市考生的14%；中考总分700分以上共285人，位居广州市第一名。

学校有一批教学论文及46项课题成果获得国家、省、市级一、二、三等奖。

二、艺术特色：艺术之花绚丽夺目

学校舞蹈团参加在澳大利亚举办的国际舞蹈比赛，取得10个冠军、2个亚军的优异成绩；弦乐团参加在澳大利亚举办的第20届悉尼国际音乐节，获得冠军和全场最高分；合唱团参加“第一届世界合唱锦标赛”，以精湛的演唱技巧夺得世界合唱九大“王中王”的第二名；戏剧团参加“第五届全国青少年音乐、舞蹈、才艺展演”比赛荣获金奖，同时以最高分荣获“最佳表演奖”，学校获“优秀组织奖”。

三、科技特色：创新创意硕果累累

在“全国水科技发明比赛”中，省实学生梁思、刘嘉健和周慧婷合作的项目战胜全国各参赛学校的选手，荣获全国第一名，并代表中国参加“世界水周及斯德哥尔摩国际青少年水奖比赛”夺得第四名，充分展示了学校在该领域教育中的实力与突出的成绩。

在“第24届全国青少年科技创新大赛”中，学校有6个项目参加全国决赛，占广东省报送项目的一半。在“第3届广东省青少年创意大赛”中，学校获得团体一等奖。在“第3届全国青少年创意大赛”中，学校获得团体金奖，另有9人获个人一等奖，1人获二等奖，1人获“百佳尚德创意奖”；同时，学校被授予“中国青少年太阳能研究基地”“百佳创新型学校奖”“十佳赛区承办奖”等称号，成为在该届赛事中全国成绩最好的学校。

四、奥赛特色：学科奥赛亮点纷呈

省实学生参加2008—2009学年中学生数、理、化、生、地理、天文等学科的奥林匹克竞赛，共获得87项全国一等奖；参加“全国中学生天文奥林匹克竞赛决赛”获得团体冠军；参加“第二届广东省中学生地理奥林匹克竞赛”荣获团体一等奖，其中5人次获得广东省一等奖；3名学生参加“2009年广东省中学生高中生物联赛决赛”夺得一等奖，并获得高考保送资格。

五、体育特色：体育竞技闻名遐迩

学校羽毛球队代表广东省参加“2009全国中学生羽毛球锦标赛”独揽9项冠军，夺得的金牌数、奖牌数均列全国第一，成为本届比赛中最耀眼的明星。学校羽毛球队被誉为“不可战胜的羽毛球队”，成为世界中学生单项体育运动的著名品牌。学校无线电测向队在“2009年全国无线电测向锦标赛”中勇夺6个全国冠军、5个全国亚军和6个全国一等奖，获得的金牌数、奖牌数均列全国第一。

学校无线电测向队在“2009年全国无线电测向锦标赛”中夺得全国冠军

学校舞蹈团参加国际舞蹈比赛夺得9个冠军和总冠军

学校羽毛球队在2009年“苏州信托杯”全国中学生羽毛球锦标赛中获全国冠军

全国文明单位
中央精神文明建设指导委员会
2009年1月

学校被评为“全国文明单位”

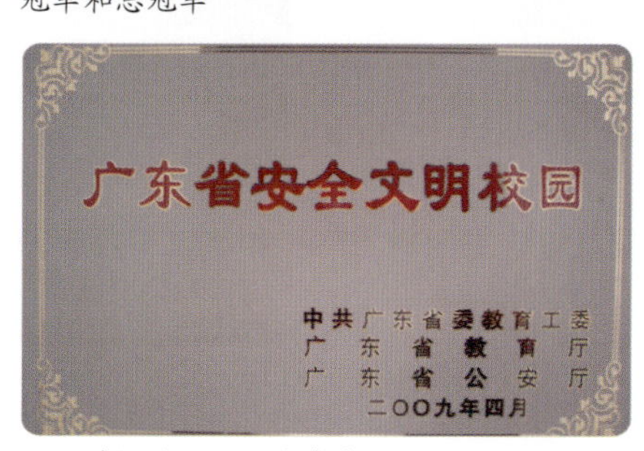
广东省安全文明校园
中共广东省委教育工委
广东省教育厅
广东省公安厅
二〇〇九年四月

学校被评为“广东省安全文明校园”

2009中国百强中学
（第三届）
中学名校校长论坛组委会
品牌时代国际传媒 | 中国百强中学网
www.btmedia.com.cn | www.Top100zx.cn

学校被评为“2009中国百强中学”

博雅树人 打造全国一流外语特色学校

广州外国语学校复办纪实

时任广州市市长张广宁（右二）、副市长徐志彪（右一）、副市长陈明德（右三）为广州外校竣工剪彩

广州外国语学校竣工典礼上，时任广州市委副书记、市长张广宁，副市长徐志彪、陈明德，广州市教育局局长华同旭，教育部主管全国外国语学校的乔玉全处长，广东省教育厅党组成员、副巡视员王玉学等领导亲临南沙开发区，出席广州外校竣工启用典礼，标志着该校停办28年之后正式复办。

一年来，广州外校坚持以博雅教育理念为指导思想，遵照张广宁同志“把广州外国语学校建设成为全国一流的外国语学校”的指示，一手抓学校建设，一手抓教育教学，积极探索“雅”的德育模式，构建“主动、互动、灵动”的教学模式，创造了“小步快进”的奇迹。经过一年的创业，学校已具备了全面、协调、可持续发展的六大优势。

一、政策优势

2007年7月27日，广州市政府常务会议研究决定，按照现行的广东省一级完全中学并有所提高的标准新建、复办广州外校，并为该校确立了高起点、高质量、高效益、高品位办学的方向。广州外校的复办恰逢国家“鼓励普通高中办出特色”“加强国际交流与合作”的好时机，全国人大常委、原教育部副部长吴启迪，教育部处长乔玉全，广州市教育局党委书记、局长华同旭等领导多次到校指导、督查。市委、市政府，南沙区委、区政府以及教育部和地方教育行政部门的政策支持，更为学校发展增添了无穷力量。

二、师资优势

“培导师型教师，育博雅型学生”是广州外校的追求目标。学校通过公开招聘，聚集了一大批来自五湖四海、在广州市乃至全国有一定影响的优秀教师，同时引进一批优秀的外籍教师，一支专业化、有个性的教师队伍正在形成。

三、文理兼优

广州外校始终坚持以“全面发展、特长发展、个性发展”为育人目标，初步形成了以基础课程为主体、以外语课程和校本课程为两翼的“一体两翼”博雅教育课程体系，夯实文理各学科基础，努力创建文理兼优的学科特色，涌现了一批以“学生亚运形象大使”莫子寒为代表的优秀学子。

四、外语品牌优势

广州外校是全市唯一市属外语特色学校。除英语外，目前已开设德语、法语、日语等第二外语，2011年还将开设西班牙语，供各年级学生选修，各语种均配备专职外籍教师。为打造外语教学特色和品牌，学校正在并将持续实施“十个一”工程。通过外语文化艺术节等活动，营造生动、丰富的外语情境和学习氛围，让学生亲自参与、体验，感受学习和运用外语的快乐，一批“外语牛人”脱颖而出：王者依、王威参加2009年度国际剑桥青少年英语口语大赛，获广州地区赛特等奖、全国总决赛一等奖，另有5人获总决赛优胜奖；赵雅诗夺得第9届“21世纪·CASIO杯”全国英语演讲比赛广东赛区初中组亚军，王威获一等奖。

五、国际化办学优势

广州外校是市属公办寄宿制完全中学，现有初、高中三个年级，13个班级，既有普通中学的办学优势，又通过引进国际精英课程、开展国际交流合作，积极探索国际化办学的新思路。通过教育部引进的AP国际课程班已如期开学，相继成为美国大学理事会国际代码学校、歌德学院Pasch项目华南地区唯一伙伴学校、中国教育学会高中国际双语教育实验学校；同时，与日本福冈外国语专门学校、美国波士顿桑顿学院、德国韦迪高级中学缔结为姊妹学校，与德国、法国、日本等国领事馆合作开展广泛的文化交流活动，为广泛开展国际交换生、游学、师资培训等开辟了合作的平台。

六、信誉优势

秉承“博学、雅正、融和”的校训，通过全体师生共同努力，广州外校学生综合素质特别是外语素养迅速提高，在社会各界形成明显的信誉优势，深得广大家长好评，并铸就了较高的知晓度和美誉度。学校高度重视学校品牌建设，强调全员参与、全程创建，力争在近四年创建省、市德育示范学校、绿色学校、现代教育技术实验学校，并为迎接广州市高中教学水平评估、创建国家级示范性普通高中做准备。

广州外校是全国首批七所外国语学校之一，市委、市政府对学校的复办寄予了很高的期望。在《广州外国语学校2010—2013年发展规划》的引领下，全校上下将继续团结创新，探索出多元文化背景下“中西兼容、文理兼优、德才兼备”的复合型、国际型、创新型基础教育育人模式，闯出一条特色化、现代化、国际化发展之路，以骄人的业绩迎接校庆50周年。

校　址：广东省广州市南沙区凤凰大道102号
邮　编：511455

学校与德国、法国、日本等国领事馆合作开展广泛的文化交流活动

珠海市斗门区实验中学

校长杨玉莲系全国模范教师、全国先进女职工、广东省劳动模范、广东省“三八”红旗手

珠海市斗门区实验中学的前身是创建于1959年的斗门县红卫中学，1978年易名为斗门县第一中学，并确定为县重点中学，1995年被评为广东省一级学校。2001年6月12日，斗门县委、县政府颁发了斗办室〔2001〕24号文件，同意斗门县教育局提出的《关于斗门县一中初中部办学体制改革方案》，把斗门县第一中学初中部改名为“斗门区实验中学”。2007年初，斗门区委、区政府下大力气整合教育资源，优化教育结构，为满足广大群众对优质学位的需求，进一步扩大学校的办学规模，将学校从原斗门县第一中学搬迁到原斗门区三职校（斗门区井岸镇港霞西路555号）办学。如今的斗门区实验中学依山傍水，占地约126 666.67平方米，建筑面积39 718平方米，校园内绿草如茵，花木掩映，洋溢着浓郁的人文气息。学校教学设备完善，功能室齐全，教室均配备了多媒体教学平台。

斗门区实验中学现有教学班43个，学生近2 600人，教职员工131人。学校师资队伍素质高、业务能力强，其中全国模范教师1人，全国先进女职工1人，南粤教坛新秀1人，省级名师培训对象1人，省级骨干教师培训对象22人，市级骨干教师培训对象8人，一大批教学骨干常年活跃在国家、省、市、区各学科专业的学术团体及其活动中。

近年来，在各级领导和社会各界的关怀支持下，斗门区实验中学奉行“育人至上、科研领先、以人为本、创新发展”的办学理念，全面实施素质教育，逐步形成了“以德育为首，教学质量为生命线，培养体艺个性特长”的办学特色；坚持以“鸿、博、雅、谨、信”校训为教育教学目标，用智慧和汗水凝成“严格、求实、勤奋、活泼”的校风，以优质的管理优化学校教育，实现学校的持续稳健发展。

天道酬勤，厚积薄发。全体师生勤教乐学，团结拼搏，学校办学成绩显著，办学品位不断提升，赢得了社会、家长的肯定和赞誉。学校每年被评为斗门区德育先进单位、教科研先进单位、优秀家长学校，获教学质量一等奖。2007年，学校被评为广东省教育系统“关心下一代”工作先进单位、珠海市首批交通安全学校、斗门区企业安全生产先进单位、法制宣传教育先进单位；语文科组被评为广东省“巾帼文明岗”。2008年，学校被评为广东省“朝阳读书”活动先进集体、珠海市绿色学校，并获得珠海市2008年义务教育阶段学校办学行为及办学效益优秀奖，成为首批广东省中小学校本培训示范学校。2009年，学校被评为广东省书香校园、珠海市文明单位。多年来，斗门区实验中学升中统考成绩优异，每年升中考各科平均分、优秀率、合格率均居全区之首、全市前列。学校分别于2004年和2006年获得珠海市教学质量综合评估一等奖。学生参加各类学科竞赛成绩突出；教师在全国、省、市、区各项教学评优和论文评比中喜报频传，屡获一等奖。多项全国教育科学“十五”规划教育部重点课题在学校立项开题，其中学校课题“生本教育理念下的教学模式”研究成果获国家级二等奖及广东省教育科学吴汉良奖二等奖；数学课题“如何即时评价学生在课堂教学中的表现”研究成果获广东省一等奖；语文课题“个性化阅读与个性化写作教学研究”成果获广东省二等奖。

校　址：广东省珠海市斗门区井岸镇港霞西路555号
邮　编：519100
电　话：（0756）5551433　5101323（传真）

学校大门

精彩纷呈的文艺活动

大课间活动

校园风光

佛山市南海区石门中学

良好的校风

历史悠久的四友图书馆

学校参加演出获金奖

【2009年度概况】

石门中学是全寄宿制公立学校，始建于1932年，坐落在珠江之滨，环境优雅，素有“花园学校”“人才摇篮”的美称。现有高中教学班61个，在校学生3 000多人。

石门中学是国家级示范性普通高级中学、广东省一级学校、广东省绿色学校、广东省电化教育优秀等级学校、广东省中小学心理健康教育示范学校。拥有全国一流的办学条件，各种功能场室一应俱全，各场室功能齐全，信息技术设备、设施完善，建有校园网、教育教学信息资源库和现代办公管理系统，所有教室均配备先进的多媒体计算机教学平台。

学校有专任教师225人，教师学历达标率为100%，在职特级教师3人，高级教师91人，广东省名师1人，多名教师入选广东省普教系统“百千万人才工程”名师培养对象。在2009年佛山市新一届名师评比中，学校获评学科带头人11人，骨干老师5人；在南海区学科名教师评比中，获评首席教师3人，学科带头人10人，骨干教师等19人，名师人数和比例高居佛山市、南海区之首。大批教师不但在校起着重要的骨干带头作用，而且在佛山地区甚至广东省都有着很突出的贡献，在各类各级比赛中均取得突出成绩。

【教育成果与特色】

一、高考成绩领先，竞赛硕果累累

1. 高考成绩稳居全省先进行列。学校连年夺取广东省总分状元、广东省化学类总分状元、数学科单科状元、综合科单科状元、英语科单科状元、化学科单科状元、理科基础单科状元等一系列省状元的桂冠；涌现了厚实的尖子群，形成了稳定的高分层，近几年每年入围重点线的人数比例在60%左右；每年考进全国综合排名前20名的重点大学的人数超300人，考入“211工程”大学的人数更是可观；每年上清华大学、北京大学录取分数线的人数高达10人；每年均有一些重点名牌高校给予石门中学保送生名额。

2009年高考，学校再接再厉，高考成绩再创辉煌，梁海杰同学以总分689分获广东省化学类总分状元；获省单科状元的人数高居佛山市第一，共有15人夺取广东省理科基础单科状元；获佛山市单科状元人次高居佛山市第一，共有18人次摘取佛山市单科

宏伟的体艺楼

二、校园生活多姿，活动成果辉煌

“让全体学生都得到最有效的发展，努力为学生的终身发展夯实基础和营造平台，为学生终身幸福奠基”是石门中学先进的育人理念。学校积极创设能培养学生各种能力的社团50多个，为学生充分发展个性、培养特长、展示才华提供了良好的条件与机会。每年组织丰富多彩的活动，有树立学生优良品质的思想文化交流活动，有张扬个性特长的艺术节、科技创新节、中英文演讲朗诵比赛、十大

状元；尖子生各分层人数高居佛山市第一，佛山市公布的文、理科总分前6名中，石门中学占了4人；南海区理科前10名全在石门中学，文科前9名占了8人，另有2人并列南海第十名；上重点线人数和比例均高居佛山市第一；上重点线人数610人，上线率为57%；本科上线率高居佛山市第一，上本科线人数984人，本科上线率为92%；多门学科平均分居佛山市第一，在12个科目中，语文、理科数学、文科数学、物理、化学、政治、地理等7个学科的平均分居佛山市第一名。

2. 学科竞赛成绩优异。2009年学科竞赛取得以下优异成绩：参加第三届亚洲和太平洋地区信息学奥林匹克竞赛（APIO）（中国赛区），宋扬同学勇夺全国第二名；参加全国信息学奥林匹克竞赛，12人获全国一等奖，同时获得全国重点大学保送生资格或高考总分加20分的奖励，获得一等奖的人数占佛山大市的100%，在全省各校中排名第二；参加全国高中物理联赛，魏凌宇同学以总分居佛山市第一的成绩获得全国（省赛区）一等奖，被清华大学录取为保送生；参加全国高中化学联赛，周鹏同学获得全国一等奖（佛山市第一名），同时获得重点大学保送生资格或高考总分加20分的奖励，佛山市总分前十名中，石门中学独占了8位；参加全国高中生物联赛，殷思博同学以总分居佛山大市第一名的成绩获得全国一等奖，被厦门大学录取为保送生；参加广东省第七届中学生现场作文活动，张鉴扬同学获高中组一等奖。

歌手比赛等活动，有强健体魄的大众体育运动会等等。丰富的校园课外活动效果显著，学生素质全面发展，参加各项活动成绩辉煌。2009年1月，学校参加了在北京举办的“魅力校园”第四届全国校园文艺汇演暨第九届校园春节联欢晚会现场演出，校合唱团的混声合唱《在银色的月光下》荣获金奖，并荣获“2008年度全国校园文化先进单位”称号。

三、石门走向世界，世界走进石门

目前石门中学是广东省参加AFS项目（AFS是中学生跨国文化交流与学习旗舰项目）活动中派出和接待学生最多的学校之一。如2009年度派出8名学生前往美国、德国、法国、意大利、丹麦、奥地利、阿根廷等国交流，派出人数占全省的1/3。从2005年起，已有30多名学生被派往美国、法国、德国、意大利、挪威、墨西哥、巴西等国家进行学习和交流。同时，学校也接待了来自德国、法国、意大利、瑞士、日本、泰国等国的学生。

此外，每年都有一批学生被直接保送参加法国、新加坡等国高校入学考试，而且录取几率很大，如2009年，黄思华等同学被新加坡国立大学、新加坡南洋理工大学录取，并获全额奖学金。

2009年学校领导
校　长：盘文健
副校长：游海峰　李根新　钟文川
校　址：广东省佛山市南海区大沥镇黄岐北环东路
邮　编：528248

佛山市南海中学

学校组织师生到阳山县扶贫助困

【年度概况】

南海中学坐落在国家级4A级景区——南粤名山西樵山，占地约225 333平方米，建筑面积70 115平方米，是首批广东省一级学校、广东省国家级示范性普通高中、广东省心理健康教育示范学校、国家级绿色学校。2009年，学校拥有在校学生3 000人，办学规模为59个班，专任教师222人，其中高级教师70人，博士研究生1人，硕士研究生29人，国家级、省级名师培养对象9人，广东省特级教师1人，佛山市学科带头人、骨干教师共12人，南海区学科带头人、骨干教师共14人，佛山市名校长1人，南海区名教师2人，外籍教师1人，全国优秀教师3人，广东省优秀教师5人。

学校坚持“以人为本，和谐发展”的办学理念和“科学与人文并重，规范与个性共存，基础与特色兼顾，继承与创新结合”的办学原则，取得了显著的业绩，于2009年被评为南海区“名师工程”先进集体。

【教育成果与特色】

一、创新德育机制，提升校园文明

学校按照“德育为首，智育为主，育人为本，爱国主义教育为主线，养成教育为重点，全面渗透，齐抓共管，讲究实效”的工作思路，加强对德育工作的领导；抓好制度建设，注重队伍管理，创新德育机制，大力推行“学生自主管理”及“生态德育”模式，并通过各种文体活动、学生社团活动、宣教活动、社会实践活动、心理健康教育活动，引导学生自主参与、自我教育。2009年，学校后进生操行优良率与后进生转化率均达95%以上；学校先后获得南海区“五四红旗团委”、南海区“教育系统先进集体”等称号。

二、重视校本教研，提高教师专业水平

2009年，学校开展了“守师德、树形象”系列活动，提高教师的师德水平；开展“有效教学”主题课题研究，并出版了《有效教学叙事研究——南海中学50个课堂故事》，促进教师观念与行为的改变；继续开展“师徒结对”活动，促进教师共同进步；开展跨校区的“同课异构”教研活动，提升教师的教学水平。学校还搭建了开放学习平台，和广东省内名校组建了“六校联合体”，与英国伍顿巴斯特学校开展师生互派互访活动。

2009年，通过各种校本教研活动和以课题研究为载体的教科研活动，学校教师在教育理论素养、教育科研能力及教育教学技能等方面都有了长足的进步。2009年，学校教师参加第三届南海区教育教学科研评比，其中6名教师报送的6项成果全部获奖；在南海区第三届班主任专业能力大赛中，有2名教师获总分一等奖，1名教师获二等奖；在佛山市普通高中中青年英语教师基本素养比赛中，学校英语科组获团体一等奖；生物科组、政治科组和英语科组被评为南海区中小学先进教研组。在课题研究和论文发表方面，学校2009年新立项的区级以上课题共有15项，省级以上课题6项；教师在省级刊物及地方刊物发表论文40篇，另有69篇论文获区级以上奖励。

三、重视素质教育，培养学生综合素质

2009年，学校大力开展了“读经典，品名著”系列活动，培养学生的文学素养；组建了20多个学生社团，挖掘学生的潜能，发挥学生的特长；设立体艺节，搭建展现学生风采的舞台；举办了主题为“我们与低碳经济……”的科技活动周活动，营造了良好的科技氛围，培养了学生的创新兴趣与创造能力。

2009年，南海中学学生在香港校际网上实时埠际辩论赛中获得亚军；绿色环保小组Magic Team在上海举行的“气候酷派”绿色校园行动全国总决赛中荣获四项单项奖中的“最佳可持续成果奖”；机器人项目在上海举行的“广茂达杯”中国智能机器人大赛中，获“机器人灭火”项目金奖。2009年，学生参加各级各类比赛共有189人次获奖，学校获得团体奖共14次。

学校高考成绩连年取得新突破。2009年高考，学校重点上线387人，重点上线率为34.4%；本科上线989人，本科上线率为87.83%；总上线1 117人，总上线为率99.2%。2009年，学校还培养出考上中国科技大学少年班的12岁“小神童”龚民。

校　长：梁瑞娟
地　址：广东省佛山市南海区西樵镇
邮　编：528211
电　话：（0757）86801107

学校绿色环保小组在上海领奖

学生在第九届香港校际网上实时埠际辩论赛中获得亚军

学校12岁“小神童” 龚民被中国科技大学少年班录取

佛山市三水区三水中学

学生徐政荣获佛山市“文明之星”称号

【年度概况】

佛山市三水区三水中学坐落在素有“长寿之乡、生态之城、饮料之都”的三水区西南镇，是广东省一级学校、广东省国家级示范性普通高中、广东省普通高中教学水平评估优秀学校、广东省安全文明校园、全国中小学思想道德建设活动先进单位。学校占地16.5万平方米，建筑面积6.6万平方米，校园环境清幽，佳木秀而繁茂。2009年，学校拥有教职工228人，其中专任教师215人，教学班60个，在校学生3 037名。

2009年，学校秉承“一个中心，两个基本点”（以和谐为中心，以安全和教育教学质量为基本点）的办学理念，以人为本，打造“无常规不稳，无特色不强”的现代化管理模式，坚持“教学常规常抓常新”“大处着眼小处着手”的思路，坚持“学风建设与教风建设相结合、教学过程评价与教学效果评价相结合、静态管理与动态管理相结合”的教学管理模式，通过分期、分层、分类教学，全面促进学生的进步和发展。2009年，学校被评为广东省首批校本培训示范学校、佛山市第24届科技创新大赛优秀组织单位。

【教育成果与特色】

一、用校本培训创特色德育

学校将校友资源、校史资源、家长资源、课堂资源、活动资源、校园文化资源有机整合，形成了校本德育特色；在做好德育常规教育的同时，形成了适合未成年人的德育内容和方法，提高了学生思想道德教育的实效性。学校2006年建立的“三水中学青年志愿者协会”现已发展壮大；学生大面积参与学校的管理工作，并将志愿者活动延伸到校外。特色德育对提高学生的自我管理能力、综合素质，以及促进学生的健康成长起到了重要的作用。校长胡志武荣获广东省“南粤先进教育工作者”称号，学生徐政荣获佛山市“文明之星”称号。

二、用名师工程带培青工程

2009年，学校继续开展“以名师工程带培青工程”活动，通过“师徒结对，以老带新”活动，以及调研课、示范课、优秀课例展示等活动，发挥了胡志武、梁彩欢、吴超、鲁建国、蒋锦英等名教师的示范带头作用，促进了陈晓华、沈艳文等一批教学业绩突出的青年教师的成长，对教师专业队伍的建设起到了重要的推动作用。

三、用教学科研促科技创新

学校获准立项和已开展研究的国家级重点子课题有2项，市级课题有3项。2009年，学校教师教科研成果丰硕。禹建新等6人在国家级刊物上发表论文8篇；章强等人为市级刊物撰文多篇；曾仕欠参与编写《2010年广东省高考考试大纲》；生物组2项教学研究成果获市级奖励。学校的科技创新活动成果丰富。教师杨帮南、黄小雁辅导的学生获广东省二等奖；沈艳文指导的小发明《离散型全音频数字存储示波器》获佛山市一等奖；郑秋琴指导的《走进疍民部落，探访水上人家》获佛山市二等奖。

四、用校园文化助素质提升

学校出版了校本教材《三中印象》及《翘楚报》2期，创办了心理健康报《心海扬帆》；继续办好体育节、艺术节等大型活动；接待了英国教师访问团；邀请专家举办科普知识、青春期心理健康讲座。校园社团蓬勃发展，师生素质不断提升，对外活动获奖频繁。学生吴秀婷、陈萃在佛山市国庆征文比赛中获一等奖；合唱队获三水区金奖；学生在三水区书法比赛中获特等奖3个、一等奖9个。女教师在职业形象大赛中获三水区特等奖。

五、用科学备考保教学质量

学校2009年高考再上新台阶，本科上线633人，600分以上43人。学生徐政、叶泳聪分别成为三水区文、理科总分状元；何希聪等5人取得理科综合满分；叶倩仪等16人夺得三水区单科状元；萧振业考取了北京大学。学校注重科学备考，注重因材施教，教学质量不断提高；学生钟迪熹获得“广东省宋庆龄奖学金”。2009年，学校师生在全国奥赛、广东省科技创新大赛及文艺汇演中获国家级奖项达213人次，获省级奖项达322人次，获市、区级奖项达567人次。

校　长：胡志武

副校长：冯志华　冯敬文　梁彩欢

地　址：广东省佛山市三水区西南镇云东海观光大道

邮　编：528100

电　话：（0757）87830103

教师蒋锦英被授予广东省中小学“名班主任”荣誉称号

学校组织青年志愿者到三水区六和沙梨疗养院开展重阳节敬老慰问活动

学校团委举行第四届志愿者表彰大会暨第五届志愿者启动仪式。图为第五届志愿者庄严宣誓

学生合唱队在三水区纪念新中国成立60周年中小学生合唱比赛中获特等奖；教师张宏佳荣获最佳指挥奖

弘扬伦常教化 培育现代英才

佛山市顺德区伦教中学

历任校长在学校五十周年庆典上接受校友们的献花

“广东省普通高中教学水平优秀学校”挂牌仪式在学校举行

佛山市顺德区伦教中学是广东省一级学校，创建于1958年，至今已有50多年的办学历史。办学以来，学校一直秉承“以人为本，和谐发展”的办学理念，将“伦常教化”的传统文化与现代教育相结合，为社会培育了各行各业的精英。

学校坚持以德育为核心，以育人为根本，扎实有效地开展德育工作。伦教中学以课堂教学为主渠道，以社团活动为载体，以课题为引领，以安全文明教育为抓手，以心理辅导为突破口，全面构建“学校教育、家庭教育、社会教育一体化”的完善德育体系，促进学生的全面发展。学校在继承传统优秀教研经验的基础上，努力探索与新课程相适应的教学教研模式，以科组建设为核心，品牌学科纷纷脱颖而出。在优势学科的引领下，伦教中学确立了“立足校本，学科引领，以研促教”的教研思路，教学、科研成绩突出，学生综合素质不断提高，2009年被评为广东省普通高中教学水平优秀学校。

学校利用课题研究推动教育教学发展

素质教育和特长教育已成为学校教育的核心

学校全景

高州市第二中学

高州市市委书记、市人大常委会主任李上林（左二）等领导在校长赖治锋（左一）的陪同下到高州二中新校视察

高州市第二中学（以下简称高州二中）成立于1905年3月15日，原名“茂名中学堂”，是一所英才辈出的百年名校。学校于1996年4月被评为广东省一级学校，2008年12月被定为广东省第三批知识产权教育试点学校，现已发展成为拥有教学班71个、师生5 000多人的独立高中。学校完全按照国家级示范性普通高中标准规划建设，总建筑面积约12.8万平方米，设有教学班180个，可容纳师生10 000多人。

学校教育教学成绩显著，高考上线率连续24年居茂名地区非重点中学第一，曾培养出清华、北大学子4人，广东高考单科状元6人，高州中考状元2人。近年来，学校高考成绩突出，2009年考生上重点线102人，连续2年突破百人大关，位居高州市面上中学第一；上本科线以上1 119人，连续5年突破千人大关。学校重点线、本科A线、本科B线上线率均以绝对的优势稳居高州市面上中学第一。自1990年以来，学生获市级以上奖励的有2 500多人次，其中获国家级奖励的有579人次，获省级奖励的有825人次。目前学校有国家级课题13个，省、市、县级课题56个，教科研成果曾获广东省教学科研黄华奖、吴汉良奖以及广东省中小学教育创新成果奖。2009年，学校被教育部中国教师发展基金会评为“教育科研先进单位”。自1994年以来，学校参加高州市中学生运动会连续15年获团体总分第一名；学校传统优势运动项目乒乓球、毽球及学校舞蹈队、合唱团、管乐队誉满粤西。

高州市委、市政府高度重视学校的发展，在高州市区山美何屋岭征地37.33万平方米，总投资约1.6亿元，建设新的高州二中。2009年11月17日，高州二中新校建设工程正式启动。

锐意进取的新一届领导班子

学校举行“永盛奖教奖学基金”成立暨颁奖仪式

建设中的高州二中新校全景图

粤西百年名校

广东高州中学

校长潘裕岳

广东高州中学是全国现代教育技术实验学校、国家级美术教育培训基地、广东省一级学校、广东省国家级示范性普通高中，是一所远近闻名的粤西百年名校。

学校前身是创建于明代（1569年）的南岳书院，解放后定现名。现新校区的校园面积达13万多平方米。学校环境优雅，设备先进，设施完善，文化氛围浓厚。

在长期的办学实践中，学校确立了“求真·至善·达美”的办学理念和“培养全面发展、个性化发展和可持续发展高素质人才”的办学目标。

学校现有高级教师148人，在职研究生28人，省、市级以上学科带头人、名师、名校长等53人，有14人被评为广东省特级教师。近年来，教师获国家和省市级荣誉称号达200多人次，获省级和国家级科研成果奖8项，获省级和国家级论文300余篇。

学校先后培养出广东省高考省总分状元4人，单科状元27人。2009年，学生参加全国学科竞赛，共有29人获奖；组队参加广东省体育传统项目学校田径锦标赛，获团体总分第一名。2009年高考，上本科线以上学生达2 487人，陈磊同学荣获广东省生物类总分状元，江少冰等16名同学荣获广东省文理基单科状元；茂名市高考总分前10名中，高州中学占了5人。

学校先后被评为广东省校本培训示范校、广东省书香校园、广东省体育特色学校。

校　址：广东省茂名市高州城南挂榜岭下
邮　编：525200

学校正门

广东省生物类总分状元陈磊同学获颁奖学金

学校参加省文艺比赛

学校被评为广东省书香校园

学校被评为广东省校本培训示范校

学校被评为全国五四红旗团委

学校获广东省体育传统项目比赛第一名

荣誉奖杯

学校全景图

广东省仁化中学

校长何国文

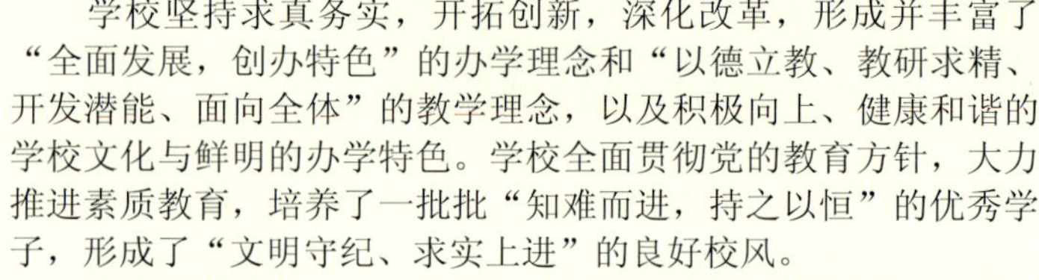

【学校概况】

广东省仁化中学坐落于锦江河畔、丹山之北，是一所历史悠久的现代化学校，创办于1925年，是广东省一级学校。近年来仁化中学以优质的办学条件、高素质的师资队伍、先进的管理水平，打造出优异的教育质量，赢得了良好的社会声誉。

学校现有教学班60个，学生2 962人，在岗在编正式教职工264人，一线教师229人，其中高级教师20人，一级教师109人，具有研究生学历教师6人。

【校园环境】

学校校区占地99 510平方米，另有龙井校区占地9 931平方米，占地面积共计109 441平方米。仁化中学十分重视育人环境的建设，努力为学生营造优雅、和谐、文明的校园环境，并于2005年3月正式启动校园整体改造工程。改造后的仁化中学校园布局规划合理，教学楼美观气派、广场宽广洁净、绿化带绿树成荫；语音室、电子阅览室、理化生多功能室等现代设备一应俱全。

【办学特色】

学校坚持求真务实，开拓创新，深化改革，形成并丰富了“全面发展，创办特色”的办学理念和“以德立教、教研求精、开发潜能、面向全体”的教学理念，以及积极向上、健康和谐的学校文化与鲜明的办学特色。学校全面贯彻党的教育方针，大力推进素质教育，培养了一批批“知难而进，持之以恒”的优秀学子，形成了“文明守纪、求实上进”的良好校风。

【办学成果】

近年来，学校先后获得广东省模范职工之家、广东省首批校本培训示范学校、韶关市高考优胜学校、韶关市体育特色学校、韶关市心理健康教育示范学校、韶关市先进教育工会、韶关市文明单位、韶关市中小学德育工作“创新奖”等多项荣誉。其中尤为值得一提的是，因高考成绩连年有重大突破，学校于2007—2009年连续三年被评为“韶关市高考优胜学校”。2009年，学校高考再创辉煌，总分600分以上35人，第二批本科以上人数达526人，全校重点本科上线率、本科上线率、总上线率均在韶关市八县市重点中学中排名第二。

目前，仁化中学全体师生在校长何国文的带领下，正以全新的风貌、雄健的步伐向“粤北山区现代化名校”的目标迈进。

校　长：何国文

副校长：宋建华　林丽云　付声优　李坚文

校　址：广东省韶关市仁化县龙井村3号

邮　编：512300

电　话：（0751）6352479（传真）

网　址：www.gdrhzx.com

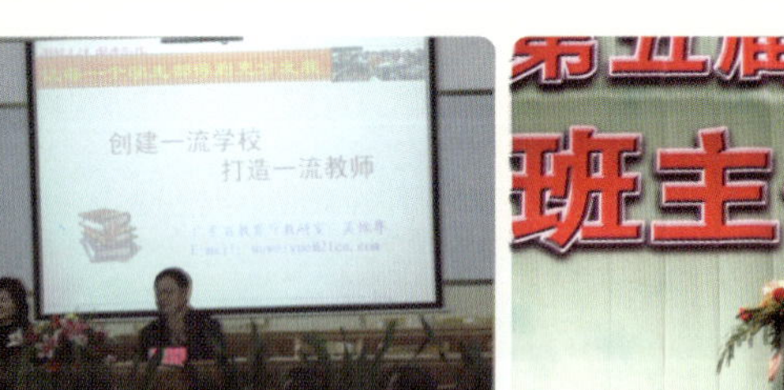

广东省教育厅教研室主任吴惟粤（右）到学校讲学

学校教师黄桂兰在广东省第五届班主任论坛上作报告

澳洲义教教师在学校英语课堂上为学生授课

精彩的元旦文艺汇演

广东省东源中学

东源县五套班子领导成员对口帮扶高三级学生座谈会在东源中学召开

东源中学2009年高考表彰大会

军训动员大会

学校开展纪念“5·12”汶川大地震一周年活动

东源中学创办于1998年秋，是东源县创办的第一所公立重点普通高级中学。学校地处县城，与东江毗邻，地理位置优越，环境幽雅，按照全寄宿、全内膳高中规格建成，校园占地90 116平方米，建筑面积53 430平方米。2009年，学校拥有教学班68个，学生3 928人，教职员工353人，其中专任教师299人，专任教师学历达标率达100%。

办学以来，学校始终坚持“博学而笃志，谨信而知礼”的校训，积极推进和深化素质教育改革，坚持“以人为本”，实施民主管理，重视师德教育，抓好队伍建设，建立了“三线四层”（三线：教学线、德育线、教辅线，四层：决策层、管理层、执行层、操作层）的管理模式。学校始终把德育工作摆在首位，健全德育网络，改进方法途径，增强德育实效；坚持“以德育人”，求实创新，努力塑造爱国守纪、尊师好学的东源中学学生形象。学校德育管理形成了严格管理和重视心理健康教育的德育工作特色，“三风”（校风、教风、学风）建设不断进步，学生德育考核优良率达90%以上，后进生转化率达90%以上，违法犯罪率为零。

十一年栉风沐雨，十一年砥砺奋进，学校取得了显著的办学成果，实现了跨越式的发展。2006年高考，东源中学有2名考生高考总成绩达800分以上，跻身全市前九名；考生录取率高达93%。2007年高考，东源中学本科入围人数292人，创造了学校高考本科以上入围人数的新高。2008年高考，东源中学有316人入围本科线以上，本科入围人数首次突破300人大关。2009年高考，学校再创辉煌，重点上线人数41人，本科上线人数364人，其中李璐同学以639分位列河源市文科总分第三名，谢锋同学以150分成为广东省理科基础单科状元，李春平同学以143分成为河源市化学单科状元。

2003年，东源中学晋级为“河源市一级学校”，先后被评为河源市文明单位、河源市文明学校、河源市创建行风先进单位、河源市爱国卫生先进单位、广东省“朝阳工程”读书活动先进集体、广东省中学生优秀业余体校、全国作文教学实验基地等。2009年，学校的办学成绩继续得到上级部门的肯定和社会各界的好评，先后获得了广东省一级学校、东源县教学质量优秀单位、东源县三项指标考核优秀单位等荣誉称号。

校　长：朱书平（0762）8833678
副校长：叶年德（0762）8832329
　　　　吕少波（0762）8833186
　　　　管如能（0762）8831189
校　址：广东省韶关市仁化县龙井村3号
邮　编：517500

扶摇鲲鹏振高翅　古邑明珠耀东江

龙川县老隆中学

校长张建平

【学校概况】

龙川县老隆中学创办于1957年，东枕风景秀丽的卓峰，西接蜿蜒清澈的东江，环境优雅，人才辈出，是龙川教育的一颗璀璨的明珠。学校占地8.46万平方米，在校学生3 016人，办学规模为53个班；现有专任教师213人，其中本科以上学历教师占97%，中学高级教师占33%，南粤优秀教师6名，龙川县优秀科技人才9名。2009年，老隆中学强化学校管理，深化教育改革，全面落实科学发展观，取得了可喜的办学成果。

【办学特色与成果】

一、提升师资水平，实现师型转变

学校通过开展各种活动，全面提高教师的教改教研水平；制定了《老隆中学教改教研规范与奖励办法》，规范和鼓励教师积极进行教改实验和教育研究。

2009年，学校教改教研喜结硕果。在教改实验方面，学校有6名教师在市、县教改公开课评比中获奖，其中有1名教师参加河源市教改实验公开课比赛获得二等奖。在课题研究方面，学校获准立项的县级以上课题共3项；2009年3月，学校经河源市教育局批准在校内开展“定向运动”课题研究。截至2009年11月，学校有十几名教师的论文在该年度省、市、县教师论文比赛中获奖。2009年12月，《老隆中学教师教改科研论文集》出版，标志着学校教师初步由“教书型”向“教研型”转变。

二、强化学校管理，办学成绩斐然

在学风管理方面，学校提出“三年备考”方案，让每一个学生从入校第一天起，就从思想和行动上以“中高考决胜”为动力，自觉养成学习习惯，稳步提高学习成绩。学校良好的学风使学生在中、高考中取得了优异的成绩：2009年中考，考进龙川县重点高中的学生263人，升入市、县重点高中的学生比例居全县第一；2009年高考，入围专科以上的学生比例达85.3%，上线率居县同类学校第一名。

在校风管理上，学校建立了“年级管理”机制，并强化了该机制中的班主任联管及“三级”（级长、班主任、学生干部）垂直管理等制度。这些制度使学校2009年的德育工作成效显著：学生年度犯罪率为零，操行评定优良率为96.8%；后进生转化率达100%；3个班的团支部被龙川县团委授予“红旗团委”荣誉称号。

三、推进社团建设，素质教育有效

学校积极加强文化建设，建立健全了文学社、广播站、书画社、舞乐协会、法律社、辩论队、乒乓球协会、英语沙龙、物理电子科技协会等学生社团组织，全力培养学生的综合素质。2009年，学校素质教育硕果累累：学生黄杰以河源市中学生现场作文第一名的身份参加广东省中学生现场作文比赛获得二等奖；李文鉴的论文《龙川佗城客家祠堂文化初探》获得河源市中学生历史研究性学习论文一等奖；罗远方获得龙川县广播电视台学生节目最佳主持人奖；袁晓峰获得龙川县中学生乒乓球男子单打亚军；何志明获得河源市物理竞赛三等奖。2009年，学校“芳草地”文学社被河源市教育局评为“河源市优秀文学社”；校刊《芳草地文学》被评为“河源市优秀文学期刊”。

校　长：张建平

副校长：黄艺平　王国才　唐日初

校　址：广东省河源市龙川县老隆镇居民新村打狗窝

邮　编：517300

电　话：（0762）6756979

语文学科带头人骆添华老师在给学生讲课

鞠文平老师对学生进行课外辅导

学校开展爱国主义教育活动

龙川县实验中学

学校被评为“广东省一级学校”

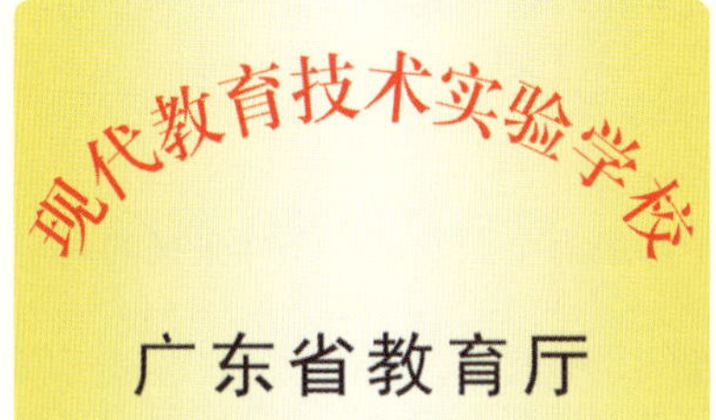

学校被评为“现代教育技术实验学校”

龙川县实验中学创办于1993年9月，2005年9月正式成为龙川县第二所高级中学，是广东省一级学校、广东省现代教育技术实验学校、广东省绿色学校、广东省高中教学水平评估“优秀学校”，连续多年被评为市、县教育教学“先进单位”。学校地处县城老隆镇205国道与隆江线交汇处，占地面积7.8万多平方米，建筑面积达4.1万平方米；现有在编教职工261人，教学人员学历达标率为100%，高级职称教师53人，中级职称教师145人；教学班63个，在校学生达4 260人。学校办学10多年来，秉承新的办学理念，形成自己的办学特色，开创了一条成功的办学之路。

学校硬件建设不断上台阶上层次，形成了层次分明的教学区、运动区、生活区，学校的建筑错落有致，各具特色，尤其是综合大楼，气势雄伟、设计新颖，展示了校园崭新的形象。在环境建设上达到高品位、高起点，体现出“高、深、精、广”的四大特点，校园绿化率达61%，地理园、生物园达到知识性与观赏性的和谐统一，湖心亭、喷泉、文化长廊构成了一道道亮丽的风景线，新建的400米大型运动场气势非凡。

学校具备齐全的教育教学设施，图书室累计藏书8万多册，全部教室均安装了多媒体，拥有先进的物理、化学实验室、历史室、地理室、音乐室、语音室、文科电教室、综合电教室、软件制作室，是河源市教学设备最齐全的学校之一。学校曾多次组队参与省、市、县的软件开发与制作比赛，共有26人次获得奖励。

学校注重抓校园“三风”建设，创设优良的德育环境，坚持“育人为根本、发展为要务”的办学宗旨。学校创办以来一直保持在校生违法犯罪率为零的良好风气。优良的校风、教风、学风得到了上级领导及社会的充分肯定，多年来被评为广东省体育先进学校、河源市精神文明建设先进单位、龙川县优秀安全文明小区。

学校在教学管理上敢于打破传统的管理模式，运用竞争机制激发教师的教学热情，办学质量不断提高。2009年，学校高考取得了优异成绩：高分段600分以上有3人，理科基础满分150分有1人；重点本科入围6人，比2008年增长500%；第二批本科A线入围84人，比2008年增加45人，增长115.4%；第二批本科B线入围94人，比2008年增加38人，增长67.8%。本科以上入围人数达184人，比2008年增加88人，增长92%。

实验中学在10多年的办学历程中，一步一个脚印，审时度势，把握机遇，取得了优异的成绩，充分展示了雄厚的办学实力。全校师生正以昂扬的斗志、顽强拼搏的精神去谱写新的篇章。

校　址：广东省河源市龙川县老隆镇马口莲
邮　编：517300

地理园

教学楼（一）

教学楼（二）

陆丰市龙山中学

校长林群生

汕尾市市长郑雁雄（右二）到校指导工作

校长林群生出席广东省教育工作会议

林群生校长与学生在学校桃李园谈人生和理想

【学校概况】

陆丰市龙山中学始建于清朝乾隆七年（1742年），迄今已有267年的办学历史，是广东省一级学校。目前，学校校区由1个发展为3个，校园占地14.4万平方米，建筑面积7万多平方米；现有140个教学班，学生8 000多人，教职工460多人，其中专任教师400多人，特级教师1人，高级教师60多人。

龙山中学管理制度完善，领导与教职工紧密配合、和谐发展，教师之间取长补短、精诚合作，师生教学相长、平等互动，呈现出“学生成才，教师成长，学校发展”的大好局面。

【核心价值观】

办学思路：文化、和谐、魅力

教育理念：让每一个学生都成为全面发展、个性张扬的高素质现代文明人

学校风格：书生气、书卷气、书院气、质朴大气、浩然正气

学生观：“龙山无差生”“一个都不能少”“要像保护自己的眼睛一样保护学生的自尊”“既要让他成才，也要让他成人”

教师观：明日之师、明白之师、明辨之师

办学精神：继承革命传统，敢为天下先的开拓精神
坚定不移的改革精神
不断创新的创造精神
争创世界一流的爱国精神

人才培养标准：富有爱心、懂得感恩、追求卓越、共享成功。

【校长引领】

校长林群生忠诚教育，成绩卓著，先后被评为“全国十大优秀爱心助学先进个人”“全国十佳高中校长”“广东省劳动模范”“全国优秀校长”“汕尾市首届十大杰出青年”“全国师德标兵”“全国杰出教育管理人才”“全国优质教育管理之星”“全国科研优秀教师”“陆丰市大办教育先进工作者”等。《中国教师报》《中国教育报》《现代教育报》《德育报》《广东教育》以及汕尾电视台、中央电视台等新闻媒体先后对林群生校长的先进事迹进行了报道；其中，《成功是一个动态的过程》《教育是一项治心的艺术》《构建文化底色下的书香校园》等报道反响强烈。林群生校长于2009年被北京师范大学聘为“特约教育专家”，成为中国第一批“发展中的教育家”。

【办学成果】

近年来，以林群生为代表的学校领导班子善于抓住机遇，励精图治，艰苦创业，做大做强龙山品牌。学校校园占地面积扩大60%；新购图书12.6万册；建设了数字语音室、通风实验室、历

学校与中国人民银行陆丰市支行签订“征信与金融教育基地”合作协议

学校召开第八届教职工代表大会

学校举办“龙山无差生”班主任学习培训大会

史室、生物园、地理园等；确立了“让每一位学生都成为个性张扬、全面发展的高素质现代文明人”的办学理念以及“文化、和谐、魅力”的办学思路和“文章华国、科技兴邦”的校训；进一步落实“内强素质，外塑形象”的管理措施。目前，学校自筹资金，投入1.2亿元开展校园基建，建成拥有60间教室的教学大楼1栋，另有1栋规模为50多间教室的教学楼正在修建之中；包括多功能英语口语平台在内的教学设施也正在快速改善。此外，还有多名来自北京师范大学等名校的优秀硕士毕业生加盟学校教师队伍，大大增强了学校的师资力量。

经过多年的艰苦奋斗，学校被评为“广东省一级学校”，高考成绩连续5年在汕尾市名列前茅，并先后获得了“全国厂务公开民主管理达标认证单位”“广东省先进集体”“广东省安全文明校园”“全国朝阳计划基地”“广东省五一劳动奖状”“和谐校园特色学校”等全国、省级荣誉。

龙山中学在2009年普通高考中展示出强劲的整体实力：600分以上高分人数占陆丰市的50%；本科上线人数720人；本、专科上线率达90.1%，超出广东省上线率（73.6%）16.5%，超出汕尾市上线率（80.3%）9.8%。

龙山中学校友、著名书法家赖少其为母校题字——“青出于蓝”

龙山书院

学术报告厅

教学区一角

东莞市东城区岭南学校

校长贺国新（前排左一）荣获“清华伟新教育基金教师奖”特等奖

马来西亚著名教育专家钟积成与岭南学校小记者合影

【年度概况】

2009年是东莞市东城区岭南学校第三个“三年发展计划”的最后一年，也是学校晋升东莞市一级学校的第二年。2009年，岭南学校紧紧围绕着“建设传统文化氛围浓郁的学校”这一特色教育项目，继续朝着“创建省一级学校，全面提升办学内涵”的总目标迈进，各项工作都取得了明显的进步。

学校占地10 607平方米，建筑面积约1.7万平方米，现有48个教学班，其中小学部36个班、初中部12个班，在校学生2 390人，教职工147人。

【教育成果与特色】

一、综合办学水平大大提升

岭南学校确立了“传统文化氛围浓郁”特色教育项目和办学目标。2009年3月，东莞市民办初中教育教学质量分析会在岭南学校举行，会上公布了学校的教学质量进入全市“五优”行列。2009年6月，岭南学校党支部被东莞市委组织部、东莞市企业工委授予“‘两新’组织固本强基工程示范点标兵”称号。2009年8月，校长贺国新荣获“清华大学伟新教育基金教师奖”特等奖。

二、教学质量稳健领先

2009年小学毕业会考，岭南学校语文、数学、英语三科综合成绩位居东城区同类学校前列，平均分远超区同类学校平均水平。2009年中考，学校人均总分超过全市人均总分41.67分；入围普高公办班录取分数线的考生26人，上线率达39.39%。

三、学生才艺全面发展

学生梁锦辉被广州美术学院附中录取；徐耀、李阳臻越在中国儿童少年基金会和中央电视台少儿频道联合组织的“2009阳光夏令营活动”中荣获优秀营员称号；郝韵的绘画作品获国家级奖项；林添泉代表东莞市参加广东省电脑美术绘画比赛获二等奖。

四、课题科研取得重大突破

2009年8月，学校申报的东莞市“十五”规划课题“以课例为载体，提高教师专业素养的研究”顺利结题，并获东莞市教研成果二等奖。2009年9月，学校课题“开展国学经典诵读，提高学生读写能力的研究”被纳入东莞市“十一五”规划课题，成为传统文化校本课程开发的一部分；传统文化校本课程由此设定为“国学经典天天读”“太极拳术天天操”“硬笔书法天天练”“民乐经典天天听”。此外，学校课题组还成功编写了2套读写校本教材。

五、德育工作卓有成效

2009年，学校德育处搭建综合实践教育平台，成功举办了第三届校园文化艺术节，活动内容丰富，包括校园歌手乐手比赛、宿舍布置创意大赛、师生美术作品展、文艺汇演等，学生参与面广，艺术形式丰富，氛围浓郁。

六、教师队伍建设创新开展

2009年，学校在教师队伍建设方面，开发了校内自主培训；在师德学习、业务培训、教育技术能力培训、企业文化教育等方面进行了统筹安排，让全体教职员工融合到浓郁的传统文化氛围之中；试行“改革会风、注重学风”的新举措，规定每周的教师工作例会不得超过15分钟，主要工作安排以文件方式印发到教师手中，腾出时间让教师读书。

七、校园文化宣传形成网络体系

2009年，岭南学校成立了校园文化宣传领导小组，把特色科研课题研究、校内媒体建设、校园文化建设、对外形象宣传纳入其中统一管理，形成了校园文化宣传网络体系。

校　长：贺国新
副校长：胡金定
校　址：广东省东莞市东城区旗峰路28号（岗贝路口）
邮　编：523007
电　话：（0769）22383705

东莞市首届民办初中教学质量分析会在岭南学校召开

学校召开传统文化校本课程开发课题组全体成员会议

学生郝韵的彩铅画作品《祖国，生日快乐》获国家级二等奖

广东光正教育集团下属学校

东莞市光明中学　东莞市光明小学

东莞市光明中学、光明小学是经东莞市人民政府批准，由广东光正教育集团投资7亿多元，按省一级学校标准兴建，直属东莞市教育局管理的民办公助类、全寄宿制学校。学校占地面积达28万平方米，硬件设施完善，拥有现代化的教学楼、实验楼、图书馆和可容纳5000人的大型体育馆；学校还建有多个高标准的400米塑胶运动场、标准足球场、篮球场以及综合电教室、多媒体网络教室、计算机房、多功能演播室等，实现了教育技术装备的标准化、信息化和现代化。学校在现代教育改革的潮流中，顺利实现了由规模化向内涵化发展的转型，现正向省内一流的优质学校、国内知名的示范学校、国际视野的特色学校方向迈进。

光明中学、光明小学现已成为广大学子向往的乐园，成为民办教育的排头兵，得到了社会各界的高度肯定。学校先后获得全国中学教育科研联合体常务理事学校、清华大学体育特长生培养基地、教育部课题研究先进单位、广东省现代教育技术实验学校、广东省书法教育先进学校、东莞市一级学校、东莞市绿色学校、东莞市文化建设先进学校、东莞市文明单位等100多项荣誉称号。

【年度概况】

经过近七年的发展，光明小学、光明中学两个学部在校学生达12000多人。光明小学通过了“东莞市一级学校”的复评。光明中学加强了与其他教育机构的合作。清华大学在光明建立了“清华大学体育特长生东莞市光明中学培训基地”，体育特长生到光明中学就读可以得到最权威的指导，升学渠道快捷，竞争力强。光明中学还将在校内建设省级乒乓球训练基地。广州大学在光明中学建立了“广东省数学奥林匹克培训基地”“广东省数学奥林匹克教练员培训基地”，在数学竞赛方面具有了很大优势，为把学校建设成数学强校奠定了坚实的基础，学校的师生也可以得到更好的培训。

【教育成果与特色】

一、“三全”德育体验情理

学校自创办以来，一直抱着深切的人文关怀和踏实的求实态度，深入“教育现场”，关注生命个体，探索独特的育人模式。在教育教学实践中，既重视从外在的纪律、舆论、榜样乃至法律等对学生提出要求，更重视学生与生俱来的情感在道德素质发展过程的内在驱动力的挖掘。基于这样的理念，学校在德育教育中，确起了“立宏志，强素质；养习惯，重感恩；创亮点，树榜样”的德育工作指导思想，明晰了“重理念，抓常规，创特色”的工作思路，搭建起了以“全面德育”“全员德育”和“全程德育”为主线的“三全德育”管理体系，形成了以班主任为中心的德育核心系统、以各班科任教师为中心的德育支持系统和以后勤职工为中心的德育服务系统等三个子系统的德育教育有效机制，开辟出了理论德育、生活德育、活动德育、文化生态德育等德育教育的多种途径。如今，学校“做优质自己，创星级特色班”“唱响光明、舞动光明”“我推荐、我评议身边的好人好事”“光明暖流大行动”“唱红歌提精神，诵经典长见识；讲故事增智慧，传箴言铸品格”以及“感动光明十大人物评选”等主题教育活动开展得有声有色，棋社、模联社、戏剧社、文学社、跆拳道社等36个社团蓬勃发展，这些已经构成光明情感体验式德育的核心，已经形成了光明中学的德育底蕴。

二、教学质量稳步提升

光明中学已经陆续向清华大学、中国人民大学、中山大学、武汉大学、同济大学、空军航空大学、北京体育大学、星海音乐学院、中国美术学院、中国戏曲学院等国内高等学府输送了4 337名优秀学子，还向美国、英国、澳大利亚、韩国、日本等国家世界知名的高等院校输送了一批优秀留学生。

2009年光明学子先后获得广东省现场作文大赛广东省第一名、“全国数学联赛”全国二等奖、“叶圣陶杯”全国新作文现场大赛全国一等奖。

三、科研兴校硕果累累

据不完全统计，光明共有433人次获得国家级奖，598人次获得省级奖，2 826人次获得市级奖；光明教师的科研成果荣获“广东省中小学教育创新成果奖”达9项；教师参加优质课比赛，获得市级三等奖以上达38人次。

四、体育、艺术教育尽显特色

2009年光明田径健儿参加国家体育总局组织的“全国青少年田径锦标赛”，高中田径队夺得金牌榜首位；光明中学高中男子篮球队夺得“2009年东莞市中学生篮球联赛”冠军。光明小学通过“东莞市体育特色学校”验收，学校体育教育成果得到验收组的高度肯定。

广东光正教育集团副总经理：孙　焻

高中部校长：曾文明

初中部校长：周日新　副校长：时瑞良

小学部校长：陈　曦　副校长：刘　敏

校　址：广东省东莞市东城区光明路68号

邮　编：523126

电　话：（0769）22679931（高中部）

（0769）22655383（初中部）

（0769）22655039（小学部）

光明中学“高效课堂”校本研究活动科组展示的教学课堂

光明中学壮观的万人课间操

十八岁成人宣誓仪式上，放飞梦想

东莞台商子弟学校

“成年礼”——学校董事长叶宏灯为高二学生加冠

东莞台商子弟学校（以下简称台校）创立于2000年9月，由广东省教育厅直接管理，举办单位是东莞市台商投资企业协会，创办人是时任协会会长、现任学校董事长叶宏灯。台校是一所包括幼儿园、小学、初中、高中的全日制住宿型学校，现有学生约1 890人。学校的创办宗旨是：培育优质子弟、增进家庭和谐、开展社会公益、助推两岸文化交流；办学理念是：全人教育、温馨校园、终身学习；经营策略是：策略联盟、科技信息、知识管理。学校以台湾教育模式办学，师资来自两岸（台湾教师约占70%）及外国，使用经广东省教育厅、广东省人民政府台湾事务办公室审查核准的台版教材，毕业生学历经两岸承认。

台校致力于“品格第一、均衡发展、教书育人”的教学工作。近年来，学校高中毕业生98%考上两岸的大学。其中大多数学生考入台湾的大学，如台湾大学、台湾交通大学、成功大学、科技大学等；学生考入的内地大学有北京大学、清华大学、浙江大学、复旦大学、中山大学、暨南大学等。2009年，台校承办了第五届两岸高等教育论坛，主办了环境教育学术研讨会。

这所由海峡两岸爱心人士共同孕育出来的学校，是两岸文化教育交流的一个平台，是联系两岸中华儿女情感的一个纽带，培育的是中华民族融合的种子。台校的建立，客观上优化了东莞和珠三角地区的台商投资环境，为广东经济发展作出了一定的贡献。面向未来，学校将从“人才、制度、行动”层面转型升级，透过“创新强校、文化固校、环保护校、科技兴校”的教育途径，铺陈出“教师专业化、学生国际化、学校科技化、校园家庭化、教学精致化、学习未来化”的愿景图像。

学生在学校生命力教育中心进行垂降训练

小学部教师指导学生学习珠算

东莞市南城中学

美丽的校园

学校积极开展阳光体育运动

学校举办百米绘画活动

文艺汇演

东莞市南城中学原名篁村中学，创办于1958年，1994年9月迁至现莞太大道育才路，2001年更名为南城中学。学校位于东莞市政府所在地的城市中心区，毗邻东莞最繁华的中央生活区和中央商业区。学校占地总面积75 411平方米，建筑面积63 082平方米。校园内花木扶疏，绿草茵茵，环境整洁优雅；教学区、运动区、生活区布局合理，人文氛围浓厚。学校现有教学班70个（其中高中班18个），在校学生3 540人。学校拥有一支整体素质较高、发展潜力较大的教师队伍，专任教师222人，高、初中专任教师学历达标率为100%，中学高级、一级教师占教师总数的67.6%。学校于2004年被评为“东莞市一级学校”，2005年被评为“东莞市文化建设先进学校”，2007年被评为“广东省绿色学校”，2008年被东莞市人民政府授予“东莞市科普特色学校”称号。

学校不断加强校园文化设施的建设，将各教学楼的一楼大厅分别设置为德育大厅、科技大厅、艺术大厅。充分利用每层教学楼墙壁，设置宣传栏，更新校园广播电视系统，使校园学生广播电视站的功能更加强大。学校拥有高标准的物理、化学、生物多媒体实验室及美术、音乐、历史、地理多媒体专用教室，配置了电脑室、电子阅览室、软件制作室、图书室等，建有生物、地理实践活动园地。学校运动场地充足，有标准的400米八跑道塑胶田径场、篮球场、羽毛球场、沙滩排球场及乒乓球室等，是一所设施现代化、管理网络化、教育信息化的完全中学。

学校坚持“以人为本，以师生为本，以师生的全面发展为本”的现代办学理念，认真落实素质教育的要求，面向全体学生，因材施教，形成了自己的办学特色，提升了学校在社会中的声誉和形象。

学校注重“依法治校、以德治校、完美人格、塑造心灵”，把学生培养成为自主地、创造性地进行学习和实践活动的主体，成为德、智、体、美、劳综合素质全面提高的现代化建设人才。学校倡导“一切为了学生，为了一切学生，为了学生的一切”的为师准则，形成了激趣教学、活动教学、开放教学的教学特色和主题教育、个性教育、自律教育、成功教育的育人模式，体现出“低进高出、低进优出”的办学效益。学校以办优质学校为目标，实施了可持续发展的“四大工程”：优化环境工程、科学管理工程、塑造名师工程、学生主体工程，走上了标准化、规范化、现代化的发展轨道。

学校的办学效益逐年提升，高考成绩不断进步，多次受到东莞市教育局的通报表彰，为社会培养了大批能迎接时代挑战的优秀人才。南城中学将不断改善办学条件，深化科研促教，提升办学水平，以蓬勃的朝气、稳健的步伐向一个更新的高度奋力迈进。

校　址：广东省东莞市南城区莞太大道育才路13号
邮　编：523077

文明窗口 特教之葩

中山市特殊教育学校

全国教育系统

先进集体

中华人民共和国人力资源和社会保障部
中华人民共和国教育部
二〇〇九年九月

学校被评为全国教育系统先进集体

广东省中山市特殊教育学校是伟人孙中山的故里中山市的一所直属学校，专为适龄特殊青少年儿童提供免费义务教育。学校原名中山市红十字会石岐启智学校，1989年由中山市教育局和中山市红十字会利用中山市第二届“慈善万人行”公益活动的善款联合创办。2003年，学校迁至现址办学，并更名为中山市特殊教育学校。

学校现有31个教学班、354名学生、100名在编教职员；根据学生残疾类型和程度分别设有听力部、智力一部、智力二部和智力三部。学校建有多功能感官室、感觉统合训练室、个别训练室、体育康复室、体育馆、游泳池、大型游乐场等功能场室，配备了感觉统合训练用具、运动治疗器械、蒙台梭利教具、奥尔夫音乐乐器等一批康复训练设施，并设有一个学生劳动基地，为学生的教育、康复提供了良好的条件。

近年来，学校秉承“平等、共享、人道、博爱”的办学理念，不断创新育人理念，以“尊重生命尊严，创造生命价值”为校训，大力开拓创新，努力发展特殊教育“中山模式”，打造中山特殊教育平台，在短短几年间，实现了办学规模与内涵建设的同步飞跃。在实施校本课程改革的过程中，学校摸索出一套以平等为基础、以学生为中心、以活动为平台、以参与为手段、以共享为指导、以和谐为目标的“特殊教育和谐课程”体系，通过“理念倡和谐、内容显和谐、模式见和谐、研究促和谐”的校本课程的研发，协调优化各种教育因素，使残疾儿童得到适宜、和谐的发展。学校聋人篮球队队员应邀参加火箭队在广州市举行的“NBA关怀行动”篮球训练营活动；师生亮相北京残奥会舞台，并在台北聋奥会、全国残运会等大型体艺赛事中取得优异的成绩。学校逐步形成了“教育康复并重，体育艺术齐鸣”的办学特色。

近几年，学校办学成果显著，得到了社会各界的充分肯定；听力部高中毕业班8名学生如愿圆了大学梦，以高分考取了长春大学、北京联合大学和广州大学。学校先后获得了全国教育系统先进集体、全国信息教育示范校、中山市文明行为规范示范学校、残疾人之家等荣誉称号，成为广东省特殊教育实验基地、广东省特殊儿童随班就读工作指导中心、中山市残疾人体育训练基地、华中师范大学教育实习基地。

校　址：广东省中山市东区沙岗村
邮　编：528403
电　话：(0760)88804716

学校建校20周年庆典

师生参加中山市“慈善万人行”公益活动

学生参加广东省第六届残运会获金牌4枚、银牌9枚

学校听障学生与中国篮球运动员姚明面对面

学校自编的自闭症儿童教育康复辅助教材

教学楼

中山市实验高级中学

教学楼

校园一角

校园内的泮池

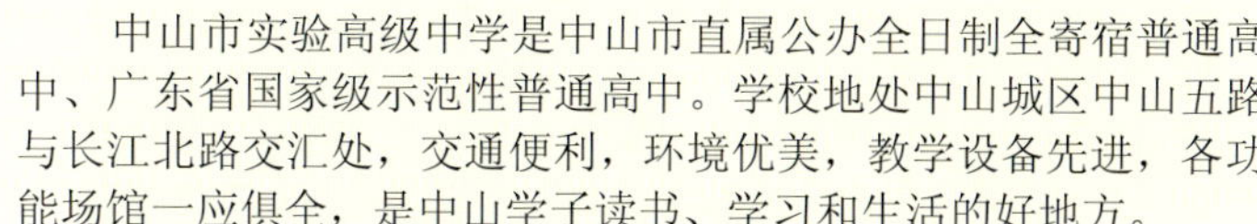

中山市实验高级中学是中山市直属公办全日制全寄宿普通高中、广东省国家级示范性普通高中。学校地处中山城区中山五路与长江北路交汇处，交通便利，环境优美，教学设备先进，各功能场馆一应俱全，是中山学子读书、学习和生活的好地方。

学校先后获得国家级语言文字规范化示范学校、全国中小学信息技术道德教育示范学校、广东省中小学心理健康教育示范学校、广东省师德建设先进单位、广东省绿色学校、广东省现代教育技术实验学校、广东省优秀现代教育实验学校、中山市校园文化建设先进单位、中山市文明校园等全国及省市级荣誉称号。

目前，全校共93个教学班（含3个西藏初中班），教职工共344人，其中高级教师80人，硕士研究生93人。教师学历全部达到本科以上，达标率为100%。教职工中有480人次获国家和省市各种荣誉称号，其中有不少教师获得全国曾宪梓奖以及国家和省级教学骨干、省名校长、省先进教师、省优秀音乐家等称号。教师的科研成果、论文获得多项国家、省、市奖项。

学校教学质量稳步提升，高考成绩一年一个台阶，不断突破，上本科人数成倍数增长，3年增长近7倍，增长幅度居全市第一。学校连年获得高考卓越贡献奖、中山市教学质量特别贡献奖、中山市教学质量先进学校、中山市素质教学先进学校等各种荣誉和称号。2008年，学校高考总分平均分在全市排名第三，获得中山市教学质量综合评价第三名，产生了全市生物单科状元2人、全市音乐和美术单科状元各1人。2009年，学校高考成绩再获大捷，本科上线人数一举突破700人大关，从2008年的592人上升到770人，本科上线人数、本科上线率、总上线人数、总上线率等各项指标均居全市第三，产生了全市生物单科状元1人、全省理科基础单科状元3人；专科以上上线人数达1 255人，上线率达97.4%。

学校音乐、美术教育硕果累累，屡获全国、省、市各级金奖，是中山市教育局批准可自主招收音乐、美术特长生的学校。

校　址：广东省中山市东区中山五路
邮　编：528404

校内建立的中山师范学校纪念园

学生动态艺术团正在进行才艺展示

清新县第一中学

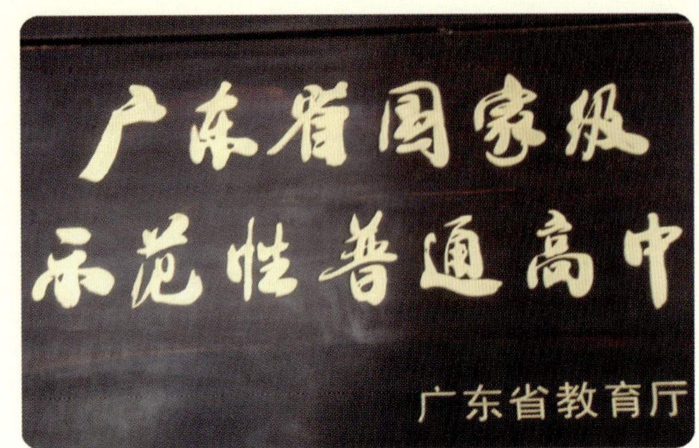

2007年12月，学校被评广东省国家级示范性普通高中

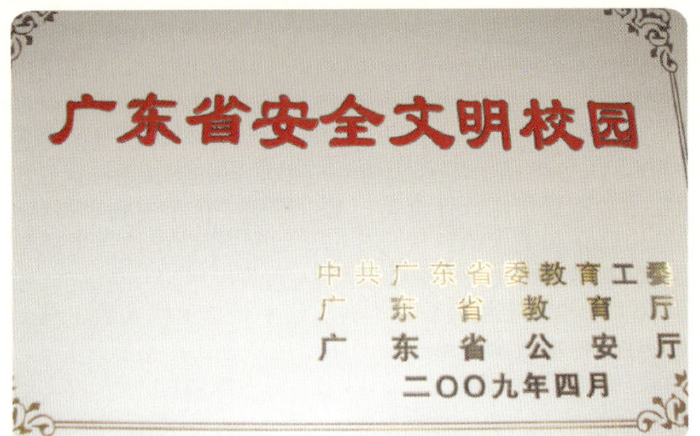

2009年4月，学校被评为广东省安全文明校园

清新县第一中学创建于1991年8月，原名清郊区第一中学，开办初期为完全中学，属区级重点中学，1992年清郊区撤区建县后正式使用“清新县第一中学”校名。学校占地约26.67万平方米，校舍建筑面积近9万平方米，现有教学班120个、在校学生6 600多人、教职工500多人。

学校布局合理，环境优美，教学区、运动区、生活区三区分明，现代化教学设施设备配套齐全，多媒体教室、功能室、体育场馆、现代化图书馆等一应俱全，满足了教师工作和学生学习的需要。学校管理人文化、教学优质化、设施现代化、环境园林化的优势日趋明显。

学校师资力量雄厚，现有专任教师452人，其中研究生学历教师20人，特级教师2人，高级教师81人，全国优秀教师1人，广东省“五一”劳模1人，此外还有一大批省、市、县骨干教师。

学校秉承“一切为了学生的可持续发展”的办学宗旨，确立了“有教无类，成人成才”的办学理念和“互动创新，善教乐学，和谐发展”的教学理念，形成了“全面+特色、优质+特长”的育人特色。

学校办学水平不断提高，2003年被评为清远市一级学校；2005年5月被评为广东省绿色学校，7月被评为广东省一级学校，8月被国家体育总局评为贯彻《学校体育工作条例》优秀学校，10月被确认为广东省现代教育技术实验学校；2006年6月，国家体育总局批准学校成立“清新县第一中学国家青少年体育俱乐部”；2007年12月，学校被确认为广东省国家级示范性普通高级中学、广东省教学水平优秀学校；2008年被评为“清远市红旗团委”，同年1月被授予“清远市文明单位”称号；2009年被评为广东省中小学校本培训示范学校，同年4月被评为广东省安全文明学校，10月被国家体育总局评为全国体育工作先进单位，12月被广东省教育厅评为广东省体育特色学校。

为适应教育形势的发展，学校提出了创建“管理优良、质量突出、特色显著的广东省国家级示范性普通高中”的长远办学目标，不断为社会培养出“志存高远、人格健全、基础厚实、特长明显”的人才。

国家级课题开题仪式在学校举行

学校举办“阳光体育”冬季长跑活动

资助贫困生捐赠仪式

师生慰问孤寡老人

学生参加德育社会实践活动

清新一中全貌

四会市四会中学

广东省副省长宋海（右一）到学校调研

校长于逢明（前排左一）喜迎奥运冠军冼东妹

初中部九曲桥

四会市四会中学创办于1929年，是肇庆市重点中学，2003年被评为广东省一级学校，2007年12月被评为广东省首批国家级示范性普通高级中学、广东省高中教学水平优秀等级学校。

学校现有初中部、高中部两个校区，初中部（城中校区）占地67 497.9平方米，高中部（东城校区）占地180 000平方米。学校高中部现有教室70多间，试验室20间，功能室12间；图书馆藏书近20万册；建有学生宿舍7栋，学生食堂2间，以及融学习与休闲为一体的地理园、生物园、竹园、思园、怡园、校训文化广场6个园区；设有多功能运动区及大型标准体育场馆各1个，篮球场10个，羽毛球场6个，排球场3个；安装了1 000兆宽带校园网；专任教师人手1台手提电脑，学生每9人1台电脑，共有240台电脑供学生上网和阅读电子读物。学校所有教室、试验室、功能室都安装了多媒体教学平台；学生宿舍安装了太阳能热水供应设备；体育运动场馆完全按照国家级示范性普通高中标准建成；学生饭堂可容纳4000名学生就餐。

四会中学长期以来秉承“严、勤、实、美”的校训，积累了宝贵的办学经验，总结提炼出“德才至善，知行相济，和谐发展”的办学理念和“教为不教，学为创新，和乐发展”的教学理念；积极把握时代脉搏，不断更新教学观念，全力推进课程改革，奉行“和雅德育”理念，促进学校和谐发展。学校高考成绩稳步提高，重点上线率和本科以上入围人数均位居肇庆市十所重点中学前列，不少学生被全国名牌大学录取；2008年、2009年高考上线人数大幅度增加，真正实现了“低进高出，高进优出”的培养目标。

目前，学校新一届领导班子在四会市委、市政府和教育主管部门的领导下，正以满腔的热忱围绕“一流校园、一流管理、一流师资、一流质量”的新目标，带领全体教职工积极探索新的特色办学之路。

连州市北山中学

广东省教育厅副厅长刘育民（右一）到学校调研

连州市北山中学是1980年创办的一所连州市直属初级中学，校园占地42 910平方米，校舍建筑面积23 505平方米，基础设施完善，教学设备齐全。学校现有教职工201人，教学班60个，学生3 616人。建校以来，学校以“志存高远，励学笃行”为校训，全面贯彻教育方针，不断提高教育质量。自2008年以来，学校中考成绩均列清远市前茅，共输送毕业生2 902人；毕业生考入清远市第一中学、连州中学1 287人。学校学科竞赛享誉全市，学生获国家级奖励共119人次，获省、市级奖励186人次；学生参加全国、省、市的作文、体育、音乐、美术、科技竞赛均获奖项。学校相继被广东省教育厅、连州市人民政府授予“先进集体”荣誉称号；学校团委被评为广东省“五四红旗团委”；学校女工委员会被广东省妇联评为“巾帼文明示范岗”；学校中考考场被清远市教育局评为“先进考场”；学校党支部被中共连州市委评为“先进基层党组织”。

学校行政班子

学校大门

潮安县庵埠中学

学校正门

潮安县庵埠中学创办于1998年，是一所全日制完全中学，为广东省一级学校，现有教职员工260名，教学班74个。学校占地约8.3万平方米，校园环境优美，布局合理，设施齐备。

学校高、中考捷报频传，各学科屡创佳绩，是全县高考四大支柱之一，连续6年超额完成了潮安县下达的高考任务。2009年高考，学校考生囊括了庵埠镇高考文科前三名，5名考生进入潮安县高考总分前30名；2009年中考，全校600分以上考生26人，3名考生囊括了庵埠镇中考总分前三名并分别获得潮安县中考总分第二、第三、第九名。学校师资力量雄厚，专任教师合格率达100%，拥有高级职称教师35名，中级职称教师154名，以及享受国务院政府特殊津贴专家、全国优秀教师、省级名师、广东省特级教师、南粤优秀教师等一批教育教学骨干。

学校坚持科研兴教，自2007年以来，每年都以一个主题开展主题年活动，取得了阶段性的成果。学校科研课题“地域文化对高中生的影响研究”是国家教师科研基金“十一五”规划重点课题，该课题已顺利结题并获国家级一等奖及潮州市首届哲学社会科学科研成果三等奖。此外，学校还承担了省、市、县级科研课题18个，自主立项校本课题一批。教师科研成绩突出，几年来在国家、省级以上刊物发表论文76篇，出版《教师论文集》5册。

学校是全国青少年文明礼仪教育示范基地、广东省五四红旗团委、广东省优秀青年志愿服务集体。学校第二课堂活动丰富，设有国家级青少年体育俱乐部及其他各类学生社团共12个，定期举行各类社团活动。学生参加县级以上各类竞赛获奖超800人次；已出版的学生作品有《学生习作》7册、《美文集》20期。

校　址：广东省潮安县城区茂林街
邮　编：515638
电　话：（0768）6631880
网　址：www.gdccaz.com

学生篮球比赛

校园一角

建设新农村人才培养基地
郁南县职业技术学校

郁南县职业技术学校占地约133 333平方米，校舍面积近40 000平方米，历史悠久，文化底蕴深厚，培养了大批品学俱优的人才。学校自2001年由几所学校合并重建至今，实现了跨越式的发展，先后被评为广东省中等职业教育实训中心、广东省重点中等职业学校、国家农民科技培训星火学校、广东省绿色学校。学校现有教职工165人，其中专任教师115人，中、高级技术职称教师占专任教师的55%；双师型教师40人，占专任教师的44.4%。2009年秋季，学校在校生达3 700多人。2005年11月，云浮市职业教育发展现场会在学校召开，学校的办学经验在全市得到推广。

教学模式新 学校与广州美的空调制冷有限公司等多家企业建立校企联合办学关系，是广州市德善数控科技有限公司技术工人定点培养学校，形成了“学校是工厂、工厂是学校”的新型办学模式。

技术教学特色鲜明 学校机电、电子等现代设备总值1 145万元，实训场室6 103平方米，可容纳1 000人同时进行实验实习；实验实习课与理论课以1∶1的比例开设。近三年，学生参加省、市技能竞赛获奖排名在云浮市同类学校前列。

专业设置与市场对接，学生就业率高 学校现设有专业14个，与广东省海洋工程技术学校、广东省工业贸易学校联合开设专业5个，所开设的专业与市场对接。学生通过顶岗实践，熟练掌握了操作技能，受到用人单位的青睐。

校　址：广东省云浮市郁南县都城镇十二岭　　邮　编：527100
电　话：（0766）7321175　7321023
邮　箱：jx1175@163.com
网　址：www.ynuanjs.com

郁南县县委书记、县人大常委会主任黄志豪（左二）陪同东莞市石排镇党委书记翟崇碧（左三）到学校视察

学生在认真做实验

高中与职业、成人教育

发展综述

【基本情况】 2009 年，是广东省加快普及高中阶段教育的关键之年。在省委、省政府的正确领导下，在全省各相关部门的密切配合和大力支持下，全省高中阶段教育取得了跨越式的发展，在办学规模、基地建设、办学模式和办学质量等方面成效显著。高中阶段教育发展取得重大进展，广东省已成为名副其实的职业技术教育大省。

【办学规模取得跨越式发展】 2009 年，广东省高中阶段教育办学规模呈现出几个特点：一是招生数量迅速扩大。全省高中阶段教育招生达到 151.5 万人，超额完成年初计划的 137 万人招生任务，与 2005 年相比增加 53.7 万人，增长 54.9%。普通高中招生达 71.8 万人，与 2005 年相比增加 14.8 万人，增长 26%。特别值得肯定的是中等职业学校（含技工学校）招生达 79.7 万人，与 2005 年相比增加 38.9 万人，增长 95%，珠江三角洲地区中职学校招收欠发达地区生源 17 万人，中职招生总量居全国第一，大大超过教育部下达广东省的 67 万人招生任务，得到教育部的肯定和表扬。目前，高中阶段教育在校生达到 377.9 万人，高中阶段教育毛入学率达到 79.9%。其中，普通高中在校生 192.4 万人，中职学校在校生 185.5 万人，中职学校在校生规模居全国第二。

二是高中阶段教育结构更趋合理。全省高中阶段教育普职比为 51∶49，实现了普通高中与中职学校比例的大体相当，其中，广州、江门、惠州、肇庆、韶关、清远、汕尾 7 市的中职教育招生规模超过高中阶段教育招生规模的 50%，广东省高中阶段教育结构更加合理。

三是欠发达地区高中阶段教育发展提速。2009 年在省委、省政府的强力推动下，经过各相关部门的协同配合，欠发达地区高中阶段教育呈加速发展态势。惠州、肇庆作为刚由欠发达地区列入珠三角地区的城市，顺利通过省政府教育督导室的督导验收，普及了高中阶段教育。韶关、汕尾、汕头、揭阳、阳江、云浮、清远、湛江和梅州等欠发达地区超额完成了 2009 年的招生任务，欠发达地区有 9 个市高中阶段教育毛入学率增幅超过全省平均增幅。2010 年将有 6 个市申报普及高中阶段教育督导验收。

总体上看，经过几年的共同努力，广东省已经从一个职业教育滞后的省份发展成为规模较大、结构合理的职业教育大省。

【职教基地建设初显成效】 根据《珠江三角洲地区改革发展规划纲要》和省委、省政府提出的“双转移”战略部署，广东省教育厅组织专家为广东职业教育发展把脉，在充分论证的基础上打造以职教基地为平台的集约化办学模式。一是制定了《珠江三角洲职业技术教育基地建设原则意见（草案）》，形成了基地建设的指导纲领，确定了“1 + 9”（即一个省级职教基地和九个市职教基地）的发展思路；积极争取国家有关部委支持，明确以省部共建的形式打造珠江三角洲职业教育基地和集约化职业教育培训基地。二是明确以省市共建形式建设各市职教基地，在原有各市职教基地建设方案的基础上，指导各地制订完善正式建设方案，佛山、中山、东莞、惠州、肇庆等市级基地的建设工作已经初步启动。三是明确以省、市、区共建形式建设省级职教基地（萝岗），规划进驻中、高职院校 13 所，在校生将达到 15 万人左右。四是积极支持欠发达地区建设职业教育基地，目前已有湛江、清远、阳江、梅州、河源、云浮、韶关等市积极建设或筹备建设市级职教基地。五是以重点项目为抓手，加快推进建校工程，不断丰富职教基地内涵。中职教育重点工程第一批项目已进入中后期建设阶段，据统计，包括省财政支持项目在内，已完工新建扩建项目 70 个，建筑面积达 130 万平方米，投入资金 20 多亿元，新增学位 11 万个；第二批重点项目也已落实，入围学校 77 所，建筑面积达 342 万平方米，投入资金 61 亿元，建成后将新增学位 30 万个。

【中职教育办学模式改革为全国创造经验】 广东省中职教育立足产业优化升级，创新“以技能为核心”的办学模式，得到教育部副部长鲁昕的充分肯定，认为“理念新、思路清、措施实、成果显著”，并殷切期望广东能够继续“敢为天下先，职业教育再领先”。

广东省中职教育办学模式改革在全国独树一帜，主要体现在以下几点。

一是创新办学模式。“零学费入学、零距离上岗”培养模式已成为全国的一面旗帜。从2006年起，受惠于“双零模式”的农村贫困学生超过4万名，广东省每年为农村贫困家庭学生解决学习、生活费用达3亿元以上。东莞市创造的“企业课堂”教学模式，顺德区职业教育培养、培训一体化模式等，都为全国创造了经验。

二是深化办学机制改革。各地中职学校在专业设置和课程改革上，主动适应产业不断优化升级的需要，专业设置与企业岗位对接，加快培养紧缺型技能人才。如东莞市确立了15所中职学校的23个专业为重点扶持发展的骨干专业，包括计算机软件、数控技术、电子应用技术、模具、服装、家具、物流等作为当地产业升级的重要支撑；湛江市拟建钢铁和石油化工职业技术学校，为服务当地社会经济提供有力的支撑。实践证明，通过改革办学模式、深化办学机制等一系列新举措，内涵建设得到了显著提升。

【在全国率先探索构建现代职业教育体系】建立现代职业教育体系既是适应广东省建设现代产业体系的需要，同时也是广东省职业教育加快发展、科学发展的必由之路。一是推进改革试点。以佛山市顺德区为试点，开展面向中职学校和面向社会对口招收应届往届中职毕业生的试点工作，试点工作进展顺利。出台了面向全省的招生政策，扩大试点工作范围，打通技能型人才成长通道。二是不断探索丰富广东省现代职业教育体系内涵。省教育厅与梅州市签署了共建山区职教基地协议，与清远市联手打造现代职业教育体系改革实验区等。三是积极开展国际合作交流。2009年2月，与省国资委联合组队赴新加坡考察，与新加坡达成多方面合作共识，目前师资培训合作进展顺利，具体合作项目即将启动。

【狠抓工作落实】2009年，省委提出转变作风抓落实是全省工作的重点和主线，全省教育战线工作者脚踏实地、雷厉风行、务求实效。

一是落实招生责任制。省政府先后两次召开中职招生工作会议，层层落实政府责任。宋海副省长多次亲自开展专题调研，破解工作难点。省教育厅组织了49个招生督查组分赴各地，省、市教育行政部门充分利用电视、报纸、网络等媒体宣传广东省中职教育，省、市、县教育主管处室包干到人，分片督查，继续实行招生日报制度和通报制度，形成政府、教育行政部门和学校齐抓共管的招生格局。

二是落实学位建设。宋海副省长亲自挂帅成立了省大力发展高中阶段教育重点建议办理工作协调小组，切实办好重点建议。明确高中阶段教育的发展增量主要在中等职业教育，以省重点工程项目为抓手，有效解决建校征地难题，进一步加大投入力度，加快推进中职学校学位建设。

三是落实督促检查措施。建立省重点项目和省专项补助资金项目月报制度，要求项目学校每月报送项目进展情况，在此基础上进行通报，对资金不及时落实、建设进展缓慢的项目学校，进行通报批评，并在安排下一阶段省专项补助资金时予以缓拨、减拨或停拨，以强有力的政策执行力确保项目建设依法依规、快速推进。

（撰稿　罗兆熊；审稿　邵子铀）

普通高中教育

【基本情况】2010年，全省共有高（完）中1 020所，普通高中招生71.79万人，在校生192.44万人，专任教师11.85万人，生师比为16.23∶1。每万人口普通高中在校生为201.64人，生均校舍面积为10.58平方米。

【规模发展】一是进一步调整优化普通高中学校布局结构，实行资源重组。坚持分类发展原则，欠发达地区集中在县城发展普通高中，发达地区加快均衡、优质发展步伐，重点推进普通高中教育集约发展、多元发展，做强做优普通高中教育。一方面，继续挖掘潜力，扩大原有优质普通高中学校的办学规模，另一方面，重点扶持经济欠发达地区面上有发展潜力的普通高中学校提高办学水平，扩大招生规模。二是狠抓普通高中学校招生工作。实行普通高中学校招生周报制度，组织开展招生督查。三是实施普通高中学校扩校建校工程，为扩大招生规模提供充足学位。2009年，全省各地新建、扩建、改建了一大批普通高中学校，全面推进普通高中学校“建校工程”，据统计，全年全省高中学校新增建筑面积达91万平方米。2009年全省普通高中学校招生规模达71.79万人，比2008年增加4.98万人，增长7.46%；在校生规模达192.44万人，比2008年增加10.68万人，增长5.87%。招生规模已接近2011年实现普及高中阶段教育普通高中年招生目标。

【办学体制】全省各地市积极探索，创新办学体制，拓宽办学渠道。一是鼓励扶持民办普通高中发展。珠海市对招收本市户籍学生的民办学校按照上一年度公办学校生均预算内正常教育事业费支出给予财政补贴，并设立民办教育专项资金，用于奖励对民办教育作出突出贡献的民办学校和优秀民办学校教师。二是积极探索公办高中引入民办机制，发挥优质高中的品牌效应和办学优势，调动社会力量合作举办民办高中学校。惠州市在保证政府投资的基础上，激活民间投资的做法被国家教育督导团赞誉为“惠州模式”。三是优质学校引进社会资金，在确保完成学校扩建前招生规模的基础上，新增的教育资源可按民办学校机制运作。政府主导、公办学校与民办学校并举的高中教育办学模式，拓宽了广东省普通高中的发展道路，有效地扩大了优质教育学位，满足了人民群众对优质高中教育资源的需求。

【内涵发展】一是全面实施课程改革。进一步加强制度建设，在着力推进教学内容和教学方法改革的同时，加强在教学实施、教学管理、教学评价等方面的一系列相应的配套改革，加强校本课程开发，加强普通高中实验样本校和校本教研基地建设。围绕普通高中新课程的实施，陆续出台了一系列文件，包括教学管理、选修课开设、模块学分认定、样本校建设、高考方案、综合素质评价、教学水平评估等内容，对全省新课程实施进行了规范管理，建立了综合实践活动教师职称评定的系列与程序，制定了对学校的综合实践活动课程、通用技术课程和信息技术课程的管理、评价、评估制度，为新课程实验的深入推进提供了行动指南。二提高教师队伍素质，不断推进素质教育。一方面，为适应新课程改革要求，以“新课程、新知识、新技能、新技术”和师德建设为主要内容，在完成省级全员培训后，又采取高校、市县教师培训机构、中小学名师工作室“三位一体”的培训模式，充分发挥远程教育优势开展普通高中教师培训工作，提高高中教师队伍整体素质。仅2009年，全省就培训了3 000多名教育教学管理人员和27 000多名学科教师，投入经费1 300多万元。通过培训，有力地提高了高中教师实施新课程的能力和水平，推动了广东省高中课程改革向纵深方向发展。另一方面，通过“百千万人才工程”狠抓骨干教师培养。“百千万人才工程”是以培养创新能力、提高科研能力、形成个人教育风格为主要特征的骨干教师培养计划，目标是由省、市、县三级共培养100名教育专家、1 000名“名校长”和10 000名“名教师”，使之成为广东省基础教育学科带头人和管理工作骨干，并以此带动教师队伍整体素质的提高。“百千万人才工程”加速了广东省基础教育系统高层次人才队伍的成长，初步构建起具有广东特色的高层次人才培养模式。

【学校管理】一是加强督导评估，促进学校可持续发展。不断完善落实县（市、区）党政主要领导干部基础教育工作实绩考核制度。加强督导评估，以各地市、学校创建教育强市（县、区、镇）和创建国家示范性普通高中、教学水平评估为契机，促进普通高中优质发展。坚持依法治校，强化学校管理，建立健全与现代化教育教学相适应的各项规章制度，立足内涵发展，以特色铸品牌，促进学校可持续发展。二是加大查处力度，规范普通高办学行为。印发了《关于公办普通高中招收往届生复读专项检查情况的通报》（粤教职〔2009〕90号），重申禁止公办普通高中招收往届生复读以及利用普通高中教师及资源与其他教育单位联合举办补习班或复读班，对违规学校进行了通报，并继续在全省组织了专项抽查。严肃查处违规补课行为，印发了《关于重申禁止普通高中学校暑期组织学生集体补课的紧急通知》（粤教职〔2009〕137号），及时查处了部分普通高中组织学生违规补课行为，促进了普通高中教育的健康发展，维护了教育公平。

（撰稿　周昭国；审稿　邵子铀）

中等职业技术教育

【招生工作】2009年，全省中等职业教育招生工作措施到位、执行得力，取得重大进展。各级教育行政部门建立健全了招生工作领导执行机构，通过分解任务完善了层级责任制，同时加强对各级各类学校的责任考核，有效调动了各方工作的积极性、主动性。建立了统一部署、统一宣传、统一组织输送生源的“三统一”招生工作平台；首次联合省纠风办出台文件，开展招生秩序专项治理工作，规范招生秩序。在欠发达地区各县（市、区）教育局挂牌成立了中职教育“转移招生”服务专门机构，建立齐抓共管、区域联动的招生机制，并组织招生工作专项督查。

【办学机制创新】广东中职教育立足产业调整升级，创新“以技能为核心”的办学模式、教学模式。2009年在全省全面推广顺德“双零”人才培养模式，全省受惠于“零学费入学、零距离上岗”模式的农村贫困学生超过4万名，每年为农村贫困家庭学生解决学习、生活费用达3亿元以上。珠江三角洲地区47所学校与欠发达地区89所学校联合办学。围绕先进制造业和现代服务业进行专业设置。佛山顺德区的培养、培训一体化办学，深圳宝安“企业校区”校企合作，东莞市“企业课堂”和“车间进校”，阳江产业园区办学，江门的企业办校和“名校办民校”，中山小榄的校企“股份制”合作，惠州的“四环互动”模式等改革试点在“招工与招生融合，课堂与生产对接”方面均有了新突破。

【中高职衔接】为建立现代职教体系，探索建立技能人才成长通道，创新人才培养模式，增强职业教育吸引力，2009年，省教育厅选取顺德职业技术学院作为试点，招收近300名中等职业技术学校对口专业应届毕业生和中职学校相关专业毕业、有两年以上实践经验的社会人员，开展专业对口高技能人才培养，学制两年。试点专业学生实现独立编班、单独组织教学。试点专业涉及机电类、电工电子类、机械类、建筑类、化工类、计算机类、国际贸易类、艺术设计类等。

高职院校对口自主招生考试与原“3+证书”招生考试最大的区别在于将专业考核计入总分。考试科目为综合文化知识、专业综合理论和专业技能共3门，其考试大纲及命题由各自主招生院校根据招生专业要求自行制订。综合文化知识考试以自然和人文科学基本知识、职业道德基本要求、人际交往基本常识、汉语写作基本能力等应用型人才必备的实用性知识为主要内容。

【实训中心建设】中等职业教育专业实训中心建设资金首次试行竞争性分配。通过资格审查、现场答辩以及实地抽查、审核公示等环节确定获补助学校名单，预计将带动投入资金超过2亿元，大大改善广东省中职学校实训教学条件。

【教育教学改革】在规模发展的同时，重视中等职业技术教育内涵的发展和质量的提高。积极开展专业建设，启动课改试点，启动中职学校专业带头人和专业科组长培训活动，开展以骨干教师为重点的“双师型”师资队伍建设。截至2009年7月底，广东省级重点以上中职学校261所，中职重点建设专业（点）203个，国家级实训基地26个，省级实训中心84个；承担国家示范性高职院校和重点培育院校建设任务的高职院校有5所，省级示范性高职院校7所，高职教育示范专业31个，示范性建设专业82个；获批国家级精品课程87门，省级精品课程147门。

【获证率与就业率】通过深化改革，广东职业教育质量显著提升。毕业生获各级技能证书的比例和层次不断提升。中职毕业生考证率保持在98%以上，其中获中级技能证书的人数占85%，获高级技能证书的人数占5%；中职毕业生一次就业率连续五年保持在96%以上，2009年的就业率达97.68%，位居全国前列。据初步统计，广东省每10名新增技能型人才中就有近4人来自职业院校。

【职业技能竞赛】2009年3月，广东省成功举办了第一届全省中等职业学校技能大赛，比赛项目基本涵盖了广东省中等职业教育重点建设专业和当前经济社会发展紧缺人才建设专业。大赛历时1个月，经过了学校选拔、各市预赛和全省决赛三个主要阶段，全省参赛学生达12万人以上，体现出规模大、项目多、层次高、影响深等特点，对促进广东职业教育发展具有重大意义。

广东省职业院校代表队连续三年在全国职业院校技能大赛上取得佳绩，2009年一举夺得中职组团体第三名，共获得16个一等奖，19个二等奖，14个三等奖，获奖达49人次，获奖率在全国处于前列。

（撰稿　罗兆熊；审稿　邵子铀）

成人教育

【基本情况】2009年，广东省职业成人教育系统深入贯彻落实党的十七届三中、四中全会精神和省委、省政府《关于推进产业转移和劳动力转移的决定》《关于大力发展职业技术教育的决定》《关于加快普及高中阶段教育的决定》精神，以科学发展观为指引，解放思想，开拓创新，大力发展职业技术教育和成人教育，以“实际、实用、实效”为原则，以开展劳动力培训为重点，加强培训基地建设，创新培训形式，扩大培训规模，提高培训质量，不断提高劳动力技能水平和文化素质，促进农村劳动力的合理转移，推动“双转移”战略实施，为产业结构优化升级和经济发展方式转变服务。

【农村劳动力培训】省教育厅把开展农村劳动力转移培训作为贯彻落实“双转移”战略决策、促进城乡区域协调发展、推进“三促进一保持”的重要举措，高度重视、周密部署、精心组织，稳步扎实地推进工作并取得了明显成效。2009年，全省教育系统开展农村劳动力转移培训189.5万人次，比2008年增加36.8万人次，增长24.1%，转移就业率达62.8%；开展普惠性农村劳动力免费职业技能培训，培训达58.3万人，并全部实现转移就业，有效地提高了农村劳动力技能素质，为广东省产业结构调整升级提供了智力支撑和人才保证。

【培训资源建设】利用农村乡镇成人文化学校布点广泛、贴近农村的优势，以中等职业学校和乡镇成人文化技术学校为依托，构建完整的培训网络。根据《广东省乡镇成人文化技术学校评估方案》，共评定了201所省级示范性乡镇成人文化技术学校，为当地开展农村劳动力转移培训提供了必要的条件。根据工业化、城镇化和农村劳动力转移的需要，省教育厅积极推动成人教育的发展，依托中等职业学校、成人文化技术学校和各种类型、各种层次的培训中心，开展农村劳动力转移培训，形成了覆盖城乡的完整的培训网络。

【提高培训质量】一是创新培训内容。立足市场和就业需要，紧贴广东省产业发展和区域产业发展需求，结合农村劳动力特点，制订具有针对性的教学计划和大纲，优化教学内容，紧紧围绕农民就业技能，科学设置培训课程，精心编制培训方案，精心选用适合农民短期技能培训和就业特点的教材。二是创新培训方式。通过定点培训、订单式培训、定向培训等方式，实行培训与学历教育、培训与技能鉴定、培训与就业三结合，按照专业技能的复杂程度，变单一的短期培训为长短期培训相结合，提高其培训合格率、就业输出率和就业适应力，促进农村劳动力成功就业和稳定就业。三是开展“送教下乡进厂”活动。适农所需，开展实用技术培训；适企所需，组织职业技术院校进企业，开展专业对口培训。广泛开展面向中小企业职工、城镇离岗人员、转产转岗人员和进城务工人员的职业技能培训。2009年，全省教育系统所属中职学校、成人文化学校和培训机构完成各类培训累计500万人次。

【培训转移就业服务】一是着力完善农村劳动力培训就业服务体系。建立完善公共就业服务平台，按照省“八统一”标准，进一步建立健全了市、区（县）、镇（街道）三级公共就业服务机构，配足人员、场地和服务设施。二是提升就业服务。发挥各级劳动力供需交流平台的积极作用，各级人力资源市场和就业服务机构开设了专门的服务窗口，为农村劳动力免费提供职业介绍和就业指导，把农村劳动力培训对象作为重点优先推荐就业。同时向农村劳动力提供技能培训和用工信息，开展政策咨询、职业素质测评等服务。三是组织开展“带企业下基层、送岗位进乡村”巡回招聘活动。同时，举办市、区（县）、街道（镇）三级联动招聘会和“校企合作”专场招聘会。

【返乡农民工培训】国际金融危机发生后，省教育厅及时开展了对返乡农民工转移就业培训，下发了《转发教育部办公厅关于中等职业学校面向返乡农民工开展职业教育培训工作的紧急通知》（粤教职〔2009〕7号）、《转发教育部关于切实做好返乡农民工职业教育和培训等工作的紧急通知》（粤教职〔2009〕41号）等文件，要求全省职业成人教育系统迅速行动起来，抓紧做好返乡农民工的技能提升和储备工作，使其切实掌握一技之长，为其再就业或创业打下坚实基础。并立足农村，对返乡农民工开展多种形式的劳动力就地转移教育培训，使其适应劳动密集型农产品生产、农业产业化经营和开发性农业的发展。针对农村小城镇的功能定位（如商贸镇、工业镇等），开展农村小城镇建设所需要的教育培训。全方位为农业提供各种技术培训与服务，促进农村劳动力的就地转移，实现农村内部就业。据统计，全省教育系统开展返乡农民工培训达10万人次以上。

（撰稿　周昭国；审稿　邵子铀）

广东省经济贸易职业技术学校

学校正门

学生在国际商务实训中心参加实训

广东省经济贸易职业技术学校创办于1965年，是广东省教育厅直属的国家级重点中等职业学校。学校自办学以来为社会输送了一大批高素质的一线技能人才，在社会上享有较高的声誉，是广东省金属材料流通协会副会长单位、广东省职教学会物流专业教学指导委员会主任单位和教育部中等职业学校物流专业指导委员会委员单位，2009年被人力资源和社会保障部、教育部授予全国教育系统先进集体光荣称号。

学校在校生6 517人，开设有10个专业共29个专门化方向，其中物流服务与管理、商品经营和计算机应用是广东省重点专业。学校拥有一支与办学规模相适应、专兼职相结合的师资队伍，现有专任教师276人，其中“双师型”专业教师183人，高级职称教师73人。学校有1名教师被中国职教协会评为首届中国职业院校教学名师；4名教师被评为“南粤优秀教育工作者”和“南粤优秀教师”；3名教师被评为广东省优秀班主任和广东省先进德育工作者。

学生在物流实训中心参加实训

学校有南北两个校区，建筑面积8万平方米，拥有校外实训基地30多个，建有独立的实训楼和7个校内实训中心，其中物流实训中心是中央财政支持的实训基地，计算机实训中心是广东省财政支持的实训中心。学校建有实验实训室共42间以及多媒体教室56间，实验实训设备能满足各专业的实践教学要求；教学设备设施先进，校内实验实训开出率达100%。学校利用校外实训基地和校内实训中心的优良条件，积极组织学生进行技能训练，学生参加全国和广东省职业技能竞赛均获得优异的成绩。学校先后承办了广东省中职学校技能大赛物流技术竞赛、全国职业院校物流专业教师说课大赛和广东省职业技能大赛物流师总决赛，成为广东省中职学生职业技能竞赛基地。

学校承办了“广东省物流竞赛叉车比赛”。图为比赛现场

学校办学思想端正，全面贯彻落实科学发展观，认真执行国家的教育方针，坚持“和谐教育，强化技能，特色办学”的办学理念，注重发展的科学性、协调性和可持续性，形成了四大特色：“企业文化与校园文化对接”的德育特色、“商科文化熏陶和强化技能培养相统一”的人才培养特色、“专业链服务产业链”的专业特色和“多角度多主体”的发展性评价特色。

展望未来，学校将以创建国家示范中职学校为契机，“抓规范、提质量、树品牌、创特色”，以科学发展观统领学校发展全局，以内涵建设为中心，全面统筹好规模、质量、结构、效益的关系；深化改革，积极探索教学新模式，全面提升教育教学质量，提高管理和服务水平，把学校打造成为“立足广州，面向珠三角，辐射全国的商贸流通领域人才培养基地和全方位、现代化、开放式的国家示范中职学校”。

校　　长：许琳伟

校　　址：广东省广州市先烈东横路34号　　邮　　编：510500

电　　话：（020）62659622　　传　　真：（020）62659621

网　　址：www.gdjmxx.com

学校承办了“广东省物流竞赛商品分拣比赛”。图为比赛现场

广州市商贸职业学校

广州市商贸职业学校创办于1964年，是隶属于广州市教育局的国家级重点中专学校。学校占地60 000平方米，在校全日制学生6 000多人，专任教师160人，其中高级讲师67人，“双师型”教师69人。学校目前开设有会计、物流商务、眼镜、营销、计算机、语言文秘、工艺美术、现代服务业等专业群近20多个专业。学校根据市场的需求和经济社会发展的趋势，努力打造品牌和特色专业，以眼镜、物流、会计、电子商务作为学校重点发展的核心专业。其中物流和电子商务已成为广东省重点专业；眼镜验光配镜专业是广东省共建骨干专业、广州市重点专业；会计专业是开设了几十年的老牌专业。此外，学校还设有多个专业的大专学历培训班。学校毕业生就业率多年来保持在94%以上，学生每年报考成人高校和高职院校的录取率达98%以上。

学校重视学生德育工作并收到了较好的成效，目前是国家中等职业教育德育工作实验基地学校。

学校基础设施齐备，拥有公寓式的学生宿舍、4 420平方米的食堂、400米运动场、游泳池、藏书20多万册的图书馆、电子阅览室等。学校建成了现代化的教学和实验实训体系，教学、管理已全面实现信息化。学校课室配备有宽带网络、多媒体双向闭路电视系统和计算机投影仪；建有设施先进的眼镜验光实训室、物流实训室以及拥有世界先进水平的电子商务综合实训系统等。学校还在广州各大型百货企业、广交会、广州大厦以及珠三角地区多家企业建立了实习和就业基地。

学校与企业签订合作办学协议

展望未来，广州市商贸职业学校将继续为社会培养人才，努力将学校建成广州市乃至广东省的高技能人才培训基地和国家级示范性职业学校。

会计模拟实训室

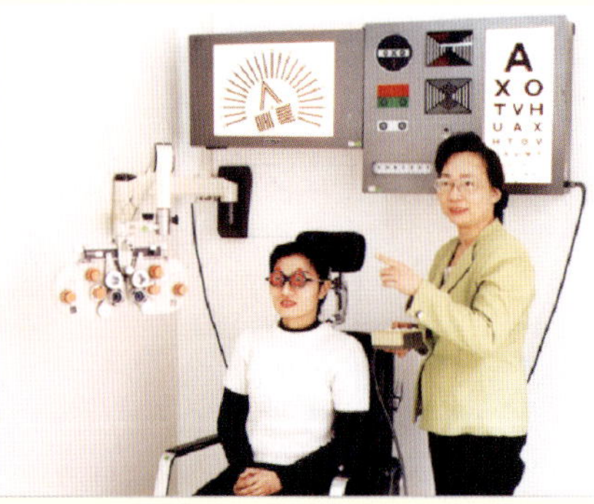
拥有国内一流设施的眼镜实训室

设备先进的物流实训室

广东省轻工职业技术学校

叶選平

学校以就业为标杆，高度重视学生的就业质量。图为学校举行就业工作研讨会

学校开展企业文化进校园系列活动

校　　长：李伟东
党委书记：张起帆
副校长：陈春建　　何雪光
校　　址：广东省广州市新港东路144号
邮　　编：510308
电　　话：（020）89239812（传真）
邮　　箱：admin@gdlis.cn
网　　址：www.gdlis.cn

【年度概况】

2009年，广东省轻工职业技术学校继续贯彻党的十七大精神，深入落实科学发展观，积极推进各项改革措施。学校坚持以市场需求为导向，以“提高质量、办出特色”为办学基本思路，调整专业结构，加强专业建设，完善管理体制，不断改革、创新，实现了学校的可持续发展目标。在广东省社会科学院竞争力评估研究中心和广东省省情调查研究中心联合发布的广东职业教育学校竞争力评估报告中，学校2006—2009年连续四年名列“广东省中等职业学校竞争力十强”，其中2008年、2009年列十强第一位。2005—2009年连续五年学校招生人数位列广东省属中职学校第一；2009年在校学生人数过万。学校教学效果显著，成绩突出。学生参加全国、广东省多项专业技能竞赛，取得了90多个奖项的好成绩；毕业生就业质量高，受到用人单位的欢迎和肯定，就业率保持在98%以上。

【教育成果与特色】

对接轻工产业，优化专业结构　学校根据珠江三角洲地区产业结构发展趋势和社会发展需要，优化专业结构，以食品、数控机电类、动漫广告类等特色专业为引领，以服装、模具、计算机、物流等优势专业为支撑，形成了科学合理的专业结构体系。

发挥资源优势，拓展社会服务　本着“立足轻工，服务轻工”的宗旨，学校充分发挥师资、实训设备、信息管理平台等资源优势，开展食品、机电等领域的职业技能培训、技能鉴定及技术服务；面向社会开展的8个工种的技能鉴定及培训中心，成为广东轻工行业职工培训的主要基地之一。

依托广东轻工学校教育集团，深化校企合作　学校借助广东轻工学校教育集团平台，实施“工学交替”“订单式”人才培养模式，促进广东轻工职业教育向特色化、品牌化发展，满足了广东轻工行业应用型人才的需求，实现了校企双赢。

注重校园文化，优化育人环境　学校以校园文化为切入点，打造人文校园，将企业文化融入校园文化，推进心理健康教育和职业与创业指导；发挥“教化效应”，达到“润物细无声”的效果，使学生潜移默化地受到熏陶，为学生创造和谐健康的生存发展空间，营造积极向上的良好育人环境。

营销风采大赛

应届初中毕业生踊跃报读广东省轻工（高级）职业技术学校

校内实训车间

广东省海洋工程职业技术学校

广东省海洋工程职业技术学校创办于1935年，位于广州市海珠区，毗邻琶洲国际会展中心，是一所有着74年办学历史的国家级重点职业学校，是全国职业教育先进单位以及广东省教育厅确定的高技能人才培养试点学校、“三二分段”中高职连读试点学校。学校每年培训学员超过3 000人次，现有在校生近6 000人，是广东省海洋与渔业产业重要的技能型人才培养基地。

学校目前有专职教师185人，其中高级职称教师78人；设有水产养殖、制冷空调、航海技术等28个专业，其中水产养殖、制冷空调、环境保护与水处理3个专业是省级重点建设专业。学校在阳江闸坡、广州番禺和惠州大亚湾拥有3个校外实习基地，并拥有制冷空调实训车间等30多间实验实训室。目前，学校已与120多家企事业单位签订了校企合作协议，全面实施以工学结合为核心的技能型人才培养模式，近年来毕业生就业率始终保持在98%以上。

多年来，学校坚持以邓小平理论和“三个代表”重要思想为指导，全面落实科学发展观，紧紧围绕广东省经济社会和“海洋与渔业经济”发展大局，牢牢把握职业教育的基本规律和要求，坚持“从严治校”“开门办学”的办学方针，“厚德重技”“质量立校”的办学理念，以及“错位竞争、特色发展、后发优势、领先一步”的发展思路；坚持培养培训并举的办学模式，以市场为导向，以质量为核心，以内涵发展为重点，以校企合作为依托，以教育教学改革创新为抓手，以教师队伍建设为保障，着力打造学校的海洋特色、职教特色和质量特色，努力提升学校的综合实力。目前，学校的综合实力在全国同类学校中一直处于领先地位，在省属中职学校中也位居前列。

学校揭牌仪式

学校举办突尼斯渔业官员培训班

广州美术学院附属中等美术学校

学生作业

学生上素描课

广州美术学院附属中等美术学校（以下简称“广州美术学院附中”）创建于1954年，是全国最早的八大美术学院附中之一，是广东省教育厅直属的中专学校，首任校长是我国国画大师关山月教授。广州美术学院附中坐落于广州美术学院昌岗校区，与广州美术学院共享教学资源，艺术氛围浓厚。广州美术学院附中学制三年，其美术绘画专业为广东省重点建设专业，在校学生约600人。学校课程设置为普通高中文化课和素描、色彩、速写、设计基础、文艺理论等专业课程；每年高考本科升学率都在70%以上。

广州美术学院附中师资力量雄厚，现有在编教授2名、副教授（高级讲师）10名、讲师25名，助教10名，专职外聘教师18人；获得全国优秀教师称号1人，南粤优秀教师称号5人。

广州美术学院附中非常注重学生美术创作和艺术鉴赏能力的培养，每半学期进行一次学生作业教学观摩，每年举办一次毕业班学生汇报展，每两年举办一次教师作品双年展，不定期邀请校外学者到校开设讲座。广州美术学院附中还是中国中等美术教育联盟成员，对开展全国美术学院附中之间教师与学生的学术交流，以及探讨中等美术教学改革与建设的新路径等起到积极的作用。

广州美术学院附中开拓了赴国外留学培训项目，与国外艺术院校合作，开展美术专业和语言培训，向国外输送留学生。目前学校正与广州大学合作实施意大利“图兰朵”留学计划培训项目，并与美国瑞文大学肯德艺术学院签署合作协议，特为学校学生提供奖学金优惠条件，此外，与其他三家艺术学院的合作也在洽谈中。

校　　址：广州市昌岗东路257号（广州美术学院内）
邮　　编：510260
联系电话：（020）84017852（办公室）　　84018319（招生办）
网　　址：www.gmfz.net.cn

增城市职业技术学校

增城市职业技术学校是一所国家级重点中等职业学校。学校以“以就业为导向，以技能为核心，以服务为宗旨，以素质教育为根本，培养技能型人才”作为办学的指导思想，以“以人为本，激扬生命，发展技能，服务社会”作为办学理念，在学校的发展和管理上采取了一系列的策略，取得了良好的办学效益。

基地化发展　依托已有基础，开展全日制教育、短期培训、退伍军人培训、农村劳动力转移等工作，建立集团化办学基地；依托汽车和牛仔纺织服装支柱产业，与广州本田汽车制造有限公司、增城市牛仔纺织服装行业协会合作，建立合作办学基地。

多元化投资　在政府和学校自身不断加大投入的基础上，学校对部分项目，如饭堂、学生宿舍实行后勤社会化管理。

企业化管理　学校管理借鉴了企业管理的相关理论，专业设置、人才培养目标与市场对接；强化服务意识，重视营销，狠抓过程管理；注重学校品牌和品牌专业的打造，以企业文化推动和充实校园文化。

在具体行为上，学校教学实行“生本教育”；德育实行“全员动手”，引导学生自主管理；学生课后发展实行“社团带动”“科技创造带动”；后勤工作实行“没有围墙的封闭式管理”。

学校代表广州市参加2010年广东省“制冷与空调组装和调试项目学生专业技能大赛”获一、二等奖。图为校长叶有澄（左五）、广州市教育局教研室科长陈凯（左四）与学校辅导教师及参赛学生在颁奖现场合影

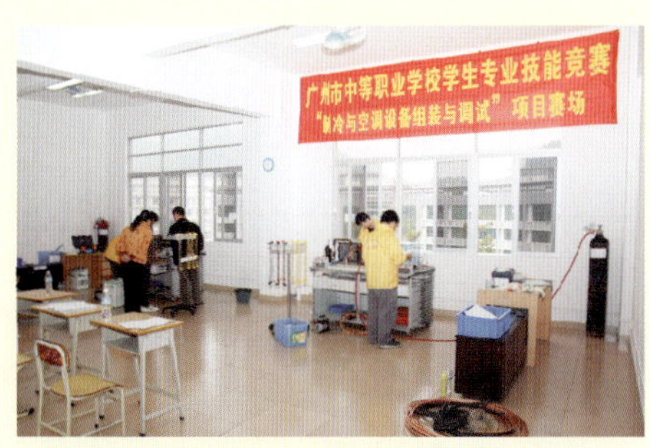

广州市制冷技能竞赛现场

财会实操现场

学生在电机实验室进行实操

学校所在的职业教育园区鸟瞰图

学生在电力拖动实训室进行实操

学校学生（右二）参加广州市青春健身操、啦啦队比赛获一等奖

培养实用技能人才　服务经济社会发展

深圳市龙岗职业技术学校

深圳市龙岗职业技术学校创办于1994年，2004年6月跨入“国家级重点中等职业学校”行列。

学校占地7.2万平方米，建筑面积4.2万平方米，固定资产总值约1.4亿元；拥有标准田径场、网球场、体育馆、游泳池等先进体育设施；建有各类功能室、专业实训室60多间；拥有占地4 000平方米的附属幼儿园1所，校企合作实训基地20多个。学校开设有数控技术应用、汽车运用与维修、楼宇智能、会计电算化、物流管理与营销、计算机应用、网络管理与维护、幼儿教育、美术设计9个专业，现有全日制在校生3 200余人，教学班60个，教职工360余人，是目前深圳市规模较大的国家级重点中等职业学校之一。

学校以“尊重个体差异，培养健康人格，致力职业发展，师生共同成长”为办学理念，努力实现“办学基础能力强，骨干专业特色明，毕业生适应社会，学校可持续发展”的办学目标，围绕“培养人格健康、技能较强、自主发展的实用人才”的培养目标，为学生提供就业、创业、升学等多种发展空间。学校自创办以来，累计培养了近10 000名毕业生，其中近1 800人参加高考升入高等职业院校；毕业生就业率达99%以上，升学率达95%以上。

学校教育教学成绩突出，形成了具有校本特色的健康人格德育模式。学校数控专业实训中心成为国家紧缺人才培养基地；汽车专业实训中心获得广东省财政和国家中央财政重点支持；数控、汽车专业学生均在全国技能大赛中获得一等奖。近年来，比亚迪等著名企业纷纷到学校招录毕业生，毕业生供不应求。

学校先后获得了全国首届数控技能大赛“突出贡献奖”、全国学校规范化管理示范单位、全国校园文化建设先进单位、深圳市办学效益奖、深圳市教育系统先进单位、深圳市就业工作先进单位、深圳市职业学校德育先进单位等集体荣誉。

校　　址：广东省深圳市龙岗区中心城清林中路219号

邮　　编：518172

电　　话：（0755）28924083

网　　址：www.szlgzz.com.cn

邮　　箱：lgzzb@163.com

深圳市教育局副局长范志刚（右二）到校指导工作

2009年11月26日，学校成功举办了2010届毕业生现场招聘会

学生黄志辉（前排右三）荣获第二届全国职业院校技能大赛汽车维修项目一等奖

汽车整车实训中心

数控机加工实训中心

幼师实训基地龙岗中专附属幼儿园

珠海市斗门区第三中等职业学校

珠海市斗门区第三中等职业学校创建于1985年，拥有悠久的文化历史。学校2007年迁至新校区，毗邻新青工业园，地处新发展的黄金地段，占地面积约16.67万平方米，校舍设计精美，是学习技能的理想之地。目前，学校拥有专业汽车应用与维修、电气设备安装、制冷技术与空调、计算机及应用、计算机网络技术、计算机平面广告设计、动漫制作、电子商务、旅游服务与管理、会计等常设专业，其中电子技术应用和电气技术应用专业被确立为广东省重点专业。学校师资力量雄厚，拥有中高级教师142人，双师型教师116人。学校领导重视师资队伍建设，近几年，有15名教师到外国学习专业知识，31人参加国家、省专业教师骨干培训。

学校走科研兴校之路，教学质量日益提升，连续多年获市、区高中教学质量先进单位、技能教学先进单位和教育科研先进单位等光荣称号。新校区投入大量的先进设备，教学设备、设施完善。教师尽量模拟市场开展实训活动，进行小班教学和项目教学，提高学生解决实际问题的能力，把学生培养成理论扎实、实践水平高的能手。学生参加各级竞赛成绩优异。机电一体化专业学生获得2009年珠海市技能大赛一等奖，并获得2009年广东省技能大赛第四名。学生参加广东省技能大赛，在电子产品安装调试比赛中获二等奖及三等奖，在楼宇智能化技术比赛中获二等奖。学校电气一体化项目教学、音乐教学、书法教学、体育教学在省、市颇有名气。学校2007被评为广东省书法教育名校，2008年被评为省书法教育先进学校，2009年被评为省体育特色学校。学生参加全国、省、市的舞蹈比赛多次荣获金奖；醒狮队常在全省夺冠。学校利用本土文化特色，结合旅游专业开展沙田民歌教学，建立了著名的沙田民歌基地；传承发展沙田民歌成为学校的一张亮丽名片。

广东省教育厅职成处处长邵子钿（右五）到校指导工作

珠海市市长钟世坚（右三）到学校视察

校武术队在广东省首届蔡李佛（国际）武术精英赛中喜获五金五银

校舞蹈队节目《归》获得全国中小学生舞蹈展演“国星奖”

珠海市副市长邓群芳（右一）到校检查、指导工作

电气教学情景

珠海市理工职业技术学校

珠海市理工职业技术学校创办于1992年，直属于珠海市教育局，是一所国家级重点职业学校，也是国家技能型紧缺人才培养培训基地、中央财政支持项目学校、广东省职业教育实训基地、珠海市第五职业技能鉴定所和“国家中等职业教育改革发展示范校”建设学校。

学校位于珠海市中心城区，设有3个校区，校园面积12.8万平方米，总建筑面积7万平方米；拥有汽车技术实训中心、电气技术实训中心、计算机网络实训中心、计算机美术设计实训中心等50多个实验实训室，设备总值达2 500多万元。

学校开设有汽车运用与维修、现代物流等5大专业18个专业方向，其中汽车运用与维修、电气运行与控制、动漫设计、计算机网络技术4个专业为广东省重点建设专业；现有在校生5 071名。

学校现有285名教职工，其中专任教师255人，研究生学历教师23人，双学位教师36人，高级教师67人，双师型教师112名，有63名教师是省、市职业技能考评员。

学校的办学成果得到了社会各界的肯定，学生就业率保持在98%以上；学生在中等职业学校技能大赛中连续四年获得7个全国一等奖、4个全国二等奖、21个广东省一等奖。学校先后被评为广东省职业教育先进单位、广东省现代教育技术学校、广东省厂务公开民主管理先进单位、广东省心理健康教育示范校、珠海市先进集体、珠海市文明单位等。学校还被教育部确定为珠海市教育局属下唯一的一所“全国中等职业教育改革发展示范校”建设学校。

广东省教育厅副厅长叶小山（右三）视察珠海市理工职业技术学校

教育部职成司原司长黄尧（左三）以及珠海市副市长邓群芳（左二）到学校视察

学校汽修专业实训基地

气势宏伟的实训大楼

美丽的校园

梅州市职业技术学校

中共中央政治局委员、广东省委书记汪洋（前排左二）以及广东省省长黄华华（前排右一）观看学校学生进行实训

2007年10月，广东省教育厅厅长罗伟其（左二）在梅州市委常委、组织部部长翁永卫（左一）和梅州市副市长陈卫平（右二）的陪同下在学校机加工实训室向学生了解实训情况

梅州市职业技术学校原名“梅州市农业机械学校”，系梅州市机械公司下属部门办学单位。学校于2002年4月经梅州市人民政府批准，划归梅州市教育局管理，成为梅州市教育局直属学校，2003年2月易名为“梅州市职业技术学校”，现为省、市重点发展项目学校。

学校自创办以来，在梅州市委、市政府和梅州市教育局的关怀指导以及社会各界的支持下，通过全体师生的共同努力，实现了跨越式的发展，“从无到有、从小到大、从弱到强”。

目前，学校由校本部、江南校区、梅州（广州）产业转移工业园区分校组成，校园占地21.73万平方米（326亩），建筑面积8.7万平方米。学校现有教职员工422人，专业17个，学生11 582名；固定资产达3亿多元，专业实训设备设施6 000多台（套），总价值达5 000多万元。学校历届毕业生就业率均在98.5%以上，深受用人单位好评。学校办学成绩突出，示范特色彰显，先后被评为广东省安全文明校园、广东省中小学知识产权教育试点学校、广东省语言文字规范化示范学校、广东省巾帼文明岗；最近被广东省教育厅推荐申报全国首批200所国家中等职业教育改革发展示范学校。

校　　址：广东省梅州市东山教育基地学子大道
邮　　编：514017

汕头市潮阳建筑职业技术学校

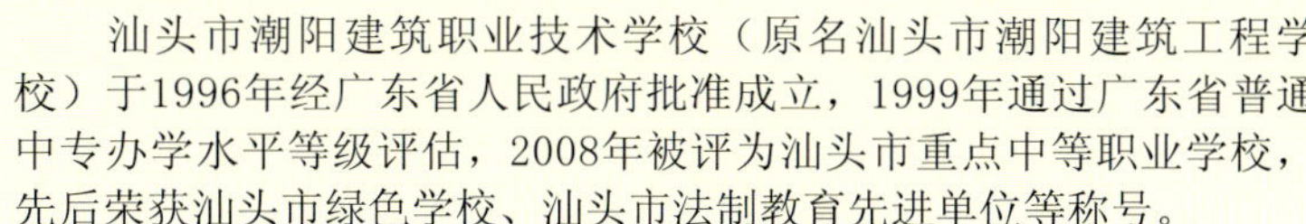

汕头市潮阳建筑职业技术学校（原名汕头市潮阳建筑工程学校）于1996年经广东省人民政府批准成立，1999年通过广东省普通中专办学水平等级评估，2008年被评为汕头市重点中等职业学校，先后荣获汕头市绿色学校、汕头市法制教育先进单位等称号。

学校占地6.93万平方米，地处“建筑之乡”——广东汕头。学校专业设置突出“建筑”特色，开设了建筑工程施工、工程造价、工程测量、建筑装饰、水利水电工程施工、计算机应用、会计等专业；建筑类专业发挥着辐射县、镇、村三级建筑职业教育培训网络的龙头作用，为当地农村劳动力的转移作出了重要贡献。

近年来，学校确立了“加强校风建设，健全管理制度，优化师资队伍，开展特色教学，提高教学质量，美化校园环境”的办学思路，提出了“提高校园文化品位，打造建筑职校品牌”的办学目标，狠抓教育教学管理，以质量带动就业，以就业带动招生，实现“招生就业两头热”，创下了就业率连续三年达100%的佳绩，并超额完成了招生任务。

学校坚持以人为本，重视学生德育工作，引导学生从小事、小节做起，由小及大，化泛为实，实施“小德教育”。学校还通过各种活动将德育工作落实到位，德育工作收效明显，多年来实现了“校园安全无事故，毕业生社会声誉好，家长、社会满意度高”的办学目标。

学校坚持“以素质教育为基础、以能力培养为本位”的职教理念，大胆开展课程改革和教学改革，走“以文化课为基础，以专业课为重点，以培养能力为目标”的课改之路，强调“在学中做，在做中学”，扎实开展学生职业技能训练和竞赛，提升学生的职业竞争能力。

学校坚持“走出去”与“引进来”相结合的毕业生就业指导思路，毕业生就业率高。借助庞大的师生关系网、校友关系网、学生家庭关系网和人才市场，学校主动与用人单位保持联系，聘请专家开设就业指导讲座，引进企业和人才市场举办校园招聘会，为用人单位和毕业生提供供需平台。

校长马瑞强

校园招聘会

校　　长：马瑞强
副校长：陈淑明　　张喜练
校　　址：广东省汕头市潮阳区西胪镇
邮　　编：515163
电　　话：（0754）83311306
网　　址：stjzxy.stedu.net

学生参加专业实训

花园式校园

广东省汕头市澄海职业技术学校

【基本情况】

广东省汕头市澄海职业技术学校是一所集全日制中职学历教育、业余制学历教育和各类职业技能培训及考证于一体的综合性职业学校。学校创建于2006年9月。学校规划用地约16.67万平方米，现已规划建设用地约10.53万平方米，建成校舍建筑面积6.7万平方米；拥有一流的办学环境、先进的设备设施、雄厚的师资力量；开设了14个专业（18个专业方向）；全日制中职学生达3 678人。

学校是广东省规划建设的首批骨干示范项目学校、广东省重点中职学校、汕头市澄海区文明学校、汕头市澄海区精神文明建设先进单位，被广东省人民政府评为“广东省职业技术教育工作先进集体”。

校园一角

【教育成果与特色】

一、统筹资源，集约发展，构建大职教发展格局

学校整合了区域内职教资源，实行澄海职业技术教育中心、澄海职业技术学校、澄海广播电视大学三个牌子、一套人马的管理机制，集中职教育、成人教育、各类职业培训、继续教育于一体，形成全日制与业余教育相结合、学历教育与职业技能培训相结合、职前教育与职后教育相结合的大职教模式，初步形成了区域大职教发展的格局。

广东省副省长宋海（右二）到校视察（右三为广东省教育厅厅长罗伟其，右一为陈俊旭校长）

二、服务当地，对接产业，创新办学模式

学校始终坚持对接澄海的支柱产业，服务澄海产业转型升级，满足企业对技能型人才的需求。学校共设置了14个专业（18个专业方向），工艺美术、服装工程与设计、模具与数控技术专业均对准了澄海的工艺玩具、毛织服装主打产业。毕业生广受企业青睐，毕业生一次就业率均达98%以上。

学校实行开门办学，创新校企合作办学模式。积极引进民营企业，实行公办民办共同发展，多元化办学。与澄海金天数控技术培训中心等4家企业联合办学，专业共办，并开展“订单式”培养；建立“数字化设计与制造产学

研基地”；与广东五星玩具有限公司等8家企业合作设立“企业校区”；与行业、协会合作，挂牌设立澄海区“纺织品与服装产业技术培训基地”“玩具产业技术培训基地”等10多个培训基地（机构）。

学校积极探索人才培养模式，将教育和劳动实践相结合。把劳动实践教育列入必修课，与当地知名企业建立挂钩联系，设立学生劳动实践基地。实行“工学结合”，组织学生到企业顶岗实习；承接企业生产订单（工艺品）等。

三、遵循规律，内涵发展，提高人才培养质量

创新内部管理机制，提高管理效益。学校改变原有的年级组管理机制，实行分部管理、分部负责。按专业属性设立三个专业部，形成相对独立的管理实体。

以技能为核心，推进教学改革 。一是学校将职业资格标准和企业岗位要求融入教学计划、课程及教学中。二是广泛开展技能练兵、技能竞赛。学生技能竞赛参与率达100%。学生在省市各类比赛、竞赛中也多次获奖，在全省中职学生语文应用能力竞赛中获一等奖2名，二等奖1名；学校首次代表汕头市参加广东省中职生技能大赛，获得二等奖2名，三等奖3名；学生社团（街舞社）获广东省中职学校学生社团优秀成果展示一等奖。三是大力推行“双证并重，一技多能”，强化技能考证。学生考证率达100%。

实施“三大教育”，让每位学生成长成才。学校秉持“学艺、修身、敬业、乐群”的校训，积极探索中职育人新路，提出并大力践行“平民教育”“养成教育”“成功教育”的育人理念。学校为学生搭建各种平台，根据学生的兴趣、爱好、能力，组织开展各种技能竞赛活动、文体活动、社团活动等，让不同层次、能力的学生在活动中充分展示自己的能力，提高学生的综合职业素养，为每位学生营造良好的成长成才空间。

2009年学校领导
校　长：陈俊旭
副校长：陈文玲　　林　萌　　张　健　　张振兴
校　址：广东省汕头市澄海区广益街道环翠路中段北侧
邮　编：515800
电　话：（0754）86983302

校园文化体育艺术节

校园招聘会

学校举办点钞技能比赛

电子电器专业学生到社区服务

学校举办计算机技能比赛

电子实训课

学生到工厂劳动实践

彩绘实训活动

创新进取　提升内涵　跨越发展

佛山市顺德区郑敬诒职业技术学校

佛山市顺德区郑敬诒职业技术学校创办于1989年，2009年被评为国家级重点中等职业学校。学校占地约93 333平方米，总建筑面积60 563平方米，校区布局合理，环境优美，集教学区、实训区、运动区、生活区于一体。其中实训区拥有基础实验楼1栋、实训大楼2栋，配备了各类实验室、实训室55个，设备总值2 357万元；生活区可同时容纳1 700多名学生住宿。学校还设有千兆光纤主干、百兆双绞线到终端的校园网络。目前，学校开设了机电技术应用、数控技术应用、模具制造技术、汽车运用与维修、电子与信息技术、计算机应用、会计、珠宝玉石加工与营销八大专业。其中机械加工技术专业为广东省重点建设专业，数控技术应用专业获得“中央财政支持的职业教育实训基地建设项目”专项资金的支持；电子与信息技术专业为佛山市示范专业；珠宝玉石加工与营销专业是学校的特色专业。学校拥有一支数量充足、实力雄厚的教师队伍，现有高级教师32人，“双师型”教师66人，市、区骨干教师和专业（学科）带头人12人；专任教师皆取得本科以上学历；专业教师中有8人取得高级技师证。

校与海信科龙（广东）空调有限公司签订“订单式”人才培养合作协议签订仪式

学校遵循“为学生成功奠基，为社会发展服务”的办学宗旨，坚持以市场为导向，发展特色专业，打造品牌专业。学校根据当地的经济发展需要，形成了以机械加工技术专业为龙头、珠宝玉石加工与营销专业为特色、各个专业协调发展的专业布局，为地方经济建设培养出具有较强专业技能和综合能力的实用型、技能型人才。

近年来，学校在办学质量、办学规模、办学效益等方面实现了跨越式的大发展，已步入了科学发展、稳步提升的健康轨道，连续三年被评为顺德区先进学校。学生参加2009年佛山市和广东省中职学生技能竞赛，夺得多个一、二、三等奖；参加第25届广东省科技创新大赛摘得银牌；在广东省中等职业学校技能大赛“科信杯”英语技能竞赛中喜获二等奖。学校毕业班学生参加高职考试，上线率为99%，在顺德区职业技术学校中排名第二，其中有多名考生高职考试单科成绩进入顺德区前十名；毕业生就业率达到100%，对口就业率达78%。

校　　址：广东省佛山市顺德区伦教街道南苑西路
电　　话：（0757）27728730（招生就业处　　王老师）
　　　　　（0757）27752682（学校办公室　　黄老师）
网　　址：www.zjyzx.sdedu.net

学校“龙之炫”助威团成功入选亚运“十大”助威团

首饰加工与经营专业的学生参加实训

数控车实训车间

广东省佛山市南海区信息技术学校

佛山市南海区信息技术学校是国家级重点中等职业学校、南海区职业教育集团龙头学校。学校被确定为南海区“中国国际动漫人才培养计划”动漫教育实验学校、“中国国际动漫人才培养计划”教师培训基地。学校占地面积约18.6万平方米，分为大沥校区和狮山校区，现有在校生5 000多人，教职工300多人，其中研究生（硕士）学历教师25人，南海区级以上名教师11人，“双师型”教师占教师总人数的70%以上。

学校重视学生的专业能力发展，积极深化课程和教学改革。学生参加第六届全国中等职业学校“文明风采”竞赛，1人获一等奖，13人获二等奖，23人获三等奖；参加广东省中职学校学生语文应用能力大赛，2人获一等奖，1人获二等奖；潘坚开同学参加全国职业技能竞赛获三等奖，孔凡朗同学参加全国ITAT教育工程就业技能大赛获一等奖，陈林同学获得了由广东省人力资源和社会保障厅授予的“广东省技术能手”荣誉称号。学校组队参加广东省中职学校学生技能大赛，4个项目获一等奖，8个项目获二等奖，7个项目获三等奖；参加广东省珠算比赛获团体二等奖；参加佛山市中职学校学生技能竞赛，10个项目获得第一名，9个项目获第二名，9个项目获第三名。

广东省省长黄华华（右三）到学校视察，盛赞学校“前厂后校”办学模式

学校举办丰富多彩的校园活动，使素质教育开出了灿烂的花朵：参加第四届中国学生健康活力大赛暨世界啦啦队锦标赛中国区选拔赛，夺得中学三级组第二名；参加广州亚运志愿者助威团比赛获优秀表演奖和最佳口号奖；女子篮球队夺得南海区篮球比赛高中女子组冠军，创下了校女子篮球队获南海区十五连冠的佳绩；获南海区第四届校园艺术展演合唱类金奖和舞蹈类金奖、创作奖；获南海区中学生运动会排球比赛中学女子组冠军，男子组亚军；获南海区中学生运动会乒乓球比赛高中男子组第一名；获南海区中学生田径比赛高中组团体总分第二名、运动会团体总分第一名；获南海区高中男子篮球联赛第二名、中学生足球比赛高中女子组第一名。

学校培训中心

学校采用“校企合作，前厂后校”的办学模式，实现了产业发展与职业教育有机结合，实现了学校、工厂和学生“三赢”，受到了省领导的赞誉。南方日报、珠江时报、广州日报、佛山日报等媒体相继报道了学校的办学特色。学校还承办了佛山市、广东省中职学生机加工技能竞赛5项（普通钳、普通车、数控车、数控铣和加工中心）比赛，以及“省长杯”技能竞赛部分项目，深受好评。

学校毕业生广受用人单位欢迎，每年就业率达99%以上，甚至出现了供不应求的局面。

狮山校区地址：广东省佛山市南海区狮山镇桂丹路桃源路段（中恒酒店对面）
邮　　编：528225　　　电　　话：（0757）86685603
大沥校区地址：广东省佛山南海区大沥镇环镇七号
邮　　编：528231　　　电　　话：（0757）85551473

学校被确定为南海区“中国国际动漫人才培养计划”动漫教育实验学校

学生在进行普通铣床实训

学生在进行企业沙盘实训

河源理工学校

学校与河源市龙川县龙母职业中学、龙川县黄石职业中学签订联合办学协议

学校被评为河源市安全文明校园

河源理工学校创办于2009年，坐落在河源市东江教育城，背靠梧桐山，面临东江河，是河源市重点打造的中职品牌学校。学校占地40万平方米，规划总建筑面积13.55万平方米，总投资达4.5亿元，在校生7 000多人，预计在2011年实现万人规模的办学目标。学校设置了数控技术等26个专业培养方向，投入7 000万元装备教学、办公设施设备，其中实训中心投入4 000多万元，建有数控加工中心等65个实训场室。

办学宗旨 以育人为根本，以就业为导向，以技能为本位。

办学理念 品质成就人生，技能改变命运。学校注重培养学生拥有一技之长，更加注重学生综合素质的提高，使学生不仅专业，而且敬业。

固本强基 加强师资培训，以人为本；注重心灵沟通，情感交流；做到“待遇留人、感情留人、事业留人”，使教师安教、乐教、善教。

广开言路 设立网络校长信箱，召开校长与师生座谈会、职代会等。

教学工作重心突出 权责下移，责任到人。学校以早读、晚修课和卫生保洁为抓手，实施精细化管理，推行阶段性中心工作安排，确保每个阶段都有重点工作项目，同时兼顾其他工作。

全员参与，全程管理 学校以养成教育为突破口，加强学生的行为习惯养成、心理健康等方面的教育，建立以“自我教育、自我管理、自我服务”为内容的“学生自治”教育管理体系，突出“以人为本”的教育理念，形成了“管理育人，活动育人，合力育人，环境育人”的德育特色。

家校共建 学校通过家访、信访、家长会等途径与家长沟通交流，引导家长转变观念，营造更加广阔的优质育人环境，形成“家校结合”的强大教育合力。

社团活跃，文化育人 学校成立了40多个社团组织，形成了“学校天天有活动，学生个个有特长”的良好氛围。

校企合作 学校实施“二二六”社会实践学习模式，与当地永勤实业公司等50多家企业合作，建立了校外实训基地，并安排学生到企业顶岗实习。

集团化办学 学校积极推进集团化办学，建立了龙母、黄石两个分校区，推进学校汽车驾驶学校、理工旅行社等实业建设。

河源理工学校取得了显著的办学成绩，树立了良好的教育形象，成为河源市对外宣传的一张名片。

先进的教学设备

丰富多彩的第二课堂活动

文艺晚会

优美的教学环境

东莞理工学校

校长邓任涛

东莞理工学校创建于1985年，是国家级重点中等职业学校。学校占地近77 333平方米，校园环境优美，办学理念先进，社会效益显著，是广东省中等职业教育先进单位、广东省文明单位、广东省先进职工之家、东莞市文明单位、东莞市校园文化建设先进单位。学校经教育部批准成为“国家制造业和现代服务业技能紧缺人才培训基地”，被广东省教育厅确定为首批“广东省现代示范性中等职业学校试点学校”，被人力资源和社会保障部确定为“国家职业技能鉴定所”。

学校全日制在校生3 500多人，教职工230多人，现有副教授、高级讲师、高级工程师共70多人，具有研究生学历或硕士学位教师30多人，此外还有一大批“双师型”教师。学校建有实验、实习、实训场室38个，教学设备投入达3 000多万元；构建了先进的校园信息化平台，运用现代化手段进行教育教学管理。学校确立了“立德、强能、求实、进取”的校训与“全、勤、严、实”的校风，教学管理规范，教风学风淳朴，教学效果突出，多次获得东莞市中等职业教育质量评比一等奖。

学校坚持“人皆有才，人无全才，取长补短，个个成才”的育人理念和“立足基层、立足当地、适应市场、服务社会”的办学方向，构建了“一主两翼多能”的培养体系。学校现设有电子信息技术、制冷工程、数控加工技术、汽车运用与维修、计算机应用、计算机网络技术、计算机软件技术、金融、会计电算化、电子商务、物业管理、装潢设计与印刷等10多个专业。其中，数控技术应用专业和计算机软件技术专业被广东省教育厅确定为广东省重点建设专业；会计电算化、汽车运用与维修、装潢设计与印刷3个专业被确定为东莞市重点建设专业。

广东省副省长宋海（前排左一）在东莞市市委书记刘志庚（前排右一）等领导的陪同下到学校视察工作

学校积极探索与企业、行业的合作，创新办学模式，初步形成了“产教研结合”的办学特色，与省、市多个行业协会及多个知名企业建立了良好合作关系，为培养具有“一技之长”的高技能人才奠定了坚实的基础。多年来，学校学生参加省、市各项技能鉴定考试与技能竞赛，皆取得成绩的优异。2009年，学生在第六届全国中等职业学校“文明风采”大赛中共获57个国家奖项；参加东莞市第一届中职学校汽车运用与维修技能竞赛获团体第一名；参加东莞市中职学校学生“动感地带杯”计算机应用技术大赛获团体一等奖；参加东莞市中职学校学生英语口语技能竞赛获团体第一名。

为充分发挥学校优质教育资源的作用，东莞市教育局中等职业教育研究室、东莞市中等职业学校联合办学基地、经广东省批准规划建设的东莞市实训中心、广东省职业技术教育学会教育技术工作指导委员会均挂靠在东莞理工学校，学校已成为东莞市中等职业教育名副其实的骨干龙头。

校　　长：邓任涛　　副校长：关锦文　　尹东明
校　　址：广东省东莞市莞城区学院路249号
邮　　编：523000
电　　话：（0769）22267137

广东省人大常委会职业教育工作调研组视察学校

学生进行机械加工实训

学生进行数控加工实训

学校汽修技能竞赛现场

东莞市塘厦理工学校

学校大门

学校获得授权，成为联想公司“阳光服务校企合作试验班”的共建单位

东莞市塘厦理工学校是东莞市直属的公办国家级重点职业学校，位于东莞市塘厦镇环市南路2号，校园占地10万平方米，建筑面积8万平方米，环境怡人，被评为广东省绿色学校。学校致力于追求师生共同成长，紧紧围绕学生的职业化成长和就业升学目标进行综合改革，大量开设校企专班，职教氛围浓厚，成效显著，连续10多年获得东莞市教育质量一等奖。学校毕业生就业率达98%，对口就业率达60%以上，学生获双证率达95%以上；众多学生参加全国、省、市专业技能大赛屡获奖项。学校设施设备先进，建有藏书量达10万多册的图书馆；体育设施完备，是当地举行大型体育活动的主要场所。

学校是联想公司在华南区唯一的合作院校

职业化培养理念

教育的终极目标是培养学生成为职业人和社会人，让学生对职业有足够的认可和热诚，能为学生在未来漫长的职业生涯中获得来自内心的快乐和成就感打下基础，让学生能关注自己存在的社会价值而成为具有责任感的社会人。基于此，学校建立了以全面素质和综合职业能力为目标的独特课程体系（文化与职业素养+职业能力与专业能力课程体系），促进学生全面发展。

职业化师资特色

学校现有130多名专任教师，其中本科学历的占99%；硕士研究生学历的占40%；具有中、高级专业技术职称的占68%；双师型教师占专任教师总数的78%。从2007年开始，学校引进企业讲师对教师进行教育教学能力培养（学校首创的师资培训方式，现已被东莞市教育局推广），教师教学能力大幅度提升；同时学校还承接了企业员工内训。

职业化教学特色

学校首创的职业素养课程（除专业技能课外，还包括团队、沟通、价值观、问题解决、时间管理、项目管理等13门职业素养和职业能力课程）使学生的全面素质和综合职业能力得到了最好的培养，同时也为学生职业的可持续发展打下了坚实的基础。该职业素养课程现已被东莞市教育局在全市推广，学校毕业生深受用人单位欢迎。

联想专班的学生进行电脑解剖展示

岗位定向　校企合作

学校与联想公司（世界500强企业之一）合作，开设了联想专班，成为该公司在华南区唯一的合作院校，也是联想公司在国内进行合作的唯一的中职学校；与用友软件股份有限公司（亚太区最大的ERP 软件开发与供应商）合作，开设面向企业管理层岗位的ERP专班（以会计为基础）；与广东天新软件科技有限公司集团合作，开设以数据库为基础的ERP专班；与东莞市10多家会计师事务所合作，开设会计师事务所专班，培养会计专才；与东莞市雷曼电子科技有限公司（以价值2 000多万元的设备进驻学校）合作，开设AI、SMT设备操作与维修专班；与“台湾精英科技”（号称“世界主板”之王的上市公司，以价值300多万元的设备进驻学校）开设电脑主板芯片级维修专班；与日本电产有限公司开设班组长、股长等企业管理专班；与“都市丽人”实业有限公司（大型内衣品牌运营集团，占中国20%的市场份额）合作，开设店长专班。学校采用校企双方共同培养（岗位定向、职业化培养）的模式对专班学生进行培养，专班学生均由企业从在校生中挑选，学生就业率高，竞争能力强，发展潜力大。

助学奖学

凡在学校就读的学生均可获得3 000元（两年）的国家助学津贴；东莞市籍学生考取初、中、高级技能证书可分别获得500元、1 000元、1 500元的政府奖励。东莞必富电子有限公司在学校设立了“必富”奖学金，成绩优秀的学生每学期可获800元奖励；“台湾精英科技”“都市丽人”均在学校设立了数额不等的奖学金。学校对在省、市级竞赛中获得优秀成绩的学生亦给予了数额不等的奖金，以资鼓励。

联想专班学生参加笔记本电脑维修实训

笔记本电脑解剖展示

学校与用友软件股份有限公司合作，开设校企专班

用友专班学生模拟企业经营

SMT设备实训中心

台山市培英职业技术学校

【年度概况】

台山市培英职业技术学校是台山市直属的一所全日制公办职业学校，其前身为台山市培英中学，创建于1930年，1983年开办职业教育。学校占地约62 266.7平方米，建筑面积36 928.5平方米，在校生3 353人。学校1993年被列为中国地方名校；2000年被评为首批国家级重点中等职业学校；2002年被广东省教育厅批准为中等职业教育实训中心。2003年，学校数控技术应用专业被列为广东省重点建设专业。

2009年，学校继续坚持"以服务为宗旨，以就业为导向，以技能为核心，以素质教育为根本"的职业教育办学思想，强化学校管理，明确办学目标，各项工作开创了新局面，取得了可喜的成绩。

学校被评为"台山市2009—2012年排球传统项目学校"

【教育成果和特色】

一、学生技能明显提高，竞赛成绩突出

学校学生参加2009年江门市中等职业学校学生技能竞赛频频获奖。其中龚优敏、吴春花获英语口语项目一等奖，梁少红获二等奖；黄嘉荣获电子产品装配与调试项目二等奖；黄烨贵获动画片制作项目二等奖，钟柏儒获视频处理技术项目三等奖。此外，学生吴春花还代表江门市参加广东省中等职业学校学生技能大赛，获英语口语项目三等奖，龚优敏获优胜奖。

二、教学质量保持高水平，高考再创佳绩

2009年高考，学校有5人位居江门地区总分前10名，其中廖健霞、丘敏兰同学分别以403分并列第一名。在单科成绩排名中，英语科目有3人位居江门地区前10名，其中伍惠娥、谢婷婷同学分别以149分、148分夺得第一、第二名；语文、数学科目各有2人位居江门地区前10名。

三、教师教研能力明显加强，教研成果丰硕

学校教师参加台山市教育学会第24届年会论文评选，其中李秋环、包丽芳分别获得二等奖，容云飞等5人获三等奖；教师伍权鸿参加台山市2009年中小学教师体育教育论文评选获一等奖，陈伟波获三等奖。

学校男子排球队参加首届"台山电信杯"职业技术学校男子六人排球联赛获得第一名

四、文体运动蓬勃发展，体艺成绩优异

学校男子排球队参加首届"台山电信杯"职业技术学校男子六人排球联赛获第一名。学校男、女排球队参加台山市第十七届"华山泉杯"中小学生排球赛分别获第三名。学校舞蹈队节目《中学时光》在2009年江门市中小学文化艺术节比赛中荣获舞蹈类二等奖。余满华同学参加2009年台山市第17届"中国人寿保险杯"中学生歌手比赛荣获一等奖。

校　　长：陈简荣
副校长：李沃欢　　伍瑞群　　崔小媛
校　　址：广东省台山市台城和平路
邮　　编：529200
电　　话：（0750）5528295

学生参加专业技能实训

学校艺术节舞蹈比赛

广东省湛江卫生学校

学校党政领导成员

【2009年度概况】

广东省湛江卫生学校创办于1949年3月。学校被教育部批准为首批国家级重点中专学校，并先后获得全国卫生文明建设先进集体、全国关心成长模范学校、广东省文明校园、广东省安全文明校园、广东省书香校园、湛江市文明单位标兵、湛江市花园式单位等称号。

【教育成果与特色】

一、育人为本、德育为先

通过德育教育的各种渠道，发挥德育队伍建设的作用，齐抓共管，不断加强学生的文明行为教育、法制教育、心理健康教育、感恩教育，取得了显著成效，形成了良好的学风、班风、校风，校园安全文明和谐。开展了“明理　立志　勤学　成才”“弘扬雷锋精神”“维护校园纪律，构建和谐校园”“深入学习实践科学发展观”“告别不文明行为”“安全隐患与防范”等主题教育活动。定期表彰先进班集体和优秀学生，开展“我爱我专业”主题团日活动，积极在青年学生中发展党员。顺利完成2009级3 500多名新生军训。学生的违法犯罪率继续保持为零。2009年发动了4 580名团员青年加入爱心基金会，筹集经费59 894.5元，援助特困生7人次，合计援助金额21 015.8元。

学校荣获“全国关心成长模范学校”称号

二、抓好主干专业建设，改善办学条件

加强护理、药剂主干专业的专业实验室建设；依托医院企业、学校门诊部开展实践、实训教学。实习基地分布在广东、海南省各县市的99家二甲以上医院以及药厂、药店等企业。2009年新开辟多个护理专业实习基地，毕业实习总病床超过5 000张以上。学校获得2008年和2009年广东省中等职业技术教育护理专业实训中心建设专项资金100万元支持。

学校申报医学检验、助产和中药专业为湛江市中等职业学校重点建设专业，已获湛江市教育局批准，并准备申报医学检验、助产专业为省重点专业。

三、抓技能竞赛，提高教学质量

学校注重培养学生学习职业技能，积极参加国家、省、市级学生职业技能比赛，获得多项殊荣。2009年8月，学校普通中专护理专业学生参加全国卫生职业院校护理操作技能大赛竞赛，荣获团体一等奖以及三项全能一等奖1个、单项一等奖1个、单项二等奖2个。2009年5月，参加广东省卫生职业教育第二届“天堰杯”护理专业技能竞赛，在4个参赛项目中均获奖，并荣获团体二等奖。参加广东省第二届中等职业学校“亚龙杯”学生英语口语技能大赛获三等奖。参加湛江市中等职业学校学生英语口语技能大赛荣获团体一等奖。

参加广东省卫生职业教育院校教师课堂教学技能展示获奖教师合影

2009届普通中专毕业生首次就业率达99.6%，护理、药剂专业毕业生就业率达到100%。普通中专毕业生参加“3+证书”考试，通过率达95.4%。毕业生深受用人单位的欢迎。

四、质量立校，科研兴校

2009年，学校组织参加国家、省、市和校级6项科研申报活动，有12个项目获得立项，其中国家级职教学会6项。校级结题3项。教师参与湛江市科技攻关项目获“2008年度湛江市科学技术奖”三等奖。全校教职员工在国家、省、市级报刊发表论文63篇，获奖论文31篇。

五、独特校园文化，呈现卫校特色

学生作品《天使》获第五届全国中等职业学校“文明风采”竞赛摄影比赛一等奖

校园文化活动丰富多彩。2009年参加第六届全国中等职业学校“文明风采”竞赛活动，有5篇征文、3份摄影作品获奖。组织2009届护理专业毕业生参加中国职业技术教育学会卫生教育专业委员会举办的首届全国卫生职业院校护理专业学生“我的护士生活”征文比赛，报送参评作文35篇，获奖10篇。

举办建校六十周年庆典。12月18日学校举行建校六十周年庆典，在庆祝大会上学校校长、党委书记孙志成致辞，湛江市人民政府副市长赵平、湛江市教育局领导讲话，校友84届药剂专业毕业生、广东大参林连锁药店有限公司董事总经理柯康保先生，为学校设立“大参林教育基金会”，捐赠人民币100万元作为母校奖学、奖教和助学经费。校庆产生明显社会效益。

六、学校新校区、三个文明建设相得益彰

拓宽发展空间，坚持“一校多区”的战略。学校分为一校两区，校本部和麻章校区，麻章校区建设项目列入省、市建设项目计划，麻章校区北苑的10 280平方米12层的教学综合楼已竣工，于9月新学期进驻1 000名护理专业学生。同时启动麻章校区南苑建设，南苑40 200平方米（包括教学综合楼、学生宿舍两幢、实验楼和学生食堂）项目已获得批准，并完成了地质勘察工程。

2009年学校三个文明建设取得了显著的成绩，荣获省、市多项荣誉称号，如2009年度市直和中央、省驻湛单位社会治安综合治理检查考核优秀单位，湛江市第六批“十百千万”干部下基层驻农村工作先进单位，湛江市部门决算工作表扬单位，2009年赤坎区卫生标兵单位等。

学校将以发展为主题，不断拓展发展空间，继续扩大办学规模，创新办学模式，改善办学条件，提高教学质量与效益，办成一所优质的示范性中等卫生职业学校。

英德市职业技术学校

校长黄志祥

英德市职业技术学校的前身为创办于1941年5月的广东省英德师范学校，2003年4月16日，经英德市人民政府批准，英德市广播电视大学、英德市教师进修学校、英德市中等职业技术学校并入英德师范学校，改制和更名为“英德市职业技术学校”，并保留“英德市广播电视大学”校名和办学模式，实行“一套人马，两块牌子”的管理体制。学校于2003年9月8日通过广东省第一批合格职校评估；2004年6月，学校被清远市教育局批准为清远市重点中等职业学校，8月6日被广东省教育厅批准为广东省骨干示范中等职业学校建设项目学校，11月8日被广东省教育厅批准为广东省中等职业教育实训中心，12月25日通过广东省重点中等职业学校评估；2005年6月，学校学生食堂被广东省教育厅评为广东省高校达标食堂，2005年11月，学生食堂被确认为广东省食品卫生监督量化分级管理A级单位；2007年11月28日，学校顺利通过广东省重点中等职业学校复评。

学校占地16.13万平方米，建筑面积7.2万平方米；专任教师296人，其中中高级教师约105人，双师型教师112人，实训教师40多人；现有在校生11 000多人，其中全日制中职学生9 225人，成人教育学生2 400多人。学校分设幼师部、信息部和工科部，设有机电技术应用、数控技术应用、模具制造技术、汽车运用与维修、电子与信息技术、制冷和空调设备运用与维修、计算机及应用、文秘、会计、旅游服务与管理、物流服务与管理、畜禽生产与疾病防治、中餐烹饪、学前教育14个专业；成人教育班开设了现代文员、法学、行政管理、小学教育、会计学等专业。

广东省教育厅厅长罗伟其（前排右三）到学校视察

【打造作风民主、团结、敬业、奋进的领导班子】

学校坚持依法治校，以德立校，树立以人为本的现代学校管理理念，构建合理、高效的管理机制，形成了一个作风民主、团结、敬业、奋进的领导班子。

【教学实效明显增强】

学校注重以学生为本，以技能为核心，加强技能实训教学监测，采取“统一抽测、挂钩奖惩”的方法，确保技能实训项目的质量和通过率。学校推进课堂教改，开展“理论实操一体化教学”“教一懂一、学一会一”“低起点、小步子、勤辅导、多反馈”等教学模式的实践与探索，强化教学实效观念，课堂教学实效明显提高。

【重视校园文化建设　陶冶学生高尚情操】

学校通过举办“共青杯”男女足球比赛、羽毛球比赛、跳绳比赛等体育竞技活动以及校园十大歌手比赛、文艺晚会等文化活动，全方位地为学生搭设展现个性与才华的平台，让学生获得丰富的情感体验，从而锻炼他们的团体精神与胜不骄、败不馁的心志。

【改革办学模式　招生就业工作景象喜人】

学校扎实推进“上联下合”的办学模式。（“上联”是指与经济发达地区较有实力的广东省理工职业技术学校、深圳市电子技术学校等学校联合办学，“下合”是指与当地及珠江三角州地区实力雄厚的多家企业进行校企合作。）这种既让学生学到知识技能，又能减轻家庭经济负担的办学模式，备受社会、家长和学生的欢迎，为学校招生就业工作奠定了坚实的基础。学校毕业生初次就业率达98%以上，就业前景良好。

【成人教育和教师培训工作继续发展】

学校成人教育班规模不断扩大，全年共招生1 233人，目前在读成人教育学员2 400多人。在教师培训方面，学校还承担了教育学、心理学等课程的培训工作，培训学员97人，为全市中小学继续教育工作作出了贡献。

【注重教师教育科研工作】

学校制定并落实“十一五”校本教育科研重点课题实施方案，在做好校级课题的同时，积极申报省级课题。目前，学校计算机组省级专项课题“信息时代的学生德育和心理健康教育现状、问题与对策的研究”业已完成，正在进行结题后续工作。

校　　长：黄志祥

副校长：曾臣煌　　邓书可　　徐伟芬

清新县职业技术学校

清新县职业技术学校创办于1975年10月，其前身是清远市中等专业学校；2005年8月更名为“清新县职业技术学校”；2007年获广东省教育厅批准，成为广东省重点中等职业学校；2008年通过“广东省重点中等职业学校”复评。

学校坚持“以服务为宗旨，以就业为导向，以技能为核心，以素质教育为根本”的办学方向和“仁爱为教，成人成才”的办学理念，办学形式灵活多样，集中职教育、远程网络教育、技能培训和对外加工为一体。

学校现有教职工215人，其中专任教师183人；校园占地6 4097平方米，校舍建筑面积59 107平方米。学校环境优美，拥有满足各专业实训需要的教学设备及场地，实验实训设备总值3 155万多元。

学校坚持“德育为先”，构建以社会、家庭、学校为一体的德育教育网络，形成了教书育人、管理育人、服务育人的全面、全程、全员育人体系，育人效果好，毕业生就业率达98%以上。

近年来，学校严明的校风和良好的学风，赢得了上级部门和社会各界的赞誉和肯定，先后被授予广东省五四红旗团委、清远市普及高中阶段教育先进单位、清远市中等职业教育工作先进单位、清远市健康直通车行动先进集体、清远市五四红旗团委等荣誉称号。

广东省委常委、宣传部部长林雄(前排左二)在清远市市委书记陈家记（前排右一）的陪同下到学校视察

广东省教育厅副厅长叶小山（前排右二）到学校指导工作

校园景观

运动场

揭阳捷和职业技术学校

揭阳捷和职业技术学校是一所公办的综合性国家级重点中等职业学校。学校创建于1971年，2000年被教育部批准为首批国家级重点职业中学，2008年通过国家级重点中等职业学校复评。

办学规模大。学校由东湖、新兴和梅云三个校区组成，办学环境优美，占地125 000平方米，现有中职在校生5 023人。

师资力量雄厚，办学设备齐全 学校现有教职员工181人，其中专任教师127人，全部为本科毕业，拥有实验实训室80多间，以及田径场等一系列现代化教学设施和14个校外实习实训基地。

专业设置合理 学校开设了电子与信息技术、汽车运用与维修、会计电算化等17个专业，目前已形成了以科技、工贸、财经、艺术为主干的多专业、多学科协调发展的办学格局。

梅云校区校门

办学模式、人才培养模式不断创新 学校坚持实施“工学结合”“校企合作”“订单培养”人才培养模式，先后与广东省电子技术学校、精智博维企划机构等多家学校和企业联合办学，全力打造学生的文化底蕴和技术功底。

毕业生就业指导及推荐工作到位 学校每年组织大型的就业供需见面会，就业信息网络遍布珠三角地区和市内外，有力保障了毕业生的充分就业。学校毕业生深受用人单位的欢迎及好评，许多毕业生已成为各行各业的佼佼者。

近年来，学校先后获得了广东省绿色学校、广东省五四红旗团委、潮汕星河道德奖、揭阳市文明学校、揭阳市十佳校园、揭阳市依法治校示范学校、揭阳市平安校园、揭阳市书香校园、揭阳市五四红旗团委等多项殊荣。

学校梅云校区

地　　址：广东省揭阳市榕城区梅云吉荣路中段（梅云校区）
广东省揭阳市榕城区进贤门大道中段（新兴校区）
邮　　编：522000　　电　　话：（0663）8160666　　8160663（传真）
网　　址：www.gdjyjg.com　　邮　　箱：jhzxoffice@126.com

学校新兴校区

高等教育

发展综述

【基本情况】 高等教育规模继续保持适度合理增长。2009年全省新增4所普通高校，共有普通高校112所，其中本科院校37所，高职高专院校75所。另有独立学院17所，成人高校15所，民办高校29所。全省高校普通本专科招生43.86万人，比2008年增加4.79万人，增长12.25%；在校生133.41万人，比2008年增加11.77万人，增长9.68%；毕业生30.92万人，比2008年增加2.67万人，增长9.46%。全省高校成人本专科招生16.65万人，比2008年增加0.7万人，增长4.38%；在校生46.34万人，比2008年增加1.84万人，增长4.14%；毕业生13.5万人，比2008年增加0.57万人，增长4.4%。研究生培养机构共计31个，其中普通高校23个，研究生招生2.45万人，比2008年增加0.33万人，增长15.77%；在校研究生6.59万人，比2008年增加0.71万人，增长12.01%；毕业生1.69万人，比2008年增加704人，增长4.35%。高等教育毛入学率由2008年的27%提高到27.5%。

现代远程教育继续推进。根据“稳步发展、规范管理”的方针，继续支持中山大学、华南理工大学、华南师范大学和国内著名大学在广东省设立远程教育学习中心（点）。2009年，42所试点高校在广东设立的203个学习中心通过了年检。

教师队伍得到充实，教师素质进一步提高。全省普通高校生师比为18.9∶1，教职工10.86万人，专任教师73 943人，比2008年增加4 720人，增长6.82%；副高职称及以上教师所占比例为36.46%，其中正高职称教师7 815人，比2008年增加450人，增长6.11%，副高职称教师19 141人，比2008年增加808人，增长6.11%；具有研究生学历教师的比重达到59.91%。全省成人高校教职工9 262人，专任教师5 685人，比2008年增加182人，增长4.41%；副高职称及以上教师所占比例为21.22%，其中正高职称教师100人，副高职称教师1 032人。

办学条件进一步改善。全省普通高校生均校园面积77平方米，生均校舍面积28.57平方米，生均教学行政用房为14.1平方米，生均仪器设备总值8 057.6元，生均图书67册，生均预算内教育事业费支出10 927.6元。

办学质量和效益进一步提高。“211工程”和“985工程”、省重点建设高校和国家示范性高职院校建设取得新成效。贯彻落实普通本科院校教学质量与教学改革工程二期计划，组织实施研究生创新培养工程和高职高专教育改革与实践工程，带动提高高等教育质量和水平。现有全省高校国家重点一级学科5个、国家重点二级学科43个，两院院士26人，博士一级学科点69个、二级学科点83个，硕士一级学科点138个、二级学科点395个，国家重点实验室7个，国家工程技术研究中心8个。2009年，共有18所高校的30个项目获得第六届国家高等学校教学成果奖，其中本科高校获得21项，高职高专院校获得9项；7人入选全国第五届高等学校教学名师奖，获2009年度国家精品课程44门；6个教学示范中心入选2009年度国家实验教学示范中心，4个实训基地入选2009年中央财政支持职业教育实训基地；入选国家级教学团队12个，国家级人才培养模式创新实验区4个，双语教学示范课程11门。

【高等教育管理体制改革和办学体制改革】 高等教育管理体制改革进一步深化。进一步完善高等教育“三级办学、两级管理”的管理体制，支持中心城市发展高等教育，引导和支持地级以上市政府办好地方高校，重点扶持高等职业院校的发展，目前全省21个地级以上市均有1所以上普通高校。全省市属高校共计33所，占全省普通高校总数的29.46%；市属高校普通本专科在校生34.21万人，占全省普通本专科在校生总数的25.71%。研究生教育和本科教育的办学规模进一步扩大，鼓励有条件的本科院校申请成为硕士、博士学位授权单位。

高等教育办学体制改革取得新进展。继续坚持“积极鼓励、大力支持、正确引导、加强管理”的方针，引导民办高校不断改善办学条件，提高人才培养质量。民办高校已经成为广东省高等教育的重要力量。

对独立学院的管理进一步规范。贯彻落实《教育部关于规范并加强普通高校以新的机制和模式试办独立学院管理的若干意见》，不断规范独立学院的办学行为。全省共有独立学院 17 所，2009 年独立学院共招生 5.84 万人，其中本科生 5.15 万人；在校生 18.44 万人，其中本科生 15.84 万人。

高等学校内部管理体制改革取得新成效。继续完善党委领导下的校长负责制，引导高校推进依法办学、民主治校和科学决策，创造宽松、和谐的育人环境与氛围。以职位聘任和岗位管理为重点的人事制度改革积极推进，初步建立起“择优聘任、能上能下、优劳优酬”的用人和分配激励机制。高校后勤社会化改革取得较大成效，加强学生食堂和公寓的建设和管理，初步建立起后勤社会化服务体系。深入推进高校后勤社会化改革。

【高校实验室和装备管理工作】2008—2009 学年，全省高校实验室面积总规模达到 315.57 万平方米，比上学年增加了 42.25 万平方米。广东省高校单价 800 元（含）以上的教学科研仪器设备总值达到 121.67 亿元，比上学年净增 13.77 亿元，增幅为 12.76%，生均仪器设备值为 7 649 元，比上学年增加 193 元。现有单价在 40 万元（含）以上的教学科研贵重仪器设备 1 177 台件，总值 10.76 亿元，占仪器设备总值的 8.84%，数量比上学年增加 194 台件，金额比上学年增加 1.73 亿元。全省本科高校实验室人员有 9 047 人，比上学年增加 592 人，其中专任人员 4 912 人，比上学年增加 283 人。实验室经费总投入 20.9 亿元，比上学年增加 1.67 亿元。

加强高校实验室和装备管理工作。进一步加强高校实验室动物病原微生物管理，组织全省高校开展自查自改工作。2009 年 3—4 月，开展了贵重仪器设备管理使用和采购调研工作。5 月 17—19 日，组织全省 45 所高校 158 人参加在辽宁省大连市举行的 2009 年春季全国高等教育仪器设备展示会。10 月 19—21 日，在广东轻工职业技术学院南海校区举办广东省高等学校实验室信息统计工作培训会议，做好全省高校 2008—2009 学年实验室信息统计数据的报送工作。11 月 9—11 日，在东莞市厚街广东现代国际展览中心成功举办了 2009 年秋季全国高等教育仪器设备展示会暨中国国际教育技术装备展览会，参会代表近万人，创历届同类展示会之最。

【高等教育国际、区域合作与交流】2009 年，广东省各高校招收外国留学生 11 339 人次，港澳学生 11 363 人次，聘请外籍教师约 2 500 人次。全省教育系统全方位、宽领域、多形式的对外交流与合作新格局正逐步建立。

在亚洲合作方面，2009 年，广东省以新加坡为重点，推进和东盟国家的教育交流与合作，与新加坡南洋理工大学、星桥国际新加坡有限公司签署了合作意向书，积极推进中新知识城的建设；同时继续开展与日本的交流与合作，组织广东省大学生访日团，近 300 名师生访问了日本，这是该项目实施以来规模最大的一次；在欧洲合作方面，在巩固与英国合作的基础上，积极拓展与意大利等欧洲国家的教育交流与合作，与意大利驻广州总领事馆共同推动双边高等音乐教育合作，促成意大利音乐协会与广东省音乐院校联会签署了《交流合作备忘录》，这标志着广东省高等音乐教育领域第一个专业性国际合作机制建立了。

在与港澳合作方面，积极落实“赴港语文教学顾问项目”、“粤港教师语言教学培训项目（英语、普通话）”、“薪火相传”国民教育活动和粤港、粤澳姐妹学校等长期项目，认真开展粤港澳教育与培训合作调研、粤港合作框架协议教育与培训合作调研、绿色大珠三角优质生活圈调研、粤港澳合作先行先试等多项调研，积极构建广东省高校和香港高校交流沟通机制，与香港教育局在 2008 年签署教育合作协议的基础上签署了《教育交流合作协议》，并与省内有关部门通力合作，推进澳门大学迁址横琴办学，确保澳门大学迁址项目在 2009 年底如期奠基。

积极支持和配合广东省重大发展战略，推进广东省高等院校国际化建设。引导和推动广东省高校拓展新的合作办学项目，加强对现有中外合作办学项目的管理，建立高等教育国际化评估体系，积极推进广东省在 CEPA 体系下教育领域“先行先试”有关政策的落实，探索引进国外及港澳名牌高校到粤办学。

【高校学生助学工作】2009 年，广东省高校不断完善学生资助工作体系，抓住高校学生资助工作的难点、热点，积极推进“奖、贷、助、补、减”等学生资助工作。

完成 2009 年度国家奖学金、国家励志奖学金、国家助学金的评审和发放工作。完成广东省 110 多所普通高校（包括民办高校和独立学院）国家奖助学金 32 062.6 万元的分配和下拨，近 20 万名学生接受到各项不同的资助。

拓展岗位，进一步推进勤工助学工作。2009 学年度，广东省各高校提供校内勤工助学岗位 53 254 个，参加勤工助学的学生达 230 435 人次，发放勤工助学金近 1.46 亿元。通过勤工助学，家庭经济困难学生增加了收入，缓解了经济压力，参与了社会实践，增加了接触社会、了解社会的机会。

开辟"绿色通道"，确保新生入学畅通无阻。2009学年度，广东省普通高校通过"绿色通道"入学的学生达37 652人，占新生注册人数的9.64%。各高校共减免学费5 824万元，接受减免的学生达10 336人。为100多万人次学生发放了9.75亿元特困补助，实现了"不让一名学生因经济困难而辍学"的目标。

拓展渠道，引入社会资助资金。2009学年度，全省高校社会筹集各类社会奖学金4 380万元，共有13 464名家庭经济困难学生受到资助。

完成2009—2010学年国家助学贷款发放工作。全省111所高校的9万名学生获得了5亿元的国家助学贷款。正式启用国家开发银行总行的高校助学贷款信息管理系统。完成了全省112所高校国家助学贷款经办工作人员的培训工作。

做好国家助学贷款贴息和风险补偿金的申请及划拨工作。按2009年各商业银行应划拨的国家助学贷款贴息和风险补偿金数制定了分配方案，向省财政申请专项经费。核实了省中行、省农行、省工行部分以前年份的贷款贴息数据，加快了以前年份贴息经费结清的进度。完成了国开行广东省分行的贷款贴息和风险补偿金的划拨工作。

加强了国家助学贷款数据管理，做到助学系统和代理结算行系统的数据实时对接。进一步加强对国家助学贷款工作网上数据的运用，增加了管理、统计、查询等功能。

开展全省高校资助工作研究课题。助学中心与广东省易方达教育基金会合作，由基金会提供研究经费，资助广东省普通高校开展学生资助工作课题研究活动。经过专家评委评审，从150多项申报课题中，确定了重点资助课题5项，资助课题16项，自筹课题30项。该项工作得到了学校的积极评价和学生的踊跃参与。

做好到中西部"三支一扶"及服兵役的高校毕业生的学费和助学贷款代偿工作。

【高校后勤社会化工作】2009年，广东省高校后勤工作以邓小平理论和"三个代表"重要思想为指导，认真贯彻落实党的"十七大"精神，深入学习实践科学发展观，紧紧围绕建立和完善新型高校后勤保障体系的主线，不断深化后勤社会化改革。

多管齐下，努力提高高校食堂的建设水平，积极推进食堂规范化管理。认真搞好全省高校食堂标准化建设第二期评审工作，通过以评促改、以评促建、评建结合，重在建设，广东省高校食堂建设和伙食工作迈上了新台阶。举办全省高校食堂管理人员、外包食堂管理人员和技术人员培训班，大大提高了高校食堂人员素质，为高校食堂的建设和发展打下了坚实的基础。目前，广东省大多数高校食堂环境优美，设备设施先进，流程布局合理，食品卫生安全，管理服务到位，师生员工满意。

统筹协调，大力推进和完善高校在校生的医疗保障、保健工作，促进学生健康水平的提高。为进一步做好大学生以及中等职业技术学校和技工学校（简称"中职技校"）学生参加城镇居民基本医疗保险工作，与人力资源和社会保障厅、财政厅、民政厅联合制定出台《关于将在广东省就读的大学生以及中等职业技术学校和技工学校学生纳入城镇居民基本医疗保险试点范围的实施意见》，指导、规范全省大学生以及中职技校学生参加城镇居民基本医疗保险工作。切实做好高校防控甲型H1N1流感工作，举办"甲型H1N1流感防控知识"培训班，全省100多所高校320多名校医院医护人员参加了培训，提高了高校医务人员对甲型H1N1流感的认识。

防微杜渐，扎实开展"安全生产年"活动。转发广东省"安全生产年"活动方案和《转发关于认真落实国办发〔2009〕32号文件扎实开展安全生产"三项行动"的通知》（粤教后勤〔2009〕13号），要求各地各级各类学校结合实际，制订具体实施方案，开展"安全生产年"活动。认真吸取上海商学院学生宿舍火灾的教训，加强高校后勤安全隐患的排查和治理工作，以防类似悲剧的发生。

以人为本，积极创建节约型校园。以2009年广东省"节能周"活动和"节能减排全民行动科普展览"为契机，在高校中广泛宣传节能理念，倡导绿色低碳生活方式，为节能减排工作作出应有贡献。

（撰稿　张坚雄；审稿　胡振敏）

教育教学管理

【基本情况】用科学发展观统领高等教育教学工作全局，引导全省高校牢固树立质量就是生命线

的观念，适应广东省高等教育快速、健康、协调发展的需要，把工作重心和着力点转移到提高高等教育质量上来，注重素质教育，加强教学基本建设，规范教学管理，强化实践能力培养，增强学校竞争力，促进高等教育规模、结构、质量、效益的协调发展。

加强对高校的分类指导，引导高校科学定位，根据自身的办学类型和特点，确定人才培养的目标、规格，创新人才培养模式，培养和造就具有合理知识、能力、素质结构的各类人才。组织召开各种类型的创新人才培养模式的经验交流会或者现场观摩会，着重推广汕头大学工科 CDIO 人才培养模式改革与再创新、广东商学院经管类人才培养模式改革和广东工业大学实验教学体系建设的成功经验，加大力度推进广东省高校应用型本科人才培养模式改革工作。召开全省高职高专院校年度教学工作会议，引导高职院校坚持高职办学定位，强化内涵建设，深化校企合作、工学结合人才培养模式改革，提高人才培养质量。

组织高校贯彻落实《珠江三角洲地区改革发展规划纲要》。组织全省高校围绕《珠江三角洲地区改革发展规划纲要》提出的发展目标和主要任务，着重从提高人才培养质量、增强自主创新能力、提升服务社会水平等方面全面对接，用新思维和新机制谋划高等学校新一轮的改革发展。研究并制定了《关于高等学校贯彻落实珠江三角洲地区改革发展规划纲要的指导意见》，推进全省高校深入贯彻落实《珠江三角洲地区改革发展规划纲要》活动的开展。

研究制订《关于实施广东省高等教育发展水平提升工程的意见》。为了贯彻落实省委常委会议关于实施教育五项工程战略部署和筹备全省教育工作会议，有计划分步骤地解决影响和制约广东省高等教育科学发展的突出问题，以新的思维和机制推动高等教育发展上水平，会同省委政策研究室开展了提升广东省高等教育发展水平的专题调研。向省委、省政府提交了《提升我省高等教育发展水平任务仍然艰巨》的研究报告。在调研基础上，起草了《广东省高等教育发展水平提升工程的实施意见（征求意见稿）》。

【教学基本条件建设】加强教学基本条件建设，大力推进高等学校教学条件与办学规模同步协调发展。以加强全省高校贵重仪器设备、实验室建设与管理为重点，以调整实验教学示范中心建设与管理模式为切入点，引导全省高校围绕创新型、应用型、技能型人才培养目标，按照统筹规划、突出重点、提高效益的原则，大力改善实验、实践教学条件，积极探索有利于培养学生实践能力和创新能力的实验、实践教学体系，提高贵重仪器设备使用率和共享率，进一步提高实验室的综合效益。

加大高校教学信息化建设力度，推进优质教学资源共享。继续推进高校网络图书馆、高等学校大型仪器设备共享平台和广东省高等学校优秀教育教学资源中心等重点项目建设，在集成国家和省级精品课程建设成果的基础上，建设共享型教学资源库并推广使用，实现优质教学资源共享，为教师教学、学生和社会学习者自主学习服务，带动全省高校教学模式和教学方法改革，整体提升广东省高等教育人才培养质量和社会服务能力。

【专业建设】调整优化高校学科专业结构与人才培养方案。为贯彻落实省委十届四次全会精神，根据省委办公厅、省政府办公厅印发的《省人才工作协调小组关于加快吸引培养高层次人才的分工方案》要求，组织开展调整优化广东省高校学科专业结构与人才培养方案的专题调研。通过调研，基本掌握了广东省高校专业设置与建设的现状及广东省经济社会发展和构建现代产业体系对高校学科专业结构和人才培养方案工作提出的新要求。在调研的基础上，拟对高校学科专业结构和人才培养方案进行新一轮调整，拟研究出台《调整优化我省高校学科专业结构与人才培养方案的指导意见》。

加强专业设置的规范管理。印发《关于近期我省普通高校本、专科专业设置申报与备案工作的通知》，提出广东省高校新专业设置申报的指导性意见。按照《普通高等学校本科专业目录》和《普通高等学校高职高专教育指导性专业目录（试行）》的要求，统筹做好全省普通高等教育、成人高等教育学科专业设置管理和专业建设工作，引导各高校主动适应国家和地方经济社会发展需要，充分考虑就业状况和当前社会人才需求以及学校战略发展对学科专业的要求，建立和完善新增专业申报答辩制度，建立健全广东省普通高校专业设置管理规范和制度。

为适应广东经济发展方式转变和产业结构调整优化升级对人才培养的要求，大力调整优化专业学科结构，重视发展与广东省经济社会发展紧密结合的应用型、技能型专业，加快培养现代产业体系发展所需的紧缺人才。鼓励和支持本科院校加强应用型学科专业或方向、高职高专院校加强技能型专科专业或方向的设置，积极设置主要面向广东省支柱产业特别是先进制造业、高新技术产业、现代服务业等应用型、技能型专业，为经济社会发展培养高素质的应用型、技能型人才。2009 年，全省普通高校本科专业点达 2 078 个，覆盖了哲学、法学、工学、管理学、文学、医学、经济学、教育学、理学、历史学和农学 11 个学科门类。全省高校高职高专教育专业点达 3 663 个，覆盖了农林渔牧、交通运输、生化与药品、资源开发与测绘、材料与能源、土建、水利、制造、电子信息、环保气象与安全、轻纺食品、财经、医药卫生、旅游、公共事业、文化教育、艺术设计传媒、法律 18 个专业大类。

以本科特色专业和高职高专教育示范专业建设为抓手，加强专业建设。引导全省高校发挥特色专业和示范性专业的辐射作用，深化专业人才培养模式改革，强化专业基本教学条件建设，提升专业建设水平。截至 2009 年，全省共有本科国家级特色专业 134 个，高职高专教育示范性建设专业 88 个、示范性专业 31 个。

【课程建设】突出课程改革与建设在提高教学质量中的重要作用，进一步加强课程建设。引导全省高校把现代信息技术的使用作为提高教学质量和教学效益的重要手段，制订课程标准，规范课程教学基本要求，改革和优化公共课程体系和内容，强化核心课程和专业特色课，加强课程的整合、重组，优化课程体系、结构和内容，提高课程建设水平。引导高职高专院校积极与行业企业合作开发课程，根据技术领域和职业岗位（群）任职要求，参照职业资格标准，改革课程体系和教学内容。

继续推进国家、省和高校三级精品课程体系建设，鼓励和支持全省高校以精品课程建设带动课程和教学内容体系的改革，加强以精品课程为主要内容的优秀教育教学资源建设，扩大优秀教学资源使用范围，提高教学资源使用效益。

组织开展年度国家和省级高校精品课程评审。在加强已入选精品课程建设的基础上，对省级精品课程建设范围进行扩展，补充双语教学示范课程、网络教育精品课程等进入省级精品课程建设范围，突出分类建设，继续开展精品课程年度检查工作。2009 年，全省 19 所高校的 44 门课程入选国家精品课程，11 门课程入选国家双语教学示范课程，114 门课程入选省级精品课程。

【实践教学】大力加强实践教学，培养大学生的创新精神和实践能力。引导全省本科高校强化实践育人意识，合理制订实践教学方案，完善实践教学管理体制，规范实践教学管理；加大实践教学投入，切实加强实验、实习、社会实践、毕业设计（论文）等实践教学环节，更新实践教学内容，改革实践教学模式，建立适应人才培养要求的实践教学体系。引导高职高专院校积极推行与生产劳动和社会实践相结合的学习模式，突出实践能力培养，重点抓好实验、实训、实习三个关键环节的改革与创新；积极探索校企共建生产性实训基地建设的新模式，推行任务驱动、项目导向、顶岗实习等有利于培养学生创新精神和实践动手能力的实践教学模式；加强校外顶岗实习建设力度，扩大校内生产性实训、校外顶岗实习的比例，提高学生的实际动手能力。

开展高校学生实习立法专项调研。贯彻落实汪洋书记关于对“高等院校学生实践实习立法”的重要批示精神，按照省人大的统一部署，开展高等院校学生实习立法调研工作。分类召开本科高校、高职高专院校和中职学校 3 场座谈会，广泛听取学校意见，形成《关于我省高等学校学生实习立法的调研报告》。

继续推进国家、省和高校三级实验教学示范中心和实训基地建设。以普通本科院校实验教学示范中心和高职高专院校实训基地建设为契机，带动高校实验、实训条件建设和队伍建设，进一步规范实验室和实训场所的管理，改革实训和实验管理体制，强化学生实践能力、创新能力的培养。制定《广东省高等学校实验教学示范中心学科专业类别分布指引》，组织开展 2009 年度省高等学校实验教学示范中心建设工作。2009 年，共建设了 29 个省高校实验教学示范中心。组织 2009 年中央财政支持职业教育实训基地建设项目的申报工作，共有广州铁路职业技术学院城市轨道交通车辆、供用电技术等 4 个实训基地入选 2009 年中央财政支持职业教育实训基地；确定了 27 个广东省高等职业教育实训基地。

充分发挥竞赛对高校教学改革的引导作用。统筹举办了一系列的学科或课程竞赛活动，包括“CCTV 杯”大学生英语演讲广东赛区比赛、高职高专实用英语口语（广东赛区）比赛、大学生数学建模比赛、大学生广告艺术大赛（广东赛区）、大学生电子设计比赛、大学生机械创新设计大赛、广东省大学生 CAD/CAM 软件应用竞赛、TAT 教育工程就业技能大赛等比赛和活动。组织开展全国职业院校技能大赛广东选拔赛，选出 10 个队参加全国职业院校技能大赛。在全国竞赛中获得 2 个一等奖、4 个二等奖、4 个三等奖，所有参赛队均获得奖项，获奖率达 100%，在全国各省市中排名第四位。

【教学改革】 切实加强对教学工作的领导，巩固教学工作的中心地位。引导全省高校贯彻落实教育部高等学校教学质量与教学改革工程精神，把教学工作重心、着力点放在提高教育教学质量和水平上。把人文教育和科学教育融入人才培养的全过程，加强素质教育，营造良好的育人环境，提高大学生综合素质。根据经济社会发展对人才的要求，科学制订人才培养目标和规格标准，把加强基础与强调适应性有机结合，注重学生能力培养。推进课程体系、教学内容、教学方法和手段的改革，加大选修课程开设比例，积极推进弹性学制和学分制改革。充分运用优质教学软件和教学资源，进一步推进和实施大学英语和计算机等公共课教学改革，推动高校建立网络环境下的英语和公共计算机教学新模式。

组织开展人才培养工作的专题调研。围绕提升师范教育人才培养质量计划，对嘉应学院梅州师范分院等5所师范分院开展师范教育专题调研，向教育部报送专题报告，妥善解决好揭阳职业技术学院、阳江职业技术学院和汕尾职业技术学院等7所高职院校教育类专业招生资格问题。经教育部有关部门同意，获批设立“广东省继续教育改革和发展战略与政策研究”子课题，开展学校或行业、系统成人与继续教育调研工作，同时开展对高等学校现代远程教育校外学习中心评估指标体系的开发研究和评估试点工作。

组织实施国家质量工程项目的申报和建设。组织实施2009年度国家级特色专业、精品课程、双语课程、教学名师、教学团队、实验教学示范中心和第六届高等教育教学成果奖等重点项目的遴选、申报和建设工作。广东省共有18所高校的30个项目获得第六届高等学校教学成果奖励，其中本科高校获得21项，高职高专院校获得9项；7人入选国家级教学名师。

认真做好省质量工程项目的建设与培育。制订广东省高校质量工程的实施意见、项目管理办法和资金管理办法三个重要文件，落实省质量工程部分项目经费，2009年经费额度达1亿元。开展了第六届广东省高等教育教学成果奖的评审，共评审确定第六届广东省高等教育教学成果奖一等奖110项，二等级130项；35人入选省级教学名师。启动2009年度教学改革项目、大学生创新实验项目、省级教学团队和省级特色专业项目，以及应用型本科人才培养示范学校、示范基地、示范专业，创新人才培养实验区和师范教育基地等项目。

继续推进高职高专教育改革与实践工程。根据《珠江三角洲改革发展规划纲要》和即将出台的《广东省教育中长期改革发展规划纲要》对职业技术教育提出的要求，拟订《关于高职教育实施职业技术教育发展壮大工程的意见》。加强示范性高职院校建设。根据教育部的部署，开展2006年批准立项的深圳职业技术学院、广州番禺职业技术学院的国家示范性高职院校项目省级验收工作；确定了7所2008年度广东省示范性高等职业院校建设项目立项建设单位。加强高职教育专项资金的管理与使用，组织召开省高职教育专项资金使用与管理汇报会，引导高职院校科学、合理、有效地使用高职专项资金，发挥资金最大效益。开展构建现代职业技术教育体系的研究与实践，在广东技术师范学院的机械设计制造及自动化等3个专业，面向高职院校毕业生招收2年制“专升本”职教师资班，开展“本科+技师”人才培养模式改革试点；利用高考“3+证书”政策，在顺德职业技术学院的汽车检测与维修技术等专业，面向中职应届毕业生和有2年工作经验的在职人员，开展自主招生试点。加强中外职业教育合作与交流，继续开展中英职业教育合作项目职业院校课程教学标准研究，组织课题研究人员赴香港职业训练局实地考察，研究制订中高职衔接的职业教育课程标准；组织高职院校教师、管理人员赴新加坡南洋理工学院考察其“教学工厂”，学习其课程开发理念与模式。

【教学质量管理】 建立和完善高等教育质量保障体系。认真总结本科高校本科教学工作水平评估和高职院校人才培养工作评估取得的经验和存在的问题，进一步完善本科教学工作水平评估和高职院校人才培养工作评估的评价指标、内容和方式，增强高等学校教学评估的科学性和针对性，充分发挥教学评估的导向性作用，建立高等教育质量保障体系。截至2009年，除4所新办本科院校外，全省其他33所本科院校均参加了教育部本科教学工作水平评估。

加强对高职院校人才培养评估工作的指导。贯彻落实教育部《关于印发〈高等职业院校人才培养工作评估方案〉的通知》（教高〔2008〕5号），采取多种措施，切实加强对广东省高职院校人才培养评估工作的指导。按照新方案的要求，组织指导2009年全省17所高职院校的人才培养评估工作。按照教育部高职院校人才培养数据采集平台工作要求，组织全省高职院校填报2009年版数据平台，以数据采集平台为抓手，推动建立广东省高职教育人才培养质量监控机制。

【学籍管理】继续贯彻落实《普通高等学校学生管理规定》，进一步规范高等学校学籍学历管理和电子注册工作。加大力度宣传学习《普通高等学校学生管理规定》和开展学籍管理培训等工作，引导全省高校转变管理理念，加强制度建设，突出管理实效和管理队伍素质的提高。

做好2009年高等学校学历证书电子注册、新生入学信息核对等工作。2009年，全省高校毕业生总数达463 420人（不含研究生）。其中，普通高等教育313 095人（本科129 935人，专升本3 178人，专科176 368人），成人高等教育136 369人（本科2 838人，专升本49 656人，专科83 875人），网络教育13 956人（本科221人，专升本6 471人，专科7 264人）。组织全省高校顺利完成2009年度普通高校60万名（普通高等教育43万人，成人高等教育15万人，网络教育2万人）入学新生的信息核对工作。

组织深圳职业技术学院、广州番禺职业技术学院、广州民航职业技术学院和广东轻工职业技术学院开展示范性高职院校单独招生试点工作。4所国家示范性高职院校在30个专业进行单独招生改革试点，共录取847人。

（撰稿　张坚雄；审稿　胡振敏）

党的建设工作

【高校思想理论建设】一、开展深入学习实践科学发展观活动

根据中央和省委的统一部署和安排，2009年3—8月，省委教育工委负责指导的67所高校、5 586个基层党组织、128 226名党员参加了第二批学习实践活动。教育工委成立了以厅长罗伟其为组长的省高校学习实践活动领导小组，领导小组办公室日常工作由组织处负责。制定了高校学习实践活动实施方案，组织了7个高校学习实践活动指导检查组，建立了委厅党组成员学习实践活动联系点制度，多次召开领导小组工作会、指导检查组情况分析会、高校学习实践活动工作交流会等，及时传达省委和教育部关于高校学习实践活动精神，对高校开展学习实践活动提出要求，组织高校相互交流情况，总结经验。

各高校扎扎实实开展学习实践活动，紧紧围绕“培养什么人，怎样培养人”和“办什么样的大学，怎样办好大学”这两个根本问题，以科学发展观为统领，以贯彻落实《珠江三角洲地区改革发展规划纲要》为契机，查找和破解影响高校科学发展的突出问题，继续解放思想，突出实践特色，创新教育观念，积极推进人才培养模式的创新，基本实现“党员干部受教育、科学发展上水平、人民群众得实惠”的目标。据统计，全省各高校共举办学习培训班1 215场（次），参加学习的党员达113 608人；主要领导做学习辅导报告369场（次），确定调研课题1 037个，领导带队调研1 222次，通过调研提出改进工作的意见和建议2 506条；在征求意见过程中，召开征求意见座谈会4 330场，共收集意见29 462条；开展各类、各层次谈心活动16 867次；梳理各类问题总数达8 338个。全省67所省属高校都制定完善了整改落实方案或整改措施，解决突出问题592个。高校在积极应对国际金融危机、实现“三促进一保持”方面采取措施639条，在切实转变作风、狠抓工作落实方面解决问题520个，在关注民生问题方面为群众办实事1 611件，在及时化解矛盾纠纷、维护学校和谐稳定方面采取措施341条。

中央学习实践活动领导小组办公室活动简报第597期，以“广东省属高校以科学发展观为指导积极探索应用型人才培养模式”为题，报道了广东省高校开展学习实践活动的情况。习近平、刘延东、李源潮、汪洋等中央领导同志对此分别作出重要批示。中央领导同志的批示，充分肯定了广东省高校开展的学习实践活动，为广东省高校进一步抓好学习实践活动、整改落实后续工作和人才培养工作指明了方向。学习实践活动在高校受到普遍欢迎，取得了实实在在的成效，有力地促进了广东省高等教育事业的科学发展。

二、开展高校组工干部“讲党性、重品行、作表率”先进集体和先进个人创建活动

根据省委组织部《关于2009年全省组织系统深化拓展“讲党性、重品行、作表率”活动的实施意见》，在全省高校组织系统广泛开展了“讲党性、重品行、作表率”先进集体和先进个人创建活动。

三、开展贯彻落实党的十七届四中全会精神党建调研工作

一是为贯彻落实党的十七届四中全会精神和省

委要求，省委教育工委专门成立了以罗伟其厅长为组长、谭泽中副书记为副组长的党建工作调研领导小组，组织开展了高校党建调研工作，取得了积极的成果。二是配合省委组织部、省委宣传部、省委统战部、省编办等部门开展了事业单位党建工作的课题调研，为省委出台贯彻党的十七届四中全会的实施意见献计献策。

四、指导高职高专和民办高校开展党建理论研究工作

针对不同类型高校党建工作的特点，分别编制高职高专和民办高校党建研究课题指南，指导高职高专和民办高校开展党建理论研究。12 月 4 日和 12 月 15 日，分别组织召开省高校党建研究会高职高专分会和民办高校分会成立大会暨第一届研讨会。两次会议共收到论文 194 篇，评出优秀论文 42 篇，高职高专和民办高校党建理论研究工作打开了新局面。

【高校领导班子建设】 一、加强高校领导干部执政能力建设

省委组织部和省委教育工委高度重视以思想作风建设为核心的高校领导干部执政能力建设。一是结合高校开展深入学习实践科学发展观活动，加强高校领导班子思想作风建设，提高高校领导干部运用科学发展观解决实际问题的能力。一方面，对全省公办高校的领导班子情况进行全面摸查分析；另一方面，通过抓好高校领导班子中心组学习活动，组织班子开好民主生活会，指导学校领导班子写好分析检查报告，帮助解决学校发展和班子建设的实际问题等途径，加强高校领导班子作风建设，提高班子及其成员的科学决策能力。二是召开大型会议，部署重要工作，探讨高校改革发展重大问题。2009 年 3 月，组织召开全省高校党建工作会议，传达学习和贯彻落实第十七次全国高校党建工作会议，部署全省高校开展深入学习实践科学发展观活动，以解放思想、改革创新的精神谋划全省高校党建工作。2009 年 8 月，举办全省高校领导干部暑期读书班，以高校创新人才培养模式为主题，深入分析、积极探索高校培养人才和改革发展的方向路径，推动高等教育事业科学发展。三是继续开展各类高校干部培训。2009 年共选派 154 名高校干部参加国内各类培训，举办全省高校 2008 年以来新任省管干部培训班，组织部分高校党政主要负责人赴美国马里兰大学参加短期培训，完成第一批省属本科高校与高职院校干部双向交流挂职锻炼计划。

二、扎实推进高校领导班子组织建设

继续贯彻落实高校领导班子任期制。省委组织部和省委教育工委根据《〈广东省高等学校领导班子任期制试行办法〉及其配套文件》，在全省公办高校全面推行任期制管理，全年在星海音乐学院等 8 所高校相继完成党委届满、行政期满考核及其班子调整配备或重新任命工作。继续做好高校领导班子的调整、配备和考察工作。全年共完成 35 所高校领导班子的调整充实任务，有 100 名高校领导干部变动职务，其中提拔为正职的 14 人，提拔为副职的 17 人，交流提拔 11 人，提拔女干部 4 人，15 名高校领导干部转岗或交流任用。开展高校党政正职后备干部推选工作。按照省委的部署，结合广东高校党政领导班子建设的实际需要，开展全省高校党政正职后备干部的推选工作，共推选本科高校党政正职领导干部 40 名，高职高专党政正职领导干部 20 名。继续探索和完善高校领导干部选任工作机制。省委教育工委贯彻党的“十七大”报告提出的“规范干部任用提名制度”要求，开展“高校领导干部初始提名权”课题研究，落实高校教职工对领导干部选拔任用的知情权、参与权、监督权。

三、坚持和完善高校领导干部监督管理

坚持和完善组织、纪检联席工作会议制度。提高高校选任工作的公信度。2009 年 1 月，根据省纪委、省委组织部《关于深入整治用人上不正之风进一步提高选人用人公信度的实施意见》，省委教育工委制定印发了《省委教育工委关于深入开展用人上不正之风进一步提高选人用人公信度的工作方案》，部署全省高校开展为期 4 年的“深入整治用人上不正之风，进一步提高选人用人公信度”工作。随后，按照省委组织部《关于对反映用人问题的举报开展一次集中清理查核工作的通知》要求，部署全省高校党委组织部门对违规用人问题进行全面清理核查。省委教育工委贯彻落实党的十七大四中全会关于“严格要求管理干部”的指示精神，配合教育纪工委建立完善高校领导干部惩防体系，坚持和完善群众举报接访制度、校长离任审计制度、干部任前谈话制度，针对高校领导干部违纪行为开展警示教育等，加大对高校领导干部的管理力度。

【高校领导班子思想作风建设】 一是学习贯彻党的十七届四中全会精神。根据省委、教育部党组关于学习贯彻党的十七届四中全会精神的通知要求，积极组织高校认真学习贯彻全会精神。要求各高校党组织结合学校工作实际，切实把学习贯彻全会精神落到实处，扎实推进新形势下广东省高校党的建设各项工作。

二是坚持抓好高校党委中心组学习。认真贯彻

落实中共中央办公厅、广东省委办公厅关于进一步加强和改进党委（党组）中心组学习，以及中共中央组织部关于进一步加强和改进领导班子思想政治建设的文件精神，研究制定了《中共广东省委教育工委关于进一步加强和完善高等学校党委中心组学习制度的意见》。以深入学习中国特色社会主义理论为重点，指导各高校党委中心组健全学习组织、精心安排学习内容、完善学习制度、弘扬理论联系实际的学风，做到学习有计划、有重点，有布置、有检查，注意学以致用，讲求实效。

三是指导高校开好2009年度领导干部民主生活会。根据省委关于开展第二批深入学习实践科学发展观活动的实施意见，2009年度高校领导干部民主生活会与学习实践活动分析检查阶段的专题民主生活合并召开。各高校党委高度重视，加强领导，认真抓好民主生活会的各个环节和步骤，特别是会前的征求意见、谈心交流，会中的批评与自我批评，会后分析检查报告的形成，坚持做到“四不上会”，切实提高民主生活会的质量。委厅党组成员分别到学习实践活动联系点高校列席并指导了民主生活会。

【高校基层党组织建设】全面总结高校近年来党建工作经验，向省委常委会议作专题汇报。根据《省委常委会议听取落实重大工作部署情况汇报安排》要求，为做好向省委常委会议汇报的工作，教育工委认真总结了近年来全省高校党建工作的情况，组织召开了高校党建与学生思想政治教育座谈会。2009年6月5日，罗伟其厅长向省委十届77次常委会议专题汇报了“高校党建与大学生思想政治工作”。省委对全省高校党建与大学生思想政治工作取得的成绩，给予了充分肯定，指出要高度重视高校党建与大学生思想政治工作，重点要在提高质量上下工夫。

召开高校基层党组织建设经验交流会。2009年11月20日，组织召开了高校基层党组织建设经验交流会，全省本科高校主管党建工作校领导、组织部门负责人和关工委负责人参加了会议。并将全省本科高校加强基层党组织建设、发挥关工委老同志参与党建工作的经验材料汇编成册，以便高校之间相互学习交流。8所高校党委负责同志和关工委负责同志分别作了大会发言。委厅领导文传道全面总结了近年来广东省高校基层党组织建设工作，对下一步学习贯彻党的十七届四中全会精神，以及省委关于加强高校党建工作的指示精神，全面推进高校基层党组织建设作了部署。

巩固和推广固本强基成果，大力推进党的基层组织建设。一是创新组织设置形式，不断扩大基层党组织覆盖面，各高校把党支部建在教学科研团队、学生班级、学生宿舍、学生社团、学生社区。截至2009年12月底，全省高校共有基层党组织11 296个，其中学生党支部4 864个，占党支部总数的48.47%。二是创新党员发展机制，注重在大学生和青年教师中发展党员。截至2009年12月底，全省高校有党员22.78万名，占师生总数的14.67%；其中在职教职工党员6.23万名，占教职工总数的47.32%，专任教师党员3.11名，占专任教师总数的50.01%，学生党员15.16万名，占学生总数的10.95%。三是创新基层党组织的活动方式，积极推动党建工作进互联网，创建“网上党校”“在线党组织生活”“理论课在线”和党支部博客等。

【民办高校党组织建设】研究制定了《广东省民办高校党组织负责人和督导专员选派与管理办法》。根据中共中央组织部、中共教育部党组、国务院办公厅有关加强民办高校党的建设和督导工作的指示精神，制定并印发了《广东省民办高校党组织负责人和督导专员选派与管理办法》。积极协调有关部门，听取民办高校董事会和学校领导的意见，为8所民办高校选配、考核、任命党委书记8人。

进一步理顺民办高校党组织的隶属关系，推进民办高校党组织建设。2009年全省44所民办高校和独立学院全部成立了党组织，其中党组织关系在工委的15所民办高校，已有14所建立了党委；进一步加强民办高校基层党组织建设和党员发展工作；结合民办高校实际，加强对民办高校深入学习实践科学发展观活动的指导，使学习实践活动成为民办高校破解发展难题、谋划科学发展的重要契机，取得实实在在的成效。党建工作的加强为民办高校办学提供了思想、政治和组织保证，使民办高校的社会认可度不断提高，越来越受到学生、家长和社会的欢迎。

举办广东省首期民办高校领导干部学习班。为进一步加强民办高校领导班子建设，提高民办高校领导干部的素质和能力，2009年11月9—11日，举办了首期民办高校领导干部学习班，全省民办高校、独立学院的董事长、院长和党委（党总支）书记参加了学习班。委厅领导罗伟其、谭泽中、魏中林、文传道及北京教科院王文源教授等分别作了讲话和辅导。

【高校统战工作】对照中央、省委三个文件要求，全面梳理高校统战工作。根据省委办公厅《关于对中央、省委有关文件贯彻落实情况进行专项检查的通知》要求，2009 年 4 月，对照《中共中央关于进一步加强中国共产党领导的多党合作和政治协商制度建设的意见》（中发〔2005〕5 号）、《中共中央关于巩固和壮大新世纪新阶段统一战线的意见》（中发〔2006〕15 号）、《中共广东省委关于贯彻〈中共中央关于巩固和壮大新世纪新阶段统一战线的意见〉的实施意见》（粤发〔2006〕28 号）三个文件，开展自查工作，对广东省高校统战工作情况进行了认真的梳理，总结经验，查找问题，提出改进措施。

协助省委统战部落实高校统战“三促进一保持”系列行动计划。为贯彻落实省委十届四次全会精神，省委统战部在全省统一战线开展了“三促进一保持”系列行动，教育工委积极配合，指导高校开展系列行动。据不完全统计，党组织关系在教育工委的部分高校统一战线开展“三促进一保持”系列行动达 147 项。

指导省高校统战理论研究会工作，开展民办高校统战工作调研。一是指导省高校统战理论研究会开展理论研究工作，2009 年 11 月 12—13 日，省高校统战理论研究会召开了第九届年会。二是与省委统战部联合组织开展民办高校统战工作调研，形成《广东省民办高校和独立学院统战工作调研报告》并转送省委和中央统战部。

（撰稿　叶祝秋　倪　熙；审稿　吴琦琳　朱伟新）

思想政治工作

【省委对大学生思想政治工作予以充分肯定】 2009 年 6 月 5 日，中央政治局委员、省委书记汪洋主持召开省委常委会议，专题研究广东省高校党建和大学生思想政治工作。会议指出，近年来，高校党建和大学生思想政治工作，为坚持社会主义办学方向，培养社会主义事业合格建设者与可靠接班人，推动高校改革发展提供了坚强的思想、政治和组织保证，也为广东省经济建设、社会稳定作出了贡献。针对目前广东省高校党建和大学生思想政治工作仍然存在的问题，省委常委会要求千方百计提高高校党建工作与大学生思想政治工作的质量，进一步解放思想，开拓创新，扎实工作，不断增强针对性、实效性，推动高校党建和大学生思想政治工作上新台阶，促进高等教育事业又好又快发展。

【召开全省进一步加强和改进大学生思想政治教育经验交流会】 2009 年 6 月 8—9 日，经省委、省政府负责同志同意，省委宣传部、省委教育工委、省教育厅、团省委在广州市联合召开了全省进一步加强和改进大学生思想政治教育经验交流会。会议总结交流了近 5 年来广东省贯彻落实《中共中央国务院关于进一步加强和改进大学生思想政治教育的意见》（中发〔2004〕16 号）和《中共广东省委、广东省人民政府关于进一步加强和改进大学生思想政治教育的实施意见》（粤发〔2005〕12 号）文件的经验，研究部署广东省当前和今后一个时期加强和改进大学生思想政治教育的工作。省委常委、组织部部长胡泽君出席会议并作重要讲话。会后印发了《关于进一步加强高等学校思想政治理论课教师队伍建设的实施意见》《广东省高等学校辅导员队伍建设实施办法》《广东省普通高等学校学生心理健康教育及安全监护体系工作实施意见》等文件，建立起指导广东省当前及今后一个时期大学生思想政治教育的政策文件框架体系。

【高校思想政治理论课建设】 深入实施“05 方案”，高校思想政治理论课建设水平居全国前列。在 2009 年教育部思政课“精彩教案”“精彩多媒体课件”评选中，广东省获奖数分别占总数的 1/4 和 1/8，高居各省市之首；在教育部人文社会科学专项任务项目（思想政治理论课）课题评审中，广东省在 58 项入选课题中占了 7 项，又居各省市之首。

深入开展高校思想政治理论课建设评估。2009 年上半年公布了 2008 年 19 所高校的评估结论。2009 年完成了华南理工大学等 27 所本科及高职高专院校思想政治理论课建设评估。

全方位加强思想政治理论课教师队伍建设。一是开展省内校际思想政治理论课建设对口帮扶试点工作，促进广东省高校思想政治理论课建设均衡发展。二是开展高校思想政治理论课新任教师岗前培训，共培训新任教师 210 多名。三是举办 2009 年度全省高校思想政治理论课青年教师教学基本功大赛，承办第一届粤桂琼三省区高校思想政治理论课青年教师教学基本功联赛，广东省青年教师取得优异成绩。四是组织第一、二批名教师骨干教师培养对象国内社会实践活动、第一批培养对象终期考核和第二批培养对象中期考核。五是组织落实教育部“高校思想政治理论课教师在职攻读马克思主义理论学位专项计划”，发动教师踊跃报考。

积极构建完善的课程教材教学体系和教学质量监控体系。一是评审设立5个课程教学研究基地，努力建设优秀教学团队。二是组织第二批优质课程验收和第三批优质课程中期交流，评选确定20门第四批优质课程。三是加大选修课建设力度，通过征集评选思想政治理论课选修课，开发选修课课程资源，引导高校合理开设选修课和专题课程。四是组织编写出版“05方案”5门课程的教学指导用书。五是组织分层次分课程教学观摩会暨学术研讨会，共培训教师2 300多人次。六是召开高校思想政治理论课教学督导员论坛，为加强和改进思想政治理论课教育教学出谋划策。七是继续完善“广东省思想政治理论课在线”和“广东省大学生在线”网站建设。

不断完善思想政治教育理论研究工作平台。一是组织2007年度、2008年度思想政治教育课题的结题工作。二是印发2009年度思想政治教育课题指南并以网络为平台评审确定2009年度课题。三是制订广东省高校思想政治教育课题管理办法。

【高校宣传思想阵地建设】 一是召开全省高校宣传部长会议暨高校宣传部长专题培训会，全省高校120多名宣传部门负责人参加了会议和培训。二是举办2期高校哲学社会科学教学科研骨干研修班，共有270名教学科研骨干参加研修。三是组织评选第一批高校优秀校园网站。

【高校日常思想政治教育】 一是坚持实行省领导到高校作形势报告制度。汪洋、黄华华等7位省领导分别到中山大学等7所高校为24 000名师生作形势报告。二是在中山大学等10所高校师生中开展“高校师生思想政治状况滚动调查”，为有针对性地做好高校师生思想政治教育工作提供参考依据。三是组织开展大学生职业素质教育系列讲座活动，邀请10名著名学者专家、社会知名人士和企业精英，分赴15所高校举行24场次专题报告会。

【高校校园文化建设和学生活动】 一是以庆祝新中国成立60周年为主题，在全省高校广泛开展“百歌颂中华”歌咏活动。全省高校共430多支合唱队、23 800名学生参加了合唱大赛，2 300多名学生参加了歌手大赛，各高校合唱队和歌手均获得优异成绩。二是深入开展“立志、修身、博学、报国”大学生主题教育系列活动。三是不断丰富校园文化活动。先后举办了“广东大学生科技学术节”、“广东大学生校园文化艺术节”、“挑战杯”广东大学生创业计划竞赛活动、首届“广东高校校园文化论坛”活动、首届广东高校校园文化建设优秀成果评选活动、“第七届广州大学生电影节”活动。

【高校思想政治工作队伍建设】 一是举办了4期高校学生思想政治工作队伍骨干培训班，培训2009年新上岗专职辅导员、学生处长共1 300多人。二是组织全省高校参加“2008全国高校辅导员年度人物”评选活动。广东省华南师范大学李卫东老师获评“2008全国高校辅导员年度人物”（全国共10名）。三是组织辅导员报考2009年全国高校辅导员在职攻读思想政治教育专业硕士学位班。四是组织编写出版了4本辅导员骨干培训系列教材。

【大学生心理健康教育】 一是组织全省高校参加全国普通高等学校学生心理健康教育情况调查，为加强大学生心理健康教育提供决策依据。二是组织对广州民航职业技术学院等11所高校进行心理健康教育督导检查。三是在广州大学城举办“5·25”心理健康宣传日广场活动。四是组织厅有关职能处室负责人和部分专家，对2009年某高校相继发生的3起学生极端自杀事件开展专题调研。五是召开广州地区有关媒体单位记者座谈会，积极引导媒体正面、客观地报道校园极端行为事件。六是举办高校学生心理健康教育与咨询工作国际研讨会。

【大学生社会实践工作】 一是组织高校学生开展“我爱我的祖国”暑期社会实践活动，包括大学生党员学习践行科学发展观活动、实施“珠三角规划纲要”社会实践活动、“保增长、保民生、保稳定”社会调查活动、“高等教育改革发展与社会经济发展”社会调查活动、“创业就业”社会调查活动、“红色之旅”学习参观活动。2009年全省高校有1 986支团队、44 713名学生参加暑期社会实践活动。二是以文化科技卫生“三下乡”为龙头，深入开展志愿服务活动。2009年全省高校学生有1 662支团队、30 352名学生参加“三下乡”活动。三是深入开展社会服务活动。组织大学生开展“新中国成立60周年”辉煌成就宣讲活动、“灾后重建”服务活动、“迎世博讲文明树新风”“迎国庆讲文明树新风”“迎亚运讲文明树新风”志愿服务活动。2009年全省高校共组织学生社会服务团队1 964支、直接参加学生39 092人次。四是组织14所高校268名师生赴日本开展访问交流活动。

（撰稿　王自成　朱建华；审稿　袁本新）

学位工作与研究生教育

【高校学位授权与评估工作】2009 年，根据国家学位授权审核改革办法的有关精神，省学位委员会开展了“广东省 2008—2015 年新增博士、硕士学位授予单位立项建设工作”。为了进一步理清广东省学位授权体系现状，同时根据国家重大需求、广东省科技创新和产业发展情况及研究生教育发展需要，并结合各高校的学科建设和发展情况，完成了《广东省 2008—2015 年新增博士、硕士学位授予单位立项建设规划》的上报任务。该规划共有列入国家规划的新增博士、硕士学位授予单位 3 个，列入省规划的新增博士、硕士学位授予单位 4 个，立项建设的授权学科 14 个，其中工学、理学、农学有 9 个，填补空白的学科有 3 个。

在全日制研究生教育规模不断扩大的同时，广东专业学位研究生教育同样发展迅速，已成为研究生教育发展的一个重要增长点。在 2009 年新增专业学位授权单位工作中，广东省共获得新增专业学位授权单位 18 个，其中博士 2 个，是历年广东省获得专业学位授权单位最多的一年；新增工程硕士领域 10 个。全省有专业学位研究生授权高校 13 所，有同等学力授予硕士、博士学位的高校 13 所，拥有目前 18 种专业学位中除军事硕士之外的 17 种专业学位。

对南方医科大学口腔临床医学硕士点进行了整改验收。南方医科大学口腔临床医学、汕头大学应用数学和环境科学、深圳大学行政管理硕士点在 2006 年的定期评估中被评为“基本合格”，须进行 3 年的整改，2009 年广东省学位委员会聘请专家组对这 3 个学科进行了整改验收，得到国务院学位委员会同意备案。

组织专家对广东培正学院、广东白云学院 2 所学院新增学士学位授权单位进行预审。对新增单位进行预审工作，主要是依靠专家帮助申报高校进一步明确办学方向和办学特色，理清办学思路，促进高校的学科建设，强化学校学士学位质量意识，提高学校学士学位规范管理的水平，同时针对学校的申报材料进行提问题、挑毛病，使正式的评审工作能够顺利进行。

2009 年开展了新增学士学位授权审核工作，全省有 2 所高校申报新增学士学位授权单位、31 所高校的 153 个专业申报新增学士学位授权专业。经过通讯评议、实地评审、现场答辩、整改验收等环节，广东培正学院和广东白云学院通过了新增学位授权单位审核，获得学士学位授予权；196 个专业被批准增列为学士学位授予专业，获得学士学位授予资格；2 个专业未获准增列为学士学位授权专业。

【“985 工程”建设情况】“985 工程”二期建设重点支持高水平科技创新平台的建设，以提高高校解决经济社会发展重大问题的能力，增强其承担国家重大任务、取得高层次科研成果、开展高水平国际合作的竞争力。在各方共同努力下，中山大学和华南理工大学的高水平科研创新平台建设取得新的突破，中山大学的 11 个国家级科技创新平台和基地、5 个省部级科技创新平台，华南理工大学的 6 个国家级、15 个省部级科技创新平台建设取得显著的成效并顺利进入总结验收阶段。通过“985 工程”二期（2004—2008 年）建设，在国家和省财政专项经费的重点支持下（中央财政投入 6 亿元，省财政投入 10 亿元)，中山大学和华南理工大学在学科建设、科学研究、师资队伍、人才培养、教学条件改善等方面均取得显著进步，实现了跨越式发展，为广东省经济建设和社会发展服务的贡献能力显著增强，学校的综合实力得到显著提高。特别是经过“985 工程”二期的建设和积淀，两所高校的科研水平在 2009 年均取得了历史性的突破。2009 年中山大学新增 2 名院士，在全国高校排名并列第一；两所高校共获得“973 计划”首席科学家项目 7 项（占全省高校的 78%），其中中山大学 5 项，在全国高校排名并列第三；华南理工大学获批 1 个国家工程技术研究中心，同时获得国家自然科学奖二等奖 1 项、国家科技进步二等奖 2 项，在自然科学领域取得了历史性突破。在队伍建设和人才培养方面，两所高校也迈上了一个新的更高的台阶。截至 2009 年底，两校共有两院院士 12 人、长江学者特聘（讲座）教授 44 人、国家杰出青年科学基金获得者 65 人、教育部新世纪优秀人才 181 人、珠江学者 18 人，高层次的科研队伍为两校进一步提升自主创新能力奠定了良好基础；华南理工大学多名本科生的论文在国际顶尖学术期刊《自然》及其子刊上发表，引起了社会各界的热烈反响和高度关注。

【"211 工程"建设情况】针对广东省"211 工程"三期建设方案的新模式和新要求，省教育厅会同省发改委、财政厅认真做好各项组织管理工作，推动广东省"211 工程"三期建设工作的有序、高效开展。

首先，配合国家有关部委完成了 4 所国家序列高校共计 48 个国家立项重点学科建设项目的论证和立项工作，其中重点指导和审核了省属高校华南师范大学的 9 个重点学科建设项目的论证材料。其次，针对 4 所国家序列高校中部分未能进入国家立项范围且对广东经济社会发展有重要现实意义的重点学科，指导并组织有关高校申报了共计 24 个省立项重点学科建设项目，既满足了有关高校学科建设协调发展的需要，也为全省经济社会发展提供了更为广泛而坚实的学科支撑。再次，在 2008 年组织专家评审会议遴选项目的基础上，有针对性地指导 6 所省序列高校对部分重点学科建设项目进行了调整和完善，使得省立项重点学科建设项目的结构更加合理、目标更加明确。配合省发改委完成了 26 个省立项重点学科建设项目的可行性研究报告论证和批复立项工作。

经过分层次、分类别的组织和推进，共确定了 98 个重点学科建设项目（国家序列国家立项 48 项、国家序列省立项 24 项、省序列省立项 26 项），学科领域涵盖了基础产业和高新技术、现代农业、医药卫生、资源环境、经济管理等当前经济社会发展急需的行业领域。

【高等学校研究生培养情况】2009 年，广东省研究生教育得到进一步发展。全省共招收全日制研究生 2.45 万人（其中博士生 3 182 人，占 13%；硕士生 21 270 人，占 87%），在校全日制研究生 6.59 万人（其中博士生 11 672 人，占 17.7%；硕士生 54 229 人，占 82.3%），当年全日制研究生招生数和在校生数均居全国第 9 位。2009 年全省高校招收在职人员攻读专业学位研究生近 7 000 人，在职人员攻读专业学位研究生达 2.01 万人。

为加强研究生创新能力培养，提高研究生培养质量，在《关于实施广东省研究生教育创新计划，提高研究生创新能力的意见》（粤教科〔2007〕59 号）的基础上，结合广东省"211 工程"三期建设对创新人才培养的总体要求，制定了《广东省"211 工程"三期研究生创新培养计划实施方案》，经广东省第四届学位委员会第一次全体委员会议审议通过，作为未来三年广东省实施研究生教育创新计划、推进研究生创新培养平台建设、提高研究生培养质量的指导方案。

在该方案的指导下，2009 年举办了广东省研究生学术论坛 6 场、研究生暑期学校 2 个；成功申报教育部研究生教育创新计划项目，在该项目的总体框架下筹划并成功实施了广东、云南两省经济管理类研究生学术论坛，为两省在研究生教育领域的交流与合作打下了坚实的基础；首次组织开展了广东省学位与研究生教育改革研究项目的申报、评审和立项工作，批准研究生教育改革研究项目 62 项；首次组织开展了广东省研究生示范课程建设项目的申报、评审和立项工作，批准广东省研究生示范课程建设项目 13 项；评选出 2009 年广东省优秀博士学位论文 31 篇，获得 2009 年全国优秀博士学位论文 4 篇；首次组织开展广东省优秀硕士学位论文评选，评选出 2009 年广东省优秀硕士学位论文 77 篇；评选出 2009 年广东省南粤优秀研究生 397 名。

（撰稿　王丽萍　吴宝榆；审稿　杨　军）

科学研究工作

【高校科技工作主要数据】据广东省 38 所理、工、农、医高校及 21 所附属医院统计，2009 年拨入科技活动经费 35.5 亿元，共开展科研项目 24 493 项，投入科研经费 260 770 万元，项目数和经费分别比 2008 年增加了 14.4% 和 18.6%。在开展的科研项目中，基础研究项目 7 374 项，应用研究项目 8 823 项，试验发展项目 3 541 项，R&D 成果应用项目 2 122 项，科技服务项目 2 633 项。其中承担国家"973 计划"项目 139 项，当年投入经费 8 869 万元，项目数和经费分别比 2008 年增长了 6.9%、56.5%；承担国家科技攻关计划项目 261 项，当年投入经费 8 219 万元，项目数比 2008 年增长了 31.1%；承担国家"863 计划"项目 286 项，当年投入经费 7 831 万元，项目数比 2008 年增长了 9.1%。

2009 年全省普通高校（包括附属医院）从事理工农医教学与研究的人员达 49 244 人，较 2008 年增长 2.4%；其中高级职称（正高和副高职称之和）14 961 人，占总数的 30.3%，高级职称人数较 2008

年增长5.7%；博士研究生8 136人，占总人数的16.5%，博士研究生人数较2008年增长15.8%。

全年24所高校及15所附院的188项科技成果获得奖励，其中国家自然科学奖二等奖1项（第一承担单位），国家发明奖二等奖1项（第一承担单位），科技进步奖一等奖1项（第一承担单位），科技进步奖二等奖7项（其中第一承担单位5项、第二承担单位1项）；省部级奖一等奖37项（其中第一承担单位28项、第二承担单位5项），二等奖61项（其中第一承担单位46项、第二承担单位9项）；其他奖80项。

全年38所高校及21所附院65项国家级项目通过验收，其中“973计划”项目8项，国家科技支撑计划项目8项，“863计划”项目32项，国家自然科学基金重点项目13项。159项科技成果通过鉴定，其中34项达到国际水平，26项为国内首创，89项达到国内先进水平。全年共出版科技著作191部，合计5 003万字；共发表学术论文39 141篇，其中在国外学术刊物发表6 706篇；全年被三大检索系统收录论文10 059篇，其中被SCIE收录4 673篇，EI收录3 633篇，ISTP收录1 753篇。

全年38所高校及21所附院向国家知识产权局提出专利申请2 585件，比2008年增长28.0%，其中发明专利1 881件，比2007年增长18.8%，实用新型专利538件，外观设计专利166件。全年共有1 414件专利申请被授予专利权，比2008年增长52.5%，其中发明专利772件，比2008年增长52.5%，实用新型专利434件，比2008年增长38.2%。至2009年底，广东38所高校及21所附院共拥有专利4 572件，其中发明专利2 399件，实用新型专利1 600件，外观设计专利119件。与工厂企业生产部门签订技术转让合同352项，合同金额16 651万元，当年实际收入7 793万元。其中，有156项为专利出售合同，合同金额6 204万元，当年实际收入4 171万元。

此外，广东省38所高校及21所附院共主办国际学术会议127次，共派出7 371人次出席国际学术会议，交流学术论文3 577篇，作特邀报告687篇；派出1 549人次开展各类合作研究，接待国内外合作研究学者1 356人。

【重点实验室建设】重点实验室是高校组织开展高水平基础研究和应用技术研究，聚集和培养优秀科学家，开展学术交流的重要基地。

1986年，广东省启动重点实验室建设。到2009年12月，共批准123个广东省重点实验室，其中超过55%依托高等学校建设，共计68个。依托高校的广东省重点实验室，努力开展高水平的基础研究和应用技术研究，培养了一大批科技人才，产出了一大批高水平的科研成果，对推动广东省科技创新、促进经济社会的发展作出了重要贡献。

2000年，为贯彻落实科教兴粤战略，不断增强高校科技创新能力，广东省教育厅启动广东省普通高校重点实验室建设计划。到2009年，分八批批准了78个广东省普通高校重点实验室，投入建设经费近1.2亿元。广东省普通高校重点实验室紧密围绕广东省科学和技术发展规划以及高等教育发展的需要，为提升高校科技自主创新能力，开展广泛的国内外学术交流，培养创新拔尖人才搭建平台，主要选择与广东省支柱产业和高新技术产业密切相关的电子信息技术、生物技术、先进制造技术、生命科学、新材料、节能与新能源、生态与环境科学、医药与健康、海洋开发、现代农业等学科（技术）领域进行布点。

截至2009年12月，广东省高校有国家重点实验室7个、教育部重点实验室30个、广东省重点实验室68个、广东省普通高校重点实验室78个。

【高校科技成果转化和产业化工作】2009年，广东高校积极加强产学研合作，促进高校科技成果转化和产业化，加强创新人才培养，着力提高高校科技对经济社会发展的贡献能力。

一、继续推进广东高校产学研结合示范基地建设计划

2009年，继续推进广东高校产学研结合示范基地建设计划。为更好地与珠江三角洲地区规划纲要对接，改变了以往学校自由申报的方式，明确了限定申报领域，把创新平台建设与广东发展需求紧密结合起来，发挥了较好的引导作用。同时，继续加强高校产学研结合示范基地与研究生创新培养的结合，共立项建设高校产学研结合（暨研究生创新培养）示范基地8个（见表1），支持8个科技成果产业化项目，投入建设经费800万元。

表1　2009 年立项建设的高校产学研结合示范基地

基地名称	所在高校
不饱和聚酯树脂行业节能与环保产学研结合示范（暨研究生创新培养）基地	中山大学
线路板无铅联装成套设备产学研结合示范（暨研究生创新培养）基地	华南理工大学
特种玻璃光纤与元器件产学研结合示范（暨研究生创新培养）基地	华南理工大学
环境友好型涂料产学研结合示范（暨研究生创新培养）基地	华南理工大学
皮肤黏膜释药制剂产学研结合示范（暨研究生创新培养）基地	暨南大学
水稻机械化生产产学研结合示范（暨研究生创新培养）基地	华南农业大学
储能与动力电池产学研结合示范（暨研究生创新培养）基地	华南师范大学
风电机组控制系统产学研结合示范（暨研究生创新培养）基地	汕头大学

加强对已立项建设的产学研结合示范基地及项目的管理，对 2007 年立项的第四批 8 个产学研示范基地及其 18 个科技成果产业化重大项目进行中期检查。第四批基地和项目进展顺利，正在发挥示范效应。省教育厅投入经费 1 940 万元，已引导企业、社会和高校投入经费 5 500 多万元，并申请专利 70 项，获授权专利 35 项，产生直接经济效益近 7 000 万元。高校产学研结合示范基地形成的“学科 + 人才 + 基地”产学研合作新模式，充分发挥了高校在学科、人才和科技创新的优势，以及基地产业链完整、直接面向产业的优势，实现了高校学科链与产业链的“三对接”，即“高校智力资源与企业产业资源”对接、“高校技术理论与企业生产实践”对接、“高校科研人才与企业应用技术”对接。

二、继续推进广东高校工程技术研究（开发）中心建设

2009 年，广东省教育厅继续进行广东高校工程技术研究（开发）中心建设计划。通过工程技术研究（开发）中心的建设，将高校基础研究的成果进行应用开发研究，转化为企业生产能直接使用的新产品、新技术、新工艺，提高科技成果的工程化水平，成为高校科技创新成果的源头、技术开发和成果推广的基地。同时加强了对工程中心的管理，制定了《高校工程技术研究（开发）中心建设管理暂行办法》。并按照管理办法的要求，组织高校工程中心建设单位召开了工程中心技术委员会会议，对工程中心的建设方案进行审议，对工程中心的发展方向和技术路线提出建设性的意见和建议，取得了良好的效果。

2009 年，广东省教育厅批准高校工程研究中心（面向博士、硕士授权高校）9 个（见表 2），投入建设经费 900 万元；批准技术开发中心（主要面向一般本科院校和高职高专院校）6 个（见表 2），投入经费 420 万元。

表2　2009 年广东省教育厅批准的高校工程研究中心和技术开发中心

项目名称	承担单位
干细胞与再生医学工程技术研究中心建设项目	中山大学
宽禁带半导体材料与器件工程技术研究中心建设项目	中山大学
大气污染控制广东高校工程技术研究中心建设项目	华南理工大学
兽药创新工程技术研究中心建设项目	华南农业大学
计算机网络与信息系统工程技术研究中心建设项目	华南师范大学
现代精细化工工程技术研究中心建设项目	广东工业大学
隔震减震控制与抗震工程技术研究中心建设项目	广州大学
海水优良贝藻种苗工程技术研究中心建设项目	汕头大学
海产经济无脊椎动物健康养殖工程技术研究中心建设项目	广东海洋大学
石油化工过程装备故障诊断与信息化控制工程技术开发中心建设项目	茂名学院
粤西林产化学工程技术开发中心建设项目	肇庆学院

续上表

项目名称	承担单位
现代制造装备工程技术开发中心建设项目	佛山科学技术学院
高分子材料加工工程技术开发中心建设项目	广东轻工职业技术学院
南药资源保护与利用工程技术开发中心建设项目	广东食品药品职业学院
高效热泵技术应用工程技术开发中心建设项目	顺德职业技术学院

三、继续实施高校科技“走出去”战略

2009年5月，组织高校参加“第十二届中国北京国际科技产业博览会”（简称“科博会”）。广东展团围绕“科技创新引领发展”这一主题，共组织了40个项目参展，其中22个项目是广东省教育厅推荐的高校项目。暨南大学的展示项目已与2家企业成功签订合作协议，新疆油田、浙江宁波等地5家企业也纷纷表示了合作意向。

2009年6月，组织7所高校参加第五届“泛珠三角区域经贸合作洽谈会”，带去了300项高新技术成果参加展示、交易。签订科技合作合同（协议）25项，合同（协议）金额达6 000多万元。合作地区涵盖所有泛珠三角地区，合作领域包括节能环保、新能源、现代农业、生物医药、旅游规划、食品加工、有色冶金、矿产采掘、人才培养等多个领域，取得了良好的推广示范效应。

2009年11月，组织8所高校参加“第十一届中国国际高新技术成果交易会”（简称“高交会”），带去了涉及生物医药、机电信息、新材料、资源环保、食品科技等多个领域高新技术成果参加展示、交易。广东省高校签订合作项目38项，合同总金额达840万美元。高校科技成果在第十一届高交会上惊艳亮相，引起了参会客商的重点关注。例如，暨南大学与新奥集团合作启动的重大项目“高油量能源微藻开发利用技术研究”，以微藻生物能源开发共性关键技术和小型中试示范为切入点，以生物技术与化学工程转化为重要手段，重点开展利用微藻生产生物柴油的关键技术研究。诺贝尔奖获得者、美国能源部长朱棣文博士一行访问中国时参观了新奥集团，对该项技术给予了很高评价。此次高交会上，新奥集团又与暨南大学签订了200万元的合作协议。

四、高校科技积极面向经济建设主战场

积极开展与企事业单位的横向合作和开发活动。据不完全统计，截至2009年底，广东省普通高等学校共拥有各级各类科技服务平台（包括工程中心、产学研基地、与企业共建实验室及其他产学研联合体等）591个，已投入建设经费共21.61亿元。

2009年度，广东省普通高等学校与企业合作申报获立项的科技类纵向项目以及企业委托横向项目共计5 043项，批准经费13.38亿元，占当年实到科技项目经费（26.08亿元）的51%。其中纵向项目916项，获批经费3.44亿元；横向项目4 127项，获批经费9.94亿元。

全省高校（包括附属医院）技术转让签订的合同数共333项，同比增长47.3%，合同金额共11 147.05万元。2009年广东省高校与企业合作完成的项目获各级各类科技政府奖共132项，其中国家级、省部级奖励76项。

五、继续推进高校科技产业规范化建设工作

2009年，广东省教育厅积极推进高校科技产业规范化建设工作，召开省属高校科技产业规范化建设工作阶段总结会。会议总结了近几年学校开展科技产业规范化建设工作所取得的成绩，分析了存在的问题和不足，探讨了科技产业规范化建设和科技产业发展的思路，并部署了下一步产业重点工作。会议表彰了4名广东高校科技产业规范化建设工作特别贡献奖获得者和18名广东高校科技产业规范化建设工作先进个人。会议的召开对进一步深入推进省属高校科技产业规范化建设工作起到了重要的推动作用。

召开第一批（2008年）广东高校专项研究项目（科技产业规范化建设）研究成果报告会。报告会采取项目负责人报告项目研究情况和现场答辩的形式进行，专家在现场对结题的项目给予评审验收。各项目组立足高校科技产业改革、创新、发展的主线，通过对改革改制工作中重点难点问题的研究以及对产业发展问题的思考，形成了一系列富有借鉴意义的研究成果，对指导校企改革改制的实践具有重要的参考价值。

在广泛征求意见的基础上，制定出台了《关于进一步做好省属高校科技产业工作的意见》，就加大工作力度，全面建立新型产业管理体制，强化学校企业风险管控，推动高校产业科学发展等方面提出了指导意见，并对资产公司的组建、所投资企业的资产划转、全民所有制企业改制及撤并、校级领导在学校企业的不合规兼职、企业冠用校名全称的清理等五项工作提出了明确的时间节点要求。

组织高校对学校资产公司和重点企业进行风险排查，并对高校的风险排查工作进行专项检查。

六、启动高校重点科技联合攻关项目

2009 年，新启动“高校重点科技联合攻关项目”试点，主要是组织高校针对国家和广东省重点领域、重点产业的重大科技需求和关系社会安全的重大问题，开展重点关键共性技术攻关，以促进广东省现代产业体系建设、人民群众的健康生活和经济社会的发展。2009 年度的试点主要是针对甲型 H1N1 流感带来的疫情，开展“应对甲型 H1N1 流感重点科技联合攻关项目”。经组织和评审，确定由钟南山院士牵头，广州医学院、中山大学、华南理工大学、广州中医药大学、中国科学院广州生物医药与健康研究院等单位联合，组成了高校应对 H1N1 流感重点攻关项目组。通过整合高校资源，充分发挥各高校在基础医学、临床、产业化等领域的优势，形成合力，这对当前及以后的甲型 H1N1 流感防控工作将起到重要的战略意义。广东省教育厅投入资助经费 200 万元，各项目组所在单位共投入经费 300 万元。

七、高层次创新人才队伍建设和高层次创新平台建设有新突破

2009 年，广东省高校的高层次创新人才建设有了突破性的进展，高校新增 4 名两院院士，刷新了广东每年院士评选中最多获选 1 至 2 人甚至挂零的历史，创造了空前佳绩。中山大学的许宁生、陈小明和南方医科大学的侯凡凡教授当选为中科院院士，华南农业大学的罗锡文教授当选为工程院院士。据统计，2009 年全国共增选中科院院士 35 名，其中高校系统有 19 名，广东高校就占了 3 名，比例高达 16%。中山大学一年获选 2 名中科院院士，许宁生、陈小明教授双双登顶，与清华大学、北京大学、兰州大学并列全国高校第一名。

2009 年，广东高校获国家“973 计划”项目首席科学家有大的突破，全省共 11 人，其中高校占 8 人；在此之前，从 2000 年到 2008 年 9 年间，广东省仅有 10 名“973 计划”项目首席科学家，全部在高校。上半年，广东省新增“长江学者” 11 人，“珠江学者” 16 人，其中 90% 以上是广东省教育厅的科研创新平台负责人。2009 年初公布的第六届国务院学位委员会学科评议组成员中，广东省高校有 33 人入选，排名全国第 7 位（除军校系统）。

【高校知识产权工作】 据广东省知识产权局编制的《广东省专利统计数据（2009）》，2009 年广东省高校专利申请量和授权量继续保持了较好的增长，全省高校专利申请总量达到 3 029 项（其中发明专利 1 944 项，实用新型 594 项，外观设计 491 项），同比增长 30.4%；全省高校专利授权总量达到 1 419 项（其中发明专利 770 项，实用新型 469 项，外观设计 180 项），同比增长 44.5%。其中华南理工大学以专利申请量 821 项位居全国高校第 9 位，以专利授权量 436 项位居全国高校第 10 位。此外，广东省高校 2009 年获批计算机软件 151 项，其中华南理工大学获批 84 项，比 2008 年的 52 项增长了 62%。

2009 年广东省专利申请量居前十位的高校有（仅以第一申请人计）：华南理工大学（821 项）、中山大学（408 项）、中山职业技术学院（210 项）、中山火炬职业技术学院（175 项）、华南农业大学（163 项）、广东工业大学（144 项）、暨南大学（106 项）、深圳职业技术学院（106 项）、深圳大学（86 项）、华南师范大学（85 项）。

2009 年广东省发明专利申请量居前十位的高校有（仅以第一申请人计）：华南理工大学（600 项）、中山大学（359 项）、华南农业大学（139 项）、暨南大学（103 项）、广东工业大学（101 项）、深圳大学（69 项）、华南师范大学（64 项）、广东海洋大学（60 项）、清华大学深圳研究生院（55 项）、五邑大学（41 项）。

2009 年广东省专利授权量居前十位的高校有（仅以第一完成人计）：华南理工大学（436 项）、中山大学（170 项）、中山职业技术学院（152 项）、广东工业大学（86 项）、深圳职业技术学院（86 项）、暨南大学（52 项）、华南师范大学（51 项）、华南农业大学（50 项）、深圳大学（33 项）、清华大学深圳研究生院（28 项）。

2009 年广东省发明专利授权量居前十位的高校有（仅以第一完成人计）：华南理工大学（300 项）、中山大学（146 项）、暨南大学（50 项）、广东工业大学（41 项）、华南农业大学（35 项）、华南师范大学（31 项）、清华大学深圳研究生院（27 项）、深圳大学（20 项）、南方医科大学（16 项）、深圳职业技术学院（13 项）。

2009 年，广东省高校多项专利技术获得高层次奖励。如华南理工大学荣获 3 项国家专利优秀奖，获奖数量位居全国高校前列。其中，“木素系加气混凝土用高效砂浆外加剂及其制备方法”发明专利荣

获国家专利优秀奖和广东省专利金奖，“中浓纸浆稳压双升流塔氧气漂白方法”和“抗消化淀粉及其制备方法和应用”荣获国家专利优秀奖和广东省专利优秀奖。该校的周震涛教授还荣获第四届“发明创业奖”称号。

2009年，国家知识产权局对第一批全国企事业知识产权示范创建单位进行了严格的考核评审与验收，最终有57家单位通过验收，荣获“全国企事业知识产权示范创建单位”称号。华南理工大学成为全国4所获此荣誉称号的高校之一。中山大学、暨南大学、华南农业大学、南方医科大学、广东工业大学、汕头大学、广东海洋大学、茂名学院、广州大学、韶关学院通过验收，成为广东省知识产权试点事业单位。

广东省高校高度重视产学研结合，注重发挥专利发明人在专利成果转化中的积极性，重视利用现有的科技成果转化平台与渠道，使专利技术产业化工作成为学校科技成果转化工作的重要组成部分，专利实施与产业化工作效益显著。华南理工大学发明专利“中浓纸浆稳压双升流塔氧气漂白方法”可大幅度降低后续漂白化学品用量，氧脱木素段废水全部逆流回到碱回收工段，大大降低漂白中段水的污染负荷，为企业实现清洁生产、节能减排创造有利条件。该专利技术已在广东、新疆、河南、山东等多家企业实施应用，近5年累计新增销售额10.15亿元，新增利润1.15亿元。以该技术为主体的项目获得国家科技支撑计划、广东省百项科技创新工程项目支持。

在服务社会的同时，高校越来越重视知识产权的保护和维权工作。2009年华南理工大学知识产权学院专门针对理工科学生知识产权学习的特点，编写了统一教材《知识产权概论》，并由华南理工大学出版社出版。同时启动了民商法专业中知识产权方向硕士周末班的招生工作，受到了社会各界的广泛欢迎。中山大学先后举办了两期美国和欧洲知识产权讲座，邀请了3名美国和欧洲的知识产权专家就美国生物技术领域专利法及人类胚胎干细胞专利引发的伦理问题和欧洲专利理论与实务进行报告，通过讲座使师生较系统地了解美国和欧洲知识产权申请和保护的程序、政策和法规，提高了师生的知识产权保护意识。

【教育部、教育厅人文社会科学基地建设】一、广东省普通高校人文社会科学重点研究基地建设

自2003年12月开始建设到2009年12月，6年共建立了46个研究基地，其中，2009年批准立项的7个。目前，广东省普通高校人文社会科学重点研究基地分教育部、省部共建、省级和省市共建四类。2009年，广东省有教育部人文社会科学重点研究基地8个，占全国的5.52%，与吉林省并列第四，省部共建基地2个，省级基地45个，省市共建基地1个。

二、2009年广东省教育厅重点研究基地建设

2009年7月，省教育厅进行了第七次基地的申报和评审工作。全省共有13所高共申报了20个重点研究基地，经过专家的异地通讯评审和现场答辩，确定7个基地列入立项名单（见表3）。

表3　2009年广东省教育厅第七次评审批准立项基地

所在学校	项目名称	项目负责人	学科门类
中山大学	中山大学金融工程与风险管理研究中心	李仲飞	管理学
中山大学	中山大学廉政与治理研究中心	郑德涛	政治学
华南理工大学	华南理工大学政府决策与绩效评价研究所	张国祚	政治学、管理学
暨南大学	暨南大学应急管理研究中心	林如鹏	管理学
暨南大学	暨南大学知识产权与法治研究中心	徐　暄	法学
广东外语外贸大学	粤商研究中心	陈国萍	管理学
韩山师范学院	韩山师范学院潮学研究中心	黄　挺	历史学、文学

三、组织基地评估及年度检查

根据《广东省普通高校人文社会科学重点研究基地管理办法》规定，对基地实行动态管理，即“竞争入选、定期评估、不合格淘汰、达标递补”的管理模式，为此，于2009年7月组织对基地四年建设期满的9个基地进行评估和19个基地进行年度检查，在开展四年达标评估和年度检查的基础上，使基地建设通过不合格淘汰、竞争递补的方式，在动态管理中保持先进性。9个基地评估的结果是：2个优秀，分别是暨南大学金融研究所、华南师范大

学岭南文化研究中心；4 个良好；2 个合格；1 个不合格。19 个基地年度检查的结果是：7 个优秀，6 个良好，6 个合格。

四、人文社会科学重点研究基地建设成效

广东省人文社会科学重点研究基地经过五年的建设，在科学研究、人才培养、学术交流和信息资料建设及咨询服务等方面取得了一定的成绩，特别是在服务政府、服务地方方面更加突出。

一是全国性项目数量和经费获得新的突破。2009 年，广东省高校获国家社会基金项目 75 项，资助经费 732 万元，排在全国第六位；获教育部规划项目 248 项，资助经费 1 403.8 万元，后期资助项目 6 项，资助经费 60 万元，委托项目 2 项，资助经费 26 万元，基地重大项目 16 项，资助经费 200 万元；获教育部重大攻关项目 2 项，资助经费 140 万元。

二是研究成果质量不断提高。2009 年广东省高校获得中国高校人文社会科学研究最高级别奖项——高等学校科学研究优秀成果奖（人文社会科学）43 项，其中一等奖 3 项，占全国 38 项的 8%。与上一届（2006 年）相比，分别多了 13 项和 3 项，且在获奖成果中，3 个一等奖全部由人文社会科学重点研究基地的成员获得，其他获奖成果大部分是人文社会科学重点研究基地的成果。

广东省人文社会科学重点研究基地暨南大学汉语方言中心甘于恩教授主持的国家社会科学基金项目最终成果《广东粤方言地图集》被评为“优秀”。该成果内容包括两大部分——文字说明部分和地图集正文，对广东省 122 个粤语点（港澳 1 个点）进行了调查，描绘调查示意图 1 幅、语音图 103 幅、词汇图 258 幅、语法图 70 幅以及三种图目录，共计 120 万字。其中主要阶段性成果分别发表于《中国语文》《语文研究》《粤语研究》等刊物。

三是服务社会初见成效。主要体现在如下几点：

（1）研究成果被编入高级内参《成果要报》。有 3 名专家的成果编入国家社会科学基金项目《成果要报》，其中中山大学陈丽君教授有 2 个成果编入国家社会科学基金项目《成果要报》（《成果要报》是呈送中央政治局常委、委员等党和国家领导人的内部参阅件，专门摘报国家社科基金项目研究成果中有重要现实意义的对策研究成果，作为党和国家重要决策的参考）。

（2）承接政府调研任务，为政府出谋划策。中山大学李仲飞教授主持完成的第 16 届亚运会组委会委托项目“2010 年广州亚运会全面风险管理”，其成果于 2008 年 6 月被组委会鉴定为优秀。

（3）政策、建议被政府采纳。中山大学毛蕴诗教授主持的教育部“国际金融危机应对研究”应急课题重大项目“金融危机下的中国 OEM 企业升级研究”，产生了多项阶段性研究成果，并通过《省政府参事建议》上报，获得汪洋书记、黄华华省长等省委、省政府领导的重视。

（4）相关成果得到社会认可。中山大学城市社会研究中心、中山大学社会科学调查中心联合组织的“学术研究数据库共享计划”正式启动，并已经发布在“珠三角农民工调查”和“广东省家庭追踪调查”两个数据库系列中，省政府相关部门给予了 500 万元的经费资助。广东省普通高校人文社会科学重点研究基地“华南理工大学金融工程研究中心”获颁“广东省金融创新奖”一等奖，是唯一获得表彰的高校科研单位。

（撰稿　杨立群　陈　磊　谢春艳　黄黎露；审稿　杨　军）

以信息化手段（CRP）推动学校管理机制全面创新

广州工程技术职业学院

院长樊至光

广州工程技术职业学院致力于建设集“日常管理”“评估工作”“规划决策”与“激励改进”为一体的数字化校园（CRP系统），该系统建设历时8年，无论是整体规划还是软件开发均为自主设计，已申报国家著作权保护。目前，广州工程技术职业学院的信息化建设经验已受到教育部、省市教育主管部门及全国多所高职院校的多方关注，其成果《构建可视受控、持续改进的数字校园》一文作为全国1 100多所高职院校中的22个改革典型案例之一被收录于《中国高等职业教育年度报告（2009）》。

一、CRP系统的强大功能

“CRP ”（Campus Resource Planning）即“校园资源计划”，是一个以教学为核心的新型数字化系统，通过识别和规划校园资源，更有成效地实现和完成学校教育教学、招生就业、校企合作和行政后勤保障管理等任务，实现资源价值的最优化。

学院耗时8年研发成功的CRP系统，内含50多个功能模块，覆盖学院管理的所有方面。该系统以ISO体系为流程总线，以数据的归属管理为系统分类，而且彻底打破系统之间的边界，具有一个指令多个系统响应、多个功能模块联动的特有功能。

该系统的特点有三：

（一）全部数据采自源头且循环流动。CRP系统的数据全部产自工作过程，自源头采集，随用随采，既实时又可靠。系统每天将经过加工处理的信息分流至管理的各环节，师生员工利用系统进行工作与学习的过程，就是系统中信息循环流动的过程。循环流动使信息始终处于活跃的交互状态，突破了目前信息化建设中最难突破的“信息孤岛”这一技术难题。

（二）全员参与维护与全方位共享信息。大量的数据经过信息技术进行提炼后转化成为有用的信息，实时提供给各级领导和师生使用，为决策和改进工作提供明确的数据化指引。系统通过授权开放，不仅实现了校内的信息交流，同时实现了学校、学生、家长和用人单位在同一平台上的远程沟通与互动。

（三）操作界面人性化和个性化。在系统的综合管理平台上，每位教工的工作界面既能显示个人信息，又可提供个性化的任务提醒，还可由用户根据不同的需求自行定制功能模块。

二、在CRP条件下全面创新管理机制

CRP系统在管理实践中的应用，极大地拓宽了现实校园的时空维度，扩展了传统校园的功能，推动了学校管理的全面创新，在保障和提高学校管理质量的同时，大大降低了管理成本。

（一）CRP系统始终使校园处于可控和安全状态。在CRP系统中，信息汇聚成为实时数据监控平台——仪表盘，学院各级领导置身系统有如置身基层，透过平台中的各种视图和各层面数据以及通过技术手段实现的数据纵横比较，真实地预测、了解、掌握和应对学校的各种情况，使校园始终处于可控和安全的状态。

（二）CRP系统保障了办学资源使用的充分性和有效性。“仪表盘”中那些最能体现管理效能及教学水平的信息，如课室使用率、实验室使用率、设备使用率及报修率、各后勤场所满意度、教师工作量及授课满意度等，不仅为分布于各部门、各岗位的办学资源共享提供了可能和方便，同时为学院领导运筹管理、合理分配和调剂学院办学资源、调整及优化结构、提高资源的利用效率等提供了客观依据。

（三）CRP系统将“质量、安全、环境”有效集成为校园标准化管理体系。学院经过对ISO9000的“选择性改造”，将内部的所有管理要素通过CRP系统有效整合，实施标准化运作，通过明确管理职责、关注过程质量以及有效的满意度调查，对学校工作实施全程调控，持续改进，实现了企业ISO9000标准与教育领域的有效对接。

（四）CRP系统是大学生素质教育基本制度与实践方略改革的基本保障。以“教、学、做、养”相结合为特色的“教养工程”是学院人才培养模式改革的新实践，CRP 系统为其提供了技术支持，构建了由“教养工程动态电子书”“学生电子信息档案”“辅导员信息平台”和“教师电子日志”等构成的既相互贯通又全面记录师生交流和学生表现的“教养”培育信息平台。学生家长通过登录及时了解和掌握情况，有效解决了大学生素质教育中学校与家庭脱节、校内各种育人资源难以形成合力、学生状态信息封闭等难题。

建设以学生为主的“全信息化大学”

（五）CRP 系统实现了专业建设管理的实时性和精细化。基于CRP系统，以动态和灵敏的评价指标，实时监测每月的专业建设状态。在建设过程中，通过专业动态数字平台，教师之间可互相借鉴专业建设的研究与成果，实现无界化的协作交流以及资源和才智的共享。

（六）CRP 系统提高了就业教育、管理、服务的科学化水平。借助CRP系统， 实现了学生网上查询招聘信息、网上应聘、毕业生网上资格审核、毕业生就业情况审核和用人单位网上问卷反馈等，极大地丰富了就业教育的教学资源，提高了就业管理与服务的质量与效率。

（七）CRP 系统为教工业绩考核提供了技术依托。教工业绩考核注重工作过程，借助校园标准化管理平台和CRP系统，在日常工作过程中自动生成具有参考、提醒甚至警示作用的透明可视的教工业绩数据，同时把年度考核分解为月度考核，方便教工及时进行自我诊断和调控工作状态。

学院的CRP系统，无论是整体规划还是软件开发，全部是自主设计，是多年累积的创新成果，已经申报国家著作权保护。系统功能虽然十分强大，但硬件资源要求不高，在院校推广应用没有技术障碍。目前，学院在教育部高教司高职高专处、教育部高职高专院校人才培养工作评估专家委员会主任杨应崧教授的指导下，正在全国多所国家示范性高职院校中开展移植试验。广州工程技术职业学院愿意让更多的学校免费共享这一创新成果，为高等职业院校的信息化建设奉献微薄之力。

广东科学技术职业学院

（广东省科技干部学院）

广东科学技术职业学院（广东省科技干部学院）是广东省政府批准设立的普通高等学校，正厅级建制，隶属广东省教育厅。学院创办于1985年，2003年由成人高校转制为综合性普通高职院校，2008年12月以优异的成绩通过教育部人才培养工作评估。

学院现有广州、珠海两个校区，校园占地134.13万平方米，建筑面积49.3万平方米，教学科研仪器设备总值9 735万元，馆藏图书113.9万册，全日制在校生20 821人，现已成为具有较大办学规模和较强办学实力的高等职业学院，形成了以高职教育为主体、科技培训与继续教育协调发展的办学格局。

2009年，学院在新一届领导班子的带领下，扎实推进“广东省示范性高职院校”的创建和申报工作并顺利完成了评估回访工作，同时积极推动教学改革，进一步提高学院的教学质量。

专业建设和课程建设取得新进展。学院将现有的39个专业调整优化成8个专业群，并明确了重点培育和打造的5个专业群。在课程建设方面，学院有5门课程被评为国家精品课程，4门课程被评为国家教学指导委员会精品课程，47门课程被评为校级精品课程；在学院新编制的《人才培养方案》（2009年版）中，全院课程更新率达到67%。此外，学院还启动了综合素质教育课的增设、改革，以及网络课程的建设。

校企深层合作、工学结合“双主体”人才培养模式的改革取得新突破。学院开展了不同形式的校企深层合作、工学结合“双主体”人才培养模式的探索与实践，让学校与企业共同成为人才培养的主体，进一步明确学校、企业“双主体”的地位并充分发挥两者的作用，真正地把企业作为学校人才培养的另一阵地，开展人才培养工作。

“校内外‘双主体’教学企业”建设取得新成果。2009年，学院新增校外实训基地156个（总数达到229个），完成了集“教、学、做”为一体的实训基地建设项目20项，建成1个国家级实训基地、2个省级实训基地。学院积极与企业建立合作项目，探索“校内外‘双主体’教学企业”这一新型的实践教学模式；校企深层合作项目“广科院金辉工艺品产学研基地”的正式启动与运行，标志着学院教学企业建设迈上新的台阶。

继续教育和科技培训工作取得新成绩。2009年，学院共开办科技管理干部培训班10期，培训496人；超额完成了中职学校骨干教师培训任务，举办专业技能培训班7个，培训482人；承办专业技术和执业资格考试424场，接待考生11 540人次，招收成人教育班学生1 578名。

“双师型”师资队伍建设水平进一步提升。2009年，学院新增在编专任教师33名，同时继续推动“双师型”师资队伍建设，分期分批选派教师到企业挂职锻炼，鼓励教师获得专业技师、高级技师资格。

科研服务能力进一步提高。2009年，学院申报市、厅级以上科研项目69项，获准立项38项；组织各级各类科研项目结题验收35项；申报专利5项，获得授权的实用新型专利1项。学院还与阳江职业技术学院等3所职业院校开展对口支援与合作。2009年12月，全省高校首个“广东科技人才基地”在学院成功启动，为学院科技人才的培养搭建了良好的平台。

2009年10月30日，学院与珠海金辉礼饰纪念品有限公司校企深层次合作项目——“广科院金辉工艺品产学研基地”正式启动运行

2009年12月29日，经广东省科技厅批准成立的全省高校首个“广东科技人才基地”在学院隆重揭牌

广州校区地址：广东省广州市天河区科华街351号
邮　　编：510640
电　　话：（020）85297309
珠海校区地址：广东省珠海市金湾区珠海大道南侧
邮　　编：519090
电　　话：（0756）7796288

私立华联学院

2009年1月，校长侯德富（右一）荣获“第八届中国改革十大创新人物”称号

2009年5月26日，学院“两课”（马克思主义理论课、思想政治教育课）建设通过广东省专家组评估

【年度概况】

2009年，私立华联学院共有21个系、38个专业、7 632名在校学生。学院拥有一支人数为540人的以老教授为骨干、中青年教师为主体，专兼职结合，结构优化的教师队伍，现有教职工889人，其中专任教师371人，兼职教师169人。学院校园土地面积约为72.03万平方米，含广州校本部、清远校区、广州龙洞校区（租用），校舍建筑面积27.09万平方米；图书馆藏书50.03万册；教学仪器设备总值3 006.14万元。学院坚持“教育改变命运”的办学理念，围绕“把华联创建成一所高水平、有特色的高职院校”的目标开展二次创业，取得了显著的业绩。

【教育成果与特色】

2009年，学院顺利开展了为期半年的深入学习实践科学发展观活动，取得了突出的成绩。

一、深入贯彻中央16号文件精神，巩固大学生思想道德社会实践基地

2009年是华联学院贯彻落实中央16号文件精神，加强和改进大学生思想政治教育工作的第五个年头。学校进一步巩固和发展在清远校区建立的社会实践基地，让大一学生到实践基地广泛开展“立志、修身、博学、报国”主题教育活动。2009年，学院有2 700名学生参加了该主题活动，收到了良好的教育效果；同年5月26日，华联学院思想政治理论课建设顺利通过广东省专家组评估。

二、教学质量稳步提高，毕业生就业率再创新高

2009年，华联学院教学质量稳步提高。学院2009计划招生3 296人，实招3 400人；2 576名毕业生顺利毕业，综合就业率达到96.1%。2009年，广东省政府对20名大学毕业生创业典型进行表彰，学院2001级毕业生李泳誉和2002级毕业生蔡伟昌位列其中。2009年4月，华联学院继续教育学院荣获“广东省成人教育先进单位”称号。

2009年12月4日，广东省民办高职高专院校就业经验交流会在华联学院召开

三、学生社团广泛开展，第二课堂硕果累累

2009年，学院共设有学生社团45个，参加社团的学生人数占全院学生总数的70%以上。2009年，学院艺术表演系学生获得“2009新加坡国际音乐艺术大赛”钢琴组最高奖；音乐系学生获“首届全国民办学校艺术展演”一等奖。

四、合作办学蓬勃发展，国际和地区间的交流日益频繁

2009年9月下旬，华联学院与日本合作创办的“华联学院京都校”进入操作实施阶段；4月中旬，学院与韩国、台湾、北京、广州等国家或地区的多家学校和企业达成“校校合作”“校企合作”办学协议。2009年1月19日，学院经广东省教育厅批准，获得招收外国留学生的资格。

五、“学陶”“师陶”活动取得新进展，陶行知思想深入人心

2009年8月下旬，华联学院校长侯德富应邀出席了在贵州省贵阳市举办的“陶行知教育思想与西部农村教育发展论坛”，提出为西部地区免费培训100名草根教师。2009年12月11日，中国陶行知研究会陶行知教育思想实验基地在学院挂牌成立。

2009年1月15日，校长侯德富获“第八届中国改革十大创新人物”荣誉称号；2009年1月，华联学院被评为2008年度“全国关心成长模范学校”，侯德富校长被评为“中国关心成长卓越贡献人物”；2009年12月，中国教育学会教育管理分会授予学院“全国德育管理先进学校”荣誉称号。

2009年，华联学院被媒体评为“改革开放30年最具竞争力民办高校”。

校　长：侯德富
地　址：广东省广州市天河区东圃小新塘新景路99号
邮　编：510663
电　话：（020）82373692

学院举办2009届毕业生校园招聘会

2009年5月13日，学院举行第四届宿舍文化节开幕仪式

学生社团文化展演晚会

华南农业大学

华南农业大学是广东省和农业部“九五”“十五”共建“211工程”全国重点大学，已有100年的办学历史。学校悠久的办学历史可追溯到始创于1909年的广东全省农事试验场暨附设农业讲习所；1952年，在全国高校院系调整时，学校由中山大学农学院、岭南大学农学院和广西大学农学院畜牧兽医系及病虫害系的一部分合并成立了华南农学院（隶属农业部主管）。1984年，学校更名为华南农业大学；2000年，国家深化高校管理体制改革，学校划归广东省主管；2004 年12月，学校在教育部本科教学工作水平评估中被评为优秀。学校校园坐落在素有“花城”美誉的广州市，占地550万平方米，校舍总建筑面积137万平方米，环境优美，景色怡人，是读书求学的好地方。

学校现任党委书记为李大胜教授，校长为陈晓阳教授。 华南农业大学在百年的办学历程中，形成了优良的办学传统、鲜明的办学特色和“修德、博学、求实、创新” 的优良校风，建立了研究生教育、本科教育和继续教育多层次多形式的办学体系。学校学科门类齐全，现有86个本科专业，并分别设有：9个博士学位授权一级学科，13个硕士学位授权一级学科；49个博士学位授权点，78个硕士学位授权点；5个国家重点学科，1个国家重点（培育）学科，5个农业部重点学科，3个广东省一级重点学科，14个广东省二级重点学科和1个国家林业局重点学科；9个博士后科研流动站；120多个教学科研实验室，5个农业部重点开放实验室，3个教育部重点实验室，7个广东省重点实验室，4个广东省教学重点实验室，8个广东省普通高校重点实验室；2个国家级实验教学示范中心，10个广东省高校实验教学示范中心；1个国家工程技术研究中心，3个教育部工程研究中心；2个国家级基地，2个广东省人文社科重点研究基地；国家级精品课程10门，省级精品课程20门；国家级特色专业12个，广东省名牌专业9个。

学校设有22个学院（部），现有教职工2 900多人，教授、副教授900多人，其中博士生导师199人，硕士生导师686人；全日制在校生4.1万人，其中本科生3.6万余人，研究生5 000余人，来自35个国家的留学生85人。学校2009年本科毕业生就业率为93.54%，研究生就业率为95.08%。新中国成立以来，学校为社会培养了包括10名院士在内的高等农业教育人才达10多万人，其中一大批校友已成为专家学者、领导干部和农业科技骨干。

在新的历史发展阶段，学校将充分发挥地处改革开放前沿、毗邻港澳的区位优势，积极适应社会主义新农村建设和广东率先基本实现社会主义现代化的需要，并按照“适度规模、提高质量、节约增效、创新制度、和谐发展”的方针，努力将华南农业大学建设成为以农业科学为优势、生命科学为特色，立足广东、面向全国，农、工、文、理、经、管、法等多学科协调发展的高水平教学研究型大学，同时向国际知名、国内一流的研究型综合性大学的目标迈进。

全国政协副主席罗富和视察华南农业大学。图为华南农业大学校长陈晓阳（左）向罗富和副主席（右）介绍学校新貌

广东省委副书记、省长黄华华（左二）以及广东省副省长宋海（右二）代表省委、省政府慰问华南农业大学卢永根（左一）院士

学校隆重举行建校100周年庆祝大会

华南农业大学工程学院罗锡文教授当选中国工程院院士。图为罗院士（右二）带着研究生在田间工作

中山大学新华学院

2009年，中山大学新华学院在深入开展学习实践科学发展观活动的同时，认真学习贯彻教育部第26号令的文件精神，制定了学院五年过渡期工作方案，各项工作均有较大的促进。一是学院东莞校区一期工程、天河校区校园建设工程列入了2009年广东省重点工程建设项目，推进了校园办学条件的建设。二是在原有的汉语言文学、英语、法学、国际经济与贸易、统计学、工商管理、市场营销、财务管理、电子商务、行政管理、护理学、药学、电子信息科学与技术、计算机科学与技术14个专业的基础上增设了经济学、会计学、服装设计、生物医学工程4个新专业；专业涵盖了文、理、工、医、经、管、法7大学科门类，学科结构更趋合理。三是18个专业顺利完成了年度招生计划，共录取新生1 509名；在校生达4 351人。四是711名毕业生顺利毕业，其中46名学生被评为学院优秀毕业生，593名学生获得中山大学学士学位并参加了中山大学学士学位授予仪式；毕业生总体就业率达到91.14%，其中护理专业毕业生就业率达100%。五是专职教师增加到124名，其中65%为拥有硕士、博士学历的年青教师；专、兼职教师的比例已达5：5，师资队伍初具规模，队伍结构得到了调整。六是修订教学计划，开设124门选修课，增加应用型课程、实践课时和英语学习量，进一步完善了应用型教学课程体系。七是积极推进教材改革建设，鼓励教师自编教材；其中法律学系教师参加全国独立学院应用法学系列教材的编写，已编有主编教材2本，副主编教材3本，参编教材8本。八是与医院、法院、机关部门、事业单位、知名企业、科研基地联合建立实习基地（已增加到30个），有效保证了学生实操能力的培养。九是实施专业互补、资源共享、学科交叉、扩宽学生的知识面，增强学生的适应能力。十是在国家奖学金、国家励志奖学金、学院奖学金的基础上增设了广东益民奖学金、江西广东商会奖学金和长江企业助学金。学院有454名优秀学生获奖，24名学生在全国相关大赛中获一、二、三等奖；陈家树教授继王秀岚老师获广东省2007年南粤优秀教师之后荣获“广东省2009年南粤优秀教师”称号。

党委书记：刘美南
院　　长：陈伟林
党委副书记、副院长：蓝永金
党委副书记：陈荣冠
副院长：杨卫华　　詹俊川　　李沐林
校　　址：广东省广州市天河区龙洞华美路19号
邮　　编：510520
电　　话：（020）87065915（传真）
　　　　　（020）87065995（招生热线）
网　　址：http://xh.sysu.edu.cn

中山大学校长黄达人（左）为学院毕业生授予学士学位

中国行政学专家、学界泰斗，“中国MPA之父”，中山大学教授、博士生导师，中山大学新华学院行政管理学科建设顾问夏书章在学院讲学

护理专业实践教学

篮球比赛

广东水利电力职业技术学院

学院现任领导班子成员：（左起）院长助理钱武、副院长王丽娟、纪委书记肖金銮、副院长匡会健、院长江洧、党委书记黄涛、常务副院长邱国强、党委副书记李海建、院长助理刘伟、院长助理曾志军

广东省水利厅厅长黄柏青（前排右二）等厅领导在时任学院党委书记萬平一（前排右一）、院长江洧（前排左一）等院领导的陪同下考察从化校区的校园绿化工作

学院成功举办第四届全国水利高职院校“南粤杯”技能大赛

广东水利电力职业技术学院是1999年7月经教育部批准成立的一所公办全日制高等院校。学院隶属广东省水利厅，在业务上接受广东省教育厅的指导。学院的前身是1952年10月成立的广州土木水利工程学校，1973年5月改名为广东省水利电力学校，1999年7月升格为广东水利电力职业技术学院。

学院由广州从化校区、天河校区组成，占地约61万平方米，建筑面积22.29万平方米；固定资产4.29亿元，其中教学仪器设备总值7 390万元；图书馆藏书59.7万册；拥有校内仿真水电厂等各类综合实训场所116个，广东水电集团等校外生产性实习实训基地106个。

学院以全日制专科高等职业教育为主，面向全国18个省（市）招生，现有全日制在校生近8 900人。学院设有水利工程系、电力工程系等7个系，开设了水利水电建筑工程、电厂设备运行与维护等52个专业（方向）；现有2个国家级教学改革试点专业，7个省级高职教育示范性专业，4个“全国水利高等职业教育示范专业建设点”；国家级精品课程3门，省级精品课程7门；省级高职高专实训基地2个，中央财政支持实训基地1个。近年来，学院毕业生就业率均达99%以上；毕业生遍布广东水利电力等行业，为学院赢得了良好的社会声誉。

学院兼办成人教育、中专教育、职业资格培训和技能鉴定，设有“全国水电行业特有工种职业技能鉴定站”“全国水利行业定点培训机构”等，可对62个水利水电行业特有工种和通用工种进行5个等级的职业技能培训和鉴定。

学院2003年被授予广东省“职业教育先进单位”称号；2004年参加教育部高职高专院校人才培养工作水平评估获优秀等级；2007年被广东省政府授予省级“文明单位”称号；2008年，学院被水利部授予“2006—2007年度全国水利文明单位”荣誉称号，被中华全国总工会授予“全国模范职工之家”荣誉称号，并于年内通过广东省示范性高职院校建设项目评审，进入第一批省级示范性高等职业院校建设行列；2009年，学院被水利部确定为“全国水利高等职业教育示范院校建设单位”。

广东水利电力职业技术学院坚持“立足广东，面向全国；立足水利，面向市场；立足当前，面向未来”的办学定位，秉承“厚德、笃学、慎思、泓技”的校训，以科学发展观为指导，充分依靠“行企校”联动办学机制，精心搭建工学结合的育人平台，创新“行业主导、协会搭台、校企唱戏”的办学模式，全面提高人才培养质量，为把学院建成一所“行业一流、国内知名”的国家骨干高职院校而努力奋进。

天河校区地址：广东省广州市天河区天寿路122 号
邮　编：510635
电　话：（020）38490913（院办）　38490923（招生就业处）
传　真：（020）38492114

学院举行示范性高职院校建设配套工程开工仪式

学院依托飞来峡水利枢纽而建的实训基地，占地约1.33万平方米，可同时容纳250人实习训练

广东工程职业技术学院

广东工程职业技术学院是经广东省人民政府批准、教育部备案的公立普通高校，其前身是创办于1958年10月的广东省成人科技大学。学院面向广东、湖南、江西、新疆等19个省市招生，现有全日制高职在校生7 933人；办学50多年来，共培养了6万多名专业技术人才，在社会上享有较好的声誉。

学院坐落在“花城”广州市，现有渔沙坦校本部和下塘西继续教育学院校区，设有东莞、中山、珠海、佛山4个成人高等教育教学点。学院占地约43.67万平方米，景色优美，拥有现代化的实验室和实训室，配备了价值3 300多万元的高性能教学仪器设备和实训设备，图书馆藏书45万多册。

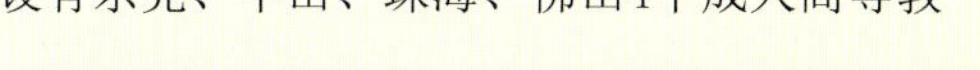

学院办学层次为专科层次高职教育，以工科为主，文、经、管、艺术兼顾，现有机电工程系、建筑工程系、计算机信息系、管理工程系、财经系、外语系、设计与艺术系、人文社科系、思想政治理论课教学部、体育部、继续教育学院11个院系（部），开设了机电一体化技术、数控技术、电梯工程技术、汽车运用技术、建筑工程技术、室内设计技术、计算机多媒体技术、计算机网络技术、物流管理、会计电算化、商务英语、文秘等46个专业及专业方向。

行政楼

学院拥有一支年龄结构合理的专任教师队伍和一支长期稳定的高职称、高技能兼职教师队伍。学院还注重加强与在粤工作院士、各省级学会的联系，聘请暨南大学原校长、中国工程院院士刘人怀为名誉院长，扩大办学影响，提高办学水平。

学院十分注重学生动手实操能力的培养，在校内建设专业实训基地的同时，还与专业相关的知名企业深度合作共建校外实训基地188个。2007年，学院与世界500强企业之一的瑞士迅达电梯公司合作，在校内建立了电梯工程技术实训基地，开创了电梯行业校企合作的先河，在社会上产生很大的影响。

教学楼

学院积极推行高职“双证书”制度，大力推进继续教育培训和考证，提高学生的综合竞争力。目前学院是广东省指定的公务员和专业技术人员计算机专业知识培训及考核点，职称英语培训点，全国计算机、公共英语等级考试培训点和考点，中国秘书岗位资格证书培训点和考点，还是广东省科协干部培训中心、中国科协继续教育中心广东基地。近年来，学院毕业生就业率均达98.79%以上；因就业成绩优异，学院被广东省教育厅向教育部推荐为“全国高校毕业生就业典型经验高校”。

学院办学50多年来一直受到各级领导的殷切关怀。全国人大副委员长韩启德亲临学院视察，充分肯定了学院的办学方向和成绩，并为学院题词“坚持特色、人才强校”。中共中央委员、国务院发展研究中心主任张玉台，中共中央委员、中国科协党组书记、中国科协常务副主席邓楠等领导亦先后到学院视察。各级领导的深切关怀是学院快速发展的强大动力。学院全体师生正饱含激情、同心同德、与时俱进，力争把学院建设成“校风好，校园美，质量高，有特色”的职业学院，为广东的现代化建设作出更大的贡献。

图书馆

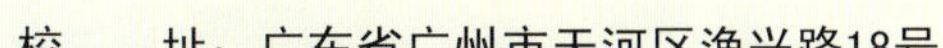

校　址：广东省广州市天河区渔兴路18号

邮　编：510520

电　话：（020）37395091

传　真：（020）87218458

邮　箱：crkd-bgs@163.com

网　址：www.gpc.net.cn

广东外语外贸大学南国商学院

广东外语外贸大学南国商学院是一所由广东外语外贸大学创办、教育部批准成立的本科层次独立学院。

学院位于广东历史文化名城、华南经济文化中心——广州市，坐落在广州市白云区广从公路旁。校园环境幽雅，空气清新，湖光山色，绿树成荫。学院设备设施齐全，师资力量雄厚，教学管理严格，是莘莘学子治学成才的理想之地。

学院目前设有西方语言文化系、东方语言文化系、英语语言文化系、国际经济贸易系、国际工商管理系、信息科学技术系、中国语言文学系、大学英语系、公共课教学部、思想政治理论课教学部10个系（部）；共开设本科专业18个，分属文学、经济学、管理学、工学4个学科门类；现有学生8 300余人。 学院坚持社会主义办学方向，全面贯彻国家的教育方针。秉承广东外语外贸大学“明德尚行，学贯中西”的校训，以“宽基础、精专业、强外语、重实践”的人才培养模式，为国家培养符合经济社会发展需要的“双高两强”（双高：思想素质高、专业水平高，两强：跨文化交际能力强、信息技术应用能力强）并能直接参与国际合作与竞争的全球化高素质公民。学院全面实施高等学校本科教学质量与教学改革工程，确保教育教学质量，在办学水平、学生素质诸方面皆获得社会的广泛认可与肯定。

2009年，学院深入贯彻落实科学发展观，坚持解放思想、改革创新，以教学为中心，以发展为主题，以教育工作合格评估为着力点，集中精力抓内涵建设，教学质量和办学水平全面提高，综合实力不断增强，整体水平持续上升，办学特色进一步凸显，招生形势再上新台阶。在广东省普通高考第二批B类院校招生录取中，第一志愿报考学院的学生人数逐年增加。2009年，学院文、理科投档分分别超出广东省第二批B类院校最低录取控制线19分和26分，投档分数居当地同类独立学院首位；2009年毕业生就业率超过97%。

学院现有7个外语专业，包括英语、法语、德语、西班牙语、日语、朝鲜语、阿拉伯语，是同类高校中外语语种最多最全的独立学院；在专业设置上，实现了“外语+专业”和“专业+外语”人才培养模式的融合。学生大学英语四、六级一次性通过率连续3年远超全国平均水平，稳居全国同类学校前列。依托“强外语”的优势，学院在经济类和管理类专业中开设了全英班，收到了良好的效果。

学院注重探索“国际化”办学道路，积极为学生拓展留学平台，先后与韩国、日本、美国、法国、加拿大、德国、西班牙等多个国家的数十所高校建立了合作关系。目前，到国外留学、研修、实习的学院学生已达500多人次；每年也有不少外国留学生到学院学习中文及其他专业。学院设立了留学基金，支持学习成绩优异的学生到国外学习，资助额度达到每年100万元，帮助学业优秀、个人素质良好但家庭经济相对困难的学生圆了出国留学梦。

展望未来，学院朝气蓬勃、上下一心，以质量立校，以特色兴校，力争将学院建成教育理念先进、专业特色鲜明、外语优势突出、人文氛围浓郁、管理水平高效、整体水平居全国同类独立学院前列的优质涉外型大学。

广东外语外贸大学副校长、南国商学院院长：刘建达
党委书记：林秀雅
常务副院长：彭志芳
副院长：杨永强　　赖志立　　霍海洪　　熊匡汉

校　址：广东省广州市白云区良田中路181号
邮　编：510545
电　话：（020）37400218　22245817

原中国外交部大使丁原洪在学院“博雅大讲坛”上畅谈中美关系

日语专业学生在日本学习

赴美研修生在贝佛大学（Bellevue University）合影

广东省教育厅副巡视员王玉学（前排左二）视察学院供需见面会现场

英语角活动

广东技术师范学院天河学院

广东技术师范学院天河学院是经教育部批准设立的以本科教育为主，工科办学为特色，工、管、经、文等学科协调发展，立足广东，面向华南，为区域产业转型和经济发展服务，培养基础扎实、知识面宽、动手能力强、富有创新精神的高素质应用型技术人才的独立学院。学院现设有电气工程系、机电工程系、计算机科学与技术系、建筑工程系、管理系、财经系、外语系、艺术设计系、基础课部9个教学系部，以及电气工程及自动化、工程管理、机械设计制造及其自动化、国际物流、财务管理、计算机科学与技术、商务英语、艺术设计等48个本、专科专业和专业方向；现有全日制在校学生11 903人，其中本科生7 595人。

广东省教育厅副厅长李小鲁在学院承办的第5届“广东省大学生职业规划大赛”总决赛颁奖典礼上作重要讲话

学院党委副书记、纪委书记洪启煌向亚运志愿者授旗

广东技术师范学院天河学院第一次党员大会

广东技术师范学院天河学院第一次党员大会

学生实训

学院师资力量雄厚，拥有专任教师589名，其中副高以上职称教师177人，硕士研究生以上学历教师178人；“双师型”教师占专任教师总数的31.6%。

学院基础设施完善，拥有多媒体电教室140多间，教学计算机2 800多台，校园网出口带宽410兆，图书馆大楼藏书90多万册，电子图书46万册，6个大型数据库备有光盘检索系统；文体活动设施先进，建有标准的塑胶田径场、足球场、篮球场、网球场、羽毛球场、乒乓球馆、室内体育馆；后勤服务设施齐全，拥有省级达标食堂3个。学生宿舍实行公寓化管理，居住条件舒适，建有独立阳台、卫生间、浴室，配有集中式太阳能热水设备、电话、投币式自动洗衣机、宽带接口等。

学院先后建成了电工电子实训楼、汽车维修实训楼、科讯楼、计算机中心、实习工厂等实训基地，建有高标准的数控加工、汽车实训、会计电算化实训、物流实训、ERP实训、金工实训、英语口语封闭训练营（增城英语村）等多个基地和Linux、电工、电子、PLC可编程控制、单片机、制冷空调、陶艺制作等87个实验实训中心。学院就业指导中心与珠三角地区近100家大型企业长期合作，建有90多个实训实习基地，为毕业生开辟了绿色就业通道；学院毕业生就业率连续4年超过96%，部分专业就业率达100%。

“校企合作、产学结合”人才培养模式推动了学院科技创新和产业化能力的不断提高。七喜电脑公司，顺德赛特莱特公司、德冠集团、兴广建筑公司，广东民建机电安装公司均建有学院的教学和科研基地。2009年9月14日，学院自主研发的上悬式离心机调试成功。

学院在强化学生专业能力的同时，注重以学生活动为载体，通过开展社会主义荣辱观系列教育活动、专业知识竞赛、技能比赛等，促进学生人文素养的提高，增强校园向心力和凝聚力；通过创办《天河学院报》和《星汉》《启航》等文学刊物，陶冶学生情操，丰富校园文化生活。学院现有学生社团40个，每年举办主题鲜明、多层次、系列化、品牌性的校园文艺活动。

学院自办学以来，为社会培养和输送了近20 000名毕业生；毕业生以扎实的理论功底、良好的职业道德、突出的动手能力和较强的创新意识受到用人单位的欢迎。学院也凭借独特的办学特色与先进的办学理念而深受社会各界的好评。

院　　长：王培林
党委书记、常务副院长：胡思虎
党委副书记、纪委书记：洪启煌
副院长：周玉霜　　黄健龙　　王祖益　　肖　海

校　　址：广东省广州市白云区太和兴太三路638号
邮　　编：510540
电　　话：（020）87478449　　传　　真：（020）87478354

广州科技贸易职业学院

表现出色的学院志愿者受到国务委员刘延东（前排右二）的赞赏

广州市市长万庆良（左一）对学院志愿者竖起大拇指

广州市副市长贡儿珍（前排中）到学院视察调研

学院与广州市凯昌电子有限公司共建示范性动漫人才培养基地

广州科技贸易职业学院由广州市科学技术协会创办于1984年，是经广东省政府批准设立、教育部备案的广州市属公办全日制普通高等职业院校。著名科学家、中国工程院院士、广州市科学技术协会主席钟南山担任学院的名誉院长。学院现有番禺校区（毗邻广州大学城）和越秀花果山校区，全日制在校生6 130人；设有经济贸易系、管理系、应用外语系、机电系、计算机系、艺术设计系、服装系、基础部7系1部；开设了电子信息工程技术、服装设计、社会组织管理、地铁运营管理、动漫设计与制作等29个专业及专业方向。学院现有教职工475人，其中专任教师280人；高级职称教师60人（正高7人、副高53人），占专任教师总数的21.4%；具有研究生学历的专任教师156人，占专任教师总数的55.7%。

学院紧扣珠三角地区支柱产业，根据区域经济发展的需求，以市场为导向开设专业。其中电子信息工程技术、汽车检测与维修、服装设计、物流管理专业为省、市级示范性建设专业。学院服装系建立了"岭南服饰文化科普基地"和"岭南服装研究所"，获得了教育部"十一五"规划课题立项；服装设计专业师生参加"全国第二届高职高专院校师生服装设计技能大赛"夺得金奖，并在"首届全国童装设计作品大赛"中获得"童装产业杰出贡献奖"。1996年，学院开设的地铁运营专业培养出了以"金凤精神"著称的广州地铁标兵、北京奥运会火炬手黄金凤等一批优秀的毕业生。学院自设立动漫设计与制作专业以来，连续获得了"第一届国际漫画节暨OACC第五届金龙奖原创动画漫画艺术大赛"最具实力原创组织单位奖、中国动漫游戏专业人才培养模式创新奖，以及"中国动漫游戏人才培养优秀高职院校""动漫游戏人才培养十佳特色院校""十佳动漫培训机构"等多项国家级荣誉；该专业学生在全国、省、市级各类动漫设计大赛中获奖达10余项。

学院积极创新"校企深度融合、工学有机结合"的多元化办学模式，逐步形成了"学习、实训、就业"三位一体的人才培养模式，实现了"校企联动、多元育人"的办学新格局。由学院出让场地、香港通信集团上海希华通迅科技有限公司提供设备的电子信息工程技术实训基地，建有电子产品生产研发中心，学生不出校门便可参加课程见习和顶岗实习。学院与中国天天投资有限公司合作创建的"Reading Bar暨大学生就业创业省级实践基地"和"校园文化实训超市"，为学生提供了扮演企业员工或经营管理者的实践渠道。学院与广州凯昌电子有限公司合作建立"示范性动漫人才培养培训基地"，形成了"订单式"人才培养模式。目前，学院共建有校内外实训基地270个。学院注重学生综合素质的培养，积极创建社会实践品牌，志愿服务工作成效显著；1 777名志愿者参加第16届亚运会、亚残运会志愿服务工作，以"志愿于心　服务以诚"为服务理念，受到了国家、省、市有关领导的赞扬。

学院招生就业前景良好。2009年，学院普高招生第一志愿上线人数是实际录取人数的3倍，投档分数线超出广东省最低控制分数线70分。学校历年毕业生就业率均保持在95%以上，其中2009年毕业生就业率达到98.75%。

学院多次获得广州市"先进集体"等荣誉称号，目前是全国科协系统内规模最大的高等院校之一。学院是中国科协会南方科技人才继续教育基地、广州市高新技术人才培训基地和广州动漫人才培训基地，先后承担了广州市公务员培训、广州市高新技术人才培训、中国科协市（县）级科协主席培训、动漫人才培训等培训任务，累计培训学员2万余人。

校　址：广东省广州市番禺区南村镇兴业大道
邮　编：511442
网　址：www.gzkmu.com

广州工商职业技术学院

广州工商职业技术学院是一所经广东省人民政府批准、教育部备案，具有普通高等学历教育和招收留学生资格，面向省内外招收国家任务生的省属全日制财经类民办普通高等院校。学院现有花都校区和三水校区两个校区，设有8系3部4中心、31个专业及专业方向；在校生1.1万人，教师总数达700多人，其中高级职称教师143人。

学院以“正德厚生　励志修能”为校训，主动适应国家和珠三角经济社会发展需要，大力深化教育教学改革，创新高职人才培养模式，以“三个一”工程为抓手，立足地方创特色专业，注重质量促区域经济；以经济管理类专业发展为龙头，带动工科类等相关专业协调发展，为珠三角地区发展型的中小企业培养具有良好道德素质，服务生产、建设、管理第一线的高技能人才。

学院紧密结合区域经济优势，深化“校企合作，工学结合”的人才培养模式，大力优化专业结构和人才培养方案，提出“政校企行四方联动，产学研立体推进”的理念，率先成立校企合作管理中心，先后与大批企业、行业协会建立合作关系。同时，在国内外积极开展学术交流及合作办学，目前和北京大学、香港商业工程学会、英国伯恩威尔学院、乌克兰基辅通讯学院、台湾树德科技大学和台湾昆山科技大学等院校交流了办学理念并建立了合作办学关系。

师资建设　学院以创办省级示范性高职院校为目标，坚持“外引内养”相结合的原则，通过引进、培养、聘请等方式，进一步充实师资队伍和优化师资队伍结构；通过建立专业带头人和骨干教师的培养和遴选机制，加大了对骨干教师的引进和培养力度。目前，一支由名教授为主导、素质优良、师德高尚、队伍相对稳定、结构比较合理、专兼结合、实践能力强的“双师”教学队伍已基本形成。

专业建设　学院立足区域经济，抓住工业产业升级、服务业、信息产业快速发展的机遇，做大做强经管类、信息工程类特色专业，拓展电子与电气工程类专业，提升外语、艺术设计类专业。2007年初，软件技术专业被省教育厅遴选为省级示范性建设专业。目前，学院初步打造了冷链物流专业、皮具设计专业、食品健康与管理专业等一批特色专业。

科研建设　学院坚持以产学研为主导，以科研促教学，率先成立教育与发展科技研究所。近年来，学院教师发表教科研论文共471篇，公开出版专著（教材）64册（部），承担教科研项目共202项，国家级26项，省级40项，市区级11项。其中，国家“十五”重大科技攻关项目课题成果“e-Motion练歌台”获省计算机教育软件一等奖；“以就业为导向的高等职业教育IT类专业教学整体解决方案设计与实践研究”属国家社会科学基金“十一五”规划课题；超之维立体影视制作基地、狮岭皮具CAD和艺术设计中心等科研项目，作为区域重点发展的高新技术项目得到当地政府和科技部门的大力支持。

党团建设　学院深入开展学习实践科学发展观活动，院团委连续五年获“花都区先进团委”称号，学院连续多年被评为“广州市内保治安先进单位”。近年来，学院师生积极参加北京奥运会、广州亚运会、广交会等社会志愿服务，踊跃参与各项比赛，先后获市级以上奖项382项，其中集体获全国比赛组织奖5项，个人获全国性比赛一等奖6项，省一等奖28项。

校　址：广东省广州市花都区狮岭镇海布光明路5号（花都校区）

广东省佛山市三水区范湖开发区（三水校区）

邮　编：510850（花都校区）

528138（三水校区）

学院副董事长姚卿达（左四）代表学院领取“中国十大知名品牌民办院校”牌匾

学院与台湾昆山科技大学签订合作办学协议

学院与英格索兰投资有限公司签订人才培养合作协议

学院十五华诞庆典之文艺表演

学院三水校区鸟瞰图

广东培正学院

学院正门

广东培正学院是一所经国家批准设立，招收国家任务生的非营利性的全日制民办本科普通高等学校。学院创办于1993年，1996年经广东省人民政府批准成立，1998年3月教育部正式备案；2005年3月，经教育部正式批准升格为本科院校；2009年，顺利通过本科学士学位评估，获得了学士学位授予权。1999年，学院被全国民办教育委员会评为“全国民办高校先进单位”；2005年被广东省教育厅评为“广东省先进民办学校”；2007年12月，被广东省社会科学院评为“广东省民办高校综合竞争力第二名”；2009年，学院获得教育部颁发的“中华人民共和国民办学校办学许可证”，是广东省唯一获得此证的民办本科高校。

学院坚持以学生就业为导向，以社会发展需要为准则，坚持公益办学、规范办学、诚信办学、特色办学、质量至上的原则，以素质教育和培养学生创新能力为核心。经过17年的建设，广东培正学院总资产达8亿多元，校舍建筑面积达31万多平方米，拥有设备先进的各种专业实验室，图书馆现有纸质图书134万多册，电子图书8 711 GB。

学生与外籍教师交流学习

学院师资力量雄厚，已建立了一支专职和兼职相结合、职称与学术水平较高、相对稳定的教师队伍。现有专职教师615人，具有中、高级职称的教师共323人，具有硕士研究生以上学历382人，聘请了一批客座教授；聘有外籍教师75名，英语外籍教师人数居全省高校之首。学院设有经济学系、市场学系、管理学系、会计学系、法学系、外语系、计算机科学与工程系、艺术设计系、CNA、思想政治理论课教学部、英语教育中心、人文学科与基础教学部、体育教学部共13个教学单位；本、专科专业（含方向）共51个（其中本科专业34个，专科专业17个）。在校生达13 614人。2008年，学院毕业生就业率达97.91%，2009年达98.05%，在全省高校中名列前茅。

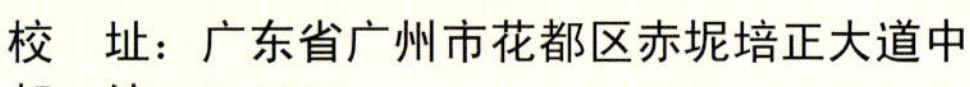

校　址：广东省广州市花都区赤坭培正大道中
邮　编：510830

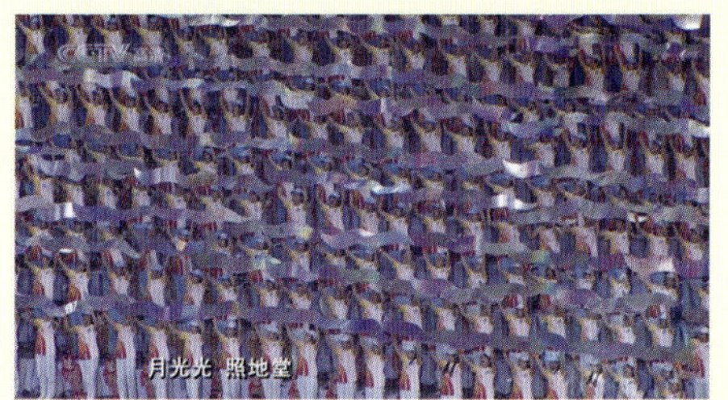

学院合唱团参加第16届广州亚运会闭幕式表演——《月光光》

图书馆与体育馆

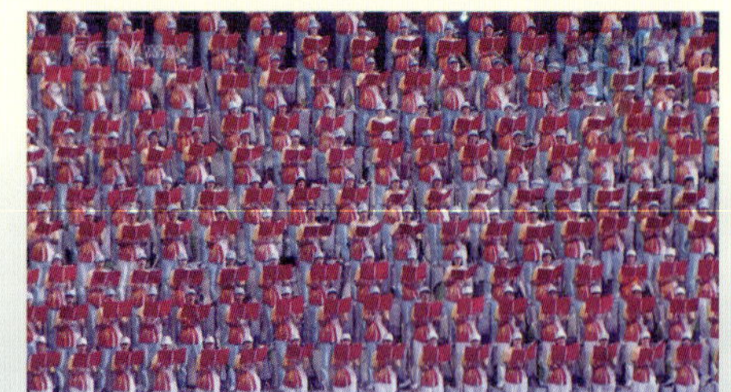

学院合唱团参加第16届广州亚运会闭幕式表演——《凯旋》

华南理工大学广州汽车学院

华南理工大学广州汽车学院是教育部批准设立的一所以工科为主，经济学、管理学、文学、理学协调发展的多科性大学。学院占地约114.87万平方米，现已完成的基建规模为40多万平方米。

学院现有汽车工程系、机电工程系、电气工程系、电子信息工程系、计算机工程系、经贸与管理工程系、外语系和珠宝系8个系，并开办了车辆工程、汽车服务工程、工业设计、机械工程及自动化、市场营销、国际经济与贸易、英语、日语等23个专业。

教学大楼

学院成果：

1. 第三届全国大学生机械创新设计大赛：获2个银奖、2个铜奖。

2. 全国大学生机器人国内选拔赛：以小组第一的优异成绩进入全国十六强行列。

3. 第十一届“挑战杯”全国大学生课外学术科技作品竞赛：获得一等奖。

4. 第四届全国大学生“飞思卡尔杯”智能汽车竞赛：获全国优秀奖以及华南赛区摄像头组二等奖、光电组二等奖。

5. 全国大学生创业设计大赛：获全国二等奖、南方区域一等奖。

6. 外语系主任张本慎教授获得第四届广东省高等学校教学名师奖。

教师指导学生做实验

各级领导对学院建设给予较高的评价：

教育部副部长李卫红：“华工创办的广州汽车学院，直接面向广东汽车产业发展培养人才，这在全国独立学院建设中是非常有特色的。”

广东省副省长林木声视察学院后，称其为“很好的优质教育资源”。

广东省教育厅副厅长魏中林：“华南理工大学广州汽车学院已经呈现良好的发展势头，已成为本科应用人才培养的典范、独立学院规范办学的典范、与产业结合办学的典范、应用型人才教育教学创新的典范。”

校　　址：广东省广州市花都区学府路一号
电　　话：(020)36903025
网　　址：www.gzauto.edu.cn

学生在认真听课

广州南洋理工职业学院

广州南洋理工职业学院的前身是广州南洋科技专修学院，2004年经广东省人民政府批准成立、教育部备案，并升格为省属民办普通高等院校。学院占地约33.33万平方米，首期建筑面积20.53万平方米；规划建筑面积28万平方米，首期建筑面积18.5万平方米。学院拥有先进的专业实验室（场）近50个，多媒体教室50多间，图书馆藏书50余万册。

学院现有在校生6 138人、教职工400余人、专任教师300多人，设有机电、汽车、建艺、服装、计算机、管理、财经、外语、基础部9个系部，开设专业26个，是一所以理工为主、文理兼备的高等职业学校。2009年初，学院启动人才培养工作评估，面貌焕然一新，形成了“订单式”培养、“一站式”就业免费服务等办学特色，同时还进行了“服装和休闲服饰”特色专业的建设。

动漫设计与制作专业学生在上课

学院艺术团合唱队参加演出

机械加工实训

筚路蓝缕育英才 励精图治谱华章

广州华夏职业学院

广州华夏职业学院创办于2009年3月，是一所由广州乐欣投资有限公司在积累了21年民办教育实践经验的基础上投资兴办，并经广东省人民政府批准、教育部备案成立的全日制普通高等职业院校。学院坐落在有“广州后花园”美誉的从化市，地理位置优越，规划用地约66.67万平方米，现占地20余万平方米，建筑面积10万余平方米。校园建筑采用全新的设计理念，吸取岭南建筑之精华：银墙绿瓦搭配和谐，亭台楼榭错落有致，湖光山色处处皆景。整个华夏园渗透出书香萦绕、静思求学的修读氛围。

教学楼群

学院实行董事会领导下的院长负责制，全面贯彻党的教育方针，依法办学，从严治校、施教与管理。学院拥有一批德高望重、治学严谨的专家、教授、高级讲师和高级工程师，拥有一支师德高尚、学识深厚、结构合理的“双师型”师资队伍，有力保障了课程教学、实验教学、创新实践研究等方面的质量。

学院现有财经管理系、经济贸易系、新闻与艺术系、车辆与工程系等10个系（部），开设有市场营销、国际经济与贸易、商务英语、涉外旅游、汽车技术服务与营销、工商企业管理、计算机多媒体技术、工程造价、金融与证券、广告设计与制作、新闻采编与制作、会计等20余个文理兼招专业。

学院举办2009年校园文艺晚会

学院设有党委办公室、行政办公室、教务处、学生处、人事处、总务处、保卫处、财务处、基建处等20余个管理部门，机构健全，设置合理；建有气势恢宏的教学楼、综合实训楼、学生公寓、图书馆等；拥有ERP商务类综合实训室、财会模拟实训室、动漫实训室、数控实训室、汽车实训室、工程测量预算实训场、多媒体语音室等各类专业实验室和先进的网络设备设施；建有标准田径运动场、足球场、篮球场、排球场、羽毛球场等体育活动场所。学院现有设备资产总值近2.3亿元，图书馆藏书17万余册，电子图书1 100 GB。学院不断改善的办学条件，为广大师生的教学科研和学习奠定了良好的基础。

学院鸟瞰图

学院不断优化教育资源整合，创新办学模式，以社会需求为导向，紧贴人才市场，把办学方向与人才培养目标定为面向珠三角、辐射全广东，突出应用型“大经贸”特色，经、管、财、工、文等学科协调发展；努力培养综合素质高、理论知识扎实、技艺技能与智慧技能过硬，具有创业创新精神的应用型、复合型人才。学院不断优化以“强化实践、突出能力培养”为核心的一体化教学模式，以“校企合作、工学结合”为切入点，以“实验、实训、实习”三个关键实践环节为抓手，以构建“突出能力培养”的实践课程为目标，注重专业理论知识教学与技艺技能实训教学相互融合，努力提高实践教学质量和学生的动手能力。学院还与珠三角地区数10家知名企业建立了长期、稳定的合作关系，设有多个校企合作基地和强大的人才市场供需网络，构筑了实习与就业的畅通平台，为莘莘学子铺设了通往职场的快速通道。

相约华夏，共沐风华。广州华夏职业学院如一只蓄势待发的雄鹰，承载着时代的重托，肩负着培养创新型、应用型、复合型高素质人才的光荣使命，严谨勤奋，求实创新，开拓进取，向着一流教学、一流管理、一流学校的目标迈进。

院　长：罗国民
副院长：周辉湘
校　址：广东省广州市从化城鳌大道东772号
邮　编：510935
电　话：（020）87868989
传　真：（020）87868991
网　址：www.gzhxtc.cn

广州大学华软软件学院

South china Institute of Software Engineering.GU

2009年10月，学院与国际软件测试巨头美国Parasoft公司合建华南区技术中心，成为Parasoft继北京大学之后在中国的第二个产学研合作伙伴

广州大学华软软件学院（以下简称“华软学院”）是经教育部批准举办的本科层次独立学院，也是广东省内最早具有独立校园的专业性软件学院，先后获得了“中国十大品牌独立学院”“中国软件学院十强”“全国综合实力20强独立学院”“中国十大优势专业院校”“21世纪最具发展潜力教育机构”“全国教育系统网络示范单位”等荣誉称号。

学院交通便利，校园环境优雅，教学、娱乐、生活设施齐备，是一所环境怡人、教学设备齐全、教学管理制度完善、教育理念先进的现代化大学。学校现有9系1部，共开设专业方向60余个，在校学生逾万人；拥有软件工程、软件测试、网络工程、信息工程、游戏制作、动漫设计、数字媒体、嵌入式技术、移动通信、物流管理、电子商务等优势专业。

华软教育之特色

华软学院的人才培养定位是“培养具有创新能力的应用型人才”。学院的专业设置、师资配备、课程编排均以就业为导向，重视与行业内顶尖企业和主流技术的合作及课程嵌入，重视实践与理论的融合，加强校企合作；形成了“鼓励自主和创新”的校园文化，培育学生的健全人格及沟通能力。

与国际顶尖企业合作，进行课程嵌入

华软学院先后与微软、IBM合作，进行嵌入式课程设计。国际顶尖企业每年为学院提供更新课件，使学院的教学紧贴行业技术的发展前沿。学院还与国际软件测试巨头美国PARASOFT公司合建华南区技术中心，成为PARASOFT继北京大学之后在中国的第二个产学研合作伙伴。

动漫社学生展示风采

“数字化”校园，一流的实验设施

学院利用自身软件人才的优势，自行开发了“MYSCSE信息管理系统”，学生选课、课程管理、学籍管理、教材管理和收费管理等均可在网上完成；计算机应用成为日常习惯，学生置身于真实的“数字化”校园内。学院各教学系均建立了不同专业方向的设备一流的实验室，供学生上机实训和模拟实验。计算机应用能力成为华软学生的基本技能。

自主+兴趣：基于自主选课的完全学分制

学生可根据自身的兴趣、特长和职业规划选择专业与课程、上课时间和任课老师；课程可跨系、跨专业修读；学生完成修业学分可提前毕业。同时，学院还允许新生在入学报到时申请转专业。实践证明，从自主选课开始，学生为自己而学，对自己负责的意识增强，学习主动性及积极性明显提高；通过跨专业选课，学生自主地架构起适合自身发展的复合型知识结构。

独一无二的大英式图书馆

精英培养：专业发展与职业素养并重

除履行公平教育的职责外，学院还因材施教，以自愿原则选拔有志向、基础好的学生组成各种“精英班”进行强化专业教学，取得了优异的教学成果。学生吴川源、伍文龙参加全国“微软之星”软件设计大赛，进入全国总决赛，并取得了第四名的佳绩；游戏系学生获得粤港澳青少年反腐倡廉广告片创作比赛大学组季军。在共青团广东省委员会、广东省教育厅、广东省文化厅、广东省学生联合会主办的第四届广东大学生校园文化艺术节之广东大学生动漫大赛中，学院游戏系学生分别获得了动漫插画类的二等奖、三等奖和优秀奖。

学院以认真、严谨的治学方式，先进、适用的教学内容，科学、创新的教学手段，优美、完善的教学环境，以及开放、独立的交流态度进行人才培养，为将华软学院创建成一所国内著名的国际性高等院校而努力。

苹果电脑实验室

校　址：广东省广州从化经济技术开发区广从大道13号
邮　编：510990
电　话：（020）87818918　87818781
网　址：www.sise.com.cn

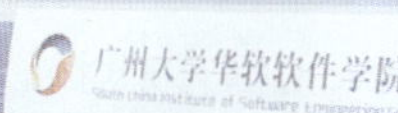

广州华立科技职业学院

校门

砥砺耕耘，春华秋实。已有12年办学历史的广州华立科技职业学院，是一所经广东省人民政府批准、教育部备案，面向省内外招收普通高等教育国家任务生，且以专科教育为主的全日制、综合性省属知名民办普通高等院校。

学院位于香港、深圳、广州、惠州等珠江三角洲都市圈“黄金走廊”的中心节点——广州东部现代产业新区和生态宜居新城增城，坐落在荔林飘香、占地133.33万平方米的广州华立科技园区。校园荔林环绕，绿树成荫，湖光山色，风景秀丽，是莘莘学子陶冶情操、成长成才的理想园地。学院占地约52.67万平方米，校舍建筑面积20余万平方米，实验实习楼、多媒体教学楼、图书馆、科技大厦、运动场、学生公寓等设施完善、错落有致；图书馆藏书100余万册；拥有影视动漫制作演播中心、苹果电脑艺术设计实训中心、电力自动化实训中心、精密模具制造实训中心、数控技术实训中心、汽车综合实训中心等一批省内一流、设备先进的实验实训室，为学院对学生实践能力的培养提供了良好的条件。

图书馆

学院把加强专科教育作为立校之本，工、经、管、文协调发展，确立了以学生为主体、以质量为中心、以就业为导向、以服务为宗旨的办学指导思想；走“工学结合、校企合作”人才培养道路，培养“理论知识适用、专业技能过硬、就业竞争力强”的高素质技能型人才。

学院坚持以人为本，师生携手共建和谐校园。每月举行一次的教师生日晚会和每年举行一届的科技文化艺术节、社团文化节及校运会，已成为学院校园文化的亮丽风景。漫步荔林山麓下花园式的无烟校园，园林小憩，青春放歌；畅游于书林浩海，徜徉在湖光山色中，感受和谐的人文氛围。

跆拳道协会

从“筚路蓝缕，以启山林”的艰辛到与时俱进，开拓进取的壮举，12年风雨沧桑，革故鼎新，铸就了广州华立科技职业学院“厚德、务实、强能、创新”的校训精神，激励着全体师生为把学院建设成为始终适应广东经济社会发展的高水平全国示范性高等职业学院而努力奋斗。

鸟瞰校园

汕头大学

汕头大学成立于1981年，是广东省属“211工程”重点建设大学，是全国唯一一所长期得到李嘉诚基金会捐资支持的大学。

目前，汕头大学设有文学院、理学院、工学院、医学院、法学院、商学院、艺术设计学院、新闻传播学院、研究生学院、继续教育学院和至诚书院11个学院（书院）；现有教职工和医护人员5 160人，全日制在校生9 397人。学校已为社会培养出各类学生超过5万人。

学校现有国家重点学科1个，教育部特色专业建设点6个，广东省名牌专业4个；博士后科研流动站2个，博士学位授权点7个、一级学科硕士学位授权点2个、二级学科硕士学位授权点47个；教育部重点实验室1个，广东省重点实验室3个，广东省教育厅重点实验室2个，教育部人才培养模式创新实验区2个。

汕头大学围绕“有志、有识、有恒、有为”的育人目标，坚持以学生为本，进行大学管理体制改革和人才培养模式创新，在积极筹划开展全球最前瞻的生命科技教学课程的同时，投入巨资打造新医学院校园，为学校高水平办学提供有力的支持。自2002年起，学校全面启动以国际化为导向的改革工程，聘请外籍人才担任执行校长、副校长、院长等职务，在课程、教学、资源管理及人事制度方面进行具有典范意义的全方位改革，被时任国务院副总理李岚清高度评价为“中国高校改革的试验田”。

2009年，学校的改革方案得到了广东省教育厅的肯定，被列入“广东省教育综合改革试点项目”；教育部将汕头大学选为首批“卓越工程师教育培养计划高校”。汕头大学医学院学生连续7年在全国执业医师考试中稳居全国前列；2009届学生考试通过率为79.80%，居全国第4名。学校以国际化办学为导向，不断密切与麻省理工学院、加拿大卡尔加里大学等海外高校的交流合作，现有海外学术背景教师152人，占专任教师总数的34.34%。

2009年度，学校共获国家自然科学基金48项，资助总额达1 514.7万元，立项数同比增长22.7%。学校教学论文分别在*Science*，*PNAS*等顶级学术期刊发表；科技成果获“中国侨界贡献奖”创新成果奖；学校在“中国高校*Nature & Science*论文排行榜(第一作者单位)”中位居全国高校第9名。

展望未来，汕头大学将紧跟国家教育发展步伐，以“基于整合思维的先进本科教育”为切入点，开展教育综合改革，努力将学校建设成为“国内先进、国际知名”的高水平大学，为广东乃至中国高等教育的改革发展作出贡献。

国家主席胡锦涛会见香港长江实业（集团）有限公司董事局主席李嘉诚

加利福尼亚大学伯克利分校校长Robert Birgeneau博士为汕头大学学生作精彩演讲

学校新医学院三维效果图

汕头大学医学院

汕头大学医学院作为我国医学教育标准公布后第一个接受教育部临床医学教育认证的学校，培养的学生综合素质高，学院坚持走“国际化、有特色”的新医学高等教育发展道路，形成“本科—硕士—博士—博士后”完整的医学人才培养体系；毕业生就业率高，连续10年居全省高校前茅；英语统考通过率高，1998年至2010年参加全国四、六级英语统考，通过率连续13年均超过全国重点院校平均通过率；执业医师考试通过率高，毕业生参加近年全国执业医师考试，通过率均在全国280多所医学院校中连续保持前8名，2009年毕业生执业资格考试实践技能通过率为90.91%（全国列第二位）；出国（境）交流学生的覆盖率高，高达22%的在校学生被选派到英国、加拿大、日本等国家和香港地区学习。

校园3D效果图

汕头大学医学院为广东省第一批招生院校，以招收七年制临床医学专业为主，其中包括与香港中文大学联合培养班、临床医学（医学诊断专门化）、临床医学专业（儿科方向）、临床医学专业（眼科方向），成功开办医学教育全英班。

【学院提供全英班学费、住宿费和原版英文教材费，全额资助学生到国（境）外学习培训】。2011年学院将面向广东、广西、浙江、江苏、江西、湖北、安徽、四川、河南、山东等省区招收临床医学专业（七年制，本硕连读）、临床医学专业（五年制）和护理学（四年制）国家任务生。欢迎报考汕头大学医学院（学校代码80001）。

更多信息请登录学院网址：http://www.med.stu.edu.cn/zsjy

学校大门

校　址：广东省汕头市新陵路22号
邮　编：515041
电　话：（0754）88900467　　88900541

校园3D效果图

韶关市第二高级技工学校

（韶关市第二技师学院　韶关市职工大学）

韶关市第二高级技工学校（韶关市第二技师学院、韶关市职工大学）创建于1973年，是一所政府兴办的全日制国家重点高级技工学校、技师学院，是广东省高技能人才培训基地、全省农村劳动力转移培训试点单位、广东省退役士兵培训定点技校、广东省政府指定的扶贫助学技工学校。学校2007—2009年连续三年被评为广东省技工教育20强单位，2003年被评为广东省职业教育先进单位，2005年通过ISO9000国际质量管理体系认证，2008年被评为成人教育先进单位，并被誉为“广东技工教育实力名校”。

学校大门

学校位于韶关市区内，依山傍水，交通便利，校内绿树成荫，布局错落有致，拥有完善的教学设备及配套的生活设施，是莘莘学子学习技能、走向成才之路的最佳选择。

学校现有学生8 000多人，教职员工300多人，其中技师30人，专职教师中具有高级职称的73人、中级职称84人，获得高级技师资格的49人；中高级职称教师占教师总数的75%，一体化教师占专业教师总数的44.8%。

学校常年设有机电一体化数控技术、模具加工，电气自动化，计算机应用技术四大名专业和热处理等20多个特色专业，每个专业均有与其配套的先进教学设施。校内拥有规模庞大、设备先进的实习厂，学校还与1 000多家企业建立了校企合作实习基地。

热处理专业学生在上实操课

学生在模具机械加工车间进行实操训练

多年来，学校坚持产教结合、技能领先、科技兴校、校企联合等办学特色，坚持“以学生为中心”的办学理念和“以就业为导向”的办学目标，规模不断发展壮大。学校现有高级技工、中级技工等学历教育层次，同时开设高级技师、技师、高级工、中级工等非学历教育培训班；此外，还承担了农民工技能提升培训和劳动预备培训。2004年初，学校与韶关市职工大学两校合一，拥有了自主品牌的高等教育大专办学层次；继续与华南理工大学等国内知名院校联办大专、本科班，充分利用高校资源为更多的学生提供深造的渠道。

学校注重对学生进行技能教育，同时也重视学生的人格塑造与人文关怀。校园文化、体育活动丰富多彩；师生多次在省内外技能大赛中获奖。学校毕业生勤奋踏实、一专多能，深受用人单位欢迎；建校以来，毕业生陆续成为企事业单位的管理人员和生产技术骨干，部分毕业生被厂家派往美国、加拿大、德国、日本、瑞士等国家深造和参加培训。

电气自动化实训场所

数控实训车间

广东松山职业技术学院

Guangdong Songshan Polytechnic College

【学校概况】

广东松山职业技术学院位于韶关市曲江区，占地43.7万平方米；现设有电气工程系、机械工程系、计算机系、经济管理系、外语系、基础教学部、思政部7个教学系（部）；全日制在校大专学生7 451人；馆藏图书63万册。2005年，学院顺利通过教育部高职高专人才培养工作水平评估。

【师资队伍】

学院现有教职员工488人，其中研究生学历或硕士学位以上96人，副高以上职称专任教师79人，广东省“千百十”工程培养对象2人，并聘请了以全国人大代表、全国技术专家、能工巧匠罗东元为代表的一批企业优秀技术人才为客座教授。

【教学科研】

开展教改课程案例竞赛，不断完善教学管理、评价制度，初步搭建起教学评估与评价的运行框架和技术信息平台；进一步细化、量化教学质量保障体系的监控标准、定性定量标准、程序标准；以省级示范性建设专业为龙头，不断加强专业建设，2009年专业数达26个，形成了以工科专业为主，外语、经管专业为辅，宽窄并存、协调发展的专业格局。

教师共发表学术论文168篇；主编、参编公开发行教材7种；1门课程获省级精品课程立项；主持《钢铁行业蓄热式燃烧技术应用规范》国家行业标准制定工作；主持韶钢重点节能课题“韶钢能源循环综合利用研究与动态平衡模型开发”；“电气自动化技术MPS实训平台的建设”获2009年韶钢科技成果二等奖；教师作品《数据结构算法学习》获评第十三届全国多媒体教育软件大奖赛高等教育组多媒体课件二等奖。

【学校管理】

2009年，学院不断健全科学、高效、和谐、有序的校园管理体系，大力加强内涵建设。年内，学院获评全国冶金高等职业教育先进单位、2008—2009年度韶钢文明单位、韶关市征兵工作先进单位、韶关市无偿献血先进单位等荣誉称号；院团委获评“广东省2008—2009年度五四红旗团委”称号；经济管理系获评“2009年度广东高等院校营销创新先进团队”称号；思想政治理论课建设在广东省思想政治理论课建设水平评估中获评“良好”等级。

【校园文化】

学院以社会主义核心价值体系为根本，秉承“求索、敬业、务实、创新”的校训精神和“宽、厚、平、和”的人文理念，全面实施大学生素质拓展计划和文明修身工程，推进校园文化建设，塑造大学精神文化，营造良好的育人环境。2009年，学校举办师德师风教育月活动、建党89周年及新中国成立60周年系列活动，组织义工、青年志愿者深入社区、农村、校园开展献爱心志愿服务活动，举办第三届读书节、第三届大学生职业规划大赛、“青春牵手　共赢未来”青年就业创业论坛、英语口语大赛、纪念五四运动90周年演讲比赛、摄影大赛、校园歌手大赛等活动。丰富多彩的校园文化活动，使同学们丰富了知识，拓展了视野，锻炼了能力，增强了参与竞争意识和团结协作精神，提高了综合素质。

【人才培养】

2009年，学院投资570多万元建设数控技术应用实训基地；全年共计4 471人次参加了各类职业资格考试，通过率为80%，1 241人获得高级工证书，“双证书”获取率为85.64%；共12个项目33人次获国家和省级专业竞赛奖项。2009年毕业生达2 603名，毕业生总体就业率为94.93%。

学院经管系荣获2009年度“广东省高等院校营销创新先进团队”称号（右二）

学生手捧各类技能证书欢呼雀跃

学生在数控实训室实训

第三届大学生职业规划大赛启动仪式在学院举行

惠州经济职业技术学院

惠州经济职业技术学院创办于2004年3月，是一所经广东省人民政府批准成立、教育部备案，具有独立颁发国家承认三年制大专学历文凭的全日制普通高等院校；学院面向全国招收国家任务大专学生。

学院周边交通便利，拥有宽敞明亮的教学大楼、先进的教学仪器设备、完善的体育运动设施以及标准公寓式学生宿舍等。目前，学院开设了投资与理财、服装设计与工程等17个专业共25个专业方向，涵盖经济、管理、工科等多个学科。学院现有在校学生6 000多人，专任教师268人，其中具有副高以上职称教师57人，硕士学位以上教师59人，在读研究生29人。

学院坚持“以生为本、以质立校、学工并举、崇尚实用”的办学理念，以培养高素质、高技能的应用型人才为教学目标，走合作办学之路，推行“学校专业、工厂实业、学生就业‘三业对接’，理论教学、实践教学‘双轨并行’，教学、实训、技能鉴定、生产经营‘四位一体’”的教学模式，着力提升学生的专业操作能力，毕业生就业前景广阔。多年来，学院毕业生就业率均高于全省同类院校平均就业率，2009年毕业生就业率达到98.08%，居全省同类院校第六名。

学院新校区正门

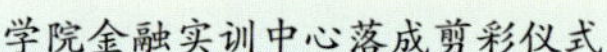

学院金融实训中心落成剪彩仪式

“霓裳迎省运，红歌颂党恩”文艺晚会服装展演

肇庆工商职业技术学院

ZHAOQING BUSINESS AND TECHNOLOGY COLLEGE

打造未来中小企业家的摇篮

肇庆工商职业技术学院成立于2004年。目前，学院规划总占地面积68万平方米，现使用面积约55.53万平方米。

学院现有工商管理系、计算机应用技术系、经济系、应用外语系、工程技术系、艺术设计系、公共教学部和思政教学部，开设有专业29个；教师468人，专任教师中研究生以上学历的占31.75%以上，副高以上职称的占31.22%以上；全日制在校生13 000人。

学院现有用于教学的计算机2 000多台；校内外先后共建有124个实训实验场地，其中 “教、学、做”一体化专业实训室15间；图书馆现有纸质和电子图书合计112.36万册。

学院实施“以创业带动就业”的策略，稳步推进毕业生就业工作；2009年毕业生就业率达到99.43%，位居广东省30所民办高校第一名。

学院注重创新，倾力构建“知识+技能+品德+人文素质”的人才培养模式，坚持走“校企合作、工学结合”的办学之路，以全面提升学生的职业技能、创业素质和人文素质为目标，努力培养高素质技能型创业人才。从2005年开始，学院先后创建了大学生创业孵化中心、大学生创业园、大学生素质拓展训练中心，坚持面向学生开展创业教育及拓展训练。《人民日报》《中国教育报》《南方日报》和广东电视台等新闻媒体对学校的办学成果进行了专门的报道。

2009年12月，学院通过广东省教育厅高职高专院校人才培养工作评估，目前正在申办本科院校。

原国务院副总理吴桂贤（前排左二）在学院领导的陪同下参观实训中心

肇庆市市委书记覃卫东（右三）率四套班子领导到学院调研

肇庆市市长郭峰（二排左六）和大学生创业孵化中心师生合影

学院第26个教师节庆祝表彰大会

广东医学院

东莞校区教学楼群

广东医学院的前身是中山医学院湛江分院，创建于1958年，1964年升格为五年制医学本科院校，并更名为湛江医学院，1992年易名为广东医学院。学校是全国首批获学士学位授予权单位，1986年获硕士学位授予权，2005年在教育部本科教学工作水平评估中被评为优秀院校，2009年被广东省列为国家限额指标内的拟新增博士学位授予单位立项建设单位。

学校总面积为93.6万平方米，其中湛江校区15.13万平方米，东莞校区78.47万平方米。目前学校拥有全日制学生20 421人，其中本科生19 685人，研究生736人，成人教育在校生23 132人；在编教师1 194人，其中副高级以上职称教师645人，占教师人数的48%，硕士生导师454人，博士生导师17人。

学校设有14个二级学院（部）、1所直属附属医院、17所非直属附属医院、113所临床教学医院。学校已形成了较为合理的专业结构，设有临床医学、医学检验、医学影像学等37个本科专业及专业方向。

学校坚持以学科建设为龙头，不断增强学科综合实力，现有13个二级学科硕士学位授权点、24个硕士研究生联合培养基地、1个博士研究生联合培养点、1个博士后科研工作站；建有广东天然药物研究与开发重点实验室、广东省医学分子诊断重点实验室、粤西高校分析中心等5个省、厅级重点实验室以及中美联合肿瘤研究所，中美基因、营养与健康中心，衰老研究所，中药与新药研究所4个中外联合科研平台。

学校坚持开放的办学理念，分别与武汉大学、南方医科大学、暨南大学等高校开展学科共建、科研师资培训等合作；与美国哈佛大学医学院、明尼苏达大学、科罗拉多理工大学，日本大阪滋庆教育集团，香港大学，香港中文大学等教研机构建立友好合作关系，开展多个科研项目的研究。

广东医学院秉承“艰苦创业，自强不息”的精神，恪守“立志立德，求真求精”的校训，始终以内涵发展为主线，以质量立校、特色兴校，大力实施“人才强校工程”，全面提高办学水平，为把学校建设成为办学特色更鲜明，综合实力处于省属同类院校先进行列，在国内外有一定影响的教学研究型医科大学而不懈努力。

学校召开新增博士学位授予单位立项建设动员大会

科研平台

东莞理工学院城市学院

2009年，东莞理工学院城市学院在东莞市委、市政府和东莞理工学院党委的关怀支持下，以及在学院董事会的正确领导下，坚持以党的十七大和十七届四中全会精神为指针，认真贯彻落实科学发展观，进一步解放思想，推进改革，并以庆祝建院5周年为契机，按照2008年教育部26号令的要求，全面推进学院的内涵式发展；实施精细化管理，初步构建了院内教学质量保障体系，较好地完成了2009年初制定的工作计划。学院主要取得了以下成绩：

校园全景

一、教学科研

2009年，学院以切实提高课堂教学质量为中心环节，于年初成功召开了第二届教学工作会议，开展了教育思想、教学观念大讨论活动，教学质量稳步提高；年内学院有2个项目获广东省第六届优秀教学成果奖，成为省内唯一获得2项优秀教学成果奖的独立学院；首次组织学生参加国家司法考试，通过率达34%，居东莞市各报考单位之首；学生在2009年“红旗杯”全国大学生开源软件技术竞赛中再次获得1个一等奖和1个三等奖；年内全院科研经费首次突破200万元，多项课题获得科技部、广东省科技厅批准立项，部分教师被选为教育部、科技部驻广东省企业的科技特派员。

学院被评为“广东省特级档案综合管理单位”

二、招生就业

2009年，学院新生第一志愿出档率继续位居全省同类院校前列，新生报到率达94.15%，创历年新高。学院2009届毕业生就业率为97.66%，其中本科生就业率为97.02%，专科生就业率为98.29%，均高于全省平均就业率。

三、师资队伍

2009年，学院共引进教师61名，其中正高职称6人，副高职称4人，硕士以上学历30人。目前学院在册教职员工共有808人，其中正高职称39人（不含客座教授），副高职称51人，博士学历19人，博士生10人；专任教师中拥有硕士以上学历的占65.6%，副高以上职称的占35.6%。

四、校园文化

2009年，学院继续打造好文化特色品牌，定期开设“城市学院大讲堂”及“大学生科学文化论坛”。中国科学院院士、“神五”总设计师戚发轫，北京大学副校长海闻，科技部党组成员、《科技日报》社社长张景安，外交部前新闻发言人沈国放，香港理工大学教学发展中心主任孙建荣等一批专家学者相继为学院师生作学术报告。

学院举行系部目标管理绩效考核任务书签订仪式

五、服务东莞

学院继续组织开展“艺术下乡”“文化下乡”以及师生参与全市卫生大检查、社会问题调研等各种服务东莞的工作。在东莞市庆祝新中国成立60周年大型文艺庆典中，学院选派的近2000名学生出色地完成了各项工作，受到了东莞市委、市政府和群众的肯定；新闻媒体对学院学子的表现好评如潮。

六、校企合作

学院与东莞市虎门港签订了产学研合作办学协议，为学院物流人才的培养提供了良好的实践平台。广东鸿发投资集团有限公司与东莞理工学院签署合作办学协议，拟投资10亿元联合创建城市学院新校区。这为学院对照教育部26号令的要求进一步规范办学，谋求新发展创造了新的机遇。

学院与中国移动通信集团广东有限公司东莞分公司签订战略合作框架协议

学生在2009年“红旗杯”全国大学生开源软件技术竞赛中获得一等奖（右起第4~6位为学院学生）

投资8 000万元、总建筑面积达3万平方米的图书信息科技大楼

选择现代 把握未来

湛江现代科技职业学院

湛江现代科技职业学院是经广东省人民政府批准、教育部备案的民办全日制普通高校。学院坐落在享有“中国红橙之乡”“中国电饭锅之乡”美誉的廉江经济开发区内，依山傍水，地理条件优越，面向海南，背靠广西，居三省（区）交汇点。校园面积达46.6万平方米，总建筑面积达38万平方米，设计科学，布局合理，环境幽雅，是潜心学习的理想学校。学院是“广东省文明单位”、广东省法制促进会理事单位，湛江市“优秀安全文明小区”“安全文明校园”和“园林式单位”。

学院大门

学院拥有功能齐全的教学大楼、办公大楼、实验实训中心、高标准的学生公寓和较为完善的军事体育训练场所，拥有先进的语言语音实验室、电子信息实验室、多媒体教室、计算机网络实验室等，为保证教学活动高效正常运作提供了保障。学院拥有一支专业知识精、业务能力强的师资队伍。现有教职员工430人，专任教师266人，高级职称教师55人，中级职称教师97人，硕士学位以上教师136人。学院有全日制大专在校生4 780人，继续教育生2 300人。学院设有6个系部、32个专业，涵盖经济学、文学、理学、工学、管理学、艺术学等多个学科门类，形成了适应国家与地方经济社会发展需要的较为完整的人才培养体系。学院始终根据经济社会发展的需求进行课程设置，努力把毕业生培养成为专业技能精、动手能力强、职业意识好、受社会欢迎的应用型高素质人才。

语言实验室

校园一角

学院设立了“品学兼优学年综合奖学金”“技能竞赛奖”“社会实践工作优秀奖”“文体活动优秀奖”等专项奖金；为符合规定的贫困学生协助办理国家助学贷款、助学金，提供校内勤工俭学岗位和假期工作机会。

学院继续深化、促进国际合作办学，与英国奥斯特大学合作实行“3+1”或“2+2”培养模式，由奥斯特大学颁发学士学位或硕士学位。经广东省自学考试委员会批准，学院与湛江师范学院联合开办本科段自学考试相沟通专业，在籍学生部分课程互认免考，实行专、本同读。

学校被评为广东省文明单位

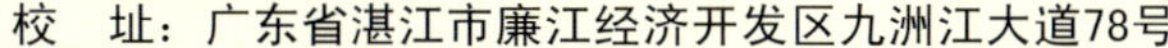

校　址：广东省湛江市廉江经济开发区九洲江大道78号

邮　编：524400

电　话：（0759）6632200　　6632278

优美的校园环境

学生公寓

学院鸟瞰图

沧桑砥砺八十载　激情涌动谱华篇

广东石油化工学院高州师范学院

广东石油化工学院高州师范学院坐落在粤西历史文化名城——高州，是一所办学历史悠久、办学特色鲜明、创新和谐发展的普通高等师范专科院校。80多年来，学校植根高凉古郡文化之沃土，汲取文化名城人文之灵韵，与祖国共奋进，与时代同发展，谱写了以教书育人、创新发展为主旋律的华美篇章。

一、历史悠久，积淀深厚

学校前身为“茂名县立师范学校”和“广东省立高州女子师范学校”。1949年11月，两校合并为“广东省立高州师范学校”；1970年更名为“湛江地区师范学校”；1973年再度更名为“广东省湛江地区高州师范学校”；1980年复办中师，学校改名为“广东高州师范学校”，是全省18所重点中等师范学校之一；1991年，学校被定为中国——联合国儿童基金合作加强师资培训项目单位；1993年，学校试办“三二分段”大专班，成为全国36所试办大专的中师之一；2001年12月，经广东省人民政府批准，学校并入茂名学院作为二级学院，更名为“茂名学院高州师范分院”。

院长伍世亮在80周年庆典大会上讲话

二、特色鲜明，成绩斐然

学校认真贯彻党和国家的教育方针，坚持改革创新与科学发展并举，传承师德文化，培育教育精英，熔铸了“一切为了两代师表的终身发展”的校园精神，秉承“学高为师，身正为范”的校训，形成了“博学、敏思、慎取、致新”的学风和“润物有声、化育无形”的教风，彰显了鲜明的办学特色，学校培养了4万多名优秀毕业生，为全省、茂名市的基础教育和经济社会发展提供了有力的人才支持和智力支撑，因此学校被誉为“育师的摇篮”“文明的窗口”，并先后被定为国家级“艺术教育特色单位”“广东省中小学教师继续教育基地”“中国教育学会十一五重点课题‘学校心理健康教育行动研究’实验基地学校”。自1991年以来，学校先后多次被评为广东省先进单位，茂名市作风建设先进集体、优秀学校、先进党组织、排头兵实践先进单位，并连续10多年被高州市综治委评为“治安事故为零”学校。

团结奋进的领导班子

学校不断加强校园文化建设，传承艺术特色教育，熔铸校园精神，形成了健康高雅、创新和谐、催人奋进的校园文化，促进了学生的全面发展。近三年来，学校举办省级以上学术专家讲座20多场；书法成果享誉粤西，有50多名师生在省级以上比赛中获奖，其中艺术系庞亚卓老师荣获（书法类）广东省职工艺术家称号，黄彬南同学荣获广东省书法绘画大赛书法一等奖；音乐艺术大赛成绩喜人，其中舞蹈《阳光下的我们》和《花溪花溪》分别获得了广东省大学生校园舞蹈大赛（湛江赛区）非专业组的第一名、第二名。

学院举办80周年校庆活动

三、发展迅速，再谱新篇

近两年来，学校得到迅猛发展，教育教学和管理工作实现了“三大确立”：确立了“把高州师范办成省内外一流的高等师范院校”的远大目标；确立了“一切为了两代师表的终身发展”的办学理念；确立了“管理、质量、队伍、文化、民生”五大工程的发展策略。实现了“三大突破”：招生人数重大突破，外地生源首次超过茂名地区生源，毕业生初次就业率突破90%。取得了“三大成效”：制度大完善、环境大改变、质量大提高，受到了上级领导和社会各界人士的高度评价。

环境优美的大学校园

宏伟的教学大楼

广东石油化工学院高州师范学院将把握良好态势，抢抓机遇，振奋精神，干事创业，开拓创新，进一步整合教育教学资源，努力实现质量与规模的协调发展，沿着“把高州师范办成省内外一流的高等师范院校”的远大目标奋力前行。

校　址：广东省高州市区高师路1号大院
邮　编：525200
电　话：（0668）6610799

罗定职业技术学院

罗定职业技术学院创办于2001年5月，是经广东省人民政府批准成立的全日制高等职业技术学院，其前身是创建于1928年的广东罗定师范学校。

学院坐落在西江南岸、粤西边陲的罗定市城区。校园环境优雅，文化底蕴深厚，人文氛围浓郁。学院设有文化教育、电子信息、机械制造、财经、公共事业、艺术设计传媒和旅游7个职业大类共30多个专业，现有全日制在校生8 400多人，教师430多人。学院自开办以来已为社会输送了近10 000名毕业生；毕业生专业基础扎实，职业适应能力强，深受用人单位欢迎。

学院强化实践教学环节，为学生获取“双证书”搭建平台，高职教育办学特点凸显。学院设立的“国家职业技能鉴定所”，是“广东省社会科学推广示范基地”“广东省中小企业培训示范基地”和“全国高校学生ISO 9000内审员资格培训基地”。学院设有大学英语四六级考试、实用英语应用能力AB级考试、计算机高新技术水平考试、普通话水平测试、广东省音乐家协会考级委员会音乐考级（钢琴）、中国民族管弦乐学会考级委员会全国民族乐器古筝考级等多个考点，先后被广东省教育厅、广东省语言文字工作委员会评为“语言文字工作先进单位”“广东省社会科学普及先进示范基地”和“广东省中小企业培训示范基地”。

广东省副省长李容根（前排左二）到学院视察

广东省委教育工委书记、省教育厅厅长罗伟其（前排左二）到学院指导工作

学院成功承办广东省高职教育研究会学术年会

校外实习基地

学院自开办以来，得到了上级领导和有关部门的关心支持，实现了跨越式的发展。先后有广东省副省长李容根，原广东省人大主任卢钟鹤，中国扶贫基金会副会长、原广州市政协主席、学院校友陈开枝，罗定籍原济南军区副政委兼空军政委、中将军衔将军张汉平，广东省委教育工委书记、省教育厅厅长罗伟其，广东省教育厅副厅长、党组成员魏中林，广东省政府副秘书长、省政府发展研究中心主任谢鹏飞，广东省委教育工委副书记、省教育厅党组副书记谭泽中，广东省教育厅巡视员、党组成员李小鲁，广东省教育厅副厅长、党组成员李学明，以及原广东省教育厅巡视员张泰岭等领导亲临学院指导工作。

罗定职业技术学院将进一步务实改革，锐意创新，努力办出山区高职院校的特色，开拓欠发达地区高职教育科学发展的新路子。

深圳市崛起教育集团

深圳市崛起教育集团（深圳市崛起教育投资有限公司）是深圳市第一家民办教育集团，位于深圳市宝安区新安街道47区，是以发展民办学校为主的多元化、多层次的教育实体，形成了从幼儿园到高中的完整教育体系。集团从1995年秋投资办学以来，秉承“着眼于长远发展，社会效益为第一”的办学理念，为深圳市提供了大量优质学位，为深圳市民办教育的发展作出了积极的贡献。

深圳市崛起教育集团、崛起教育投资有限公司董事长兼总裁林良浩，现为深圳市第五届政协委员、民盟深圳市委委员、宝安区政协委员、民盟深圳市委教育专业委员会副主任、民盟宝安区总支副主委、深圳市企业家协会副会长、广东省民办教育工作委员会常务理事。林良浩于1999、2000年被宝安区委、区政府评为“先进教育工作者”；2001年被深圳市政府评为“先进教育工作者”；2002年被宝安区委、区政府评为“宝安区首届青年创业先锋”；2004年荣获深圳市团委、深圳市社保局颁发的“深圳市青年创业奖”；2007年被宝安区政协委员会评为“先进委员”；2009年被宝安区委、区政府评为“宝安区第六届十大杰出青年”。

崛起教育集团董事长、总裁林良浩

集团现有翻身实验学校、崛起实验中学、崛起诚信实验学校、崛起第一幼儿园、崛起第二幼儿园、崛起第三幼儿园、崛起第四幼儿园、崛起教育早教中心和崛起教育培训中心9个办学单位。其中翻身实验学校被评为全国教育系统先进集体、广东省一级学校、广东省十佳民办学校、广东省先进民间组织、广东省绿色学校；崛起实验中学被评为广东省一级学校、深圳市绿色学校；崛起第二幼儿园被评为深圳市一级幼儿园；崛起诚信实验学校被评为深圳市宝安区一级学校；崛起第一、第三幼儿园被评为深圳市宝安区一级幼儿园。

集团固定资产达 2.5亿元，在校学生近8 000人，教职工700多人。

2009年，翻身实验学校被评为“全国教育系统先进集体”

2009年5月14日，崛起诚信实验学校举行“师生百幅剪纸作品巡回展”启动仪式

矢志不渝为教育

广东教育书店有限公司

广东教育书店有限公司于1992年11月由广东省教育厅党组决定并经工商部门核准登记成立，2000年8月改制划由广东省广弘资产经营有限公司管理，2005年被确定为广东省第二批文化体制改革试点单位。公司具有全国出版物总发行资格，是广东省中小学教材发行的两条渠道之一，主要经营中小学（幼儿园）、大中专、中职教材，以及教辅资料、图书馆用书、音像制品、电子出版物、学校（学生）用品和文教用品等。2009年9月11日，公司与广东广弘食品集团一起借壳“粤美雅”（复牌后更名为“广弘控股”，股票代码：000529SZ）在深圳主板成功复牌上市。

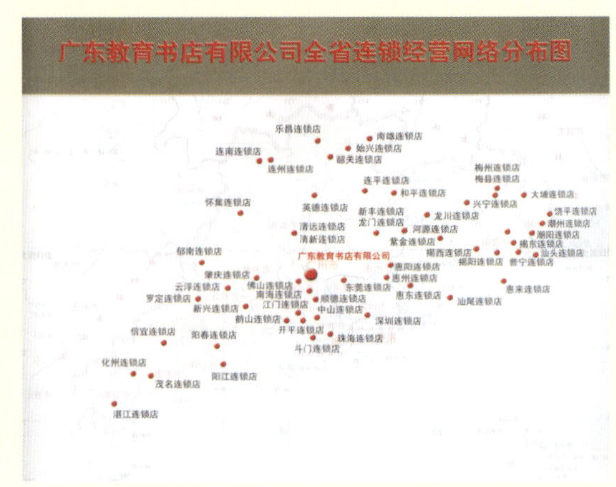

广东教育书店有限公司全省连锁经营网络分布图

公司成立以来，秉承“服务教育、服务社会”的宗旨，认真贯彻党的教育方针，牢固树立科学发展观，积极配合广东省的教育教学改革，开展新教材的推广和师资培训，努力为全省中小学师生提供高质量的教学用书，特别是每年春秋两季都确保了所发行的中小学教材“课前到书，人手一册”任务的圆满完成，较好地维护了全省中小学教学用书发行工作的良好秩序和稳定大局。特别是2003年开始实施连锁经营以来，经过几年的努力，公司已开设有60家连锁店，经营范围覆盖全省各市、县（区），形成了一张反应快捷、触觉灵敏的配送网络，配送效率和服务质量大幅提高，更加适应新的形势下中小学教学用书发行工作的需要。

与此同时，公司积极参与广东省的文化大省建设，认真履行社会责任，如开展捐资助学活动等，2008年还在全省率先捐建了50家“广东省农家书屋”。公司先后被评为全国教育图书发行先进单位、广东省先进集体、广东省文明单位；2004年被评为广东省首批纳税信用A级企业，至今连续5年获此荣誉；连续5年被省直机关工委评为广东省直文明单位。公司有2名员工先后被授予“全国五一劳动奖章”和“广东省五一劳动奖章”。

在广东省教育厅、广弘公司和全省中小学师生以及社会各界的大力支持下，经过全体员工的共同拼搏，广东教育书店有限公司定能创造出更好的业绩，努力推动全省教育事业的蓬勃发展和经济建设。

2003年5月，公司被评为广东省先进集体

2003年12月，公司被评为广东省文明单位

地　　址：广东省广州市珠江新城花城大道6号名门大厦豪名阁24楼
邮　　编：510623

教育综合管理

GENERAL MANAGEMENT IN EDUCATION

政策法规

【综述】2009年，广东省教育厅在省委、省政府的领导下，坚持以邓小平理论和“三个代表”重要思想为指导，深入贯彻落实科学发展观，积极推进全省教育政策研究和教育法制建设工作，大力推动《广东省实施〈民办教育促进法〉办法》《广东省高校学生实习和毕业生见习条例》两项立法，认真筹备全省教育工作会议，积极促进民办教育健康发展，进一步巩固和深化学习实践科学发展观活动的成效，取得了良好效果。

【筹备全省教育工作会议】根据省委、省政府的工作安排，2010年在全国教育工作会议召开之后将召开广东省教育工作会议，部署落实《国家中长期教育改革和发展规划纲要（2010—2020年）》和《广东省教育改革和发展规划纲要（2010—2020年）》，推进全省教育优先发展、科学发展，更好更快地为广东经济社会科学发展提供人才保证、智力支持和科技支撑。广东省教育厅会同省委政策研究室多次研究全省教育工作会议筹备方案、有关会议文件框架和会议调研准备工作，并成立了筹备全省教育工作会议领导小组和工作小组，会议各项准备工作正有条不紊地进行。

【学习贯彻落实《珠江三角洲地区改革发展规划纲要（2008—2020年）》】根据省委、省政府的部署，广东省教育厅制定并印发了《关于学习贯彻〈珠江三角洲地区改革发展规划纲要（2008—2020年）〉的通知》，要求各市教育局正确理解“科学发展、先行先试”的精髓，正确把握珠江三角洲地区在国家发展总体战略中的教育定位，争创国家教育综合改革示范区。从各市上报的材料来看，各市都能认真组织学习贯彻《珠江三角洲地区改革发展规划纲要》，联系实际，制定和调整了改革发展的规划、政策和措施，积极推进义务教育均衡发展，加快普及高中阶段教育的步伐，加大中等职业教育招生和建校的力度。

【参与完成《广东省实施〈中华人民共和国民办教育促进法〉实施办法》立法工作】《民办教育促进法》及其实施条例颁布施行以来，按照积极鼓励、大力支持、正确引导、依法管理的方针，广东省各级各类民办教育快速发展。为进一步鼓励扶持、依法规范和促进民办教育发展，从2005年8月起，广东省教育厅在调研的基础上，抓紧组织地方性法规《广东省实施〈中华人民共和国民办教育促进法〉办法》的起草工作，数易其稿后报送省政府，并于2009年6月5日经省政府常务会议讨论通过后提交省人大审议，在11月26日召开的省人大常委会议上全票通过。《广东省实施〈中华人民共和国民办教育促进法〉办法》（见附件1）共八章四十六条，体现了广东特色，有不少突破和创新。一是落实鼓励扶持民办教育的政策，明确政府资助奖励民办教育的硬性规定。二是明确对举办者奖励回报的规定，切实保障了举办者的利益。三是保障公办学校和民办学校之间教师的合理流动，加大对民办学校师资的扶持力度。四是统一教职员的聘用、档案管理和争议解决方式，落实民办学校教师应有的法律地位。五是建立民办学校教师待遇保障机制，建设稳定的高素质教师队伍。六是细化民办学校办学的审批权限，简化民办高校和民办中等职业学校收费的审核程序。七是建立民办学校风险防范机制，确保民办教育稳定发展。八是加强民办学校的维权，营造民办教育发展的良好环境。九是规范学校办学行为，明确主要违法行为的法律责任。

【积极参与“广东省高等学校学生实习立法”的调研和起草工作】按照中共中央政治局委员、广东省委书记汪洋对省人大会议上李玉忠等8名代表提出《关于对“高等学校学生实践学习立法”的建议》的批示精神，省教育厅高度重视，积极配合。按照省人大统一部署，配合完成了《广东省高等学校学生实习与毕业生就业见习条例》。该项立法是全国第一部关于高校毕业生实习见习的地方性法规，具有首创性和独创性，对于广东省大学生实习教育和毕业就业将起到积极的推动作用。《广东省高等学校学生实习与毕业生就业见习条例》（见附件2）共设七章六十四条，充分体现了广东“先行先试”的首创精神。一是明确了基本原则和方针。二是完善了组织与保障。三是明晰了实习规范与管理。四是确定了见习规范与管理。五是设定了扶持与奖励措施。六是规定了法律责任。

【开展教育法制工作】不断创新教育普法宣传形式，加大宣传力度，教育普法取得新成绩。积极配合省依法治省办开展普法宣传周活动，省教育厅与省依法治省办、司法厅协调全省12所高校1 000多名师生参与演出，共同主办了大学生法制宣传教育文艺晚会，晚会于2009年12月1日在省委礼堂成功举办。广东省教育厅被评为“广东省普法先进集体”，邵允振同志获得“全国普法先进个人”荣誉称号。黄爽同志被聘为广东省高级人民法院特邀廉政监督员，其所代理的涉及省教育厅的4件教育行政诉讼案均获得胜诉，处理教师行政申诉多起。牵头协调处理互联网上“南方大学”“华南工商学院”等虚假信息，协助厅办公室及时发布信息，积极维护高考招生秩序。参与对部分高校违规开办成人教育校外教学点的查处，并提出处理意见。完成法律法规规范性文件的征求意见、修改意见等50多份。指导高校完善学校内部治理，完成多所高校章程的审核备案工作。

【规范民办教育管理】继续开展民办高校的年检工作。对2008年度全省26所民办普通高校和17所独立学院的办学情况进行了年度检查。经组织专家组评议、实地抽检复核，参加年检的43所学校中，38所学校获评“合格”，5所学校获评“基本合格”。同时，对年检“基本合格”的5所民办高校进行了严肃认真的讨论和年检结论公布前的谈话，对广东新安职业技术学院进行实地考察，提出了明确的整改要求。提出了进一步改进年检工作的意见，顺利完成了2008年民办高校的年检工作。推动成立了广东省民办教育协会。经过长期的筹备工作，广东省民办教育协会于2009年6月4日成立，原广东省教育厅厅长许学强任会长。协会的成立，预示着广东省民办教育的发展步入了一个新的阶段，标志着广东省民办教育开始走上从无序到有序、从自发到自觉的自我约束、自我管理、携手共进的自律性管理轨道，必将进一步推动广东省民办教育健康、有序、稳定发展。认真开展2008年民办教育专项资金的使用绩效管理和2009年专项资金的申报评审工作。组织完成全省民办高校负责人学习班，编印民办高等教育政策法规选编，指导民办高校依法办学、规范管理。

附件1

广东省实施《中华人民共和国民办教育促进法》办法

（2009年11月26日广东省第十一届人民代表大会常务委员会第十四次会议通过）

第一章　总　　则

第一条　为实施《中华人民共和国民办教育促进法》，结合本省实际，制定本办法。

第二条　本办法适用于国家机构以外的社会组织或者个人，利用非国家财政性经费，依法在本省行政区域内面向社会举办学校及其他教育机构（以下统称民办学校）的活动。

第三条　民办教育事业属于公益性事业，是社会主义教育事业的组成部分，民办学校与公办学校具有同等的法律地位。

民办学校应当坚持社会主义的办学方向，全面贯彻国家的教育方针，依法办学，保证教育教学质量。

第四条　县级以上人民政府应当坚持积极鼓励、大力支持、正确引导、依法管理的方针，将民办教育事业纳入国民经济和社会发展规划。

县级以上人民政府应当组织、协调有关部门及时解决民办教育事业发展中的重大问题，促进民办教育事业健康、有序、可持续发展。

第五条　县级以上人民政府教育主管部门是本行政区域民办教育工作的主管部门，应当依法加强对民办学校的服务、管理和监督。

县级以上人民政府人力资源和社会保障主管部门应当在职责范围内依法加强对实施以职业技能为主的职业资格培训、职业技能培训的民办学校的服务、管理和监督。

县级以上人民政府其他有关部门依照各自的职责，负责有关的民办教育工作。

第六条　县级以上人民政府应当组织建立和完善民办学校风险防范机制和应急机制。

第二章　民办学校的设立

第七条　设立民办学校应当符合当地经济社会

发展和教育发展的需求，并具备教育法和其他法律、法规规定的条件。

审批机关应当公布有关民办学校设立的条件、审批程序、审批期限，以及应提交的相关材料。对批准正式设立的民办学校，审批机关应当颁发办学许可证，并将批准正式设立的民办学校及其章程向社会公告。

民办学校取得办学许可证，应当依照有关的法律、行政法规办理法人登记，登记管理机关应当依法予以办理。

第八条 民办学校的设立，按照下列权限审批：

（一）实施本科教育的普通高等学校以及师范、医药类专科教育的高等职业学校，按照国家有关规定报国务院教育主管部门审批；

（二）实施师范、医药类以外的专科教育的高等职业学校，由省人民政府审批，并报国务院教育主管部门备案；

（三）实施高级中等学历教育的普通高中和中等职业技术学校，由地级以上市人民政府教育主管部门审批，并报省人民政府教育主管部门备案；

（四）实施义务教育、学前教育、文化教育类非学历教育的学校，由县级以上人民政府教育主管部门审批；

（五）实施以职业技能为主的职业资格培训、职业技能培训的学校，由县级以上人民政府人力资源和社会保障主管部门按照国家规定的权限审批，并抄送同级教育主管部门备案；技工学校，由省、地级以上市人民政府人力资源和社会保障主管部门按照各自权限审批。

对涉及多个办学层次的设立申请，由负责审批高层次学校的审批机关统一受理，并征求其他层次审批机关的意见。

第三章 教师与受教育者

第九条 民办学校的教师、受教育者与公办学校的教师、受教育者具有同等的法律地位。

第十条 民办学校应当聘任符合任职条件的专职校长，双方应当依法签订聘任合同，聘期不少于三年。

校长按照学校章程以及聘任合同依法履行教育教学和行政管理职权。

第十一条 民办学校应当按照国家有关规定，建立与其办学层次、规模和专业设置相适应的教师队伍，并根据教学、科研的实际需要，培养骨干教师和学科带头人。

县级以上人民政府有关部门应当做好民办学校教师人事档案的收集、整理、保管、利用、转递等管理工作。在民办学校教师人事档案管理过程中，应当保证档案材料的安全，不得擅自泄露档案内容，不得擅自涂改、抽取、销毁或伪造档案材料。

第十二条 民办学校自主聘任合格的教师、职员。民办学校聘用教师、职员，应当依法订立聘任合同，明确双方的权利和义务。发生人事争议的，参照公办学校人事争议有关规定处理。

民办学校招用其他工作人员应当依法订立劳动合同，发生争议的，按照处理劳动争议法律法规处理。

第十三条 民办学校享有与同级同类公办学校同等的招生权，可以自主确定招生的范围、标准和方式。

民办高等学校的学历教育招生应当遵守国家有关规定，并纳入本省高等教育招生计划；省人民政府发展改革、教育主管部门应当根据其办学条件核定招生计划。

民办学校不得采取支付或者变相支付生源组织费的形式组织生源。

第十四条 民办学校应当依法保障教职工的工资、福利待遇，建立教职工工资专户制度，按时足额发放教职工工资，依法参加社会保险，缴纳社会保险费，并按照国家有关规定办理住房公积金。

鼓励民办学校为教职工购买补充养老保险。

第十五条 民办学校教师办理专业技术职务评定、教师资格认定、科研项目申报、评优评先等与公办教师享有同等权利。

各级人民政府教育、人力资源和社会保障主管部门应当把民办学校教师队伍培训纳入本系统培训计划；民办学校教师参加国家、省规定的教师继续教育学习的，学习期间的工资福利待遇不变。

第十六条 教育主管部门应当会同有关部门建立、完善有关制度，保证教师在公办学校和民办学校之间的合理流动，鼓励公办学校选派教师到有需要的民办学校帮教扶教。

民办学校教师的教龄和工龄计算享有与公办学校教师同等的权利。教师在民办学校和公办学校之间流动的，其在民办学校的教龄和工龄与其在公办学校的教龄和工龄合并计算。

第十七条 民办学校的受教育者在升学、就业、助学贷款、困难资助、档案管理、社会优待、医疗保险、评选先进等方面，享有与同级同类公办学校受教育者同等的权利。

第十八条 具有本省常住户口的民办学校初中毕业生、高中毕业生、中等职业学校和技工学校毕业生，可以在其学校所在地参加高中阶段入学考试和高等教育入学考试。

第十九条 民办学校受教育者提出退学、转学的，学校应当按照有关规定，及时为其办理退学、转学、退费手续。

民办学校终止时，应当妥善安置受教育者，审批机关应当予以协助。实施义务教育的民办学校终止时，审批机关应当帮助安排受教育者继续就学。

第四章 学校资产与财务管理

第二十条 民办学校的举办者可以以资金、实物、土地使用权、知识产权或者其他财产作为办学出资。

以知识产权等无形资产出资参与合作办学的，应当委托具有资产评估资质的评估机构依法评估；无形资产占办学总投入的比例，由合作办学双方按照国家法律、行政法规的有关规定予以约定，并依法办理有关手续。

第二十一条 实施义务教育阶段的公办学校不得转为民办学校。

公办学校参与举办民办学校，应当经主管的行政部门批准。

公办学校参与举办的民办学校，应当具有独立法人资格，具有独立校园，实行独立的财务会计制度，独立招生，独立颁发学业证书。公办学校参与举办民办学校所取得的收益，按照国家有关规定纳入统一管理，用于教育教学活动。

第二十二条 民办学校应当依法建立财务会计制度和资产管理制度，对举办者投入的资产、国有资产、受赠的财产、收取的费用以及办学积累等分别核算、登记建账，并接受有关部门的检查监督。

举办者应当在银行开设学校独立账号，将投入民办学校的资产与其他资产相分离。民办学校存续期间，举办者不得抽逃出资，不得挪用办学经费。

第二十三条 民办学校应当在每个会计年度结束时制作财务会计报告，委托会计师事务所依法进行审计，审计结果应当报审批机关备案，并予以公布。

民办学校应当聘任具有会计从业资格证书的人员担任会计。其中，担任会计机构负责人的，应当具备会计师以上专业技术职务资格或者从事会计工作三年以上。

第二十四条 实施义务教育和普通高中教育的民办学校收取费用的项目和标准由学校提出，报审批部门审核，经价格主管部门批准后由学校公示执行。

民办中等职业学校和民办高等学校的收费标准由学校根据办学条件和培养成本合理确定，报审批部门和价格主管部门备案后由学校公示执行。

其他非学历教育机构收取费用的项目和标准由学校提出，报审批部门和价格主管部门备案后由学校公示执行。

第二十五条 民办学校收取的费用应当主要用于教育教学活动和改善办学条件。民办学校每年应当依法提取发展基金和福利基金；发展基金主要用于学校的建设、维护和教学设备的添置、更新等；福利基金主要用于教职工的集体福利开支。

负有债务的民办学校，应当将年度办学结余首先用于偿还债务。

第二十六条 鼓励民办学校购买校方责任险等保险。

第二十七条 共同举办的民办学校，举办者之间可以相互转让其全部或者部分举办权。民办学校举办者转让其举办权时，在同等条件下，其他共同举办者有优先受让权。

第五章 扶持与奖励

第二十八条 县级以上人民政府应当设立民办教育发展专项资金，资助民办学校发展，表彰和奖励为发展民办教育事业作出突出贡献的组织和个人。

民办教育发展专项资金由财政主管部门负责管理，由教育主管部门或者人力资源和社会保障主管部门报同级财政部门批准后使用。

第二十九条 新建、扩建民办学校，按照公益事业用地及建设的有关规定给予优惠。教育用地不得用于其他用途。

捐资举办的民办学校和出资人不要求取得合理回报的民办学校，其建校用地和校舍建设享受与公办学校同等的优惠政策。

第三十条 捐资举办的民办学校和出资人不要求取得合理回报的民办学校，依法享受与公办学校同等的税收及其他优惠政策；出资人要求取得合理回报的民办学校享受国家规定的税收优惠政策。

第三十一条 鼓励企业捐资助学。企业通过公益性社会团体或者县级以上人民政府及其部门自愿无偿向民办教育事业的捐赠支出，在计算应纳税所得额时可以依照国家规定扣除。

第三十二条 民办学校用电、用水、用气、排污、通信等公共服务价格，应当与公办学校执行同一标准。

任何单位不得违法向民办学校收取任何费用。民办学校对违法收费有权予以拒绝，并向价格主管部门举报。

第三十三条 县级人民政府委托本行政区域民办学校承担义务教育任务的，应当与学校签订委托协议并拨付相应的教育经费。拨付教育经费的标准，按照本区域同级公办学校的生均教育经费标准执行。

第三十四条 出资人不要求取得合理回报的民办学校，在学校有办学结余的前提下，经学校董事会、理事会或者其他形式的决策机构讨论决定，可以每年从学校办学结余中提取一定比例，用于奖励出资人。但是，累计提取总额不得超过出资人的出资数额。

出资人将应取得的合理回报用于学校发展的，计入其出资额。

第六章 监督与管理

第三十五条 县级以上人民政府教育、人力资源和社会保障主管部门及其他有关部门应当按照各自职责，加强对民办学校经费使用、教育质量、师生权益保障、安全稳定等方面的监督检查。

第三十六条 对使用国有资产、接受政府经常性财政资助、接受社会捐赠的民办学校，政府有关部门应当加强监管。

第三十七条 民办学校发布招生简章和广告，应当符合《中华人民共和国广告法》等相关法律法规的规定。民办学校的招生简章和广告样本，发布前应当报审批机关备案。发布的招生简章和广告的内容应当与审批机关备案的内容一致。

招生简章和广告的内容应当真实、准确。招生简章应当载明学校名称、地址、性质、办学层次、办学形式、培养目标、招生专业、招生办法、招生人数、住宿条件、收费项目、收费标准、证书发放等事项。

民办学校对贫困学生有减免收费或其他资助的，应当在招生简章中明示。

民办学校开展的教育教学活动，应当与招生简章、广告等向社会承诺的相一致。

第三十八条 县级以上人民政府教育、人力资源和社会保障主管部门应当加强对民办学校的督导，按照各自权限组织或者委托社会中介组织评估民办学校的办学水平和教育质量，并将评估结果向社会公布。社会中介组织进行评估应当客观公正。

第三十九条 民办教育行业组织应依照其章程，开展民办学校之间的交流与合作，加强民办教育行业自律制度建设，促进民办学校依法规范办学。

第四十条 任何单位和个人对审批机关违反本办法的行为，有权向其上级主管机关或者监察机关投诉、举报；收到投诉、举报的机关应当在十五日内决定是否受理。对决定受理的案件，应当及时组织调查，并将处理结果告知投诉、举报人。

任何单位和个人对民办学校违反本办法的行为，有权向教育主管部门或者人力资源和社会保障主管部门投诉、举报；收到投诉、举报的部门应当在十五日内决定是否受理。对决定受理的案件，应当及时组织调查，并将处理结果告知投诉、举报人。

第七章 法律责任

第四十一条 公办学校未经批准参与举办民办学校或者未按照规定将参与举办民办学校的收益纳入统一管理使用的，由主管部门责令限期改正，并对负有直接责任的主管人员和其他直接责任人员给予处分；有违法所得的，没收违法所得。

第四十二条 民办学校有下列情形之一的，由审批机关或者其他有关部门责令限期改正；情节严重的，责令停止招生、吊销办学许可证：

（一）学校的资产未与其他资产分开，未设立学校独立银行账号的；

（二）有办学结余但未经学校董事会、理事会等决策机构讨论同意或者没有办学结余给不要求合理回报的出资人奖励的；

（三）未经备案，散发、刊登、张贴招生简章和招生广告的；

（四）擅自增加收取费用的项目、提高收取费用的标准的。

第四十三条 民办学校未依法登记开展活动的，由登记管理机关依法予以处罚。

第四十四条 民办学校的审批机关及其工作人员有下列行为之一的，由监察机关或者上级主管部门对负有责任的主管人员和其他直接责任人员依法给予处分；构成犯罪的，依法追究刑事责任：

（一）对符合法定条件的申请故意刁难、拖延不办或者逾期不予答复的；

（二）批准不符合法定条件的申请人举办民办学校的；

（三）利用职务上的便利收受他人财物或者其他利益的。

第八章　附　　则

第四十五条　对在工商行政管理部门登记注册的经营性的民办培训机构的管理，按照国家的有关规定执行。

第四十六条　本办法自2010年3月1日起施行。

附件2

广东省高等学校学生实习与毕业生就业见习条例

（2010年1月22日广东省第十一届人民代表大会常务委员会第十六次会议通过，2010年3月1日起施行）

第一章　总　　则

第一条　为了提高学生的实践能力、就业能力和创新能力，完善人才培养机制，促进毕业生就业，根据《中华人民共和国教育法》《中华人民共和国高等教育法》《中华人民共和国职业教育法》等法律、法规，结合本省实际，制定本条例。

第二条　本省行政区域内的高等学校学生实习与本省常住户口的高等学校毕业生就业见习，适用本条例。

本条例所称实习，是指高等学校按照专业培养目标和教学计划，组织学生到国家机关、企业事业单位、社会团体及其他社会组织进行与专业相关的实践性教学活动。

本条例所称毕业生就业见习（以下简称“见习”），是指各级人民政府或者人民团体组织毕业后一年内尚未就业的毕业生到国家机关、企业事业单位、社会团体及其他社会组织进行的就业适应性训练。

本省行政区域内的中等职业学校、技工学校的学历教育学生实习与本省常住户口的中等职业学校、技工学校的学历教育毕业生就业见习，依照本条例执行。

第三条　学生实习坚持学校组织、政府扶持、社会参与的原则。

见习坚持个人自愿参与、政府扶持帮助、社会共同参与的原则。

第四条　县级以上人民政府教育、人力资源和社会保障主管部门按照各自职责，负责学生实习工作的指导、协调和监督管理。

财政、卫生、安全生产监督管理、工商、税务等部门按照各自职责，做好学生实习的相关工作。

第五条　县级以上人民政府应当统筹规划见习工作，加强见习指导与协调，促进毕业生提高就业能力。

人力资源和社会保障、教育、财政等部门按照各自职责，做好见习的相关工作。

工会、共产主义青年团、妇女联合会以及其他社会组织，协助人民政府及其有关部门做好见习工作。

第六条　县级以上人民政府应当制定优惠政策，鼓励各类企业事业单位、社会团体及其他社会组织接收学生实习和毕业生见习，为当地经济社会可持续发展吸纳、培养和储备人才。

第二章　组织与保障

第七条　学校应当根据专业特点和培养目标，认真履行学生实习的组织责任，提高学生的实践能力、创造能力、就业能力和创业能力。

第八条　保障学生实习是全社会的共同责任。

国家机关、国有和国有控股企业、财政拨款的事业单位和社会团体应当按照在职职工的一定比例接收学生实习，具体比例由地级以上市人民政府确定。

其他企业事业单位、社会团体及社会组织应当为学校组织的学生实习活动提供帮助和便利。

第九条　学校与国家机关、企业事业单位、社会团体按照自愿协商、优势互补、利益共享的原则，建设实习基地，为学生实习提供便利。

第十条　行业组织应当引导和鼓励本行业企业事业单位与学校开展合作，并发挥行业资源、技术和信息优势，推动共建实习基地和开展合作项目。

第十一条 学校应当按照规定安排专项经费用于学生实习。

第十二条 县级以上人民政府及其人力资源和社会保障主管部门应当及时掌握本地毕业生就业情况，有计划地组织当地毕业后一年内尚未就业的毕业生参加见习，扩展就业机会。

第十三条 县级以上人民政府可以根据需要，将符合下列条件的单位确定为见习基地：

（一）具有较强的社会责任感，管理规范；

（二）自愿且能够持续提供一定数量的见习岗位；

（三）提供的见习岗位具备一定技术含量和业务内容，能确保毕业生提高技能水平和工作能力。

县级以上人民政府在确定见习基地时，应当考虑单位的行业分布，优先考虑当地重点发展的优势产业，同时吸纳不同行业的企业事业单位参加，以满足见习的需求。

第十四条 行业组织应当引导和鼓励本行业企业事业单位积极提供见习岗位。

第十五条 县级以上人民政府要加强对见习基地的检查与指导，及时解决见习工作中遇到的困难和问题。

见习单位未依法履行见习管理职责的，由县级以上人民政府取消其作为见习基地的资格。

第十六条 学校应当加强对见习政策的宣传，将见习作为就业指导的重要内容。

第十七条 报刊、广播、电视、网络等媒体应当广泛宣传见习制度和企业事业单位开展见习的经验做法，形成社会普遍关注、各方共同参与的良好氛围。

第三章　实习规范与管理

第十八条 学生实习一般由学校统一组织。学生要求自行联系实习单位的，应当经学校同意。学校应当安排实习指导教师掌握实习情况，统一管理和考核。

第十九条 学校组织学生在实习基地实习，学校、实习基地和实习学生应当签订三方实习协议，明确各方的权利、义务和责任。

实习协议应当包括以下主要内容：

（一）学校和实习单位的名称、地址、法定代表人或者主要负责人，实习学生的姓名、住址和注册学号；

（二）符合教学大纲要求的实习期限；

（三）实习方式、内容和岗位；

（四）实习终止条件；

（五）违约责任；

（六）争议的解决方式。

实习协议可以根据实习的性质和需要，约定意外伤害保险的投保人、投保额度、损害赔偿、实习报酬、保密等其他事项。

其他实习单位接收学生实习的，可以参照本条第二、三款的规定与学校、学生签订三方实习协议，明确各方的权利、义务。

第二十条 学校在学生实习工作中应当履行以下职责：

（一）建立健全实习管理制度；

（二）按照专业培养目标和教学大纲，制订实习计划；

（三）联系并合理安排实习单位；

（四）安排责任心强，有一定经验的实习指导教师；

（五）对学生进行安全、纪律教育；

（六）检查学生实习情况，及时协调处理有关问题；

（七）建立学生实习管理档案；

（八）法律法规规定或者实习协议约定的其他事项。

第二十一条 实习单位应当履行以下职责：

（一）做好实习学生在单位内的管理工作；

（二）提供合适的实习岗位、必要的实习条件和安全健康的实习环境；

（三）根据实习要求，选派有经验的实习指导人员；

（四）对学生进行安全培训和技能培训；

（五）向学校反馈学生的实习情况；

（六）法律法规规定或者实习协议约定的其他事项。

第二十二条 学校和实习单位不得有下列行为：

（一）安排未满十六周岁的学生顶岗实习；

（二）安排学生到夜总会、歌厅、洗浴中心等场所实习；

（三）安排学生从事高毒、易燃易爆、国家规定的第四级体力劳动强度以及其他具有安全隐患的劳动，但完成学生本专业实习所必需的除外；

（四）安排学生在需要相应职业资格的岗位上顶岗实习；

（五）安排学生周实习时间超过四十小时；

（六）委托中介机构或者个人代为组织和管理实习；

（七）其他影响实习学生人身安全、身心健康的行为。

第二十三条 实习单位接收学生顶岗实习的，当期接收实习学生的人数不得超过本单位在职职工总人数的百分之三十。

第二十四条 学校组织学生实习，不得违反规定向实习学生收取费用。

第二十五条 实习指导教师应当加强与实习单位的联系，根据实习计划和实习单位的具体情况，做好学生的实习指导、教育和管理工作。

第二十六条 实习单位应当合理安排实习指导人员的工作，保证实习指导人员指导学生实习的时间。

实习指导人员应当根据实习计划和实习协议，对学生实习进行指导。

第二十七条 学生应当根据学校和实习单位的要求实习，接受学校和实习单位的管理和考核评定。

学生应当尊重实习指导教师和实习指导人员，遵守实习单位的规章制度和劳动纪律，保守实习单位的秘密。

第二十八条 学生顶岗实习期间，实习单位应当按照同岗位职工工资的一定比例向学生支付实习报酬，具体比例由地级以上市人民政府根据本地实际情况予以确定。

非顶岗实习的学生，学校、实习单位和学生可以在实习协议中约定给予实习补助。

实习单位、学校应当按照规定或者约定，按时足额向学生支付实习报酬、实习补助，不得拖欠、克扣。

第二十九条 实习协议确定的投保人，应当及时为学生办理意外伤害保险等相关保险。

第三十条 实习结束时，实习单位应当根据学生实习期间的表现考核评定成绩，出具实习鉴定。

第四章　见习规范与管理

第三十一条 县级以上人民政府人力资源和社会保障主管部门具体负责见习的组织和管理工作，建立健全相关制度。

第三十二条 国家机关、企业事业单位、社会团体及其他社会组织应当积极创造条件，提供见习岗位，并向县级以上人民政府人力资源和社会保障主管部门报送见习岗位信息。

第三十三条 本省常住户口的毕业生在毕业后一年内未能就业的，可以自愿参加其常住户口所在地的市、县人民政府或者人民团体组织的见习。

各级人民政府可以根据本地区人才引进工作的需要，吸纳非本地常住户口的毕业生参加见习，改善本地人才队伍结构。非本地常住户口毕业生参加见习享受的优惠政策，由地级以上市人民政府制定。

第三十四条 见习单位应当与毕业生按照平等自愿、协商一致的原则签订见习协议。

见习协议应当包括以下主要内容：

（一）见习单位的名称、地址、法定代表人或者主要负责人，毕业生的姓名、住址、毕业院校；

（二）见习期限；

（三）见习计划安排；

（四）岗位职责；

（五）见习待遇；

（六）见习单位和见习人员的权利和义务；

（七）见习协议的解除条件；

（八）违约责任；

（九）争议的解决方式。

第三十五条 见习期限一般为三个月至六个月，最长不超过十二个月。

第三十六条 见习单位应当履行以下职责：

（一）提供合适的见习岗位、必要的见习条件和安全健康的见习环境；

（二）配备相关工种岗位训练的设施、设备和见习指导人员；

（三）对见习人员进行安全培训和技能培训；

（四）见习协议约定的其他事项。

第三十七条 见习单位不得有下列行为：

（一）安排见习人员从事高毒、易燃易爆、国家规定的第四级体力劳动强度以及其他具有安全隐患的劳动；

（二）未经见习人员同意安排见习人员周工作时间超过四十小时；

（三）其他影响见习人员人身安全、身心健康的行为。

第三十八条 见习单位当期接收见习人员的人数不得超过本单位在职职工总人数的百分之三十。

第三十九条 见习人员应当遵守见习单位的规章制度和劳动纪律，服从见习指导人员的管理，保守见习单位的秘密。

第四十条 见习单位应当每月向见习人员提供不低于当地最低工资标准百分之八十的生活补贴。

见习单位支付生活补贴后，见习单位所在地人民政府应当落实省人民政府的有关规定，对见习单位给予补贴，补贴的具体数额由地级以上市人民政府根据本地实际情况予以确定。

第四十一条 见习人员可以在见习基地所在地参加城镇居民基本医疗保险，个人缴费标准和政府补助标准按照当地学生参加城镇居民基本医疗保险相应标准执行，并享受相应待遇。

见习单位应当为见习人员购买人身伤害意外保险。

第四十二条 政府所属的人才服务机构、公共就业服务机构应当及时组织开展见习单位和毕业生的双向选择活动；见习人员要求托管人事档案的，应当提供免费人事档案托管服务。

见习人员在见习期间落实就业单位的，可以随时办理就业派遣手续。

第四十三条 见习人员见习期满，见习单位应当进行考核鉴定并为其出具见习证明。

第四十四条 鼓励见习单位优先录用见习人员。

见习人员见习期间或者期满后被见习单位正式录用的，见习单位应当及时与其签订劳动合同。

第四十五条 见习期满仍未能实现就业的毕业生，由政府所属人才中介服务机构、公共就业服务机构和学校毕业生就业服务机构继续进行就业指导和推荐就业。

毕业生有创业愿望的，政府所属人才中介服务机构、公共就业服务机构应当提供项目开发、方案设计、风险评估、开业指导、融资服务、跟踪扶持等创业服务。

第五章 扶持与奖励

第四十六条 县级以上人民政府教育行政部门应当会同人力资源和社会保障部门，利用现有信息网络资源，建立学生实习公共服务信息平台，及时公布有关单位提供的实习岗位、当年本地区学校学生实习信息，为学校、实习单位和实习学生提供服务。

学校应当于每年六月底前，将下一年度的学生实习人数、专业类型、实习时间等信息分别报送省教育、人力资源和社会保障部门。

鼓励国家机关、企业事业单位、社会团体及其他社会组织向县级以上人民政府教育、人力资源和社会保障部门报送可供实习的岗位信息。

第四十七条 县级以上人民政府应建立见习信息服务平台，收集并发布见习供求信息，推荐有意向参加见习的毕业生到相关岗位见习；通过各种方式引导和鼓励国家机关、企业事业单位、社会团体及其他社会组织接收毕业生见习。

第四十八条 各级人民政府应当按照国家和省的有关规定，结合实习、见习状况和实习、见习工作目标，在本级财政预算中安排资金，用于实习和见习的指导、培训和补贴等。资金的筹集和使用管理办法，由各级人民政府制定。

第四十九条 各级人民政府应当创造条件，为建立实习基地、合作建设实验室或者生产车间等校企合作项目提供资助。

第五十条 除本条例第四十条规定的补贴之外，有条件的地方人民政府可以给予见习基地一定的补贴。

第五十一条 发展改革、经济和信息化、农业等部门应当引导和鼓励建立实习基地、见习基地，对基地有关促进当地经济和社会发展的重点项目优先予以扶持。

第五十二条 科学技术行政部门应当对生产、教学、科研结合效果良好的实习基地、见习基地，在科学研究和技术开发等方面优先给予资金支持。

第五十三条 对企业接收学生和毕业生实习、见习并支付实习报酬、见习补贴的，按照国家规定给予税收优惠。

对实习基地、见习基地依法减免有关行政事业性收费。

第六章 法律责任

第五十四条 学校有下列行为之一的，由教育行政主管部门处以警告、责令改正，对拒不改正或者因工作失误造成重大损失的，对直接负责的主管人员和其他直接责任人员给予处分；构成犯罪的，依法追究刑事责任：

（一）未按规定安排实习经费或者挪用实习经费的；

（二）安排未满十六周岁学生顶岗实习的；

（三）安排学生到夜总会、歌厅、洗浴中心等场所实习的；

（四）拖欠、克扣学生实习补助的；

（五）未按照协议为学生购买意外伤害保险的；

（六）发现实习单位违反本条例规定侵害学生权益未及时采取有效措施制止的；

（七）其他影响学生实习或者侵害学生合法权益的。

第五十五条 实习、见习单位有下列行为之一的，由人力资源和社会保障部门处以警告、责令改正，并依法追究相关人员的责任：

（一）未为实习学生、见习人员提供必要的实习、见习条件和安全健康的实习、见习环境的；

（二）违法安排实习学生、见习人员超时实习、见习的；

（三）克扣、拖欠实习学生、见习人员的报酬、补助或者补贴的；

（四）未按照约定或者规定为实习学生、见习人员购买意外伤害保险的；

（五）其他侵害实习学生、见习人员合法权益的。

第五十六条 实习、见习单位有下列行为之一的，由人力资源和社会保障部门责令改正，并按照实习学生、见习人员人数处以每人一千元的罚款：

（一）接纳未满十六周岁学生顶岗实习的；

（二）安排学生到夜总会、歌厅、洗浴中心等场所实习的；

（三）违法安排实习学生、见习人员从事高毒、易燃易爆、国家规定的第四级体力劳动强度以及其他具有安全隐患的劳动的；

（四）当期接收顶岗实习学生、见习人员人数超过本单位在职职工总人数的百分之三十的。

第五十七条 学校委托中介机构或者个人代为组织和管理实习的，由教育行政主管部门责令改正，并按照实习学生人数处以每人一千元的罚款。

第五十八条 学校和实习单位有本条例第五十四条、第五十五条、第五十六条所列行为的，除由有关部门依法处罚外，还应当将学生送回学校所在地，并承担所需费用。

第五十九条 实习指导教师未按照本条例规定履行指导、教育和管理职责的，由学校依照有关规定予以处理；造成严重后果的，依法追究法律责任。

第六十条 实习单位有违反本条例规定行为的，实习学生应当向学校报告。学校应当及时对有关问题进行协调处理。

学校、实习单位、见习单位违反本条例规定或者实习、见习协议约定，对实习学生、见习人员造成损害的，应当依法承担赔偿责任。

第六十一条 实习学生、见习人员在实习、见习期间严重违反单位规章制度的，实习、见习单位可以终止其在本单位的实习、见习。

第六十二条 单位和个人违反本条例规定，弄虚作假，骗取政府补贴、资助、补助的，由相关行政部门追回已发放的补贴、资助、补助，并取消其三年内获得相关补贴、资助、补助的资格；构成犯罪的，依法追究刑事责任。

第六十三条 教育、人力资源和社会保障部门、其他有关部门及其工作人员违反本条例规定，在实习、见习工作中玩忽职守、滥用职权、徇私舞弊的，由上级机关或者其他有权机关责令改正，并对直接负责的主管人员和其他直接责任人员，依法给予处分；构成犯罪的，依法追究刑事责任。

第七章　附　　则

第六十四条 省外学校学生在本省行政区域内实习的，依照本条例进行管理。

第六十五条 本条例自 2010 年 3 月 1 日起施行。

（撰稿　石龅平　牟　波；审稿　黄　爽）

基建财务

【综述】 2009 年，广东省教育基建和财务工作取得新的成绩。全省教育经费总收入较 2008 年有所增长；继续推进义务教育均衡发展，取消义务教育阶段学生借读费，全省解决进城务工人员子女平等接受义务教育问题又迈出新的一步；加大高等教育投入，确保高等教育发展水平提升工程顺利实施。

【全省教育基本建设投资情况】 2009 年，全省地方所属各级学校基本建设完成投资 1 689 701.2 万元，施工面积 11 232 269 平方米，竣工面积 6 349 835 平方米（其中，教学及辅助用房 3 648 158 平方米，行政办公用房 346 244 平方米，生活服务用房 2 200 107平方米，教职工住宅 51 242 平方米，其他用房 104 084 平方米）（见表 1）。

表1　2009年广东省地方所属各级各类学校基本建设完成情况

指标名称	公办本科院校	公办高职高专	中等职业学校	完全中学	普通高中	普通初中	小　学
完成投资/万元	308 341.2	141 911.1	250 486.3	162 155.8	230 986.3	140 934.7	225 401
施工面积/平方米	2 126 292	697 205	1 731 908	1 132 295	1 672 480	799 254	1 460 347
竣工面积/平方米	391 496	238 986	936 478	746 477	1 239 885	674 992	1 274 307
其中：教学及辅助用房/平方米	163 041	102 938	567 535	370 401	661 779	378 521	947 777
行政办公用房/平方米	28 675	35 745	36 267	61 655	55 832	26 378	72 501
生活服务用房/平方米	177 413	100 209	327 706	310 488	499 443	251 793	201 586

【全省教育经费投入情况】 一、全省教育经费基本情况（见表2）

2009年，全省地方教育经费总收入（不包含中央在粤学校，下同）为12 843 085.2万元，比2008年增长10.13%。

全省财政性教育经费收入（含预算内教育经费、教育费附加、企业办学经费和校办产业、勤工俭学和社会服务收入用于教育的经费）为9 071 028.6万元，比2008年增长13.19%，其中，预算内教育经费拨款（含教育事业费拨款、基建拨款、科研拨款、其他拨款）为8 554 350.2万元，比2008年增长13.66%。

二、“两个比例”情况

2009年，全省预算内教育经费（含教育费附加）为9 042 274.5万元，占全省财政支出比例为20.85%，比2008年下降了0.27个百分点。全省财政性教育经费占全省国民生产总值比例为2.32%，比2008年的2.24%提高了0.08个百分点。

三、“三个增长”情况

（1）预算内教育经费拨款与财政经常性收入增长情况。2009年，全省预算内教育经费拨款比2008年增长13.66%，增长幅度高出全省财政经常性收入增长幅度5.99个百分点。

（2）各级教育生均预算内教育事业费支出增长情况。2009年，普通小学生均预算内教育事业费支出为2 896.53元，比2008年增长17.27%。普通初中生均预算内教育事业费支出为3 418.71元，比2008年增长6.61%。普通高中生均预算内教育事业费支出为4 834.38元，比2008年增长12.13%。中等职业学校生均预算内教育事业费支出为4 888.52元，比2008年增长14.75%。普通高校生均预算内教育事业费支出为10 914.96元，比2008年增长2.76%。

（3）各级教育生均预算内公用经费支出增长情况。2009年，普通小学生均预算内公用经费支出为652.87元，比2008年增长20.03%。普通初中生均预算内公用经费支出为899.23元，比2008年增长7.76%。普通高中生均预算内公用经费支出为1 281.70元，比2008年增长19.32%。中等职业学校生均预算内公用经费支出2 143.74元，比2008年增长53.04%。普通高校生均预算内公用经费支出为5 235.49元，比2008年增长1.98%。

表2　2009年广东省教育经费总收入情况　　单位：万元

项　目	合　计	中　央	地　方
总计	13 365 855.7	522 770.5	12 843 085.2
一、国家财政性教育经费	9 304 455.4	233 426.8	9 071 028.6
1. 预算内教育经费	8 785 939.9	231 589.7	8 554 350.2
（1）教育事业费拨款	6 986 412.4	169 944.6	6 816 467.8
（2）基本建设拨款	550 083.3	1 670.0	548 413.3
（3）科研拨款	104 281.7	46 753.2	57 528.5
（4）其他拨款	1 145 162.5	13 221.9	1 131 940.6
2. 各级政府征收用于教育的税费	487 924.3		487 924.3
（1）教育费附加	481 351.9		481 351.9

续上表

项　目	合　计	中　央	地　方
（2）地方教育附加			
（3）地方教育基金	6 572.4		6 572.4
3. 企业办学中的企业拨款	13 087.7	410	12 677.7
4. 校办产业和社会服务收入用于教育的经费	17 503.5	1 427.1	16 076.4
二、民办学校中举办者投入	140 274.6		140 274.6
三、社会捐赠经费	117 999.0	5 597.2	112 401.8
其中：农村	8 901.4		8 901.4
四、事业收入	3 452 522.5	229 000.5	3 223 522.0
其中：学杂费	2 530 431.4	136 036.6	2 394 394.8
五、其他收入	350 604.2	54 746	295 858.2

【完善义务教育经费保障机制】一是持续提高农村义务教育公用经费补助标准，到2009年秋季达到小学每生每学年350元、初中每生每学年550元的国家公用经费基准定额。二是加快建立农村中小学校舍维修改造长效机制，广东省财政厅、教育厅印发了《农村中小学校舍维修改造长效机制资金管理办法》，从2008年起，按照小学每生每学年30元、初中每生每学年50年的标准安排农村中小学校舍维修改造资金，2009年后补助标准逐步提高，到2013年达到小学每生每学年80元、初中每生每学年100元。校舍维修改造资金主要用于学校C、D级危房的维修改造。三是取消义务教育阶段借读费，积极解决进城务工人员子女平等接受义务教育问题。从2009年春季学期起，全省一律取消义务教育阶段学生借读费。广东省解决进城务工人员子女平等接受义务教育问题又迈出新的一步。四是加大财政资金投入，推进解决代课教师和教职工工资福利“两相当”问题。省财政2008—2010年累计安排专项资金20.7亿元，其中，2009年安排7.7亿元。

【加大高等教育投入】一是提高省属高校财政补助标准。从2009年7月起，省财政调增省属学校生均经费标准及事业经费补助标准。实行生均定额拨款的高校在原6300元基础上提高300元，没有实行生均拨款的学校核拨人员人均每年补助5000元。二是加大省属高校基本建设投入。2009—2012年，省财政将安排省属高校基本建设补助资金10亿元，其中，2009年安排1亿元。三是加大高校提升质量工程投入。2009年，省财政继续安排重点学科建设专项1亿元、引进人才专项3000万元、助学贷款贴息专项1亿元、国家励志奖学金和国家助学金专项7.78亿元、“211工程”三期建设资金2亿元，安排高等教育质量水平提升工程专项补助5000万元，专门用于高校本科教育质量和教学改革工程项目支出。

（撰稿　卢振家；审稿　蔡文雅）

人事管理

【综述】2009年，广东省教育厅按照年初制定的工作计划，以深化机构改革为重点，提高机关行政效能，为全省教育科学发展提供组织保障；以委厅干部队伍建设为切入点，继续加大干部的培养培训工作力度，努力建设一支开拓创新、作风务实、团结协作的干部队伍，为教育科学发展提供人力支持和智力支撑；以深化学校人事制度改革为重要内容，营造尊师重教的良好社会氛围，不断创新教育人事工作体制机制，促进教育人事工作取得新进展。

【强化干部培养培训工作】完善干部培训机制。①继续实施中青年干部挂职锻炼计划。采取上下双向挂职的方式加大对中青年干部的锻炼，即委厅干部到学校或到地级以上市、县（市、区）教育局挂职，接收单位同时派出干部到省教育厅挂职锻炼。2009年共选派了9名年轻干部到地级以上市、县（市、区）教育局及学校挂职锻炼。同时，外单位

有8名干部到省教育厅挂职锻炼。②印发《关于委厅新进干部到信访岗位锻炼的工作方案》，实施委厅新进干部到信访岗位锻炼计划。2007年以来，新进委厅机关和参公事业单位的科级及以下干部均须到信访岗位锻炼，每期锻炼时间为2个月，以增进年轻干部对教育热点、难点问题的了解，增强年轻干部为群众、为基层服务的意识。2009年共安排5批10名干部到信访岗位工作。

加强委厅干部培养培训力度。①组织4名处级干部参加中青班及处级研修班，8名处级干部参加公务员任职培训班，11名新进公务员参加公务员初任培训班。②选派1名厅级干部参加第2期领导干部区域经济发展专题培训班，2名处级干部参加"广东省公务员公共管理瑞典研究班"和"正规教育中的环境教育和可持续发展教育国际高级培训班"。③安排2名军转干部参加省直及中直驻穗单位军队转业干部全脱产培训班的学习。④组织省教育厅参公事业单位的15名工作人员参加《公务员法》培训班学习。⑤组织委厅机关、事业单位、直属学校共159名处级干部参加《珠江三角洲地区改革发展规划纲要》学习培训。⑥组织28名处级干部参加省直处级干部信息化与电子政务培训班，230多人参加公务员责任意识培训。⑦举办干部业务知识学习系列讲座2场（次）。

加强教育系统干部培训工作。2009年共选派40名教育管理干部参加国家教育行政学院举办的各类培训班。其中，地级以上市分管教育副市长2名，县（市、区）分管教育副县长2名；地级以上市教育局局长（副局长）14名，县市教育局局长（副局长）22名。

做好省教育厅直属中职学校领导班子培训工作。2009年8月，首次举办了厅直属中职学校领导班子暑期研修班，有关专家和政府管理干部围绕学校管理、财务管理、现代职业教育改革发展等内容作了专题讲座。

【创新选人用人机制】加大竞争性选拔干部的力度，为教育事业选拔一批综合素质高，善于推动科学发展的优秀人才。一是进一步完善"两推荐一述评"的选拔方式，规范干部选拔的初始提名方式，提高选人用人的公信度。先后选拔任用处级干部3名，选拔委厅直属机关团委书记候选人预备人选1名，对厅机关3名处级干部、省教育考试院3名中层干部进行轮岗调整；向省总工会推荐省教育工会主席人选1名；配合省委组织部配备巡视员2名，公开遴选副厅长1名。二是创新机关干部选调方式，拓宽选人视野。在做好公务员公开招考工作的同时，采取在网上发布公告，面向全国公开选调公务员，面向基层选调优秀选调生等方式选拔基层工作经验丰富、工作能力强的年轻干部进入机关工作。经精心遴选，选调1人到厅交流合作处工作，商调1人到政策法规处工作，招考录用了7名公务员。

加强厅属中职学校领导班子建设。统筹做好部分学校领导班子换届和调整工作。积极做好广东省石油化工职业技术学校等3所厅属中职学校行政领导班子的换届工作；做好广东省贸易职业技术学校等4所新划转省教育厅管理的中职学校领导班子的调整工作。进一步规范厅属中职学校领导班子管理，优化中职学校领导班子结构，增强班子活力，提高班子整体水平。

严把事业单位干部"入口关"。在研究分析事业单位干部队伍结构基础上，有针对性地引进一批优秀人才，共为直属事业单位调进干部8人；为直属学校调进教职工42人，接收应届毕业生44人；面向全国公开招聘厅直属中职学校专业课教师26人。

【深化机构改革和行政审批改革】认真做好省教育厅机关"三定"工作。2009年9月，省政府办公厅印发了《广东省教育厅主要职责内设机构和人员编制规定》（粤府办〔2009〕102号），重新明确了省教育厅的主要职责以及内设机构职责。与机构改革前相比，新规定增加了1个内设机构，加挂了1个机构牌子，增加了1名副厅级领导职数和5名处级领导职数。

完善省教育厅属事业单位机构编制管理。一是根据省政府有关部门关于事业单位改革的有关精神，为理顺省教育厅属事业单位管理体制，整合资源，创新运行管理模式，结合2000年机构改革以来省教育厅机关直属事业单位（不含学校）的情况，在充分调研和深入分析的基础上，拟定省教育厅机关事业单位（不含学校）机构编制方案。二是会同省编办重新核定省教育考试院的机构编制，增加内设机构2个，内设机构领导职数6名和财政核拨事业单位编制12名；广东省学生助学工作管理中心增加编制1名。

认真落实行政审批制度改革工作。为深入贯彻落实《转发省发展改革委等部门关于进一步深化行政审批制度改革意见的通知》（粤府函〔2009〕1号）精神，按照《关于开展省本级政府第四轮行政审批项目清理工作的通知》（粤府函〔2009〕8号）

要求，结合广东省教育事业发展的实际情况，逐条对照、逐项审查，全面清理省教育厅的行政审批项目。清理后，省教育厅初步保留行政许可事项5项、非行政许可的行政审批事项5项、改变管理方式的行政审批事项4项、取消行政审批事项4项。

积极做好转企改制工作。根据中央和广东省关于出版社体制改革的有关部署和要求，对广东高等教育出版社和广东音像教材出版社进行转企改制。印发了《关于广东省教育厅主管出版社转制工作有关规程的通知》，并按要求制定了转企方案，如期开展清产核资、资产评估、财务审计、注销事业法人等工作。

【积极营造尊师重教良好氛围】 为表彰优秀教师和教育工作者对教育事业作出的突出贡献，弘扬高尚师德和奉献精神，进一步激发广大教师和教育工作者的积极性、创造性，根据国家和省的有关文件要求，认真组织教师表彰工作，在全社会营造了尊师重教的良好风尚和氛围。

按照人力资源和社会保障部、教育部《关于评选全国教育系统先进集体和全国模范教师、全国教育系统先进工作者的通知》（人社部函〔2009〕146号）和教育部《关于认真做好2009年全国优秀教师和全国优秀教育工作者评选表彰工作的通知》（教人函〔2009〕9号）的规定，认真组织各地市、学校开展推荐评选工作，共有41人获全国模范教师称号，5人获全国教育系统先进工作者称号，24个单位获全国教育系统先进集体称号，101人获全国优秀教师称号，12人获全国优秀教育工作者称号。

中山大学陈小明、南方医科大学丁彦青、华南师范大学郑希付3人被评为广东省省劳动模范，华南理工大学广东省金属新材料制备与成形重点实验室被评为广东省先进集体。

根据省人事厅、省委教育工委、省教育厅、省总工会《关于评选表彰广东省2009年南粤优秀教师（南粤优秀教育工作者）的通知》（粤人发〔2009〕172号），组织开展南粤优秀教师和优秀教育工作者评审表彰工作，共评选表彰南粤优秀教师961名，南粤优秀教育工作者110名。

按照中国残疾人联合会办公厅、教育部办公厅《关于“江民特教园丁奖”评选工作的通知》（残联厅〔2009〕103号）要求，组织开展“江民特教园丁奖”评选工作。在评选中，韶关市启智学校的董记省同志获得2009年“江民特教园丁奖”。

（撰稿　林日团　谭　昭；审稿　那　佳）

机关党建

【综述】 2009年，广东省教育厅直属机关党委按照“围绕中心抓党建，抓好党建促发展”的工作思路，以开展深入学习实践科学发展观活动和“转变作风抓落实”主题实践活动为抓手，全面推进委厅机关党的执政能力建设和先进性建设，使委厅各级党组织的凝聚力、号召力和战斗力不断增强，党员干部的整体素质不断提高，为贯彻落实“三促进一保持”战略部署和《珠江三角洲地区改革发展规划纲要》（以下简称为《纲要》），推进委厅中心工作提供了坚强的思想、组织、作风和制度保证。

一、抓思想建设，不断提高党员干部的素质

厅直机关党委以深入推进学习实践科学发展观活动为抓手，多措并举着力提高党员干部的思想道德素质。一是通过召开机关工作学习交流会、学习论坛、理论中心组学习扩大会、中心组读书会等形式，组织学习《纲要》、党的十七届四中全会和中央领导同志“关于广东省高校扎实开展学习实践活动”的重要批示以及省委十届五次全会精神；二是组织开展主题阅读、读书成果讲述会、外出参观学习等庆“七一”党员系列教育学习活动；三是抓好党支部书记、党务干部、入党积极分子及其他党员干部的理论培训；四是组织开展庆祝新中国成立60周年教育活动；五是通过开展党建专题调研，抓好党的十七届四中全会精神的贯彻落实；六是研究制订学习实践活动整改落实方案，通过全面总结学习实践活动及开展“回头看”活动，抓好整改落实及检查督促，有效巩固和深化学习实践活动成果，推进委厅各项工作任务的落实。

二、抓组织建设，不断增强党组织的号召力

厅直机关党委围绕《2009年委厅直属机关党的工作要点》的贯彻实施，以基层组织建设为重点，规范日常党务工作，不断增强机关基层组织的生机和活力。一是指导有关部门党支部顺利完成换届选举；二是顺利完成4所新移交中职学校的党务交接及机关纪委书记的补选工作；三是增设内部办公网规章制度栏目，加强日常党务规范化管理；四是强化服务意识，做好计划生育工作；五是围绕“三提高两促进”驻村工作主题，圆满完成委厅在湛江吴川市开展的第五批“十百千万”干部下基层驻农村和城乡基层党组织互帮互助工作；六是按照厅党组的研究部署，迅速抓好扶贫开发“规划到户责任到人”工作，切实做到认识到位、部署到位、措施到位；七是协助厅党组开好年度党员领导干部民主生活会，指导基层党组织开好民主生活会或组织生活会，进一步加强民主集中制建设。

三、抓作风建设，不断提高党的执政能力

厅直机关党委坚持把加强和改进机关作风摆在党的建设的突出位置，以扎实开展“转变作风抓落实”主题实践活动为抓手，切实转变工作作风，推动各项工作落实，得到基层、“两代表一委员”和社会公众的充分肯定。一是结合实际制定《委厅机关“转变作风抓落实”主题实践活动方案》，通过动员部署、检查督促、分类指导及宣传引导，着力在主动服务、提高效率、减少审批和健全制度等四个方面抓落实见成效；二是坚持把机关作风建设与学习实践科学发展观活动整改落实工作结合起来，通过作风建设来促进整改工作落实；三是围绕《广东省机关作风建设暗访专题片（之一）》和《广东省机关作风建设暗访专题片（之二）》反映的情况，迅速采取多种措施，狠抓作风整改；四是组织开展向吴大观同志学习活动；五是抓好第三批业务工作研究项目的申报、立项、交流、检查、经费保障等工作，有效推进学习型、创新型、研究型、服务型机关建设。

四、抓制度建设，不断推进机关党建工作的规范化

厅直机关党委在坚持已有规章制度的基础上，结合工作实际，不断建立健全各项规章制度，使厅直机关党的建设工作更加制度化、规范化。一是制定《中共广东省委教育工委、广东省教育厅关于进一步加强机关作风建设的意见》，从10个方面30项内容加强机关作风建设；二是制定《广东省教育厅机关转变作风抓落实“十项从我做起”》，把机关作风建设的要求转化为每个人的具体行动；三是制定《广东省教育厅扶贫开发工作责任制》，明确职责，落实责任。

五、抓群团组织建设，不断促进和谐机关建设

厅直机关党委坚持以人为本，调动一切积极因素，充分发挥工、青、妇等群团组织的作用，努力推进和谐机关建设。一是通过举办羽毛球混合团体赛、乒乓球混合团体比赛及“爱国歌曲大家唱”歌咏比赛，丰富活跃干部职工文化体育生活，为建设和谐机关凝心聚力；二是围绕纪念建团90周年，通过开展2009“青年月”系列活动、召开共青团广东省教育厅直属机关第二次代表大会等形式，强化对青年的思想教育；三是结合委厅实际，组织女干部职工开展健康有益的活动，不断提高女干部职工的素质。

【党建主题实践活动】2009年，广东省教育厅直属机关党委按照省委、省直工委和厅党组的部署，在委厅机关组织开展了深入学习实践科学发展观活动、“转变作风抓落实”主题实践活动和整改落实“回头看”活动，有效提高了全厅广大党员干部特别是领导干部谋划、推动和服务教育事业科学发展的能力，切实解决了一些促进全省教育改革发展以及人民群众和基层部门反映强烈的实际问题，真正形成了良好的机关作风，得到了各方的好评和肯定。

一、深入推进学习实践科学发展观活动

按照学习实践活动整改落实阶段的目标要求，一是按照“四明确一承诺”的要求研究制定了《中共广东省委教育工委、广东省教育厅学习实践科学发展观活动整改落实方案》。二是通过召开座谈会等形式对各处室、单位整改落实阶段的工作进行检查督促，及时了解情况，并以编印简报的形式推广典型经验。活动期间共编发简报80期。三是召开委厅学习实践科学发展观活动总结大会，全面回顾总结学习实践活动。会上，厅党组充分肯定了学习实践活动的主要做法和取得的成效，认为委厅学习实践活动初步实现了党员干部受教育、科学发展上水平、人民群众得实惠的总体要求。会后，以无记名填写测评表的方式对委厅学习实践活动进行了群众满意度测评。结果显示，对学习实践活动总体评价满意和比较满意的达到99.51%。

二、扎实开展“转变作风抓落实”主题实践活动

根据省直机关工委的部署，一是结合委厅实际制定了《委厅机关“转变作风抓落实”主题实践活动方案》。二是结合召开学习实践活动总结大会对开展主题实践活动进行动员部署，提出要在主动服务、提高效率、减少审批和健全制度等四个方面抓落实见成效。三是加强督促检查。坚持把机关作风建设与学习实践科学发展观活动整改落实工作结合起来，通过作风建设来促进整改工作落实；坚持分类指导，深入中等职业学校调研，及时掌握中等职业学校开展活动的进展情况和存在问题，指导开展好主题实践活动。四是注重宣传引导。改造委厅宣传栏的橱

窗，制作一期题为“转变作风抓落实，争当教育科学发展排头兵”的宣传版画；编印简报，及时宣传各处室、单位的做法，活动期间共编印简报50期，同时多次向省直工委报送信息，其中《省教育厅机关转变作风 重点在“四个方面狠抓落实”》和《省教育厅就业指导中心加强窗口建设 切实做好就业指导和就业服务工作》2条信息被省直工委“转变作风抓落实”主题实践活动简报采用；开设“转变作风抓落实”主题实践活动门户网站专栏，及时更新专栏内容，努力营造浓厚的抓作风促整改氛围。

三、认真开展“回头看”活动

根据省委有关抓好整改落实“回头看”的系列要求及委厅领导的指示，一是结合开展党建系列活动，认真部署委厅的“回头看”工作；二是做好牵头负责整改项目的落实及委厅学习实践活动整改落实情况的自查工作；三是分批对有关处室、单位整改落实工作进展情况及作风建设情况进行督促检查；四是加强学习交流，以“转变作风抓落实”主题实践活动简报为平台，推出“抓作风促整改”系列报道24期；五是逐项推进整改项目的落实，据不完全统计，“回头看”中共解决突出问题38件，构建体制机制49件，成效较为明显，有效推进了委厅各项工作任务的落实。

【机关党务工作】2009年，广东省教育厅直属机关党委在厅党组和省直机关工委的领导下，以邓小平理论和“三个代表”重要思想为指导，深入贯彻落实科学发展观，按照“围绕中心抓党建，抓好党建促发展”的工作思路，以深入推进学习实践科学发展观活动和“转变作风抓落实”主题实践活动为抓手，积极开展党的工作。

一、不断加强机关党员干部的学习教育

一是制定了《广东省教育厅2009年中心组学习计划》，以学习交流会、学习论坛、中心组学习扩大会等多种形式落实中心组理论学习计划。二是组织开展包括组织“转变作风抓落实”主题阅读活动，以演讲比赛的形式举办读书成果讲述会，组织参观华南农业大学增城教学科研基地、东江纵队纪念馆和广东科学中心等庆“七一”党员系列教育学习活动。三是抓好党员干部的理论培训。先后组织党支部书记参加省直机关“转变作风抓落实”学习研讨班；组织党务干部参加省直机关党务干部训练营；组织入党积极分子参加培训；组织党员干部参加公务礼仪知识讲座和杨庆文先进事迹报告会等。一年来，厅机关共有40名同志参加了以上形式的学习培训。四是组织全体党员干部观看庆祝新中国成立60周年系列影片，进一步加强爱国主义教育。五是印发《关于组织学习贯彻党的十七届四中全会精神的通知》，研究制定《广东省教育厅机关党建专题调研实施方案》，通过开展党建专题调研，抓好党的十七届四中全会精神的贯彻落实。

二、认真做好日常党务管理工作

一是制定《2009年委厅直属机关党的工作要点》，明确机关党建工作的指导思想和任务要求，指导委厅各级党组织结合工作做好党建工作。二是指导两个党支部顺利完成换届选举工作。三是顺利完成广东省对外贸易职业技术学校等4所新移交中职学校的党务交接工作。四是顺利完成机关纪委书记的补选工作。五是增设内部办公网规章制度栏目，主要内容包括党务、业务工作研究和计划生育等相关管理制度的办事规程文件，提高工作效率和党务管理的规范化程度。六是总结以往党内统计的经验，结合2009年对党内统计数据的新要求，对厅属中等职业学校进行培训，提高数据质量和统计效率，顺利完成2009年度党内统计工作。七是协助厅党组开好党员领导干部民主生活会。根据省纪委、省委组织部的要求，充分做好召开2009年度委厅党员领导干部民主生活会的准备工作，以及认真做好民主生活会的请示、报告、通报和落实整改等各项工作。

三、抓好第三批业务工作研究

一是做好第三批委厅机关业务工作研究项目的申报、立项工作，共有24个工作研究项目予以立项；二是配合有关处室专门筹集了200万元的专项经费，并从2009年起，对凡在上一年结题中获得优秀项目的单位在下一年立项的项目给予一定的经费奖励，以促进第三批研究项目的顺利开展；三是组织召开第三批项目负责人座谈会，了解掌握项目的进展情况，同时对尚未结题的部分前两批项目进行结题验收；四是组织召开项目研究交流报告会，并对第三批立项的项目进行结题验收。

四、稳步推进帮扶帮困活动

一是认真做好干部下基层驻农村工作。围绕“三提高两促进”的驻村工作主题，开展了包括追增60万元资金支持樟木小学完成新校区建设、帮扶6名贫困家庭学生免费就读湛江财贸学校、委托广东海洋大学对吴川市30名农村英语教师进行有计划的免费培训等多项帮扶活动，取得了阶段性的工作成果。二是继续做好2009年的城乡基层党组织互帮互助工作。督促各党支部继续深入开展“五个一”活动，同时加强监督检查，想方设法筹措活动经费，确保互帮互助活动有效开展。广东省教育厅驻村帮扶和“一帮一”结对共建工作得到省委组织部的充分肯定，同时，省厅被授予“城乡基层党组织互帮互助活动先进单位”荣誉称号。三是抓好“规划到户责任到人”工作。按照厅党组的研究部署，迅速抓好贯彻落实的各项工作。成立委厅扶贫开发领导小组和领导小组办公室（设在厅机关党办）。根据安排，由领导小组副组长兼办公室主任叶小山副厅长带队到委厅扶贫点韶关乐昌市白石镇坛祖村开展前期调查摸底工作，并依此制定出《广东省教育厅扶贫开发“规划到户责任到人”工作实施方案》《广东省教育厅扶贫开发领导小组工作规则》和《广东省教育厅扶贫开发工作责任制》等指导文件。由领导小组组长罗伟其厅长亲自带队，与坛祖村的79户贫困家庭进行全面对接，启动了委厅对坛祖村的扶贫开发工作。随后，委厅45个挂钩包户单位及责任人分别以协作小组为单位，于10月底前进村入户开展帮扶活动，并结合实际制定了帮扶规划。同时，6项整村推进帮扶计划的牵头单位也组织了有关专家进村开展实地调研，并在充分论证的基础上制定出切合实际的实施方案，为委厅各项帮扶工作的深入开展打下了坚实的基础。

【机关工会、共青团、妇女工作】2009年，广东省教育厅直属机关党委坚持以科学发展观为统领，按照“围绕党建抓群团，抓好群团促党建”的工作思路，进一步加强和改进党对工会、共青团、妇女工作的领导，切实加强党建带工建、带团建、带妇建，同时坚持以人为本，积极开展健康有益活动，调动一切积极因素，充分发挥工、青、妇等群团组织作为党联系人民群众的桥梁纽带作用，努力为推进委厅中心工作、促进和谐机关建设凝心聚力作贡献。

一、激发工会活力，增强机关凝聚力

一是举办2009年委厅机关羽毛球混合团体赛和乒乓球混合团体比赛，丰富活跃干部职工文化体育生活；二是不断完善委厅机关干部职工加强体育锻炼制度，丰富干部职工体育锻炼内容，在原有项目的基础上，增加篮球活动项目；三是认真做好年度工会组织情况的调查统计上报及指导所属工会组织做好法人资格申请变更等工会日常工作；四是坚持慰问有困难的干部职工，及时将组织的关怀送到困难干部职工中去；五是举办委厅机关庆祝新中国成立60周年“爱国歌曲大家唱”歌咏比赛，激发委厅机关干部职工的爱国热情，唱响时代主旋律，丰富机关干部职工的业余文化生活，为建设和谐机关凝心聚力。

二、加强团的建设，焕发团的活力

一是召开厅直机关团的工作会议，学习传达团省委十二届二次全会精神。二是组织机关团员青年参加团省委举办的“科学发展，青年担当”征文活动，厅直属机关团委获活动“最佳组织奖”，2人获征文活动三等奖。三是选送16篇征文参加省直机关“科学发展与青年工作”研讨活动，获得好评。四是围绕纪念建团90周年，部署开展2009“青年月”系列活动。启动厅直机关“活力在基层”主题团日竞赛活动，通过纪念会、座谈会、评选表彰先进、黑板报、图片展、演讲会、歌舞、外出参观、观看影片等形式，激发团员青年在新的历史条件下进一步弘扬“五四”精神，推动科学发展。建立健全委厅机关“活力在基层”主题团日竞赛制度等活跃机关团工作的长效机制，焕发基层团组织的生机和活力。主题团日竞赛活动共评出一等奖3个，二等奖5个，三等奖8个以及最佳创新奖、最佳组织奖各1个。组织机关团员青年观看影片《南京！南京!》，对机关团员青年进行爱国主义教育，引导团员青年正视历史、展望未来。开展评选表彰先进活动，共有2个学校团委、5个团（总）支部、28名团干部、50名团员分别被授予委厅直属机关“五四红旗团委”“五四红旗团（总）支部”“优秀共青团干部”“优秀共青团员”称号。五是指导广东省电子职业技术学校团委、广东省经济贸易职业技术学校团委顺利完成换届改选工作。六是做好4所新移交中职学校团组织关系交接工作。七是筹备召开共青团广东省教育厅直属机关第二次代表大会，总结厅直属机关第一次团代会以来的工作，选举产生第二届厅直属机关团委会，并选举余若峡为第二届厅直属机关团委会书记，陈琦为副书记。

三、加强妇女组织建设，推进和谐机关建设

一是组织委厅机关女干部职工到增城开展庆“三八”活动，进一步增进妇女同志间的沟通交流，增强机关凝聚力；二是积极参加“广东省巾帼文明岗”创建活动，委厅直属机关妇委会获“广东省巾帼文明岗”称号；三是继续配合党组织做好省教育厅直属机关“爱心父母”牵手海山村困境儿童捐资助学的有关后续工作；四是积极响应省直工委和省妇联号召，帮助樟铺村建立起“农村儿童流动图书室”；五是组织发动机关广大女干部职工参与省妇联关于“净化网络 护卫孩子——万名母亲网络护卫行动”的专项活动。

（撰稿　周　贵　汪　芸　梁秋棠　余若峡；审稿　范海星）

教育督导

【综述】2009年，广东省教育督导工作坚持以邓小平理论和“三个代表”重要思想为指导，紧紧围绕委厅机关开展学习实践科学发展观活动的要求，围绕“三促进一保持”，以建设教育强省，推进教育优先发展科学发展，加快实现教育现代化为目标，强化督政，深化督学，进一步解放思想，继续加强制度建设，充分发挥教育督导对教育执法监督和教育改革发展的保障作用，切实服务基层、服务群众、服务大局，力促社会和谐，教育督导工作取得了明显的成效。

根据中共广东省委办公厅、广东省人民政府办公厅《转发〈广东省地级以上市、县（市、区）党政领导干部基础教育工作责任考核试行办法〉的通知》（粤办发〔2007〕9号）精神，全省正式启动开展2007、2008年广东省地级以上市、县（市、区）党政领导干部基础教育工作责任考核工作。为了促进全省义务教育均衡发展，在珠江三角洲地区全面实现教育创强目标之后，省教育督导室按照分类指导、实事求是的原则，在粤北和东西两翼开展了教育强镇、强县督导评估工作，在珠江三角洲地区开展了县域教育现代化先进区督导评估工作。该项制度的实施对广东省教育从有到优再到更优的阶梯式发展提供了有效的范式和路径，引领了全省教育事业的发展。全年督导验收广东省教育强县（市、区）3个、广东省教育强镇42个，复评教育强镇（街道）26个，佛山市顺德区、禅城区、南海区和深圳市宝安区顺利通过县域教育现代化督导验收；至2009年底全省共有6个市被授予“广东省教育强市”称号，34个县（市、区）被授予“广东省教育强县（市、区）”称号，263个镇（街道）被授予“广东教育强镇（街道）”称号，4个区被授予“广东省推进教育现代化先进区”称号。配合高职成处制定并印发了《广东省普及高中阶段教育督导验收办法（试行）》（适用于重点发展区和生态发展区），组织了普及高中阶段教育督导验收，认定惠州市和肇庆市为“广东省高中阶段教育普及市”。继续开展省一级学校建设，评出省一级中小学校23所、省一级幼儿园21所，17所学校通过广东省国家级示范性普通高中初期督导验收；至2009年底全省已有193所普通高中通过广东省国家级示范性普通高中初期督导验收，164所通过终期验收确认，243所普通高中获得“广东省普通高中教学水平评估优秀学校”称号。为督促全省教育督导队伍依法督导，确保教育督导队伍的清正廉洁，确保教育督导工作的公平公正，省教育督导室印发了《关于建立教育评估工作情况反馈制度的通知》，实施评估经费下拨制度，实现评估过程“透明化”、公开化，实现双向监督、全程监控，切实保障了教育督导的有效性。及时完成教育部督导办布置的国家基础教育质量监测任务和对广东省中小学体育卫生工作的专项督导任务。广东教育督导网经过改版，已成为推进教育督导工作公开公正、科学规范的工作网站。

【党政领导干部基础教育工作责任考核】为落实党政领导基础教育工作责任考核工作，根据《中共广东省委办公厅、广东省人民政府办公厅转发〈广东省地级以上市、县（市、区）党政领导干部基础教育工作责任考核试行办法〉的通知》（粤办发〔2007〕9号）和《关于印发〈广东省地级以上市、县（市、区）党政领导干部基础教育工作责任考核实施细则〉的通知》（粤府教督〔2008〕37号）精神，省教育督导室制定了《2007—2008年广东省地级以上市、县（市、区）党政领导干部基础教育工作责任考核工作手册（试行）》，将相关政策文件、工作指南和考核用表等结集成册，印刷了2000多册，做到考核组成员和各被考核对象人手一册，既克服了全省地域差异较大的实际困难，又有效地保证了该项工作的规范性、一致性和严肃性，确保了考核程序明确规范、考核内容重点突出、考核目标导向明确。考核工作还将省委、省政府近期教育工作重点列为重点考核项目：一是教师待遇“两相当”（即县域内中小学教师平均工资水平和当地公务员平均工资水平大体相当、农村中小学教师平均工资水平与城镇中小学教师平均工资水平大体相当）的落实情况；二是根据省委、省政府部署的“双转移”战略，加快普及高中阶段教育、实施中等职业技术教育战略性结构调整的落实情况；三是促进县域内义务教育均衡发展，推进义务教育规范化学校建设的落实情况。21个地级以上市按照文件要求，成立了由市委领导任组长，市人大、市政府

等有关部门领导组成的考核工作领导小组，认真开展对所属县（市、区）党政领导的基础教育考核工作。通过考核工作，明确了党政负责人的教育责任，促进了基础教育“以县为主”管理体制的落实。至2009年底，21个地级以上市的党政领导基础教育工作责任考核工作已完成。对21个地级市的考核意见汇省委组织部后报省委、省政府批准，以督导公报的形式在网站及新闻媒体上予以公告，接受社会监督。

【教育强市、强县（市、区）、强镇（街道）督导验收】2009年创建教育强市、强县（市、区）、强镇（街道）工作继续向非珠江三角洲地区扩展。江门市江海区、清远市清城区、梅州市梅江区共3个区通过了省教育强区督导验收，被授予“广东省教育强区”称号；广州增城市正果镇、增城市小楼镇，江门鹤山市鹤城镇、鹤山市共和镇、开平市三埠街道、鹤山市址山镇、鹤山市云乡镇、台山市海宴华侨农场、台山市水步镇、鹤山市雅瑶镇，惠州市惠城区惠环街道、惠城区河南岸街道、惠东县平山街道、惠东县稔山镇、惠东县巽寮滨海旅游度假区、博罗县公庄镇、博罗县园洲镇、博罗县石湾镇、龙门县蓝田瑶族乡、惠城区三栋镇、惠城区马安镇、惠城区水口街道，清远市清城区横荷街道、清新县太和镇、英德市英城街道、佛冈县石角镇、佛冈县水头镇，梅州市梅江区江南街道、梅江区长沙镇、梅县新城街道、蕉岭县蕉城镇、大埔县湖寮镇、大埔县百侯镇、梅江区城北镇、梅江区西郊街道、蕉岭县文福镇、蕉岭县南礤镇、蕉岭县长潭镇、蕉岭县三圳镇、平远县热柘镇，肇庆高要市白土镇、封开县平凤镇共42个镇（街道）接受省教育强镇（街道）督导验收，被授予“广东省教育强镇（街道）”称号。至2009年底，全省共有6个市被授予“广东省教育强市”称号，34个县（市、区）被授予“广东省教育强县（市、区）”称号，263个镇（街道）被授予“广东教育强镇（街道）”称号。

按照《关于建立教育强镇（乡）督导评估制度的通知》（粤教督〔2001〕5号）精神，省教育督导室委托有关市组织以省督学为组长的专家组对广东省教育强镇（街道）进行了第一轮复评。年内，珠海市金湾区平沙镇、金湾区红旗镇、斗门区乾务镇，中山市板芙镇、中山市人民政府五桂山办事处（原为五桂山镇）、三角镇、东升镇、南头镇、黄圃镇，江门市新会区会城街道，东莞市道滘镇、黄江镇、樟木头镇、凤岗镇、石碣镇、高埗镇、大岭山镇、横沥镇、桥头镇、塘厦镇、寮步镇、清溪镇，佛山市三水区乐平镇、三水区芦苞镇、南海区丹灶镇、高明区荷城街道共26个镇（街道）接受省教育强镇（街道）复评，保持了“广东省教育强镇（街道）”的称号。教育强市、强县（市、区）、强镇（街道）督导验收及复评机制，极大地调动了各级党政大办教育、办人民满意教育的积极性，对推动广东省教育发展作用巨大、意义深远。

【县域教育现代化制度】为落实省第十次党代会精神，实现省委、省政府《广东省教育现代化建设纲要（2004—2020年）》（粤发〔2004〕13号）及其实施意见提出的“2010年，珠江三角洲地区和大中城市率先基本实现教育现代化；2015年，全省基本实现教育现代化”的目标，落实省委、省政府加强教育现代化建设的重大战略部署，经省政府同意，广东省从2008年起建立广东省县域教育现代化督导制度。广东省“推进教育现代化先进区”评估，是广东省在教育强区、教育强市评估之后，推进教育现代化建设的一个重要工作机制，对广东省教育从有到优再到更优的阶梯式发展提供了有效的范式和路径，为实现全省教育的可持续发展、科学发展打下坚实的基础。2009年，佛山市顺德区、禅城区、南海区和深圳市宝安区顺利通过了县域教育现代化督导验收，并被授予“广东省推进教育现代化先进区”称号。

【省一级学校、幼儿园督导评估】为适应教育改革和发展的要求，促进全省普通高中、民办中小学和幼儿园的发展，省教育督导室继续组织了对广东省普通高中、民办中小学校、幼儿园省一级督导验收工作。在督导验收中，做到按照标准、实事求是、严格把关，2009年申报广东省一级民办中小学校和普通高中督导评估的有23所通过了省组织的督导评估，其中有普通高中7所，全省省一级普通高中的数量达到420所；申报广东省一级幼儿园督导评估的有21所通过了省组织的督导评估。

【普通高中教学水平评估和示范性高中督导验收】继续在全省全面开展普通高中教学水平评估工作。为切实推进广东省普通高中教学水平评估工作的开展，提高评估工作水平，推动普通高中教育的内涵发展，从2009年开始，省教育督导室委托厅教育发展研究与评估中心组织全省普通高中教学水平评估工作。全年有9所普通高中获得“广东省普通高中教学水平评估优秀学校”称号，至2009年底，已有243所普通高中获得“广东省普通高中教学水平评估优秀学校”称号，对提高普通高中的教学质量起到了有力的推动作用。

同时，继续推进创建广东省国家级示范性普通高中的工作，全年有17所学校通过广东省国家级示范性普通高中初期督导验收，至2009年底，已有193所普通高中通过示范性普通高中初期督导验收，164所通过终期验收确认，被授予“广东省国家级示范性普通高中”称号。

【教育专项督查】根据教育部督导办《关于开展义务教育均衡发展督导评估试点研究工作的通知》精神，为在全国建立义务教育均衡发展督导评估制度并为正式开展均衡督导评估工作积累经验，教育部确定了广东省义务教育均衡督导评估试点县（市、区）12个：广州市越秀区、深圳市福田区、汕头市金平区、佛山市禅城区、韶关南雄市、梅州市大埔县、中山市东区、江门市新会区、湛江市坡头区、茂名高州市、肇庆市德庆县、清远市连山县。年内，广东省已按要求向国家有关部门提交了基础教育的相关数据，为基础教育均衡发展提供政策依据。

另外，根据《中共中央国务院关于加强青少年体育增强青少年体质的意见》（中发〔2007〕7号）和教育部《中小学体育工作督导评估指标体系（试行）》，国家教育督导团对广东省肇庆市、韶关市的中小学体育卫生工作进行了专项督导检查。督导室在省教育厅体卫艺处的配合下完成向省政府报送《广东省中小学校体育卫生工作存在问题的整改方案》的工作。

2009年度，省教育督导室还开展了义务教育阶段中小学贯彻落实《义务教育法》及有关政策法规情况督导检查，检查重点是：义务教育经费保障机制建立情况，初中三年保留率、合格率、升学率情况，就近入学情况，重点校、重点班及大班额情况，教师培养培训及工资福利待遇落实情况，减轻过重课业负担、全面实施素质教育情况等。开展了高中教育发展专项督查，重点对各市加快高中阶段教育发展情况，尤其是推进中等职业技术教育结构性战略调整、扩大中等职业教育规模的情况进行督导检查。协助高职成处制定并印发《广东省普及高中阶段教育督导验收办法（试行）》（适用于重点发展区和生态发展区），完成对惠州市和肇庆市的验收，认定两市为“广东省高中阶段教育普及市”。

（撰稿　任　洁；审稿　陈　健）

教育评估

【综述】2009年，广东教育发展研究与评估中心（下称评估中心）按照科学发展观的要求，结合贯彻落实《珠江三角洲地区改革发展规划纲要（2008—2020年）》、“五大教育工程”和即将出台的《广东省中长期教育改革和发展规划纲要》，进一步强化大局意识和服务意识，扎实推进2009年各级各类教育评估（评审）工作，努力发挥教育评估对广东省教育事业优先发展科学发展的积极导向和促进作用。

【基础教育评估】组织完成了64所中小学及幼儿园的评估工作。其中，完成了46所普通高中优秀教学水平评估、6所省一级中小学校评估、12所省一级幼儿园评估。评估工作有效地促进了被评学校（幼儿园）办学条件的改善，促使它们加强内涵建设，强化质量意识，规范教学管理，努力提高教育教学质量和办学水平，从而加快优质教育发展以满足人民群众对优质教育的需求。

【中等职业教育评估】组织完成了35所省级重点和国家级重点中等职业学校的评估（复评）工作，有效地促进了省级和国家级重点中职学校按照新形势下职业教育改革发展的新要求进一步做大、做强、做优。同时通过评估的积极导向作用，引导省级和国家级重点中职学校结合贯彻落实《珠江三角洲地区改革发展规划纲要（2008—2020年）》和推进“五大教育工程”，充分发挥其在推进广东省普及高中阶段教育工程、加快发展壮大职业技术教育工程和建设我国南方重要职业技术基地中的骨干示范带动和引领作用。

【高等教育评估】一是按照教育部新评估方案的要求，积极推进高职院校人才培养工作评估。共完成18所高职院校人才培养工作评估，并对21所高职院校申请评估办学条件进行了实地核查。该项评估工作有效促进了被评高职院校按照高职教育的特点和要求加强基础条件建设、内涵建设和人才培养状态数据采集平台建设。同时，更加注重运用评估的导向作用，引导高职院校紧紧围绕《珠江三角洲地区改革发展规划纲要（2008—2020年）》和“五大教育工程”以及即将出台的《广东省中长期教育改革发展规划纲要》，结合学校实际，主动适应和紧贴珠江三角洲地区以及全省经济发展方式和产业结构的转型，按照产业结构优化升级和构建现代产业体系对高技能人才的需求，及时调整和优化学校的专业结构和课程体系，突出人才培养模式的改革创新，及时与地方经济社会发展和产业结构优化升级紧密对接，努力培养出社会急需和具有竞争力的高素质技能型人才，不断提高人才培养质量和服务经济社会的能力。二是组织开展广东省218个现代远程高等教育校外学习中心的年报年检工作，对于现代远程教育校外学习中心规范办学和确保教育质量起到了较好的监控和保障作用。

【高等学校学科建设专项资金评审】一是积极配合省教育厅高等教育处开展2009年度省级高校教学名师奖、高校精品课程、实验教学示范中心等高等学校教学质量工程的有关评审工作。其中，完成2009年度省级高校教学名师奖评审工作，通过组织专家对全省高校申报的91名教学名师推荐人选进行了网上评审和会议评审，共评出2009年度省级高校教学名师35名；开展2009年度省级高校精品课程评审工作，组织专家对全省高校申报的238门推荐课程进行了网上评审，共评出114门2009年省级精品课程和35门培育课程。以上两项评审工作对于加强高校高水平师资队伍建设和课程建设，提高教育质量和教学水平起到很好的示范和带动作用。二是积极协助科研处开展2009年度高校学科建设专项资金科研类申报项目的评审工作。共受理34所高校申报的包括产学研结合示范（创新培养）基地、工程技术研究（开发）中心、省级人文社科基地、育苗工程等四大类共1 029个项目的申报材料。2009年度，评估中心主要负责申报项目的受理、分类汇总以及部分项目的前期评审工作。三是完成对8所高等学校43个中央与地方共建特色实验室项目的评审工作。该项评审工作对于进一步加强共建高校特色优势实验室建设，提升共建高校办学水平发挥了积极的作用。

（撰稿　张晓慧；审稿　曹志超）

教师队伍建设

【综述】2009年，广东省教育系统师资队伍建设以“三个代表”重要思想和科学发展观为指导，加强中小学校长、教师培训工作，提高教师队伍综合素质，组织开展高等学校教师资格认定工作，全面推进各级各类教师队伍建设。

【中小学校长培训工作】继续实施农村初中校长提高培训计划。2009年组织了惠州、湛江、河源、茂名等市200名农村初中校长到广州、深圳参加提高培训。这是继2008年首次组织清远、肇庆、云浮、梅州等四市农村初中校长提高培训后的又一次办班。培训既开拓了校长的视野、更新了观念，又对进一步加强校长的管理能力、提高办学质量起到积极的作用。

开展农村义务教育学校校长预算管理专题培训。为提高农村中小学校长的财务预算和管理水平，根据教育部的统一部署，广东省举办了10期农村义务教育学校校长预算管理专题培训班，培训了1 000名农村义务教育学校校长。

继续选派中小学校长赴英国进行短期培训。根据省教育厅与英国领事馆（广州文化教育处）的合作协议，广东省继续选派了23名初中校长赴英国培训。培训分两段进行，第一阶段邀请英国教育专家到广州对选派学员进行一周的理论培训；第二阶段是学员赴英国进行三周培训，主要是深入到英国中小学校进行深度体验学习。

举办中小学校长高级研修班。共完成了400名中小学校长（幼儿园园长）高级研修培训任务。培训从内容到形式等方面均有创新，培训的针对性、实效性得到进一步提高。

召开全省中小学校长培训实践基地工作总结会议。2009年6月下旬，在东莞市召开了全省72所中小学校长培训实践基地工作总结会，对2008年省内中小学校长挂职锻炼工作进行了总结，并对2009年中小学校长挂职锻炼工作作了动员和部署。

继续开展中小学校长挂职锻炼工作。组织了60名珠江三角洲地区中小学校长赴江苏、上海等地的名校开展为期1个月的跟岗体验学习；组织了80名农村中小学校长到省内实践基地开展为期1个月的挂职锻炼。广东省的校长培训工作得到了各地教育部门的充分肯定，也受到了广大校长的欢迎，在全国有一定的影响。

建立首批中小学名校长工作室。经过各地推荐、

专家审议，在全省建立了首批30个中小学名校长工作室，并印发了《广东省中小学名校长工作室建设和管理办法》，使广东省骨干校长培训工作有了新的载体。

印发《关于进一步加强和规范幼儿园园长培训工作的意见》。进一步明确了管理职责，规范了培训行为，使广东省幼儿园园长培训工作步入规范化、制度化健康发展的轨道。

与广东省教育基金会合作，举办了两期“广东省革命老区、边远山区县农村中小学校长培训班”，共培训了100名村办小学校长，为提高农村校长的能力和实现义务教育均衡发展起到了积极作用。

完成“广东省中小学校长队伍专业化现状分析与对策研究”的课题研究任务，并将研究成果转化为若干工作政策和措施，有效地促进了广东省中小学校长的专业发展。

【中小学教师培训工作】 2009年2月16日下发了《关于认定首批广东省中小学教师继续教育校本培训示范学校的通知》（粤教继〔2009〕3号），认定首批371所中小学校为首批省级示范学校，并积极推进各地校本培训活动，促进中小学校办学水平提高。

4月7日印发了《关于开展2009年普通高中教师职务培训工作的通知》（粤教继函〔2009〕7号），部署了高中教师职务培训工作。此次培训由省高中教师培训协作组具体组织实施，12所高中培训院校参与。培训采取远程网络方式进行，培训时间为6月15日—7月15日，全省共4.8万名普通高中学科教师参加。通过培训，进一步提高了高中教师实施新课程的能力和水平，有利于推动全省高中课程改革向纵深方向发展。

5月4日印发了《关于下达2009年英特尔未来教育项目培训任务的通知》（粤教继函〔2009〕29号），继续做好英特尔未来教育项目工作。进一步加大项目示范学校建设工作，对第一批、第二批示范学校进行考核评估，布置了第三批示范学校的申报和评选工作。全年培训学科教师1.1万名。

5月13日印发了《关于举办中小学英语教师英语语言村的通知》（粤教继函〔2009〕30号）。继续开展中小学短缺学科和急需学科教师培训，在阳江、揭阳、云浮开展“中小学教师英语语言村”教师培训项目，受训英语教师300人。

5月21日下发了《关于印发〈广东省中小学骨干教师省级培训（2009—2013年）实施方案〉的通知》（粤教办〔2009〕110号），部署了新周期（2009—2013年）的中小学骨干教师省级培训工作。本周期内，在全省遴选约3000名中小学骨干教师分期分批进行培训，采取省市县共建的方式在全省成立约150个名师工作室，建立起广东省高校、市县教师培训机构、中小学名师工作室三位一体的省级骨干教师培训体系。

5月21日印发了《关于开展首批广东省中小学名师工作室评选工作的通知》（粤教继〔2009〕21号），开展首批名师工作室评选工作。为提高评审的质量，采取市级初评和省级评审的方式进行，并组织了名师工作室复评答辩工作，共162名教师参加了复评答辩。

6月4日下发了《关于开展中小学教师教育技术能力建设项目中级培训工作的通知》（粤教继函〔2009〕35号），部署了教师教育技术中级培训工作。该项目以《中小学教师教育技术能力标准（试行）》为依据，以进一步提高中小学教师教育技术应用能力、促进现代教育技术在教学中的有效应用为目的，利用3年时间，组织全省40%的中小学教师参加不少于50学时的中级水平培训。

6月19日下发了《关于配合教育部组织实施“知行中国——中小学班主任教师培训项目”的通知》（粤教继函〔2009〕44号），在全省10个欠发达地区开展1万名班主任教师远程培训工作。根据教育部通知精神，广东省选派了104名骨干班主任赴北京参加集中培训，培训后承担全省1万名班主任教师远程培训的辅导工作。培训按照“学思结合，知行统一”的原则，针对小学班主任教师在日常工作中所面临的主要问题进行深入学习、交流和研讨。通过培训，进一步提高中小学班主任队伍的整体素质。

6月24日下发了《关于印发〈广东省中小学代课教师培训工作实施方案〉的通知》（粤教继〔2009〕24号），部署了全省中小学代课教师培训工作。全省共3.2万名代课教师参加培训。培训采取远程教育和集中面授相结合的方式，让每一位参加培训的代课教师都能够享受到均等的培训机会和优质的培训资源，进一步提高代课教师教育教学能力。

10月10日印发了《关于开展高等教育自学考试义务教育专业课程与在职中小学教师非学历培训课程学分互认试点工作的通知》（粤教继函〔2009〕5号）。10月16日召开了学分互认试点工作会议。同时做好县级教师培训机构申报“教师学习与考试服务中心”工作，制定学分互认的相关措施。

11月2日印发了《关于选派人员参加2009年

"国培计划——培训者研修项目"培训的通知》(粤教继函〔2009〕6号),选送了50名教师培训院校学科专家、省中小学名师工作室主持人、优秀中小学骨干教师和班主任参加国家级培训。学员参加培训后,承担全省中小学骨干教师省级培训、培训者培训的任务。通过培训,增强培训专家和管理者从事教师培训教学和组织管理的能力,提升教师培训专业化水平,促进教师培训质量的提高。

【教师资格认定工作】部署师范教育类专业应届毕业生认定教师资格工作。继续按照《广东省首次教师资格认定实施办法》(粤教人〔2001〕74号)、《普通话水平测试等级标准》以及《广东省教师资格申请人员体格检查标准(2007年修订)》(粤教继〔2007〕14号)等文件的要求开展工作。2009年3月16日—4月30日,共接受32 330名师范类应届生的申请。

部署农村师资教育硕士生岗前培训工作。继续由华南师范大学承担2009年农村师资教育硕士生岗前培训工作。在总结经验的基础上,2009年的农村教育硕士生岗前培训工作得到有序展开,不仅充实了农村师资队伍,而且大大提高了农村教师的综合素质。

组织2009年高校教师资格认定相关政策及网上预认定系统操作培训。培训班在南方医科大学举办,主要培训内容包括:高校教师资格认定政策解读及答疑;高校教师资格认定报送材料的要求;网上报名系统、认定信息管理系统操作技术培训。培训主要针对各高校教师资格认定工作部门的负责人和信息管理工作人员。培训工作的顺利开展,不仅提高了教师资格认定工作的程序化水平和信息化水平,而且得到了高校的广泛好评。

部署广东省非师范专业学生"两学"培训工作。2009年,广东省继续由中山大学等29所高校承担本校非师范专业学生"两学"培训工作,并在此基础上增设了韶关学院和暨南大学承担本校非师范类专业学生教育学和心理学课程培训工作。至此,全省共有中山大学等31所高校承担本校"两学"培训课程。

向广东省物价局寄发了《关于我省教师资格认定考试科目设定与收费标准问题的函》(粤教继〔2009〕18号),明确说明广东省教师资格认定考试科目、收费标准、收费管理以及设定依据。

顺利开展广东省2009年高等学校教师资格认定工作。分别在7月、9月召开了高校教师资格认定初审会议和专家审查委员会评审会议。2009年全省135所高校共报送材料4 807份,其中委托高校1 621份,非委托高校3 190份;初审未通过审核314人,终审未通过审核313人,全年高校教师资格认定通过审核共4 421人。经过4月份对高校相关人员的培训,2009年教师资格认定工作的规范性和效率性大大提高,但初审期间仍暴露了一些不足,认定工作有待继续优化。

委托广东工程职业技术学院承担广东省教师资格认定部分工作。2009年5月,广东省教育厅委托广东工程职业技术学院承担全省教师资格认定工作的技术问题以及资格证书发放的相关事宜,并向各市教育局人事科、各高等学校人事处寄发《关于委托广东工程职业技术学院承担省教师资格认定网络管理与维护工作的通知》(粤教继函〔2009〕33号)。

组织广东省高校教师岗前培训工作。2009年6月,向各高校印发《关于开展我省2009年高等学校教师岗前培训工作的通知》(粤教继〔2009〕23号),通知文件对培训对象、组织单位、培训时间和内容、考试方式、收费标准以及报名方式作了具体要求。与往年相比,2009年对培训课程作了更明确的要求,将原来的"教育学"与"心理学"调整为"高等教育学"和"高等教育心理学",这有利于规范高校教师培训工作的开展,同时保证了高校教师队伍的综合素质。

(撰稿 谢小胜 马桂波 李银德;审稿 朱超华 谢小胜)

思想政治教育

【综述】2009年,广东省中小学(中职学校)思想政治教育工作以邓小平理论和"三个代表"重要思想为指导,深入贯彻落实科学发展观,坚持育人为本,德育为先,建立健全工作机制,推动德育课程改革,加强校园文化建设,强化德育队伍保障,深化德育科学研究,促进校外实践教育,全面加强学校德育工作的指导和管理,充分发挥学校在学生思想道德教育中的主渠道、主阵地、主课堂作用,推动形成富于广东特色的学校德育发展模式。

【组织全省中职学校德育大调研】组织问卷调查，全省21个地级以上市共2 000多名教师、8 000多名学生参加了问卷调查；组织调研组分赴广州、佛山、韶关、河源、惠州、东莞、中山、肇庆等市开展实地调研，考察学校20多所，召开各类调研会50多场；在此基础上形成了高质量的《广东省中职学校德育工作调研报告》，为加强中职学校德育工作提供了决策依据。

【组织第二届广东省中小学德育创新奖评选活动】共收到各地市教育局和省属中学推荐德育创新成果220项，评定一等奖17项，二等奖40项，三等奖65项。

【德育课程建设】做好中职学校新一轮德育课程改革工作，组织德育新课程任课教师培训。举办中职学校德育课程改革省级培训班，共培训学校德育干部、德育课教师480人次。以“集中培训”和“送教到各地”的形式举办中职学校《职业生涯规划》新课程培训班，覆盖16个地级以上市，共培训教师近1 100人次。

【校园文化建设和学生活动】围绕庆祝新中国成立60周年，组织开展学生主题教育品牌活动。在中小学校开展“我在祖国怀抱中快乐成长”主题教育系列活动，包括“祖国在我心中”歌咏活动、“快乐伴我成长”书信活动等。在中职学校开展“明理、立志、勤学、成才”主题教育系列活动，包括“我爱我的祖国”征文比赛、“送温暖、献爱心”志愿服务活动、“创业之星”访谈活动、中职生成功论坛等。召开全省中等职业学校“明理、立志、勤学、成才”主题教育系列活动总结交流大会，总结活动经验、展示活动成果、表彰活动先进单位和个人。

组织开展校园读书系列活动。在全省中小学校倡导读书学习的文明风尚，营造知书达理、好学求进的校园书香氛围。联合省委宣传部开展“书香校园”创建活动，评出2009年“广东省书香校园”130所；联合省委宣传部、省新闻出版局等部门开展争当“阅读之星”读书活动，评出2009年省级中小学“阅读之星”205名、“百佳阅读之星”100名；开展“书香作文”比赛活动；联合南方报业传媒集团开展“书赠农村学子 同享快乐阅读”活动，赠予韶关市、梅州市61所农村小学价值20万元的图书18 000册。省教育厅思想政治教育处被省委宣传部、省新闻出版局、省文明办评为“书香岭南”全民阅读活动先进集体。广东省中小学校创建“书香校园”、争当“阅读之星”活动被评为“书香岭南”全民阅读活动优秀项目。

组织开展第六届全国中等职业学校“文明风采”竞赛广东复赛活动。广东省教育厅被教育部中等职业学校“文明风采”竞赛组委会授予组织工作贡献奖。

【德育工作队伍建设】深入实施“广东省中小学（中职学校）班主任专业能力建设计划”，加强班主任队伍建设。一是推进“名班主任”培养工程。组织对首批44名中小学“名班主任”培养对象结业评定工作，启动第二批60名“名班主任”培养工作，印发广东省中小学名班主任培养工作管理办法、综合素质培训计划、德育研究课题指南以及指导教师工作职责等文件，进一步规范中小学“名班主任”培养工作。举办“班主任盛典——广东省首批中小学名班主任培养对象结业典礼暨第二批中小学名班主任培养启动仪式”。盛典活动录像于教师节期间在南方少儿频道播出，同时刻录成盘赠予各地教育部门，作为班主任教育培训的生动教材。二是举办全省中职学校班主任骨干培训班，共培训班主任教师近100人次。

深入实施“广东省中小学（中职学校）德育骨干能力建设计划”，加强德育管理队伍建设。一是举办全省初级中学主管德育校长培训班，共培训德育校长360人次。二是举办全省中职学校德育校长（书记）培训班，共培训德育校长（书记）260多人次。

【德育课题研究】一是组织2009年度中小学德育课题申报、立项工作。共收到全省21个地级以上市共846所学校和11个单位的申报，评定立项课题518项，其中重点研究课题67项。二是委托省中等职业学校德育研究与指导中心开展“2＋1”办学模式改革后中职学校德育工作实效性对策研究。

【校外活动场所建设】加强中小学德育基地建设和管理。一是联合省中小学德育基地工作协作会，组织开展全省中小学德育基地建设和管理情况专项督促检查，督促整改存在问题，总结建设和管理经验。二是命名广州市中学生劳动技术学校、深圳市中小学德育基地等10所中小学德育基地为首批“广东省中小学示范德育基地”，发挥示范基地的示范带动作用。三是召开全省中小学德育基地建设第五次工作现场会暨中小学德育基地工作协作会第二届年会，推动德育基地规范化发展。四是委托省中小学德育基地工作协作会组织开展首届中小学德育基地论文征集和评选活动，推进德育基地的科学研究工作。

加强青少年宫建设和管理。组织各地申报2009年度中央专项彩票公益金资助建设青少年宫项目。韶关市浈江区，惠州市博罗县，茂名市电白县、化州市，肇庆市鼎湖区等5个县（市、区）青少年宫项目获2009年度中央专项彩票公益金支持青少年宫建设立项。

【心理健康教育】一是承办全国中小学心理健康教育工作研讨会。会议由教育部中小学心理健康教育专家指导委员会、教育部基础教育一司主办，是1999年教育部颁布《关于加强中小学心理健康教育的若干意见》以来，第一次有教育行政部门有关负责人、专家和学校校长、心理教师共同参加的会议。会议充分肯定了广东省中小学心理健康教育工作经验。二是继续组织开展中小学（中职学校）心理健康教育师资培训，提升专兼职心理教师心理健康教育水平。2009年完成A证培训150多人次，B证培训3 700多人次，C证培训40 000多人次。三是深入开展中小学心理健康教育示范学校创建工作。2009年评定示范学校32所（其中中学27所，小学5所）。四是制定印发《广东省中职学校心理健康教育与心理健康课程教学实施方案》（粤教思〔2009〕30号），将心理健康教育纳入中职学校德育课课程体系。

【民族团结教育】印发《关于在全省学校开展民族团结教育活动的实施意见》（粤教思〔2009〕90号），指导各地开展形式多样的民族团结教育活动，增强学生民族团结意识、遵纪守法意识和社会责任意识。

（撰稿　刘秋明　江存余　陈　琦；审稿　袁本新）

教育纪检监察

【综述】2009年，广东省各级教育纪检监察部门认真贯彻落实党的“十七大”、十七届四中全会和十七届中央纪委三次、四次全会，省纪委十届三次全会及2009年全国教育纪检监察工作会议精神，以落实中央《建立健全惩治和预防腐败体系2008—2012年工作规划》（以下简称《工作规划》）和《中共广东省委贯彻落实〈建立健全惩治和预防腐败体系2008—2012年工作规划〉实施办法》（以下简称《实施办法》）为契机，把建立和完善全省教育系统惩治和预防腐败体系作为工作主线，全面部署，统筹推进，突出重点，抓紧抓好全省教育系统党风廉政建设和反腐败各项任务的落实，取得了显著成效。

【高校反腐倡廉建设】全省高校认真抓好中央纪委、教育部、监察部《关于加强高等学校反腐倡廉建设的意见》（以下简称三部委《意见》）的贯彻落实，扎实推进高校反腐倡廉建设。省纪委、省委组织部、省监察厅、省委教育工委、省教育厅联合印发了《关于2009年广东省加强高校反腐倡廉建设的工作意见》，并组织了18个考核组，对广东省高校落实三部委《意见》情况进行了深入细致的量化考核（中山大学、华南理工大学由教育部实施考核）。通过考核，全面掌握了全省高校反腐倡廉建设的现状，基本摸清了高校在反腐倡廉建设中存在的问题和薄弱环节，进一步明确了今后的工作重点和努力方向。各高校以此次量化考核工作为契机，积极查漏补缺，完善制度，加强监督。量化考核工作积极推动了全省高校反腐倡廉建设工作的深入开展。广东省量化考核高校反腐倡廉建设情况的做法得到了教育部的充分肯定，并在全国进行了推广。

【反腐倡廉教育工作】全省教育系统积极开展“廉政文化进校园”活动，形成了一批优秀廉政文化成果。省教育纪工委在全省高校开展了优秀廉政公益广告展播活动；省教育纪工委与省纪委宣教室联合编印出版了《“读廉书、知廉事、重廉行”系列征文作品集》，免费发送给全省各大中小学校；组织专家学者编印出版了《明理　立志　勤学　成才——中华传统名言解读》一书，配合全省中等职业技术学校开展主题教育系列活动；联合省纪委、省人民检察院在全省高校中开展以“激浊扬清，树校园新风；反腐倡廉，促科学发展”为主题的廉政漫画比赛活动，华南师范大学、广州美术学院等15所高校组织得力、成绩优异，获评优秀组织奖，比赛活动取得了良好的教育效果。全省教育系统扎实开展以“加强作风建设，保障科学发展”为主题的纪律教育学习月活动，取得积极成效。省委教育工委、省教育厅、省教育纪工委根据《关于2009年广东省加强高校反腐倡廉建设的工作意见》，以星海音乐学院作为2009年纪律教育学习月活动的示范点，以典型引路，抓实抓好全省高校纪律教育学习月活动。

省教育纪工委编印并向全省教育系统免费发送了53 000多本《广东省教育系统反腐倡廉教育读本(2009)》，作为纪律教育学习月活动的重点读本。通过加强廉政文化建设，深入开展形式多样、针对性较强的反腐倡廉宣传教育活动，全省教育系统广大党员干部和师生纪律观念进一步增强，廉洁意识进一步提高，在全省大中小学校进一步营造了风清气正的育人环境。

【反腐倡廉制度建设工作】全省教育系统结合实际，深入贯彻落实中央《建立健全惩治和预防腐败体系2008—2012年工作规划》和《中共广东省委贯彻落实〈建立健全惩治和预防腐败体系2008—2012年工作规划〉实施办法》，进一步加强对党风廉政建设责任制、党内监督条例和“三重一大”等制度落实情况的检查；在推进行政审批、干部人事、财务管理、基建工程、物资采购、校办企业、招生考试等各项改革工作中，积极探索和制定有关配套制度，以制度建设为抓手推进具有广东教育系统特色的惩防体系建设。《关于2009年广东省加强高校反腐倡廉建设的工作意见》《〈关于加强高等学校反腐倡廉建设的意见〉落实工作量化考核表》等加强反腐倡廉建设的制度和操作办法的出台，推动了源头治腐工作持续深入开展，使广东省教育系统反腐倡廉建设制度的系统性、规范性和执行力不断提高。

【监督工作】全省教育系统认真落实《党内监督条例》，普遍实行了领导干部述职述廉、诫勉谈话、函询等制度。继续推进政务公开、校务公开，会同省厂务公开协调小组办公室对全省各级各类学校校务公开情况开展量化考评，进一步规范校务公开，保障了全省教育系统广大干部群众的知情权和监督权。认真执行纪检监察、组织部门联席会议制度，做好对党政干部选拔任用工作的监督。招生考试执法监察工作继续深入开展，抽调高校纪检干部参加各类招生考试的执法监察工作；在音乐术科考试中，首次将考官打分全过程和考生表演一起纳入录像监控范围，并设立考试专家组，及时解决考试评分过程中出现的问题；抽调高校纪检精干力量组成高考招生监察小组，全程监督全省的招生录取工作，共处理高校招生录取退档36 053人，其中复议退档11 659人，复议录取9 653人，复议成功率达82.8%。切实加强对中央和省委、省政府有关教育重大决策部署执行情况的监督检查工作。建立了新增中央投资建设项目月报制度，做好信息公开、跟踪落实和监督检查工作，及时纠正部分学校在项目规划设计、建设施工和质量安全等方面存在的问题，确保新增中央投资建设项目顺利进行。

【纠风工作】规范教育收费、治理教育乱收费工作取得新的成效。各地各大中小学校积极开展教育收费自查自纠工作。各级治理教育乱收费联席会议机构加强协调，形成了规范教育收费工作的合力。继续深入开展创建教育收费规范县活动。深圳市福田区、汕头市金平区15个区（县）被评为第五批“广东省教育收费规范县（市、区）”。深圳、惠州、江门、肇庆、云浮等5个地级市被授予“广东省教育收费规范市”称号。进一步加大对学校设立账外账和利用学校食堂侵占学生利益行为以及各项教育收费工作的监督检查力度，严肃查处教育乱收费行为，2009年全省查处教育违规收费责任人87人，清退违规收费348万元。认真开展全省高校和省属中等职业技术学校民主评议政风行风“回头查”工作，建立健全政风行风建设长效机制，进一步推动了全省教育系统的政风、教风、学风和师德师风建设。中山大学等高校和省属中等职业技术学校顺利通过省直行评团民主评议政风行风“回头查”工作检查验收。

【查办案件工作】全省教育系统坚持办案工作“二十四字”方针，继续加大信访和办案工作力度，始终保持惩治腐败分子的高压态势。对群众反映强烈的重点问题和案件线索，积极组织力量进行核查，严肃查处违法违纪案件，处理了一批违法违纪人员。2009年，全省教育系统共受理信访举报1 967件，立案247件，涉案人数278人，经济案件涉案金额824.09万元，通过办案挽回经济损失755.32万元；已给予党纪处分95人，政纪处分22人，其中9人移送司法机关处理。省教育纪工委成功开展了“信访积案化解年”活动，化解了一批信访积案。继续对2008年普通高校招生体育术科考试舞弊案进行调查处理，并督促有关高校对涉案人员进行处理。扎实推进全省教育系统商业贿赂预防和专项治理工作，加强与公安、检察、审计、工商、税务等执纪执法部门的沟通与联系，建立健全信息共享、情况通报、线索移送和案件协查等制度，实现预防商业贿赂资源共享，形成防治商业贿赂问题的工作合力。在查办案件的同时注重办案的政治、经济和社会效果，充分发挥办案的治本功能，通过分析案件的发生原因，查找制度和管理上的漏洞，向案发单位发送案件处理整改建议书，督促案发单位建立和完善相关的工作机制和制度，达到从源头上预防和治理腐败的目的。

【理论研究工作】省委教育工委、省教育纪工委以华南农业大学、嘉应学院、广东海洋大学为依托，建立了三个“广东高校廉政研究中心”，作为广东省教育系统的廉政研究基地。全省教育系统有重点地开展了广东高校预防职务犯罪研究、商业贿赂潜规则问题研究、教育收费工作中存在的突出问题调研、特殊类招生情况调研，形成了一批对教育纪检监察工作有积极指导意义的研究、调研报告。

【干部队伍建设】全省教育纪检监察干部深入学习实践科学发展观，加强学习培训和调查研究，政治素质、业务素质和工作水平得到进一步提高，服务、保障和促进教育事业科学发展的能力进一步增强。2009 年，全省教育系统纪检监察干部有 320 多人次参加了各类业务培训。全省教育纪检监察部门认真开展“做党的忠诚卫士、当群众的贴心人”主题实践活动，开展学习王瑛同志先进事迹活动，涌现出一批先进工作典型。中山大学纪委王录德同志被评为“全国教育系统先进工作者”，获人事部、教育部联合表彰。

（撰稿　白建刚；审稿　黄远通）

教育审计

【综述】2009 年，广东省教育厅召开了年度全省教育审计工作会议，印发了《关于做好 2009 年教育审计工作的通知》（粤教审〔2009〕3 号），部署了全年的审计工作，并通过继续推行教育审计区域联系制度，组织教育审计干部培训，开展教育审计工作研讨和学术交流等，积极推动全省教育审计工作的开展。各级教育行政部门和高校坚持以邓小平理论和“三个代表”重要思想为指导，深入贯彻落实科学发展观，坚持“三个服务”，认真履行审计监督职责，正确处理监督与服务的关系，发挥审计作为单位“免疫系统”的作用，积极做好各项审计工作，取得较明显的工作成效。一年来，全省教育系统共开展各项审计工作 13 617 项，其中基建工程审计项目 5 041 项；审计总金额达 405.91 亿元；促进增收节支 6.59 亿元，其中开展基建审计工作核减 6.09 亿元。

【教育审计实务工作】2009 年，广东省教育审计机构按照突出重点、全面审计的要求，加大审计监督力度，积极开展各项审计实务工作。

一是全面开展建设工程项目审计。2009 年，全省教育内审机构继续贯彻落实《教育部关于加强和规范建设工程项目全过程审计的意见》（教财〔2007〕29 号）和《广东省教育系统建设工程项目审计办法》，以加强项目管理，提高投资效益为目的，努力推进建设工程项目审计，不断扩大审计覆盖面，取得了明显的成效。一年来，全省教育系统开展建设工程审计 5 041 项，核减工程造价 6.09 亿元。部分审计力量较强的高校积极探索对建设工程进行全过程审计，在工程可行性研究、工程项目设计、招投标、签订合同、变更、交工结算等各个环节严格审核把关，充分发挥事前、事中控制的作用，加强了对建设工程的管理，有效地控制了工程造价。华南农业大学、南方医科大学、广东工业大学等高校努力发挥审计作为单位“免疫系统”的功能，通过完善相关的规章制度，使建设工程项目形成了以全过程跟踪审计为主的工作模式，将主要力量转移到事前、事中审计，重点抓好合同、预算、招标文件等环节的审计，实现了审计监督的关口前移。广州航海高等专科学校制定了《建设工程项目全过程审计暂行规定》，探索开展基建全过程审计工作。暨南大学、广东外语外贸大学、广东海洋大学、广州中医药大学、广州体育学院、肇庆学院、广东轻工职业技术学院、广东机电职业技术学院等高校内审机构也卓有成效地开展了全过程审计工作，有效地控制了工程造价。为了提高厅内基建工程质量和资金使用效益，教育厅审计室积极参与厅十二楼会议室装修工程和厅文德路 69 号宿舍楼电梯加建工程的事前、事中监督工作，参加了上述工程的经费预算有关会议、招投标、部分项目的审签等工作，并分别进行了结算审计，其中，厅十二楼会议室装修工程送审金额 528 541.29 元，共核减 52 693.75 元，核减率为 9.97%；厅文德路 69 号宿舍楼电梯加建工程送审金额为 694 504.44 元，共核减 11 662.97 元，核减率为 1.68%。

二是深入开展财务收支审计和财务预决算审计工作。2009 年，全省教育审计机构深入开展财务预决算审计，并结合本部门、本单位的中心工作开展财务收支审计。重点审计预算管理和财经法规执行情况，着力反映预算分配及管理中存在的突出问题，以财政财务收支为基础，坚持把揭露问题和规范管理、促进改革与发展结合起来，注重从体制、机制、制度和管理层面分析原因，提出建议，促进本部门、本单位依法理财、科学理财。一年间，全省教育系统开展财务预决算审计和财务收支审计共 1 277 项。为促进教育厅直属企业加强内部管理，教育厅审计室于 2009 年 4—6 月组织对教育国际交流服务中心、高校学术交流中心、教育活动中心、教育建筑设计所、厅招待所 5 个企业 2008 年度的财务收支情况进行了审计，了解掌握了各企业的财务收支情况和经营状况，并针对发现的问题提出了整改意见和建议，帮助各企业继续健全内部控制制度、加强财务管理、规范财务收支行为。惠州市教育局组织对 11 所市直属学校的财务收支情况进行审计，韶关市教育局完成了对广东北江中学、韶关市第一中学的 2007—2008 年度财务收支审计，促进了被审计单位经费收支的公开、透明、合法。2009 年，为加强教育经费预算收支和决算管理，规范各高校的财务管理，保障教育资金安全有效使用，教育厅审计室要求全省高校内审部门继续贯彻落实《教育部关于加强高等学校预算执行与决算审计工作的意见》（教财〔2008〕12 号），认真开展预算执行与决算审计，并要求上一年度的预算执行与决算审计报告于每年 5 月底前报送审计室。广东商学院通过计算机辅助审计手段，以项目账为切入点，重点从收入和支出方面对学校预算执行和决算情况进行审计，提出了 6 条审计建议，受到有关领导高度重视。华南农业大学、广东工业大学、广东外语外贸大学、星海音乐学院、茂名学院、韩山师范学院、江门职业技术学院等大部分高校都把预算执行和财务决算审计作为高校加强内部管理的年度常规工作，重点审计学校预算管理和财经法规执行情况，着力反映预算分配及管理中存在的突出问题，以财政财务收支为基础，坚持把揭露问题和规范管理、促进改革与发展结合起来，注重从体制、机制、制度和管理层面分析原因，提出建议，促进本部门、本单位依法理财、科学理财。

三是继续加强经济责任审计。2009 年，全省教育审计机构继续坚持“积极稳妥、量力而行、提高质量、防范风险”的原则，按照《广东省教育系统有关负责人经济责任审计办法》的要求，规范开展经济责任审计工作。实施审计过程中，注意把经济责任审计和财务收支审计等其他类别审计结合起来，把离任审计和任中审计结合起来，进一步深化经济责任审计的内容，加大了对重大经济决策及效果、内部控制制度健全及执行情况的审计力度。通过审计，强化了对教育经济领域领导干部权力运行的监督，使领导干部更加明确应承担的经济责任，充分发挥审计监督的警示、防范作用。一年间，全省教育系统开展经济责任审计共 608 项。根据教育厅领导的有关指示精神和有关部门的委托，教育厅审计室组织审计组，对广东工贸职业技术学院、广东省工业贸易职业技术学校、广东省石油化工职业技术学校和广东省理工职业技术学校等学校的有关校长（院长）进行任期经济责任审计。通过对有关校长（院长）的任期经济责任审计，促进了学校领导廉政勤政、全面履行职责，进一步加强了对学校经济的监督和管理。广州市教育局及所辖部分区、县教育局建立了经济责任审计联席会议制度，全年完成经济责任审计工作 70 项。广东技术师范学院审计处积极配合学院党政管理人才队伍建设和中层干部的聘任工作，利用学院经济责任审计联席会议制度所形成的各部门的工作合力，认真完成组织部门委托的经济责任审计共 5 项，提出建议并被采纳 12 条。湛江师范学院审计处在学校启动部分教学单位中层干部换届之际，开展了对 6 名处级干部的任期经济责任审计，增强了学校领导干部经济责任和勤政廉政意识，为学校任用干部提供了参考依据。

四是积极开展专项审计或审计调查。按照广东省教育厅年度审计工作意见的要求，各市教育局组织对有关教育专项资金进行审计或审计调查，对专项资金的管理和使用中存在的问题，有针对性地提出了审计意见和建议，促进被审计单位进一步规范管理，防范风险，提高资金使用效益。汕头市教育局开展对 2008—2009 学年度全市中小学校“农村、城镇免费义务教育补助资金”、“一补”（困难学生的生活补贴）、“学校危房改造”等教育专项资金的拨付和使用情况进行审计调查，全面掌握专项资金的管理和使用情况，促进了相关政策措施的落实，提高了资金的管理水平和使用效益。为进一步加强有关高等学校科研经费审计，提高科研经费的使用效益，省教育厅印发了《关于进一步加强高等学校科研经费审计的意见》（粤教审〔2009〕6 号）。各高校以此为契机，积极探索开展科研经费审计工作。华南农业大学积极研究有关科研经费审计制度，将全过程审计、跟踪审计的思路融入科研经费审计工作中，并会同学校科技处、财务处共同开展科研经费大检查，为学校的科研经费管理工作发挥“免疫”的作用。广东工业大学加大了对科研项目的审计监督力度，逐步规范科研项目结题及对外报送工作，全年对 12 个科研项目结题报表进行了审签，金额达275.26万元。广州体育学院审计室对学院2004—2008年度的科研经费支出与使用情况进行了专项审计调查，对被审对象的有关会计资料、科研成果等资料进行了认真的查阅，并出具了科研经费专项审计报告。南方医科大学、广东技术师范学院、深圳大学、星海音乐学院、广州医学院、东莞理工学院、广东外语艺术职业学院、广东体育职业技术学院、深圳职业技术学院等高校也组织对学校科研经费的管理和使用情况进行了审计，加强了监督，保障了科研经费的合理有效使用。

五是探索开展经济效益审计和管理审计。随着教育经费投入持续增加、办学规模不断扩大、办学形式和资金筹集逐渐多元化，教育资金的使用效益日渐受到社会各界的关注。2009年全省教育审计机构结合实际选择特定项目探索开展绩效评估，促进本部门本单位加强管理、节约经费、增进效益。一年间，全省教育系统共开展经济效益审计1 040项。广州市各级教育行政部门主动适应广州市教育审计面临的新形势，积极探索管理审计、效益审计等新领域，将爱心、沟通、和谐等理念融入审计工作中，进一步提高了教育审计工作的质量和水平。

六是组织对厅属有关单位进行改制前的清产核资审计和资产评估。根据省教育厅领导的指示，为了配合教育厅直属企业广东高等教育出版社和广东音像教材出版社的转企改制工作，教育厅审计室组织对这两个单位进行了清产核资审计和资产评估，摸清了家底，对出版社的资产进行了全面清晰的评估核算，确定了产权归属，解决了历史遗留问题，帮助出版社顺利由事业单位改制为企业单位。

【教育审计机构和队伍建设】各级教育行政部门和高校的领导按照《教育系统内部审计工作规定》和《广东教育审计规范》的有关规定，积极履行对内部审计工作的领导职责，重视和支持内部审计机构和审计人员队伍建设，不断加强审计力量。近年来，全省教育内审机构逐步健全，初步形成了一支年龄结构、知识结构、专业结构相对合理的审计人员队伍。截至2009年底，全省教育系统具有内审职能的机构共有207个，专、兼职审计人员1 210名。为了进一步提升全省教育审计人员的政策法规水平和依法审计能力，省教育厅认真推行继续教育制度，组织教育审计人员参加后续教育和有关培训学习活动，加快审计人员的知识更新，增强审计人员依法审计的意识，提高了审计工作能力和水平。一年来，全省教育审计人员参加各类审计培训班达3 198人次。

【教育审计理论研究】为了提高自身的理论水平，更好地指导全省教育审计工作，2009年教育厅审计室积极开展了“加强教育系统基建审计对策研究”的课题研究。随后审计室组成研究小组，召开开题会议，制订项目工作计划，开展了初步的调研。通过问卷调查、召开有关研讨会、到高校调查研究以及组织审计实务工作等方式方法取得了研究工作所需的资料，拟出指导建设工程审计工作的政策性、指导性文件，在征求有关部门和单位意见后在全省教育系统范围内施行，推动和规范建设工程审计工作的开展。同时，根据中国教育审计学会的有关通知精神，教育厅审计室以建设工程项目全过程审计为研究内容，向学会申请了2009—2010年度教育审计科研课题，并获学会评审通过为二级课题。

（撰稿　陈　斌；审稿　唐云宏　武电平）

体育卫生与艺术国防教育

【综述】2009年，广东省学校体育卫生与艺术国防教育工作以邓小平理论和“三个代表”的重要思想为指导，坚持科学发展观，坚持学校教育“健康第一”的指导思想，进一步深入贯彻落实《中共中央国务院关于加强青少年体育增强青少年体质的意见》（以下简称“中央7号文件”）和《中共广东省委省人民政府关于加强青少年体育增强青少年体质的意见》（以下简称“省委22号文件”）精神，以提高学生体质健康水平、艺术文化素质和国防意识为目标，以全面实施初中毕业生升学体育考试，开展中小学体育、卫生、艺术教师骨干教师培训，努力改善欠发达地区义务教育阶段学校体育卫生器材设备配置，开展全省青少年阳光体育活动，组团参加第十一届全国中学生运动会和全面开展第三届中小学艺术展演活动，做好学校甲型H1N1流感防控工作为重点，全面推进全省学校体卫艺和国防教育工作迈上新台阶。

【加强学校体育工作】2009年3月19日，召开全省学校体育卫生工作会议。会议按照中央7号文件和省委22号文件要求，就切实加强学校体育卫生工作、增强青少年体质进行了全面部署。要求重点抓好按国家要求开足上好体育课，全面实施初中毕业生升学体育考试，开展体育教师培训，切实加强学校体育卫生器材设施建设工作。到2012年，所有中小学校都要达到《国家学生体质健康标准》要求，普通高校尤其是本科院校要达到《普通高等学校体育场馆设施、器材配备目录》的配备要求。

根据国家和省的文件精神，为抓好工作落实，先后制定出台了《广东省中小学体育卫生工作督导评估指标体系》《关于〈中共广东省委广东省人民政府关于加强青少年体育增强青少年体质的意见〉的实施意见》《广东省中小学校体育卫生工作条件基本标准（试行）》《广东省体育课教学常规》《广东省体育特色学校评选办法》《广东省学生体育竞赛积分办法》等一系列配套文件，指导全省各类学校体育卫生工作的开展。

设立专项资金，加强基本建设。从2009年开始，按照国家《学校体育卫生条件基本标准》，安排3 000万元体育卫生专项资金用于东西两翼及粤北山区学校体卫器材设备的购置与补充。2009年共为150所初中学校、160所镇中心小学补充了体育器材，为800所农村中小学配备了卫生室基本设备。

组队参加第十届全国中学生运动会，取得了比赛成绩和精神文明的双丰收。广东省代表队共有5人（2队）3次破3项全国中学生运动会田径纪录、4人（1队）1次破1项全国中学生运动会游泳纪录，取得代表团团体总分第三名，金牌总数、奖牌总数均列第二名的好成绩，代表团荣获体育道德风尚奖；同时获得体育科学论文报告会团体总分第一名的优异成绩。

全面实施《国家学生体质健康标准》，建立白皮书公告制度和家长知晓制度。2009年7月8日，在广东大厦举行广东省学生《国家学生体质健康标准》白皮书公告发布会暨“信息传万家、健康下一代”系列活动启动仪式。2008年广东省中小学生《国家学生体质健康标准》测试结果总体等级评价合格率达88.24%（其中优秀率为7.90%，良好率为46.03%，及格率为34.31%，不及格率为11.76%）。2008年全省上报《国家学生体质健康标准》有效学校数达8 545所，有效测试学生8 001 886人。数据表明，近年来，广东省狠抓体育课教学质量和学生阳光体育的开展，有效地促进了学生体质健康水平提高，学生体能素质下降的趋势得到了一定的控制。

全面实施中考体育考试，充分发挥体育考试对实施素质教育、增强青少年体质的积极导向作用。广东省全面实施初中毕业升学体育考试，将体育成绩在中考总分中所占的百分比从原来的5%提高到8%，并规定200米跑为必考项目，选考项目按体育课程标准要求设置，从原来的12项增加到17项。2009年，全省21个地级以上市均实施了中考体育考试制度，有效地提高了全省中小学生参与体育锻炼的热情，增强了中小学生的体质，受到了学校乃至社会的好评。

积极开展阳光体育活动，组织全省大中小学生单项体育竞赛19项，联合举办赛事56项，参加人数达10万人（次），有效地活跃了校园体育文化氛围。

加强粤港澳台学校体育交流，出色地完成了粤港澳闽学界体育交流计划。10月份，组织全省各市学校体育行政管理负责人和部分重点大学体育部主任赴台湾进行学校体育工作交流，为粤台两地学校体育交流奠定基础。

学校体育工作取得了国家级荣誉。广东省教育厅、广东省学生体育联合会、广东工业大学、深圳大学被国家体育总局授予“全国群众体育先进集体”光荣称号，裴立新（广州体育学院）、许舒翔被国家体育总局授予“全国群众体育先进个人”光荣称号。

举办全省中小学体育骨干教师培训班和体育传统项目学校专项教师培训班，培训骨干教师及专项教师近800人次。

【加强学校卫生与健康教育工作】 一、切实做好全省学校甲型H1N1流感防控工作

成立了广东省教育厅应对甲型H1N1流感联防联控工作领导小组，下设应急处置办公室。组织召开多次会议，全面部署广东省教育系统防控甲型H1N1流感工作。自疫情出现以来，先后召开了4次视频及专题防控甲流工作会议，转发、下发、联发了20多个文件，对防控工作作了具体的指导和部署，要求各级各类学校按照学校甲型H1N1流感防控工作方案落实有关工作制度。针对不同时间学校教育工作重心的转移，及时调整工作的策略和工作重点，确保防控工作的实效性，确保学校的教学秩序正常。研发启用了广东省学校突发公共卫生事件上报系统软件，加强对学校甲流疫情的监控。针对甲型H1N1流感疫情的发展动态，开发了相应的甲型H1N1流感病例上报系统，及时掌握疫情动态，做好监督监测工作。积极做好宣传教育工作，为进一步加强甲型H1N1流感防控工作的宣传指导，编

印了《青少年预防甲型H1N1流感自助手册》，并推荐给各地各校作为开展预防甲型H1N1流感的宣传资料。加强督导检查工作，推动全省学校落实甲流的各项防控措施，联合广东省卫生厅开展对重点地区学校的防控工作进行督查。

二、组织实施学生健康体检工作

2009年3月，广东省教育厅与卫生、物价、财政厅联合印发了《关于〈广东省中小学生健康体检有关事项管理办法〉的通知》（粤教体〔2009〕29号），从2009年秋季新学年起，落实学生每年一次健康体检的制度，实现义务教育阶段每一位学生每年都能享受一次免费的健康体检，并建立学生健康档案和健康状况公布制度。其中，对中小学生健康体检的项目及费用标准、经费来源及其管理办法、承担体检的医疗机构资质、组织实施及责任分工等作出了规定和要求。同时，组织举办全省体检工作培训班，对各地卫生专干进行了体检工作业务培训。

三、继续开展学校卫生人员培训工作

为提高学校卫生人员的业务能力，切实有效地做好学校卫生与健康教育工作，2009年3月印发了《关于举办广东省中小学校卫生人员第二轮培训班的通知》（粤教体〔2009〕30号），对全省学校卫生人员的业务培训工作进行了部署。同时，要求各地根据实际情况组织开展相应的二级、三级培训工作。2009年4—12月，共分12期对全省约1 000名专（兼）职学校卫生人员进行了培训。

四、积极做好学校突发公共卫生事件防控工作

积极组织部署全省学校做好日常季节性传染病、食物中毒等事件的防控工作。2009年3月下发了《广东省2009年学校突发公共卫生事件防控工作第一次预警通知》（粤教体〔2009〕25号）和《转发教育部办公厅关于2009年学校突发公共卫生事件防控工作第二次预警通知》（粤教体〔2009〕47号），对做好水痘、流行性腮腺炎、流行性感冒、麻疹、手足口病等传染病防控工作及食品卫生安全工作进行了部署，并提出了具体的指导意见。

学校重大公共卫生事故防控取得了较好的成效。2009年以来，全省学校食品卫生安全工作总体情况平稳，据各地各校报来的数据显示，共有5起食物中毒事件，其中4起为细菌性食物中毒，1起为病毒性食物中毒，症状均较轻，未发现由于食物中毒引起的严重并发症及死亡病例。

五、认真做好青少年日常卫生与健康教育工作

2009年1月，转发了《教育部关于印发〈中小学健康教育指导纲要〉的通知》（粤教体〔2009〕3号），要求各地各校结合实际，以多种形式开展学校健康教育工作。

4月1日，联合强生公司举办了广东省2009年学校青春期健康教育工作会议暨广东优生优育协会青春期健康教育专业委员会成立大会。专业委员会主要作用是开展调查研究和宣传活动（专题讲座和咨询）、进行师资培训和学术交流、指导学校开展青春期健康教育工作（包括性教育工作），它的成立对广东省学校青春期健康教育工作的健康发展将起到积极的推动作用。

6月下旬，组织开展了“广东省青春期健康教育师资比赛暨摄影大赛颁奖活动”。经省评审专家组的评审，共评出优秀组织奖26个，优秀个人奖87名，其中师资比赛优秀组织奖15个，优秀个人奖30名；摄影大赛优秀组织奖11个，优秀个人奖57名。该次比赛以演讲比赛和说课比赛两种形式进行，对提高青春期健康教育教师队伍的积极性，建立教师之间的交流学习平台，促进青春期健康教育教学水平的提高，进一步加强学校青春期健康教育教学研究，提高课堂教学质量起到了积极的推动作用。

4—6月，在全省各地开展了中小学生口腔卫生行为、个人卫生行为、青春期健康行为的健康教育活动。

5月31日，广东省教育厅、卫生厅、广东省健康教育所、广东控制吸烟协会在广州大学城举办了“远离烟草，送您健康”第22个世界无烟日大型健康教育活动。主要目的在于普及烟草危害知识，开展控烟干预，唤起广大青少年劝阻吸烟以及主动戒烟的意识和行为，降低烟草对青少年身心健康的危害。

10月，布置广东省2009—2010学年“全国学校健康教育计划”广东实施方案，开展了亲子健康教育、青春期健康教育及第二届世界洗手日等一系列活动。

11—12月，举办了“青少年预防艾滋病知识竞赛”，利用现代互联网技术为青少年学生和教师学习艾滋病防治知识提供快捷、方便的途径；举办了艾滋病日系列宣传活动。

六、积极做好中小学生“防近”工作

为贯彻落实中央7号文件和省委22号文件中提出的“在近几年内使中小学生视力不良的发生率明显下降”的目标及《中小学生近视眼防控工作方案》的要求，广东省教育厅采取了一系列措施，促进防近工作的开展。一是于2009年4月8日成立了“广东省中小学近视防控工作专家指导组”。专家指

导组由广东省高校及医疗机构的眼科教授、专家组成，主要任务是配合广东省中小学贯彻实施中央和省委的有关要求及落实《中小学学生近视眼防控工作方案》的要求，承担全省中小学校近视防控工作的技术指导、师资培训、调查研究及科研推广的任务。二是在2008年开展防近试点工作的基础上，组织各级教育部门、卫生部门和有关专家对试点地区进行中小学生近视眼发生发展影响因素的调查，在调查的同时进行有针对性的干预研究，探索防控近视的有效方法和途径，总结经验，尽快在全省推广，以期达到以点带面、控制及降低中小学生近视发病率及新发病率的目的。三是组织编印广东省中小学“防控”宣传教育资料。

七、认真做好2008年体质监测数据收集、整理、分析及结果公布

根据《2008年全国学生体质健康监测网络实施方案》的要求，结合广东省实际，省教育厅制定并实施了《2008年广东省学生体质健康监测网络工作实施方案》，并于2008年9月至2009年5月在全省21个地级以上市和华南师范大学、深圳大学和东莞理工学院等高校开展了全省性的学生体质健康监测工作。监测结果反映出广东省学生体质健康状况方面仍然存在不容忽视的问题，主要包括：学生视力不良率继续上升；营养不良仍占一定比重，肥胖人群不断增加；学生口腔保健水平仍然较低；学生部分机能和素质指标下降（与2004年体质监测结果对比）。

【积极做好学校艺术教育工作】组织参加全国第二届大学生艺术展演活动，取得较好的成绩。2009年2月，组织广东省大学生艺术展演活动的优秀表演节目、艺术作品、科研论文等赴南京参加“全国第二届大学生艺术展演活动”现场展演，广东省6所高校的9个艺术表演节目取得了6金3银的好成绩，广东省教育厅也获得了全国第二届大学生艺术展演活动组委会颁发的“优秀组织奖”。

积极开展中小学艺术教师业务培训，加强艺术教育师资队伍建设。2009年，相继在广州美术学院、华南师范大学、华南理工大学、星海音乐学院建立了4个学校艺术教育培训基地，组织了绘画、书法、舞蹈、器乐、声乐5期共约400多名教师参加的全省艺术骨干教师培训班。

加强中小学艺术教育教学基本条件建设，拟订《广东省九年义务教育阶段学校音乐美术教学器材配备目录（标准）》，指导中小学校进行艺术教育教学条件建设。

部署开展全省高等学校公共艺术教育调研工作，推动高校公共艺术教育的普及实施，促进大学生素质教育的进一步落实。

组织开展了“广东省首届大学生声乐比赛活动”和“广东省首届大学生绘画书法比赛活动”，大力推动了全省高校大学生艺术实践活动的蓬勃、有序开展，对提高大学生的人文素质和加强高校的校园文化建设起到了积极的推动作用。

进一步做好2009年“高雅艺术进校园”活动。连续第5年组织开展了以粤剧、交响音乐、民族管弦乐为主要内容的“高雅艺术进校园”活动，组织了广州市粤剧团、华南理工大学青年交响乐团和星海音乐学院民族管弦乐团等演出团体到全省16所高校和1所中学进行戏剧优秀剧目和经典音乐作品的演出及基础知识的普及。同时，按照教育部的工作部署，组织安排了国家京剧院到中山大学等4所大学演出，在全省大学生中普及我国传统戏剧精粹的知识，受到广大学校师生的热烈欢迎。各学校为配合2009年的“高雅艺术进校园”活动，分别举办了形式多样的讲座、鉴赏、选修等相关艺术教学活动，以活动促教学，有力地推动了广大高校及高中艺术课程和艺术活动的广泛开展，有效地提高了青年学生的艺术修养和人文素质。

组织开展了全省学校庆国庆60周年歌咏活动和书画比赛活动。结合教育部“爱国歌曲大家唱——祖国万岁”歌咏活动，在全省大中小学部署开展了系列歌咏活动，9月，组织肇庆学院合唱团赴重庆参加全国教育系统“祖国在我心中”现场歌咏活动，取得了全国第六名的好成绩，广东省教育厅也获得了“优秀组织奖”。同时，与省艺博院联合组织开展了全省中小学师生庆国庆60周年书画比赛活动。

组织开展了“广东省第三届中小学生艺术展演活动”。在指导各县（市、区）完成初赛的基础上，组织专家评审工作组赴各赛区对21个地级以上市9个复赛片区的艺术表演类节目进行了现场评审，评选出23个优秀节目代表广东省参加全国的评选。同时，报送了70幅（件）美术作品和40篇艺术教育科研论文参加全国评选。11月，联手南方电视台少儿频道对全省21个地级以上市的艺术表演类节目进行了录像展播。

【组织开展全省学生军训工作】4月22—24日，联合省军区司令部召开学生军训工作座谈会，会议围绕如何落实《学生军训工作规定》、推进学生军训工作规范化建设进行了讨论，并重点研讨了《广

东省普通高等学校军事课教学评估标准》（讨论稿），以此推进全省学生军训工作的规范化建设。

6月23日—7月1日，在华南师范大学举办全省学校军事理论课教师培训班。全省普通高校军事理论骨干教师共84人参加了此次培训。此次培训班实行半军事化管理，在理论知识学习外，还安排了基本军事技能的训练，包括队列训练、轻武器射击训练和实弹射击。

6—9月，组织了广东省普通高校军事课教学比赛。通过初赛、复赛和现场决赛，最终评出一等奖2名，二等奖3名，三等奖5名。从中选派了3名教师代表广东省参加全国第二届普通高校军事教师授课比赛，获得1个一等奖、1个二等奖、1个优秀奖的好成绩。

继续在高中和普通高校开展军事训练，为国防和军队建设培养造就高素质后备兵员。全省所有普通高校和80%的高中阶段学校开展了军事训练，新生军训培养了学生顽强的毅力、坚定的信心、吃苦耐劳的品质和良好的心理素质。

配合省征兵办完成了2009年在普通高校应届毕业生中征集士官工作及冬季征兵工作。

（撰稿　侯　波；审稿　莫宝光）

招生考试工作

【综述】2009年，广东省坚持以科学发展观为指导，坚决执行国家和省教育考试招生政策，认真贯彻落实教育部和广东省委、省政府的工作部署，精心组织，严格管理，扎实工作，积极推动考试招生制度改革，圆满完成了普通高考、成人高考、研究生招生考试、本科插班生招生考试、自学考试、大学英语四六级考试及各类非学历证书等考试的组织工作，实现了各类教育考试、招生工作的全面、协调、可持续发展。全年组织考试近60场，命制试题5 000多套，印制试卷1 290多万份，各类考生达300多万人次。

【普通高校招生考试概况】2009年，广东省普通高校招生报考人数再创历史新高，报考人数达64.4万人，比2008年增加近3万人，增长4.7%。其中报考普通高考的考生61.1万人，比2008年增加3.3万人，增长5.7%；中等职业学校毕业生报考高等职业学院招生“3+专业技能课程证书”考试的考生3.3万人，比2008年略有减少。普通高考考生中，文科类考生22.28万人，占36.5%；理科类考生33.58万人，占54.9%；体育类考生1.36万人，占2.2%；音乐类考生0.81万人，占1.3%；美术类考生2.86万人，占4.7%。文理科考生比例进一步趋向合理。2009年面向广东招生的全国普通高等院校共1 138所，招生计划为40.2万人，其中本科18.7万人，专科21.5万人（含“3+证书”计划1.3万人）。本、专科院校（含高职）总共录取考生47.4万人（含预录数），超额完成了招生计划，其中本科录取19.9万人，专科录取27.5万人（含“3+专业技能课程证书”考生1.7万人）。注销未报到新生5.2万人，实际报到新生42.2万人。

【成人高校招生考试概况】2009年，广东省成人高校招生报考246 279人，是全国报考人数最多的省份之一。其中成人高校专科升本科报考75 028人，高中起点专、本科报考171 251人。全国共200多所成人高校在广东省招生，招生计划为168 003人，其中专科升本科计划招生75 982人，高中起点专、本科计划招生92 021人。成人高校招生实际录取19.4万人，其中专科升本科录取6.7万人，高中起点升本科录取911人，高中起点升专科录取12.6万人。实际报到187 311人。

【研究生招生考试概况】2009年，在广东省报名参加全国研究生考试的考生达37 271人，比2008年增加2 931人，增长8.54%。全国报考广东省33个硕士研究生招生单位的考生达63 062人，比2008年增加2 260人，增长3.72%。硕士研究生招生计划为21 747人，比2008年增加4 085人，增长23.13%；其中统考计划19 097人，全日制专业学位2 570人。硕士研究生实际录取21 274人（其中统考19 052人，全日制专业学位2 222人），比2008年增加3 380人，增长18.89%。

【科学命制高考试题】广东省自行组织命制了语文、文科数学、理科数学、英语、文科基础、理科基础、政治、历史、地理、物理、化学、生物共12个科目的试卷。试卷在命题指导思想、命题思路、考试内容和能力考核的要求上，与2008年基本一致，并适当均衡了6个选考科目的难度，以满足社会对考试公平的要求，以利于中学所有科目教学的平衡发展。各科试卷突出能力立意，注重考查知识与技能、过程与方法，注重考查学科基础知识和基本素质及深入学习的潜能，较充分地体现了选拔性要求，也有效体现了高中新课改要求。各科试题精心选材，表现出浓郁的时代气息、明显的学科特色、较鲜明的区域性文化特点，延续了广东省“试题呈现形式较生动、涵盖内容较丰富、作答要求较平实”的试卷风格。

【加强考试环境综合整治】紧紧围绕“平安高考”的目标任务，进一步提高对考试环境综合整治工作严峻性、重要性和紧迫性的认识，加强考试工作的组织协调，全力以赴把各项工作抓实抓好，为广大考生创造良好的考试环境。考试前夕，各级政府专门召开了有关厅（局）联席会议，新增卫生厅（局）为联席会议成员单位，进一步明确了成员单位的工作职责，建立起政府统一领导、部门联动、分工协作的工作机制，制定了切实有效的工作预案和防范措施，形成了反应快捷、处理迅速、措施得力的工作体系，考试环境综合整治工作取得了显著成效，营造了良好的招生考试环境。考试期间，省保密局、公安厅、信息产业厅、卫生厅的联络员直接到省教育考试院共同值班，及时发现、有效解决考试过程中出现的一些重点难点问题，确保了2009年普通高考安全、平稳、顺利实施。

【加强考生报考资格审查】加强与公安部门的通力协作，采取积极有效措施，认真解决报名工作中“高考移民”等问题。各市、县（区）招生办公室在2009年高考报名工作开始前，对各中学、中等职业学校考生情况进行了一次全面清查，重点核查了持有外地公安机关签发的居民身份证的考生，对于凭虚假材料报名或通过办理非正常户口迁移手续后报名的考生，一经查实，严格按照有关规定进行清退。2009年凡在高中阶段户口从省外迁入广东省的符合报考条件的考生除必须出示常住户口簿和具备完整的三年学籍材料外，必须在户口所在地办理报考手续，一律不得在省内异地办理借考手续。采取有效措施，坚决杜绝教育行政部门、学校及其他教育系统的人员组织或参与高考移民活动以及为考生伪造中学学籍档案等行为。报名时，各市招生办公室、考试中心进一步加强了对考生高中毕业学历的资格审查，按照省招委会有关文件规定，必须是具备高级、中等教育学校毕业或具有同等学历的考生，才有资格参加广东省普通高考报名，不具备高级、中等教育学校毕业证或具有同等学历的考生一律不得报考，杜绝了高二级学生报考普通高考的现象发生，维护了普通高考的严肃性。

【加强三侨生、民族生照顾加分资格审查】2009年起，省招办联合省侨办、省民委对三侨生、民族生考生的资格进行复审，以保证三侨生、民族生照顾加分的公平、公正，各市招生办公室、考试中心也对三侨生、民族生考生的资格进行了认真审查、严格把关，凡发现弄虚作假取得三侨生、民族生证明书的，坚决取消考试资格。对违反规定核发证明书的有关工作人员，一查到底，追究核发经办人的责任。

【加强试卷安全保密】根据全省高校招生考试工作电视电话会议精神，组织召开了普通高考考务工作会议，要求各有关部门进一步提高做好试卷安全保密工作的警惕性，增强保密意识，落实保密措施，按照“分级管理，逐级负责”的原则，狠抓高考每一个工作环节的安全管理与监控，把试题试卷安全保密工作作为考试的头等大事、重中之重的工作切实抓好，确保安全保密工作万无一失。

【加强考风考纪建设】各级教育行政部门和招生考试机构、考场采取有效措施，严格考场管理，严肃考风考纪，坚决维护高考公平公正。一是加强招生考试队伍的培训和管理，提高他们对全国教育统一考试严肃性的认识，进一步增强工作责任感和紧迫感。二是加强诚信考试的教育和管理，充分利用新闻媒体加强诚信考试教育宣传，并加大违纪、违规处罚力度，保持对考试舞弊行为的高压、强压态势。三是建立和完善了考场电子监控系统，全省普通高考490多个考场、21 800多间试室均建立了电子监控系统，所有考生都在电子监控下进行考试。四是严厉打击利用无线电通讯手段作弊等行为，全省启用了120多个无线电监测站、40多台无线电监测车对无线电专项电磁环境进行严密监听、监测和巡查，加强对考场周边非法无线电信号的监测。考试期间，破获了一起企图用无线电作弊的案件，处理作弊考生3人。五是设置高考考试作弊举报电话，发挥社会监督的作用，全面加强对考试的监督。六是加大考试巡查力度，从有关高校抽调纪检干部组成了21个巡视组赴全省21个地级以上市巡视检查，严肃查处顶风违纪案件和徇私舞弊行为。据统计，2009年高考全省违纪作弊考生共计56人次，其中违纪47人次，作弊9人次，比2008年大幅减少。

【加强高考评卷管理】严格评卷程序管理，完善评卷监督制约机制，确保评卷工作更加科学公正。一是进一步加强高考评卷教师库建设，严格评卷教师的资格审查。二是选配好学科组长和题组长，加强评卷工作的全程监控和管理。三是认真做好答卷

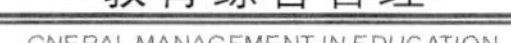

试评工作，制订科学合理的评分标准。四是认真抓好岗前培训工作，统一执行评分标准。五是拓展评卷系统的监控功能，加强评卷考核和质量检测。六是加强评卷误差的控制，确保评卷工作质量。

【加强卫生防疫防控】2009 年高考期间，国内外甲型 H1N1 流感防控形势严峻，为切实做好 2009 年普通高考期间的卫生防疫工作，有效防控甲型 H1N1 流感传播，保障普通高考顺利进行，广东省印发了《关于做好高考、中考期间卫生保障工作的紧急通知》和《广东省普通高考、中考期间防控甲型 H1N1 流感工作指引》，积极协助卫生部门，周密部署，落实措施，加强对普通高考期间甲型 H1N1 流感的防控。高考期间，全省没有发现甲型 H1N1 流感疑似病例和确诊病例。

【认真实施高校招生“阳光工程”】在 2009 年的招生工作中，广东省严格按照教育部提出的严密制度、严格操作、严肃纪律的要求，进一步深化了“阳光工程”建设，把“阳光工程”的推进作为规范招生录取操作、严格招生录取管理的重要任务摆上重要日程，严格按照“阳光工程”的工作要求，使“阳光工程”在招生录取全过程中得到深入贯彻和有效落实。在录取实施过程中，狠抓关键环节，完善录取制度，尽量细化、实化招生录取的每个环节、每个流程，努力提高录取工作管理水平，尽可能减少人为因素对招生录取工作的影响。在录取工作中，严格按照教育部的精神，严格执行招生录取政策，全面实施高校招生“阳光工程”，认真贯彻落实“六公开”“六不准”的工作要求，建立了科学合理、公开透明、公平公正的高校招生工作机制和体系，受到考生、家长和社会的普遍赞扬。

【严格规范录取程序】在招生录取过程中，坚持公平公正和择优录取的原则，进一步加强和完善制度建设，严密录取工作程序，严格按照向社会公布的招生章程择优录取。各高等学校（包括成人高校）严格按照教育部和省招生委员会的有关规定，制订切实可行的招生章程，招生章程中公布的办学性质、录取条件、录取原则等信息更加清晰，录取操作规程更加规范。严格执行本、专科一分不降的政策，禁止“特批”“点招”录取不符合条件的考生，严格按考生志愿顺序从高分到低分投档。在档案投放和录取审批的管理上，坚持实行档案投放和录取审批两个“把三关”的制度，避免了人为疏漏和管理失控，确保了录取工作的有序进行。

【认真组织二次录取】为增加考生被录取的机会，省招生办在每一批次首次录取结束后，及时组织未被录取的线上考生补填志愿进行第二次录取。尤其是对录取实施操作办法进行了改革和完善，对于第一批本科院校、第二批 A 类本科院校第一次录取未完成招生计划的院校先不调整最低控制分数线录取，而是先向社会公布未完成的招生计划，组织考生补报志愿进行二次录取，从而既体现了分数优先的原则，又符合教育招生工作的要求和社会的主流意愿，效果十分明显，大大增加了招生录取工作的社会满意度。

【加大信息公开力度】进一步完善招生录取信息公开制度，加大招生录取信息公开的工作力度，进一步规范信息公开的操作规程，及时、全面、准确、广泛地发布有关招生录取信息，确保录取工作实行“阳光作业”。由于 2009 年加大了信息公开力度，招生宣传工作到位，信息公开透明，公布数据进一步细化，各分数段的人数由 2008 年的 10 分一段细化到 5 分一段，考生及时掌握了工作动态，了解了自身所处位置。考生志愿填报总体比较均衡，文理科第一次投档率比往年大大提高。

【高中阶段学校招生考试概况】2009 年，广东省进一步改进和完善了全省统一的高中阶段教育招生管理系统即高中阶段教育招生统一服务平台，在 2008 年仅使用录取系统模块的基础上，新增了初中毕业生信息采集系统、初中毕业生志愿采集系统、高中阶段学校招生计划采集系统、高中阶段考试考务系统、高中阶段学校招生信息查询系统等 5 个子系统模块，并全部投入使用。2009 年通过该平台进行招生录取的中等职业学校 704 所、技工学校 197 所、五年制大专 13 所，共录取 151. 5 万人，其中普通高中录取 71. 8 万人，中职学校（含技工学校）录取 79. 7 万人，中职学校招生规模列全国第一。

【自学考试概况】2009 年，广东省在 1 月、4 月、7 月、10 月共举行了 4 次自学考试，开考专业 130 个，其中本科专业 65 个、专科专业 65 个，开考课程 1 615 门次，报考 770 134 人次、1 606 505 科次。自学考试毕业生 30 324 人，其中本科毕业生 14 929人，专科毕业生 15 395 人。与 2008 年相比，报考人次增加了 3. 33%，报考科次增加了 1. 98%，毕业生人数增加了 13. 42%。

全年开考全国计算机等级考试、全国英语等级考试等 13 个非学历证书考试项目，报考约 40 万人次、60 万科次，非学历证书各项考试的人数和总人数继续保持在全国前列。

自学考试和非学历证书考试在不断规范的同时，保持了健康、稳步的发展。

【加快专业和课程体系的调整和优化】 根据《珠江三角洲地区改革发展规划纲要》提出优先发展现代服务业、加快发展先进制造业、大力发展高技术产业、积极发展现代农业的思路，主动调整广东省自学考试的专业和课程体系，加快应用技术型专业建设的力度。申报、开考了现代企业管理、动漫设计与制作、模具设计与制造、数控技术、汽车服务工程、机械制造及自动化、应用电子技术、工业电气自动化等新专业。新专业的课程设置以就业为指导，以培养职业能力为重点，着力于培养一批应用型、技能型人才。按照教育部和全国考委有关文件的精神，为提高农村中小学教师整体素质和业务能力，推动农村中小学教师队伍建设，安排开考高等教育自学考试义务教育专业。

根据近几年广东省高等教育自学考试专业和课程报考情况，结合全省高等教育发展的实际，从2009年4月起停考了1个专业，调整了4个专业的考试计划，印发了25门课程的考试大纲，调整了3门课程的使用教材。根据全国考办的要求，从2009年7月的考试开始，将广东省高等教育自学考试开考课程的代码由4位升级为5位，对全省自学考试483门自编代码的省统考课程进行了整理，调整了279门与全国课程代码库中名称相同或相近的课程，并向全国考办申报了204门课程的全国统一代码和1个新的专业代码。

【命题工作继续保持全国先进水平】 2009年，广东省除完成4次自学考试全国统一命题课程和省级命题课程的命题任务外，还承担了2次全省代课教师转公办教师（以下称“代转公”）招录考试、2次中等职业技术学校骨干教师招聘考试的命题任务。累计命制、审核、打印、校对、处理各种考试试卷1 628科次、4 872套，提供使用试卷1 631套，为全国自学考试、广东省自学考试、“代转公”考试和中职骨干教师招聘考试的如期正常进行提供了保障。始终坚持自学考试的质量标准不动摇，严格按照国家有关法律、法规、规定组织实施命题。严格执行命题工作业务规范，科学审慎地把握好试卷的覆盖面、题型、题量和试题结构。同时把安全保密工作作为命题管理工作的重中之重来抓，严格执行国家有关保密工作的法律法规，建立健全各项规章制度，完善内部管理机制，加强检查督促，采取有效措施确保安全保密工作万无一失。

【强化考务管理】 为了做好2009年考试组织工作，根据教育部《高等教育自学考试考务工作规定》（教考试〔2009〕1号），结合广东省的实际情况，把组考工作重点放在试卷安全保密、考风考纪建设、防止大规模作弊和加强对甲型H1N1流感疫情的防控等几方面。加强对考试工作的领导，成立了以院领导为组长的考试工作领导班子，下设多个负责小组，分别负责保密、考务、命题和技术各项工作，职责明确，分工合作。通过考前召开考务考籍工作会、监察员工作会和评卷工作会等会议加强对考务工作的管理，强调试卷安全保密管理及考风考纪的重要性。为了完善考务各个环节的工作规范，修订了《广东省高等教育自学考试考场考务工作手册》，为每次考试的顺利进行提供了有力保障。针对自学考试的特点，广东省每次考试都制定了突发事件应急处理预案，成立由考试院领导为组长，考试院有关人员、公安厅联络员、省经济和信息化委员会联络员、省卫生厅联络员、省保密局联络员组成的突发事件应急处理领导小组，以保障考生的利益，维护社会稳定。

【考籍管理工作务实高效】 全年审核办理了30 324名毕业生的毕业证书，受理成绩复查2 060科次，核准免考10 360科次，转出外省1 334人次，外省转入6 564人次，省内转考2 903人次，考生信息更正5 082人次，开具学时证明44份，开具毕业生学历证明1 059份，打印成绩单963份，为遗失毕业生档案的考生单位补办档案124份，为遗失毕业证书的考生补办毕业证明书69份。

认真做好考生因考籍问题的上访工作。自学考试考籍工作直接面对考生，热情接待考生到访，切实做到来人必见、来件必回、来电必答。对来电来访反映的问题及时研究处理。全年受理上千人次考籍来信来访，均已及时解决或答复。

【推进高等教育自学考试与职业教育相沟通试点工作】 2009年，广东省共有5所主考学校和34所高职高专院校加入合作办学的行列，11个本科专业首次进行相沟通试点。目前，参加全省高等教育自学考试与高职高专教育相沟通试点工作的主考学校有14所，高职高专院校有64所，共45个专业，参加考试人数累计达3万多人，试点的各项工作进展顺利。高等教育自学考试与高职高专教育相沟通试点工作的进一步开展，满足了高职高专院校部分学生希望提高自身能力和素质，获得继续教育机会的需要，增强了高职高专在校生的就业竞争力，使高等教育自学考试在构建继续教育、终身教育体系及学习型社会中发挥了积极作用，开拓了高等教育自学考试发展的新路子。为积极推进广东省高等教育的大众化，促进省高等教育自学考试的改革发展，省考办积极到高职高专院校和中等职业技术学校调研，做好在全省开展高等教育自学考试与中等职业技术教育相衔接的试点准备工作。

【继续推进自学考试面向农村发展】 面向农村自学考试继续立足基层，扎根农村，各项工作稳步推进。充分依托华南农业大学和佛山科学技术学院两所农科类主考学校的专业力量，与主考学校和市县考办共同推进乡镇服务站建设，整合农村地区各类教育资源，进一步建立县、区、乡三级农村自学考试助学服务网络，为考生提供较好的服务，特别是通过广泛开展助学辅导工作，收到了明显的成效。

【自学考试宣传工作成效显著】 积极开展自学考试的宣传工作，通过多种形式，向社会宣传、介绍自学考试的方针、政策和发展情况，让社会各界人士了解自学考试的地位、作用、功能和特色，进一步扩大了自学考试的社会影响。充分利用各种媒体进行广泛的宣传。与《中学生报》合作，定期出版自学考试专刊；出版了两期《广东省自学考试报考必读》和《广东省自学考试报考简章》；4 月和 10 月考试报考前，分别在《南方日报》和《羊城晚报》上刊登宣传广告；7 月在《南方日报》上公布了部分开放（公开）学院的招生专业；每月出版两期《广东招生考试·自考版》，免费派送给有关单位和考生；及时在广东省自学考试信息网上发布自学考试的有关信息。

【社会助学工作稳步开展】 一是在推进开放（公开）学院正常办学的同时，每年组织一次开放（公开）学院自学考试理论与实践研讨会，取得了较好的效果。二是严格按照修订后的广东省自学考试独立办班管理办法规范主考学校独立办班办学行为。由于措施有力，管理严格，自学考试主考学校独立办班不断壮大，质量稳定，为广东省自学考试的发展发挥了重要的作用。三是为了进一步规范高职高专院校的自学考试助学辅导工作，确保高职高专院校的自学考试助学辅导工作顺利进行，省招办颁发了《关于进一步规范在我省高职高专院校中开展自学考试助学辅导工作的通知》（粤考办〔2009〕35 号），明确规定了高职高专院校开展自学考试助学辅导原则，要求主考学校和高职高专院校必须采取有效措施，进一步加强和规范管理，切实做好高职高专院校的自学考试助学工作。

【积极开展自学考试理论研究】 一是成立广东省高等教育自学考试研究会。为了整合社会各方面的力量，促进自学考试的健康发展，省招办于 2006 年开始筹备自学考试研究会，研究会于 2009 年 3 月 18 日正式成立。成功召开了研究会第一届第一次会员代表大会，通过研究会的章程选举产生了研究会的领导班子。研究会的成立，为广东省自学考试工作者开展自学考试研究提供了良好的平台。二是承担了省委厅机关业务工作研究项目“自学考试质量与监控体系”的科研工作。经过一年的研究，进一步明确了自学考试质量标准，探讨了自学考试质量保障和监控体系理论，为广东省自学考试的可持续发展提供了决策依据。

【积极推动自学考试综合改革工作】 为了进一步完善自学考试制度，促进全省自学考试健康、可持续发展，根据全国考委《高等教育自学考试改革发展纲要（2007—2012 年）》和全国考办关于自学考试综合改革试点工作研讨会的精神，结合《珠江三角洲地区改革发展规划纲要》的要求，制定了《广东省高等教育自学考试综合改革试点方案》，上报全国考办。力争通过综合试点方案的实施，逐步建立起自学考试面向职业教育的专业、课程体系和质量保障体系；完善自学考试的教育功能和评价功能，试行多元化的考核评价方式；利用社会教育资源和现代计算机网络技术，搭建完善学习服务体系；推进自学考试与高职教育和中职教育等多种教育形式的沟通和衔接。

【承担完成中小学代课教师转公办教师招录的考试工作】 2008 年底，按照广东省政府、省教育厅的安排，省教育考试院承担了中小学代课教师转公办教师招录考试的组织工作，这既是广东省政府、省教育厅对广东省考试管理机构工作的信任和肯定，也是省考试院发挥考办优势，展示自身能力，扩大社会影响的一个大好时机。该项考试政策性强、时间紧，涉及代课教师的切身利益，社会关注度极高。省考试院高度重视，认真研究，积极应对，制定了一套切实可行的考试实施方案；克服重重困难做好自学考试繁忙工作的同时，按时保质地完成了“代转公”招录考试的组考、评卷及成绩公布等相关工作，确保了全省中小学代课教师转公办教师招录工作的顺利进行。

【稳步推进非学历证书考试工作】 2009 年，广东省在积极推进自学考试学历教育的同时，坚持学历教育与非学历教育并重，继续大力发展非学历教育证书考试。广东省非学历教育考试按“规范发展、为建设学习型社会作出新的贡献”的既定方针，以科学发展观为指导，加大管理力度，促进了非学历教育考试的稳步健康发展。一是大力抓制度建设，制定和完善了非学历考试考点的各项管理规定，进一步明确了考点资格、办考条件、考务要求等，力求从制度上保证非学历考试健康持续发展；二是强调抓安全保密，为考试的平稳顺利进行保驾护航；三是抓考风考纪建设，加大对考点考场的巡视检查，把考风考纪工作落到实处；四是通过设立、扶持一批有实力、热心非学历教育考试事业的考点，做大做强原有项目，并拓展新的考试项目；五是根据广东省产业结构的调整，认真做好非学历教育与其他行业、部门的合作，不断扩大考试的种类和规模。如为适应广东省建设餐饮大省的需要，新开设了中国餐饮业职业经理人资格证书考试。

【非学历证书考试概况】坚持非学历证书考试规模与规范协调发展，初步形成学历教育与非学历教育并举的良性发展局面。制定和完善了一系列管理规定，进一步明确了考点资格、办考条件、考务要求等，加大考风考纪建设力度，从制度上保证考试项目的健康持续发展；解放思想，开拓创新，大力拓展非学历证书考试，通过设立、扶持一批有实力、社会信誉好、热心非学历教育考试事业的考点，做大做强原有项目；根据广东省产业结构的调整，认真做好与有关行业、部门的合作，不断扩大考试的种类和规模，积极拓展新的考试项目，2009 年新开设了中国餐饮业职业经理人资格证书考试、剑桥英语五级（青少版）考试等新项目。全年共开考全国大学英语四六级考试（CET）、全国英语等级考试（PETS）、全国计算机等级考试（NCRE）等共 14 个项目，累计报考约 150 万人次、170 万科次，较 2008 年分别增长约 6%、4%，多项考试规模继续在全国保持前列。2009 年，省教育考试院非学历证书考试工作屡获殊荣，分别获得由教育部考试中心颁发的社会考试先进集体和全国计算机等级考试、全国英语等级考试、剑桥少儿英语考试的省级优秀承办机构称号；有 23 家考点、培训机构获优秀考点或优秀培训机构称号；有 20 人分别获得社会考试先进工作者和非学历证书考试项目先进个人的荣誉称号。

（撰稿　廖翊华；审稿　杨开乔）

毕业生就业工作

【综述】2009 年，广东省高校毕业生就业工作在落实执行常规政策措施的基础上，积极应对金融危机，加大各项工作力度，促进毕业生就业。

一、做好常规措施的落实执行工作

（1）“一把手”工程建设切实有效。为进一步加强做好高校毕业生就业工作的责任感和紧迫感，明确工作目标和工作责任，广东省连续第六年实施“一把手”工程，由省教育厅厅长与全省各高校一把手签订《广东省高校毕业生就业工作目标责任书》并把此项工作作为就业工作的重点工程来抓，把任务逐级分解，层层落实，形成了齐抓共管、全员参与的工作体系，切实地推进了就业工作。

（2）以“三到位”为核心的就业督查工作成效显著。为提高毕业生就业指导和就业服务的工作水平，省高校毕业生就业指导中心严格按照广东省普通高校毕业生就业督查工作指标体系，先后对全省高校开展了以“三到位”为核心的督查工作。在肯定工作成绩的同时，侧重于指出学校存在的问题与不足，并要求学校限期整改，以查促进，以查促建。就业指导机构、人员、经费的“三到位”，有效地促进了高校就业工作软、硬件的建设，确保了高校就业工作的顺利开展。

（3）“三个适度挂钩”的工作机制保障有力。广东省将高校毕业生就业工作与高等学校的事业发展、规模扩大适度挂钩，将高校毕业生就业工作与高校专业设置、招生计划适度挂钩，将高校毕业生就业工作与高校办学水平评估适度挂钩。“三个适度挂钩”促进了各高校对毕业生就业工作的重视，为毕业生就业工作建立了长效机制。

（4）扎实的就业指导活动提升了毕业生的就业能力。广东省各高校积极开展形式多样的就业指导活动，基本上都将“大学生就业指导课”列入学校的教学大纲或教学计划，有学时、有学分、有专职教师。不断修订和完善《大学生职业发展与训练》和《高校毕业生就业手册》等教材，并将其作为各高校就业指导课的基础教材广泛使用。为提高就业指导工作人员的职业水平和业务能力，要求高校就业指导专职人员每年至少参加一次相关的业务培训，2009 年共举办 15 期高校毕业生就业指导工作人员培训班，共 1 014 人参加了培训。举办了第五届大学生职业规划大赛，传播和普及职业规划理念，帮助大学生学习、掌握职业规划的基本方法，引导大学生树立正确的就业观和成才观。

（5）系统的网络信息化建设为毕业生就业提供

了优质的服务。为加强信息化平台建设，进一步做好就业信息的拓展、交流和服务工作，省高校毕业生就业指导中心推出了新版的“大学生就业在线”网站，建立了“大学生职业发展服务平台”，为大学生就业指导、职业规划等提供服务，为高校确定育人目标、用人单位选人用人提供理论依据；建立了“网上办事大厅”，为大学生提供在线办理学历认证、在线申请入户广州、在线申请代理取消暂缓就业、查询档案去处、各学历代办点等服务；积极组织毕业生参加国家有关部门举办的网上联合招聘活动，开通网上视频招聘，为毕业生求职择业提供便利条件。

二、金融危机下加大力度促进毕业生就业

（1）引导毕业生到基层就业，拓宽了就业渠道。2009年，继续贯彻落实党和国家关于引导高校毕业生面向基层就业的精神和有关文件要求，与省委组织部、人事厅等相关部门密切配合，做好全省高校毕业生面向基层就业的各项工作。各地、各部门和各高校共同努力，多管齐下，有力地促进了高校毕业生面向基层就业，拓宽了毕业生就业渠道。

一是鼓励毕业生应征入伍服义务兵役。在省政府召开全省征集普通高校应届毕业生入伍服义务兵役工作电视电话会议的基础上，省高校毕业生就业指导中心召开了工作会议，要求各高校提高认识，深入宣传发动，明确职责分工，切实做好预征工作。截至2009年7月10日，广东省共有4 954名高校毕业生报名预征入伍。二是扩大“三支一扶”规模。继续落实“三支一扶”计划，并进一步扩大规模，招募人数增加到1 600名。三是全面落实“上岗退费”政策。“上岗退费”各项优惠政策已完全落实，2008年共8 800名赴农村从教的大学生申请享受“上岗退费”政策，2009年7月赴农村从教的大学生已拿到返回的一年学费。2009年广东省增加了农村教师岗位数量，面向全省高校毕业生公开招聘1.6万名基层中小学教师，其中享受“上岗退费”政策的共1.2万人。在2009年3月7日举办的毕业生到农村从教供需见面会上，共有近2万名毕业生进场参加招聘，3 300多名毕业生有意向到农村学校任教。四是积极推进大学生村官招募。根据《广东省人民政府办公厅关于促进普通高等学校毕业生就业工作的通知》（粤府办〔2009〕34号文）要求，2009年和2010年两年计划选聘1 000名高校毕业生到农村担任村党支部书记助理或村委会主任助理。五是积极组织实施“西部计划”，广东省共1 094名高校毕业生报名参加。六是推进科研项目单位吸收毕业生就业。积极贯彻落实科技部、教育部等五部委有关文件精神，出台了《关于利用高校科技创新资源促进高校毕业生创业就业的意见》，鼓励高校科研项目单位积极吸纳和稳定高校毕业生就业。据统计，全省高校已招收了近700名毕业生作为科研助理。

（2）完善的就业市场建设为毕业生求职提供了有效的平台。经过多年建设，广东省高校毕业生就业市场已形成了分科类供需见面会、行业专场招聘会、区域性就业市场服务、高校内部小型招聘（宣讲）会四种主要模式，并形成了品牌效应，得到用人单位、高校和学生的认可。为扩大高校毕业生就业渠道，2009年，广东省在原有9场高校毕业生供需见面会的基础上，进一步细分市场，共举办了45场面向2009届毕业生的供需见面会，进场招聘用人单位共5 795家，提供需求岗位109 728个，参加供需见面活动的毕业生共60.12万人次。

（3）困难毕业生帮扶工作保障了社会和谐和校园稳定。为减轻严峻的就业形势对毕业生造成的多重压力，防止毕业生在离校期间因心理问题引发过激行为，省高校毕业生就业指导中心深入调研，切实了解困难毕业生的求职状况和心理状况，多措并举，积极疏导，要求各高校通过帮扶就业、安置住宿、情感交流、组织活动等多种措施，让毕业生保持平和稳定心态。中共中央政治局委员、国务委员刘延东对广东省的做法给予了充分肯定，并专门作出批示：“广东高校采取切实措施帮助毕业生减轻就业心理压力，帮助他们走好人生重要一步。一些做法值得推介。”省长黄华华也作出批示，要求“继续努力做好高校毕业生的疏导工作”。

【高校毕业生就业工作基本情况】2009年，广东省普通高校应届毕业生共计33.2万人，比2008年增加约4万人，人数再创新高。加上外省到粤求职以及往年暂缓就业的学生，2009年共计超过50万名高校毕业生在广东求职，相当于全国2009年毕业生总人数的1/12。受国际金融危机影响，广东省各类单位用工需求普遍减少，从面向2009届高校毕业生供需见面会情况来看，进场的用人单位数和招聘岗位数比2008年同期下降约20%。国际金融危机对金融、银行、证券、保险等行业造成了直接的影响，房地产、制造业、进出口等相关行业也受到波及，参与招聘会的企业大幅减少，高校毕业生就业工作面临严峻形势。

在广东省委、省政府的高度重视和厅党组的正确领导下，省高校毕业生就业指导中心采取了一系列措施，积极应对金融危机，切实推进高校毕业生就业工作，取得了显著成效。截至2009年9月1日，广东省2009届高校毕业生初次就业率为88.17%，其中研究生为88.95%，本科生为86.28%，专科生为89.51%，与2008年同期相比基本持平。

（撰稿　甄天蔚；审稿　黄兆团）

教学研究

【综述】2009年，广东省教育厅教研室继续深入学习、积极践行科学发展观，坚持解放思想，继续改革创新，以推进课程改革为中心工作，深入调研，全面总结，深刻反思，各方面工作取得了实质性进展。

【中小学教学调研】为全面掌握全省中小学校尤其是义务教育阶段学校教学状况和教学质量，更好地总结经验、研究问题、改进工作、加强管理，促进素质教育的全面实施，进一步提高全省中小学教学水平与质量，广东省教育厅教研室组织了四个调研组，于2009年2月至6月到全省各市对中小学进行了广泛深入的教学专项调研。在历经5个月的教学专项调研中，调研组实地调研了430多所中小学校。对21个地级以上市义务教育阶段学校的教学状况和教学质量状况认真分析，包括教学规范执行情况和教学质量状况、课程实施、教学模式和方法、教学评价、学生学业水平等，对全省中小学尤其是农村中小学的教学状况和存在问题以及差异有了深入的了解，加强了服务基层、服务学校的针对性与时效性。

【基础教育课程改革总结】对义务教育7年、普通高中4年新课程实验进行了全面总结，广东省基础教育的课程体系、结构、内容以及教学评价和教学研究都有了极大的调整和改革，各地教育部门、教研部门和学校进行了积极的探索和实验，取得了显著的成绩，积累了丰富的经验。省教研室将经验总结结集汇编为《基础教育课程改革——广东这七年》《普通高中新课程实验——广东四年发展报告》和《义务教育新课程实验——广东七年发展报告》等一系列材料。这些好的经验和做法为全省乃至全国中小学课程改革实验提供了示范，如广东实验中学、深圳中学、韶关市乳源高级中学、佛山市南海区九江镇中学、广州市番禺区沙头中学等学校的经验在教育部召开的全国新课程实验总结交流会上进行了介绍和交流。

【特殊教育课程研讨会】在广州聋校召开了全省特殊教育新课程研讨会，举办了全省聋校、盲校教学研讨会，进行聋校、盲校优秀教学设计的交流评比。研究制定了广东省聋人高中课程方案及语文、数学、英语三门学科的课程标准，为聋校初中和高中衔接、聋校高中毕业生升入高校做准备。在佛山市顺德区召开培智课程研讨会，推广顺德启智学校的“人性化课程”。

【教学资源建设】总结、完善了前一阶段研制、收集、分类、整合的教学资源和素材，建立了教学资源审核制度，组织对各地推荐的优秀教学信息资源进行评审，遴选优质资源逐步完善，载入了广东省基础教育资源库，完成第一期610G基础教育网教学资源，使基础教育网更好地发挥了服务教学、支持课改、传递信息、交流经验的作用。

【第七届普通教育教学成果奖评审】广东省政府设立了“普通教育教学成果奖”，每两年评选一次。从1997年至2008年，已进行了6届评选工作，总共评出264项普通教育教学成果，内容涉及广东省基础教育和职业教育教学思想与观念、教学手段和方式、课程研究与开发、考试和评价研究、学校管理与师资队伍建设等影响和决定基础教育教学质量的改革成果。2009年，广东省教育厅进行了第七届普通教育教学成果奖的申报和评选工作。

（撰稿　黄志红；审稿　吴惟粤）

语言文字工作

【综述】2009年，广东省语言文字工作委员会办公室以科学发展观为统领，以宣传贯彻《中华人民共和国国家通用语言文字法》为核心，紧扣新世纪初叶的工作目标及要求，以党政机关、学校、新闻媒体和公共服务行业四大领域为重点，通过开展二类城市语言文字工作评估、推进学校语言文字规范化示范校创建工作和普通话水平测试、推广普通话宣传周活动等措施，不断强化语言文字工作基础建设，使全省语言文字工作有了新的进展：进一步修改完善了《广东省国家通用语言文字使用规定》（送审稿）；通过举办全省学生规范汉字书写大赛、中小学教师经典诵读大赛等活动，不断加强《中华人民共和国国家通用语言文字法》的宣传；顺利完成惠州、河源两个二类城市语言文字工作评估；以汕尾市为重点，成功举办了第十二届全国推广普通话宣传周活动；筹备成立广东省语言文字培训测试办公室，并启动计算机辅助普通话水平测试试点工作；稳步开展语言文字规范化示范校创建活动，命名首批省级语言文字规范化示范校45所，并推荐15所省级示范校申报国家级示范校；收集整理新中国成立60年来广东省语言文字工作的历史资料，编撰《广东语言文字工作60年纪事》，并在此基础上为教育部和国家语委举办的新中国语言文字工作60年成就展和各国语言展提供大量的文字和图片资料；表彰从事语言文字工作8年以上的市、县级语委干部并颁发荣誉证书；配合广东教育杂志社完成《广东教育年鉴（2008）》的复审工作；配合教育部开展外文使用情况调查、大学生语言文字应用能力调查和普通话水平测试管理工作调研，并形成了初步的调研报告；广东语言文字网获全国语言文字网质量评比三等奖。

【城市语言文字工作评估】 2009年，广东省二类城市语言文字评估工作取得新进展。惠州、河源两个城市继茂名、中山、梅州之后启动了城市语言文字评估工作。两市调整了市语委成员，健全了语言文字工作机构，召开了全市语言文字工作评估动员会，开展了自查自纠和全面整改工作。省语委办在惠州、河源两个城市迎评和整改过程中给予了具体指导，省教育厅副厅长李学明亲临两市作动员，指导和协助两市解决整改过程中遇到的各种困难和问题，推动两市评估工作顺利开展。10月和12月，省语委办组织专家评估组对两市的语言文字工作进行全面深入的考察。评估工作得到了省人大、省政府有关部门和各地党委、人大、政府的高度重视。省人大常委、省人大教科文卫委员会副主任委员杨文轩和省教育厅副厅长李学明分别担任评估组正副组长。通过听取汇报、实地考查、召开座谈会、抽检档案资料、问卷调查和现场测试等形式，对两个城市的语言文字工作作了较为全面的考查。评估组认定以上两个城市语言文字工作达到了省二类城市语言文字工作评估合格标准，提前实现了“普通话初步普及”和“汉字的社会应用基本规范”的新世纪初叶工作目标。

【语言文字规范化示范校创建工作】 2007年，省教育厅、省语委根据教育部、国家语委《关于开展语言文字规范化示范校创建活动的意见》（教语用〔2004〕4号）的精神，结合广东省实际，印发了《关于开展语言文字规范化示范校创建活动的通知》（粤教语〔2007〕9号），决定在全省城镇学校普遍实现普通话成为校园语言的基础上，用4～5年的时间，建设一批国家级、省级和市级语言文字规范化示范校。2009年，省教育厅、省语委先以东莞、中山、佛山为试点开展了语言文字规范化示范校评估，省教育厅副厅长李学明参加了试评活动；总结经验后，省语委办组织部分高校语言文字专家和地级市语委干部20多人，对45所高校和中小学校开展语言文字规范化示范校评估，在此基础上命名了首批45所省级语言文字规范化示范校。同时在首批45所省级语言文字规范化示范校中择优申报了15所国家级示范校。示范校创建活动对全面推进素质教育，推动广大师生更好地提高语言文字应用水平起到了重要促进作用。

【开展第十二届全国推广普通话宣传周活动】 2009年9月13—19日，第十二届全国推广普通话宣传周活动在广东省各地展开。全省教育和语言文字工作部门的干部、师生根据省教育厅、省语委的要求，结合新中国成立60周年大庆，围绕全国推普宣传周主题“热爱祖国语言文字，构建和谐语言生活”，广泛开展内容丰富的语言文字规范化宣传活动。省教育厅、省语委联合汕尾市政府、汕尾市语委在汕尾市举办了大型宣传活动，通过中华经典诵读、规范汉字书写比赛等活动，不断加大《中华人民共和国国家通用语言文字法》的宣传力度；省教育厅副厅长李学明、汕尾市人民政府有关领导亲临活动现场并作讲话，全省各地级以上市的语委干部和高校普通话水平测试站负责人共100多人观摩了活动现场。这是广东省自1998年开展全国推普宣传周活动以来，第10次将重点活动安排在地级以上市举行，充分体现了推普宣传周活动重心进一步向基层地区延伸的指导思想，有效地推动了地方加大推广普通话力度，为地方经济社会的发展营造了良好的语言文字环境，使“推普宣传周”日渐成为语言文字工作中的一个“知名品牌”。其他城市也结合本地区实际精心策划推普宣传周活动，如东莞市教育局、东莞市语委举办了全市学生中华经典诵读比赛；广州市在花都区举办了大型广场宣传活动，几千名市民群众参与了当天的宣传活动。全省各级各类学校也普遍开展丰富多彩的宣传活动，使《中华人民共和国国家通用语言文字法》的宣传不断深入人心。

【普通话水平测试工作】2009 年，广东省普通话培训测试工作有新的进展：一是加强普通话培训测试的日常管理，完成测试任务 10 万人以上；二是筹备成立广东省语言文字培训测试领导小组及其办公室，省教育厅副厅长李学明任省语言文字培训测试领导小组组长，广东外语艺术职业学院院长方健壮任副组长，张毅任广东省语言文字培训测试工作办公室主任；三是在广东外语艺术职业学院、湛江师范学院、韩山师范学院、嘉应学院和中山、清远等地的普通话测试站开展计算机辅助普通话水平测试试点工作，并逐步扩大试点范围；四是开展普通话测试论文评选，并完成普通话测试科研项目的申报；五是通过城市评估带动党政机关和公共服务行业人员参加普通话水平测试，使普通话测试范围不断拓宽。

（撰稿　张　毅；审稿　李华东）

教育信息化

【综述】2009 年，广东省电教系统认真学习贯彻党的十七届三中、四中全会精神，认真贯彻落实《珠江三角洲地区改革发展规划纲要（2008—2020 年）》和“三促进一保持”的决策部署，坚持以“科学发展观”统领工作全局，紧紧围绕全省教育工作的中心任务，立足全局、目标明确、思路开阔、亮点突出、富有成效，积极有力地推进资源建设、能力培训、应用创新活动、信息化安全与管理教育信息化各项工作。

【“广东省教育资源下乡行动计划”顺利推进】

一、“广东省教育资源下乡行动计划”成功启动

根据当前广东省区域之间、城乡之间、校际之间在教育信息化经费投入、设施设备、应用能力和水平等方面存在较大差异，影响了全省教育的均衡协调发展，经广泛征求意见，广东省制定了“广东省教育资源下乡行动计划”（以下简称“资源下乡”）实施方案。广东省教育厅于 2009 年 8 月中旬向各地下发了《关于实施〈广东省教育资源下乡行动计划（2009—2015 年）〉的通知》（粤教电〔2009〕16 号）。9 月，广东省电教馆、省教育信息中心发文向各地征集优质资源。经过半年的努力，在广东省教研室的大力支持下，省电教馆、教育信息中心在原“广东省基础教育信息资源中心”的基础上，建成了新的“广东省基础教育网”，为“资源下乡”打下了牢固基础。11 月，广东省教育厅和中国移动通讯集团广东分公司签署了《全面提升教育信息化水平合作框架》，举行了“广东省基础教育资源下乡行动计划启动仪式”。该项计划的实施引起了教育部的高度关注和广东省委、省政府的高度重视。11 月 6 日，教育部召开全国推进义务教育均衡发展现场经验交流会，广东省教育厅厅长罗伟其在会上介绍了广东省“以信息化推进教育均衡发展”的经验和做法，受到与会代表的好评。“广东省教育资源下乡行动计划”将成为 2010 年广东省加快推进义务教育均衡发展的重要内容。

二、各地资源计划实施特色纷呈

围绕教育均衡发展这一中心任务，各地以实施“广东省教育资源下乡行动计划”为契机，加快了教育信息化建设，并积累了经验。如广州市率先制定并启动了“广州市教育资源下乡行动计划”，以“数字教育城”建设工程，统筹城乡一体化的教育信息化网络、系统应用和服务能力建设；肇庆市实施“数字教育工程”，打造“村小信息直通车”“农村中小学远程多媒体互动教室”和“远程视频讲坛”等特色项目；韶关市开展优秀课堂实录网上展播活动；江门市推进“名师工程”，建立网上互动答疑系统，鼓励跨校学习交流等。此外，广州、佛山的广佛教育信息化合作项目，率先开展跨区域的教育深度合作，为广佛肇教育信息同城化积累了经验；深圳市率先开展 IPv6 教育应用试验；中山市“教育信息港”推出教育视频和 WAP 服务，为探索“随地随时随需”的网络教育服务创造了有利条件。深圳市南山区、佛山市南海区、佛山市顺德区、佛山市禅城区率先成为“广东省推进教育现代化先进区”。

据统计，“广东省基础教育网”目前已建成种

类教学资源约1 900 G，涵盖高中、初中、小学、职业教育、特殊教育和学前教育6大类19门学科，有文本、图形图像、音频、视频、动画、课件、案例、软件和影片库等多个类别。

【教育信息化能力培训全面开展】 为加强教育信息化领导力建设，推进“教育资源下乡行动计划”的有效实施，2009年，广东省面向电教部门、实验学校开展了领导力、课题研究能力和教育技术应用能力培训。全年开展专题培训共10期，培训人员达2 100多人次，其中全省电教系统领导力培训4期，共培训市、县（市、区）级电教部门领导约300人；开展省级现代教育技术实验学校校长能力培训1期，共培训校长700多人；开展课题培训6期，共培训人员1 100多人次。

【实验学校建设与课题研究工作成效显著】 一是开展了第三批省现代教育技术实验学校中期评估验收和第四批省现代教育技术实验学校确认抽查工作。2009年3—6月，广东省教育厅组织了由省督学任组长的20个评估小组，分五批、五期分别到21个地级市对全省第三批、第四批实验学校进行检查，共抽查第三批、第四批实验学校203所。其中第三批实验学校100所，抽查率为43%；第四批实验学校103所，抽查率为31%，确认第四批省现代教育技术实验学校331所。二是加强了“十一五”课题的组织实施。广东省电教馆通过课题中期评估、申报立项等工作，大力推进“十一五”课题的广泛深入开展。4月份先后组织专家对21个地级市、参与“十一五”教育信息技术科研课题子课题的319所学校进行评估，评出优秀课题58个、合格课题251个；受中央电化教育馆委托，广东省电化教育馆组织专家对承担央馆全国教育技术“十一五”规划科研课题73个子课题的学校进行中期评估，评出优秀课题10个、合格课题58个、基本合格课题3个。由广东省电教馆确定了一批2009年新立项课题单位，扩大了研究的范围。通过课题研究，较好地提升了学校的办学层次和研究水平。

其间，广东省电教馆、省教育信息中心承担了委厅第一批业务研究项目“关于进一步深化信息技术应用 提高我省教育信息化应用水平的工作研究”（2007年申报），并顺利通过结题；第三批业务研究项目“以信息化促优质教育教学资源均衡配置的机制与策略研究”进展顺利。

【信息化应用活动成果有新突破】 组织广东省中小学生电脑制作比赛、第六届广东省中小学电脑机器人比赛、全省中学生物学生多媒体作品大赛、全国中小学信息技术创新与实践活动、第三届全国幼儿园信息技术应用作品评比活动、第六届全国中小学校园电视评选活动、教师多媒体软件制作大赛等，为中小学师生提供了竞技的舞台，有效地促进了信息技术在教育教学中的广泛应用。全省共有17个地级市、近200所学校的259支参赛队、398名学生参加了第六届广东省中小学电脑机器人比赛活动，包括机器人灭火、机器人足球、机器人工程挑战——能源搜救、机器人FVC工程挑战、虚拟足球机器人5个项目，评选出一、二等奖各26队、三等奖52队、优秀奖181队，其中获得全国机器人竞赛一等奖3个、二等奖1个、三等奖2个，创造了广东省此项活动的最好成绩。在中小学生电脑制作活动中，评选出省级优秀作品884件，其中同时获得国家一等奖的14个、二等奖的10个、三等奖的16个，广东省教育厅再次获得全国活动组委会授予的“最佳组织奖”。首次组织全省部分学校参加“首届中国校园电视节”活动，共有34所学校获得144个奖项。

【高等院校教育信息化工作稳步推进】 2009年1月，全省高校信息中心主任工作会议及广东高教学会信息网络专业委员会年会在广州市召开，会议总结了全省高校信息化工作所取得的经验和成绩。随后两次举办全省高职高专、独立学院信息化建设研讨会，重点研究数字校园应用建设情况，解决校园规划、安全、备灾等问题，有效指导部分高校特别是高职院校、独立学院解决在信息化建设过程中存在的问题。

建立覆盖省厅机关和省属高校的信息资源共享平台和电子纪检监察系统，组织专家编制《广东省教育电子政务信息共享目录（高等教育部分）》，开发了数据采集系统平台，并选定12所高校作为试点。

【教育信息化管理平台得到拓展和完善】 网络和信息安全监控得到进一步加强。2009年初，制定了《计算机信息网络系统安全管理制度》和《关于加强国庆期间及全省普通高考网上招生期间网络和信息安全管理的通知》等文件，进一步规范和理顺了全省教育部门与各级各类学校的网络安全工作，并提供具体的技术指导和技术咨询服务；完成了“网络流量控制”系统和“网络设备监控”系统等软件的配备工作，配合广东省教育厅办公室对全厅办公电脑进行了全面的安全等级检查，进一步强化了厅内部网络安全的等级建设工作，信息安全进一步加强；修订了教育厅“网络安全等级达标规划”和“应急平台建设规划”，为下一步开展工作提供了依据；完成了省教育厅规划处、助学中心等多个处室信息化管理系统的技术开发、功能优化等工作；结合《广东省教育网站、网校审核实施细则》，累计审查批准了1 400多个教育网站；根据教育部等部委“关于开展中小学校园网络绿色上网过滤软件安装使用工作”的要求，组织各地级市做好绿色上网管理软件“绿坝——花季护航”的推广工作，确保学校网络安全。

全省“教育网络视频会议系统”得到完善。推进网络视频会议系统的建设和技术指导工作，其中包括教育部网络视频会议系统分会场和广东省教育网络视频会议系统主会场的设备和场地建设工作；完成教育部召开的20多场网络视频会议、广东省教育厅召开的5场网络视频会议以及省教育厅各处室召开的30多场网络视频会议的技术支持工作。

教育信息化宣传工作有重大进展。完成省教育厅规划处、助学中心、省校安办等处室信息化管理系统的技术开发、功能优化等工作。为委厅和新闻单位拍摄或提供教育活动（会议）新闻30个；制作《校园情况》电视片（样板片）2部，并撰写了相关要求和技术标准的文本教材；为外事处制作了“育苗计划”15周年回顾纪念电视专题片。为地级市教育局或学校制作英语听力测试母带116条，复制录音带5.4万余盒。教育信息化宣传工作有重大进展，《教育信息技术》杂志总发行量达22万多册；完成《广东电教30年》大型画册的编撰工作，发行量为3 000册。

【教育信息化改革发展统筹规划意识增强】 2009年1月，广东省电教馆、教育信息中心草拟了《关于进一步推进教育信息化建设的意见》和《中小学信息化应用标准》两份征求意见稿，并向各地征求意见；组织制定了《广东省中小学教育软件评审标准》及其实施办法、《广东省中小学信息化建设基本标准（讨论稿）》、《广东省教育资源共建共享管理办法》及其实施意见、《广东省分布式异构教学资源库管理系统的设计与关键技术实现》等文件；组织编写《信息化教学指导用书》，为广东省教育信息化的科学发展提供决策依据。此举表明，广东省教育信息化改革与发展、统筹与规划的意识明显增强，为教育信息化有效发展创设了良好的政策环境和技术支撑。

（撰稿　梁春晓；审稿　彭红光　李小青　伍金球　程五一）

教育技术装备

【综述】 2009年，广东省教育技术装备工作紧紧围绕教育事业发展的中心任务，积极推进教育信息化、现代化工作，继续推进“新装备”工程建设；加强中小学实验室、图书馆的使用、建设和管理；建立部门协议供货电子管理平台，提高了政府采购工作的效率和服务水平；不断完善教育装备管理，为教育事业健康快速发展提供优质的装备服务。

全省中小学投入装备资金总额35.79亿元（其中中学23.09亿元，小学12.70亿元），中学生均投入342.52元，小学生均投入152.57元。截至2009年底，全省中小学教育装备总值达237.01亿元，其中物理、化学、生物科学实验仪器总值18.35亿元，计算机（包括网络和外部设备）和多媒体设备总值100.33亿元，图书总值38.46亿元，其他各类教学设备总值79.88亿元。

全省拥有校园网的中小学校有4 335所（其中中学1 777所，比2008年增加49所，建网比例为41.42%；小学2 558所，比2008年增加648所，建网比例为13.94%）。截至2009年底，全省中小学已拥有可供教学使用的计算机108.68万台（其中中学59.38万台，比2008年增加1.48万台；小学49.30万台，比2008年增加8.12万台）。全省中小学计算机生机比为13.87：1（其中中学生机比为11.35：1，比2008年优化0.53；小学生机比为16.88：1，比2008年优化7.25）。中小学多媒体进普通教室的班数为121 877个，占总班数的34.27%（其中中学为49.26%，小学为26.19%）。

全省中小学实验室和功能室总数为141 040间，比2008年增加14 760间。中学拥有理化生实验室19 974间，比2008年增加1 016间。小学拥有科学实验室13 870间，比2008年减少202间。全省中小学拥有计算机室19 914间，比2008年增加3 881间；语言实验室6 049间，比2008年减少701间；多媒体室25 911间，比2008年增加7 096间；通用技术/综合实践室5 927间，比2008年减少170间；其他各种功能室24 537间，比2008年增加2 896间。

全省中小学建有图书室（馆）的学校有14 616所，资料室10 119个，阅览室18 674个（其中电子

阅览室2 756个)。全省中小学藏书量为35 801万册，中学生均图书为29.14册，小学生均图书为19.39册。全省中小学现有图书总价值384 616万元，当年图书购置经费合计31 246万元（其中财政拨款16 009万元，自筹资金15 237万元）。

全省中小学实验教学人员总数为44 644人（其中专职12 125人，兼职32 519人)。全省中小学图书管理人员总数为26 420人（其中专职6 400人，兼职20 020人)。

全省中小学开展理科实验操作考核的学校达5 992所（其中中学2 375所，小学3 617所)，开展理科实验操作考核的县（市、区）有33个。

【“新装备”工程项目建设】2009年，全省继续推进“新装备”工程建设，省财政投入“新装备”工程专项经费5 000万元用于补助经济欠发达地区的农村初中理化生实验室和小学科学室（包括教师演示实验仪器设备）建设项目。初中理化生实验室建设的补助对象为3年来未享受省“新装备”工程补助经费的或现有理化生实验室数量还不能满足教学需要的农村（含县镇）初中学校，每校补助建设一间理化生实验室；小学科学实验室建设的补助对象是12个班规模以上的农村小学，每校补助建设一间科学实验室（包教师演示实验仪器设备)，建设经费由省补助和地方各分担50%。全年共建设理化生实验室共1 228间，小学科学室1 693间，小学科学教室演示实验仪器设备1 693套。

【教育信息化装备配备】2009年，在广东省委、省政府的高度重视下，省财政投入教育信息化专项经费3 000万元，用于补助经济欠发达地区的农村中小学计算机装配项目，补助对象为义务教育均衡发展“千校扶千校”行动计划中受援助的初中和小学，以及其他12个班以上规模的农村小学，每所学校配备2台计算机，约有4 500所中小学校受益。同时，做好2009—2010年度教育部—微软“携手助学”项目工作，科学、合理安排12所学校参与创新教室项目建设，预计分2年完成。

【中小学实验室管理和使用】一、做好中小学实验教师论文评选工作

2009年1月，教育部基础教育课程教材发展中心举办“第二届全国中学理科实验教学及小学科学教研优秀论文”评选活动，广东省教育装备中心组织全省中小学实验教学教师积极参加该项活动。在论文评选活动中，广东省中小学实验教学教师共提交论文163篇。经专家评审，全省有78篇优秀论文获奖，其中获得一等奖19篇、二等奖18篇、三等奖41篇，并获得优秀组织奖。

二、加强中小学教育装备统计工作

2009年4月21—23日，广东省教育装备中心派代表参加了在江西省南昌市召开的2009年度全国基础教育技术装备综合统计工作会议。会议的主要内容是对2008年教育装备统计工作进行总结，对统计软件和统计工作中的问题进行研讨，提出修改统计指标和统计报表。

三、积极组织自制教具评选活动

2009年5月22—25日，广东省教育装备中心在广州市举行第六届广东省优秀自制教具评选活动。全省各市及省直属学校共挑选了299件作品参加教具评选，共有31名师生参加能手评选。经省级专家现场评审，评选出一等奖作品25件、二等奖作品65件、三等奖作品105件，评选出自制教具能手奖6名、优秀奖60名。获一、二、三等奖的作品在广州锦汉展览中心进行了展示，供全省师生参观。获奖的教师作品具备了教学性、科学性、创新性、启发性、使用性，符合基础教育课程改革理念；学生作品则充分体现出原理科学、构思巧妙、取材容易、安全环保的特点，与学习内容协调一致。

全省选送获得第六届广东省优秀自制教具一等奖的20件作品（深圳市单列）参加2009年8月15—20日在上海市举办的第七届全国优秀自制教具评选活动，获得全国一等奖3项、二等奖6项、三等奖7项的好成绩，并荣获组织奖。全国36个省市获得前八名的依次为河北、上海、北京、浙江、广东、深圳、江苏、湖南。

四、协助做好教育部宣贯培训班工作

2009年5月22—25日，教育部教学仪器研究所在广州市举办了《教学仪器设备安全要求总则》等四项国家标准宣贯与新课程实验装备管理应用培训班。广东省教育装备中心积极协助教育部教学仪器研究所做好培训班的相关工作。全国各地的教师代表及广东省各级教育装备部门的负责人、学校的教师代表、教学仪器生产企业的代表共230多人（其中广东省代表190多人）参加了培训。

五、加强中小学实验教师（实验管理员）培训工作

2009年5月24—27日，广东省教育装备中心委托广东教育学院举办广东省高（完）中实验教师（实验管理员）岗位培训班，全省204名物理、化学、生物实验教师（实验管理员）参加了培训学习；11月22—26日，委托广东教育学院举办高（完）中实验教师提高班，全省174人参加了培训

学习；11 月 26 日—12 月 4 日，委托广东教育学院举办了两期初中实验教师岗位培训班，全省 308 人参加了培训学习。培训采用“理论学习＋实验操作＋实地考察”的培训模式，受到学员们的好评，取得了较好的效果。

六、做好汶川学校装备方案论证

2009 年 6 月 30 日，广东省教育装备中心组织省机关幼儿园、文德路小学、广东实验中学、华附新世纪学校、华南师范大学惠州市电教站、河源市电教站、省教育厅教研室和产业办等单位的专家召开论证会。专家们认真审阅了汶川县 11 所中小学（幼儿园）递交的教育装备配置方案，在此配置方案基础上，依据教育部 2006 年制定的规范标准及四川中小学教育装备标准，根据实用、够用、好用及适度超前的原则对原方案进行修正，并提出论证意见。

七、做好制订高中通用技术实验室装备标准工作

2009 年 9 月，广东省教育装备中心组织高中通用技术实验室调研活动，对广州、深圳的 6 所高中通用技术实验室进行实地考察，了解通用技术实验室的建设、配备、管理和使用等情况，与学校领导和教师进行了交流，为制订全省高中通用技术实验室装备标准做好准备工作。

【中小学图书馆建设与管理】 一、建立图书采购新模式

2009 年，广东省教育装备中心以国内公开招标方式确定了 8 家广东省中小学图书馆馆藏图书及管理服务协议供货商，逐步完善相关协议供货的管理机制，使全省中小学图书馆采购工作逐步走上制度化、规范化的轨道，建立起图书采购新模式。

二、开展阅读指导课优秀教学案例及论文评选活动

组织开展全省中小学阅读指导课优秀教学案例评选活动，全省有 17 个参评单位选送了作品，共评出一等奖 12 项、二等奖 34 项、三等奖 55 项。其中获得一等奖的作品代表广东省参加了全国优秀教学案例及论文评选活动。在全国评选活动中，广东省有 14 篇（件）作品获奖，其中，论文获得一等奖 1 篇、三等奖 1 篇，教学案例获得一等奖 2 件、二等奖 2 件、三等奖 8 件；同时广东省获优秀组织奖。

三、做好管理员培训工作

组织举办广东省中小学图书馆（室）管理员培训班。2009 年 11 月 24—27 日广东省中小学图书馆（室）管理员培训班在深圳市景秀中学举办。培训期间，分别邀请国内专家、教授、学者作了专题讲座；深圳市南山区后海小学、深圳市南山区沙河小学、深圳市第二实验学校等 3 所学校作了经验交流；来自全省 13 个地市的 415 名学员参加了培训班。同时，积极组织学员参加全国中小学图书馆馆长暑期研修班及“全国图书交易博览会”，与来自全国各地的学员一起，共同学习、交流经验，学员开阔了视野，及时获取了图书界最新资讯，提高了专业技术水平。

四、加强图书配备工作指导

为更好地配合中小学课程改革，贯彻落实教育部《中小学图书馆（室）规程（修订）》，广东省教育装备中心组织了中小学图书馆（室）馆藏推荐书目论证编制工作。通过征求各大出版社意见，并组织专家论证会，科学制定了《2009 年中小学图书馆（室）馆藏图书推荐书目》，印发至各地市教育局，供各地、各校在为中小学图书馆购买图书时选用，初步建立起一套中小学馆藏图书推荐书目的工作机制。

【高等教育装备】 2008—2009 学年，全省高校各类实验（实训）室数为 7 369 个，面积总规模达到 315.57 万平方米，比 2007—2008 学年增加 42.25 万平方米，增幅 15.46%。全省高校 800 元（含）以上的教学科研仪器设备总台（件）数为 121.47 万台，总值达到 121.67 亿元，比 2007—2008 学年净增 13.77 亿元，增幅 12.76%。其中，10 万元（含）以上仪器设备达 12 116 台（件），总值 46.44 亿元；40 万元（含）以上仪器仪表类贵重仪器设备有 1 177 台（件），总值 10.76 亿元。

全省各高校投入在实验（实训）室建设、实验教学运行和实验室仪器购置与维护的经费总额达 20.9 亿元，比 2007—2008 学年增加 1.67 亿元。

全省本科高校（含独立学院）实验室专任人员有 4 912 人，兼任人员有 4 135 人。在专任人员中，教师 891 人，实验技术人员 2 170 人，其他人员 1 851 人；具有中、高级职称人数分别占专任人员数的 39.05% 和 23.27%。

【高等教育装备管理和使用】 一、精心筹备和组织 2009 年秋季第 34 届秋季全国高教仪器设备展示会暨中国国际教育技术装备展览会

2009 年秋季第 34 届全国高教仪器设备展示会暨中国国际教育技术装备展览会于 2009 年 11 月 9—11 日在东莞市厚街广东现代国际展览中心举行。展会由中国高等教育学会主办，中国高等教育学会实验室工作分会协办，广东省教育装备中心、广东省高等教育学会实验室管理专业委员会、广东省教学

仪器设备行业协会共同承办。全国各地有561家厂商参加了展会，共有1 120个国内展位和120个国际展位，参展商达2 500多人；全国各省市参展团达28个，到会需方代表达2 543人；全省138所高校的教学一线教师、实验技术人员及管理人员共4 344人参观展会，参加该届展示会总人数近1万人，创历届同类展示会之最。展示会的组织工作得到了主办单位的好评。

二、组团参加2009年春季第33届全国高教仪器设备展示会

由中国高等教育学会主办的2009年春季第33届全国高教仪器设备展示会于2009年5月17—19日在辽宁省大连市世界博览中心举行，共有1 200个展位，600余家生产厂商参展。广东省委托华南农业大学负责组团参加，全省共有45所高校158人参加了展示会。

三、开展全省部分高校贵重仪器设备管理使用和采购工作调研

2009年3—4月，广东省教育装备中心成立专题调研组，对华南农业大学、暨南大学等11所高校贵重仪器管理使用和采购情况进行专题调研，了解学校在贵重仪器设备管理方面存在的问题，也听取了学校对当前政府采购工作的意见，总结了好的管理理念和做法，并提出了进一步加强高校贵重仪器设备管理、提高使用效益及完善政府采购工作的建议。

四、做好全省高校实验室信息统计数据报送工作

按照教育部《关于报送2008—2009学年高等学校实验室信息统计数据的通知》（教高司函〔2009〕156号）要求，广东省教育厅高度重视，认真布置此项工作，草拟并印发了《关于做好2008—2009学年高等学校实验室信息统计数据报送工作的通知》（粤教装备函〔2009〕2号），明确了数据报送的内容、方式、时间等信息要求；2009年10月19—21日，广东省教育装备中心在广东轻工职业技术学院南海校区举办了广东省高等学校实验室信息统计工作培训会议。会议总结和布置了高校实验室信息统计工作，安排了信息统计软件使用的实操培训及答疑辅导。全省来自115所高校负责实验室信息统计工作的208名代表参加了会议。全省144所高校全部上报了统计数据，全省高校实验室信息统计数据的分析工作顺利完成。

【教育系统政府采购工作】一是严格执行采购计划，做到采购项目的执行有法可依、有计划可依。据统计，2009年，全省教育系统共完成采购项目312个，政府采购计划规模8.06亿元（已执行计划7.76亿元），实际支出采购金额6.96亿元，节约资金0.8亿元，资金节约率为10.3%；二是配合省财政厅政府采购监管处，组织各省直高校参加了电子化政府采购操作培训，熟悉了计划管理系统、合同支付系统及电子订购、议价、反拍系统等方面的操作；三是积极开展《新形势下教育系统政府采购新模式的研究》课题研究工作。课题通过对教育部门政府采购的特点、现状的分析，试图建立一个“效率与效力兼顾”的新型部门政府采购模式。2009年4月，广东省教育装备中心建立部门协议供货电子管理平台，提高了政府采购工作的效率和服务水平；四是组织各省属有关学校参加2009年12月广东省教育装备中心举办的“广东省教育部门协议供货电子管理平台培训”。

（撰稿　邱旭英　郑双东　陈永利　钟　凌　邓汉辉　郑尧奎　陈炎耀　冯伟雄；审稿　韩　彪　罗镇波　彭永鸣　丁开万）

教育后勤产业

【综述】2009年，广东省教育后勤工作以邓小平理论和“三个代表”重要思想为指导，认真贯彻落实党的“十七大”精神，深入学习实践科学发展观，紧紧围绕建立和完善新型高校后勤保障体系为主线，不断深化后勤社会化改革；提高高校食堂的建设水平，积极推进规范化管理；开展“转变作风抓落实”主题实践活动，建设高校和谐后勤，提高服务水平和质量；继续推进基础教育学校后勤管理体制改革，抓好中初等学校学生宿舍、学生饭堂、校园物业建设和“阳光采购”管理工作；以深入开展“安全生产年”活动为内容，抓好基础教育校办产业安全生产隐患的排查和治理工作，较好地完成了各项工作。

【积极推进食堂规范化管理】一、认真做好全省高校食堂标准化建设第二期评审工作

根据省教育厅、省卫生厅《关于联合开展对高

校食堂标准化建设评估验收和食品卫生监督量化分级管理评审工作的通知》（粤教后勤〔2007〕34号），省教育厅后勤产业办组织相关专家，于2008年12月和2009年5月分两批对全省高校食堂进行第二期优秀（“A”级）食堂和达标（“B”级）食堂评审。参加第二期高校食堂评审的院校有82所，共214个食堂，其中申报优秀食堂73个，经过评审，评出优秀食堂59个；申报达标食堂132个，评出达标食堂128个。高校食堂标准化建设联合评审工作，加强了高校食堂工作的机制创新，开创了我国高校食堂标准化建设的先河，实现了以评促改、以评促建、评建结合、重在建设的目标，使广东省高校食堂建设和伙食工作迈上了新台阶。

二、召开全省高校伙食工作暨食堂评审工作总结会议

广东省高校伙食工作暨食堂评审工作总结会议于2009年6月23—25日在东莞市召开。省教育厅、省卫生部门领导，部分高校领导和全省120多所高校后勤、饮食管理部门负责人共400多人出席了会议。会上，省教育厅党组成员、副巡视员王玉学联系广东省高校伙食工作和食堂建设工作的实际，作了重要讲话，高度评价了广东省高校伙食和食堂建设取得的成绩，并对今后全省高校伙食工作与食堂建设工作作了部署。省内各高校在会上交流了伙食与食堂建设的工作经验。

三、加强高校食堂管理人员队伍建设

省教育厅在暑假期间举办了全省高校食堂管理人员、外包食堂管理人员和技术人员培训班，培养了一批懂管理、会经营、作风硬的管理人才和技术人才，大大提高了高校食堂人员的素质，推进了广东省高校食堂标准化建设上新台阶，为广东省高校食堂的建设和发展打下了坚实的基础。来自省内100多所高校的278名食堂管理人员参加了此次培训，收到了预期效果。

【切实抓好中小学后勤工作】 一、召开全省中小学后勤保障工作与安全生产工作会议

广东省中小学后勤保障工作与校办企业安全生产工作会议于2009年10月9—10日在广州市召开，省教育厅副厅长罗远芳代表厅党组在会上作了题为“解放思想，坚持改革，努力构建广东基础教育后勤保障新体系，抓好校办企业安全生产和劳动实践场所安全工作”的讲话，充分肯定了基础教育后勤保障、勤工俭学以及安全生产工作多年来所取得的成绩，并就进一步构建广东基础教育后勤服务保障新体系和新形势下加强校办企业安全生产工作发表了意见。

二、加强全省中小学校校服质量监督管理

为切实维护广大学生的利益，确保学生的身体健康，省教育厅于2009年6月10日印发了《关于开展2009年全省中小学校校服产品质量专项监督抽检工作的通知》（粤教后勤〔2009〕19号），于6—8月继续开展全省中小学校校服产品质量专项监督抽检工作。

三、开展中小学食堂工作调研

为提升中小学食堂的服务水平，规范管理制度，省教育厅对部分市区的中小学校食堂经营状况进行摸查，并重点抽查了广州市越秀区、海珠区和白云区的中小学校食堂，及时形成调研报告报省政府主管领导。

【扎实开展“安全生产年”活动】 一、部署开展2009年全省基础教育后勤产（企）业安全生产大检查

下发《关于认真落实（国办发〔2009〕32号文）扎实开展安全生产“三项行动”的通知》（粤教后勤〔2009〕13号），要求各地各级各类学校结合实际，制订具体实施方案，开展“安全生产年”活动；扎实做好安全生产执法行动、治理行动、宣传教育行动（三项行动）；深入开展学校（校办企业）安全隐患的排查及治理，积极推进安全宣传教育行动，提高师生安全意识和自防自救能力，加大安全工作经费投入，提高学校安全保障能力，严格落实责任追究制度，为纪念新中国成立60周年营造良好的环境。

二、开展全省学校（含校办产业）安全生产大检查及国庆前安全生产督查

各地各级各类学校都十分重视安全生产工作，通过召开安全生产检查工作会议、制订检查工作方案、成立安全生产领导小组等措施有系统有计划地开展校园及周边环境安全检查行动。同时，进一步落实目标管理责任制，并从思想上提高认识，加强安全工作的责任感和紧迫感，始终把安全生产工作放在突出位置，牢固树立“安全发展”理念，强化安全责任意识，进一步加大检（督）查力度。通过检（督）查，对发现的安全隐患及时进行整理和整改。为迎接国庆60周年创设了安全祥和的校园环境。全省学校国庆节前后没有发生重大安全事故及群体性事故。

三、加强学生宿舍（公寓）安全设备设施管理

针对上海商学院学生宿舍发生火灾导致4名女大学生坠楼事件暴露出的安全设备设施存在的问题

（即灭火筒过期），要求各高校后勤管理部门以该事故为戒，加强对学校安全设备设施的排查，并对排查发现的隐患及时进行整改，以防类似悲剧的发生。

四、举办全省基础教育后勤产业安全生产监管人员培训班

为提高广东省基础教育后勤产业安全生产监管人员对中小学校学生食堂和学生宿舍的监管水平和技能，省教育厅后勤产业办于2009年10月13—15日和12月1—3日在惠州市分别举办了两期安全知识培训班。通过培训，增强了监管人员在学生食堂和宿舍安全管理理论、法律法规方面的知识，提高了监管人员安全管理方面的专业水平和技能。

【大力推进和完善高校医疗保障工作】一、出台高校医保工作指导文件

为贯彻落实省政府办公厅《关于将在广东省就读的大学生以及中等职业技术学校和技工学校学生纳入城镇居民基本医疗保险试点范围的通知》（粤府办〔2009〕56号）精神，进一步做好大学生以及中等职业技术学校和技工学校（以下简称“中职技校”）学生参加城镇居民基本医疗保险工作，省教育厅与省劳动和社会保障厅、省财政厅、省民政厅联合制定出台《关于将在广东省就读的大学生以及中等职业技术学校和技工学校学生纳入城镇居民基本医疗保险试点范围的实施意见》，指导全省大学生以及中职技校学生参加城镇居民基本医疗保险工作。

二、举办医保工作培训班

为进一步规范广东省大学生以及中职技校学生的参保工作，省教育厅举办了多个学生参保工作培训班，邀请各学校医保工作相关人员参加，通过系统培训使他们切实掌握学生参保的有关规定与操作办法，确保参保工作平稳有序开展。

三、切实做好高校防控甲型H1N1流感工作

举办甲型H1N1流感防控知识培训班，全省100多所高校320多名校医院医护人员参加了培训。还邀请了省疾控中心知名专家开展讲座和指导，提高了医务人员对甲型H1N1流感的认识，进一步规范了防控应对措施。

【积极创建和谐校园】一、积极协调大学城热水供应工作

为解决大学城热水供应出现的困难，降低热水供应不正常给学生生活造成的不便，省教育厅后勤产业办先后参加了市政府、市有关部门及10所高校和相关能源公司举行的相关会议，协调做好大学城寒假和开学后学生使用热水工作，确保大学城各高校学生使用热水正常供应。

二、努力做好大学城“一卡通”运行的管理监督工作

为了进一步加强和完善“一卡通”的管理，保证“一卡通”正常运营，维护资金使用安全和学生的权益，省教育厅后勤产业办多次协同各高校与广州市政府以及广州市信息办等相关部门进行专项研究，对各高校学生在使用“一卡通”中遇到的问题，不断进行整改、完善。

三、积极推进高校节能工作

以2009年广东省“节能周”活动和“节能减排全民行动科普展览”为契机，在高校中广泛宣传节能理念，倡导绿色低碳生活方式，建设节约型校园。

（撰稿　唐　堂；审稿　朱俊文）

学 生 助 学

【综述】2009年，广东省以“两免一补”为主的义务教育学生资助政策得到不断完善；认真做好高中阶段教育资助工作，调整中等职业学校国家助学金的下拨方式，彻底解决了中职学校国家助学金发放滞后的问题；完成首届广东省宋庆龄奖学金评选颁奖工作；建立健全高校学生资助政策体系，首次启用国家开发银行高校助学贷款信息管理系统；对建立广东省高校助学贷款风险防范机制进行了工作部署。

【义务教育“两免一补”工作】广东省义务教育阶段“两免一补”工作不断完善。2009年，全省农村义务教育学生的资助标准有了提高，农村义务教育阶段公用经费（包括免杂费补助）标准由小学每生每学期144元提高到175元，初中每生每学期204元提高到275元。2009年全省义务教育享受“两免”学生共1 225万人（其中小学生774万人，初中生451万人），各级财政投入“两免”补助资金共57.6亿元。2009年全省农村义务教育享受“一补”学生共100万人，省财政投入“一补”资金共2.8亿元。

【高中阶段教育资助工作】 一是组织实施中等职业学校国家助学金的发放工作。分别于2009年5月、12月下达2009年春季学期和秋季学期广东省中等职业学校国家助学金中央和省财政专项补助资金。2009年，全省共有573所中职学校，约47万名学生享受国家助学金。二是完成《全国中等职业学校学生信息管理系统》升级培训。2009年3月10日完成全省《全国中等职业学校学生信息管理系统》的升级培训，按教育部要求部署2009年中等职业教育学籍和资助信息填报工作任务。三是调整中等职业学校国家助学金的下拨方式。为保证中等职业学校国家助学金及时足额发放到学生手中，彻底解决广东省中职学校国家助学金发放滞后的问题，从2009年春季学期开始，广东省教育厅助学中心加强工作力度，落实各级教育和财政部门资金配套，以上一学期受助人数、中央和省财政补助资金金额为基础，预先安排下一学期中等职业学校国家助学金的中央和省财政专项补助资金，并完成上一学期的资金结算。其中增加的受助学生的国家助学金由各学校先行垫付，下学期返还。采用新的下拨方式，明晰了操作，简化了手续。四是开展核查调研工作，加强对国家助学金的管理。2009年10月，各市教育局和各省属中等职业学校就国家助学金工作进行自查自纠，要求部分不符合助学金发放管理规定的中职学校进行整改。

2009年，对就读广东省中职学校的汶川地震51个重灾县经济困难家庭的154名学生进行了资助。

【完成首届广东省宋庆龄奖学金评选颁奖工作】 广东省宋庆龄奖学金由广东省宋庆龄基金会出资设立。首届广东省宋庆龄奖学金于2009年9月20日在广州市举行颁奖典礼，591名学生喜获殊荣。广东省省委书记汪洋出席颁奖仪式并接见获奖学生代表。来自21个地级以上市和省属中学的44名获奖学生代表以及部分捐助单位的代表和个人在典礼上接受了表彰。首届广东省宋庆龄奖学金推荐和评选工作由广东省教育厅和广东省宋庆龄基金会联合组织。各地学校根据《广东省宋庆龄奖学金管理办法（试行）》的要求，认真组织推荐评选。整个评选过程公正、公平、公开，获奖学生学习成绩优秀，发展全面，综合素质高。

【高校学生资助】 一是完成国家奖学金、国家励志奖学金、国家助学金的评选发放。2009年完成了广东省110所普通高校（不含中山大学、华南理工大学、暨南大学、广州民航职业技术学院和深圳市高校）国家奖学金、国家励志奖学金、国家助学金共30 574.24万元资金的分配和下拨，178 304名学生获得各项不同的奖励和资助。其中，1 758名学生获得国家奖学金，32 504名学生获得国家励志奖学金，144 042名学生获得国家助学金。二是积极提供各种校内勤工助学岗位。2009年广东省高校提供校内勤工助学岗位55 916个，参加勤工助学的学生达241 956人次，发放勤工助学金额近1.53亿元。三是为家庭经济困难学生开设“绿色通道”。广东省普通高校通过“绿色通道”入学的学生达39 534人，占新生注册人数的9.35%。四是为家庭经济困难学生减免学费。各高校共减免学费6 115万元，接受减免的学生达10 852人，实现了“不让一名学生因经济困难而辍学”的目标。五是积极筹措社会捐助。2009年，广东省高校共向社会筹集各类社会奖学金4 599万元，共有14 137名家庭经济困难学生受到资助。六是做好助学贷款发放工作。2009年，全省104所高校的7.9万人获得了4.22亿元贷款。此次贷款申请、审批和发放工作不仅再一次实现了“全覆盖”“应贷尽贷”的政策目标，而且第一次启用国家开发银行高校助学贷款信息管理系统，该系统与人民银行征信系统直接对接，实时向人民银行报送学生的相关信息变动情况，进一步加强了对贷款学生的信用管理，在建立对贷款学生的约束机制上又迈出了新的一步。

【加强助学贷款风险防范管理】 为加强对贷款毕业生的贷后管理，增强高校的贷款风险防范意识，2009年4月，广东省教育厅与国开行省分行联合组织到部分高校进行助学贷款风险防范工作调研，对高校助学贷款风险防范工作进行现场指导。2009年12月，广东省教育厅召开全省高校校级主管领导参加的国家助学贷款风险防范专题会议。会议介绍了目前全省高校助学贷款风险防范工作状况，通报了全省各高校贷款毕业生还息情况，对建立广东省高校助学贷款风险防范机制进行了工作部署。

（撰稿　雷国增　丁瑶芳　王红松；审稿　欧阳谦　卓　越）

老干部工作

【综述】 2009年，广东省教育厅认真贯彻落实中央和省委有关老干部工作的方针政策，坚持围绕中心，服务大局，深入贯彻落实科学发展观，重点落实离退休人员的政治和生活待遇，努力开拓离退休人员工作的新领域，为建设教育强省、促进社会科学发展、构建和谐广东发挥了积极的作用。

【离退休人员的“两个待遇”落实工作】 广东省教育厅认真贯彻落实有关老干部工作的方针政策，重视离退休人员“两个待遇”的落实，为促进社会和谐而努力。

一、落实老同志的政治待遇

（一）加强政治理论学习，组织健康有益的社会政治活动。根据中央和省委的部署，结合省教育厅老同志的实际，采取多种形式，组织离退休干部认真学习科学发展观和党的十七届四中全会和省委十届四次、五次全会精神，用党的重大理论成果武装头脑，统一思想，从而使离退休干部政治坚定、思想常新、理想永存。2009年5月，组织离休干部到广东科学中心参观。各党支部（片）根据老同志的特点，定期组织老同志到省内参观学习，了解各地改革开放成果和教育事业发展情况。

（二）坚持定期通报情况制度。2009年1月20日，组织召开了全厅离退休干部情况通报大会，省教育厅副厅长李小鲁主持会议，厅长罗伟其向老同志传达了中央的有关文件精神、通报了广东省教育工作情况。“八一”建军节座谈会上，厅领导向老同志通报了广东省教育改革和发展的新情况。

（三）坚持节日慰问制度。坚持把重大节日的走访慰问活动与平时经常性的家访、探望病号等活动结合起来。2009年春节前，罗伟其厅长和李小鲁副厅长分别带队走访慰问了厅的老领导、老红军和离休干部。2月9日，召开委厅老干部迎春茶话会，罗伟其厅长和李小鲁副厅长出席会议并讲话，厅领导衷心感谢老领导、老同志对广东教育事业的支持，并向老同志们致以节日的问候和新春的祝福。2009年慰问生病住院老干部65人次，陪同厅领导走访慰问老干部30多人次。

（四）坚持参加重要会议和听取重要报告制度。邀请老领导或老同志代表参加厅里的重要会议、重要报告或开展的重大活动。为使老同志及时了解党的大政方针、时事要闻，特别为离休和退休的老同志订阅了《中国老年》《秋光》和《老人报》等报刊。

（五）加强离退休人员党支部建设。协助厅机关党委认真抓好离退休人员党总支的思想建设、组织建设、作风建设、制度建设。

一是加强和完善支部联系人制度。厅离退休人员管理处的工作人员分别担任离退休人员党总支下属的13个离退休人员党支部（片）的联系人。联系人通过加强与支部（片）和党员群众的联系，及时了解离退休人员的思想、生活动态。有针对性地帮助党员同志解决思想和生活上的困难和问题，为老同志排忧解难。二是加强骨干队伍建设。通过定期召开总支会议、总支扩大会、支部书记会议以及每年派人参加省委老干局组织的党支部书记培训班，组织离退休厅级干部和党支部书记参加省委老干部局和厅召开的各种专题学习报告会等，不断提高党支部书记、支委的水平，共同做好党建和离退休人员工作。三是坚持每月一次的支部生活。认真组织离退休党员学习党的“十七大”、十七届三中及四中全会精神和省委十届四次、五次全会精神和《2009年广东老干部政治理论读本》。四是认真组织全体离退休党员干部参加厅开展的主题学习活动，并及时将学习资料发到各离退休人员党支部。

二、落实老同志的生活待遇

（一）举办有益于离退休人员身心健康的活动。2009年3月，组织厅离退休女同志畅游花都香草园，共庆“三八”国际劳动妇女节。4月，组织老干部门球队参加省门球比赛。6月，分别组织部分老干部到肇庆和东莞市参观考察，了解当地的工农业和教育发展情况。10月，为庆祝老人节，组织委厅全体离退休人员到华南植物园秋游。10月16日，由广东省教育厅主办，中山大学和广东岭南职业技术学院承办的广东省老教育工作者庆祝中华人民共和国成立60周年文艺演出在中山大学熊德龙活动中心举行，朱超华副厅长出席了文艺演出并致辞，省老教育工作者协会英特纳合唱团和8所高校老教育工作者参加了演出。11月，举办省教育厅2009年敬老祝寿会，为年满70岁、80岁和80岁以上的老人祝寿。

（二）积极为老同志做好事、办实事、解难事。组织全体离休和副厅级以上老干部到从化健康疗养。关心有特殊困难的离退休干部，为有特殊困难、重病住院的老同志解决了困难补助。同时，根据离休干部双高（高龄、高发病）期的特点，给予老同志更多的个性化服务和人文关怀。针对老同志关注的热点难点问题，结合厅开展的“转变作风抓落实”主题实践活动，分类召开了老同志座谈会：一是召开了广东高教出版社老同志座谈会，李小鲁副厅长和有关处室领导到会并认真听取了老同志的意见；二是召开了部分老干部座谈会，罗伟其厅长和李小鲁副厅长认真听取他们对老干部工作和关工委工作的意见和建议；三是召开了广东教育教学研究室老同志座谈会，会上李小鲁副厅长和人事处、办公室、离退处领导认真听取了老同志的意见。

（三）做好信访、信息、宣传等工作。厅离退休人员管理处被省委老干部局表彰为“2009年离退休干部统计报表优秀单位”。

（四）重视老干部活动中心的建设。发挥厅老干部活动中心的作用，使其真正成为老干部“老有所学、老有所教、老有所乐、老有所为”的重要阵地。各片（党支部）、广东省老教育工作者协会英特纳合唱团定期在厅老干部活动中心开展学习、组织活动。

【离退休人员工作新领域的开拓】全面落实科学发展观，努力开拓离退休人员工作的新领域。省老教育工作者协会、厅关工委、高校老干部工作有新的进展。

一、广东省老教育工作者协会工作

继续抓好广东省幼儿教材《幼儿成长课程》的编写出版工作。

为庆祝新中国成立60周年，协办了“广东省老教育工作者庆祝新中国成立60周年文艺演出”活动，广东省老教育工作者协会英特纳合唱团参加了演出。

成功举办“广东高校老校长论坛”。2009年10月21日，在广东大厦多功能会议厅举办了广东高校老校长论坛。会上，中山大学原党委书记李延保、华南理工大学原校长刘焕彬、华南农业大学原校长骆世明、华南师范大学原校长颜泽贤、广东工业大学原校长钟韶、肇庆学院原党委书记陈优生等老领导根据自身60年来亲历的高等教育发展体验，对未来广东高等教育的发展提出了建议和展望。省教育厅和广州地区十多所高校的相关人员及协会会员共200多人出席了论坛。

二、厅关工委的工作

厅关工委的工作在厅离退休人员管理处的协助下取得新进展。2009年，厅关工委加强了班子的建设，增补了省教育厅4名相关处室的现职领导任厅关工委副主任。

为贯彻落实《中共广东省委办公厅、广东省人民政府办公厅关于加强关工委工作的意见》（粤办发〔2008〕20号文）精神，2009年3月，厅关工委举办了全省市县教育局关工委主任培训班，省关工委副主任陈坚、省教育厅副厅长李小鲁到会作了重要讲话。此次培训，提高了关工委主任对关心下一代工作的重要意义的认识，有力地推进了普教系统关工委工作的发展。

以庆祝新中国成立60周年为契机，在学生中开展系列活动：一是编写《新中国巨变与广东腾飞》读本供青少年学习；二是举办“‘可爱的祖国·2009’广东省青少年书画摄影大赛”；三是举办“‘我与我的祖国’——广东省中小学生庆祝新中国成立60周年征文大赛”及“‘我爱我的祖国’——广东省大学生庆祝新中国成立60周年征文比赛”。

三、继续加强高校老干部工作的指导和交流

为贯彻落实科学发展观，促进高校离退休工作的发展，2009年6月19—25日，省教育厅离退休人员管理处组织广东省12所高校离退休人员管理处（科）长一行18人的调研小组，赴安徽黄山学院和江苏的江南大学考察调研并形成了《关于赴苏皖调研离退休工作的情况报告》供领导参考。

组织高校老教育工作者参加广东省老教育工作者庆祝中华人民共和国成60周年文艺演出，中山大学、华南理工大学、暨南大学、华南农业大学、华南师范大学、广东工业大学、广东外语外贸大学、广东石油化工学院组队参加了演出。

（撰稿　钟小青；审稿　方树生）

教育新闻宣传及出版

【教育新闻宣传综述】2009年，广东教育杂志社（以下简称“杂志社”）紧密围绕省教育厅的中心工作，学习、宣传、贯彻党的十七届四中全会精神，积极宣传国家、省有关教育改革的方针政策，改革创新，为建设教育强省、文化大省鼓与呼。

为配合广东省委、省政府关于加快发展壮大职业教育，做强做大中等职业教育的有关批示，杂志社创办了《广东教育·职教》，传播职业教育前沿理念，推广职业教育鲜活经验，追踪职业教育发展态势，打造职业教育广东品牌，深受广大教师欢迎。目前，杂志社共编辑出版8本期刊。《广东教育·综合》《师道》《高教探索》等5本是以大、中、小学教师为读者对象的教育期刊，根据教育改革发展的需求，及时宣传国家、省有关教育改革和发展的方针政策、推广先进教育经验、教师典型，关注教育热点难点，充分发挥主流教育期刊的宣传喉舌作用。《广东第二课堂》（小学、初中）和《广东教育·高中》3本是以小学、初高中学生为读者对象的学生读物，根据中小学生素质教育的需要，弘扬社会主义主旋律，贴近学生，反映校园生活，指导学生开展课外活动，满足学生学习需求，提供优秀的精神食粮，促进中小学生全面发展。

杂志社编辑出版的8本期刊，与时俱进，不断提高质量，取得了很好的社会效益。《高教探索》继续保持“双核心”地位（北京大学版全国中文核心期刊与南京大学版CSSCI来源期刊），获得了武汉大学中国科学评价中心（2009—2010）“RCCSE中国核心学术期刊”证书，成为“三核心”期刊。《广东教育》《广东第二课堂》保持“省优秀期刊”“全国优秀少儿期刊金奖”的品牌、质量，刊用的文章在参加全国有关评奖中曾获一、二、三等奖，不少文章被中国人民大学《复印资料》转载；《广东第二课堂》连续三年被中宣部和新闻出版署作为“全国百种优秀少儿期刊”，向全国青少年推荐。

杂志社遵章守法，严格管理，依法纳税，继续被广州市国家税务局、广州市地方税务局评为纳税信用等级A级纳税人。

【教育新闻宣传重点】2009年，教育宣传的重点是学习、宣传、落实党的十七届四中全会精神，大力提高高等教育质量，优化基础教育结构，以新的思维和机制推动教育发展上水平，争创国家教育综合改革示范区，落实《珠江三角洲地区改革发展规划纲要》等。杂志社围绕教育改革与发展的中心任务开展宣传工作，大造舆论。

着力宣传《珠江三角洲地区改革发展规划纲要(2008—2020年)》（以下简称《纲要》）精神。《广东教育·综合》设立专栏宣传《纲要》，用大量篇幅对《纲要》所涉及的有关教育规划性质、内涵、社会价值与历史意义进行了全面系统的解析。刊发了《科学发展 先行先试——省教育厅深入学习贯彻〈珠江三角洲地区改革发展规划纲要（2008—2020年)〉》《优先发展教育，提升人力资源开发和人才培养水平》以及各方专家对《纲要》的理解等文章，多层次展现《纲要》对广东省教育发展前景的描绘，受到读者广泛关注。

精心策划“新中国成立60周年”专题，反映我国以及广东省教育发展的历史进程和发展变化。《广东教育·综合》增设专栏“共和国60年教育思考”，发表了《透过教学观念的变化看教育发展》《小学语文教育观：从“文道”之争到“人文”回归》《六十年教育流行词汇》等文章；《师道》增设“共和国60年教育记忆”专题，刊发了《我国教育的“西行”之路》《教师书房60年》等文章；《广东第二课堂》编发了《共和国60年华诞——华章与共鸣》《异想天开的生日礼物》等专题文章；《高教探索》刊发了《中国高等教育六十年的变迁》等一大批文章。这些文章从教育体制、学校建设、课程设置、师资队伍建设等不同方面反映了我国教育的巨大变化，讴歌了社会主义祖国的日益富强，取得了很好的社会影响。

加强典型报道。《广东教育》刊发江门、新会、台山、恩平、开平、深圳、斗门等地贯彻落实党的十七届四中全会精神，推进教育改革与发展的先进经验和典型。发表了《活力金湾 生命至上》《校本原生态风采》《深圳园岭小学：以品质定校》《变革成真，你我都可以》等长篇专稿，为市县教育创强工作总结、推广经验，也为全省教育改革发展树立榜样。《广东教育·职教》刊发了教育厅副厅长李小鲁撰写的《面向职校、服务职教、引领职教的一项可喜成果》和《为了打造中职学校的响亮品牌》

《中山职业技术教育改革发展面面观》等一批文章，为贯彻落实《纲要》，为大力发展职业教育造势。

努力提升刊物的质量和品位。《高中》为了满足高中师生的需要，以实用性、前瞻性、可读性为出发点，对杂志的内容进行改革。刊发了省考试院院长杨开乔的《改革旨在适应，调整意在完善》以及《以精辟的理论说服人》《以斐然的文采陶醉人》等文章，还策划了《2009 年高考试卷评析专题》《2010 年高考走向》等专题文章，引起高中师生的关注共鸣，满足了高中师生的需求。《师道》力求以优雅的封面、精致的配图、精彩的文章，在读者心目中形成良好的品牌，成为教育期刊的"《读者》"。《师道·教研》为广大教师交流教育教学经验、发表论文开辟园地，保质保量编发 12 期，满足了作者、读者的需求。

【服务教育专项工作】为配合省教育厅开展"中小学保险知识教育"活动，杂志社和省教育厅后勤产业办、中国保险监督管理委员会广东监管局联合举办了"'人保杯'广东省中小学生保险教育知识竞赛"活动，组织发动广大中小学开展保险教育，展示各地开展中小学生保险知识教育成果，促进中小学校课外活动的开展。为树立少年儿童的阅读自信、增加阅读的快乐，营造"千万少年快乐阅读"的良好氛围，促进学生素质的提高，杂志社与省教育厅思想政治教育处、办公室联合开展了"广东省第二届暑假读一本好书"活动，约 20 万名中小学生参加了征文活动，评出一等奖、二等奖、三等奖一大批。此外杂志社还与山东明天出版社合作，向潮安、揭东等山区 20 所学校捐献了价值 20 万元的图书，为学校建立了一批"《广东第二课堂》小书坊"。为了提高中小学生的写作水平，促进学校第二课堂活动的开展，杂志社邀请了伍美珍、郁雨君、梅子涵、方卫平等儿童文学作家到从化市、广州市黄埔区、广州市越秀区、惠州市博罗县等学校开设"儿童文学作品赏读会""儿童文学阅读与小学语文教学"讲座，受到热烈欢迎。

为了贯彻落实科学发展观，大力发展中等职业教育，加速培养适应经济社会发展需要的技能型人才，扩大中等职业教育招生的需要，杂志社配合省教育厅高中与中职教育处，编辑出版了《广东省 2009 年中考招生报考指南》《省属、珠三角地区中职学校和技工学校招收东西两翼和粤北山区初中毕业生招生指南》，帮助考生及其家长了解招生学校办学情况，指导填报志愿。为加强中小学生的革命传统教育，杂志社将《广东第二课堂》创刊以来"我的少年时代"栏目中刊发的革命家、科学家、艺术家自述少年时代的精彩文章选编结集出版，该书思想性、可读性、教育性强，深受中小学生欢迎。

为配合省教育厅体卫艺处开展中小学生视力保健防护工作，杂志社开展了"珍视明杯"广东省中小学防控近视眼知识竞赛活动，指导中小学生开展视力保健课外活动。为宣传节能环保，杂志社与惠州韦邦照明公司联合开展了校园灯光照明节能知识宣传活动，免费捐赠了一批节能灯具给学校。

【打造期刊品牌、数字出版网络建设工程】为了使教育期刊内在的丰厚底蕴与外在的完美风采结合成为优秀的精神食粮，杂志社努力提高《广东教育》《广东第二课堂》《师道》《高教探索》等刊物在全国期刊出版界的品牌效应、品位和质量。面对教师读者的刊物加强专题策划，深度报道，追求与读者互动，力求文章可读性、理论性、前瞻性强，充实刊物的学术含量和策划编辑含量。推动专题信息化，扩大对读者的影响。面对学生读者的刊物增强专题性、实用性和校园气息，融科学性、知识性、活动性、趣味性于一体，使广大中小学生真正体会刊物的可亲、可学、可行，让刊物成为他们的良师益友。

网络作为一个新的媒介平台，正在成为期刊的传播、销售主渠道，网络与期刊互惠互利，互相促进。杂志社加强网络建设，打造教育期刊的网上阅读、征订及与作者、读者互动交流的平台，探索数字出版模式，创造条件出版数字期刊，向传媒网络化、信息多媒体化、传输移动化、服务个性化、出版多样化、管理智能化、技术标准化的传媒技术靠拢，与时俱进，拓宽期刊发展之路。

（撰稿　王　蕾；审稿　陈湘年）

【高等教育出版综述】2009 年，广东高等教育出版社（以下简称"出版社"）积极参与科学发展观学习实践活动，以科学发展观为指导，围绕广东省教育厅的中心工作和战略目标，按照"发挥品牌优势"和"精品双效战略"的要求，努力开拓进取，取得了良好的发展业绩。同时，初步完成转企改制过渡阶段的主要任务。

一、事业得到发展，效益稳步提高

（一）社会效益良好。高等教育学、教育学、心理学等学科图书达到较高的原创水平，图书品牌结构不断丰富。

《屋檐下宁静的变化——中国家庭 30 年》入选"十一五"国家重点图书出版规划。《中国高等教育思想演变——从 20 世纪到 21 世纪初》和《校本管理——理论·研究·实践》被评为新闻出版总署第二届“三个一百”原创出版工程项目。

为歌颂新中国成立60周年取得的伟大成就，弘扬主旋律，出版了《感动中国——百名共和国最可爱的人》和《中国农村改革60年》。

基本完成中国高等教育学会2008年度高等教育学优秀博士学位论文的出版，包括《美国退役军人教育资助政策形成与变迁研究》《中国重点大学建设中的政府干预研究》《危机与转机：从民办高校倒闭看民办高等教育发展》和《学术依附行为的社会文化心理研究》，其中《美国退役军人教育资助政策形成与变迁研究》取得了显著的社会效果。

潘懋元主编的“高等教育大众化研究”丛书、“中国高等教育学女博士后”丛书，周远清主编的高等教育学优秀博士学位论文系列，邬大光主编的“高等教育经济学”丛书，王伟廉著的高等学校课程研究系列，高等教育学精选博士文库等得到高教研究学术界的较高评价，成为一些高教研究机构及研究生的必备、必读书目。

（二）经济效益稳步增长。继续实施巩固、提高、拓展的策略，争取良好的经济效益。全社图书销售收入同比增长2%。

选题开发按照“巩固、提高、拓展”的策略，保持重版重印一定的比率。全年共出版图书约324种，其中新书106种；重版重印218种，占出版图书总数的67%。

二、为中心工作服务，拓展教材出版空间

（一）为思想道德建设服务。努力为省教育厅的中心工作服务，出版高等学校思想政治理论课学习指导用书系列、《廉洁修身》读书心得系列（小学版、初中版、高中版、大学版）、《探索与实践——广东高校解放思想破解反腐倡廉难题论文集》、《2009广东廉政建设论坛论文集》、《中华传统励志贤文》等。

（二）拓展教材出版空间。重点抓好系列教材的研发工作，包括健康教育系列教材、公共艺术类美术系列教材、行政法系列教材、物业管理系列教材、物流管理系列教材、涉外文秘系列教材、大学语文与写作系列教材、校本培训系列教材等。

（三）把学术著作转化为教材。出版的《再生的老子》得到高度评价。省委书记汪洋委托省委办公厅致函，感谢作者麦小舟为增强中国文化软实力作出的贡献；全国老子道学文化研究会会长胡孚琛评价其为“所见到的国内同类著作中最为确切、最为平实，也是最为通俗易懂的一本书”，全国老子道学文化研究会已向全国推荐。

出版澳门理工学院组编的“澳门高等艺术教育学科展望”丛书（包括视觉艺术教育、音乐教育、设计教育），填补了澳门艺术教育研究成果的空白，得到澳门学术界和社会舆论的高度评价，为澳门回归10周年增添了光彩。

上述两本学术著作和以往的一些学术成果已经或继续进入课堂，作为教材使用，使高校有关专业的教学处在学科发展的最前沿，从而提高了教学水平和质量。

三、构建课程建设价值观，提升图书的学术品质

（一）构建课程建设价值观。构建课程建设“人文与实用协调统一”的价值观，即以人为本的、使人全面发展的人文主义和以实用的、有利于就业创业的实用主义并举，把二者协调统一起来，用以指导课程建设和教材建设。

（二）提升图书的学术品质。在坚持正确的政治导向、文化导向的同时，继续坚持出版社提出正确的学术导向，这是出版社多年来遵循的“三个导向”原则。2009年3月19日教育部发出了《关于严肃处理高等学校学术不端行为的通知》，提出必须严肃处理7种学术不端行为。出版社积极贯彻通知精神，坚持正确的“三个导向”，充分体现了出版社品质管理顺应时代发展的要求和行业特点。同时也有助于推动学校培养实事求是、科学严谨的学术道德风气，保证并提高教材和学术著作的学术品质。

（三）提高图书编校质量。广东省新闻出版局从2004年开始每年进行图书编校质量检查，出版社已经连续五年通过合格标准。2009年初首次进行的全省图书编校质量排名，出版社名列第四位，受到表彰和奖励。

四、积极推进转企改制工作，实现改革平稳过渡

（一）坚持正确的指导思想。以邓小平理论和“三个代表”重要思想为指导，贯彻落实科学发展观，按照文化产业发展要求，创新经营体制和发展机制，致力于成为出版市场主体，从而更有利于党的领导和坚持正确导向，更有利于“三贴近”和增添发展活力，更有利于实现科学发展并使效益持续增长，实现“为思想道德建设服务、为教师学术成长服务、为学科发展服务、为课程改革服务”的目的。

（二）遵循改革的基本原则。坚持马克思主义指导地位，确保正确的政治导向、文化导向和学术

导向。坚持把社会效益放在首位，努力实现社会效益与经济效益相统一。统筹协调好改革、发展、稳定的关系，确保转企改制平稳过渡。统筹协调好国家、集体和个人的利益关系，防止国有资产流失。

（三）明确改革目标。通过转企改制，使出版社从经营性文化事业单位转为文化企业，更名为“广东高等教育出版社有限公司”，建立法人治理结构，构建现代企业制度，在企业内部形成有效率、有活力、有竞争力的微观运行机制。

（四）完成转企改制过渡阶段主要任务。深入细致地做好全体职工的思想工作，使广大职工的思想统一到教育厅主管出版社体制改革领导小组的决定上来，调动职工参与和支持改革的积极性。配合完成上级组织的清产核资、财务审计和资产评估工作。通过审计评估，国有资产得到保值增值。配合制定人事、劳动、分配制度的基本政策。制定企业《章程》，重新进行企业法人登记。

五、积极参与科学发展观学习实践活动

（一）坚持推进文化建设。把学习实践科学发展观作为最重要的文化建设内容，与业务学习结合起来，组织青年职工进行学习竞赛。发扬优良的学习传统，邀请课程论专家李方举办专题讲座。

（二）明确发展理念。坚持把发展思路和经营服务理念结合起来，培育发展优势。坚持把发挥自身学科优势和与社团结盟结合起来，构建可持续增长模式。坚持把依法、规范的生产经营与应用现代技术手段结合起来，形成科学的管理模式。坚持把图书质量管理与品牌建设结合起来，建立图书品质管理规范。坚持把文化建设与队伍建设结合起来，提高持续发展的软实力。

（撰稿　柯积荣；审稿　杨　哲）

市域教育

EDUCATION IN VARIOUS CITIES

广州市

概况

2009年，广州市教育系统以科学发展观统领教育工作全局，以办人民满意的教育为宗旨，深化教育改革，落实教育民生工程，促进教育公平，深入推进素质教育，提升教育质量，教育事业各项工作成绩显著，进一步促进了各级各类教育的健康、协调、持续发展，广州教育整体水平和综合实力再上新台阶。

一、教育优先发展稳步推进

2009年，广州市预算内教育经费投入130.41亿元，其中，市本级财政投入34.6亿元，预算内教育经费占财政支出的比例为18.08%。推动公共教育资源向农村和困难地区倾斜，设立农村教育发展专项资金2 000万元，用于改善农村学校办学条件、培训农村教师。从2009年秋季学期起，提高广州市农村义务教育免杂费补助标准，使其达到城镇免费义务教育补助标准。推进合作交流，签订了《广州市、佛山市同城化建设教育合作协议》，起草了《广佛肇经济圈建设教育合作协议》。香港耀华国际教育管理有限公司耀华教育项目落户广州市的各项工作稳步推进。强化责任考核，顺利完成了广州市及12个区（县级市）党政领导干部履行基础教育工作责任考核，进一步督促各级党委、政府及其主要领导干部落实教育优先发展。

二、教育民生工程进一步落实

2009年5月，增城市小楼、正果镇顺利通过省教育强镇督导验收，实现了100%的区、县级市成为省教育强区（市），100%的中心镇成为省教育强镇，100%的镇成为省教育强镇的目标。义务教育规范化学校建设进一步加强，2009年底，广州市有规范化学校779所（含自然过渡的省、市一级学校），达标率为70.05%。制定了《广州市“百校扶百校”行动计划实施方案》，启动了“百校扶百校”行动计划。贯彻落实国务院和省政府关于加强中小学校舍安全工程建设的部署，加强领导，完善工作机制，制定了《广州市中小学校舍安全工程实施方案》等文件，完成了中小学校舍安全的排查鉴定，基本完成了中小学校舍信息管理系统一期建设。制定了《广州市民办教育发展专项资金管理办法》，完成2008年、2009年两年共2 000万元专项资金资助工作。民办学校（教育机构）年检合格率达92%。广州市人大常委会对全市实施《民办教育促进法》进行了执法检查。《关于进一步做好优秀外来工入户和农民工子女义务教育工作的意见》经广州市政府常务会议和广州市委常委会议审议通过。2009年，全市中等职业学校有4.78万人享受国家助学金，各级财政共拨发国家助学金7 168万元，其中市财政投入2 924万元。投入866万元，免除了1 275名广州市户籍贫困家庭应届初中毕业生和255名梅州对口扶贫学生学费和实习实验费。

三、基础教育协调发展形成新优势

农村地区幼儿教育条件进一步改善。广州市海珠区南武中学等5所学校先后顺利通过示范性普通高中初期督导验收，广东华侨中学等5所示范性普通高中创建学校通过了省高中教学水平评估并获评“优秀”。目前，全市的省、市一级学校提供的优质学位占普通高中总学位数的89.12%，其中示范性普通高中提供的学位数占38%。2009年广州市普通高考成绩攀上了20年来的新高峰，各批次上线人数大幅度增长，各批次上线率大幅度提高，高分段考生在全省的比重大幅度增加，文理科650分以上考生占全省考生数的25%。

四、职业教育创出新品牌

广州市商务英语课程统测获得英国伦敦工商会考试局（LCCI）授权，广州市成为全国唯一自行组织该项认证考核的城市。商务英语课程统测与LCCI认证结合，获得课程统测考核合格的中职学生同时可直接领取LCCI证书。

广州市代表团荣获2009年广东省中等职业技能大赛地级以上市团体总分第一名；参加全国决赛再创佳绩，获奖总分占广东省代表团总分的63%，在全国省会城市中名列第一，为广东省夺得全国总分第三名作出了重要贡献。进一步做好退役士兵职业技术培训工作，2009年全市共招收退役士兵学员411名，在校培训学员达764人。培训学校加强校企合作，开展订单式培养，教学管理和培训质量进一步提高，有效促进了学员就业。截至2009年8月底，2007级的530名退役士兵毕业学员已有523名顺利实现就业，就业率高达98.7%。

五、德育教学与实践出新成效

结合“新中国成立60周年”等重大节庆日，组织开展以爱国主义、民族精神等为主题的系列德育实践和体验活动。配合开展亚运宣传活动，在全市中小学生中掀起了学习亚运知识的热潮。市关工委和市教育局关工委联合开展了广州市中小学生心理健康状况调查。E-channel学生频道荣获广东省“团建创新年”活动创新奖，被评为广州市直机关工作创新成果项目，《打开心天空》电台节目荣获广州市新闻节目三等奖。2009年，广州市新增24所省、市安全文明校园。

六、教育科研引领呈现新亮点

试行《义务教育学科学业质量评价标准》，构建促进每个学生发展的学业评价体系。组织开展广州市教育科学“十一五”规划（第四批）课题申报工作，启用“广州市教育科学规划课题管理系统”，实现匿名网络评审。评选了25个首批教育系统创新学术团队；开展了广州市第七届教学成果奖评选，并推荐了21个优秀项目参加广东省第七届普通教育教学成果奖评选。广州市教育信息中心“教育e时代”同步教学资源包硬件平台及资源建设、技术支持服务项目正式启用。

七、体育、卫生、艺术、科技等教育结新硕果

2009年，广州市第五中学足球队获得中国中学生足球锦标赛冠军，广州市聋人学校荣获全国特殊教育学校男子聋人篮球赛亚军。成功组织了全省、全国第三届中小学生艺术展演广州、佛山赛区的选拔工作，广州市获奖节目、作品继续在全省保持领先位置。积极应对甲型H1N1流感疫情，扎实落实各项防控措施，有效防范了甲型H1N1流感在学校的传播和流行。参加第24届全国青少年科技创新大赛再创佳绩，广州市获得一、二、三等奖项目分别占全省获奖项目的80%、60%和86%。广州市海珠区同福中路第一小学成为国内首个与国际空间站宇航员实时对话的小学。

八、教师队伍建设进一步加强

2009年，广州市普教系统共引进人才2 050人，其中接收应届普通高校毕业生1 379人。荀万祥等4位同志被评定为“广东省第三批基础教育系统名校长”，宋曼蕾等7位同志被评定为“广东省第二批基础教育系统名教师”。启动广州市中小学优秀校长培养工程，遴选40名中小学校长参加首批、第二批优秀校长培养工程。教育部“教育技术促进中小学教师专业化发展”广州试验区顺利通过了评估验收。制定了《广州市市属义务教育学校绩效工资实施办法》，积极在义务教育学校实施绩效工资，广州市属义务教育学校的教师工资待遇已经与广州市直机关公务员待遇基本相当，大部分区（县级市）教师待遇已经接近、达到或超过当地公务员工资水平。在广州市委、市政府的高度重视下，广州市制定了《广州市解决中小学代课教师问题工作方案》《关于我市解决中小学代课教师问题的实施意见》等一系列政策文件，市、区（县级市）积极行动，努力克服编制、财政等困难，最大限度解决符合条件的代课教师入编问题，对不符合入编条件的代课教师，多渠道妥善安置。2009年，广州市2 246名中小学代课教师中，已有1 217人通过“代转公”考试转为公办教师或通过正常公开招聘考试转为公办教师，544人被转为学校工勤人员或推荐就业。

九、教育信息化建设成效显著

建立了覆盖城乡各级各类学校的教育信息化网络，广州市教育科研网成为全国基础教育规模最大的光纤城域网，光纤总长度近20 000公里。“数字教育城”战略构想纳入“信息广州”总体规划。完成了全部农村地区教育信息中心及493所农村学校接入广州市教育科研网工作。拟定了《广州市教育资源下乡行动计划（2010—2015年）》，推进优质教育教学资源下乡。

十、教育发展环境进一步优化

深化行政审批制度改革，实现了行政审批项目在原有基础上减少50%的目标。推进政务公开、校务公开，完善广州市教育门户网站建设。深化机关效能建设和作风建设，将开展机关服务年活动和学习实践科学发展观活动整改落实有机结合，组织开展以服务企业、服务农村、服务基层、服务群众为主要内容的优质服务竞赛活动，不断提高机关干部的服务意识、服务能力、服务质量，提高群众对机关的满意度。推进基层民主建设，表彰依法治校示范校和民主管理星级单位。开展对各类评估的整顿清理，在全市原有的18个评估项目中，撤销10个，合并1个，保留7个，并建立了评估准入制度。制定《广州市中小学校党组织工作暂行规定》《广州市中小学校长工作暂行规定》和《广州市中小学校教代会工作暂行规定》等规范性文件，进一步完善中小学校长负责制，完善中小学校领导机制、管理机制和运行机制。创新廉政教育方式，建立党风廉政分析工作制度，首次对广州市教育局属42个单位开展了党风廉政建设分析工作，对新提领导干部和新进机关干部进行廉政谈话，作廉政承诺。在教育

系统深入开展“扬正气，促和谐”全国、省、市优秀廉政公益广告展播工作，加强廉政文化示范点建设，召开广州市廉洁文化进校园经验交流会。建立教育系统违法违纪案件报送制度，每半年报送一次违法违纪案件。认真开展教育收费检查，开展“小金库”专项治理。

各级各类教育

【基础教育】 一、幼儿教育

2009 年，广州市有幼儿园 1 493 所，在园幼儿 312 969 人，3 周岁及以上儿童入园率达 111.18%。全市有幼儿园教职工 38 353 人，其中园长 2 403 人，教师 21 130 人。园长学历达标率为 98.54%，其中幼师专业毕业的占 82.48%，专科及以上毕业的占 76.53 %，中级职称及以上的占 26.55%；专任教师学历达标率为 98.01%，其中幼师毕业的占 92.72%，专科及以上毕业的占 51.73 %，中级职称及以上的占 6.33%。（见表 1）

全市积极推进幼儿教育的可持续发展，把幼儿教育纳入广州市教育发展整体规划。积极探索当前幼儿教育面临的关于公办幼儿园教师待遇、农村幼儿园办学条件困难等突出问题。

启动农村幼儿园“镇村园一体化”管理模式的试点工作，初步确立了白云区钟落谭镇、从化市温泉镇、番禺区钟村镇、增城市石滩镇、花都区花山镇等一批“镇村园一体化”管理模式市级试点。同时，番禺区被广东省教育厅确定为省农村学前教育发展模式试点区。在托幼专项经费分配上加大对农村幼儿教育的扶持力度，积极改善农村幼儿园办学条件，强化师资培训，缩小幼儿教育发展城乡之间的区域性差异。

二、中小学教育

2009 年，广州市有小学 1 022 所，中学 471 所，其中初中（含九年一贯制学校）341 所、普通高（完）中 130 所。小学在校生 828 889 人，小学适龄儿童入学率达 100%，小学生毕业率达 98.92%，小学毕业生升学率为 99.78%；初中在校生 400 855 人，初中毕业生升学率达 90.76%；普通高中招生 60 580 人，其中示范性高中招生 22 626 人，占全市普通高中招生计划总数的 37.35%，全市省、市一级学校提供的优质学位占普通高中总学位数的 90.10%，普通高中在校生 174 397 人。（见表 2）

三、特殊教育

2009 年，广州市有特殊教育学校 16 所，其中聋人学校 1 所，盲人学校 1 所，工读学校 1 所，脑瘫儿童学校 1 所，自闭症儿童学校 1 所，弱智儿童学校 11 所（脑瘫儿童学校和自闭症儿童学校属市残联管理）。教学班 204 个。特殊教育学校教职工 899 人，在校生（含特殊教育学校、随班就读、特教班和送教上门学生）共 5 281 人。特殊儿童的入学率、保留率接近当地健全儿童水平。

2009 年，市财政共划拨 200 万元用于特殊教育学校、特教班、随班就读学校改善办学条件和特殊教育教师的培训。此外，广州市聋人学校新校址的规划也有了新进展，拟在白云区陈田村征地约 4.67 万平方米作为异地建校的新校址。

表 1　2009 年广州市幼儿园基本情况

项　目	2009 年	比 2008 年增长（%）
幼儿园数/所	1 493	0.33
其中民办幼儿园数/所	1 100	2.33
在园幼儿数/人	312 969	5.31
教职工数/人	38 353	4.41
其中园长数/人	2 403	0.50
园长学历达标率/%	98.54	0.03
其中教师数/人	21 130	5.70
教师学历达标率/%	98.01	0.38

表2 2009年广州市中小学校基本情况

项　目	2009年	比2008年增长（%）
一、小学教育		
学校数/所	1 035	-3.8
学校数/所	1 022	-1.26
在校学生数/人	828 889	-3.94
小学适龄儿童入学率/%	100	0
小学生毕业率/%	98.92	-0.31
小学毕业生升学率/%	99.78	0.02
教职工数/人	49 523	0.28
其中专任教师数/人	42 275	0.18
教师学历达标率/%	100	0
其中：大专及以上/%	92.77	1.34
中级职称及以上/%	53	2.35
二、普通中学教育		
学校数/所	471	1.29
其中：初级中学/所	341	2.1
完全（高级）中学/所	130	-0.76
在校学生数/人	575 252	-1.17
其中：初中在校生数/人	400 855	-1.82
高中在校生/人	174 397	0.35
初中生毕业率/%	97.42	-0.13
初中毕业生升学率/%	90.76	-0.5
高中生毕业率/%	99.74	0.23
高中毕业生升学率/%	85.43	3.37
教职工数/人	44 752	2.36
其中：专任教师数/人	37 105	2.44
初中教师数/人	24 816	2.8
高中教师数/人	12 289	1.71
初中教师学历达标率/%	99.59	0.12
其中：本科及以上/%	85.74	2.19
中级职称及以上/%	55.10	0.78
高中教师学历达标率/%	99.27	0.35
其中：中级职称及以上/%	66.91	2.14

【职业与成人教育】 一、中等职业教育

2009 年，广州市属中等职业技术学校有 67 所（其中民办中职学校 18 所，未含技工学校），招生 51 769 人，毕业生 45 185 人，在校学生 145 874 人。（见表 3）广州市全面贯彻落实科学发展观，服务广州社会经济发展，以培养大批适应经济社会发展需要的技能人才为宗旨，以市场需求和劳动就业为导向，以提高劳动者职业技能为根本，进一步优化资源配置，重点解决好中等职业教育规模、结构、质量和效益的协调发展，不断深化教育教学改革，努力提高技能人才的培养水平，全面提升服务经济发展方式转变、产业结构调整和升级的能力。

表 3　2009 年广州市属中等职业学校基本情况

项目	学校数/所	在校生数/人	招生数/人	毕业生数/人	教职工数/人	专任教师数/人
职业学校	67	145 874	51 769	45 185	6 904	4 608
技工学校	28	101 280	33 971	22 030	3 100	2 279
合计	95	247 154	85 740	67 215	10 004	6 887

二、成人教育

深入贯彻落实《中共广州市委广州市人民政府关于加快推进广州市产业转移和劳动力转移的实施意见》，重点推进农村富余劳动力培训转移就业工作，加强农村成人教育“三级网络建设”；继续推进社区教育；积极开展成人学历教育，提高成人文化技术水平。

2009 年，广州市按照“安排教育附加费的 5% 用于镇成人文化技术学校的建设”的要求，加大市财政对农村成人教育的投入和扶持。为适应农村经济社会发展的需要，继续完善区（县级市）、镇、村农村成人教育三级网络，重点扶持镇成人文化技术学校实训设备和基地的建设，积极开展中职学校与镇成人文化技术学校的合作，建立中职学校与镇成人文化技术学校衔接的“立交桥”，充分利用中职学校优质资源，扶持镇成人文化技术学校的发展，积极开展各种农村实用人才技术培训，推动农村成人文化技术的教育。

广州市进一步加强社区教育基地建设，完善社区教育网络，提高信息化教育水平，创新教育形式，丰富教育内容。广州城市职业学院加挂“广州社区学院”牌子，成为推动广州市社区教育的指导和服务机构；开展了主题为“人人学习·促进发展·共创文明·齐迎亚运”的全民终身学习活动周活动；越秀区、海珠区被评为全国社区教育实验区，越秀区社区教育学院正式挂牌成立，越秀区 22 条街道和有关职能部门均设立了分院。

广州市各镇（街）均建立了镇成人文化技术学校，2009 年新增了 5 所省级重点镇成人文化技术学校和 1 所市级示范学校，市级以上示范学校比例达到 89%，提前完成规划中“到 2010 年市级以上示范性成人文化技术学校比例达 70%”的目标。全年镇成人文化技术学校培训 15. 3 万人，其中指导性培训 6. 8 万人，技能性培训 5. 1 万人，转移后培训 3. 4 万人。培训后就业 5. 6 万人。

【高等教育】 2009 年，广州市开展了特色专业、示范性专业、精品课程、实验教学示范中心以及教学团队、教学名师、优秀教材等建设工作，进一步完善了质量工程与内涵建设项目的设置、申报和评审机制。广州大学孔子学院已正式开学，广州大学被增列为全国艺术教育硕士培养单位，成为广东省内第一所获得艺术教育硕士培养资格的综合性大学。

广州医学院从化学院转制遗留问题解决方案获得市政府批准。广州番禺职业技术学院顺利通过了国家示范性高职院校建设的省级验收，并被广东省教育厅直接确认为省示范高职院校建设单位。广州铁路职业技术学院、广州城市职业学院、广州体育职业技术学院顺利通过教育部人才培养工作评估。大力推动广州市广播电视大学“广州数字化学习港”建设，初步建成了具有示范作用的中心城市终身教育公共服务体系应用群。

2009 年，市属高校内涵建设再创佳绩，共获得 3 项国家级教学成果奖，获评 4 门国家级精品课程、1 门国家级双语教学示范课程、1 名国家级教学名师、1 个国家级教学团队、1 个国家特色专业建设点，竞争力和创新力进一步提升。

教育成果与特色

【积极稳妥地做好流动人口子女义务教育工作】在落实好政策性照顾借读生免费义务教育工作的同时，将来穗务工就业农民工子女义务教育工作作为当前解决流动人口子女义务教育工作的重中之重。2009年，广州市教育局会同有关部门积极调研、认真研究，完善了《关于进一步做好优秀外来工入户和农民工子女义务教育工作的意见》，在来穗务工就业农民工子女入学、收费、财政资助制度和各部门职责等方面做出具体规定。该意见已经广州市政府常务会议和市委常委会审议原则通过。

【扎实推进中小学校舍安全工程】根据《全国中小学校舍安全工程实施方案》，广州市于2009年10月12日成立广州市中小学校舍安全工程小组办公室，制定了《广州市中小学校舍安全工程实施方案》及《广州市中小学校舍安全工程三年规划方案》。

2009年10月30日前，各区、县级市积极开展校舍排查鉴定工作。广州市公办中小学1 223所，单体建筑物6 780幢100%完成校舍排查鉴定任务，属不安全校舍2 552幢，不安全校舍面积357.94万平方米，不安全校舍面积占总校舍面积的29.26%。广州市民办中小学326所，单体建筑物1 196幢已基本完成校舍安全工程排查。民办、外资、企（事）业办学的校舍安全工程由学校的办学者负责实施，并按要求对校舍进行全面排查鉴定，制订方案和落实资金等，然后将有关情况报送各区、县级市，由各区、县级市加强指导、监督。

广州市中小学校舍安全工程所需投入资金估算为46.98亿元，分三年投入，拆除不安全建筑面积8.09万平方米，拆除后重建面积103.15万平方米，维修加固面积260.85万平方米。

2009年，全市实际完成拆除不安全校舍建筑物面积2.3万平方米，拆除重建面积29.50万平方米，维修加固面积8.45万平方米，占不安全建筑物总面积357.94万平方米的11.24%。

【大力扶持民办教育发展】广州市每年（从2008年起）从教育财政预算中安排专项经费作为广州民办教育专项资金，主要用于广州市民办普通中学、中等职业学校、小学、幼儿园、非学历教育机构的实验室、实训基地、教学仪器设备、教育信息化、中小学（职中）教师培训、教育科研等重点建设和工作项目。

2009年，广州市制定《广州市民办教育发展专项资金管理办法》（穗财教〔2009〕171号），并将2008年、2009年的民办教育发展专项资金下发。2008年、2009年民办教育发展专项资金共2 000万元用于资助民办学校，其中，广州市教育局支配使用1 760万元专项资金，广州市人力资源和社会保障局支配使用240万元专项资金。经过学校项目申报和评审专家小组项目评审，广州市天河区龙梅小学等89所学校被确定为广州市民办教育发展专项资金项目资助对象。

【公布2008年广州市学生体质健康监测结果】广州市教育局于2009年8月向社会发布了2008年广州市学生体质健康监测结果报告。

参加本次监测的点校沿用2002年和2004年的监测点校，代表城市样本的学校有3所中学和3所小学，分布在越秀区、荔湾区和海珠区；代表乡村样本的学校有3所中学和3所小学，在从化市抽取。监测对象为7～18岁汉族城乡男女学生共6 708人。监测的项目包括身体形态、生理机能、体能素质、健康状况和问卷调查五个方面内容，具体包括身高、体重、胸围、腰围、臀围、肺活量、血压、握力、50米跑、立定跳远、1分钟仰卧起坐、坐位体前屈，耐力跑（7～12岁学生的项目是50米×8往返跑，13～18岁男生是1 000米跑，女生是800米跑）、视力、龋齿、粪蛔虫卵（乡村7岁和9岁学生）。

监测结果显示：广州市汉族学生形态发育水平继续提高，与2002年、2004年的学生身高和体重比较，总体上继续呈现增长趋势；学生营养状况继续得到改善，与2002年、2004年的学生营养状况比较，城乡男生营养不良检出率有明显的下降，城乡女生营养不良检出率低于2002年、高于2004年；学生龋齿患病率明显下降；乡村7岁和9岁学生粪蛔虫卵检出率继续为零；学生运动素质得到改善的项目有50米跑、仰卧起坐、握力、坐位体前屈和7～12岁学生的耐力跑。存在问题：学生超重率和肥胖率呈快速上升趋势；乡村学生乳龋和恒龋充填率均下降，反映乡村学生口腔卫生保健水平下滑；学生视力不良检出率仍然居高不下；学生运动素质呈明显下滑的项目有立定跳远、13～18 岁学生的耐力跑。

【实施中小学生健康体检新标准】广州市于 2009 年秋季开学起，实施学生健康体检新标准。新标准要求每年对在校学生进行一次健康体检，并建立学生健康档案；义务教育阶段学生健康体检的费用由学校公用经费开支，其他学生健康检查费用由省级政府制订统一的费用标准和解决办法。这一新措施的实施，使全市 140 多万名中小学生获得了最基本的卫生保健服务。

【推进广州市中小学教师继续教育均衡发展】广州市组织教师继续教育相关职能部门，依托本市教师远程培训的良好基础，以实施“教育技术培训促进中小学教师专业化发展”广州试验区工作为契机，积极开展实践研究。一是创建“行政主导、专家引领、机构实施、企业支撑”的工作保障机制，为落实区域联动提供组织保障、经费保障和技术保障。二是组建越秀区—增城市、天河区—从化市、荔湾区—番禺区、海珠区—花都区、黄埔区—萝岗区、白云区—南沙区的区域协作联盟，制定“三协同”（协同学习、协同教研、协同科研）和“三结合”（与新课程标准结合，与实验区课题相结合，与跨学科的实践相结合）的原则，以教育技术在学科教学中的有效应用为重点，开展网上、网下的区域间协作与交流，实现共进双赢。三是构建网络校本研修共同体。教师个人、学科组、学校基于发展需求，校内研修共同体借助地域资源和网络优势向外扩展，联动组建区域内研修共同体，同时向区际和城乡辐射，构成以校本研修为核心的校际、区际、城乡一体化的联动网络。

2009 年，广州市教师参加教育技术培训达 72 255人，其中农村地区教师参与人数达 27 641 人，占农村教师总数的 93.12%。在 24 个城乡区域联盟试点学校中，参与网上教学研讨的人员达 7 172 人次，发表主题观点 332 个，参加市级以上教学创新大赛的作品达 172 个。广州市参加全国中小学教师教育技术能力建设计划应用成果评比与展示活动获奖的 22 个作品中，农村教师的作品占 9 个。

【推动教师职称评审科学发展】2009 年，广州市在继续实行教师职称量化评审的基础上，实行中学高评委会论文提前匿名评审的新做法，把申报人论文上的有关信息，如姓名、单位、申报专业等隐匿，只提供论文的题目、内容和获奖情况等说明。采用匿名评审方式，大大减少了人为因素的干扰，进一步促进了教师职称评审工作的公平、公正和科学发展。2009 年，申报中学高级职称的教师共 1 544 人，提交论文共计 3 088 篇，150 多名专家历时 3 天顺利完成了论文的匿名评审。

【2009 年广州市中小学教师师德建设辩论赛取得圆满成功】2009 年 9 月 8 日，2009 年广州市中小学教师师德辩论赛圆满落下帷幕，全市共有 14 802 名中小学、幼儿园教师直接参与比赛，广雅中学、荔湾区小学幼儿园教师代表队等 7 支队伍获得金奖。

【“阳光招生”加大社会力量监督】2009 年广州市高中阶段学校招生录取工作期间，市人大、市政协、市纪委的领导到市招考办录取现场视察提前批录取情况，加强对招生考试工作的监督，增强工作的透明度，并对招生考试工作提出相关意见和建议。首次邀请中考考生与家长代表到录取现场观摩第一批录取的全过程。通过观摩与交流，考生、家长代表对高中阶段学校招生的投档、录取和监督等各项工作有了全面的认识，对社会高度关注的“阳光招生”工作政策、原则、方法和过程有了更深入的了解。

【中考体育考试首次使用信息化管理方式】2009 年，广州市首次在中考体育考试中引进电子设备进行管理。全市共投入 315 万元购置电动计时仪、测距仪等设备，在中考体育考试 200 米跑和部分项目中投入使用，有效减少了考试过程中人为因素的影响，进一步规范了考试管理，严肃了考风考纪，有效防止了作弊现象的发生。本项目的实施从考试编排、测量数据采集、考试成绩公示等环节彻底改变了传统运作模式，实现了流程公开、信息公开。广州市实现体育考试计时、测距项目零投诉的管理目标，提高了体育考试的公信力。

【召开首批农村地区初中和小学教师培训总结表彰会】2009 年 4 月和 11 月，广州市分别召开了首批农村地区初中和小学教师培训总结表彰会，共有 15 个学科 580 名农村初中教师和 298 名农村小学教师参加了免费系列培训。全市共举办各种培训活动数百场次，参加培训的教师超过 20 000 人次。

【组织市区两级党政领导干部教育工作考核】2009 年 5 月，全市 12 个区、县级市的党政领导干部履行基础教育工作职责的情况顺利通过了考核，考核组由市委组织部和市教育局牵头组成。

2009 年 11 月，省委组织部和省教育厅联合对广州市副市长徐志彪 2007 年、2008 年履行基础教育工作职责的情况进行考核，考核组对广州市基础教育近年来取得的巨大成就给予了充分肯定和高度评价。

【举办广州市中小学生美文诵读大赛】由广州市文明办、广州市教育局主办的“中华之魂——广州市首届中小学生诵读中华经典美文表演大赛”于2009年8月启动，历时半年。活动紧密围绕庆祝新中国成立60周年和建设社会主义核心价值体系，结合推进广州市创建文明城市工作，在青少年中大力弘扬中华民族传统文化的精髓，目的在于不断提升中小学生的欣赏品位、审美情趣和文学艺术修养，增强校园人文底蕴，培养学生的爱国情感、民族精神，形成积极正确的价值观、人生观。活动受到广州市中小学师生的热烈欢迎，共有2 000多所中小学及中等职业学校参与活动。各区、县级市都进行了预赛、初赛和区一级的选拔赛，全市各中小学高度重视，结合公共文明指数测评工作，精心组织，把本次活动纳入和谐校园创建工作，将美文表演大赛活动与加强未成年人思想道德建设和对学生进行社会主义核心价值体系教育有机结合起来，创新载体，丰富内容，活跃校园文化，营造出良好的校园氛围。经过层层筛选，共有小学组24支队伍和中学组的28支队伍进入总决赛，并决出了一等奖10名，二等奖18名，三等奖24名。

【召开2009年度广州家长学校现场会】“落实全国未成年人思想道德建设经验交流会精神——2009年度广州家长学校现场会”于2009年12月22日在广州市第四中学召开。广州市委常委、宣传部部长王晓玲，广州市政府副秘书长赵南先，广州市教育局、市妇联、市关工委的领导出席了会议，广州市教育局副局长黄素明出席会议并宣读了100所优秀家长学校的表彰决定，各区、县级市教育局主管领导以及全市家长学校代表共300人参加了会议。

会议传达了全国未成年人思想道德建设经验交流会精神，总结和交流了广州市家长学校建设的工作经验，并为获得“2009年百优家长学校”的代表授牌。

【召开“广州市第一届德育论坛”】2009年4月13日，“广州市第一届德育论坛”在广东法官学院召开。论坛对2008年荣获“广州市首届中小学德育创新奖”的30项成果进行了表彰。听取主题报告后，与会代表围绕德育资源的有效整合、班主任队伍的专业化建设、网络时代的家校合作等德育热点问题进行了专题研讨。

【启动《广州市中长期教育改革和发展规划纲要》编制工作】2009年2月，广州市教育局正式启动《广州市中长期教育改革和发展规划纲要》编制工作。根据国务院研究制定的《国家中长期教育改革和发展规划纲要》精神和《珠江三角洲地区改革发展规划纲要（2008—2020年）》的战略部署，制定了详细的工作方案。2009年5月，完成对广州市“十一五”教育发展规划的中期评估工作，基本了解了广州市教育发展的现状和问题，完成了规划编制工作的前期调研任务。2009年9月，开始对教育发展中的体制问题进行专项调研工作，寻求教育发展的突破点。至2009年底，对教育融资体制、民办教育管理体制、职业教育管理体制、基础教育现代化、高等教育管理体制和教育国际交流等深层次问题进行了调研。

【举行广州市教育基金会成立二十周年纪念大会暨纪功碑竣工揭幕仪式】2009年9月23日，广州市教育基金会成立二十周年纪念大会暨纪功碑竣工揭幕仪式在广州大学大学城校区举行。20年来，基金会投入基金增值资金人民币8 081万元、港币276.3万元，奖励了广州市各级各类学校师生17.01万人次和学校集体、单位4 054个；资助了教育重点项目172个（次）；投入专项资金1 507万元人民币，联合广州市教育局兴建了广州市投入资金总规模达1.6亿元的“十大教育工程”；资助广州市家庭经济收入低于政府规定的生活最低保障标准的中小学生学习，资助广州市各级各类全日制学校中患重大疾病的困难学生治疗。

【普通高考成绩攀上新高峰】广州市普通高考成绩连续20年位居全省前列。2009年，全市参加普通高考的实际人数为58 342人，比2008年减少99人，但各项指标创近年来新高。一是各批次上线人数大幅度增长：第一批上线考生6 566人，比2008年增加793人；第二批本科A线以上上线人数18 241人，比2008年增加2 156人；第二批本科B线以上上线人数25 147人，比2008年增加2 588人；第三批大专A线以上上线总人数38 267人，比2008年增加5 496人；第三批大专B线以上上线总人数50 690人，比2008年增加3 104人。二是各批次上线率大幅度提升：第一批本科上线率达11.25%，比2008年提高1.37个百分点，占全省第一批上线考生的16.11%；第二批本科A线上线率为31.27%，比2008年提高3.75个百分点，占全省第二批本科A线上线考生的13.68%；第二批本科B线上线率为43.10%，比2008年提高4.5个百分点，占全省第二批本科B线上线考生的13.15%；第三批大专A线以上上线率为65.59%，比2008年提高9.51个百分点；第三批大专B线以上上线率为86.88%，比2008年提高5.45个百分点。三是高分段考生大面积增加：文理科600分以上考生达4 230人，占全省考生数的17%；文理科650分以上考生达417人，占全省考生数的1.68%。

【内地新疆高中班高考取得优异成绩】2009年，广东广雅中学、广州市第六中学、广州市协和中学3所学校111名内地新疆高中毕业班学生参加高考，其中106名学生考上了本科院校，5名学生考上了专科院校，100%进入高等学府继续学习。

【启动广州市“百校扶百校”行动计划】2009年7月，印发《广州市“百校扶百校”行动计划实施方案》，确定越秀、海珠、荔湾、天河、黄埔、番禺等区依次对口帮扶花都、增城、从化、白云、萝岗、南沙等区（县级市）。同时，各区（县级市）又在本区范围内组织学校结对帮扶。全市共挑选100所优质学校对口帮扶100所城镇薄弱学校和农村学校，以推进城乡教育一体化发展。10月，在广州市政府礼堂举行了广州市“百校扶百校”行动计划启动仪式，广州市副市长徐志彪出席仪式并作重要讲话，12个区、县级市教育局当场签订了帮扶责任书，广州市“百校扶百校”行动计划全面启动。11月，印发《关于建立广州市“百校扶百校”行动计划定点学校联系制度的通知》，下拨26万元作为启动经费，进一步鼓励各学校推动帮扶工作。

【加大职业技术教育财政投入】加大财政对职业技术教育发展的支持力度，设立职业技术教育发展专项资金，主要用于职业技术教育基础能力建设的投入，促进职业技术教育发展。城市教育费附加安排用于职业技术教育的比例继续不低于30%，在配套设施建设返还用于教育的资金中，职业技术教育所占比例逐年增加。按照发展规划保障措施的要求，职业技术教育所占比例到2010年要到达50%以上。2009年，省、市两级财政共投入1.3亿元，重点建设了一批专业突出、综合实力强、与产业关联度高、发展前景好的国家、省重点学校，加快实训中心项目建设，通过更新和装备一批先进适用的实训设备，改善实训条件，提升实操能力。全市有13所学校通过国家级重点中等职业学校复查，6所学校通过省级重点中等职业学校复评，新增省重点建设专业4个。

【广州大学首次获“863计划”项目】2009年2月，经科技部批准，广州大学计算机科学与软件学院院长谢冬青教授负责的“基于P2P的DDoS分布式防御研究”被列入“863计划”项目。这是该校承担的第一个“863计划”项目。该项目主要研究解决分布式拒绝服务攻击（DDoS）造成网站、信息系统长时间响应速度慢、威胁基础网络和重要信息系统正常运行的问题。

【广州大学质量工程喜获新突破】2009年，广州大学质量工程喜获新突破，新闻与传播学院王首程教授主持的“2+2新闻人才培养模式创新实验区”项目成为国家级人才培养模式创新实验区，这是全国新闻专业领域内仅有的两个获批实验区之一。机械与电气工程学院院长张春良负责的“机械设计制造及其自动化”专业获国家级特色专业建设点。“2+2新闻人才培养模式创新实验区”借助主流媒体的资源，创新广播电视新闻人才培养模式。该校新闻与传播学院与南方广播影视传媒集团合作开设“体育新闻班”为2010年的广州亚运会各项报道储备新闻人才。“机械设计制造及其自动化”是以CDIO人才培养模式为特色的专业，以“基于项目在实践中学习，强化应用创新”为人才培养特色，全面培养学生在科学技术知识、应用创新能力、人际交往能力、大系统掌控能力等各方面的素质，形成符合国际标准的高素质工程师培养基地，为同类型高校相关专业建设和改革起到示范和带动作用。

【广州医学院积极拓展对外合作与交流】2009年，广州医学院与英国爱丁堡大学、澳大利亚昆士兰科技大学、美国阿肯色大学等签订了办学合作协议，对合作项目进行了深入的磋商和细致可行的规划；正式启动了与美国加州州立大学北岭分校“2+2”联合培养公共事业管理专业本科学生的项目。此外，还与香港中文大学、香港大学、澳门镜湖护理学院、台湾中山医学大学等港澳台地区高校建立了良好的校际合作关系。

【广州医学院全面推进质量提升】2009年，广州医学院全面推进本科教学“质量工程”，教学质量稳步提升。“内科学”课程荣获国家双语教学示范课程，“内科学”课程教学团队获得国家级教学团队；钟南山院士被授予国家级教学名师；《创建防治结合型全科医学人才培养模式，推动社区卫生服务可持续发展》获第六届国家级教学成果二等奖；全科医学实验教学中心成为广东省高等学校实验教学示范中心；“病理学”“全科医学概论”获广东省精品课程。

学院在科学研究方面也取得新突破。2009年1月24日，钟南山院士领衔撰写的论文以最高票数获评“国际医学杂志《柳叶刀》2008年度优秀论文”。由徐军、陈敏生教授等申报的项目获科技部“十一五”“863计划”重点项目立项。由学校港湾医院李逊教授设计的“一种微创肾镜”及“一种腔镜导入器”双双获得国家专利，目前该肾镜已由德国 Wolf 公司生产并广泛应用于临床。2009 年，钟南山院士当选为 100 位新中国成立以来感动中国人物、“南粤杰出劳模”，王家骥教授被评为全国优秀教师，冉丕鑫教授被授予“卫生部有突出贡献中青年专家”称号。

【广州番禺职业技术学院成为首批国家示范性高等职业院校】广州番禺职业技术学院的国家示范性高职院校建设项目顺利通过教育部、财政部验收，成为首批国家示范性高等职业院校。该院在 2006 年 12 月就被确定为“国家示范性高等职业院校建设计划”首批 28 所立项建设单位之一，几年来学院积极按照建设要求，分解任务，落实责任，健全制度，精心推进，实施过程监控，强化绩效考核，顺利完成各项任务。2009 年 9 月 22 日，学院顺利通过广东省组织的国家示范建设项目省级验收。

【广州番禺职业技术学院被列为省首批示范性高职院校建设项目立项建设单位】2009 年，广州番禺职业技术学院被广东省教育厅、省财政厅直接列为“广东省示范性高等职业院校首批立项建设单位”，重点建设商务英语专业与专业群、物流管理专业、工商企业管理专业与专业群、建筑工程技术专业与专业群、汽车检测与维修专业与专业群、管理队伍建设、基于职业发展的大学生综合素质教育建设、省级师资培训基地建设共八个项目，建设期从 2009 年 6 月至 2012 年 6 月。

【广州城市职业学院人才培养质量大幅提升】2009 年 8 月 28—29 日和 12 月 1—4 日，广东省教育厅专家组对广州城市职业学院先后进行了基本办学条件数据核查和人才培养工作全面评估。学院最终以多项主要评估指标成绩优异的优势，顺利通过了教育部高职院校人才培养工作评估。

2009 年，学生参加省、市各类职业技能和英语竞赛达 14 项，其中有 9 个项目获奖，获奖学生达 89 人次。另有 13 名学生获得 2009 年国家奖学金，有 220 多名学生获得国家励志奖学金，学生的综合素质大幅提升。

【广州铁路职业技术学院率先通过人才培养工作评估】2009 年，广州铁路职业技术学院以评估整改为抓手，全力推进学院的改革建设发展，人才培养质量和办学效益得到全面提高，国家精品课程、中央财政支持实训基地、全国技能竞赛一等奖、省市教学成果奖均取得零的突破。学生获省级以上技能竞赛奖 24 项，其中应用电子、物流、计算机等专业的学生代表广东省参加全国职业技能大赛，获全国一等奖 2 项，三等奖 2 项。学院于 2009 年 6 月以优异成绩在市属高职院校中率先顺利通过人才培养工作评估。

【广州市广播电视大学全面打造“数字化学习港”工程】2009 年，广州市广播电视大学以提升教育服务社会的能力为重点，根据国家“关于推进终身学习服务体系建设与发展，加快教育体制改革，发展远程教育、继续教育”的总体思路，以广州远程教育中心建设为依托，全面打造“数字化学习港”工程。以“数字化学习港和终身学习社会的建设与示范”教改项目为突破口，积极搭建广州社会化公共教育服务大平台，先后在成人教育、继续教育、社区教育、社会文化教育等领域成功开展了多项网络学习应用群，初步建成了具有示范作用的中心城市终身教育公共服务体系框架和应用群。建成规模居亚太地区之首的远程教育大平台，供广大学习者使用，多个项目开创了国内应用领域的先河。

【广州体育职业技术学院以评促建取得显著成效】广州体育职业技术学院开展评建工作以来，在改善办学条件、深化教学改革、创新运行机制、提升办学实力、培育办学特色、提高人才培养质量等方面取得了明显成效。学院成为拔尖体育人才孵化哺育基地、优秀运动员终身教育园区和多元体育文化交流平台。2009 年 8 月 28—29 日，广州体育职业技术学院高质量通过了广东省教育厅专家组的数据核查，得到了专家组的充分肯定，学院以评促建取得显著成效，实现了跨越式发展，并为 2010 年 1 月专家组进校评估奠定了坚实的基础。

【广州工程技术职业学院运用信息化建设手段强化内部监督机制】广州工程技术职业学院现有八个校区和多个教学点，管理难度大。学院自主开发适应各项管理的个性化应用软件，研发行政办公平台系统，截至 2009 年已经第四次改版。行政办公平台使用功能完善，办事方便快捷，有效提高了工作考核的科学性与准确性。目前，学院各部门实现了办公网实时操作和监控。

【广州科技贸易职业学院科普志愿者活动实行“签约”模式】2009 年 6 月 12 日，广州科技贸易职业学院与广东科学中心签下五年科普志愿服务合作合同，从而成为全省首家与广东科学中心签约的高职院校，标志着该院的科普志愿者工作步入常规化和系统化。

2009 年，学院开展了一系列学生科普志愿服务活动。学生科普志愿服务工作是广州科技贸易职业学院学生工作的一大亮点，多年来该院立足于推广科普校园和服务科普活动，已形成一套完整的管理体系，服务人群涵盖在校学生、农民、市民群众，服务面从城市、社区、学校延伸到农村，依托广州市科协，与广东科学中心、广州市青少年科技馆紧密合作，取得了良好的社会效益。

【广州科技贸易职业学院内涵建设取得新进展】 广州科技贸易职业学院在内涵建设方面取得新进展。2009 年 11 月，学院服装系主任汤中军主持的课题"岭南特色服饰文化职业教育课程研究"获教育部立项，并被列为全国教育科学"十一五"规划 2009 年度教育部重点课题。2009 年 12 月 4 日，在第七届中国国际网络文化博览会暨首届中国动漫游戏人才年会上，学院获得了"2009 年中国动漫游戏人才培养优秀高职院校"和"2009 年中国动漫游戏专业人才培养模式创新奖"两项大奖。

（撰稿 柳恩铭 温小来 周文平 梁 多 麦锦城 蔡奕生 黄 华 徐雪珠 林 为 李伟成 宋冠男 丘毅清 郭海清 袁静霞 沈 蔓 蔡艺孟 李清晓 侯静敏 曾子高 吴松海 刘林睿 谢 怡 曾锦标 买琳燕 李 燕 欧阳恩剑 施径科 黄克铭 曾国平 李艳华；审稿 柳恩铭 温小来 郭海清）

深 圳 市

概 况

2009年，深圳市教育行政部门和各级各类学校坚持贯彻落实深圳市委、市政府的各项决策部署，以办人民满意的教育为目标，努力把教育作为首要民生工程抓实抓好，推动了教育各项工作又好又快发展。

2009年，全市有各级各类学校1 636所，实际招生352 287人，在校学生1 267 087人，毕业生285 786人，教职工107 406人（其中专任教师74 488人）。高等教育学校9所，其中普通高等学校8所，成人高等学校1所。全日制高校在校生6.69万人，比2008年增加2 285人，其中研究生增加586人，增长7.5%。小学346所，普通中学285所（初中225所，普通高中60所），学前教育机构974所，特殊教育学校（含特教、工读）2所。学前教育招生8.8万人，比2008年增加1.7万人；义务教育阶段招生18.4万人，比2008年增加6 000人；高中阶段教育招生48 766人，比2008年增加8 547人；中等职业学校共20所，另有3个非独立法人的中等职业办学机构（深圳市开放职业技术学校、深圳市新鹏职业高级中学、深圳职业技术学院五专部），中等职业学校共招生18 585人，比2008年增加3 293人，增长21.53%。

一、教育经费投入继续加大

2009年，全市教育经费总投入171.12亿元（其中预算内教育经费投入130.18亿元），比2008年增加27.12亿元，增长18.83%；教育财政拨款占财政一般预算支出比例为13.95 %，比2008年提高了1.72个百分点。强化全市教育经费统筹管理，全年全市义务教育公办学校公用经费综合定额标准提高30%。成立学生资助管理中心，助学体系功能得到切实发挥，全年资助全市各级各类学校学生近10万人次，资助金额达1.08亿元。

二、教育督导制度不断健全

完善教育督导工作机制，按照广东省的统一部署，开展了区一级党政领导干部教育工作履职情况考核；积极推进学校规范化和区域教育现代化建设。全市共有南山和宝安两个区通过了广东省推进教育现代化先进区验收，其中南山区是广东省第一个获得此项荣誉称号的区。462所学校（含分部）通过规范化验收或认定，公办学校通过率为94.72%。全年共推荐31所学校（幼儿园）参加省一级评估，对87所学校和幼儿园进行了省、市一级专访和评估，对11所幼儿园进行了省一级园复评，组织对3所学校进行了普高教学水平评估，组织对54所学校进行了办学效益评估。培训专兼职督学109名。

三、教育科学研究取得可喜成绩

深圳市教育科学研究院于2009年4月23日正式挂牌成立。深圳市教育科学研究院是深圳市教育科研、教学研究、师资培训等方面的业务指导和专业管理机构，在教育政策法规、教育发展、课程改革、教学教法、高考中考、继续教育等方面进行了深入研究并取得可喜成绩。全年，深圳市有3项课题成为全国教育科学“十一五”规划2009年度教育部重点立项课题，9项课题成为广东省教育科学“十一五”规划2009年度立项课题，1项课题成为2009年度广东省哲学社会科学“十一五”规划教育学心理学立项课题。编辑出版了《深圳教育蓝皮书(2007—2008年卷)》。组织开展了深圳市首届教育教学科研优秀成果奖评选工作，共评选出获奖优秀成果82项。

四、招生考试工作细致全面

全年共完成5大类32次国家及省、市教育考试招生任务，考生总数达70万人。义务教育新生招生在全省率先推行网上报名；普通高考组考实现保密措施“零疏漏”、全市考生“零投诉”等“七个零”的良好局面，广东省副省长宋海充分肯定了深圳市的做法，认为“深圳高考工作细致全面”；积极主动做好考生填报志愿指导工作，建立考生志愿录取信息动态管理系统，把录取、补录等动员组织工作细化到每所中学、每个考生和家庭，实现上线多录；中考中招全面实施“阳光工程”“阳光作业”，推行网上报名、网上填报志愿、网上录取，有效地保证了招生工作的公开、公平、公正。

五、学校安全管理进一步加强

成立学校安全管理处，围绕开展“学校安全管理年”活动，与有关部门共同组织开展“校车专项整治”“防雷安全隐患整治”“防汛抗洪”“警校手拉手共除火险患”“校舍安全排查”及“净化学校及周边社会文化环境”等专项行动，全面排查出各类学校安全隐患2 395处，完成整改2 360处，整改率达98.5%。全年没有发生群死群伤和其他重大安全事故，深圳市教育局在全市安全生产责任制考核中被评为“优秀”。组织对80多名学校注册安全主任进行专题培训，学生装管理和学生饮用奶准入制度与安全监管制度得到加强。以创建“安全文明校园”为抓手，探索学校安全工作评价机制，全市共有14所学校被评为“广东省安全文明校园”，23所学校被评为“深圳市安全文明校园”。900余名“新疆高中班”学生顺利回疆和返校，教育教学秩序稳定，没有发生任何政治安全和人身安全事故。

六、校园建设改造工程圆满完成

至2009年底，历时三年的特区外96所原村办小学标准化改造工程圆满完成。市、区两级财政共投入8.6亿元，改造修缮学校26所，改造面积近19万平方米，扩建学校70所，扩建面积近28万平方米，新配置的科学实验室、多功能室、图书室、多媒体教学平台和实验教学设备总量达4 910项。通过本次改造，原村办小学的办学条件大大改善，达到或超过了《深圳市义务教育规范化学校配置标准》，新增公办小学学位34 400个，相当于具有30个班办学规模的小学26所。积极推进寄宿制高中建设，至2009年底，完成了深圳湾中学、宝安中学高中部和南头中学的扩建，新增高中学位5 000个。

七、教育信息资源共享程度提高

完成了义务教育就读信息采集与免费资格验核系统一期工程项目，教育信息资源共建共享程度提高。全市各区用于教育装备标准化建设的资金达4.5亿元。深圳市教育城域网实现了市、区、校三级互联互通，六个区都建成了区域网络中心，98%的公办中小学接入教育网并展开各种教学活动。

八、教育合作交流蓬勃开展

深港两地教育局签署《深圳学校试办港人子弟班合作协议》，制定《深圳学校试办港人子弟班施行细则》，确定深圳3所民办学校为2010年秋季试点学校，择年级开设港人子弟班。新增16所学校加入深港中小学“姊妹学校”缔结计划，“姊妹学校”总数近100所。2009年10月中旬，深圳市副市长唐杰亲率深港教育合作调研考察团赴港，参加深港教育研讨会，就深港教育全方位交流合作进行深入探讨。与香港中文大学、香港大学等院校的合作，也取得新的进展。深澳两地教育局落实《教育合作协议》，就交流合作范围、姊妹学校缔结、教师专业研讨与交流等项目达成一致意见。

九、对口帮扶活动落实到位

积极落实广东省“千校扶千校”工作，结对帮扶揭阳、河源、汕头三市义务教育学校116所，是全省跨市帮扶学校最多的市；局机关16个党支部、龙岗区南澳街道及罗湖区翠竹街道与连平县高莞镇、溪山镇32个党支部开展结对帮扶活动；安排4 882个中等职业教育学位用于落实省安排的“双转移”任务，接收东西两翼、粤北山区初中毕业生到深圳市就读；派出2批共35名教师赴甘肃陇南地震灾区支教。

各级各类教育

【基础教育】 一、学前教育

深圳市委、市政府高度重视学前教育工作，2009年初召开了全市学前教育工作会议，明确了学前教育“规范、公益、优质”的发展方向，进一步规范了学前教育发展。至2009年9月，全市有幼儿园974所，在园幼儿22.1万人，与2008年同期相比，幼儿园增加109所，在园幼儿增加3万人。全市有幼儿园教职工3.3万人，其中专任教师1.8万人。

二、义务教育

深圳市各级政府切实担负起义务教育保障责任，基本解决了到深务工人员子女在深接受义务教育的问题。积极探索义务教育阶段新生招生工作，加强基础教育信息化管理，率先在全省推行义务教育新生招生网上报名，提高了公共服务质量和效率。从2009年1月1日起，深圳市义务教育公办学校停止收取借读费。进一步推进义务教育均衡发展，至2009年底基本完成了对特区外96所原村办小学的改造。积极推进义务教育规范化学校建设，全市有公办义务教育学校379所，通过规范化学校验收359所，覆盖率为94.7%，高于全省平均水平。截至2009年9月，全市共有中小学631所，其中初中

225所，小学346所。义务教育阶段在校生81.4万人，其中非户籍学生56.8万人，占在校生人数的70%。小学学龄儿童入学率达100%，初中毛入学率达111.71%；小学辍学率为零，初中辍学率为0.03%；初中毕业生升学率为92.8%。小学有专任教师2.89万人，学生和专任教师的比例为20.39∶1；初中有专任教师1.43万人，学生和专任教师的比例为15.69∶1。小学生均占地面积为9平方米，生均校舍面积为5平方米；初中生均占地面积为24平方米，生均校舍面积为14平方米。

三、普通高中教育

坚持开展课程改革，促进普通高中教育内涵式发展。2009年10月，教育部召开全国基础教育课程改革经验交流会，深圳中学作为唯一一所基础教育阶段学校在会上作经验交流。不断提高普高办学水平，扩大优质学位。深圳市有60所高中，现有省一级学校44所（通过广东省国家级示范性普通高中督导验收的26所），市一级学校9所，省、市一级学校在校学生占普通高中在校生总数的98%以上，2009年新增学位5 000个。全市高中阶段毛入学率达105%，普通高中升学率达93%以上。

四、民族教育

抓好新疆内地高中班教育教学管理和稳定工作。积极跟进松岗中学新疆内地高中班的管理，多次到学校检查指导，协助做好维护安全稳定工作，协调解决办学困难。新疆“7·5”事件发生后，牵头制订护送学生暑期返疆工作方案，协调公安部门全程护送486名学生返疆。指导学校制订民族团结教育实施方案，开展民族团结专项教育活动。

五、特殊教育

深圳市有特殊教育学校1所（深圳元平特殊教育学校），在校残疾学生有1 043人，其中随班就读的残疾学生294人，占在校残疾学生总人数的28.2%。组织专家对全市的元平特殊教育学校7个分教点的老师开展日常教学工作的培训和指导，全年共举办4期特教教师培训班，提高了分教点的教育教学质量。

【职业与成人教育】 深圳市职业教育和成人教育坚持“以服务为宗旨，以市场为导向，以能力为本位，以提高市民素质为目标”，积极推进示范性学校创建和实训中心建设，加强基础能力建设和教育教学改革。2009年全市中职学校招生19 872人，在校生47 847人；毕业生10 816人，升学就业率达到96.7%。全市有成人教育培训机构约600家，全年参加各类培训的人数超过330万人次。

探索建立与深圳产业发展相适应的现代职业教育体系，着力构建职教立交桥，通过“中职—电大直通车”学分制培养模式，探索“中、高职”衔接。加强进城务工人员培训和劳动力转移培训，宝安、龙岗两区和光明、坪山新区培训量就达70万人次。教育服务工作逐步向社区基层推进，组织17家单位联合举办2009年全民终身学习活动周，近600个社区教育和教育培训机构参与，超过100万人次参加。

【高等教育】 深圳市有全日制普通高校8所，非全日制高校1所（深圳广播电视大学），在深设点办学机构109个。2009年，全市普通高校在校生达6.7万人（其中研究生8 369人、本科生26 034人、专科生32 573人），比2008年增长3.5%，户籍适龄人口（18～22周岁）全日制高等教育毛入学率达到45.6%；非全日制高校在校生达6.4万人（电大、业余、函授教育），在册的自学考试学生60万人。深圳高校拥有院士3人，双聘或特聘院士29人，长江学者7人；具有博士学位教师1 125人，占专任教师的31.38%；正高职称教师占专任教师的16%。全日制研究生及本专科层次教育涵盖理学、工学、文学、法学、管理学、教育学、经济学等10个学科门类。市属高校博士点3个，硕士点65个，本科专业59个，高职专业129个，国家精品课程59门；大学城研究生院博士点68个，硕士点72个。全市高校共获得各类科研经费2.64亿元。

南方科技大学筹建取得重大进展，取得了教育部和省的支持，创校校长朱清时院士2009年9月正式到任，校园基建前期准备工作基本完成；深圳大学完成改革方案制订，深圳大学医学院已正式招生；深圳职业技术学院成为全国首批国家示范性高等职业院校；大学城办学体制及运行机制进一步完善，深圳市委、市政府通过了《关于加快发展深圳大学城的若干意见》，为今后的快速发展提供了重要基础；深圳市政府与哈尔滨工业大学签订了市校合作协议。

教育成果与特色

【教育教学工作】加强和改进中小学德育、体育和艺术课程教学，开展“阳光体育运动”系列活动，组织全市中小学开展第六届深圳关爱行动、第四届“未成年人道德教育活动月”系列活动、“弘扬和培育民族精神月”活动、“法制教育宣传周”活动、心理健康教育等德育品牌活动，以及“书香校园”创建等活动，以课改为抓手的素质教育在全国产生影响。2009 年 10 月，教育部在南京召开全国基础教育课程改革实验经验交流会，充分肯定了深圳市基础教育课改实验的经验，深圳中学作为唯一一所基础教育阶段学校代表在会上介绍高中课改经验。普通高考高分段人数比例、一本线、二本线上线率继续位列全省第一。全市参加普通高考考生有 27 883 名，被各类普通高校录取 23 678 人，创历史新高。中职学生参加全国职业院校技能大赛和广东省中职学校技能大赛，获得全国一等奖 2 个，广东省一等奖 7 个。全市各学科教师参加各项竞赛、评比活动，获奖达 314 人次；学生参加各项竞赛、评比活动，获奖达 2 206 人次。深圳市南山区被教育部评为全国推进义务教育均衡发展先进地区，宝安区被评为广东省推进教育现代化先进区。

【南方科技大学筹建工作】校园基建稳步推进。市规划部门已核发选址意见书，市环保部门批准了环境影响报告，市发改部门批准了可行性研究报告，勘察公司完成了部分勘察任务，市政府常务会审议通过校园规划设计方案。校园选址片区拆迁安置工作进展顺利。

校长到位并全面开展工作。深圳市通过委托猎头公司搜寻测评、校长遴选委员会评议评审、市委常委会审定的方式，聘任朱清时院士为南方科技大学（筹）校长。朱清时校长已按照深圳市委、市政府统一部署积极开展工作。

南方科技大学申报筹建工作取得重大进展。2009 年 8 月，市政府按教育部意见再次向省政府呈报申报材料。省政府组织专家考察后，于 9 月 29 日发函提请教育部批准深圳筹建南方科技大学。12 月 28 日，副市长闫小培、校长朱清时率队专程前往教育部汇报南方科技大学筹建工作。教育部部长袁贵仁听取汇报后表示，积极支持南方科技大学开展高等教育综合改革试验，探索中国培养拔尖创新人才的模式。

【职业与成人教育改革和发展】全市中职学校推广“弹性学制”及“学分制”的办学模式和学习制度；校企合作和东西部校校合作、工学结合、半工半读取得效果；宝安职高“宝安模式”得到教育部的肯定，并向全国推广；深圳市第一职业技术学校、华强职业技术学校、宝安职业技术学校、龙岗职业技术学校实训基地建设基本完成，可供 2 000 名学生同时参加实习训练；进一步规范成人教育发展，着手修订《深圳经济特区成人教育管理条例》，拟改名为《深圳市成人教育管理条例》。

2009 年，深圳市参加全国职业院校技能大赛中职学生组比赛，共获一等奖 2 项 2 人次、二等奖 6 项 9 人次、三等奖 19 项 22 人次；福田、南山 2 区被教育部重新确认为全国社区教育实验区；深圳市“全民终身学习活动周”被评为全国全民终身学习活动周“十大城市”优秀组织先进单位；福永街道怀德社区被确认为全国数字化学习社区。

【党政领导干部教育工作责任考核】2009 年 7 月，深圳市委、市政府按照省有关文件规定成立了考核组，从“领导与管理”“投入与保障”及“改革与发展”三个方面对深圳市下辖 6 个区党政主要领导干部 2007 年、2008 年基础教育工作履责情况进行了考核，考核结果均为优秀。

2009 年 12 月，省委、省政府组织考核组对深圳 2007—2008 年基础教育工作进行全面考核，考核组对深圳市基础教育乃至整个教育工作给予了高度评价，深圳市得分名列全省前茅。

【教师队伍建设】一是努力提高教育人才队伍素质，通过狠抓校级领导培训工作、加大名校长名教师培训培养力度、做好海外培训工作等措施扎实推进教师队伍培训培养工作，扩大规模、加大力度、提高质量，构建教育干部培训工作的长效机制。二是做好各类评选表彰、职称评审及绩效工资考核工作，强化教师人事工作对教师队伍的激励导向。全年全市有 8 人次被评为全国模范教师，40 人次被评为南粤优秀教师。市里评选表彰了市级教育系统先进单位 46 个，教书育人模范等先进个人 481 名。全市义务教育学校、普通高中、职业高中、中专学校在编正式工作人员从 2009 年 1 月开始实行绩效工资，市教育局各直属事业单位从2009年10月开始实行绩效工资。三是积极稳妥推进解决临聘教师问题。2009年9月，以2008年全市临聘教师月人均工资为基数，提高临聘教师工资福利待遇30%；2009年10月，全市举行面向临聘教师招聘职员的第一次考试，至年底已完成第一批2 000余人的招录入编工作。

（撰稿　蔡茂洲　吴海萍　郑　浩　王佳斌　胡　鹏　胡爱民；审稿　范　坤　陆万伟）

珠 海 市

概 况

2009年，在珠海市委、市政府的领导下，全市教育系统坚持以科学发展观为指导，深入贯彻落实《中共珠海市委 珠海市人民政府关于推进教育现代化若干问题的实施意见》和《珠江三角洲地区改革发展规划纲要（2008—2020年）》精神，紧紧围绕教育现代化的目标，高标准完成年度各项任务，有力推进了教育事业的发展。

一、加强规划建设和检查考核，促进教育协调发展

按照《珠海市教育发展与教育设施规划（2007—2020）》和《珠海市高中阶段教育发展规划（2008—2011）》，北京师范大学附属中学（珠海）二期工程、珠海市第一职业技术学校新校区、珠海城市职业技术学院建设按年度建设目标顺利推进。

积极做好民办教育用地划拨工作。根据市政府《关于促进民办教育发展的若干意见》（珠府〔2008〕97号）有关规定，鼓励和支持各级各类社会力量利用珠海市在用地方面的优惠政策投资办学。成立了珠海市教育局民办学校建设工作领导小组，面向社会公开发布了香洲城区3块教育用地无偿划拨用于建设民办中小学的信息，按照规范程序受理了珠海容闳学校、珠海英利投资有限公司等多方投资办学者的书面申请，扎实推进了材料预审以及领导小组审议等相关工作。

根据《中共广东省委办公厅 广东省人民政府办公厅转发〈广东省地级以上市、县（市区）党政领导干部基础教育工作责任考核试行办法〉的通知》精神，成立了以珠海市委副书记钱芳莉为组长的市党政领导基础教育工作责任考核工作领导小组。2009年6月，分别对金湾区、斗门区进行区级党政领导干部基础教育工作责任考核。12月，接受了省工作组对珠海市党政领导干部基础教育工作的责任考核，省考核组认为珠海市教育近年来发展迅速，教育质量稳步提高；对珠海市委、市政府高度重视教育，不断加大对教育的投入，实施免费教育政策表示赞扬；对珠海市基础教育的内涵发展、均衡发展和师资队伍建设给予了充分的肯定。

二、深化改革创新，不断提高教育教学质量

继续深化高中阶段学校招生考试制度改革，将4所国家级示范性普通高中统招计划50%的名额，按比例分配到全市各初级中学，根据考生的中考成绩及志愿顺序择优录取。

进一步完善中考和高考质量评价方案，促进教学质量上新台阶。2009年，珠海市普通高考成绩喜人，全市普通类高考考生为8 139人，总上线人数7 244人，总上线率为89%，比2008年增加693人，增长10.6%。其中重点本科上线1 073人（含艺术统考），比2008年增加296人，增长38.1%。本科上线总数3 717人，比2008年增加518人，增长16.2%；全市本科上线率为45.7%，比2008年提高4.4个百分点。珠海市第一中学的陈俊任同学以701分列全省文科总分第一、全省选考历史五科总分第一，叶荣庆同学则以149分列全省物理单科第一。

中等职业教育坚持走内涵发展道路，人才培养模式进一步创新，各中等职业学校以就业为导向，着力抓专业建设和技能教学，积极开展定向委培、订单式培养等各种形式的校企合作，全面提高办学水平。中等职业学校毕业生一次性就业率超过98%。2009年，在广东省中等职业学校学生技能大赛上，珠海市中职学生在英语口语、汽车维修、机电一体化等6大类共11个子项目比赛的角逐中，共获得9个项目的一等奖，16名学生获得11个子项目的二等奖。在全国技能大赛中也取得新突破，7名参赛选手共荣获5个一等奖、1个二等奖、1个三等奖和1个优秀奖。

首次组织召开了全市小学教学质量现场会和首届珠海市基础教育成果推介会，进一步扩大教育成果的良好影响。开展了科研课题的系列工作，有序组织申报全国教育科学研究“十一五”规划2009年度课题、2009年珠海市教育类科技计划项目、全国教育科学规划普通高级中学特色学校研究专项课题、广东省教育科学“十五”规划课题成果鉴定、全国教育科学中小学德育与校外教育研究专项课题，发布了珠海市教育科学“十一五”规划2009年度课题指南并组织申报，组织申报广东省第七届普通教育

教学成果奖。发挥课改优势辐射力，应邀到外省市组织培训。

三、坚持德育为先，全面深入实施素质教育

高度重视青少年思想道德建设工作。以庆祝新中国成立六十周年为主线，深入开展以爱国主义为主题的各项活动，加强学生的思想道德建设。开展了“书香岭南”“书香校园”及“阅读之星”等读书评选活动，珠海市第一中学等5所学校被评为2009年广东省“书香校园”。开展了“母亲节贺卡感恩情怀传递”、“南粤雏鹰之星竞赛”、“向国旗敬礼、做一个有道德的人”网上签名寄语、成人宣誓及中职学校“明理、立志、勤学、成才”主题教育等系列活动。建立完善校园文化建设的有效机制，制定校园文化工作目标，创新、丰富校园动态文化活动，提升校园静态文化品位，创造良好的育人环境。积极推进心理健康教育，加强心理健康教育教师队伍的建设，完善心理危机干预体系，开展形式多样的心理健康教育活动，提高全体学生的心理素质和自我调节能力，培养学生乐观向上、富有韧性的优良心理品质，促进学生人格的健全发展。

加强和改进学校体育、美育和卫生工作。组织了珠海市首届中小学体育教师专业技能比赛、全市中小学体育教师“第三套全国中小学系列广播体操”比赛，举办了“小学生体育学习成绩的评定方法”专题讲座，有效促进了全市体育教师岗位技能的学习和专业素质、教学基本功的提高。全面贯彻实施《国家学生体质健康标准》，认真落实“每天一小时体育活动”的规定，开展“阳光体育运动”，增强广大青少年的身体素质。切实做好手足口病及甲型H1N1流感防控工作，对全市各级各类学校、托幼机构的校医共300余人进行了专题培训。积极组织各级各类科技活动和竞赛，鼓励和支持学生学习科学文化知识、提高科技实践能力。参加2009年第24届广东省青少年科技创新大赛并取得优异成绩，共获一等奖4项、二等奖4项、三等奖20项，专利申请奖2项，优秀组织奖2项，整体水平较往年有明显提高。积极开展校园艺术活动，组织了珠海市第二十一届青少儿艺术花会暨第二届珠海市中小学生艺术展演活动及多场中小学书法、绘画比赛。加强国防教育，召开了2009年学生军训“三防”知识教育工作会议，部署珠海市中学生军训工作及开展国防教育、救护知识、健康教育讲座的具体安排。

四、采取有效措施，提高师资队伍建设水平

组织开展了2009年市直属学校校级领导后备干部选拔考试和市直属学校校级领导班子及成员考核工作，开展市中学校长任职资格培训，40名新任校长和校级领导后备干部参加了培训。分别选派校长参加江苏班挂职学习、第三期省级初级中学校长高级研修班、省中学校长任职资格培训班和英国培训。加强省中小学校长培训实践基地的建设，接收了来自高州中学等地7所学校的校长挂职。

充分调动教师队伍的积极性，严把教师队伍入口关。组织了2009年教师节表彰工作，表彰了珠海市先进教师166名和珠海市先进教育工作者36名，评选产生全国教育系统先进集体1个，全国模范教师1名，全国优秀教师3名；广东省基础教育系统第二批名校长1名、名教师6名；南粤优秀教育工作者3名、优秀教师21名。

进一步加强了学校人事工资制度改革。出台了《珠海市义务教育学校绩效工资实施办法》，草拟了《珠海市义务教育学校校级领导绩效工资实施办法》《珠海市直属学校教职员绩效考核暂行办法》《珠海市直属学校岗位设置管理暂行办法》。市直属中学2009年面向全国公开招聘教师218人，其中骨干教师117人，应届毕业生101人。

认真贯彻省委关于解决代课教师工作的精神，出台了《关于印发珠海市解决中小学代课教师问题工作方案的通知》和《关于印发珠海市解决中小学代课教师工资福利待遇问题暂行办法的通知》，提高了代课教师的工资福利待遇，组织了“代转公”招录考试工作，共招录代课教师115人。年底组织了第二次代课教师招录考试。

五、积极关注民生，进一步加强教育管理和服务

继续做好免费教育和资助贫困家庭子女工作。2009年享受免费教育的人数达147 669人，财政补贴13 565.36万元（其中：学杂费补贴1 135.7万元，书费补贴2 229.66万元）；资助高中及大中专特困生达1 326人次，总计92.21万元。经统计核实，2009年，春秋季中等职业学校享受国家助学金的学生达63 695人次，专项补助955.4万元。

依法加强对学校收费、后勤服务等工作的管理和监督。认真落实《关于印发2009年广东省规范教育收费 进一步治理教育乱收费工作实施意见的通知》，认真落实珠海市12年免费教育政策和广东省“一费制”标准，规范、和谐地开展收费工作，组织了春季、秋季两次全市性的收费检查。珠海市被广东省教育厅评为“广东省教育收费规范市”。加强对学生托管机构的管理，制定了《2009年珠海市

查处整治无证无照学生托管机构的工作方案》，并于9月组织市工商局、市消防局、市卫生监督所、市药监局、香洲区教育局组成4个学生托管场所联合检查组，对香洲城区学生托管场所进行了全面的查处整治工作。

积极推进“双百工程”，组织珠海市城乡未能继续升学的普通初、高中毕业生免费接受中等职业（技工）教育，实现技能就业，以实现“初次就业有技能，稳定就业有保证，提高收入有能力，产业发展有技工”为目标，加快培养技能人才，促进经济社会发展。

六、加强党建工作，提高科学发展的能力和水平

深入开展学习科学发展观活动。组织集中学习讨论216场次，邀请专家作辅导报告4场。扎实开展“惠民直通车”“科学发展观座右铭征集”和“四个一次”主题实践活动，建立领导干部挂钩联系点13个，走访基层、察民情136人次，党员干部开展换岗体验83人次，听取基层单位和服务对象意见建议78条，为群众办好事实事59次。局机关和市直属学校以惠民、利民、便民为出发点，以改进机关作风、促进机关职能转变为目标，印制便民惠民清单13份，制定便民惠民措施共89条。

进一步加强和巩固党的基层组织建设。积极做好在学生和青年教师中发展党员的工作，2009年共发展新党员47人。“七一”期间市直教育系统各级党组织开展了慰问困难党员活动，为困难党员赠送了慰问金共计14 000元。

切实加强党风廉政建设。认真落实党风廉政责任制，按照省、市有关文件精神，把压缩经费支出、降低行政成本作为一项硬任务落实到各单位、各科室，在教育系统形成了鼓励节约、反对浪费的良好风气，有效地减少了行政支出。对市直属学校利用公款组织教职工外出考察学习的行为作出了规定。组织召开教育系统机关作风建设警示教育工作会议，局机关全体工作人员签订了《加强机关作风建设，履行岗位职责承诺书》。认真组织学习珠海市规划局机关作风建设经验，切实提高机关人员服务意识、水平和工作效能。在全市政务公开工作检查考核中，珠海市教育局获评“优秀”。高度重视信访工作，及时处理人民群众的投诉和建议，2009年共受理群众来信来电400多件（次）。认真开展治理商业贿赂专项工作，对自查自纠工作中发现的问题及时整改，保证了教育事业的健康发展。

各级各类教育

【基础教育】 一、幼儿教育

2009年，全市共有幼儿园210所，在园幼儿40 328人，招生15 146人，毕业生13 048人。全市有幼儿园教职工4 859人，其中园长338人，专任教师2 656人，保健员468人。

二、普通中小学教育

2009年，全市共有小学130所，在校生125 643人，招生18 865人，毕业生23 183人。小学学龄儿童净入学率达100%，小学毕业生升学率达100%。全市有小学教职工6 462人，其中专任教师5 651人，专任教师学历达标率为100%。专任教师中，具有中学高级教师职称的14人；具有小学高级教师职称的3 301人，占小学专任教师的58.41%。

2009年，全市共有普通中学58所，在校生93 861人，招生32 521人，毕业生28 269人。其中，初中41所，完全中学10所，普通高中7所；初中在校生63 713人，招生21 999人，毕业生19 162人；普通高中和完全中学在校生30 148人，招生10 522人，毕业生9 107人。全市有普通中学教职工6 259人，其中专任教师5 522人；专任教师中，初中专任教师有3 597人，学历达标率为99.67%，具有中学高级教师职称的663人，具有中学一级教师职称的1 691人；高中专任教师有1 925人，学历达标率为98.70%，具有中学高级教师职称的660人，具有中学一级教师职称的617人。初中毕业生升学率为97.68%，比2008年增加1.62%；高中阶段毛入学率达117.28%，比2008年增加6.53%；普通高中与职业高中在校生比例为57：43。

三、特殊教育

2009年，全市有特殊教育学校1所，在校生250人，招生50人，毕业生12人。全市有特殊教育教职工53人，其中专任教师32人，较好地满足了“三残”儿童少年的入学需求。

【职业与成人教育】 一、中等职业教育

2009年，全市共有中等职业学校9所，在校生22 842人，招生9 324人，毕业生5 447人。全市有

中等职业教育教职工 1 219 人，其中专任教师 895 人。中职学校中有技工学校 1 所，在校生 5 083 人，招生 2 581 人，毕业生 828 人，教职工 193 人，其中专任教师 126 人。

二、成人教育

2009 年，全市共有各级成人教育学校 95 所，在校生 105 656 人，招生 3 349 人，毕业生 93 858 人，教职工 1 286 人（其中专任教师 614 人）。其中，成人高等学校 1 所，在校生 8 555 人，招生 3 349人，毕业生 1 532 人，教职工 52 人（其中专任教师 38 人）；职工技术培训学校 2 所，在校生 980 人，教职工 9 人（其中专任教师 5 人）；农村成人培训学校 6 所，在校生 5 073 人，教职工 35 人（其中专任教师 26 人）。

【普通高等教育】 2009 年，全市共有普通大专 2 所，在校生 5 398 人，招生 2 761 人，毕业生 1 676 人，教职工 289 人，其中专任教师 207 人。大学园区 8 所高校全日制在校生达 9.5 万人，教职工近 5 000人，其中拥有副教授以上高级职称的 2 000 多人。2009 年珠海市适龄青年高等教育毛入学率为 44.47%。

教育成果与特色

【出台多项教育规划与政策】 贯彻落实《珠江三角洲地区改革发展规划纲要（2008—2020）》，以及珠海市委、市政府关于“保增长、定格局”十大重点建设工程的重大决定，制定《珠海市职业技术教育基地建设方案》上报广东省教育厅。研究制定了《珠海市推进乡镇中心幼儿园建设指导意见》有关方案，明确各级政府和有关部门推进乡镇中心幼儿园建设的时间进度和工作要求，确保到 2012 年各镇至少建成 1 所公办标准化中心幼儿园。

【教研培训工作再上新台阶】 组织 30 余所学校开展教学调研活动，参与人数达 1 100 人次；开展 460 余次专题教研活动，促进课堂教学改革。积极探索具有区域性意义的课堂教学改革，在金湾区三灶镇尝试“三灶镇中小学前三段教学一体化持续发展研究”。制定了《珠海市名特优教师提升乡镇教师教学技能工程方案》，组织特级教师、名教师、优秀骨干教师到西部农村地区进行教育教学帮扶。实施 6 大项系统培训，涉及 15 个学科，培训教师达 5 000 余名。其中为斗门区 120 名英语教师开设了专项培训，支持云浮市 30 名教师免费参加同期英语培训。开办了 4 期中小学教研骨干培训班，120 人合格结业；举行第十七期新教师培训，全市 296 名新教师顺利结业，并开办了第十八期培训班，有 249 名新教师参加了培训。

【教育装备和信息化建设取得新突破】 先后完成了广东省教育厅组织开展的“信息化建设与应用”“中小学探究实验开展情况”及“中学实验教师（实验管理员）培训需求情况”三次调研，重点对斗门、金湾两区的信息化建设进行了调查分析，形成了《珠海市农村教育信息化建设与应用调研报告》。组织开展了教辅人员、实验员、电教员、图管员、网管员骨干和中小学生信息化应用教育培训。2009 年组织参加全国中小学图书馆馆长征文、第六届广东省优秀自制教具评选、广东省计算机教育软件评审暨第十二届全国多媒体教育软件大奖赛等活动，均获得好成绩。

【为外来务工人员子女就读做好服务工作】 2009 年，制定下发了《关于 2009 年招生意见的通知》（珠教基〔2009〕7 号），积极稳妥地做好外来务工人员子女义务教育阶段在珠海市就读工作，进一步放宽了有关外来务工人员子女入学的政策条件，对“珠海市优秀外来工”子女、新购房未能及时办理入户的外来人员子女参照政策性借读生有关规定予以入学安置。拟在珠海市教育局门户网站“珠海教育信息网”上增设“珠海市外来务工人员子女就读政策”专栏，方便外来务工人员了解有关其子女入读、招生、考试等政策。

【切实推进教育对口帮扶工作】 选拔了 10 名优秀中小学教师派往肇庆和揭阳等市挂职任教，帮助受援地区教育发展。选拔了 50 名义务教育阶段学校优秀教师参加广东省教育厅统一组织的“千校扶千校”活动，珠海市 25 所支援学校充分发挥了教学资源及教学理念优势，多渠道、多形式、卓有成效地开展了帮扶交流活动。继续开展珠海市城乡义务教育学校结对帮扶工作，促进全市义务教育均衡发展。开展援藏教育交流工作，选拔了 4 名优秀的小学教师赴西藏支持林芝实验学校建设。

【积极推进和谐校园建设】 认真贯彻执行全国

中小学校舍安全工程电视电话会议精神和广东省有关中小学校舍安全工程工作指示，全面部署启动了中小学校舍安全工程工作。切实加强中小学校、幼儿园的安全、法制教育，做好突发公共事件的预防和处置工作，确保教育系统安全稳定。紧紧围绕“安全生产年”“安全生产月”活动及安全生产“三项行动”，重点开展了校车安全隐患排查及整治、中小学校园周边环境专项检查、火灾隐患排查治理活动。加强学生防溺水宣传教育和“关注安全、关爱生命”消防知识宣传活动。组织开展了系列禁毒宣传教育活动。

（撰稿　刘　笑；审稿　钟以俊）

汕 头 市

概 况

2009 年，汕头市教育工作以科学发展观统领全局，围绕把汕头市建设成为现代化港口城市、区域性中心城市和生态型海滨城市的目标，围绕最现实的、人民群众最关心的、与人民群众关系最直接的利益问题，创新思路，推动教育优先发展、科学发展。全力推动义务教育工作，注重区域之间、学校之间和群体之间的差距，努力促进教育均衡发展。加快普及高中阶段教育，稳步推进民办教育、学前教育、特殊教育。加强教育法制建设，依法治教，依法治校。推进教育改革，坚持育人为本，全面贯彻党的教育方针，着力推进素质教育，促进教育创新，提高教育质量。加强教师队伍建设，精诚团结，凝心聚力，努力办好让人民满意的教育，为构建和谐社会作贡献。积极配合，认真履行职责，做好迎接省对汕头市党政领导干部 2007 年、2008 年基础教育工作责任考核的有关准备。认真组织并完成 2007 年、2008 年对区县党政领导干部基础教育工作责任考核，落实“以县为主”的基础教育管理体制，深化教育改革，调整教育结构，优化资源配置。巩固提高普及九年义务教育，促进教育公平，在全市城乡全面实施免费义务教育。加强教育督导，强化督政，深化督学。抓好常规教育管理，积极推进“广东省义务教育规范化学校”建设，促进中小学上水平、上档次。加强教育信息化建设，推进教育创新。在进行义务教育课程改革实验的同时，推进普通高中新课程改革实验。努力扩大高中阶段教育的办学规模，进一步推动职业教育、成人教育的发展。

一、各级各类学校稳步发展

全市有普通中小学校 1 064 所，其中，高级中学 22 所，完全中学 68 所，初级中学 125 所，九年一贯制学校 41 所，小学 808 所；在校生总数 1 075 481人，其中高中、初中、小学在校生分别为 122 618 人、342 695 人、610 168 人。幼儿园 728 所，在园幼儿 120 202 人；特殊教育学校 2 所，在校生（含随班就读弱智生）1 261 人；中职学校 21 所，在校生 54 172 人；技工学校 3 所，在校生 14 723人。全市有市一级学校 58 所；广东省一级以上学校 32 所，其中通过广东省国家级示范性普通高中验收确认的有 8 所。全市有广东省一级幼儿园 8 所，汕头市一级幼儿园 22 所，全国重点中等职业技术学校 3 所，广东省重点职业技术学校 4 所，省级示范性广播电视大学 1 所。

二、教育事业经费投入有所增加

全年全市财政性教育经费总额 24. 8 亿元，比 2008 年的 21. 13 亿元增加 3. 67 亿元。全市新建、扩建和改建学校 163 所，竣工建筑面积 40. 6 万平方米，投入校舍建设资金约 5. 88 亿元（其中，各级政府投入 27 327 万元，单位自筹、引进社会资金投入 23 467 万元，捐资 7 933 万元）。全市增加教学设施设备总值 5 417. 5 万元。

三、各类招生考试工作圆满完成

2009 年，汕头市坚持以科学发展观统领工作全局，执行招生考试法规，加强考风考纪建设，牢固树立“办人民满意的考试”的工作理念，精心组织，完善措施，强化监督，规范管理，圆满地完成了各项招生考试工作任务。特别是在高中阶段学校又获得大面积上线和高含金量成绩双丰收，确保了全市高中阶段教育的常规质量优势。2009 年高考，全市报考人数 39 056 人，比 2008 年增加 5 843 人；总上线人数 30 209 人，比 2008 年增加 6 234 人；第一批（重点线）以上考生达 3 710 人，比 2008 年增加655 人，占全省的9. 1%，在全省各地级以上市中排名第二；第二批（本科线）以上考生达 14 457 人，比 2008 年增加 2 990 人，占全省的 7. 56%，在全省各地级以上市中排名第四；第三批（专科 A 线）以上考生达 22 053 人，比 2008 年增加 5 668 人；第三批（专科 B 线）以上考生达 30 209 人，比 2008 年增加 6 234 人；体育、美术、音乐类考生共上线 829 人（其中体育类 57 人，美术类 598 人，音乐类 174 人），比 2008 年增加 157 人。全市高分上线人数及其所占全省招生总数比例、本科上线人数及其所占全省招生总数比例继续在全省名列前茅。

四、加强教育法制建设

根据《汕头市教育局 2009 年普法工作意见》，各级教育行政部门、各级各类学校大力开展法制宣传教育。组织教育行政干部和教师参加汕头市法律知识考试等，不断提高教育干部和师生的法律素质，推动全市教育管理的法制化进程，全面实施依法治教。印发《汕头市教育局推进依法行政和建立工作情况年度报告制度的通知》，进一步转变和规范行政职能，促进行政管理、决策、执法和监督机制创新，提高工作效率。在全市各级各类学校坚持依法治校，建设和谐校园，配合市普法办做好全市小学、幼儿园教师交通安全、防火安全、法律知识培训，并在校园中做好相关知识的宣传。积极参与《广东省实施〈民办教育促进法〉办法》《广东省专利条例》《广东省残疾人保障法》及《广东省志愿服务条例》等20多部法规、规章的制定、修订工作。

五、加强教育督导工作

认真学习贯彻广东省教育督导会议精神和汕头市年度教育会议精神，召开全市教育督导工作会议，研讨如何结合实际，强化督政、深化督学，进一步规范办学行为，积极推进义务教育阶段规范化学校的建设。就如何加快高中阶段教育发展，澄海区职教中心介绍了职业教育发展经验，潮阳区林百欣中学介绍了创建省一级学校及示范性高中经验。会上部署了开展义务教育规范化学校的督导验收工作，在各区县组织验收的基础上，汕头市教育局组成督导验收组抽查了36所学校，并形成《汕头市“广东省义务教育规范化学校”抽查验收情况总结》。至2009年底，完成汕头市第一批“广东省义务教育规范化学校”的验收确认，有力提升了汕头市教育的整体水平。2009年度，汕头市聿怀中学通过了广东省国家级示范性普通高中的验收确认；澄海华侨中学、澄海实验高级中学、澄海苏北中学通过了广东省普通高中教学水平评估；潮阳区金堡中学通过了广东省一级学校评估；潮阳一中明光学校和汕头市锦泰中学通过了市一级学校评估；汕头市下蓬中学、潮阳区棉城中学通过了市一级学校复评；澄海区澄华宁冠幼儿园、澄海区汇璟幼儿园、潮阳区伊犁幼儿园被评为市一级幼儿园；汕头市委机关幼儿园等7所幼儿园通过了市一级幼儿园的复评，进一步规范了幼儿园的办学行为，发挥了示范园的作用，促进了幼儿教育的发展。

2009年，汕头市教育督导室在局长黄晖阳的领导和指挥下，认真履行职责，组织并实施了对全市7个区县的党政领导干部基础教育责任考核，并将考核结果及有关情况上报市委、市政府领导审核，同时上报省委、省政府有关部门。与此同时，积极和市有关部门密切配合，做好迎接广东省对汕头市党政领导干部2007年、2008年基础教育工作责任考核的各项有关准备工作。12月28—30日，广东省考核组到汕头市考核党政领导干部2007年、2008年履行基础教育工作职责，工作进展顺利。

六、加强教师队伍建设

学习贯彻《国务院关于进一步加强人才工作的决定》和广东省教育厅《关于做好教师队伍稳定工作的通知》，关注教师队伍的思想动态，关心教师队伍的待遇，维护教师的合法权益。进一步规范教师招聘工作，把好教师入口关。加强教师队伍的师德建设和业务培训，2009年度共培训高中教师4 637人。加强中青年教育骨干的培养培训。组织举办汕头市中小学校长（后备干部）任职培训班，共2期117人参加；选派16名中小学校长参加省级高研班（省实践基地挂职）学习；积极开展中小学教师教育技术能力项目培训，共培训中小学教师4 392人；加强省级“百千万人才工程”培养对象的培养，举办汕头市第三批省级培养对象的结业汇报展示会；在市委党校举办汕头市教育系统办公和人事工作负责人业务培训班，共有900多人参加了培训；与市委组织部联合委托北京师范大学举办第3期中学校长高级研修班，共52人参加研修；委托华东师范大学举办第2期中层干部与骨干教师高级研修班，共46人参加研修；与国家教育行政学院合作开展教育干部远程培训，在第一批440多人顺利结业的同时，举办了第二批培训，约500人参加培训。

开展评优评先工作，汕头市获得表彰的有全国模范教师1名，全国优秀教师3名，广东省南粤优秀教师40名，广东省南粤优秀教育工作者3名，汕头市优秀校长20名，汕头市优秀教师100名，汕头市优秀教育工作者30名，汕头市德育先进集体20个，汕头市德育先进工作者30名，汕头市优秀班主任75名，汕头市优秀德育课教师20名，汕头市优秀心理健康教育老师20名，汕头市教学改革先进教师100名，广东省基础教育系统第二批名校长1名，广东省基础教育系统名教师4名。

全市有中小学校教职员工49 400人，专任教师43 108人。小学、初中和普通高中专任教师学历达标率分别为99.20%、96.76%和87.05%。

七、推进“新装备”工程和信息化工程

汕头市教育局认真做好中小学教育装备规范配套工作，积极推进“新装备”工程和信息化工程，2009年度省装备中心下达汕头市七个区县的建设指标有：初中理化生实验室107间，科学实验室（含演示实验仪器室）124间，计算机教师用机786台

(含“千校扶千校”项目130台)。市、县区各级领导和机关部门想方设法解决资金困难，共筹集建设资金1 082.758万元，其中省补贴资金688.754万元，各区县自筹394.004万元，经努力全市各区县教育装备建设得到进一步发展。

为规范中小学教学设备和功能场室的管理，强化教学服务意识，提高教学设备使用效益，对中小学实验室和专用场室的22项管理制度和8种常用管理表册进行全面修订，于9月下发全市中小学生全面贯彻实施，有效提高了设备和专用场室的管理。积极开展现代教育技术实验活动，2009年度12所学校申报广东省第四批现代教育技术实验学校，全部通过初评确认。推进汕头教育信息网的建设，完善汕头教育网的功能，丰富教育教学资源，新增各类教育信息800条，汕头市教研信息交互平台拥有资料信息6 644条，实名注册用户2 920个，日访问量近千人次。认真组织各项信息技术竞赛和培训活动，培养学生应用信息技术的兴趣，激发广大师生的学习创作热情，提高学生的信息技术素养和创新能力。在第二十六届全国青少年信息学奥林匹克竞赛中，汕头市有3名选手代表省队参赛，有2人获得一等奖，被清华大学提前录为2010级新生，1人获得三等奖。2009年3月，组织“中小学生智能机器人竞赛”优秀项目赴省参赛，获得一等奖1项，二等奖3项，三等奖5项，优秀奖11项。

八、加强校园安全工作

贯彻落实《中小学幼儿园安全管理办法》《道路交通安全法》《消防法》《食品卫生法》和《汕头市消防条例》等安全法规，实施《汕头市学校安全工作60项》《汕头市教育系统突发公共事件应急预案》等规章，强力推进学校的安全整治。举办安全法制教育讲座，开办安全法制教育专栏，开展安全法制教育活动，促进校园消防安全、食品安全、校园安全、交通安全、网络安全和防灾自救工作，以创建安全文明校园为载体，建立学校安全长效机制，不断从法规层面、规章制度层面和操作层面完善和强化各项管理，使学校安全工作逐步走上法制化、规范化、科学化和制度化的管理轨道。协同有关部门做好校园及其周边的治安综合治理工作。组织开展学校安全教育活动月，向学生家长发出安全教育公开信。组织各级各类学校开展全校性安全应急自救演练，提高安全自救的素质。

加快推进校舍排查鉴定工作，10月，全市共排查中小学校1 083所，累计排查各类校舍3 758栋，面积约668万平方米。全市校舍排查率达100%。汕头市已完成“校安工程”三年规划制定工作，并组织实施，努力提高学校安全工作成效。

九、开展勤工俭学和社会服务

贯彻广东省教育厅《关于进一步推进我省中小学勤工俭学和后勤保障工作的通知》，克服各种困难，开展勤工俭学和社会服务，并对加强勤工俭学和劳动实践活动过程中的学生安全工作进行部署，层层抓落实，确保任务到位，组织到位，责任到位，措施到位。做好校服管理工作，组织对全市校服生产定点厂家的综合检查。配合省、市质量技术监督人员对全市中小学校校服厂家生产的校服进行产品质量专项监督抽检。5月初，转发广东省教育厅《关于2009年全省基础教育后勤产业安全生产检查的通知》，要求各地各单位按通知的精神，认真开展自查工作。汕头市教育局勤工办会同省教育厅后勤产业办对潮阳印刷厂、潮阳实验学校、澄中印刷厂进行了安全检查。

2009年度全市开展勤工俭学活动的学校有124所，勤工俭学基地有61个。全市校办企业工农业和第三产业营业额达1 257万元，纯收入145万元，其中上缴国家税金56万元，用于补充教育经费71万元。

各级各类教育

【基础教育】贯彻全市年度教育工作会议精神，以思想大解放促进教育大发展。坚持规模、结构、质量、效益统一的发展思路，推动教育工作的发展。进一步落实“以县为主”的基础教育管理体制。认真实施《汕头市基础教育投入保障条例》，在汕头市城乡实施免费义务教育工作，采取切实措施，帮助贫困家庭子女入学。调整优化中小学布局，加强教育管理，在全市开展义务教育阶段学校规范办学行为的检查，纠正不规范的办学行为。推进农村教育的改革与发展。采取措施切实减轻中小学生课业负担。深化教育教学改革，巩固提高普及九年义务教育。2009年10月22日，汕头市政府召开义务教育均衡发展会议，出台了汕头市《关于进一步推进义务教育均衡发展的实施意见》，明确了各级党政和各有关部门的职责和目标任务，推进工作顺利开展。加强对薄弱学校的扶持，加快义务教育规范化学校建设。贯彻落实国务院《关于幼儿教育改革与发展的指导意见》，推进幼儿教育的改革与发展。做好普通学校特殊教育班残疾儿童随班就读工作。加强管理，规范办学，促进基础教育民办学校的健康发展。召开全市普及高中阶段教育工作会议，执行《关于普及高中阶段教育的实施意见》，大力发展高中教育，扩大优质高中的办学规模，增加学位，提高质量。搞好新课程改革，加强和改进德育教育。开展环保教育、知识产权教育、涉台教育，做好体育、卫生、艺术教育工作，以科研带动教研，促进教学改革与创新。全面推进素质教育，提高办学水平和教育质量。

一、幼儿教育和特殊教育

全市有各级各类幼儿园728所，在园幼儿（含学前班）120 202人。各级各类幼儿园教职工8 995人，其中专任教师5 751人。特殊教育学校2所，在校“三残”儿童（含随班就读弱智生）1 261人。汕头市教育局贯彻落实《广东省教育厅关于加强幼儿园管理工作的通知》，加强幼儿园的安全管理、审批管理。对幼儿园的招生、收费，幼儿园办学质量等进行督导检查，促使各级各类幼儿园进一步加强管理，提高办学水平和教育质量。汕头市教育学会学前教育专业委员会以《幼儿园教育指导纲要（试行）》为指导，开展教育科研、学术交流、教育培训活动，促进幼儿园教师课程建设、教学活动设计与组织能力的提高。组织全市幼儿教师教育教学能力展示活动，以数学教学活动为教研切入点，加强幼儿园教学的研究与实践。以汕头市中山幼儿园、汕头市儿童福利会第三幼儿园、汕头市儿童福利会第一幼儿园、汕头市桃园幼儿园、潮阳区中心幼儿园作为观摩点，观摩人数约1 000人次，促进了幼儿教学活动的科学规范。

二、义务教育

认真贯彻新《义务教育法》和广东省人民政府《关于进一步推进义务教育均衡发展的实施意见》，明确了各级党政和有关部门推进义务教育均衡发展的职责和目标任务。进一步落实“以县为主”管理体制，规范义务教育阶段学校的办学行为，开展义务教育阶段学校规范办学行为的检查，抓好春秋两季组织入学、防止辍学工作。通过农村义务教育学校的改造工程，老区、山区学校的改造、校安工程等，完成了191所义务教育阶段学校的布局调整和96所老区、山区学校的改造，缓解了农村地区学位紧缺，办学条件差等困难，方便了义务教育阶段学生“就近入学”。在农村、城镇实施完全意义的免费义务教育，2009年度，全市享受免费义务教育学生总数为901 673万人（其中农村免费学生690 311人，城镇免费学生211 362人），占义务教育阶段学生总数的94.62%。努力办好义务教育的每一所学校，制订汕头市实施省“千校扶千校”行动计划的实施意见。加大帮扶力度，提高义务教育均衡发展水平。进一步做好义务教育规范化学校的建设，全市已有216所学校通过汕头市义务教育规范化学校的督导验收。2009年，全市小学学龄人口入学率为99.66%，初中毛入学率为106.63%，全市“普九”水平进一步提高。

三、普通高中教育

贯彻落实《关于加快普及高中阶段教育工作的实施意见》，把加快普及高中教育作为落实科学发展观、推动汕头教育事业发展的重点工作来抓。推进新建、扩建、改建普通高中学校，各区县加大高中阶段教育学校建设力度。2009年，区县普通高中学校动工建设项目34个，总投资2.69亿元，竣工建筑面积13.86万平方米。调整学校布局，通过合并、兼并、联合办学等布局调整和资源重组方式，充分挖掘、利用、优化、组合普通高中教育资源，加强学校建设，完善教育教学设施设备，努力扩大优质高中的办学规模，普通高中在校生达12.26万人。抓好规模扩大的同时，狠抓师资队伍建设，严把教育教学质量关，既扩大了规模又提高了教学质量。

汕头市金山中学制定了《汕头市金山中学发展规划（2009—2016）》，从指导思想、办学理念与办学目标、战略目标、学校管理、教师专业发展、教育教学、发挥名校的示范性与辐射作用、硬件建设等规划了学校的发展方向。该校坚持“德育为首、教学为主、育人为本”，全面实施素质教育，教育质量不断提高。2009年高考，该校总分和平均分均跻身广东省名校前列，体现了学校在新课改、新高考的激烈竞争中的良好上升态势，实现了学校高考成绩高含金量的良性延续。

汕头市第一中学重视科学教育，抓好学生的全面发展，根据中共中央、国务院《关于深化教育改革，全面推进素质教育的决定》《关于加强科学技术普及工作的若干意见》和《全民科学素质行动计划纲要》等文件精神，以提高国民素质为宗旨，以培养学生创新精神和实践能力为重点，着力打造科学教育特色学校。该校加强组织领导，健全管理体制，加强师资培训，搭建活动平台，挖掘教育资源，着力优化课堂教学主阵地。学校开足各学科课程，把普及科学知识、科学方法、科学思想、科学精神作为学生科学教育的重要内容，贯穿于各学科教学中。把课堂变成学习学科知识、培养创新意识、掌握科学思维方法、开发创新智慧的主阵地。学校还着力创设科学实践园地，积极创造条件，成立科学类社团10个，科技兴趣小组1 158个，校外实践基地9个。并积极整合社会力量，依托大专院校、科研院所、科普教育基地和科技场馆作为学习和实践基地。定期开展科技活动，各类活动做到有活动计划、有指导教师、有场地设备、有活动总结、有经费保证，有效地培养了学生的兴趣爱好和创新精神，发展了学生的个性特长和实践能力。在第25届广东省青少年科技创新大赛暨第一批广东省青少年科学教育特色学校授牌仪式上，汕头市第一中学被广东省科学技术协会、广东省教育厅、广东省科学技术厅授予首批“广东省青少年科学教育特色学校”荣誉称号。

广东汕头华侨中学发挥学校在教师培训工作上的传统优势，帮助教师们更好地实现专业发展，促使学校持续发展。学校开展了“构建教学资源库·学科课件资源收集和整理”的培训工作，培训工作历时16周，取得了良好的效果，整合了校本学科教学课件资源，实现了教材教学课件资源的同步积累。

【职业与成人教育】学习贯彻《国务院关于大力推进职业教育改革与发展的决定》和省教育会议精神，总结经验，明确目标，增强信心，推动工作。2009年4月1日，汕头市政府在澄海区澄海职业技术学校召开汕头市中等职业技术教育发展现场会，市长蔡宗泽、副市长郭大钦出席现场会并作重要讲话，对全市职业教育发展情况进行了总结，推广了澄海区的经验，部署了下一步的职业教育工作。全市各级各类职教、成教学校及办学机构进一步深化教育改革，拓宽办学渠道，创新人才培养模式，更新教育内容，改进教学方法，促进教育科学发展；加强管理，使各项工作科学化、制度化；改革和发展中等职业教育，鼓励学校创品牌，上等级，努力提高办学水平；加强校本课程建设，全面实施素质教育，着力培养学生的创新精神、实践能力和创业能力，提高教育质量和社会效益。

一、中等职业技术教育

汕头市鮀滨职业技术学校深化教育教学改革，着力巩固省重点职校评估成果，提高教育教学质量。2009年7月，广东省教育厅重点专业评估考察组对该校商务英语专业进行评估，考察组认为：该校商务英语专业能贴近地方经济，为地方建设服务，办学方向明确，师资结构合理，“双师型”教师符合要求，专业实训设备配置合理，教学模式多样，教研成果显著。2009年度，学校毕业生1 021人，506人要求就业，490人被各单位录用，就业率达97%；515人参加高职“3+证书”升学考试，429人上线，上线率达83%，居全市第一位。

汕头市工艺美术学校贯彻落实广东省教育厅《关于在全省中职学校开展“明理、立志、勤学、成才”主题教育系列活动的通知》要求，认真制订实施方案，坚持理论教育与实际引导相结合，根据当前学生心理上和行为上普遍存在的问题，有针对性地制订主题教育活动的实施方案，在校领导的大力支持和班主任老师的积极努力下，主题教育活动以“主题鲜明，形式生动，特色明显，效果显著”而获得好评，并荣获广东省教育厅颁发的“开展主题教育活动先进单位”荣誉称号。

汕头市外贸外语职业技术学校认真贯彻职业教育“以服务为宗旨，以就业为指导，以技能为核心”的教育方针，实施专业课程改革，创“教、学、做”合一的教育模式，突出实践教学和技能教学，提高各专业教学质量，培养适应经济发展需要和企业用人需要的实用型人才。2009年10月，该校3名选手参加“汕头市首届中等职业技术学校学生技能大赛”英语口语技能竞赛，获大赛个人总分第一、二名，获一等奖2项，三等奖1项。2009年度全校528名学生毕业，就业率达96.2%。

汕头市金平职业技术学校深入学习实践科学发展观，坚持“以生为本”的办学理念，结合学校实际和市场需求，及时调整专业设置，在原有开设的幼儿师范、旅游与酒店管理、会计、电子商务、计算中心网络技术、印刷包装设计、商务英语等专业的基础上，新增了动漫设计、室内装饰设计等专业。该校以科研兴教，深化教育教学改革，开展《陶行知教育思想与职业教育》课题研究等，着力培养“合格+特长”的新型人才。学生参加广东省专业技能证书考试一次性及格率均在80%以上。职高生参加“3+证书”高考上线率居面上职中第二位，毕业生就业率保持在95%以上。

二、高等职业技术教育

汕头职业技术学院深入学习科学发展观，根据《高职高专人才培养工作合格评估方案》的要求，以教育教学为中心，进一步以完善管理、提升内涵、培养特色、强化服务为主题开展各项工作。深化教育教学改革，推进职业人文素质、基础职业能力和专业职业能力的全面素质教育，顺利地接受了教育部高职院校人才培养工作评估专家组的评估，达到了以评促建的目的。该院在抓常规教学的同时，开展了丰富多彩的学生社团活动。通过开展校园巡礼活动、师陶节活动、志愿者活动等，丰富了校园生活，锻炼了学生才干。该院学生代表队在“广东省高职高专院校电子产品设计、制作技能竞赛”中获团体二等奖，在“第九届全国大学生电子设计竞赛”广东赛区竞赛中获二等奖，在“2009 年全国大学生数学建模竞赛”中获广东赛区大专组二等奖。

三、高级技工教育

广东省粤东高级技工学校以科学发展观为指导，努力夯实基础，在全校掀起新一轮大发展的热潮。北山湾校区改扩建工程取得突破性进展，在建校舍 42 408 平方米相继完工，计划于 2010 年底交付使用。学校有教职员工 343 人，在校生 7 683 人。2009 年度学校超额 26. 3% 完成省人力资源和社会保障厅下达的招生任务，获得全省技工学校招生工作倍增贡献奖一等奖。学校坚持以教促研，以研带教，教研教改蔚然成风。其中《过程控制综合实践工业设备》等多个科研成果获得国家专利和省技工教育教学成果一等奖。学校通过“送教上门”“校企合作”等方式，多领域多层次为社会培训技能人才。学校承办的农民工技能培训任务共培训农民工 708 名，经省考评组考核认定为“优秀”等次。学校正式成立“职业技能鉴定所”，获准 14 个工种的鉴定资格，进一步扩大了学校的培训实力和社会影响。2009 年 6 月 14 日，中共中央政治局委员、广东省委书记汪洋，广东省委副书记、省长黄华华等领导到学校视察，对学校的基础建设、专业特色和师资队伍给予了充分肯定。

四、成人高中等学历教育

汕头电大业大职大坚持以发展为主题，认真落实《汕头电大业大职大“十一五”教育事业发展规划》，促进本科、大专、中职和非学历教育协调发展。加强教学、科研、管理、技术四支队伍的建设，弘扬“师德高尚，业务精良，务实严谨，团结创新”的师风。坚持开放办学，推进素质教育，努力办出教育特色。学校充分利用电大在线教学平台，建立适应学生自主学习的远程开放教育环境，在人才培养模式课程体系、教学内容、教学方法、教学组织形式、教学资源、教学支持服务和质量监控等方面进行探索，逐步形成适应远程开放教育的教学模式、管理模式和运行机制。加强学科研究，提高办学效益。学校加强学生思想教育和校园文化建设，在学生中开展形式多样的爱国主义、集体主义、社会主义教育和人生观、价值观、世界观教育。开展建设文明校园、文明班级、文明宿舍活动等，促进良好校风、学风的形成，提高学生的思想道德素质和文化素质。上半年度大专和本科在校生共 3 596 人，中职在校生 696 人，非学历教育学生达 3 000 人次。

汕头经济管理干部学校是一所集经济口干部、军转干部教育培训，民营企业经营管理人员培训，职业技术教育于一体的多功能学校。学校以深入学习实践科学发展观为契机，谋划学校事业发展，努力将学校办成市委、市政府满意的干部学校。坚持改革创新，求真务实，加强管理，提高质量。学校举办多层次多形式的学历教育，努力推进学校可持续发展。开展各类人才培训，如会计人员、工商管理科级干部能力提高班，科级干部执行力提升班，干部信息能力提升班，中小企业知识产权保护策略培训班及军转干部培训班。汕头市委与汕头各大学联合举办“千名村官进大学”项目，该校负责的教学点负责了 140 名学员的培养。全年开展培训 63 期，共培训 8 236 人。学校有中专学历在校生 1 727 人，高等教育学历在校生 1 279 人，硕士学位教育在校生 86 人。

教育成果与特色

【学校德育】 贯彻落实教育部“以人为本，德育为先”的工作要求，实施省市有关德育工作规划，加强班主任队伍和学校德育骨干队伍的建设，加强德育课题研究，努力探索适合中小学教育的德育模式，全市共有 19 个德育课题获得省级立项。其中，汕头市第六中学的“旧城区中学校园和谐人文环境的构建研究”、汕头市东厦小学的“创建学习型班集体的策略研究”和汕头市林百欣中学附属小学的“小学生责任教育实践研究”3 个课题被确定为重点课题。组织全市中等职业学校德育课骨干教师参加德育课程改革培训，探索中等职业教育人才培养模式改革后中等职业学校德育工作的新路子。先后对全市中等职业学校德育课教师进行“职业生涯规划”的授课培训和职业道德与法律新课程教师培训。

在庆祝中华人民共和国成立60周年之际，以“我在祖国怀抱中快乐成长”为主题，开展弘扬和培育民族精神教育的活动，通过形式多样的社会实践，让学生感受家庭、学校、社区的新变化，感受祖国建设和发展的辉煌成就，强化为家乡和祖国的建设与发展努力学习的责任意识。组织全市各级各类学校实施《广东省创建“书香校园”实施方案》和《关于在全省中小学开展争当“阅读之星”活动的方案》，积极倡导读书学习的文明风尚，培养广大中小学生“爱读书、读好书”的良好习惯，全市又有4所学校被确认为“书香校园”。开展禁毒教育系列活动。2009年6月26日，汕头市教育局和市禁毒办共同举办百万师生向国旗庄严宣誓大型宣传教育活动，宣誓仪式在全市各级各类学校同时举行，营造了浓厚的禁毒教育氛围。通过各种形式的宣传，使广大师生熟悉《禁毒法》的内容，确保“校园无毒品”活动的深入开展。

做好中小学心理健康教育师资培训工作。推进心理健康教育的规范发展，汕头市金山中学、汕头市第一中学、汕头市聿怀中学、汕头市渔洲中学、汕头市潮阳第一中学被评为“广东省心理健康教育示范学校”。汕头市长厦小学着眼于学生的幸福人生，致力于营造张弛有致的德育生态，促进学生健康成长。不断完善教师管理，切实抓好德育骨干力量班主任队伍的训练，使之真正成为学生成长的关怀者。以“星级班级评比活动”为载体，以学生良好行为习惯的养成教育为重点，不断加强班风、校风建设，从而营造良好的教育氛围，陶冶学生的性情。发挥少先队活动在学校德育工作中的特殊作用。注重活动阵地的建设，认真执行“广播每日一播、电视每周一播、校刊《起点》每月一期、网站每周更新”的活动制度，让队员在履行岗位任务中成长。同时，不断创新工作方法，根据社会形势和学生思想动态开展各类针对性强、时效性强的活动，不断提高活动的教育效果。学校网站连续两年被汕头市教育局评为“十佳网站”，2009年4月，学校被广东省教育厅评为“安全文明校园”。

【体育工作】 贯彻《中共中央国务院关于加强青少年体育增强青少年体质的意见》，坚持以提高学生的综合素质为目标，加强学校的体育工作。全面执行《国家学生体质健康标准》和《广东省中小学生体能素质评价标准》，积极稳妥地推进学校体育新课标的实施。各级各类学校积极开展青少年阳光体育运动。龙湖区陈厝合小学、澄海区实验学校等8所学校代表队分别获得小学组和中学组一等奖。在组织各级各类学校和青少年开展以“阳光体育与祖国同行”为主题的冬季长跑活动中，金平区教育局被评为第二届全国亿万学生阳光体育冬季长跑活动优秀组织单位。积极推广第三套全国中小学生广播体操。举行了汕头市“可口可乐杯”第三套全国中小学生广播体操比赛，通过比赛推动全市中小学生阳光体育运动的开展，丰富学校大课间体育活动形式和内容，进一步规范课间操的管理，培养学生的坚强意志和集体荣誉感。为提高体育教师专业素质和教学基本功，举办了汕头市中小学体育教师首届专业技能大赛，来自全市中小学的114名体育教师云集汕头华侨中学，在田径、球类、体操、武术及技巧方面进行了充分的展示，金平、澄海、潮阳区代表队获得团体一等奖。积极开展群众性的学生体育竞赛，先后举办了2009年汕头市中学生羽毛球团体赛、2009年汕头市青少年田径游泳锦标赛暨体育传统项目学校田径比赛、“高新球友杯”三人篮球赛、2009年中学生网球比赛及中学生定向运动比赛等。各项体育赛事的开展，丰富了学生的课余生活，促进了学生体质的提高。金平区东厦小学是汕头市棋类传统学校和棋类后备人才培训基地，棋课被列入一、二年级课程；学校编写校本教材，开辟棋类专栏，开设攻擂赛，举办智力运动会，聘请高水平教练到校指导。至2009年底，学校涌现出象棋、国际象棋、围棋、国际跳棋全国冠军六名。近几年，学校获市级以上奖励的学生近200人。

【卫生工作】 牢固树立“健康第一”的指导思想，认真贯彻《学校卫生工作条例》，建立健全学校卫生和健康教育管理制度，开展健康教育活动，培养学生良好的卫生习惯。加强学校卫生防疫和食品卫生安全工作，落实各项传染病和食品中毒的预防措施。汕头市教育局、卫生局联合下发了《关于印发〈汕头市学校和托幼机构甲型H1N1流感防控应急预案（试行）〉的通知》（汕市教〔2009〕61号），对全市学校和托幼机构甲型H1N1流感防控工作做了具体部署。由于措施得当，有效控制了疫情在学校和托幼机构的传播，保障了学生、教职员工的生命安全，维护了正常的教育教学秩序。

积极开展中小学近视眼防控工作，为配合广东省教育厅开展“广东省中小学近视眼防控工作的对策性研究”课题研究，进一步了解广大学生近视的成因，探索防控近视眼的有效途径和方法，汕头市教育局、汕头大学、香港中文大学联合汕头国际眼科中心在10月中旬成立了眼普查工作小组，派专家深入部分中小学校开展“爱眼护眼，预防近视眼”普查公益活动，逾万名中小学生参加了此次普查。

【艺术教育】 贯彻执行《学校艺术教育工作规程》，遵循普及与提高相结合的原则，强化艺术教育管理，推进学校艺术新课程的实施。全面开展学校艺术教育活动，7月成功举办了汕头市第三届中小学生艺术展演活动，全市62所中小学校和校外少儿艺术教育团体的67个节目，分成声乐、舞蹈、课本剧、器乐等9个专场在澄海实验学校表演。9月在龙湖展览馆举行“三元杯”汕头市第三届中小学生艺术展演艺术类作品展览，展出152件绘画、书法、摄影等获奖作品。活动展示了汕头市中小学生的艺术才华和创造灵感。活动后选送作品参加广东省第三届中小学生艺术展演暨国庆60周年中小学师生书画摄影比赛，并取得优异成绩。其中，参加广东省第三届中小学生艺术展演活动艺术表演类获一等奖10个、二等奖4个、三等奖1个；艺术作品类获一等奖37个、二等奖27个、三等奖17个，并有4幅作品获全国展演一等奖，1幅作品获全国展演二等奖；艺术教育论文类获一等奖7篇、二等奖13篇、三等奖15篇，并有1篇获全国二等奖；同时，澄海区教育局、金平区教育局、潮阳区教育局和汕头市实验学校、长厦小学、金珠小学、澄海实验小学、潮阳谷饶仙波中学获得优秀组织奖，澄海区教育局还获得了全国优秀组织奖。参加广东省国庆60周年中小学生师生书画摄影比赛，潮阳实验学校获优秀团体奖，书画摄影作品获一等奖21件、二等奖26件、三等奖54件。澄海实验高级中学参加“祖国在我心中——广东省第九届‘百歌颂中华’歌咏活动”少年组比赛，获得了金奖。

【教育教学科研】 全市各级教育部门重视科研促教，汕头市教育学会、教科所、教研室、《汕头教育》期刊等积极推动和促进汕头市的教育教学研究工作，充分发挥教科研在推进素质教育中的作用。汕头市教育局通过三级教科研网络，指导各级各类学校开展科研课题研究和形式多样的校本教研活动。落实《汕头市基础教育课程改革总方案》，认真实施基础教育课程改革。结合高中阶段教育教学实际和高考方案改革、调整的情况，整合课程，推进普通高中课程改革，在高中办学规模不断扩大的同时，确保高中教学质量。召开“汕头市教师专业发展研讨暨教育科研优秀成果表彰大会”，表彰成果117项，其中一等奖29项，二等奖46项。落实汕头市教育科学“十一五”规划课题的立项工作，加强对省级教育科研课题的规范管理和业务指导，做好课题的结题工作。汕头市教育学会于2009年6月30日召开了主题为“新课程改革和教师专业发展”的学术年会，评选出一等奖论文80篇，二等奖论文240篇。学会组织论文参加广东教育学会2009年学术讨论会论文评比，获一等奖1篇、二等奖20篇，汕头市教育学会还获得了优秀组织奖。组织论文参加广东省教育学会举办的“第七届广东省中小学校长办学思想论坛”评比，获一等奖5篇、二等奖17篇。汕头市社会心理学会召开2009年学术研讨会，交流论文36篇，表彰2008年度优秀论文42篇。

（撰稿　陈耀城；审稿　林运轼）

佛山市

概　　况

2009年，佛山市教育系统坚持以邓小平理论和“三个代表”重要思想为指导，围绕率先基本实现教育现代化的目标，深入开展学习实践科学发展观活动，全面贯彻落实《珠江三角洲地区改革发展规划纲要（2008—2020年）》，积极开展教育各项重大改革与实践，大力推进教育现代化建设，取得了令人瞩目的成绩。

一、推进教育现代化先进区建设工作取得突破性进展

2009年，佛山市切实围绕“率先基本实现教育现代化”的战略目标，着力落实各项重大举措，通过加大统筹领导和组织协调力度、狠抓各项重大工作落实、强化专项督查指导等措施，推进教育现代化先进区建设。2009年上半年，顺德、禅城、南海三个区先后通过了广东省推进教育现代化先进区督导评估，并被授予“广东省推进教育现代化先进区”称号。高明、三水两个区按照“已达标的抓巩固，未达标的抓进度，重点难点指标抓突破”的工作策略，奋起直追，强势推进，力争2010年接受并通过省的评估。

二、现代教育体系基本形成

把促进各类教育协调发展、构建现代教育体系作为办人民满意教育的重要举措，取得了明显成效。一是学前教育快速健康发展。通过进一步理顺学前教育管理体制、全面规范办园行为、加快优质幼儿园建设步伐等有力措施，促进学前教育快速健康发展。二是义务教育发展更加优质均衡。主要从政策制度制定、管理机制完善、教育投入、资源整合、人力资源建设、教育教学改革、设施设备建设、规范化学校和优质学校建设、布局调整等方面加大了工作力度，加快了义务教育优质均衡发展步伐。三是高中教育和谐发展。在全面促进普通高中教育优质化发展的同时，致力发展职业教育，努力形成普通高中与中职教育协调发展的和谐局面。四是高等教育稳步发展。大力推进佛山科学技术学院和佛山职业技术学院新校园建设，加快顺德职业技术学院特色建设，促进高等教育壮大发展规模，提高教育质量，形成教育品牌，增强服务经济社会的能力。五是民办教育办学水平稳步提升。进一步加大对民办教育的支持和规范力度，着力完善办学体制，积极推进民办中小学规范化建设，设立民办教育专项资金，加大经费投入，充实设施设备，完善办学条件，有力推动了民办教育与公办教育相互竞争、相互促进、共同发展的良好局面。

三、教师队伍整体素质不断提高

佛山市积极组织开展教师各级各类培训，逐步构筑起教师继续教育长效机制，不断提升教师队伍整体素质。完善各项管理制度，强化教师管理，全面实施教师聘用制，完善分配激励机制，实行教师公开招聘制度，积极推进教师交流，有效提高人才管理效益。加强校长队伍建设，推行中小学校长竞争上岗制度，完善校长任用、管理办法。加强骨干教师队伍和名师工程建设，全市已拥有一支素质高、业务精、能力强的骨干教师队伍和名师队伍。全面提高教师工资福利待遇，全市教师工资收入大幅度增长，城乡教师工资收入差距逐步缩小；教师医疗、养老保险和住房公积金制度得到较好落实；代课教师入编问题得以妥善解决；全市中小学实施绩效工资工作稳步推进；积极推进教师工资福利待遇“两相当”工作。

四、教育教学质量持续提升

佛山市教育教学质量已实现从量的增长到质的飞跃转型。坚持“德育为首”，抓好学校德育工作，全面提升德育工作针对性和实效性；以课堂教学为重点，不断提高教学质量；进一步深化新课程改革，创新人才培养模式；积极举办各类比赛，促进师生成长与发展；努力提高教育信息化效益与师生应用水平，打造佛山教育信息化品牌；坚持科研促教，进一步提升教育科研水平，促进教育教学质量的提高；积极推进高中阶段学校招生考试改革，提升考试管理质量和服务水平；强化学校体育、卫生、艺术工作，促进学生综合素质提高。

五、教育民生问题得到妥善解决

佛山市把解决教育民生问题作为促进教育公平的重要工作加以落实，切实采取有效措施，妥善解决教育民生问题，办人民满意的教育。高度重视满

足特殊人群求学需求，确保弱势群体得到良好的教育。佛山市免费义务教育全方位落实，免费教育受惠面拓宽到广东省户籍学生和非广东省户籍政策性借读生，同时全面免除义务教育学校借读费，确保党的惠民政策全面惠及广大人民群众。全力解决非户籍常住人口子女就学问题，切实保障他们的教育权益。佛山市低保家庭学生助学工作已形成制度化、规范化、程序化的长效机制，建立起以政府投入为主、社会积极捐资助学等多种渠道筹集助学资金的投入机制。在做好低保家庭学生助学工作的基础上，把扶贫助学延伸到对特殊困难家庭子女和3～6岁幼儿的资助，基本实现“不让一个孩子因经济困难而失学”的目标。

六、各项重大事项强力推进

一是学习贯彻《珠江三角洲地区改革发展规划纲要（2008—2020年)》，切实抓好各项重要教育工作任务的落实，初步制定了《佛山市中长期教育改革与发展规划编制方案》；积极探索和推进广佛同城化和广佛肇一体化教育合作。二是教育国际化进程加快。佛山市对外教育交流日益扩大，教育国际合作逐步深化。2009年全市共接待境外各种教育交流团超过5 000人次，举办各种教育专业交流近100场。与英国、新加坡、香港、奥盟教育基金会等在教育不同领域的交流合作取得了重大进展和实质性成效。三是2009年成功举办了首届佛山教育博览会，收到了明显的社会效益。四是超额完成“双转移”招生任务，2009年全市中职学校招收东西两翼粤北山区学生共8 337人（不含联合办学），完成省下达“双转移”招生任务的122.71%。五是全市中小学校舍安全工程建设工作取得阶段性成效。六是组织开展对湛江、阳江、肇庆等地共85所学校的“千校扶千校”工作走在全省前列，得到省的高度评价。

各级各类教育

【基础教育】学前教育快速健康发展。一是管理体制进一步理顺。深入贯彻佛山市政府《关于加快学前教育发展的意见》，狠抓落实“政府负责，以镇（街）为主，分级管理和有关职能部门分工负责”的学前教育管理体制，完善学前教育联席会议制度，形成统一领导、分工负责、协调一致、齐抓共管的工作格局；落实各级教育部门主管本地学前教育的职责，促进学前教育快速协调发展；根据省有关文件精神，积极推进申报广东省学前教育发展试点县（市、区）工作，顺德区、高明区被确定为省试点（市、区）。二是全面规范办园行为。坚决清理无证办园、非法办园，维护正常办园秩序。三是优质幼儿园建设取得进展。各级政府切实加强领导，多渠道加大对公办幼儿园的投入，改善办园条件，提升办园水平，确保公办幼儿园在设施、师资、管理等方面的示范作用；重点办好公办园和镇（街）中心园，加强“公办、骨干、示范性”幼儿园和等级幼儿园建设力度，区级办好公办示范性幼儿园，镇（街）级办好中心幼儿园，村（居）办委办好集体幼儿园。2009年，全市有8所幼儿园申报省一级，11所幼儿园通过市一级评估。至年底，全市100%幼儿园达到办学标准，等级幼儿园所占比例达40%。四是办学经验受推崇。在广东省教育厅7月举行的全省学前教育研究课题工作研讨会上，佛山市发展学前教育的做法经验得到代表们的充分肯定，广东省教育简报2009年第40期以“佛山市坚持政府主导因地制宜促进学前教育健康发展”为题宣传了佛山市的经验。

义务教育发展更加优质均衡。一是推进制度创新。在广泛调研的基础上，草拟了《关于推进佛山市义务教育均衡发展的实施意见（送审稿)》，争取政府早日批准实施。二是义务教育区域均衡发展势头良好。积极创新管理机制，不断完善义务教育“以区为主”的管理体制，落实区级政府对义务教育统筹管理的责任，强化对区级政府发展义务教育的指导；各级政府大幅度增加教育投入，大力推进中小学资源整合，经费、师资、生源、设施设备等资源在佛山市城乡中小学得到合理、均衡配置，学校布局调整、人力资源建设、教育教学改革等工作均取得重大进展，教育综合水平迈上了新台阶。三是持续推进义务教育规范化学校和优质学校建设。至2009年底，全市有553所学校通过广东省义务教育规范化学校督导验收，占全市义务教育阶段学校总数的99.6%；全市有420所学校通过义务教育优质学校验收，占全市义务教育阶段学校总数的73.1%。

普通高中教育发展优质化，大力发展优质普通高中。全市普通高中53所，优质学位达100%，其中46所省一级普通高中全部通过了省级教学水平评估，5所市一级学校通过了市级教学水平评估；24所学校成为广东省国家级示范性普通高中，均处全省领先位置。

【职业教育】大力发展职业教育。一是贯彻落实《珠江三角洲地区改革发展规划纲要（2008—2020年）》，拟制了《佛山市职业技术教育基地建设方案》，并以政府名义向省政府提出了建设南方职业技术教育基地暨现代职业技术教育体系试点市的请示，为佛山市打造职教基地做好了充分的前期准备工作。二是采取一系列强有力措施，全力落实“双转移”招生工作任务。2009年，全市中职学校招收东西两翼粤北山区学生共11 043人（含联合办学但不含技工学校），完成率为161.83%。若不含联合办学，真正到佛山市就读的学生有8 337人，完成率为122.71%，超额完成省2009年下达的“双转移”招生任务。三是积极开展全市中职学校技能竞赛活动，为参加全省大赛精选人才。在全省技能大赛中，全省获一等奖共83人，佛山市就占了32人，同时还获得优秀选手、优秀指导教师、优秀团队、优秀组织、特别贡献奖等奖项。其后，在2009年全国职业院校技能大赛中，全省派出70名选手参赛，佛山市占了15名，且佛山市选手获一等奖6人、二等奖7人、三等奖1人。四是做好国家级、省级重点职校迎评工作。2009年，广东省对佛山市8所省级重点中职学校和1所国家级重点中职学校进行复评，复评结果除了佛山市三水区工业中等专业学校尚未接到合格通知以外，其余全部复评合格。同时，还有2所中职学校申报国家级重点学校，经省专家组评估后，评价较高，一致推荐给省领导小组予以审定。五是中职学校布局调整取得新进展。至2009年11月底，总投资4.3亿元、可容纳在校生6 400人的高明职业技术学校新校区进行了教学楼、行政楼工程施工招标，预计2011年秋季可正式招生，届时高明区将完成优化整合职教资源，做大做强职业教育。三水区职业学校新校园建设也已经全部完成了征地、总（单）体设计和“三通一平”工作，下一步将进入招标阶段，预计2010年秋季一期工程完成可供教学使用，新校园建成后，办学规模将迅速扩大，普通高中教育与职业教育发展将更加协调。

【高等教育】着力做好高等院校发展规划，重点推进佛山科学技术学院和佛山职业技术学院的建设。一是协助做好《佛山科学技术学院2008—2013年事业发展规划》的修编工作，进一步明确了佛山科学技术学院的发展“以工为主，综合发展，关键在于做强做优”的宗旨。学校布局由现在四个校区调整为两个校区，即校本部和北院校区。新校园建设总投入约10亿元，有关工作正在推进过程中。二是与佛山职业技术学院紧密合作制定《佛山职业技术学院三水新校园规划建设方案》，并经市政府同意通过。学院新校园选址三水乐平镇，计划总用地面积约58.73万平方米，净用地面积约50万平方米，办学规模为在校生8 000人。新校建设总投入约9亿元，上半年市政财已拨付征地款15 220.8万元，同时向银行贷款7.5亿元，并已完成征地、立项和总体规划设计等事项。三是推进顺德职业技术学院特色建设。经省政府批准，2009年学院开始试行自主招收应届中职毕业生进行大专层次的学历培养，为经济社会发展培养适用、顶用的高技能人才。

【民办教育】贯彻国家关于“积极鼓励、大力支持、正确引导、依法管理”的方针，进一步加大对民办教育的支持和规范力度。一是完善办学体制。大力推行义务教育以政府办学为主，民办为补充，学前教育以政府办园为骨干，民办幼儿园为主体；高中阶段教育实行办学主体多元化，公办和民办学校共同发展；同时依靠社会力量和借助外力大力发展职业教育和高等教育。二是推进民办中小学规范化建设。为推进佛山市教育现代化先进区建设工作，佛山市各区对尚未通过中小学规范化建设评估验收的学校，继续开展指导、检查和评估工作，使佛山市民办中小学在办学条件、学校管理、教育教学等方面上了一个新台阶。三是民办教育投入力度加大。全市各级各类民办学校和民办教育机构为适应经济社会发展，满足人民群众不断增长的优质教育需求，都在不同程度上加大投入，充实设施设备，完善办学条件，有力推动了佛山市公办教育与民办教育相互竞争、相互促进、共同发展的良好局面。四是加大对民办教育的扶持力度。禅城、顺德、三水等区设立民办教育专项资金，纳入区财政预算安排。专项资金主要用于民办学校奖教奖学、教师培训等，为民办学校发展提供资助和服务。据统计，全市有民办中小学（含职校）84所、民办幼儿园389所，在校生17.8万人。民办教育已成为佛山市教育事业不可或缺的重要组成部分。

教育成果与特色

【教育现代化建设】2009 年是佛山市教育现代化先进区建设工作全面抓推进抓落实之年。按照基本实现教育现代化的目标要求，佛山市着力落实各项重大措施，加大了教育现代化先进区建设的推进力度。一是增强统筹协调和组织领导力度。佛山市调整了以市长为组长、分管副市长为副组长、各区区长及市直 19 个单位主要领导为成员的佛山市教育现代化建设工作领导小组，为推进教育现代化建设提供了有力的组织保障；市委、市政府主要领导和分管领导经常研究和部署教育现代化建设阶段性工作，着重研究解决工作中遇到的重大问题；市委、市政府召开了佛山市教育现代化建设工作会议，全力推进教育现代化先进区建设工作；切实推行市、区、镇党政一把手亲自抓教育现代化建设的领导体制，同时认真组织市区两级党政领导干部基础教育工作责任考核，确保工作责任落实。二是狠抓工作落实。认真对照广东省县域（市、区）教育现代化评估方案和指标体系的要求，按照“已达标的抓巩固，未达标的抓进度，重点难点指标抓突破”的工作策略，狠抓各项关键工作的推进和落实，并深入查找工作中存在的差距和不足，认真研究对策与措施，切实破解难题，致力消除差距，力促硬件更硬，软件不软，重点保证软件上层次、上水平。三是强化督察指导。市委、市政府领导经常带领市有关部门深入基层、深入学校开展督查和指导工作，及时分析查找工作中存在的突出矛盾和主要问题，提出破解难题的对策、思路与措施，落实工作重点，突破工作难点，确保教育现代化建设试点工作顺利进行；督促落实推进教育现代化建设的政策与规划文件，保证教育现代化建设工作的稳步扎实推进；召开了全市推进教育现代化先进区建设工作辅导报告会，邀请广东省副总督学、省政府教育督导室主任陈健作“关于推进教育现代化先进区建设工作”的专题辅导报告；建立局领导推进教育现代化先进区建设工作挂点联系各区制度和建设工作简报制度，形成有效的督查指导机制。

通过不懈努力，佛山市教育现代化先进区建设工作取得了突破性进展。2009 年上半年，顺德区、禅城区、南海区先后通过了广东省推进教育现代化先进区督导评估，被评为“广东省推进教育现代化先进区”。高明区、三水区奋起直追，努力进取，切实做好各项工作，力争 2010 年上半年接受并通过省的督导评估。省评估组专家对佛山市给予了高度评价，认为“佛山市区域教育现代化发展模式和发展水平对全省推进教育现代化工作具有重要示范作用”。

【师资队伍】把教师作为教育第一资源，致力于打造高素质的教师队伍。一是切实加大教师继续教育力度，充分利用各种教育资源，组织教师参加各级各类培训，逐步构筑起教师继续教育长效机制，不断提升教师队伍整体素质。二是不断完善各项教师管理制度，加强教师管理，全面实施了教师聘用制，建立了分配激励机制，实行教师公开招聘制度，积极开展教师交流工作，全面提高人才管理效益，促进学校教育教学水平的提高。三是校长队伍建设力度加大。全面推行中小学校长竞争上岗制度；进一步完善校长任用、管理办法。四是骨干教师队伍建设和名师工程建设稳步推进，全市已拥有一支素质高、业务精、能力强的骨干教师队伍和名师队伍。五是全面提高教师工资福利待遇。全市教师工资收入有了大幅度增长，城乡教师工资收入差距逐步缩小。教师医疗、养老保险和住房公积金制度得到较好落实。绩效工资实施工作稳步推进，目前全市义务教育学校实施绩效工资工作基本落实。与此同时，推进教师工资福利待遇“两相当”工作。全市将投入近 12 亿元，力争 2011 年实现“两相当”，进一步稳定教师队伍。六是积极稳妥解决中小学代课教师问题。佛山市共有代课教师 2 371 人。在 2009 年各区招聘教师时，对代课教师给予了倾斜，解决了 249 名代课教师的入编问题。在此基础上，佛山市重新统计、核准代课教师人数，全市符合条件可参加“代转公”招录考试的代课教师人数为 1 707 人，其中禅城区 263 人，南海区 794 人，顺德区 539 人，高明区 16 人，三水区 95 人。此次“代转公”招录考试，全市编制数额为 358 个，其中禅城区 22 个，南海区 76 个，顺德区 188 个，高明区 16 个，三水区 56 个。至 2009 年底，全市解决 607 名代课教师“代转公”问题的工作基本落实到位。

【教育质量】2009 年，佛山市教育教学质量得到全面提高，实现了从量的增长到质的飞跃转型。

着力实施“四大战略”，成效明显。一是实施“固本强基”战略。通过开展教师基本功全员培训、举办多学科教师基本功大赛、与时俱进创新培训模式等措施，加强教师队伍建设。在此基础上，通过评选市级骨干教师及学科带头人、开展科组长及备课组长培训等办法，打造教学专家团队，发挥了专家团队示范和辐射作用，带动队伍整体素质的提升。二是实施“内涵发展”战略。坚持以教学视导为切入点，提高教研工作的实效性；加大研究力度，探索提高课堂教学有效性的策略、途径和方法；努力创建“品牌学科”，以学科教师团队的整体提升促进教师个体素质和教学行为的持续改善；改革评价方法和手段，进一步提高教学评价的促进功能。三是实施“教科研引领”战略。一方面，继续搞好常规教研，提高常规教研工作实效性和时效性，同时积极创造条件开展网络教研，有效提高了教研效率。另一方面，坚持“科研促教、科研促校”，积极开展“科研下校、科研下乡”，佛山市课题立项有重大突破，科研成果获奖数量和级别有较大提高，教科研合作交流迅速发展，尤其是广佛交流、港佛交流合作日益活跃。注重瞄准“有效教学”这一教研热点，积极开展课题研究，推进佛山市课程改革，提升了学科课堂教学有效性。2009 年，佛山市基础教育系统有 5 项课题获全国教育科学“十一五”规划教育部立项课题，这是佛山市教科研史上获得全国教育科学规划课题立项数量最多的一次，是佛山教科研尤其是基础教育科研一大突破。四是实施“信息化带动”战略。教育信息化成为佛山教育的一大特色和品牌。在不断完善教育信息化应用设备设施的基础上，不断强化教育信息化在提升教育教学质量中的“引领、指导、服务”作用，着力提升教育信息化效益和师生应用水平，促进教育教学质量的全面提升。

高度重视并稳步推进学校体育、卫生、艺术工作。一是加强学校体育工作。学校开足开好体育课，落实《学生体质健康标准》，不断拓宽体育锻炼空间，充实体育活动内容，通过开展大课间活动、学生冬季长跑活动、群众性青少年健身运动等活动，确保学生每天至少锻炼 1 小时，提高了学生体质。二是做好学校健康教育工作。开展预防艾滋病、口腔保健、青春期卫生和常见病传染病防治等教育，取得了良好效果。三是做好艺术教育工作。2009 年成功举办了广东省第三届中小学生艺术展演。全市各区为积极参与省的展演，全力做好初赛选拔等前期准备工作，分别举办了中小学生文艺会演，以此推动佛山学校艺术教育发展，促进素质教育的深入实施。

2009 年，佛山市高考实现了历史新高：全市 40 351人参加高考，本科上线人数 15 921 人，上线率为 45.74%，其中重点本科上线人数达 3 902 人，上线率为 11.21%；专科（3B）上线人数 30 591 人，上线率为 87.88%；高职类上线人数 3 281 人，占高职类报考人数的 59.57%。2009 年高考呈现三个鲜明特点：在报考人数减少的情况下，高分层次、重点批次、本科以上、三 A 以上等各层次上线人数不仅没有减少，反而比 2008 年有较大增长；高分层人数增长较大，比 2008 年增长 1 倍多；三 A 以上特别是本科以上上线人数增加。这些表明了 2009 年佛山市考生整体上线水平和质量有较大提高，佛山高中教育已走上内涵发展道路。

【重大工作】2009 年，佛山市教育系统各项重大事项强力推进。一是贯彻落实《珠江三角洲地区改革发展规划纲要（2008—2020 年）》。对佛山市委、市政府《关于贯彻落实〈珠江三角洲地区改革发展规划纲要（2008—2020 年）〉实施意见》教育部分进行任务分解，牵头做好推进改革工作，并及时对贯彻落实工作情况和经验进行总结，不断促进工作落实。做好广佛同城化建设教育合作协议的草拟工作，并于 5 月与广州市教育局共同签署了《广州市佛山市同城化建设教育合作协议》，加紧梳理广佛同城化建设教育合作项目，制订总体合作方案，并逐步推进落实。初步制定了《佛山市中长期教育改革与发展规划编制方案》，内容包括佛山市中长期教育改革和发展规划提纲、佛山市中长期教育改革和发展重点项目与主要内容。着手拟制《佛山市教育综合改革试验方案》，为申报国家教育综合改革试验区做好了前期准备工作。

二是积极开展学习实践科学发展观活动。为进一步促进佛山教育科学发展，自 3 月以来，佛山市各级教育行政部门切实按照佛山市委的统一部署，精心组织开展学习实践科学发展观活动。在活动第一阶段，各级教育行政部门紧密结合佛山教育工作实际，扎实推进“三学三悟”和“三调研三落实”活动，取得了明显成效，佛山市教育局经验材料《以学习实践活动凝聚共识，全力推动教育事业科学发展》被佛山市委学习实践活动简报登载。在活动第二阶段，各级教育行政部门领导班子成员带头学习、带头调研，广泛听取各方面的意见和建议，认真研究教育发展状况，总结成功经验，查摆自身在贯彻落实科学发展观方面存在的突出问题及深层次原因，进一步理清了推进教育科学发展的思路，明确提出了工作措施，有力地推动了佛山教育事业科学发展。佛山市教育局撰写的《佛山市教育局领导班子学习实践科学发展观分析检查报告》得到佛山市委学习实践办第五检查指导组的高度评价。在活动第三阶段，切实抓好整改落实，着力解决突出问题，创新体制机制。切实做到统筹兼顾，突出中心工作，把整改落实工作与加快推进教育现代化建设紧密结合起来；围绕解决群众反映的突出问题，解决好民生问题，切实转变作风，健全科学发展体制机制，使学习实践活动出成果、见实效。

三是成功举办首届佛山教育博览会。2009 年 5 月 16—18 日，由佛山创意产业园主办、佛山市教育局协办的 2009 首届佛山教育博览会在佛山创意产业园展览中心举行。此次教育博览会是佛山市历史上首次展示全市教育改革发展成果、促进教育交流与合作、提升教育服务社会水平的综合性盛会，是佛山教育战线和社会生活中的一件大事，更是全市五区先后申报和迎接广东省推进教育现代化先进区建设工作督导评估的重头戏，在国内地级市实属首例。此次博览会开设展位 225 个，参展单位有中外高等院校、中高等职校、中小学幼儿园、民办学校、出国留学咨询机构、远程教育机构、短期技术培训学校、等级考试或考研培训机构、各类教育科技企业以及教学仪器厂商等，进场参观达 7 万人次；40 所学校组织超过 60 个节目参加了舞台展示表演；举办了 14 场论坛，超过 5 000 人次参与了论坛。此次博览会，进一步推动了佛山教育与国际接轨，加快了佛山教育国际化进程；为省内外各类院校、咨询及培训机构提供了交流与合作的平台，在教育理念、教育管理、教育培训、教育教学及现代化的教学模式等方面进行了交流与合作；为公众提供了最新、最权威、最直接的教育信息和动态；引进了先进教育模式和理念，提高了佛山教育整体水平。首届教育博览会规模大、品位高、有特色，内容丰富、重点突出，成为佛山教育一大特色和品牌。

四是全力做好中小学校舍安全工程实施工作。佛山市成立了以分管副市长为组长、5 个区政府分管副区长及 14 个政府部门组成的佛山市校舍安全工程领导小组，召开了全市中小学校舍安全工程工作会议，市政府与各区政府签订了《佛山市中小学校舍安全工程责任书》，全面开展校舍安全工程建设工作。为加快工程进度，市政府还召开了 5 次专门会议，对相关工作进行了多次督办和调研。市区两级加班加点，全力以赴在指定时间内完成校舍排查和鉴定工作。到 10 月底，佛山市完成了全市 648 所学校、4 058 栋校舍建筑的排查和鉴定工作，达到了 100% 完成校舍排查和鉴定任务的要求。目前市、区正加紧制订校舍加固规划方案。

五是“千校扶千校”工作走在全省前列。佛山市成立了专门领导机构和工作机构，召开了动员大会，出台了相关文件，切实加强对“千校扶千校”工作的统筹协调。各区、各校迅速行动，扎实工作，取得了重大进展。佛山市共支援学校 47 所，对外挂职 95 人，接受跟班学生 65 人，援建图书库 3 间、电教平台 3 个，捐赠电脑、课桌、图书等一大批，捐款捐物折算人民币 77.09 万元，投入各项活动经费 39.74 万元。佛山市的帮扶工作得到了省的高度评价。

六是教育国际化进程加快。一方面教育对外交流日益扩大。努力拓宽对外交流渠道，在政府、学校等层面开展丰富多彩的对外交流活动。据统计，2009 年佛山市共接待境外各种教育交流团超过5 000 人次，举办各种形式的教育专业交流近 100 场。其中，佛山市中小学与香港学校开展的“同心同根——内地与香港学生交流活动”规模大、时间长、效果好，得到了中央、省、特区政府的充分肯定。另一方面教育国际合作逐步深化。佛山市五区与英国梅德韦市等五个城市建立了教育合作关系，建立稳定的交流合作机制。两地间学校、教师交流逐步推进，教师培训、科研合作也正式启动。佛山市与新加坡、香港等地教育交流合作不断推进，新加坡国家国际学生交流项目落户南海。贯彻《佛山市落实 CEPA 示范城市实施方案》，积极与香港有关高校联系和沟通，推动相关高校到佛山市合作办学，8 月与香港专业进修学校签订合作意向书，接着进行具体办学协议的谈判和学校筹建工作。佛山市各区学校酝酿多年的引进国际先进课程也取得突破，10 月佛山市华英学校与香港的教育机构达成协议，引进了剑桥大学国际考试中心 CIE 国际课程；11 月佛山市华英学校的 IGCSE 国际课程班正式开班，标志着佛山市教育国际化向深层次发展迈出了重要一步。

【教育民生】树立教育公平观念，采取切实有效措施，妥善解决社会群众关注的热点问题，让所有孩子都能享受到平等、优质、均衡的教育。

一是密切关注特殊人群求学需求。着力加强特殊教育学校建设与管理，形成以特殊教育学校为主体和骨干，以适当随班就读为辅助的特殊教育格局，并实现从义务教育向学前教育和高中阶段教育延伸，满足特殊教育发展需要和各年龄段有特殊教育需要的学生的入学需要；深入指导佛山启聪学校和顺德启智学校积极创建省现代化特殊教育学校和全国示范性特殊教育学校；指导于近两年先后开学的三水区和南海区特殊教育学校加快发展；支持高明区筹建1所特殊教育学校。

二是免费义务教育全方位落实。制定出台了《佛山市免费义务教育实施办法》，完善免费义务教育管理制度，确保该项重大惠民政策全面落实到位。努力拓宽免费义务教育受惠面，继2008年秋季学期非佛山市户籍政策性借读生5.07万人在佛山市享受免费义务教育后，2009年春季学期起佛山市再次拓宽范围，把广东省户籍学生和外省户籍政策性借读生6.4万人纳入免费范围，享受与佛山市户籍学生同等待遇；从春季学期开始，全面免除义务教育阶段学校借读费，使非户籍学生享受与佛山市户籍学生同等待遇。义务教育经费保障改革机制各项资金落实到位，至10月底，全市义务教育经费保障机制改革各项到位资金共计54 389.15万元（含省拨资金6 327.49万元，市级资金594.6万元，区级资金47 467.06万元），其中免费义务教育（免书杂费）42 082.07万元、补助公用经费3 940.76万元、校舍维修改造资金7 980.3万元、补助贫困生生活费386.02万元（以上资金除免费资金外，其他项目未含顺德区资金数）。

三是非户籍常住人口子女就学“进得来”“读得起”“学得好”。继续坚持“以流入地政府管理为主、全日制公办学校为主”的原则，严格按照免试就近入学的政策规定，妥善解决非户籍常住人口子女就学问题；各级政府对非户籍常住人口子女，在以公办学校接收为主的同时，积极发挥民办学校作用，为他们就近顺利入学提供保证和便利，切实保证“进得来”。严格按照有关政策规定落实非户籍常住人口子女入学收费，坚决禁止任何名目和任何形式的教育违规收费，切实维护他们的切身利益，同时建立和完善非户籍常住人口子女接受教育的经费保障机制，帮助家庭经济困难的非户籍常住人口子女就学，切实保证“读得起”。扶持和规范社会力量举办的、以接受非户籍常住人口子女就读为主的学校发展，加强对学校的检查指导和师资培训，促其改善办学条件、提高管理水平和教育质量，满足他们对优质教育的需求，切实保证“学得好”。全市非户籍常住人口子女义务教育阶段在校生已超过23万人，占佛山市义务教育阶段在校生总数的35%左右，其中接近80%的学生就读公办学校。

四是扶贫助学“一个不少”。佛山市低保家庭学生助学工作已形成制度化、规范化、程序化的长效机制，建立起以政府投入为主、社会积极捐资助学等多种渠道筹集助学资金的投入机制，并把扶贫助学延伸到对特殊困难家庭子女的资助，不让一个孩子因家庭困难而失学。2009年，佛山市又理顺了中职学校资助政策管理体制，确保佛山市就读中职学校的最低生活保障家庭学生享受到资助政策。2009年，佛山市资助困难家庭学生140 672人次，全年资助金额7 984.27万元，其中各级财政投入资金占总投入的97.5%。资助资金包含低保家庭学生资助资金、特殊困难家庭学生资助资金、中职学校国家助学金、中职学校免费教育资金（含佛山市中职低保家庭学生和就读佛山市中职的“双转移”农村学生免费资金）。

五是学校办学行为全面规范。加强招生管理，义务教育公办学校坚持就近免试入学制度，严禁招收择校生，严禁把捐资助学与学生入学挂钩；公办普通高中招收择校生严格执行限分数、限人数、限钱数的“三限”政策。加大了政策法规执行力度，特别对公办普通高中举办高中往届毕业生复读班或招收高中毕业生插班复读，以及占用学校的教育资源与其他单位联合举办补习班或复读班的执法。强化中小学课程实施管理，要求学校严格执行国家、省、市课程计划和课程开设要求，开齐课程，开足课时。严禁义务教育阶段学校和教师利用寒暑假、节假日、公休日（双休日）等时间组织或变相组织学生进行任何形式的集体补课，切实减轻学生过重的课业负担。禁止义务教育分设重点学校和非重点学校，督促义务教育阶段学校各年级按常态编班，实行固定阶梯式能力分班，不设重点班和非重点班。禁止义务教育阶段公办学校改制，对公办民助学校依据有关法规和“四独立”要求进行规范管理，协调相关部门对其收费进行严格核算与监管，促其定价和收费更加合理。召开民办初中自主招生学校校长会议，进一步规范民办学校自主招生行为。全面规范中小学教育收费管理。全市五区成为广东省教育收费规范区，佛山市2009年3月被授予“广东省教育收费规范市”称号。狠抓学校安全规范管理，促进学校安全工作上新水平，确保学校无重大安全事故发生，营造了和谐稳定的育人环境。

（撰稿　吴海桐；审稿　李亚娟　杨汉波　梁南贻）

韶关市

概　　况

2009年，韶关市3～5周岁幼儿毛入园率为84.3%，高出全省平均水平7个百分点；全市小学适龄人口入学率为99.9%，初中学龄人口入学率为99.07%，适龄残疾儿童少年入学率为98.3%，义务教育各项指标均优于全省的平均水平；全市户籍人口高中阶段教育毛入学率提高到88%，高出全省平均水平8.1个百分点。教学质量进一步提高，高考专科以上上线率达81.04%，比2008年提高了4.4个百分点。学生在学科竞赛中也取得较好成绩，其中奥林匹克信息学竞赛成绩连续十多年在全省名列前茅，体育艺术竞赛成绩名列全省东西北地区前列。优质学位不断增加，全市乡镇中心幼儿园占乡镇幼儿园总数的62%；全市义务教育规范化学校有189所，覆盖率为45%；全市有国家级示范性普通高中7所，另有3所（乐昌市第一中学、仁化中学、乳源高级中学）普通高中通过了国家级示范性普通高中的初期督导评估；全市有国家级重点中等职业学校3所，省级重点中等职业学校4所，省级实训中心5个，省级重点专业5个。韶关市的教育发展总体水平居全省欠发达地区前列。

各级各类教育

【基础教育】一、学前教育

2009年，全市新增市一级幼儿园8所，使市一级幼儿园达到18所，省一级幼儿园共有7所；全市新建乡镇中心幼儿园17所，使乡镇中心幼儿园达到59所，占乡镇幼儿园总数的62%；全市3～5周岁幼儿毛入园（班）率为84.3%，比2008年提高了3.8个百分点。作为省的试点，韶关市教育局与市妇联、市人事局等单位共同开展女大学生到乡镇中心幼儿园支教工作，共有32名女大学生参加了该行动，此项工作的开展对乡镇中心幼儿园的发展起到了积极的扶持作用。仁化县和始兴县被确定为“广东省首批农村学前教育发展试点县”。选送的韶关市教工幼儿园教学课例《老鼠偷吃了我的糖》在第十三届全国多媒体教育软件大奖赛“信息技术与学科教学整合课例”评选中荣获广东省一等奖，同时荣获“第三届全国幼儿园信息技术应用作品评比活动”一等奖，该课例在湖北襄樊举行的“中国教育技术协会幼儿园专业委员会优秀课例交流研讨活动”中进行展示，获得专家组与同行的一致好评。全市还组织教师参加全省学前教育论文评比，获一等奖论文4篇、二等奖论文1篇、三等奖论文10篇。

二、义务教育

为进一步巩固和提高义务教育发展水平，各地高度重视义务教育均衡发展工作，在继续抓好义务教育政策宣传、强化“防流控辍”措施、取消义务教育阶段借读费、解决外来务工人员子女入学就读问题等工作的同时，大力实施城镇优质学校和农村薄弱学校“一帮一”活动，积极开展“千校扶千校”活动，加快城乡学校互助共同体建设步伐，带动农村学校和城镇薄弱学校在办学理念、管理水平、教师素质和教育质量等方面的提升，其中曲江区、武江区、浈江区、新丰县、始兴县等地城乡学校互助共同体活动开展活跃，推进较快。通过采取以上措施，全市义务教育均衡发展取得初步成效，义务教育发展水平得到了进一步提高。据统计，至2009年底，全市建立城乡学校互助共同体85个，受帮扶学校达105所，参与省“千校扶千校”行动计划的学校有93所，全市参与城乡学校互助共同体建设和“千校扶千校”行动计划的学校占义务教育完全小学以上学校总数的40%。同时，各地以教育创强为契机，不断加大投入，狠抓规范化学校建设，大力实施校舍安全工程和“新装备”工程，加大中小学布局调整力度，加强城镇薄弱学校改造，从而使办学条件得到进一步改善。据统计，2009年，全市共投入教育创强和校舍安全工程资金1.49亿元，撤并中小学79所，新增校园面积19.34万平方米，新增校舍面积17.25万平方米，新增图书34.7万册，新建实验室、语音室、电脑室等功能室419间，新添电脑2 986台、多媒体教学平台126套、校园网络37套；全市新增义务教育规范化学校6所，至2009年底，全市义务教育规范化学校有189所，规范化学校覆盖率为45%。

三、普通高中教育

2009年，各地继续高度重视发展高中阶段教育，进一步加大力度，采取有力措施，使普及高中阶段教育成果得到进一步巩固和提高。据统计，全市普通高中教育招生22 483人，在校生达64 399人。其中新丰县克服重重困难，举全县之力异地新建了高标准的新丰县第一中学，该校已于2009年9月顺利开学，有效缓解了当地普通高中教育学位严重不足的问题。曲江中学顺利通过了国家级示范性普通高中的终期督导评估，乐昌市第一中学、仁化中学和乳源高级中学顺利通过了国家级示范性普通高中的初期督导评估。全市普通高考专科以上上线人数达1.85万人，比2008年增加了1 747人，上线率达81.04%，比2008年提高了4.4个百分点；其中本科以上上线人数达7 301人，比2008年增加了586人，上线率达32%，比2008年提高了1.37个百分点。

四、特殊教育

2009年，全市适龄残疾儿童少年入学率为98.3%，其中适龄“三残”儿童少年入学率为91.6%；在广东省特殊教育教师教学论文、教学设计、教学课件、手工制作教具竞赛中，韶关市启智学校选送的7个作品全部获奖，其中获教学论文二等奖1个、三等奖1个，教学设计三等奖1个、优秀奖1个，教学课件三等奖3个，该校学生舞蹈节目《我们齐划梦想船》在全省残疾人文艺会演中获三等奖。乳源瑶族自治县将原乳城镇乌石小学附设特殊教育班改建成独立建制的特殊教育学校，使该县“三残”儿童上学问题得到了实质性的解决。

【职业与成人教育】一、职业教育

2009年，全市有中等职业学校（含韶关学院韶州师范分院和韶关学院医学院）28所，其中政府办学18所，民办学校10所。全市共有国家级重点中等职业学校3所，省级重点中等职业学校4所，市级重点民办中等职业学校3所，省级实训中心5个，省级中等职业学校重点建设专业（点）5个。深化教学和招生制度改革。为了有效引导初中毕业生分流，开展了中职教育预备班试验和春秋两季招生制度，全市中职教育招生共17 951人，完成下达招生任务17 100人的105%。加上14所技工学校招生37 875人，全市中职学校（含技工）共招生54 975人，其中韶关市户籍生源29 079人，占中职（技工）招生总额的53%。全面改革人才培养模式，积极创新办学模式，探索联合办学、校企合作、工学交替、半工半读模式以及“零学费入学、零距离上岗”的“双零”培养模式，让更多农村的孩子接受中职教育。进一步重视学生技能培养培训，19所中等职业学校共355名选手参加全市中职学生“亚龙杯”技能竞赛，248名选手分获得一、二、三等奖。参赛人数和获奖人数均为历年之最。

二、成人教育

2009年，全市成人高等教育招生6 533人，在校生18 134人，毕业生6 035人。其中韶关学院成人教育处（成教学院）在校生达8 565人，成人教育招收本、专科生2 781人；韶关市广播电视大学在校生3 639人，招生1 501人；韶关市职工大学在校生1 286人，招生337人。

韶关市浈江区乐园镇成人文化技术学校、乳源瑶族自治县桂头镇成人文化技术学校、翁源县周陂镇和铁龙镇成人文化技术学校被认定为市级示范性成人文化技术学校。韶关市曲江区教育局被中国成人教育协会评为“全国农村成人教育先进单位”，乐昌市白石镇成人中心校被中国成人教育协会评为“全国农村成人教育先进学校”。

【高等教育】一、普通高等教育

2009年，韶关市普通高等教育学校有韶关学院（含韶关学院医学院、韶关学院韶州师范分院）、广东松山职业技术学院。年内，全市普通高等学校招生10 881人，在校生29 070人，毕业生6 812人。

二、成人高等教育

韶关学院成人教育处（成教学院）坚持以人为本的办学理念，确定了脱产、函授和夜大的办学模式，努力办好各种形式、各种层次的学历教育和继续教育。成教学院在校生达8 565人，2009年成人教育招收本、专科生2 781人。

【民办教育】2009年，韶关市民办教育坚持“积极鼓励、大力支持、正确引导、依法管理”的十六字方针，坚持“高看一眼、厚爱三分”，促进民办教育健康发展。全市有民办教育机构398所，总资产41 033万元，教学设备总值11 065万元，专任教师3 516人，在校生85 346人（不含非学历培训人数）。

全市有民办中等职业学校9所，总资产8 281万元，教学设备总值2 586万元，专任教师353人，招生7 648人，毕业生4 272人，在校生22 460人。民办教育义务学校6所，总资产16 411万元，教学设备总值3 265万元，专任教师396人，招生2 541人，毕业生1 669人，在校生7 183人。民办幼儿园328所，总资产14 319万元，教学设备总值4 121万元，专任教师2 380人，招生18 085人，毕业生16 000人，在校生48 357人。民办非学历教育机构55个，总资产2 022万元，教学设备价值1 092万元，专任教师387人，参加培训人员达10 258人次。

教育成果与特色

【教育投入】2009年，全市教育经费总收入24.61亿元，比2008年的24.44亿元增长0.70%，其中教育部门教育经费收入22.86亿元，比2008年的20.72亿元增长10.33%；总支出为24.52亿元，比2008年的24.22亿元增长1.24%，其中教育部门教育经费支出22.84亿元，比2008年的20.58亿元增长10.98 %。在教育经费总收入中，国家财政性教育经费收入190 698万元、民办学校中举办者投入办学经费186万元、社会捐赠资金1 588万元、事业收入50 622万元（其中学杂费收入32 675万元）、其他收入2 963万元。

实行免费义务教育并减免城区困难家庭学生学杂费。2009年继续实施免费义务教育，巩固和提高义务教育经费保障水平。全市免费义务教育学生356 033人，其中小学生214 497人，初中生141 536人，投入资金金额达1.39亿元。同时，财政投入2 000多万元，对农村家庭经济困难学生提供寄宿生生活费补助，受助学生每年达74 300多人。市本级财政投入近350万元，对在市区公办学校就读的低保家庭子女、特困家庭子女、“零就业”家庭子女、残疾人家庭子女或残疾学生，免收高中学杂费，受惠学生3 200多人。

【教师队伍建设】全市招聘新教师586名，有148名代课教师被招录为公办教师，中小学教职员达32 794人。加强干部教师培训工作，参加教育行政部门干部培训的有155人次；参加中小学校长培训的有1 627人次；参加中小学教师各类职务培训的超过15 000人次，其中参加高中教师职务培训的有2 377人次，参加中小学教师教育技术类培训的有8 852人次，参加新教师培训的有468人次，参加“知行中国——中小学班主任培训”的有1 000人次，参加农村教师培训的有1 200人次，参加其他培训的超过1 500人次；53名教师（校长）被选为韶关市第四批“百千万人才工程”培养对象。认真贯彻落实城乡教师交流制度，全市参加城乡教师交流的有120多人，其中省对县17人，市对县13人。组织开展评先评优工作，全市获全国“江民特教园丁奖”1人，全国教育系统先进集体1个，全国模范教师1名，全国教育系统先进工作者1名，全国优秀教师2名；广东省基础教育系统第二批名校长和名教师4名，南粤优秀教师33名，南粤优秀教育工作者4名，韶关市优秀教师、优秀教育工作者251名。制定出台了《韶关市基础教育系统名校长、名教师评选管理办法》并开展了评选工作。配合市人事、财政部门出台了《韶关市市直义务教育学校绩效工资实施办法》，义务教育学校绩效工资实施工作稳步推进。全市参加职称评审的教师中，207人获得中学高级职称，4人获小学副高级职称，1 387人或小学中级职称，17人获小学初级职称。继续开展教师资格认定工作，上半年认定教师资格人数为1 650人，下半年认定教师资格人数为1 215人。

【学校德育】德育工作明显加强。一是深入贯彻落实《关于进一步加强和改进未成年人思想道德建设的若干意见》和全省加强未成年人思想道德建设经验交流现场会精神。2009年10月10日召开了全市中小学德育工作会议，指导和帮助基层总结提升工作经验，加强薄弱环节。建立激励创新工作机制，组织开展省、市级中小学德育创新奖评选活动，五个项目获省等级奖。二是推进心理健康教育规范化发展。开展心理健康教育示范学校创建活动，3所学校被评为省级示范校，14所学校被评为市级示范校。开展心理健康教育论文评选，44篇论文获省级奖，94篇论文获市级奖。三是抓好德育队伍建设。实施中小学班主任能力建设计划，评选第二批省、市级名班主任培养对象。举办德育巡回演讲报告会，共5 000多名教师分别参加了10场报告会。完善“创优评先”机制，开展了韶关市优秀班主任和优秀少先队辅导员评选活动，全面加强中小学德育队伍建设。举办了两期心理健康教育C证培训班和一期B证培训班，613名教师参加了培训。四是推动“课改加强德育实验研究”深入开展。举办省、市级“聚焦课堂 提高中小学生思想道德素质”

教学经验总结交流活动，共18个课例获省等级奖。加强“课改加强德育实验研究”项目的指导和管理，37项省、市级课题顺利结题，17项市级课题和5项省级课题成功立项。五是以校园文化活动为载体，提高学生人文素养。组织开展“祖国在我心中”歌咏活动、“快乐伴我成长”书信比赛、“我在祖国怀抱中快乐成长”主题教育活动、“书香校园”创建活动、争当“阅读之星”读书活动和“书香校园”作文比赛、中职学校“明理、立志、勤学、成才”主题教育成果图片展和演讲比赛等主题教育系列活动。充分利用韶关市青少年社会实践活动中心和青少年宫开展社会实践活动，韶关市青少年社会实践活动中心被评为“广东省首批示范性德育基地”。六是加强法制教育和禁毒教育。组织中小学法制教育活动方案的征集和评选，开展宣传教育活动，进一步提高中小学生的禁毒意识和防毒能力。2009年全市学生德育考核优良率为86%，“三好学生”率为18%，在校学生违法犯罪率为万分之零点一。

【学校体育与艺术教育】体育与艺术教育成绩显著。一是加强师资队伍建设。开展各类新课程培训，举办全市中小学“第三套全国中小学系列广播操教师培训班”和艺术教师基本功培训班等教研活动，全面提高教师的业务技能。积极发挥体育、艺术学科带头人的骨干示范作用，为全市青年教师做好“传帮带”工作。组织教师参加省市教学论文评比、优质课竞赛和基本功比赛等活动，12名教师参加全省首届体育教师专业技能大赛，3人获一等奖，9人获二等奖，韶关市教育局获团体二等奖。二是组织举办各类文体竞赛活动。成功举办了韶关市第十四届中小学生“英东杯”文体竞赛，项目包括综艺类（器乐、声乐、语言类、舞蹈等）、足球、篮球、排球和毽球，全市共3 549名中小学生参加了比赛。积极参加国家和省市组织的各项竞赛，取得优异成绩：在广东省第三届中小学生艺术展演活动中，6个节目获一等奖，韶关市教育局等10个单位获优秀组织奖。北江中学和韶关市第一中学参加全省学校体育传统项目田径和女子篮球比赛分获团体总分第二名和第三名；新丰县第一中学男子排球队、韶关市第二中学女子排球队均获2009年全省中学生排球锦标赛第六名；翁源中学女子篮球队获全省中学生篮球锦标赛第五名，男女队均获体育道德风尚奖；北江中学男、女毽球队代表韶关市参加全省体育大会（四年一届）均获U19年龄组第三名；韶关市中等职业技术学校代表韶关市参加全省定向越野赛获甲、乙组团体总分第四名，参加全省第四届定向越野锦标赛荣获青年组团体总分第三名。三是顺利完成中招体育考试工作。制定《2009年韶关市初中毕业生升学体育考试工作实施意见》，按照“考试组织科学化、考务管理规范化、监考工作标准化和考风考纪严格化”的标准，各地各校组织严密，工作到位，顺利地完成了中招体育考试。

卫生工作卓有成效。一是切实加强学校食品卫生安全工作。抽检了各县区共43所学校的食堂食品卫生安全，推进学校食堂量化分级管理，消除卫生安全隐患。强化学校食堂管理人员和从业人员卫生知识培训工作，先后举办培训班8期，3 286人参加了培训。二是认真落实学校卫生健康教育工作。积极推进学校预防艾滋病教育、中小学生近视眼和碘缺乏症防控等工作，把卫生健康教育课时、计划、教学内容和师资培训等工作全面落到实处。先后对全市《广东省儿童入园入学查验预防接种证工作实施方案》执行情况、中小学生近视眼和碘缺乏症的防控工作情况进行了专项检查。按照广东省教育厅要求，在浈江区进行了近视眼防控试点，举办了新编眼保健操学习班、青少年青春期健康教育师资培训班和3期甲流防控培训班，参训教师2 600多人。三是高度重视学校甲流防控工作。各地各校采取有效措施加强教育和防控，在2009年疫情爆发过程中未出现重症病例和死亡病例。四是圆满完成“创卫”任务。在灭蚊达标、档案材料、清洁卫生、疾病预防、体质健康监测、健康教育等方面做了大量的工作，取得了显著的成绩，顺利地通过了国家创卫检查验收，并受到韶关市委、市政府的表彰奖励。

【教育教学科研】2009年，全市教育科研立项申请共427项，经组织专家评审，确定了383项课题为韶关市2009年教育科研立项课题，其中市规划课题41项。同时积极组织学校、教师申报省级课题或国家级课题（子课题），部分课题获得了省级或国家级课题（子课题）立项。2009年市级、省级和国家级的立项课题均比2008年有所增加。全年结题的市级立项课题有120项，经组织专家评审，共评出一等奖6项、二等奖54项、三等奖60项。全市教师获得全国一等奖3人次、二等奖5人次、三等奖3人次，获得省一等奖28人次、二等奖122人次、三等奖196人次。教师参加广东省政府唯一的教育科研方面的奖项——广东省第七届普通教育教学成果奖评选，获得3项二等奖，取得了历史上的突破。组织市级学科教研活动200多次，送课下乡45节。韶关市教研室先后到仁化、乐昌、始兴等10个县（市、区）以及北江中学、韶关市第一中学、北江实验学校、新丰第二小学等70多所中小学校听课共1 900多节。

【教学质量】 2009年，全市普通高考考生23 013人，比2008年增加937人，增长4.24%。第三批以上上线考生18 490人，占实考考生数的81.04%，比2008年提高了4.52个百分点。其中第一批本科上线考生1 258人，占实考考生数的5.5%；第二批本科上线考生6 043人，占实考考生数的26.5%；第三批专科上线考生11 189人，占实考考生数的49.04%。全市共有17 764名考生被高校录取，录取总人数占实考人数的77.85%，比2008年的74.24%上升了3.61个百分点。其中提前批、第一批本科、保送生、单考单招录取1 325人，占实考人数的5.81%；第二批A线录取3 565人，占实考人数的15.62%；第二批B线录取2 193人，占实考人数的9.61%；第三批专科录取10 681人，占实考人数的46.81%，其中A线录取4 456人，B线录取6 225人。高职类“3+证书”考试，全市报考人数1 020人，比2008年增加119人，录取551人，占实考考生人数的60.35%，比2008年的45.76%提高了14.59个百分点。

2009年，全市中考高分层考生比2008年有所增加，600分以上考生4 421人，比2008年增加1 163人；700分以上考生8人，比2008年增加5人。

中小学生参加学科竞赛取得了较好成绩。全市学生获得全国一等奖60人次、二等奖114人次、三等奖167人次，省一等奖118人次、二等奖234人次、三等奖402人次，市一等奖208人次、二等奖320人次、三等奖511人次。

【青少年信息学】 2009年，韶关市教育信息化工作重点是启动全市基础教育信息化应用管理平台建设工程，提升基础教育信息化应用和管理水平。韶关市教育局教仪站为充分提高基础教育网的应用，自主研发了“信息化活动综合管理系统”，使教师和学生的信息化竞赛活动全部实现网络上报、网上评比等网络管理功能，该项信息化应用走在全省的前列。

在广东省第十届中小学电脑制作评比活动中，韶关市推荐了60件学生作品参加，共有41件获奖，其中省一等奖3项、二等奖8项、三等奖12项、优秀奖18项。韶关市教育局获最佳组织奖。在广东省第十二届教师多媒体教育软件大奖赛中，共有38件作品获奖，其中获省一等奖5项、二等奖7项、三等奖7项、优秀奖19项。在全国第七届NOC活动“虚拟机器人足球赛”中，韶关市获全国一等奖2项、二等奖7项，成绩位于全国前列。在2009年广东省青少年信息学奥林匹克竞赛中，韶关市获市团体第三名，广东北江中学获学校团体第二名；在2009年全国信息学联赛中，韶关市获全国一等奖8项、二等奖8项、三等奖10项，其中获得一等奖的3名高中学生获得保送大学的资格。

【教育装备】 2009年，韶关市加大了对基础教育装备的投入和建设力度，全市共新增计算机室54间，计算机2 986台，校园网络37套，电子白板145块，电教平台126套，各类功能场室419间，纸质图书34.7万册。在实施农村初中理化生实验室建设的“新装备”工程中，全市共投入资金631.351 5万元（其中省的专项补助资金376.80075万元，自筹资金254.550 75万元），建设农村初中学校理化生实验室31间，小学科学实验室119间。

【教育创强】 创建广东省教育强市是贯彻落实党的“十七大”精神和科学发展观的重要举措，是实施“科教兴市”和“人才强市”战略的重要基石，同时也是办好人民满意的教育的重要抓手。2009年5月25日，韶关市召开了创建广东省教育强市动员大会，提出到2013年实现创建目标。全市动员大会后，各县（市、区）分别召开了动员会，制定了工作方案，成立了领导小组，设立了创强办公室，加大经费投入，全面整顿校容校貌、完善设施设备和加强校园文化建设，并结合布局调整、校舍安全工程和“新装备”建设工程，狠抓创强工作的落实。其中，翁源县设立文化翁源发展基金，投入1 200万元用于全面改造铁龙中学、周陂镇中心小学；乳源县桂头镇投入500多万元用于改善学校的办学条件，建成多媒体计算机室、语言实验室、千兆校园网等一批现代化教学设施设备；武江区积极争取社会各界支持，募集资金500多万元用于教育创强工作；浈江区为推进教育信息化进程，计划投入1 000多万元，分3年完成教育信息化建设项目，以彻底改变所属学校教育设施设备落后的面貌。

【希望工程】 为进一步改善农村学校的办学条件，促进农村教育的发展，韶关市教育局加大了“希望工程”引入力度，专门成立了“希望工程”协调小组，指定1名副局长和1名副调研员负责全市希望工程项目的引进、协调和监督工作。引进项目包括新建希望学校、改建薄弱学校、扶助特困生和赞助学生课外文体活动项目等。据统计，2009年，希望工程协调办共筹集捐款814.85万元。其中，香港松日集团公司捐资100万元，其中65万元用于资助韶关市贫困生上大学，35万元用于资助韶关市贫困高中生；香港至和基金捐款94.5万元用于资助韶关市贫困学生和武江区至和汤邓淑芳纪念学校运动场建设；香港烛光教育基金捐款 114.6 万元用于韶关市青少年社会实践活动中心嘉宾楼建设及资助韶关市贫困生上大学、贫困大学生赴香港学习；韶关市福彩中心捐资 100 万元用于资助韶关市大中小学贫困学生；香港可蕴基金资助 40.8 万元用于韶关市贫困生上大学；香港吴礼和教育基金捐款 75 万元用于乐昌梅花吴礼和小学建设和浈江区吴礼和小学购买电脑、修建运动场；深圳市中衍集团捐款 60 万元资助南雄澜河白云小学改善办学条件；香港向山举目助学金会资助韶关市贫困学生共 17.15 万元；香港新界社团首长联谊会捐资 73.8 万元用于资助韶关市贫困学生和乳源侯公渡中心小学教学楼建设；香港镇泰集团公司捐资 73 万元用于仁化闻韶中学和中心小学、南雄市珠玑镇泰小学建设；中国移动广东公司韶关分公司资助韶关市义务教育阶段困难家庭“三好学生”共 35 万元；香港黎灿先生捐资 31 万元用于南雄黎灿学校奖学金和资助韶关学院贫困生。2009 年度通过希望工程共资助约 6 500 名大中小学贫困学生。

【招生考试】 全市报考各类成人高校的考生总数为 4 630 人，比 2008 年增加 604 人，增加了 15%。其中有 1 174 人报考专科升本科，44 人报考高中升本科，3 412 人报考高中升专科。录取 3 907 人，录取率为 84.39%。4 月自考报考人数为2 824 人，10 月报考人数为 2 456 人，1 月和 7 月两次加考、小考报考人数为 2 371 人。与 2008 年相比，全年自考报考人数减少了 724 人，下降了 8.64%。全市应届初中毕业生有 44 970 人，比 2008 年减少 1 949 人。报名参加中考的考生有 37 315 人，比 2008 年减少 1 880 人，报考率为 83%，比 2008 年减少 0.5 个百分点。

2009 年 6 月 7 日，韶关市领导徐建华、邓苏夏、李石保、徐紫玲、兰茵等到韶关市招考中心和韶关市第一中学巡视普通高考考场。全市 22 个定点考场电子监控系统及市级监控中心实现与省级监控中心互联互通，具备网上巡查、应急指挥、视频会议等功能。

【党风政风行风建设】 2009 年，韶关市教育局认真贯彻党中央、国务院和广东省委、省政府关于加强党风廉政建设和反腐败斗争的决策和部署，坚持标本兼治、综合治理、惩防并举、注重预防的方针，在教育、制度、监督、改革、纠风和惩处等方面解放思想、开拓创新、扎实工作，狠抓教育系统反腐倡廉建设各项工作任务的落实，教育系统党风廉政建设和反腐败工作取得了一定成效。一是以落实党风廉政责任制为重点，抓好局机关和基层单位反腐倡廉建设。制定了《韶关市教育局 2009 年党风廉政建设和反腐败工作责任分工实施方案》《韶关市教育局领导班子成员党风廉政建设岗位职责》，进一步建立健全了党风廉政建设责任体系，完善了反腐倡廉的领导体制。二是以深入开展思想政治教育为重点，切实增强党员干部思想道德水平和廉洁从政意识。组织机关干部和学校校长学习中纪委、省纪委以及市纪委有关党风廉政建设工作的文件、会议精神。开展了正面示范教育与案例警示教育活动，尤其是大力开展了“抓作风、塑形象”和“算腐败代价帐”教育活动，筑牢拒腐防变的思想道德防线。开展了“廉政文化进校园”活动，增强青少年学生廉洁意识，组织人员编写 2009 年版《中小学廉洁文化进校园教育读本》。三是以教育系统重点领域和关键环节为重点，抓好监督检查工作。严格执行工程和大宗物品采购招投标制度，实现“阳光采购”。加强招生管理，实施“阳光招生”。加强对教师招录、干部晋升、评优评先等工作的监管，确保公平、公正、公开。开展了教育内部审计工作，确保教育经费安全、高效使用。四是以抓好教育热点难点问题为重点，切实纠正损害群众利益的不正之风。加强监督和查处，切实纠正教育乱收费行为；认真整治收费补课和不良家教行为，切实维护学生合法权益；严禁自立项目收费或搭车收费；进一步规范中小学生校服的采购行为。韶关市曲江区、武江区被评为 2009 年度教育收费规范区。目前，全市 10 个县（市、区）中已有 8 个县（市、区）成为教育收费规范县（市、区），韶关市实现“教育收费规范市”的目标有望 2010 年实现。

【教育工会】 2009 年，韶关市教育工会以实践科学发展观思想为引领，围绕“群体师德师风创优活动”的要求，开展了有实效的活动：一是开展学习新修订的《中小学教师职业道德规范》活动；二是开展“我讲师德”演讲比赛活动；三是开展师德师风建设活动月“八个一”活动；四是开展群体师德师风创优活动。韶关市教育局结合实际，制定了活动方案，提出了群体师德师风创优活动的标准、基本要求及表彰办法。2009 年，全市有 16 个单位被评为“韶关市群体师德师风创优活动先进集体”，该活动还被授予“韶关市精神文明工作创新奖”。

（撰稿　严志均　傅树群　柯艳君　胡定安　李国全　张烽艺　钟　华　谭　军　彭水林　陆智南　朱庆辛　刘玉娟　梁茂发；审稿　严志均）

河源市

概况

2009年，是河源市继续实施教育事业发展“十一五”规划、大力加快高中阶段教育发展的关键之年。在河源市委、市政府的领导下，在广东省教育厅的关心支持下，在全市各级教育行政部门和各级各类学校的共同努力下，河源市教育系统以邓小平理论和“三个代表”重要思想为指导，深入贯彻落实科学发展观，以科学发展观统领教育工作全局，以办人民满意的教育为目标，扎实推进基础教育均衡协调发展，取得了长足的进步。

一、加大力度巩固提高“普九”水平和质量

全面启动中小学校舍安全工程。2009年，全市共排查鉴定学校1 512所，占总数的100%。排查鉴定结论为：安全学校有432所，占总数的28.6%；不安全学校有1 080所，占总数的71.4%。校舍安全工程已全面转入校舍加固改造和新建重建阶段。据统计，全市规划改造学校1 087所，其中规划加固的学校595所，规划重建的学校244所，规划加固和重建的学校246所，迁移的学校2所。全市规划加固单体建筑物3 091栋，合计1 912 101平方米；规划重建单体建筑物877栋，合计717 629平方米；估算总投入16亿元。

进一步加强初中生“防流控辍”工作。河源市政府对县（区）政府防止初中生辍学工作实行问责制，各县（区）均落实初中学校校长责任制，严格抓好初中毕业生中考报名率，把中考报名率列入校长工作、学校办学质量和教学水平考核评估内容，大幅度提高中考报名率。全市“普九”水平和质量得到进一步巩固提高。

切实抓好全市“千校扶千校”工作，提高薄弱学校办学水平。2009年4月，河源市全面启动“千校扶千校”行动计划。全市共有79所薄弱的义务教育阶段学校得到为期3年的“一帮一”对口帮扶，其中经省认定的接受深圳市帮扶的学校有33所，省认定的河源市内帮扶的学校有38所，河源市市直义务教育阶段学校帮扶的各县区学校有8所。据不完全统计，支援学校共派出200多名教师为受援学校讲授了250多节示范课，为受援学校援建图书库3间，援建图书角23个，援助图书1.3万多册，硬件帮扶投入22万多元；活动经费投入约27万元，其中学校投入23万多元，社会各界捐款约4万元。该计划除了“硬件”帮扶外，更着重“软件”帮扶，提高薄弱学校的教育教学管理水平和教师业务素质，进一步推进全市城乡义务教育均衡发展。

二、积极推进普及高中阶段教育工程

2009年，河源市认真贯彻落实广东省第十次党代会和河源市委五届三次全会精神，把实施普及高中阶段教育工程作为“十项惠民工程”之首，加快发展高中阶段教育，大力发展职业技术教育，“普高”工程取得实质性进展。

加大招生宣传力度，扩大高中阶段教育规模。全市市内高中阶段学校实际招生40 609人，比2008年增加4 146人。全市现有高中阶段学校60所，其中普通高中42所，中等职业学校（含技工类学校）16所；在校生125 370人（包含在市外中等职业学校和普通高中就读的学生28 325人）。全市高中阶段教育毛入学率达到73.53%，比2008年提高了7个百分点，实现了高中阶段教育规模增长目标。

抓好普通高中学校新建、扩建工作，满足新增学位需要。2009年，省财政补助资金2 106万元一次性下达到各市直项目学校和县（区）财政局，加快河源中学、河源市田家炳实验中学、连平中学、和平中学等一批县城高中学校的扩建工作，加快紫金县第四中学续建与东源东江中学的新建工作，扩大普通高中办学规模，确保普通高中学位满足扩招需要。全市普通高中新建校舍面积9.02万平方米，到位建设资金17 339万元；扩建面积30.6万平方米，到位建设资金29 594万元。

加大资金投入，中等职业技术教育与成人教育工作成绩显著。2009年，投资3.5亿元全面完成河源理工学校首期工程建设，于9月1日正式建成开学，首期招生2 861人，与原河源工业学校合并后在校生达5 000人。河源理工学校建成并投入使用，使“东江教育城”建成学校达到5所，在校生达2.74万人。与此同时，河源市职业技术学校、和平县职业技术学校、紫金县职业技术学校等一批中等职业教育学校扩建项目工程建设工作也取得重大进展。

三、加强规范化学校建设和教育信息化建设

2009年，全市撤并了17所农村小学、6个教学点，新建4所初中学校。对布局调整后保留的初中、小学加强规范化建设。全市已有61所义务教育学校通过市政府教育督导室组织的义务教育规范化学校达标验收，义务教育学校的办学条件得到进一步改善。继续抓好“校校通”工程建设，全市共有282所中小学接入河源市教育局信息网，基本实现了全市中心小学以上学校的“校校通”。全市有7所学校顺利通过“第三批广东省现代教育技术实验学校”中期评估，其中有2所被确认为“第四批广东省现代教育技术实验学校”，教育信息化步伐得到进一步加快。继续实施农村中小学“新装备”工程，全市新建的71间理化生实验室、194间小学科学实验室顺利通过验收并交付使用。至此，“新装备”工程已全面覆盖全市所有初级中学、中心小学以及部分规模较大的完全小学，农村中小学的实验装备水平有了全面提高。

各级各类教育

【基础教育】一、学前教育

2009年，全市有幼儿园256所，在园幼儿72 827人，教职工4 016人（专任教师2 436人），3～6周岁幼儿入园率为60.1%。

二、普通中小学教育

2009年，全市有小学1 271所，在校生268 503人，教职工17 451人（专任教师15 726人），校园占地面积7 622 361平方米，校舍建筑面积2 086 287平方米。全市有普通中学190所（初中148所，高级中学16所，完全中学26所），在校生241 377人（初中179 619人、高中61 758人），教职工16 349人（专任教师14 550人），校园占地面积7 754 900平方米，校舍建筑面积2 407 203平方米。

河源市积极贯彻落实全省城乡免费义务教育政策，做好全市中小学生享受免费义务教育工作和农村困难家庭子女义务教育阶段生活费补助工作，基本解决了城乡义务教育阶段学生因贫困而失学的问题。据统计，全市免费义务教育阶段学生共442 981人（小学生264 060人，初中生178 921人），其中农村免费义务教育阶段学生360 168人（小学生215 078人，初中生145 090人），城镇免费义务教育阶段学生82 813人（小学生48 982人；初中生33 831人）。至2009年底，全市共有61所中小学校被认定为“广东省义务教育规范化学校”。

三、特殊教育

2009年，全市有特殊教育学校6所（其中独立建制的有1所，附设在其他学校的有5所），各类特教班32个，随班就读遍布城镇乡村，在校“三残”儿童少年1 294人，“三残”儿童少年小学入学率为96.68%、初中入学率为95.25%。

【中等职业教育】2009年，河源市中等职业教育以贯彻落实党的“十七大”精神和科学发展观为指导，紧紧围绕河源市经济建设和社会发展的总体目标，以扩大中等职业教育规模为工作重心，结合各地、各校实际，积极采取各种有效的手段及措施，加大投入，强化宣传，中等职业技术教育与成人教育工作成绩显著。由河源市教育局统一组建招生宣传小组，深入全市177所初级中学，面向3万多名初中毕业生，作了近180场次的专题演讲，中职学校招生宣传工作取得了明显成效。2009年，全市中职、技工学校共完成招生17 129人（其中中职学校12 025人），比2008年增加3 703人（其中中职扩招2 149人），创下了河源市建市以来中职学校招生人数历史之最。全市有3所国家级重点中等职业学校，分别是河源市职业技术学校、河源市技工学校、河源市卫生学校。中职学校（含技工）有专任教师1 372人，教师学历达标率为82.9%，其中“双师型”教师占专业课教师的33.4%。

在河源市技工学校组织举办的全市第六届中职学校学生技能竞赛，共有16支代表队、309名选手参加了7个专业11个项目的比赛，共有280人获得各种奖项。选派中职学生参加全省中等职业技术学校技能竞赛，获二等奖3人、三等奖5人、优秀奖7人，共有5名教师获指导教师奖。

【高等教育】河源职业技术学院是2001年经广东省人民政府批准，在具有70多年办学历史的广东老隆师范学校的基础上设立的，属教育部注册、地方政府投资的一所公办全日制高等职业院校。学院占地面积100万平方米，内设教学大楼、学生公寓、师生饭堂、图书馆、实训中心、体育馆等基础设施及人工湖、贤能广场、“铭德榕”、“桃李园”、“双馨园”、“书香园”等人文景点。

学院现有全日制在校生10 054人，教职工609人，专任教师461人，其中副高职称以上教师93人。学院下设机电工程学院、电子与信息工程学院、工商管理学院、艺术与设计学院、人文学院5个二级学院，以及思想理论课教学部、继续教育学院、实训中心、信息中心、图书馆、高等职业教育研究所等6个教学教辅机构；设有应用电子技术、模具设计与制造、旅游管理、服装设计、文秘、英语教育、音乐表演等34个专业；建有95个校内实训室（车间）和196个校外实习基地，教学电脑2 353台，教学仪器设备总值达5 203万元，图书馆藏书达81.68万册。

学院坚持“厚德强技、服务地方”的办学理念，紧密依托行业企业，开展多形式、多途径的校企合作，积极推行订单培养、半工半读、置换培训、顶岗实习等工学结合人才培养模式。坚持以能力培养为重点，以工作过程为导向，依据职业岗位所需要的知识、能力、素质要求，整合教学内容，重构课程体系，大力推进“教、学、做”一体化教学模式改革，不断提高人才培养质量。目前，学校建有中央财政支持的实训基地1个，拥有省级示范性建设专业2个，国家级精品课程1门，省级精品课程4门，国家教学指导委员会精品课程2门，出版工学结合特色教材57部，其中国家“十一五”规划教材5部；教师公开发表论文2 000多篇，获得省级教改立项7项，省级教学成果奖1项；承担省市科技项目70多项，企业技术服务项目40多项，获省市科技进步奖4项，市社科成果奖10项，专利15项；学生在省级以上各类大赛中获奖达400多人次，获国家级一、二等奖22项，省级一等奖35项。学校代表广东省参加全国高职院校职业技能大赛，获机器人项目一等奖。

学院在办学过程中，突出职业教育特色，成立了“河源职业技术学院职业技能鉴定所”，具备40个工种的职业技能鉴定资格；成立了由科技部批准的“国家制造业信息化培训中心”；设立了普通话水平测试站及大学英语四六级、全国公共英语等级、全国计算机等级、全国秘书职业资格、国家导游证等多个国家级考点。

学院注重开展国际学术交流与合作，与英国、德国、新加坡、澳大利亚等国家的学术团体和培训机构建立了经常性的交流合作关系，开展学术交流、项目合作和人才培养工作，国际交流和合作领域不断拓展。学院顺利通过了教育部高职高专人才培养工作水平评估。学院注重内涵建设和特色培育，已呈现出“发展快、态势好，潜力大”的良好势头，正步入健康的良性发展轨道。

教育成果与特色

【全面推进素质教育】2009年，河源市深化教育教学改革，进一步提高教育教学质量，全面推进素质教育。

重视教育科研工作，各级各类学校教学质量稳步提高。一是加大力度推进新课程改革与实验，不断深化教学改革，进一步完善校本教研制度建设，确定和实施了一批教育教学科研课题，申请市级课题并获准立项32项，创历年之最。二是组织各学科新课程教学研讨会和新课程各学科教学大赛，进一步抓好中小学教学质量的监控及管理，继续组织对各地贯彻落实《关于进一步加强中小学教学质量管理的意见》的专项检查活动，全市中小学教育教学质量得到进一步提高。2009年，河源市高考成绩稳中有升，据初步统计，全市普通高考入围总人数13 863人，比2008年增加了1 068人，入围人数占考试人数的69.12%，比2008年提高了4.89个百分点。全市高考最高分为理科672分（并列2人），文科651分。其中，上本科线的考生5 048人，比2008年增加了184人；上专科线的考生8 825人，比2008年增加了894人。三是大力推进新课程改革与实验，深入开展教育教学科研活动，不断深化教学改革，先后培养了市级青年骨干教师246名。四是继续推进语言文字工作，全市顺利通过广东省二类城市语言文字工作评估考核。成功创建了一批国家级、省级和市级语言文字规范化示范校。全市有12所学校通过市级语言文字规范化示范校的评估验收，河源市第一小学、河源市第二小学、河源市第三小学和河源市田家炳实验中学4所学校被广东省教育厅、省语委评为省级语言文字规范化示范校，河源市第二小学被教育部、国家语委评为国家级语言文字规范化示范校。

扎实做好德育工作，未成年人思想道德教育进一步加强。一是组织全市中小学校申报2009年度广东省中小学德育科研项目的课题实验研究，其中有14所学校申报的课题获准立项，并有3所学校（河源市第二小学、河源市第三小学、河源市田家炳实验中学）被省定为重点德育科研课题实验学校。二是启动中小学校德育示范（达标）学校督导评估工作，河源市被广东省教育厅确定为全省山区市开展德育督导评估的试点市。三是继续加强班主任队伍的建设和管理，积极推动中小学班主任能力建设计划的实施。四是组织全市中小学校开展“我在祖国怀抱中快乐成长”主题教育系列活动。结合市委实践办要求，重点开展“我爱我的祖国”主题实践活动。五是积极推进中小学心理健康教育工作与中小学心理健康教育专题调研工作，组织县区及市直学校实施“C证教师”全员培训计划。六是组织实施“中小学德育骨干能力建设计划”。选派县区初级中学主管德育的副校长、德育课题实验学校主持人、部分骨干班主任参加各类省级培训，打造高素质德育工作队伍。七是加强中职学校德育工作。举办中职学校德育新课程培训班，选派德育课骨干教师参加省级德育课程改革培训。

强化教育督导工作，确保教育事业健康协调发展。一是全力做好市对县区党政领导干部基础教育工作责任考核工作和迎接省对市党政领导干部基础教育工作责任考核工作，得到河源市委、市政府领导的高度赞誉和一致好评。二是继续推进河源市普通高中教学水平评估工作，进一步加强对普通高中教学工作的管理和指导。组织普通高中教学水平评估组对源城区东埔中学、和平县阳明中学、龙川县车田中学、龙川县田家炳中学、紫金县蓝塘中学、紫金县古竹中学、连平县附城中学、连平县忠信中学等8所普通高中进行教学水平评估。三是做好市一级幼儿园的督导评估工作。组织评估组对河源市南开实验幼儿园、东源县船塘镇中心幼儿园、连平县教育示范幼儿园进行督导评估验收。四是切实推进市级教育强镇督导评估工作。河源市人民政府教育督导室于2009年12月下旬组织评估组对仙塘镇申报市教育强镇进行了督导评估验收。

切实做好招生考试工作，努力推进教育公平建设。一是新建了5个国家教育考试定点考场的电子监控系统。二是建立了河源市国家教育考试监控中心和河源市中招信息化管理平台。河源市国家教育考试监控中心投资90多万元，达到了考场与国家、省、市考试管理平台互联互通的要求，实现了网上巡考。河源市中招信息化管理平台投入170多万元，使全市的中招工作达到统一网上报名、网上填报志愿、网上管理考务、网上录取、网上统计和分析考试成绩、网上管理学籍等要求，并与全省中招平台联网，实现招生考试全程信息化管理。三是顺利组织了普通高考、成人高考、自学考试、中招考试和普通高中学业水平考试、代转公考试等系列考试工作，努力维护了教育公平。

组织开展创建国家环保模范城各项工作，建设能源节约型城市。一是全市中小学环境教育普及率达到“创模”指标要求。全市开展环境教育的中小学达1 401所，每学年环境教育达12课时以上，全市中小学环境教育普及率为95.82%，达到“创模”考核指标要求。二是全面完成“绿色学校”创建任务。全市共有绿色学校48所（不含幼儿园），其中国家级绿色学校1所、省级绿色学校24所、市级绿色学校23所。绿色学校环境教育课程开设率达到100%。三是环保教育活动实现常规化。坚持以《全国环境宣传教育行动纲要》为指导，积极开展以提高学生的环境保护意识和现代文明素质为目标，以普及环境科学知识、环境法律法规知识和环境道德伦理知识为重点的环境保护教育，形成了多层次全覆盖的环境保护教育主体网络。

【积极实施“强师兴教”工程】2009年，河源市积极实施“强师兴教”工程，进一步加强教师队伍建设。

切实加大师资人才引进和交流力度。4月，河源市市长刘小华再次率团在华南师范大学召开“2009年河源籍大学毕业生座谈会暨教师现场招聘会”，积极引进高等院校优秀本科师范毕业生，共有240名优秀本科毕业生、20余名研究生与用人单位签约，470名毕业生与用人单位达成初步意向。继续推进“师范生实习支教、置换教师培训”工作，华南师范大学于9月派出56名毕业班学生分赴河源市紫金县、东源县、和平县、龙川县有关学校顶岗实习；组织省派第四批支教人员到河源市五县一区开展支援农村教育巡回讲学活动。与此同时，河源市积极开展重点学校支援薄弱学校、城镇教师到农村学校任教工作，优化农村教师队伍结构，推动城乡教育协调均衡发展。

认真组织开展校长、教师各级各类培训。一是组织全市中小学、幼儿园9名校长（园长）参加高级研修班，组织10名中学校长参加提高班培训，选派50人参加农村初中校长提高培训班，选派50人

参加广东省农村义务教育中小学校长预算管理专题培训班，选派17名校长（副校长、校长助理）参加任职资格培训班，并选派了7名校长到省内外进行挂职锻炼。二是开展了两期全市普通高中学科教师培训工作，第一期2 937人，第二期428人。三是组织12名英语教师参加广东省教育厅组织的校本培训示范学校系列教学讲座。四是继2008年成功举办千名农村小学英语教师暑期培训之后，再次组织全市300多名农村中小学音乐、美术、体育教师参加专业学科暑期培训班，提高农村教师队伍素质、促进全市城乡教育均衡发展。五是做好中小学教师教育技术能力建设项目中级助学导师省级培训班工作，共有50人负责各县区中小学教师教育技术能力建设项目的网络助学工作。六是配合广东省教育厅组织实施“知行中国——中小学班主任教师培训项目”工作，共有1 000名小学班主任参加培训。七是组织1 469名教师参加广东省2009年教育技术项目中级第二、三期培训。八是组织全市教育系统1 000多人参加《知识产权法》培训。

做好“代转公”工作，落实教职工待遇。落实省有关文件精神，积极协调市人事局、市财政局、市人力资源和社会保障局等部门完成全市两次“代转公”招录工作；做好2009年经济欠发达地区中小学代课教师培训及报名工作，安排本区域内1 236名代课教师参加广东省组织的经济欠发达地区中小学代课教师培训；督促落实全市教职工各项政策性福利待遇，在全省山区市县率先实现了教师工资福利待遇“两相当”。连平县率先在全县实行学科带头人津贴制度，共36名学科带头人享受了政府津贴。

教师队伍建设成效初步显现。河源市不断创新师资队伍建设举措，组织开展了“2009河源校长论坛”，1 000名中小学校长参加了论坛和培训；紫金县开展了“青蓝工程”主题实践活动，全面启动“一帮一”青蓝工程，加强“新老”结合，充分发挥老教师“传、帮、带”的积极作用，引导促进年轻教师健康、快速成长。经过各项措施的落实，全市师资队伍素质得到进一步提高。全市小学、初中、高中专任教师学历达标率分别为99.68%、98.11%、84.78%。其中，小学专任教师具有大专以上学历、初中专任教师具有本科以上学历的比例分别为69.88%、40.78%。紫金县附城中学校长刘子增荣获“全国模范教师”称号，河源市第二小学荣获“全国教育系统先进集体”称号；连平县第一小学林慧萍、龙川县赤光镇中心小学张雪萍、河源市第三小学邓春苗、河源中学实验学校张定红获“全国优秀教师”称号。全市共31人荣获广东省2009年“南粤优秀教师”称号，3人荣获广东省2009年“南粤优秀教育工作者”称号。做好广东省基础教育系统第二批名校长和名教师推荐工作，连平县第一小学校长林惠萍被评为“广东省基础教育系统名校长”，河源市第一小学教师魏先娣被评为“广东省基础教育系统名教师”。

【加强教育系统作风建设】2009年，河源市加强教育系统思想与廉政建设，树立教育系统清正廉洁良好形象。

切实抓好教育系统学习实践科学发展观活动。一是全力抓好市教育局机关学习实践科学发展观活动。认真开展“学习调研”“分析检查”“整改落实”3个阶段11个环节的各项活动，撰写了7份调研报告，针对存在问题与困难提出了10大措施进行整改或推进。河源市教育局领导班子到龙川县上坪镇开展了为期一周的“访民情、听民声、解民困”主题实践活动，资助热水小学5万元建设校舍，组织市直学校送课下乡，筹建农家书屋普及科学知识等活动成效显著。在学习实践活动中，河源市教育局共召开征求意见会6场次，参加座谈人数100人，发放问卷调查表300份，印发征求意见表160份，共收集意见建议50条。利用学习实践活动的契机构建了立体教育宣传平台，河源市教育局与《河源日报》《河源晚报》合办了教育周刊，与广播电台合办了《教育时空》节目，与电视台合办了《教育视线》节目，河源教育网站点击率累计超过180万人次。二是认真做好中职学校、中小学校学习实践科学发展观活动的组织指导工作。全市参加第三批学习实践活动的学校1 052所，召开征求意见座谈会576场次，参加座谈会9 727人，发放问卷调查19 585份，印发征求意见表13 615份，参加网络征求意见的群众达19 902人，收集意见建议2 128条，经过梳理归纳问题533个，在发展理念、发展模式、发展规划等方面存在的突出问题255个，查找到体制机制方面存在的突出问题233个，党员干部在党性党纪、服务基层群众、化解基层矛盾等方面存在的问题197个，各级党组织共开展谈心活动257场次，召开专题组织生活会和民主生活会414场次，参加党员1 023人，市县指导小组共抽查调阅分析检查报告229份、提出修改意见333条，质量较差的分析检查报告4份，参加领导班子分析检查报告的群众9 083人，评议总体满意率为92.3%，走访党员群众96人，开展实地调研89个，党员参加帮扶解困活动人数 4 313 人，为群众办好事实事 1 188 件。河源中学、河源市第二小学等一批学校开展学习实践活动成效明显，受到省、市实践办的高度赞扬。

切实抓好教育系统党风廉政建设。一是落实党风廉政建设责任。河源市教育局与各县区教育局及市直各学校签订了《河源市教育系统 2009 年度党风廉政建设及纪检监察工作责任书》。严格执行《中国共产党纪律处分条例》和《中国共产党党内监督条例（试行）》，未发生任何违反党风廉政建设的问题。二是治理学校乱收费工作成效明显。学校乱收费问题的反映、投诉、举报的数量大幅度下降；乱收费案件大幅度下降；乱收费金额大幅度下降，共查处违规教育乱收费 0.62 万元。同时，对群众咨询、投诉等信访件，做到了件件有结果，事事有落实，办结率达到 100%。三是听取民声，了解民情，关心民意，切实做好信访工作。2009 年，及时处理并予答复办结省级批转件 18 件、市领导批转件 15 件、“政风行风热线”办公室批转 10 件、“公仆信箱”咨询投诉 252 件、“河源市政风行风热线”网站群众咨询投诉件 500 件、直接受理群众来信来电 1 005 件。四是组成教育行政机关大接访工作小组。五是积极筹划、做好上线节目的播出工作。河源市教育局是“行风热线”上线单位，全年安排局领导班子成员上线 5 次，参加省教育厅组织的省市县三级教育主管部门联动做好“民声热线”上线直播工作 2 次。

切实抓好教育系统安全稳定工作。一是结合“安全生产活动年”“安全教育周”“安全教育日”“11·9 消防安全日”等活动，利用广播、黑板报、宣传橱窗、国旗下演讲、观看光盘等多种形式对广大师生进行安全常识的宣传，有针对性地开展交通、消防、用电、实验、劳动、食品卫生、体育运动等专题安全教育活动。二是进一步建立和完善安全管理制度，重新修订了《河源市教育系统突发公共事件应急预案》《河源市教育局安全防范工作制度》和《安全信息报送制度》，使安全管理工作逐步走向制度化。三是联合综治办、公安、政法、工商、文化、卫生、建设、城监、环保等职能部门对市直学校周边的治安环境进行了专项整治行动，共查处乱摆卖 12 宗，占道经营 9 宗，不洁食品饮食店铺 2 家，环境污染店铺 6 家，违法经营网吧、报刊亭各 1 间，收缴了一些非法出版物，规范校门口交通秩序 3 处。教育系统综合治理工作受到市委综治办的赞扬。

（撰稿　殷湘岚　刘红玲；审稿　张东辉）

梅 州 市

概 况

2009 年，梅州市教育系统坚持以邓小平理论和“三个代表”重要思想为指导，按照广东省委、省政府“科教兴粤、人才强省”的部署和要求，以办好人民满意的教育为宗旨，以“绿色崛起、科学发展”理念统领教育工作全局，以创建教育强市为新动力，以解决教育科学发展难题为突破口，进一步解放思想、改革创新、强化管理、提高效益，使梅州市教育事业进一步适应经济社会发展。

一、创建教育强市工作扎实推进

全市上下高度重视“创强”工作，不断加大教育投入，科学调整学校布局，加快义务教育阶段学校规范化建设，推进区域教育均衡发展，办学效益明显提高。继 2008 年 6 个镇（街）顺利通过省教育强镇验收之后，2009 年有梅县石扇、雁洋，梅江区西郊、城北，兴宁市永和、福兴、宁新，平远县中行、八尺、热柘，蕉岭县长潭、南寨、广福、文福、三圳，大埔县桃源 16 个镇（街）完成创建省教育强镇的任务，梅江区和蕉岭县分别通过了省教育强区（县）验收，成为省教育强区（县）。

二、基础教育健康发展

加强学前教育情况的调研，以市政府名义下发了《关于加快学前教育发展的意见》，完成了 2009—2011 年学前教育发展规划工作。抓好“防流控辍”和义务教育学校布局调整工作。加强全市义务教育阶段学生辍学和学校布局调整情况的调研，以市政府名义下发了《关于进一步做好防止义务教育阶段学生辍学工作的意见》和《关于进一步加强义务教育学校布局调整工作，推进规范化学校建设的意见》。积极开展“千校扶千校”工作，梅州市有 25 所小学和 24 所初中帮扶本市 25 所小学和 24 所初中，有 16 所初中和 16 所小学对口接受广州市初中和小学的帮扶。规范招生秩序，促进教育公平，市直学艺中学的全部学位纳入梅江区电脑派位，不再招收借读生。在市属学校的带头示范下，城区初中招生工作进一步规范有序。

三、普及高中阶段教育稳步推进

继续实施“扩容促优”工程，加快普通高中发展。通过扩建、改建、新建、整合普通高中，实行高、初中分离办学等措施，进一步加快普通高中建设，扩大优质普通高中的办学规模和容量，2009 年全市普通高中在校生达到 114 898 人。坚持走内涵发展之路，积极推进示范性普通高中建设，全市 10 所重点高中率先在全省山区市完成广东省国家级示范性普通高中的创建任务。

大力加强省市山区职业教育基地共建工作。梅州市农业学校、梅州市职业技术学校这两所万人学校和兴宁市职业学校等 5 所 5 000 人骨干示范性职业学校建设步伐加快，全年共投入建设资金 9 250 万元，竣工使用面积 12 950 平方米。不断探索新的办学模式，校企之间、区域之间、校校之间的联合办学模式陆续开展，工学结合、订单培养和校企合作深入推进。助学扶贫面进一步拓宽，在做好中职国家助学金的审核发放工作的基础上，争取广州市对口扶持梅州 400 名学生免费就读中职学校。2009 年，全市高中阶段教育毛入学率达 76.2%，比 2008 年提高了 11.2 个百分点。

四、教师队伍建设进一步加强

通过加强对普教系统“百千万人才工程”的管理和培养，认真选派校长、教师参加国家级和省级各类培训和中小学校长省内外挂职锻炼，做好“广东省教育人才智力扶持山区计划”工作、支教工作等，有效促进了梅州市农村教师素质的提高，对农村学校教育教学水平的提升和发展起到了积极的作用。认真解决代课教师和教师工资福利待遇问题，全市有 193 人在首次“代转公”考试中被招录为公办教师，第二批“代转公”考试正在有条不紊地进行中；加强义务教育阶段学校教师绩效工资制度的政策宣传、培训、指导和落实工作，全市义务教育阶段学校教师绩效工资制度得到较好落实；认真做好高校毕业生到农村从教上岗退费工作，全市有 793 名高校毕业生享受到该项优惠政策。教师节前夕，市政府对 80 名市优秀教师、83 名市优秀班主任、51 名市优秀德育工作者、71 名市教学改革积极分子和 63 名市教育系统安全管理工作先进个人进行了表彰。

五、素质教育成果显著

全市有 9 所学校被授予省级“书香校园”称

号，有22所学校被授予市级“书香校园”称号。组织了全市中小学心理健康教育“C证”教师培训和高一级新生军训。全市共选送16个节目参加广东省第三届中小学生艺术展演比赛，有9个节目获省一等奖；成功举办梅州市第十一届中学生田径运动会。加强对全市中小学校安全工作的检查、督查，开展了学校消防、卫生防疫知识培训及各种“防灾减灾”有奖知识竞赛活动等，全市有14所学校被授予“广东省安全文明校园”称号。继续做好课改实验工作，加强对实验过程的研究和指导，积极开展新课程实施的教研活动，新课程改革在全市全面展开，并取得初步成效。积极进行教育评价的改革，初步拟定了小学段的《各学科学生学业评价细则》和《各学科课堂教学评价标准》，并着手拟定高中阶段的《各学科学生学业评价细则》和《各学科课堂教学评价标准》。大力加强地方课程建设和课程资源开发，编写了《客都梅州》初中版、小学版，并免费提供给学生。积极开展教研活动，各学科教研员深入基层，深入课堂，加强调查研究，开展多种形式的教研活动。

六、行风建设不断加强

高度重视“梅州民生”工作，努力解决和按时回复网民提出的问题，梅州市教育局被评为市直机关作风建设暨八大“民声窗口”先进单位。认真接待、处理来信来访，耐心倾听群众的意见和建议，组织协调好每个月的局长接访日活动。按照“全面审计，突出重点”的工作方针，抓住重点单位，突出重点项目，抓好重点资金，强化财务收支的审计。按照人事部门和纪委的要求，对校长因调任、转任、轮换、退休、辞职等离任的，依法实行离任经济责任审计。加强督政督学力度，顺利完成了市对县的党政领导干部基础教育工作的考核，做好省对梅州市党政领导干部基础教育工作考核的各项准备工作，组织验收梅江区普及高中阶段教育工作。

各级各类教育

【基础教育】 一、幼儿教育

2009年，全市有幼儿园388所，在园幼儿91 008人，学前班人数40 862人，幼儿入园率为73.06%。全市幼儿园共有教职工3 645人，其中园长441人，教师2 546人，保健员214人。

梅州市全面推进幼儿素质教育，广泛宣传，不断提高社会对幼儿接受学前教育重要性的认识。狠抓《幼儿园教育指导纲要》《广东省幼儿园教育工作指南》的贯彻落实，强化对民办园的监督管理，全力提高保教质量。积极探索建立梅州市农村幼儿教育健康发展的长效机制。为进一步摸清梅州市学前教育情况，组织人员，联合市委办就全市幼儿教育基本情况进行了调研，形成了比较翔实、针对性较强的调研报告，由此形成的《关于加快学前教育发展的意见》（梅市府〔2009〕60号）于9月9日由市政府下发。

二、中小学教育

2009年，全市有小学1 546所，在校生347 443人；普通中学（含完全中学、高级中学、普通初中）254所，在校生381 261人。小学学龄儿童入学率为100%，毛入学率达101.59%；初中三年保留率为92.39%，初中学龄人口入学率为99.97%，毛入学率达101.64%。高考取得了较好的成绩，全市共有40 829名考生报考，第三批（省A、B线）以上入围人数达30 356人，首次突破3万人大关，比2008年增加2 204人，入围率达76.20%，比2008年增加5.46个百分点，梅州市高考成绩继续名列全省山区市前列。

梅州进一步建立健全由县级人民政府及教育行政部门对义务教育直接负责的管理体制。加强对义务教育阶段招生规范管理和民办中小学校的管理。

三、特殊教育

2009年，全市有特殊教育学校4所，在校生462人；教职工66人，其中专任教师58人。

积极推进特殊教育发展，市、县各级教育行政部门认真贯彻落实《中华人民共和国残疾人保障法》等法律和文件精神，切实把特殊教育纳入普及九年义务教育总体部署和规划之中，做到“四统一”（统一规划、统一领导、统一部署、统一检查）、“一同步”（特殊教育与普通教育同步实施），全市特殊教育得到快速发展。梅州市特殊教育学校异地重建工作进展顺利。

四、民办教育

全市各级教育行政部门认真贯彻落实《民办教育促进法》《民办教育促进法实施条例》等法律法规和有关文件，把民办基础教育纳入正常管理范畴。

坚持“积极鼓励、大力支持、正确引导、依法管理”的方针，做到一手抓发展，一手抓规范，不断推动民办基础教育持续健康发展。

【中等职业教育】 2009 年，全市有中等职业学校 40 所，在校生 49 201 人；专任教师 2 116 人，教师学历达标率为 73.96%，比 2008 年提高了 3.4 个百分点，“双师型”教师 334 人，占中职学校专任教师的 15.78%。

深入研究加快普及高中阶段教育工作问题，出台了《进一步加快普及高中阶段教育工作的问题》《梅州市中等职业教育发展规划》及《关于鼓励职业学校毕业生本地就业建设家乡的意见》。

教育成果与特色

【办学条件不断改善】 积极争取省义务教育装备专项补助经费建设项目指标。全市中小学有独立科学馆 193 幢，实验功能室 2 248 间，仪器室 1 661 间，语言实验室 322 间，计算机室 709 间，计算机 40 129 台，电教平台 1 741 个，卫星地面接收站 72 套，实验室和仪器设备总值达 53 631.62 万元。全市有 2 所学校被教育部确认为“全国现代教育技术实验学校”，有 16 所学校被广东省教育厅确认为“广东省现代教育技术实验学校”。梅州教育城域网规模进一步扩大，整体性能进一步提升，全市有 369 所学校接入了梅州教育城域网，为下一步网络应用建设创设了必要条件。

【中小学校舍安全工程全面启动】 按照省政府的统一部署，梅州市从 2009 年 9 月开始实施中小学校舍安全工程。至 2009 年底，完成了全市中小学校舍的排查、鉴定、三年工程规划、信息录入和校舍信息建档工作。经排查鉴定，属安全的学校有 306 所、2 553 栋单体建筑，面积 3 126 579 平方米；属 C 级危房的有 3 069 973 平方米；属 D 级危房的有 855 581 平方米。

【语言文字工作成果显著】 认真组织普通话培训测试工作，组织了 4 000 多名社会人员及相关专业毕业生进行普通话水平培训测试。广东梅县东山中学、梅州市职业技术学校、梅江区鸿都小学被评为“广东省语言文字规范化示范校”，其中东山中学还被评为“全国语言文字规范化示范校”。在广东省中小学教师中华经典诵读大赛中，梅州市选派的 3 名教师有 1 人荣获诗歌组一等奖，有 2 人分别荣获散文组和诗歌组二等奖。

【稳妥解决代课教师和教师工资福利待遇问题】 根据省《关于在经济欠发达地区中小学代课教师中首次招录公办教师的通知》（粤教师〔2008〕70 号）精神，梅州市认真部署组织做好首次“代转公”招录考试工作。经考试合格招录为公办教师的共有 193 人。对暂未取得教师资格和未通过首次招录考试的代课教师进行免费培训。认真做好义务教育学校绩效工资实施工作，加强义务教育阶段学校教师实行绩效工资制度的政策宣传、培训和指导工作，全市义务教育学校绩效工资得到较好落实。

（撰稿　卢伟周；审稿　安国强）

惠州市

概况

惠州市委、市政府非常重视教育，把教育摆在优先发展的战略地位，把教育发展纳入全市经济社会发展规划，并作为“重中之重”的民生工程来抓。惠州市市委书记、市人大常委会主任黄业斌提出“教育要与经济社会同步发展”“抓教育就是抓生产力，抓教育就是抓可持续发展，抓教育就是抓科学发展”“教育是最大的民生”等理念，市委副书记、市长李汝求提出“惠州要抓住机遇争创广东省教育强市”“教育事业要进入全省先进行列”等要求。在广东省教育厅和惠州市委、市政府的指导下，2009年，惠州市教育以科学发展观为指导，以贯彻落实《珠江三角洲地区改革发展规划纲要(2008—2020年)》（以下简称《纲要》）为契机，以办好科学发展的惠民教育为总目标，以抓重点、抓落实、抓稳定为工作主线，扎实开展“普及高中年”“内涵提升年”“依法治校年”和“狠抓工作落实年”的“四个年”活动，圆满完成了既定的“五大任务、五项工程”。全市教育呈现出前所未有的良好发展态势，全市各县（区）之间、学校之间呈现出“你追我赶”的良好局面，全社会呈现出尊师重教的良好氛围，教育系统呈现出前所未有的工作热情和创新干劲。

2009年，惠州市教育取得了全方位、高层次、多领域的令人瞩目的显著成就：市党政领导干部基础教育工作责任考核高分通过；高中阶段教育毛入学率达到88.1%，普及高中阶段教育顺利通过省级督导验收；教师待遇“两相当”政策得到全面落实，县域内教师待遇与公务员待遇基本持平，代课教师问题得以全面解决；教育均衡发展向纵深挺进，第二轮121所城市（优质）学校与157所农村（薄弱）学校签约结对联动发展；省二类城市语言文字工作评估高水平通过；教育教学质量继续大幅攀升，2009年高考总上线人数达到1.8万多人，本科录取突破7 000人大关，全省地理类总分状元花落惠州；省教育强市创建工作取得突破性进展，两个区、11个镇（街）成功实现“创强”目标；中职教育发展全面提速，综合竞争力显著增强；师资队伍建设持续加强，各级各类学校的校长、教师共1.9万人次参加各种形式的培训与研修，综合素质进一步提高；全市教育整体发展进入新阶段，和谐、平安、顺畅的大好局面初步形成。惠州市政府教育督导室被广东省委、省政府授予“广东省先进集体”称号，惠州市教育局服务大厅被广东省监察厅、广东省政府纠风办、广东省文明办授予2009年度全省系统和行业“窗口之星”称号；惠州市创建安全文明校园的经验走向全省，教育优质服务工作经验走向全国。在惠州市2009年“万众评公务”活动中，惠州市教育局名列全市56个执法部门第七位。

各级各类教育

【基础教育】2009年，全市基础教育阶段教职工共50 310人，其中专任教师42 044人。幼儿园287所，在园幼儿100 617人。市直属机关第一幼儿园等3所幼儿园通过了省一级幼儿园复评。义务教育学校988所，其中小学785所，九年一贯制学校76所，初级中学103所，完全中学24所；义务教育学校在校生630 580人，其中小学在校生401 270人，初中在校生229 310人。小学毕业生升学率为100%，小学毛入学率为101.02%，小学辍学率为0.0032%；初中毕业生升学率为97.99%，初中毛入学率为100.9%，初中辍学率为0.44%。义务教育各项指标均达到优秀水平。

全市有高中阶段学校71所，其中普通高中学校31所（其中独立高中学校7所，完全中学24所），中等职业学校29所，技工学校11所；惠州市户籍高中阶段在校学生147 651人，其中普通高中在校生73 444人，中职学校（含技工学校，下同）在校生74 207人。全市71所高中阶段学校教职工共

9 989人，其中普通高中学校教职工5 946人，中职学校教职工共4 043人。2009年，惠州市户籍初中毕业生总数为53 206人，升入高中阶段学校就读人数为52 137人，初中毕业生升学率为97.99%。全市高中阶段15～17周岁户籍人口数为167 600人，在高中阶段学校就读人数为147 651人，惠州市户籍适龄人口高中阶段教育毛入学率为88.1%，各县、区户籍人口高中阶段教育毛入学率均在85%以上。

全市有特殊教育在校生638人，特殊学校2所。惠州市特殊学校开办于1997年，是一所集文化教育、职业教育与康复教育于一体的特殊教育寄宿制学校，主要承担惠州地区适龄残疾儿童九年义务教育任务。学校现开办有聋教育、智障教育，共有教学班18个，在校各类残疾学生207人；教职工66人，其中专任教师49人，85%教师毕业于特殊教育大专院校，100%教师具有大专以上学历。

【职业教育】全市现有职业学校（含技工学校）40所，在校生74 207人。教职工3 308人，其中专任教师2 692人。全市职校年内共计招生31 564人，超额9.6%完成省下达的总招生任务，获省通报表扬；完成惠城职教园和惠州市商业学校等6所学校的教学楼、宿舍楼、综合楼的扩建、新建，新增学位10 096个；实施快乐德育、活动德育，开展“法制教育月”活动，多所中职学校学生在全国、全省获奖；开展中职教师教育论文评选、优秀多媒体课件评选和中职学生技能竞赛活动，30名学生在广东省中职学校技能竞赛中获奖，惠州市商业学校有1名学生在第一届全国职业院校学生物流技能大赛中获“手动液压托盘叉车”单项比赛特等奖和“个人全能”比赛一等奖；推进职校集团化办学工作，商校职教集团“三环对接”模式被广东省教育厅领导称之为集团化办学的“广东模式”；在年度广东中职院校竞争力排行榜中，惠州市商业学校获第一名，惠州市卫生学校列第三名；做好惠州工业科技学校、外贸学校、旅游学校、西湖中等职业学校等4所省级重点以上学校的复查（复评）工作，科技职校、宝山职校两所学校接受了“省重”评估。

【高等教育】惠州学院现有全日制本、专科在校生12 038人，成人类学生5 815人。现有教职工881人，其中专任教师629人。学院设有电子科学系、服装系、化学工程系等16个系、部，另设有成人教育学院、建筑规划设计院、高等教育研究室及“苏轼寓惠研究所”“东江文化研究所”等17个研究所，开设有42个本科专业和22个专科专业，拥有装备先进的实验室及数字语音室91个。

惠州经济职业技术学院是经广东省人民政府批准、教育部备案，具有独立颁发国家承认学历的全日制普通高等院校。学院以专科教育为主，开设有计算机应用、动漫设计与制作、广告设计与制作等16个专业和国际商务报关与报检等20个专业方向，面向全国招收国家任务大专生。目前在校生近4 000人。

惠州市广播电视大学开设有理工、财经、文史、法学和教育等各类开放教育本科专业10个，开放教育专科专业22个，在校学生8 000人，其中本、专科在校学生6 500多人，全日制中专学生1 400多人。学校积极改善办学条件，加强内涵建设，强化县（区）电大联动发展，抓好开放教育本、专科招生工作；创新办学模式，联合市委组织部实施“惠州市培养村官大学生工程”，每年招录村官大学生300名，《人民日报》、中央电视台等媒体对此进行了报道；全市电大系统全年招生5 884人，招生总人数名列全省地级以上市第一位。

教育成果与特色

【高中阶段教育普及】落实惠州市委、市政府《关于加快普及高中阶段教育的意见》，采取措施，开展“普高”年活动。

一是出台了《惠州市2009年普及高中阶段教育工作方案》，成立了由市长李汝求任组长的惠州市普及高中阶段教育工作领导小组，先后6次召开全市“普高”工作会，市政府与各县（区）政府签订了普及高中阶段教育责任书，各县（区）也召开了“普高”工作会议。

二是强化县（区）和市直相关部门领导干部责任考核，推进全市上下齐心协力抓“普高”。将发展高中阶段教育的目标进行分解，列入惠州市《县（区）党政正职责任考核评价办法》和《市直部门正职责任考核评价办法》，明确县（区）党政和市直相关部门“一把手”抓教育、抓“普高”的责任，实行定人定岗定责考核，增强了各级领导干部打好“普高”攻坚战的责任意识、大局意识，并签订了《惠州市普及高中阶段教育责任书》，将发展高中阶段教育的落实情况列入县（区）主要领导教育工作实绩考核与各部门年度绩效考评，推进了全市上下齐心协力抓“普高”。

三是扩大高中阶段学校办学规模，不断满足人民群众对高中教育资源的需求。坚持政府统筹、分级管理、以县（区）为主的高中阶段教育管理体制，将高中阶段教育发展经费列入当地财政预算，严格执行“三个增长”的规定，增加对教育的投入，并为高中阶段学校建校工程提供“绿色通道”，全部免除学校建设项目的土地出让金、土地登记费、征地管理费、城市设施配套费和房产权属登记费。另外，环保费、防空费、防雷费及建设工程质量监督费等10项收费则减免一半以上。市和各县（区）政府统筹规划高中阶段学校建设，不断整合教育资源，加大高中阶段学校建设力度，通过撤并、新建、改建和扩建学校，扩大了办学规模，为全市广大学子提供了更多的高中阶段学位。在管好政府投资的基础上，激活民间投资，坚持老校区初中不改制的前提，以“公办民助、招商引资、统建统还、产权不变”为原则，采取带动房地产、后勤社会化、部分择校生学位留成等方式，吸引社会资金参与高中阶段教育发展。目前，全市形成了“企业投资建校，学校独立办学”的市一中模式，“公办民助”的惠阳高级中学、崇雅中学和惠阳一中实验学校模式，“政府拨款与贴息贷款结合”的市实验中学、博罗中学、惠东高级中学模式，以及名牌学校“基因”移植的黄冈中学惠州学校模式等“四大模式”。这些模式被国家教育督导团赞誉为“惠州模式”。

四是做好“防流控辍”工作，全力以赴引导和帮助初中毕业生升读高中阶段学校。防止初中毕业生流失、控制辍学率是普及高中阶段教育的重要组成部分。惠州市在努力扩大高中阶段办学规模的同时，紧扣“防流控辍”这一关键环节，采取多项有力措施，确保初中毕业生入读高中阶段学校。在各县（区）文化体育广场巡回举办了惠州市高中阶段教育办学成果展示和招生咨询会7场次，各初中学校召开家长会236场次，印发致家长的公开信6万余份，各高中阶段学校印发招生简章26.58万份，组织学生及家长到校参观达1.13万人次，编印《惠州职业技术学校招生专业指南》发放至每位初三学生，并在全市各县（区）街道、社区、村镇和学校悬挂宣传横幅、张贴宣传标语，编辑宣传专栏，营造氛围，吸引学生就读高中阶段学校。把“控流保生”工作纳入高中、中职和初中学校校长及年级长、班主任与教师的考评体系，由学校建立学生去向“台账”和即时家访（电话访问）制度，组织校领导班子成员、年级组长和教师上门家访及电话联系9.16万余户次，了解每个未上学、未升学学生的去向、原因，及时做好学生报读高中阶段学校的思想动员工作。各中职、技工学校派出职业指导师深入农村初中，给学生做“人生规划指引”，帮助学生了解人生与职业生涯规划的一般方法、常识，让学生从初三开始就接触职业教育的理念，引导无法考入普通高中的初三学生增强升读中职学校的意识。建立和完善高中阶段贫困生助学体系，防止初中毕业生因贫失学。市财政拿出200万元，各县（区）政府拿出60万元（大亚湾开发区、龙门县各30万元）用于扶助本区域的高中阶段贫困生，并纳入年度财政预算；实施“职教扶贫万家培星计划”，以半工半读等形式招收贫困生免费就读中职；引入社会资金设立扶贫助学金和奖学金，在惠州市第一中学和华罗庚中学分别设立的高中“宏志班”“华萌宏志班”，面向全市招收了100名品学兼优的贫困学生，予以减免学费。

【城乡教育均衡发展】 一是出台政策。2009年6月5日，惠州市人民政府办公室印发了《关于深化城乡教育联动统筹城乡教育均衡发展的意见》（惠府办〔2009〕34号），7月3日在惠东县港口召开了全市统筹城乡教育综合改革推进城乡教育均衡发展大会，部署了各项工作，会议提出的“六个突破”理念在教育部网站刊登。

二是启动第二轮城乡学校结对联动活动。组织全市121所城市（优质）学校与157所农村（薄弱）学校结对。通过城乡学校结对，开展以“六个支援”（支援先进的办学理念，支援优质的师资队伍，支援实用的教研成果，支援农村学校驶上信息化快车道，支援必要的教学设备，支援农村初中毕业生升入高中阶段学习）为主要内容的城乡学校联动发展活动。

三是实行重点高中学校部分招生指标直接分配到初中学校的做法。为避免初中学校实行免试入学后出现新一批的重点初中学校，为提高农村学校、城市薄弱学校初中毕业生的升学比例，惠州市实行了省一级学校或各县区重点高中学校计划内招生指标的30%～40%按初中毕业生人数均衡分配到辖区内初中学校，按照择优录取的原则以初中学校为单位进行录取。全市优质高中学校共将4 857名招生指标直接分配到初中学校。

四是缩小城乡教育信息化水平差距。按时完成省教育厅下达的“新装备”工程任务。目前全市90%的中心小学以上学校和70%的农村完全小学已实现上网，其中惠阳区、大亚湾区的中小学校100%实现上网；扩展了“校讯通”信息平台功能，加强了惠州教育数码网教学资源库建设，增强了优质教育资源通过网络向农村学校辐射的能力。

五是推进教育强市、教育强县（区）、教育强镇（街）的创建工作。全市新创建惠城区、大亚湾区两个省教育强区和11个省教育强镇（街）。惠阳区实现了“镇镇皆强镇”的目标。惠阳区成为广东省三个被教育部评为“全国推进义务教育均衡发展工作先进地区”之一。同时，积极推动惠东县、博罗县、龙门县创建省教育强县工作。

【基础教育内涵发展和优质教育资源扩展】全面贯彻党的教育方针，切实推进素质教育，大力开展基础教育“内涵提升年”活动。一是改革中考考试科目。出台了《惠州市初中学业考试（中考）科目设置方案》，初二设2科，初三设7科，并将体育科目考试成绩计入中考总分；使用计算机网上辅助评卷，圆满完成了全市5.6万人的中考阅卷工作。二是加大了特长生招生比重。惠州市第一中学、惠州市实验中学、惠州市华罗庚中学招收的音乐、体育、美术特长生增加到280名。三是做好高考备考工作。2009年通过到外地观摩学习、邀请专家讲学、组织“调研”和“模拟”考试、深化教学联盟、加强尖子生培养、编印简报等方式强化高考备考工作，高考成绩继续提高：1名考生获地理类全省总分状元，36名考生获得文、理科基础单科满分；本科上线人数突破7 000人大关，比2008年增长15.4%；13名考生被北京大学、清华大学录取。五是实现2009年“平安高考”。组织了全市普通高考英语口语计算机辅助考试工作、普通高考体检工作及普通高中学业水平考试工作，顺利实现了“平安高考”工作目标。六是开展了学科竞赛和成果评选活动。全市20个项目获第三届“黄冈杯”惠州市中小学优秀教学成果金质奖、银质奖；全市初、高中学生在各学科竞赛活动中，获国家级一等奖96人次，获国家级二等奖138人次，获省级一、二、三等奖分别为109人次、203人次、399人次。七是民办学校管理进一步加强。重新修订了民办学校资金管理办法并在市政府公报中发布，完成了市直两所民办学校市一级学校评估，编辑出版发行了两期《惠州民办教育》，制订和下发了《惠州市教育局民办学校教师管理办法（试行）》，对60多所民办学校进行了日常规范管理检查，组织全市民办学校参加省民办教育发展战略论坛论文大赛和全省民办学校文艺会演，并取得优异成绩。八是组织惠州市“华罗庚金杯”赛初赛和决赛，选拔了参加总决赛的选手，并对“华罗庚金杯”赛参赛选手进行了集中培训。九是各县（区）积极开展规范化学校建设和督导验收认定工作，全年共验收认定规范化学校276所；培植与扩展优质教育资源，115所学校通过市、县（区）义务教育阶段教学水平评估，博罗中学、惠州市实验中学、惠阳中山中学、惠阳一中实验学校共4所学校通过广东省国家级示范性普通高中验收确认或初期督导验收，博罗中学、惠州市实验中学、惠阳中山中学、惠州市第八中学、惠东中学等5所学校获评省高中教学水平评估优秀学校。

【教师队伍建设】全方位、多角度、立体化打造高素质的师资队伍。制订《惠州市直属学校教师招聘工作方案》，首次组织惠州户籍应届大学毕业生单独考试，拿出专用指标，为惠州户籍的师范类应届毕业生举行专场招聘考试；市直学校公开招聘录用教师136人；建立惠州户籍师范类应届毕业生信息登记制度，与惠州市人事局联合出台《惠州户籍师范类应届毕业生就业工作指导意见》，做好惠州户籍师范类应届毕业生就业工作；继续开展教师评先表彰工作，7人次获国家表彰，39人获省表彰，223人次获市表彰；加大市直学校领导班子建设力度，下发《关于选拔市直学校后备干部的通知》，先后共有128人次参加校长任职资格培训、省校长培训和省内外学校挂职锻炼；先后选派50人参加广东省中小学教师教育技术能力建设项目中级助学导师培训，组织教师2 613人分三期参加教育技术中级培训；为42名特困教师发放了31.9万元的医疗救助金，并对其他68名特困教师进行慰问及给予补助。制订《惠州市市直义务教育学校绩效工资实施办法》，开展全市义务教育学校绩效工资考核实施工作，调动广大教师的积极性。率先在全省实现县域内教师待遇“两相当”，市直、各县（区）教师待遇得到不同程度提高：市直和大亚湾区学校班主任津贴每月增加到200元；惠城区教师从9月1日起享受津贴补贴，数额与市直学校教师相同；博罗县教师人均增加津贴补贴1 078元。先后两次组织全市符合条件的代课教师参加全省“代转公”考试，为313名代课教师办理“代转公”手续，为247名参加转岗考试、达到最低入围分数线的代课教师办理“转岗”手续，为其余140名代课教师办理辞退手续并按照省文件精神给予了经济补偿，彻底解决了代课教师问题，提前1年完成省政府提出的解决代课教师问题的目标任务。

【创建安全文明校园】完善安全文明校园建设有关规章制度，全面加强学校安全管理和校园文明建设，全市学校安全形势平稳，教育事业健康稳步发展。

一是启动了校园文化建设工程，促使全市2/3以上的学校成为校园环境美、艺术氛围浓、文化底蕴厚、各项制度完善、人际关系和谐的校园，帮助学生全面发展。全市现有9所省级“书香校园”学校，10所市级校园文化建设示范学校、60所校园文化建设先进单位；加强心理健康教育和生命教育，促进学生健康成长。全市专任教师实现了“100%拥有心理健康教育C证以上证书”的目标，引导所有学生健康成长、快乐成长，珍惜生命、热爱生命。建立健全了学生帮教制度，不让一名学生掉队。市政府拨出专款，供市直学校每年组织2万名学生到市戒毒所开展禁毒警示教育。惠州市教育局专门设立了青少年思想品德进步奖，各学校实施“学困生”帮扶计划，鼓励“学困生”成长进步。全市中小学生犯罪率连续多年保持为零。

二是通过实施“明理、导行、训练、考查、评价”模式，重点规范学生在校的生活习惯、学习习惯和社会行为习惯，让文明学习、文明生活成为风尚。召开了全市养成教育现场会，并邀请省内外中小学德育专家在各县（区）作专场报告。“在家是个好儿女、在校是个好学生、在社会是个好公民”成为惠州市中小学生的自觉追求。

三是在全面开展创建人民群众满意学校活动中，把“安全管理”作为重点创建指标，实行“一票否决制”，要求学校安全制度健全，安全责任明确，安全措施落实，安全排查到位，安全整改及时，师生无违法犯罪案件，学校无重大安全责任事故发生等。

四是广大师生积极参与“迎奥运、讲文明、树新风”主题活动。市区的中小学生当起了“文明小卫士”，积极开展“小手牵大手、共创文明城”活动，学生不仅养成了良好的文明习惯，还将文明知识带给家长，和家长一起培养文明习惯，越来越多的人从文明的受教育者转变为文明的传播者、实践者。同时，教育、城管、公安、文化、工商、卫生、交警等部门，对全市校园周边环境进行全面清理整治，整顿和取缔非法经营的网吧、电子游戏厅、录像厅、歌舞厅等80余间，以及音像书刊点、流动摊点100余个，对存在问题的饮食店、小卖部发出卫生监督意见书205份，全面净化了校园周边环境，维护了一方净土，确保了一方平安。

五是在开展全市教育系统“依法治校年”活动过程中，重点强化了依法依规管理学校安全工作的内容，以此把学校安全工作纳入法治化轨道。一方面，要求各级各类学校认真贯彻《教育法》《教师法》《未成年人保护法》和《中小学幼儿园安全管理办法》等法律法规中有关维护师生合法权益和人身、财产安全的规定，建立健全学校安全制度和应急机制，加强安全管理和安全教育，预防事故发生，维护正常的教育教学秩序。另一方面，扎实开展普法教育，教育、司法部门联手在全市学校开展“法制教育月”“安全教育月”活动，各学校每学期组织2次以上的法制讲座或报告会，通过以案说法、以例释法，增强学生法制观念和法律意识。在全市学校开展禁毒教育“八个一”活动，即读一本禁毒书、看一部禁毒片、听一场禁毒报告、开一次禁毒班会、出一期禁毒校刊、签一张拒绝毒品承诺卡、写一篇禁毒感想、举行一次禁毒宣誓仪式，70多万名学生参与了活动。

六是认真贯彻《中小学公共安全教育指导纲要》，各学校在学科教学和综合实践活动课程中渗透公共安全教育内容。制定了《安全教育每周一课制度》，通过《每月安全主题教育指引》，全面实施“每周一节课，每月一主题”安全教育活动，不断提高学生的安全防范意识。为提高学校安全教育每周一课的质量，全市开展了“安全教育每周一课网上大家评”活动，对各学校每周安全教案进行评比，推荐优秀教案供教师们学习参考，以此不断提高安全教育的实效性。组织全市中小学生到消防局参观体验，让学生掌握消防常识和逃生技能。惠州市教育局还筹资印制了2万多份安全宣传挂图和资料发放给学校，并利用“校讯通”平台，每周向学生及家长发送一条安全教育短信，不断强化安全意识。雨季来临前，组织工作人员在市区每一个池塘、水坑旁竖立“危险！请勿游泳、玩水”警示牌，有效减少了学生溺水死亡事故的发生。

【教育信息化创新应用】以创新“三个服务”为抓手（服务于教师的教、服务于学生的学、服务于教育行政的管），大力推进中小学教育信息化工作，取得了可喜的成绩：成功搭建惠州教育网，该网已成为全市80多万名师生日常学习、工作和管理的一个不可缺少的工具和好帮手；全市90%以上独立建制的中小学校已接入惠州教育网，并依托网络，全面开展教育教学信息化的应用、电教实验课题的研究和管理等方面的工作；全市教育系统基本实现了办公网络化、公文处理无纸化、教学资源共享化、视音频传输网络化、家校沟通信息化，取得了实实在在的社会和经济效益。

一是健全机构，明确职责。成立了惠州市教育信息化工作领导小组，根据国家和省有关教育信息化工作的要求，负责本市教育信息化工作的领导和指导。各县（区）教育局也成立了相应的教育信息化工作指导小组，负责本区域教育信息化工作的管理和指导。各中小学校也成立了工作小组，制定本学校具体的教育信息化工作目标、计划，并组织实施。

二是高度重视，要求具体。多次召开教育信息化工作会议，把工作摆上机关、学校的重要议事日程，提出"七有"的具体工作要求，即有目标、有计划、有措施、有检查、有总结、有交流。有目标——根据实际，找准突破口，制定教育信息化工作目标，创本身特色；有计划——要重点制订教育信息化工作学年工作计划、学期工作计划、每月工作计划；有措施——要重点制订教育信息化工作实施措施；有检查——各级要定期对教育信息化工作进行检查；有总结——每个阶段都要进行教育信息化工作总结；有交流——要开展形式多样的教育信息化工作交流；有成效——教育信息化工作要有明显的成果。

三是加强指导，抓好培训。采用下乡培训的形式举办教育信息化工作培训班，培训人员500多人次；组织教师听讲座，参加中央电教馆、省电教馆主办的各类针对性培训班，培养和造就了一支优秀的科研队伍，起到了科研强师的作用。

四是依托网络，推动应用。全市995所学校实现上网，占学校总数的77%。惠阳区、大亚湾区两个区的学校100%实现上网；全市各县（区）教育局和中心小学以上的学校已实现电子政务，办事的程序更规范、速度更快捷，公共服务能力更强。已基本实现学生学籍管理网络化，从而进一步规范了全市中小学的教育管理。积极推广"校讯通"信息平台的应用，提升了学校信息化管理水平。利用该平台建立安全教育短信提醒制度，即根据气候、季节等情况，每周向开通"校讯通"的家长发送一条安全教育短信，从而不断增强学生家长的责任感和对小孩的安全监护力度，加强了家庭、老师和学校之间的沟通，密切了家校关系，深受学校、家长、老师的欢迎。目前，惠州市教育网拥有400多G教学资源和题库，有近300G视频资源、6万多册的电子图书以及300多种有关基础教育的电子期刊，这些资源可为农村中小学校共享，从而解决了长期以来不少农村学校采用"一根粉笔、一块黑板、一本教材、一张嘴巴"的单一教学模式的问题，使学生享受到跟市区学校一样的优质教育资源。利用网络VOD视频点播系统，加强学生的思想政治教育工作。部分学校每星期都安排时间，利用该系统播放爱国主义影片和电视剧给学生观看，既加强了思想政治教育，又丰富了学生的文娱活动。学校还利用网络的开放性、资源共享性、交互性、为学生自主学习和解决疑难问题提供学习的平台。

【省二类城市语言文字工作评估迎评工作】 成立迎接省二类城市语言文字工作评估领导小组及迎评办公室，各单位分别成立迎评领导小组。

一、突出两个重点

一是突出抓好迎评业务培训。市语委组织了3场专题培训，邀请省语委办负责人给迎评单位领导、联络员、资料员作"如何开展省二类城市语言文字工作评估"的专题培训；邀请外地专家给迎评单位相关人员作"语言文字知识测评应试"的专题培训；请本市语言文字专家给联络员、资料员作了"《广东省二类城市语言文字工作评估标准（试行）》解读"的专题培训。另外，全市举办了多场专题讲座，惠城区政府办、交通局等单位先后请市语委办领导、市普通话国家级测试员作"语言文字法规知识"等专题讲座。市语委还组织联络员、资料员到茂名、梅州、中山等市观摩学习。同时引导迎评单位联络员、资料员之间相互学习，相互借鉴，共同提高迎评工作水平。二是突出抓好迎评档案收集整理。市语委十分重视语言文字工作文件资料的收集整理工作，重点建立了1998年以来的语言文字工作评估档案，共计160多盒，并对照《〈广东省二类城市语言文字工作评估标准（试行）〉实施细则》的指标要素进行了自查。自查结果显示：从总体上看，评估所需材料基本齐备，文本基本规范，佐证材料丰富，专题材料完整，整套材料自成体系。各迎评单位结合行业特点和实际，建立了较为完整的语言文字评估档案。

二、做到"六个狠抓"

一是狠抓规章制度的建立和完善。出台了《惠州市贯彻〈国家通用语言文字法〉实施意见》等法规性文件。各部门、各单位、各学校也根据实际情况，分别制定了本地或本部门、本行业语言文字工作规章制度，依法推进语言文字规范化工作。二是狠抓普通话水平测试。2008年11月，惠州市已正式启动机关公务员普通话培训测试工作。目前，已经举办了27期普通话培训班，全市有2 000多名公务员和特岗人员参加了培训，普通话水平测试工作也正在进行之中。三是狠抓社会不规范用字整治。不断加大对市区主要街道、主要公共场所社会用字环境的整治力度，市城管、工商等有关部门分工明确，依法办事，既各司其职又互相配合。工商行政管理部门对企业名称、商品名称、商标以及广告、招牌的用字进行督促整改，发放了152份整改通知书；城管部门对环境整治工作高度重视，对街道名称、门牌的不规范用字进行了大力整治，发放了802份整改通知书并加强检查落实，督促整改，成效显著；市民政局也不断加大对地名、路名用字的监管力度。目前，市区主要街道、主要公共场所及公共设施的用字规范程度有较大改观。四是狠抓迎评工作督查。市人大对全市迎评工作给予高度关注和大力支持，市人大科教文卫工作委员会副主任张莉蓉多次亲率市语委办工作人员深入各迎评单位检查指导迎评工作，帮助迎评单位解决迎评工作中遇到的实际问题；全市迎评动员大会以后，市语委办对各迎评单位进行了不定期的检查；为了及时掌握工作动态，市语委还专门设立了“月报会”制度，即每月的第三个星期召开各迎评单位的联络员、资料员会议，听取各单位的工作推进情况汇报，以此督促各单位加快推进迎评工作，为全市做好迎评工作赢得了时间。五是狠抓“以评促改”。中国电信惠州分公司把迎评工作与企业文化建设结合起来，并与月度绩效考核挂钩，这一做法极大地提高了员工规范用语用字的积极性，产生了良好效果。惠州市汽车客运站也把迎评工作与开展“微笑服务、文明服务”活动结合起来，塑造出“文明使者”形象，深受社会好评。六是狠抓信息沟通和宣传。市语委办专门编印了《惠州市迎接省二类城市语言文字工作评估工作简报》76期，着重反映各迎评单位语言文字工作的信息，介绍迎评单位的工作进展与动态，推广成功做法与经验，褒扬先进，鞭策后进，加快迎评工作进程。

三、注重实效抓落实

一是规范化实践活动出实效。全市各地、各系统行业、各迎评单位举办了内容丰富、形式多样的系列活动。举办了全市中小学规范汉字书写大赛，并组织优秀选手参加省决赛，取得优异成绩，其中1人获省特等奖。组织举办全市中小学教师“中华经典”诵读大赛，极大地激励了教师使用普通话教学的积极性。惠州市交通局还结合系统的特点举办了“青春在岗位”普通话演讲比赛，极大地激发了干部职工说好普通话的自觉性。二是“推普周”宣传出实效。2009年惠州市第十二届“推普周”活动在惠东县实验小学举办，惠东县政府、教育局、实验小学高度重视，精心策划，各项活动内容丰富，形式多样，异彩纷呈，受到领导、观摩员的一致好评。三是依法整治出实效。惠州市加大了整治社会不规范用字的力度，积极主动，依法监管，社会不规范用字的整治工作得到绝大多数业主、店主的配合和支持，整治工作顺利，效果好。四是初评自查出实效。2009年6—9月，市语委组织评估组分三批对全市4个重点领域的38个迎评单位进行了初次评估，查阅档案资料800多盒，召开座谈会38次，对300多人进行了问卷调查或语言文字知识及应用能力测查。从初评单位的情况来看，各迎评单位都能遵守法律法规，推动本系统、本行业、本单位的语言文字工作逐步走上规范化、制度化、法制化轨道，取得了明显的社会效益。

【教育优质服务】强化安全工作、加强学校后勤管理和机关作风建设，提高优质服务水平。与市质量技术监督局等部门联合下发了《关于加强和规范全市中小学校服质量监督管理的意见》，秋季全市生产的校服经市质量技术监督局检测全部达到合格标准；市、县（区）、各级学校（幼儿园）成立流感防控工作领导小组，制定了应急预案，先后9次召开工作会议，组织培训了全市600多名校医，与市卫生部门配合完成了全市约9万名学生甲流疫苗的接种工作，有效地预防和控制了甲型流感在学校的蔓延和爆发；以庆祝新中国成立60周年为契机，围绕“中小学弘扬和培育民族精神月”主题，开展“惠民之州暨庆祝国庆60周年”百歌颂中华等德育活动；评出“旭日奖”品德优秀奖、品德进步奖、德育先进工作者共3 600名；惠州市教育局心理健康教育辅导中心全年接受了150名学生、家长和教师的心理咨询；开展防溺水教育活动、禁毒警示教育活动、“法制教育进校园”活动以及校园周边环境整治活动；召开全市加强学校管理暨办人民满意学校大会；开展扶困助学工作，年内共有419名贫困大学新生获得186万元的社会爱心捐助；制定颁布《惠州市中小学校长岗位职责八条规定（试行）》《惠州市中小学教职员八条禁令（试行）》；组织开展“依法治校大家谈”征文活动，组织全市教育行政部门工作人员、教职员工近4万人参加教育法规考试；实行教育收费公示制和承诺制、教育收费管理责任追究制、教育收费警示制，惠州市获省“教育收费规范市”称号，惠阳、惠东荣获省“教育收费规范县（区）”称号；全市有50多所1 600人以上的学校开通了教育服务热线，设立了教育服务厅（室）；编发《惠民在线教育信息摘报》14期，建立县（区）教育系统和市直学校的网络问政信息每周一报制度，解决了一批网民关注的教育热点难点问题。

（撰稿　丁颖林；审稿　黄津海）

汕尾市

概况

2009年，在汕尾市委、市政府和广东省教育厅的领导下，在社会各界的大力支持下，汕尾市教育工作认真贯彻落实市五次党代会和粤东会议精神，以及《珠江三角洲地区改革发展规划纲要》和《汕尾市实施砍掉落后尾巴行动纲要》，紧紧围绕“三年打基础、五年大变化、十年大发展”的总体目标，坚持以科学发展观为统领，重点开展了砍掉教育落后尾巴的有关工作，较好地完成了年度工作任务。各级各类教育持续、协调、健康发展，办学条件不断改善，办学规模不断扩大，办学效益日益提升，特别是高中阶段教育取得了新的更大的突破，高中阶段毛入学率增幅居全省前列，高考本科上线人数首次突破4 000人，总入围率连续5年超过省平均线，为2010年汕尾教育“十一五”规划的顺利“收官”提供了保证，也为汕尾教育“十二五”(2010—2015年）规划的谋划和实施打下了坚实基础。

一、努力营造尊师重教良好生态

为建立教育的良好生态，全面落实教育的政府行为，2009年，汕尾市委、市政府出台了市级领导班子成员挂扶1所高中学校，与县级领导班子成员联动、负责筹集一定数额的非财政性资金的政策。新年伊始，书记、市长以个人名义发出《因教育事致各县（市、区）党政主要领导的一封信》；年底，汕尾市开全省先河，召开了全市议教会议，邀请各方代表评议2009年的教育工作并商讨2010年的教育工作目标与任务。通过一系列具体措施，落实了教育的政府行为，有效地营造了教育的良好生态。

二、稳步推进普及高中阶段教育工作

一是落实责任，强势推进。认真贯彻落实《关于加快我市普及高中阶段教育的实施意见》（汕委〔2009〕8号）和5月5日全市高中招生工作会议、6月18日汕尾市普及高中阶段教育工作（陆河现场）会议、7月13日全市高中阶段教育招生和校舍建设进展情况汇报会、7月17日进一步加快31所市级领导挂扶学校建设工作会议、8月3日全市高中招生及项目建设形势分析会等会议精神，积极采取有效措施，突破发展难题，强力推进高中校舍建设及招生工作。6月18日，市政府与各县（市、区）政府签订了《汕尾市普及高中阶段教育工作目标管理责任书》，全面落实了高中招生与项目建设责任考核和奖惩措施。二是多渠道筹集发展资金。在用好用活省拨专项资金的同时，不断拓宽融资渠道，通过贷款、社会捐资、后勤服务社会化等手段，积极筹措高中阶段教育发展资金，弥补汕尾市资金不足的瓶颈问题。三是大力推进项目工程建设。建立了市、县两级政府征地现场办公制度，定人定责，强力推进征地工作。部门间加强配合，齐抓共管，采取灵活的征地措施，及时处理征地过程中出现的问题，减少了矛盾，确保了进度。全年投入资金近3亿元，完成了第一批高中学校的新建、改（扩）建任务和“陆河教育园区”的建设，并积极启动第二批项目部分工程建设。四是创新机制，扩大招生规模。落实高中招生政府行为，落实招生考核责任制，实施激励机制，实行专项补助经费与扩招规模直接挂钩。以发展中职教育为战略突破口，进工厂、社区、农村，动员有初中及以上学历的工人、退伍军人、进城务工人员、居民参加职业教育和职业培训，并做好返乡农民工技能培训和职业教育工作，举办农村低学历妇女中职学历教育班。同时，充分用好省设立的高中阶段教育补助专项经费及全省“双转移”招生工作制度、中职教育“智力扶贫”等利好政策，解决学位，扩大招生规模。据初步统计，近三年汕尾市外送生源超过2万人。推行春秋季招生，甚至对历届初中生实行全年招生。

三、积极做好“防流控辍”工作

认真贯彻落实市政府《关于依法保障适龄儿童少年完成9年义务教育的意见》（汕府〔2009〕5号），出台了《关于加强我市中小学教育教学工作的若干意见》（汕教〔2008〕313号）和《关于初中校长“三率”考核方案》（汕教〔2009〕83号），通过多种途径开展督查，严格控制学生流失，确保义务教育的巩固提高，确保义务教育均衡发展。经过努力，初中阶段辍学控制工作取得明显效果。

四、积极做好“代转公”工作

认真贯彻落实广东省人民政府办公厅印发的

《广东省解决中小学代课教师问题工作方案的通知》（粤府办〔2008〕57号）和《关于在经济欠发达地区中小学代课教师中首次招录公办教师的通知》（粤教师〔2008〕70号）精神，积极做好“代转公”各项相关工作，极大地维护了教师权益，维护了教育系统的和谐稳定。1月，全市第一批602名代课教师参加了“代转公”考试，各地按公平、公正、公开的原则招录考试合格的347名教师被充实到教师队伍。第二批代课教师“代转公”考试也即将启动。

五、不断提高义务教育均衡程度

认真贯彻落实广东省教育厅《关于实施广东省“千校扶千校”行动计划的通知》（粤教基〔2008〕120号）精神，与东莞市建立了对口帮扶关系，本市部分办学成绩较好、办学经验较丰富的学校与本市部分农村学校建立了对口帮扶关系，形成了借力发展、自力更生的工作格局。为切实做好该项工作，汕尾市教育局成立了汕尾市“千校扶千校”工作领导小组，建立健全了各项帮扶工作制度，制定并实施了工作方案，已取得初步成效。

六、不断深入推进教育改革

一是进一步深化义务教育管理体制改革。完善了“以县为主”的义务教育管理体制，组织开展了各县（市、区）党政领导干部基础教育工作责任考核，有力地促进了各类教育法律法规的落实，促进了人、财、物的到位和投入，促进了教育管理力度的加强，促进了教育教学质量的提高。二是扎实推进新课程改革。修订、实施新的《汕尾市教学教研常规》，狠抓《汕尾市中小学校教学教务管理常规》《汕尾市中小学校中层以上领导干部任课、听课的规定》《关于加强我市中小学教育教学的若干意见》的落实。重视加强对新课程实验的教学调研和指导，教研人员深入学校、深入课堂，与一线教师一起研究课改，指导课改工作，及时研究解决课改中出现的新情况、新问题。做好初中毕业生综合素质评价工作，建立了与新课改相适应的评价机制。三是稳妥推进中小学人事制度改革。全面实行教师资格认定制度。实行严格的编制管理，规范教师调配行为，实现教师队伍合理有序流动。实施“千校扶千校”行动计划，探索建立了支教制度。四是积极推行招生制度改革。落实高中招生政府行为，落实县（市、区）、镇（街道）、村和学校责任。创新了中职教育招生办法，实行春秋两季招生。拓宽非全日制学员招生渠道，实行学历教育与学力教育“两条腿”走路模式。

七、大力做好校务公开工作

2009年，以开展校务公开为抓手，通过出台文件，建立健全各项规章制度，加大教育内部审计力度，进一步规范了教育收费行为。一是严格把好春季开学关。从市局际联席会议办公室组织的全市收费检查来看，市县两级共抽查中小学380所（检查面达39%），未发现一起违规收费行为，未发现一起多报、虚报和重报学生人数的行为，也未发现弄虚作假骗取或挪用免费义务教育资金的行为。二是加强专项资金的管理和检查。结合2009年的重点工作，汕尾市教育局配合市财政局定期下基层对省普及高中阶段教育专项补助资金的使用情况进行专项检查，尚未发现挪用现象。三是严格实行乱收费行为责任追究。2009年2月，汕尾市教育局与各县（市、区）教育局、市直各中小学签订了《中小学教育经费收支管理工作责任书》，各县（市、区）教育局也分别与所辖中学和中心小学签订了责任书，市县两级共签订责任书222份。

八、全面维护教育安全稳定局面

一是做好信访接待和案件查处工作。坚持首问责任制和责任追究制，认真对待和处理好每一件来信来访以及上级批转的信访案件，严肃查处违纪、违法案件，及时化解矛盾，有效维护了教育系统和社会的稳定。借助“行风热线”，畅通投诉渠道，切实解决教育“热点”“难点”问题，确保件件有落实，件件有结果。二是高度重视安全工作。以开展安全生产“三项行动”为抓手，积极开展学校安全隐患排查、整改和安全生产的督查专项行动。开展了中小学生安全知识宣传教育和“防震抗震紧急疏散演练”等活动。三是继续开展“安全平安校园”创建活动。加大校园周边环境综合治理力度，净化中小学生成长环境。陆丰市林启恩纪念中学、甲子中学，海丰县红城中学，陆河县实验小学和汕尾市林伟华中学5所学校被广东省教育厅、广东省公安厅评为“广东省安全文明校园”。四是做好甲型H1N1流感防控工作，确保全市师生身体健康和教育系统的稳定。

九、不断加强党风廉政建设和作风建设

2009年，结合汕尾市教育实际，认真部署了教育系统反腐倡廉建设，集中开展了“民主评议公务”“纪律教育学习月”“反商业贿赂”和“廉政文化进校园”等活动，大力加强作风建设，注重源头治理和标本兼治，完善惩防体系，加大案件查办力度，规范教育收费，大力推进党务公开、政务公开和校务公开，有效地促进了党风、政风、行风建设。

2009年教育投诉案件较2008年大幅下降，教育收费日益规范。教育局机关逐步实现了规范化管理，机关服务意识进一步增强，工作作风进一步改善，机关干部工作效能进一步提升，树立了“廉洁高效、团结创新”的机关新形象。

各级各类教育

【基础教育】 一、学前教育

2009年，全市有幼儿园114所，其中教育部门办4所，社会力量办104所，集体和其他部门办6所；在园幼儿54 292人，其中学前班34 525人，3～6岁学前三年入园率为50.54%；教职工2 833人，其中专任教师2 010人。

二、义务教育

全市有小学785所，其中教育部门办704所，社会力量办77所，其他部门办4所；其中教学点32个，独立设置少数民族学校1所；小学在校生391 736人，小学适龄儿童入学率达99.65%，小学毕业生升率为94.07%；教职工17 968人，其中专任教师15 455人，专任教师学历达标率为98.36%。全市有初中131所，还有29个完全中学设有初中部，初中在校生220 614人，初中学龄人口入学率为98.55%，初中毕业生升学率为77.51%；初中专任教师8 642人，专任教师学历达标率为96.19%。

三、高中阶段教育

全市有普通高中40所，在校生59 025人，高中阶段毛入学率为61.9%；高中专任教师3 167人，专任教师学历达标率为86.93%。全市有中等职业技术学校13所，在校生9 911人；教职工656人，专任教师494人，专任教师学历达标率为66.19%。

四、特殊教育

全市有特殊教育学校2所，在校生2 150人，小学入学率为93.17%，初中入学率为91.37%；教职工47人，其中专任教师33人。

五、社会力量办学

全市有民办中学37所，民办小学77所，民办幼儿园104所。民办学校在校生数占全市的比例：幼儿园为53.46%，小学为17.89%，初中为9.7%，高中为8.7%。全市有民办职业中学2所，在校生1 786人。

【成人高等教育】 2009年，全市有1 327人参加成人高考，有1 170人被录取到各类成人高校就读，其中本科517人，专科653人。

教育成果与特色

【高考取得新突破】 2009年高考，全市本科上线人数首次突破4 000人，总入围率达80.3%，连续五年超过省平均线。各批次入围人数和入围率均比2008年有较大增长，尖子生增长幅度大。

【教育融资取得新进展】 2009年，汕尾市出台了《关于实行市级领导班子成员挂扶高中阶段教育学校的意见》，筹资2 350万元。全市与中国银行谈成10亿元贷款，获批4.5亿元，到位2亿元。推广BT和BOT模式已筹资5 000万元。

【高中阶段招生取得新进展】 2009年，汕尾市落实了高中招生政府行为，创新招生模式，拓宽招生渠道，实行中职教育春秋季招生，较好地完成了省下达的招生任务，普通高中招生23 982人，完成率达99.9%；本地中职招生24 081人，比2008年提高了2.97个百分点。

【教育集约发展取得新进展】 2009年，汕尾市立足做大做强，积极建设教育园区，推进教育规模化、集约化发展。占地约89.33万平方米、涵盖三所高中阶段学校的“陆河教育园区”项目建设已全面启动，部分项目已建成交付使用。占地360万平方米、可容纳上万学生的“海丰教育园区”已完成规划，正在筹建。“陆丰教育园区”和“市直职业教育园区”也在规划之中。

【教育“砍尾”工作成效明显】 针对“一高一低”尾巴，2009年汕尾市政府出台了《关于依法保障适龄儿童少年完成九年义务教育的意见》，细化了县、镇和街道、村、学校“防流控辍”责任；汕尾市教育局相应出台了《关于初中校长“三率”考核方案》，强化了“防流控辍”工作责任。通过努力，义务教育辍学率明显降低，九年义务教育整体水平不断提高；高中阶段毛入学率明显提高，普及步伐不断加大。初中毕业生升学率约为77.5%；高中阶段毛入学率约为57%，比2008年提升了11.1个百分点。

【重点项目建设取得重大突破】2009年，积极推动被列为市政府“十件实事”之一的华师附中汕尾学校和汕尾理工职业学校两个项目的建设，已取得了重大突破。华师附中汕尾学校计划投资1.5亿元，已完成投资7 000万元，拟于2010年秋季建成中学部，建筑面积约8万平方米。汕尾理工职业学校已动工兴建，计划投资4 997万元，拟于2010年11月建成招生。

【全面实施免费义务教育】2009年，汕尾市全面实施义务教育免费政策和农村困难家庭子女生活费补助政策，免除595 315名义务教育阶段学生学杂费和书本费共2.8亿元。春秋两季还各有48 269名义务教育阶段学生享受了农村困难家庭子女生活费补助，极大地缓解了农村困难家庭子女上学难的问题。

【实施中小学校舍安全工程】积极推进中小学校舍规划改造建设工作。2009年10月底，全面完成全市中小学校舍排查鉴定工作，全市共排查鉴定单体建筑3 826栋，面积3 559 163平方米，涉及学校996所。全市存在安全隐患的学校共有859所，单体建筑物存在不同等级安全隐患的有2 600栋，面积2 011 893平方米。

【推进“新装备”工程】2009年，完成了农村初中近300间理化生实验室的建设工作。同时，认真做好农村12个班以上小学和“千校扶千校”计算机配送工作，目前已配送计算机490台。

【抓好教师继续教育】完善了校长和教师培养培训机制，落实了培训经费，健全了培养培训体系，积极鼓励教师参加学历和技能培训，提高教育教学能力和水平。一年来，参加培训的初中校长达100人，参加培训的班主任达2 400多人，参加教育技术能力培训的教师达1 800多人，参加英特尔教育项目培训的教师达300人，还有一批省、市骨干教师接受了培训，20多名校长参加了省级培训和研修。

【大力开展师德师风建设】开展了教师政治理论学习和教育法律法规学习活动，开展了深入学习实践科学发展观活动，开展了“万名教师访万家、千名党员助千生”等活动，不断提高教师的政治思想素质和师德素养。在《汕尾日报》连续报道了20名先进教师的事迹，树立典型，表彰先进，大力营造尊师重教的社会氛围。2009年共有3名教师荣获“全国先进教师”和“全国先进教育工作者”称号，26名教师荣获“南粤优秀教师”和“广东省优秀教育工作者”称号，118名教师被评为汕尾市优秀校长、优秀班主任、优秀教师、优秀教育工作者和学科带头人。

【开展教育督导工作】2009年，组织开展了各县（市、区）党政领导干部基础教育工作责任考核，有力地促进了各类教育法律法规的落实，促进了人、财、物投入的到位，促进了教育管理力度的加强，促进了教育教学质量的提高。

【语言文字工作成效明显】2009年，圆满完成了广东省第十二届全国推广普通话和语言规范化重点城市（汕尾）活动的组织开展，获得广东省教育厅领导和各兄弟市的好评。

【艺术体育工作取得新成效】2009年，组织开展了广东省第三届中小学生艺术展演（汕尾片区）比赛活动，参演的节目有16个，有4个获得90分以上的好成绩，得到广东省教育厅领导的充分肯定。

（撰稿　吴娘辉；审稿　陈本财）

东莞市

概况

2009年，东莞市教育系统不断巩固教育强市成果，深化教育内部改革，推动教育内涵发展，促进基础教育优质均衡发展，努力加快教育现代化进程。全市教育事业持续快速健康发展，教育综合实力和整体水平有了新的提高。

一、落实年度工作计划

落实党中央、省委、市委关于国民经济和社会发展第十一个五年规划纲要，以十七届三中全会精神为指导，以贯彻省委十届二次全会要求为动力，紧紧围绕市委提出的“把东莞建设为现代制造业名城、创新创业热土、宜居生态城市、和谐幸福家园”各项任务，用科学发展观统领教育工作全局，在继续强化教育管理、深化教育改革的基础上，突出以推进教育内涵发展为重点，力求在优化教育结构、促进教育公平、全面提升教育质量和办学水平上取得明显进展，努力办好体系完整、布局合理、发展和谐、人民满意的教育。

2009年，东莞市教育的主要工作目标包括以下几个方面。

（一）学前教育。全市学前入园率达95.1%，90%的村办有幼儿园。

（二）义务教育。东莞市户籍小学适龄儿童入学率达100%，非正常辍学率争取为零，毕业率达100%，升学率达100%；东莞市户籍13～15周岁初中适龄少年入学率保持在99.15%以上，非正常辍学率控制在0.4%以内，毕业率力争达99.78%以上；“三残”儿童少年入学率保持在98%以上；妥善解决新莞人子女接受义务教育问题。

（三）高中教育。东莞市户籍初中毕业生升学率达96.8%以上，高中阶段（含普通高中、中等职业学校）录取东莞市户籍毕业生人数要达3.56万人，普通高中与中职学校的招生比例保持在6：4，进入优质普通高中和重点中职学校就读的学生人数分别占全市普通高中在校生和中职学校在校生的94%以上和73%以上。

（四）成人教育。全市省级示范性乡镇成校达到9～10所，各高校在全市联合办学点的在学人数达到2.2万人，全市各类成人教育培训机构年培训量争取达到63万人次；自考报考人数保持在全省前列，成人高考报考人数达2万人以上规模。

（五）教师队伍建设。加强中小学校长队伍建设，完善中小学校长选拔任用制度，加强校长和中层干部培训工作；积极探索并完善校长负责制、教师聘任制，合理配置人才资源，调整优化教职工队伍结构；妥善解决代课教师问题，落实教师福利待遇“两相当”，抓好工资改革各项政策的落实，做好教职工绩效津贴分配工作；全面开展各级各类中小学教师继续教育培训工作，深入推进“三名工程”，加快创设激励性专业职位，建立镇街骨干教师资源库。

（六）教育教学质量。继续抓好以培养学生创新精神和实践能力为重点的素质教育，努力提高义务教育阶段课程改革质量和效益，深化高中课程改革工作，争取2009年中考取得较好成绩，应届高中毕业生普通高考省线入围人数、录取人数、高分段考生人数实现持续增长，普通高考录取率和每万户籍人口当年升普通大学比例、升本科比例保持在全省前列。

（七）教育教学改革。研究制订“三转二”办学管理体制改革配套政策，加快“三转二”办学管理体制改革进程；深入推进中考“两试合一”制度改革，探索高中阶段学校多元化招生录取做法，研究提高优质高中名额分配比例可行性，规范学科获奖加分工作，适当调整普通高中录取批次；建立促进教师专业发展的校本教研培训制度，推进课程改革向纵深发展，提高课堂教学有效性。

二、加大教育投入

2009年，全市教育总投入78.84亿元，比2008年增加7.74亿元，增长10.89%。其中，国家财政性投入54.07亿元，比2008年增加6.07亿元，增长12.65%。

（一）落实“三转二”政策，保障学校教育经费的投入。东莞市除按核定定额经费标准下拨直属学校经费外，还同时加大对镇街教育经费的投入，保障学校正常运作，对镇街下拨教育补助经费10.93亿元。

（二）继续加大学校校舍建设投入。全市学校基建总投入8.48亿元，全年新建、扩建、改建学校84所（含跨年度建设学校），总建筑面积达34.43万平方米。至2009年底，小学生均校舍面积为8平方米，中学生均校舍面积为22平方米。

（三）完善公办学校教育装备。市镇财政对全市各类公办学校教育装备总投入1.57亿元，其中投入电教、信息类装备1.47亿元，图书资源类设备636万元。全市各类公办学校教育装备总值达18.61亿元，比2008年增加1.8亿元，增长10.73%。

（四）民办教育经费投入保持增长。民办教育经费总投入20.66亿元，比2008年增加3.57亿元，增幅20.89%，占全市教育经费总投入的26.20%。

三、加强教师队伍建设

2009年，全市普教系统共有在职在编公办教职工2.38万人，其中专任教师2.28万人，具有高级职称者1 530人，具有中级职称者1.12万人。全年共接收毕业生531人，其中研究生78人，本科毕业生431人，专科毕业生22人。从外省市引进教职工248名，其中高级职称25名，中级职称112名。共为80名师范类应届毕业生和1 006名社会申请人办理了教师资格认定，为525名新任教师办理了转正定级。共通过高级专业技术资格评审411人，中级专业技术资格评审2 094人，初级专业技术资格评审1 209人，大中专毕业生初次认定581人。

（一）加强教师继续教育，推进“三名工程”。以大力实施“三名工程”（名校、名校长、名教师）为抓手，积极开展以师德教育和提高广大教师教育教学能力为主要内容的中小学校长、教师培训培养工作，全面促进校长和教师队伍专业成长，努力打造师德高尚、素质精良、业绩突出的校长教师队伍。一是提高行政干部培训的针对性和实效性，进一步拓展行政干部培训的广度和深度。选派144名中小学校长参加各类省级培训，选派74名中小学校长赴上海、浙江等地跟岗学习；举办第二期小学校长高级研修班、中学行政干部培训班。二是搭建有效的工作平台和成长阶梯，激励教师（包括校长）追求专业的不断发展。完成全市中小学第一批学科带头人的培养，评选出120名学科带头人，并制订发展目标，组织召开学科带头人学习交流研讨会和教学教研成果展示会，有效扩大影响，发挥学科带头人在教学、科研上的示范作用。开始部署第二批学科带头人的选拔工作。制定《关于开展东莞市中小学学科骨干教师选拔和培训工作的通知》，首批选拔出290名骨干教师并开展有针对性的培训；推荐13名中小学教师和校长申请广东省首批教师工作室和校长工作室，为东莞名校长、名教师的成长提供更为广阔的工作与展示平台。三是继续推进海外培训。选派46名中学教师赴英国、44名小学教师赴澳大利亚进行为期6周的强化培训，提高学员的英语口语水平、知识水平和教学能力。中小学英语骨干教师赴海外培训项目开展5年来，共选派344名中小学英语骨干教师到国外进行强化培训。四是加强信息技术培训，提高教师教育技术能力。推广英特尔未来教育培训项目和全面实施中小学教师教育技术能力建设项目中级全员培训，全年共培训学科教师4 000人次。五是扎实开展各类常规培训。组织开展中小学教师学历进修培训、中小学新教师培训、普通高中学科教师职务培训、中小学体育教师全员培训、中小学校本培训、中小学教研组长和备课组长系列培训、体育健康师资培训、心理健康师资培训，举办补修教育学、心理学培训班等，全面提高全市中小学教师专业素质。

全市幼儿园、小学、初中、普通高中和职业中学专任教师学历达标率分别为94.30%、99.93%、99.37%、98.83%、90.33%；幼儿园和小学大专以上学历专任教师所占比例分别为44.43%、94.94%；初中、普通高中、职业中学本科以上学历专任教师所占比例分别为80.33%、98.83%、90.33%；具有高级职称的教师有1 657人，具有中级职称的教师有1.22万人。

（二）切实解决代课教师问题。认真落实汪洋书记关于解决代课教师问题的指示精神，东莞市教育局制定了《东莞市解决中小学代课教师问题工作方案》，积极稳妥解决代课教师问题。主要措施包括：通过考试、考核在代课教师中选招聘用合同制教师；与不符合招录资格或未通过考试、考核的代课教师解除劳动关系，并予以合理补偿；根据学校空编情况，逐步理顺合同制教师的入编问题。通过4月和6月的两次招录考试，共录用聘用合同制教师2 140人。切实提高聘用合同制教师待遇，2009年，全市聘用合同制教师人均年收入比2008年增加1万多元。同时，逐步理顺合同制教师的入编问题，下发《关于加强东莞市中小学聘用合同制教师管理工作的通知》和《关于理顺东莞市中小学聘用合同制教师入编问题的通知》，明确合同制教师入编有关问题，加强统筹力度，制订分批解决聘用合同制教师入编工作计划，逐步理顺入编问题，已为542名符合调入条件的教师办理了入编手续。对不符合选招条件及选招落选的部分代课教师，东莞市教育局遵照有关法律法规，在全省率先制定了《关于认真做好中小学代课教师解除劳动关系有关工作的意见》，认真做好经济补偿、理顺社保关系和推荐就业等工作，帮助解决实际困难，妥善解决这部分代课教师的分流问题，维护教师队伍稳定，确保全市解决代课教师问题有关工作平稳、顺利推进。至2009年9月，全市已不存在代课教师。

（三）完善师资管理，激发教师队伍活力。一是健全教职工考核和收入分配制度。制定《东莞市中小学校绩效工资实施方案》，全市中小学校在编正式工作人员从2009年1月起实施绩效工资。将原生活性补贴、工作性津贴和节日津贴纳入基础性绩效工资；原基本工资构成中，津贴比例高出30%的部分、年终双薪、原市定绩效津贴和班主任津贴纳入奖励性绩效工资。绩效工资的顺利实施，有效地调动广大教职工的工作积极性。二是做好毕业生招聘和人才引进工作。组织19所学校赴北京师范大学和华东师范大学现场招聘应届毕业生，共录用73人，会同有关部门举办师范类毕业生专场招聘会。全年共为531名毕业生办理了接收手续。同时，积极引进市外高素质人才，提高教职工队伍的整体素质。三是做好各种资格评审工作。认真开展教师资格认定工作，为社会人员、师范类应届毕业生办理教师资格认定等。

四、加强现代教育信息网络管理

不断完善教育城域网的建设，网络覆盖全市中小学；狠抓信息技术课程落实，师生信息技术素质普遍提高，越来越多的教师和学生利用网络开展交流和学习；充实东莞教育网的教育资源，充分发挥现代教育技术实验学校的辐射示范作用，将现代教育技术应用于教育管理和教学工作中，提升全市教育信息化总体水平。

2009年，东莞教育网全新改版，东莞教育城域网全年安全稳定运行；建成“东莞市中小学校信息综合管理平台”，实现全市学生学籍的数字化管理；出台《关于进一步加强市直属学校教育装备工作的意见》；实现高考考场网上远程监考，18个考场共800多间试室全部安装了监控设备，教育部、广东省教育厅对所有试室能够进行网上监控；加强教育网站备案和管理，140多所学校网站完成备案；成功组织全市中小学信息学奥赛、中小学电脑制作活动、中小学智能机器人竞赛活动、教师多媒体教育软件竞赛活动、FLASH动漫设计大赛、优秀自制教具评比活动等全市性竞赛活动。

五、实施完全免费义务教育

经东莞市政府同意，全市从2009年春季开学起，取消非东莞市户籍学生借读生书杂费，即所有入读义务教育公办学校的新莞人子女与东莞市户籍学生享受全免费教育。取消借读生书杂费收费项目后，全市每年少收经费2.34亿元。

继续做好免费义务教育补助经费的下拨工作。2009年，市镇两级财政共下拨民办学校免费义务教育补助经费2 202.17万元，其中市财政下拨1 797.82万元、镇街财政下拨404.35万元，确保了东莞市免费义务教育工作的顺利开展。

六、实施中小学校舍安全工程

2009年是东莞市中小学校舍安全工程启动年。积极开展中小学校舍安全工程工作。针对工作时间紧、任务重的实际，东莞市迅速成立由市长任组长，由市发改局、教育局、公安局等12个部门为成员单位的中小学校舍安全工程领导小组，制定下发《东莞市中小学校舍安全工程实施方案》，明确各部门和各级政府的职责和任务分工，部署做好中小学校舍安全工程相关的排查、鉴定和改造等一系列工作。据统计，全市应排查的学校有546所，建筑物2 911栋，面积1 015万平方米。截至2009年底，全市校舍排查工作已全部完成，需鉴定的学校413所，建筑物1 770栋，面积484.08万平方米（不含排查鉴定“回头看”需补鉴定的面积）；已鉴定学校391所，建筑物1 689栋，面积455.79万平方米，占需鉴定面积的94.15%，为下一步的加固改造工作打下了良好基础。

各级各类教育

【基础教育】 一、学前教育

大力发展学前教育，把学前教育纳入教育事业整体发展规划，努力提高学前教育水平。一是办园条件不断改善。大朗、洪梅新建了中心幼儿园，石排、中堂正在积极筹建新中心幼儿园，其他镇街也积极筹措经费，用于新建、扩建园舍，增添设备。全市幼儿园设施设备有效改善。二是加大管理力度。认真清查无证办园以及违法违规办园，加强对安全、卫生的监督管理。召开幼教研究会年会，为幼儿园搭建教研学习交流的平台。三是加强幼教师资建设。将幼师培训纳入全市教师培训体系，加强幼师管理，提升待遇，强化培训，不断提高幼师综合素质。

2009 年，全市共有幼儿园 689 所（其中公立集体办园 174 所，民办园 515 所），共有省市一级幼儿园 99 所，新增市一级幼儿园 7 所。3～6 周岁在园（班）幼儿 17.62 万人，入园（班）率达 95.1%，比 2008 年提高 0.08%。基本普及三年学前教育，取消学前班，实施 6 周岁入小学。全市有幼儿园教职工 2.13 万人，其中园长、教师共 1.34 万人，专任教师学历达标率为 94.3%，大专以上学历教师占 44.43%。幼儿园园长持证上岗率约为 98%。

二、义务教育

巩固发展“普九”成果。一是加强学生学籍管理。在已有的学籍管理系统和学生信息系统的基础上，构建了一套综合性的多功能信息管理系统，包含学生信息管理、教育综合信息管理、学生家长协同管理等内容，可全程记录、监控学生在某一地域学校接受教育的基础信息、变更信息，提高管理效率和效能。继续贯彻落实防止学生辍学的领导责任制，严禁小学和初中劝退、开除学生，严格核查学生辍学情况，组织人员对辍学率较高的学校、镇街进行专项督导检查，防止学生非正常辍学。二是继续巩固、提高“三残”儿童少年入学率。办好启智学校，抓好残疾儿童少年随班就读工作，并做好“三残”儿童少年的入学（园）统计工作，帮助家庭困难的残疾学生顺利完成学业。三是有效解决新莞人子女接受义务教育问题。2009 年，东莞市政府制定出台了《东莞市新莞人子女接受义务教育暂行办法》，明确新莞人子女入读公（民）办学校的条件和程序。该办法根据各镇公办学校的学位资源，通过积分制方式，安排新莞人子女入读东莞市义务教育阶段公办学校起始年级，使东莞市成为全省第一个采用积分制解决流动人员子女接受义务教育问题的地级以上市。2009 年秋季，全市义务教育阶段公办学校起始年级按照该办法共招收新莞人子女 1.39 万人，其中小学一年级 9 538 人，初中一年级 4 401人。

2009 年，全市共有小学 337 所，比 2008 年减少 12 所；小学在校生 51.12 万人，比 2008 年减少 1.75 万人；小学适龄儿童入学率达 100%，东莞市户籍毕业生升学率达 100%。全市有完全中学 26 所，初级中学 46 所，九年一贯制学校 98 所。初中在校生 18.27 万人，比 2008 年减少 1 766 人，东莞市户籍适龄少年入学率为 100%，比 2008 年提高 0.85 个百分点，辍学率为 0.22%，毕业率为 99.25%。以上各项指标均超过国家和省的要求。东莞市认真贯彻执行《教育法》《残疾人保障法》和《残疾人教育条例》及省有关文件精神，认真落实特殊教育“十一五”规划，着力抓好特殊教育学校管理工作。全市有残疾儿童少年在校生 481 人，适龄残疾儿童入学率为 98.78%，比 2008 年提高 0.03 个百分点，适龄残疾少年入学率为 98.15%，比 2008 年提高 0.05 个百分点。

三、普通高中教育

认真执行《东莞市普及高中教育暂行规定》，落实目标管理责任制，顺利完成年初确定的高中阶段入学率目标。扎实做好普通高中教育的研究、指导、服务工作，召开全市普通高中教学管理学习交流会和高考总结会，深入开展各种教研活动，不断提高高中教育质量。大力支持发展民族教育，积极做好东莞高级中学招收新疆内地高中班的组织实施工作，强化管理力度，在资金投入、师资配备等方面提供有力保障。2009 年，共有 613 名新疆学生入读东莞高级中学。

2009 年，全市有普通高中（含完中）42 所，在校生 6.68 万人，普通高中在校生与中等职业技术教育在校生的比例约为 6：4。

四、民办教育

东莞市认真贯彻执行《中华人民共和国民办教育促进法》《中华人民共和国民办教育促进法实施条例》以及国家和省关于民办教育的有关法律、法规，坚持“积极鼓励、大力支持、正确引导、依法管理”的方针，推动和规范民办教育的发展。全市经教育行政部门批准开办的民办中小学有 241 所，比 2008 年增加 8 所，其中小学层次的有 116 所，初中有 10 所，九年一贯制学校有 103 所，高级中学有 2 所，完全中学有 1 所，从幼儿园到高中层次的民办学校有 9 所；批准开办的民办幼儿园有 515 所，比 2008 年增加 52 所。全市民办中小学和民办幼儿园在校生达 52.1 万人，其中，民办中小学 39.3 万人，民办幼儿园 12.8 万人。全市民办中小学校有 214 所为专门招收新莞人子女的民办学校。

【职业与成人教育】 一、职业教育

积极发展中等职业教育。一是着手打造职业教育基地。制定《东莞市职业技术教育基地建设方案》，计划投入 33 亿多元，着力打造有东莞特色的职业技术教育基地，构建学历教育与职业培训相互贯通、中职教育与高职教育相互衔接的现代职业技

术教育体系，形成覆盖全市、辐射全省的职业技术教育和培训网络，培养“适销对路”的技能型人才，满足社会经济发展需要。二是实施联合办学。组织实施第八期小规模职业学校联合办学；与河源、博罗、梅州等地区开展联合办学，共招收学生508人。三是开展工学结合、半工半读、联合地方办学和校企合作。东莞长安职业高级中学招收工学结合、半工半读学生66人，实施“企业课堂”，让学生进入企业学习专业技能；东莞理工学校与横沥镇政府签订协议，接收当地待业青年进行专业技能培训；组织8所中职学校近900名学生前往工厂进行顶岗实习；塘厦理工学校与企业合作开发了职业素养系列课程。四是贯彻落实国家对中职学生资助政策。2009年，在东莞就读的符合条件的一、二年级中职学生全部领取了国家助学金每生每年1 500元，全市有2.84万名中职学生领取了国家助学金，共计4 043.39万元。五是积极推行“双证书”制度，全市中职学生共有1.36万人考取了技能等级证书或从业资格证书，其中获得中级以上技能证书的有5 426人；举办全市中职学生计算机竞赛、汽车运用与维修技能竞赛。全市中职学生参加全省技能竞赛共获得二等奖3项、三等奖21项；在“英伟杯”第七届中国（大朗）毛织服装设计大赛中，东莞大朗职业中学2名学生分别获得银奖和十佳设计师奖。2009年东莞市中职毕业生升学就业率达96.3%。

2009年，全市有公办中等职业学校19所（含东莞市高级技工学校），民办中等职业学校（含民办技工学校）10所。其中国家级重点中职学校10所，省级重点中职学校1所，有2所普通中学附设了职业高中班。2009年全市中职学校招生1.76万人，在校生4.97万人，其中重点中职学校在校生人数占58%，每万户籍人口中职教育在校生人数所占比例位居全省第二。中职学校开设的专业有电子、计算机、会计、金融、服装、毛织、家具、模具、数控技术、汽车、旅游等30多个种类，其中省级重点建设专业有9个。

二、成人教育

多渠道多形式发展成人教育。一是大力发展成人高等学历教育，依托各镇街成校、民办成人教育机构与高等院校合作办学，全市有31所成校、19个民办成人教育机构分别与北京大学等37所高校联合举办成人本科、大专函授班，开办专业20多个，在学人数达2.5万人。二是广泛开展各类成人培训活动，举办各类技能培训、职业资格认证培训、文化艺术类培训、成人高考辅导与自学考试考前辅导培训等。三是加强对民办成人教育机构管理，严格做好民办成人教育机构办学许可证的发证和换证工作，完善年度评估制度，促进民办成人教育机构健康发展。

2009年，全市有成人高等教育机构5所，乡镇成人文化技术学校32所，其中省级示范成校8所，市级示范成校24所，民办成人教育机构254个。各类成人教育培训达49万人次。全市共有2.19万人参加成人高考报名，其中报考专科起点升本科类8 711人，高中起点升本科类46人，高中起点升专科类1.32万人，报考人数在全省位居前列。2009年成人高考共录取1.71万人，其中专科起点升本科类7 581人，高中起点升本科类30人，高中起点升专科类9 532人。全市共设东莞中学、东莞市第一中学、东莞市高级中学、东莞东华高级中学等18个考场，共737个试室。全市报名参加高等教育自学考试的共5.09万人次，报考10.78万科次，报考人数比2008年减少1 482人。报考人数在全省21个地级以上市中排列第三位。高等教育自学考试共设有东莞中学初中部、可园中学、南城中学、东城第一中学、东莞理工学校、东莞经贸学校、东莞市职业技术学校、东莞市东城职业技术学校、南城职业中学、东莞市广播电视大学、东莞监狱等考场。全年共有1 603人获得专、本科资格。

【高等教育】 2009年，全市辖区内共有普通高等院校6所，分别为广东医学院东莞校区、东莞理工学院、东莞职业技术学院、东莞理工学院城市学院、南博职业技术学院、广东亚视演艺职业学院。高等教育规模不断扩大，共有在校学生4.71万人，其中专科生2.03万人，本科生2.68万人，研究生32人。6所高等院校共招收新生1.45万人。

教育成果与特色

【素质教育】 一是进一步规范学校办学行为。把握素质教育发展的方向以及未来基础教育发展的新形势，加强中小学管理，加大力度查处违规办学行为，通过专项督查和不定期突击检查，结合群众

来信来电举报信息，对学校作息时间、假期补课、教材教辅征订、课程开设等方面进行检查，对发现问题的学校，一律督促其落实整改，对违规学校进行通报批评。二是大力开展体育、艺术教育和推普周活动。认真做好《广东省中小学生体能素质评价标准》和《学生体质健康标准》的测试和报送工作；开展省、市体育特色学校评选，组织举行全市中学生足球、篮球、田径比赛；组队参加省组织的多项中学生体育比赛，获得2009年广东省中学生篮球锦标赛冠军；在广东省体育传统项目学校男子篮球、足球比赛中获得两项第2名。承办广东省第三届中小学生艺术展演（东莞、深圳）片区赛，举办全市中小学生艺术作品展评活动及全市中小学生独奏、独唱、独舞比赛，认真筹划组织第十二届全国推普周活动，较好地促进了中小学生体艺素质和语言表达能力的提高。三是大力开展青少年科技创新教育活动。组织学生参加全国和省中小学电脑制作活动，获全国一等奖4项、二等奖3项、三等奖3项，获省一等奖18项、二等奖20项、三等奖20项；组织学生参加全国和省信息学奥林匹克竞赛，1名学生入选国家集训队，4名学生获免试保送重点大学资格；组织学生参加第六届广东省中小学生机器人比赛，获2个二等奖，1个三等奖；举办FLASH动漫设计大赛，吸引大批学生参与。四是根据东莞市创建国家环保模范城市的工作要求，引导和鼓励中小学大力开展创建“绿色学校”活动，开展多种形式的环保实践活动，推动全市中小学环境教育的广泛开展，增强广大师生的环境素养和实践参与能力。

【教育科研】坚持以服务学校、服务教师、服务教学为根本宗旨，以全面推进素质教育、全面提高教学质量、促进教育均衡发展为根本任务，扎实做好教学研究、教学指导各项工作。一是加强教研骨干队伍建设，引领教师专业成长。开展教研组长培训，发挥先进教研组的示范和辐射作用，加强教法、学法研究和教学手段研究，开展教研示范、成果分享等教研活动。分别成立各学段课改、学科竞赛、备考、教学、管理、科研等指导、研究小组，组织学科带头人进行送教活动，充分发挥学科带头人在教学、科研上的示范作用。二是深入开展教研活动，提升教学教研质量。高中、初中、小学组根据各学段教育教学特点和学校、区域教学水平差异，制定有针对性的教研策略，分别组织召开各层次的备考研讨会、各学科教学研讨会、学校主管教学领导座谈会，持续开展日常视导，扎实开展主题调研，有效整合教研力量，逐步形成以校为本的教研工作局面。三是搭建交流展示平台，调动教师教研积极性。利用学科教研会，开展学科优质课评选、论文评选和教学技能比赛，吸引大批教师参与，促进教师专业水平的提升。

2009年，东莞市申报广东省中小学教育创新成果奖项目共83项，占全省264项的31.4%。全省获奖共96项，东莞市占30项，获奖总数占全省的31.3%。省级科研成果的申报获奖率及获奖总数继续位居全省前列。课题研究者出版研究专著5本，获得国家专利3项。

【规范教育收费】一是完善“一费制”以外收费管理规定。根据省的要求，联合东莞市物价、财政、纠风等部门印发《关于明确我市中小学“一费制”以外收费问题的通知》，全面取消中学晚自修、课外活动、义务教育阶段体检以及订阅参考资料等收费，并对校服的订购、军训收费等作出新规定。二是完善东莞市教育局收费管理工作。印发《关于进一步加强我局收费管理的通知》，明确要求行政事业收费和代收代管费项目依法设定，实行持证收费，所有收费收入实行收支两条线管理。三是加强对学校收费的监督检查。联合物价、纠风、审计、财政等有关部门组成检查组，分别对部分镇街群众投诉较多的学校进行重点抽查，及时制止和纠正个别办学单位和学校的违规收费行为。加强教育收费的查处力度，共处理群众教育收费投诉、咨询69件（次），清退违规收费6.53万元，维护了群众的利益。2009年，东莞市获得“广东省教育收费规范市”荣誉称号。

【青少年学生思想道德建设】2009年，东莞市教育局结合新中国成立60周年，深入贯彻《中共中央国务院关于进一步加强和改进未成年人思想道德建设的若干意见》精神，唱响时代主旋律，扎实开展国情、法制、纪律、品德修养、行为规范、理想信念、心理健康等方面的教育，帮助青少年学生树立正确的世界观、人生观、价值观。一是开展爱国主义教育。组织中小学生参观新中国成立60周年成果展和爱国主义教育基地，开展“为祖国喝彩”全市中小学生演讲比赛；9月作为“中小学弘扬民族精神活动月”，加强社会主义核心价值体系教育、组织开展民族团结教育实践活动；在全市中职学校开展“明理、立志、勤学、成才”主题教育系列活动，培养学生成为热爱祖国、维护民族团结、具有高尚情操的现代公民。二是根据不同学龄阶段学生的认知规律，有针对性地开展小学生行为规范养成教育、初中生人生规划指引专题教育、高中生（含中职生）现代公民教育、中职生职业生涯规划教育。三是加强校园文化建设。组织开展读书节活动、书信文化活动和“阳光下的阅读”现场作文竞赛，深入推进“书香校园”创建活动，全市有5所学校被授予“广东省书香校园”称号。

【校园安全】2009年，东莞市教育局坚持把学校的安全工作摆在学校工作的首位，通过进一步夯实学校安全工作基础，确保广大学生的健康成长。加强安全宣传教育，组织安全教育周活动，集中开展宣传教育；整治校园周边环境，组织开展全市性的校园周边地区社会治安综合整治行动、校园周边文化环境专项整治行动及校车专项整治行动，有力地净化了校园周边环境；开展安全预防工作，印发《关注学生安全·促进健康成长——致学生家长的一封信》，下发《东莞市学校突发气象灾害应急工作指引》，开展防范学生溺水事故工作；开展安全文明校园创建工作，东莞中学初中部、南城中心小学等5所学校获得“广东省安全文明校园”称号；开展安全应急教育，结合“5·12”防灾减灾日，开展防震减灾科普教育学校创建工作。

【心理健康教育】2009年，全市中小学心理健康教育工作继续落实广东省四个规范性文件的精神，全面推进“心理健康教育促进工程”，促进青少年学生身心健康成长。继续推进教师心理健康教育C证全员培训；举办心理健康教育优秀个案评比活动；加强交流、示范平台的建设，积极开展市中小学心理健康教育研究会交流研讨活动；深入开展心理健康教育调查研究，组织召开多次心理教师座谈会、专家座谈会，开展全市中小学生心理健康状况普查的准备工作，力求准确把握学生心理健康状况，探索有效对策，为制订实效性和针对性较强的工作措施提供科学依据。

【艺术教育】2009年，东莞市教育局进一步加大学校艺术教育工作管理的力度，进一步推进校园文化建设，规范各类文艺活动的组织和管理，营造公平、公正、公开的良好活动氛围。7月举办了2009年东莞市中小学生艺术作品展评活动。选送优秀作品参加广东省第三届中小学生艺术展演活动艺术作品类比赛，有3件作品代表广东省参加全国第三届中小学生艺术展演活动，全部获全国一等奖。8月承办广东省第三届中小学生艺术展演（东莞、深圳）片区赛，有2个节目代表广东省参加全国第三届中小学生艺术展演活动，分别获全国一等奖和二等奖。东莞市教育局和南城区宣教办均获得全国第三届中小学生艺术展演活动优秀组织奖。

【体育卫生工作】2009年，东莞市教育局进一步加强全市学校体育卫生工作，切实提高青少年的体质健康水平。4月顺利完成全市初中毕业生体育考试工作。5月完成普通高中学校招收体育特长生的集中测试工作。6月举办中学生足球比赛。7月组队参加全省篮球传统项目学校篮球赛。10月举办全市中学生篮球比赛。11月举办全市中学生田径比赛。

积极做好学校甲型H1N1流感防控工作，各学校、幼儿园严格落实晨检制度，配合卫生、疾控部门做好学校疫情处置工作，及时对出现甲型H1N1流感聚集性疫情的部分学校采取停课措施。

【教育教学质量提高】2009年，全市初中和小学的教学质量稳步提高。全市参加高中阶段学校招生考试的中学有147所，参加考试的学生有4.4万人，六科文化课原始分平均分为487分，合格率达73.7%，比2008年提高了4.1个百分点；优秀率达38.3%，比2008年提高了5.9个百分点。小学毕业自查，语文、数学、英语的优秀率、合格率比2008年均有明显提高。东莞市学生在国家和省组织的各类学科竞赛中，共有1 210人次获奖。

普通高考实现高位提升。2009年，全市参加高考的考生有2.47万人，其中普通类考生2.13万人，高职类考生3 421人。在全省考生人数大幅增加而招生计划增幅较少的情况下，东莞市各批次上线人数均有较大增长。在普通类考生中，上重点线考生达2 229人，比2008年增加387人，增幅为21%；上本科线（含重点）考生达8 384人，比2008年增加1 349人，增幅为19.2%；上第三批A线（省线）考生达1.26万人，比2008年增加2 582人，增幅为25.9%；上第三批B线（总上线）考生达1.75万人，比2008年增加2 440人，增幅为16.2%。高职类考生上线入围1 561人，比2008年增加427人，增幅为27.3%。

普通类考生被全国普通高等院校录取共1.88万人，比2008年增加2 065人，增幅为12.4%，录取总人数比上线入围人数多1 280人，录取率为88.2%，比2008年增长3.9个百分点，比全省平均录取率高14个百分点。本科层次录取考生9 571人，比2008年增加1 491人，增幅为18.5%；专科层次录取考生9 196人，比2008年增加574人，增幅为6.7%。本科层次录取人数占录取总数的51%。在全省重点院校招生计划与2008年基本持平的情况下，东莞市考生被全国重点院校和全国著名高校录

取的人数有较大幅度增加。第一批重点本科院校录取考生 2 309 人，比 2008 年增加 254 人，增幅为 12.4%。其中清华大学录取 6 人，北京大学录取 13 人，共 19 人，比 2008 年增加 7 人，录取总数占两校在广东省普通类招生录取数的 13.8%（东莞考生数占全省考生总数的 3.5%）。此外，被中山大学等省内重点院校录取的考生有 1 704 人，比 2008 年增加 170 人。高职类考生录取 1 791 人，比 2008 年增加 377 人，增幅为 26.7%，占全省录取总数的 11%。

东莞高级中学新疆班首届 78 名毕业生参加高考，取得优异成绩，全部达到教育部划定内高班高考重点和本科录取分数线，均被全国本科院校录取。

2009 年，全市每万户籍人口升大学人数为 100 人，在全省 21 个地级以上市中排名第一位；每万户籍人口升本科人数为 50 人，居全省第二位。全市户籍人口普通高等院校本、专科在校生 5.76 万人，比 2008 年增加 4 016 人。

【规范扶持民办教育】 完善扶持民办教育发展的政策。2009 年，东莞市制定了《关于进一步扶持民办教育发展的若干意见》，提出帮扶民办教育发展的切实可行的措施，依法维护民办学校的合法权益。在总结 2008 年民办学校奖励专项资金使用情况的基础上，进一步修改和完善了《东莞市民办学校扶持专项资金使用管理办法（试行）》，增强了民办学校扶持专项资金使用的针对性和操作性。规范民办教育管理。依法取缔 11 所无证幼儿园，分流幼儿 516 人，清理整顿无证办学；及时纠正 21 所民办学校（幼儿园）违规招生现象，分流安置中小学生（幼儿）2 443 人；督促 4 所民办学校采取措施，消除校舍安全隐患。对全市 627 所民办中小学、幼儿园开展年检，年检合格率为 94.6%，并将结果通过媒体和东莞教育网公布，接受群众和社会的监督。

【高中阶段学校布局调整】 2009 年，东莞市通过加强沟通协调，创新工作方法，下移工作重心，加强动态管理，促使高中阶段学校布局调整建设工作进入实质性的建设阶段。5 月，随着东莞市新一轮的土地利用总体规划调整修编获得通过，学校建设用地全部得到落实；6 月，东莞市政府制定下发了《东莞市委托镇街代建高中阶段学校布局调整校舍建设工程实施办法》，使代建单位从原来的全市一个变成一校一个，提高了工作效率，充分利用了代建镇街在人才、技术、管理和经验上的资源；7 月，东莞市教育局与相关镇街签订《东莞市高中阶段学校布局调整校舍建设工程项目委托代建合同》，明确代建范围、代建内容、管理目标、权利、义务和责任；从 8 月开始，每月初印发《东莞市高中阶段学校布局调整项目工程建设进展情况简报》，及时掌握高中布局调整学校建设的最新情况，实现动态管理；9 月、10 月，学校项目初步设计方案陆续上网招标。截至 12 月底，已有 13 所新建扩建学校获市政府批准，还有 2 所已上报市政府审批。获批准建设的 13 所学校全部完成设计招标等工作，其中 4 所学校已动工建设。

【积极解决华侨华人、台胞子女和流动人口子女入学问题】 根据省、市有关文件精神，妥善安排华侨华人和台胞子女按户籍生待遇在东莞市就读，2009 年，共安排华侨华人和台胞子女 262 人在东莞市就读。东莞市教育局出台《东莞市新莞人子女接受义务教育暂行办法》，明确政府各相关职能部门的职责、新莞人子女入读公办或民办学校的条件和程序、新莞人家长（或监护人）的义务和责任、学籍管理及实施时间等方面的内容，规定凡年龄在 6～15 周岁，有学习能力，其父母在东莞市有暂住证明，有合法固定住所，有合法固定职业和稳定收入来源，在东莞市参加 3 年或以上社会保险，符合国家计划生育政策的新莞人子女，可通过积分制办法，入读东莞市义务教育阶段公办学校，使东莞市成为全省第一个采用积分制办法解决流动人口子女接受义务教育问题的地级以上市。办法执行过程中，东莞市教育局结合实际，经过充分调研和深入分析，修改完善方案，进一步降低申请门槛，增强可操作性，简化申请程序。2009 年，全市义务教育阶段公办学校起始年级通过积分制，共招收新莞人子女 1.39 万人。

【教育优质化】 2009 年，东莞市继续推进全市教育的优质化建设。积极指导优质学校的创建工作。全市有 3 所学校被评为市一级学校，有 14 所学校被评为“东莞市三星级民办学校”，有 2 所学校被评为“东莞市四星级民办学校”；全市共有广东省国家级示范性普通高中 7 所；省、市一级学校 265 所（含 20 所民办学校），其中省一级学校 60 所、市一级学校 205 所；省、市一级幼儿园 99 所，其中省一级幼儿园 10 所，市一级幼儿园 89 所，市三星级民办学校 23 所，市四星级民办学校 2 所，国家级重点中职学校 10 所（含高级技工学校 1 所），省级重点中职学校 1 所。全市公办等级学校比例为小学 86.18%、初中 90.91%、普通高（完）中 90.32%；全市公办学校优质学位比例为小学 91.24%、初中 90.61%、高中 94.28%。开展“东莞市依法治校示范校”评选工作，东莞师范学校附属小学等23所学校被评为东莞市首批依法治校示范校，树立了依法治校的先进典型。开展“语言文字规范化示范校”的创建、评选，有效推动了全市语言文字工作的规范开展，目前，全市共有市级语言文字规范化示范校17所，省级语言文字规范化示范校4所，国家级语言文字规范化示范校2所。抓好教育强镇的复评工作。全市共有12个镇街接受了广东省教育强镇复评，促进了镇街教育的优质发展，进一步巩固了东莞市教育强市的建设成果。

此外，加大“绿色学校（幼儿园）”和现代教育技术实验学校的建设力度。全市43所学校（幼儿园）被评为东莞市第十批“绿色学校（幼儿园）”；19所学校被评为东莞市现代教育技术实验学校，20所学校被评为广东省现代教育技术实验学校。目前，全市共有各级“绿色学校（幼儿园）”370所，现代教育技术实验学校110所。

【教育均衡化】2009年，东莞市采取一系列措施推进基础教育均衡发展。一是免费教育惠及新莞人子女。从2009年春季起，东莞市取消义务教育阶段公办学校非东莞市户籍学生借读生书杂费，所有入读义务教育阶段公办学校的新莞人子女实行全免费教育，免收金额达2.34亿元。二是进一步深化高中阶段学校招生考试改革。将面向全市招生的民办普通高中的民办班志愿调整为第二批录取批次；继续实行5所市属优质普通高中招生“指标到校”，增加5所市属优质普通高中招收本省非莞户籍学生名额；将体育考试项目分为必考和选考项目，进一步明确特长生的录取规定。三是加强学校间的交流与合作。全面推进普通高（完）中结对交流活动，落实结对交流工作方案，建立信息报送制度，召开工作座谈会，及时总结经验，加强联系沟通，指导各学校开展多层面的交流与互动。根据广东省教育厅的工作部署，启动“千校扶千校”学校结对交流活动，选派55名学校管理干部、教师赴清远、潮州、汕尾等地对受援学校进行为期3年的帮扶。通过扎实开展结对交流活动，摸索出比较有效的结对交流模式，有效提高了薄弱学校的教学质量。

（撰稿　黄玉珍；审稿　林　勤）

中山市

概　　况

2009年，中山市教育以实现教育现代化、办人民满意的教育为目标，深入贯彻落实科学发展观和《珠江三角洲地区改革发展规划纲要（2008—2020年)》，全面贯彻党的教育方针，坚持协调发展、改革创新、提高质量、促进公平，着力夯实基础、调整结构、优化布局、提升内涵，深化教育教学改革，规范发展学前教育，推动九年义务教育发展，高水平、高质量地普及高中阶段教育。发展职业教育，组建中山市职业教育集团。推进素质教育，提高教育质量，促进教育公平和教育现代化。中山教育现代化水平进一步提高，教育强市惠民的能力进一步增强，各项工作成效显著，为中山市在全省率先基本实现教育现代化奠定了坚实基础。

各级各类教育

【基础教育】 一、学前教育

2009年，全市有幼儿园429所，托儿所274间，在园幼儿8.8万人，在所幼儿2.28万人，专任幼儿教师（含园长）6 146人，学前三年入园率为99.79%。等级幼儿园83所，其中省一级幼儿园14所，市一级幼儿园65所，市规范幼儿园4所。2月，印发《中山市幼儿园教师学历教育奖励办法》。10月，承办广东省岭南幼儿园论坛。中山市教育局、市物价局、市人力资源和社会保障局联合制定和颁发《中山市镇区幼儿园教师工资指导意见》(下文简称《意见》)，保障幼儿教师的基本收入，规定在职幼儿教师最低工资指导标准为每人每年1.8万元。同时合理拉开收入差距，制定了四类幼师月人均最低工资标准，鼓励有条件的办学单位在幼师最低工资指导标准和人均最低工资指导标准的基础上提高幼师工资待遇。2009年10月1日—2011年9月1日，为实施镇区幼儿教师最低工资标准的过渡期。2011年9月1日，该标准将正式实施。为引导幼儿园可持续发展，中山市教育局与华南师范大学学前教育系合作研究“中山市幼儿园教育质量检测系统”课题，进一步加强对各类幼儿园的质量检测和业务指导。

二、义务教育

全市有全日制普通小学212所，小学适龄儿童入学率和升学率均为100%，五年巩固率达109.08%，全市有小学在校学生236 757人。“三残”（智残、体残、肢残）儿童入学率为96.5%。中山市户籍的义务教育阶段学生全面享受免费义务教育。

全市有全日制普通初中76所（含32所九年一贯制学校)，初中毛入学率为109.56%，三年巩固率为90.42%，毕业率为96.71%，升学率为95.13%，全市有初中在校生103 678人。全年各级政府共投入初中教育经费700余万元，256所中小学校完成布局调整工程建设，占292所规划项目学校的87.7%，有效整合了全市义务教育资源，城乡之间和校际之间的办学条件基本接近，“振兴初中行动计划”取得良好成效。

全市有全日制普通高中23所（含13所完中)，在校生44 012人，高中阶段教育毛入学率为97.8%。全市有广东省国家级示范性普通高中6所(中山纪念中学、中山市第一中学、中山市华侨中学、中山市实验高级中学、桂山中学、中山市第二中学)，省一级学校8所，市一级学校6所。中山市高考连续四年实现了“万名学子上大学”的目标，连续四年高考录取率位居全省第一。

三、民办教育

全市有民办中小学校70所（包括特殊教育学校1所)，民办非学历高等教育培训机构5个，教育培训中心253个，2009年新增教育培训中心32个。第十三届39次市政府常务会议确定教育行政部门为校外托管中心的业务主管部门，正式批准筹办的托管中心有4所。评出和表彰中小学年检合格奖62个，创建广东省义务教育规范化学校奖18个，民办培训机构年检优秀奖20个，共奖励金额69万元。《半月谈·改革开放三十周年（2009年广东民办教育特刊)》以“风景这边独好”为题报道了中山市民办教育的发展情况和经验。

【职业与成人教育】一、职业教育

全市有市辖高等职业技术学院2所，在校生1.2万人，比2008年增加8.3%；独立设置中等职业学校15所（含建勋中学和中山市高级技工学校），其中国家级重点中等职业学校6所，省级重点中等职业学校6所，中等职业学校在校生3.29万人。省级以上重点中等职业学校招生数和在校生数分别占全市中等职业学校招生总数和在校生总数的97.6%和95%。全市中等职业学校毕业生“双证率”达96.5%，其中中级工比例占89.05%；毕业生就业率达99%以上。全市中职学校设有数控技术应用、模具设计与制造、电子技术应用、服装设计与工艺等专业40多个。2009年，沙溪理工学校的会计专业成为广东省级重点建设专业；全市广东省级重点建设专业有9个。中山市组队参加全省中等职业学校技能大赛，获一等奖7人，二等奖13人，三等奖32人；参加全国职业院校技能大赛，获一等奖1人，二等奖2人，三等奖1人。

2009年3月27日，举办2009年中山市职业教育成果展示暨毕业生供需见面会。7月13日，《南方日报》以“职业技术教育超常规发展——中山市现代职教体系已现雏形”为标题，报道了中山职业教育发展情况；《广东教育·职教》2009年第6期以“山花烂漫——中山职业教育改革发展面面观”为题，报道了中山职业教育的成果和成就。11月3日，中山市职业教育集团正式揭牌成立。12月17日，《中国教育报》在头版以“校企深度融合的三个经典案例”为题，报道了中山市小榄建斌中等职业学校通过“股份制”与小榄镇生产力促进中心合作创办实训基地的办学新模式。启动中山中专第二期工程建设，中山市第一中等职业技术学校完成打桩工程并进入施工建设阶段。12月下旬，中山市教育局与市人力资源和社会保障局联合举办中山市第十一届中专、技校、职中学生奥林匹克技能竞赛，15所职业学校共299名选手参加了12个项目的比赛。

二、成人教育

全市全部镇区成人文化技术学校达到市级以上示范学校标准，其中有省级示范镇（区）成人文化技术学校8所，小榄镇和石岐区成为广东省首批社区教育实验区，坦洲镇合胜村等30所村（社区）成人文化技术学校创建为市级示范学校。全年各级成人文化技术学校开展对“五种重点对象”（主要是指回乡初高中毕业生、技术人员、乡镇企业职工、基层干部、转业军人）的培训达25.25万人次，其中学历教育培训2.1万人次，非学历教育培训23.15万人次。各级成人文化技术学校联合发展“三高”（高产、高质、高经济效益）农业、经济支柱产业和特色产业，实施“燎原计划”项目125项，建设示范基地115个，承担科技成果推广项目101项。在北京召开的2009年中国成人教育协会年会上，中山市教育局高成职教科获全国农村成人教育先进单位奖，中山市东区成人文化技术学校获全国农村成人教育先进学校奖。

【高等教育】全市辖区内有电子科技大学中山学院、广东药学院（中山校区）、中山职业技术学院、中山火炬职业技术学院和广东理工职业学院（中山校区）5所普通高校，中山市广播电视大学1所成人高等教育学校，中山新华科技专修学院、中山粤江专修学院2所非学历民办高等教育机构。全市有普通高等教育全日制在校生4.06万人（其中高等职业学院在校生1.2万人），比2008年增加16.8%；成人高等教育在校生1.53万人。全市高等教育毛入学率为52.7%，比2008年增加2.6个百分点，全市高等教育进入普及化阶段。

教育特色与成果

【教育督导】板芙镇、东升镇、三角镇、五桂山区街道办事处、黄圃镇、南头镇6个镇区通过省教育强镇复评。全市新评出省一级学校9所，市一级学校26所，省规范化学校56所，通过省市一级学校复评14所。全市省规范化学校，省、市一级学校比例达98%，其中公办初中市一级以上等级学校占总数的90.7%，公办小学市一级以上等级学校占总数的75.3%。民办学校中省规范化学校和市一级以上等级学校比例从12%提高至61.43%。创建市一级幼儿园16所。全市等级幼儿园共83所，占全市幼儿园总数的19.3%。桂山中学通过广东省国家级示范性普通高中验收确认，杨仙逸中学、东升高中、龙山中学3所普通高中通过广东省普通高中教学水平评估。

【教育投入】 全市教育总投入40.32亿元，比2008年增加2.46亿元，增长6.5%，其中高等教育投入4.18亿元，中等职业教育投入5.33亿元，普通教育投入28.91亿元，其他教育投入1.9亿元。按全市常住人口计算，全年全市人均教育经费总支出1 567.91元，比2008年增加60.22元，增长3.99%。人均财政性教育经费年支出1 068.13元，比2008年增加90.06元，增长9.21%，年度预算内教育经费支出（含城市教育费附加）占财政总支出的23.29%。全市教育经费投入保持“三个增长”：预算内教育经费拨款24.92亿元，比2008年增加2.68亿元，增长12.03%，同期市财政经常性投入增幅7.39%，预算内教育经费拨款增长高于财政经常性投入增长；生均公用经费增加32.54元；教师人均年收入增加6 600多元。

【义务教育经费保障机制改革】 深化免费义务教育经费保障机制改革，扩大免费义务教育范围，对广东省户籍和符合条件的外省户籍学生实施免费义务教育。取消义务教育阶段学校借读费，把符合条件的1.2万名外省户籍学生纳入免费义务教育范围，全市享受免费义务教育学生达23.44万人。市镇两级财政实施免费义务教育全年投入专项补助经费1.54亿元。

【中山市职业教育集团】 2009年11月3日，中山市职业教育集团正式揭牌成立，是中山市教育局下属的事业单位。职教集团的职能是统筹管理、合理配置职教资源，实现集团内职业院校在校舍、设备、实验实训场室上的合作和互补；构建“学校—市实训中心—企业”三级实训网络，探索中、高职相衔接的职业技术教育模式；创新职业教育办学模式，形成多渠道投入机制。

【学校优质化工程】 与华东师范大学教育部中学校长培训中心合作，加强中学校长培训。利用专家资源，加强中山市学校、教师与华东地区名校、名师之间的交流。开展优质化工程第三阶段学校办学特色创建活动。与中学校长培训中心合作，举办中山市优质化工程学校办学特色答辩会，以“全国专家考问中山校长”的形式进行学校办学特色建设对话交流，开创学校办学特色创建工作新模式。

【课程改革与教育科研】 组织教研员对全市各学科新课改经验进行阶段总结，巩固和扩大课改成果，举办各类省市级的研讨交流活动。教研室主任黄世勇主持的广东省中小学教育研究“十一五”规划课题“与基础教育课程改革相适应的区域性教研文化建设研究”通过省专家结题鉴定。完成小学至初中安全读本的编写工作，小学至初中段教材《乡土中山》通过终审，高中段乡土教材《阅读中山》通过立项审查，《小学综合实践》已在学校中实验使用。评选出中山市首届155套优秀校本教材并进行表彰和交流研讨。首次成功申报国家级课题和教育部课题。中山纪中三鑫双语学校副校长冯铁山主持的课题“诗意德育促进学生积极人格和谐发展实践案例与理论问题研究”、中山市实验高中校长张海经主持的课题“发展性教育办学特色探索与实践”和中山市华侨中学校长林加良主持的课题“办全国一流华侨中学的理论与实践”获全国教育科学“十一五”规划2009年度教育部重点课题和规划课题的立项。

【师资队伍】 建立“多元、开放、富有实效”的继续教育培训体系，全年面授培训学员1.44万人次，在线培训学员6.75万人次，全市学校教师职务培训参培率达100%。中小学本科毕业教师500多人，在读教育硕士教师近300人。小学教师学历达标率为99.9%，初中教师学历达标率为99.5%，高中（中职）教师学历达标率为96.3%，新招聘教师学历达标率为100%。开展“名师带动战略”和“市直属学校人才智力扶持镇区教育计划”，开展“同课异构”“送教下乡”“送培下乡”等系列活动，培训骨干教师3 300多人次。从市直属学校中选派中层干部和骨干教师到镇区薄弱学校担任校级领导或中层干部。开展“校长专业化与校长人事制度改革”研究项目，修订《中山市中小学校长评价方案（征求意见稿）》《中山市中小学校长评价操作手册》和《校长实务手册》。制订中小学教职员编制，推进新一轮中小学教职员聘用（聘任）工作。开展师德建设主题教育月活动，评选出全国教育系统先进集体1个，全国模范教师1人，全国优秀教师（优秀教育工作者）6人，广东省南粤优秀教师（优秀教育工作者）29人，中山市优秀教师（优秀教育工作者）1 780人。

【名教师、名校长工程建设】 成立专项工作小组，590名校长和教师申报评选名教师和名校长。选派21名骨干中小学校长赴北京第四中学、江苏苏州实验小学等名校跟岗学习。150名中小学德育副校长参加中山市学校德育干部专题研修班。全市有省基础教育系统名校长4人，省基础教育系统名教师7人，省特级教师20人，市名教师和名校长共10人；4名中小学校长和5名中小学教师成为省基础教育系统“百千万人才培养工程”第四批名校长、名教师培养对象。

【中山德育模式】推广和深化“中山德育模式”，全市37所中小学成为第二批广东省2009年立项德育课题实验学校（单位）。在第七届全国中小学思想道德建设优秀成果展评选中，中山市共获奖1 064个，其中中山纪念中学《加强班主任队伍建设，锻造优秀育人之师》获特等奖，是广东省两个特等奖之一。联合中山市文化广电新闻出版局开展“绿色暑假·缤纷文化”2009中山市暑期系列文化活动，为广大青少年学生策划组织了82项文化活动。强化中小学德育管理干部培训，完成心理健康教育A证培训138人次，B证培训406人次，C证培训6 125人次。在全省第五届中小学心理健康教育优秀论文评选中，中山市获一等奖3篇，二等奖13篇，三等奖15篇。2009年11月16日，中山市学校德育工作会议在市委党校召开，市领导在会上肯定了全市学校德育方面工作所取得的成绩，并对下一步德育工作的开展进行了全面部署。中山市教育局局长刘传沛提出了今后全市中小学德育工作的五点要求，鼓励各单位努力开创“一镇一品牌、一校一特色”的德育新局面。《中国教育报》、人民网等国内主要媒体作了报道。

【学校体育与艺术教育】开展“三棋三球”（国际象棋、象棋和围棋，篮球、排球和足球）活动，举办以国际象棋和围棋为主的中山市中小学棋类教练员培训班，近290所中小学共598人次参加了培训。启动首期体育教师基本功培训班，共有210名体育教师参加。组织多项全市中小学生各类体育比赛，指导有关学校承办国家和省的重要赛事，做好中考体育考试工作，保证考试公开、公平、公正。对135所申报市体育传统项目学校的中小学进行评估，共评出92所学校102个项目。举办中山市第一届中小（幼）学生智力运动会、中国“移动杯”中山市第三届师生艺术节、艺术节闭幕式晚会等活动，成立“中山市艺术体育发展基金”。

【教育装备与教育信息化】修订《中山市教育信息化技术标准及建设规范（第二次修订版）》，对中山市实验高级中学、中山市中等专业学校、中山市第一中等职业技术学校等38个大型信息化工程项目建设需求和设计方案进行专家评审，节省预算经费投入近2 000万元。中小学校教育信息化投入总经费4 672万元，更新和新装电脑2268台，安装多媒体电教平台282套，新建和升级改造电脑室42间，建设校园网37个。全市中小学校拥有计算机5.8万台，生机比保持在6.3：1，98%以上的学校实现“校校通”光纤。全市有实验室及功能教室5 936间，中小学实验室及功能室仪器器材设备总值3.63亿元，图书馆（室）336个，图书1 000万册。全市有国家级现代教育技术实验学校3所，省级现代教育技术实验学校29所，市级现代教育技术实验学校22所，各级实验学校承担的省级以上现代教育技术科研课题共42项。

2009年11月，中山教育信息港正式开通“wap.zsedu.net”手机网站，成为全国第一家和唯一一家同时开通网络电视台、Wap（无线应用协议）网站和手机报的综合教育门户网站，在2009年中山市政府网站评选活动中夺得“全市十大政府网站”总分第一名。在第十届全国（省）中小学电脑制作活动中，中山市共获各级各类奖项104个，为历届获奖数之首，其中获全国一等奖3个，二等奖1个，三等奖2个，中山市教育局连续9届被广东省教育厅评为优秀组织单位。在2009年第十五届全国青少年信息学（计算机）奥林匹克竞赛中，中山市获全国联赛一等奖37人，二等奖36人，三等奖31人；中山市连续15年在广东省青少年信息学奥林匹克竞赛决赛中位居全省地级以上市前三名，是全省唯一获此殊荣的地级以上市。在第七届全国自制教具评选活动中，东升镇东升小学教师胡天用的作品《斜面特点探究仪》获一等奖，中山市入选作品数量、获奖层次和获奖数量在全省各地级以上市中均排名第一。

【扶困助学】全年市镇两级资助家庭经济困难中小学生5 989人，资助金额713.5万元，其中市专项资金资助2 309人，资助金额405.1万元。通过助学金资助家庭经济困难大学生861人，资助金额248.7万元；通过助学贷款资助家庭经济困难大学生197人，资助金额174.5万元，市扶困助学专项资金贴息33.6万元。认真做好中等职业学校国家助学金发放工作，2009年全市共发放中等职业学校国家助学金合计1 888万元，其中，中央和省配套265万元，市镇配套1 623万元。

【中山市教师健康基金】全年全市教职工（含离退休和民办学校）为中山市教师健康基金（专项资金）捐款229.8万元，市财政预算内投入资金300万元。符合医疗补助条件的教职工598人，发

放医疗补助款205.55万元。为65周岁以下、捐款超过100元的2.05万名教职工购买重大疾病和意外身故保险，支出103万元。

【语言文字工作】完成镇区中学、中心小学（幼儿园）教师和全省面向社会申报教师资格人员的普通话培训1 720人次，完成测试3 961人次。举办中山市“中华诵·2009经典诵读大赛”，评出3名选手参加广东省“中华诵·2009经典诵读大赛”，获团体总分第三名，其中中山市实验小学教师尹华正获特等奖，中山纪念中学三鑫双语学校教师卫伟、沙溪理工学校教师崔春华获一等奖。尹华正老师还代表广东省参加全国“中华诵·2009经典诵读大赛”，获教师组全国总决赛冠军。推进创建语言文字示范校工作，中山市实验高级中学、石岐中心小学2所学校获“国家级语言文字规范化示范校”称号，中山市实验小学、东区雍景园小学2所学校获“广东省语言文字规范化示范校”称号，中山市第一中学、小榄中学、三乡载德小学、小榄永宁小学4所学校获“中山市语言文字规范化示范校”称号；18所学校申报市语言文字规范化示范校，将于2010年正式接受评估。

【学校安全卫生】建立市镇学校安全管理人员三级管理体系，对全市1 000多名校园安全管理人员进行系统培训。做好校车管理，为1 300多部校车换发新标志。开展安全教育月活动，全市40多万名中小学生参加全省中小学生防灾减灾知识竞赛。2009年，全市有48所中小学获“中山市安全文明校园”称号，中山市教育局被评为中山市消防安全先进单位。建立健全学校和托幼机构疫情监测机制，启用学校、托幼机构晨检和因病缺勤登记网报系统，联合卫生局开展甲流、手足口病等传染病防控工作督导。发放各类传染病宣传海报、小册子和折页23万份，在“中山教育信息港”网站上建立手足口病防控、甲型H1N1流感防控等宣传专题。组织全市中小学接种甲流疫苗10万支。食品安全工作常抓不懈，举办了3期学校和托幼机构食堂管理人员、从业人员培训班，共培训1 500人。12月，对全市24个镇区、市直属学校及有关民办学校进行了一次以食用油、米、饮用水等为督察重点的食品卫生安全专项督察。开展中小学生近视眼防控工作，设立60所保护视力试点学校。完成143所中小学（包括部分民办学校）约19万多名学生的体检和学生个人健康评价反馈。

【中山市“千校扶千校”工作】根据广东省义务教育“千校扶千校”行动计划要求，中山市21个镇区共60所学校结对帮扶茂名、阳江、清远三市的50所受援学校。制定《中山市实施“千校扶千校”行动计划工作方案》，建立市、镇、校三级“千校扶千校”组织网络，按支援区域将支援学校分为5个支援小组，各支援学校与受援学校签署结对帮扶协议书，形成“千校扶千校”的层级管理模式。全市有帮扶任务的镇区、支援学校开展定期或不定期组团式互访交流，各支援学校把学校管理、教育教学、队伍建设等经验和方法传授给受援学校，并开展各类“手拉手”活动。12月，中山市出资组织50所受援学校校长参加北京大学中小学校长卓越领导力高级研修班。全市派出支援管理干部、教师133人，接收受援学校教师126人。到受援学校上示范课493节，听课教师6 156人次，听课评课2 354次，参与教师8 218人次。举办报告讲座370次，共1.52万人次参与。组织教研活动583次共5 105人次参与。举办团队共同活动95次，援建书库16个，援建书角128个。捐赠电教平台10套，电脑77台，课桌410张，图书5.32万册。捐赠一批速印机、复印机、打印机、录音机、体育器材等。捐物折算合计146.3万元，捐款46.2万元。

【中小学代课教师问题】2009年，中山市委、市政府把妥善解决代课教师问题纳入教师队伍建设、推动教育和谐发展的重要内容。早在2003年，中山市在全省率先开展中小学人事制度改革，维护代课教师的合法权益；2006年，中山市代课教师从2003年的1 000多人减至831人；2007年4月，中山市教育局与人事局联合印发《关于解决我市公办中小学代课教师问题的通知》，提出分流不符合条件的代课教师和落实符合条件的代课教师待遇，规定公办中小学不能新聘代课教师；2008年9月1日，在岗代课教师减至539人；2009年10月，中山市在全省率先妥善解决全市代课教师问题。40名代课教师调入公办学校，242名符合条件的续聘代课教师享受与公办教师同工同酬待遇，41名不符合专任教师岗位要求的代课教师转岗，32名自谋职业，辞退134名考核不合格或不具备相应教师资格的代课教师，并做好经济补偿工作。50名代课教师因个人原因（教师资格证和学历证书待发等）而暂缓享受与公办教师同工同酬待遇，待符合条件即纳入同工同酬管理范围。

【教育领域合作】自2009年4月珠海、中山、江门三市签署《珠中江区域紧密合作框架协议》以来，中山市教育局加强了同珠海、江门两市教育部门的沟通与合作，在三方共同研究协商的基础上，认真制定了《珠中江区域教育部门紧密合作框架协议》，三市教育局于2009年11月10日在中山市正式签署了《珠中江区域教育部门紧密合作框架协议》，成立了由三市教育局局长组成的领导小组，负责合作事项的决策和协调；建立了珠中江教育合作联席会议制度，由三市教育局局长担任联席会议召集人；三方确定了“鼓励学校之间相互交流、加强教育教学工作交流、支持中职教育交流与合作、支持民办教育交流与合作、支持高等职业教育交流与合作”等五大方面的合作内容。目前，各项合作正在积极推进。一是深入推进与广州美术学院的战略合作，为进一步深化珠中江教育交流与合作搭建平台。2009年10月20日，中山市政府与广州美术学院签署战略合作框架协议，进一步深化多个层次、多种形式的合作与交流，特别是在促进中山创新能力的提高、学生实践平台的建立以及高等教育的发展等方面，进行深入的、实质性的、可持续的良好合作。在双方的共同努力下，广州美术学院将在中山市设立了美术术科高考考点，考点设在中山市第一中学初中部，今后，中山、珠海、江门三市报考广州美术学院的考生将在中山市参加术科考试。二是三地教研室积极开展工作交流和学术研讨活动。中山市教育局先后组织市教研员和有关科室负责人前往珠海等市考察学习，重点就新课程改革和高考备考等工作进行深入研讨，取得了良好成效。三是三地学校之间积极开展校际合作。中山纪念中学、中山市第一中学等学校先后与珠海市第一中学、江门市第一中学、台山市第一中学等学校建立了校际合作体，从教学的全过程进行全方位的合作，有效促进了课改经验的共建共享，为进一步深化课改探索了成功经验。四是开展质量联合检测。中山纪念中学、珠海市第一中学等校际合作体学校积极尝试联合命题、联合改卷，进一步加强了高考备考信息的交流和教学质量分析等工作。

下一步，三市将继续开展好教育交流和合作。一是成立三地名校长、名教师、名园长联谊会，加强教育管理经验的交流和共享，促进三地教育内涵发展。二是三市教研室成立友好协会，开展多种形式的教学竞赛和教学成果展示活动，共同推进新课程改革。三是建立三市中职学校教师交流学习机制，努力实现中职教育师资和实训中心资源共享。

（撰稿　管淑花；审稿　左海燕）

江 门 市

概 况

2009年，江门市教育工作在广东省教育厅和江门市委、市政府的领导下，在全市教育工作者的努力下，坚持以科学发展观统领全局，紧紧围绕江门市委、市政府提出的各项工作目标和督办任务，确保教育工作继续在均衡、优质道路上实现又好又快发展，教育强市建设成效显著，教育教学质量稳步提高，顺利完成全年各项工作任务。教育事业呈现健康、协调、可持续发展的良好态势，较好地满足广大人民群众对优质教育的需求。

一、增加教育经费投入

2009年，全市预算内教育经费投入27.58亿元，比2008年增长4.02亿元，增幅17.06%。依法落实教育经费的“三个增长”，优先满足教育的需要，切实增加财政对教育的投入，发挥财政投入的主渠道作用。

二、规范教育收费管理

严格执行现行中小学教育收费“一费制”以及“一费制”以外的收费标准，严格执行“三公开、四不准、五统一”的规定，严格执行“收支两条线”规定，实行“委托银行代收、收缴分离、分级管理”的办法，不断健全收费管理机制、强化责任追究制。继续实施春秋两季教育收费检查工作，由市治理教育乱收费局际联席会议成员单位组成教育收费专项检查组，对市直及各市、区中小学和部分市、镇的教育结算中心进行抽检。各市、区也相应组成教育收费专项检查组，检查辖区中小学教育收费情况，春秋两季检查面达100%。经过多年努力，全市四市三区已全部获得“广东省教育收费规范县（市、区）”称号，江门市成为全省为数不多的“教育收费规范市（地级市）”。

三、加大基础设施建设

各市、区都建立健全了农村中小学校舍维修改造长效机制，定期对危房校舍进行勘查、鉴定工作，积极想办法抓好学校校舍的改造工作，并把学校进一步发展所需的校舍建设项目列入基础设施统一规划。制定和实施相关配套的优惠政策，对新建、扩建学校和改造校舍，免收或减免有关地方性规费。据统计，2009年全市投入基建资金25 014.7万元，其中财政拨款9 409.3万元，单位自筹资金11 629.4万元，社会资金2 367.8万元，无偿捐赠1 608.2万元。完成建筑面积249 637平方米，其中教学及辅助用房151 732平方米，行政办公用房16 742平方米，生活服务用房71 191平方米，其他用房9 972平方米。

四、创建广东省教育强市

2009年江门市分五批对全市教育创强对象进行了地市级综合督导评估，认真查找各市、区创建工作存在的问题，提出整改意见，并要求各市、区加大整改力度，为迎接省督导验收认真做好准备。采取了“一市（区）一案”和“一镇一案”的办法，加强对创强对象单位的督导评估验收。全年创建了2个教育强市、19个教育强镇，还有9个镇完成了申报工作。目前全市拥有5个教育强市（区），44个教育强镇。江门市已正式向省申报广东省教育强市，正等待省的验收。

五、解决中小学代课人员和教师工资福利待遇问题

（一）实施义务教育学校绩效工资，推进教师工资福利待遇“两相当”。在全球金融危机，财政收入减少的不利条件下，结合江门市实际和《江门市解决中小学教师工资福利待遇工作方案》的要求，用3年时间逐步使区域内中小学教师平均工资水平达到当地公务员平均工资收入水平。一年来，在全市各级政府和部门的共同努力下，江门市全面实施义务教育学校绩效工资。全市纳入义务教育学校绩效工资实施范围的教职工共35 957人，增加生活补贴的退休人员共15 375人，2009年全市实施义务教育学校绩效工资共增加财政支出20 786万元。2009年省补助全市的专项资金共1 357万元，其中恩平市531万元、台山市420万元、开平市406万元。据统计，实施义务教育绩效工资后，蓬江区、江海区、新会区、台山市、开平市、恩平市、鹤山市分别比原人均年收入（财政投入的人均年收入）增加13%、56%、34%、52%、75%、75%、97%。各市区义务教育学校教师人均年收入增加不少于4 000元，一些市区教师人均年收入增加超过万元。

（二）积极稳妥解决代课教师问题。根据全省关于解决代课教师问题的工作部署，印发了《江门市解决中小代课教师问题工作方案的通知》（江府办〔2008〕118号文），扎实有效地推进代课教师问题工作的开展，江门市是全省最先出台相关工作方案的地市之一。为加快工作的落实，市政府把解决代课教师问题列为2009年政府主要考核和督办工作任务。同时，市委将解决代课教师问题列入《江门市惠民“新十条”实施方案》的内容之一。全市严格按照工作方案要求，通过组织“代转公”考试、转岗录用等方式，稳妥解决代课教师问题。符合省有关文件登记的代课教师人数共1 427人，其中“代转公”考试录用为公办教师的有700人，转岗录用181人，辞退534人，自动离岗12人。全市投入约1 000万元用于辞退代课教师的经济补偿经费。目前，全市已全面解决中小学代课教师问题。江门市解决代课教师问题的工作做到了工作责任到位、措施得力、督办有效，得到了省教育厅的肯定。在2009年第35期的《教育简报》上，省教育厅介绍了江门市的经验做法。

六、大力推进扶困助学工作

一是继续实施中等职业学校国家助学金政策，中等职业学校全日制正式学籍的在校一、二年级学生中，所有广东农村户籍的学生和城市家庭经济困难的均给予每人每年1 500元的生活费资助。2009年各级财政落实补助资金4 159万元。

二是继续做好政府对普通高中困难家庭学生的资助工作。对普通高中的困难家庭高一级学生每学年资助1 000元，高二、高三年级学生每学年资助700元。

三是提高农村困难家庭义务教育阶段学生生活费补助水平。在享受生活费补助政策的学生中，按20%比例界定特殊困难学生，特殊困难学生的生活费补助标准为小学每生每学年500元，初中每生每学年750元，其余80%的学生按原来每生每学年200元的补助标准给予补助。

四是做好优待困难转复退军人等优抚对象子女有关工作。对入读江门市公办普通高中的高一年级学生给予每人每学年1 000元，高二、高三年级学生给予每人每学年700元的学杂费或生活费资助；对入读江门市中等职业学校的学生，在一、二年级就读期间给予每生每学年1 500元的生活费资助；对考取全日制大专、本科以上院校的，大专学生给予每生每学年不超过3 000元的补助，本科学生给予每生每学年不超过4 000元的补助。

五是为困难学生发放助学金。为帮助特困家庭子女解决入学困难，全市教育系统积极争取社会热心人士捐资助学，台山、开平、鹤山、新会等市区建立奖学助学基金，据不完全统计，全年争取社会发放助学金1 000多万元。如江门市教育局先后为1 000多名困难学生发放160多万元助学金，其中高中生每人每学期1 000元，初中生每人每学期500元，小学生每人每学期300元；给112名高考成绩优秀特困家庭学生发放奖学金和助学金47万元，家庭困难学生获得资助最多的可达7 000元。

各级各类教育

【基础教育】一、幼儿教育

幼儿教育得到持续发展，已形成以公办幼儿园为骨干和示范，以民办幼儿园为主体，公办与民办幼儿园共同发展的格局。全市有幼儿园428所（见表1），学前班617个，在园（班）幼儿共111 207人，学前三年入园率为90%；有专任教师6 108人，教师学历达标率为96%。

组织实施《江门市幼儿教育管理实施意见（试行）》，进一步规范和完善幼儿教育的管理，加大对园长和专任教师的培训力度，努力提高全市幼儿教育的保教水平。2009年，加快镇（街）中心幼儿园的建设，已建中心幼儿园的乡镇（街道）有68个，占乡镇（街道）总数的89.47%。其中，省一级中心幼儿园1所，地市一级中心幼儿园17所，县（市、区）一级中心幼儿园16所。

二、普通中小学教育

义务教育继续得到巩固和提高，并向均衡、优质发展。全市共有义务教育阶段学校622所，其中，小学417所，九年一贯制学校46所，初级中学127所，完全中学32所。全市义务教育阶段学校在校生共504 327人，其中小学316 558万人，初中187 769人。小学学龄儿童入学率达100%，小学五年保留率达101.69%，小学毕业生升学率达100%。初中阶段教育毛入学率为109.88%，初中三年保留率为 90.94%，初中毕业生升学率为 96.46%。小学辍学率为 0.001%，初中辍学率为 0.48%。

全市有高中阶段学校 50 所，其中独立普通高中学校（不含完全中学 32 所）16 所，中等职业学校 34 所。高中阶段学校在校学生 152 764 人，其中普通高中在校生 81 896 人，中等职业学校在校生 71 868人。

三、特殊教育

全市有特殊教育学校 4 所（见表2）。适龄“三残”儿童在校学生共 558 人，“三残”儿童入学率达 96%。制定《2009—2012 年江门市特殊教育学校建设总体规划及项目建设方案》，推动全市特殊教育事业的发展。

四、民办教育

全市共有民办教育学校（机构）370 所。其中，中外合作办学机构 1 所，中学 18 所，中等职业技术学校 4 所，小学 10 所，幼儿园 280 所，各类培训机构 56 个。全市民办学校（学历教育）在校生 45 705 人。其中，小学 22 757 人，普通中学 20 025 人，中职学校 2 923 人。2009 年各类民办培训机构共设有 1 260个教学班（点），注册学生 41 463 人，结业生 40 025 人。

五、民族教育

江门市培英高级中学开设有内地新疆高中班，是江门市落实国家加快西部开发战略的重大举措。2009 年秋季招收 2 个班 90 名学生，现有 8 个新疆高中班，在校学生 350 人。学生分别来自新疆 14 个地区和兵团，包括维吾尔族、哈萨克族、柯尔克孜族、蒙古族和塔吉克族。江门市培英高级中学认真贯彻执行国家关于民族团结教育的方针和政策，根据学生实际情况，积极采取措施，提高内地新疆高中班教育教学水平，成为江门市民族团结教育的一面旗帜。

表 1　2009 年江门市幼儿园基本情况

幼儿园数/所	班数/个	招生数/人	在校生数/人	毕业生数/人	教职工数/人		校舍占地面积/平方米	校舍建筑面积/平方米
					合计	专任教师		
428	3 472	45 209	111 207	40 009	9 013	6 108	963 722	750 580

表 2　2009 年江门市中小学校基本情况

项目		学校数/所	教学班数/个	招生数/人	在校学生数/人	毕业生数/人	教职工数/人		校舍占地面积/平方米	校舍建筑面积/平方米
							合计	专任教师		
合计		642	12 755	137 959	586 759	152 841	35 249	32 896	15 560 678	5 335 061
普通中学	合计	221	5 198	91 999	269 665	88 021	18 436	17 039	9 186 528	3 296 202
	初中	173	3 654	63 471	187 769	61 668		11 631	5 876 310	1 710 510
	高中	48	1 544	28 528	81 896	26 353		5 408	3 310 218	1 585 692
小学		417	7 522	45 900	316 558	64 783	16724	15 778	6 324 192	2 021 791
特殊教育		4	35	60	536	37	89	79	49 958	17 068

【职业与成人教育】 一、中等职业教育

全市有中等职业学校 34 所（含普通中专、成人中专、职业高中和技工学校），在校生 71 868 人（见表3）；其中，国家级重点中等职业学校 12 所，省级重点中等职业学校 3 所，市级重点中等职业学校 4 所。2 所学校被教育部确认为制造业和现代服务业技能型紧缺人才培养培训工程任务学校。全市有全国数控技术职业教育实训基地 1 个，全国高技能人才（机电项目）培养基地 1 个，广东省中等职业教育实训中心 7 个。

中等职业教育已形成了信息技术类、加工制造类、商贸与旅游类、财经类、机电类、医药卫生类、师范类、文化艺术类、体育类、交通运输类、农林类等 11 大类专业群，共开设了 60 多个专业。全市有国家级重点建设专业 1 个，广东省重点建设专业 13 个。

二、成人教育

（一）成人高等教育。2009 年，全市成人高考报考人数为 8 277 人，其中报考专科升本科人数为 2 105人，报考大专人数为 6 172 人。总报考人数比

2008 年增加 586 人。成人高考共录取考生 6 102 人，报考录取率为 74.2%。江门广播电视大学录取开放教育生 5 275 人，其中本科 1 073 人，专科 4 202 人。全市自学考试报名人数为 13 618 人。6 月和 10 月审核办理自学考试毕业证书两批，毕业专业 41 个，合计毕业生人数为 620 人。

（二）农村成人教育。全市共有农村成人文化技术学校 57 所，其中省级示范乡镇成人文化技术学校 13 所。全市农村成人文化技术学校共开设各类培训班 705 个，注册学员 66 038 人次，结业生 70 684 人。农村成人文化技术学校为农村劳动力转移培训发挥了积极作用。

表 3 2009 年江门市中等职业教育基本情况

中职学校数/所	专业数/个	招生数/人	在校生数/人	毕业生数/人	教职工数/人		校舍占地面积/平方米	校舍建筑面积/平方米
					合计	专任教师		
34	60	27 122	71 868	21 148	3 632	2 922	1 978 043	1 087 885

【高等教育】 一、五邑大学

五邑大学设置了 12 个学院、2 个教学部和 1 个教学系，共有本科专业 36 个，其中有国家级特色专业 4 个，重点建设实验室 5 个，一级硕士学位授予点 5 个，硕士专业 26 个，形成了以工科为主，经、法、文、理、管理多学科协调发展的大学。2009 年获得科研经费 1 600 多万元，省部级科研项目十多项。现有教师职工 700 多人，其中教授 70 多人，副高教师 300 多人，博士学位教师 100 多人，专职教师 350 多人。现有在校生 17 000 多人，其中研究生 302 人，本科生 10 370 人，成教学生 6 625 人。

二、江门职业技术学院

江门职业技术学院是由原江门教育学院、江门市工业中专学校、江门财贸学校于 2004 年组建而成的。2009 年 6 月顺利通过教育部人才培养工作评估，学院各项事业建设上了新台阶，现建筑面积达 19.35 万平方米，其中教学及辅助用房 73 095 平方米，行政办公用房 4 275 平方米，图书馆面积达 1.6 万平方米；院内建有 15 个校内实训基地，105 间实验实训室，其中生产性实训基地 3 个；实训场地面积 5.44 万平方米，教学仪器设备账面总值 4 180 万元；院级重点建设实训基地 6 个，省级示范性实训基地 1 个，中央财政支持实训基地 1 个；校外建有产学合作基地 154 个；馆藏图书 110 万册；拥有高级职称教师 89 人，占专任教师的比例为 23%，“双师型”教师占专业课与专业基础课教师的比例为 35%；全日制高职在校大专生达 11 000 多人。

教育成果与特色

【教育科研成效显著】 2009 年，全市获各级立项课题 11 项，其中教育部规划课题 1 项，省规划课题 6 项，市哲学社会科学规划课题 4 项。取得的研究成果有 53 项，其中教育部级成果 1 项，省、市级成果 52 项。

【普通高考取得新突破】 各项指标均达到历史最高水平：入围人数首次达到 22 615 人，比 2008 年增加 2 508 人，报考入围率达 76%；本科入围人数首次高达 8 914 人，比 2008 年增加 1 134 人。其中江门第一中学本科入围人数首次达到 927 人。新会第一中学、鹤山第一中学、开平开侨中学、台山第一中学 4 所学校的本科入围人数均超过 800 人。上重点分数线人数比 2008 年增加 156 人。

【创建优质学校】 2009 年，全市共创建优质中小学 18 所，其中，新会区 2 所，开平市 15 所，鹤山市 1 所。共创建优质幼儿园 8 所，其中，蓬江区 2 所，台山市 1 所，开平市 5 所。

【推进初中质量工程建设】 继续深化初中质量工程，组织以市基础教育督学为组长的教学水平评估专家组对全市地市级初中开展初中教学水平评估工作，2009 年，共有 42 所地市级初中通过了教学水平评估并获得“优秀”等次。

【规范化学校建设】 继续加大实施中小学规范化、标准化建设力度，2008 年底制定了《江门市加快推进义务教育规范化学校建设工作的意见》，建立了相应的“一校一案”和“一校一策”制度。2009 年开展规范化学校的验收认定工作。各市、区教育局对区域内义务教育学校情况进行全面摸查，根据

《广东省义务教育规范化学校标准（试行）》逐条对照，找出各校存在差距，逐校登记造册，制定建设目标和整改时间。至2009年底，全市义务教育规范化学校已达标的小学有300所、初中169所，占全市义务教育阶段学校总数的80.9%。制定和实施了《关于推进江门市特色学校建设工程的意见》及《江门市特色学校认定申报方案》，全面推进特色学校建设工作，促进了学校的内涵发展，提高了学校的办学水平。

【开展“百校扶百校”活动】大力开展学校结对帮扶活动，在全市98所义务教育阶段支援学校和受援学校纳入全省“千校扶千校”行动计划的基础上，再组织200所义务教育阶段学校开展“百校扶百校”活动。制定了《江门市“百校扶百校”活动实施方案》，召开了全市义务教育阶段学校帮扶活动工作会议，100所支援学校与100所受援学校签订结对帮扶协议书，进一步扩大了义务教育阶段学校帮扶面。

【推进教育信息化建设】大力改善农村中小学教学装备，全年共争取了省专项经费补助589.4万元，加上配套资金419.2万元，合计1 008.6万元，全市共增加中小学实验室224间、农村小学信息化教师用计算机454套。目前设备已全部到位，基本上可以满足农村学校的教学需要。全市有14所学校被广东省教育厅确认为“第三批广东省现代教育技术实验学校”。组织学校申报了18项省电教馆的教育信息技术课题，全部获准立项。

【加强德育工作】召开全市未成年人思想道德建设暨学校德育工作会议，完善未成年人思想道德建设联席会议机制。进一步加强德育队伍建设。举办江门市中职学校“职业生涯课程规划”“职业道德与法律”“经济政治与社会”培训班，参加培训的有200多人次。全年有47项课题通过省中小学德育科研课题的审核，其中有4项课题被省定为重点课题。结合国庆60周年，开展系列德育活动，举办了“国旗飞扬——侨乡学子献给祖国的歌舞诗”大型文艺会演，激发广大学生的爱国热情。配合全市文明城市的创建工作，组织开展江门市中小学“文明礼仪伴我行”专题教育活动，其中重点开展江门市中小学“文明乘车从我做起”专题教育活动和江门市区中学生“我当文明出行使者”活动。制定并印发了《江门市中小学心理健康教育师资队伍建设和咨询室规范化建设实施方案》，规划未来3年全市中小学心理健康教育师资队伍和咨询室建设目标。全年有5所学校被评为省级心理健康示范校，全市省级心理健康示范校增至9所。加强学校团队建设，发挥团队的思想引导作用，全市有6所学校通过省的评审，被认定为“广东省红领巾示范学校”。举办了广东省第三届中小学生艺术展演（珠海、中山、江门）片区复赛。在现有的各类校外德育基地的基础上，2009年又统一命名了五邑华侨华人博物馆等7个单位为首批江门市校外教育基地。

【落实安全卫生措施】积极开展第二届省市两级“安全文明校园”创建工作，全年共创建10所“广东省安全文明校园”和20所“江门市安全文明校园”。制定《教育系统突发事件安全预案》等各类预案，目前，全市各级教育行政部门和各级各类学校共建立或完善安全预案2 356个，并按统一要求，每学期至少开展一次演练。加强水痘、风疹、麻疹、手足口病等传染病的监控防护，重点加强甲型H1N1流感防控。针对甲型H1N1流感在全球不断扩散和蔓延的现象，江门市教育局迅速成立了卫生防疫工作领导小组，部署开展疫情监测，掌握每天因病缺勤的情况，并率先在全省实行日报告制度。制定了《江门市学校食品采购索证工作指引》，建立完善采购索证、进货验收和台账记录制度，严把学校食堂食品准入关。

【加快职业教育发展】创新职业教育发展思路，积极推进职业技术教育基地建设。大力发展民办职业技术教育，把民办职业技术教育作为促进职业技术教育做大做强做优的新增长点。2009年3月正式成立了广东江门艺华旅游职业学院。“名校”携手“民校”、“名校”携手“企业”共创职业教育新模式，在该模式中，学校由企业出资建设，江门市第一职业高级中学主要负责学校管理，做到公办带动民办、资源共享。江门市新东方文化传播有限公司已投入6 000万元，建成江门市第一职业高级中学新英校区。鹤山雅图仕印刷有限公司首期投入1亿元与江门市第一职业高级中学筹建江门雅图仕职业技术学校。以台山市为试点，开展中职学校专业设置评估活动，为进一步优化专业设置打下坚实基础。成功举办了全市历年来中职类学生竞赛规模最大、项目最多、覆盖面最广的“2009年江门市中等职业学校学生技能竞赛”。在此基础上，组队参加了2009年广东省中等职业学校学生技能大赛并获优异成绩，获奖学生47人次，获奖教师21人次，江门市是全省参赛项目较多的地级市之一，江门市教育局荣获优秀组织奖。

【加强教师队伍建设】大力开展与实施“教师素质年”活动。组织召开广东省基础教育系统“百千万人才工程”第三批省级教育专家、名校长、名教师培养对象江门市学员成果展示汇报会。组织全市校（园）长共554人次参加各种培训，参培率为50%。组织开展了中小学、职业学校骨干教师培训，高（职）中学校教师研究生学历培训，江门市高中教师职务培训等系列全员培训活动，效果明显，特别是在教育技术培训方面，全市27 530名中小学教师完成了教育技术初级培训，占专任教师的79%，在全省名列第二。教育技术中级培训目前已达4 493人，居全省首位。两项合计共有32 023人，92.3%的中小学教师完成了教育技术初、中级培训，受到省的表彰与好评。目前，全市小学教师学历达标率为99.95%，小学教师大专学历所占比率为84.94%；初中教师学历达标率为97.32%，初中教师本科学历所占比率为63.6%；高中教师学历达标率为95.83%，中职教师学历达标率为83.39%。全市有323名中小学教师研究生课程班结业，908名教师正在进修研究生课程班。

【扎实推进作风建设】认真组织四市和两区（新会试点任务已完成）的中等职业学校和中小学开展第三批深入学习实践科学发展观活动。一年来，参加学习实践活动的各基层单位均严格按照上级的统一部署，广泛开展问计于民活动，精心谋划学校的科学发展。通过学习实践活动，全市中等职业学校和中小学查出和解决突出问题1 256个，为群众办好事实事1 240件，新制定制度315项，实现了“党员干部受教育、科学发展上水平、人民群众得实惠”的目标，受到教育部巡回指导组、省委组织部、省教育厅和市委的充分肯定。江门市教育局在全省中等职业学校和中小学深入学习实践科学发展观活动座谈会上作了经验介绍。2009年，江门市教育局被评为“广东省文明单位”。另外，江门市教育局还获得“江门市2009年度人口与计划生育挂钩帮扶综合治理先进单位”等多项市级荣誉，教育窗口被评为江门市“创建零投诉”达标服务窗口单位，还有4个基层党支部及14人（次）受到表彰。全年全市教育系统获得省级以上荣誉称号40多项。江门市培英高中被评为广东省民族团结进步模范集体。

（撰稿　谢宗其　李　倩　吴思锋　李义仁　穆　馨　黎　辉　李卫华　林思远　李进军　郑霞辉　雷彬森；审稿　关汝海）

阳 江 市

概　　况

2009年，阳江市教育系统在阳江市委、市政府的领导下，深入学习实践科学发展观，大力推进义务教育均衡发展，加快普及高中阶段教育，加强师资队伍建设，规范学校教育教学管理，着力提高办学水平和办学质量。一年来，全市教育的各项工作进展顺利，并取得了较好成绩。

一、深入开展学习实践科学发展观活动

作为全省第二批深入学习实践科学发展活动参学单位，阳江市教育局加强领导，精心组织，通过学习整改，真正使广大党员干部受到了教育。党员领导干部团结协作，作风民主，坚持党的组织生活会制度，充分发挥了党组织的战斗堡垒作用和党员的先锋模范作用。组织广大党员干部深入学习邓小平理论、“三个代表”重要思想、共产党员先进性标准和英雄模范事迹等，积极开展党的基本理论、基本路线、基本纲领和爱国主义、集体主义、社会主义教育。加强教师职业道德建设，大力倡导树立解放思想、实事求是精神，紧跟时代、勇于创新精神，知难而进、一往无前精神，艰苦奋斗、务求实效精神，淡泊名利、无私奉献精神。引导干部职工树立建设有中国特色社会主义的共同理想和正确的世界观、人生观、价值观。通过学习实践活动，进一步理清了全市教育科学发展思路，在找准问题上取得了新进展，在破解难题上找到了新举措，在正确处理教育发展规模、质量、结构、效益的关系上形成了新共识。

二、扎实有效推进党建工作

在上级党委的领导和指导下，阳江市教育局按时按质完成了各项党建工作任务，并取得显著的成绩。2月，局党委先后被评为“阳江市直机关先进基层党组织”和“阳江市直单位党建工作百分制考核先进单位”，局机关第一党支部被评为“市直和省驻阳江单位开展城乡党组织互帮互助活动先进单位”，局党委派驻阳西县宫花村工作组被阳江市委和阳西县委评为“先进驻村（社区）工作组”。12月，顺利完成了局直属机关党委和教育工会换届工作。

三、加强教育督导工作

2009年11月10—12日，广东省教育督导组对阳江市2007年、2008年党政领导和分管教育领导进行了为期3天的基础教育责任考核。阳江市教育局精心筹备，积极做好迎评工作，受到考核组高度评价，并在“领导与管理，投入与保障，教育与发展”等考核指标上获得了高分。

四、加强教师队伍建设

一是各级党委、政府加快推进“两相当”工作，并取得了实质性进展。在2009年教师节前，全市义务教育学校教师每人增加了不少于200元的生活补贴，并将于2011年11月前实现教师工资福利待遇“两相当”。二是积极稳妥推进“代转公”工作。在2007年、2008年87名代课教师转为公办教师的基础上，2009年上半年有65人通过招录考试转为公办教师，下半年有144人通过了招录考试。三是教师培训与交流工作不断加强。通过中小学骨干教师和骨干校长培训以及中小学校长外地挂职学习，不断提升教师队伍整体素质。四是建立长效奖教奖学激励机制。自2007年起，阳江市委、市政府每年召开高考奖教奖学大会，表彰奖励一大批在当年高考中作出突出贡献的先进集体和先进个人，2009年高考奖教奖学金额达150万元；教师节期间，评选表彰了一大批全市教育系统先进集体和优秀教育工作者，并召开全市优秀教师代表座谈会，在全社会营造了浓厚的尊师重教氛围。

五、推进中小学校舍安全工程

2009年9月9日，召开了全市学校安全工作会议，成立了校安工程领导小组，印发了《阳江市中小学校舍安全工程实施方案》《阳江市中小学校舍安全工程领导小组成员单位分工和职责》和《2009年阳江市实施中小学校舍安全工程“路线图”及时间表》，转发了教育部等11个部门关于印发《全国中小学校舍安全工程实施细则》等三个配套文件，明确了各有关单位的工作任务和职责。会后，全市各级各有关单位认真贯彻会议精神，迅速行动，成立机构，明晰分工，层层落实，有序推进全市中小学校舍安全工程，在10月25日前全面完成排查鉴定工作。

各级各类教育

【基础教育】 一、义务教育（见附表）

加快推进义务教育均衡发展。一是加强初中学校管理。2009年初，阳江市政府出台了《关于进一步加快我市高中阶段教育发展的实施意见》，进一步明确了各级政府、教育行政部门和学校的“防流控辍”工作责任。制定了《阳江市初级中学综合评价方案》，把学校管理、学科竞赛、升学率、保留率、合格率、平均分、优秀率、中考报考率等作为综合评价指标，评定了10所“2009年阳江市教育教学质量优胜初中学校”，市政府给予每所学校5万元奖励。二是加快义务教育规范化学校建设，全年完成了109所义务教育学校规范化督导验收工作。三是积极实施“千校扶千校”行动计划，加强与发达地区的“结对帮扶”和城乡校际交流。全市20所薄弱初中学校和29所薄弱小学接受佛山市、中山市和本市内优质学校的帮扶。

二、高中阶段教育

全省普及高中阶段教育工作会议以来，阳江市把发展高中阶段教育作为承接珠江三角洲产业转移和实现全市产业升级的重要拉动力，并放在优先发展、加快发展、跨越发展的战略地位。一是加快推进高中阶段学校建设。2009年，扩建9所高中阶段学校，新增学位达10 768个；投入近6亿元，迁建阳江市第一中学和新建阳江市第一职业技术学校新校区，力争2010年底完工，建成后将新增高中阶段学位1.6万个。二是通过高中示范校创建，不断扩大优质高中学位建设。4月，阳江市技工学校经人力资源和社会保障部批准，晋升为国家级重点技工学校。目前全市拥有国家级示范性普通高中4所，省一级普通高中5所，市一级普通高中14所，国家级重点中等职业技术学校2所。优质学位占全市高中阶段总学位的89.5%。三是创新高中阶段招生措施，有效扩大招生规模。2009年，全市普通高中招生23 508人，中职招生18 920人（含外送6 879人），均超额完成全年招生任务。高中阶段教育毛入学率较2008年增长17.6个百分点。

【高等教育】 阳江职业技术学院筹资2 250万元用于完善教学设施设备和购置图书，以适应阳江经济发展的需求，开设了模具制作等40个专业。近几年学院在校生保持在7 000人以内，并在2008年底通过了教育部的教学水平评估。阳江广播电视大学通过与国内名校联合办学等形式，在校生达7 000多人，设置本科专业10个。2009年阳江市各级各类学校、在校生、教职工情况见附表。

附表　2009年阳江市各级各类学校、在校生、教职工情况

			学校数（所）	在校生数（人）	教职工（人）
高等教育	职业技术学院		1	7 000	403
	广播电视大学		2	8 000	169
中等教育	普通中学教育	高中	23	61 617	11 619
		初中	76	135 537	
	中等职业教育		11	21 666	687
初等教育	普通小学		754	184 517	13 741
	学前教育（幼儿园）		196	49 319	3 543

教育成果与特色

【教育教学质量持续提升】在2008年开展“教学质量提高年活动”的基础上，2009年继续狠抓教学常规管理，创新教研方式，不断完善高考备考策略，教学质量持续提升。2009年，阳江市高考成绩再创新辉煌，呈现出各批次全面飘红、高分层考生人数大幅增加的喜人态势，总体特点是“三增多一全面”。一是上各批次人数大幅增多。第一批上线人数比2008年增加153人，第二批增加765人，第三批增加1 192人。二是高分层考生大幅增多。全市660分以上考生有17人，比2008年增加13人；645分以上考生有46人，比2008年增加31人；600分以上考生达515人，比2008年增加316人。本科线以上考生达5 036人，比2008年增加918人。三是被重点院校录取人数大幅增多。全市被第一批重点院校录取的考生有862人。特别是继2008年阳江市共有4名考生被北京大学、清华大学录取，创下历史最好成绩后，2009年又实现了新突破，全市共有7名考生被北京大学、清华大学录取。四是高中学校实现了全面进步。除阳江第一中学和阳春第一中学等龙头中学继续领跑全市普通高考外，各面上中学的高考成绩均取得了较大进步。阳东广雅中学、阳春第三中学有考生跻身全市文理科总分前10名；阳西第一中学、同心中学、阳东第一中学、阳春第二中学、阳春第四中学、阳西奋兴中学等超额完成了市下达的任务；阳春潭水中学、阳东中学、阳东合山中学、高新区漠南中学、阳东东平中学、阳春铜业中学、海陵中学等镇上中学，在生源和条件有限的情况下，通过师生拼搏和努力，实现了高考成绩新突破。

【德育载体不断丰富】一是以庆祝中华人民共和国成立60周年为主要内容，在中职学校深入开展“学有所成，勇于创业，报效祖国”“志存高远，规划人生”等系列教育活动；以“我在祖国怀抱中快乐成长”为主题，组织开展形式多样的读书活动和社会实践活动。二是开展德育科研。做好2009年广东省中小学德育科研课题申报工作，取得较好成绩，全市共12项德育课题获省立项，其中重点课题2项；组织中职学校开展“‘2+1’办学模式改革后中职学校德育工作实效性对策研究”课题实验，积极破解影响中职学校德育工作科学发展的难题。三是加强德育工作队伍建设。做好广东省名班主任培养对象的选送工作；做好2008—2009学年度省、市两级优秀学生干部和中学“三好学生”的评选和推荐，以及2009年度广东省宋庆龄奖学金人选的评选推荐工作；7月举办了中小学心理健康教育“C证教师”岗位培训和全市中职学校“职业生涯规划”新课程教师培训。

【体育卫生艺术工作有效推进】一是认真贯彻《学校体育工作条例》，积极开展全市体育教师专业技能大赛、全国第十届中学生运动会论文比赛和体育特色学校评比活动，举办中小学生校园舞比赛、毽球比赛，做好第三套全国中小学生广播体操的推广工作和初中毕业生升学体育考试和艺体特长生考试工作。二是贯彻落实《学校卫生工作条例》，联合卫生等部门有效开展和落实学校卫生防疫与食品卫生安全工作，认真做好学校防控甲型H1N1流感各项工作，加大力度开展以同伴教育和参与式的互动教学模式为主的学校预防艾滋病及青春期健康教育的师资培训和指导，加强学校卫生与健康教育及心理健康教育师资队伍的建设和示范学校评比。三是认真贯彻《学校艺术教育规程》，积极开展艺术活动。承办了广东省第三届中小学艺术展演活动，组织了全市中小学生“迎国庆60周年”书画大赛、教职工书画大赛、全市音乐教师专业技能大赛和优秀课例评比活动。

【信息化建设步伐加快】一是积极推进现代教育技术实验学校建设。5月，阳东县实验学校、阳西县奋兴中学、阳春市绵登中英文学校和漠南中学通过了第三批广东省现代教育技术实验学校的中期评估。二是继续推进“新装备”工程。加快实验室建设，做好农村中小学校教师用计算机的配备工作。三是做好“校校通”工程建设。在2008年已有79所学校接入市教育城域网的基础上，通过联合中国电信公司，加快“校校通”工程建设和“数字化校园”建设，目前全市已有107所学校通过电信专线接入教育城域网，实现了“校校通”。

（撰稿　曾令存；审稿　林进侵）

湛 江 市

概 况

2009年，在湛江市委、市政府的领导下，湛江市教育局根据市委、市政府提出的“重点项目建设年、转变作风落实年”目标要求，深入学习实践科学发展观，紧紧抓住发展、提高、和谐三大主题，进一步完善管理体制，深化教育改革，扩大教育规模，提高教育质量，教育事业取得新发展。

一、普及高中阶段教育迈出了重大步伐

根据提前一年普及高中阶段教育的新要求，按照“三步并作两步走，三年任务两年完成”的总体思路调整发展规划和招生计划，及时召开专题会议研究部署，为加快普及高中阶段教育加温鼓劲。在落实市级财政每年投入5 000万元、市本级教育费附加每年投入3 000万元的基础上，加大筹资力度，通过政府贴息向银行融资10亿元，解决高中阶段学校建设资金问题。市直普通高中、中职学校和市辖区学校114个贷款建设项目正组织实施。

设立县（市、区）普及高中阶段教育工作激励补助，对完成当年高中阶段教育发展目标的县（市）补助50万元，市辖区政府补助30万元；设立高中阶段学校新增学位补助，对本市高中阶段学校2007—2010年新增学位，按1 300元/学位的标准补助给各县（市、区）和市直学校；设立初中学校输送生源激励补助，对完成向中职学校、技工学校生源输送任务的初中学校，按每生100元的标准补助给学校；设立中职、技工学校接收初中往届生、高考落榜生激励补助，市属和县（市、区）属中职学校、技工学校招收初中往届生、高考落榜生的，按每生600元的标准补助给招生学校。通过构建加快普及高中阶段教育发展激励机制，有效调动了各级党委政府、教育部门和学校的积极性。

2009年，全市普通高中新建扩建项目61个，新建校舍面积36万平方米；中职学校新建扩建项目40个，新建面积28万平方米。高中阶段学校新增学位3.7万个。廉江市认真落实高中教育发展责任，积极筹措资金1.3亿元建设廉江市第一中学，于2009年秋季正式开学，首批招生3 000多人，体现了廉江市发展高中教育的速度和效益。又征地约34万平方米，计划投资1.5亿元筹建廉江市实验中学。雷州市新建雷州市第八中学首期已于秋季投入使用；迁建雷州职业中学已完成征地等工作，将进入招标阶段；雷州市第九中学也在筹建中。遂溪县改建扩建遂溪第四中学，扩大招生1 401人。徐闻实验中学已完成征地、规划、设计等工作，落实了银行融资，准备开工建设。

在抓好高中阶段学校招生方面，各地各学校目标明确，责任落实，千方百计抓生源，搞宣传，大动员，形成任务分解到人，高中初中联动，领导挂点督办的工作新格局。特别是在高中阶段学校招生的关键时刻，湛江市市长阮日生致信各县（市、区）政府主要领导，亲自督办高中招生工作，取得很好效果。

2009年，全市普通高中招生66 485人，比2008年增长10.3%，完成省下达任务的105.5%。中职、技工学校共招生（含输送生）73 024人，比2008年增长21.4%，完成省下达任务的123.8%。高中阶段教育学校在校生349 797人，毛入学率为75.8%，比2008年提高了10.7个百分点，在全省21个地级以上市中排名13位。

二、义务教育均衡发展实现新突破

着力抓好麻章镇、东山镇中小学布局调整试点工作，推进以聚集办学为主要内容的新一轮布局调整。各县（市、区）以镇为单位做好中小学布局调整的总体规划，并开展试点工作。东山、麻章两镇的布局调整工作进展较顺利。坡头区积极主动推进龙头镇的布局调整工作，冠中小学建设项目已开始施工。徐闻县行动迅速，制定了全县学校布局调整总体规划，并确定试点镇开展试点工作，已撤并“麻雀”学校及分教点62个。

实施优质学校与薄弱学校捆绑办学，推进城乡教育一体化。赤坎区在创建教育强区、实施城乡一体化办学方面进行了总体规划，将湛江市第八小学、湛江市第四小学等一批城区优质学校与新坡、草苏等农村学校捆绑办学，统一调配教师、统一教学管理、统一质量评价，取得了一定的进展。吴川市梅录镇从2009年秋季起整合城区和周边学校教育资源，实行城乡一体化办学。为统筹城乡教育协调发展，促进教育公平作出了积极的探索。

继续实施初中校长“三率”考核工作。2009 年底组织对全市初中校长“三率”考核情况进行专项抽查，并向全市通报。各地落实情况较好，初中三年巩固率有了较大提升，逐步建立起防止初中学生流失的长效机制。

三、解决代课教师和教师工资待遇“两相当”工作取得阶段性成果

按照省的政策规定，严格登记审核代课教师资格，组织符合条件的 2 657 名代课教师参加省的统一考试，首次考试入围 2 123 名，已录用 1 918 名，录用率占首批考试入围人数的 90%。湛江市属全省欠发达地区录用代课教师最多的地市。其中，雷州、廉江、吴川、遂溪对首次考试上线的代课教师实行全部招录。参加第二批考试的代课教师有 2 340 人，上线 1 804 人。各县（市、区）正在按政策审批录用。

扎实推进教师工资待遇“两相当”工作。制订实施教师待遇“两相当”的工作方案，在市本级和县（市、区）政府及有关部门的共同努力下，克服经费困难，解决资金缺口，到 2009 年 9 月已基本实现了县域内中小学教师工资福利待遇与公务员“两相当”，中小学教师工资待遇普遍有了提高。实施义务教育学校教师绩效工资制度，建立学校内部激励机制。

做好教师资格认定、职称评审和表彰优秀教师工作。完成师范毕业生教师资格认定 3 000 多人，为社会人员认定教师资格 4 300 多名。完成 2 896 名小学高级教师和 1 358 名中学一级教师职称评定工作。2009 年教师节表彰了市级优秀教师 2 001 名、优秀教育工作者 30 名，评选全国模范教师 1 名、全国优秀教师 6 名，南粤优秀教师 56 人、南粤优秀教育工作者 4 人，全国教育系统先进集体 1 个。

加强教师继续教育，举办学科骨干教师培训、教师职务培训，成立全市校本研修专家组，确定 6 所校本研修样板学校，加强校本教研指导，开展“送教下乡”活动，分别到遂溪、雷州举办 2 场优质课例展示活动，促进了学校发展和教师专业成长。全年参加各类教师培训达 8 万多人次。组织教师参加国家、省级教学比赛和教学论文评选活动，获省一等奖 28 人、二等奖 72 人、三等奖 86 人。其中，湛江市二中海东小学的牛嘉鑫老师执教的思想品德课获省第一名、全国一等奖。实施名校长、名教师工程，获评省基础教育系统第二批名校长 2 人、名教师 4 人。

四、教育信息化水平不断提高

加快基础教育信息网络建设，完善局信息中心设施，增加网络资源，组建了一批特色学科网站。全市 1 490 所中小学实现联网。全市中小学装备计算机室 724 间，电脑 41 014 台，高中生机比为 12∶1，初中为 37∶1，小学为 59∶1；语言实验室 327 间，电教平台 1 589 套，多媒体互动课堂系统 27 套。

加快实验室建设。新建初中理化生实验室 116 间，小学科学实验室 60 间。加强实验教学指导，完成初中实验操作考核方案。

开展多媒体辅助教学，组织创作多媒体软件，选送一批学生电脑作品和教师多媒体软件参加省及全国竞赛，30 名学生获奖，15 名教师获得指导奖，湛江市获得最佳组织奖。

加强对现代教育技术实验学校的指导。完成 6 所第三批省现代教育技术实验学校中期评估，其中 2 所学校获评优秀，4 所学校获评良好。7 所学校申报第四批省现代教育技术实验学校，并获得确认。全市现有全国现代教育技术实验学校 2 所，广东省现代教育技术实验学校 25 所，市级现代教育技术实验学校 32 所。指导学校完成 18 项省立项课题的阶段性研究工作，廉江第一小学、廉江第二中学完成中央电教馆立项课题研究的中期评估，取得阶段性成果。

五、教育教学质量进一步提升

进一步加强和改进中小学德育工作。以庆祝新中国成立 60 周年为契机，开展“英雄中国”和“我在祖国怀抱中快乐成长”系列读书教育活动，共有 20 多万名中小学生参加，198 所学校被评为读书教育活动先进单位、963 人被评为读书教育活动先进个人、311 人获得读书教育活动征文奖。推进争当“阅读之星”，创建“书香校园”活动，4 人被评为广东省中小学“百佳阅读之星”、18 人被评为“阅读之星”，湛江市第十九小学等 4 所学校被评为广东省书香校园。加强中小学生心理健康教育，配备心理专职教师 54 名，5 所学校被评为省级心理健康教育示范学校。开展创建“双优”学校活动，新增双优学校 8 所，复评双优学校 100 所。开展创建安全文明学校活动，6 所学校被认定为广东省安全文明学校。表彰省级优秀学生 7 人、三好学生 26 人，市级三好学生 1 646 人、三好学生标兵 431 人、优秀学生干部 275 人。加强德育基地建设和军训工作，湛江市中小学德育基地被评为全省首批中小学德育示范基地、全省国防教育基地。

深入开展“全国亿万学生阳光体育运动”。成功举办了全市中学生足球、篮球比赛。8名学生代表省参加全国中学生运动会，夺得2块金牌，打破1项全国中学生运动会纪录。湛江市第二中学被体育总局和教育部命名为国家级体育传统项目学校，首次参加全国体育传统项目学校田径比赛，获得女子甲组团体总分第8名。成功举办湛江市第四届中小学生艺术展演活动、庆祝新中国成立60周年师生书画摄影比赛等活动，组织学生参加广东省第三届青少年书法大赛，20多人获得省一、二、三等奖。加强甲型H1N1流感疾病的防控工作，加强学校食品卫生管理，确保学校食品卫生安全。徐闻县开展学校饭堂整治工作，成效显著；新建改建35所学校饭堂，学生用餐条件大为改善。

实施《湛江市基础教育教学质量评价方案》《湛江市高考奖励评价方案》和《湛江市中考评价方案》，强化教学质量目标管理，做好义务教育阶段教学质量监测工作，全面提高教育教学质量。2009年高考，湛江市再创佳绩。本科上线人数达15 504人，专科以上上线人数达41 307人。高分层人数继续保持明显优势。考取省单科状元3人；总分645分以上考生有112人，比2008年增长70%。艺术体育类本科上线人数突破2 000人，比2008年增长20%，占全省该类考生上本科线人数的1/6。学生参加学科竞赛获得省一等奖254人、二等奖1 616人、三等奖1 180人。其中湛江市第一中学的吴超强代表省参加全国物理决赛，取得免试上北京大学的资格；蔡谨聪荣获第十四届信息技术奥林匹克竞赛全国一等奖。

六、依法治教工作得到进一步加强

以落实地级以上市、县党政领导干部基础教育责任考核为抓手，加强教育督导考核。完成了对县（市、区）党政主要领导和分管领导基础教育工作责任的考核，督促依法履行教育责任，推动教育事业发展。做好省对湛江市党政主要领导和分管教育领导的督导考核准备，通过了省的考核，获得较高评价。新评复评省、市一级学校和幼儿园30所。目前，全市高中优质学位超过80%。

严格治理教育乱收费。全市组织检查学校490多所，清理违规收费项目21个，清理违规收费17.5万元，处理相关责任人41人。开展创建广东省教育收费规范县活动，赤坎、徐闻、遂溪县通过了市的初评，已报省审批。

加强学校安全教育与管理。开展安全生产执法警示大检查，全年共开展6次安全隐患大排查。与湛江电视台合作制作播放安全教育公益广告，配合“第一视线”做好“安安全全过暑假”系列宣传教育活动。加强师生安全应急演练，提高应对突发事件的能力，全市教育系统共组织各种安全演练5 000多次。

从严治考，规范管理，建设平安考场。加强考场硬件建设，新增高考考场1个，英语口语试室311间。所有高考考场实行电视监控，8个考场实现远程网上巡考。实行网上发布统一考试语音指令，规范考务工作。规范中考命题和评卷，全部科目实行计算机辅助评卷，确保中考公平公正。完善考场评价制度，加强考纪考风建设，高考、中考违纪考生明显减少，实现了平安高考。

切实做好群众上访的解释答疑工作。接访群众100多人次，处理信访件500多件，教育疏导化解159件。立案查处违纪案件29件，处理违纪人员38人。群众对教育的投诉案件明显下降。

七、党风政风行风建设成效明显

深入开展党风廉政建设，落实党风廉政建设责任制。完成对市直学校党风廉政建设责任制的考核。全面推行政务校务公开，提高行政透明度和效能。加强教育经费管理，开展教育经费绩效评价。2009年对省、市级财政资金项目进行绩效评价，3个市级财政资金项目均被评为“优秀”。执行机关经费“公务卡”结算制度，规范财务管理，提高公务开支的透明度。湛江市教育局被评为市直部门决算工作先进单位。

做好行风政风评议回头查工作。规范全市中小学校服管理，将校服定点生产企业资格招投标下放到县（市、区），较好完成了新一轮的校服招标工作。采取严密措施，加强霞山、赤坎两区中考体育考试的管理，落实整改工作取得较好成效。行业风气明显好转，机关作风明显改善。

各级各类教育

【基础教育】 一、学前教育

全市有幼儿园746所，比2008年增加55所。班数5 142个，比2008年增加159个；其中学前班2 360个，比2008年减少198个。招生113 567人，比2008年增加281人，增长0.25%。在园幼儿159 908人，其中学前班72 700人。在园幼儿比2008年增加4 947人，增长3.19%；学前班人数比2008年减少6 051人，下降7.68%。独立设置的幼儿园、学前班有在园幼儿108 363人，占总数的67.77%；小学附设的幼儿班、学前班有在班幼儿51 545人，占总数的32.23%。全市3～6岁学龄幼儿入园率为69.02%，比2008年提高2.99个百分点。

二、义务教育

全市有小学2 105所、教学点161个，比2008年分别减少了50所和46个教学点。招生98 751人，比2008年减少13 324人，下降11.89%；在校生837 668人，比2008年减少89 713人，下降9.67%。小学学龄人口入学率为99.91%，毛入学率为113.29%，与2008年大体持平；小学毕业生升学率为96.98%，比2008年提高0.16个百分点；小学五年保留率为99.9%。

全市有普通初中学校269所（其中初级中学237所，九年一贯制学校32所），比2008年增加了1所。招生177 137人，比2008年减少642人，下降0.36%；在校生494 361人，比2008年增加20 585人，增长4.34%。初中学龄人口入学率为98.79%，比2008年提高1.19个百分点；初中毛入学率为111.5%，比2008年提高了2.01个百分点。毕业生升学率按地区计为92.74%。初中辍学率为4.8%，比2008年下降了2.35个百分点。初中三年保留率为85.54%，比2008年提高了6.86个百分点。

三、普通高中教育

全市有普通高中学校78所，比2008年增加3所（其中完全中学69所，高级中学9所）。招生数按地区计为66 207人，比2008年增加6 214人，增长10.36%；在校生164 485人，比2008年增加13 029人，增长8.6%。

四、特殊教育

全市有特殊教育学校1所，总班数36个。招生155人（含随班就读），比2008年减少31人。在校生1 702人（含随班就读），比2008年增加161人，增长10.45%。“三残”儿童学龄人口入学率为：小学95.02%，初中93.75%，分别比2008年增长了2.09个和0.83个百分点。

【中等职业教育】 全市有中等职业教育（按地区计，不含技工学校）学校64所；招生49 395人，比2008年增加7 951人，增长19.18%；在校生99 178人，比2008年增加19 616人，增长24.65%。全市有技工学校9所，招生13 095人，比2008年增加757人，增长6.14%；在校生34 862人，比2008年增加3 755人，增长12.07%。

教育成果与特色

【开展学习实践科学发展观活动】 2009年3月开始，湛江市教育局围绕“破解教育发展难题，转变教育工作作风，促进教育科学发展”的主题，认真开展深入学习实践科学发展观活动。在学习调研阶段，召开座谈交流会3次，举办辅导报告会2场、党组理论中心组学习会5场次，举行知识测试2次、征文活动1次，撰写学习心得体会文章30多篇；开展教育专题调研，走访学校339所，走访群众176人次，撰写调研报告8篇。在分析检查阶段，召开征求意见座谈会2次，发放征求意见表300多份，收集群众意见建议80多条，开展谈心活动5场次，召开组织生活会7场次。在广泛征求意见的基础上，召开了局班子民主生活会，找准存在问题，深刻剖析原因，进一步理清工作思路，明确努力方向和目标，形成了较高质量的检查分析报告。

【设立高中阶段教育发展激励机制】 2009年10月9日，湛江市政府印发《湛江市加快普及高中阶段教育工作激励机制方案》，设立“四项”激励补助，即县（市、区）普及高中阶段教育工作激励补助，初中学校输送生源激励补助，中职、技工学校接收初中往届生、高考落榜生激励补助，高中阶段学校新增学位激励补助。2009 年，兑现四项激励资金 3 700 多万元。

【建设万亩职业教育基地】 2009 年 8 月 3 日，湛江市市长阮日生主持召开会议，研究职业教育基地建设等问题。会议同意在海湾大桥西连接线以南，农垦湖光农场三队、东桥队和南亚所所属土地控规约 667 万平方米，首期征地 400 万平方米建设湛江职业教育基地，满足钢铁、石化等大项目建设对各类技能人才的需求。10 月 22 日，湛江市政府成立了湛江市职业教育基地领导小组和办公室，启动了湛江市职业教育基地前期筹备工作。

【基本实现中小学教师工资待遇“两相当”】 从 2009 年 9 月 1 日起，湛江市基本实现了县域内中小学教师工资福利待遇与公务员“两相当”。实施义务教育学校教师绩效工资制度，中小学教师工资待遇普遍提高。

【实施“千校扶千校”行动工程】 2009 年 4 月，湛江市正式启动了“千校扶千校”行动工程，与佛山市学校对口扶持，同时开展市内跨县之间的帮扶活动。已完成了 2 批帮扶工作，全市支援与受援学校达 285 所，双方积极开展帮扶活动，提高了受援学校的管理水平和教学质量，达到了相互学习，共同促进的目的。

【教育科研工作取得新成果】 2009 年，全市有 7 项课题获省“十一五”规划课题立项，17 项教研课题申报省第七届普通教育教学成果奖（省教育科研最高奖项），其中获得一等奖 1 项（全省 12 项）、二等奖 6 项。湛江市教研员主持的“农村初中英语课堂教学活动设计与应用研究”“基础教育英语教学评价试验项目”“读写一体研究和作文教学改革与实验研究”等研究课题开展得有声有色，富有成效。

【青少年科技活动成绩突出】 2009 年 3 月，湛江市成功承办了广东省第 24 届青少年科技大赛，湛江市参赛项目 47 项，获得优秀科技创新项目一等奖 4 项、二等奖 7 项、三等奖 7 项；获得优秀实践活动一等奖 2 项、二等奖 3 项；获得优秀科幻绘画一等奖 1 幅、二等奖 1 幅、三等奖 7 幅；获得创新项目专利申请奖 1 项；获得优秀科技组织奖 2 项。

（撰稿　黄良业；审稿　陈炎生）

茂名市

概　况

2009年，在广东省教育厅的指导和茂名市委、市政府的领导下，茂名市教育工作坚持以邓小平理论和“三个代表”重要思想为指导，深入贯彻落实科学发展观，以办好人民满意教育为宗旨，扎实工作，开拓进取，成绩显著。义务教育均衡发展取得新成效，普及高中阶段教育步伐加快，中等职业技术教育发展态势喜人，师资队伍建设成效显著，素质教育扎实推进，教育教学质量全面提高，教育战线和谐稳定。

各级各类教育

【基础教育】 学前教育持续发展。2009年，全市学前三年教育在园生达16.4万多人。特殊教育学校招生531人，在校生2 372人，“三残”儿童少年入学率优于省定标准。

大力促进义务教育均衡发展，城乡免费义务教育全面落实。2009年，全市农村和城镇共有124.75万名学生（其中小学生78.73万人、初中生46.02万人）享受免费教育，各级财政补助免书杂费资金达6.15亿元。全市还有97 517名学生享受生活费补助，全年补助金额共2 681.72万元。积极推进义务教育规范化学校建设，调整学校布局，合理配置义务教育办学资源，大力改造城乡薄弱学校，全面启动“千校扶千校”行动计划，全市首批结对帮扶学校共183所。改革茂名市第一中学招生制度和初中编班管理，将茂名市第一中学招生指标的25%按比例下达市区各初中；初中学生入学严格按电脑派位、常态编班，坚决杜绝重点班。实施义务教育阶段学生变动和辍学报告制度，加强“防辍保学”工作，巩固“普九”成果。小学适龄儿童入学率达100%，初中毛入学率为99.95%，两率均比2008年提高了0.02个百分点；初中流失率为5.33%，比2008年下降了0.97个百分点，初中三年保留率为85.2%，比2008年提高了0.93个百分点。

普通高中“扩容促优”工程进展喜人。全面启动了新建的信宜砺儒中学，扩建的高州大井中学、化州第二中学等19所普通高中教育省财政补助学校的新建、扩建项目，建设规模共67万多平方米，计划总投资4.8亿元，项目完工后可增加学位2.86万个。目前，大部分项目已投入使用。加快推进茂名市第一中学、高州第二中学、信宜砺儒中学、茂港第一中学、茂南区第五中学5所中学新校区建设工程。茂名市第一中学新校区即将进行总体规划及校舍建筑设计招标工作，高州第二中学新校区已动工兴建，茂港第一中学、茂南区第五中学新校区的建设工程正在筹备中。此外，继续抓好茂名市第十六中学综合楼、茂名市第十七中学教学楼、茂名市实验中学学生宿舍楼等3项在建工程的施工。目前，茂名市第十六中学综合楼即将封顶，茂名市第十七中学教学楼进入装修阶段，茂名市实验中学学生宿舍楼已完成基础施工。以上3个项目建筑面积达13 892.83平方米，共投入资金7 445万元。2009年全市普通高中招生68 338人，比2008年增加4 438人。全市高中阶段教育毛入学率为69.62%。

【职业教育】“万人中职航母”工程取得重大突破。市二职搬迁新建项目、市一职新建教学楼和学生宿舍楼项目、高州农校扩建工程和信宜市职业技术学校工程等9个项目正在抓紧实施。市二职迁建工程项目占地面积27万平方米，校舍建筑面积约11.87万平方米，办学规模120个教学班，在校学生10 000人，总投资约2.9亿元。现已完成项目立项批复和校园总体规划及校舍建筑设计等前期工作，即将进行新校区总体规划及校舍建筑设计招标工作。茂名卫生学校迁建项目也正着手启动，该项目规划占地面积约40万平方米，拟建校舍面积约14万平方米，办学规模120个教学班，在校学生10 000人，总投资约3.5亿元。

切实抓好招生工作。市、县（市、区）成立了高中阶段教育招生工作领导小组，采取分片督查、分片包干的办法，级级签订招生责任书，加大招生工作力度。2009 年中职学校招生 46 903 人，比 2008 年增加 2 015 人。认真落实中职学生国家助学金制度，2009 年全市符合条件的中职学生共享受国家助学金近 5 000 万元。

【民办教育】 民办教育健康发展。全市有民办中小学 65 所、民办幼儿园 425 所。民办中职学校 16 所，在校生达 3.47 万人，其中茂名市南粤科技学校在校生达 5 724 人，茂名市宏通科技学校在校生达 4 699人。

教育成果与特色

【校舍安全工程】 大力实施中小学校舍安全工程。按省的要求全面完成全市校舍安全鉴定工作，共计完成抗震鉴定的学校 2 347 所，单体建筑物 11 079栋，面积 1 184.59 万平方米。已开工重建 30 栋，面积 77 761 平方米，累计已投入资金 9 269 万元。

【教育现代化建设】 推进中小学“新装备”工程和教育信息化“教师用计算机”工程。投入资金 600 多万元，新安装初中理化生实验室、探究实验室、小学科学实验室共 100 多间，配备电脑 1 000 多台，使全市 90 所“千校扶千校”受援学校和 328 所 12 个班以上的完全小学配备 2 台以上教师用计算机。全市新增 572 多所学校通过光纤、ADSL 等形式接入教育城域网，实现了“校校通”。

加快装备 VCM 互动课堂和多媒体电教平台。全市积极筹措资金 4 000 多万元，新装备 VCM 互动课堂和多媒体电教平台 1 632 套。该项工程建设力度之大、成果之好为历年之最。

【师资队伍建设】 加强师德师风建设，大力表彰优秀教师。将 9 月定为“师德教育月”，广泛开展向优秀教师学习活动，大力弘扬“学为人师，行为世范”的高尚师德，引导广大教职员工强化服务意识、专业意识、师表意识、责任意识、创新意识和质量意识，推进师德师风建设，树立人民教师的良好形象。2009 年教师节，全市表彰市优秀教师 203 名、市优秀教育工作者 24 名，还表彰了南粤优秀教师 45 名、南粤优秀教育工作者 4 名，广东省第二批基础教育名校长 1 名、名教师 6 名，全国优秀教师 2 名，全国模范教师 2 名。市直学校还首次表彰“十佳”师德标兵和“十佳”优秀班主任。

加大教师继续教育力度，提高教师专业水平。重点组织 4 680 名新教师参加任职培训，6 741 名未取得相应教师资格的代课教师参加网络培训，500 名中小学教师参加英特尔未来教育项目培训，250 名中小学教师参加省级教育技术中级项目培训，50 名骨干教师参加广东省中小学教师教育教学能力中级助学导师培训，989 名小学班主任参加教育部 2009 年“知行中国——中小学班主任教师培训项目”培训。

深化教师人事制度改革，切实解决代课教师和教师工资福利待遇问题。全面实行公开招聘、招考教师制度。2009 年共招聘、招录教师 2 718 名。积极解决代课教师问题，争取市政府按符合考试人数 1：1 比例安排招录指标。2009 年 1 月和 10 月组织了两批次“代转公”考试。首次“代转公”录用 1 933人，第二次“代转公”考试上线的 3 028 人正在办理招录手续。重视解决教师工资福利待遇“两相当”问题，稳步实施教师绩效工资，指导各地和市直学校制订绩效考核实施方案，确保学校绩效工资工作顺利实施。

【教育教学质量】 坚持德育为首，创建平安和谐校园。坚持“以学生为本”“以育人为本”，以构建“平安和谐”校园为目标，大力开展新中国成立 60 周年、建市 50 周年纪念活动和“颂祖国，爱家乡，话成长”主题教育活动，加强爱国主义教育，积极推进社会主义核心价值体系建设和未成年人思想道德建设。抓好德育队伍建设、德育基地建设和校园文化建设，电白县中小学社会实践基地、高州市德育学校被评为广东省首批示范德育基地。加强德育科研工作，2009 年全市有 41 所学校被选定为广东省德育科研课题实验学校。加强安全教育、禁毒教育和心理健康教育，广泛开展创建“书香校园”和“安全文明校园”活动，有 13 所学校被评为省级安全文明校园。

加强学校体育、卫生、艺术教育，促进学生健康成长。认真抓好学校体卫艺教育教学工作，举办了全市首届中小学体育教师专业技能比赛，深入开展“全国亿万学生阳光体育活动”，体卫艺教学质量不断提高。2009年高考，全市体育、艺术类上省专线以上考生3 031人，其中本科线以上考生1 058人，以较大优势连续9年保持全省第一。全市中小学生体质健康达标率为：中学94.6%，小学94.5%。广泛开展群众性文体活动，举办了局直属中小学生田径运动会、茂名市中学第十八届“协作杯”田径运动会、茂名市小学第十六届“协作杯”田径运动会以及茂名市第三届中小学生艺术展演活动，有13个优秀节目和44件优秀艺术作品获广东省第三届中小学生艺术展演活动二等奖以上奖励。扎实开展健康教育活动，切实抓好手足口病和甲型H1N1流感的防控工作，全市学生因甲流死亡人数为零。深入开展学校食品安全整治，加强学校学生食堂（课间餐）的食品卫生和公共卫生管理，学校食堂卫生许可证办证率达69.14%，比2008年提高24.84%，校园食品安全得到进一步加强。

积极推进教育科研工作，高考成绩再创辉煌。继续推进课程改革。在九年义务教育阶段，着眼于课程理念在教学实践中的落实；在高中阶段，着眼于进一步完善和创新课改管理制度、教师和学生管理制度、学生选课指导制度、教学评价和教学质量监控制度、校本教研制度等，同时帮助高三教师把握方向，创新思路，提高成绩。大力倡导“校校承担课题，人人参与课题”的科研目标，积极组织课题立项。一年来，全市共立项市级以上课题（含子课题）100多项，其中省级（含子课题）以上课题超过50项。全市有6项科研成果获中国教育学会第五届科研成果奖，3项成果获广东省教育创新奖。组织各种课例、论文评比活动，其中获省级以上奖项800多人次。组织学生参加全国数学、物理、化学、生物、地理等学科竞赛，获省级以上奖项超过1 000人次。高考继续保持好成绩。2009年，全市高考上省专科线以上人数达50 387人，连续8年居全省第二；上本科线以上人数达19 304人，连续6年居全省第二。

加强语言文字工作，示范学校创建成效喜人。加强语言文字规范化管理，推进普及普通话和用字规范化工作，积极开展语言文字规范化示范校创建活动，不断提升全市语言文字工作水平。2009年，全市有24所中小学校被评为市级语言文字规范化示范校，3所中小学校被评为省级语言文字规范化示范校，2所中小学被评为国家级语言文字规范化示范校。

【其他重要工作】认真抓好党政领导干部基础教育责任考核。认真组织县（市、区）2007年、2008年党政领导干部基础教育责任考核，并对个别地区存在的突出问题下发《整改督办通知书》，督促及时整改，有力地推动了各地教育科学发展。同时，认真做好省对茂名市党政领导干部基础教育责任考核工作，赢得考核组的好评。

依法治教和教育督导工作进一步推进。加大“五五”普法工作力度，使广大教职工学法、知法、用法、守法，增强了法制观念。积极推进依法治校工作，开展创建依法治校示范校建设试点工作，评选了12所茂名市依法治校示范校。依法维护学校特别是民办学校合法权益。强化民办学校年检，促进其健康发展。强化高中阶段教育学校督导。组织检查高中学校课程开设，加强指导普通高中教学水平。茂名市实验中学通过了省优秀高中教学水平评估。茂名市南粤科技学校被评为广东省重点中等职业技术学校，高州市石鼓中学通过了省一级学校评估。复评了10所省、市一级高中学校。

考风考纪建设进一步加强。加大考风考纪的宣传教育力度，全面实行考风考纪责任制，加强监考员的培训工作，加大检查监督力度，严格做好试卷的保密工作，强化考试各个环节的管理，认真做好各类考试甲型H1N1流感的防控工作，确保自学考试、成人高考、中考、研究生考试、普通高考、“代转公”考试的顺利进行，实现了“安全保密严谨、考风考纪良好、考试管理有序”的目标。

学习实践科学发展观活动扎实推进。茂名市教育局和直属学校认真开展第二批、第三批学习实践科学发展观活动，做到精心组织、周密部署、扎实推进，较好地完成了学习实践活动三个阶段任务，提高了广大党员干部特别是领导干部谋划、服务和推动教育事业科学发展的能力，加强教育系统党的建设，较好地解决了制约全市教育改革发展以及人民群众和基层学校反映强烈的实际问题，初步建立了有利于教育事业科学发展的体制机制。

党风廉政责任制和惩防体系建设进一步加强。建立党委统一领导，党政齐抓共管的党廉领导体制和工作机制，实行“一岗双责”，层层签订《党风廉政建设工作责任书》，将党廉工作落实到岗到人，确保完成党廉责任制的各项任务。实行民主决策制度，严格执行招投标、政府采购制度，全面实行政务、校务公开制度。加强惩防体系建设，与茂名市检察院共同开展预防职务犯罪工作。坚持从思想教育入手，从制度建设上防范，从监督检查上治理，不断推进惩防体系建设。

教育乱收费行为得到遏制。建立职能部门治理中小学乱收费齐抓共管机制，与纠风、物价、财政等部门密切配合，共同做好收费管理的各项工作；层层签订了中小学收费责任书，进一步落实中小学收费工作领导责任制；坚持每年春秋两季均组织一次收费检查，加强平时抽查，对检查、自查发现的问题及时整改纠正；健全教育收费举报制度，及时查处群众反映的乱收费行为，做到件件有落实、项项有回音。2009 年，共收到群众举报来信来电 70 件（其中教育部转来 5 件、省教育厅转来 29 件），比 2008 年同期减少 67 件，同比下降 49%。

机关作风建设进一步加强。积极推进机关转变职能，改进工作作风和工作方法，加强电子政务建设，推进办公自动化和政务公开，提高办事效率和服务质量；进一步完善机关各项规章制度，认真做好机关公文、档案、保密和后勤工作，强化综合协调、信息服务和督办工作，推进依法行政、依规办事。巩固和深化行风评议活动成果，切实打造“创新型、学习型、服务型、和谐型、高效型、廉洁型”机关，促进机关作风建设上新水平。

教育系统和谐稳定。高度重视维稳工作，全面落实安全稳定责任制，认真排查和消除各类安全隐患，及时化解各种矛盾，确保学校安全稳定。完善教育系统突发公共事件应急预案和体制机制，加强应急组织、队伍、平台和能力建设。建立健全信息采集和报送机制，加强值班工作，确保信息渠道畅通。重视教育工会的工作，积极维护教职工尤其是女教职工的合法权益，建设文明、和谐、温馨、向上的职工之家。切实做好教育信访工作和人大建议、政协提案的办理工作。2009 年，茂名市教育局办理的建议提案共 45 件，满意率达 100%。

（撰稿　刘永严；审稿　李　挺　王志维）

肇庆市

概况

2009年，肇庆市各级党委、政府以科学发展观为统领，坚持优先发展教育，积极实施科教兴市和人才强市战略，强化各项工作举措，坚定信心、迎难而上，全市教育事业发展不断取得新成效。特别是在经济形势复杂严峻、各种困难矛盾交织的情况下，通过全市上下共同努力，提前两年实现普及高中阶段教育，实现教育事业历史性跨越，树立了肇庆教育发展的新里程碑，得到了省政府的充分肯定，为肇庆加快创建广东省教育强市奠定了坚实的基础。

一、各类教育事业取得新发展

全市所有乡镇都办起了中心幼儿园，乡镇中心幼儿园开办率居全省首位，学前教育体系基本建立；各项“普九”指标均达到或超过国家和省的标准要求，全面实现免费义务教育；高中阶段教育提前两年普及，高中阶段教育毛入学率达到86.3%；职业教育发展迅速，中职教育在校生规模、地方办高职院校数量和办学规模均居全省前列。

二、教育体制改革激发新活力

积极推进办学和管理体制改革，完善了“以县为主”的义务教育管理体制。民办职业技术教育发展迅速，在校生总数和校均规模都居全省首位。教育人事和分配制度改革不断深化，各县（市、区）及肇庆高新区全部实现中小学教师工资福利待遇“两相当”和绩效工资制度，代课教师问题妥善解决，进一步激发了全市教育的发展活力。

三、实施素质教育取得新成绩

素质教育全面推进，开展肇庆市首届基础教育科研成果评审活动，43个课题和项目获奖。全市高考上重点线、本科线和第三批专科A线人数均有较大增长，上线率处于省内同类地区前列，学生综合素质明显提高。

四、整体教育品位得到新提升

全市有省一级普通高中11所，其中肇庆中学、高要市第一中学、四会中学、封开江口中学成为国家级示范性普通高中。全市普通高中优质学位占94.5%；率先创建了全省首个市级职业教育公共实训中心，市内有国家级、省级重点中等职业（技术）学校14所，中职学校优质学位占60%以上；此外，一大批义务教育学校达到规范化要求。教育收费行为进一步有效规范。全市8个县（市、区）全部完成创建“广东省教育收费规范县（市、区）”工作，实现“广东省教育收费规范市”目标，教育收费管理走上了规范化、制度化、法制化的轨道。

各级各类教育

【基础教育】 一、学前教育

2009年，全市有幼儿园505所，同比增加101所，增幅为25%，在园（班）幼儿119 805人，比2008年增加3 505人，增幅为3.01%，其中学前三年在园（班）幼儿114 951人，学前三年幼儿入园（班）率为81.7%，比2008年提高了3.4个百分点；乡镇中心幼儿园开办率为100%，居全省首位。在农村地区入园（班）学习的幼儿有77 438人。学前一年在园（班）幼儿51 676人，学前一年幼儿入园（班）率为99.7%。全市现有省一级幼儿园6所，市一级幼儿园23所；学前教育教师（包括园长）5 632人，整体学历合格率为96.5%，专业合格率为63.9%。

二、义务教育

2009年，全市有小学1 056所，比2008年减少141所；在校生396 490人，比2008年减少34 649人；小学适龄儿童入学率为99.98%，辍学率为0.04%。全市有普通初中152所，在校生238 215人，比2008年增加6 806人；初中学龄人口入学率为98.68%，辍学率为0.92%。年内，广宁县的普及九年义务教育工作通过市的复查验收。

三、普通高中教育

全市有普通高（完）中30所，其中，国家级示范性普通高中4所。招生31 841人，完成省下达的普通高中招生任务的107.57%；在校生84 139人，每万人口普通高中在校生206.37人，招生数、在校生数、每万人口在校生数分别比2008年增加2 783人、9 828人、24.1人，增长率分别为9.6%、13.2%、13.2%。普通高中毕业生21 334人。

四、特殊教育

2009年，全市有特殊教育学校7所，教学班33个，其中聋哑学校1所，启智学校6所。全市7～15周岁盲、聋、弱智三类残疾适龄儿童少年总人数为1 920人，已入学1 845人（含随班就读），入学率达96.09%。肇庆启聪学校高中班（职业教育）招生两个年级共19人。怀集县特教学校开始动工兴建。

【职业与成人教育】 一、高等职业技术教育

全市有高等职业技术教育院校2所（肇庆科技职业技术学院、肇庆工商职业技术学院），招生8 518人，在校生22 156人，比2008年增长17.3%。教职工1 294人，其中专任教师932人，正高职称26人，副高（高级讲师）职称96人，中级职称153人。学校占地面积123.57万平方米，校舍建筑面积44.28万平方米，藏书104.18万册，电子图书3 050 G；固定资产总值6.02亿元，其中教学仪器设备总值6 295.58万元。

二、中等职业技术教育

全市有中等职业技术学校38所，其中国家级重点中等职业技术学校6所，省级重点中等职业学校5所，省级实训中心5个，省级以上重点建设专业8个。招生48 535人，比2008年增长13.3%；在校生114 733人，比2008年增长23%；毕业生24 425人，毕业生就业率为98.1%。教职工4 507人，其中专任教师3 376人，正高职称7人，副高（高级讲师）职称308人，中级职称1 726人。学校占地面积249.07万平方米，校舍建筑面积133.05万平方米，藏书205.25万册，电子图书2 384 G，固定资产总值12.75亿元，其中教学仪器设备总值2.62亿元。

三、农村成人教育

全市累计有102个乡镇（街道）办起了成人文化技术学校，其中省级示范性学校8所，有乡镇成人教育督导员95人。全年组织农民参加学习365 069人次，推广农业技术208项。参加职业技术培训的农村普通中学应届初、高中毕业生有7.1万人，培训率为97.5%。

【高等教育】 一、普通高等教育

2009年，全市有普通高等院校4所，其中公办院校2所（肇庆学院、肇庆医学高等专科学校），民办院校2所（肇庆科技职业技术学院、肇庆工商职业技术学院）。招生17 686人；在校生48 227人，比2008年增加15.4%；毕业生10 377人。教职工2 806人，其中专任教师1 874人，正高职称108人，副高（高级讲师）职称443人，中级职称689人。学校占地面积227.71万平方米，校舍建筑面积93.90万平方米，藏书252.91万册，电子图书4 856.87 G；固定资产总值13.22亿元，其中教学仪器设备总值1.93亿元。

二、成人高等教育

全市有成人高等教育院校1所（广东肇庆广播电视大学），其中在各县（市、区）设电大分校6所。年内招生3 815人，在校生9 907人。教职工389人，其中专任教师196人，有副高（高级讲师）以上职称25人，中级职称208人。学校占地面积23.86万平方米，校舍建筑面积9.42万平方米，藏书31.3万册，电子图书34.6 G；固定资产总值9 887万元，其中教学仪器设备总值2 761.28万元。

【社会办学】 全市有社会力量办学机构59所，其中高等职业技术院校2所，中等职业学校13所，非学历培训学校44所；在校生64 671人，其中高职大专学生22 156人，中等职业学生33 723人，非学历教育学生8 792人。社会力量办中职学校在校学生占全市中职学校学生总数的32.9%；社会力量办高职学校在校学生占全市高职高专学校学生总数的80.3%。

【职工教育】 据抽样统计，全市有职工教育培训机构71所，专职管理人员165人，专职教师189人。全年参加培训54 134人次，其中岗位培训31 600人次，继续教育培训2 792人次，其他培训19 742人次。职工教育总经费实际支出1 392.09万元，占职工工资总额的1.77%。

【成人高考】 2009年，成人高考报考人数8 259人，其中专科起点升本科1 594人，高中起点升本科9人，高中起点升专科6 656人，比2008年减少141人；录取6435人，其中，专科起点升本科录取1 459人，高中起点升本科录取7人，高中起点升专科录取4 969人，比2008年增加117人。报考人数及录取人数比2008年有较大增幅。

【自学考试】 2009年，四次自学考试共报考23 744科次，比2008年增加273科；报考人数

11 595 人，比 2008 年增加 352 人。设置的考场有市辖考场、端州区考场、怀集监狱考场和四会监狱考场。全年毕业生人数为 421 人，比 2008 年减少 3 人。

教育成果与特色

【实施教育均衡发展工程】继续实施免费义务教育政策，普及九年义务教育各项指标均达到和超过国家的要求。全市享受免费义务教育政策的学生达 612 959 人，其中小学 384 817 人、初中 228 142 人。义务教育阶段免收杂费、书费直接减轻学生家长经济负担 2 亿多元。加快农村中小学“新装备”工程建设和教育信息化基础设施建设，推进“教育资源下乡行动计划”，建成了肇庆市教育资源中心和覆盖全市的教育专网，基本实现信息教育资源共享。农村义务教育学校校园建设和设备设施配套逐步完善，加快推进中小学校舍安全工程建设，实施《肇庆市城乡学校教育联动计划》和《肇庆市“百校扶百校”行动计划》，建立结对帮扶制度，促进共同发展。健全农民工子女教育政策体系，按“以流入地为主”的原则，采取就近随班就读或插班就读措施，解决了近 4 000 名外来工（流动人口）子女入学问题。

【实施中小学校舍安全工程】肇庆市从 2009 年开始，用 3 年时间在全市范围实施中小学校舍安全工程。肇庆市委、市政府成立了以市长为组长，分管教育的副市长为副组长，市府办、发展改革局、教育局、公安局、监察局、财政局、国土资源局、建设局、水利局、审计局、物价局、安监局、地震局等部门负责人为成员的中小学校舍安全工作领导小组，并下设办公室，统一部署组织实施全市中小学校舍安全工程。2009 年 10 月，完成全部 1 300 所中小学校校舍的排查鉴定工作。全市中小学校舍共需要加固 3 357 幢、面积 1 777 201 平方米；重建 1 248幢、面积 925 349 平方米。

【普及高中阶段教育】肇庆市委、市政府高度重视普及高中阶段教育工作。2009 年 3 月，召开普及高中阶段教育动员大会，全面部署提前普及高中阶段教育有关工作，并与各县（市、区）签订了《2009 年普及高中阶段教育工作责任书》，成立市普及高中阶段教育工作领导小组，由市政府主要领导担任组长，有关分管副市长任副组长，各有关部门负责人和各县（市、区）政府主要领导为成员，负责统筹、协调、指导和组织实施普及高中阶段教育工作，确保 2009 年实现普及高中阶段教育达标目标。7 月，召开全市高中阶段招生工作现场会，市委书记和市长亲自作动员报告，分析研究了肇庆市高中阶段教育招生工作的新形势、新情况，部署落实普及高中阶段教育各项工作。

全市投入 9 亿元新建扩建高中阶段学校 30 所，新增优质学位 3 万个，高中阶段教育（含普通高中和中等职业技术学校）本市户籍招生 7.6 万人，在校生 17.7 万人，高中阶段教育毛入学率达到 86.3%，比 2008 年增长 13.7 个百分点，顺利通过省的督导验收，提前两年实现普及高中阶段教育的目标，成为全省的先进典型。

【发展职业教育】全市职业教育工作紧紧围绕“确保提前普及高中阶段教育”这一重要战略目标和《建设广东省肇庆职业技术教育培训基地的实施意见》，狠抓基地建设，实施规范管理，力促规模壮大，全市职业教育规模和质量稳步提高。

职业学校的用地问题得到解决。肇庆工业贸易学校征用发展用地 4 万多平方米、肇庆外语职业学校征地约 6.7 万平方米。重点职教项目工程全面推进，全市职教基地新建扩建工程总投入超过 3.5 亿元，新增加职业教育学位近 1.5 万个。肇庆科技职业技术学院、肇庆工商职业技术学院、广宁县卫生学校、肇庆市职教公共实训中心、肇庆医学高等专科学校新校区、肇庆市农业学校、封开县职业学校等省级重点工程项目以及四会、德庆等县（市）中职学校扩建项目进展顺利，部分项目已投入或即将投入使用。

职教品牌创建工作成效明显。肇庆理工学校通过了国家级重点职校评估；肇庆市科技中等职业学校通过了省级重点职校评估，该校模具设计与制造专业被评定批准为省级重点专业；肇庆市农业学校、封开县职业学校分别通过了国家级重点职校复查评估；肇庆市工业贸易学校等 7 所学校的会计、园艺等 8 个专业（点）被评估认定为首批市级重点专业（点）。

职业教育管理关系进一步理顺。2009 年 1 月，肇庆市工业贸易学校、肇庆市农业学校、肇庆市贸易学校和肇庆市外语外贸学校4所市属公办职校统一划归由肇庆市教育部门管理。创新方式，扩招取得显著成绩。联合市监察局、市社会保障局、市政府纠风办等部门联合制定了《关于进一步规范我市中等职业技术学校招生秩序的意见》，强力推进中职"阳光招生"，规范中职招生秩序，明确"四个严禁"，确保招生工作公平、公开、有序进行，经验做法得到国务院纠风办、省纪委、省监察厅和省教育厅等有关部门通报肯定。

加大民办职业教育督导，加强职业教育师资队伍建设，专任教师学历达标率达到91.2%，"双师型"教师比例超过了40%。组织创建和评估重点专业，举办中职技能大赛，加强学校专业建设。

【建成全省首个市级职业教育公共实训中心】 肇庆市政府投资2 420万元，首期配置实训设备约1 300万元，建成全省首个市级职业教育公共实训中心并投入使用。职教公共实训中心建于国家级重点学校肇庆市工业贸易学校内，总建筑面积16 622平方米。公共实训中心根据高新企业发展对技能型人才培养的实际需要，配置汽车运用与维修、机电一体化、数控技术应用、模具设计与制造等8个工科类专业为主的高新实训设备，功能设置多元化，兼具实训教学、师资培训、技能鉴定、就业指导和校企合作"五位一体"的综合性功能，可同时容纳1 730人进行实操训练，年培训量达1万人次以上。

【促进教育资源下乡】 举办"村小信息直通车"启动仪式、召开"村小信息直通车"建设工作现场会、开展"牵手村小，打造信息直通车"等活动，使全市90%的农村小学配备了电脑，70%的农村小学接入互联网和省市教育专网。德庆县和鼎湖区作为全市的试点，完成了"村小信息直通车"工程的建设任务。投入500万元打造"村小信息直通车"，力争在两年内实现每所农村小学都配备电脑、打印机和教育专网设备，接入互联网和省市教育专网。投入近600万元建设"农村中小学远程多媒体互动教室"283间，每个"农村中小学远程多媒体互动教室"都通过市教育专网与市教育资源中心和城市学校实现了互联互通，都能开展远程视频教学，促进了城乡教育教学交流，使优质教育资源走进乡村的课堂，为开展"千校扶千校"以及"教师教育技术能力培训"等活动搭建了交流和学习的平台。参与国家和省的基础教育信息资源共建共享标准制定工作和广佛肇教育资源共建共享的试验工作，在优质学校建设"同步课堂自动录播系统"，建立长效激励机制，逐步形成常规教学视频资源库，解决教学资源建设和更新问题。市教育资源中心储存各类教育、教学和管理资源达1 500G，电子图书达25万册，音像资料达2 000多小时。2008年，市教育资源库成为国家基础教育资源库在广东的缓存站点。从2009年开始，每年投入200万元用于开展信息技术教师培训工作，分层次、多渠道培养教师教育信息技术能力。

【开展素质教育】 开展青少年学生"阳光体育运动"活动，获得教育部、国家体育总局、共青团中央授予的"第二届全国亿万学生阳光体育冬季长跑活动优秀组织单位"称号，6名学生代表省参加全国第十届中学生运动会，16所学校评为"广东省体育特色学校"。实施《国家学生体质健康标准》。承办广东省第三届中小学生艺术展演肇庆云浮片区活动，获"广东省第三届中小学生艺术展演优秀组织奖"。组队参加全省首届体育教师技能大赛，获团体总分二等奖、个人单项一等奖2个。

【实施"强师振教"工程】 组织中小学教师4.2万多人次参加各级各类教师培训，聘请北京师范大学陈锁明和钱志亮两位教授到肇庆市对375名中小学校长作专题报告。招聘、引进教师2 054名，推荐肇庆市广东省名师工作室首批人选5人，名校长2人。按省的要求组织符合条件的1 724名代课教师参加"代转公"考试，录取1 465人为公办教师（第一次考试人数813人，录用了611人；第二次考试人数911人，录用了854人）。目前肇庆市8个县（市、区）和肇庆高新区已实现"两相当"。

【组织教育考核】 2009年5月中下旬，肇庆市教育局与市委组织部联合组织了4个考核组，对全市8个县（市、区）及肇庆高新区党政领导干部2007年、2008年基础教育工作责任进行考核，形成了考核意见和全市考核情况的综合报告，于6月底在肇庆市人民政府网站公示后分别报送省委组织部、省教育厅审核。同时，组织相应专责工作小组协助做好省对地市级党政主要领导干部2007年、2008年基础教育责任考核工作。10月27—29日，由广东省公安厅副巡视员张晓平任组长的省督导考核组一行21人对肇庆市党政领导干部2007年、2008年基础教育工作责任进行了考核。

【高考成绩喜人】 2009年，全市有考生22 772人，总上线人数18 071人，上线率为79.4%。其中，上本科线考生6 633人，比2008年增加493人，增幅8%；上三A线考生12 054人，比2008年增加1 915人，增幅18.9%，上本科线率和上三A线率均高于省平均水平，在同类地区中处于前列。高分层考生人数大增，650 分以上考生有 21 人，比 2008 年增加 7 人，增幅 50%。体艺类考试成绩骄人，上本科线考生达 552 人，比 2008 年增加 146 人，增幅达 36%；上三 A 线考生首次突破千人大关，达 1 072人，比 2008 年增加 202 人，增幅达 23.2%。

（撰稿　李吉涛；审稿　谭锦添　黄红敏　梁永忠）

清 远 市

概 况

2009 年，清远市教育工作以“办全方位满意教育”为宗旨，以“力促普及高中阶段教育，提升清远教育综合水平”为目标，扎实推进义务教育均衡发展，加快普及高中阶段教育，全市教育质量和水平进一步提升。归纳起来主要体现在“三个历史性突破”和“三个进一步提升”。

一、教育创强促优取得历史性突破

教育强县（区）取得了两个全省第一（清城区成功创建为非珠江三角洲地区第一个省教育强区、佛冈县成功创建为全省第一个省教育强县）。同时，新创建省教育强镇（街）3 个（佛冈县迳头镇，清城区洲心街、东城街），省教育强镇（街）总数达 15 个；新创建市一级高中 1 所、市一级幼儿园 2 所；已完成通过国家级示范性普通高中初期督导验收 2 所，全市创建国家级示范性普通高中任务基本完成，普通高中办学水平跃上历史新台阶。全市累计创建国家级示范性普通高中 10 所、省一级学校（含幼儿园）17 所、市一级学校（含幼儿园）133 所，累计优质学位达 23.74 万个，占全市中小学学位的 40.6%。教育创强工作进度继续保持全省山区市领先地位，为清远市创建省教育强市打下了良好的基础。2009 年下半年，清远市在首次市级党政领导干部基础教育工作责任考核工作中受到省考核组的好评，进一步表明清远市教育综合实力显著增强，教育的地位和形象得到明显提升。

二、“普高”工作取得历史性突破

高中阶段教育招生任务超额完成，全市高中阶段教育毛入学率提高到 78.12%，增幅 14.22%，增幅连续 2 年超过 10%。启动“普高”督导验收工作，清城、佛冈、连山 3 个县（市、区）已率先通过市督导验收，并分获市政府 800 万元奖金。全市普及高中阶段教育完成率已接近 40%。

三、中职教育发展取得历史性突破

全市被列入 2009 年省中职教育建设工程的 6 个扩建工程项目建设基本完成，新增学位 8 457 个。省市共建现代职业教育体系改革试验区已于 2008 年 12 月 31 日正式挂牌，并启动了清远市公共实训中心和清远市新职业技术学校建设。该试验区建设的成功启动，将为清远市研究产业链、岗位链和人才培养链三大链条提供广阔的平台，为清远市的科学发展、承接好产业转移、调整升级产业结构培养更多的高素质人才，同时也为清远市的职业教育发展提供政策支持和保障。这是探索职业教育科学发展道路的重大举措，标志着清远市职业教育进入一个新的发展阶段。

四、义务教育均衡发展水平进一步提升

全市累计创建义务教育规范化学校 341 所，占完全小学以上学校的 46.5%，覆盖面达 35.3%，排在全省山区市的前列。教育信息化和装备建设扎实推进。一年来全市共投入 614 万元，建成初中理化生实验室 81 间、小学科学实验室及仪器设备 120 间（套），实验教学水平进一步提升。中小学图书新增 35.67 万册，总量达 137 万册；中小学新增校园网 16 个，总数达 228 个；中小学计算机新增 6 875 台，总数达 4.22 万台，其中省、市两级财政全额补助新增的电脑共计 926 台，实现了省、市全额补助教育装备设施“零”的突破。积极推进现代化网络建设，全面完成清远市教育信息化专项经费项目建设，“校校通”配套工程和远程视频同步教研培训系统二期建设得到完善，实现了全市 85 个乡镇的教师不出“镇门”、不出“校门”就能参加国家和省、市、县级的培训。

五、“普九”成果进一步提升

2009 年，全市小学入学率达到 99.98%，初中入学率达到 98.19%，分别比 2008 年提高 0.06 个百分点和 1.2 个百分点。“三残”儿童入学率达到 96.44%，比 2008 年提高 0.64 个百分点。流动人口子女义务教育得到解决，各项普及指标均达到省的标准要求。

六、各类教育协调发展水平进一步提升

积极推进乡镇中心幼儿园建设，全市现有乡镇中心幼儿园 73 所，建园率达 65%。加大了特殊教育投入，清远市特殊教育学校已经开始动工建设。推进民办教育规范发展，办学水平得到进一步提升。一年来新增民办学校（教育机构）11 家，新增在校生 1 300 多人。特别是英德市华粤中英文学校荣获

"全国优秀民办中小学"称号，成为全省16所之一、清远市唯一获此殊荣的民办学校。

各级各类教育

【基础教育】2009年，全市有中小学校996所，其中小学819所、初中147所、普通高中30所；在校中小学学生总数为58.41万人，其中，小学29.72万人、初中21.06万人、普通高中7.63万人；共有教职工3.75万人，其中专任教师3.51万人。

一是义务教育规范化学校建设稳步推进。2009年，全市共有114所学校通过"义务教育规范化学校"验收。其中，清城区、佛冈县已在全市率先实现区域内义务教育阶段学校100%创建为规范化学校。全市累计创建义务教育规范化学校341所，占完全小学以上学校的46.5%，覆盖面达35.3%。同时，新一轮布局调整工作力度加大。2009年全市共撤销学校117所，撤高留低115所。

二是办学体制不断创新。通过大胆推行新政策，加大扶持力度，最大限度放宽民营资金准入机制等措施，促进民办教育的发展，形成了公办与民办教育共同发展的高中教育格局。2009年，全市新增民办学校（教育机构）11家，新增在校生1 300多人。清远市一中实验学校、清远盛兴中英文学校、英德市华粤中英文学校、清新县凤霞中学等民办高（完）中发展快速，成为清远市高中阶段教育的重要补充。至2009年，全市共有民办教育机构309间，占全市学校总数的21.93%；在校生74 912人，占全市在校生总数的10.48%。其中民办幼儿园276所，在园幼儿44 110人，占全市在园幼儿总数的50.7%；民办小学16所（含九年一贯制），在校生16 208人，占全市小学生总数的5.45%；民办初中6所，在校生9 892人，占全市初中学生总数的4.58%；民办高中6所，在校生3 034人，占全市高中学生总数的3.97 %。

三是义务教育阶段"千校扶千校"行动初见成效。进一步加快帮扶工作进程，使发达地区学校帮扶欠发达地区学校、骨干学校帮扶薄弱学校工作落到实处，真正帮出实效。

四是普通高中办学水平全面提升。大力推进示范性普通高中建设，截至2009年底，全市有10所普通高中创建为广东省国家级示范性普通高中。全市普通高中优质学位比例达到86.4%。

五是普及高中阶段教育进程明显加快。2009年，全市普通高中和中等职业技术学校通过各种渠道积极筹措资金2.3亿元，加快推进学校新建、扩建工程，共计新增校园面积92 994平方米、校舍建筑面积196 246平方米，新增的仪器设备总值4 631万元。2009年，全市共有初中毕业生60 881人，高中阶段学校共完成招生69 337人，完成计划招生的126.99%，比2008年增加20 444人。其中，普通高中招生28 156人，完成计划招生的103.69%；各类中等职业技术学校招生41 181人，完成计划招生的121.3%，其中输送到珠江三角洲地区中职、中技学校12 823人，完成省下达给清远市转移招生任务的251.43%。全市高中阶段在校生已达158 431人，高中阶段教育毛入学率达到78.12%，比2008年提高了14.22%，增幅位居全省前列。清城、佛冈、连山3个县（市、区）高中阶段教育毛入学率均达85%以上，已率先通过市"普高"督导验收，全市普及高中阶段教育完成率已接近四成。

【职业教育】2009年，全市有中职、中技学校20所，在校生6.2万人，校均规模达到3 100人。其中公办中职学校10所，在校生40 316人；民办中职学校5所，在校生1 668人；公办技工学校3所，在校生15 043人；民办技工学校2所，在校生4 116人。职业技术学院2所（华南工商学院、清远职业技术学院），共有全日制在校大专生11 557人。2009年，全市共有国家级重点中等职业学校4所（清城区职业技术学校、清远市职业技术学校、清新县职业技术学校、清远市高级技工学校），在校生23 701人；省级重点中等职业学校4所（连州卫生学校、英德市职业技术学校、阳山县职业技术学校、广东省南华技工学校），在校生25 476人；国重、省重优质学位占79.3%。现有省级实训中心4个（清远市职业技术学校、清城区职业技术学校、英德市职业技术学校、清远市高级技工学校）；有国家级示范专业1个（数控技术及应用）、省级重点专业8个（数控技术及应用、汽车运用与维修、机电技术应用、模具设计与制造、护理、电子技术应用、计算机及应用等），此外还有旅游服务与管理等12个市级重点专业。全市有中职学校教职工（含技工）2 448人，其中专任教师1 860人，本科学历以上教师1 359人，“双师型”教师381人。

一是中职教育快速发展。2009年，全市完成中职教育招生37 569人（其中，中职招生21 609人、中技招生7 460人、市外中职技工学校招生8 500人），比2008年增加17 999人，增长91.97%。中职学校建设力度加大，新增学位8 457个。中等职业教育的招生规模、在校生规模首次超过普通高中，其中招生规模普职比为43.3∶56.7，在校学生普职比为47.44∶52.56。

二是积极探索办学和人才培养模式，办学水平不断提高。创新思路，加快发展。成功启动省市共建现代职业教育体系改革试验区，使清远市职业教育进入一个新的发展阶段。继续探索在部分县（市、区）采取春季提前招生的改革办法，在应届初中毕业生中实行初三分流的做法。实行春季招生的学校从2008年的9所增加到19所，学生从2008年的5 590人增加到9 685人。继续完善联合办学、工学结合等办学模式，实行“零学费就读，零距离就业”，较好地解决了部分困难家庭子女继续升学的困难。2009年6月4日，在梁銶琚职业学校举行了顺德、清远两地首届“零学费入学，零距离就业”的双零模式毕业生典礼。继续执行外输生源政策，2009年全市外输中职技工学生8 500人，超额完成省下达的清远市外输任务。坚持“以服务为宗旨、以就业为导向”，大力推进以校企合作、“订单”式培养为主要形式的人才培养模式改革；大力推进“双证书”教育制度和课程改革，积极引进企业课程，努力形成以职业能力为核心的课程体系，职业教育人才培养模式不断得到完善，教育教学质量不断提高。2009年，全市10 452名（含技工学校）职校毕业生就业率达到98%以上。参加“3+证书考试”83人，录取52人，占考试人数的62.65%。2009年3月12日，清远市职业技术学校等7所职校选派了56名选手参加“清远市第二届中等职业学校技能竞赛”。

三是全面整合提高，办学实力进一步增强。基础能力建设加强。2009年，全市中职学校共计占地面积136.98万平方米，校均占地面积达到6.85万平方米以上；建筑面积32.96万平方米，实验实训设备总值15 670.4万元。坚持面向市场，专业建设初显成效。全市共建成国家级示范专业1个，省重点专业8个，市重点专业14个，开设有商贸旅游类、信息技术类、加工制造类、医药卫生类、农林类、财经类、文化艺术与体育类、社会公共事务类等10大类43个专业，面向第二产业和现代服务业的培养能力大幅度提升。加强培训，队伍素质不断提高。中职学校（含技工）专任教师中，本科以上学历教师有1 359人，比2008年提高9.3%；“双师型”教师381人，比2008年提高30.03%。2009年从各校遴选了6名教学一线的骨干教师，参加为期2个月的国家级骨干教师培训。

【高等教育】2009年，全市有高等教育学院2所，即南华工商学院、清远职业技术学院。2008年，在清远市委、市政府的积极争取下，成功引进南华工商学院在清远大学城开办清远校区，该院有全日制在校大专生3 028人。清远职业技术学院有4个二级学院（护理学院、外语与经贸学院、机电工程学院、继续教育学院）、5个系（师范教育系、旅游与家政管理系、食品药品系、计算机应用系、艺术系）和1个中专部；开设有高职专业31个，中专专业4个；共有教职工522人，其中副高以上职称教师92人；在校学生13 400多人，其中全日制普通专科生8 529人，中专生664人，成人学历教育学生4 200多人。

2009年，清远职业技术学院围绕“贯彻落实科学发展观，推动内涵建设上水平”的主题，各项工作呈现出可喜变化。一是学习实践科学发展观有新成效。找准了学院发展过程中存在的主要问题，提出了整改思路和整改方案。抓住机遇，解决了困扰学院发展的经费保障机制和人事管理对接等两大问题。在市委、市政府的帮助下，解决了学院聘用干部与市组织人事部门的对接问题，并对学院的办学经费落实了“生均拨款”，还把新校园建设项目纳入市“十个一批”建设项目，项目总投资约为1.4亿元。同时，清远市委、市政府正式启动省市共建的现代职业教育体系改革试验区建设，也为清远职业技术学院提升办学层次创造了条件。二是以评估整改为中心的内涵建设有新进展。学院全面启动了以提高教师职教能力为核心的课程改革，有计划有步骤地全面推进项目化课程教学改革。同时，专业建设、教改科研走上了轨道，部分项目取得新突破。6门校级精品课程通过评审验收，申报省级精品课程3门、国家级精品课程1门，有1门课程被评为省级精品培育课程。学院获得国家发明专利1项，立项课题37项，其中省级课题4项；4篇论文获市政府一等奖，38篇论文获市级以上奖励；首个市科技项目“香根草精油提炼技术研究成果”顺利通过鉴定，并获市科技进步奖二等奖。学院师生频频获奖，在参加全国和全省各类比赛尤其是技能比赛中获得奖项16个，参加市级以上技能比赛获奖100多人次。此外，校企合作不断深入，先后与高新区、市旅游局、市人民医院、市妇幼保健院等签订校企合作合同，校企合作工作再上新台阶。三是校园建设有新面貌。学生的思想政治工作进一步加强，启动了作为学院思政教育品牌的蟠龙园讲坛，并举办了系列讲座。校园文化建设逐步形成品牌，在全省评选中获得优秀奖。招生就业形势喜人，学院再度成为广东省最受考生追捧的热门高职院校之一，招生总数 3 529 人。2009 届毕业生总体就业率为 98.28%，再创历史新高。学生管理，特别是后勤管理进一步规范。2009 年为学生发放的各类奖助学金高达 700 万元。学院党风廉政建设首次接受了省检查组检查，并获评“优秀”。四是成人教育和教师培训规模有新增长。2009 年，清远职业技术学院成人教育取得了较大的发展，与广州医学院、广州中医药大学合办的本科、专科班招生大幅增长，电大、网络教育招生规模继续扩大，成人教育在校生达 4 200多人。教师培训中心开展了初中新任教师学科专业培训、清远市第二期幼儿园园长任职资格培训、清远市初中骨干教师培训、广东省中小学教师教育技术能力建设项目中级助学导师（清远班）培训、清远市中小学教师教育学和心理学补修培训、农村小学语文和数学骨干教师培训等项目培训，培训人数达 2 400 多人次。

教育成果与特色

【素质教育】高考成绩持续提升，上线率达 76%，比 2008 年增长 2 个百分点，录取率达 68.3%，高分层人数和考取重点大学人数逐年增加。教师教学教研成果、竞赛成绩突出，学生学科竞赛、体育竞技、艺术展演和科技创作取得显著成果。一年来，清远市选拔优秀教师参加省级优质课等各项比赛，共获奖 110 人次；确立市级立项课题 57 项，课题结题评审验收 19 项，获市级表彰奖励课题成果 34 个；学生在全国中学生数学、物理、化学、英语学科竞赛中获省级以上奖励达 508 人次；清新县第一中学代表清远市参加广东省体育田径传统项目比赛，取得单项第二名 1 个、第三名 2 个，获团体总分第七名；在广东省第三届中小学生艺术展演中，清远市荣获艺术节目一等奖 3 个、二等奖 5 个、三等奖 5 个；艺术作品获一等奖 13 个、二等奖 29 个、三等奖 38 个，获奖总数排在全省山区市的前列。

【教师队伍建设】着力解决代课教师“代转公”问题，100% 完成达到省最低分数线代课人员的“代转公”手续，此项工作成绩排在全省各市的前列。推进中小学教师工资福利待遇“两相当”和义务教育学校实施绩效工资工作成效初显。2009 年，全市各县（市、区）教师工资福利待遇已实现“两相当”。教师队伍素质进一步提升。全市小学、初中、普通高中、中职专任教师学历达标率分别为 99.68%、98.68 %、95.32%、77.99%，同比提高 0.18%、0.49 %、1.63%、0.01%。其中，小学专任教师专科以上学历人数占 75.81%，比 2008 年提高 2.57%；初中专任教师本科以上学历人数占 57.92%，比 2008 年提高 4.16%。

【学校安全保障】中小学校舍安全工程工作成效明显。全市完成校舍排查鉴定、制定总体规划、建立纸质档案、建设信息系统等工作。截至 2009 年 12 月，累计开工项目学校 49 所，主体已完工项目学校 33 所，已竣工并交付使用项目学校 19 所，已开工建设面积 19.6 万平方米。按照国家和省的要求，进一步推进学生卫生工作机构建设，有 5 个县（市、区）教育局成立了中小学学生保健所。完善“校园安全管理平台”管理系统，加强学校安全信息化管理。做好校车强制安装卫星定位汽车行驶记录仪工作，进一步落实学校的安全保障措施和安全硬件建设。创建“广东省安全文明校园”7 所。

【教育公平】2009 年，全市城乡义务教育享受“两免”学生共 98.46 万人次，各级财政共投入“两免”补助资金 2.04 亿元；落实农村困难家庭学生生活费省专项补助资金 2 428.4 万元，受惠学生 88 117 人；清远市助学扶志专项基金发放助学金 200 多万元，受惠学生 1 000 多人。同时，清远市政府出台政策，每年划拨 300 万元中职扶贫助学专项资金，进一步扩大扶贫助学覆盖面。争取到省桂贤基金会和香港“立升”慈善基金会的支持，资助清远市普通高中学生 240 人，发放助学金 34 万元，助学体系功能得到进一步发挥。

（撰稿　王清泉；审稿　汤桂森　贾圣广）

潮州市

概况

2009年，潮州市教育系统积极贯彻落实科学发展观，以“落实推进年”为契机，围绕潮州市委、市政府的工作部署，全面加强作风建设，圆满完成全年工作任务。全市义务教育“以县为主”的管理体制不断完善，城乡免费义务教育稳步推进，学校布局调整和资源配置不断优化；普及高中阶段教育取得新进展，高中阶段教育毛入学率快速提升，高中阶段学校办学条件明显改善；全市高考取得明显进步；教育改革发展全面推进，教育综合水平和教育质量全面提高。

一、夯实基础，义务教育均衡发展取得新进展

潮州市把加快推进义务教育均衡发展作为教育改革的主要着眼点，进一步落实义务教育以县级人民政府管理为主的体制，加大教育投入，大力实施促进义务教育均衡发展的政策措施，加快义务教育资源均衡配置，切实提高农村教育水平，逐步缩小城乡教育差距。一是城乡免费义务教育政策得到贯彻落实。全市免费义务教育学生共340 748名，年补助资金达13 973.2万元。二是义务教育学校布局调整顺利推进。全市共撤并调整100人以下小学37所，其中，潮安县17所，饶平县14所，湘桥区5所，枫溪区1所。三是义务教育规范化学校建设初见成效。组织验收义务教育规范化学校137所，其中，潮安县68所，饶平县45所，湘桥区17所，枫溪区3所，市直学校4所。四是中小学校舍安全工程全面铺开。中小学校舍安全工程累计投入资金1 492万元，改造项目学校47所，单体建筑物72栋，建筑面积达69 903平方米。五是“千校扶千校”行动蓬勃开展。全市有45所义务教育薄弱学校得到为期3年的帮扶，其中，东莞市帮扶潮州市学校20所，市内帮扶学校25所。

二、突出重点，加快普及高中阶段教育取得新成果

加快普及高中阶段教育和发展职业教育是全市教育工作的重中之重。在潮州市委、市政府的高度重视和大力支持下，高中阶段教育普及工作取得明显进展，为2011年基本普及高中阶段教育打下了坚实的基础。一是中考报考率和高中阶段教育毛入学率快速提升。全市中考报考人数达到37 210人，比2008年增加5 026人，比增16%；报考率为80.2%，比2008年高出8.6个百分点。普通高中招生22 678人，超额完成省下达的招生任务；中职招生7 924人（含技工），完成省中职招生任务的96.6%；输送到珠江三角洲地区职校的生源达到5 914人（含技工），完成比例高出粤东各市。全市高中阶段学校在校生规模达到9.6万人，比2008年增加9 000人，增幅达10.3%；高中阶段教育毛入学率从2008年的65%提升到2009年的71.9%，比增6.9个百分点，超过预期70%的奋斗目标，居粤东各市的首位。二是高中阶段学校扩建项目取得新进展。全市扩建高中阶段学校累计投入资金8 425万元，竣工面积达84 421平方米，其中扩建普通高中学校6所；扩建中职学校4所，完工1所，正在扩建2所，进入设计1所。潮州市职业技术学校新校区扩建工程进度加快，主体工程基本建成，其他配套工程加紧推进。

三、以师为本，教师队伍建设取得新突破

潮州市委、市政府主要领导对提高教师工资福利待遇和维护教师队伍稳定高度重视，坚持亲自部署工作。各县、区党政领导和全市教育、人力资源和社会保障、财政等部门通力合作，推进义务教育学校教师绩效工资的实施和录用代课教师等工作。一是稳妥解决代课教师和教师缺编等问题。全市共培训代课教师832人，参加录用考试共477人，其中达到省最低录取分数线的394人，先后两批录用代课教师累计394名，其中潮安县录用180名，饶平县录用212名，市直录用2名。各县区和市直学校公开招考录用中小学教师788名。二是扎实推进义务教育绩效工资和教师工资福利待遇“两相当”工作。市直和湘桥区率先兑现义务教育绩效工资，其他县区加紧推进。三是进一步提高教师队伍素质。培训中小学校长（含幼儿园园长）312名、新任教师820名、高中教师2 491名，组织班主任国家级培训1 000名、英特尔未来项目培训500名。小学、初中、高中专任教师学历达标率从2008年的99.79%、97.85%、80.13%提高到99.89%、

98.27%、83.83%，分别提升了0.1、0.42、3.7个百分点，小学教师大专学历达标率、初中教师本科学历达标率从2008年的72.08%、42.3%提高到75.83%、49.02%，分别提升了3.75、6.72个百分点；小学、初中、高中教师高级职称所占比率从2008年的55.75%、4.36%、14.5%提高到62.66%、5.04%、16.2%，分别提升了6.91、0.68、1.7个百分点。

四、规范管理，教育督政督教取得新成效

潮州市基础教育以县为主的教育管理体制全面推进，学校招生和收费工作不断规范，切实维护了群众利益，促进了社会公平。一是基础教育工作责任考核圆满完成。上半年完成市对各县区党政主要领导干部基础教育工作责任的考核，督促各县区进一步落实办学责任。下半年，潮州市委、市政府全力配合省委、省政府对市党政主要领导干部基础教育工作责任的考核，得到省考核组的充分肯定，被评定为“优秀”等次。二是教育收费和招生工作进一步规范。取消了义务教育阶段借读费，学校收费工作进一步规范。公平招生得到落实，全市共安排4 430个小学和初中优质学位进行公开摇号，合理地解决了优质学位公平派位问题。高中阶段学校招生按户籍所在地安排入学，优质高中招收择校生严格执行“三限”政策，录取分数线坚持向社会公布。

各级各类教育

【基础教育】一、学前教育和特殊教育

2009年，全市有各级各类幼儿园578所，在园幼儿65 088人，学前三年幼儿毛入园率为86.18%，比全省平均水平77.3%高出8.88个百分点。全市有特殊教育学校3所，在校学生118人，残疾儿童在全日制小学、初中附设特教班就读420人，占残疾儿童总数的78.07%。特殊教育小学入学率达到80.53%，初中入学率达到77.78%。

二、义务教育

全市有义务教育阶段学校792所（其中初中88所，小学704所）。全市初中、小学在校学生分别为145 280人、214 799人。全市初中、小学专任教师分别为7 021人、10 154人，学历达标率分别为98.28%、99.88%。小学毛入学率为107.37 %，比2008年提高0.48个百分点，小学五年保留率为102.81%，小学辍学率为1.03%；初中毛入学率为109.05%，初中三年保留率为92.37%，比2008年提高0.09个百分点，比全省平均水平88.76%高出3.61个百分点，居全省第六位；初中辍学率为2.54%，比2008年下降0.38个百分点。各项指标均达到或超过省规定的标准。

三、高中阶段教育

全市有普通高中35所，各类中等职业技术学校14所，其中省属学校1所，市属学校13所，国家级重点职中1所，省级重点职中2所。全市普通高中招生22 678人，中职招生7 924人，输送到珠江三角洲地区职校的生源达5 914人，全市高中阶段学校在校生规模达9.6万人。高中阶段教育毛入学率达到71.9%，居粤东各市的首位。

【高等教育】全市有省属普通高等师范学院（韩山师范学院）1所，有实行省市共管、以市为主管理体制的师范分院（韩山师范学院潮州师范分院）1所，有广播电视大学（潮州广播电视大学）1所。

韩山师范学院拥有正高职称教师44人，副高职称教师228人，博士学位教师57人，硕士学位教师344人。学院办学规模进一步扩大，全日制在校生达1.47万人，成人教育在籍生近6 000人。学院招生创下历史新高，本、专科共招生5 090名。

韩山师范学院潮州师范分院在校大专师范生近2 000人。潮州广播电视大学有成人学历教育培训在籍生2 000多人。

教育成果与特色

【素质教育】中小学德育工作不断创新发展。根据《潮州市中小学德育工作评估实施方法（试行）》，评出“潮州市德育工作示范学校”27所、“潮州市德育工作达标学校”1所；评出中小学优秀

德育论文一等奖35篇、二等奖49篇、三等奖43篇；评出教育成功案例一等奖25篇、二等奖41篇、三等奖64篇。全市有24所中小学校申报省级德育科研课题，其中湘桥区城南实验中学、铮蓉中学、城南小学3所学校被省确定为重点德育科研课题实验学校。开展省课题"潮州市青少年思想道德现状及其教育研究"研究工作，完成中期课题结题总结。确定第二批"名班主任"培养对象，对50名"名班主任"培养对象进行主题班会课观摩评比和学习考察活动。潮州市高级中学的黄秀红老师等3名班主任被确定为第二批省级名班主任培养对象。潮州市高级中学等4所中小学被评为省级"书香校园"；评选出省"百佳阅读之星"7名、省"阅读之星"5名、省争当"阅读之星"活动优秀校长4名、优秀指导教师4名。与潮州市邮政局联合组织开展中小学生"千万贺卡寄思情"活动，共有20万名学生参加。韩山师范学院潮州师范分院、饶平县教育合唱团分别获得"祖国在我心中——广东省第九届'百歌颂中华'歌咏活动"银奖。组织全市620名中小学教师接受心理健康教育"C证"培训。与市妇联配合，在潮州市实验学校启动"净化网络，护卫孩子——万名母亲网络护卫行动"。5所中小学被确定为潮州市"做一个有道德的人"主题活动联系点。全年评出市级优秀学生311名、三好学生312名、优秀班集体98个；有425名大学新生获得潮州市第四届"金银星"奖学金；有13名高中生获得首届广东省宋庆龄奖学金。组织市直学校团员与潮安县凤凰中学、文祠镇李工坑小学等山区学校开展"手拉手"活动。有5个集体分别获得"全国红旗大队""全国红旗中队""广东省红旗团委""广东省红旗大队"等光荣称号。

中小学体育、卫生、艺术工作取得丰硕成果。潮州市金山中学等10所中小学校被评为"2009—2011年度广东省体育特色学校"。132所学校完成2009年度广东省学生体能素质标准测试数据的收集上报工作。积极开展阳光体育活动，在全市推行全国第三套中小学生广播体操和新编眼保健操。选送31篇体育教育论文参加全国第十届中学生运动会科学论文报告会广东赛区初赛；潮州市金山中学的林通贤老师等撰写的论文代表广东省参加了全国第十届中学生运动会科学论文报告会的评比。潮州市高级中学、潮安县华侨中学、松昌中学、饶平县第二中学等学校参加了广东省田径、篮球等体育传统项目比赛。潮州市教育局联合市体育局举行了2009年潮州市青少年田径锦标赛和全市少年儿童围棋赛。完成2009年度潮州市中考体育任务，考生共37 652人，考试合格率为76.6%，优秀率为15.2%。开展潮州市第三届中小学生艺术展演活动，共评选出优秀组织奖22个、精神风貌奖25个、创作奖26个、指导教师奖120名；艺术作品类一等奖80件，二等奖92件，三等奖184件；艺术表演类节目一等奖26件，二等奖48件。潮州市绵德小学的《八仙游潮州》等14个节目参加广东省第三届中小学生艺术展演活动粤东片区赛。在广东省第三届中小学艺术教育论文报告会中，潮州市报送音乐类、美术类论文共46篇，饶平县教育局李杰华老师撰写的《潮州民间美术课程资源开发与利用实验报告》和潮安县庵埠镇文里小学陈妙玲老师撰写的《让潮汕艺术文化融入校园生活》论文代表广东省参加全国中小学艺术教育论文报告会。成功组织和举办"潮汕星河奖第二十届颁奖大会文艺表演""市直学校庆祝第25个教师节文艺表演"和"潮州市教育系统庆祝新中国成立60周年文艺表演"等大型活动。

【教学教研工作】全市高考备考工作扎实推进，召开全市高考备考中心组会议，出台《潮州市普通高中2009—2010年高考学科备考指导意见》。2009年，全市高考再创佳绩，共有19 821名高中毕业生参加高考，入省围线人数达16 162人，入围率为81.5%，比2008年高出5个百分点；高分层人数、第一批上线人数、本科上线人数、三A线上线人数均比2008年大幅度提升。645分以上的尖子生跃升至52人；第一批上线人数首次超过1 200人，达到1 237人；本科上线率达到32.73%，比全省平均水平高出3个百分点；三A线上线人数首次突破1万人，达到11 044人。15 452名考生被各类普通高校录取，录取率高达95.61%。组织中小学教师参加全国和省优质课、录像课比赛，取得优良成绩，获得省一等奖2名、二等奖10名；教师在全国、省、市教学设计和论文评比中获得省一等奖25项、二等奖55项，市一等奖129项。组织中小学生参加全国、省各项学科竞赛，获得全国一等奖133名、二等奖361名，省一等奖89名、二等奖278人。对潮州市"十一五"教育科研课题第一期立项课题的86项课题进行检查。潮州市金山中学肖文森等8名校长被全国教师教育学会评为优秀校长。

【电教及装备工作】全市电教装备工作以实施农村中小学"新装备"工程、推进教育资源公平、均衡配置为中心，在促进青少年科技素养提高方面取得新进展。城镇学校和农村中心小学信息技术课程基本从小学三年级起开设，课程开课率达100%，农村小学开课率达到28%。湘桥区城南小学和昌黎路小学选手先后获得全国第十届中小学电脑制作活动“机器人灭火”一等奖和第九届全国青少年机器人竞赛小学组足球金牌，实现潮州市在该项竞赛中的首次突破。创建国家级现代教育技术实验学校1所，创建现代教育技术省级实验学校6所。省级现代教育技术实验学校累计达到19所。农村中小学“新装备”工程建设取得新进展。全年共投入225万元，建成初中理化生实验室25间、小学科学实验室31间。师生技能建设取得新进展，组织了500名教师参加英特尔项目培训、100名在校师范生参加职前培训、50名教师参加教育技术中级助学导师培训、660名教师参加中级培训。

（撰稿　吴松标；审稿　庄建明）

揭阳市

概况

2009年，揭阳市教育系统在揭阳市委、市政府和广东省教育厅的领导下，各县（市、区）党政、市和县（市、区）教育行政部门以及全市教育工作者以科学发展观为统领，以党的“十七大”、省委十届四次会议、省委十届五次会议、省委粤东会议和揭阳市委四届六次全会精神为指导，继续解放思想、奋力拼搏、开拓创新，全力推进基础教育跨越发展。目前，揭阳市教育工作持续健康推进，实现初步振兴，展现出蓬勃生机。

一、党政领导重视教育

揭阳市委书记陈弘平和市长陈奕威高度重视发展教育事业，在多次大会上强调要优先发展教育事业，确立教育优先发展的战略地位，提出要坚决落实教育资金筹措、校舍建设和提高师生素质三大任务，强力推进教育发展。在粤东地区现场会和粤东地区工作会议后，明确提出教育五大任务。一是多方筹措资金，2009—2011年，5个建制县（市、区）分别新建1所4 000个学位的民办高（职）中。二是加快校舍建设，2009年、2010年两年新扩建校舍123所，确保10所新建高（职）中按期建成投入使用，确保完成原计划761所规范化学校创建任务，确保在2009年底前基本消除农村义务教育大班额现象。着重发展中等职业教育，优化普高和职教比例。大力提高初中三年保留率和高中阶段入学率，力争到2011年，高中阶段毛入学率达到80%。三是强化学校管理，抓好师德建设，与北京师范大学等院校合作实施大规模教师培训计划，打造一批名师、名校、名班主任。四是落实中小学教师工资福利待遇“两相当”，逐步提高教师待遇。五是设立市和各县（市、区）教育基金会，争取省帮助解决揭阳市高中阶段学校发展缺口资金。

2009年教师节，揭阳市委、市政府下发了《中共揭阳市委揭阳市人民政府关于表彰优秀教职工和尊师重教先进单位先进个人的决定》，评出市优秀教师70名、市优秀班主任30名、市优秀教育工作者20名、市尊师重教先进个人3名和市尊师重教先进集体5个，揭阳市委、市政府对获奖单位和个人给予了表彰。

二、重视创建和谐校园

通过开展创建“书香校园”“平安校园”和“平安示范校园”等活动，继续推动全市中小学校园“净化、绿化、美化、文化、特色化”建设向纵深拓展。在“书香校园”创建活动中，全市有4所学校被评为省级“书香校园”，17所学校被评为市级“书香校园”；在“平安校园”创建活动中，全市有23所学校获评市级“平安校园”，有10所学校获评“平安示范校园”。上述活动推进了校园内外环境的建设，使学生在良好的人文和自然环境中健康和谐地学习、成长。

三、不断加强依法治教

一是以督政为首，认真组织党政领导干部基础教育工作责任考核。5月24日，揭阳市成立了由杜安义副书记为组长，林丽娇、林敏、刘建中、林润生为副组长，市人大、市政协、市纪委等12个单位的有关领导为成员的“揭阳市党政领导干部基础教育工作责任考核领导小组”，于6月23—27日分三组对全市5个县（市、区）党政领导干部2007年、2008年基础教育工作实施责任考核。12月1—3日，广东省人民政府教育督导室组织了以朱超华副厅长为组长的21人考核组，对揭阳市委书记陈弘平、市长陈奕威和副市长林丽娇2007年度、2008年度履行基础教育工作责任的情况进行考核。在揭阳市教育局的精心准备下，市、县（市、区）考核工作顺利进行、圆满完成，得到省考核组的充分肯定，考核达到了预期目标。二是以督学为本，促进教育综合实力的不断提高。至2009年底，全市共有广东省国家级示范性普通高中3所，省一级学校19所，市一级学校（园）52所，2所职校办成国家级重点中职学校，办学水平显著提高。三是不断规范教育收费，积极做好信访工作，全面促进依法治教。

四、不断提高教育行政水平

2009年以来，揭阳市教育局党组把开展学习实践科学发展观活动作为一项重大政治任务和推动全市教育科学发展的难得机遇，加强领导，精心组织，成立了活动领导小组，组建了活动办公室，印发了《揭阳市教育局深入学习实践科学发展观活动的实施方案》，对局各科室和市直各学校活动的开展进行具体部署，并制订揭阳市教育局深入学习科学发展观计划，即通过学习调研、分析检查和整改落实三步骤学习实践科学发展观。同时，先后编发了23期开展学习实践活动内容的简报，总结推广先进经验、扩大活动影响，进一步指导、推动学习实践科学发展观工作。通过一年来的学习实践，市直教育系统党的思想、组织、作风建设及领导班子建设均取得新突破，教育行政水平得到显著提高，有效地促进了揭阳市教育事业的发展。

各级各类教育

【基础教育】 一、学前教育

一是积极开展农村学前教育试点工作，选定揭西县作为省级试点县，重点推进农村学前教育改革工作。二是加强家庭教育的研究，提高家长教育能力。2009年7月，揭阳市首个幼儿教育课题“幼儿园家长学校创新发展研究”获得省教育厅立项。三是建立挂钩帮扶制度，促进幼儿教育均衡发展，有效地促进了乡镇中心幼儿园和村办幼儿园保教水平的提高。四是积极组织人员参加幼师学历提高培训，全年有400多人参加了学历提高培训。2009年全市有幼儿园587所，在园（班）幼儿137 118人，学前三年入园（班）率达79.4%。

二、义务教育

2009年秋季，全市有小学在校生724 437人，比2008年减少80 571人，小学适龄儿童入学率为100%，小学五年保留率为100%；全市有初中在校生426 897人，比2008年增加10 353人，初中一年级已入学人数为147 326人，初中二至三年级已入学人数为279 571人，占上学年一至二年级人数的96.4%，初中三年保留率为93.7%，居全省第5名。小学毕业生升学率为99.4%，小学“三残”儿童少年入学率为97.2%，流动人口义务教育阶段受教育率为99.5%。全市“普九”各率达到或基本达到国家的要求。

三、高中阶段教育

全市有普通高中学校60所。2009年计划招生58 600人，实际招生59 152人，比2008年扩招7 685人，扩招比例达14.9%；在校生144 245人，比2008年增加15 496人，增幅达12%；每万人口普通高中在校生，按户籍人口计为224.9人，按常住人口计为251.4人。

着力抓好中等职业教育的招生工作。在全市教育系统的奋力工作下，全市中职学校共招生56 566人，完成省下达任务的101%；在校生61 626人，比2008年增加了41 908人，增幅达212.4%。

2009年，全市高中阶段教育毛入学率约达65.2%。

【成人教育】 在基础教育全面迅速发展的同时，成人教育也同步推进。继续实施“三教”统筹、农科教结合，全面推进农村教育综合改革。至2009年底，揭阳市共创办乡镇成人文化技术学校83所，村级成人文化技术学校1 430所。一年来，农村接受各类培训达487 869人。目前，全市有省级示范性乡镇成人文化技术学校7所（榕城区仙桥镇，揭东县炮台镇、云路镇，普宁市梅塘镇、大坪镇、洪阳镇，惠来县隆江镇）和市级文化技校1所（揭东县玉湖镇）。

【民办教育】 积极抓好民办教育学校的规范管理和发展，进一步落实“积极鼓励，大力支持，正确引导，依法管理”的方针，落实民办教育有关的扶持法规和政策，促进民办教育健康发展。一是积极支持创办民办教育学校。2009年，普宁市华美实验学校和普宁市勤建学校正式设立，秋季开始招生。二是抓好民办学校的规范管理，促进民办教育的健康发展。既进一步依法支持、规范管理，健全年度检查制度，又积极协助民办学校争取省民办教育发展专项资助资金，改善学校办学条件。同时，大力支持、鼓励民办学校创造条件，争创全国优秀民办学校。2009年已推荐6所民办中小学参加全国首届优秀民办中小学评选。

教育成果与特色

【德育工作】 一是加强未成年人思想道德建设，通过开展初中生人生规划专题教育活动，指导初中生正确认识自己，学习合理地规划自己的人生发展；开展“庆祝新中国成立60周年”系列活动，以“我在祖国怀抱中快乐成长”为主题，制定下发了《揭阳市教育系统庆祝新中国成立60周年活动方案》（揭市教〔2009〕163号），有计划、有步骤地开展活动；与揭阳市邮政局联合在全市中小学校开展以“祖国六十盛典，快乐伴我成长”为主题的知识竞赛活动等，提高了学生的思想道德素质。2009年，全市中学共有994人被评为市级三好学生和优秀学生干部，5人被评为省优秀学生，17人被评为省级三好学生；2人被推荐为教育部“宋庆龄奖学金”候选人，2人被推荐为提名奖候选人。二是认真做好中学生综合训练工作。一方面，完善德育基地建设，加强德育基地内部管理，6月17日，基地被广东省禁毒委授予“广东省三年禁毒人民战争先进单位”称号。另一方面，按要求组织学生参加综合训练，2009年全市共有7万多名初一级、高一级学生分80批到揭阳市德育基地参加训练。

【招生工作】 揭阳市教育局班子把考风考纪建设当做一项严肃的政治任务来抓，当作办好人民满意教育的一项关键工作来抓。目标明确、抓紧抓早，实现了“高考试卷保密零疏漏、考务工作零差错、考生零违规”的目标，再次赢得了诚信建设的美好声誉。2009年，揭阳市高考创历史最佳成绩。全市报考人数37 546人，上线考生27 158人，比2008年增加6 233人，增幅达29.78%，超过省平均水平10个百分点；上本科线人数11 137人，比2008年增加2 164人，增幅达24.11%，超过省平均水平16个百分点，创造了建市以来高考上本科线人数超过万人的记录。其中上本科重点线人数2 212人，比2008年增加296人，首次突破2 000人大关，增幅达15.44%。经过录取，全市被各级各类高等院校录取的考生共有26 049人，报考录取率达70.5%。

【教研教改】 为切实提高教书育人质量，揭阳市教育局以积极探索与实践的前进精神，全面推进课程改革，狠抓课堂教学改革，积极开展教育科研，积极探索区域协作、联动发展的教研新方式，同时搭建活动平台，培养学生创新精神和实践能力，全面提高教育教学质量。一方面，组队参加全国、全省举办的各类学科竞赛活动，教师获全国园丁奖、全省优秀辅导员奖共有37人；学生获全国一等奖20人、二等奖41人、三等奖62人，获全省一等奖20人、二等奖59人、三等奖97人。其中，在参加第九届中国青少年机器人竞赛中，揭阳市揭东第一中学代表队和普宁第二中学代表队代表广东省参赛，分别取得了足球项目高中组第一名和基本技能项目二等奖的优秀成绩，实现了揭阳市在该项活动中的历史性突破。

【体育艺术卫生工作】 不断强化体育、美育和卫生工作，增强学生体质，提高学生修养。在体育方面，一是注重开展形式多样的体育活动，提高师生的身体素质。认真抓好学生每天1小时的体育活动和有关体育竞赛，同时精心组织参加省的各项体育比赛，并取得优异成绩。特别是在参加广东省体育传统校篮球赛中，揭阳市榕城区华侨高级中学男子篮球队再一次夺得冠军。二是积极改善体育设施设备。2009年全市扩建、新增活动场地9 780平方米，投入器材购置费用867万元。三是积极抓好学校体育教师的培训工作，不断深化体育教研改革，把教研工作作为提升体育教师理论水平、更新教学理念和转变教学形式的有效途径。四是致力于创建体育特色学校，全市有11所学校申报了省第二批“体育特色学校”，顺利接受了省检查组的验收。2009年，揭阳市体育考生报考普通高校体育专业432人，被高校录取为本科生的有151人。

在艺术教育方面，以艺术教育为载体，推进校园文化建设。积极参加各类艺术比赛，如参加“祖国在我心中——广东省第九届‘百歌颂中华’少年组合唱比赛”、广东省第四届青少年书法大赛和第六届“星河杯”潮汕青少年书画大赛等等，揭阳市均取得了优异的成绩。2009年7月29—30日，揭阳市高水平组织承办的“广东省第三届中小学生艺术展演”艺术表演类粤东片区复赛，共有来自揭阳、汕头、潮州三市的1 000多名师生参加，46个节目进行了激烈的角逐，揭阳市取得了优秀的成绩。在2009年高考艺术类考试中，揭阳市上省线以上考生有400多人，其中二批本科136人，一批本科28人，成绩比往年更加突出。

在学校卫生工作方面，2009年以来，面对甲型H1N1流感蔓延的严峻局面，揭阳市教育局认真谋划，从讲政治的高度，从保障广大师生生命安全和身体健康的角度出发，采取系列有力措施，带领全市教育系统齐心协力、严防死守，一丝不苟地做好学校甲型H1N1流感的防控工作。通过狠抓防控措施的落实，加强领导，明确分工，确保防控措施落实到各校、各年级、各班，跟踪到每一位学生；注重宣传，加强培训；强化管理，狠抓卫生；认真落实晨、午检制度；启动学校每日零报告等有效行动，同时增加防控投入，增配校医，积极配合卫生部门，加强家校联系等，保证了甲流防控工作有序、有效进行，取得了阶段性的成效。此外，认真抓好学校各项卫生安全工作和创建省卫生城市工作。2009年下发了有关卫生文件25个，并与学校签订了卫生安全责任书；同时，揭阳市教育局与各县（市、区）教育部门和学校共同努力，增加卫生经费投入，共新建、扩建学校食堂5间，投入资金1 942万元，其中购置卫生器材、消毒液费用148.7万元。

【师资队伍建设】一是引进人才，扩充力量。2009年，揭阳市共招聘新教师4 694名，其中本科学历1 519人，队伍力量不断充实。二是加强培训，提升能力。继续利用北京师范大学教师教育研究中心揭阳教育研究院这个平台，开展师资队伍培训，更新学校领导和教师的教育思想和教育观念，提高队伍的业务能力。已经先后开展了8期初中校长培训班、12期全市中学政教主任培训班和7期全市初中班主任培训班，共培训初中校长197名，政教主任265名，班主任214名。另外，小学校长领导力研修班已开班，共200名小学校长参加了培训。通过借用北京师范大学雄厚的师资力量，为揭阳市打造了一支高素质的教师队伍，为提升学校管理水平奠定了坚实的基础。同时，组织举办中小学教师继续教育培训、新课程培训和信息技术培训等各类岗位业务培训，努力提高教师的业务知识和执教能力。继续教育方面共组织271名教师进行专科段学习培训，289名教师进行本科段学习培训，1 016名新教师进行新师培训等，继续教育全员培训8 710人。此外，继续做好省、市名班主任的培养工作，揭阳市推选了3名班主任作为省级名班主任培养对象。三是不断加强师德师风建设。以中华人民共和国成立60周年和第25个教师节为契机，在教育系统开展“师德建设主题教育月”活动，以“爱岗敬业、奉献祖国”为主题，举办了教师中华经典诵读比赛等系列活动，展示广大师生奋发向上、锐意进取、求实创新的精神面貌；组织全市中职学校18名教师参加省《职业生涯规划》德育新课程培训，28名教师参加市级培训，提高了中职德育师资队伍素质，推进了师德教育建设。2009年，揭阳市教育系统工作人员屡获殊荣，其中，获评“全国优秀教师”2名、“全国优秀教育工作者”1名，“南粤优秀教师”35名、“南粤优秀教育工作者”3名，广东省名教师3名、广东省名校长1名。

【教育现代化建设】2009年，揭阳市共完成省下达的“新装备”工程建设任务1 494.3万元，其中省补助943.65万元，揭阳市自筹资金550.65万元，配备计算机1 044台，建成农村初中物理实验室23间、初中化学实验室23间、初中生物实验室44间、小学科学实验室（包括教师演示实验仪器设备室）210间。据统计，揭阳市现有计算机室607间，计算机36 433台，语音室299间，综合电教室493间，互动课堂412套，理化生实验室974间，小学科学实验室574间，音乐室305间，美术室252间，图书馆679间，图书2 360.6万册。学校基本实现网络互联互通，资源共享，其中，高中学校100%、初中学校97%、小学51%接入了互联网，教育现代化建设得到空前发展。

【义务教育均衡发展】一是制定了《关于进一步推进揭阳市义务教育均衡发展的实施意见》，并以揭阳市政府名义下发到各地，为有效开展工作提供保障。二是确定揭东县为义务教育均衡发展工作试点县，积极、稳妥、有效、有序地推进义务教育均衡发展各项工作。三是由揭阳市政府召集召开全市推进义务教育均衡发展工作现场会，在揭东县交流各县（市、区）推进义务教育均衡发展的经验做法，深入分析揭阳市推进义务教育均衡发展存在的问题和面临的困难，提出抓住“八个结合”：即与规范化学校建设结合，整体提高办学水平；与统筹优化资源配置结合，缩小办学差距；与“校安工程”结合，推进整体布局调整；与信息化教育建设及应用结合，用信息技术促进均衡发展；与创办特色学校结合，提升均衡教育层次；与城镇化建设结合，加快创建教育强镇步伐；与“防流控辍”工作结合，促进“普九”水平提高；与狠抓教育教学质量结合，使区域内教育质量可持续发展。通过有效措施，迅速、有效地推进义务教育的均衡发展。

【校安工程】按照国家“把学校建成最安全、家长最放心的地方”的要求，2009—2011年，用3年时间对所有中小学不符合安全要求的学校进行抗震加固、提高综合防灾能力建设，使学校校舍达到重点设防类抗震设防标准，并符合对山体滑坡、崩塌、泥石流、地面塌陷和洪水、台风、火灾、雷击等灾害的防灾避险安全要求，确保学校师生生命财产安全。按照国家和省的要求，揭阳市高度重视，立即成立了由副市长林丽娇任组长，市政府副秘书长林敏和市教育局局长林润生任副组长，市发改、教育、公安、监察、财政、国土资源、建设、水利、审计、物价、安监、地震等部门负责人为成员的校舍安全工程领导小组，并在揭阳市教育局设立了办公室，由教育局副局长江继生任办公室主任。同时制订揭阳市中小学校舍安全工程实施方案、工作路线图和校舍安全工程3年总体规划，全力推进校舍安全工程建设，确保2009年完成3年工程量的30%。全市共排查鉴定学校1 648所，单体建筑物5800幢，建筑面积729.6万平方米。其中计划加固的学校1 091所，单体建筑物2 717幢，建筑面积309.1万平方米；拆除重建的学校497所，单体建筑物978幢，建筑面积150.3万平方米；迁移避险的学校15所，计划总投入约42.2亿元。至11月底，全市列入计划改造的项目学校已开工的有58所、单体建筑物103幢、建筑面积42.5万平方米，已重建竣工的学校有30所、单体建筑物44幢、建筑面积20万平方米，总投入16 098万元。

（撰稿　林建英　蔡文一；审稿　蔡文一）

云 浮 市

概 况

2009 年，云浮市教育工作在云浮市委、市政府的领导和广东省教育厅的指导下，在各级党委、政府和有关部门的大力支持下，广大教育工作者同心协力，坚持以邓小平理论、“三个代表”重要思想为指导，深入贯彻落实科学发展观，认真贯彻落实党的“十七大”、十七届三中全会、汪洋书记视察云浮的讲话精神，围绕市委“集聚优势、特色主导、中心崛起、城乡统筹”四大战略，进一步解放思想，把教育摆在优先发展的战略地位，推进教育优先发展科学发展，各级各类教育均取得了较好的成绩，为建设广东富庶文明大西关和当地经济社会发展作出了贡献。

各级各类教育

【基础教育】 一、学前教育

2009 年，全市有幼儿园 170 所（比 2008 年增加 5 所），其中公办园 9 所、集体办园 19 所、民办园 141 所、其他部门办园 1 所。省一级幼儿园 2 所，市一级幼儿园 14 所，乡镇中心幼儿园 24 所。在园（班）幼儿 60 495 人，比 2008 年增加 5 397 人。学前三年入园（班）率为 69.66%，比 2008 年提高 11.32 个百分点。幼儿园教职工 2 875 人，专任教师 1 743 人，专任教师学历合格率为 88.35%。云城区艺鸣幼儿园、城市花园幼儿园被评为市一级幼儿园，罗定市培英科艺幼儿园被评为省一级幼儿园；委托肇庆学院成功举办了第六期幼儿园园长岗位培训班，共有 61 名园长参加了培训学习；新兴县成为全省 19 个农村学前教育发展模式试点县之一。

二、义务教育

2009 年，全市有完全小学 766 所，在校生 217 131人，小学毛入学率达 106.59%，小学辍学率为 0.69%。初中 103 所，其中初级中学 88 所，完全中学 16 所。初中在校生 158 409 人，初中毛入学率达 104.38%，初中辍学率为 2.02%。在广东省教育厅的统一部署下，云浮市实施了“千校扶千校”行动计划，共有 15 所小学、10 所初中接受珠海市的结对帮扶，有 15 所小学、12 所小学接受市内其他学校的“一帮一”对口帮扶，促进了义务教育向均衡化、规范化发展。新兴县作为省级义务教育均衡发展试点县，取得较好成绩，并在全省推进义务教育均衡发展工作电视电话会议上作了经验介绍。全市遴选出 4 名中学生赴加拿大新西敏市学习交流。年内开展了全市义务教育工作督查，进行了市、县两级党政主要领导和分管教育工作领导履行基础教育工作责任的考核。

三、高中阶段教育

云浮市委、市政府高度重视高中阶段教育工作，认真贯彻省有关文件和会议精神，出台了《云浮市普及高中阶段教育考核办法》等文件，多次召开高中阶段学校招生工作汇报会或加温鼓劲会，部署高中阶段教育工作。王蒙徽书记、黄强市长非常关心全市普及高中阶段教育工作，分别作了重要批示，并不定期听取教育部门专题工作汇报，还深入各地和学校调研、指导；王莉莉副市长多次带队深入各县（市、区）乡镇中学、村委，调研和指导高中阶段学校工作，并亲自召开各阶层的座谈会，宣传国家和省、市高中阶段教育的政策，解答学校提出的问题。各县（市、区）党委、政府也召开专门的工作会议，并发动乡镇和村（居）委会共同做好普及高中阶段教育工作。云浮市教育局按省、市有关会议精神和市领导的批示精神，多次召开专题工作会议，抓好贯彻落实，并组织人员到各县（市、区）指导和督查工作。各县（市、区）教育局均制定了有关的办法和奖惩措施，充分调动学校和教师对高中阶段学校招生送生的积极性，扎实推进高中阶段教育工作。2009 年，全市共投入 8 000 万元，扩建学校 17 所，扩大校舍面积 13 万平方米，增加学位 12 029 个。全市招生（含中职送生）46 689 人，同比增加 11 868 人，增幅达 34.1%，完成率为 106.2%，高中阶段教育毛入学率达到 68.78%，同比提高近 13 个百分点，超额完成了市委、市政府下达的任务，得到省教育厅的肯定。全市有 16 所省、市级优质高中，邓发纪念中学等 5 所高中被省教育厅命名为“广东省普通高中教学水平优秀学校”，罗定中学等 5 所学校分别通过了国家级示范性普通高中初期督导验收，西江中学被命名为“广东省国家级示范性普通高中”。全市有国家级、省级重点中职学校 5 所，省级职业教育实训中心和重点建设专业点各 4 个。2009 年云浮市高考再获好成绩，全市 13 193 名应届高中毕业生参加高考，上本科 B 线以上人数为 3 686 人，同比增加 725 人，上线率达 27.9%，增幅为 24.5%；上本科 A 线以上人数为 2 268人，同比增加 507 人，增幅为 28.8%；上第一批重点线人数为 447 人，同比增加 108 人，增幅为 31.9%。本科 B 线以上上线人数比目标任务超出 527 人，上本科线人数和尖子生人数大幅增加。

四、特殊教育

2009 年，云浮市特殊教育学校建成招生，改写了云浮市没有市级特殊教育学校的历史。该校是在原云浮硫铁矿第二小学的旧址上改建，面向全市招生，在校学生 24 人，教职工 12 人。全市现有 3 所特殊教育学校，在校生 573 人，“三残”少儿入学率达 93.8%。

【职业与成人教育】2009 年，全市共有中等职业技术学校 14 所，其中国家级重点中等职业技术学校 2 所，省级重点中等职业技术学校 4 所（含市技工学校）。我市中职学校积极拓宽招生渠道，采用工学结合、校企结合，半工半读、弹性学分制等形式，积极招收往届初中生、高考落榜生、参加了劳动部门举办的短期培训班的应届或往届毕业生、退役士兵、进城务工人员和返乡农民工等 5 122 人，扩大了中职教育的办学规模，全市中职学校在校生有 27 455 人，比 2008 年增加 8 183 人。有教职工 1 088人，其中专任教师 872 人，双师型教师 130 人。全市有乡镇成人文化技术学校 63 所，其中省级示范性乡镇成人文化技术学校 6 所。

【高等教育】2009 年，罗定职业技术学院招收五年制学生 563 人，同比增加 93 人，招收三年制学生 2 680 人，同比增加 1 022 人；共有在校生 7 628 人，同比增加 1333 人，成人高等教育在校生 495 人，同比减少 6 人；引进教师 15 人，其中硕士研究生 10 人，本科 3 人，专科 2 人。全市各级各类电大开设有法学、会计、汉语言文学、教育管理等 10 多个专业，全年共招收成人教育学生 1 469 人，毕业生 1 480 人。

【民办教育】2009 年，云浮市坚持“积极鼓励、大力支持、正确引导、依法管理”的方针，加大民办教育发展力度，积极扶持民办教育发展，专门出台了《云浮市关于促进民办教育发展的实施意见》，促进了民办教育快速健康发展。全市共有民办学校 146 所，其中中职学校 3 所，中小学 2 所，幼儿园 141 所。在校生共有 30 140 人，其中中职学校 3 899 人，中小学校 1 051 人，幼儿园 25 190 人。全市民办学校招生 15 784 人，其中中职学校 2 145 人，中小学 208 人，幼儿园 13 431 人。共有教职工 2 489 人，其中专任教师 1 451 人。

教育成果与特色

【收费管理】2009 年，云浮市认真贯彻落实国家和省、市治理教育乱收费工作会议精神，严格按照公开、透明的要求，进一步完善中小学收费管理，规范教育收费行为，并把其作为落实党风廉政建设责任制的重要工作来抓。一是加强联席部门协调，形成规范教育收费工作合力。全市各级治理教育乱收费联席会议机构加强协调，不定期组成多个检查组，对中小学教育收费管理情况进行专项监督检查，对检查中发现的问题及时向市政府汇报，并下发通报。二是加强管理，规范经费开支。所有公办学校的教育经费全部实行“收支两条线”管理，各县（市、区）均成立县级和镇级教育经费结算中心，各级结算中心均按照有关规定对各学校的教育经费进行严格管理。三是继续开展创建教育收费规范县活动。在巩固已创建 4 个教育收费规范县（市、区）成果的基础上，罗定市顺利通过省市评审，成为第五批“广东省教育收费规范县（市、区）”，云浮市也被授予“广东省教育收费规范市”称号，位居省创建规范教育收费地级市前列。

【办学管理】2009 年，全市各级教育行政部门狠抓办学管理。3 月下发了《关于切实做好防止和控制学生辍学工作的通知》，把每学期第一个月定为

“防辍控辍月”，对防辍控辍工作差的单位实行重点管理，强化防辍控辍责任。6月下发《关于规范我市普通高中招生行为的意见》，要求不得擅自跨范围招生，禁止提前开学上课，实施“阳光招生”，禁止普通高中招收往届毕业生复读。9月，转发省教育厅转发的《教育部关于当前加强中小学管理规范办学行为的指导意见》通知。11月开展了清理规范义务教育阶段改制公办学校的工作，同时，在全市中小学开展了义务教育工作的督查，强调义务教育不能办重点校、重点班，规范学生作息时间，严格执行课程计划，切实减轻学生过重的课业负担，加强学生学籍管理，不得体罚和开除义务教育阶段学生，规范办学行为。

【教学管理】各地各学校进一步深化课堂教育教学改革，依靠科研作为提高教育教学质量的重要手段，建立了市、县、片、校四级教研网络和与课程改革相适应的校本教研制度，举办了优质课评比、学科专题研讨、专家讲座等形式多样的教研活动。另外，云浮市还加强与加拿大新西敏市和佛山市高明区教育局在教育方面的对接、合作、交流，促进教育水平的提高。目前，全市有全国现代教育技术实验学校2所，省现代教育技术实验学校34所。省级以上立项的各类课题共71项，其中国家级“十一五”课题13项；市、县两级立项的课题一大批。在参加2009年广东省小学语文优秀教学论文和教学设计评比活动中，云浮市获奖的优秀论文有44篇、优秀教学设计有7篇；其中21篇优秀论文、3篇优秀教学设计获得省级奖励，获市级奖励的优秀论文有23篇、优秀教学设计有4篇。

【队伍管理】一是抓好师德师风建设。各地各学校认真贯彻落实《中小学教师职业道德规范》等法律法规，结合实际，落实措施，从师德、纪律、作风等方面抓好干部和教师队伍的教育，师德师风进一步增强。2009年，全市获评“全国模范教师”1人、“全国优秀教育工作者”1人、“全国优秀教师”3人，获评“南粤优秀教师”22人、“南粤优秀教育工作者”2人，新兴实验小学被评为“全国教育系统先进集体”。二是切实推进“代转公”和中小学教师待遇“两相当”工作。出台了《云浮市解决中小学教师工作福利待遇工作方案》和《义务教育学校绩效工资实施办法》。各县（市、区）也根据省、市的文件结合实际出台了相关的政策措施，实行绩效工资与“两相当”工作共同推进。首批126名代课教师转为公办教师的工作已顺利完成，并得到了省委书记汪洋的肯定。同时，全市教师绩效工资得到进一步落实，实现了教师工资“两相当”。另外，还对副高职称的教师每月发放特殊津贴300元，聘任为正高职称的教师每月发放特殊津贴1 000元。三是抓好教师各类培训。大力实施“强师兴教”工程和“名师”工程。全市教师年内参加各类培训共20 577人次。鼓励教师参加各级各类学历提高培训，提高学历层次。全市小学、初中、普通高中和中职学校教师的学历达标率分别为99.75%、96.88%、91.29%、69.04%。

【教育投入与支出】2009年，全市教育经费投入总额约14亿元，同比增长3.7%。全市享受免费的学生共376 388人，其中农村户籍339 184人，城镇户籍35 835人，市、县共安排免费资金1 368万元。同时，按《云浮市中小学预算内生均公用经费标准》的规定，各地按小学每生每年15元、初中每生每年30元的标准从地方财政预算中补助农村中小学公用经费。

【教育扶贫】落实国家资助贫困家庭学生的各项政策，切实保障贫困家庭和弱势群体学生接受义务教育。认真做好进城务工农民子女义务教育工作，不断提高贫困学生和残疾儿童少年义务教育普及程度。全年有23 082名人均纯收入低于1 500元的困难家庭义务教育阶段学生享受生活费补助，补助总金额达到634万元；云浮市还通过各种渠道筹集资金160万元，资助了5 236名贫困中小学生，保障了学生公平接受义务教育的权利。

【教育信息化应用水平】2009年，云浮市教育信息化工作以现代教育技术应用为核心，不断探索教育信息化的新方法、新思路，着力在“应用”“创新”上下工夫，逐步提高全市教育信息化的应用水平。全年全市有7所学校被省评为第三批省现代教育技术实验学校，走在全省山区市的前列。全市共建成80间初中理化生实验室和15间小学科学实验室。通过“千校扶千校”项目为云浮市农村薄弱学校装配了392台教师专用计算机。各地还通过自筹资金安装了62套电子白板互动教学平台。同时，主动和电信部门合作，积极配合省政府开展“教育资源下乡行动计划”，充分利用电信部门的资源共同推进云浮市教育资源下乡行动，推进全市信息化的全面均衡发展，提升全市教育信息化的应用水平和整体效能。

【未成年人思想道德建设】2009年，全市中小学德育工作认真贯彻落实《中共中央关于进一步加强和改进学校德育工作的若干意见》《中共中央国务院关于进一步加强和改进未成年人思想道德建设的若干意见》和《小学德育纲要》《中学德育大纲》等文件精神，深入学习贯彻《公民道德建设实施纲要》，未成年人思想道德教育工作取得明显成效。一是开展心理健康教育。调整了云浮市中小学心理健康教育指导机构，将云浮市中小学心理健康教育指导中心的牌子挂到罗定职业技术学院，由罗定职业技术学院负责中心的具体业务工作。云浮市邓发纪念中学等2所心理健康示范学校通过省级验收。全市获广东省第五届中小学心理健康教育优秀论文一等奖1篇、二等奖2篇、三等奖4篇。二是加强德育队伍建设。全市有11项德育课题被立项为2009年广东省中小学德育科研课题；有2名班主任被确定为省级“名班主任”培养对象。三是开展德育教育活动。以庆祝新中国成立60周年为主要内容，开展了“弘扬和培育民族精神月”“创建书香校园”“快乐伴我成长”“明理、立志、勤学、成才”等系列主题教育活动。新兴县实验中学等5所学校被评为“广东省书香校园”。全市获“南粤雏鹰之星”“广东省三好学生”“广东省优秀学生”“广东省优秀少先队员”等奖项的学生有46人，获“广东省少先队红旗大队”等集体奖项31个，获广东省中等职业学校的“明理、立志、勤学、成才”主题活动优秀组织奖、先进个人奖和文艺节目奖等共6个，获“市优秀学生干部”“市三好学生”等奖项的学生有616人。全市已建立德育教育基地203个，小学生操行合格率为99.5%，中学生德育考核合格率为99%。四是开展法制禁毒教育。以“6·26”国际禁毒日为契机，通过举行禁毒知识竞赛、印发禁毒知识小册子、举办法制教育巡回宣讲等形式，加强对青少年学生的禁毒和法制教育。全市有902名优秀干警和综治骨干被选聘为中小学校的兼职法制副校长，完全小学以上学校100%聘请了法制副校长。全市有国家级和省级禁毒示范学校1所，市级禁毒示范校1所，县级禁毒示范校92所。邓发纪念中学被评为“广东省禁毒人民战争先进单位”。全市在校生吸毒率为零，在校生犯罪率为零，违法率在万分之零点二以下。

【学习实践科学发展观活动】按照中央、省委和市委的统一部署，云浮市教育局全体党员干部参加了全省第二批深入学习实践科学发展观活动，并指导第三批学习实践科学发展观活动。在活动中，云浮市教育局牢牢把握“争当科学发展模式和农村改革发展试验区、建设广东富庶文明大西关”的主题，用科学发展观武装头脑、推进学习成果落实、创新教育机制体制，坚持以科学发展观统领教育工作全局和指导全市教育工作，坚持把学习实践活动与做好各项工作有机结合起来，做到了领导重视、精心组织，加强学习、夯实基础，深入调研、确保质量，把握关键、认真分析，制定措施、落实整改，注重宣传、营造氛围，实现了“党员干部受教育、科学发展上水平、人民群众得实惠”的目标。同时，云浮市教育局还加强了对全市第三批学习实践活动单位的检查和指导，全市各地中职学校和中小学共组织集中学习培训600多次、举办讲座475场、召开座谈会394场、发放调查问卷9 111份，开展专题走访2 000人次，征询意见1 900多条；查摆出影响科学发展的突出问题242个，已解决实际问题183个，落实整改措施99.7%，为群众办好事2 050次。通过开展学习实践活动，提高了领导干部对科学发展观的认识和工作能力，有效解决了发展中遇到的突出问题，推动了全市教育工作科学发展，全市各级各类教育呈现出蓬勃发展态势，高中和中职教育发展迅猛，教育教学质量不断提高。

【市教育园区建设】云浮市委、市政府为积极推进普及高中阶段教育，促进义务教育的均衡发展，确保省、市“双转移”工作取得实效，在市区规划约176.67万平方米土地，总投资9.51亿元，高标准建设教育园区。云浮市教育园区是2009年全市50项重点工程（项目）之一，园区内规划有云浮市中等专业学校新校区、云浮市农民工培训和技工教育实训基地、云安县凤凰高级中学、云浮市万人体育场、云浮市实验小学（含幼儿园）等五个建设项目。其中，云浮市中等专业学校新校区占地35.9万平方米，建筑面积16万平方米，按在校生1万人的办学规模规划建设，计划投入建设资金4亿元。首期工程规划建筑面积9万平方米，投入资金约2亿元，计划在2010年9月前完成并投入使用。云浮市农民工培训基地占地总面积约33.33万平方米，项目计划总投资2.5亿元，建筑总面积为18万平方米，建成后将达到在校生1万人的规模，并成为承担全市农民工培训工作的主要基地。云安县凤凰高级中学建设项目按国家示范性普通高中标准设计，占地面积约15.67万平方米，办学规模90个教学班，在校生约4 500人，总建筑面积约9.6万平方米，总投资2.2亿元。云浮市万人体育场工程项目规划占地约4.53万平方米，建筑面积1.3万平方米，计划投入建设资金0.96亿元。云浮市实验小学拟由广州盈致教育科技有限公司出资5 000万元建设，并计划于2010年9月开学招生。目前，园区各项建设工作正有序推进。

【中小学校舍安全工程】云浮市根据国务院和省政府的统一部署，按照《广东省中小学校舍安全工程实施方案》对校舍进行排查鉴定工作。全市校舍安全排查鉴定工作已经顺利完成。全市鉴定为C级的单体建筑物438栋，面积271 460平方米；D级的单体建筑物294栋，面积53 681平方米。2009年已投入8 795万元，加固校舍面积6 938平方米，重建校舍面积68 403平方米。

（撰稿　阙华山；审稿　陈桂初　曾啟潜）

教育统计

EDUCATIONAL STATISTICS

广东省学校数

单位：所

	2000 年	2002 年	2005 年	2007 年	2008 年	2009 年	2009 年比 2008 年增加数	2009 年比 2005 年增加数
一、培养研究生单位	26	25	29	31	31	31	0	2
其中：普通高校	18	17	21	23	23	23	0	2
二、高等教育	93	108	122	145	144	144	0	22
（一）普通高等学校	52	71	111	126	125	129	4	18
1. 本科院校	31	31	46	54	54	54	0	8
其中：独立学院			9	17	17	17	0	8
2. 专科院校	21	40	65	72	71	75	4	10
（二）成人高等学校	41	37	20	19	19	15	-4	-5
1. 本科	—	—	—	—	—	—	—	—
2. 专科	—	—	—	—	—	—	—	—
三、高中阶段教育	2 093	1 987	1 813	1 831	1 834	1 835	1	22
（一）中等职业教育	960	819	641	595	589	573	-16	-68
（二）技工学校	186	156	191	217	227	242	15	51
（三）普通高中	947	1 012	981	1 019	1 018	1 020	2	39
1. 完全中学	822	830	716	718	700	693	-7	-23
2. 高级中学	125	182	265	301	318	327	9	62
四、初中								
其中：普通初中	3 017	3 144	3 301	3 297	3 334	3 322	-12	21
五、小学	24 202	23 314	21 228	19 891	19 271	18 506	-765	-2 722
六、幼儿教育	12 027	10 135	10 359	10 594	10 533	11 018	485	659
七、特殊教育	61	66	67	67	67	69	2	2
八、工读学校	4	2	2	2	2	2	0	0

注：高等学校数包含独立学院，2009 年普通专科院校含广东江门艺华旅游职业学院、广州华商职业学院、广州华夏职业学院、东莞职业技术学院。

广东省毕业生数

单位：人

	2000 年	2002 年	2005 年	2007 年	2008 年	2009 年	2009 年比 2008 年		2009 年比 2005 年	
							增加数	增长率（%）	增加数	年均增长率（%）
一、高等教育	95 905	144 439	264 118	357 245	427 958	461 078	33 120	7.74	196 960	14.95
（一）研究生	2 211	3 306	9 489	13 779	16 174	16 878	704	4.35	7 389	15.48
（二）普通本专科	49 714	84 696	157 082	233 129	282 469	309 190	26 721	9.46	152 108	18.45
1. 本科	24 074	30 711	61 059	89 376	118 967	134 462	15 495	13.02	73 403	21.82
2. 专科	25 640	53 985	96 023	143 753	163 502	174 728	11 226	6.87	78 705	16.14
（三）成人本专科	43 980	56 437	97 547	110 337	129 315	135 010	5 695	4.40	37 463	8.46
1. 本科	4 120	7 987	26 057	44 238	43 723	52 001	8 278	18.93	25 944	18.86
2. 专科	39 860	48 450	71 490	66 099	85 592	83 009	-2 583	-3.02	11 519	3.81
二、高中阶段教育	440 527	462 267	659 528	796 476	882 836	963 639	80 803	9.15	304 111	9.94
（一）中等职业教育	215 408	189 145	189 083	221 502	245 300	277 650	32 350	13.19	88 567	10.08
（二）技工学校	42 765	45 000	96 000	95 005	102 656	117 000	14 344	13.97	21 000	5.07
（三）普通高中	182 354	228 122	374 445	479 969	534 880	568 989	34 109	6.38	194 544	11.03
三、初中										
其中：普通初中	1 135 845	1 220 166	1 368 854	1 434 350	1 429 971	1 481 488	51 517	3.60	112 634	2.00
四、小学	1 484 833	1 529 035	1 674 305	1 803 140	1 867 640	1 835 297	-32 343	-1.73	160 992	2.32
五、幼儿教育	1 171 609	1 183 264	1 082 389	1 033 175	975 273	978 931	3 658	0.38	-103 458	-2.48
六、特殊教育	2 819	3 900	3 086	3 366	3 484	3 448	-36	-1.03	362	2.81
七、工读学校	111	103	132	107	121	158	37	30.58	26	4.60

注：1. 根据教育部统一要求，原属普通中等专业学校、成人中等专业学校、职业高中和技工学校统称为中等职业教育，因此，从 2003 年开始只公布总数。
2. 表中中等职业教育的有关数据不含技工学校数据。
3. 技工学校有关数据由省劳动保障厅提供。

广东省招生数

单位：人

	2000年	2002年	2005年	2007年	2008年	2009年	2009年比2008年		2009年比2005年	
							增加数	增长率（%）	增加数	年均增长率（%）
一、高等教育	212 121	310 406	468 169	515 179	571 325	629 497	58 172	10.18	161 328	7.68
（一）研究生	5 702	8 734	17 054	19 751	21 121	24 452	3 331	15.77	7 398	9.43
1. 博士	1 053	1 613	2 802	3 049	3 121	3 182	61	1.95	380	3.23
2. 硕士	4 649	7 121	14 252	16 702	18 000	21 270	3 270	18.17	7 018	10.53
（二）在职人员攻读博士硕士学位	—	2 380	4 779	6 591	6 617	5 534	-1 083	-16.37	755	3.74
（三）普通本专科	120 784	176 135	306 956	354 885	390 732	438 583	47 851	12.25	131 627	9.33
1. 本科	50 109	72 843	136 527	165 544	187 191	208 276	21 085	11.26	71 749	11.14
2. 专科	70 675	103 292	170 429	189 341	203 541	230 307	26 766	13.15	59 878	7.82
（四）成人本专科	85 635	125 537	144 159	140 543	159 472	166 462	6 990	4.38	22 303	3.66
1. 本科	11 765	27 756	49 090	46 315	47 251	64 957	17 706	37.47	15 867	7.25
2. 专科	73 870	97 781	95 069	94 228	112 221	101 505	-10 716	-9.55	6 436	1.65
（五）网络本专科	—	8 831	17 260	19 797	24 718	24 697	-21	-0.08	7 437	9.37
1. 本科	—	8 726	12 593	10 118	13 845	13 516	-329	-2.38	923	1.78
2. 专科	—	105	4 667	9 679	10 873	11 181	308	2.83	6 514	24.41
二、高中阶段教育	556 169	685 146	978 015	1 153 819	1 269 591	1 517 781	248 190	19.55	539 766	11.61
（一）中等职业教育小计	269 344	300 126	408 262	546 885	601 518	799 881	198 363	32.98	391 619	18.31
1. 中等职业教育	210 961	218 126	279 265	365 660	398 121	529 881	131 760	33.10	250 616	17.37
2. 技工学校	58 383	82 000	128 997	181 225	203 397	270 000	66 603	32.75	141 003	20.28
（二）普通高中	286 825	385 020	569 753	606 934	668 073	717 900	49 827	7.46	148 147	5.95
三、初中										
其中：普通初中	1 424 737	1 467 948	1 626 601	1 743 138	1 803 636	1 756 780	-46 856	-2.60	130 179	1.94
四、小学	1 557 286	1 687 362	1 641 550	1 438 722	1 315 880	1 274 186	-41 694	-3.17	-367 364	-6.14
五、幼儿教育	1 337 009	1 283 085	1 195 189	1 178 836	1 181 290	1 263 992	82 702	7.00	68 803	1.41
其中：学前班	812 642	776 415	625 081	539 653	511 359	518 353	6 994	1.37	-106 728	-4.57
六、特殊教育	2 770	3 321	3 363	3 972	3 588	3 591	3	0.08	228	1.65
七、工读学校	316	100	156	133	131	114	-17	-12.98	-42	-7.54

注：1. 高等教育总计的数据不含在职人员攻读博士硕士学位的数据。
2. 2003年成人本专科由于受“非典”疫情影响，招生数为0。
3. 2004年以后，成人本专科招生数为春季招生数。
4. 2006年前普通本专科招生数不含专升本和五年一贯制转入学生数，含专升本和五年一贯制转入学生数后，2006年普通本专科招生数为344 150人。

广东省在校学生数

单位：人

	2000 年	2002 年	2005 年	2007 年	2008 年	2009 年	2009 年比 2008 年		2009 年比 2005 年	
							增加数	增长率（%）	增加数	年均增长率（%）
一、高等教育	513 908	791 583	1 270 366	1 667 997	1 796 969	1 943 822	146 853	8.17	673 456	11.22
（一）研究生	13 023	21 519	43 942	54 436	58 833	65 901	7 068	12.01	21 959	10.66
1. 博士	2 558	4 284	9 049	10 587	11 466	11 672	206	1.80	2 623	6.57
2. 硕士	10 465	17 235	34 893	43 849	47 367	54 229	6 862	14.49	19 336	11.65
（二）在职人员攻读博士硕士学位	—	4 155	12 457	20 147	21 061	19 512	-1 549	-7.35	7 055	11.87
（三）普通本专科	299 475	467 807	874 686	1 119 655	1 216 390	1 334 089	117 699	9.68	459 403	11.13
1. 本科	150 316	224 086	428 579	587 426	650 329	719 454	69 125	10.63	290 875	13.83
2. 专科	149 159	243 721	446 107	532 229	566 061	614 635	48 574	8.58	168 528	8.34
（四）成人本专科	201 410	288 992	295 618	424 232	444 980	463 395	18 415	4.14	167 777	11.89
1. 本科	25 491	57 320	96 523	147 265	147 531	155 812	8 281	5.61	59 289	12.72
2. 专科	175 919	231 672	199 095	276 967	297 449	307 583	10 134	3.41	108 488	11.49
（五）网络本专科	—	13 265	43 663	49 527	55 705	60 925	5 220	9.37	17 262	8.69
1. 本科	—	12 886	34 627	30 110	32 281	34 371	2 090	6.47	-256	-0.19
2. 专科	—	379	9 036	19 417	23 424	26 554	3 130	13.36	17 518	30.93
二、高中阶段教育	1 525 555	1 795 802	2 528 077	3 089 900	3 353 561	3 779 034	425 473	12.69	1 250 957	10.57
（一）中等职业教育小计	800 279	811 698	1 038 214	1 365 581	1 535 915	1 854 622	318 707	20.75	816 408	15.61
1. 中等职业教育	655 657	611 698	710 162	907 581	1 000 771	1 204 622	203 851	20.37	494 460	14.12
2. 技工学校	144 622	200 000	328 052	458 000	535 144	650 000	114 856	21.46	321 948	18.64
（二）普通高中	725 276	984 104	1 489 863	1 724 319	1 817 646	1 924 412	106 766	5.87	434 549	6.61
三、初中										
其中：普通初中	3 881 614	4 149 939	4 627 044	4 829 437	4 978 825	5 036 732	57 907	1.16	409 688	2.14
四、小学	9 299 314	9 796 069	10670 304	10176 170	9 564 740	8 876 522	-688 218	-7.20	-1 793 782	-4.50
五、幼儿教育	2 141 789	2 115 525	2 139 186	2 226 430	2 323 511	2 494 689	171 178	7.37	355 503	3.92
其中：学前班	893 262	882 939	735 436	656 559	647 795	664 829	17 034	2.63	-70 607	-2.49
六、特殊教育学校	27 507	27 528	25 752	26 652	25 125	26 158	1 033	4.11	406	0.39
七、工读学校	341	364	224	249	248	235	-13	-5.24	11	1.21

广东省教职工数

单位：人

	2000 年	2002 年	2005 年	2007 年	2008 年	2009 年	2009 年比 2008 年		2009 年比 2005 年	
							增加数	增长率（%）	增加数	年均增长率（%）
一、高等教育	56 900	73 810	99 943	108 190	111 780	117 860	6 080	5. 44	17 917	4. 21
（一）普通高等学校	46 827	60 305	90 771	99 162	102 557	108 598	6 041	5. 89	17 827	4. 58
（二）成人高等学校	10 073	13 505	9 172	9 028	9 223	9 262	39	0. 42	90	0. 24
二、高中阶段教育										
（一）中等职业教育	56 955	50 531	49 087	52 189	53 571	56 156	2 585	4. 83	7 069	3. 42
（二）技工学校	10 796	11 200	14 600	20 239	21 283	25 411	4 128	19. 40	10 811	14. 86
（三）普通中学（含普通初中）	275 686	305 781	360 341	395 636	412 718	429 596	16 878	4. 09	69 255	4. 49
三、小学	420 385	437 121	463 715	474 573	476 680	477 034	354	0. 07	13 319	0. 71
四、幼儿教育	129 060	135 608	158 971	179 061	191 444	210 313	18 869	9. 86	51 342	7. 25
五、特殊教育	1 329	1 566	1 782	2 116	2 262	2 444	182	8. 05	662	8. 22
六、工读学校	59	76	73	88	227	224	－3	－1. 32	151	32. 35

广东省专任教师数

单位：人

	2000 年	2002 年	2005 年	2007 年	2008 年	2009 年	2009 年比 2008 年		2009 年比 2005 年	
							增加数	增长率（%）	增加数	年均增长率（%）
一、高等教育	25 905	40 687	61 528	73 283	74 726	79 628	4 902	6. 56	18 100	6. 66
（一）普通高等学校	20 433	32 961	54 257	67 901	69 223	73 943	4 720	6. 82	19 686	8. 05
其中：正高级职称	1 691	2 825	5 214	6 941	7 365	7 815	450	6. 11	2 601	10. 65
副高级职称	6 233	9 935	15 328	18 360	18 333	19 141	808	4. 41	3 813	5. 71
（二）成人高等学校	5 472	7 726	5 401	5 382	5 503	5 685	182	3. 31	284	1. 29
其中：正高级职称	111	210	117	113	98	100	2	2. 04	-17	-3. 85
副高级职称	1 149	1 694	1 032	1 045	1 070	1 032	-38	-3. 55	0	0. 00
二、高中阶段教育	87 954	98 815	130 113	154 959	164 666	178 321	13 655	8. 29	48 208	8. 20
（一）中等职业教育	37 213	33 240	33 734	36 764	38 193	41 178	2 985	7. 82	7 444	5. 11
（二）技工学校	6 800	8 100	10 300	14 750	15 784	18 594	2 810	17. 80	8 294	15. 91
（三）普通高中	43 941	57 475	86 079	103 445	110 689	118 549	7 860	7. 10	32 470	8. 33
三、初中										
其中：普通初中	184 661	197 320	221 224	238 399	247 359	256 571	9 212	3. 72	35 347	3. 78
四、小学	364 118	379 755	403 824	414 470	416 608	418 311	1 703	0. 41	14 487	0. 89
五、幼儿教育	83 552	77 731	91 789	104 541	111 597	122 470	10 873	9. 74	30 681	7. 48
六、特殊教育	1 053	1 241	1 360	1 615	1 717	1 858	141	8. 21	498	8. 11
七、工读学校	42	46	55	47	47	57	10	21. 28	2	0. 90

广东省各类教育基本情况分析

	2000 年	2002 年	2005 年	2007 年	2008 年	2009 年	2009 年比 2008 年增加数	2009 年比 2005 年增加数
一、教育普及情况								
（一）学前教育毛入学率（%）	58.40	61.25	66.69	69.6	72.19	77.30	5.11	10.61
（二）小学								
1. 学龄儿童入学率（%）	99.70	99.70	99.68	99.78	99.67	99.88	0.21	0.20
2. 五年保留率（%）	100.00	100.00	100.00	100.00	100.00	100.00	0.00	0.00
（三）初中								
1. 小学毕业生升学率（%）	96.15	96.2	97.15	96.67	96.57	95.72	-0.85	-1.43
2. 毛入学率（%）	99.55	100.00	100.00	100.00	100.00	109.22	9.22	9.22
3. 三年保留率（%）	88.35	91.15	93.14	89.13	87.86	88.76	0.90	-4.38
（四）高中								
1. 初中毕业生升学率（%）	60.51	61.00	70.74	77.65	83.00	88.53	6.01	17.79
2. 高中阶段教育毛入学率（%）	38.7	44.7	57.5	65.9	72.0	79.9	7.90	22.40
（五）高等教育毛入学率（%）	11.35	15.3	22.0	25.6	27.0	27.5	0.50	5.50
二、生均校舍面积（平方米）								
（一）小学	5.35	5.66	5.97	6.44	6.24	6.74	0.49	0.77
（二）普通中学	7.94	8.53	9.40	10.20	10.20	10.58	0.38	1.18
（三）中等职业教育			18.58	15.28	14.01	12.79	-1.22	5.79
（四）普通高等学校	40.32	32.60	35.10	34.42	29.82	28.57	-1.25	-6.53
三、生均教学仪器设备值（元）								
（一）中等职业教育			3 852.14	3 451.54	3 220.49	3 366.72	146.23	-485.42
（二）普通高等学校	7 757.00	7 241.00	7 384.01	7 446.14	7 884.03	9 480.03	1 596.00	2 096.02
四、生均图书（册）								
（一）小学	13.56	13.95	15.64	17.49	17.23	18.27	1.04	2.63
（二）普通初中	16.02	14.36	16.60	17.00	16.98	17.30	0.32	0.70
（三）普通高中	36.49	42.28	38.26	39.36	37.00	36.96	-0.04	-1.30
（四）中等职业教育			35.24	26.71	22.99	21.04	-1.95	-14.20
（五）普通高等学校	94.73	74.27	68.33	68.00	68.09	67.00	-1.09	-1.33
五、生均预算内教育事业费支出（元）								
（一）小学	644.34	979.03	1 305.60	2 053.92	2 470.06	2 896.53	426.47	1 590.93
（二）普通初中	881.28	1 278.99	1 807.03	2 742.77	3 206.87	3 418.71	211.84	1 611.68

续上表

	2000年	2002年	2005年	2007年	2008年	2009年	2009年比2008年增加数	2009年比2005年增加数
（三）普通高中	1 892.32	2 525.37	3 220.02	3 778.38	4 311.32	4 834.38	523.06	1 614.36
（四）职业中学	2 469.33	2 832.43	3 349.13	4 637.18	4 633.62	5 515.34	881.72	2 166.21
（五）普通高等学校	7 886.55	11 540.31	7 529.40	10 597.39	10 622.20	10 927.62	305.44	3 398.22
六、生均预算内公用经费支出（元）								
（一）小学	82.17	137.26	233.68	449.20	543.91	652.87	108.96	419.19
（二）普通初中	140.21	209.15	373.55	732.95	834.51	899.23	64.72	525.68
（三）普通高中	443.13	515.49	769.10	878.76	1 074.21	1 281.70	207.49	512.60
（四）普通高等学校	2 927.75	4 687.09	3 399.36	5 235.95	5 133.69	5 248.15	114.46	1 848.79
七、专任教师学历、职称比重（%）								
（一）小学								
1. 高中毕业及以上	98.97	98.97	99.45	99.55	99.62	99.69	0.07	0.24
2. 大专毕业及以上	26.08	42.58	68.12	76.06	79.00	81.54	2.54	13.42
3. 中级职称及以上	22.32	26.96	41.35	51.51	55.80	58.98	3.18	17.63
（二）普通初中								
1. 大专毕业及以上	87.79	90.41	95.45	97.13	97.85	98.38	0.53	2.93
2. 本科毕业及以上	17.16	23.35	36.32	46.57	52.45	57.23	4.78	20.91
3. 中级职称及以上	29.74	33.60	42.77	48.19	50.36	52.08	1.72	9.31
（三）普通高中								
1. 本科毕业及以上	67.51	72.68	83.62	88.85	91.09	92.93	1.84	9.31
2. 中级职称及以上	53.57	54.03	54.69	55.91	56.34	57.57	1.23	2.88
（四）中等职业教育								
1. 本科毕业及以上			76.81	79.95	81.80	85.03	3.22	8.22
2. 中级职称及以上			58.38	58.89	58.23	57.57	-0.66	-0.81
（五）普通高等学校								
1. 研究生毕业以上学历	40.85	37.47	46.00	53.10	56.30	59.91	3.61	13.91
2. 副高职称及以上	40.73	38.71	37.86	37.71	37.20	36.46	-0.74	-1.40
（六）成人高校								
1. 研究生毕业以上学历	13.23	16.97	14.12	17.87	18.86	21.67	2.81	7.55
2. 副高职称及以上	23.99	24.64	21.27	21.52	21.22	19.91	-1.31	-1.36
八、普通高等学校各学科学生数的比重（%）								
（一）哲学	0.10	0.04	0.03	0.04	0.04	0.04	0.00	0.01
（二）经济学	17.57	6.35	6.11	6.84	7.14	7.39	0.25	1.28
（三）法学	4.53	4.88	4.53	4.13	3.92	3.76	-0.17	-0.77
（四）教育学	4.26	5.49	7.22	5.59	5.29	5.29	0.00	-1.93

续上表

	2000 年	2002 年	2005 年	2007 年	2008 年	2009 年	2009 年比 2008 年增加数	2009 年比 2005 年增加数
（五）文学	16.79	16.27	14.93	15.65	15.92	15.69	-0.22	0.76
（六）历史学	1.18	0.50	0.30	0.30	0.30	0.31	0.01	0.01
（七）理学	12.12	9.80	5.64	5.26	5.24	5.18	-0.06	-0.46
（八）工学	32.07	30.09	30.32	29.82	29.54	29.71	0.17	-0.61
（九）农学	3.62	2.21	1.41	1.13	1.04	0.99	-0.05	-0.42
（十）医学	7.76	6.98	7.31	6.86	6.43	6.36	-0.07	-0.95
（十一）管理学		17.38	22.20	24.39	25.15	25.28	0.14	3.08
九、每万人口在校学生数（人）								
（一）小学	1 279.14	1 258.70	1 285.11	1 093.74	1 012.25	930.06	-82.19	-355.05
（二）普通初中	533.92	533.20	557.27	519.07	526.92	527.74	0.82	-29.54
（三）普通高中	99.76	126.40	179.44	185.33	192.36	201.64	9.27	22.20
（四）中等职业教育			85.53	97.55	105.91	126.22	20.30	40.69
（五）普通高等学校	41.19	60.10	105.35	120.34	128.73	139.78	11.05	34.44
（六）成人高校	27.70	37.10	35.60	45.60	47.09	48.55	1.46	12.95
十、生师比								
（一）小学	25.54	25.80	26.42	24.55	22.96	21.22	-1.65	-5.20
（二）普通初中	21.02	21.03	20.92	20.26	20.13	19.63	0.23	-1.29
（三）普通高中	16.51	17.12	17.31	16.67	16.42	16.23	0.84	-1.08
（四）中等职业教育			21.05	24.69	26.20	29.25	3.05	8.20
（五）普通高等学校	16.44	16.50	17.40	17.90	18.50	18.90	0.40	1.50

注：1. 按教育部统计计算规则，2003 年折合学生数按下列公式折算：博士生 ×2 + 硕士生 ×1.5 + 留学生 ×3 + 本专科生 + 函授生 ×0.1 + 业余生 ×0.3 + 成人脱产 + 预科生 + 进修生；

2. 普通高校生师比 = 折合学生数/（专任教师 + 聘请校外教师 ×0.5）；

3. 每万人口在校生数采用教育部公报数（人口数采用常住人口数）。

广东省各级各类民办教育基本情况（一）

单位：所、人、%

	2000年	2002年	2005年	2007年	2008年	2009年	2009年比2008年		2009年比2005年	
							增加数	增长率（%）	增加数	年均增长率（%）
一、高等教育										
（一）普通本专科										
1. 学校数	6	9	33	45	44	47	3	6.82	14	9.24
2. 毕业生数	1 223	4 647	12 384	33 752	46 192	70 212	24 020	52.00	57 828	54.31
3. 招生数	4 929	11 627	57 578	103 084	112 046	127 144	15 098	13.47	69 566	21.90
4. 在校生数	11 361	23 614	120 700	256 938	318 696	371 920	53 224	16.70	251 220	32.49
5. 教职工数		2 654	11 568	20 148	22 670	25 989	3 319	14.64	14 421	22.43
6. 专任教师数		1 644	7 481	13 693	15 533	17 854	2 321	14.94	10 373	24.29
（二）成人本专科										
学校数		1	1	1	1	1	0	0	0	0
二、高中阶段教育										
（一）中等职业教育										
1. 学校数			123	155	158	149	-9	-5.70	26	4.91
2. 毕业生数			16 455	26 228	32 811	40 816	8 005	24.40	24 361	25.50
3. 招生数			36 511	66 676	72 770	98 848	26 078	35.84	62 337	28.27
4. 在校生数			80 171	144 251	175 240	217 167	41 927	23.93	136 996	28.29
5. 教职工数			6 355	9 153	9 435	9 467	32	0.34	3 112	10.48
6. 专任教师数			3 632	5 322	5 624	6 158	534	9.50	2 526	14.11
（二）普通高中教育										
1. 学校数	46	60	86	117	115	120	5	4.35	34	8.69
2. 毕业生数	1 148	3 698	11 676	19 833	24 115	27 242	3 127	12.97	15 566	23.59
3. 招生数	5 581	13 142	27 625	30 400	33 678	35 641	1 963	5.83	8 016	6.58
4. 在校生数	11 103	28 239	65 673	81 867	88 510	93 056	4 546	5.14	27 383	9.10

广东省各级各类民办教育基本情况（二）

单位：所、人、%

	2000 年	2002 年	2005 年	2007 年	2008 年	2009 年	2009 年比 2008 年		2009 年比 2005 年	
							增加数	增长率（%）	增加数	年均增长率（%）
三、普通初中										
1. 学校数	74	199	486	595	646	684	38	5. 88	198	8. 92
2. 毕业生数	5 834	18 977	61 007	100 499	112 320	126 163	13 843	12. 32	65 156	19. 92
3. 招生数	22 339	50 183	129 059	180 527	199 366	205 918	6 552	3. 29	76 859	12. 39
4. 在校生数	44 437	117 996	322 699	454 033	504 914	540 379	35 465	7. 02	217 680	13. 76
四、小学										
1. 学校数	359	556	821	871	821	827	6	0. 73	6	0. 18
2. 毕业生数	16 110	40 539	112 899	165 613	190 767	206 131	15 364	8. 05	93 232	16. 24
3. 招生数	60 837	110 501	213 604	241 428	244 443	248 901	4 458	1. 82	35 297	3. 90
4. 在校生数	248 521	494 490	1 104 628	1 306 854	1 360 827	1 352 936	－7 891	－0. 58	248 038	5. 20
5. 教职工数	14 369	31 677	62 909	74 883	77 996	78 593	597	0. 77	15 684	5. 72
6. 专任教师数	9 773	21 657	44 849	53 427	55 967	57 147	1 180	2. 11	12 298	6. 25
五、幼儿教育										
1. 学校数	3 547	5 372	6 128	7 241	7 386	8 004	618	8. 37	1 876	6. 90
2. 毕业生数		249 940	312 787	397 900	41 720	458 974	41 704	9. 99	146 187	10. 06
3. 招生数	163 115	266 549	364 391	459 816	482 741	557 648	74 907	15. 52	193 257	11. 22
4. 在校生数	366 155	650 761	883 922	1 149 182	1 249 323	1 410 399	161 076	12. 89	526 477	12. 39
5. 教职工数	34 937	71 026	92 090	124 161	135 564	153 711	18 147	13. 39	61 621	13. 66
6. 专任教师数	21 347	40 419	53 353	72 165	78 424	89 088	10 664	13. 60	35 735	13. 68
六、特殊教育										
学校数		1	3	3	3	3	0	0	0	0

注：1. 普通本专科学校数含独立学院数；2009 年学校数包含已经省政府批准，教育部备案的广州华商职业学院、广州华夏职业学院、广东江门艺华旅游职业学院。

2. 2000 年没有民办普通高校的教职工和专任教师数；没有成人高校数据。

3. 中职民办教育从 2002 年开始统计。

4. 民办普通高中、初中的教职工数、专任教师数暂未能提供。

广东省主要教育综合指标在全国排位（一）

		2008年			2009年			排位在广东前的省份
		全国水平	广东	排位	全国水平	广东	排位	
按常住人口计算	每万人口普通本专科在校生（人）	152.96	128.73	22	163.93	139.78	22	
	每万人口成人本专科在校生（人）	41.5	47.09	9	41.38	48.55	7	
	每万人口高中阶段教育在校生（人）	342	346.76	15	352.60	383.91	8	
	其中：每万人中等职业教育学校在校生（人）	154.59	158.4	13	166.5	182.3	9	
	每万人口普通高中在校生（人）	187.41	192.36	15	186.07	201.64	10	
	每万人口普通初中在校生（人）	421.87	526.92	4	415.89	527.74	3	贵州、甘肃
	每万人口小学在校生（人）	782	1012.25	7	769.83	930.06	10	
	每万人口幼儿园在园儿童（人）	187	245.9	3	202.96	261.39	3	浙江、福建
按户籍人口计算	每万人口普通本专科在校生（人）	154.47	149.14	15	165.56	161.94	15	
	每万人口成人本专科在校生（人）	41.91	54.56	7	41.79	56.25	6	
	每万人口高中阶段教育在校生（人）	345.39	401.73	4	356.09	444.77	2	陕西
	其中：每万人中等职业教育学校在校生（人）	156.12	178.88	7	168.18	211.17	2	陕西
	每万人口普通高中在校生（人）	189.27	222.86	6	187.91	233.60	4	陕西、甘肃、山西
	每万人口普通初中在校生（人）	426.05	610.45	1	420.01	611.40	1	
	每万人口小学在校生（人）	790	1 173	2	777	1 077.50	4	贵州、西藏、宁夏
	每万人口幼儿园在园儿童（人）	188.85	284.88	3	204.98	302.83	3	浙江、福建

注：表中每万人口高中阶段教育在校生数中的技工学校学生数，是采用上年度技工学校在校学生数。

广东省主要教育综合指标在全国排位（二）

		2008年			2009年			排位在广东前的省份
		全国水平	广东	排位	全国水平	广东	排位	
小学教师学历达标率（%）		99.27	99.62	7	99.40	99.69	7	
小学教师专科以上学历比重（%）		70.88	79.00	7	74.83	81.54	8	
普通初中教师学历达标率（%）		97.79	97.85	20	98.29	98.38	16	
普通高中教师学历达标率（%）		91.55	91.09	17	93.61	92.93	19	
普通高校教师高职称比重（%）		38.12	37.12	14	38.51	36.46	20	
普通高校学校数（所）		2 263	125	3	2 305	125	3	江苏、山东
成人高校学校数（所）		400	19	8	384	17	11	
普通本专科招生数（人）		6 076 612	390 732	4	6 394 932	438 583	2	山东
成人本专科招生数（人）		2 025 552	159 472	1	2 014 776	166 462	1	
普通本专科在校生数（人）		20 210 249	1 216 390	4	21 446 570	1 334 089	4	江苏、山东、河南
成人本专科在校生数（人）		5 482 949	444 980	1	5 413 513	463 395	1	
研究生在校生数（人）		1 283 046	58 833	9	1 404 942	65 901	8	
两院院士（人）								
其中：高等学校（人）			23			26		
国家级重点学科（个）	一级学科	286	5	13	286	5	13	
	二级学科	677	43	6	677	43	6	

注：1. 本专科招生数含专升本和五年一贯制转入学生数；普通高校学校数包含独立学院数。

2. 按教育部的计算口径，普通高校数不含未经教育部备案的学校，因此广东省普通高校数为125所。

广东省主要教育综合指标在全国排位情况（三）

	2008年			2009年			排位在广东前的省份
	全国水平	广东	排位	全国水平	广东	排位	
国家重点实验室（个）		7			7		
国家工程技术研究中心（个）		6			8		
国家级特色专业（个）	691	34	6	671	30	8	
国家精品课程（门）	650	49	5	650	44	6	
国家级教学名师（人）	100	6	3	100	7	2	北京
国家级教学示范中心（个）	141	6	9	142	9	5	
国家级教学团队（个）	300	15	5	305	12	9	
国家级人才培养模式创新试验区（个）	100	4	8	101	4	7	
博士一级学科点（个）	1 299	69	6				
博士二级学科点（个）	1 598	83	6				
硕士一级学科点（个）	2 080	138	8				
硕士二级学科点（个）	9 459	395	6				
国家财政性教育经费占GDP比例（%）	3.48	2.24	不排名		2.32	教育部尚未公布国家和其他省份数据	
预算内教育经费占财政支出比例（%）	16.32	21.12	6		20.85		

注：1. 博士、硕士学位授权点不含中科院广东有关研究所的数据。

2. 国家工程技术研究中心仅指高校数据，含国家发改委批准的国家工程研究中心和科技部批准的国家工程技术研究中心。

广东省各地级以上市学校数

单位：所

	幼儿园			小学			普通初中			普通高中			中等职业教育（不含技工学校）		
	2008 年	2009 年	增减	2008 年	2009 年	增减	2008 年	2009 年	增减	2008 年	2009 年	增减	2008 年	2009 年	增减
广东省	10 533	11 018	485	19 271	18 506	-765	3 334	3 322	-12	1 018	1 020	2	589	570	-19
广州市	1 498	1 493	-5	1 035	1 022	-13	334	341	7	131	130	-1	102	94	-8
深圳市	865	974	109	342	346	4	220	225	5	57	60	3	12	12	0
珠海市	218	210	-8	132	130	-2	41	43	2	17	17	0	11	10	-1
汕头市	798	728	-70	826	808	-18	165	166	1	85	90	5	21	21	0
韶关市	345	359	14	904	846	-58	146	139	-7	30	29	-1	27	27	0
河源市	239	256	17	1 289	1 271	-18	144	148	4	45	42	-3	15	16	1
梅州市	408	388	-20	1 560	1 546	-14	194	186	-8	68	68	0	40	39	-1
惠州市	300	326	26	945	785	-160	171	177	6	38	32	-6	33	29	-4
汕尾市	119	114	-5	802	785	-17	128	131	3	34	40	6	11	12	1
东莞市	617	680	63	352	337	-15	139	144	5	41	42	1	25	25	0
中山市	418	429	11	213	212	-1	76	76	0	23	23	0	16	14	-2
江门市	459	428	-31	573	417	-156	192	173	-19	53	48	-5	38	32	6
佛山市	751	777	26	447	429	-18	126	127	1	53	51	-2	34	37	3
阳江市	181	196	15	762	754	-8	75	76	1	24	23	-1	10	11	1
湛江市	691	746	55	2 155	2 105	-50	268	268	0	75	77	2	66	64	-2
茂名市	449	656	207	1 988	2 003	15	222	214	-8	71	72	1	39	36	-3
肇庆市	404	505	101	1 197	1 056	-141	152	152	0	28	30	2	28	29	1
清远市	426	418	-13	899	819	-80	150	148	-2	31	29	-2	14	14	0
潮州市	588	578	-10	710	704	-6	91	88	-3	34	35	1	14	13	-1
揭阳市	594	587	-7	1 365	1 365	0	210	211	1	57	60	3	19	20	1
云浮市	165	170	5	775	766	-9	90	89	-1	23	22	-1	14	15	1

广东省各地级以上市在校学生数

单位：所

	幼儿园			小学			普通初中			普通高中			中等职业教育（不含技工学校）		
	2008年	2009年	增减	2008年	2009年	增减	2008年	2009年	增减	2008年	2009年	增减	2008年	2009年	增减
广东省	2 323 511	2 494 689	171 178	9 564 740	8 876 522	-688 218	4 978 825	5 036 732	57 907	1 817 646	1 924 412	106 766	1 000 771	1 204 622	203 851
广州市	297 186	312 969	15 783	862 859	828 889	-33 970	408 265	400 855	-7 410	173 786	174 397	611	244 070	251 077	7 007
深圳市	191 222	221 182	29 960	585 852	589 481	3 629	214 116	224 539	10 423	84 823	91 485	6 662	27 706	28 604	898
珠海市	39 468	40 328	860	131 478	125 643	-5 835	61 975	63 713	1 738	28 926	30 148	1 222	16 653	17 759	1 106
汕头市	115 918	120 202	4 284	669 552	610 168	-59 384	330 466	342 695	12 229	111 113	122 618	11 505	27 503	54 172	26 669
韶关市	72 274	79 788	7 514	235 123	217 997	-17 126	143 707	141 966	-1 741	65 987	65 363	-624	50 219	53 049	2 830
河源市	65 736	72 827	7 091	287 631	268 503	-19 128	179 614	179 619	5	59 607	61 758	2 151	20 455	25 351	4 896
梅州市	86 304	91 008	4 704	389 514	347 443	-42 071	271 275	266 363	-4 912	111 042	114 898	3 856	42 093	49 201	7 108
惠州市	87 378	100 617	13 239	426 443	401 270	-25 173	225 236	229 310	4 074	70 110	76 578	6 468	56 028	63 248	7 220
汕尾市	50 546	54 292	3 746	435 780	391 736	-44 044	209 926	220 614	10 688	52 606	59 025	6 419	8 271	26 479	18 208
东莞市	156 362	176 249	19 887	528 644	511 160	-17 484	184 480	182 714	-1 766	63 962	66 750	2 788	42 181	43 270	1 089
中山市	82 586	87 959	5 373	243 926	236 757	-7 169	101 666	103 678	2 012	42 502	44 012	1 510	24 197	25 645	1 448
江门市	109 319	111 207	1 888	339 939	316 558	-23 381	193 893	187 769	-6 124	81 779	81 896	117	57 880	58 377	497
佛山市	172 830	183 639	10 809	446 787	434 186	-12 601	211 145	211 569	424	112 252	111 551	-701	66 885	75 552	8 667
阳江市	42 342	49 319	6 977	203 082	184 517	-18 565	138 654	135 537	-3 117	54 404	61 485	7 081	10 062	16 366	6 304
湛江市	154 961	159 908	4 947	927 381	837 668	-89 713	473 776	494 361	20 585	151 456	164 485	13 029	79 562	99 178	19 616
茂名市	140 368	163 689	23 321	801 065	724 528	-76 537	471 134	472 011	877	174 760	181 478	6 718	77 515	90 953	13 438
肇庆市	116 254	119 805	3 551	431 139	396 490	-34 649	231 409	238 215	6 806	74 311	84 139	9 828	70 660	81 745	11 085
清远市	79 612	87 000	7 388	328 535	297 161	-31 374	206 547	210 618	4 071	71 567	76 297	4 730	29 149	41 984	12 835
潮州市	64 068	65 088	1 020	240 236	214 799	-25 437	145 455	145 280	-175	57 618	60 428	2 810	12 431	13 531	1 100
揭阳市	143 679	137 118	-6 561	805 008	724 437	-80 571	416 544	426 897	10 353	128 749	144 245	15 496	19 718	61 626	41 908
云浮市	55 098	60 495	5 397	244 766	217 131	-27 635	159 542	158 409	-1 133	46 286	51 376	5 090	17 533	27 455	9 922

广东省2009年各普通高校普通本专科招生数和在校生数

单位：人

学校名称	招生数	在校生数
本科学校	184 966	634 611
中山大学	7 849	32 374
华南理工大学	6 220	25 037
暨南大学	4 184	17 815
华南农业大学	9 054	36 276
南方医科大学	3 556	12 061
广州中医药大学	3 632	13 741
华南师范大学	7 693	28 681
广东工业大学	11 242	43 740
广东外语外贸大学	5 496	20 220
汕头大学	1 761	7 547
广东商学院	6 059	20 709
广东海洋大学	7 758	21 673
广东医学院	4 576	18 813
仲恺农业工程学院	2 977	9 613
广东药学院	5 880	22 376
星海音乐学院	1 000	3 659
广州美术学院	1 273	5 126
广州体育学院	1 613	5 191
广东技术师范学院	3 215	13 877
湛江师范学院	8 396	24 092
韩山师范学院	5 178	14 714
茂名学院	6 351	18 087
广东金融学院	5 953	16 418
广东警官学院	1 553	6 896
广州大学	8 876	29 406
广州医学院	2 995	10 446
深圳大学	6 776	25 096
佛山科学技术学院	4 368	13 284
韶关学院	7 286	21 573
嘉应学院	6 826	19 282
惠州学院	4 265	12 038
东莞理工学院	3 414	10 412

续上表

学校名称	招生数	在校生数
五邑大学	3 400	10 370
肇庆学院	5 128	14 485
广东白云学院	4 103	12 874
广东培正学院	4 092	13 481
北京师范大学—香港浸会大学联合国际学院	968	3 128
独立学院	**58 404**	**184 407**
电子科技大学中山学院	3 280	12 753
华南理工大学广州汽车学院	3 726	9 632
广州大学华软软件学院	3 378	10 541
中山大学南方学院	3 887	9 726
广东外语外贸大学南国商学院	1 936	8 233
广东商学院华商学院	4 123	10 914
广东海洋大学寸金学院	3 072	8 779
华南农业大学珠江学院	2 660	8 592
广东技术师范学院天河学院	3 943	11 669
北京师范大学珠海分校	5 131	17 901
广东工业大学华立学院	3 592	11 524
广州大学松田学院	2 087	7 495
华南师范大学增城学院	2 355	9 017
北京理工大学珠海学院	4 714	15 046
吉林大学珠海学院	6 427	18 847
东莞理工学院城市学院	2 741	9 387
中山大学新华学院	1 352	4 351
公办专科院校	**133 180**	**353 300**
广州民航职业技术学院	3 399	8 786
广州航海高等专科学校	1 866	6 812
广东轻工职业技术学院	6 344	17 239
广东外语艺术职业学院	2 053	5 159
广东机电职业技术学院	2 682	6 589
广东工贸职业技术学院	1 843	5 027
广东交通职业技术学院	5 801	15 178
广东水利电力职业技术学院	3 223	8 674
广东财经职业学院	0	1 968
广东司法警官职业学院	1 808	4 641
广东女子职业技术学院	2 016	5 352
广东农工商职业技术学院	5 951	16 223
广东邮电职业技术学院	792	1 846

续上表

学校名称	招生数	在校生数
广东松山职业技术学院	2 806	7 488
广东建设职业技术学院	1 832	5 366
广东纺织职业技术学院	1 512	5 365
广东科学技术职业学院	8 032	20 803
广东行政职业学院	2 611	6 171
广东体育职业技术学院	736	1 623
广东食品药品职业学院	3 718	8 765
广东文艺职业学院	1 342	3 300
广州工程技术职业学院	2 780	6 744
广州番禺职业技术学院	3 832	10 464
广州体育职业技术学院	855	1 572
深圳职业技术学院	7 649	22 676
深圳信息职业技术学院	2 493	6 366
珠海城市职业技术学院	1 866	3 983
汕头职业技术学院	3 727	9 636
佛山职业技术学院	1 116	3 273
顺德职业技术学院	3 766	9 607
河源职业技术学院	4 124	10 147
汕尾职业技术学院	1 748	4 289
中山火炬职业技术学院	2 188	5 595
江门职业技术学院	3 502	9 844
阳江职业技术学院	1 672	6 225
茂名职业技术学院	2 242	5 712
肇庆医学高等专科学校	1 301	3 815
清远职业技术学院	2 638	8 437
揭阳职业技术学院	2 154	5 590
罗定职业技术学院	2 684	5 956
广东理工职业学院	4 357	8 117
广州城市职业学院	1 984	6 282
广东工程职业技术学院	2 738	7 236
广州铁路职业技术学院	2 648	7 077
广东科贸职业学院	2 567	7 180
广州科技贸易职业学院	1 473	6 185
中山职业技术学院	2 254	6 462
东莞职业技术学院	2 455	2 455
民办专科院校	**59 577**	**158 030**
南华工商学院	4 107	10 217

续上表

学校名称	招生数	在校生数
私立华联学院	2 478	7 629
潮汕职业技术学院	450	3 809
广东新安职业技术学院	255	3 531
广东亚视演艺职业学院	567	1 408
广东岭南职业技术学院	4 903	12 567
广州康大职业技术学院	2 314	5 596
南海东软信息技术职业学院	2 230	7 110
珠海艺术职业学院	470	1 376
广州工商职业技术学院	3 497	9 609
广州涉外经济职业技术学院	2 490	7 208
广州南洋理工职业学院	1 695	6 156
广州科技职业技术学院	3 529	6 740
惠州经济职业技术学院	2 089	5 939
东莞南博职业技术学院	3 686	10 330
肇庆科技职业技术学院	3 808	9 238
肇庆工商职业技术学院	3 158	8 566
广州现代信息工程职业技术学院	958	2 613
广州华南商贸职业学院	1 618	4 776
广州华立科技职业学院	3 303	8 778
广州珠江职业技术学院	214	1 224
广州松田职业学院	1 556	3 942
湛江现代科技职业学院	2 181	4 597
广州城建职业学院	5 025	12 075
广东江门艺华旅游职业学院	1 148	1 148
广州华商职业学院	897	897
广州华夏职业学院	951	951

注：以上数据不含在成人高校的普通本专科在校生。